MARTIN LUTHER
Lateinisch-Deutsche Studienausgabe

Herausgegeben von
Wilfried Härle, Johannes Schilling und Günther Wartenberg
unter Mitarbeit von Michael Beyer

MARTIN LUTHER
Lateinisch-Deutsche Studienausgabe

MARTIN LUTHER
Lateinisch-Deutsche Studienausgabe

Band 1

DER MENSCH VOR GOTT

Zweite, durchgesehene Auflage

Unter Mitarbeit von Michael Beyer
herausgegeben und eingeleitet von
Wilfried Härle

EVANGELISCHE VERLAGSANSTALT
Leipzig

Die Drucklegung des Werkes wurde unterstützt durch

- die Evangelische Kirche in Deutschland (EKD)
- die Vereinigte Evangelisch-Lutherische Kirche Deutschlands (VELKD)
- die Union Evangelischer Kirchen in der EKD (UEK)
- die Luther-Gesellschaft e. V.

Zitiervorschlag für diese Ausgabe: LDStA

Bibliographische Information der Deutschen Nationalbibliothek

Die Deutsche Nationalbibliothek verzeichnet diese Publikation in der Deutschen Nationalbibliographie; detaillierte bibliographische Daten sind im Internet über http://dnb.dnb.de abrufbar.

3., korr. Aufl. 2022
© 2006 by Evangelische Verlagsanstalt GmbH, Leipzig
Printed in Germany

Das Werk einschließlich aller seiner Teile ist urheberrechtlich geschützt. Jede Verwertung außerhalb der Grenzen des Urheberrechtsgesetzes ist ohne Zustimmung des Verlags unzulässig und strafbar. Das gilt insbesondere für Vervielfältigungen, Übersetzungen, Mikroverfilmungen und die Einspeicherung und Verarbeitung in elektronischen Systemen.

Gedruckt auf alterungsbeständigem Papier
Cover und Layout: Kai-Michael Gustmann
Satz: Evangelische Verlagsanstalt GmbH
Druck und Binden: BELTZ Grafische Betriebe GmbH, Bad Langensalza

ISBN 978-3-374-07031-2 // eISBN (PDF) 978-3-374-07032-9
www.eva-leipzig.de

VORWORT DER HERAUSGEBER

Der erste Impuls für diese zweisprachige Studienausgabe zu den lateinischen Hauptschriften Martin Luthers entstand im Jahre 1999. Auf Anregung von Professor Rüdiger Bubner fand in Heidelberg ein Oberseminar zur Frage nach dem freien oder unfreien Willen bei Erasmus und Luther statt, an dem sich auch die Professoren Micha Brumlik, Wilfried Härle und Christoph Schwöbel beteiligten. Während der Vorbereitung stellte sich die Frage nach lateinisch-deutschen Studienausgaben der beiden Autoren. Bei Erasmus gab es kein Problem, aber mit einer zweisprachigen Ausgabe von ‚De servo arbitrio' konnten die Theologen nicht dienen. So blieb nur das mühsame Geschäft, eine lateinische Ausgabe und eine deutsche Übersetzung zu kopieren, zusammenzustückeln, erneut zu kopieren und binden zu lassen – kein sehr überzeugender Auftritt. Zum Glück schnitt Luther beim inhaltlichen Vergleich mit Erasmus deutlich besser ab.

Damals reifte bei den beteiligten Theologen der Plan, Luthers lateinische Hauptschriften – mit Ausnahme der Vorlesungen – zu sichten, thematisch zu ordnen und in einer zunächst auf vier, später auf drei Bände angelegten zweisprachigen Studienausgabe zu publizieren.

Als exzellenter Kenner der reformatorischen Theologiegeschichte konnte seinerzeit Professor Theodor Mahlmann gewonnen werden, der sich von Anfang an mit großem Einsatz an der Entwicklung dieser Studienausgabe beteiligte und ihr schließlich auch bis zur Korrektur der lateinischen Texte und zur Überprüfung der deutschen Übersetzungen dieses ersten Bandes die Treue gehalten und unschätzbare Dienste erwiesen hat.

Nachdem das Konzept der thematisch aufgebauten Bände feststand, konnten – dankenswerterweise ohne allzu großen Aufwand – die Evangelische Kirche in Deutschland, die Evangelische Kirche der Union (jetzt: Union Evangelischer Kirchen) sowie die Vereinigte Evangelisch-Lutherische Kirche für die finanzielle Unterstützung des Vorhabens gewonnen werden. Nur so wurde es überhaupt möglich, eine solche Studienausgabe zu einem günstigen, für Studierende bezahlbaren Preis zu veröffentlichen. Inzwischen hat sich auch die Luther-Gesellschaft mit einer namhaften Summe an der Finanzierung beteiligt. Für all diese Druckkostenzuschüsse sei hiermit sehr herzlich gedankt.

Bei dem Versuch, für die Studienausgabe gute, leicht verwendbare lateinische Textvorlagen zu beschaffen, stellten sich Schwierigkeiten

ein, die schließlich dadurch behoben werden konnten, dass die Ausgabe bei der Evangelischen Verlagsanstalt in Leipzig ihre verlegerische Heimat fand. Damit standen die Textvorlagen der Martin Luther-Studienausgabe zur Verfügung – jedenfalls soweit die benötigten Texte dort erschienen waren.

In diesen Zeitraum fiel auch die Entscheidung der beiden ursprünglichen Mitherausgeber, Mahlmann und Schwöbel, sich als Bandherausgeber wegen anderweitiger Verpflichtungen zurückzuziehen, wohl aber das gemeinsam erarbeitete Konzept einem neuen Herausgeberkreis zur Verfügung zu stellen.

In den Jahren 2002 und 2003 traten Professor Günther Wartenberg, Leipzig, und Professor Johannes Schilling, Kiel, als Mitherausgeber in die Ausgabe ein. Herr Dr. Michael Beyer, Leipzig, wurde als Mitarbeiter für die Erstellung und Bearbeitung lateinischer Textvorlagen gewonnen. Vorübergehend beteiligte sich auch Professor Helmar Junghans, Leipzig, an den Vorarbeiten zu diesem Projekt.

Es war und ist ein Glücksfall für das ganze Unternehmen, dass wir in Frau Dr. Annette Weidhas eine ebenso kompetente wie engagierte Partnerin in der Evangelischen Verlagsanstalt gefunden haben, die mit großem Geschick und einer unnachahmlichen Mischung aus Geduld, Beharrlichkeit und Forcierung ganz wesentlich zum Gelingen dieses Unternehmens beitrug.

Dank gebührt zudem Frau Bettine Reichelt, Frau Elisabeth Neijenhuis, Herrn Alexander Wieckowski, Herrn Jonathan Bergau, Herrn Heinrich Löber und Herrn Johannes Träger, die die Texte der Ausgabe in ihren verschiedenen Erarbeitungsstadien Korrektur gelesen haben.

Der vorliegende erste Band der dreibändigen lateinisch-deutschen Luther-Studienausgabe enthält Disputationen und Schriften zum Thema ‚Der Mensch vor Gott'. Band 2 enthält Texte zum Thema ‚Christusglaube und Rechtfertigung' und Band 3 trägt den Titel ‚Kirche und Ämter'.

Die so thematisch zusammengestellten, in sich chronologisch aufgebauten Bände eignen sich vor allem als Textgrundlage für Seminare und Übungen, in denen einerseits den nachlassenden Lateinkenntnissen Rechnung getragen, andererseits aber daraus nicht die Konsequenz gezogen wird, auf das Studium der Klassiker in der Ursprache zu verzichten. Darüber hinaus ermöglichen diese Bände theologische Bildungsarbeit durch eigenständige Lektüre und bieten damit die Chance, die theologische Entwicklung und die systematische Kohärenz des Wittenberger Reformators konzentriert zu studieren.

Den Zwecken einer zweisprachigen Studienausgabe entsprechend wurde einerseits bei den lateinischen Texten der Anmerkungsapparat

auf die für das Verstehen unverzichtbaren Erklärungen und Quellenverweise reduziert, andererseits bei den Übersetzungen ein anhand der Quelle leicht überprüfbarer, verständlicher Text angestrebt. Mit den inhaltlichen Schwerpunkten der Bände beschäftigt sich jeweils eine vom zuständigen Bandherausgeber verfasste Einleitung, die zugleich die thematischen Zusammenhänge zwischen den einzelnen Schriften sichtbar machen soll.

Mit der Veröffentlichung dieser zweisprachigen Luther-Studienausgabe verbinden Herausgeber und Verlag die Hoffnung, dass durch die Arbeit an diesen Quellen das Verständnis der für die evangelische Kirche und die Theologie grundlegenden Schriften Martin Luthers erheblich verbreitert und vertieft werden kann. Hinter dieser Hoffnung steht die Überzeugung, dass Luther nicht nur ‚seiner' Kirche, sondern der Christenheit und der Menschheit insgesamt bleibend Gültiges, weil Wahres, zu sagen hat.

Heidelberg/Kiel/Leipzig, den 10. November 2005
Wilfried Härle   Johannes Schilling   Günther Wartenberg

VORWORT ZUR 2. AUFLAGE VON BAND 1

Zehn Jahre nach der Veröffentlichung des ersten Bandes der Lateinisch-Deutschen Studienausgabe wird erfreulicherweise dessen zweite Auflage fällig. Gründe für die Veränderung der Konzeption der dreibändigen Ausgabe sind in diesem Jahrzehnt nicht sichtbar geworden. Sie hat sich bewährt. Wohl aber war die Gelegenheit der Neuauflage zu nutzen, um den Band auf Fehler und Verbesserungsmöglichkeiten hin durchzusehen. Dieser Aufgabe haben sich die Herausgeber und Übersetzerinnen gemeinsam unterzogen. Dabei zeigte sich, dass es nur Weniges zu korrigieren gab.

Möge diese durchgesehene und verbesserte Neuauflage weiterhin ihren Dienst für die Erforschung und Vermittlung der Theologie Martin Luthers tun und damit einen kleinen Beitrag zum bevorstehenden großen Reformationsjubiläum leisten.

Heidelberg/Ostfildern, den 1. Dezember 2015
Wilfried Härle

VORWORT ZUR 3. AUFLAGE VON BAND 1

Für den Verlag, die Herausgeber und Übersetzerinnen ist es eine große Freude, dass dieser erste Band der Lateinisch-Deutschen Studienausgabe von Luthers Werken nun schon in dritter Auflage erscheinen kann. Das spricht für ein lebhaftes Interesse gerade an diesem Band, der den Titel trägt: ‚Der Mensch vor Gott'. In ihm sind unter anderem so grundlegend wichtige Texte Luthers enthalten wie

  – seine ‚Heidelberger Disputation' von 1518, in der Luther erstmals die Grundzüge seiner reformatorischen Theologie in einem systematischen Zusammenhang entfaltet;

  – seine ‚Assertio omnium articulorum' von 1520, in der er seine von Rom verurteilten Glaubensartikel Punkt für Punkt bekräftigt und verteidigt;

  – seine große, gegen Erasmus von Rotterdam gerichtete Schrift ‚De servo arbitrio' von 1525, in der er seine Überzeugung begründet, dass die Behauptung eines freien Willensvermögens in der Beziehung zu Gott nur eine leere Redensart sei;

  – seine ‚Disputatio de homine' von 1536, in der er in höchster Verdichtung sein (philosophisches und) theologisches Verständnis des Menschen darstellt.

Das sind vier Eckpfeiler der Theologie Luthers. Wer sie sich verstehend angeeignet hat, kann nicht nur mitreden, wenn es um die reformatorische Theologie geht, sondern kann damit auch für sich selbst ein tragfähiges theologisches Fundament gewinnen.

Eine solche Neuauflage bietet naturgemäß auch die Gelegenheit, die für diesen Band neu erarbeiteten Übersetzungen noch einmal gründlich auf ihre Genauigkeit sowie auf inhaltliche, stilistische und orthographische Verbesserungsmöglichkeiten hin durchzusehen. Diese Gelegenheit haben wir genutzt und dabei an einigen Stellen (überwiegend kleinere) Veränderungen vorgenommen, die wir für Verbesserungen halten.

Möge diese Studienausgabe in einer Zeit, in der es um die Lateinkenntnisse allgemein nicht zum Besten bestellt ist, dazu helfen, Luthers lateinisch geschriebene Hauptwerke aus den Quellen zu erforschen. Es lohnt sich.

Heidelberg/Ostfildern, den 23. September 2021
Wilfried Härle

INHALT

Einleitung XI

Zur Gestaltung der lateinischen Texte XLIII

Quaestio de viribus et voluntate hominis sine gratia disputata /
Disputationsfrage über die Kräfte und den Willen
des Menschen ohne Gnade (1516) 1
  Übersetzung: Wilfried Härle

Disputatio contra scholasticam theologiam /
Disputation gegen die scholastische Theologie (1517) 19
  Übersetzung: Wilfried Härle

Disputatio Heidelbergae habita / Heidelberger Disputation (1518) 35
  Übersetzung: Wilfried Härle

Assertio omnium articulorum Martini Lutheri per bullam
Leonis X. novissimam damnatorum /
Wahrheitsbekräftigung aller Artikel Martin Luthers,
die von der jüngsten Bulle Leos X. verdammt worden sind (1520) 71
  Übersetzung: Sibylle Rolf

De servo arbitrio / Vom unfreien Willensvermögen (1525) 219
  Übersetzung: Athina Lexutt

Disputatio D. Martini Lutheri de homine /
Disputation D. Martin Luthers über den Menschen (1536) 663
  Übersetzung: Wilfried Härle

Abkürzungen 671

Werkübersicht 673

Die lateinischen Textvorlagen verantwortet Michael Beyer.

EINLEITUNG

Ganz am Ende von ‚De servo arbitrio' spricht Martin Luther (1483-1546) seinen Widerpart Erasmus von Rotterdam (ca. 1466-1536) noch einmal direkt an - diesmal frei von Ironie, Polemik, Zorn oder Empörung. Er schreibt: „Dann lobe und preise ich dich auch deswegen nachdrücklich, dass du als einziger von allen die Sache selbst angegangen bist, das heißt: den Hauptpunkt des Streits, und mich nicht ermüdest mit jenen nebensächlichen Streitpunkten über das Papsttum, das Fegefeuer, den Ablass und ähnliche Themen - oder vielmehr: Lappalien -, mit denen mich bisher fast alle vergeblich verfolgt haben. Du als wirklich einziger hast den Dreh- und Angelpunkt der Dinge gesehen und den Hauptpunkt des Streits selbst angegriffen, wofür ich dir von Herzen Dank sage."[1]

Diese Sätze besagen nicht etwa, dass Luther nun am Ende der Auseinandersetzung seine Kritik an Erasmus sachlich zurücknähme oder auch nur abmilderte. Im Gegenteil: Wenige Sätze später heißt es: „Dass du diesem unserem Fall gewachsen wärest, hat Gott noch nicht gewollt und nicht gegeben. Ich bitte dich, du wollest das als mit keiner Anmaßung gesagt verstehen. Ich bete aber darum, der Herr möge dich bald in dieser Sache mir so überlegen machen, wie du mir in allem anderen überlegen bist."[2]

Die zitierten Aussagen Luthers zeigen Zweierlei, das von großer Bedeutung ist: einerseits, worin nach Luthers eigener Auffassung das Zentrum der Kontroverse mit der römischen Kirche - aber auch mit den sog. Schwärmern - nicht zu suchen ist, nämlich nicht in der Lehre vom Papsttum, vom Fegfeuer und vom Ablass, und sie zeigen andererseits, dass nach Luthers Auffassung der Dreh- und Angelpunkt des Streits in der Frage nach der Entscheidungsfreiheit und der Kraft des menschlichen Willens liegt.[3]

---

[1] S. u. 659,8-16.
[2] S. u. 659,29-34.
[3] Dieser thematischen Gewichtung entspricht dann auch der energisch-selbstbewusste Schluss von ‚De servo arbitrio': „Ich aber habe in diesem Buch ... die Wahrheit bezeugt, und ich bezeuge die Wahrheit. Und ich will keinem das Urteil überlassen [wie Erasmus das will], sondern ich rate allen an, Gehorsam zu leisten. Der Herr aber, um dessen Sache es sich handelt, möge dich erleuchten und zu einem Gefäß zu seiner Ehre und zu seinem Ruhm machen. Amen." (s. u. 661,3-9) Ebenso

Bevor ich auf die dabei vorausgesetzte ‚Diatribe' des Erasmus von 1524 und Luthers Entgegnung in ‚De servo arbitrio' (von 1525) eingehe, ist zunächst ein Blick in die Frühzeit von Luthers theologischer Entwicklung seit dem Jahr 1516 angezeigt, wobei eine der Leitfragen lautet: Wird auch dort schon der ‚Dreh- und Angelpunkt' erkennbar, von dem Luther 1525 spricht?4

Der erste in diesem Band veröffentlichte Text befasst sich in Form von erläuterten Thesen und Zusätzen mit der Disputationsfrage, ob der zum Bild Gottes erschaffene Mensch aus seinen natürlichen Kräften die Gebote Gottes halten oder irgendetwas Gutes tun oder denken und sich mit Hilfe der Gnade Verdienste erwerben könne.5 Über diese Frage wurde am 25. September 1516 anlässlich der Promotion von Bartholomäus Bernhardi aus Feldkirch (1487–1551) zum Sentenziar6 unter dem

---

passt dazu Luthers Selbsteinschätzung (WA Br 8,99,7 f. [Nr. 3162]) von ‚De servo arbitrio' als seine – neben den Katechismen – wichtigste theologische Schrift.

4 Schon 1987 hat Eilert Herms auf die Bedeutung dieses größeren Zusammenhangs für das angemessene Verständnis von ‚De servo arbitrio' hingewiesen: „Zunächst muss ich vor einer isolierten Beschäftigung mit Luthers Streitschrift ‚De Servo Arbitrio' gegen Erasmus warnen. Diese Schrift ist nur das letzte große Dokument einer viel älteren Auseinandersetzung, die bis in die Grundlegungsphase von Luthers Theologie zurückgreift und einen in sich einheitlichen Zusammenhang von Überlegungen und Einsichten darstellt: Es war nichts anderes als die durch persönliche Erfahrung motivierte und dann für seine eigene Theologie schlechthin grundlegende Auseinandersetzung mit der nominalistischen Buß- und Gnadenlehre sowie mit deren anthropologischen Implikationen, die Luther ursprünglich dazu veranlasste, eine in augustinischer Tradition stehende Lehre – eben die Lehre vom unfreien Willen – mit neuen Akzenten in Erinnerung zu bringen. Luther hat sie zunächst in den Disputationen der Jahre 1516–18 öffentlich vertreten; er hat sie 1520 gegen ihre Verurteilung durch Rom bekräftigt und schließlich 1525 gegen Erasmus verteidigt. Luthers Lehre vom ‚servum arbitrium' ist also nicht ein aus Prinzipien deduziertes dogmatisches Theorem, sondern sie ist das Resultat einer ganz wesentlich auf Selbsterfahrung in der damaligen Seelsorgepraxis gestützten Kritik von anthropologischen Theorien und Überzeugungen, die in einer bestimmten theologischen Schulüberlieferung vertreten wurden." (Luther und Freud, in: Eilert Herms, Offenbarung und Glaube, Tübingen 1992, 104) Der vorliegende Band bietet in kompakter Form das Quellenmaterial, anhand dessen diese These überprüft und nachvollzogen werden kann.

5 S. u. 1–17.

6 ‚Sententiarius' war der akademische Grad in der mittelalterlichen Universität, der zum Verfassen von Sentenzen und Sentenzenkommentaren befähigte. ‚Sentenzen' waren wichtige biblische bzw. theologische Lehraussagen, die in Sentenzenbüchern systematisch geordnet und zusammengestellt und in Sentenzenkommen-

Vorsitz Luthers disputiert. Bernhardi hatte Luther, der wegen seiner Römerbriefvorlesung von mehreren Seiten angegriffen worden war, zu einer solchen Disputation gedrängt und auch selbst die Thesen formuliert, die freilich inhaltlich – und teilweise auch wörtlich – wesentliche Gedanken aus Luthers Römerbriefvorlesung wiedergeben.[7]

Im Zentrum dieser Disputation steht die auf Röm 8,20 gestützte Aussage, dass der Mensch aus seinen natürlichen Kräften nichts Gutes tut, sondern, weil er selbst als Sünder nichtig geworden ist, auch die Kreaturen, mit denen er umgeht, der Nichtigkeit unterwirft. Ohne die Gnade Gottes hat er keinen freien, sondern einen durch die Sünde geknechteten Willen, der jedoch dem Bösen nicht widerwillig, sondern willig dient. Alles Gute, das im Leben eines Menschen geschieht, ist deswegen das Werk der Gnade Gottes und verdankt sich nicht der Unterstützung durch die Heiligen.

Charakteristisch für diese Thesen und Zusätze, mittels deren die Disputationsfrage insgesamt verneint wird, ist die Beweisführung, die sich einerseits und vor allem auf Bibelaussagen, andererseits auf die antipelagianischen Schriften von Augustinus (354–430) stützt und von da aus die Gnadenlehre der Scholastik, insbesondere die Gabriel Biels (ca. 1413/14–1495), scharf kritisiert.

Die Rezeption dieser Disputationsthesen – vor allem in Wittenberg und Erfurt – führte in der Folgezeit zu einer verstärkten Aufmerksamkeit für Augustinus als Verfasser der antipelagianischen Schriften, durch deren Lektüre z. B. Nikolaus von Amsdorf(f) (1483–1565) und Andreas Bodenstein aus Karlstadt (1486–1541) für die Sache der Reformation gewonnen wurden. Thematisch zeigt sich schon hier als ein Dreh- und Angelpunkt die Frage nach dem freien Willen[8] des Menschen und nach dem, was dieser Wille ohne die Gnade vermag, nämlich: nichts Gutes. Dieselbe thematische Stoßrichtung hat die große – aus 100 Thesen beste-

---

taren umfassend ausgelegt wurden. Besonders bekannt und wirkmächtig waren die vier Sentenzenbücher des Petrus Lombardus (um 1095–1160). Vgl. hierzu den Art. ‚Sentenzen, Sentenzenkommentare' von Ruedi Imbach, in: LThK³ Bd. 9 (2000), 467–471.

[7] Vgl. hierzu StA 1,153 sowie Martin Brecht, Martin Luther, Bd. 1, Stuttgart ³1990, 165 f.

[8] Einschlägig hierfür ist vor allem der erste Zusatz zur zweiten These (s. u. 8 f.), wobei Luther bzw. Bernhardi für ‚Wille' den Begriff ‚voluntas', in Augustinuszitaten hingegen in der Regel den Begriff ‚arbitrium' verwenden. Dort, wo der Text der Disputation selbst den Begriff ‚arbitrium' gebraucht (im zweiten Zusatz zur dritten These), ist ‚arbitrium' nicht mit ‚Willensvermögen' zu übersetzen, sondern eher mit ‚Willkür', ‚Gutdünken' oder ‚Belieben'.

hende – Disputation gegen die scholastische Theologie,⁹ deren Thesen Luther selbst verfasst hat und die von Franz Günther aus Nordhausen († 1528) am 4. September 1517 verteidigt wurden.

Schon von der ersten These an wird deutlich, welches Gewicht für Luther Augustinus – und zwar nicht als sein Ordenspatron, sondern als authentischer Ausleger der Heiligen Schrift¹⁰ – gewonnen hat. Was man nach Luthers Auffassung durch Augustinus von der Bibel lernen kann, ist die Einsicht, dass der Mensch von sich aus, das heißt ohne das Wirken der Gnade Gottes, das von Gott gebotene Gute nicht tun kann, sondern notwendigerweise dem Willen Gottes widerspricht, also Böses tut. Hinter dieser paulinisch-augustinisch-lutherischen These stehen zwei Überzeugungen: einerseits, dass der Mensch in der gefallenen Welt von Natur aus nicht gut, sondern böse ist, andererseits, dass er sich nicht von sich aus vom Bösen ab- und dem Guten zuwenden kann. Die gegenteilige Auffassung sieht Luther in der scholastischen Theologie – vor allem bei Gabriel Biel und Johannes Duns Scotus (ca. 1265-1308) – vielfältig vertreten. Dahinter steht freilich für Luther der unheilvolle Einfluss der Philosophie des Aristoteles (385-322 v. Chr.) auf die hoch- und spätmittelalterliche Theologie. Der Hauptpunkt seiner Kritik ist die in These 42 kritisierte aristotelische Auffassung, der Mensch würde dadurch gerecht, dass er gerecht handele.¹¹ Weil die aristotelische Gegenmeinung für die spätmittelalterliche Theologie, und zwar sowohl für die Soteriologie als auch für die Ethik, grundlegende Bedeutung erlangt hat, setzt Luther der allgemeinen Auffassung, ohne Aristoteles werde man kein Theologe, die dezidierte Antithese entgegen: „Man wird ein Theologe nur, wenn man es ohne Aristoteles wird." (These 46) So sehr Luther Aristoteles in Einzelfragen zustimmen kann, so gilt doch wegen dieses grundlegenden Gegensatzes: „Der ganze Aristoteles verhält sich zur Theologie wie die Finsternis zum Licht." (These 52)

Angesichts der großen Bedeutung, die Aristoteles seit Albert dem Großen (ca. 1200-1280) und Thomas von Aquin (ca. 1225-1274) für die mittelalterliche Theologie gewonnen hat, ist dies eine Kritik und

---

9 Vgl. dazu StA 1,163 f. sowie Brecht, Martin Luther, Bd. 1, (s. Anm. 7), 170-172; s. u. 19-33.
10 Siehe dazu WA Br 1,70,17-24.
11 Dies kritisiert Luther auch schon in einem Brief an Georg Spalatin (1484-1545) vom 19. Oktober 1516, in dem er schreibt: „Non enim, ut Aristoteles putat, iusta agendo iusti efficimur, nisi simulatorie, sed iusti (ut sic dixerim) fiendo et essendo operamur iusta" (WA Br 1,70,29-31, dt.: „Wir werden nämlich nicht, wie Aristoteles meint, dadurch gerecht, dass wir gerecht handeln, außer auf heuchlerische Weise, sondern indem wir Gerechte (um es so zu sagen) werden und sind, tun wir

Kampfansage an die gesamte scholastische Theologie. Das genau besagt auch ihr Titel, und so hat sie auch gewirkt.

Die Frage nach dem freien Willen spielt auch in diesen Thesen durchgängig eine entscheidende Rolle. Sie taucht erstmals in These 5 auf in Form des Begehrens (appetitus), von dem Luther sagt, dass es gar nicht frei, sondern gefangen bzw. verknechtet sei. Auch in den folgenden Thesen (6–12 sowie 73–81 und 90 f.) spielt die Frage nach dem freien oder unfreien Willen sowie dem guten oder bösen Willen durchgehend eine entscheidende Rolle, wobei die These, dass der Mensch keinen freien Willen[12] zum Guten habe, durch Verweis auf die Schrift und Augustinus erhärtet wird. Dass diese Einsichten nicht den Charakter von überlieferten Lehrsätzen haben, die je als solche – auch ohne eigene Gewissheit von ihrer Wahrheit – zu akzeptieren und zu tradieren wären, sondern dass es sich dabei um Glaubensaussagen handelt, die in der eigenen Lebenserfahrung erlitten und erhärtet wurden, geht aus diesen Thesen noch nicht, aus späteren Texten aber klar hervor.

Zwischen dem Herbst 1517 und dem Sommer 1518 fand in Luthers Leben das statt, was Brecht als die ‚doppelte Wende' bezeichnet hat, womit er einerseits Luthers ‚Angriff auf den Ablaß' und andererseits seine ‚reformatorische Entdeckung'[13] meint. Mit den 95 Ablassthesen vom 31. Oktober 1517, die im zweiten Band dieser Studienausgabe veröffentlicht werden, greift Luther die spätmittelalterliche Bußlehre und -praxis an ihrer empfindlichsten Stelle an und sucht die öffentliche theologische Diskussion über diese Fehlentwicklung. Luther wäre jedoch völlig missverstanden, wenn man meinte, es ginge ihm lediglich oder vorrangig um die Behebung des Wildwuchses in der Ablasspraxis. Der Ablasshandel ist für ihn Symptom einer verfehlten Bußlehre, die voraussetzt, dass der unter die Macht der Sünde geratene Mensch, wenn er tut, was in seinen Kräften steht, den ersten Schritt zum Heil gehen und so die Gnade Gottes erlangen kann. Dieser Lehre hatte Luther – unter strengsten monastischen Bedingungen, die zu erfüllen ihm nicht schwer fiel – zehn Jahre lang vertraut, bis er erkannte, dass dieser Weg den Menschen nur in eine verblendete Hybris oder in ehrliche Verzweiflung führen kann, weil er das Erlangen des Heils abhängig macht vom menschlichen Streben, das notwendigerweise auf sich selbst zentriert bleibt und so zur ‚incurvatio in seipsum', das heißt: zu einem permanenten Kreisen um sich selbst führt.

---

das Gerechte."). Zu Luthers Auseinandersetzung mit Aristoteles s. Theodor Dieter, Der junge Luther und Aristoteles, Berlin/New York 2001.
[12] Luther verwendet hier durchgehend den Begriff ‚voluntas', nicht ‚arbitrium'.
[13] Brecht, Martin Luther, Bd. 1, (s. Anm. 7), 173.

Zeigten die Disputationen der Jahre 1516 und 1517, dass Luther diesen Irrtum bereits erkannt und präzise lokalisiert hatte, so zeigt die Heidelberger Disputation[14] von 1518, dass offensichtlich bei Luther inzwischen ein weiterer, und zwar der entscheidende Durchbruch stattgefunden hatte: die reformatorische Entdeckung, die er im Rückblick von fast 30 Jahren in der Vorrede zum ersten Band der ‚Opera latina' aus dem Jahre 1545 dargestellt hat.[15] Dass es allein der Glaube ist, der sich auf Christus verlässt, durch den der Mensch das Heil empfängt, und dass die biblisch verstandene Gerechtigkeit Gottes nichts anderes ist als die Barmherzigkeit, durch die Gott im Menschen diesen Glauben weckt, und dass dieser Glaube, als Vertrauen auf die in Christus sichtbar gewordene Barmherzigkeit Gottes, die Gerechtigkeit ist, die vor Gott gilt: All dies ist Luther offenbar im Frühjahr des Jahres 1518 in großer Klarheit bewusst und gewiss geworden. Und es findet im Sermon von der zweifachen Gerechtigkeit[16], der sich auf den Predigttext vom 28. März 1518 bezieht, sowie vor allem in der Heidelberger Disputation vom 25. oder 26. April 1518 sowohl inhaltlich als auch sprachlich deutlichen Ausdruck.[17]

Wir veröffentlichen hier die insgesamt 40 theologischen und philosophischen Thesen samt ihren Begründungen.[18] Dass Luther den theologischen Thesen einen kurzen Vorspann vorangestellt hat,[19] in dem er die Thesen als ‚Theologica paradoxa' bezeichnet, hat tiefen Sinn. Luther bringt hier – im Anschluss an Paulus und Augustinus – seine reformatorische Erkenntnis so zugespitzt und pointiert (nicht übertrieben!) und in einer so eindrücklichen, kraftvollen Sprache zum Ausdruck wie in kaum einem anderen Text.

Dabei geht es zunächst (These 1–12) um das rechte Verständnis und die rechte Verhältnisbestimmung der Werke Gottes und der Werke der Menschen, in den Thesen 13–18 erneut um die Bestreitung eines

---

[14] S. u. 35–69.
[15] WA 54,179–187. Dieser klassische Text wird in Band 2 dieser Lateinisch-Deutschen Studienausgabe (LDStA) veröffentlicht werden. Zu seiner Interpretation s. Wilfried Härle: Luthers reformatorische Entdeckung – damals und heute, in: Ders., Menschsein in Beziehungen, Tübingen 2005, 1–19.
[16] WA 2,145–152; dieser Text wird ebenfalls in LDStA 2 enthalten sein.
[17] Zu den Textstücken, die insgesamt zur Heidelberger Disputation gehören, vgl. StA 1,188 f.
[18] Dass die Thesen sowohl mit ihren Begründungen (s. u. 36,1–63,36) als auch ohne sie (s. u. 64,3–69,25) wiedergegeben werden, ist auch der Tatsache geschuldet, dass die begründeten und die nicht begründeten Thesen im Wortlaut teilweise differieren.
[19] S. u. 62,29–65,3.

menschlichen freien Willens und der Fähigkeit, aus eigenen Kräften Gutes zu tun.[20] Das dritte Teilstück der Thesen (19-24) ist das Herzstück der ganzen Disputation; denn es zeigt anhand der Unterscheidung und Verhältnisbestimmung von ‚Theologia crucis' und ‚Theologia gloriae' in dichten und feinsinnigen Formulierungen, worin das Wesen und die Aufgabe – aber auch die Gefährdung – der Theologie nach reformatorischem Verständnis bestehen. Hier wird unübersehbar deutlich, dass die Theologie nur dann bei ihrer Sache ist, wenn sie ihre Erkenntnis aus der Selbsterschließung Gottes in der Verborgenheit des Leidens und Kreuzestodes Jesu Christi gewinnt. Dann sagt sie ‚quod res est'. Der Schlussteil (These 25-28) schlägt den Bogen zurück zur Eingangsthematik der Werke und setzt sie in Beziehung zum Glauben. Gekrönt wird dieser theologische Teil mit der unausschöpflichen These: „amor dei non invenit, sed creat suum diligibile. amor hominis fit a suo diligibili".[21]

Im Blick auf die abschließenden 12 philosophischen Thesen der Heidelberger Disputation teile ich die Auffassung von Brecht[22]: „Die philosophischen Thesen kommen an die Bedeutung der theologischen nicht heran." Ihr Hauptanliegen ist es, den Einfluss der aristotelischen Philosophie zu problematisieren und zurückzudrängen.

Während die Heidelberger Disputation ebenso nach innen wirkte wie auch viele Zuhörer begeisterte,[23] erreichten die im Dezember 1517 an mehreren Orten gedruckten 95 (Ablass-)Thesen eine immense Außen- und Öffentlichkeitswirkung. Erzbischof Albrecht von Magdeburg und Mainz (1490-1545) informierte die römische Kurie, die zunächst versuchte, über Luthers Ordensobere mäßigend auf ihn einzuwirken. So vergingen erst noch zweieinhalb Jahre,[24] bevor am 24. Juli 1520 die Ban-

---

[20] In unübertroffener Kürze, Präzision und Prägnanz kommt dies in These 13 zum Ausdruck: „Liberum arbitrium post peccatum, res est de solo titulo, et dum facit quod in se est peccat mortaliter" (s. u. 64,27 f.).
[21] S. u. 66,24 f.
[22] Brecht, Martin Luther, Bd. 1 (s. Anm. 7), 228.
[23] „Luther gewann durch sein Auftreten, sein langmütiges Anhören der Entgegnungen und klares Antworten viele Herzen. Seine Ordensbrüder stellten sich zum größten Teil auf seine Seite. Er erlangte die Anerkennung des kurpfälzischen Hofes und begeisterte Gäste für sich. Der Dominikaner Martin Bucer, der Kanonikus Theobald Billicanus, der Theologiestudent Johannes Brenz und vielleicht auch sein Kommilitone Erhard Schnepf fielen ihm zu und wurden später Reformatoren im süddeutschen Raum." (StA 1,186 f.).
[24] Über die verwickelten Ereignisse zwischen der Veröffentlichung der Ablassthesen und der Bannandrohungsbulle informiert Brecht, Martin Luther, Bd. 1 (s. Anm. 7), 198-372.

nandrohungsbulle[25] ‚Exsurge Domine'[26] in Rom veröffentlicht wurde. Die Bannandrohungsbulle führt – wörtlich oder sinngemäß – 41 Sätze Luthers aus den Jahren 1517–1520 auf und erklärt dazu: „Die vorgenannten Artikel bzw. Irrtümer verurteilen, missbilligen und verwerfen Wir samt und sonders ganz und gar als, wie vorausgeschickt wird, – je nachdem – häretisch oder anstößig oder falsch oder fromme Ohren verletzend oder einfache Gemüter verführend und der katholischen Wahrheit widerstrebend."[27] Die einzelnen Aussagen Luthers werden lediglich zitiert, aber nicht widerlegt und auch nicht den einzelnen Kategorien – „häretisch oder anstößig oder falsch oder fromme Ohren verletzend ..." – zugeordnet.

In Deutschland wurde die Bannandrohungsbulle im September 1520 durch Johannes Eck (1486–1543) öffentlich angeschlagen und damit im formalen Sinn rechtswirksam. Luther selbst hatte spätestens seit dem 1. Oktober 1520 Kenntnis von der Bannandrohungsbulle.[28] Zu dem darin geforderten Widerruf[29] war Luther nicht bereit, solange er nicht durch Gründe aus der Heiligen Schrift widerlegt worden sei. Wohl aber erklärte sich Luther – auf Bitten seines Ordensoberen und väterlichen Freundes, Johannes von Staupitz (ca. 1468–1524) – bereit, noch Ende 1520 eine kleine Schrift mit einem Begleitbrief an Papst Leo X (1513–1521) zu

---

[25] Der vollständige Text der Bannandrohungsbulle – in lateinischer und deutscher Fassung – findet sich in: Dokumente zur Causa Lutheri 1517–1521, Teil 2, hg. und kommentiert von Peter Fabisch und Erwin Iserloh (Corpus catholicorum 42), Münster 1991, 364–411. DH gibt nur die 41 verworfenen Sätze Luthers sowie die abschließende ‚Censura' wieder (DH 1451–1492). Luther selbst listet die 41 verworfenen Sätze in seiner Schrift ‚Assertio omnium articulorum' (s. u. 71–217) vollständig auf.

[26] Wie der Wortlaut der Bannandrohungsbulle zeigt, ist der Anfang der Bulle aus Ps 74/Vg 73,22 entnommen, wobei das Wort ‚Deus' durch ‚Domine' ersetzt wurde (Dokumente [s. Anm. 25], 364).

[27] DH 1492: „Praefatos omnes et singulos articulos seu errores tamquam, ut praemittitur, respective haereticos, aut scandalosos, aut falsos, aut piarum aurium offensivos, vel simplicium mentium seductivos, et veritati catholicae obviantes, damnamus, reprobamus, atque omnino reicimus."

[28] WA Br 2,189,18–41 (Nr. 339).

[29] In der Bannandrohungsbulle findet sich die Aufforderung zum Widerruf innerhalb von 60 Tagen (Dokumente [s. Anm. 25], 398–401). Nach Ablauf dieser Frist, am 10. Dezember 1520, verbrannte Luther die Bannandrohungsbulle vor dem Elstertor in Wittenberg zusammen mit den Büchern des kanonischen Rechts und einigen anderen Schriften. Damit war aus seiner Sicht von seiner Seite der Bruch mit Rom vollzogen, dem am 3. Januar 1521 durch die Bulle ‚Decet Romanum Pontificem' die offizielle Exkommunikation Luthers und seiner Anhänger folgte.

verfassen: den Traktat ‚Von der Freiheit eines Christenmenschen'[30]. Etwa zur selben Zeit verfasste Luther eine Schrift unter dem Titel ‚Adversus execrabilem Antichristi bullam'[31]. Luther verteidigt darin die ersten 12 der durch die Bannandrohungsbulle verworfenen 41 Sätze, bricht dann aber zornig ab. In einem Brief vom 4. November 1520 schreibt er an Spalatin: „Ich habe die lateinische Gegenbulle herausgegeben, die ich mitsende. Sie wird auch in deutscher Sprache gedruckt. ... Ich habe, aus lauter Unwillen über die Sache, mich kurz fassen müssen; so quält mich diese satanische Bulle, und beinahe hätte ich ganz und gar geschwiegen; denn welcher Satan hat jemals seit Anbeginn der Welt so unverschämt gegen Gott geredet?"[32]

Auf Bitten von Kurfürst Friedrich dem Weisen (1483-1525) verfasste Luther ab Dezember 1520 eine lateinische und etwas später eine deutsche Bekräftigung und Begründung all seiner durch die Bannandrohungsbulle verworfenen Sätze. Die lateinische Fassung erschien – obwohl das Titelblatt des Erstdruckes die Jahreszahl 1520 trägt – erst Mitte Januar 1521 im Druck unter dem Titel ‚Assertio omnium articulorum M. Lutheri per bullam Leonis X. novissimam damnatorum'.[33] Die deutsche Fassung erschien erst sechs Wochen später unter der Überschrift ‚Grund unnd ursach aller Artickel D. Martin Luther, ßo durch Romische Bulle unrechtlich vordampt seyn'.[34] Luther folgt in diesen Erwiderungen auf die Bannandrohungsbulle der Reihung, in der diese die 41 angeblich irrigen Aussagen Luthers aufgelistet hatte.

Er stellt seinen Begründungen jedoch eine wichtige hermeneutische Vorüberlegung voran, in der er knapp, aber luzide begründet, warum die Aussagen der Kirchenväter und des kirchlichen Lehramtes der Autorität der Heiligen Schrift nicht über-, sondern unterzuordnen sind. Er setzt dabei ein mit dem Verweis auf die päpstlichen Canones, die besagen, die Heiligen Schriften seien nicht nach dem eigenen Geist (proprio spiritu) auszulegen.[35] Diese Aussage ist mehrdeutig, je nachdem ob mit ‚eigen' der eigene Geist der biblischen Schriften oder der eigene Geist der Ausle-

---

[30] WA 7,3-38 und 42-73; LDStA 2.
[31] WA 6,597-612. Die deutsche Fassung trägt den Titel: ‚Widder die Bullen des Endchrists' (WA 6,614-629).
[32] „Edidi latinam antibullam, quam mitto; cuditur et eadem vernacula ... Ego prae mera indignitate rei brevis esse coactus sum. Ita me Satanica ista bulla excruciat, peneque in totum obticuissem: Quis enim Satan unquam tam impudenter ab initio mundi locutus est in Deum?" (WA Br 2,211,26-33 [Nr. 351]).
[33] S. u. 71-217.
[34] WA 7,308-457; StA 2,310-404.
[35] S. u. 76,8.

ger gemeint ist. Luther zeigt nun, dass diese Aussage in der römischen Kirche durchweg so verstanden und angewandt wird, als würde damit untersagt, die biblischen Schriften nach deren eigenem Geist auszulegen, um sie stattdessen im Geist der jeweiligen Ausleger zu interpretieren. Und Luther zeigt weiter – und das ist ein Kabinettstück hermeneutischer Argumentation –, dass diese hermeneutische Praxis nur unter *einer* Bedingung sinnvoll und legitim sein kann, dann nämlich, wenn man davon überzeugt ist, dass die biblischen Schriften „dunkler und unbekannter sind als die Schriften der Väter"[36]. Wenn dies aber der Fall wäre, widerspräche das nicht nur der Prämisse der Kirchenväter, für die die Heilige Schrift Autorität ist, der sie sich mit ihrer Auslegung dienend unterordnen wollen, sondern dann wäre die Berufung auf die Schrift als oberste, den Kirchenvätern und dem kirchlichen Lehramt übergeordnete Norm überhaupt sinnlos.

Demgegenüber appelliert Luther an die gemeinchristliche Einsicht, dass die Aussagen der Kirchenväter darum und insoweit als verlässlich gelten, als sie die Schrift angemessen auslegen. Ob sie das tun oder ob sie die Aussagen der Schrift verfälschen, lässt sich jedoch nicht anhand der Aussagen der Kirchenväter entscheiden, sondern nur auf Grund ihrer Überprüfung anhand des Inhalts der Schrift. Deswegen kann nur dieser Schriftinhalt normative Autorität besitzen. Daraus ergibt sich sowohl Luthers eigenes Begründungsverfahren als auch seine Forderung an die Gegenseite, ihre Lehrverwerfungen aus der Schrift zu begründen.

Die Sprachform, welche die Heilige Schrift – im signifikanten Unterschied zu vielen Aussagen der Kirchenväter – gebraucht, ist die ‚assertio', die zu verstehen ist als eine auf Gewissheit basierende Aussage, deren Wahrsein mit dieser Aussage öffentlich bezeugt oder bekräftigt wird. Luthers Bevorzugung und freimütiger Gebrauch der assertorischen Redeform gehört zu den Elementen dieser Schrift, an denen Erasmus sich stören und von denen er Abstand nehmen wird. Bei Luther kommt in der Bejahung der ‚assertiones' auch und vor allem zum Ausdruck, dass es sich um eine Wahrheitserkenntnis handelt, die er selbst – in seiner Klosterzeit – schmerzvoll erlitten und errungen hat und die er darum nun nicht angesichts einer – noch dazu unbegründeten – Widerrufsforderung preisgeben kann.

Zwar vollzieht Luther in diesem Text an mehreren Stellen formell einen ‚Widerruf' dessen, was er früher gelehrt oder geschrieben hat, z. B.

---

[36] S. u. 83,13 f.

– seiner Aussage, die Böhmen, die das Abendmahl unter beiderlei Gestalt kommunizieren, seien nur Schismatiker, aber keine Häretiker (Nr. 16); nun sagt er, sie seien nicht einmal Schismatiker, sondern ganz im Recht;
– seiner Aussagen über die Bedeutung und Notwendigkeit der Ablässe (Nr. 19–22), die er nun in Frage stellt;
– seiner These, einige Artikel von Jan Hus seien „ganz christlich, höchst wahr und evangelisch" (Nr. 30); nun sagt Luther, das sei nicht nur von einigen Artikeln zu sagen, sondern von allen.

Das heißt aber: Überall dort, wo Luther formal bzw. scheinbar widerruft, verschärft er de facto seine bisher gemachten Aussagen ausdrücklich und steht dadurch in noch größerem Abstand zur offiziellen Kirchenlehre. Während Luther zu den meisten ihm als Irrtümern vorgehaltenen Sätzen nur kurz Stellung bezieht und sie bekräftigt, äußert er sich zu zwei Themen ausführlich: einerseits zu der These, dass nach der Taufe im Christenmenschen wirkliche Sünde verbleibe (Nr. 2), und andererseits zu der Aussage, dass das ‚freie Willensvermögen' (liberum arbitrium) nach dem Sündenfall nur ein leerer Name sei und aus seinen eigenen Kräften nur tödliche Sünde hervorbringe (Nr. 36). Beide Punkte verdienen etwas genauere Betrachtung.

In der Argumentation für die nach der Taufe in Gestalt der Begehrlichkeit (concupiscentia) im Menschen verbleibende Sünde und damit für das ‚simul iustus et peccator' als Beschreibung des Christenlebens rekurriert Luther – was nicht überraschend ist – auch auf das Vaterunser. Man würde jedoch erwarten, dass Luther sich dabei – wie in der Erläuterung zu These VII der Heidelberger Disputation – auf die fünfte Bitte bezieht: „und vergib uns unsere Schuld". In der lateinischen Version der ‚Assertio' geht Luther aber – und das ist überraschend – nicht auf diese Bitte ein, sondern stattdessen auf die ersten drei Bitten des Vaterunsers: „Dein Wille geschehe, geheiligt werde dein Name, dein Reich komme."[37] Wie ist das zu erklären? Was haben die ersten drei Bitten mit der nach der Taufe verbleibenden Sünde zu tun? Und warum nimmt Luther hierfür nicht Bezug auf die fünfte Bitte?

---

37 S. u. 107,23 f. Warum Luther die Reihenfolge der ersten drei Bitten (gegenüber Mt 6,9 f.) umstellt, wird aus dem Text nicht ersichtlich. Möglicherweise erklärt sich die Vorordnung der zweiten Bitte vor die erste dadurch, dass in der Bitte „Dein Wille geschehe" die im simul vorausgesetzte Differenz zwischen der Gegenwart und der erbetenen und erhofften Zukunft, in der Gottes Wille auf Erden ebenso geschieht wie im Himmel, noch deutlicher zum Ausdruck kommt als in den Bitten um die Heiligung des Gottesnamens und um das Kommen des Gottesreiches.

Die Antwort auf diese Fragen ist der – ausführlicheren – deutschen Version der ‚Assertio' zu entnehmen. Luther sagt dort sinngemäß:[38] Die fünfte Bitte bezieht sich auf die vergangene, also bereits begangene Schuld, die erste bis dritte Bitte dagegen auf die verbliebene gegenwärtige Sünde. Das heißt: Diese drei Bitten, die zu sprechen der Christenheit durch Jesus Christus selbst aufgetragen ist, zeigen, dass die Christen nicht nur im Reich Christi leben, wo die Heiligung des Gottesnamens, die Erfüllung des Gotteswillens und die Gegenwart des Gottesreiches selbstverständliche Voraussetzungen sind, sondern dass sie in einer Situation leben, die immer noch durch das Reich des Teufels, durch den Ungehorsam gegen den Willen Gottes und durch die Verunehrung des Namens Gottes mitbestimmt ist.

Das ist freilich nur *ein* Beleg für die These, dass die Begehrlichkeit auch nach der Taufe im Menschen wohnt und wirkliche Sünde ist. Viele andere Schriftbelege, die durch die eigene Erfahrung bestätigt werden, kommen bei Luther – auch in diesem Text – hinzu.

Die in These 36 der ‚Assertio' von Luther erneut vertretene These von der Unfreiheit des menschlichen Willensvermögens nach dem Sündenfall hängt eng mit dem bisher Gesagten zusammen. Daran, dass die Kraft der Begehrlichkeit auch nach der Taufe im Menschen vorhanden ist und sich regt, und daran, dass er mit seinem Willensvermögen nicht gegen diese Kraft aufkommt, selbst wenn er das will, zeigt sich, dass er unfähig ist, sich aus seinen natürlichen Kräften dem Guten zuzuwenden. Das ist die Erneuerung und Bekräftigung der Grundthese, gegen die dann im Jahre 1524 Erasmus von Rotterdam seine ‚Abhandlung über den freien Willen'[39] verfasst.

Die Haltung des Erasmus gegenüber Luther war anfangs von Respekt vor seiner persönlichen Integrität und von Sympathie für seine Kritik an der Beichtpraxis und anderen kirchlichen Missständen geprägt, blieb aber im Blick auf Luthers theologische Überzeugungen

---

[38] Wörtlich WA 7,337,37–339,13: „Die weil auch alle heiligen mussen bettenn: ‚Deyn nam werd geheyliget, deyn will geschehe, deyn reych kome' etc: Damit sie eygentlich bekennen, das sie gottes namen noch nit genugsam heyligen unnd doch das nit betten kunden, wo nit der geyst schon angefangen hette yn zu heyligen. Alszo bekennen sie, das sie noch nit thun den willen gottes, und doch nit bitten mochten, wen sie nit angefangen hetten seinen willen zu thun ... diesze gepet lautten klarlich auff die ubrigen kegenwertygen sund, die weil sie bitten noch die zukunfftig ehre gotlichs namen, zukunfftigen gehorsam gotlichs willensz, zukunfftige besitzung gotlichs reichs, alsz die noch eins teyls seynn ynn des teuffels reich, ungehorsam und unehr gottes namen." Vgl. StA 2,333,16 23.28 32.
[39] De libero arbitrio DIATRIBH sive collatio, in: ErAS 4 (1969).

stets distanziert. Letzteres galt auch in umgekehrter Richtung, und obgleich Luther die große Bildung und Gelehrsamkeit des Erasmus uneingeschränkt anerkannte und bewunderte, blieben bei ihm doch stets theologische Bedenken zurück.

Diese – beiderseitig empfundenen – Differenzen konzentrierten sich im Lauf der Zeit immer stärker auf die Frage nach dem Vermögen des menschlichen Willens. Nachdem Luther in der ‚Assertio' die Bestreitung des ‚liberum arbitrium' aus der Heidelberger Disputation nicht nur wiederholt, sondern sogar noch verschärft hatte und es auch darüber zum Bruch zwischen Luther und Rom gekommen war, ging Erasmus, der schon seit langem fürchtete, als Ziehvater oder Parteigänger Luthers zu gelten, verstärkt auf Distanz zum Reformator. Die Bitte Luthers, Erasmus möge sich wenigstens aus dem theologischen Streit heraushalten,[40] wies dieser zurück und veröffentlichte im September 1524 seine ‚Diatribe'.[41]

Eine deutliche Differenz zwischen den beiderseitigen Auffassungen zeigt sich schon darin, dass Erasmus die biblischen Aussagen über die Unfreiheit des menschlichen Willensvermögens zu den unklaren oder widersprüchlichen Schriftaussagen zählt, während Luther davon überzeugt ist, dass diese Aussagen klar und in sich stimmig sind.

Nicht weniger gewichtig ist die Differenz, die sich daraus ergibt, dass Erasmus die biblischen Belege gegen das freie Willensvermögen zu den Aussagen rechnet, deren öffentliche Bezeugung er – selbst wenn sie wahr sein sollten – für inopportun und gefährlich hält. Demgegenüber gehören diese Aussagen für Luther zu dem, was offen und ehrlich verkündigt werden muss, um Menschen in der zentralen Frage, was sie zu ihrem Heil tun und beitragen können, nicht im Unklaren zu lassen oder sie sogar in die Irre zu führen.

Für die Auseinandersetzung zwischen Erasmus und Luther ist ferner von großer Bedeutung, von welchem Verständnis des ‚liberum arbitrium' Erasmus in seiner ‚Diatribe' ausgeht. Er schreibt dort: „Weiters fassen wir an dieser Stelle den freien Willen als eine Kraft des menschlichen Wollens auf, durch die sich der Mensch dem zuwenden, was zum ewigen Heil führt, oder sich davon abkehren könnte."[42] Wie

---

[40] WA Br 3,271,60–62 (Nr. 729).
[41] Vgl. zum Folgenden den – wesentlich ausführlicheren – Aufsatz (auch) über die Auseinandersetzung zwischen Erasmus und Luther, Wilfried Härle: Der (un-) freie Wille aus reformatorischer und neurobiologischer Sicht, in: Ders., Menschsein (s. Anm. 15), 253–303.
[42] ErAS 4,37.

ungenau diese Formulierung ist und in welche Schwierigkeiten sich Erasmus durch sie bringt, wird sich noch zeigen.

Hier ist zunächst festzuhalten: Der Streit geht nicht darum, ob das menschliche Willensvermögen im Bereich des alltäglichen Lebens und der bürgerlichen Gerechtigkeit etwas auszurichten vermag oder ob es sich dem Bösen aus eigener Kraft zuwenden kann – das alles bestreitet Luther nicht, sondern vertritt es selbst ausdrücklich –, die Streitfrage lautet vielmehr, ob der Mensch die Fähigkeit hat, sich dem zuzuwenden, was zum ewigen Heil führt. Und dabei ist die entscheidende Frage, ob der Mensch die Entscheidung *für* das, was zum ewigen Heil führt, aus der Kraft seines natürlichen Willensvermögens, d. h. aus sich selbst, treffen kann, oder ob dies nur auf Grund bzw. mit Hilfe der Gnade Gottes möglich ist.

Im Blick auf die Beantwortung dieser Frage entwickelt Erasmus zunächst eine Typologie von fünf in der Theologie vertretenen Positionen.[43] Er selbst macht sich die mittlere Position zu eigen, die er als die von Augustinus und Thomas von Aquin identifiziert. Von ihnen sagt er, sie seien diejenigen, die „das meiste auf die Gnade zurück[führen], auf den freien Willen beinahe nichts, ohne ihn völlig zu beseitigen: Sie leugnen, daß der Mensch etwas Gutes wollen könne ohne ,besondere' Gnade, sie leugnen, daß er beginnen könne, sie leugnen, daß er Fortschritte machen könne, sie leugnen, daß er vollenden könne ohne eine grundlegende und dauernde Hilfe der göttlichen Gnade."[44]

Am Ende der ,Diatribe' fasst Erasmus dann noch einmal die Hauptpunkte seiner Auffassung knapp zusammen, die der Herausgeber in seiner Bandeinleitung wie folgt wiedergibt:

„1. Dem freien Willen ist einiges zuzuschreiben, das meiste aber der Gnade.

2. Es gibt gute Werke, aber der Mensch darf sich darauf nichts einbilden.

---

43 Diese fünf Positionen ergeben sich aus den Aussagen der ,Diatribe' (ErAS 4,56–59 und 188 f.). Erasmus hat sie dann in seiner Antwort an Luther von 1526 unter dem Titel: ,Hyperaspistes' (in: ErAS 4,197–675) auf S. 642 f. noch einmal zusammengefasst. Danach vertritt Pelagius die Auffassung, die dem freien Willen am meisten zuweist, Duns Scotus die Position, die dem freien Willen ,reichlich viel' (,affatim', 188 f.) zubilligt, Augustinus und Thomas vertreten die dritte, mittlere Position, Karlstadt vertritt eine vierte, ,härtere' (,durior', 56 f.642 f.), der zufolge der freie Wille zu nichts fähig ist außer zum Sündigen. Die fünfte und ,härteste' (,durissima', 58 f. 642 f.) vertreten der Einschätzung des Erasmus zufolge Wyclif und Luther, die dem freien Willen gar nichts zubilligen.

44 ErAS 4,57.

3. Es gibt ein Verdienst, aber man verdankt es Gott.
4. Gott muß vom Vorwurf der Grausamkeit und Ungerechtigkeit frei bleiben. Vom Menschen muß die Verzweiflung genommen werden, damit er zum sittlichen Streben angespornt werde."[45]

Dieser zuletzt genannte Punkt ist für Erasmus von größter Bedeutung, er benennt – so kann man wohl sagen – sein theologisches Hauptanliegen.

In der ‚Diatribe' geht Erasmus nun so vor, dass er zunächst[46] die Streitfrage und die zu ihrer Beantwortung angemessene Methode benennt, wobei er einerseits für sich in Anspruch nimmt, dass praktisch alle Kirchenlehrer seine Auffassung teilen, er jedoch – um mit Luther in ein sinnvolles Gespräch eintreten zu können – sich vollständig auf biblische Aussagen beschränken will. Dabei weist er sofort darauf hin, dass diese Bibelstellen teilweise dunkel, unklar und auslegungsbedürftig seien. Sodann behandelt er[47] diejenigen Schriftstellen, die seiner Meinung nach das ‚liberum arbitrium' behaupten bzw. voraussetzen, bevor er in einem dritten Teil[48] diejenigen Schriftzeugnisse durchdenkt, welche das freie Willensvermögen „geradezu auszuschließen scheinen".[49]

Im vierten und letzten Teil sieht Erasmus sich – nolens volens – gezwungen, „ein maßvolles Urteil zu suchen",[50] das dem disparaten Befund gerecht wird, und dies ist eben die oben genannte ‚mittlere Position', die er bei Augustinus und Thomas von Aquin zu finden meint.

Während Melanchthon nach der Lektüre der ‚Diatribe' sich Erasmus gegenüber erleichtert über den maßvollen Ton seiner Schrift äußerte,[51] wurde Luther durch die Lektüre dieses Buches von einem tiefen Widerwillen erfasst. Das mag – mit – erklären, warum Luther die Antwort an Erasmus über ein Jahr hinauszögerte und erst Ende 1525 seine Schrift ‚De servo arbitrio'[52] veröffentlichte, die in ihrem Aufbau dem Gedankengang der ‚Diatribe' des Erasmus folgt, dabei aber gna-

---

45 ErAS 4,XV.
46 ErAS 4,2–37.
47 ErAS 4,36–91.
48 ErAS 4,90–157.
49 ErAS 4,91.
50 ErAS 4,157.
51 Brief vom 30. September 1524: MBW.T 2,179–183 (Nr. 344).
52 S. u. 219–661.

denlos und mit beißender Schärfe und Ironie die theologischen Schwachstellen bei Erasmus aufdeckt.

Luther nimmt die definitorische Formulierung des Erasmus für das freie Willensvermögen ernst, die besagt, es gehe um die „Kraft des menschlichen Wollens ..., durch die sich der Mensch dem zuwenden, was zum ewigen Heil führt, oder sich davon abkehren könnte"53. Und diese ‚Definition' des ‚liberum arbitrium' setzt Luther nun in Beziehung zu der Position, die Erasmus sich – im Anschluss an Augustinus und Thomas – zu Eigen gemacht hat. Von ihnen hat er aber gesagt: „sie leugnen, daß der Mensch etwas Gutes wollen könne ohne ‚besondere' Gnade, sie leugnen, daß er beginnen könne, sie leugnen, daß er Fortschritte machen könne, sie leugnen, daß er vollenden könne ohne eine grundlegende und dauernde Hilfe der göttlichen Gnade".54 Das besagt aber, dass zufolge der Auffassung von Augustinus, Thomas und – sofern er tatsächlich diese Position teilt – auch von Erasmus der Mensch ohne die Gnade Gottes nichts Gutes wollen oder bewirken bzw. seinen eigenen Kräften zuschreiben kann. Daraus folgt aber – so Luther –, dass Erasmus das Vorhandensein eines freien Willensvermögens beim Menschen seinen eigenen Prämissen zufolge bestreiten müsste; denn das, was zum ewigen Heil führt, ist das Gute schlechthin, und da der Mensch – nach Erasmus' These – ohne die Gnade Gottes nichts Gutes wollen und tun kann, hat er also dazu kein freies Willensvermögen.

Dass Erasmus trotzdem durchgängig die These vertritt, dem freien Willensvermögen des Menschen sei einiges zuzuschreiben, kann Luther nur als einen gravierenden inneren Widerspruch beurteilen. Würde Erasmus die Augustin'sche Position wirklich ernst nehmen, zu der er sich verbal bekennt, so gäbe es in dieser Frage gar keine sachliche Differenz zwischen Erasmus und Luther. Erasmus müsste dann aber all seine Angriffe gegen Luther einstellen und ihm zustimmen.

Dass Erasmus die Frage nach dem Verhältnis von Gnade und freiem Willensvermögen als letztlich unwichtig beiseite schiebt, empört Luther zutiefst. Nicht weniger, sondern – wenn es denn möglich ist – eher noch mehr ist Luther empört über die Art und Weise, wie Erasmus mit den ‚assertiones' umgeht, d. h. mit den Aussagen, die aus Wahrheitsgewissheit gemacht werden. An solchen ‚assertiones' habe er so wenig Freude (non delector)55, sagt Erasmus, dass er leicht geneigt sei, sich „auf die Seite der Skeptiker zu schlagen, wo immer es durch die

---

53 De libero arbitrio, ErAS 4,42.
54 ErAS 4,5/.
55 ErAS 4,6 f.

unverletzliche Autorität der Heiligen Schrift und die Entscheidungen der Kirche erlaubt ist, denen ich" – fügt er an – „meine Überzeugung überall gerne unterwerfe, ob ich nun verstehe, was sie vorschreibt, oder ob ich es nicht verstehe".[56]

Es ist gut nachvollziehbar, dass Luther angesichts solcher Äußerungen ein Gefühl tiefen Abscheus überkommt. Wie soll man eigentlich einen Menschen ernst nehmen und sich mit ihm auseinander setzen, der so programmatisch einerseits seinen Widerwillen gegen klare Einsichten und andererseits seine Bereitschaft zur Verleugnung aller Überzeugungen erklärt, wenn das nur verlangt wird, selbst wenn er gar nicht versteht, was da von ihm verlangt wird?

Luther selbst vertritt in ‚De servo arbitrio' immer wieder und nachdrücklich die These von der Notwendigkeit alles Geschehens (necessitas immutabilitatis)[57]. Was er damit meint, bedarf einer etwas genaueren Betrachtung, um die diesbezügliche, für sein Denken zentrale Position möglichst genau zu verstehen.

1. Die These von der Notwendigkeit alles Geschehens ergibt sich für Luther unmittelbar aus der Rede von der Allmacht Gottes. Auch wenn damit im Sinne Luthers nicht alles und nicht einmal alles Wesentliche von Gott gesagt ist, so wird doch damit etwas Grundlegendes gesagt. Denn ein ‚Gott', dessen Macht von außen bzw. durch eine andere Größe begrenzt wäre, wäre nicht Gott. Dabei ist es für Luther entscheidend, dass Allmacht nicht als bloße Fähigkeit, sondern als tatsächliche Wirksamkeit Gottes verstanden wird. So sagt er: „ Allmacht Gottes aber nenne ich nicht die Macht, mit der er vieles nicht tut, was er kann, sondern jene wirksame, mit der er machtvoll alles in allem tut. Auf diese Weise nennt die Schrift ihn allmächtig."[58] Gott ist in allem Geschehen als der Allmächtige am Werk. Es gibt keinen Bereich der Wirklichkeit, in dem der allmächtige Gott nicht wirksam wäre.

Aber ‚Allwirksamkeit' bedeutet im Sinne Luthers nicht ‚Alleinwirksamkeit'. Zwar wirkt Gott dort, wo er erschafft, erneuert und erhält, ohne uns, also allein; aber Gott hat den Menschen so und dazu erschaffen, dass er – in beiden Regimenten – mit Gott zusammenwirke, um die Welt vor dem übermächtigen Wirksamwerden des Bösen zu bewahren und das rettende Wort des Evangeliums zu verkündigen. Innerhalb der Reiche bzw. Regimente wirkt Gott also zwar überall, und insofern alles, aber er wirkt es nicht allein, sondern mit dem Menschen zusammen.

---

[56] Ebd.
[57] S. u. 256,10–19; 288,14–26 sowie 424,15–17.
[58] S. u. 487,7–10.

Da die Hinwendung zum Heil, um die es in der Auseinandersetzung mit Erasmus geht, jedoch zu dem neuschaffenden Wirken Gottes gehört, bei dem der Mensch *nichts* mitwirken kann, gilt *hierfür*: Gott bzw. die Gnade Gottes wirkt das Heil des Menschen ohne dessen Zutun, also allein. Dass dennoch ein Möglichkeitsraum für den Menschen entsteht, in dem er mit Gott zusammenwirken kann, ist ganz und gar nicht auf den Menschen – weder auf seine ‚voluntas' noch sein ‚arbitrium' an sich – zurückzuführen, sondern allein auf das Wirken der Gnade Gottes, die dem Menschen diesen Raum gibt.

2. Mit dem bisher Ausgeführten blieb eine Frage offen: Gehört die Wahl der Sünde und des Bösen, also der Abfall von Gott, zu dem, das Gott allein wirkt, oder zu dem, wobei der Mensch mitwirkt? Für Luther ist im Blick auf diese Frage zunächst nur die Negation wichtig: „Deum ... non posse male facere."[59] Deshalb gilt auch im Blick auf Satan: Gott findet „den bösen Willen Satans vor. Er schafft ihn aber nicht",[60] Das könnte so klingen, als sei der Einbruch des Bösen in die Schöpfung etwas, was außerhalb von Gottes Wissen und Wollen geschieht und damit Gottes Allmacht und Allwirksamkeit entzogen ist und diese folglich beschränkt. Damit wäre Luther aber missverstanden. Zwar bleibt es dabei: Gott wirkt nicht das Böse, er ist nicht die Ursache der Sünde, aber ebenso gilt: Gott weiß vorher, dass Satan und der Mensch sich dem Bösen zuwenden und der Sünde öffnen werden. Und weil Gott dies vorherweiß, darum geschieht dies auch mit unveränderlicher Notwendigkeit, ohne dass deswegen das Vorherwissen die Ursache für den Abfall von Gott wäre.

Aber nun muss man noch einen Schritt weitergehen, und Luther tut das auch, indem er folgert, dass Gott das, was er vorherweiß und was als solches notwendigerweise eintreten wird, insofern auch will, als er die Welt, in der dies geschehen wird, erschafft. In Luthers eigenen Worten gesagt: „Und auch dies also ist für einen Christen vor allem notwendig und heilsam zu wissen, dass Gott nichts zufällig vorherweiß, sondern dass er alles mit umwandelbarem, ewigem und unfehlbarem Willen vorhersieht, beschließt und ausführt ... Daraus folgt unverbrüchlich: Alles, was wir tun, alles, was geschieht, geschieht – auch

---

[59] S. u. 464,10, dt.: „Dennoch ... kann Gott nicht böse handeln." In der Genesisvorlesung bezeichnet Luther es sogar als den höchsten Grad der Sünde (ultimus gradus peccati), Gott zum Urheber der Sünde (autor peccati) zu erklären (WA 42, 134,8 f.).

[60] S. u. 469,3 f.

dann, wenn es uns veränderlich und zufällig zu geschehen scheint – in Wirklichkeit notwendig und unveränderlich, wenn du Gottes Willen betrachtest."[61] Aber der Einbruch des Bösen in die geschaffene Welt ist nicht nur durch das Vorherwissen Gottes in die Allwirksamkeit Gottes eingebunden, sondern auch dadurch, dass Gott sowohl Satan als auch den ersten Menschen ihrem eigenen Willen überlässt, indem er seinen Heiligen Geist von ihnen abzieht. Von dem Menschen, der durch den Heiligen Geist bzw. die Gnade Gottes bestimmt wird, gilt, dass es hier „keinerlei Freiheit oder ein freies Willensvermögen, das in der Lage wäre, sich anderswohin zu wenden oder anderes zu wollen, solange der Geist und die Gnade Gottes im Menschen andauern".[62] Umgekehrt gilt, dass Satan von Gott verlassen (deserente Deo)[63] böse geworden ist und dass Gott es zugelassen hat,[64] dass Adam fiel. Luther berührt damit die Grenze, jenseits derer Gott zum Urheber der Sünde würde, aber er überschreitet sie nicht.

Freilich sieht er, dass sich an dieser Stelle die Doppelfrage nach dem ‚Warum' stellt. Warum lässt Gott dies zu? Und warum greift Gott nicht sofort nach dem Fall ein, um den bösen Willen wieder zurechtzubringen? Luther kann hier nur mit dem Verweis auf die Geheimnisse der Majestät Gottes, auf die Unerforschlichkeit und Absolutheit seines Wollens antworten.[65]

3. Die Aussage Luthers, dass der unter der Allwirksamkeit und Allwissenheit Gottes lebende Mensch gar nicht anders handeln kann, als er handelt, kann so missverstanden werden, als stehe der Mensch folglich unter dem Zwang, so zu handeln, wie er handelt, und sei für sein Tun nicht verantwortlich (zu machen). Demgegenüber betont Luther mehrfach, dass auch der Mensch, der verlassen von Gott bzw. vom Heiligen Geist sich dem Bösen zuwendet, dabei nicht unter Zwang oder Gewalt

---

[61] S. u. 251,16–253,4.
[62] S. u. 291,16–19.
[63] S. u. 468,4, dt.: ‚gottverlassen'.
[64] S. u. 473,7.
[65] So u. 471,41–473,13: „Aber warum ändert er nicht zugleich die bösen Willen, die er antreibt? Das bezieht sich auf die Geheimnisse seiner Majestät, wo seine Urteile unbegreiflich sind. Und es ist nicht an uns, dies zu erforschen, sondern diese Geheimnisse anzubeten ... Dasselbe ist denen zu sagen, die fragen, warum er zugelassen hat, dass Adam fiel, und warum er uns alle als mit derselben Sünde Befleckte schafft; er hätte doch ihn bewahren und uns anderswoher oder erst nach Reinigung des Samens schaffen können. Gott ist der, dessen Wille keine Ursache noch Grund hat, die ihm als Richtschnur und Maß vorgeschrieben würden. Ihm ist nichts gleich oder überlegen, vielmehr ist er eben die Richtschnur für alles."

handelt, wohl aber aus reiner Notwendigkeit.⁶⁶ Worin besteht der Unterschied zwischen beidem und warum ist für Luther diese Unterscheidung wichtig? Der Unterschied besteht darin, dass bei einem durch Gewaltanwendung bewirkten ‚Verhalten' der Mensch Opfer und nicht (Mit-)Täter ist.⁶⁷ Ein durch Gewaltandrohung erzwungenes Handeln geschieht zwar *durch* den Menschen, aber *gegen* seinen Willen. Luther weist darauf hin, dass durch zugefügten Zwang der Wille (voluntas) eines Menschen sich nicht verändert, sondern beharrlich an seinem Ziel festhält, ja – wie Luther richtig beobachtet – sich unter Zwang noch verhärten und dem äußeren Zwang inneren Widerstand entgegensetzen kann.

Noch einmal anders ist es beim Tun des Bösen: Das geschieht zwar unvermeidbar und insofern notwendig, aber der Mensch tut es aus *eigenem Antrieb, freiwillig* und *bereitwillig.*⁶⁸ Die Zuwendung zum Bösen entspricht seiner inneren Ausrichtung, seinem eigentlichen Streben (voluntas). Das aber zeigt, wie tief der Schaden sitzt; denn mit

---

⁶⁶ S. u. 288,14: „Necessario vero dico, non coacte." Um dies zu unterstreichen, findet sich auf Bl. 462 im 2. Band der Wittenberger Ausgabe von 1546 folgender – offensichtlich auf Luther zurückgehender – Zusatz, dt.: „Ich wünschte freilich, es gäbe ein anderes, besseres Wort in dieser Disputation als dieses gebräuchliche [Wort] Notwendigkeit (necessitas), weil es weder über den göttlichen noch über den menschlichen Willen (voluntate) richtig redet. Es hat nämlich eine allzu unpassende und unangemessene Bedeutung an dieser Stelle, gleichsam wie ein Zwang (coactionem) und nötigt dem Verstand überhaupt das auf, was dem Willen entgegengesetzt ist, während die Sache, die da behandelt wird, das doch nicht will. Denn der Wille – sei es der göttliche, sei es der menschliche – tut das, was er tut, durch keinen Zwang, sondern aus reiner Bereitwilligkeit oder Gefallen sozusagen wirklich frei – sei es Gutes, sei es Böses. Aber trotzdem ist der Wille Gottes unveränderlich und unfehlbar, der unseren veränderlichen Willen lenkt, wie Boethius äußert: ‚Beständig bleibend machst du, dass alles sich bewege' (De consolatione philosophiae 3,9); und unser Wille, insbesondere der böse, kann sich selbst nicht gut machen. Was also das Wort nicht leistet, muss der Verstand des Lesenden im Blick auf die Notwendigkeit ergänzen, indem er darunter das versteht, was man den unveränderlichen Willen Gottes und die Unfähigkeit unseres bösen Willens nennen wollte, wie einige von der Notwendigkeit der Unveränderlichkeit gesprochen haben, aber das ist weder grammatisch noch theologisch zureichend." S. dazu StA 3,191, Anm. 107 sowie u. 252, Anm. 85.
⁶⁷ Luthers anschauliches Beispiel (s. u. 289,23-27): „Wenn der Mensch ohne Heiligen Geist ist, dann handelt er nicht unter Gewalteinfluss – als ob er am Hals gewürgt und weggerissen würde – gegen seinen Willen böse. So wie etwa ein Schurke oder Dieb gegen seinen Willen der Strafe zugeführt wird. Sondern er handelt aus eigenem Antrieb und freiwillig."
⁶⁸ Vgl. diese Ausdrücke u. 289,23-34.

dem Begriff ‚Wille' – an anderen Stellen auch ‚Herz' oder ‚Gewissen' – bezeichnet Luther das Innerste eines Menschen, durch das er bewegt und gelenkt wird. In seiner Ausrichtung auf das Böse ist der Mensch also immer auch verantwortlicher Täter. Insofern gibt Artikel 19 der ‚Confessio Augustana' die Auffassung Luthers zu dieser Frage sehr genau wieder: „Von Ursach der Sunde wird bei uns gelehret, daß, wiewohl Gott der Allmächtig die ganze Natur geschaffen hat und erhält, so wirket doch der verkehrte Will die Sunde in allen Bösen und Verachtern Gottes, wie dann des Teufels Will ist und aller Gottlosen, welcher alsobald, so Gott die Hand abgetan, sich von Gott zum argen gewandt hat ...".[69]

1.–3. Es könnte so scheinen, als seien die verschiedenen Aussagen Luthers über den menschlichen Willen im Bereich der ‚inferiora' sowie zum Bösen auf der einen Seite und die Aussagen über Gottes Allwirksamkeit, sein Vorherwissen und die unveränderliche Notwendigkeit alles Geschehens auf der anderen Seite nicht miteinander vereinbar. Dass diese Aussagen bei Luther jedoch konsistent und kohärent zusammengedacht sind, soll im Folgenden kurz anhand des Themas ‚peccatum' gezeigt werden.

Auch Satan und der von Gott abgefallene Mensch haben eine Natur und einen Willen, freilich sind diese von Gott abgewandt und insofern verderbt.[70] Von diesem „Rest der Natur im Gottlosen und in Satan" gilt nach Luther: Er „ist als ein Geschöpf und ein Werk Gottes nicht weniger der göttlichen Allmacht und Wirkung unterworfen als alle anderen Geschöpfe und Werke Gottes. Da ja doch Gott alles in allem bewegt und wirkt, bewegt und wirkt er auch notwendigerweise im Satan und im Gottlosen. Er wirkt aber in ihnen so, wie sie sind und wie er sie vorfindet. Das heißt: Weil jene abgewandt sind und böse und fortgerissen werden von jener Wirksamkeit der göttlichen Allmacht, tun sie nichts als Abgewandtes und Böses."[71]

Aber heißt das nicht doch, dass Gott durch die Bösen das Böse wirkt, also doch ‚auctor peccati' ist? Luthers präzise Antwort besagt, „dass, wenn Gott in den Bösen und durch die Bösen wirkt, zwar Böses geschieht. Dennoch kann Gott nicht böse handeln, mag er auch Böses durch Böse tun, denn er ist selbst gut und kann nicht böse handeln.

---

[69] BSLK 75,1–9. In der lateinischen Fassung: „De causa peccati docent, quod tametsi Deus creat et conservat naturam, tamen causa peccati est voluntas malorum, ut diaboli et impiorum, quae, non adiuvante Deo, avertit se a Deo ...".
[70] S. u. 462,28 f.
[71] S. u. 463,41–465,6.

Gleichwohl benutzt er die Bösen als Werkzeuge, die dem Fortgerissen- und Angetriebenwerden durch seine Macht nicht entkommen können. Der Fehler liegt also in den Werkzeugen, die Gott nicht müßig sein lässt, so dass Böses geschieht durch den Antrieb Gottes."[72] Diese subtile Unterscheidung ist von großer theologischer Klarheit. Sie hält fest, dass die Lebensenergie und die Entscheidungsfähigkeit aller Geschöpfe – auch der bösen – allein durch Gottes allmächtiges Wirken konstituiert und erhalten werden. Und das ergibt sich für Luther schon daraus, dass sie jedenfalls nicht auf die Aktivität oder das Wählen der Geschöpfe zurückgeführt werden können, weil sie in jeder Aktivität und jedem Wählen immer schon vorausgesetzt werden und vorausgesetzt werden müssen. Aber Luthers Unterscheidung hält gleichzeitig fest, dass die Abwendung der Geschöpfe von Gott ihren Ursprung nicht in Gottes Wirken, sondern im geschöpflichen Wollen hat. Gott als der allmächtige schöpferische Grund der Wirklichkeit gibt dauerhaft die Lebensenergie und die Entscheidungsfähigkeit, die vom gefallenen Geschöpf gegen Gott, seinen Schöpfer, gebraucht werden. Noch einmal Luther selbst: „Die Allmacht Gottes bewirkt, dass der Gottlose dem Antrieb und dem Wirken Gottes nicht entkommen kann, sondern ihm unterworfen notwendigerweise gehorcht. ... Gott kann seine Allmacht nicht aufgeben wegen dessen Abkehr; der Gottlose aber kann nicht seine Abkehr ändern. So kommt es, dass er fortdauernd und notwendigerweise sündigt und irrt, bis er vom Geist Gottes zurechtgebracht wird."[73] In diesem letzten Satz taucht – man möchte sagen: endlich – die soteriologische Ziel- und Hoffnungsperspektive auf, die einen der entscheidenden Beweggründe benennt, warum Luther gegen den Rat des Erasmus diese herbe, aber heilsame Wahrheit nicht um ihrer Gefährlichkeit willen verschweigt, sondern in der Form von ‚assertiones' offen und öffentlich vertritt.

Diese soteriologische Perspektive ist freilich zu unterscheiden von einer theologischen Theorie, die es erlauben würde, schlüssig zu beantworten, ob, wie und in welcher zeitlichen Abfolge Gott die einzelnen Menschen zum Heil führt. Dies gehört für Luther nicht zu dem, was Gott um unseres Heiles willen in Christus geoffenbart hat, sondern es

---

[72] S. u. 465,11–18. Luther kann das damit Gemeinte (s. u. 465,6–11.18 f.) durch zwei Vergleiche veranschaulichen, indem er auf einen Reiter verweist, der ein drei- oder zweifüßiges Pferd reitet, sowie auf einen Zimmermann, der mit einem gezackten und schartigen Beil arbeitet. Dass das Pferd vorangetrieben wird und das Beil betätigt wird, liegt an dem, der sie in Bewegung setzt, aber in welcher Weise bzw. wie schlecht das Pferd läuft und das Beil schneidet, liegt an deren Beschaffenheit.
[73] S. u. 465,27–35.

ist Sache des ‚Deus absconditus', den wir nicht erforschen, sondern von dem wir uns ab- und zum ‚Deus revelatus' hinwenden sollen.74 Freilich zeigt Luther am Ende von ‚De servo arbitrio' mit Hilfe der sog. Drei-Lichter-Lehre,75 dass aus der Zuwendung zu dem in Christus offenbaren Gott zwar keine *Antwort* auf die quälende Frage zu gewinnen ist, warum Gott dem einen Menschen den Glauben gibt und ihn – allem Anschein nach – einem anderen vorenthält, dass aber aus dem Licht der Gnade die *Hoffnung* auf eine Antwort zu gewinnen ist, die freilich erst im Eschaton offenbar werden wird.

Es ist erstlich und letztlich ein *soteriologisches* Motiv, das Luther veranlasst, die erkannte Wahrheit über das Verhältnis zwischen göttlicher Allwirksamkeit und menschlichem Willensvermögen nicht zu verschweigen oder auch nur zu bemänteln, sondern so klar und deutlich wie möglich anzusprechen, ja sie sogar zum Verkündigungsinhalt zu machen. Denn was könnte für den Menschen im Blick auf die Frage nach dem Heil wichtiger sein, als zu wissen, was er selbst dazu beitragen kann und beizutragen hat oder was ihm von Gott her zuteil werden muss? Wenn Menschen darüber im Unklaren gelassen oder durch Verweis auf ihre eigenen Fähigkeiten in die Irre geführt werden, dann wird ihren Seelen schwerer Schaden zugefügt, sie werden in den Hochmut oder in die Verzweiflung getrieben. Deswegen kommt für Luther in soteriologischer Hinsicht alles darauf an, dem Menschen bewusst zu machen, dass er hinsichtlich seines Heiles von sich selbst nichts, von Gott dagegen alles zu erwarten habe.

Luthers Fazit lautet: „der Wille kann sich nicht ändern und anderswohin wenden".76 Und das ist für ihn ein Beweis dafür, dass der Mensch kein freies Willensvermögen hat, mit dessen Hilfe er sich Gott in Vertrauen und Liebe zuwenden könnte.

Als Quelle für diese Erkenntnis nennt Luther nicht nur Schriftaussagen, sondern auch die Erfahrung: „Befrage die Erfahrung (interroga experientiam), wie wenig die zu überzeugen sind, die irgendeiner Sache leidenschaftlich anhängen. Andererseits: Wenn sie davon abgehen, dann gehen sie unter Gewalteinwirkung davon ab oder, weil sie sich von etwas anderem größeren Vorteil versprechen, niemals aber freiwillig. Wenn sie aber nicht berührt sind, lassen sie die Dinge gehen und geschehen, wie immer es geht und geschieht."77 Die theoretische Pointe

---

74 S. u. 404,2–406,24.
75 S. u. 652,29–656,10.
76 S. u. 289,36. S. hierzu auch Luthers Ausführungen u. 348,10–19.
77 S. u. 289,40–291,3.

dieser Aussage erschließt sich freilich erst beim Blick in den lateinischen Text. Das zweimalige ‚affecti' bedeutet: Es geht um die Affekte, von denen her der Wille (und ebenso die Vernunft) leidenschaftlich dem zugewandt wird bzw. ist, was sich dem Menschen als vertrauenswürdig und liebenswert zu erleben und zu erkennen gibt.[78] Damit wird die Schlüsselstellung der Affekte für das Verständnis der reformatorischen Anthropologie und Soteriologie deutlich.

Dass der Mensch an der Konstitution seiner Affekte, die sein ganzes Dasein bestimmen, nur passiv beteiligt ist, nämlich auf Grund dessen, was ihm widerfährt, hat Luther in ‚De servo arbitrio' zum Ausdruck gebracht in dem drastischen Bild vom Menschen als Zugtier oder Reittier, das von Gott oder vom Teufel besessen und geritten wird, wohin diese wollen.[79] Dabei bestreitet Luther ausdrücklich, dass es am Willensvermögen des Menschen liege, „zu einem von beiden Reitern zu laufen oder ihn zu suchen. Vielmehr streiten die Reiter selbst darum, es in Besitz zu nehmen und in Besitz zu behalten".[80] Das ist deswegen so, weil das Wählen des Reittiers bereits voraussetzen würde, dass es durch einen der Reiter angezogen bzw. affiziert ist. Dieses Affiziertwerden geht aber nicht vom Reittier, sondern von den Reitern aus. Deswegen ist die Entscheidung zwischen Gut und Böse ein Machtkampf, der *um den Menschen* geführt wird. Das von Luther verwendete Bild enthält freilich auch einen dualistischen und deterministischen Zug, durch den nicht mehr hinreichend klar zum Ausdruck kommt, dass das menschliche Willensvermögen an der Entscheidung für das Böse – nicht für das Gute! – ursächlich beteiligt ist. Insofern wird man dieses Bild nicht überstrapazieren dürfen, wenn die Kohärenz der Einsichten Luthers nicht verloren gehen soll.

Aber bleibt nicht trotz allem der Eindruck, dass die so dargestellte Situation des Menschen und das so beschriebene (Un-)Vermögen des menschlichen Willens im Blick auf sein Heil etwas Deprimierendes hat? Luthers Antwort lautet: Für Nicht-Glaubende ja, für Glaubende nein.[81] Der erste Teil dieser Antwort kann herablassend oder arrogant

---

[78] Hierzu passt die 28. These der Heidelberger Disputation: „Amor hominis fit a suo diligibili" (s. u. 60,7 f. und 66,24 f.). Deshalb ist diese Aussage m. E. nicht nur als hamartiologische Aussage über den selbstsüchtigen Menschen zu verstehen, sondern als Aussage über den geschaffenen Menschen, also über die anthropologische Verfassung und damit über die dem Menschen mögliche Liebe.

[79] S. u. 290,23–28 sowie 560,29–562,7.

[80] S. u. 291,37–39.

[81] S. u. 282,19–27.

klingen, und es wäre zu wünschen, Luther hätte in ‚De servo arbitrio' öfter und empathischer dem Mitgefühl oder der Trauer darüber Ausdruck gegeben, dass es Menschen gibt, die nicht in der Lage sind, Gott zu vertrauen, und die ihn nicht von Herzen lieben können. Er wusste doch aus seiner eigenen Lebensgeschichte, wie schrecklich diese Situation ist.[82] In dieser Schrift ist es ihm offenbar wichtiger, aus der Sicht der christlichen Verkündigung und Theologie Menschen diese Botschaft zuzumuten, weil sie eine Verzweiflung auslöst, die heilsam und der Gnade nahe ist. Würde dies als eine Technik oder gar wie ein Trick verstanden, um andere oder sich selbst für die Gnade vorzubereiten und geeignet zu machen, so wäre freilich all dies gänzlich missverstanden und würde damit verdorben.

---

[82] An zwei Stellen kommt Luther in ‚De servo arbitrio' in Form biographischer Erinnerungen darauf zu sprechen, dass er die von Erasmus vertretene Position insofern gut verstehen könne, als er früher selbst so gedacht habe. Die erste Stelle bezieht sich darauf, dass es in der Traditionskette der Kirchenlehrer viel mehr Vertreter des ‚liberum arbitrium' als des ‚servum arbitrium' gibt. Luther schreibt: „Ich selbst war über zehn Jahre lang davon so beeindruckt, dass ich glaube, es gibt keinen anderen, der in gleicher Weise davon beeindruckt war. Und es war mir eine unglaubliche Vorstellung, dies unser Troja, so lange Zeit und in so vielen Kriegen unbesiegt, könne einmal eingenommen werden. Und – ich rufe Gott zum Zeugen meiner Seele an – ich wäre dabei geblieben: Bis heute wäre ich so beeindruckt, wenn nicht das Gewissen mich gedrängt hätte und das ganz Einleuchtende der Dinge (evidentia rerum) mich nicht in die entgegengesetzte Richtung gezwungen hätte" (s. u. 301,18–26). Nicht das Studium klassischer – sei es biblischer oder dogmatischer – Texte hat ihn zu der Erkenntnis gebracht, dass das freie Willensvermögen nichts sei, sondern seine Gewissensnot einerseits und das Evidentwerden der tatsächlichen Verfassung des Menschen vor Gott andererseits. Beide Einsichten zusammen bilden also die Erfahrungstatsache, die Luther veranlasst hat, sich gegen die überwiegende Meinung der Kirchenlehrer der Erkenntnis zu beugen, dass das Willensvermögen des Menschen nicht frei, sondern geknechtet ist. Und diese Erfahrungstatsache hat in ihm auch das Zutrauen zu den diesbezüglichen Aussagen der Bibel geweckt bzw. gestärkt.

Die zweite Reminiszenz bezieht sich auf den Eindruck, der allwirksame und allwissende Gott, der alleine in der Lage ist, die verlorenen Menschen zu retten, lasse sie im Stich, verstocke und verdamme sie, als ob er sich an den Sünden und Qualen der Elenden noch erfreue: „Das scheint ungerecht, grausam, unerträglich zu sein, so von Gott zu denken. Daran haben auch so viele und so große Männer jahrhundertelang Anstoß genommen. Und wer sollte nicht Anstoß nehmen? Ich selbst habe nicht nur einmal Anstoß genommen bis hin zum tiefsten Abgrund der Verzweiflung – bis ich sogar wünschte, dass ich niemals als Mensch geschaffen worden wäre. Das war, bevor ich wusste, wie heilsam jene Verzweiflung ist und wie nahe der Gnade" (s. u. 487,23–30). Hier deutet sich bereits an, dass und wie die theologische

Dass das vollständige Angewiesensein des Menschen in Fragen des Heils für Glaubende kein Anstoß oder Ärgernis ist, ist für Luther eine außerordentlich wichtige Einsicht, die er in ‚De servo arbitrio' immer wieder anspricht. Kurz vor Ende seiner Schrift spielt er den Gedanken durch, was es bedeuten würde, wenn das freie Willensvermögen des Menschen verteidigt werden könnte. Seine Antwort lautet: „Ich bekenne durchaus von mir: Wenn das geschehen könnte, ich würde nicht wollen, dass mir ein freies Willensvermögen gegeben wird oder irgendetwas in meiner Hand belassen würde, wodurch ich nach dem Heil streben könnte. Nicht nur deshalb, weil ich in so vielen widrigen Umständen und Gefahren ... nicht im Stande wäre, zu bestehen und es zu behaupten ...; sondern weil ich auch dann, wenn es keine Gefahren, keine widrigen Umstände ... gäbe, dennoch gezwungen würde, mich andauernd ins Ungewisse hinein anzustrengen und Lufthiebe zu machen. Denn mein Gewissen wäre, und wenn ich auch ewig lebte und wirkte, niemals gewiss und sicher, wie viel es tun muss, damit Gott Genüge getan wäre. ... Aber weil jetzt Gott mein Heil meinem Willensvermögen entzogen und in seines aufgenommen und zugesagt hat, mich nicht durch mein Werk und mein Laufen, sondern durch seine Gnade und seine Barmherzigkeit zu retten, bin ich sicher und gewiss, dass er treu ist; er wird mich nicht belügen. Ferner ist er mächtig und groß, so dass keine Dämonen, keine widrigen Umstände ihn werden niederzwingen oder mich ihm entreißen können."[83] Es ist also schließlich und endlich nicht weniger als die tröstliche Gewissheit des Heils selbst, die daran hängt, dass der Wille des Menschen von sich aus zu seinem Heil *nichts*, Gottes Gnade aber *alles* vermag.

Diese Einsicht steht auch im Zentrum des letzten in diesem Band veröffentlichten Textes: der *Disputatio de homine*.[84] Seit 1525 hatte es in Wittenberg keine theologischen Doktorpromotionen mehr gegeben, da die bis dato gültige Rechtsgrundlage fragwürdig geworden war. Angesichts des daraus resultierenden Mangels an akademischem Theologennachwuchs und wegen der Hochschätzung, deren sich die Disputation bei den Reformatoren erfreute, schufen die Wittenberger Theologen in Zusammenarbeit mit dem Kurfürsten ab 1533 die Rechtsgrundlagen

---

Wahrheitserkenntnis zugleich heilsam ist, weil sie das menschliche Herz für die Gnade Gottes zugänglich macht.

[83] S. u. 649,42–651,23.
[84] Vgl. hierzu Wilfried Härle: Die Entfaltung der Rechtfertigungslehre Luthers in den Disputationen von 1535 bis 1537, LuJ 71 (2004), 211–228 sowie: „Der Mensch wird durch den Glauben gerechtfertigt", in: Ders., Menschsein (s. Anm. 15), 169–190.

dafür, dass wieder theologische Doktorpromotionen und die zugehörigen Promotionsdisputationen – aber auch Übungsdisputationen – durchgeführt werden konnten. Luther als dem Dekan der Theologischen Fakultät oblag die Leitung dieser Disputationen und das hieß auch: die Aufgabe, die entsprechenden Promotionsthesen zu formulieren. In der Zeit vom 11. September 1535 bis zum 1. Juni 1537 verfasste Luther für insgesamt sechs Promovenden fünf Thesenreihen, die sich alle auf den rechtfertigungstheologischen Zentralsatz aus Röm 3,28 beziehen: „So halten wir nun dafür, daß der Mensch gerecht wird ohne des Gesetzes Werke, allein durch den Glauben." Es ist sicher kein Zufall, dass Luther für den Neubeginn der theologischen Doktorpromotionen dieses Thema und diesen Text, also – wie er gerne sagte – „den Kern der Nuß"[85] wählte und explizierte. Dabei ging er so vor, dass er in den einzelnen Disputationen die Hauptbegriffe aus Röm 3,28 schrittweise entfaltete: Glaube, Gesetz, Rechtfertigung, Werke des Gesetzes sowie Werke der Gnade.

In diesen Zusammenhang gehört auch die ‚Disputatio de homine' hinein, die am 14. Januar 1536 als Übungsdisputation veranstaltet wurde und die nicht nur in zeitlicher, sondern auch in thematischer Nähe zu den Promotionsdisputationen der Jahre 1535–1537 steht. Gerhard Ebeling (1912–2001) hat durch sein beeindruckendes dreibändiges Werk[86] dieser Thesenreihe ein theologisches Denkmal allererster Ordnung gesetzt.

In der ‚Disputatio de homine' ist freilich die Rechtfertigungslehre nicht das Thema und wird entsprechend knapp behandelt – explizit nur in den Thesen 32–34. Gleichwohl hat gerade hier die Rechtfertigungslehre ein außerordentliches sachliches Gewicht, fasst sie doch – auch hier im Anschluss an Röm 3,28 – in knappsten Worten die Definition des Menschen zusammen, die aus der Sicht reformatorischer Theologie als die theologische Definition des Menschen zu gelten hat: „Hominem iustificari fide".[87] Damit zeigt Luther, dass die Rechtfertigungslehre auch in anthropologischer Hinsicht den Inbegriff dessen darstellt, was aus der Sicht des christlichen Glaubens zu sagen ist. Sie ist die lehrhafte Gestalt der Summe des Evangeliums.

---

[85] WA Br 1,17,43 (Nr. 5). Vgl. dazu auch die Kennzeichnung dieses Textabschnitts in Luthers Randglosse zu dieser Stelle in seiner Bibelübersetzung als „das Heubtstück vnd der Mittelplatz dieser Epist. Vnd der gantzen Schrifft ..." (WA DB 7,38).
[86] Disputatio de homine, Teil 1–3 (Lutherstudien 2), Tübingen 1977–1989.
[87] S. u. 668,2 f., dt.: „Der Mensch wird durch den Glauben gerechtfertigt".

Die von Luther kunstvoll komponierten 40 Thesen dieser Disputation weisen *eine* tiefe Zäsur auf: zwischen These 19 und 20. Was die Thesen 1-19 von den Thesen 20-40 unterscheidet, wird jeweils durch die beiden ersten Worte signalisiert: ‚Die Philosophie ...' (These 1) und ‚Die Theologie ...' (These 20). Beide – Philosophie wie Theologie – definieren den Menschen, und zwar auf unterschiedliche Weise. Diese Unterschiedlichkeit ergibt sich aus den verschiedenartigen Quellen, die ihnen zur Verfügung stehen: Der Philosophie steht (nur) die ‚menschliche Weisheit' (These 1), also die Vernunft, zur Verfügung; der Theologie dagegen die ‚Fülle ihrer Weisheit' (These 20), was heißt: Sie schöpft aus der Selbsterschließung Gottes ihr Wissen vom Menschen.

Den unterschiedlichen – auch unterschiedlich gehaltvollen – Quellen entspricht jeweils das, *was* die Philosophie und die Theologie am Menschen erfassen können: die Philosophie nur den sterblichen Menschen und d. h. den Menschen dieses irdischen Lebens (These 3), die Theologie hingegen den ganzen und vollständigen Menschen (These 20). Dabei gibt es auf beiden Seiten eine geradezu zirkuläre Entsprechung zwischen Erkenntnisquelle und erkanntem Inhalt: Die Philosophie erkennt aus der menschlichen Vernunft, dass der Mensch seinem Wesen nach ein vernunftbegabtes ... Lebewesen ist (These 1). Die Theologie erkennt aus der Gottesbeziehung des Menschen, dass der Mensch das zum Ebenbild Gottes gemachte, durch Christus befreite und zum ewigen Leben bestimmte Geschöpf Gottes ist (These 21 und 23).

Mit alldem bestreitet Luther der Philosophie nicht, dass sie etwas am Menschen bzw. den Menschen in einer gewissen Hinsicht erkennen kann. Aber einerseits ist die aus der menschlichen Weisheit gewonnene „Definition und Erkenntnis des Menschen ... dürftig, nicht greifbar und allzu stofflich" (These 19), andererseits weiß die menschliche Vernunft von sich aus nicht um ihre Begrenzung. Sie tendiert dazu, den Menschen dieses Lebens für den *ganzen* Menschen zu halten und verfehlt ihn damit. Deshalb kommt Luther zu dem Ergebnis: „Wenn man folglich die Philosophie oder die Vernunft selbst mit der Theologie vergleicht, wird sich zeigen, dass wir [in philosophischer Hinsicht] vom Menschen beinahe nichts wissen" (These 11).

Diesem ‚beinahe nichts' wendet Luther jedoch in den Thesen 4 bis 9 geradezu liebevoll seine ganze Aufmerksamkeit und Wertschätzung zu. Die Philosophie, die den Menschen als ‚vernunftbegabtes ... Lebewesen' (animal rationale) definiert, erkennt mit der Vernunft dasjenige, was am Menschen ‚das Beste' und ‚etwas Göttliches' ist (These 4). An den (sieben) freien Künsten und an den anderen Wissenschaften zeigt sich dieser kostbare ‚wesentliche Unterschied' (These 6) gegenüber allen anderen Lebewesen und Dingen, der den Menschen zur

Herrschaft über die Erde befähigt, und zwar nicht nur vor dem Fall, sondern – wie Luther betont (These 9) – mit ausdrücklicher Bestätigung auch danach.[88]

In den Thesen 10 bis 19 werden diese Aussagen über die großen Fähigkeiten der Vernunft nicht zurückgenommen, wohl aber relativiert, indem Luther zeigt, dass die Vernunft des Menschen sich selbst nur sekundär, auf Grund ihrer Auswirkungen (*a posteriori*), aber nicht aus den Quellen und Prinzipien, also nicht *a priori* erkennt (These 10).

Um dies zu belegen, wendet Luther das aristotelische Vier-Ursachen-Schema an und zeigt, dass die Philosophie, also die menschliche Weisheit und Vernunft
– kaum die stoffliche Ursache (causa materialis), also die Körperlichkeit des Menschen kennt (These 12),
– nicht die wirkende Ursache (causa efficiens), nämlich Gott als den Schöpfer kennt (Thesen 13 und 14),
– die zweckhafte Ursache (causa finalis) nur soweit kennt, wie sie sich auf *dieses* Leben erstreckt, und sie damit entscheidend verkennt (Thesen 13 und 14),
– und auch von der gestaltenden Ursache (causa formalis), also von der Seele, keine einmütige, klare oder zutreffende Vorstellung hat (Thesen 15–17).

Mit alldem hat Luther die Leistungen und Grenzen der philosophischen Anthropologie, die sich auf den Menschen dieses Lebens beschränkt – und auf Grund ihrer Erkenntnisquellen auf ihn beschränken muss – beschrieben. Dabei erfolgt schon diese Beschreibung aus der Sicht der theologischen Anthropologie. Erst der Blick auf den ganzen und vollständigen Menschen macht deutlich, dass die Wahrnehmung des Menschen dieses Lebens eine grundsätzlich begrenzte, verengte Perspektive darstellt. Aber aus der Sicht einer ihrer Grenzen bewussten – erkenntniskritischen – Philosophie könnte genau dies als angemessen bezeichnet werden.

Was über den ganzen und vollständigen Menschen zu sagen ist, gewinnt Luther aus den Aussagen des biblischen Kanons, in denen die als wahr erkannten grundlegenden Aussagen des Glaubens über den Menschen enthalten sind: einerseits aus Gen 1–3, andererseits aus der Botschaft des Neuen Testaments, die besagt, dass der Mensch allein

---

[88] Luther denkt hier offensichtlich an die Erzählung aus Gen 9,1–7, in der wesentliche anthropologische Aussagen aus Gen 1 unter den Bedingungen der zwischenzeitlich eingebrochenen und wirksam gewordenen Macht des Bösen wiederholt oder weiterentwickelt werden.

durch Jesus Christus Befreiung und Anteil am ewigen Leben erhält, wozu er von Anbeginn durch Gott bestimmt ist (Thesen 21–25).

Sieht man den Menschen aus dieser umfassenden theologischen Perspektive, so können und müssen bestimmte anthropologische und soteriologische Aussagen, die teilweise in der Spätscholastik, teilweise im Humanismus anzutreffen sind, als irrige Aussagen erkannt und benannt werden. Und hier tauchen nun die Kritikpunkte auf, die seit den Thesenreihen von 1516 bis 1518, in der ‚Assertio' und in ‚De servo arbitrio' immer wieder thematisiert wurden:

– die These, „die natürlichen Fähigkeiten [des Menschen] seien nach dem Fall unversehrt erhalten geblieben" (These 26),

– die Behauptung, „indem der Mensch tue, was in seinen Kräften steht, könne er Gottes Gnade und das Leben verdienen" (These 27),

– die Annahme eines nach dem Fall im Menschen verbliebenen freien Willensvermögens, das in der Lage sei, über die Wahl zwischen Gut und Böse, Leben und Tod zu verfügen und den guten Willen im Menschen hervorzubringen (Thesen 29 und 30).

Alle diese irrigen Annahmen über den Menschen unter der Macht der Sünde verfehlen seine Verfassung, die nicht als eine neutrale Größe zwischen Gut und Böse oder als ein – und sei es auch nur partieller – intakter Rest seiner ursprünglichen Gutheit zu verstehen ist. Vielmehr ist der gefallene Mensch vollständig darauf angewiesen, von Gott, und das heißt, durch Gottes Gnade gerettet und zurechtgebracht zu werden.

Deswegen steht im Zentrum dieser Disputation die aus Röm 3,28 abgeleitete – von Luther selbst in These 32 so genannte – ‚Definition des Menschen': „Der Mensch wird durch den Glauben gerechtfertigt." Das heißt: Das Wesen des Menschen besteht in theologischer Sicht darin, durch Gottes rechtfertigendes Handeln, das ihm durch den Heiligen Geist zugeeignet und im Glauben von ihm angeeignet wird, bestimmt zu sein zu dem „Leben seiner zukünftigen Gestalt" (These 35, ähnlich Thesen 36 und 38). Und das besagt: „Der Mensch dieses Lebens" ist selbst „bloßer Stoff für das Leben seiner zukünftigen Gestalt" (These 35). Und das Leben des Christenmenschen besteht in einem Prozess der täglichen Erneuerung und Wiederherstellung mit dem Ziel der Vollendung in Gott (Thesen 38 und 39). Hier zeigt sich, dass und wie Luthers theologische Definition den Menschen konsequent als geschichtliches Wesen fasst, wobei individuelle Geschichte und Heilsgeschichte nicht voneinander zu trennen sind. Und beides wurzelt in der Dynamik und Relationalität, die für Luthers Anthropologie und Ontologie grundlegend und unaufgebbar sind.

Soweit die Einleitung in die Texte, die in diesem Band enthalten sind. Einige Hinweise zur Übersetzung seien noch angefügt.

Ausgerechnet die beiden Titelbegriffe der in diesem Band enthaltenen Hauptschriften ‚assertio' und ‚arbitrium' sind nur schwer durch je ein deutsches Äquivalent wiederzugeben. ‚Assertio' und das zugehörige Verb ‚asserere' bezeichnen eine sprachliche Äußerung, die im Modus der Gewissheit und Wahrheitsüberzeugung gemacht wird. ‚Aussage' ist dafür zu blass, ‚Behauptung' bringt den Bezug zu der vorausgesetzten Gewissheit zu wenig zum Ausdruck und kann leicht im Sinne von Rechthaberei missverstanden werden. ‚Aussage von bzw. mit ganz gewisser Überzeugung' ist zwar eine recht genaue Wiedergabe, aber für eine Übersetzung sehr umständlich. ‚Wahrheitsbekräftigung' trifft das Gemeinte, aber nur für den Fall, dass – wie es in dieser Schrift der Fall ist – schon vorher eine entsprechende Aussage gemacht wurde, die nun bekräftigt werden soll. ‚Wahrheitsbezeugung' ist wohl die genaueste Übersetzung, zumal in dem Wortteil ‚Bezeugung' das Moment der Gewissheit auf Grund von eigener Beteiligung und Wahrnehmung enthalten ist, aber der Ausdruck wirkt in unserer Umgangssprache etwas sperrig bzw. altmodisch. Trotzdem haben wir uns darauf verständigt, ‚assertio' in der Regel mit ‚Wahrheitsbezeugung' oder – wo dies passt – mit ‚Wahrheitsbekräftigung' wiederzugeben, gelegentlich allerdings auch – wo uns dies vom Zusammenhang her gefordert zu sein scheint – ‚Wahrheitsbehauptung' zu verwenden. Das gilt alles sinngemäß auch für die Übersetzung des Verbums ‚asserere'.

‚Arbitrium' wird traditionell mit ‚Wille' übersetzt und ist dann nicht von ‚voluntas' zu unterscheiden, obwohl beide Begriffe klar unterscheidbare Phänomene bezeichnen. ‚Arbitrium' meint die Fähigkeit oder das Vermögen – z. B. eines Schiedsrichters, eines ‚arbiter' –, aus einer neutralen Position heraus über ‚richtig' oder ‚falsch' bzw. ‚gut' oder ‚böse' zu entscheiden, sodann die Fähigkeit oder Möglichkeit, sich dem einen oder anderen auf Grund eigener Entscheidung und Kraft zuzuwenden. Das käme durch die deutschen Begriffe ‚Entscheidungsvermögen' oder auch ‚Wahlvermögen' recht gut zum Ausdruck. Aber traditionell ist der Begriff ‚arbitrium' so sehr mit dem Begriff ‚Wille' und mit der Frage nach der ‚Willensfreiheit' verbunden, dass es uns nicht ratsam schien, uns so weit von der Sprachtradition zu entfernen. Wir haben uns deswegen – in diesem Fall gut erasmisch – auf eine mittlere Lösung verständigt und geben in der Regel ‚arbitrium' mit ‚Willensvermögen', ‚voluntas' hingegen mit ‚Wille' wieder.[89]

---

[89] Gelegentlich (s. u. 9,36 und 15,6 f.) erweist es sich jedoch vom Kontext her als notwendig, ‚arbitrium' mit ‚Entscheidungsvermögen' oder ‚Willkür' zu übersetzen.

Unter den sonstigen – scholastisch geprägten – Formeln erwies sich schließlich die Unterscheidung zwischen ‚meritum de condigno' und ‚meritum de congruo' als schwierig. Zwar ist die Übersetzung ‚Würdigkeitsverdienst' für ‚meritum de condigno' gut verständlich, aber die Wiedergabe von ‚meritum de congruo' mit ‚Billigkeitsverdienst' oder ‚Angemessenheitsverdienst', wie dies häufig übersetzt wird, führt eher zu Missverständnissen und Verwechslungen. Beim ‚meritum de condigno' handelt es sich um dasjenige Verdienst, das dem, der es erhält, tatsächlich zusteht, weil er es erworben bzw. sich verdient hat, während das ‚meritum de congruo' nicht wirklich verdient ist oder gar einen Anspruch begründet, sondern großzügigerweise gewährt wird. Deshalb erschien es uns am klarsten, das ‚meritum de condigno' als ‚Verdienst im eigentlichen Sinn' und das ‚meritum de congruo' als ‚Verdienst im uneigentlichen Sinn' zu bezeichnen bzw. zu übersetzen.

Dass jede Übersetzung eine Interpretation ist, die der Vorlage mehr oder weniger gerecht wird, ist uns während der Arbeit immer wieder neu bewusst geworden. Und es ist nicht die geringste Bedeutung einer solchen zweisprachigen Ausgabe, dass sie es ermöglicht, die in Gestalt einer Übersetzung vorgelegte Interpretation durch den *eigenen* Blick in die Quelle zu überprüfen und – wo nötig und möglich – zu verbessern.

Wilfried Härle

ZUR GESTALTUNG DER LATEINISCHEN TEXTE

Für diesen ersten Band der lateinisch-deutsche Studienausgabe wurden – soweit vorhanden – die lateinischen Textvorlagen der von Hans-Ulrich Delius herausgegebenen Martin Luther-Studienausgabe, Berlin/Leipzig (Bde. 1–6) 1979–1999, benutzt. Diese Vorlagen wurden jedoch von Michael Beyer in Zusammenarbeit mit Günther Wartenberg sowie dem Herausgeber und den Übersetzerinnen noch einmal auf Fehler hin überprüft und gegebenenfalls korrigiert. Wo es zwischenzeitlich möglich geworden ist, wurden ältere Drucke zum Vergleich herangezogen und im Falle der Abweichung deren Textversion – einschließlich der gelegentlich sehr merkwürdigen Interpunktion – übernommen.

Anders als in der Martin Luther-Studienausgabe werden jedoch in dieser zweisprachigen Studienausgabe (LDStA) Abkürzungen ohne besondere Kennzeichnung aufgelöst. Ferner wurden ‚u' und ‚v' nach dem Lautwert normalisiert. Die Anmerkungen enthalten nur Quellennachweise offensichtlicher bzw. wörtlicher Zitate, Querverweise und knappe Erläuterungen zu weniger bekannten Namen oder Ausdrücken. Für weitere Informationen empfiehlt sich ein Blick in den ausführlichen Anmerkungsapparat der Studienausgabe.

Aus ästhetischen Gründen erfassen die Zeilenzähler an den Innenrändern der Seiten die *Leerzeilen* mit, um eine unschöne, irritierende Zahlen-Asymmetrie zwischen den beiden Textseiten zu vermeiden, die sich anderenfalls wegen der unterschiedlichen Länge des lateinischen und deutschen Textes unweigerlich ergeben hätte. An den *Innen*rändern befinden sich die Zeilenzähler deshalb, damit an den Außenrändern möglichst viel Platz für Notizen bei der Arbeit an den Texten bleibt.

QUAESTIO DE VIRIBUS ET VOLUNTATE HOMINIS SINE GRATIA DISPUTATA
1516

Disputationes sub eximio viro Martino Luthero Augustiniano, artium ac Theologiae magistro, proxima die Veneris, hora Septima, quaestio subscripta disputabitur.

An homo ad Dei imaginem creatus, naturalibus suis viribus, Dei creatoris praecepta servare, aut boni quippiam facere, aut cogitare, atque cum gratia mereri, meritaque cognoscere possit?

DISPUTATIONSFRAGE ÜBER DIE KRÄFTE UND DEN WILLEN DES MENSCHEN OHNE GNADE
1516

Disputationen:
Unter dem Vorsitz des hervorragenden Mannes Martin Luther, Augustiner, Magister der Freien Künste und der Theologie, wird am nächsten Freitag um 7 Uhr über nachstehende Frage disputiert werden:

„Ob der Mensch, zum Bilde Gottes erschaffen, aus seinen natürlichen Kräften die Gebote Gottes des Schöpfers halten oder irgendetwas Gutes tun oder denken und sich mit Hilfe der Gnade verdient machen und die Verdienste erkennen kann?"

[WA 1,145/StA 1,155]

Editionsgrundlage des lateinischen Textes ist StA 1,(153) 155-162. Die Kommentierung orientiert sich ebenfalls an dieser Ausgabe.

Conclusio prima

Homo ratione animae, Dei imago, et sic ad gratiam Dei aptus, suis naturalibus viribus solis creaturam quamlibet qua utitur, vanitati subiicit, sua, et quae carnis sunt, quaerit.

Quod homo Dei imago sit, patet ex illo Gen. 1. Creavit Deus hominem ad imaginem suam;[1] quod autem ratione animae, manifestat Divus Augustinus his verbis: Licet humana mens non sit eius naturae, qua Deus, imago tamen illius, qua nihil est melius, ibi quaerenda ac invenienda est, quod natura nostra nil habeat melius mente.[2] Quod sic ad gratiam Dei aptus sit, defendit Divus Augustinus reddendo causam, cur hominum naturae gratia conferatur, ita inquiens: Neque enim gratia Dei per Iesum Christum Dominum nostrum lapidibus aut lignis pecoribusque praestatur, sed, qui imago Dei est mortuur hanc gratiam, non tamen ut eius bona voluntas possit praecedere gratiam, ne vel ipsa prior det, ut retribuatur illi.[3] Reliquum huius conclusionis satis liquet. Nam homo, gratia seclusa, arbor est mala, nullos bonos fructus producere potens,[4] nec creatura ad Dei gloriam et laudem, quae finis eius creationis est, uti, quod est eam vanitati subiicere;[5] sua et quae carnis sunt, duntaxat quaerit.[6]

Corollarium I

Homo vetus, vanitas vanitatum,[7] universaque vanitas, Reliquas quoque creaturas, alioqui bonas, efficit vanas.

Patet, quod vetus homo[8] est ille, qui purissime Deum non diligit,[9] nec ferventer sitit et esurit, sed mente et spiritu saturitatem in creatura praesumit, cum tamen Dei capax solo Deo saturari possit; est ergo vanitas vanitatum Eccl. 1. et universa vanitas, Psal. 38.[10] Veruntamen universa vanitas omnis homo vivens. Quod autem reliquas creaturas alioqui bonas (secundum illud Gen. 1. Viditque Deus cuncta, quae fecerat, et erant valde bona, ut et illud Apostoli 1. Tim. 4. Omnis creatura Dei bona est) efficiat quoque vanas, sumitur ex illo Apostoli, Rom. 8. Vanitati enim creatura subiecta est non volens.[11] Quo manifeste patet, quod sine

---

[1] Gen 1,27. [2] Augustinus: De trinitate 14,8,11. [3] Augustinus: Contra Iulianum 4, 3,15. [4] Mt 7,17 f.; 12,33. [5] Röm 8,20. [6] 1Kor 13,5. [7] Koh 1,2; Ps 39/Vg 38,6. [8] Röm 6,6.
[9] Gegen Gabriel Biel: Sent. 3 dist. 27 qu. un. art. 3 dub. 2 Q. [10] Koh 1,2; Ps 39/Vg 38,6.
[11] Gen 1,31; 1Tim 4,4; Röm 8,20.

Erste These
Der Mensch, hinsichtlich der Seele Gottes Bild und so für die Gnade Gottes geeignet, unterwirft allein durch seine natürlichen Kräfte jede beliebige Kreatur, die er gebraucht, der Nichtigkeit. Er sucht das Seine und das, was des Fleisches ist.

Dass der Mensch Gottes Bild ist, ergibt sich aus jenem [Wort] Gen 1: „Gott schuf den Menschen zu seinem Bilde." Dass er es aber hinsichtlich der Seele ist, macht St. Augustinus mit folgenden Worten offenbar: „Wenn der menschliche Verstand auch nicht von derselben Natur ist wie Gott, so muss doch dessen Bild, im Vergleich zu dem es nichts Besseres gibt, dort zu suchen und zu finden sein, weil unsere Natur nichts Besseres hat als den Verstand." Dass er aber so für die Gnade Gottes geeignet ist, verteidigt St. Augustinus, indem er den Grund angibt, warum die Gnade der Natur der Menschen zuteil wird, indem er so sagt: „Denn die Gnade Gottes wird durch Jesus Christus, unseren Herrn, nicht Steinen oder Holzklötzen und Vieh gewährt, sondern wer Bild Gottes ist, verdient diese Gnade, freilich nicht so, dass sein guter Wille der Gnade vorangehen könnte, damit er nicht etwa selbst etwas zuvor gäbe, damit es ihm vergolten würde." Der Rest dieser These ist hinreichend klar. Denn der Mensch, abgeschnitten von der Gnade, ist ein schlechter Baum, der keine guten Früchte hervorbringen und auch nicht die Kreatur zu Gottes Ehre und Lob gebrauchen kann, was doch der Zweck ihrer Erschaffung ist. Und das heißt, sie der Nichtigkeit unterwerfen. Er sucht lediglich das Seine und das, was des Fleisches ist.

Erster Zusatz
Der alte Mensch, die Nichtigkeit der Nichtigkeiten, die Nichtigkeit schlechthin, macht auch die restlichen Geschöpfe, die im Übrigen gut sind, nichtig.

Es ist offensichtlich, dass der alte Mensch jener ist, der Gott nicht ganz rein liebt, auch nicht brennend [nach ihm] hungert und dürstet, sondern mit Verstand und Geist die Sättigung in der Schöpfung vorwegnimmt, während er doch, da er für Gott empfänglich ist, allein von Gott gesättigt werden kann. Darum ist er die Nichtigkeit der Nichtigkeiten, Koh 1, und die Nichtigkeit überhaupt, Ps 38: „Doch ist jeder lebende Mensch die Nichtigkeit schlechthin." Dass er aber die restlichen Geschöpfe, die im Übrigen gut sind (gemäß jenem [Wort] Gen 1: „Und Gott sah alles, was er gemacht hatte, und es war sehr gut", und jenem des Apostels 1Tim 4: „Jedes Geschöpf Gottes ist gut"), auch nichtig macht, wird aus jenem [Wort] des Apostels Röm 8 entnommen: „Der Nichtigkeit ist die Kreatur nämlich unterworfen ohne ihr Wollen."

vitio suo et extrinsece fiat mala, vana, noxia, quod opinione et erronea aestimatione, seu amore et fruitione perversa, reputatur altius ab homine, quam est in veritate. Sic si foenum in cibum hominis praesumeretur, dignius haberetur, quam est.

Corollarium II

Carnis nomine dicitur homo vetus, non tantum quia sensuali concupiscentia ducitur. Sed (etiam si est castus, sapiens, iustus) quia non ex Deo per spiritum renascitur.

Homo vetus caro dicitur, patet ex illo Io. 3. Quod ex carne nascitur, caro est et Gal. 5. Caro concupiscit adversus spiritum. Rom. 5. Sapientia carnis inimica est Deo; Ex illo autem, quod Iohannes subiungit· Et quod natum est ex spiritu, spiritus est,[12] patet totum Corollarium. Nisi quis ex spiritu renatus sit (fit quandoque coram se et hominibus iustus, castus, sapiens) eniu est, carnalis est, vetus homo est. Omnia bona extra Deum carnis sunt, sola bona increata spiritus sunt. Augustinus: Sine ipsa vero (loquitur de fide, quae per dilectionem operatur) etiam quae videntur bona opera in peccata vertentur.[13]

Corollarium III[14]

Etsi omnes infideles vani sint, nihil boni operantes, non tamen aequalem poenam patientur omnes. |

StA 157

Prima pars huius Corollarii patet ex illis authoritatibus: Habakuk 2. Iustus ex fide vivit; Hebr. 2.[15] Sine fide impossibile est placere DEO: Secunda similiter ex Apostolo, Rom. 2. patet, ubi dicit: Cum enim gentes, quae legem non habent, naturaliter ea, quae legis sunt, faciunt; eiusmodi legem non habentes ipsi sibi sunt lex, quoniam demonstrant opus legis scriptum in cordibus suis, testificante conscientia ipsorum, et inter se invicem cogitationibus accusantibus.[16] Haec verba Augustinus Lib. IV. contra Iulianum. cap. 3. tractans ita dicit, interpretando seu explicando de infidelibus: Si fidem non habent Christi, profecto nec

---

[12] Joh 3,6; Gal 5,17; Röm 8,7; Joh 3,6.   [13] Augustinus: Contra duas epistulas Pelagianorum 3,3,14.   [14] Vgl. Augustinus: Contra Iulianum 4,3,23–25 zum gesamten Corollarium.   [15] Richtig: Hebr 11.   [16] Hab 2,4; Röm 1,17; Hebr 11,6; Röm 2,14 f.

Daraus geht offenkundig hervor, dass sie ohne ihr Verschulden, von außen schlecht, nichtig und schädlich wird, weil sie durch die Meinung und irrige Einschätzung des Menschen oder durch die verkehrte Liebe und Hingabe vom Menschen höher geschätzt wird, als sie in Wahrheit ist. So würde Heu, wenn man es für eine Speise des Menschen ausgäbe, höher eingeschätzt, als es ist.

Zweiter Zusatz
Der alte Mensch wird nicht nur deswegen mit dem Namen ‚Fleisch' bezeichnet, weil er von der sinnlichen Begierde geleitet wird, sondern (auch wenn er keusch, weise und gerecht ist) weil er nicht aus Gott durch den Geist wiedergeboren ist.

Der alte Mensch wird ‚Fleisch' genannt, das ergibt sich aus jenem [Wort] Joh 3: „Was aus dem Fleisch geboren wird, ist Fleisch" und Gal 5: „Das Fleisch begehrt wider den Geist." Röm 5 [richtig: Röm 8]: „Die Weisheit des Fleisches ist Gott feind." Daraus aber, dass Johannes hinzufügt: „Und was aus dem Geist geboren ist, ist Geist", ergibt sich der ganze Zusatz. Wenn jemand nicht aus dem Geist wiedergeboren ist (und sei er auch vor sich und den Menschen gerecht, keusch und weise), ist er Fleisch, ist er fleischlich, ist er alter Mensch. Alle Güter außerhalb Gottes gehören zum Fleisch, allein die unerschaffenen Güter gehören zum Geist. Augustinus: „Ohne ihn aber (er spricht vom Glauben, der durch die Liebe wirkt) werden auch die Werke, die gut zu sein scheinen, in Sünden verkehrt werden."

Dritter Zusatz
Obwohl alle Ungläubigen nichtig sind, da sie nichts Gutes wirken, werden sie dennoch nicht alle dieselbe Strafe erleiden.

Der erste Teil dieses Zusatzes ergibt sich aus diesen [Schrift-]Autoritäten: Hab 2: „Der Gerechte lebt aus Glauben"; Hebr 2 [richtig: Hebr 11]: „Ohne Glauben ist es unmöglich, GOTT zu gefallen." Der zweite [Teil] ergibt sich ähnlich aus dem Apostel, Röm 2, wo er sagt: „Wenn nämlich die Heiden, die das Gesetz nicht haben, von Natur aus das tun, was dem Gesetz entspricht, dann sind doch damit diejenigen, die das Gesetz nicht haben, sich selbst das Gesetz, da sie ja beweisen, dass das Werk des Gesetzes in ihre Herzen geschrieben ist, was durch ihr Gewissen bezeugt wird und durch die sich untereinander gegenseitig verklagenden Gedanken." Indem Augustinus diese Worte im vierten Buch gegen Julian im dritten Kapitel behandelt, wobei er sie auf die Ungläubigen hin interpretiert und auslegt, sagt er so: „Wenn sie den Glauben an

iusti sunt, nec DEO placent, nam sine fide DEO placere impossibile est; Sed ad hoc eos cogitationes suae die iudicii defendent, ut tolerabilius puniantur, | quod naturaliter, quae legis sunt, utcunque fecerint, scriptum habentes in cordibus opus legis dictans, ut aliis non facerent, quod ipsi perpeti nollent; hoc tamen peccantes, quod homines sine fide non ad eum finem ista retulerint opera, ad quem referre debuerunt. Minus enim Fabricius quam Catilina punietur, non quod iste bonus, sed quod minus malus et minus impius quam Catilina: Fabricius non veras virtutes habendo, sed a veris virtutibus non plurimum deviando. Et paulo supra dicit: Illi, qui naturali lege sunt iusti, haud placent DEO.[17]

Conclusio secunda

Homo, Dei gratia exclusa, praecepta eius servare nequaquam potest,[18] neque se, | vel de congruo, vel de condigno, ad gratiam praeparare,[19] verum necessario sub peccato manet.

Prima pars conclusionis patet ex illo Apostoli Rom. 13. Plenitudo legis est dilectio,[20] scientia inflat, charitas vero aedificat[21]: Item, litera occidit, spiritus autem vivificat.[22] Quae verba tractans Divus Augustinus dicit: Scriptura[23] legis sine charitate inflat, non aedificat; Et paulo post: Cognitio itaque legis facit superbum praevaricatorem per donum autem charitatis delectat legis esse factorem;[24] Et in multis locis dicit: Lex data est, ut gratia quaereretur, gratia data est, ut lex impleretur.[25]

Alteram partem Divus Augustinus in multis locis ostendit. Satis erit iam adducere quaedam. Io. 15. Sine me nihil potestis facere. Eiusdem est: Nemo potest venire ad me, nisi fuerit ei datum a Patre meo. Apostolus 1. Cor. 4. Quid enim habes, quod non accepisti?[26] Et multis aliis novi et veteris Testamenti concludendo sic docetur, maximeque per Ezechielem Prophetam, ubi prorsus Deus ait, nullis se hominum meritis bonis provocari, ut eos bonos faciat, velut obedientes mandatis suis; sed potius

---

[17] Augustinus: Contra Iulianum 4,3,25.   [18] Biel: Sent. 2 dist. 28 qu. un. art. 2 concl. 3.   [19] Gregor von Rimini: Lectura in primum et secundum librum Sententiarum 2 dist. 26 qu. 1 art. 1 Q.   [20] Röm 13,10.   [21] 1Kor 8,1.   [22] 2Kor 3,6.   [23] Augustinus (s. Anm. 24) schreibt: ‚scientia'. Dieser Lesart folgt auch die deutsche Übersetzung.   [24] Augustinus: Contra duas epistulas Pelagianorum 4,5,11.   [25] Augustinus: De spiritu et littera 19,34.   [26] Joh 15,5; 6,65; 1Kor 4,7.

Christus nicht haben, sind sie wahrhaftig weder Gerechte noch gefallen sie GOTT, denn ohne Glauben GOTT zu gefallen, ist unmöglich. Aber ihre Gedanken werden sie am Tag des Gerichts dazu verteidigen, dass sie erträglicher bestraft werden, weil sie von Natur aus das, was dem Gesetz entspricht, so weit wie möglich getan haben. Sie haben das Werk des Gesetzes in ihre Herzen geschrieben, das gebietet, anderen das nicht zu tun, was sie selbst nicht erdulden wollen; aber dennoch sündigen sie darin, dass sie als Menschen ohne Glauben die Werke nicht auf das Ziel ausgerichtet haben, auf das sie ausgerichtet sein sollten. Fabricius wird nämlich weniger bestraft als Catilina, nicht weil er gut ist, sondern weil er weniger böse und weniger gottlos ist als Catilina: Fabricius [zeichnete sich] nicht dadurch [aus], dass er wahre Tugenden besaß, sondern dadurch, dass er von den wahren Tugenden nicht so weit abwich." Und ein wenig weiter oben sagt er: „Jene, die nach dem natürlichen Gesetz gerecht sind, gefallen GOTT nicht."

Zweite These
Der Mensch, ausgeschlossen aus der Gnade Gottes, kann seine [sc. Gottes] Vorschriften in keiner Weise halten und sich nicht, sei es im uneigentlichen Sinn, sei es im eigentlichen Sinn, für die Gnade vorbereiten, sondern bleibt notwendigerweise unter der Sünde.

Der erste Teil der These ergibt sich aus jenem [Wort] des Apostels Röm 8 [richtig: Röm 13]: „Die Erfüllung des Gesetzes ist die Liebe", „das Wissen bläht auf, die Liebe aber baut auf". Ebenso: „Der Buchstabe tötet, der Geist aber macht lebendig." Wo St. Augustinus diese Worte behandelt, sagt er: „Die Schrift des Gesetzes [richtig: Das Wissen vom Gesetz] ohne Liebe bläht auf, baut nicht auf." Und wenig später: „Die Erkenntnis des Gesetzes macht deshalb einen hochmütigen Pflichtverletzer, durch die Gabe der Liebe aber findet er Gefallen daran, ein Täter des Gesetzes zu sein." Und an vielen Stellen sagt er: „Das Gesetz ist gegeben, damit die Gnade gesucht werde, die Gnade ist gegeben, damit das Gesetz erfüllt werde."

Den anderen Teil zeigt St. Augustinus an vielen Stellen auf. Es wird genug sein, nur einige anzuführen. Joh 15: „Ohne mich könnt ihr nichts tun." Desgleichen: „Niemand kann zu mir kommen, wenn es ihm nicht von meinem Vater gegeben wird." Der Apostel [sagt] 1Kor 4: „Was hast du denn, das du nicht empfangen hast?" Und durch viele andere [Stellen] des Neuen und Alten Testaments wird schlüssig so gelehrt, am meisten durch den Propheten Hesekiel, wo Gott geradezu sagt, er lasse sich durch keine guten Verdienste der Menschen veranlassen, sie gut zu machen, als gehorchten sie seinen Geboten; sondern viel-

hoc eis retribuere bonum pro malo, propter seipsum hoc faciendo, non propter illos. Ait enim, haec dicit Dominus Deus tuus; Haec faciam domui Israel propter nomen meum sanctum, quod profanastis in gentibus; et post multa verba Prophetae sequitur: Non propter vos ego facio, inquit Dominus Deus, notum sit vobis.[27] Ex quibus omnibus Divus Augustinus, gratiae defensor, cum sanctissimo Apostolo, gratiae praedicatore, quod non hominis sit volentis et currentis, sed DEI miserentis, qui poenam non reddit nisi debitam, misericordiam vero non nisi indebitam.[28] Cessabunt igitur et nulla erunt merita, gratiam praecedentia; Necessario erga homo sine gratia filius manet irae,[29] quia soli filii DEI sunt, qui spiritu DEI aguntur.[30]

Corollarium I

Voluntas hominis, sine gratia, non est libera sed servit, licet non invita.[31]

Patet ex illo Rom. 7.[32] Omnis, qui facit peccatum, servus est peccati: Voluntas sine gratia peccat, nec ergo libera: Quod etiam verbo sancti Evangelistae patet, ubi Christus dicit: Si vos filius liberaverit, veri liberi estis.[33] Hinc ait Augustinus: Quid obtendis liberum arbitrium, quod ad faciendam iustitiam liberum non erit, nisi ovis fueris? Qui facit igitur oves homines, ipse ad obedientiam pietatis humanas liberat voluntates.[34] Non tamen invite, sed voluntarie servit: Patet etiam per Augustinum Lib. I. contra Pelagianos ubi dicit: Quod nec liberum in bono erit, quod liberatio non liberaverit, sed in malo liberum habet arbitrium in delectationem malitiae, vel occultus, vel manifestus decepto inservit, vel si ipse persuasit.[35] Augustinus Lib. II. contra Iulianum. Hic enim vultis hominem perfici, atque utinam Dei dono, et non libero, sed potius servo proprie voluntatis arbitrio.[36]

Corollarium II

Homo, quando facit quod in se est, peccat, cum nec velle, aut cogitare ex seipso possit.[37]

Patet Corollarium: Quia arbor mala non potest nisi fructus malos producere, seu facere, Matth. 7.[38] Homo autem exclusa gratia arbor est

---

[27] Ez 36,22.32; Augustinus: Contra duas epistulas Pelagianorum 4,6,14. [28] Röm 9,16; Augustinus: Contra duas epistulas Pelagianorum 4,6,16. [29] Eph 2,3. [30] Röm 8,14; Augustinus: Contra duas epistulas Pelagianorum 4,6,14. [31] Augustinus: Retractationes 1,9,4. [32] Richtig: Joh 8,34. [33] Joh 8,36. [34] Augustinus: Contra duas epistulas Pelagianorum 4,6,15. [35] Augustinus: Contra duas epistulas Pelagianorum 1,3,6. [36] Augustinus: Contra Iulianum 2,8,23. [37] 2Kor 3,5. [38] Mt 7,17 f.; 12,33.

mehr vergelte er ihnen Gutes für Böses und tue dies um seiner selbst willen, nicht um ihretwillen. Er sagt nämlich: „Das sagt der Herr dein Gott: ‚Das werde ich dem Haus Israel um meines heiligen Namens willen tun, den ihr entheiligt habt unter den Heiden'." Und nach vielen Worten des Propheten folgt: „Nicht euretwegen tue ich das, spricht Gott der Herr, damit ihr es nur wisst." Aus diesen [Aussagen] allen [folgert] St. Augustinus, der Verteidiger der Gnade, zusammen mit dem heiligsten Apostel, dem Prediger der Gnade, dass es nicht an des Menschen Wollen und Laufen liege, sondern am Erbarmen GOTTES, der Strafe nur auferlegt, wenn sie verdient ist, Erbarmen hingegen nur, wenn es unverdient ist. Folglich werden Verdienste, die der Gnade vorangehen, hinfällig und nichts sein. Notwendigerweise bleibt also der Mensch ohne Gnade ein Sohn des Zornes, weil es allein die Söhne GOTTES sind, die vom Geist GOTTES getrieben werden.

Erster Zusatz
Der Wille des Menschen, ohne die Gnade, ist nicht frei, sondern dient als Knecht, freilich nicht wider Willen.

Das ergibt sich aus jenem [Wort] Röm 7 [richtig: Joh 8]: „Jeder, der Sünde tut, ist ein Knecht der Sünde." Der Wille ohne Gnade sündigt, ist also nicht frei. Das ergibt sich auch aus dem Wort des Heiligen Evangelisten, wo Christus sagt: „Wenn euch der Sohn frei macht, werdet ihr wirklich frei sein." Daher sagt Augustinus: „Was gibst du ein freies Willensvermögen vor, das zum Tun der Gerechtigkeit nicht frei sein wird, wenn du nicht ein ‚Schaf' geworden bist? Wer also die Menschen zu ‚Schafen' macht, der befreit auch die menschlichen Willen zum Gehorsam der Gottesfurcht." Dennoch dient er nicht wider Willen, sondern willentlich als Knecht. Das ergibt sich auch durch Augustinus' Buch 1 gegen die Pelagianer, wo er sagt: „Er wird nicht frei zum Guten sein, weil die Befreiung [ihn] nicht befreit hat, sondern zum Bösen hat er ein freies Willensvermögen, zur Freude an der Schlechtigkeit, wenn er, sei es heimlich, sei es öffentlich, durch Verführung dienstbar wird oder wenn er sich selbst dazu überredet hat." Im 2. Buch gegen Julianus [sagt] Augustinus: „Ihr wollt, dass der Mensch vollkommen werde – ach, dass [ihr es wolltet] durch die Gabe Gottes und nicht durch das freie – richtiger: geknechtete – Entscheidungsvermögen des Willens!"

Zweiter Zusatz
Wenn der Mensch tut, wozu er in der Lage ist, sündigt er, da er aus sich selbst [Gutes] weder wollen noch denken kann.

Der Zusatz ergibt sich, „weil ein schlechter Baum nur schlechte Früchte hervorbringen oder machen kann", Mt 7. Wenn die Gnade aus-

mala secundum Divum Augustinum in multis locis.³⁹ Ergo, quicquid facit, utatur ratione quocunque modo, eliciat actus, imperet et faciat actus sine fide operante per charitatem, peccat semper. |

Idem Apostolus Phil. 2. Deus est, inquit, qui operatus in vobis et velle et perficere pro bona voluntate. Et alibi 2. Cor. 7. Non quod idonei sumus cogitare aliquid, quasi ex nobismet ipsis, sed sufficientia nostra ex Deo est.⁴⁰ Augustinus: Cogitare aliquid bonum minus est quam cupere. Cogitamus quippe omne quod cupimus, non cupimus omne quod cogitamus: Ex illo infert quoque ad id, quod minus est, vel ad cogitandum aliquid boni non sumus idonei tanquam ex nobismet ipsis, sed sufficientia nostra ex Deo est; Et ad id, quod est amplius, vel ad cupiendum aliquid boni sine divino adiutorio idonei simus ex libero arbitrio?⁴¹ Proverb. 16. Homo praeparat cor, non tamen sine adiutorio Dei.⁴² Apostolus: Nemo in spiritu Dei loquens dicit anathema Iesu, et nemo potest dicere Dominus Iesus, nisi in ipso Dominus aequaliter posuit;⁴³ Tunc dicit Apostolus, spiritualiter vel proprie; Dicit autem proprie Domine, ille qui voluntatem et mentem suam sono vocis enunciat.

Corollarium III

Cum iusticia fidelium sit in Deo abscondita, peccatum vero eorum manifestum in seipsis. Verum est, non nisi iustos damnari, atque peccatores et meretrices salvari.⁴⁴ |

Patet quoad primum, quia iustitia fidelium est ex sola imputatione Dei secundum dictum Psal. 32. Beatus vir, cui non imputavit Deus peccatum, et alterius Psalmi: Auxilium meum a Domino, et Hos. 13. Perditio tua Israel, sed in me auxilium.⁴⁵ Secundum patet, quod alius Psalmus prodat peccatum, quod in me est semper, hoc est, in conspectu meo semper sum peccator; et Apostolus Gal. 3. Mortui, inquit, estis et vita vestra abscondita est in Christo in Deo; Cum Christus apparuerit vita vestra, tum et vos apparebitis cum illo in gloria.⁴⁶ Ergo omnis sanctus conscienter est peccator, ignoranter vero iustus, peccator secundum

---

³⁹ Augustinus: De gratia Christi et de peccato originali 19,20. ⁴⁰ Gal 5,6; Phil 2,13; 2Kor 3,5 f. ⁴¹ Augustinus: Contra duas epistulas Pelagianorum 2,8,8. ⁴² Spr 16,1. ⁴³ 1Kor 12,3. ⁴⁴ Mt 21,31 f. ⁴⁵ Ps 32/Vg 31,2; Ps 121,2/Vg 120,2; Hos 13,9. ⁴⁶ Ps 51,5/Vg 50,5; Kol 3,3 f.

geschlossen ist, ist der Mensch aber, wie St. Augustinus an vielen Stellen [sagt], ein schlechter Baum. Folglich, was er auch tut – er gebrauche seine Vernunft auf beliebige Weise, er bringe Handlungen hervor, befehle und tue Handlungen – ohne den Glauben, der durch die Liebe wirkt, sündigt er immer.

Ebenso der Apostel Phil 2: „Gott ist es", sagt er, „der in euch wirkt das Wollen und das Vollbringen nach dem [sc. seinem] guten Willen". Und an anderer Stelle, 2Kor 7 [richtig: 2Kor 3]: „Nicht, dass wir geeignet wären, etwas zu denken als von uns selbst, sondern unser Genügen stammt aus Gott." Augustinus: „Etwas Gutes zu denken ist weniger, als es zu begehren. Wir denken zwar alles, was wir begehren, aber wir begehren nicht alles, was wir denken." Daraus schließt er auch: „Zu dem, was weniger ist – nämlich zum Denken des Guten –, sind wir nicht geeignet aus uns selbst heraus, sondern unser Genügen stammt aus Gott, und zu dem, was mehr ist – nämlich etwas Gutes zu begehren –, sollten wir ohne Gottes Hilfe geeignet sein aus dem freien Willensvermögen heraus?" Spr 16: „Der Mensch bereitet das Herz, aber doch nicht ohne Gottes Hilfe." Der Apostel [sagt]: „Niemand, der im Geist Gottes spricht, sagt: ‚Anathema Jesus', und niemand kann Jesus ‚Herr' nennen, es sei denn, der Herr hat es gleichzeitig in ihn gelegt." Da spricht der Apostel auf geistliche oder eigentliche Weise: Auf eigentliche Weise sagt ‚Herr' [nur] der, der seinen Willen und Verstand mit dem Klang seiner Stimme ausspricht [das heißt, der, der mit seinen Worten das ausspricht, was er wirklich will und denkt].

Dritter Zusatz
Da die Gerechtigkeit der Gläubigen in Gott verborgen ist, ihre Sünde aber offenkundig in ihnen selbst, ist es wahr, dass nur die Gerechten verdammt werden, die Sünder und Dirnen aber gerettet werden.

Das ergibt sich hinsichtlich des ersten, weil die Gerechtigkeit der Gläubigen allein aus der Zurechnung Gottes kommt, gemäß dem Spruch Ps 32: „Glückselig der Mann, dem Gott die Sünde nicht zugerechnet hat", und in einem anderen Psalm: „Meine Hilfe [kommt] vom Herrn", und Hos 13: „Du [bist] dein [eigenes] Verderben, Israel, aber in mir ist Hilfe." Das zweite ergibt sich daraus, dass ein anderer Psalm die Sünde öffentlich bekennt, „die immer in mir ist", das heißt, in meinen Augen bin ich immer Sünder. Und der Apostel Gal 3 [richtig: Kol 3]: „Ihr seid gestorben", sagt er, „und euer Leben ist verborgen in Christus in Gott. Wenn aber Christus, euer Leben, erscheinen wird, dann werdet auch ihr erscheinen mit ihm in Herrlichkeit". Folglich ist jeder Heilige bewusst Sünder, unbewusst aber ein Gerechter, Sünder der Tatsache

rem, iustus secundum spem; peccator revera, iustus vero per reputationem Dei miserentis. Verum ergo est, non nisi iustos, hoc est, sibi nihil imputantes peccati, iustos in malis suis damnari; Meretrices, vel sibi reputantes peccata, in oculis suis meretrices et peccatores, DEO tamen confitentes suam impietatem, atque pro hac remittenda tempore opportuno orantes, in eundem non se ipsos sperantes, salvari. Facit ad hoc, | quod Dominus sacerdotibus et scribis dixit: Amen dico vobis, quod publicani et peccatores praecedent vos in regno Dei.[47] Idem: Non veni vocare iustos, sed peccatores[48]: Male habentibus opus est Medico[49]: Maius gaudium est super uno peccatore.[50] etc.

Conclusio tertia

Gratia seu charitas, quae non (nisi in extrema necessitate) succurrit, inertissima est ac potius nulla charitas, nisi extrema necessitas, non mortis periculum, sed cuiuscunque rei defectus[51] intelligatur.

Patet breviter ex illo dicto Divi Ambrosii: Nescit tarda molimina Spiritus sancti gratia.[52] Et quod non expectat mortis periculum charitas, patet ex praecepto dilectionis proximi: Dilige proximum tuum sicut teipsum;[53] Nullus autem est, qui non velit sibi succurri ante mortis periculum, quapropter et ipse aliis ante mortis periculum succurrere debet, secundum illud Salvatoris Matth. 7. Omnia, quae vultis, ut faciant vobis homines, et vos facite illis. Idem 1. Ioh. 3. Qui habuerit substantiam huius mundi, et viderit fratrem suum patientem, et clauserit viscera sua ab eo, quomodo charitas Dei manserit in eo.[54]

Corollarium I

Christus Iesus virtus nostra, iusticia nostra, cordium et renum scrutator, solus est cognitor meritorum nostrorum, ac iudex.

Patet Corollarium ex multis passibus Scripturae 1. Paral. 28. Deuter. 8.[55] ex illo Psalmi 45. Deus meum refugium et virtus, adiutor in tribulationibus.[56] 1. Cor. 1. Qui factus est nobis sapientia e Deo et iustitia et sanctificatio et redemtio. Psal. 7. Scrutans corda et renes Deus iustus.[57] Reliquum patet ex | illo Eccles. 9. Sunt iusti atque sapientes, et opera

---

[47] Mt 21,31. [48] Richtig: Mt 9,13. [49] Mt 9,12. [50] Lk 15,10. [51] Biel: Sent. 4 dist. 16 qu. 4 art. 2 concl. 4 f. H. I. [52] Ambrosius: Expositio evangelii secundum Lucam 2,19. [53] Mt 19,19; 22,39. [54] Mt 7,12; 1Joh 3,17. [55] 1Chr 28,9; Dtn 8,2. [56] Ps 46/Vg 45,2. [57] 1Kor 1,30; Ps 7,10.

nach, Gerechter der Hoffnung nach, Sünder tatsächlich, Gerechter jedoch durch die Zurechnung des sich erbarmenden Gottes. Also ist es wahr, dass nur die Gerechten, das heißt, die Gerechten, die sich selbst keine Sünde zurechnen, in ihren Übeltaten verdammt werden. Die Dirnen aber, oder diejenigen, die sich selbst Sünden zurechnen und in ihren eigenen Augen Dirnen und Sünder sind, aber ihre Gottlosigkeit dennoch GOTT bekennen und zur rechten Zeit dafür um Vergebung bitten, auf ihn und nicht auf sich selbst hoffen, werden gerettet. Dazu passt es, dass der Herr den Priestern und Schriftgelehrten sagte: „Wahrlich, ich sage euch, dass die Zöllner und Sünder vor euch in das Reich Gottes eingehen werden." Ebenso: „Ich bin nicht gekommen, die Gerechten zu rufen, sondern die Sünder." „Die Kranken bedürfen des Arztes." „Es ist größere Freude über einen Sünder" usw.

Dritte These
EINE GNADE ODER LIEBE, DIE NICHT (AUSSER IN ÄUSSERSTER NOT) ZUR HILFE KOMMT, IST GANZ UNTÄTIG UND EIGENTLICH GAR KEINE LIEBE; ES SEI DENN, MAN VERSTEHT UNTER ‚ÄUSSERSTER NOT' NICHT DIE TODESGEFAHR, SONDERN EINEN MANGEL AN IRGENDEINER BELIEBIGEN SACHE.

Das ergibt sich kurz aus jenem Ausspruch des Heiligen Ambrosius: „Die Gnade des Heiligen Geistes kennt keine trägen Bemühungen." Und dass die Liebe nicht abwartet bis zur Todesgefahr, ergibt sich aus dem Gebot der Nächstenliebe: „Liebe deinen Nächste wie dich selbst." Es gibt aber niemanden, der nicht wollte, dass man ihm [auch] vor der Todesgefahr zur Hilfe kommt, weswegen er auch selbst anderen vor der Todesgefahr zur Hilfe kommen muss, gemäß dem Wort des Erlösers Mt 7: „Alles, was ihr wollt, dass euch die Menschen tun, das tut ihr ihnen auch." Ebenso 1Joh 3: „Wer Vermögen dieser Welt hat und sieht seinen Bruder leidend und verschließt sein Herz vor ihm, wie bliebe die Liebe Gottes in ihm?"

Erster Zusatz
CHRISTUS JESUS, UNSERE TÜCHTIGKEIT, UNSERE GERECHTIGKEIT, PRÜFER DER HERZEN UND NIEREN, ALLEIN IST DER KENNER UND RICHTER UNSERER VERDIENSTE.

Der Zusatz ergibt sich aus vielen Stellen der Schrift: 1Chr 28, Dtn 8 und aus jenem [Wort] Psalm 46: „Gott ist meine Zuflucht und Stärke, der Helfer in Bedrängnissen." 1Kor 1: „Der uns gemacht ist zur Weisheit von Gott und zur Gerechtigkeit und zur Heiligung und zur Erlösung." Ps 7: „Der du Herzen und Nieren prüfst, gerechter Gott". Das Übrige ergibt sich aus jenem [Wort] Koh 9: „Die Gerechten und Weisen

eorum in manu Dei, et tum nescit homo, utrum amore, an odio dignus sit.⁵⁸

Corollarium II.

Cum credenti omnia sint, autore Christo, possibilia, Superstitiosum est, humano arbitrio, aliis Sanctis, alia deputari auxilia.

Quod omnia credenti sint possibilia, dixit Salvator Marc. 5.⁵⁹ Idem Matth. 21. Omnia quaecunque in nomine meo petieritis, credentes, accipietis.⁶⁰ Si ergo creden-|tes haec omnia possunt, multo fortius alibi. Ubi Deus erit omnia in omnibus,⁶¹ patet superstitiosum esse, huic sancto hoc, alii aliud nostro arbitrio deputare auxilium. Ad idem est illud Apostoli. 1. Cor. 3. Omnia vestra, sive vita, sive mors, sive praeterita, sive futura. Et Rom. 8. Quomodo non omnia in illo damnavit.⁶² Augustinus de Gratia cap. III. Sed et illa ignorantia, quae non est eorum, qui scire nolunt, sed eorum, qui simpliciter nesciunt, neminem sic excusat, ut sempiterno igne non ardeat. Si propterea non credidit, quia non audivit, omnino quidem crederet, sed fortassis ut minus ardeat.⁶³ Matth. 19. dicunt discipuli: Si ita est causa hominis cum uxore, non expedit nubere; Dominus respondet: Non omnes capiunt hoc verbum, sed quibus datum est.⁶⁴ Sap. 8. Nemo potest esse continens, nisi Deus det. Paulus 1. Tim. 4. Qui dixit, bonum certamen certavi,⁶⁵ alio loco dicit, gratias ago Deo, qui dat nobis victoriam.⁶⁶ Idem: Cursum consummavi, fidem servavi;⁶⁷ alibi munus consecutus sum, ut fidelis essem.⁶⁸ Eph. 2. Ipsius sumus figmentum, creati in Christo Iesu, in omnibus operibus bonis.⁶⁹ Augustinus: Non est illa creatio, qua homines facti sumus, sed ea, de qua ille dicebat, qui iam homo erat, cor mundum crea in me Deus.⁷⁰ Augustinus: Gratia quippe adiuvat, ut legis quisque sit actor, sine qua gratia sub lege potius homo erit legis auditor.⁷¹ Cum per Ezechielem dicit Dominus cap. 9. Auferam ab eis cor lapideum, et dabo eis cor carneum,⁷² non intelligendum est, quod carnaliter vivant, qui debent spi-

---

[58] Koh 9,1. [59] Richtig: Mk 9,23/Vg 22. [60] Mt 21,22. [61] 1Kor 15,28. [62] 1Kor 3,22; Röm 8,32. Dementsprechend ist statt ‚damnavit' zu lesen ‚donavit'. Dem folgt die deutsche Übersetzung. [63] Augustinus: De gratia et libero arbitrio 3,5. [64] Mt 19,10 f. [65] Weish 8,21; 2Tim 4,7. [66] 1Kor 15,57. [67] 2Tim 4,7. [68] 1Kor 7,25. [69] Eph 2,10. [70] Augustinus: De gratia et libero arbitrio 3,5, mit Bezug auf Ps 51/Vg 50,12. [71] Augustinus: De gratia et libero arbitrio 12,24. [72] Ez 11,19.

und ihre Werke sind in der Hand Gottes, und so weiß der Mensch nicht, ob er der Liebe oder des Hasses würdig ist."

Zweiter Zusatz
Da dem Glaubenden, durch Christus, alles möglich ist, ist es abergläubisch, nach menschlicher Willkür, den einen Heiligen diese, den anderen jene Hilfen zuzuschreiben.

Dass dem Glaubenden alles möglich ist, hat der Erlöser Mk 5 [richtig: Mk 9] gesagt, ebenso Mt 21: „Alles, was ihr in meinem Namen bitten werdet, werdet ihr, wenn ihr glaubt, empfangen." Wenn also die Glaubenden das alles können [und] noch viel mehr anderwärts, wo Gott sein wird alles in allem – ergibt sich, dass es abergläubisch ist, dem einen Heiligen dies, dem anderen das an Hilfe nach unserem Entscheidungsvermögen zuzuschreiben. Darauf bezieht sich auch jenes [Wort] des Apostels 1Kor 3: „Alles ist euer, sei es Leben, sei es Tod, sei es Vergangenes, sei es Zukünftiges", und Röm 8: „Wie hat er in ihm nicht alles verdammt [richtig: geschenkt]?" Augustinus [sagt] im 3. Kapitel „Von der Gnade": „Aber auch jene Unwissenheit, die nicht die derjenigen ist, die nicht wissen wollen, sondern derer, die einfach nicht wissen, entschuldigt niemanden so, dass er nicht im ewigen Feuer brenne. Wenn er deswegen nicht geglaubt hat, weil er nicht gehört hat, hätte er zwar durchaus geglaubt, aber vielleicht [nur], um weniger zu brennen." Mt 19 sagen die Jünger: „Wenn die Sache eines Menschen mit einer Ehefrau so steht, dann ist es nicht gut zu heiraten." Der Herr antwortet: „Nicht alle fassen dieses Wort, sondern diejenigen, denen es gegeben ist." Weish 8: „Niemand kann enthaltsam sein, wenn Gott es nicht gibt." Paulus, der 1Tim 4 [richtig: 2Tim 4] sagt: „Ich habe einen guten Kampf gekämpft", sagt an einer anderen Stelle: „Ich danke Gott, der uns den Sieg gegeben hat." Ebenso: „Ich habe den Lauf vollendet, ich habe Glauben bewahrt", anderswo [1Kor 7]: „Ich habe die Gabe erlangt, vertrauenswürdig zu sein." Eph 2: „Wir sind sein Gebilde, geschaffen in Christus Jesus in allen guten Werken." Augustinus: „Es ist nicht jene Schöpfung, durch die wir Menschen geworden sind, sondern die, von der jener sprach, der schon Mensch war: ‚Schaffe in mir Gott ein reines Herz'." Augustinus: „Die Gnade nämlich hilft, dass jeder ein Täter des Gesetzes sei, ohne welche Gnade der Mensch unter dem Gesetz vielmehr [nur] ein Hörer des Gesetzes sein wird." Wenn der Herr durch Hesekiel sagt, Kap. 9 [richtig: Kap. 11]: „Ich werde von ihnen das steinerne Herz wegnehmen und ihnen ein fleischernes Herz geben", so ist dies nicht so zu verstehen, dass die fleischlich leben, die doch geistlich leben sollen, sondern dass ein Stein, mit dem das harte Herz verglichen wird, ohne Empfindung ist. Womit, wenn nicht mit

ritualiter vivere, sed quod lapis sine sensu est, cui comparatur cor durum, cui nisi carni sentienti cor mite debuit comparari?[73]

Corollarium III

Est iuxta praemissa, ad quaestionem responsivum.

---

[73] Augustinus: De gratia et libero arbitrio 14,29.

empfindungsfähigem Fleisch, hätte das weiche Herz verglichen werden sollen?

DRITTER ZUSATZ
AUF DIE DISPUTATIONSFRAGE IST GEMÄSS DEM VORSTEHENDEN ZU ANTWORTEN.

DISPUTATIO
CONTRA SCHOLASTICAM THEOLOGIAM
1517

AD Subscriptas conclusiones Respondebit Magister
Franciscus Guntherus Nordhusensis pro Biblia.
Presidente Reverendo patre Martino Luder Augustinensi.
Sacrae Theologiae Wittenburgensis. Decano loco et tempore
statuendis.

DISPUTATION
GEGEN DIE SCHOLASTISCHE THEOLOGIE
1517

Die nachstehenden Thesen wird an noch festzusetzendem Ort
und Zeitpunkt Magister Franz Günther aus Nordhausen zur
Erlangung des Bakkalaureus Biblicus unter dem
Vorsitz des ehrwürdigen Paters Martin Luder, Augustiner,
Dekan der Wittenberger Theologischen Fakultät, verteidigen.

[WA 1,224/StA 1,165]

Editionsgrundlage des lateinischen Textes ist der originale Plakatdruck (Benzing 2, 28 [Nr. 84 a]). Dieser früheste unter den überlieferten Plakatdrucken Luthers wurde erst 1983 in der Herzog August Bibliothek Wolfenbüttel wiederentdeckt, die uns dankenswerterweise eine Vorlage für die Edition zur Verfügung stellte. Die Kommentierung orientiert sich an der Ausgabe in StA 1,(163)165–172.

[1] i Dicere quod Augustinus contra haereticos excessive loquitur.¹ Est dicere Augustinum. fere ubique mentitum Contra dictum commune.

[2] ii Idem est pelagianis et omnibus haereticis tribuere occasionem triumphandi immo victoriam.

[3] iii Et idem Est omnium ecclesiasticorum doctorum authoritatem illusioni exponere.

[4] iv Veritas itaque est: quod homo arbor mala factus: non potest nisi malum velle et facere² |

[5] v Falsitas est. quod appetitus liber potest in utrumque oppositorum: imo nec liber Sed captivus est. Contra communem³

[6] iiii Falsitas est. quod voluntas possit se conformare dictamini recto naturaliter. Contra Scotum Gabrielem⁴

[7] vii Sed necessario elicit actum difformem et malum: sine gratia dei⁵

[8] viii Nec ideo sequitur, quod sit naturaliter mala. id est. natura mali secundum Manicheos⁶

[9] ix Est tamen naturaliter et inevitabiliter mala et vitiata natura

[10] x Conceditur. quod voluntas non est libera ad tendendum in quodlibet. secundum rationem boni sibi ostensum. Contra Scotum Gabrielem⁷

[11] xi Nec est in potestate eius velle et nolle. quodlibet ostensum⁸

[12] xii Nec sic dicere. est contra. Beatum Augustinum dicentem. Nihil est ita in potestate voluntatis sicut ipsa voluntas.⁹

[13] xiii Absurdissima est consequentia. homo errans potest diligere creaturam super omnia ergo et deum. Contra Scotum Gabrielem¹⁰

[14] xiiii Nec est mirum. quod potest se conformare dictamini erroneo et non recto.¹¹

[15] xv Immo hoc ei proprium est ut tantummodo erroneo sese conformet et non recto:

[16] xvi Illa potius est consequentia. homo errans potest diligere creaturam: ergo impossibile est ut diligat deum. |

---

¹ Gabriel Biel: Sent. 2 dist. 33 qu. un. art 3 dub. 2 K. ² Augustinus: Contra Adimantum Manichaei discipulum 26. ³ Biel: Sent. 3 dist. 27 qu. un. art 3 dub. 2 Q. ⁴ Duns Scotus: Sent 3. dist 27 qu. un. 13 p. 21 u; Biel: Sent. 2 dist. 35. qu. un. art. 1 C. 2 G; sent. 3. dist. 27 qu. un. art. 3 dub. 2 prop. 1 Q. ⁵ Gegen Scotus und Biel, vgl. Anm. 4. ⁶ So z. B. Augustinus: Contra Faustum Manichaeum lib. 22, cap. 22. ⁷ Duns Scotus: Sent 3. dist 27 qu. un. 11 n; Biel: Sent. 3 dist. 27 qu. un. art. 3 dub. 2 prop. 1 Q. ⁸ Gegen Biel wie Anm. 7. ⁹ Biel: Sent. 2 dist. 25 qu. un. art. 2 concl. 1 G. ¹⁰ Biel: Sent. 3 dist. 27 qu. un. art. 3 dub. 2 prop. 1 Q. ¹¹ Gegen Biel wie Anm. 10.

1. Zu sagen, dass Augustinus gegen die Irrlehrer übertreibend redet, heißt zu sagen, Augustinus habe fast überall gelogen. Gegen eine allgemeine Redensart.

2. Ebenso heißt es, den Pelagianern und allen [anderen] Irrlehrern Gelegenheit zum Triumphieren, ja den Sieg zuzusprechen.

3. Und es heißt ebenso, das Ansehen aller Kirchenlehrer der Lächerlichkeit preiszugeben.

4. Es ist also die Wahrheit, dass der Mensch, der ein ‚schlechter Baum' geworden ist, nur Schlechtes [= Böses] wollen und tun kann.

5. Es ist die Unwahrheit, dass das freie Begehren nach beiden entgegengesetzten Richtungen hin etwas vermag; vielmehr ist es gar nicht frei, sondern gefangen. Gegen die allgemeine [Meinung].

6. Es ist die Unwahrheit, dass der Wille sich von Natur aus nach der richtigen Anweisung [der Vernunft] ausrichten könne. Gegen Scotus und Gabriel.

7. Sondern ohne die Gnade Gottes bringt er notwendigerweise ein Handeln hervor, das damit nicht übereinstimmt und böse ist.

8. Daraus folgt jedoch nicht, dass er von Natur aus böse sei, das heißt, nach der Natur des Bösen gemäß der Auffassung der Manichäer.

9. Er ist jedoch von Natur aus und unvermeidlich von böser und beschädigter Natur.

10. Es wird [daher] zugestanden [werden müssen], dass der Wille nicht frei ist, sich dem zuzuwenden, was ihm auch immer nach Maßgabe der Vernunft als gut gezeigt wird. Gegen Scotus und Gabriel.

11. Auch steht es nicht in seiner Macht zu wollen oder nicht zu wollen, was auch immer ihm gezeigt wird.

12. So zu reden ist auch nicht gegen den Seligen Augustinus, der sagt: „Nichts ist so in der Macht des Willens wie der Wille selbst."

13. Ganz abwegig ist die Folgerung, dass der irrende Mensch, der die Kreatur über alles lieben kann, folglich auch Gott [über alles lieben kann]. Gegen Scotus und Gabriel.

14. Es ist nicht verwunderlich, dass er [sc. der irrende Mensch] sich an der irrigen Anweisung [der Vernunft] ausrichten kann, aber nicht an der richtigen.

15. Ja, es ist sogar eigentümlich für ihn, dass er sich nur nach der irrigen [Anweisung der Vernunft] ausrichtet und nicht nach der richtigen.

16. Vielmehr ist das die Folgerung: Der irrende Mensch kann die Kreatur lieben, also ist es unmöglich, dass er Gott liebt.

[17] xvii Non potest homo naturaliter velle: deum esse deum.¹²

[18] xviii Immo vellet se esse deum. et deum non esse deum. |

[19] xix Diligere deum super omnia naturaliter Est terminus fictus. sicut Chymera¹³ Contra communem fere¹⁴

[20] xx Nec valet ratio Scoti de forti politico rempublicam plusquam seipsum diligente¹⁵

[21] xxi Actus amicitiae. non est. naturae. sed gratiae praevenientis. Contra Gabrielem¹⁶

[22] xxii Non est in natura nisi actus concupiscentiae erga deum.

[23] xxiii Omnis actus concupiscentiae erga deum est malus. et fornicatio spiritus

[24] xxiiii Nec est verum quod actus concupiscentiae possit ordinari per virtutem spei Contra Gabrielem¹⁷

[25] xxv Quia spes non est contra charitatem quae solum quae dei sunt querit et cupit

[26] i Spes non venit ex meritis, sed ex passionibus merita destruentibus Contra usum multorum¹⁸

[27] ii Actus amicitiae. non est perfectissimus modus faciendi quod est in se.¹⁹

[28] iii Nec est dispositio perfectissima ad gratiam dei aut modus convertendi et appropinquandi ad deum.²⁰

[29] iiii Sed est actus iam perfectae conversionis. tempore et natura posterior gratia

[30] v Illae authoritates Convertimini ad me. et convertar ad vos.²¹ Item appropinquate deo et appropinquabit vobis.²² Item Quaerite et invenietis.²³ Item. Si quaesieritis me inveniar a vobis.²⁴ et iis similes. Si dicantur. Quod unum naturae alterum gratiae sit. Nihil aliud quam quod pelagiani dixerunt. asseritur

[31] vi Optima et infallibilis ad gratiam praeparatio et unica dispositio. est aeterna dei electio et predestinatio. |

[32] vii Ex parte autem hominis. nihil nisi indispositio imo rebellio gratiae. gratiam praecedit.

---

¹² Gegen Biel wie Anm. 10. ¹³ Fabelwesen, hier unwirklicher, vom menschlichen Geist erdichteter Begriff; Wilhelm von Ockham: Summa logicae 1, 26; 2, 12. ¹⁴ Duns Scotus: Sent. 3 dist. 27 qu. un. 13 p. 21 u; Wilhelm von Ockham: Sent. 1 dist. 1 qu. 2 concl. 1; Petrus von Ailly (Cardinalis Cameracensis): Sent. 1 qu. 2 art. 2 J; Biel: Sent. 3 dist. 27 art. 3 dub. 2 prop. 1 Q; sent. 4 dist. 14 qu. 1 art. 2 concl. 2 L. ¹⁵ Duns Scotus wie oben Anm. 4; Biel wie oben Anm. 10. ¹⁶ Biel wie oben Anm. 3. ¹⁷ Biel: Sent. 3 dist. 27 qu. un. art. 1 not. 4 G; art 2. concl. 4 M. ¹⁸ Petrus Lombardus: Sent. 3 dist. 26 cap. 1. ¹⁹ Biel: Sent. 3 dist. 27 art. 3 dub. 2 prop. 2 Q. ²⁰ Gegen Biel wie Anm. 19. ²¹ Sach 1,3; Mal 3,7. ²² Jak 4,8. ²³ Mt. 7,7; Lk 11,9. ²⁴ Jer 29,13.

17. Der Mensch kann von Natur aus nicht wollen, dass Gott Gott ist.
18. Vielmehr wollte er, er sei Gott und Gott sei nicht Gott.
19. Gott von Natur aus über alles zu lieben, ist ein erdichteter Begriff wie eine Chimäre. Gegen die beinahe allgemeine [Meinung].
20. Nicht gültig ist die Argumentation von Scotus mit dem tapferen Bürger, der das Gemeinwesen mehr liebt als sich selbst.
21. Eine Handlung aus Freundschaft ist nicht Sache der Natur, sondern der zuvorkommenden Gnade. Gegen Gabriel.
22. In der Natur gibt es nur Handlungen der Begehrlichkeit gegen Gott.
23. Jede Handlung der Begehrlichkeit gegen Gott ist böse und eine Unzucht des Geistes.
24. Es ist auch nicht wahr, dass eine Handlung der Begehrlichkeit durch die Tugend der Hoffnung in Ordnung gebracht werden könne. Gegen Gabriel.
25. Denn die Hoffnung ist nicht gegen die Liebe, die allein das sucht und verlangt, was Gottes ist.
26. Hoffnung kommt nicht aus Verdiensten, sondern aus Leiden, die die Verdienste niederreißen. Gegen die Gewohnheit vieler.
27. Eine Handlung aus Freundschaft ist nicht die vollkommenste Weise, das zu tun, was in den eigenen Kräften steht.
28. Auch ist sie nicht die vollkommenste Zubereitung für die Gnade Gottes oder eine Weise, sich zu bekehren und sich Gott zu nähern.
29. Sondern sie ist ein Akt der schon vollzogenen Bekehrung, der Zeit und Natur nach der Gnade nachgeordnet.
30. Wenn von jenen [Schrift-]Autoritäten: „Kehrt euch zu mir und ich werde mich zu euch kehren"; ebenso: „Nahet euch zu Gott, so wird er sich euch nahen"; ebenso: „Suchet, so werdet ihr finden"; ebenso: „Wenn ihr mich suchen werdet, will ich mich von euch finden lassen" und von ähnlichen gesagt wird, das eine sei Sache der Natur, das andere Sache der Gnade, so wird damit nichts anderes als Wahrheit bekräftigt, als was die Pelagianer gesagt haben.
31. Die beste und unfehlbare Vorbereitung auf die Gnade und die einzige Zubereitung ist Gottes ewige Erwählung und Vorherbestimmung.
32. Von Seiten des Menschen aber geht der Gnade nichts anderes voraus als eine Ungeeignetheit, ja eine Empörung gegen die Gnade.

[33] viii Vanissimo commento dicitur. praedestinatus potest damnari in sensu diviso. Sed non in composito. Contra Scholasticos²⁵

[34] ix Nihil quoque efficitur. per illud dictum. predestinatio est necessaria necessitate consequentiae Sed non consequentis²⁶

[35] x Falsum et illud est. quod facere quod est. in se. sit removere obstacula gratiae Contra quosdam²⁷

[36] xi Breviter. Nec rectum dictamen habet natura: nec bonam voluntatem

[37] xii Non est verum quod ignorantia invincibilis a toto excusat Contra omnes scholasticos²⁸ |

[38] xiii Quia ignorantia dei et sui et boni operis. est naturae semper invincibilis

[39] xiiii Natura etiam in opere specietenus et foris bono. intus necessario gloriatur et superbit

[40] xv Nulla est virtus moralis sine vel superbia vel tristitia. id est peccato

[41] xvi Non sumus domini actuum nostrorum a principio usque ad finem. Sed servi Contra philosophos²⁹

[42] xvii Non efficimur iusti iusta operando. sed iusti facti operamur iusta Contra philosophos³⁰ |

[43] xviii Tota fere Aristotelis Ethica: pessima est gratiae inimica Contra scholasticos

[44] xix Error est: Aristotelis sententiam de foelicitate. non repugnare doctrinae catholicae. Contra Morales³¹

[45] xx Error est. dicere. sine Aristotele non fit theologus Contra dictum commune³²

[46] xxi Immo theologus non fit. nisi id fiat sine Aristotele.

[47] xxii Theologus non logicus est monstrosus haereticus. Est monstrosa et haeretica oratio. Contra dictum commune

---

²⁵ Petrus Lombardus: Sent. 1 dist. 40 cap. 21; Wilhelm von Ockham: Sent. 1 dist. 41 qu. 1 C–D; Biel: Sent. 1 dist. 40 qu. un. art. 2 E. ²⁶ Gegen Duns Scotus: Sent. 1 dist. 39 qu. un. qu. 5, 35 q; Biel: Sent. 1 dist. 41 qu. un. art. 1 not. 2 B; sent. 3 dist. 20 qu. un. art. 1 not. 1 B. ²⁷ Alexander von Hales: S. th. 2 inquisitio 3 tract. 2 sect. 1 qu. 2 tit. 1 cap. 8; Thomas von Aquin: S. th. 1 II qu. 112 art. 3; Biel: Canonis misse expositio lectio 59 P; Biel: Sent. 2 dist. 22 qu. 2 art. 3 dub. 1 N; sent. 4 dist. 9 qu. 2 art. 1 not. 1 B; sent. 4 dist. 16 qu. 2 art. 3 dub. 4 prop. 4 R. ²⁸ Petrus Lombardus: Sent. 2 dist. 22 cap. 9 f. (5); Biel: Sent. 2 dist. 22 qu. 2 art. 1 not. 1 C. ²⁹ Aristoteles: Nikomachische Ethik 3,7. ³⁰ Aristoteles: Nikomachische Ethik 2,1; 3,7. ³¹ So z. B. Stephan Brulefer: Sent. 2 dist. 4 qu. 1. ³² Vgl. Luthers spätere Erinnerung: WA TR 5,412,34 f. (Nr. 5967).

33. In Form einer ganz nichtigen Erfindung wird gesagt, ein Erwählter kann verdammt werden, wenn man die Begriffe trennt, aber nicht, wenn man sie zusammen nimmt. Gegen die Scholastiker.

34. Ebenfalls nichts wird erbracht durch jenen Ausspruch: Die Prädestination ist notwendig auf Grund der Notwendigkeit der Folge, nicht aber [auf Grund der Notwendigkeit] des Folgenden.

35. Falsch ist auch jene [Ansicht], dass „zu tun, was in den eigenen Kräften steht", bedeutet, die Hindernisse für die Gnade aus dem Weg zu räumen. Gegen einige.

36. Kurzum: Die Natur hat weder die richtige Anweisung [durch die Vernunft] noch einen guten Willen.

37. Es ist nicht wahr, dass eine unüberwindliche Unwissenheit ganz und gar entschuldigt. Gegen alle Scholastiker.

38. Denn die Unwissenheit, die sich auf Gott, auf sich selbst und auf das gute Werk bezieht, ist für die Natur immer unüberwindlich.

39. Die Natur rühmt und brüstet sich sogar notwendigerweise innerlich über ein Werk, das dem Ansehen nach und äußerlich gut ist.

40. Es gibt keine moralische Tugend, die entweder ohne Stolz oder ohne Traurigkeit, und das heißt, ohne Sünde wäre.

41. Wir sind vom Anfang bis zum Ende nicht Herren unserer Handlungen, sondern Knechte. Gegen die Philosophen.

42. Nicht indem wir gerecht handeln, werden wir gerecht, sondern [indem wir] gerecht geworden [sind], handeln wir gerecht. Gegen die Philosophen.

43. Fast die ganze Ethik des Aristoteles ist sehr schlecht und der Gnade feind. Gegen die Scholastiker.

44. Es ist ein Irrtum, dass die Meinung des Aristoteles über das Glück nicht der katholischen Lehre widerspreche. Gegen die Ethiker.

45. Es ist ein Irrtum zu sagen, ohne Aristoteles wird man kein Theologe. Gegen die allgemeine Rede.

46. Vielmehr wird man ein Theologe nur, wenn man es ohne Aristoteles wird.

47. Zu sagen, ein Theologe, der kein Logiker ist, sei ein ungeheurer Häretiker, ist eine ungeheure und häretische Rede. Gegen die allgemeine Rede.

[48] xxiii Frustra fingitur logica fidei.³³ Suppositio mediata³⁴ extra terminum et numerum Contra recentem dialecticam.

[49] xxiiii Nulla forma syllogistica tenet in terminis divinis Contra Cardinalem³⁵

[50] xxv Non tamen ideo sequitur. veritatem articuli trinitatis repugnare formis syllogisticis Contra eosdem. Cardinalem Cameracensem³⁶

[51] i Si forma syllogistica tenet in divinis. articulus trinitatis erit scitus et non creditus

[52] ii Breviter Totus Aristoteles. ad theologiam Est tenebre ad lucem Contra scholasticos

[53] iii Dubium est vehemens. An sententia Aristotelis sit apud latinos

[54] iiii Bonum erat ecclesiae. Si theologis natus non fuisset Purphyrius cum suis universalibus

[55] v Usitationes diffinitiones Aristotelis. videntur petere principium

[56] vi Ad actum meritorium satis est coexistentia gratiae. aut coexistentia nihil est Contra Gabrielem³⁷ |

[57] vii Gratia dei nunquam sic coexistit ut ociosa. Sed est vivus: mobilis. et operosus spiritus |

[58] viii Nec per dei absolutam potentiam fieri potest. ut actus amicitiae sit et gratia dei praesens non sit. Contra Gabrielem³⁸

[59] ix Non potest deus acceptare hominem sine gratia dei iustificante contra Occam³⁹

[60] x Periculosa est haec oratio. lex praecipit. quod actus praecepti fiat in gratia dei Contra Cardinalem et Gabrielem⁴⁰

[61] xi Sequitur ex ea. quod gratiam dei habere. sit iam nova ultra legem exactio

[62] xii Ex eadem sequitur quod actus praecepti possit fieri sine gratia dei.

[63] xiii Item sequitur quod odiosior fiat gratia dei quam fuit lex ipsa.

[64] xiiii Non sequitur. lex debet servari et impleri in gratia dei contra Gabrielem⁴¹

---

33 Robert Holcot: Sent. 1 qu. 5 H–I; Wilhelm von Ockham: Summa logicae 2,27.
34 Biel: Sent. 1 dist. 12 qu. 1 art. 3 O.   35 Petrus von Ailly: Sent. 1 qu. 5 art. 3 concl. 1 Y.
36 Petrus von Ailly wie Anm. 35.   37 Biel: Sent. 3 dist. 27 qu. un. art. 3 dub. 2 prop. 3 R.
38 Biel wie Anm. 37.   39 Wilhelm von Ockham: Sent. 1 dist. 17 qu. 2 D.   40 Petrus von Ailly: Sent. 1 qu. 7 prop. 1 M; Biel: Sent. 3 dist. 27 qu. un. art. 3 dub. 2 prop. 5 R.
41 Biel: Sent. 3 dist. 37 qu. un. art. 3 dub. 1 P.

48. Vergeblich wird eine ‚Logik des Glaubens' erdichtet, eine Verschiebung der Worte ohne Sinn und Verstand. Gegen die neue Dialektik.

49. Keine Form logischer Schlussfolgerung ist stichhaltig bei Aussagen über göttliche Dinge. Gegen den Kardinal [d'Ailly].

50. Trotzdem folgt daraus nicht, dass die Wahrheit des Artikels von der Trinität den Formen der logischen Schlussfolgerung widerspräche. Gegen dieselben [neueren Dialektiker und] den Kardinal von Cambray [d'Ailly].

51. Wenn die Form der logischen Schlussfolgerung stichhaltig ist in göttlichen Dingen, ist der Artikel von der Trinität ein gewusster und nicht ein geglaubter [Artikel].

52. Kurzum: Der ganze Aristoteles verhält sich zur Theologie wie die Finsternis zum Licht. Gegen die Scholastiker.

53. Es ist sehr zweifelhaft, ob die Meinung des Aristoteles auf der Seite der Lateiner ist.

54. Es wäre gut für die Kirche gewesen, wenn Porphyrius mit seinen Universalien den Theologen nicht geboren worden wäre.

55. Die gebräuchlicheren Begriffsbestimmungen des Aristoteles scheinen das vorauszusetzen, was sie beweisen sollen.

56. Für eine verdienstliche Handlung ist das Mitvorhandensein der Gnade entweder genügend oder das Mitvorhandensein [der Gnade] ist nichts. Gegen Gabriel.

57. Die Gnade Gottes ist niemals so mitvorhanden, dass sie untätig wäre, sondern sie ist ein lebendiger, beweglicher und wirkender Geist.

58. Auch nicht durch Gottes unbedingte Macht kann es geschehen, dass es eine Handlung aus Freundschaft gibt und die Gnade Gottes nicht dabei anwesend ist. Gegen Gabriel.

59. Gott kann den Menschen nicht annehmen ohne die rechtfertigende Gnade Gottes. Gegen Occam.

60. Gefährlich ist folgende Rede: Das Gesetz gebietet, dass die gebotene Handlung in der Gnade Gottes geschehe. Gegen den Kardinal und Gabriel.

61. Aus ihr [sc. dieser Rede] folgt, dass es bereits eine neue, über das Gesetz hinausgehende Forderung wäre, die Gnade Gottes zu haben.

62. Aus derselben [Rede] folgte, dass die Erfüllung der Vorschrift geschehen könnte ohne Gottes Gnade.

63. Gleichfalls folgte daraus, dass die Gnade Gottes noch verhasster würde, als es das Gesetz selbst gewesen ist.

64. Nicht folgt [daraus], dass das Gesetz befolgt und erfüllt werden muss in Gottes Gnade. Gegen Gabriel.

[65] xv Ergo assidue peccat. qui extra gratiam dei est. Non occidendo. non mechando. non furando etc.⁴²
[66] xvi Sed sequitur. peccat. non spiritualiter legem implendo
[67] xvii Spiritualiter. non occidit. non mechatur. non furatur. qui nec irascitur nec concupiscit.
[68] xviii Extra gratiam dei adeo impossibile est. Non irasci. non concupisci: ut nec in gratia satis id fieri possit ad legis perfectionem
[69] xix Hypocritarum est iustitia opere et foris non occidere non mechari etc.
[70] xx Gratiae dei est nec concupiscere. nec irasci.
[71] xxi Impossibile est itaque legem impleri sine gratia dei ullo modo
[72] xxii Quin etiam magis destruitur per naturam sine gratia dei
[73] xxiii Lex bona necessario fit mala. voluntati naturali
[74] xxiiii Lex et voluntas sunt adversarii duo. sine gratia dei impacabiles
[75] xxv Quod lex vult. semper voluntas non vult: nisi timore vel amore simulet se velle
[76] i Lex est exactor voluntatis. qui non superatur: nisi per parvulum qui natus est nobis⁴³ |
[77] ii Lex facit abundare peccatum⁴⁴ quia irritat et retrahit voluntatem a seipsa
[78] iii Gratia autem dei facit abundare iusticiam per Ihesum Christum. quia facit placere legem.
[79] iiii Omne opus legis sine gratia dei foris apparet bonum. sed intus est peccatum Contra scholasticos⁴⁵
[80] v Semper aversa voluntas. et conversa manus sunt in lege domini sine gratia dei |
[81] vi Conversa voluntas ad legem sine gratia dei est affectu commodi sui talis
[82] vii Maledicti sunt omnes. qui operantur opera legis
[83] viii Benedicti sunt omnes. qui operantur opera gratiae dei

---

⁴² Biel wie Anm. 41.   ⁴³ Jes 9,3 und 5   ⁴⁴ Röm 5,20   ⁴⁵ Biel: Sent. 4 dist. 14 qu. 3 dub. 5 S.

65. Also sündigt derjenige ununterbrochen, der außerhalb der Gnade Gottes ist, auch wenn er nicht tötet, nicht die Ehe bricht, nicht stiehlt usw.

66. Sondern es folgt: Er sündigt, indem er das Gesetz nicht auf geistliche Weise erfüllt.

67. Auf geistliche Weise tötet nicht, bricht nicht die Ehe, stiehlt nicht, wer weder zürnt noch begehrt.

68. Außerhalb der Gnade Gottes ist es so unmöglich nicht zu zürnen und nicht zu begehren, dass dies nicht einmal in der Gnade hinreichend geschehen kann zur Vollkommenheit [der Erfüllung] des Gesetzes.

69. Die Gerechtigkeit der Heuchler ist: durch das Tun und äußerlich nicht zu töten, nicht die Ehe zu brechen usw.

70. [Das Werk] der Gnade Gottes ist es, nicht begehrlich zu sein und nicht zu zürnen.

71. Deshalb ist es unmöglich, dass das Gesetz ohne die Gnade Gottes auf irgendeine Weise erfüllt wird.

72. Ja, es wird durch die Natur ohne die Gnade Gottes sogar noch mehr gebrochen.

73. Das gute Gesetz wird für den natürlichen Willen notwendigerweise böse.

74. Das Gesetz und der Wille sind ohne die Gnade Gottes zwei unversöhnliche Gegner.

75. Was das Gesetz will, will der Wille stets nicht, es sei denn, er heuchle aus Furcht oder Liebe, dass er wolle.

76. Das Gesetz ist der ‚Treiber' des Willens, der nur besiegt wird durch das „Kind, das uns geboren ist".

77. Das Gesetz bringt die Sünde zum Überfließen, weil es den Willen anstachelt und gerade von sich [sc. dem Gesetz] selbst abzieht.

78. Die Gnade Gottes aber bringt die Gerechtigkeit durch Jesus Christus zum Überfließen, weil sie Gefallen am Gesetz bewirkt.

79. Jedes Werk des Gesetzes ohne die Gnade Gottes, mag es auch äußerlich gut erscheinen, ist doch innerlich Sünde. Gegen die Scholastiker.

80. Immer sind der Wille abgewandt und die Hand zugewandt unter dem Gesetz des Herrn ohne die Gnade Gottes.

81. Ein Wille, der dem Gesetz ohne die Gnade Gottes zugewandt ist, ist dies aus Leidenschaft für seinen so beschaffenen Vorteil.

82. Verflucht sind alle, die Werke des Gesetzes wirken.

83. Gesegnet sind alle, die Werke der Gnade Gottes wirken.

[84] ix Capitulum: falsas de penitentia: distinctio: v. confirmat opera extra gratiam non esse bona si non false intelligatur.⁴⁶

[85] x Non tantum caeremonialia sunt lex non bona et praecepta in quibus non vivitur Contra multos doctores⁴⁷

[86] xi Sed et ipse decalogus et quicquid doceri. dictarique intus et foris potest.

[87] xii Lex bona et in qua vivitur. charitas dei est spiritu sancto diffusa in cordibus nostris⁴⁸

[88] xiii Voluntas cuiuslibet. mallet (si fieri posset) esse nullam legem et se omnino liberam

[89] xiiii Voluntas cuiuslibet: odit sibi legem poni: aut amore sui cupit poni

[90] xv Cum lex sit bona: non potest voluntas eius inimica: esse bona

[91] xvi Et ex illo clare patet. quod omnis voluntas naturalis est iniqua et mala

[92] xvii Necessaria est mediatrix gratia. quae conciliet legem voluntati

[93] xviii Gratia dei datur ad dirigendum voluntatem ne erret etiam in amando deum Contra Gabrielem⁴⁹

[94] xix Nec datur. ut frequentius et facilius eliciatur actus. Sed quia sine ea non elicitur actus amoris Contra Gabrielem⁵⁰

[95] xx Insolubile est argumentum superfluam esse charitatem. si homo naturaliter potest in actum amicitiae Contra Gabrielem⁵¹ |

[96] xxi Subtile malum est dicere. eundem actum esse fruitionem et usum contra Occam Cardinalem Gabrielem⁵²

[97] xxii Item quod amor dei stet cum dilectione et delectatione creaturae. etiam intensa⁵³

[98] xxiii Diligere deum. est seipsum odisse. et praeter deum nihil novisse

[99] xxiiii Tenemur velle. nostrum omnino conformare divinae voluntati. contra Cardinalem⁵⁴

---

⁴⁶ Corpus iuris canonici: Decretum Gratiani p. 2 causa 33 qu. 3 de penitencia dist. 5 can. 6.   ⁴⁷ Petrus Lombardus: Sent. 3 dist. 40 cap. 2; Hieronymus: Commentarii in IV epistulas Paulinas, ad Gal 1,13 f.   ⁴⁸ Röm 5,5 und 7,12.   ⁴⁹ Biel: Sent. 3 dist. 27 qu. un. art. 3 dub. 4 U.   ⁵⁰ Biel wie Anm. 49.   ⁵¹ Biel wie Anm. 49.   ⁵² Wilhelm von Ockham: Sent. 1 dist. 1 qu. 1 L; Biel: Sent. 1 dist. 1 qu. 1 art. 1 not. 2 C; Petrus von Ailly: Sent. 1 qu. 2 art. 1 dist. 1 B; Biel: Sent. 3 dist. 27 qu. un. art. 1 not. a D.   ⁵³ Biel: Sent. 3 dist. 27 qu. un. art. 3 dub. 2 prop. 4 Q.   ⁵⁴ Petrus von Ailly: Sent. principium in 1 I.

84. Das Kapitel über falsche Buße, distinctio 5, bestätigt, wenn es nicht falsch verstanden wird, dass die Werke außerhalb der Gnade nicht gut sind.

85. Nicht nur die Zeremonialvorschriften sind ein Gesetz, das nicht gut ist, und Vorschriften, in denen man nicht lebt. Gegen viele Lehrer.

86. Sondern auch die Zehn Gebote selbst und alles, was innerlich und äußerlich gelehrt und vorgeschrieben werden kann.

87. ‚Das gute Gesetz' und das, in dem man lebt, ist die Liebe Gottes, die durch den Heiligen Geist ausgegossen ist in unsere Herzen.

88. Der Wille eines jeden [Menschen] wollte lieber, wenn das geschehen könnte, dass es kein Gesetz gäbe und er gänzlich frei wäre.

89. Der Wille eines jeden [Menschen] hasst es, dass ihm das Gesetz auferlegt wird, oder er wünscht aus Eigenliebe, dass es ihm auferlegt wird.

90. Da das Gesetz gut ist, kann der Wille, der ihm feind ist, nicht gut sein.

91. Und daraus ergibt sich klar, dass jeder natürliche Wille ungerecht und böse ist.

92. Die Gnade ist als Mittlerin notwendig, die das Gesetz dem Willen annehmbar macht.

93. Die Gnade Gottes wird gegeben, um den Willen zu leiten, damit er nicht irrt, auch in der Liebe zu Gott. Gegen Gabriel.

94. Sie wird nicht gegeben, um häufiger und leichter Taten hervorzulocken, sondern weil ohne sie überhaupt keine Tat der Liebe hervorgelockt wird. Gegen Gabriel.

95. Unwiderleglich ist das Argument, dass die Liebe überflüssig wäre, wenn der Mensch von Natur aus fähig wäre zu einer Handlung aus Freundschaft. Gegen Gabriel.

96. Auf scharfsinnige Weise ist es übel, zu sagen, Hingabe und Gebrauch seien ein und dieselbe Handlung. Gegen Occam, den Kardinal, Gabriel.

97. Desgleichen, dass die Liebe zu Gott sich mit einer – auch starken – Liebe zur Kreatur und Lust an ihr verträgt.

98. Gott lieben heißt sich selbst hassen und außer Gott nichts kennen.

99. Wir sind gehalten, unser Wollen ganz dem göttlichen Willen gleichförmig zu machen. Gegen den Kardinal.

[100] xxv Non tantum quod vult nos velle. Sed prorsus. quodcunque deus vult. velle debemus.⁵⁵

> In hiis nihil dicere volumus: nec dixisse nos credimus
> quod non sit catholicae ecclesiae et ecclesiasticis
> doctoribus consentaneum.
> 1517

---

⁵⁵ Gegen Biel: Sent. 3 dist. 37 qu. un. art. 1 not. 1 B.

100. Wir sollen nicht nur wollen, was Gott will, dass wir wollen, sondern überhaupt alles, was er will.

In dem allem wollen wir nichts sagen und glauben
auch nichts gesagt zu haben, was nicht in Übereinstimmung wäre
mit der katholischen Kirche und den Kirchenlehrern.

1517

DISPUTATIO HEIDELBERGAE HABITA
1518

Probationes conclusionum: quae in Capitulo Heidelbergensi disputatae sunt Anno salutis nostrae M. D. XVIII, Mense Maio.

HEIDELBERGER DISPUTATION
1518

Beweise der Thesen, die im Ordenskapitel in Heidelberg disputiert worden sind im Jahre unseres Heils 1518, im Monat Mai.

[WA 1,355/StA 1,200]

Editionsgrundlage des lateinischen Textes ist StA 1, (186) 200, 4–218,8. Die Texte wurden nochmals an den Originaldrucken bzw. Handschriften überprüft. Die Kommentierung orientiert sich ebenfalls an der Ausgabe in StA.

Conclusio I.
LEX Dei saluberrima vitae doctrina, non potest hominem ad iusticiam promovere, sed magis obest.

Patet per Apostolum ad Romanos 3. Sine Lege iusticia Dei manifestata est.[1] Quod Beatus Augustinus libro de spiritu et litera exponit: Sine Lege, scilicet adiuvante.[2] Et Roma. 5. Lex subintravit, ut peccatum abundaret.[3] | Et 7. Cum venisset mandatum, revixit peccatum.[4] Unde capite 8. appellat Legem, legem mortis, et legem peccati.[5] Imo 2. Corinth. 3. Litera occidit.[6] Quod Beatus Augustinus per totum librum de spiritu et litera intelligit, de qualibet etiam sanctissima lege Dei.[7]

II.
Multominus opera hominum, naturalis dictaminis auxilio frequenter (ut dicitur) iterata, possunt promovere.

Quia cum Lex Dei sancta et immaculata, vera, iusta etc. homini sit in auxilium a Deo data, ultra vires suas naturales, ut illuminet ac moneat ad bonum, et tamen contrarium fit, ut magis fiat malus, Quomodo suis relictus viribus, sine tali auxilio, ad bonum potest promoveri? Minus facit ex suo proprio, qui non facit bonum alterius auxilio. Unde Apostolus ad Rom. 3. Omnes homines corruptos et inutiles, nec Deum intelligentes, nec requirentes, sed omnes dicit declinantes.[8] |

III.
Opera hominum, ut semper speciosa sint, bonaque videantur, probabile tamen est, ea esse peccata mortalia.

Opera hominum videntur speciosa, sed intus sunt foeda, ut Christus de Pharisaeis Matth. 23. dicit.[9] Videntur enim sibi et aliis bona et pulchra, Sed Deus est, qui non iudicat secundum faciem, sed scrutatur renes et corda.[10] At sine gratia et fide impossibile est mundum haberi cor. Act. 15. Fide purificans corda eorum.[11]

Probatur itaque Conclusio, Si opera hominum iustorum sunt peccata, ut Conclusio vii. dicit,[12] multo magis hominum nondum iusto-

---

[1] Röm 3,21. [2] Augustinus: De spiritu et littera 9,15. [3] Röm 5,20. [4] Röm 7,9.
[5] Röm 8,2. [6] 2Kor 3,6. [7] Augustinus: De spiritu et littera 14,23 f [8] Röm 3,10–12
[9] Mt 23,27. [10] Ps 7,10. [11] Apg 15,9. [12] S. u. 40,29 ff.

These I.
Das Gesetz Gottes, die allerheilsamste Lehre des Lebens, kann den Menschen nicht zur Gerechtigkeit befördern, sondern hindert ihn eher.

Das ist offenkundig durch den Apostel [im Brief] an die Römer [Kapitel] 3: „Die Gerechtigkeit Gottes ist offenbar geworden ohne das Gesetz." Das legt der Selige Augustinus in dem Buch „Vom Geist und Buchstaben" aus: „Ohne das Gesetz, das heißt, ohne seine Hilfe". Und Röm 5 [heißt es]: „Das Gesetz ist dazwischengetreten, damit die Sünde überfließe." Und Röm 7: „Als das Gebot kam, lebte die Sünde auf." Daher nennt er im Kap. 8 das Gesetz ein Gesetz des Todes und ein Gesetz der Sünde. Ja, 2Kor 3 [heißt es]: „Der Buchstabe tötet", was der Selige Augustinus durch sein ganzes Buch „Vom Geist und Buchstaben" hindurch von jedem, auch dem heiligsten, Gesetz Gottes versteht.

II.
Um wie viel weniger können die Werke der Menschen, die mit Hilfe der natürlichen Anweisung [der Vernunft] häufig (wie man sagt) wiederholt werden, [zur Gerechtigkeit] befördern.

Denn da das Gesetz Gottes, das heilig und unbefleckt, wahr, gerecht usw. ist, dem Menschen von Gott zur Hilfe gegeben ist, über seine natürlichen Kräfte hinaus, um ihn zum Guten zu erleuchten und zu ermahnen, und trotzdem das Gegenteil geschieht, so dass er böser wird, wie könnte er, seinen Kräften überlassen, ohne solche Hilfe zum Guten befördert werden? Wer das Gute nicht tut mit der Hilfe eines anderen, tut es noch weniger aus sich selbst heraus. Daher [nennt] der Apostel Röm 3,10 ff. alle Menschen verdorben und untüchtig, weder erkennen noch suchen sie Gott, sondern – sagt er – alle weichen ab.

III.
Die Werke der Menschen, wie schön sie auch immer seien und wie gut sie erscheinen, so glaubhaft ist doch, dass sie Todsünden sind.

Die Werke der Menschen erscheinen schön, aber innerlich sind sie hässlich, wie Christus von den Pharisäern Mt 23 sagt. Denn sie erscheinen ihnen und anderen gut und schön, aber Gott ist es, der nicht nach dem äußeren Ansehen urteilt, sondern die Nieren und Herzen erforscht. Aber ohne Gnade und Glauben ist es unmöglich, ein reines Herz zu haben. Apg 15: „Durch den Glauben reinigt er ihre Herzen."

Die These wird deshalb [so] bewiesen: Wenn die Werke der gerechten Menschen Sünden sind, wie die These VII sagt, wie viel mehr [die

rum. At iusti pro suis operibus dicunt: Non intres in iudicium cum servo tuo Domine, quia non iustificabitur in conspectu tuo omnis vivens.[13] Item Apostolus Gala. 3. Qui sunt ex operibus Legis, sub maledicto sunt.[14] Sed opera hominum sunt opera Legis. Et maledictio non venialibus attribuitur peccatis, ergo mortalia sunt. Tertio Ro. 2. Qui doces non furandum, furaris.[15] Quod Beatus Augustinus exponit, scilicet rea voluntate[16] sunt fures, etsi foris iudicent, ac doceant alios fures.

IV.

Opera Dei, ut semper sint deformia, malaque videantur, vere tamen sunt merita immortalia.

Opera Dei esse deformia, patet per illud Esa. 53. Non est ei species neque decor.[17] Et 1. Reg. 2. Dominus mortificat et vivificat, deducit ad inferos et reducit.[18] Hoc sic intelligitur, quod Dominus humiliat et perterrefacit nos Lege et conspectu peccatorum nostrorum, ut tam coram hominibus, quam | coram nobis videamur esse nihil, stulti, mali, imo vere tales sumus. Quod cum agnoscimus atque confitemur, nulla in nobis est species neque decor, sed vivimus in abscondito Dei[19] (id est, in nuda fiducia misericordiae eius) in nobis habentes responsum peccati, stultitiae, mortis et inferni, Iuxta illud Apostoli, 2. Corinth. 6. Quasi tristes, semper autem gaudentes, quasi mortui, et ecce vivimus.[20] Et hoc est, quod Esaias cap. 28. vocat, opus alienum Dei, ut operetur opus suum[21] (id est, nos humiliat in | nobis, desperantes faciens, ut exaltet in sua misericordia, sperantes faciens) Sicut Hab. 3. Cum iratus fueris, misericordiae recordaberis.[22] Talis ergo homo sibi displicet in omnibus operibus suis, nullum decorem, sed solam suam deformitatem videt. Imo etiam foris facit, quae aliis stulta et deformia videntur.

Fit autem deformitas illa in nobis, vel a Deo flagellante, vel a nobis ipsis accusando, Iuxta illud 1. Corinth. 11. Si nos ipsos iudicaremus, non utique iudicaremur a Domino.[23] Hoc est, quod Deut. 32. Iudicabit Dominus populum suum, et in servis suis deprecabitur.[24] Sic itaque opera deformia, quae Deus in nobis operatur (id est, humilia et timora-

---

[13] Ps 143/Vg 142,2. [14] Gal 3,10. [15] Röm 2,21. [16] Luther verband Röm 2,21 in der ersten Galaterbriefvorlesung (1516–1518) ebenfalls zweimal mit einer bisher nicht nachgewiesenen Augustinus-Stelle (vgl. WA 2, 469, 10–12; 526, 10–16). Luthers Bemerkung dürfte sich auf den Gedankengang in Augustinus: De spiritu et littera 13 zu ‚voluntas' beziehen. [17] Jes 53,2. [18] 1Sam 2,6. [19] Kol 3,3. [20] 2Kor 6,10.9. [21] Jes 28,21. [22] Hab 3,2. [23] 1Kor 11,31. [24] Dtn 32,36.

Werke] der Menschen, die noch nicht gerecht sind. Aber die Gerechten sagen im Blick auf ihre Werke: „Gehe nicht ins Gericht mit deinem Knecht, Herr, denn vor dir wird kein Lebender gerechtfertigt werden." Ebenso der Apostel Gal 3: „Die aus den Werken des Gesetzes sind, sind unter dem Fluch." Aber Menschenwerke sind Gesetzeswerke. Und die Verfluchung wird nicht lässlichen [Sünden] zuteil, also sind sie Todsünden. Drittens Röm 2: „Der du lehrst, man solle nicht stehlen, stiehlst." Das erklärt der Selige Augustinus [so]: „Nach ihrem schuldigen Willen sind sie nämlich Diebe, auch wenn sie äußerlich andere Diebe verurteilen und belehren."

IV.
DIE WERKE GOTTES, WIE UNGESTALT SIE AUCH IMMER SEIEN UND WIE SCHLECHT SIE ERSCHEINEN, SIND DOCH IN WAHRHEIT UNSTERBLICHE VERDIENSTE.

Dass Gottes Werke ungestalt sind, ergibt sich durch jenes [Wort aus] Jes 53: „Er hat keine Gestalt noch Schönheit" und 1Sam 2: „Der Herr tötet und macht lebendig, er führt in die Hölle hinunter und wieder heraus." Dies wird so verstanden, dass der Herr uns demütigt und erschreckt durch das Gesetz und den Anblick unserer Sünden, so dass wir sowohl vor den Menschen als auch vor uns selbst nichts zu sein scheinen, Toren, Böse, ja, wir sind in Wahrheit solche. Wenn wir das erkennen und bekennen, ist in uns „keine Gestalt noch Schönheit", sondern wir leben im Verborgenen Gottes, das heißt, in nacktem Vertrauen auf seine Barmherzigkeit, während wir in uns das Urteil der Sünde, der Torheit, des Todes und der Hölle haben, gemäß jenem [Wort] des Apostels, 2Kor 6: „Als die Traurigen, aber allezeit fröhlich, als die Toten, und siehe wir leben." Und das ist es, was Jesaja Kap. 28 „das fremde Werk Gottes" nennt, damit er sein [eigenes] Werk wirke (das heißt, er demütigt uns in uns, indem er uns zu Verzweifelnden macht, um uns in seiner Barmherzigkeit zu erhöhen, indem er uns zu Hoffenden macht). So Hab 3: „Wenn du erzürnt gewesen sein wirst, wirst du wieder der Barmherzigkeit gedenken." Ein solcher Mensch missfällt sich also in allen seinen Werken, er sieht keine Schönheit, sondern allein seine Verunstaltung. Ja, auch äußerlich tut er, was anderen töricht und ungestalt erscheint.

Es geschieht aber jene Verunstaltung in uns entweder durch Gott, der uns züchtigt, oder durch uns selbst, die wir uns anklagen, gemäß jenem [Wort] 1Kor 11: „Wenn wir uns selbst verurteilten, würden wir nicht vom Herrn verurteilt." Das ist das, was Dtn 32 [sagt]: „Der Herr wird sein Volk richten und sich über seine Knechte erbarmen." So sind daher die Werke ungestalt, die Gott in uns wirkt (das heißt, die in Demut und Gottes-

ta sunt vere immortalia) quia humilitas et timor Dei est totum meritum.

V.

Non sic sunt opera hominum mortalia (de bonis, ut apparent loquimur) ut eadem sint crimina.

Crimina enim sunt, quae accusari possunt, etiam coram hominibus, ut adulteria, furta, homicidia, obloquutiones etc. Sed mortalia sunt, quae apparent bona, et tamen intus sunt malae radicis et malae arboris fructus. Augustinus libro 4. contra Iulianum.[25]

VI.

Non sic sunt opera Dei merita (de his, quae per hominem fiunt, loquimur) ut eadem non sint peccata.

Ecclesiastes 7. Non est iustus in terra, qui faciat bene, et non peccet.[26] Hic autem ab aliis dicitur, quod iustus quidem peccet, sed non quando benefacit. Quibus respondetur: Si id vellet haec Autoritas, quid superfluit verbis? An spiritus Sanctus delectatur multiloquio et nugatione? Nam iste sensus fuisset abunde sic expressus: Non est iustus in terra, qui non peccet, ut quid addit, qui benefacit? Quasi alius sit iustus, qui faciat male. Non enim nisi iustus facit bene. At ubi de peccatis extra benefacta loquitur, sic dicit: Septies in die cadit iustus.[27] Hic non dicit: Septies in die cadit iustus, quando benefacit. Est enim simile, sicut si quis cum securi corrosa et dentata secet, licet operator sit bonus faber, tamen securis facit malas et difficiles ac deformes incisiones, Sic Deus per nos operans etc. |

VII.

Iustorum opera essent mortalia, nisi pio Dei timore ab ipsismet iustis, ut mortalia timerentur.

Patet ex iiii. Conclusione,[28] Quia confidere in opus, de quo debuit timere, est sibi gloriam dare, et Deo auferre, cui timor debetur in omni opere. Haec autem tota est perversitas, scilicet sibi placere, fruique seip-

---

[25] Augustinus: Contra Iulianum 4,22. [26] Koh 7,20/Vg 21. [27] Spr 24,16; vgl. zum Folgenden u. 464,13–15. [28] S. o. 38,10 f.

furcht [getanen Werke] sind in Wahrheit unsterblich), weil Demut und
Gottesfurcht das ganze Verdienst ist.

V.

5 NICHT IN DEM SINNE SIND DIE WERKE DER MENSCHEN TODSÜNDEN (WIR SPRECHEN VON DEN GUT ERSCHEINENDEN), DASS SIE ZUGLEICH VERBRECHEN WÄREN.

Verbrechen nämlich sind [solche Taten], die auch vor den Menschen angeklagt werden können, wie Ehebruch, Diebstahl, Mord, Verleum-
10 dungen usw. Todsünden aber sind [Taten], die gut erscheinen, aber dennoch innerlich Früchte einer schlechten Wurzel und eines schlechten Baumes sind. Augustinus im 4. Buch gegen Julian.

VI.

15 NICHT SIND DIE WERKE GOTTES (WIR SPRECHEN VON DENEN, DIE DURCH MENSCHEN GESCHEHEN) IN DEM SINNE VERDIENSTE, DASS SIE NICHT ZUGLEICH SÜNDEN WÄREN.

Koh 7: „Es ist kein Gerechter auf Erden, der gut handelt und nicht sündigt." Hierzu wird aber von anderen gesagt, dass der Gerechte zwar
20 sündigt, aber nicht dann, wenn er gut handelt. Denen wird geantwortet: Wenn diese Autorität [dies Bibelwort] das [sagen] wollte, wozu dann so viele überflüssige Worte? Oder hat der Heilige Geist Freude an Vielrednerei und Geschwätz? Denn jener Sinn wäre überreichlich so zum Ausdruck gebracht: „Es gibt keinen Gerechten auf Erden, der nicht sün-
25 digt." Wozu fügt er an: „der gut handelt"? Als ob es einen anderen Gerechten gäbe, der böse handelt. Denn nur ein Gerechter handelt gut. Aber wo er über die Sünden außerhalb der guten Taten spricht, da sagt er so: „Siebenmal am Tag fällt der Gerechte." Hier sagt er nicht: „Siebenmal am Tag fällt der Gerechte, wenn er gut handelt." Es ist nämlich
30 ähnlich, wie wenn jemand mit einem rostigen und schartigen Beil spaltet: Auch wenn der Arbeiter ein guter Handwerker ist, macht trotzdem das Beil schlechte, missliche und unförmige Einschnitte. So [ist es], wenn Gott durch uns wirkt usw.

35 VII.

DIE WERKE DER GERECHTEN WÄREN TODSÜNDEN, WENN SIE NICHT IN FROMMER GOTTESFURCHT VON DEN GERECHTEN SELBST ALS TODSÜNDEN GEFÜRCHTET WÜRDEN.

Das ist offenkundig auf Grund der IV. These, weil sein Vertrauen auf
40 ein Werk setzen, um dessentwillen man sich fürchten müsste, bedeutet: sich die Ehre geben und sie Gott nehmen, dem bei jedem Werk Furcht gebührt. Das aber ist die ganze Verkehrtheit, nämlich sich selbst gefal-

so, in operibus suis, seque idolum adorare. Taliter autem omnino facit, qui securus et sine timore Dei est, Si enim timeret, non esset securus, ideoque nec sibi placeret, sed in Deo sibi placeret.

Secundo, Ex illo Psalmi dicto: Non intres in iudicium cum servo tuo.[29] Et Psal. 32. Dixi, confitebor adversum me iniusticiam meam Domino etc.[30] Quod autem haec non sint venialia, patet, quia illi dicunt, pro venialibus non necessariam confessionem et poenitentiam.[31] Si ergo sunt mortalia, et omnes Sancti pro eis orant, ut ibidem[32] dicit, Ergo Sanctorum opera sunt peccata mortalia, Sed Sanctorum opera sunt bona opera, quare non nisi per timorem humilis confessionis sunt eis meritoria.

Tertio, Ex oratione Dominica: Dimitte nobis debita nostra.[33] Haec est oratio Sanctorum, ergo debita illa sunt bona opera, pro quibus orant. At quod illa sint mortalia, patet ex sequentibus: Si non remiseritis peccata hominibus, nec Pater vester coelestis remittet vobis peccata vestra.[34] Ecce talia sunt, quae damnarent non remissa, nisi orarent vere hanc orationem, et remitterent aliis.

Quarto, Apoca. 21. Nihil inquinatum intrabit in regnum coelorum,[35] Sed omne impediens introitum regni est mortale (aut aliter definiendum est mortale) Peccatum autem veniale impedit, quia inquinat animam, et non stat in regno coelorum, ergo etc. |

VIII.

Multomagis hominum opera sunt mortalia, cum et sine timore fiant, in mera et mala securitate.

Patet necessaria consequentia ex praecedente, Nam ubi non est timor, ibi nulla humilitas, ubi nulla humilitas ibi superbia, ibi ira et iudicium Dei, Deus enim superbis resistit,[36] Imo cesset superbia, et nullum peccatum uspiam erit.

---

[29] Ps 143/Vg 142,2.   [30] Ps 32/Vg 31,5.   [31] Petrus Lombardus: Sent. 4 dist. 21 cap. 56; Thomas von Aquin: Summa theologica 3 qu. 87 art. 3.   [32] Ps 32/Vg 31,6.   [33] Mt 6,12.   [34] Mt 6,15.   [35] Offb 21,27.   [36] 1Petr 5,5.

len, sich selbst in seinen Werken genießen und sich als Götzenbild anbeten. Auf diese Weise aber handelt überhaupt der, der sicher und ohne Gottesfurcht ist. Wenn er nämlich [Gott] fürchtete, wäre er nicht sicher und hätte folglich auch nicht Gefallen an sich selbst, sondern würde sich in Gott gefallen.

Zweitens [ergibt es sich] aus jenem Ausspruch des Psalms: „Geh nicht ins Gericht mit deinem Knecht" und Ps 32: „Ich sprach: Ich werde dem Herrn gegen mich meine Ungerechtigkeit bekennen" usw. Dass dies aber keine lässlichen Sünden sind, ist offenkundig, weil jene [Scholastiker] sagen, für lässliche Sünden seien Bekenntnis und Reue nicht notwendig. Wenn es also Todsünden sind und alle Heiligen für sie beten, wie er an derselben Stelle (Ps 32) sagt, sind folglich die Werke der Heiligen Todsünden. Aber die Werke der Heiligen sind gute Werke, weshalb sie nur durch die Furcht eines demütigen Bekenntnisses für sie verdienstlich sind.

Drittens [ergibt es sich] aus dem Herrengebet: „Vergib uns unsere Schulden." Das ist ein Gebet der Heiligen, also sind Schulden jene guten Werke, für die sie beten. Aber dass sie Todsünden sind, ergibt sich aus dem Folgenden: „Wenn ihr den Menschen die Sünden nicht vergebt, wird auch euer himmlischer Vater euch nicht eure Sünden vergeben." Siehe, sie sind solcher Art, dass sie unvergeben in die Verdammnis führen würden, wenn man nicht in Wahrheit dieses Gebet betete und anderen vergäbe.

Viertens [heißt es] Offb 21: „Nichts Beflecktes wird in das Himmelreich eingehen." Aber alles, was das Eingehen in das Reich hindert, ist Todsünde (oder man muss ‚Todsünde' anders definieren). Aber die lässliche Sünde hindert, weil sie die Seele befleckt und im Himmelreich keinen Bestand hat, also usw.

VIII.

UM WIE VIEL MEHR SIND DIE WERKE DER MENSCHEN TODSÜNDEN, WENN SIE SOGAR OHNE FURCHT IN REINER UND BÖSER SICHERHEIT GESCHEHEN.

Das ist offenkundig die notwendige Folgerung aus dem Vorhergehenden. Denn wo keine Furcht ist, da ist keine Demut, und wo keine Demut ist, da ist Hochmut, da ist Zorn und Gericht Gottes; denn „Gott widersteht den Hochmütigen". Ja, der Hochmut höre auf, und es wird nirgendwo mehr eine Sünde sein.

IX.

Dicere, quod opera extra Christum sint quidem mortua, sed non mortalia, videtur periculosa timoris Dei remissio.

Quia sic homines fiunt securi, ac per hoc superbi, quod est periculosum. Quia sic Deo assidue aufertur et differtur sibi debita gloria cum omni studio sit eo festinandum, ut quantocius ei sua reddatur gloria. Ideo consulit Scriptura: Ne tardes converti ad Dominum.[37] Si enim offendit, qui subtrahit gloriam, quanto magis offendit, qui subtractam continuat, et in hoc ipso | securus agit. At qui non est in Christo, aut recedit ab eo, subtrahit ei gloriam, ut notum est.

X.

Imo difficilimum est intelligere, quo nam modo sit opus mortuum, nec tamen noxium mortaleve peccatum.

Probo, Quia scriptura non habet istum de mortuis loquendi modum, quod aliquid sit non mortale, quod tamen sit mortuum. Imo nec Grammatica, quae mortuum plus esse dicit, quam mortale. Mortale enim opus, quod occidit, ipsi dicunt, Mortuum, vero non occisum, sed non vivum. At non vivum Deo displicet, ut Proverb. 15. scribitur: Victimae impiorum abominabiles.[38]

Secundo, Oportet omnino circa talem actum mortuum voluntatem aliquid agere, scilicet vel amando vel odiendo eum, Odisse non potest, cum sit mala. Amat ergo, ergo amat mortuum. Ac sic in eo ipso elicit malum actum voluntatis, contra Deum, quem amare debuit, et glorificare in eo, et in omni opere.

XI.

Non potest vitari praesumptio, nec adesse vera spes, nisi in omni opere timeatur iudicium damnationis.

Patet supra ex iiii. Conclusione,[39] Quia impossibile est in Deum sperare, nisi de omnibus creaturis desperetur, sciatque sibi nihil prodesse citra Deum posse. At | cum nullus sit, qui hanc puram spem habeat, ut supra diximus,[40] ac sic non nihil in creaturam confidamus, patet, quod propter immundiciam in omnibus timendum est Dei iudicium. Et sic

---

[37] Sir 5,8. [38] Spr 15,8. [39] S. o. 38,10 f. [40] S. o. Z. 28 f.

IX.
ZU SAGEN, DASS DIE WERKE AUSSERHALB VON CHRISTUS ZWAR TOT SEIEN, ABER KEINE TODSÜNDEN, ZEIGT SICH ALS GEFÄHRLICHE PREISGABE DER GOTTESFURCHT.

Denn so werden die Menschen sicher und dadurch hochmütig, was gefährlich ist. Denn so nimmt man Gott beständig die geschuldete Ehre und gibt sie sich selbst, während man sich doch mit allem Eifer beeilen müsste, ihm je eher, je lieber seine Ehre zu geben. So rät auch die Schrift: „Zögere nicht, dich zum Herrn zu bekehren." Wenn nämlich schon der beleidigt, der Ehre entzieht, um wie viel mehr beleidigt der, der sie beständig entzieht und dabei auch noch sicher auftritt. Aber wer nicht in Christus ist oder wer sich von ihm lossagt, entzieht ihm die Ehre, wie bekannt ist.

X.
JA, ES IST SEHR SCHWER EINZUSEHEN, AUF WELCHE WEISE EIN WERK TOT SEIN SOLL UND TROTZDEM KEINE SCHÄDLICHE, TODBRINGENDE SÜNDE.

Ich beweise dies, weil die Schrift nicht auf die Weise von den toten [Werken] redet, dass irgendetwas nicht tödlich sei, was trotzdem tot ist. Ja, auch die Grammatik [tut dies] nicht, die sagt, dass ‚tot' mehr ist als ‚tödlich'; denn ein tödliches Werk nennen sie eines, das tötet, ein totes [Werk] aber nicht ein getötetes, sondern ein nicht lebendiges. Aber etwas nicht Lebendiges missfällt Gott, wie Prov 15 schreibt: „Die Opfer der Gottlosen sind verabscheuungswürdig."

Zweitens: Der Wille muss doch, bezogen auf solch eine tote Handlung, irgendetwas tun, nämlich sie entweder lieben oder hassen. Hassen kann er sie nicht, weil er böse ist. Also liebt er [sie]; also liebt er etwas Totes. Und so erweckt er eben darin eine böse Handlung des Willens gegen Gott, den er lieben sollte und verherrlichen in diesem und in jedem Werk.

XI.
VERMESSENHEIT KANN NICHT VERMIEDEN WERDEN UND WAHRE HOFFNUNG KANN NICHT VORHANDEN SEIN, WENN NICHT IN JEDEM WERK DAS URTEIL DER VERDAMMNIS GEFÜRCHTET WIRD.

Das ergibt sich offensichtlich aus der obigen IV. These, weil es unmöglich ist, auf Gott zu hoffen, wenn man nicht an allen Kreaturen verzweifelt und weiß, dass einem nichts nützen kann außer Gott. Aber da es niemanden gibt, der diese reine Hoffnung hat, wie wir oben gesagt haben, und wir so doch ein wenig auf die Kreatur vertrauen, so ist offenkundig, dass wegen der Befleckung in allem Gottes Urteil zu fürchten ist.

praesumptio vitetur, non re, sed affectu, id est, quod displicet nobis adhuc esse in fiducia creaturae.

XII.

Tunc vere sunt peccata apud Deum venialia, quando timentur ab hominibus esse mortalia.

Patet satis ex dictis, quia quantum nos accusamus, tantum Deus excusat, Iuxta illud: Dic iniquitates tuas, ut iustificeris.[41] Et illud: Ut non declinet cor meum in verba maliciae, ad excusandas excusationes in peccatis.[42]

XIII.

Liberum arbitrium post peccatum, res est de solo titulo, et dum facit, quod in se est, peccat mortaliter.

Prima pars patet, quia est captivum et servum peccato, non quod sit nihil, sed quod non sit liberum, nisi ad malum. Iohan. 8. Qui facit peccatum, servus est peccati. Si Filius vos liberaverit, vere liberi estis.[43] Inde Beatus Augustinus libro de spiritu et litera dicit: Liberum arbitrium sine gratia | non nisi ad peccandum valet.[44] Et libro 2. contra Iulianum: Liberum vos vocatis, imo servum arbitrium etc.[45] Et innumeris aliis locis.

Secunda pars patet ex supradictis. Et illo Hose. 13. Perditio tua ex te Israel, ex me tantummodo auxilium tuum etc.[46]

XIV.

Liberum arbitrium post peccatum potest in bonum potentia subiectiva, in malum vero semper activa.

Quia sicut homo mortuus potest in vitam solum subiective, in mortem vero etiam active, dum vivit. Liberum autem arbitrium est mortuum, significatum per mortuos illos, quos Dominus suscitavit, ut dicunt Doctores sancti. Probat insuper Beatus Augustinus in diversis locis contra Pelagianos eandem Conclusionem. |

---

[41] Jes 43,26.   [42] Ps 141/Vg 140,4.   [43] Joh 8,34.36.   [44] Augustinus: De spiritu et littera 3,5.   [45] Augustinus: Contra Iulianum 2, 8, 23.   [46] Hos 13,9.

Und so soll die Vermessenheit vermieden werden, nicht in der Tat, sondern in der Neigung, das heißt, es soll uns missfallen, dass wir noch unser Vertrauen auf die Kreatur setzen.

XII.
Dann sind Sünden bei Gott wirklich lässlich, wenn sie von den Menschen als Todsünden gefürchtet werden.

Das ist aus dem Gesagten hinreichend klar, denn wie viel wir uns anklagen, so viel entschuldigt Gott, nach jenem [Wort]: „Nenne deine Ungerechtigkeiten, damit du gerechtfertigt wirst" und jenem [Wort]: „Damit nicht mein Herz sich neige zu den Worten der Bosheit, um bei Sünden [auch noch] Entschuldigungen zu rechtfertigen."

XIII.
Das freie Willensvermögen nach dem Sündenfall ist ein blosser Name, und indem es tut, was in seinen Kräften steht, sündigt es tödlich.

Der erste Teil ist offenkundig, weil es gefangen und Knecht der Sünde ist, nicht dass es nichts wäre, sondern dass es nicht frei ist, außer zum Bösen. Joh 8: „Wer Sünde tut, ist der Sünde Knecht. Wenn der Sohn euch freimacht, seid ihr wahrhaft frei." Von daher sagt der Selige Augustinus im Buch „Vom Geist und Buchstaben": „Das freie Willensvermögen ohne Gnade vermag nichts als zu sündigen." Und im zweiten Buch gegen Julian: „Frei nennt ihr es [sc. das Willensvermögen], aber es ist vielmehr ein geknechtetes Willensvermögen" usw. und an zahllosen anderen Stellen.

Der zweite Teil ergibt sich offenkundig aus dem oben Gesagten und aus jenem [Wort] Hos 13: „Deine Verderbnis kommt von dir, Israel, von mir allein deine Hilfe" etc.

XIV.
Das freie Willensvermögen nach dem Sündenfall vermag zum Guten etwas [nur] seiner angelegten Möglichkeit nach, zum Bösen jedoch stets seiner tatsächlichen Fähigkeit nach.

Weil so, wie ein toter Mensch nur seiner angelegten Möglichkeit nach etwas zum Leben vermag, so vermag er, solange er lebt, etwas zum Tode auch seiner tatsächlichen Fähigkeit nach. Das freie Willensvermögen aber ist tot. Es wird, wie die Heiligen Lehrer sagen, bezeichnet durch jene Toten, die der Herr auferweckt hat. Und darüber hinaus beweist der Selige Augustinus diese These an verschiedenen Stellen gegen die Pelagianer.

XV.

Nec in statu innocentiae potuit stare activa, sed subiectiva potentia, nedum in bonum proficere.

Magister Sententiarum, lib. 2. dist. 24. cap. 1. allegans Augustinum, in fine sic dicit: His testimoniis evidenter monstratur, quod homo rectitudinem et bonam voluntatem in creatione accepit, atque auxilium, quo stare poterat, alioqui non sua culpa videretur cecidisse.[47] Loquitur de potentia activa, quod aperte est contra Augustinum in libro de correptione et gratia ubi sic dicit: Acceperat posse, si vellet, sed non habuit velle, quo posset.[48] Per posse intelligens potentiam subiectivam, et per velle quo posset, potentiam activam.

Secunda autem pars satis patet ex Magistro in eadem distinctione.

XVI.

Homo putans se ad gratiam velle pervenire, faciendo quod in se est, peccatum addit peccato, ut duplo reus fiat.

Quia ex dictis patet, dum facit quod est in se, peccat, et sua querit omnino. At si per peccatum putet se dignum fieri gratia, aut aptum ad gratiam, iam superbam addit praesumptionem, et peccatum non peccatum, et malum non malum credit, quod est nimis grande peccatum. Sic Iere. 2. Peccatum duplex peccavit populus meus, me dereliquerunt fontem vivum, et foderunt sibi cisternas dissipatas, quae non valent aquas continere,[49] id est, per peccatum sunt longe a me, et tamen praesumunt bonum facere ex se.

Dicis ergo: Quid igitur faciemus? Vacabimus ocio, quia nihil nisi peccatum facimus? Respondeo: Non, Sed his auditis, procide, et ora gratiam, spemque tuam in Christum transfer, in quo est salus, vita et resurrectio nostra. Quia ideo haec docemur, ideo Lex notum facit peccatum, ut cognito peccato, gratia queratur et impetretur. Sic sic humilibus dat gratiam, et qui | humiliatur, exaltatur.[50] Lex humiliat, gratia

---

[47] Petrus Lombardus: Sent. 2 dist. 24 cap. 1. [48] Augustinus: De correptione et gratia 11, 32. [49] Jer 2,13. [50] 1Petr 5,5; Mt 23,12.

XV.

Auch im Stand der Unschuld konnte er nicht bleiben seiner tatsächlichen Fähigkeit nach, sondern [nur] seiner angelegten Möglichkeit nach, geschweige denn, dass er im Guten Fortschritte machen konnte.

Der Meister der Sentenzen [sc. Petrus Lombardus] sagt in Buch 2, distinctio 24, Kapitel 1 unter Berufung auf Augustinus am Schluss Folgendes: „Durch diese Zeugnisse wird einsichtig gezeigt, dass der Mensch in der Schöpfung Rechtschaffenheit und guten Willen empfangen hat und dazu die Hilfe, durch die er bestehen konnte, andernfalls würde es so scheinen, als sei er nicht durch seine Schuld gefallen." Er spricht aber von der tatsächlichen Fähigkeit, was offensichtlich gegen Augustinus ist in dem Buch „Von der Zurechtweisung und der Gnade", wo er Folgendes sagt: „Er hatte das Können empfangen, wenn er wollte, aber er hatte nicht das Wollen, durch das er konnte", wobei er mit dem ‚Können' die angelegte Möglichkeit, mit dem ‚Wollen' aber die tatsächliche Fähigkeit meint, durch die er gekonnt hätte.

Der zweite Teil aber geht mit hinreichender Deutlichkeit aus dem Meister [der Sentenzen] in derselben distinctio hervor.

XVI.

Der Mensch, der glaubt, er wolle dadurch zur Gnade gelangen, dass er tut, was in seinen Kräften steht, fügt Sünde zur Sünde hinzu, so dass er doppelt schuldig wird.

Denn aus dem Gesagten ist offenkundig: Indem er tut, was in seinen Kräften steht, sündigt er und sucht überhaupt das Seine. Aber wenn er glauben sollte, durch Sünde der Gnade würdig oder für die Gnade geeignet zu werden, fügt er sogleich hochmütige Vermessenheit hinzu und glaubt, dass Sünde nicht Sünde und Böses nicht Böses sei, was eine überaus große Sünde ist. So Jer 2: „Mein Volk hat eine zweifache Sünde begangen: Mich, die lebendige Quelle, haben sie verlassen und graben sich rissige Zisternen, die das Wasser nicht halten können." D. h.: Durch die Sünde sind sie weit weg von mir und maßen sich dennoch an, aus sich heraus Gutes zu tun.

Nun sagst du: Was sollen wir also tun? Sollen wir in Tatenlosigkeit verharren, weil wir nur Sünde tun [können]? Ich antworte: Nein, sondern, wenn du diese [Worte] gehört hast, dann knie nieder und bete um Gnade, setze deine Hoffnung auf Christus, in dem unser Heil, unser Leben und unsere Auferstehung ist. Denn dies wird deshalb gelehrt, deshalb macht das Gesetz die Sünde bekannt, damit, wenn die Sünde erkannt ist, die Gnade gesucht und erlangt wird. So, so gibt er den Demütigen Gnade, und so wird, wer sich demütigt, erhöht. Das Gesetz

exaltat. Lex timorem et iram, gratia spem et misericordiam operatur. Per Legem enim cognitio peccati,[51] per cognitionem autem peccati humilitas, per humilitatem gratia acquiritur. Sic opus alienum Dei inducit tandem opus eius proprium, dum facit peccatorem, ut iustum faciat. |

XVII.

Nec sic dicere, est desperandi causam dare, sed humiliandi et querendae gratiae Christi studium excitare.

Patet ex dictis, quia cum secundum Evangelium parvulis et humilibus datum sit regnum coelorum,[52] et Christus eos amet. Humiles autem esse non possunt, qui non intelligunt se peccatores damnabiles et foetidos. Peccatum autem non agnoscitur, nisi per Legem,[53] Patet quod non desperatio, sed spes potius praedicatur, quando nos esse peccatores praedicatur. Illa enim praedicatio peccati, est praeparatio ad gratiam, seu potius agnitio peccati, et fides talis praedicationis. Tunc enim surgit desiderium gratiae, quando orta est peccati cognitio,[54] Tunc aeger querit medicinam, quando intelligit malum sui morbi. Sicut itaque non est causam desperationis vel mortis dare, quando aegroto dicitur periculum sui morbi, sed potius est eum provocare ad curam medicinae querendae. Ita dicere, quod nihil sumus, et semper peccamus, quando facimus quod in nobis est, non est desperatos (nisi sint stulti) sed sollicitos ad gratiam Domini nostri Ihesu Christi facere.

XVIII.

Certum est, hominem de se penitus oportere desperare, ut aptus fiat ad consequendam gratiam Christi.

Id enim Lex vult, ut homo de se desperet, dum eum deducit ad Inferos, et pauperem facit,[55] et peccatorem ostendit, in omnibus suis operibus, ut Roma. 2. et 3. facit Apostolus, dicens: Causati sumus omnes esse sub peccato.[56] Qui autem facit quod in se est, et credit se aliquid boni facere, non omnino sibi nihil videtur, nec de suis viribus desperat, imo tantum praesumit, quod ad gratiam suis viribus nititur.

---

[51] Röm 3,20. [52] Mk 10,14. [53] Röm 3,20. [54] Augustinus: De spiritu et littera 9,15. [55] 1Sam 2,6 f. [56] Röm 2 und 3; inabes. 3,9.

demütigt, die Gnade erhöht. Das Gesetz wirkt Furcht und Zorn, die Gnade Hoffnung und Erbarmen. Denn durch das Gesetz kommt die Erkenntnis der Sünde, durch die Erkenntnis der Sünde aber die Demut, durch die Demut wird die Gnade erlangt. So führt Gottes fremdes Werk schließlich sein eigenes Werk herbei: indem es einen zum Sünder macht, um ihn zum Gerechten zu machen.

XVII.
So zu reden, heisst nicht, Anlass zur Verzweiflung zu geben, sondern das Bemühen anzuspornen, sich zu demütigen und die Gnade Christi zu suchen.

Das ist offenkundig aus dem Gesagten, weil nach dem Evangelium den kleinen Kindern und den Demütigen das Himmelreich gegeben ist und Christus sie liebt. Demütig aber können die nicht sein, die sich nicht als verdammungswürdige und verabscheuungswürdige Sünder verstehen. Die Sünde aber wird allein durch das Gesetz erkannt. Es ist offenkundig, dass nicht Verzweiflung, sondern vielmehr Hoffnung gepredigt wird, wenn gepredigt wird, dass wir Sünder sind. Diese Predigt der Sünde ist nämlich eine Vorbereitung auf die Gnade, oder vielmehr die Anerkennung der Sünde und der Glaube an solche Predigt. Dann nämlich hebt das Verlangen nach Gnade an, wenn die Erkenntnis der Sünde entstanden ist. Dann sucht der Kranke das Heilmittel, wenn er das Übel seiner Krankheit einsieht. Deshalb, so wie es nicht bedeutet, Anlass zur Verzweiflung oder zum Tod zu geben, wenn man einem Kranken die Gefahr seiner Krankheit nennt, sondern das vielmehr geschieht, um ihn zu veranlassen, nach medizinischer Behandlung zu streben: So bedeutet auch zu sagen, dass wir nichts sind und immer sündigen, wenn wir tun, was in unseren Kräften steht, nicht, Verzweifelte zu machen (wenn sie nicht töricht sind), sondern Sehnsüchtige nach der Gnade unseres Herrn Jesus Christus.

XVIII.
Es ist gewiss, dass ein Mensch von Grund aus an sich verzweifeln muss, damit er geeignet wird, die Gnade Christi zu erlangen.

Das nämlich will das Gesetz, dass der Mensch an sich verzweifelt, indem es ihn in die Hölle führt, arm macht und in allen seinen Werken als Sünder zeigt, wie es Röm 2 und 3 der Apostel macht, indem er sagt: „Wir haben den Beweis geführt, dass alle unter der Sünde sind." Wer aber tut, was in seinen Kräften steht, und glaubt, dass er etwas Gutes tue, der hält sich selbst keineswegs für nichts, noch verzweifelt er an seinen Kräften, sondern er ist so vermessen, dass er sich auf seine Kräfte zur Vorbereitung auf die Gnade verlässt.

XIX.

Non ille digne Theologus dicitur, qui invisibilia Dei, per ea, quae facta sunt, intellecta conspicit.[57]

Patet per eos, qui tales fuerunt, Et tamen ab Apostolo Roma. 1. stulti vocantur.[58] Porro invisibilia Dei sunt, virtus, divinitas sapientia, iusticia, bonitas etc. haec omnia cognita non faciunt dignum, nec sapientem.

XX.

Sed qui visibilia et posteriora Dei,[59] per passiones et crucem conspecta intelligit.

Posteriora et visibilia Dei sunt opposita invisibilium, id est, humanitas, infirmitas, stulticia. Sicut 1. Corinth. 1. vocat infirmum et stultum Dei,[60] Quia enim homines cognitione Dei ex operibus abusi sunt, voluit rursus Deus ex passionibus cognosci et reprobare illam sapientiam invisibilium, per sapientiam visibilium, ut sic, qui Deum non coluerunt manifestum ex operibus, colerent absconditum in passionibus. Sicut ait 1. Corinth. 1. Quia in Dei sapientia non cognovit mundus Deum per sapientiam, placuit Deo per stulticiam praedicationis salvos facere credentes.[61] Ita, ut nulli iam satis sit ac prosit, qui cognoscit Deum in gloria et maiestate, nisi cognoscat eundem in humilitate et ignominia crucis. Sic perdit sapientiam sapientum etc.[62] sicut Isaias dicit: Vere absconditus tu es Deus.[63]

Sic Iohan. 14. Cum Philippus iuxta Theologiam gloriae diceret: Ostende nobis Patrem, Mox Christus retraxit et in seipsum reduxit eius volatilem cogitatum querendi Deum alibi, dicens: Philippe, qui videt me, videt et patrem[64] meum. Ergo in Christo crucifixo est vera Theologia et cognitio Dei. Et Ioh. 10.[65] Nemo venit ad Patrem, nisi per me. Ego sum ostium etc.[66]

XXI.

Theologus gloriae dicit, Malum bonum, et bonum malum, Theologus crucis dicit, id quod res est.

Patet, quia dum ignorat Christum, ignorat Deum absconditum in passionibus. Ideo praefert opera passionibus, et gloriam cruci, poten-

---

[57] Röm 1,20. [58] Röm 1,22. [59] Ex 33,23. [60] 1Kor 1,25. [61] 1Kor 1,21. [62] 1Kor 1,19.
[63] Jes 45,15. [64] Joh 14,8 f. [65] Richtig: Joh 14,6. [66] Joh 10,9.

XIX.
Nicht der wird mit Recht ein Theologe genannt, der das unsichtbare [Wesen] Gottes erblickt, das durch das erkannt wird, was gemacht ist.

Das zeigt sich an denen, die solche gewesen sind und trotzdem vom Apostel Röm 1 Toren genannt werden. Ferner: Das unsichtbare [Wesen] Gottes ist seine Kraft, Gottheit, Weisheit, Gerechtigkeit, Güte usw. Dies alles zu erkennen, macht nicht würdig noch weise.

XX.
Sondern wer das Sichtbare und die dem Menschen zugewandte Rückseite Gottes erkennt, die durch Leiden und Kreuz erblickt wird.

Die dem Menschen zugewandte Rückseite und das Sichtbare Gottes sind Gegensätze zum Unsichtbaren: das heißt, Menschlichkeit, Schwäche, Torheit. So nennt 1Kor 1 dies das Schwache und Törichte Gottes. Weil nämlich die Menschen die Erkenntnis Gottes aus den Werken missbraucht haben, wollte Gott wiederum aus den Leiden erkannt werden und jene Weisheit des Unsichtbaren durch die Weisheit des Sichtbaren verwerfen, damit so diejenigen, die den in seinen Werken offenbaren Gott nicht verehrten, den in den Leiden verborgenen [Gott] verehren sollten. So sagt 1Kor 1: „Weil die Welt in Gottes Weisheit Gott nicht erkannte durch Weisheit, gefiel es Gott durch die Torheit der Predigt die Glaubenden selig zu machen." So, dass es keinem mehr genügt und nützt, der Gott in der Herrlichkeit und Majestät erkennt, wenn er ihn nicht erkennt in der Niedrigkeit und Schande des Kreuzes. So „verdirbt er die Weisheit der Weisen" usw. und so sagt Jesaja: „Wahrlich, du bist ein verborgener Gott."

So Joh 14, als Philippus im Sinne der Theologie der Herrlichkeit sagte: „Zeige uns den Vater", da holte Christus alsbald seinen hochfliegenden Gedanken, Gott anderswo zu suchen, zurück und führte ihn auf sich selbst zurück, indem er sagte: „Philippus, wer mich sieht, sieht auch meinen Vater." Also ist im gekreuzigten Christus die wahre Theologie und Erkenntnis Gottes. Und Joh 10 [richtig: 14]: „Niemand kommt zum Vater, denn durch mich"; „Ich bin die Tür" usw.

XXI.
Der Theologe der Herrlichkeit nennt das Übel gut und das Gute ein Übel. Der Theologe des Kreuzes sagt das, was die Sache ist.

Das ist offenkundig; denn solange er Christus nicht kennt, kennt er den in den Leiden verborgenen Gott nicht. So zieht er die Werke den

tiam infirmitati, sapientiam stulticiae, et universaliter bonum malo. Tales sunt, quos Apostolus vocat Inimicos crucis Christi.[67] Utique quia odiunt crucem et passiones, Amant vero opera et gloriam illorum, Ac sic bonum crucis dicunt malum, et malum operis dicunt bonum. At Deum non inveniri, nisi in passionibus et cruce, iam dictum est. |

Ideo amici crucis dicunt crucem esse bonam, et opera mala, quia per crucem destruuntur opera, et crucifigitur Adam, qui per opera potius aedificatur. Impossibile est enim, ut non infletur operibus suis bonis, qui non prius exinanitus et destructus est passionibus et malis, donec sciat seipsum esse nihil, et opera non sua, sed Dei esse.

XXII.

Sapientia illa, quae invisibilia Dei, operibus intellecta conspicit, omnino inflat, excaecat et indurat.

Id iam dictum est, Quia ex quo crucem ignorant atque odiunt, necessario contraria diligunt, scilicet, sapientiam, gloriam et potentiam etc. Ideo tali amore magis enecantur et indurantur. Impossibile est enim, quod | cupiditas satietur his, quae cupit, acquisitis. Sicut enim crescit amor nummi, quantum ipsa pecunia crescit. Sic hydropisis animae, quo plus bibit, plus sitit, ut Poeta: Quo plus potantur, plus sitiuntur aquae.[68] Sic Eccle. 1. capitulo. Non saturatur oculus visu, nec auditu auris.[69] Sic de omnibus cupiditatibus.

Quare et curiositas sciendi non saturatur acquisita sapientia, sed magis accenditur. Sic cupiditas gloriae non saturatur acquisita gloria, Nec cupido dominandi saturatur potestate et imperio, Nec cupido laudis saturatur laude etc. ut Iohan. 7.[70] Christus significat dicens: Qui bibit ex aqua hac, sitiet iterum.

Restat ergo remedium, ut non explendo curetur, sed extinguendo, id est, ut qui vult fieri sapiens, non querat sapientiam procedendo, sed fiat stultus querendo stulticiam retrocedendo. Sic qui vult fieri potens, gloriosus, voluptuosus, satur omnium rerum, fugiat potius, quam

---

[67] Phil 3,18.   [68] Juvenal: Saturae 14,139; Ovid: Fasti 1,216.   [69] Koh 1,8.   [70] Richtig: Joh 4,13.

Leiden vor, die Herrlichkeit dem Kreuz, die Macht der Schwäche, die Weisheit der Torheit und insgesamt das Gute dem Übel. Das sind solche, die der Apostel ‚Feinde des Kreuzes Christi' nennt, und das, weil sie das Kreuz und die Leiden hassen, dagegen die Werke und ihren Ruhm lieben und so das Gute des Kreuzes ein Übel nennen und das Übel des Werkes ein Gutes. Aber dass Gott nur gefunden wird in den Leiden und im Kreuz, ist schon gesagt.

So sagen die Freunde des Kreuzes, das Kreuz sei ein Gutes und die Werke [seien] ein Übel, weil durch das Kreuz die Werke zerstört werden und [der alte] Adam gekreuzigt wird, der durch die Werke vielmehr aufgebaut wird. Es ist nämlich unmöglich, dass der nicht durch seine guten Werke aufgebläht werde, der nicht vorher durch Leiden und Übel erniedrigt und zerstört worden ist, bis er weiß, dass er nichts sei und die Werke nicht seine, sondern Gottes sind.

XXII.

JENE WEISHEIT, DIE DAS UNSICHTBARE [WESEN] GOTTES ERBLICKT, DAS DURCH DIE WERKE ERKANNT WIRD, BLÄHT GÄNZLICH AUF, VERBLENDET UND VERHÄRTET.

Das ist schon gesagt worden; denn dadurch, dass sie das Kreuz nicht kennen und es hassen, lieben sie notwendigerweise das Gegenteil, nämlich Weisheit, Ruhm und Macht usw. Darum werden sie durch solche Liebe immer mehr verblendet und verhärtet. Es ist nämlich unmöglich, dass die Begehrlichkeit gestillt werde dadurch, dass sie das erreicht, was sie begehrt. Wie nämlich die Liebe zum Geld in dem Maß wächst, in dem das Geld selbst wächst [Juvenal], so auch die Wassersucht der Seele: Je mehr sie trinkt, um so mehr dürstet sie, wie der Dichter [Ovid sagt]: „Je mehr sie getränkt werden, umso mehr dürsten sie nach Wasser." So [heißt es] Koh 1: „Das Auge wird nicht satt vom Sehen, noch das Ohr vom Hören." Dies gilt von allen Begierden.

Darum wird auch die Wissbegierde nicht gesättigt durch erworbene Weisheit, sondern wird vielmehr gesteigert. So wird die Ruhmsucht nicht gesättigt durch erworbenen Ruhm, noch wird die Herrschsucht gesättigt durch Macht und Herrschaft, noch die Begierde nach Lob gesättigt durch Lob usw., wie Christus Joh 7 [richtig: 4] anzeigt, indem er sagt: „Wer von diesem Wasser trinkt, den wird wiederum dürsten."

Es bleibt also als Heilmittel nur, dass man [die Begierde] nicht durch Stillung heilt, sondern durch Auslöschung, das heißt, dass der, der weise werden will, nicht Weisheit sucht, um voranzukommen, sondern töricht wird, indem er Torheit sucht, um zurückzukommen. So soll der, der mächtig, geehrt, vergnügt sein, mit allen Dingen gesättigt werden will,

querat potentiam, gloriam, voluptatem, omniumque rerum saturitatem. Haec sapientia illa est, quae mundo est stulticia.

XXIII.

Et Lex iram Dei operatur, occidit, maledicit, reum facit, iudicat, damnat, quicquid non est in Christo.
Sic ad Galatas 3. Christus liberavit nos de maledicto Legis.[71] Et ibidem: Qui sunt ex operibus Legis, sub maledicto sunt.[72] Et Roma. 4. Lex iram operatur.[73] Et | Roma. 7. Quod erat ad vitam, inventum est mihi esse ad mortem.[74] Roma. 2. Qui in Lege peccaverunt, per Legem iudicabuntur.[75] Igitur qui gloriatur in Lege, tanquam sapiens et doctus, gloriatur in confusione sua, in maledicto suo, in ira Dei, in morte, ut illi Roma. 2. Quid gloriaris in Lege?[76]

XXIV.

Non tamen sapientia illa mala, nec Lex fugienda, sed homo sine Theologia crucis, optimis pessime abutitur
Quia Lex sancta,[77] et omne donum Dei bonum,[78] omnis creatura bona valde Gene. 1.[79] Sed sicut supra dictum est,[80] qui nondum est destructus, ad nihilum redactus per crucem et passionem, sibi tribuit opera et sapientiam, non autem Deo, et sic abutitur donis Dei, eaque polluit.
Qui vero est per passiones exinanitus, iam non operatur, sed Deum in se operari et omnia agere novit. Ideo sive operetur, sive non, idem sibi est, nec gloriatur si operetur, nec confunditur, si non operetur Deus in eo, sibi scit satis esse, si patitur et destruitur per crucem, ut magis annihiletur, Sed hoc est, quod Christus ait Iohan. 3. Oportet vos renasci denuo,[81] Si renasci, ergo prius mori, et exaltari cum filio hominis, Mori, inquam, id est, mortem praesentem sentire. |

XXV.

Non ille iustus est, qui multum operatur, sed qui sine opere multum credit in Christum.
Quia iusticia Dei non acquiritur ex actibus frequenter iteratis, ut Aristoteles docuit,[82] sed infunditur per fidem. Iustus enim ex fide vivit

---

[71] Gal 3,13. [72] Gal 3,10. [73] Röm 4,15. [74] Röm 7,10. [75] Röm 2,12. [76] Röm 2,23.
[77] Röm 7,12. [78] Jak 1,17; 1Tim 4,4. [79] Gen 1,31. [80] S. o. 54,8–10. [81] Joh 3,7. [82] Aristoteles Nikomachische Ethik 2,1.

Macht, Ruhm, Vergnügen und Sättigung mit allen Dingen vielmehr fliehen als suchen. Das ist jene Weisheit, die für die Welt Torheit ist.

XXIII.
UND DAS GESETZ BEWIRKT DEN ZORN GOTTES, ES TÖTET, VERFLUCHT, VERKLAGT, VERURTEILT UND VERDAMMT ALLES, WAS NICHT IN CHRISTUS IST.

So [heißt es] an die Galater 3: „Christus hat uns vom Fluch des Gesetzes befreit." Und ebendort: „Die aus den Werken des Gesetzes sind, sind unter dem Fluch." Und Röm 4: „Das Gesetz bewirkt Zorn." Und Röm 7: „Was zum Leben [gegeben] war, fand sich, dass es mir zum Tod gereichte." Röm 2: „Welche im Gesetz gesündigt haben, werden durch das Gesetz verurteilt werden." Darum, wer sich des Gesetzes rühmt als weise und gelehrt, der rühmt sich seiner Verwirrung, seines Fluches, des Zornes Gottes und des Todes, wie jene [Worte] Röm 2 [sagen]: „Was rühmst du dich des Gesetzes?"

XXIV.
TROTZDEM IST NICHT JENE WEISHEIT SCHLECHT, NOCH DAS GESETZ ZU FLIEHEN, SONDERN DER MENSCH MISSBRAUCHT OHNE DIE THEOLOGIE DES KREUZES DAS BESTE AUFS SCHLIMMSTE.

Denn „das Gesetz ist heilig" und „alle Gabe Gottes ist gut" und „Jedes Geschöpf ist sehr gut". Aber wie oben gesagt wurde: Wer noch nicht zerstört und zunichte gemacht worden ist durch Kreuz und Leiden, rechnet sich die Werke und die Weisheit zu, nicht aber Gott, und so missbraucht er die Gaben Gottes und verunreinigt sie.

Wer aber durch Leiden erniedrigt ist, der wirkt nun nicht mehr, sondern weiß, dass Gott in ihm wirkt und alles tut. Darum mag er wirken oder nicht, so ist es für ihn dasselbe: Er rühmt sich weder, wenn er wirkt, noch wird er verwirrt, wenn Gott nicht in ihm wirkt. Er weiß, dass es ihm genügt, wenn er leidet und zerstört wird durch das Kreuz, um immer mehr zunichte zu werden. Aber das ist es, was Christus Joh 3 sagt: „Ihr müsst von neuem geboren werden." Wenn von neuem geboren werden, dann vorher sterben und mit dem Menschensohn erhöht werden; ‚sterben', sage ich, das heißt, den Tod als gegenwärtig fühlen.

XXV.
NICHT DER IST GERECHT, DER VIEL WIRKT, SONDERN DER OHNE WERK VIEL AN CHRISTUS GLAUBT.

Denn die Gerechtigkeit Gottes wird nicht erworben aus häufig wiederholten Handlungen, wie Aristoteles gelehrt hat, sondern sie wird

Roma. 1. et 10. Corde creditur ad iusticiam.⁸³ Unde illud (sine opere) sic volo intelligi, Non quod iustus nihil operetur, sed quod opera eius non faciunt eius iusticiam, sed potius iusticia eius facit opera. Sine enim opere nostro gratia et fides infunditur, qua infusa iam sequuntur opera. Sic Roma. 3. dicitur: Ex operibus Legis non iustificabitur omnis homo. Et Roma. 14.⁸⁴ Arbitramur enim iustificari hominem per fidem, sine operibus Legis, id est, ad iustificationem nihil faciunt opera. Deinde, | quia opera, quae ex tali fide facit, non sua, sed Dei esse novit. Ideo non se per illa iustificari aut glorificari querit, sed Deum querit, sua sibi sufficit iusticia, ex fide Christi, id est, ut Christus sit eius sapientia, iusticia etc. ut 1. Corinth. 1. dicitur,⁸⁵ ipse vero sit Christi operatio seu instrumentum.

XXVI.

Lex dicit: Fac hoc, et nunquam fit, Gratia dicit: Crede in hunc, et iam facta sunt omnia.

Primum patet per Apostolum, et interpretem eius Beatum Augustinum,⁸⁶ in multis locis, Et supra satis dictum est,⁸⁷ quod Lex potius iram operatur, et sub maledicto tenet omnes. Secundum patet per eosdem, quia fides iustificat. Et Lex (ait Beatus Augustinus) imperat, quod fides impetrat.⁸⁸ Sic enim per fidem Christus in nobis, imo unum cum nobis est. At Christus est iustus, et omnia implens Dei mandata, quare et nos per ipsum omnia implemus, dum noster factus est per fidem.

XXVII.

Recte, opus Christi diceretur operans, et nostrum operatum, ac sic operatum placere Deo, gratia operis operantis.

Quia dum Christus in nobis habitat per fidem, iam movet nos ad opera per vivam illam fidem operum suorum. Opera enim, quae ipse facit, sunt impletiones mandatorum Dei, nobis data per fidem, quae cum intuemur, movemur ad imitationem eorum. Ideo ait Apostolus: Imitatores Dei estote, sicut filii charissimi.⁸⁹ Quare misericordiae opera excitantur, ab operibus eius, quibus salvavit nos. Sicut ait Beatus Grego-

---

⁸³ Röm 1,17 und 10,4; Röm 10,10.   ⁸⁴ Röm 3,20; statt Röm 14 richtig: Röm 3,28.
⁸⁵ 1Kor 1,30.   ⁸⁶ Augustinus: De spiritu et littera 13,21.   ⁸⁷ S. o. 56,5–13.   ⁸⁸ Augustinus. Enarrationes in psalmos 118, sermo 16,2; De spiritu et littera 13,22.   ⁸⁹ Eph 5,1.

eingegossen durch den Glauben. „Der Gerechte lebt nämlich aus dem Glauben", Röm 1 und 10. „Mit dem Herzen wird zur Gerechtigkeit geglaubt." Von daher will ich jenes (,ohne Werk') so verstanden wissen: nicht, dass der Gerechte nichts wirke, sondern dass seine Werke nicht seine Gerechtigkeit bewirken, sondern vielmehr seine Gerechtigkeit die Werke bewirkt. Denn ohne unser Werk werden die Gnade und der Glaube eingegossen, und wenn sie eingegossen sind, folgen schon die Werke. So heißt es Röm 3: „Aus den Werken des Gesetzes wird kein Mensch gerechtfertigt werden" und Röm 14 [richtig: 3]: „Wir halten nämlich dafür, dass der Mensch gerechtfertigt wird durch den Glauben, ohne die Werke des Gesetzes", das heißt: zur Rechtfertigung tun die Werke nichts. Sodann, weil er weiß, dass die Werke, die er aus solchem Glauben tut, nicht seine, sondern Gottes sind, daher sucht er nicht, sich durch sie zu rechtfertigen oder Ruhm zu verschaffen, sondern sucht Gott. Seine Gerechtigkeit aus dem Glauben an Christus genügt ihm, das heißt, dass Christus seine ,Weisheit', ,Gerechtigkeit' usw. ist, wie 1Kor 1 sagt. Er selbst aber ist Christi Wirkung oder Werkzeug.

XXVI.

DAS GESETZ SAGT: „TU DAS", UND ES GESCHIEHT NIEMALS. DIE GNADE SAGT: „GLAUBE AN DEN", UND SCHON IST ALLES GETAN.

Das erste ist offenkundig durch den Apostel und seinen Interpreten, den Seligen Augustinus an vielen Stellen. Und darüber ist oben schon genug gesagt worden, dass das Gesetz vielmehr Zorn bewirkt und alle unter dem Fluch hält. Das zweite ist offenkundig durch dieselben [Stellen], weil der Glaube rechtfertigt und (wie der Selige Augustinus sagt) „das Gesetz verlangt, was der Glaube erlangt". So nämlich ist Christus durch den Glauben in uns, ja, eins mit uns. Aber Christus ist gerecht und erfüllt alle Gebote, weshalb auch wir durch ihn alle erfüllen, da er unser geworden ist durch den Glauben.

XXVII.

RICHTIG SOLLTE MAN DAS WERK CHRISTI WIRKEND NENNEN UND UNSERES GEWIRKT, UND DAS SO, DASS DAS GEWIRKTE [WERK] GOTT GEFALLE DURCH DIE GNADE DES WIRKENDEN WERKES.

Denn da Christus in uns wohnt durch den Glauben, so bewegt er uns zu Werken durch jenen lebendigen Glauben seiner Werke. Denn die Werke, die er selbst tut, sind Erfüllungen der Gebote Gottes, uns gegeben durch den Glauben. Sobald wir sie betrachten, werden wir bewegt, sie nachzuahmen. Daher sagt der Apostel: „Seid Gottes Nachahmer als die lieben Kinder." Deshalb werden die Werke der Barmherzigkeit entzündet an seinen Werken, durch die er uns gerettet hat, wie der Selige

rius: Omnis Christi actio est nostra instructio, imo commotio.⁹⁰ Si actio eius in nobis vivit per fidem, vehementer enim allicit, Iuxta illud: Trahe me post te, in odorem unguentorum tuorum currimus,⁹¹ id est, operum tuorum. |

XXVIII.

Amor Dei non invenit, sed creat suum diligibile, Amor hominis fit a suo diligibili.

Secunda pars patet, et est omnium Philosophorum et Theologorum, Quia obiectum est causa amoris, ponendo iuxta Aristotelem⁹² omnem potentiam animae esse passivam et materiam, et recipiendo agere,⁹³ ut sic etiam suam philosophiam testetur, contrariam esse Theologiae, dum in omnibus querit quae sua sunt, et accipit potius bonum quam tribuit. Prima pars patet, quia amor Dei in homine vivens, diligit peccatores, malos, stultos, infirmos, ut faciat iustos, bonos, sapientes, robustos, et sic effluit potius, et bonum tribuit. Ideo enim peccatores sunt pulchri, quia diliguntur, non ideo diliguntur, quia sunt pulchri, Ideo amor hominis fugit peccatores, malos, sic Christus: Non veni vocare iustos, sed peccatores.⁹⁴ Et iste est amor crucis ex cruce natus, qui illuc sese transfert, non ubi invenit bonum quo fruatur, sed ubi bonum conferat malo et egeno. Beatius est enim dare, quam accipere, ait Apostolus.⁹⁵ Unde Psal. 41. Beatus qui intelligit super egenum et pauperem,⁹⁶ Cum tamen obiectum intellectus naturaliter esse non possit, id quod nihil est, id est, pauper, vel egenum, sed entis, veri, boni. Ideo iudicat secundum faciem, et accipit personam hominum, et iudicat secundum ea quae patent etc.

FINIS.

Ex philosophia. Conclusio Prima.

Qui sine Periculo Volet In aristotele philosophari, Necesse est Ut ante bene stultificetur in christo.

Huius Ratio est.

Prima, illud 1 Coryn: 1⁹⁷ Si quis inter vos vult sapiens esse in hoc seculo stultus fiat ut sit sapiens. secunda quod secundum apostolum

---

⁹⁰ Vgl. Gregorius Magnus: Homiliae in Ezechielem 2,2,6.   ⁹¹ Hld 1,3.   ⁹² Aristoteles: Nikomachische Ethik 8,2.   ⁹³ Aristoteles: De anima 2,1.   ⁹⁴ Mt 9,13.   ⁹⁵ Apg 20,35.   ⁹⁶ Ps 41/Vg 40,2.   ⁹⁷ Richtig: 1Kor 3,18.

Gregor sagt: „Jede Handlung Christi ist unsere Unterweisung, ja Anregung." Wenn seine Handlung in uns lebt durch den Glauben, lockt sie nämlich gewaltig, gemäß jenem [Wort]: „Zieh mich zu dir hin, wir laufen nach dem Duft deiner Salben", das heißt, deiner Werke.

XXVIII.
DIE LIEBE GOTTES FINDET DAS FÜR IHN LIEBENSWERTE NICHT VOR, SONDERN ERSCHAFFT ES. DIE LIEBE DES MENSCHEN ENTSTEHT AUS DEM FÜR IHN LIEBENSWERTEN.

Der zweite Teil ist offenkundig und [gemeinsame Überzeugung] aller Philosophen und Theologen, weil der Gegenstand der Liebe die Ursache der Liebe ist, indem man gemäß Aristoteles die Behauptung aufstellt, jedes Vermögen der Seele sei passiv und ein Stoff und sei durch Aufnehmen tätig; so dass er auch so bezeugt, dass seine Philosophie der Theologie entgegengesetzt ist, da sie [im Gegensatz zur Liebe] in allem das Ihre sucht und das Gute eher nimmt als gibt. Der erste Teil ist offensichtlich, weil die Liebe Gottes, die im Menschen lebt, die Sünder, Bösen, Törichten, Schwachen liebt, um sie zu Gerechten, Guten, Weisen und Starken zu machen, und so verausgabt sie sich vielmehr und teilt Gutes mit. Denn darum sind die Sünder schön, weil sie geliebt werden; nicht darum werden sie geliebt, weil sie schön sind. Deshalb flieht die Liebe des Menschen die Sünder und Bösen. So [sagt] Christus: „Ich bin nicht gekommen die Gerechten zu rufen, sondern die Sünder." Und das ist die Liebe des Kreuzes, aus dem Kreuz geboren, die sich dorthin wendet, nicht, wo sie Gutes findet, das sie genießen könnte, sondern wo sie dem Schlechten und Bedürftigen Gutes bringen kann. „Geben ist nämlich seliger als nehmen", sagt der Apostel. Von daher [heißt es] Ps 41: „Wohl dem, der Acht hat auf den Bedürftigen und Armen", da doch von Natur aus Gegenstand der Erkenntnis nicht das sein kann, was nichts ist, das heißt, arm oder bedürftig, sondern [die Erkenntnis] des Seienden, des Wahren und des Guten. Darum urteilt sie nach dem äußeren Schein und nimmt Rücksicht auf die Person [das heißt, auf die Stellung und den Rang] der Menschen und urteilt nach dem, was vor Augen ist usw. Ende.

AUS DER PHILOSOPHIE: ERSTE THESE
WER OHNE GEFAHR IN ARISTOTELES PHILOSOPHIEREN WILL, FÜR DEN IST ES NOTWENDIG, DASS ER ZUVOR IN CHRISTUS RICHTIG ZUM NARREN GEMACHT WIRD.

Die Begründung dafür ist:
Die erste [Begründung] ist jenes [Wort] 1Kor 1 [richtig: 3] „Wenn einer unter euch in dieser Welt weise sein will, werde er zum Narren,

scientia inflat,⁹⁸ | ideo nisi sciatur quod omnis scientia est de numero rerum quae non prosunt, ad salutem nisi hiis, qui sunt in gratia, omnino inflatur animus scientis Sicut enim electis omnia cooperantur in bonum ita illis omnia in malum. Tertia quod hominis tota fiducia, vita, gloria, virtus, sapientia non est nisi christus. Christus autem est in deo absconditus, quare omne quod apparet intus et foris non est id de quo sit homini praesumendum unde stultificari hoc loco id dico, scilicet scire omnia, praeter christum scire, sit nihil scire.⁹⁹ ideoque talem scientiam habendam. ac si non habeatur. non in ea placere, neque prae caeteris se aliquid esse putare. Hiere. 9 Non glorietur sapiens in sapientia sua, sed glorietur nosse me.¹⁰⁰

Secunda.
Sicut Libidinis malo non utitur bene nisi coniugatus, Ita nemo philosophatur bene, nisi stultus id est christianus
    Ratio est
Quia sicut libido est perversa cupiditas voluptatis. ita philosophia est perversus amor sciendi, nisi assit gratia christi non quod philosophia sit mala nec voluptas, sed quod cupido utriusque non potest esse recta nisi christianis. Imo omnes vires corporis, et animae tales sunt, ut suum obiectum (id est bonam creaturam dei) perverse cupiant. multo magis intellectus, suum obiectum (id est verum) cupit perverse scilicet in gloriam suam, vel in odium alterius fastidit etc. Ideo iohannes non reprobavit oculum carnem, vitam, sed concupiscentiam carnis, oculorum et superbiam vitae.¹⁰¹ Ideo philosophari extra christum, idem est quod extra matrimonium fornicari, nusquam enim utitur sed fruitur homo creatura. |

EX THEOLOGIA.
Diffidentes nobis ipsis prorsus, iuxta illud spiritus consilium ne innitaris prudentiae tuae,¹⁰² humiliter offerimus omnium, qui adesse voluerint iuditio, haec Theologica paradoxa, ut vel sic appareat, bene an

⁹⁸ 1Kor 8,1   ⁹⁹ Eph 3,19.   ¹⁰⁰ Jer 9,22 f.   ¹⁰¹ 1Joh 2,16.   ¹⁰² Spr 3,5.

damit er weise sei." Die [zweite Begründung ist], dass nach dem Apostel
das Wissen aufbläht. Daher wird, wenn man nicht weiß, dass alles Wissen zu den Dingen zählt, die nicht zum Heil nützen außer denen, die in
der Gnade sind, das Herz des Wissenden ganz und gar aufgebläht. Wie
5 nämlich den Erwählten alles zum Guten mitwirkt, so jenen alles zum
Schlechten. Die dritte [Begründung ist], dass alles Vertrauen, Leben,
aller Ruhm, alle Tüchtigkeit und Weisheit des Menschen nur Christus
ist. Christus aber ist in Gott verborgen, weshalb alles, was innen und
außen sichtbar wird, nicht das ist, was der Mensch genießen soll. Daher
10 erkläre ich das „zum Narren gemacht werden" an dieser Stelle als „alles
außer Christus wissen, heißt nichts wissen". Deshalb muss man ein solches Wissen haben, und wenn man es nicht hat, soll man sich darin
nicht gefallen und nicht meinen, dass man vor anderen irgendetwas sei.
Jer 9: „Ein Weiser rühme sich nicht seiner Weisheit, sondern er rühme
15 sich, dass er mich kennt."

ZWEITE [THESE]
WIE NUR DAS ÜBEL DES GESCHLECHTLICHEN VERLANGENS GUT
GEBRAUCHT, WER VERHEIRATET IST, SO PHILOSOPHIERT NUR GUT,
20 WER EIN NARR, DAS HEISST, EIN CHRIST IST.
Die Begründung ist:
Denn so, wie die geschlechtliche Begehrlichkeit eine verdorbene
Begierde der Lust ist, so ist die Philosophie eine verdorbene Liebe zum
Wissen, wenn nicht die Gnade Christi dabei ist. Nicht dass die Philoso-
25 phie schlecht wäre oder die Lust, sondern weil das Verlangen beider nur
bei Christen richtig sein kann. Ja, alle Kräfte des Leibes und der Seele
sind so beschaffen, dass sie ihren Gegenstand (das ist die gute Schöpfung Gottes) auf verdorbene Weise begehren. Um so mehr begehrt der
Verstand seinen Gegenstand (das ist das Wahre) auf verdorbene Weise,
30 nämlich zu seinem Ruhm, oder er verwirft ihn aus Hass gegen einen
anderen usw. Deswegen hat Johannes nicht das Auge, das Fleisch, das
Leben verworfen, sondern die Begehrlichkeit des Fleisches, der Augen
und den Hochmut des Lebens. Deshalb ist Philosophieren außerhalb
von Christus dasselbe wie Unzucht treiben außerhalb der Ehe; denn
35 niemals gebraucht der Mensch die Schöpfung [in rechter Weise], sondern er gibt sich an sie hin.

AUS DER THEOLOGIE
Uns selbst gänzlich misstrauend gemäß dem Rat des Geistes: „Verlass
40 dich nicht auf deine Klugheit", bieten wir demütig dem Urteil aller, die
anwesend sein wollen, diese theologischen, widersprüchlich wirkenden
Thesen, damit sich so zeige, ob sie gut oder schlecht herausgeholt sind

male elicita sint, ex divo Paulo, vase et organo Christi electissimo, deinde et ex Sancto Augustino interprete eiusdem fidelissimo. |

1 Lex dei saluberrima vitae doctrina, non potest hominem ad iusticiam promovere: sed magis obest.¹⁰³

2 Multominus opera hominum naturalis dictaminis auxilio: frequenter (ut dicitur) iterata possunt promovere

3 Opera hominum ut sint semper speciosa, bonaque videantur probabile tamen est ea esse peccata mortalia.

4 Opera dei ut semper sint deformia malaque videantur, vere tamen sunt merita immortalia.

5 Non sic sunt opera hominum mortalia (de bonis ut apparent loquimur) ut eadem sint et crimina.

6 Non sic sunt opera dei merita (de his quae per hominem fiunt loquimur) ut eadem non sunt peccata.

7 Iustorum opera essent mortalia, nisi pro dei timore ab ipsismet timerentur mortalia.

8 Multo magis hominum opera sunt mortalia: cum et sine timore fiant, et in mala securitate.

9 Dicere quod opera extra Christum sint quidem mortua, sed non mortalia, videtur periculosa timoris dei remissio.

10 Imo difficilimum est intelligere, quonam modo sit opus mortuum nec tamen noxium, mortaleve peccatum. |

11 Non potest vitari praesumptio, nec adesse vera spes nisi in omni opere timeatur iudicium damnationis.

12 Tunc vere sunt peccata apud deum venialia, quando timentur ab hominibus esse mortalia.

13 Liberum arbitrium post peccatum, res est de solo titulo, et dum facit quod in se est peccat mortaliter.¹⁰⁴ |

14 Liberum arbitrium post peccatum potest in bonum potentia subiectiva, in malum vero semper activa.

15 Nec in statu innocentiae potuit stare activa sed subiectiva potentia nedum in bonum proficere.

---

¹⁰³ Augustinus: De spiritu et littera 4,6. ¹⁰⁴ Vgl. Augustinus: Tractatus in evangelium Ioannis 5,1; Thomas von Aquin: Expositio in epistolam ad Romanos cap. 3 lect. 2.

aus dem göttlichen Paulus, diesem erwähltesten Gefäß und Werkzeug Christi, ferner auch aus St. Augustinus, seinem zuverlässigsten Ausleger.

1. Das Gesetz Gottes, die allerheilsamste Lehre des Lebens, kann den Menschen nicht zur Gerechtigkeit befördern, sondern hindert ihn eher.

2. Um wie viel weniger können die Werke der Menschen, die mit Hilfe der natürlichen Anweisung [der Vernunft] häufig wiederholt (wie man sagt) getan werden, [zur Gerechtigkeit] befördern.

3. Die Werke der Menschen, wie schön sie auch immer seien und wie gut sie erscheinen, so glaubhaft ist doch, dass sie Todsünden sind.

4. Die Werke Gottes, wie ungestalt sie auch immer seien und wie schlecht sie erscheinen, sind doch in Wahrheit unsterbliche Verdienste.

5. Nicht in dem Sinne sind die Werke der Menschen (wir sprechen von den gut erscheinenden) Todsünden, dass sie zugleich auch Verbrechen wären.

6. Nicht sind die Werke Gottes (wir sprechen von denen, die durch Menschen geschehen) in dem Sinne Verdienste, dass sie nicht zugleich Sünden sind.

7. Die Werke der Gerechten wären Todsünden, wenn sie nicht aus Gottesfurcht von ihnen selbst als Todsünden gefürchtet würden.

8. Um wie viel mehr sind die Werke der Menschen Todsünden, da sie sogar ohne Furcht und in böser Sicherheit geschehen.

9. Zu sagen, dass die Werke außerhalb von Christus zwar tot seien, aber keine Todsünden, zeigt sich als gefährliche Preisgabe der Gottesfurcht.

10. Ja, es ist sehr schwer einzusehen, auf welche Weise ein Werk tot sein soll und trotzdem keine schädliche, todbringende Sünde.

11. Vermessenheit kann nicht vermieden werden und wahre Hoffnung kann nicht vorhanden sein, wenn nicht in jedem Werk das Urteil der Verdammnis gefürchtet wird.

12. Dann sind Sünden bei Gott wirklich lässlich, wenn sie von den Menschen als Todsünden gefürchtet werden.

13. Das freie Willensvermögen nach dem Sündenfall ist ein bloßer Name, und indem es tut, was in seinen Kräften steht, sündigt es tödlich.

14. Das freie Willensvermögen nach dem Sündenfall vermag zum Guten etwas [nur] seiner angelegten Möglichkeit nach, zum Bösen jedoch stets seiner tatsächlichen Fähigkeit nach.

15. Auch konnte es nicht im Stand der Unschuld bleiben seiner tatsächlichen Fähigkeit nach, sondern [nur] seiner angelegten Möglichkeit nach, geschweige denn, dass es im Guten Fortschritte machen konnte.

16 Homo putans se ad gratiam velle pervenire, faciendo quod in se est, peccatum addit peccato, ut duplo reus fiat.
17 Nec sic dicere, est desperandi causam dare.
18 Certum est hominem de se poenitus desperare oportere, ut aptus fiat ad consequendam gratiam christi.
19 Non ille digne theologus dicitur. qui invisibilia dei per ea quae facta sunt, intellecta conspicit.[105]
20 Sed qui visibilia dei et posteriora[106] per passionem et crucem conspecta intelligit.
21 Theologus gloriae dicit malum bonum, et bonum malum Theologus crucis dicit id quod res est. |
22 Sapientia illa quae invisibilia dei ex operibus intellecta conspicit omnino in.at, excecat: et indurat.
23 Lex dei iram operatur,[107] occidit, reum facit, damnat quicquid non est in Christo.
24 Non tamen illa sapientia mala, nec lex fugienda: sed homo sine theologia crucis optimis pessime abutitur.
25 Non ille iustus est qui multum operatur, sed qui sine opere multum credit in Christum.
26 Lex dicit, fac hoc et nunquam fit. Gratia dicit, crede in hunc et iam facta sunt omnia.[108]
27 Recte opus christi dicitur operans, et nostrum operatum. et sic operatum placere deo, gratia operis operantis.
28 amor dei non invenit, sed creat suum diligibile. amor hominis fit a suo diligibili. |

EX PHILOSOPHIA.

29 Qui sine periculo volet in Aristotele Philosophari, necesse est ut ante, bene stultificetur in Christo.[109]
30 Sicut libidinis malo non utitur bene, nisi coniugatus, ita nemo Philosophatur bene nisi stultus, id est, Christianus.
31 Facile fuit Aristoteli, mundum aeternum[110] opinari, quando anima humana mortalis[111] est eius sententia. |

---

[105] Röm 1,20. [106] Ex 33,23. [107] Röm 4,15. [108] Augustinus: De spiritu et llttera 13,22.
[109] 1Kor 3,18. [110] Aristoteles: De caelo 2,1; Metaphysik 11,7. [111] Aristoteles: De anima 2,1 f.

16. Der Mensch, der glaubt, er wolle dadurch zur Gnade gelangen, dass er tut, was in seinen Kräften steht, fügt Sünde zur Sünde hinzu, so dass er doppelt schuldig wird.

17. So zu reden, heißt nicht, Anlass zur Verzweiflung zu geben.

18. Es ist gewiss, dass ein Mensch von Grund aus an sich verzweifeln muss, damit er geeignet wird, die Gnade Christi zu erlangen.

19. Nicht der wird ein Theologe genannt, der das unsichtbare [Wesen] Gottes durch das erblickt, was gemacht ist.

20. Sondern wer das Sichtbare und die Rückseite Gottes erkennt, die durch Leiden und Kreuz erblickt wird.

21. Der Theologe der Herrlichkeit nennt das Übel ein Gutes und das Gute ein Übel. Der Theologe des Kreuzes sagt das, was die Sache ist.

22. Jene Weisheit, die das unsichtbare [Wesen] Gottes betrachtet, das aus den Werken erkannt wird, bläht gänzlich auf, verblendet und verhärtet.

23. Das Gesetz Gottes bewirkt Zorn, es tötet, verklagt und verdammt alles, was nicht in Christus ist.

24. Trotzdem ist nicht jene Weisheit schlecht, noch das Gesetz zu fliehen, sondern der Mensch ohne die Theologie des Kreuzes missbraucht das Beste aufs Schlimmste.

25. Nicht der ist gerecht, der viel wirkt, sondern der ohne Werk viel an Christus glaubt.

26. Das Gesetz sagt: „Tu das", und es geschieht niemals. Die Gnade sagt: „Glaube an den", und schon ist alles getan.

27. Richtig sollte man das Werk Christi wirkend nennen und unseres gewirkt, und das so, dass das gewirkte Werk Gott gefalle durch die Gnade des wirkenden Werkes.

28. Die Liebe Gottes findet das für ihn Liebenswerte nicht vor, sondern erschafft es. Die Liebe des Menschen entsteht aus dem für ihn Liebenswerten.

Aus der Philosophie

29. Wer ohne Gefahr in Aristoteles philosophieren will, muss notwendigerweise zuvor in Christus richtig zum Narren gemacht werden.

30. Wie nur derjenige das Übel des geschlechtlichen Verlangens gut gebrauchet, der verheiratet ist, so philosophiert nur gut, wer ein Narr, d. h. ein Christ ist.

31. Für Aristoteles war es leicht, die Welt für ewig zu halten, da nach seiner Meinung die menschliche Seele sterblich ist.

StA 217   32 Postquam receptum est, tot esse formas substanciales, quot composita,[112] necessario et tot esse materias, fuerat recipiendum.

33 Ex nulla re mundi aliquid fit necessario, Ex materia tamen necessario fit, quicquid fit naturaliter.

34 Si Aristoteles absolutam cognovisset potentiam Dei, adhuc impossibile asseruisset, materiam stare nudam.

35 Infinitum actu nullum est, potentia tamen et materia, tot sunt, quod in rebus composita, iuxta Aristotelem.

36 Aristoteles male reprehendit ac ridet Platonicarum Idearum meliorem sua Philosophiam.

37 Imitatio numerorum in rebus ingeniose asseritur a Pythagora, Sed ingeniosius participatio Idearum a Platone.[113]

38 Disputatio Aristotelis, adversus unum illud Parmenidis[114] verberat, Christiano venia sit, aera pugnis.[115]

39 Si Anaxagoras, infinitum forma posuit,[116] ut videtur, optimus Philosophorum fuit, invito etiam Aristotele.

40 Apud Aristotelem videtur idem esse, privatio, materia, forma, mobile, immobile, actus, potentia etc.

Frater Martinus Luther Sanctae Theologiae Magister Praesidebit, Frater Leonardus Bayer artium et Philosophiae Magister Respondebit. MDXVIII. |

StA 218   Hae conclusiones sunt a me ideo tractatae ac disputatae, ut ostenderem primo quam longe lateque ab Aristotelis sententia aberrarint omnium Scholarum Sophistae ac plane sua somnia in Aristotelis non intellecti libros invexerint. Deinde ut, si quam maxime sensum eius teneamus (quemadmodum hic tradidi) tamen prorsus nihil adiumenti ex ipso haberi possit non solum ad Theologiam seu sacras literas, verum etiam ad ipsam naturalem philosophiam. Quid enim iuvet ad rerum cognitionem, si de materia, forma, motu, finito, tempore nugari et cavillari queas verbis ab Aristotele conceptis et prescriptis?

---

[112] Biel: Sent. 2 dist. 16 qu. un. art. 1 nota 1 A.   [113] Aristoteles: Metaphysik 1,5.
[114] Fhd., 1,5.   [115] 1Kor 9,26.   [116] Aristoteles: Metaphysik 1,3.

32. Nachdem angenommen wurde, dass es so viele substanzhafte Gestalten gibt wie zusammengesetzte, musste notwendigerweise angenommen werden, dass es auch ebenso viele Stoffe gibt.

33. Aus keinem Ding der Welt entsteht etwas notwendigerweise; dennoch entsteht aus dem Stoff notwendigerweise, was auch immer auf natürliche Weise entsteht.

34. Wenn Aristoteles die absolute Macht Gottes gekannt hätte, hätte er unmöglich weiterhin als Wahrheit behauptet, der Stoff bestehe nackt [das heißt, ohne Gestalt].

35. Das Unendliche ist nichts der Verwirklichung nach. Nach Aristoteles gibt es aber dennoch soviel Möglichkeit und Stoff, wie es in den Dingen Zusammengesetztes gibt.

36. Aristoteles rügt und verlacht auf üble Weise die Philosophie der Platonischen Ideen, die besser ist als seine.

37. Die Nachahmung der Zahlen in den Dingen wird von Pythagoras geistreich als wahr behauptet, aber noch geistreicher wird die Teilhabe an den Ideen von Platon [behauptet].

38. Die Abhandlung des Aristoteles gegen jenes Eine des Parmenides ist, einem Christen sei es verziehen, ein Schlag in die Luft.

39. Wenn Anaxagoras das Unendliche als Gestalt behauptet hat, wie es scheint, ist er der beste aller Philosophen gewesen, auch gegen den Willen des Aristoteles.

40. Bei Aristoteles erscheinen das Sein, der Mangel, der Stoff, die Gestalt, das Bewegliche, das Unbewegliche, die Verwirklichung, die Möglichkeit usw. als dasselbe.

Bruder Martinus Luther, Magister der Heiligen Theologie, wird den Vorsitz führen. Bruder Leonhard Bayer, Magister der [freien] Künste und der Philosophie, wird [die Thesen] verteidigen. 1518.

Diese Thesen sind von mir deshalb behandelt und disputiert worden, um erstens zu zeigen, wie lang und breit [das heißt, wie weit] die Sophisten aller Schulrichtungen von der Lehrmeinung des Aristoteles abgeirrt sind und einfach ihre Träume in die unverstandenen Bücher des Aristoteles eingetragen haben; ferner dass, selbst wenn wir so gut wie möglich ihren Sinn festhalten (den ich hier weitergegeben habe), man trotzdem keinerlei Hilfe daraus haben kann – nicht nur für die Theologie und die Heiligen Schriften, sondern sogar für die Naturphilosophie selbst nicht. Was nämlich soll es zur Erkenntnis der Dinge beitragen, wenn du über den Stoff, die Gestalt, die Bewegung, die Begrenzung, die Zeit mit den Worten schwatzen und spotten kannst, die von Aristoteles aufgefasst und vorgeschrieben wurden?

ASSERTIO OMNIUM ARTICULORUM MARTINI LUTHERI PER BULLAM LEONIS X. NOVISSIMAM DAMNATORUM

1520

WAHRHEITSBEKRÄFTIGUNG ALLER ARTIKEL MARTIN LUTHERS, DIE VON DER JÜNGSTEN BULLE LEOS X. VERDAMMT WORDEN SIND

1520

[WA 7,94]

Editionsgrundlage des lateinischen Textes ist ein Exemplar des Erstdruckes (Wittenberg 1520; Benzing 779) aus der Sammlung der Stiftung Luthergedenkstätten in Sachsen-Anhalt in Lutherstadt Wittenberg, die uns dankenswerterweise eine Vorlage für die Edition zur Verfügung stellte. Die Kommentierung orientiert sich an der Edition in WA, der deutschen Übersetzung von Eberhard Peusch in ‚Theologische Studien-Texte 9' (Waltrop 2000) sowie an der Edition der von Luther selbst hergestellten deutschen Fassung der ‚Assertio' in StA 2,(310) 314-404.

VIRO IMAGINIBUS ET PIETATE INSIGNI Fabiano foelici* Equiti Germano, suo in domino patrono, Martinus Luther in Christo Salutem. QUOD saepius sum antea testatus, Fabiane foelix. imo foelicissime, esse et in laicis spiritum iudicii et ardoris (ut cum Isaia[1] dicam) vel tu maxime evincis et declaras, qui de re Christiana, quam valeas, pure, argute, pie, foeliciterque et iudicare et disserere, cum essemus Philippus meus et ego coram Eylenburgae, quam egregium specimen ostendisti, neque dubito in hac aula esse aemulos tibi quam plurimos, ita ut gaudeam plane, videns admirabile dei consilium et iudicium, quo cum perversis pervertitur et cum electis electus fit.[2] Nos enim, qui de clero domini sumus, et quos laicorum oportuit esse Magistros, dum aversi, dorsum dedimus Christo et Evangelio eius, eadem mensura et ipse nobis dorsum vertit,[3] ut sicut eum nos provocamus in eo quod non est deus,[4] et in verbo quod non est Evangelium, ita rursus ipse nos provocat in iis qui non sunt clerici, et in iis qui non sunt magistri, laicis videlicet puram tribuens sui noticiam, nobis relinquens stultas nostras et impias opiniones. Iustus es domine et rectum iudicium tuum.[5] Cum ergo hactenus multa et scripserim et dixerim, nescius tantam esse in pastoribus Israel caecitatem, nihil merui tamen, nisi ut detraherent mihi, pro eo ut me diligerent, et pro bono redderent malum,[6] donec eo usque in suam ipsorum salutem insanirent, ut libellos meos publice damnarent et exurerent Coloniae et Lovanii. Nam ii prae caeteris habent zelum dei, sed non secundum scientiam.[7] In qua re tantum abest, ut movear, ut me vehementer misereat caecitatis et perditionis illorum, imo et puerilis stultitiae. Quid enim facilius est, quam libros, quos redarguere non possis exurere? Exussit impius rex Ioakim libros Hieremiae prophetae, sed non in hoc iusti-|ficabatur.[8] Verum, ut dixi, pertinet et hoc ad perversitatem nostram et sensum reprobum in quem nos tradit deus,[8a] ut clerici veritatem damnemus, quam laici amplectuntur, et fiant sacerdotes, qui sacerdotes non sunt, laici, qui laici non sunt. Quare visum est, deinceps ad vos laicos, novum genus clericorum scribere, et sub nominis tui foelicitate (quod deus faxit) foeliciter ordiri, asserturus ac muniturus

---

* Der lateinische Text legt die Übersetzung „dem glücklichen Fabian" nahe. Gewidmet ist die Schrift dem kurfürstlich-sächsischen Rat Fabian von Feilitzsch, dessen Familienname (Feilitzsch) die Assoziation ‚glücklicher' (felix) anbietet, mit der Luther in der Widmung arbeitet. Da ‚Germanus' nicht nur ‚deutsch', sondern auch ‚echt' bedeutet, könnte sich auch dahinter ein Wortspiel verbergen. [1] Jes 4,4. [2] Ps 18/Vg 17,26 f. [3] Jer 2,27; 18,17. [4] Dtn 32,21. [5] Ps 119/Vg 118,137. [6] Ps 109/Vg 108,4 f. [7] Röm 10,2. [8] Jer 36, 21–25.27–31; vgl. 1Kor 4,4. [8a] Vgl. Röm 1,28.

Dem durch seine Ahnen und seine Frömmigkeit ausgezeichneten Mann, dem glücklichen Fabian [von Feilitzsch], dem deutschen Ritter, seinem Beschützer im Herrn, [entbietet] Martin Luther Heil in Christus.

[Widmung] Was ich früher schon häufiger bezeugt habe, du glücklicher, sogar allerglücklichster Fabian, dass nämlich auch in den Laien der Geist der Urteilsfähigkeit und der Leidenschaft lebt (wie ich mit Jesaja sagen möchte) – das beweist und verdeutlichst auch du in höchstem Maße, der du über die christliche Sache rein, scharf, fromm und glücklich sowohl urteilen als auch dich auseinandersetzen kannst. Als mein Philippus und ich persönlich in Eilenburg waren – welch einen hervorragenden Beweis hast du dafür geliefert! Ich zweifle auch nicht, dass es an diesem Hof sehr viele gibt, die dir nacheifern, so dass ich mich sehr freue, wenn ich den bewundernswerten Ratschluss und das Urteil Gottes sehe, wodurch er bei den Verkehrten verkehrt und bei den Erwählten erwählt wird. Denn wir, die wir zum Klerus des Herrn gehören und Lehrer der Laien sein sollen, haben mit unserer Abwendung Christus und seinem Evangelium den Rücken gekehrt. In demselben Maß kehrt auch er uns den Rücken, so dass er, so wie wir ihn herausfordern mit dem, was nicht Gott ist, und mit dem Wort, das nicht das Evangelium ist, uns wiederum herausfordert mit denen, die keine Kleriker sind, und mit denen, die keine Lehrer sind, indem er nämlich den Laien seine reine Erkenntnis zuteil werden lässt, uns [sc. den Klerikern] aber unsere dummen und gottlosen Meinungen lässt. „Gerecht bist du, Herr, und recht ist dein Urteil." Obwohl ich also bisher vieles sowohl geschrieben als auch gesagt habe, nicht wissend, dass die Blindheit bei den Hirten Israels so groß ist, hat es mir dennoch nichts eingebracht, als dass sie mir vorenthielten, mich dafür zu lieben, und dass sie mir für Gutes Böses vergalten; bis dahin, dass sie fortwährend wie toll gegen ihr eigenes Heil wüteten, so dass sie meine Bücher öffentlich verdammten und in Köln und Löwen verbrannten. Denn diese haben den anderen den Eifer für Gott voraus, aber nicht nach [dem Maß] der Weisheit. In dieser Sache fehlt nur wenig, mich dazu zu bewegen, dass mich ihre Blindheit und Verlorenheit, ja auch kindische Dummheit heftig jammert. Was ist nämlich einfacher als Bücher, die du nicht widerlegen kannst, zu verbrennen? Der gottlose König Jojakim verbrannte die Bücher des Propheten Jeremia, bekam aber dafür nicht Recht. Wie ich gesagt habe, gehört in der Tat auch dies zu unserer Verkehrtheit und unserem verwerflichen Sinn, an den Gott uns ausliefert, dass wir Kleriker die Wahrheit verdammen, welche die Laien annehmen, und dass Priester werden, die keine Priester sind, Laien aber, die keine Laien sind. Daher schien es mir richtig, zunächst an euch Laien zu schreiben, das neue Geschlecht der Kleriker, und unter dem Glück deines Namens (was Gott wirken möge)

omnia illa, quae incendiarii illi per Bullam sibi simillimam damnaverunt, tu itaque hoc monumento me imo Christianam doctrinam tibi et universae nobilitati vestrae commendatam facito ac Vale. Wittembergae. M.D.XX. prima Decembris.

QUANQUAM abunde satis prioribus libellis meis[9] rationem reddiderim, de articulis istis novissima Leonis decimi (ut vel fingitur vel fertur) bulla damnatis, et ipsi quicunque autores eius fuerint, suae damnationis prorsus nullam causam reddiderint, ne iota quidem e sacris scripturis adducto Video tamen passim a multis desiderari, alteram et propriam super eosdem omnes et singulos declarationem, forte quod speciem illam detrahi necesse sit, qua per titulum Romani pontificis et nomina aliquot doctorum adornata bulla, apud vulgum non nihil autoritatis invenire posset, qui vanissima persuasione deceptus, quicquid nomine Papae prodit, statim credit a deo prodire. frustra tot in contrarium exemplis et quotidianis monstris eum fidelissime moventibus, Quibusdam et meae fidutiae magis quam popularis illius fiduciae rationem habuisse videor, dum contempta Bullae inscitia, pauculos nuper articulos defendi, quod illi factum videri possit, conscientia exhaustae vel impotentis eruditionis.

Aggredior ergo, illorum votis obsequuturus, et non quid mihi, sed quid illis comodum sit, spectaturus, denuo resolutiones scribere, forte non inutiliter, cum hic tractari necesse sit, fidei et religionis nostrae summa sacramenta, quae ut impium est ignorare, ita Christianissimum est sic nosse, ut non modo confiteri, sed et tueri possis, in quam rem (si Christus aspiret) sedulam hoc libello dabo operam, quando hoc temporis, quo tyrannidis Sophisticae novissima omniumque nocentissima persecutio saevit, non satis est nosse Christum, sed divenditis pera et tunica propter gladium emendum[10] instructis armaturis | etiam tueri oportet. Quod ut liberius et foelicius efficiam, visum est praevenire adversarios et praemonere, quo campo, quibus armis et signis mihi velim eos congredi.

---

[9] Martin Luther: Adversus execrabilem Antichristi bullam; WA 6,597–612 sowie Luthers deutsche Bearbeitung: Wider die Bulle des Endchrists, WA 6,614–629.
[10] Lk 22,36.

glücklich anzufangen. Ich werde dazu all das bekräftigen und untermauern, was jene Brandstifter mit der Bulle verdammt haben, welche ihnen außerordentlich ähnlich ist. Du sollst deshalb durch diese schriftliche Urkunde mich, ja die christliche Lehre dir und eurem ganzen
5 Adelsstand anbefohlen sein lassen. Lebe wohl. Wittenberg, 1520, am ersten Dezember.

[Vorrede] Obwohl ich in meinen früheren Schriften überreichlich Rechenschaft abgelegt habe von den Artikeln, die von der jüngsten Bulle Leos X. (wie man es entweder erdichtet oder in Umlauf gebracht hat) ver-
10 dammt worden sind, und sie selbst, wer immer ihre Verfasser waren, überhaupt keine Begründung ihrer Verdammung geliefert haben, weil kein einziges Jota aus den Heiligen Schriften herangezogen wurde, sehe ich dennoch, dass allenthalben von vielen eine weitere und eigens dafür verfasste Erklärung über all dieses insgesamt und im Einzelnen ge-
15 wünscht wird. Denn es ist vielleicht notwendig, jenen äußeren Glanz abzuziehen, durch den die mit dem Titel des römischen Pontifex und den Namen einiger anderer Doktoren geschmückte Bulle beim Volk einiges Ansehen finden könnte – [bei dem Volk] das getäuscht durch völlig nichtige Überredungskunst sofort glaubt, dass das, was immer im
20 Namen des Papstes daherkommt, von Gott kommt, wo doch so viele gegenteilige Beispiele und tägliche Ungeheuerlichkeiten es vergeblich aufs Zuverlässigste bewegen [jene Selbsttäuschung aufzugeben]. Manchen scheine ich auch mehr auf mein Selbstvertrauen als auf jene gewöhnliche Unbildung Rücksicht genommen zu haben, als ich, den
25 Unverstand der Bulle unberücksichtigt lassend, unlängst einige wenige Artikel verteidigt habe, was jener [Bulle] erscheinen konnte, als sei es im Bewusstsein erschöpfter oder unfähiger Gelehrsamkeit geschehen.

Also gehe ich daran, erneut Resolutionen aufzuschreiben, indem ich ihren Wünschen folgen werde, und schaue nicht darauf, was mir, son-
30 dern was ihnen angemessen ist – möglicherweise nicht überflüssig, da es hier notwendig ist, die höchsten Geheimnisse des Glaubens und unserer Religion zu behandeln. Diese zu ignorieren ist ebenso gottlos, wie es höchst christlich ist, sie so zu kennen, dass du sie nicht nur bekennen, sondern auch verteidigen kannst. Dazu werde ich mir (wenn Christus
35 beisteht) mit diesem Büchlein emsige Mühe geben. Denn zu diesem Zeitpunkt, in dem die neueste und allerschädlichste Verfolgung seitens der sophistischen Tyrannei wütet, reicht es nicht, Christus zu kennen, sondern er muss auch, nachdem Ranzen und Tunika verkauft sind, um ein Schwert zu kaufen, mit ausgerüsteten Schutztruppen verteidigt werden.
40 Damit ich dies umso freier und glücklicher bewirke, scheint es richtig, den Feinden zuvorzukommen und vorher anzuzeigen, auf welchem Feld, mit welchen Waffen und Feldzeichen ich mich mit ihnen messen will.

PRIMUM scire contestatosque esse eos volo, me prorsus nullius quantumlibet sancti patris autoritate cogi velle, nisi quatenus iudicio divinae scripturae fuerit probatus, id quod scio illos vehementer aegre laturos. Sentient enim, hac ratione sese ad primum statim congressum ruituros, ut qui conscii sibi sunt, studia sua, contemptis sacris literis, solum in autoribus humanis esse detrita. Dicentque illud omnium ore et calamo usitatum, a paucis tamen intellectum, quod in Canonibus pontificum docetur, Non esse scripturas sanctas proprio spiritu interpretandas.[11] Cuius verbi perversissima intelligentia, eo processerunt, ut scripturas non nisi proprio spiritu interpretarentur ipsi, contra suam ipsorummet sententiam. Nam hinc sepositis sacris literis, solis commentariis hominum immersi sunt, non quid sacrae literae sed quid illi in sacris literis sentirent quaerentes, donec uni homini Romano pontifici, non nisi indoctissimis Sophistis circumvallato, soli tribuerent ius interpretandae scripturae sanctae, etiam de sola potestatis et sublimitatis maiestate, citra omnem intelligentiam et eruditionem presumenti, fabulantes, Ecclesiam (id est Papam) non posse errare in fide.[12] Quare super hac re utile fuerit pauca conferre, Primum, si nulli licet sacras literas suo spiritu interpretari, Cur ergo non observant, nec Augustino, nec ulli alii patrum idem licuisse? et qui scripturas sanctas secundum Augustinum et non Augustinum potius secundum scripturas sanctas intelligit, sine dubio, secundum hominem et spiritum proprium intelligat? Si autem scripturas non licebit secundum proprium spiritum intelligere. multo minus licebit Augustinum secundum proprium spiritum intelligere, quis enim nos certos faciet, an recte Augustinum intelligas? Dandus ergo erit alius interpres Augustino quoque, ne proprius spiritus nos fallat in illius libris. Quod si ita fieri oportet, dandus est et tertio quartus interpres, et quarto quintus usque in infinitum, et coget nos proprii spiritus periculum nihil unquam discere aut legere, id quod certe impletum est, dum primo neglectis sacris literis, soli Augu-

---

[11] 2Petr 1,20. [12] Vgl. Gregor VII.: Dictatus papae 22; Luther: Warum des Papsts und seiner Jünger Bücher von D. M. Luther verbrannt sind; WA 7,175,6–176,8, bes. 175,6 der Hinweis, dass die Überordnung des Papstes über die Heilige Schrift häufig im kanonischen Recht enthalten sei. Siehe auch Luthers Ausgabe der Kölner Verurteilungen einiger seiner Sätze, bes. WA 6,178,4–12; vgl. StA 2,104, Anm. 78.

Zuerst will ich, dass sie wissen und dafür Zeugen sind, dass ich durch überhaupt keine Autorität irgendeines Heiligen Vaters genötigt werden will, es sei denn, insofern er durch das Urteil der Heiligen Schrift bestätigt wird. Das ist etwas, von dem ich weiß, dass jene es nur ungemein schwer ertragen werden. Sie werden nämlich spüren, dass sie auf diese Weise sofort beim ersten Zusammenstoß zu Boden stürzen werden, als solche nämlich, die sich bewusst sind, dass ihre Mühen nach Missachtung der Heiligen Schriften allein durch menschliche Autoren [gestützt] unbrauchbar geworden sind. Sie werden nun jenes von allen mündlich und schriftlich gebrauchte, aber nur von wenigen verstandene [Argument] beibringen, dass in den Kanones der Päpste gelehrt wird, die Heiligen Schriften seien nicht nach dem eigenen Geist auszulegen. In ganz verkehrtem Verständnis dieses Wortes sind sie dahin gelangt, dass sie gegen deren eigenen Sinn die Schriften nur noch nach ihrem eigenen Geist auslegen. Denn daher haben sie sich, nachdem die Heiligen Schriften beiseite gelegt worden sind, allein in die Kommentare von Menschen versenkt, nicht indem sie dasjenige suchen, was die Heiligen Schriften [meinen], sondern das, was jene über die Heiligen Schriften meinen, so weit, dass sie einem einzigen Menschen, dem römischen Papst, der nur von den ungelehrtesten Sophisten umgeben ist, allein das Recht zugestehen, die Heiligen Schriften auszulegen, der sich ohne alle Erkenntnis und Bildung das [Recht] dazu auch allein aus der Majestät seiner Macht und Erhabenheit nahm, indem sie fabulieren, die Kirche (das heißt, der Papst) könne im Glauben nicht irren. Deswegen wird es nützlich sein, über diese Sache einiges zusammenzutragen. Erstens. Wenn es niemandem erlaubt ist, die Heiligen Schriften in seinem Geist auszulegen, warum beachten sie dann nicht, dass dies weder dem Augustinus noch irgendeinem anderen der Väter erlaubt war? Aber wer die Heiligen Schriften nach Augustinus und nicht vielmehr Augustinus nach den Heiligen Schriften versteht, versteht sie zweifellos nach dem Menschen und [damit] nach dem eigenen Geist. Wenn es aber nicht erlaubt sein kann, die Schriften nach dem eigenen Geist zu verstehen – um wie viel weniger kann es erlaubt sein, den Augustinus nach dem eigenen Geist zu verstehen: Wer kann uns nämlich gewiss machen, ob du den Augustinus richtig verstehst? Also muss es auch für Augustinus einen anderen Ausleger geben, damit uns nicht unser eigener Geist in dessen Büchern täuscht. Wenn dies so geschehen muss, muss es auch für den dritten einen vierten Ausleger geben und für den vierten einen fünften bis ins Unendliche, und es wird uns die Gefahr [der Auslegung] des eigenen Geistes zwingen, niemals irgendetwas zu lernen oder zu lesen, was sich ganz gewiss erfüllt hat, solange man zuerst, nachdem man die Heiligen Schriften missach-

stino insudatum est, post et hoc non intellecto et neglecto, Thomas Aquinas regnavit, Et hunc alii sine fine interpretes secuti sunt.

Error itaque manifestus est, hoc verbo, non licet scripturas proprio spiritu intelligere, nobis mandari, ut sepositis sacris literis intendamus et credamus hominum commentariis. Hanc inquam intelligentiam absque dubio Satanas ipse invexit, quo nos a nostris, id est, sacris literis, longissime avocaret, et desperatam scientiam scripturae nobis faceret, cum sic potius sit l intelligendum, scripturas non nisi eo spiritu intelligendas esse, quo scriptae sunt, qui spiritus nusquam praesentius et vivacius, quam in ipsis sacris suis, quas scripsit, literis inveniri potest. Danda ergo fuit opera, non ut sepositis sacris literis, solum humanis patrum scriptis intenderemus, immo contra. Primum sepositis omnium hominum scriptis, tanto magis et pertinacius insudandum erat solis sacris, quo praesentius periculum est, ne quis proprio spiritu eas intelligat, ut usus assidui studii victo periculo eiusmodi, tandem certum nobis faceret spiritum scripturae, qui nisi in scriptura prorsus non Invenitur, Hic enim posuit latibulum suum, et in coelis (id est Apostolis) tabernaculum suum.[13] Ex psal. i. Vir beatus in hoc laudatur, quod die ac nocte, non in aliis libris, sed in lege domini meditatur.[14] Hinc enim hausto spiritu, iuditium suum quisque formabit, non modo super omnia gentium sed et sanctorum patrum scripta. Scriptum est enim, quod Mosi facies glorificata fuit e consortio sermonis domini,[15] non utique e consortio sermonis hominum, etiam sanctissimorum, qui tum erant.

Praeterea cum credamus Ecclesiam sanctam catholicam habere eundem spiritum fidei, quem in sui principio semel accepit, cur non liceat hodie, aut solum aut primum sacris literis studere, sicut licuit primitivae Ecclesiae? Neque enim illi Augustinum aut Thomam legerunt. Aut dic, si potes, quo iudice finietur quaestio, si patrum dicta sibi pugnaverint? Oportet enim scriptura iudice hic sententiam ferre, quod

[13] Ps 18/Vg 17,12. [14] Ps 1,2. [15] Ex 34,29.

tet hatte, allein über Augustinus schwitzte, worauf, nachdem auch dies nicht verstanden und missachtet worden war, Thomas von Aquin regierte und diesem andere Ausleger ohne Ende gefolgt sind.

Der Irrtum ist also offensichtlich, dass uns mit diesem Wort: „Es ist nicht erlaubt, die Schriften im eigenen Geiste zu verstehen" befohlen wird, dass wir uns nach der Zurücksetzung der Heiligen Schriften auf die Kommentare von Menschen richten und ihnen glauben sollen. Diese Einsicht, sage ich, hat uns zweifellos Satan selbst eingebrockt, indem er uns von unseren, das heißt, den Heiligen Schriften möglichst weit abgebracht und uns eine hoffnungslose Kenntnis der Schrift verschafft hat, obwohl es doch vielmehr so zu verstehen ist, dass die Schriften nur durch denjenigen Geist zu verstehen sind, in dem sie geschrieben worden sind. Dieser Geist kann nirgendwo gegenwärtiger und lebendiger gefunden werden als eben in seinen Heiligen Schriften, die er geschrieben hat. Man hätte sich also Mühe geben müssen, nicht dass wir uns nach dem Beiseitelegen der Heiligen Schriften allein auf die menschlichen Schriften der Väter richten, sondern im Gegenteil: Zuerst musste nach dem Beiseitelegen aller menschlicher Schriften umso mehr und umso nachhaltiger allein über den [Heiligen] Schriften geschwitzt werden, je gegenwärtiger die Gefahr ist, dass jemand sie im eigenen Geist versteht, so dass der Brauch eines beharrlichen Studiums uns schließlich – nach der Überwindung einer solchen Gefahr – des Geistes der Schrift gewiss machen würde, der überhaupt nicht gefunden wird, außer in der Schrift. Hier nämlich hat er seinen Schlupfwinkel errichtet, und in den Himmeln (das heißt Aposteln) sein Zelt. So auch Psalm 1: Darin wird ein Mann selig gepriesen, dass er Tag und Nacht nicht über andere Bücher, sondern über das Gesetz des Herrn nachsinnt. Denn wenn er von hier den Geist geschöpft hat, wird jeder sich sein Urteil bilden – nicht nur über alle Schriften der Heiden, sondern auch der Heiligen Väter. Es steht nämlich geschrieben, dass das Gesicht des Mose verherrlicht worden ist durch die Gemeinschaft mit dem Wort des Herrn, gewiss nicht durch die Gemeinschaft mit dem Wort von Menschen, auch nicht der heiligsten, die es damals gab.

Außerdem – wenn wir glauben, dass die heilige katholische Kirche denselben Geist des Glaubens hat, den sie an ihrem Anfang einmal empfangen hat, warum sollte es heute nicht erlaubt sein, entweder nur oder [zumindest] zuerst in den Heiligen Schriften zu studieren, wie es der ersten Kirche erlaubt war? Denn jene haben weder Augustinus noch Thomas gelesen. Oder sage mir, wenn du kannst, durch welches Urteil eine Frage abschließend beantwortet werden kann, wenn die Aussprüche der Väter einander widerstreiten? Man muss nämlich hier mit der Schrift als Richter ein Urteil fällen, was [aber] nicht geschehen

fieri non potest, nisi scripturae dederimus principem locum, in omnibus quae tribuuntur patribus, hoc est, ut sit ipsa per sese certissima, facillima, apertissima, sui ipsius interpres, omnium omnia probans, iudicans et illuminans, sicut scriptum est psal. c.xviii. Declaratio seu, ut hebraeus proprie habet, Apertum seu ostium verborum tuorum illuminat et intellectum dat parvulis.[16] Hic clare spiritus tribuit illuminationem, et intellectum dari docet, per sola verba dei, tanquam per ostium et apertum seu principium (quod dicunt) primum,[17] a quo incipi oporteat, ingressurum ad lucem et intellectum. Iterum, Principium seu caput verborum tuorum veritas.[18] Vides et hic veritatem tribui non nisi capiti verborum dei, hoc est, si verba dei primo loco didiceris, et eis velut principio primo usus fueris, pro omnium verborum iuditio. Et quid facit octonarius[19] ille totus, quam ut perversitate nostri studii damnata, nos revocet ad fontem et doceat primum et solum verbis dei studendum esse, spiritum autem sua sponte venturum et nostrum spiritum expulsurum, ut sine periculo theologissemus. Hoc sane verum est, superbis et impiis scripturam sanctam semper esse maioris caecitatis occasionem, sed quae hominum scripta superbis etiam non sunt occasio maiorum tenebrarum? aut quae res quamlibet optima superbis et immundis non cooperatur in malum? Hos fieri in scripturis haereticos nihil mirum, verum eosdem in humanis scriptis plus etiam quam bestias fieri nihil novum.

Sint ergo Christianorum prima principia, non nisi verba divina, omnium autem hominum verba, conclusiones hinc eductae et rursus illuc reducendae et probandae, illa primo omnium debent esse notissima cuilibet, non autem per homines quaeri et disci, sed homines per ipsa iudicari. Quod si non ita est, cur Augustinus et sancti patres, quoties vel pugnant vel docent, ad sacras literas ceu prima principia veritatis recurrunt, et sua vel obscura, vel infirma, illarum luce et firmitate illustrant et confirmant? quo exemplo utique docent, verba divina esse apertiora et certiora omnium hominum, etiam suis propriis verbis, ut

---

[16] Ps 119/Vg 118,130. [17] Aristoteles: Metaphysik 5,1,7. [18] Ps 119/Vg 118,160. [19] Der in Gruppen zu je acht Versen eingeteilte Ps 119/Vg 118.

kann, wenn wir nicht der Schrift in allen Dingen, die den Vätern beigelegt werden, den ersten Rang einräumen. Das heißt, dass sie durch sich selbst ganz gewiss ist, ganz leicht zugänglich, ganz verständlich, ihr eigener Ausleger, alles von allen prüfend, richtend und erleuchtend, wie auch in Psalm 118 geschrieben steht: Die Offenbarung oder, wie das Hebräische es eigentlich sagt, „das Offene oder der Eingang deiner Worte erleuchtet und gibt Erkenntnis den Kleinen". Hier verleiht der Geist ganz klar Erleuchtung und lehrt, dass Erkenntnis allein durch die Worte Gottes verliehen wird gleichwie durch eine Tür oder eine Öffnung oder ein erstes Prinzip (wie man sagt), von dem aus derjenige anfangen muss, der zum Licht und zur Erkenntnis gelangen will. Wiederum [heißt es in Ps 118]: „Das Prinzip oder das Haupt deiner Worte ist Wahrheit." Du siehst, dass auch hier die Wahrheit nur dem Haupt der Worte Gottes zugesprochen wird. Das heißt, wenn du die Worte Gottes an erster Stelle gelernt hast, so wirst du von ihnen auch wie von einem ersten Prinzip zum Urteil über alle anderen Worte Gebrauch machen. Und was macht jener ganze Achtfüßler [anderes], als dass er uns, nachdem die Verkehrtheit unserer Mühe verdammt worden ist, zurückruft zur Quelle und lehrt, zuerst und allein müsse man sich mühen um die Worte Gottes, der Geist aber werde von selbst kommen und unseren Geist austreiben, damit wir ohne Gefahr Theologie betrieben? Dies ist gewiss wahr, dass die Heilige Schrift den Hoffärtigen und Gottlosen immer Gelegenheit zu größerer Blindheit bietet – aber welche menschlichen Schriften sind nicht auch den Hochmütigen Gelegenheit zu noch größerer Finsternis? Oder welche Sache, sei sie auch die beste, wirkt für die Stolzen und Unreinen nicht zum Bösen mit? Dass diese durch die Schriften Irrlehrer geworden sind, ist nicht verwunderlich, aber auch dass dieselben durch menschliche Schriften schlimmer als wilde Tiere werden, ist nichts Neues.

 Also sollen die ersten Prinzipien der Christen nichts als die göttlichen Worte sein, aller Menschen Worte aber daraus gezogene Schlussfolgerungen, die auch wieder darauf zurückgeführt und daran erwiesen werden müssen. Jene müssen zuerst vor allem für jeden das Allerbekannteste sein, nicht aber dass sie durch Menschen erfragt und gelernt, sondern die Menschen durch sie beurteilt werden. Wenn das nicht so ist – warum beziehen sich Augustinus und die Heiligen Väter, so oft sie entweder streiten oder lehren, auf die Heiligen Schriften als die ersten Prinzipien der Wahrheit zurück und erhellen und bekräftigen ihr eigenes Dunkles oder Schwaches durch deren Licht und Kraft? Mit diesem Beispiel lehren sie ja, dass die göttlichen Worte klarer und gewisser sind als die aller Menschen, auch ihre eigenen Worte, so dass die [Schriften] nicht durch die Worte der Menschen, sondern die Worte

quae non per hominum verba, sed hominum verba per ipsa doceantur, probentur, aperiantur et firmentur. Nisi enim ea apertiora et certiora ducerent, ridicule sua obscura per obscuriora dei probare praesumerent, cum et Aristoteles istorum universusque naturae sensus id monstrent, quod ignota per notiora, et obscura per manifesta demonstrari oporteat.[20] Quae ergo est nostra tam irreligiosa perversitas, ut sacras literas, non per seipsas et illarum proprium spiritum, sed per hominum glossas, velimus discere, diverso omnium patrum exemplo, et in hac perversitate gloriemur, ceu religiosissima pietate? Si enim hoc volumus, Concedemus, scripturas sanctas esse obscuriores et ignotiores, quam patrum scripturas, hoc autem admisso, ulterius dabimus, Sancti patres suis commentariis nihil aliud fecisse, quam ut dum sua probant per scripturas, notiora probarint per ignotiora, et sic tam seipsos quam nos mire illuserint, prorsusque in vanum laboraverint, et erit, ut plus credamus interpretantibus quam loquenti scripturae? quis ita insaniat?

Iam quanti errores in omnium patrum scriptis inventi sunt? Quoties sibi ipsis pugnant? Quoties invicem dissentiunt? Quis est qui non saepius scripturas torserit? Quoties Augustinus solum disputat nihil diffinit? Hieronymus in commentariis fere nihil asserit, Qua autem securitate possumus alicui niti, quem constiterit saepius errasse, sibi et aliis pugnasse, scripturis vim fecisse, nihil asseruisse, nisi autoritate scripturae nos omnia eorum cum iudicio legerimus? Nullus attigit scripturae aequalitatem, sicut nec debuit, quanquam vetusti illi propius accesserint, quod in scripturis diligentiores fuerunt. Nemo ergo mihi opponat Papae aut sancti cuiusvis autoritatem, nisi scripturis munitam. Nec statim vociferetur, me unum velle omnibus doctiorem videri, et scripturas proprio spiritu intelligere. Haec enim non sunt vociferationes quaerentium dei veritatem, sed suam vanitatem, aut eum afferat autorem, quem constet nunquam errasse, scripturas torsisse, aliis et sibi pugnasse, dubitasse, Nolo omnium doctior iactari, sed

---

[20] Aristoteles: Topik 5,2.

der Menschen durch diese belehrt, erwiesen, erschlossen und bekräftigt werden müssen. Wenn sie nämlich diese nicht für klarer und gewisser hielten, würden sie sich in lächerlicher Weise herausnehmen, ihre dunklen durch [noch] dunklere Worte Gottes zu erweisen, obwohl auch ihr Aristoteles und alle Einsicht aus der Natur dies zeigen, dass Unbekanntes durch Bekannteres und Verborgenes durch Offenbares erläutert werden muss. Was also ist unsere so gottlose Verkehrtheit, dass wir die Heiligen Schriften nicht durch sich selbst und ihren eigenen Geist, sondern durch die Glossen der Menschen lernen wollen, im Unterschied zum Beispiel aller Väter, und uns auch noch in dieser Verkehrtheit rühmen als der gewissenhaftesten Frömmigkeit? Wenn wir das nämlich [wirklich] wollen, so sollten wir zugeben, dass die Heiligen Schriften dunkler und unbekannter sind als die Schriften der Väter: Sobald man dies aber eingestanden hat, werden wir weiter zugeben müssen, dass die Heiligen Väter mit ihren Kommentaren nichts anderes getan haben, als dass sie, wenn sie ihre Aussagen durch die Schriften erweisen, das Bekanntere durch das Unbekanntere erweisen und damit so wie sich selbst auch uns auf erstaunliche Weise getäuscht und vollkommen vergeblich gearbeitet haben. Und es wird [schließlich so sein], dass wir mehr den Auslegern glauben als der sprechenden Schrift. Wer wäre so verrückt?

Welch große Irrtümer sind schon in den Schriften aller Väter gefunden worden? Wie oft widerstreiten sie sich selbst? Wie oft weichen sie voneinander ab? Wer hat nicht häufiger die Schriften verdreht? Wie oft disputiert Augustinus nur, ohne dass er etwas festlegt? Hieronymus bekräftigt in seinen Kommentaren fast nichts als wahr. Mit welcher Sicherheit aber können wir uns auf jemanden stützen, der sich erwiesenermaßen häufiger geirrt hat, sich und anderen widersprochen, den Schriften Gewalt angetan und nichts als wahr bekräftigt hat, wenn wir nicht vermittels der Autorität der Schrift all ihre [Gedanken] mit treffsicherem Urteil lesen? Niemand hat eine mit der Schrift gleichwertige Stellung erlangt – was er aber auch gar nicht durfte –, obwohl die Alten ihr näher kamen, weil sie in den Schriften sorgfältiger waren. Niemand soll mir also die Autorität des Papstes oder irgendeines Heiligen entgegenhalten, es sei denn, sie ist durch die Schriften untermauert. Und er soll auch nicht gleich schreien, ich als Einziger wolle allen gegenüber gelehrter erscheinen und die Schriften nach meinem eigenen Geist verstehen. Denn das sind nicht die lauten Stimmen derer, welche die Wahrheit Gottes suchen, sondern ihre eigene Eitelkeit – oder er soll den Autoren anführen, von dem feststeht, dass er niemals geirrt, die Schriften verdreht, anderen und sich selbst widersprochen und gezweifelt hat. Ich will nämlich nicht gelehrter erscheinen [als alle anderen], son-

solam scripturam | regnare, nec eam meo spiritu aut ullorum hominum interpretari, sed per seipsam et suo spiritu intelligi volo.

In qua re ne iuste videantur vociferari, praeclarissimum exemplum habeo Augustini, quem saepius adduxi, et quia surda eum aure transeunt, saepius inculcare oportet, ubi dicit in Epistola ad Divum Hieronymum Ego solis eis libris, qui canonici dicuntur, eum deferre honorem didici, ut nullum eorum scriptorem errasse firmiter credam, caeteros vero quantalibet sanctitate doctrinaque praepolleant, ita lego, ut non ideo verum credam, quia ipsi sic senserunt, sed si per Canonicas scripturas aut ratione probabili mihi persuadere potuerunt.[21] Cur non et hunc Augustinum arrogantiae arguunt? qui prorsus omnes ad unum tractatores scripturae contemnere audet, quatenus scripturis et rationibus non persuadent, et nobis idem faciendum docet, liber iii. de trinitate, dicens Noli meis literis velut canonicis inservire etc.[22] Et Hilarius vel inter primos patrum in suo de trinitate libro primo dicit Optimus interpres hic est, qui sensum e scriptura potius retulerit quam attulerit, nec rogat hoc in dictis contentum videri, quod ante intelligentiam docere praesumpserit [23] Ecce hic insignis autor vult e scripturis referri non afferri in scripturas intelligentiam. Non ergo hoc est elucidare sapientiam (de quo gloriantur) multa patrum dicta congerere, et ex iis scripturam intellectam praesumere, sed e scriptura intelligentia relata, et per sui solius collationem elucidata, illorum dicta iudicare, Sic et beata virgo conferebat verba omnia in corde suo.[24]

Quod si, ut hoc auderemus et deberemus, Augustinus et Hilarius aliique non docuissent, nonne Paulum habemus ad Thessalonicenses dicentem, Omnia probate, quod bonum est tenete. Et Gal. i. Siquis aliud evangelisaverit praeter id quod accepistis anathema sit? Et .i. Iohan. iii. Probate spiritus utrum ex deo sint,[25] has certe Apostolicas monitiones necesse est omnes contemnere, si quaelibet patrum dicta oportet absque iuditio admittere, iuditio inquam spiritus, quod nullis nisi sacris literis voluit includi et contineri.

---

[21] Augustinus: Epistolae 82,1,3; Corpus iuris canonici: Decreti prima pars, dist. 9 can. 5 (Friedberg 1,17).   [22] Augustinus: De trinitate lib. 3, prooemium 2.   [23] Hilarius von Poitiers: De Trinitate 1,18.   [24] Lk 2,19.   [25] 1Thess 5,21; Gal 1,8; 1Joh 4,1.

dern will, dass allein die Schrift regiert und diese nicht nach meinem
eigenen Geist oder dem [Geist] irgendwelcher Menschen ausgelegt, sondern durch sich selbst und ihren eigenen Geist verstanden wird.
   In dieser Sache scheinen sie nicht rechtmäßig ihre Stimme zu erheben. Dafür habe ich als besonders klares Beispiel das des Augustinus,
den ich schon häufiger herangezogen habe. Und weil sie an ihm tauben
Ohres vorübergehen, muss ich [die Stelle] noch öfter einschärfen, wo er in
einem Brief an den Heiligen Hieronymus sagt: „Ich habe gelernt, allein
diesen Büchern, welche die kanonischen heißen, Ehre zu erweisen, so
dass ich fest glaube, dass keiner ihrer Schreiber sich geirrt hat. Andere
aber, wie viel sie auch immer nach Heiligkeit und Gelehrtheit vermögen,
lese ich so, dass ich es nicht darum als wahr glaube, weil sie selbst so
denken, sondern nur insofern sie mich durch die kanonischen Schriften
oder einen annehmbaren Grund überzeugen konnten." Warum beschuldigen sie nun nicht auch diesen Augustinus der Arroganz? Dieser wagt
geradezu alle Ausleger der Schrift auf einmal zu verachten, soweit sie ihn
nicht durch die Schriften und gute Gründe überzeugen, und er lehrt uns
im dritten Buch seines [Werkes] ‚De Trinitate', dasselbe zu tun, indem er
sagt: „Du sollst nicht meinen Schriften wie kanonischen ergeben sein"
usw. Und Hilarius, ja einer der vorzüglichsten unter den Vätern, sagt im
ersten Buch seines [Werkes] ‚De Trinitate': „Der beste Ausleger ist derjenige, der den Sinn aus der Schrift vielmehr heraus- als hineingetragen
hat und der nicht erzwingt, dasjenige in den Worten als Inhalt anzu-
sehen, was er sich vor ihrem Verständnis zu lehren vorgenommen hat."
Sieh doch, dieser hervorragende Autor will aus den Schriften Erkenntnis
heraustragen und sie nicht in die Schriften eintragen. Nicht also heißt
dies, die Weisheit ans Licht zu bringen (wessen sie sich rühmen), viele
Aussprüche der Väter zusammenzutragen und auf Grund dieser das Verständnis der Schrift vorwegzunehmen, sondern auf Grund des aus der
Schrift durch Verständnis Gewonnenen und durch den Vergleich mit ihr
allein ans Licht Gebrachten deren Aussagen zu beurteilen. So bewegte
auch die Selige Jungfrau alle Worte in ihrem Herzen.
   Wenn Augustinus und Hilarius und andere nicht gelehrt hätten,
dass wir dies wagen sollen und dazu verpflichtet sind – haben wir denn
nicht Paulus, der zu den Thessalonichern sagt: „Prüft alles, und was gut
ist, behaltet". Und Gal 1: „Wenn jemand ein anderes Evangelium verkündigt als das, das ihr empfangen habt – verflucht sei er!"? Und 1Joh 4:
„Prüfet die Geister, ob sie von Gott sind"? Diese ganz gewiss apostolischen Mahnungen müssen alle verachtet werden, wenn beliebige Aussprüche der Väter ohne Urteil zugelassen werden müssen – ich sage,
[ohne] Urteil des Geistes, das er in keinen außer den Heiligen Schriften
eingeschlossen und enthalten haben wollte.

Atque ut latius, quod mirentur, dicam, legimus in actis Apostolorum caput xvii. quod ii, qui cum omni aviditate verbum Pauli audierant quotidie scrutabantur scripturas, si haec ita haberent.²⁶ Si ergo Pauli Evangelium seu novum testamentum oportuit probari per veterem scripturam, an ita haberet, qui tamen autoritatem habuit a deo sibi datam, sicut Apostolus, ut eius verbo crederetur, quid nos facimus, qui patrum dicta, quorum nulli fuit autoritas, nova docendi, sed tantum accepta per Apostolos conservandi, nolimus ad scripturae iudicium vocari? Denique, non solum ipse Paulus, sua omnia per vetus testamentum probat, ut in Epistolis eius abunde videmus, adeo ut in Proemio Epistolae ad Romanos testetur Evangelium suum praedictum in scripturis sanctis per prophetas.²⁷ Sed et Petrus et omnes Apostoli, etiam I Concilio congregati Act. xv. per scripturas sua demonstrant,²⁸ quin et ipse Christus omnium dominus, voluit per Iohannis testimonium comprobari, et voce patris de coelo confirmari,²⁹ adhuc tamen frequentissime sua persuadet testimoniis scripturae, Iubens etiam Iudaeis, ut scrutentur scripturas, quae testimonium perhibeant de eo.³⁰

Mira ergo nostra perversitas, ut aliis testimoniis quam scripturae, nostra velimus probare, quando Christus et Apostoli omnes sua volunt in scripturis testificari, imo quo sit insania intolerabilior. Scripturas, unde testimonia pro nobis petenda sunt, volumus testimoniis hominum probare et tueri. Nonne hoc est aliud nihil, quam velle humanis, divina formare et elucidare? Nonne hoc est, gladium spiritus,³¹ quo nos defensos oportuit, obiecta carne brachii nostri tueri?³² Non tamen per haec, sanctis patribus volo detractam auctoritatem et ingratitudinem pro sanctis eorum laboribus repensam, sed libertatem spiritus et maiestatem verbi dei illis praepositam, Sint sancti viri et Ecclesiarum patres, sed homines et Apostolis atque prophetis impares, et horum autoritati non praelati nec aequati sed subiecti, ut quos non ipsi eruderunt aut illustraverunt, sed a quibus ipsi eruditi et illustrati sunt, tantum nobis exemplo sint, ut quemadmodum ipsi in verbo dei pro suo tempore laboraverunt, ita et nos pro nostro saeculo in eodem laboremus. Una est

---

²⁶ Apg 17,11.   ²⁷ Röm 1,2.   ²⁸ Apg 15,15–18.   ²⁹ Joh 1,32–42.   ³⁰ Joh 5,39.   ³¹ Eph 6,17.
³² 2Chr 32,8.

Aber damit ich es ausführlicher sage, worüber sie sich verwundern: Wir lesen in Apostelgeschichte 17, dass diejenigen, die mit ganzem Verlangen das Wort des Paulus gehört hatten, täglich die Schriften durchforschten, ob es sich so verhielte. Wenn also das Evangelium des Paulus oder das Neue Testament durch die alte Schrift erwiesen werden musste, ob es sich so verhält – [Paulus] der doch gleichwie ein Apostel die ihm von Gott verliehene Autorität hatte, damit seinem Wort geglaubt würde – was tun wir, die wir nicht wollen, dass die Aussprüche der Väter, von denen niemand die Macht hatte, etwas Neues zu lehren, sondern nur das durch die Apostel Empfangene zu bewahren, dem Urteil der Schrift ausgesetzt werden? Schließlich, nicht nur Paulus selbst erweist alle seine Worte durch das Alte Testament, wie wir in seinen Briefen reichlich sehen, bis dahin, dass er in der Vorrede des Römerbriefes bezeugt, sein Evangelium sei in den Heiligen Schriften durch die Propheten vorhergesagt. Sondern auch Petrus und alle Apostel, auch die in Apostelgeschichte 15 zum Konzil Versammelten, beweisen ihre Worte durch die Schriften, ja sogar Christus selbst, der Herr von allen, wollte durch das Zeugnis des Johannes erwiesen und durch die Stimme des Vaters vom Himmel her bestätigt werden – trotzdem begründet er seine Worte zudem sehr häufig durch Zeugnisse der Schrift und gebietet auch den Juden, die Schriften zu erforschen, die von ihm Zeugnis ablegen.

Wunderlich ist also unsere Verkehrtheit, dass wir mit anderen Zeugnissen als denen der Schrift unsere [Worte] erweisen wollen, während Christus und alle Apostel ihre [Worte] in den Schriften bezeugt wissen wollen, ja, wodurch der Irrsinn noch unerträglicher wird: Die Schriften, aus denen wir Zeugnisse für unsere Ansichten heranziehen müssen, wollen wir durch Zeugnisse von Menschen erweisen und sichern. Ist das etwas anderes, als mit Menschlichem Göttliches formen und ans Licht bringen zu wollen? Bedeutet dies nicht, das Schwert des Geistes, mit dem wir uns verteidigen müssen, zu schützen, indem wir unseres Armes Fleisch dagegenhalten? Trotzdem will ich hiermit den Heiligen Vätern nicht ihre Autorität entziehen und ihnen Undankbarkeit für ihre heiligen Arbeiten erweisen, sondern dass die Freiheit des Geistes und die Majestät des Wortes Gottes ihnen vorgezogen wird. Sie mögen heilige Männer und Väter der Kirchen sein, aber sie sind Menschen und den Aposteln und den Propheten ungleich und deren Autorität nicht vorgezogen noch gleichgestellt, sondern untergeordnet, wie nicht sie diese belehrt oder erleuchtet haben, sondern sie selbst von diesen belehrt und erleuchtet worden sind: Sie sollen uns nur zum Vorbild dienen, dass, wie sie zu ihrer Zeit am Worte Gottes gearbeitet haben, so auch wir in unserem Jahrhundert an demselben arbeiten. Es ist ein

vinea, sed diversi diversarum horarum operarii,³³ omnes tamen in ipsa vinea non in sarculis aut cultris operariorum laborant. Satis est e patribus didicisse, studium et diligentiam in scripturis laborandi, non omne opus eorum probari necesse est, siquidem et diligentia pluribus quandoque non dat, quod dat vel uni sola occasio et nescio, quae spiritus incomprehensibilis impulsio.

Exemplo itaque Sancti Bernhardi, si id poterimus, potius ex fonte ipso quam ex rivulis bibamus, sic enim de se confitetur,³⁴ ob id, non raro patribus sanctis reluctari ausus. Alioqui, si pontificibus aut doctoribus solis fidendum est, nec ad scripturae tribunal vocandi sunt, cur non scripturas sanctas explodimus, tanquam superfluas et obscuriores, quam ut eas possimus consequi? eodem exemplo tandem et patres sanctos repellamus, receptis in locum eorum, apertioribus (ut iactant) Theologis scholasticis, donec et his abiectis Aristotelem et quo quisque remotior a sacris literis et sanctis patribus fuerit, duces habeamus, sicut revera habuimus et habemus. Tum revera erit, ut scripturas sanctas non solum spiritu proprio non interpretemur, sed nihil nisi proprium spiritum, scripturis in totum incognitis, reliquum retineamus, et meris opinionum nostrarum turbinibus et procellis sine fine agitemur, sicut est dies haec. Haec volui in hoc protestari, ne ii, qui sanctorum patrum alicubi dictis suffarcinati, praesumunt victoriam sibi, sese aliquid fecisse putent, si | me adversatum ostenderint, vel unius patris Ecclesiastici unico alicui verbo, quod hactenus a scholasticis doctoribus ad Ecclesiasticos semper provocarim. Non enim sic ad eos provocavi, ut omnia eorum vera arbitrarer, sed quod propiora veritati senserint quam scholastici, qui fere nihil veri habent reliquum, ut sensim ad fontem ipsum, rivulis ducentibus veniremus. Prohibet enim Augustinus quem semper adhibui, ullius tractatorum quantumlibet sancti scripta, scriptis Apostolorum et prophetarum, aequari,³⁵ id quod communis quoque naturae sensus prohibet.

---

³³ Mt 20,1–7. ³⁴ Wilhelm von St. Thierry: Sancti Bernardi abbati Clarae-Vallensis vita [prima] lib. 1 cap. 4,24. ³⁵ S. o. 84,6–10.

Weinberg, aber verschiedene Arbeiter zu verschiedenen Stunden. Alle arbeiten aber in demselben Weinberg, nicht an den Hacken oder Winzermessern der Arbeiter. Es ist genug, von den Vätern den Eifer und die Sorgfalt bei der Arbeit an den Schriften gelernt zu haben: Nicht jedes ihrer Werke muss gebilligt werden, zumal sogar die Sorgfalt mehreren [Menschen] zuweilen das nicht gibt, was *ein* günstiger Augenblick oder ich weiß nicht welcher unfassbare Anstoß des Geistes *einem* [einzigen Menschen] gibt.

So wollen wir daher nach dem Beispiel des Heiligen Bernhard, wenn wir dies vermöchten, eher aus der Quelle selbst als aus den Bächen trinken: So bekennt er nämlich von sich, weswegen er nicht selten den Heiligen Vätern zu widersprechen wagte. Andernfalls, wenn den Bischöfen oder Gelehrten allein zu vertrauen ist und sie nicht vor den Gerichtshof der Schrift zu rufen sind – warum verwerfen wir nicht die Heiligen Schriften als überflüssig und zu dunkel, als dass wir ihnen folgen könnten? Nach demselben Beispiel sollten wir endlich auch die Heiligen Väter beiseite legen, nachdem an ihrer Stelle die (wie sie sich brüsten) verständlicheren scholastischen Theologen angenommen worden sind, bis wir, nachdem auch diese verworfen sind, den Aristoteles und [andere] – je weiter einer von den Heiligen Schriften und den Heiligen Vätern entfernt ist – als Führer haben. So haben wir es in Wahrheit gehalten und halten es [immer noch]. Dann wird es tatsächlich so sein, dass wir die Heiligen Schriften nicht allein aus ihrem eigenen Geist nicht auslegen, sondern nichts als [unseren] eigenen Geist übrig behalten, während die Schriften gänzlich unbekannt sind und wir nur durch die Verwirrungen und Sturmwinde unserer Meinungen ohne Ende herumgetrieben werden – wie es auch heutzutage geschieht. Dagegen wollte ich hiermit Protest einlegen, damit nicht diejenigen, die – bepackt mit irgendwelchen Aussprüchen der Heiligen Väter – den Sieg für sich beanspruchen in der Meinung, dass sie irgendetwas vollbracht hätten, wenn sie gezeigt hätten, ich stünde irgendeinem einzigen Wort nur eines einzigen Kirchenvaters als Gegner gegenüber, weil ich mich bisher immer gegen die scholastischen Lehrer auf die [alt]kirchlichen berufen hätte. Denn ich habe mich nicht so auf sie berufen, dass ich alles von ihnen als wahr erachtet hätte, sondern weil sie sich der Wahrheit näher fühlen als die Scholastiker, die beinahe nichts an Wahrem übrig behalten haben, damit wir unter der Führung der Flüsse allmählich zur Quelle selbst kämen. Denn Augustinus, den ich immer herangezogen habe, verbietet, die Schriften irgendeines der Ausleger, wie heilig auch immer er gewesen sein mag, den Schriften der Apostel und Propheten gleichzustellen, was auch der allgemeine Menschenverstand verbietet.

Istis praemonitis ad articulos veniamus, quorum

PRIMUS.

Haeretica est sed usitata sententia, Sacramenta novae legis dare gratiam illis, qui non ponunt obicem.[36]
Scriptura sic dicit Ro. i. et Abacuc. ii. Heb. x. Iustus ex fide sua vivet. non dicit, Iustus ex sacramentis vivet.[37]
Marci ult. Qui crediderit et baptisatus fuerit salvus erit, Qui autem non crediderit condemnabitur,[38] etiam si baptisaretur. Neque enim baptismus salvat sed fides baptismi.
Ro. x. Corde creditur ad iustitiam,[39] non dicit, corpore sacramenta suscipiuntur ad iustitiam.
Roma. iiii. ex Gen. xv. Credidit Abraham deo et reputatum est illi ad iustitiam.[40]

RATIONE SIC

Quia in omni sacramento est verbum promissionis divinae quod affirmative promittit et exhibet gratiam dei, ei, qui suscipit sacramentum. Ubicunque autem deus promittit, ibi exigitur fides audientis, ne deum faciat mendacem sua incredulitate, quare in sacramentis suscipiendis, necessaria est fides suscipientis, quae credat id, quod promittitur, sic baptismus datur in verbo istius promissionis qui crediderit et baptisatus fuerit salvus erit,[41] ergo necesse est, ut baptisandus credat se salvum fore, ubi baptisatus fuerit, alioquin deum in sua ista promissione facit mendacem, quod est horrendum.

Sic in sacramento poenitentiae datur absolutio in verbo istius promissionis, Quodcunque ligaveris super terram ligatum erit et in coelis.[42] Quare oportet, ut absolvendus credat et non dubitet sese vere absolvi in coelis apud deum dum absolvitur in terris per sacerdotem, ne Christi promissionem mendacem faciat. |

Sic in sacramento panis datur corpus Christi, in verbo istius promissionis, Accipite et manducate hoc est corpus meum, quod pro vobis tradetur.[43] Oportet ergo manducantem omnino et firmiter credere, corpus Christi, non tantum pro aliis sed et pro se esse datum, et sanguinem

---

[36] Luther: Resolutiones disputationum de indulgentiarum virtute; WA 1,544,37 f.; vgl. StA 2,320,26 f. mit Anm. 93 u. DH 1451. [37] Röm 1,17; Hab 2,4; Hebr 10,38. [38] Mk 16,16. [39] Röm 10,10. [40] Röm 4,3; Gen 15,6. [41] Mk 16,16. [42] Mt 16,19. [43] 1Kor 11,24.

Nach diesen Vorbemerkungen wollen wir zu den Artikeln kommen, von denen der erste lautet:

I.

ES IST EIN HÄRETISCHER, ABER GEBRÄUCHLICHER SATZ, DASS DIE SAKRAMENTE DES NEUEN GESETZES DENJENIGEN GNADE GEBEN, DIE KEIN HINDERNIS DAGEGENSETZEN.

Die Schrift sagt in Röm 1, Hab 2 und Hebr 10 so: „Der Gerechte wird aus seinem Glauben leben." Sie sagt nicht: „Der Gerechte wird aus den Sakramenten leben."

Markus am Letzten [heißt es]: „Wer da glaubt und getauft wird, wird selig werden. Wer aber nicht glaubt, wird verdammt werden", auch wenn er getauft wäre. Nicht die Taufe nämlich macht selig, sondern der Glaube an die Taufe.

Röm 10: „Mit dem Herzen glaubt man zur Gerechtigkeit", es heißt nicht: „Die Sakramente werden mit dem Leib zur Gerechtigkeit aufgenommen."

Röm 4 nach Gen 15: „Abraham hat Gott geglaubt, und das wurde ihm zur Gerechtigkeit gerechnet."

Nach vernünftiger Überlegung ist es so:

In jedem Sakrament ist das Wort der göttlichen Verheißung [gegenwärtig], das die Gnade Gottes versichernd verheißt und dem austeilt, der das Sakrament empfängt. Wo immer aber Gott etwas verheißt, da wird der Glaube des Hörenden gefordert, damit er Gott nicht mit seinem Unglauben zum Lügner mache. Deshalb ist auch zum Empfang der Sakramente der Glaube des Empfangenden notwendig, der das glaubt, was verheißen wird.

So wird die Taufe gespendet mit diesem Verheißungswort: „Wer da glaubt [und] getauft wird, der wird selig." Also ist es notwendig, dass der Täufling glaubt, er werde selig, sobald er getauft ist – andernfalls macht er Gott in seiner Verheißung zum Lügner, was grauenvoll ist.

So wird im Sakrament der Buße die Vergebung ausgeteilt mit diesem Verheißungswort: „Was auch immer du auf Erden binden wirst, wird auch im Himmel gebunden sein." Darum ist es notwendig, dass der Beichtende glaubt und nicht daran zweifelt, er werde, sobald er auf Erden durch den Priester losgesprochen wird, wahrhaftig im Himmel bei Gott losgesprochen, damit er nicht die Verheißung Christi zum Lügner mache.

So wird im Sakrament des Brotes der Leib Christi dargereicht mit diesem Verheißungswort: „Nehmet hin und esset, das ist mein Leib, der für euch dahingegeben wird." Es muss also der Essende gänzlich und fest glauben, dass der Leib Christi nicht nur für andere, sondern auch

Christi pro se fusum in remissionem peccatorum, sicut verba promissionis aperte sonant, alioqui, irridebit promissionem istam Christi, et iudicium sibi manducabit.⁴⁴

Ex quibus evidens est, necessariam esse fidem suscepturo sacramentum, qua credat se consecuturum id, quod sacramentum promittit et donat, ut sic verum sit, quod dicitur, Non sacramentum, sed fides sacramenti iustificat, Cum enim in omni sacramento sit verbum dei, ut dicit Beatus Augustinus super Iohannem accedit verbum ad elementum et fit sacramentum,⁴⁵ Ubicunque autem verbum dei est, ibi fides hominis in ipsum requiritur. Multi enim sacramentum suscipiunt, et tamen non iustificantur sed magis damnantur, quia sine fide suscipiunt. Sola ergo fides iustificat, ut praedictae autoritates probavere.

Quare haeretica sententia est, quaecunque contraria est huic Apostolicae et catholicae sententiae, At talis est eorum, qui dicunt sacramenta novae legis dare gratiam, iis, qui non ponunt obicem, quorum autor Scotus⁴⁶ est. Quod probo sic, quia docent, non modo non esse necessariam fidem, qua credas te accepturum id, quod sacramentum promittit, sed quod sufficiat ut non ponas obicem. Obicem autem vocant, peccatum mortale vel propositum eiusdem, quale est, homicidium, libido, et similia, adeo ut satis sit suscepturo sacramentum, si desinat peccare et propositum deponat, etiam si nullum bonum propositum formet. Quidam enim ex eis dicunt, nec motum bonum cordis requiri. Haec omnia quia supradictis contraria sunt, vere haeretica sunt. Incredulitatem vero pro nullo obice habent, scientes quod non est in potestate nostra ponere incredulitatem, sed solius dei qui infundit solus fidem. Quidam autem ex eis addunt requiri attritionem et fidem acquisitam, quae duae res, quid sint nemo illorum potuit unquam docere.

Causa autem quae movet eos sic docere, est, quod alioqui non videatur differentia dabilis, inter veteris et novae legis sacramenta. Vetera enim in fide suscepta iustificabant, hoc est, iis, qui boni erant utilia fuerunt (sicut dicunt). Ergo nova debent esse efficatiora et prodesse etiam iis, qui boni non sunt, ut boni fiant, cum novi testamenti omnia per-

---

⁴⁴ 1Kor 11,29. ⁴⁵ Augustinus: Tractatus in Johannem 80,3. ⁴⁶ Johannes Duns Scotus: Opus Oxoniense lib. 4. dist. 2 qu. 1.

für ihn dahingegeben und das Blut Christi für ihn vergossen ist zur Vergebung der Sünden, wie die Worte der Verheißung offenkundig lauten. Andernfalls wird er diese Verheißung Christi verhöhnen und das Gericht über sich selbst essen.

5 Daraus ist offensichtlich, dass für denjenigen, der das Sakrament empfängt, der Glaube notwendig ist, mit dem er glaubt, er werde das erlangen, was das Sakrament verheißt und schenkt, so dass auf diese Weise wahr ist, was [von Luther] gesagt wird: „Nicht das Sakrament, sondern der Glaube an das Sakrament rechtfertigt." Weil nämlich in
10 jedem Sakrament das Wort Gottes ist, wie der Selige Augustinus über Johannes sagt, „tritt das Wort zum Element hinzu, und es wird ein Sakrament". Wo immer aber das Wort Gottes ist, da wird der Glaube des Menschen an es erfordert. Denn viele empfangen das Sakrament und werden trotzdem nicht gerechtfertigt, sondern vielmehr verdammt,
15 weil sie es ohne Glauben empfangen. Also rechtfertigt allein der Glaube, wie die zuvor genannten Autoritäten erwiesen haben.

Daher ist eine häretische Ansicht jede, die zu dieser apostolischen und katholischen Ansicht im Gegensatz steht. Und eine solche ist die derer, die sagen, dass die Sakramente des neuen Gesetzes denen Gnade
20 geben, die kein Hindernis dagegensetzen. Deren Urheber ist [Duns] Scotus. Das erweise ich daraus, dass sie lehren, nicht nur sei der Glaube nicht notwendig, mit dem du glaubst, dass du das empfangen wirst, was das Sakrament verheißt, sondern es sei genug, wenn du kein Hindernis dagegensetzt. Ein Hindernis aber nennen sie: eine tödliche
25 Sünde oder den Vorsatz dazu, wie es Mord, Begierde oder ähnliches ist, bis dahin, dass es ausreichend sei für den, der das Sakrament empfangen wird, wenn er aufhört zu sündigen und die Absicht dazu aufgibt, auch wenn er gar keinen guten Vorsatz fasst. Einige von ihnen sagen nämlich, dass auch keine gute Regung des Herzens erforderlich sei. Dies
30 alles ist, weil es im Gegensatz zum oben Gesagten steht, wahrhaft häretisch. Den Unglauben aber halten sie für kein Hindernis, weil sie wissen, dass es nicht in unserer Macht steht, Unglauben abzulegen, sondern allein in Gottes [Macht], der allein den Glauben eingießt. Einige aber von ihnen fügen hinzu, dass so genannte Galgenreue und erwor-
35 bener Glaube erforderlich sind – was diese beiden Dinge [jedoch] sind, hat niemand von ihnen jemals lehren können.

Aber der Grund, der sie veranlasst, so zu lehren, ist, dass andernfalls ein feststellbarer Unterschied zwischen den Sakramenten des alten und des neuen Gesetzes nicht zu sehen ist. Die alten nämlich rechtfer-
40 tigten, wenn sie im Glauben empfangen wurden, das heißt, denen, die gut waren, waren sie nützlich (wie sie sagen). Also müssen die neuen wirksamer sein und auch denen nützen, die nicht gut sind, damit sie

fectiora quam veteris testamenti esse debeant. Nos autem dicimus, nec novi, nec veteris testamenti sacramenta, sed solam fidem iustificasse, sicut Paulus dicit, Iustus ex fide sua vivet,[47] et Corde creditur ad iustitiam,[48] ideo ratio istorum nihil est, sicut et omnia quae ex illa deducunt. Potius differunt sacramenta novae legis non a sacramentis, sed a sacrificiis et cerimoniis sacerdocii Aaronici, quod per haec mundabantur corpora, vestes, cibi et vasa quaecunque, ab immundiciis | quae ex natura non erant, sed ex lege Mosi, ideo ut nulla promissio, ita nulla fides in eis erat, Non enim natura est peccatum aut immunditia, si cadaver tetigeris aut lepram aut menstruatam, ideo nec peccatum, sed immunditia[49] vocabatur. At per illa nostra sacramenta mundantur conscientiae ab immundiciis veris, quae ex natura vicia et peccata sunt, ideo promissio et fides hic vigent, quod et in multis aliis signis patrum videre est, quae ad cerimonias legis non pertinebant. Verum, haec extra propositum.

SECUNDUS.

In puero post baptismum negare remanens esse peccatum, est Paulum et Christum simul conculcare.[50]

Paulus Ro. vii. dicit, Concupiscentiam nesciebam esse peccatum, nisi lex diceret. Non concupisces.[51] Hic sine dubio claret, concupiscentiam esse peccatum, at quis est hominum, qui concupiscentiam non sentit postquam adoleverit. quamvis baptisatus, cum hic Apostolus sanctissimus nedum baptisatus, suam concupiscentiam accuset? Unde ergo hoc peccatum, nisi ex nativitate carnis, etiam post baptismum remanens?

Atque ne quis putet Apostolum in persona aliorum loqui, Gal. v. ad eos qui spiritu vivebant, generali sententia dicit, Si spiritu vivimus, spiritu et ambulemus.[52] Quid erat necesse, mandare, ut spiritu ambulent, qui spiritu vivunt, si non superest peccatum carnis, quod crucifigant? Denique, dicit. cap. v. Caro concupiscit adversus spiritum, et spiritus

---

[47] Röm 1,17. [48] Röm 10,10. [49] Lev 11–15. [50] Luther: Disputatio et excusatio adversus criminationes D. Johannis Eccii; WA 2,160,34 f.; vgl. StA 2,327,21 f. mit Anm. 160 u. DH 1452. [51] Röm 7,7. [52] Gal 5,25.

gut werden, weil ja im Neuen Testament alles vollkommener sein muss als im Alten Testament. Wir sagen aber, dass weder die Sakramente des Neuen noch die des Alten Testaments, sondern allein der Glaube gerechtfertigt hat, wie Paulus sagt: „Der Gerechte wird aus sei-
5 nem Glauben leben" und „Mit dem Herzen glaubt man zur Gerechtigkeit": Daher ist deren Meinung nichts wert, so wie auch alles, was sie daraus ableiten. Vielmehr unterscheiden sich die Sakramente des neuen Gesetzes nicht von den Sakramenten, sondern von den Opfern und Zeremonien des aaronitischen Priestertums, weil durch diese
10 [letzteren] die Leiber, Kleider, Nahrungsmittel und alle möglichen Gefäße von Unreinigkeiten gereinigt wurden, die von Natur aus aber gar nicht existierten, sondern [nur] auf Grund des Gesetzes des Mose, so dass in ihnen, wie keine Verheißung, so auch kein Glaube war. Denn es ist nicht von Natur aus Sünde oder Unreinheit, wenn du einen
15 Leichnam oder einen Leprösen oder eine Menstruierende berührst; deshalb wurde es auch nicht ‚Sünde', sondern ‚Unreinheit' genannt. Aber durch jene unsere Sakramente werden die Gewissen von wahren Unreinheiten gereinigt, die von Natur aus Laster und Sünden sind. Darum stehen hier Verheißung und Glaube in Geltung, was auch aus
20 vielen anderen Zeichen der Väter zu ersehen ist, die sich nicht auf die Zeremonien des Gesetzes bezogen. Aber das steht außerhalb des Themas.

II.

25 ZU VERNEINEN, DASS IN EINEM KIND NACH DER TAUFE SÜNDE ZURÜCKBLEIBT, HEISST PAULUS UND CHRISTUS ZUGLEICH ZU MISSACHTEN.

Paulus sagt in Röm 7: „Dass die Begierde Sünde ist, wusste ich nicht, hätte nicht das Gesetz gesagt: ‚Du sollst nicht begehren.'" Hier wird
30 zweifellos deutlich, dass die Begierde Sünde ist. Und wer ist unter den Menschen, der keine Begierde empfindet, nachdem er herangewachsen ist, mag er auch getauft sein, wenn hier der heiligste, geschweige denn der getaufte Apostel seine Begierde anklagt? Woher stammt also diese Sünde, wenn sie nicht auf Grund der Geburt des Fleisches auch nach der
35 Taufe bleibt?

Aber damit nicht jemand glaubt, der Apostel spreche in der Rolle anderer, sagt er Gal 5 zu denen, die im Geist lebten, in einem allgemeinen Satz: „Wenn wir im Geiste leben, so lasst uns auch im Geiste wandeln." Wozu wäre es notwendig, diejenigen, die im Geist leben, zu
40 ermahnen, dass sie auch im Geist wandeln, wenn nicht die Sünde des Fleisches noch da wäre, die sie kreuzigen sollten? Sodann sagt er Kap. 5: „Das Fleisch begehrt wider den Geist und der Geist wider das Fleisch."

adversus carnem, Haec enim sibi invicem adversantur, ut non quaecunque vultis, illa faciatis.⁵³ Quae autem potest esse concupiscentia spiritus, nisi charitas? ut et Augustinus saepius interpretatur,⁵⁴ Ubi autem charitas, nisi in baptisatis? Et tamen in his pugnant utraque concupiscentia.

Et quae esset Apostolicae doctrinae vis et autoritas, si non generaliter ad omnes homines pertineret? Non enim absolute dicere debuisset, spiritum et carnem sibi pugnare, sed aliquorum spiritum et carnem scilicet malorum. Nunc autem prorsus de omnibus Christianis dicit. Quicunque autem sunt Christi, carnem suam crucifixerunt cum viciis et concupiscentiis suis,⁵⁵ quod quomodo potest aliter intelligi, quam illud Ro. vi. Non ergo regnet peccatum in vestro mortali corpore, ut obediatis concupiscentiis eius?⁵⁶ Cur prohibet obedire concupiscenciis corporis, si non sunt in corpore baptisati? Cur regnare vetat, si nullum adest peccatum? Nisi quod vere in omnibus peccatum est et concupiscentia, sed non debet regnare, nec nos ei obedire seu consentire, sed contra pugnare, crucifigere et mortificare. Sicut Gene. iii. idem bellum spiritus et carnis describitur, Inimicitias ponam inter te et | mulierem, et inter semen tuum et semen illius, ipsa conteret caput tuum, et tu insidiaberis calcaneo illius.⁵⁷

Rursus Ro. vii. Condelector legi dei secundum interiorem hominem, video autem aliam legem in membris meis, repugnantem legi mentis meae, et captivantem me in legem peccati.⁵⁸ Hoc non dici in persona malorum, sed in persona sua et omnium sanctorum filiorum dei, ex eo patet, quod condelectari legi dei secundum interiorem hominem impossibile est homini extra gratiam constituto, qui potius odit legem dei. Quia cap. iii. generali sententia de omnibus filiis hominum dixerat, Non est iustus, non est intelligens, non est requirens deum omnes declinaverunt, simul inutiles facti sunt, non est qui faciat bonum, non est usque ad unum.⁵⁹ At qui delectatur in lege dei secundum interiorem hominem, certe iustus est, intelligit, requirit deum et facit bonum, nec declinat a deo, cum delectari in lege non sit nisi amantis et desiderantis legem.⁶⁰

Et in fine (ait) Igitur ego ipse mente servio legi dei, carne autem legi peccati.⁶¹ Si enim hoc non in sua persona sed impiorum dixit, dabimus,

---

⁵³ Gal 5,17. ⁵⁴ Augustinus: De natura et gratia 57,67; Contra duas epistulas Pelagianorum lib. 2 cap. 9,21. ⁵⁵ Gal 5,24. ⁵⁶ Röm 6,12. ⁵⁷ Gen 3,15. ⁵⁸ Röm 7,22 f. ⁵⁹ Röm 3,10–12. ⁶⁰ Vgl. z. B. Ps 119/Vg 118,111 f.127 f.140.159.165–174. ⁶¹ Röm 7,25.

Dieselben sind einander feind, so dass ihr nicht tut, was ihr wollt." Was aber kann die Begierde des Geistes sein, wenn nicht die Liebe? Wie es auch Augustinus öfter auslegt. Wo aber ist die Liebe, wenn nicht in den Getauften? Und trotzdem kämpfen [auch] in ihnen die beiden Begierden miteinander.

Und was wäre das für eine Kraft und Autorität der apostolischen Lehre, wenn sie sich nicht allgemein auf alle Menschen bezöge? Dann hätte er nämlich nicht schlechthin sagen dürfen, dass Fleisch und Geist einander bekämpfen, sondern [lediglich] der Geist und das Fleisch von einigen, nämlich den Bösen. Nun aber sagt er vielmehr von allen Christen: „Welche aber Christus angehören, die haben ihr Fleisch gekreuzigt samt seinen Lastern und Begierden." Wie kann dies anders verstanden werden als jenes [Wort] in Röm 6: „So lasset nun die Sünde nicht herrschen in eurem sterblichen Leibe, dass ihr seinen Begierden Gehorsam leistet"? Warum verbietet er, den Begierden des Leibes zu gehorchen, wenn sie nicht im Leib [auch] des Getauften sind? Warum verbietet er ihr zu herrschen, wenn gar keine Sünde da ist? Doch nur, weil es wahrhaftig in allen Sünde und Begierde gibt, diese aber nicht herrschen darf, noch wir ihr gehorchen oder zustimmen dürfen, sondern gegen sie kämpfen, sie kreuzigen und töten müssen. So wird Gen 3 derselbe Kampf zwischen Geist und Fleisch beschrieben: „Und ich will Feindschaft setzen zwischen dir und dem Weibe und zwischen deinem Samen und ihrem Samen. Derselbe soll dir den Kopf zertreten, und du wirst in seine Ferse stechen."

Wiederum Röm 7: „Denn ich habe Lust an Gottes Gesetz nach dem inneren Menschen. Ich sehe aber ein anderes Gesetz in meinen Gliedern, das widerstreitet dem Gesetz in meinem Gemüte und nimmt mich gefangen im Gesetz der Sünde." Dass dies nicht in der Rolle der Bösen gesagt wird, sondern in eigener Person und der aller heiligen Kinder Gottes, geht daraus hervor, dass es dem Menschen, der sich außerhalb der Gnade befindet, der vielmehr das Gesetz Gottes hasst, unmöglich ist, nach dem inneren Menschen am Gesetz Gottes Gefallen zu haben. Darum hatte [Paulus] in Kapitel 3 in einem allgemeinen Satz von allen Menschenkindern gesagt: „Da ist kein Gerechter, kein Verständiger, keiner, der nach Gott fragt; alle sind sie abgewichen und zugleich untüchtig geworden; da ist keiner, der Gutes tue, auch nicht einer." Aber wer sich nach dem inneren Menschen am Gesetz Gottes freut, ist gewiss gerecht; er versteht, er sucht Gott und tut das Gute. Er fällt nicht ab von Gott, weil sich am Gesetz nur der freuen kann, der es liebt und sich nach dem Gesetz sehnt.

Und am Ende sagt [Paulus]: „So diene ich nun mit dem Gemüt dem Gesetz Gottes, mit dem Fleisch aber dem Gesetz der Sünde." Wenn er

malos esse servos dei, secundum nobiliorem partem sui scilicet mentem. Nam servire legi dei est obedire, in omnes eius voluntates ire et subditum esse deo, quod impiissimum est sentire de impiis, quorum cor et mens penitus declinant a deo, et potius carne et externa specie pietatis ei serviunt, sicut de hypocritis dicit. i. Timot. iiii.⁶² et psal. lxxvii. Cor autem eorum non erat rectum cum eo, neque fideles habiti sunt in testamento dei. Et iterum, Generatio quae non direxit cor suum, nec est creditus cum deo spiritus eius.⁶³

Quidvis autem tribui impiis patior, Cor rectum et spiritum fidelem legis amantem, plane scriptura tota, non nisi sanctis tribui cogit. Non enim dicit, Video legem dei in interiore homine, sicut de lege peccati dicit, Video aliam legem in membris meis,⁶⁴ Vidit enim et odio habuit, licet carere non possit, tamen fortiter contra pugnavit. At hic dicit, Condelector legi dei,⁶⁵ quod est magis quam vidisse et amasse legem, quod procul dubio includit, cor esse rectum seu spiritum fidelem et vere pium, quod non nisi de seipso et similibus sanctis intellectum voluit, quare nisi impiis volumus tribuere omnia, quae sanctorum sunt, hunc locum negabimus ab Apostolo in aliorum impiorum persona dictum.

Fateor, si pertinaciam suam nolit quispiam deponere, perdurabit, nec his flectetur. Et quid mirum cum nec Christus omnibus potuerit sua persuadere. Haec doctrina, quia sacra et divina est, vult ut positis propriae sententiae et opinionis studiis, dociles et ductiles sint tam auditores quam tractatores, sicut dicit psal. xliiii. Audi filia et vide et inclina aurem tuam.⁶⁶ nullus contentiosus aut pervicax huc intrabit? imo in quam unquam sententiam quantumvis manifestam veritatis, contentiosus et pervicax, induci potuit? | Perpendat autem quivis haec sedato et libero animo, seseque docilem prebeat deo, et sine dubio erudietur, et suavissima veritate capietur. Quae postulo eo iustius, quod haec nostra sententia verbis his divinis traditur. Adversaria vero verbis

---

⁶² 1Tim 4,1–3.   ⁶³ Ps 78/Vg 77,37.8.   ⁶⁴ Röm 7,23.   ⁶⁵ Röm 7,22.   ⁶⁶ Ps 45/Vg 44,11.

nämlich dies nicht in seiner eigenen Person, sondern in der [Rolle] der
Gottlosen gesagt hat, werden wir zugestehen, dass die Bösen ihrem vor-
nehmeren Teil, nämlich ihrem Gemüt nach, Diener Gottes sind. Denn
dem Gesetz Gottes zu dienen heißt, ihm zu gehorchen, sich in alle seine
5 Willensäußerungen hineinzubegeben und Gott untertan zu sein. Es ist
aber überaus gottlos, dies von den Gottlosen anzunehmen, deren Herz
und Gemüt ganz und gar von Gott abweichen und [die] ihm eher mit
dem Fleisch und dem äußerlichen Schein von Frömmigkeit dienen, wie
1Tim 4 und Ps 77 von den Heuchlern sagt: „Aber ihr Herz war nicht
10 richtig bei ihm, und sie hielten nicht treulich am Bund." Und wiederum: „Ein Geschlecht, welches sein Herz nicht recht [auf Gott] hin rich-
tete und dessen Geist Gott nicht treu war."

Was aber auch immer ich den Gottlosen beizulegen dulde – ein
rechtes Herz und einen treuen Geist, der das Gesetz liebt, das nötigt die
15 ganze Schrift offenbar ausschließlich den Heiligen beizulegen. Sie sagt
nämlich nicht: „Ich sehe das Gesetz Gottes im inneren Menschen", wie
sie vom Gesetz der Sünde sagt: „Ich sehe ein anderes Gesetz in meinen
Gliedern." Denn er [sc. Paulus] hat es gesehen und Hass dagegen ge-
hegt; wenn er ihm auch nicht entsagen konnte, hat er trotzdem tapfer
20 dagegen angekämpft. Aber hier sagt er: „Ich habe Gefallen am Gesetz
Gottes", was mehr ist als das Gesetz gesehen und geliebt zu haben, weil
es ohne Zweifel einschließt, dass das Herz recht und der Geist treu und
wahrhaft gottesfürchtig ist. Dies wollte er nur von sich selbst und ähnlichen Heiligen so verstanden wissen. Daher – wenn wir nicht den
25 Gottlosen alles zusprechen wollen, was Sache der Heiligen ist –, werden
wir leugnen, dass diese Stelle vom Apostel in der Rolle anderer Gottloser gesagt ist.

Ich räume ein: Wenn jemand seine Hartnäckigkeit nicht ablegen
will, wird er daran festhalten und hierdurch nicht umgestimmt wer-
30 den können. Und wen wundert das, da ja auch Christus nicht alle von
seinen Anliegen überzeugen konnte? Diese Lehre will, weil sie heilig
und göttlich ist, nach Ablegen der Bemühungen um die eigene Ansicht
und Meinung, dass Hörer wie Vortragende gelehrig und leitbar seien,
wie Psalm 44 sagt: „Höre, Tochter, und schaue darauf und neige dein
35 Ohr." Kein Streitsüchtiger oder Eigensinniger wird hierher mitgehen.
Aber: zu welchem noch so offenkundigen Satz der Wahrheit konnte ein
Streitsüchtiger oder Hartnäckiger jemals hingeführt werden? Dies
möge aber ein jeder mit ruhigem und freiem Sinn erwägen und sich als
vor Gott gelehrig erweisen. Zweifellos wird er [dann] gebildet und von
40 der überaus süßen Wahrheit mit Beschlag belegt werden. Das fordere
ich umso mehr zu Recht, weil diese unsere Meinung von diesen göttlichen Worten selbst überliefert wird. Eine entgegengesetzte [Ansicht]

hominum humanaque opinione et nostro sensu tantum affertur, absque autoritate scripturae divinae, atque hoc ipso suspecta, cum quod sacris literis vel utcunque probari non potest, approbari tutum non sit. Facile quidem est damnare alienas sententias, sed multo facilius sibi temperat a damnando, qui praetentarit, quam difficile sit improbare et confutare, quod damnare praesumit.

Quanquam ego vehementer admiror hanc sententiam non esse omnibus notissimam, nedum sperassem ulli videri damnandam, quam scimus omnium sanctorum, per tot saecula confessione probatam. Quid enim in vita omnium sanctorum legimus, quam labores, vigilias, ieiunia, orationes, quibus velut machinis spiritualibus, pugnaverunt adversus carnem et concupiscentias corporis sui proprii? Quis eorum non gemit? non accusat? non laborat? in carne sua et concupiscentiis suis? Cum ergo in his omnibus videamus istas autoritates, Caro concupiscit adversus spiritum, spiritus adversus carnem.[67] Et condelector legi dei secundum interiorem hominem, video autem aliam legem in membris meis etc.[68] Quae causa est, ut haec Apostolum velimus non in sua, sed impiorum persona dicere, quae in personis piissimorum videmus vivacissimis studiis geri?

Aut quando vidimus impium, qui hac molestissima pugna, adversus carnem suam militet, condelecretur legi dei secundum interiorem hominem? piorum ista sunt summa et laboriosissima certamina, et nos ea tribuemus impiis, in concupiscentiam libere et sponte ruentibus imo furentibus? Quoties, rogo Sanctus Hieronymus de incendiis libidinum conqueritur, etiam tum, cum multo ieiunio et labore contra ea pugnaret, hoc est, dum esset non modo baptisatus, sed et sanctissimus.[69] Experiatur quisque seipsum, et referat si audet, se non habere concupiscentiam, etiam si ad morbum usque ieiunet et laboret. Et unde hoc malum furens et indomitum? Non utique a natura. quia Adam illo caruit ante casum, sed post lapsum sensit in carne et nobis per generationem haereditavit, quod baptismate incipit tolli, durat tamen usque ad mortem carnis, licet in aliis minus, in aliis magis. Unde et ipsi appellant, fomitem, morbum naturae et tyrannum.[70]

[67] Gal 5,17. [68] Röm 7,22 f. [69] Hieronymus: Epistolae 22,7. [70] Petrus Lombardus: Sent. 2 dist. 30 cap. 8,1 f.

wird aber nur von Worten der Menschen, menschlicher Meinung und unserem Sinn herzugebracht, ohne die Autorität der göttlichen Schrift, und ist eben dadurch verdächtig, weil, was durch die Heiligen Schriften auch nicht irgendwie erwiesen, auch nicht als sicher gebilligt werden
5 kann. Es ist zwar leicht, fremde Meinungen zu verdammen, aber noch viel leichter zügelt sich derjenige zu verdammen, der vorher untersucht hat, wie schwierig es ist, zu verwerfen und zurückzuweisen, was er zu verdammen sich vorgenommen hat.

Obwohl ich mich sehr wundere, dass diese Ansicht nicht allen
10 höchst bekannt ist, geschweige denn, dass ich erwartet hätte, dass sie irgendjemandem als verdammenswürdig erscheint – [eine Ansicht], von der wir wissen, dass sie so viele Jahrhunderte hindurch im Bekenntnis aller Heiligen anerkannt war. Denn was lesen wir im Leben aller Heiligen [anderes] als Mühen, Nachtwachen, Fasten und Gebete, mit
15 denen sie wie mit geistlichen Werkzeugen gegen das Fleisch und die Begierden ihres eigenen Leibes gekämpft haben? Wer unter ihnen seufzt nicht? Klagt [sich] nicht an? Müht sich nicht in seinem Fleisch und seinen Begierden? Wenn wir also in alledem diese gewichtigen Autoritäten [bestätigt] sehen: „Das Fleisch begehrt wider den Geist, der
20 Geist wider das Fleisch" und „Ich habe Gefallen am Gesetz Gottes nach dem inneren Menschen, ich sehe aber ein anderes Gesetz in meinen Gliedern" usw. – was ist der Grund, um dessentwillen wir wollen, dass der Apostel dies nicht in seiner eigenen, sondern der Person von Gottlosen sagt, was wir bei den Personen der Allerfrömmsten mit den aller-
25 lebhaftesten Mühen geschehen sehen?

Oder wann sehen wir einen Gottlosen, der in diesem äußerst beschwerlichen Kampf gegen sein Fleisch kämpfte und sich am Gesetz Gottes nach dem inneren Menschen freute? Diese höchsten und mühevollsten Kämpfe sind Sache der Gottesfürchtigen, und wir wollen sie den
30 Gottlosen zuschreiben, die sich frei und von sich aus in die Begierde stürzen, ja, sich in ihr austoben? Wie oft, frage ich, klagt der Heilige Hieronymus über die Feuerbrände der Lüste, auch dann, wenn er mit viel Fasten und Mühe gegen sie kämpft – das heißt, als er nicht nur getauft, sondern auch hochheilig war? Ein jeder möge sich selbst prüfen und,
35 wenn er es wagt, berichten, er habe keine Begierde, auch wenn er bis zur Grenze der Krankheit fastet und sich müht. Und woher kommt dieses rasende und ungezähmte Übel? Gewiss nicht von Natur aus. Denn Adam war vor dem Fall davon frei, spürte es aber nach dem Fall im Fleisch und hat es uns durch die Geschlechterfolge vererbt. Was durch die Taufe an-
40 fangsweise aufgehoben worden ist, dauert dennoch bis zum Tode des Fleisches an, freilich in einigen weniger und in anderen mehr. Daher nennen sogar sie selbst es Zunder, Krankheit der Natur und einen Tyrannen.

Revertamur ad probationem, Apostolus Heb. xii. utique baptisatis et sanctis scribens dicit, Deponamus omne pondus et circunstans nos peccatum.⁷¹ Hic seipsum quoque involvens, docet deponi omne pondus et peccatum, quod nos circunstat, id est, pertinaciter inheret et instat, mira verbi Emphasi significans molestam et improbam illam carnis nostrae concupiscentiam et procacitatem, qua nos assidue sollicitat ad peccatum, nec aliquando quiescit, | nunc ira, nunc libidine, nunc superbia, nunc avaritia nos inquietans. Ita ut Divus Cyprianus ob hoc ipsum optandam censeat mortem accelerari, Epistola de mortalitate dicens, Cum avaritia nobis, cum impudicitia, cum ira, cum ambitione congressio est, cum viciis carnalibus, cum illecebris saecularibus assidua et iugis et molesta luctatio est, Obsessa mens hominis et undique Zabuli infestatione vallata, vix occurrit singulis, vix resistit, Si avaritia prostrata est exurgit libido, si libido compressa est, succedit ambitio, si ambitio contempta est, ira exasperat, superbia inflat, vinolentia invitat, invidia concordiam rumpit, amicitiam zelus abscindit, cogeris maledicere, quod lex divina prohibet, compelleris iurare quod non licet, tot persecutiones animus quottidie patitur, tot periculis pectus urgetur, ut delectat hic inter Zabuli gladios diu stare cum magis concupiscendum et optandum sit ad Christum, subveniente velocius morte properare.⁷²

Si tantus martyr de se sibique similibus talia affirmat, quis dubitabit et omnibus sanctis eadem tribuere? aut saltem non negabit in sanctos quadrare, quod Apostolus dicit, Condelector legi dei secundum interiorem hominem, video autem aliam legem in membris meis,⁷³ ne in persona impiorum ista videatur locutus. Quae omnia ideo urgeo, quod scio Divum Hieronymum per Origenem et alios impulsum alicubi sentire Apostolum hoc loco, in aliorum persona locutum,⁷⁴ licet aliis locis econtrarium sentiat. Et Divus Augustinus diu eadem sententia captivus, tandem in retractationibus et lib. vi. contra Iulianum xi. ita revocat, ut neget a se fuisse intellectum antea Apostolum, dum in alio-

---

71 Hebr 12,1.   72 Cyprianus: De mortalitate cap. 4 f.; vgl. Phil 1,23 f.   73 Röm 7,22 f.
74 Hieronymus: Dialogus contra Pelagianos lib. 2 cap. 2 f.

Lasst uns zur Beweisführung zurückkehren. Der Apostel schreibt Hebr 12 jedenfalls Getauften und Heiligen und sagt: „Lasset uns ablegen alles, was uns beschwert, und die Sünde, die uns umstrickt." Hier bezieht er auch sich selbst ein und lehrt, alle Last und die Sünde abzu-
5 legen, die uns umgibt, das heißt, hartnäckig an uns klebt und uns zusetzt. Er beschreibt mit erstaunlichem Nachdruck des Wortes jene lästige und schamlose Begierde und Frechheit unseres Fleisches, mit der es uns unablässig zur Sünde reizt und niemals Ruhe gibt, indem es uns mal mit Zorn, mal mit Lust, mal mit Hochmut, mal mit Habsucht
10 unruhig macht. So hielt es der Heilige Cyprian eben deswegen für wünschenswert, den Tod zu beschleunigen, wenn er im Brief über die Sterblichkeit sagt: „Mit der Habsucht, mit der Unkeuschheit, mit dem Zorn, mit dem Ehrgeiz ist es für uns ein Kampf. Mit den fleischlichen Lastern, mit den weltlichen Verlockungen ist es ein ununterbrochenes, beständi-
15 ges und beschwerliches Ringen. Der besessene Geist des Menschen, der von allen Seiten von der Anfeindung des Teufels umzingelt ist, tritt kaum den einzelnen [Anfechtungen] entgegen und leistet kaum Widerstand. Wenn die Habsucht niedergestreckt ist, erhebt sich die Lust, wenn die Lust unterdrückt ist, löst sie der Ehrgeiz ab. Wenn der Ehrgeiz mit
20 Verachtung gestraft ist, bricht der Zorn aus, bläht sich der Hochmut auf, lockt die Trunksucht, zerbricht der Neid die Eintracht, trennt der Eifer die Freundschaft, wirst du gezwungen zu verfluchen – was das göttliche Gesetz verbietet –, wirst du getrieben zu schwören – was es nicht erlaubt: So viele Verfolgungen erleidet der Geist täglich, und von so vielen Gefah-
25 ren wird das Herz bedrängt. Es erfreut ja, für geraume Zeit hier zwischen den Schwertern des Teufels zu stehen, aber [noch] begehrenswerter und wünschenswerter wäre, zu Christus zu eilen, indem der Tod schneller zu Hilfe kommt."
  Wenn so ein großer Märtyrer über sich selbst und alle, die ihm ähn-
30 lich sind, solches feststellt – wer wird zögern, dasselbe auch allen anderen Heiligen beizulegen? Oder er wird sich wenigstens nicht weigern, auf die Heiligen anzuwenden, was der Apostel sagt: „Ich habe Gefallen am Gesetz Gottes nach dem inneren Menschen. Ich sehe aber ein anderes Gesetz in meinen Gliedern" – dass er dies nicht in der Rolle der Gott-
35 losen gesagt zu haben scheint. Auf dies alles dränge ich darum, weil ich weiß, dass der Heilige Hieronymus, durch Origenes und andere dazu angeregt, irgendwo meint, der Apostel spreche an dieser Stelle in der Rolle von anderen, auch wenn er an anderen Stellen das Gegenteilige meint. Aber der Heilige Augustinus, der lange in derselben Meinung
40 befangen war, widerruft sie schließlich in den Retractationes und im 6. Buch gegen Julian so, dass er verneint, der Apostel sei vorher von ihm verstanden worden, solange er behauptet hatte, dass dieser in der Rolle

rum persona locutum fuisse asseruisset.⁷⁵ Quis non moveatur autoritate principum horum virorum patrum, nihil indignor si quis hos patres alicunde pro se adduxerit, adversus meam sententiam, si temere uno loco eos legerit et in suam sententiam sonare viderit. Verum nec illis nec assertoribus eorum iniuriam facio, dum verba ipsa Apostoli, tum illorum proprias et contrarias sententias eis praetulero.

Iuvant eandem hanc sententiam et multa alia, Primum id quod Apostolus Ro. xii. praecipit utique sanctis et baptisatis, ut renoventur in novitate sensus sui.⁷⁶ Et alibi, ii. Corint. iiii. Et si is, qui foris est noster homo corrumpatur, tamen is qui intus est, renovatur de die in diem.⁷⁷ At renovari est e vetustate in novitatem mutari, Vetustas autem peccatum est veteris hominis. sicut novitas, gratia novi hominis. Renovari ergo arguit inesse vetustatem, sicut rursus dicit, Col. iii. Expoliantes veterem hominem cum actibus suis.⁷⁸ Et i. Corint. v. Expurgate vetus fermentum, ut sitis nova conspersio.⁷⁹ Quae omnia certe affirmant reliquum vetustatis et peccati in nobis esse, quod exuendum expurgandumque sit, cum ad eos scribat, qui iam erant (ut dicit) azymi et creati in novum hominem secundum deum. |

Deinde parabolae Evangelii pulchre huc valent, Quarum una de Samaritano, qui semivivum non subito sanavit, sed alligavit tantum et sanandum suscepit,⁸⁰ nonne ostendit, neminem subito ab omnibus peccatis sanum factum, sed pacto fidei, in corpus Christi assumptum, de die in diem magis sanari? Altera Mat. xiii. de fermento in sata farinae tria mixto, donec fermentaretur totum⁸¹ quid aliud vult, quam fermento novo fidei, fermentari non subito, sed paulatim totum hominem? ut haec vita cognoscatur non esse iusticia sed iustificatio, non sanitas sed sanatio, non finis sed phase domini,⁸² non terra, sed migratio, et prorsus continua purgatio peccati et transitus de virtute in virtutem, ut docet psal. lxxxiiii.⁸³ et transformatio de claritate in claritatem ad imaginem Christi ut Apostolus vocat.⁸⁴ At talis transitus certe manifestat, reliquum esse semper peccatum, a quo recedamus, et ad maiorem iustitiam propinquemus.

---

⁷⁵ Augustinus: Retractationes lib. 2 cap. 1,1; ders.: Contra Iulianum 6,9.   ⁷⁶ Röm 12,2.
⁷⁷ 2Kor 4,16.   ⁷⁸ Kol 3,9.   ⁷⁹ 1Kor 5,7.   ⁸⁰ Lk 10,25-37.   ⁸¹ Mt 13,33.   ⁸² Ex 12,11.27.
⁸³ Ps 84/Vg 83,8.   ⁸⁴ 2Kor 3,18.

von anderen geredet habe. Wer würde nicht durch die Autorität dieser führenden Männer, [unserer] Väter, bewegt werden? Ich bin nicht entrüstet, wenn irgendjemand diese Väter – wenn er sie an einer Stelle aufs Geratewohl gelesen hätte und diese mit seiner Meinung zusammenzustimmen scheint – von irgendwoher für sich gegen meine Meinung heranzöge. Aber ich tue weder jenen [Vätern] noch ihren Verfechtern Unrecht, wenn ich die eigenen Worte des Apostels, ferner ihre [der Väter] eigenen und [jenen] entgegengesetzten [Meinungen] diesen [angeführten Zitaten] vorziehe.

Dieselbe Einsicht unterstützt auch vieles andere: Zunächst dies, dass der Apostel Röm 12 den bereits Heiligen und Getauften vorschreibt, sich in der Neuheit ihres Sinns erneuern zu lassen. An anderer Stelle 2Kor 4: „Und wenn dieser unser äußerer Mensch verdirbt, so wird doch der innere von Tag zu Tag erneuert." Aber erneuert zu werden heißt, aus dem Alten in ein Neues verändert zu werden. Das Alte aber ist die Sünde des alten Menschen, so wie die Neuheit die Gnade des neuen Menschen ist. Dem Erneuertwerden, argumentiert er, wohnt das Alte inne, wie er wiederum in Kol 3 sagt: „Ziehet den alten Menschen aus mit seinen Werken!" und in 1Kor 5: „Fegt den alten Sauerteig aus, auf dass ihr ein neuer Teig seid!" Dies alles bekräftigt gewiss, dass ein Rest des Alten und der Sünde in uns ist, der abgelegt und ausgekehrt werden muss. Denn er schreibt an die, die schon (wie er sagt) ungesäuert und zum neuen, Gott gemäßen Menschen geschaffen waren.

Ferner passen hierher schön die Gleichnisse des Evangeliums, deren eines von dem Samariter handelt, der den [nur noch] halb Lebendigen nicht plötzlich heilte, sondern nur verband und als einen Heilbedürftigen aufnahm. Zeigt dies nicht, dass niemand plötzlich von allen Sünden geheilt wird, sondern, nachdem er durch das Band des Glaubens in den Leib Christi aufgenommen worden ist, von Tag zu Tag mehr geheilt wird? Ein anderes, Mt 13, vom Sauerteig, der in drei Scheffel Mehl gemischt wurde, bis das Ganze durchsäuert war – was will es anderes, als dass der ganze Mensch durch den neuen Sauerteig des Glaubens nicht plötzlich, sondern allmählich durchsäuert wird? Damit erkannt werde, dass dieses Leben nicht Gerechtigkeit, sondern Rechtfertigung, nicht Heiligkeit, sondern Heiligung, nicht ein Endpunkt, sondern ein Vorübergehen des Herrn, nicht ein Land, sondern eine Wanderschaft und geradezu fortlaufende Reinigung von der Sünde und Übergang von Tugend zu Tugend sei, wie Psalm 84 lehrt, und Verwandlung von Klarheit zu Klarheit in das Bild Christi, wie der Apostel es nennt. Ein solcher Übergang aber offenbart gewiss, dass immer Sünde übrig bleibt, von der wir Abstand nehmen und uns größerer Gerechtigkeit nähern.

Et Iohan. xiii. cum asseruisset discipulos esse mundos, tamen infra dicit. xv. se esse vitem illos palmites, et tamen omnem fructiferum magis purgandum, ut plus fructificet.[85] Quomodo enim sunt mundi et simul immundi, ut purgari egeant, qui nisi mundi essent, fructum non afferrent? Nisi quod verum est, quod idem. i. Iohan. i. dicit, Si dixerimus, quoniam peccatum non habemus, ipsi nos seducimus et veritas in nobis non est.[86] Notavit Sanctus Augustinus quod non dixit, habuimus sed habemus.[87] Et psal. xviii. Delicta quis intelligit? ab occultis meis munda me.[88] Et psal. l. petit, spiritum rectum et cor mundum in se fieri,[89] cum hoc non nisi iam mundus orare posset. Unde ergo ista immunditia tam sanctis viris spiritu ferventibus, nedum baptisatis? Quod malum, has movet immundicias? nisi radicale illud originis malum, de quo Paulus Collossensibus sanctis scribit, Mortificate membra vestra, quae sunt super terram fornicationem, immundiciam, libidinem, concupiscentiam malam, avaritiam,[90] Non quod his peccatis servire eos arguat, sed ut repugnent, ne eis serviant.

Et ut finem faciamus, sola oratio dominica, nonne omnes concludit sub peccatum,[91] dum omnibus quantumlibet sanctis mandat orare, Fiat voluntas tua, sanctificetur nomen tuum, adveniat regnum?[92] Quid confitetur, qui petit fieri voluntatem dei, nisi sese nondum plene facere voluntatem dei, ac per hoc esse inobiendentem deo (neque enim fictis hic verbis oratur) Hoc solo salvus, quod agnoscit et deprecatur suam inobedientiam, ac inquantum orat et agnoscit, tantum facit voluntatem dei, id est in spiritu, sed in carne, contra quam sic orat, nondum facit. Ita qui petit sanctificari nomen domini, nonne fatetur nomen domini adhuc in se pollui exparte? quod dolens deprecatur, et impletur illud in eo Ro. vii. Quod nolo malum, hoc facio, | quod volo bonum, non facio,[93] Sic qui advenire regnum dei petit, certe servum diaboli se exparte confitetur, cum Apostolo dicens, Video aliam legem in membris meis, captivantem me in legem peccati.[94]

Scio autem, quid hic mihi opposituri sint, scilicet omnia quae dicta sunt, probare non peccatum, sed defectum seu infirmitatem in nobis relinqui post baptismum. Sic enim fomitem et passiones carnis.[95]

---

[85] Joh 13,10; 15,1 f.5. [86] 1Joh 1,8. [87] Augustinus: De perfectione iustitiae hominis cap. 21,44. [88] Ps 19/Vg 18,13. [89] Ps 51/Vg 50,12. [90] Kol 3,5. [91] Gal 3,22; vgl. Röm 11,32. [92] Mt 6,9 f.; Lk 10,2. [93] Röm 7,19. [94] Röm 7,23. [95] Petrus Lombardus: Sent. 2 dist. 31 cap. 6,1.

Und nachdem er in Joh 13 als wahr bekräftigt hatte, die Jünger seien rein, sagt [Christus] trotzdem weiter unten [in Kapitel] 15, er sei der Weinstock und sie die Reben, dass aber jede, die Frucht bringt, weiter gereinigt werden müsse, damit sie noch mehr Frucht bringe. Auf welche Weise aber sind sie rein und zugleich unrein, so dass sie dessen bedürfen, gereinigt zu werden, die, wenn sie nicht rein wären, überhaupt keine Frucht brächten? Nur wenn wahr ist, was derselbe 1Joh 1 sagt: „So wir sagen, wir haben keine Sünde, so betrügen wir uns selbst, und die Wahrheit ist nicht in uns." Der Heilige Augustinus hat bemerkt, dass er nicht sagt „wir haben gehabt", sondern „wir haben". Und Psalm 18: „Wer erkennt seine Fehler? Reinige mich von meinen verborgenen [Fehlern]!" Und Psalm 50 bittet, dass ein rechter Geist und ein reines Herz in ihm [dem Beter] entstehe, obwohl dies niemand bitten kann, der nicht schon rein ist. Woher kommt also diese Unreinheit bei solch heiligen Männern, die – nicht nur, dass sie getauft sind –, [sogar] im Geiste brennen? Welches Übel verursacht diese Unreinheiten, wenn nicht jenes radikale Übel des Ursprungs, von dem Paulus den Heiligen Kolossern schreibt: „Tötet eure Glieder, die auf Erden sind: Unzucht, Unreinheit, Lust, böse Begierde, Habsucht"? Nicht weil er sie beschuldigt, diesen Sünden zu dienen, sondern damit sie diese bekämpfen, um ihnen nicht zu dienen.

Und damit wir zum Ende kommen – schließt nicht allein das Herrengebet alle unter der Sünde ein, wenn es allen, wie heilig auch immer sie sein mögen, zu beten aufträgt: „Dein Wille geschehe, geheiligt werde dein Name, dein Reich komme"? Was bekennt der, der bittet, dass Gottes Wille geschehe, wenn nicht dies, dass er selbst den Willen Gottes noch nicht vollkommen erfüllt und er auf diese Weise Gott ungehorsam ist? (Denn hier wird nicht mit erdichteten Worten gebetet.) Allein dadurch ist man selig, dass man seinen Ungehorsam erkennt und um Gnade dafür bittet. Soweit man aber betet und bekennt, soweit erfüllt man den Willen Gottes, das heißt, im Geist. Aber im Fleisch, gegen das man so bittet, erfüllt man ihn noch nicht. Also, wer betet, dass der Name des Herrn geheiligt werde, bekennt der nicht von sich selbst, dass er den Namen des Herrn bis dahin teilweise verunreinigt hat? Darum bittet er voll Trauer um Vergebung, und es wird an ihm jenes [Wort] aus Röm 7 erfüllt: „Das Böse, das ich nicht will, das tue ich; das Gute, das ich will, tue ich nicht." Also: Wer um das Kommen des Reiches Gottes bittet, bekennt sich selbst gewiss teilweise als Knecht des Teufels, indem er mit dem Apostel sagt: „Ich sehe aber ein anderes Gesetz in meinen Gliedern, das mich in das Gesetz der Sünde gefangen nimmt."

Ich weiß aber, was sie mir hier entgegenhalten werden, nämlich, dass alles Gesagte erweise, dass nicht die Sünde, sondern ein Defekt oder eine Schwäche nach der Taufe in uns zurückbleibe. So nennen sie näm-

Respondeo, si sola nos verbi controversia haberet, facile admitterem, ut defectum vocarent, quicquid id est mali, quod in praedictis scripturae verbis relinqui in nobis probatum est. Frustra enim certatur de nomine cum de re constiterit. Verum, quod defectum sic appellant, ut peccatum esse negent, et non culpam sed poenam tantum peccati esse velint, admittere non possum. Neque enim satis est, quod sine scripturae testimoniis autoritate propria dicunt, omnia ista defectus dici, quia deficiant a perfecta legis plenitudine. Deinde, quod non licet ulli angelorum, nedum ipsis hominibus, verba dei pro suo sensu interpretari, ut quod illa peccatum aperte vocat, illi defectum interpretentur. Apostolus enim manifeste dicit, se captivum duci in legem peccati et concupiscentiam, autoritate legis cognitam a se peccatum, quam iterum vocat peccatum in carne sua habitantem.[96]

Quomodo enim non erit vere peccatum, cum ad hoc ut vere peccatum esse probet, adducat legem prohibentem concupiscere, et fateatur sese non concupiscere non posse, ac per hoc vero. non defectu tantum sed peccato contra legem facere. Nam et ipsimet cogentur hoc peccatum dicere, quod contra legem fit quocunque modo. At defectus ille, quem extenuando peccatum, sic vocant, certe contra legem est. Quod si hoc uno loco sic licet verbis dei abuti, ut peccatum non peccatum dicamus. Quomodo resistemus neganti in universum, omnia peccata in tota scriptura, dicenti, quod adulterium, homicidium, idolatria quoque non sit peccatum, sed defectus et poena peccati. Si ergo huic resisti debet, oportet ut peccatum simpliciter, praesertim ubi legis prohibitio adducitur, cuius comparatione probetur, accipiatur pro vero peccato, aut eludemus totius scripturae autoritatem, Non est enim poena sed culpa, quando dicit, Concupiscentiam nesciebam esse peccatum, nisi lex diceret, Non concupisces,[97] Ergo qui concupiscit (sicut omnis facit baptisatus) scit se lege magistra, contra quam facit, vere peccare.

Et mire placet, ab Apostolo adductum crassissimum genus peccati, quod in novissimo sensu tactus omnes sentiunt. Quomodo enim per-

---

[96] Röm 7,23.18. [97] Röm 7,7.

lich den Zunder und die Leidenschaften des Fleisches. Ich antworte:
Wenn uns lediglich ein Streit um Worte gefangen hielte, will ich gerne
zulassen, dass sie ‚Mangel' nennen, was immer es an Bösem ist und
wovon auf Grund der zuvor zitierten Worte der Schrift erwiesen ist, dass
5 es in uns übrig bleibt. Umsonst ist nämlich der Streit um Begriffe, wenn
in der Sache Einigkeit herrscht. Aber dass sie von dem, was sie so ‚Defekt'
nennen, verneinen, dass es Sünde sei, und wollen, dass es nicht Schuld,
sondern nur eine Strafe der Sünde sei – das kann ich nicht zugestehen.
Denn es reicht nicht aus, dass sie ohne Zeugnisse der Schrift in eigener
10 Autorität sagen, dies alles werde als ‚Defekt' bezeichnet, weil es von der
vollkommenen Fülle des Gesetzes abweicht. Ferner, dass es keinem
Engel, geschweige denn Menschen selbst erlaubt ist, die Worte Gottes
nach eigenem Sinn auszulegen, so dass, was jene [sc. die Schrift] offenbar
Sünde nennt, diese [sc. die Sophisten] als Defekt interpretieren.
15 Denn der Apostel sagt ganz klar, dass er gefangen geführt werde in das
Gesetz der Sünde und in die Begierde, die durch die Autorität des Gesetzes
von ihm als Sünde erkannt wurde, welche er wiederum die in seinem
Fleisch wohnende Sünde nennt.

Wie sollte es nämlich nicht wahrhaft Sünde sein, wenn er, um zu erweisen,
20 dass es wahrhaftig Sünde ist, das Gesetz anführt, das zu begehren
verbietet – und [gleichzeitig] zugibt, dass er nicht in der Lage ist,
nicht zu begehren, und auf diese Weise in Wahrheit nicht nur einem
Mangel nach, sondern durch die Sünde gegen das Gesetz verstößt? Sie
sind aber auch selbst gezwungen, das Sünde zu nennen, was, auf welche
25 Weise auch immer, gegen das Gesetz geschieht. Aber jener Mangel, den
sie so nennen und damit die Sünde abschwächen, steht gewiss gegen
das Gesetz. Wenn es an dieser einen Stelle erlaubt ist, die Worte Gottes
so zu missbrauchen, dass wir Sünde nicht Sünde nennen, wie wollen
wir dann jemandem widerstehen, der die ganze Sünde in der ganzen
30 Schrift komplett leugnet, der sagt, dass Ehebruch, Mord und Götzendienst
auch keine Sünde seien, sondern ein Mangel und eine Strafe der
Sünde? Wenn man also diesem widerstehen muss, ist es notwendig,
dass die Sünde schlicht wirklich als Sünde genommen wird, zumal wo
ein Verbot des Gesetzes angeführt wird, im Vergleich zu dem sie erwiesen
35 wird – oder wir verhöhnen die Autorität der gesamten Schrift. Denn
es handelt sich nicht um Strafe, sondern um Schuld, wenn [Paulus] sagt:
„Ich hätte nicht gewusst, dass die Begierde Sünde ist, hätte nicht das
Gesetz gesagt: ‚du sollst nicht begehren'." Wer also begehrt, wie es jeder
Getaufte tut, der weiß, dass er nach dem Gesetz als dem Zuchtmeister,
40 gegen das er verstößt, wahrhaft sündigt.

Und wunderbar gefällt mir, dass das, was vom Apostel als gröbste
Form der Sünde angeführt wird, alle im [von den fünf Sinnen] letzten

suasisset, intentiones et opiniones cordis peccata esse iis, qui nondum persuaderi volunt, concupiscentiam esse peccatum, et contra crassissimum sensum experientiae et apertissimam legem sapiunt. Nam quem non facit reum ista lex, Diliges dominum ex toto corde tuo?[98] Quis non parte aliqua magna seipsum diligit? Verum sciebat Apostolus hoc praeceptum sublimius esse, quam ut inexercitati capere possent, ideo assumpsit, quod praesumpsit non posse negari ab ipsis, nimirum omnium sensu cognitum.

Videamus autem, qua ratione moveantur, ut negent peccatum dici, reliquam baptismo libidinem. Dicunt enim baptismi iniuriam esse, si non omnium peccatorum tribuere dicatur remissionem, sicut habet fides catholica Ecclesiae et sanctum Evangelium, Si ergo remissa sunt omnia peccata, quod reliquum est, peccatum dici non debet.[99] Respondeo, quid hic dicere possum, nisi quod urgentibus eodem argumento Pelagianis, Augustinus dixit scilicet peccatum remitti quo ad reatum, sed non quo ad actum, seu ut ipsius verbis utar, Peccatum istud reatu transit actu manet. Sicut enim (ut idem ait) aliquod peccatum transit actu et manet reatu (sicut est omne actuale) ita econtra hoc originis peccatum, transit reatu et manet actu.[100] Ecce non negat esse peccatum, nec dicit solum defectum aut poenam esse, sed peccatum actu et vere esse. Rursum dicent, At nos reatum hunc proprie vocamus peccatum, non illud quod remanet. Respondeo, in re ista seria et sacra, non licet arguciis sophisticis cavillari, quibus effingunt reatum esse respectum inter deum et peccatorem, quo hic deputatur ad poenam. Iniuria est gratiae dei, si solum istum phantasticum respectum tollere doceatur, cum ut scriptura loquitur, gratia dei renovet, mutet, et in novos homines transformet de die in diem,[101] et res ista serio agatur, non respectibus tollendis, sed substantia et vita mutandis. Nam ideo corpus mori et incinerari oportet, ut peccatum expurgetur, verus est morbus et serius, qui tam seriam et potentem exigit medicinam.

---

[98] Dtn 6,5; Mt 22,37. [99] Petrus Lombardus: Sent. 2 dist. 32 cap. 1,1–3. [100] Augustinus: De nuptiis et concupiscentiis lib. 1,26,29; ders.: Contra Iulianum lib. 6,19,60. [101] 2Kor 4,16; Eph 4,23 f.

Sinn, dem Tastsinn, empfinden. Wie hätte er nämlich diejenigen davon überzeugen können, dass die Absichten und Meinungen des Herzens Sünden sind, die sich noch nicht einmal überzeugen lassen wollen, dass die Begierde Sünde ist, und [damit] gegen die gröbste Sinneserfahrung
5 und das offenkundigste Gesetz denken? Denn wen macht es nicht zum Angeklagten – dieses Gesetz: „Du sollst den Herrn von ganzem Herzen lieben"? Wer liebt nicht zu einem großen Teil sich selbst? Aber der Apostel wusste, dass dieses Gebot zu erhaben ist, als dass es Ungeübte fassen könnten: Daher nahm er das an, von dem er voraussetzte, dass es von
10 ihnen nicht verneint werden könnte, da es nämlich dem Empfinden aller bekannt war.

Wir wollen aber erwägen, aus welchem Grunde sie bewogen werden, sich zu weigern, die nach der Taufe übrig bleibende Lust Sünde zu nennen. Sie sagen nämlich, es sei ein Unrecht gegen die Taufe, wenn ihr
15 nicht die Vergebung aller Sünden zugesprochen werde, wie es der katholische Glaube der Kirche und das Heilige Evangelium halten. Denn wenn alle Sünden vergeben seien, dürfte das, was übrig bliebe, nicht ‚Sünde' genannt werden. Ich antworte: Was kann ich an dieser Stelle sagen, außer das, was Augustinus den Pelagianern gesagt hat, die ihn
20 mit demselben Argument bedrängt haben? Nämlich dass die Sünde hinsichtlich der Schuld vergeben wird, nicht aber hinsichtlich der Tat, oder – um seine eigenen Worte zu gebrauchen – dass diese Sünde „der Schuld nach vergeht, tatsächlich aber bleibt". Wie nämlich (wie er ebenso sagt) irgendeine Sünde tatsächlich vergeht und der Schuld nach bleibt
25 (wie es für alle Tatsünde gilt), so vergeht demgegenüber die Ursprungssünde der Schuld nach und bleibt tatsächlich. Siehe, er leugnet nicht, dass sie Sünde ist, noch sagt er, sie sei lediglich ein Mangel oder eine Strafe, sondern, sie sei Sünde tatsächlich und wirklich. Wiederum werden sie sagen: „Aber wir nennen eigentlich diese Schuld Sünde und nicht jenes,
30 das übrig bleibt." Ich antworte: In dieser ernsten und heiligen Angelegenheit ist es nicht erlaubt, mit sophistischen Spitzfindigkeiten nach Ausflüchten zu suchen, mit Hilfe derer sie sich ausdenken, die Schuld sei eine Betrachtungsweise zwischen Gott und dem Sünder, auf Grund deren diese für Strafe gehalten wird. Es ist ein Unrecht an der Gnade
35 Gottes zu lehren, allein diese phantastische Betrachtungsweise werde aufgehoben, wenn, wie die Schrift sagt, die Gnade Gottes erneuert, verändert und von Tag zu Tag in neue Menschen verwandelt. Und diese Sache muss mit Ernst behandelt werden, nicht insofern Betrachtungsweisen aufgehoben, sondern Substanz und Leben verändert werden
40 müssen. Denn darum muss der Leib sterben und zu Asche werden, damit die Sünde ausgetilgt wird: Eine wahre und ernste Krankheit ist sie, die solch eine ernste und wirksame Medizin verlangt.

Haec ipsa enim gratia novi testamenti et misericordia dei est, quod quia geniti sumus verbo veritatis et renati baptismate, ut simus initium aliquod creaturae eius, [102] interim favor dei nos suscipit et sustinet non imputans ad mortem, quod reliquum est peccati in nobis, licet vere peccatum sit et imputari possit, donec efficiamur perfecte nova creatura, ad finem enim purgationis patris misericordia respicit, propter quem intermedias peccati immunditias, statuit misericorditer ignoscere, donec penitus aboleantur. Hoc Apostolus Ro. viii. sic dicit, Nihil ergo damnationis est in iis, qui sunt in Christo Iesu, qui non secundum carnem ambulant.[103] Non ait, Nihil peccati in eis est, cum praecedente cap. peccatum asseruisset,[104] sed nihil damnationis, quia etsi sit peccatum in eis, non nocet, duplici iure, Primo, quia sunt per fidem in Christo Iesu, quo mediatore eis ignoscitur, quicquid peccati inest. Secundo, quia non secundum carnem ambulant, id est, pugnant contra peccatum, ut extinguant, quo studio, quia inviti habent peccatum in se, pro non habentibus deus illos habet, non tamen nisi gratuita misericordia, ne superbiat quisquam in oculis dei de munditia sua, sed in humilitate suae miseriae servetur. Hoc sensu i. Iohan. v. dicit, Scilicet quoniam omnis qui natus est ex deo non peccat, sed generatio dei conservat, et malignus non tanget eum.[105] At omnis qui credit, quoniam Iesus est Christus, ex deo natus est,[106] ut ibidem dicit, Ita simul verum est, iustum non peccare, et tamen peccatum habere seu malum facere.[107]

Concludamus ergo cum pulcherrimo verbo Augustini, Peccatum, inquit, remittitur in baptismo, non ut non sit, sed ut non imputetur.[108] Ecce est et remanet peccatum, sed non imputatur, quare perseverandum est in usu scripturae et antiquorum, et non defectum, sed vere peccatum appellandum, libidinem, et alias passiones reliquas baptismo. Et aliud esse omnia peccata remitti aliud omnia tolli, Baptismus omnia remittit, sed nullum penitus tollit, sed incipit tollere, id quod illos fefellit, qui remissionem intellexerunt omnimodam expurgationem, ac sic defectum pro peccato accipere seipsos coegerunt, ex malo intellectu in

---

[102] Jak 1,18; Tit 3,5.   [103] Röm 8,1.   [104] Röm 7.   [105] 1Joh 5,18.   [106] 1Joh 5,1.   [107] Koh 7,20/Vg 21; vgl. Luther: Disputatio Heidelbergae habita, s. o. 40,15 f.   [108] Augustinus: De nuptiis et concupiscentiis lib. 1,25,28; ders.: Contra Iulianum lib. 6,17,51.

Denn eben dies ist die Gnade des Neuen Testaments und die Barmherzigkeit Gottes, dass, weil wir durch das Wort der Wahrheit geboren und durch die Taufe wiedergeboren sind, damit wir ein Anfang seiner [neuen] Kreatur seien, inzwischen die Gunst Gottes uns aufnimmt und
5 uns erträgt, indem sie nicht zum Tode anrechnet, was an Sünde in uns übrig ist, wiewohl es wahrhaft Sünde ist und angerechnet werden könnte, bis wir vollkommen zur neuen Kreatur gebildet werden. Die Barmherzigkeit des Vaters betrachtet nämlich das Endziel der Reinigung, deretwegen er beschlossen hat, die zwischenzeitlichen Unreinigkeiten
10 der Sünde barmherzig zu verzeihen, bis sie ganz und gar beseitigt werden. Das sagt der Apostel Röm 8 so: „So ist nun nichts an Verdammung an denen, die in Christus Jesus sind, die nicht nach dem Fleisch wandeln." Er sagt nicht: „Keine Sünde ist in ihnen", da er im vorangegangenen Kapitel die Sünde [als vorhanden] bekräftigt hatte, sondern „nichts
15 an Verdammung", weil, auch wenn in ihnen Sünde ist, sie ihnen nicht schadet, [und zwar] nach doppeltem Recht: erstens, weil sie durch den Glauben in Christus Jesus sind, durch den als Mittler ihnen vergeben wird, was immer an Sünde in ihnen ist; zweitens, weil sie nicht nach dem Fleisch wandeln, das heißt, gegen die Sünde kämpfen, um sie aus-
20 zulöschen. Durch diesen Eifer, weil sie gegen ihren Willen die Sünde in sich haben, hält Gott sie für solche, die sie nicht haben, freilich nur aus gnädig verliehener Barmherzigkeit, damit sich nicht irgendjemand in den Augen Gottes hinsichtlich seiner Reinheit überhebe, sondern er in der Niedrigkeit seines Elends erhalten bleibe. In diesem Sinne sagt 1Joh
25 5: „Wir wissen, dass jeder, der von Gott geboren ist, nicht sündigt, sondern die Zeugung aus Gott bewahrt ihn, und der Böse tastet ihn nicht an." Aber jeder, der glaubt, dass Jesus der Christus ist, ist von Gott geboren, wie er dort sagt. So ist es zugleich wahr, dass der Gerechte nicht sündigt und dass er trotzdem Sünde hat oder Böses tut.
30 Schließen wir also mit einem sehr schönen Wort des Augustinus: „Die Sünde", sagt er, „wird vergeben in der Taufe, nicht dass sie nicht mehr da ist, sondern dass sie nicht angerechnet wird." Siehe: Da ist und bleibt die Sünde, aber sie wird nicht angerechnet. Daher muss man am [Sprach-]Gebrauch der Schrift und der Alten festhalten, und die Lust
35 und die anderen Leidenschaften, die nach der Taufe übrig geblieben sind, nicht Mangel, sondern wahrhaft Sünde nennen, und [festhalten] dass es eines ist, dass alle Sünden vergeben, ein anderes [aber], dass alle beseitigt werden. Die Taufe vergibt alle, beseitigt aber keine ganz und gar, sondern beginnt, sie zu beseitigen – das ist es, was jene getäuscht
40 hat, die die Vergebung als allseitige Reinigung verstanden und so sich selbst auf diese Weise gezwungen haben, an Stelle der Sünde einen Mangel anzunehmen und so aus einem schlechten Verständnis in ein noch

peiorem lapsi. Nam hac sententia eorum, homines in securitatem et superbam praesumptionem ducuntur, dum peccatis ablatis sibi puri visi, omittunt studia expurgandi peccati, ut cuius conscii iam non sunt, Qua impia opinione plurimi pereant necesse est, sed et eo pervenerunt insaniae, ut etiam libidinem inevitabilem parentum sanctorum, dum generant, quantumvis indomitam et summo invictoque furore, contra legem dei concupiscentem, defectum vocare sint coacti. Hoc est vere nimis extenuare peccatum, dicere tam atrocem libidinis impetum, esse defectum. Sed de hoc satis.

TERTIUS.
Fomes peccati etiam si nullum assit actuale peccatum, moratur a corpore animam ab ingressu coeli.[109]

Quamvis hanc conclusionem saepius testatus sim, non assertam sed disputatam, tamen iam non disputo, sed assero eam, postquam nihil video contra eam produci ab ullo adversario. Si enim vera sunt quae proximo articulo dicta sunt, fomitem esse vere peccatum, per gratiam dei veram magis ac magis purgandum, et nemo possit cum peccato coelum intrare, sicut. ii. Pet. iii. promittit, Coelos novos et terram novam expectamus, in quibus iustitia habitat,[110] Puto satis proba consequentia duci, Animam fomite impediri ab ingressu coeli.

His adde quod illi fingunt, et ego per impossibile posui, Fomitem esse posse sine peccato actuali, cum assidue lex membrorum captivet et repugnet legi mentis, ut Paulus conqueritur.[111] Res enim viva et quotidie movens est peccatum, sicut et ipsa anima in qua habitat. Nam et iustitia res est vivens et movens, Non enim quiescere potest anima, quin vel amet vel odiat ea quae dei sunt. Unde fit, ut cum ipsimet concedant, actuale peccatum morari ab introitu coeli, cogantur concedere, quod et fomes moretur, qui origo vivacissima et inquietissima actualium peccatorum est. Omitto hic dicere, quod originale peccatum, ut omnia peccata, ita et incredulitas est. At nemo unquam satis diligit, credit, expectat,

---

[109] Luther: Resolutiones disputationum de indulgentiarum virtute; WA 1,572,10–14; vgl. StA 2,338,11 f. u. DH 1453.   [110] 2Petr 3,13.   [111] Röm 7,23.

schlechteres zu fallen. Denn durch diese ihre Meinung werden die
Menschen in Sicherheit und stolze Erwartung geführt, indem sie, weil
sie sich rein sehen, nachdem die Sünden von ihnen genommen sind,
den Eifer aufgeben, sich von Sünde zu reinigen, so dass sie sich ihrer
nicht mehr bewusst sind. Durch diese gottlose Meinung müssen die
meisten zu Grunde gehen. Aber sie sind jetzt auch an dem Punkt des
Wahnsinns angelangt, dass sie ebenso die unvermeidliche Lust heiliger
Eltern, wenn sie zeugen, als einen Mangel zu bezeichnen gezwungen
wären, wie ungezügelt und in höchster, unbesiegter Leidenschaft und
gegen das Gesetz Gottes begehrend sie auch gewesen sein mochte. Zu
sagen, ein solch wilder Drang der Lust sei ein Mangel, bedeutet aber
wirklich, die Sünde über die Maßen abzuschwächen. Davon jetzt aber
genug.

III.
Der Zunder der Sünde hindert, sogar wenn keine Tatsünde vorliegt, die Seele vom Leibe her am Eintritt in den Himmel.

So sehr ich diese Schlussfolgerung schon häufiger bewiesen habe, nicht indem ich sie als wahr bekräftigte, sondern [indem ich sie] disputierte, disputiere ich sie trotzdem jetzt nicht mehr, sondern bekräftige sie als wahr, nachdem ich nichts sehe, das von irgendeinem Gegner gegen sie aufgeboten worden wäre. Wenn es nämlich wahr ist, was im vorherigen Artikel gesagt worden ist, dass der Zunder wahrhaft Sünde ist, die durch die wahre Gnade Gottes mehr und mehr gereinigt werden muss, und dass niemand mit Sünde in den Himmel eintreten kann, wie 2Petr 3 versichert: „Wir erwarten neue Himmel und eine neue Erde, in denen Gerechtigkeit wohnt", so wird, wie ich glaube, als ausreichend beweiskräftige Konsequenz angeführt, die Seele werde durch den Zunder vom Eintritt in den Himmel abgehalten.

Dem füge hinzu, was jene erdichten und ich als unmöglich angenommen habe, dass [nämlich] der Zunder ohne Tatsünde sein kann, da stets das Gesetz der Glieder das Gesetz des Geistes gefangen hält und bekämpft, wie Paulus beklagt. Die Sünde ist nämlich eine lebendige und täglich bewegende Sache, wie auch die Seele selbst, in der sie wohnt. Denn auch die Gerechtigkeit ist eine lebende und bewegende Sache. Die Seele kann nämlich nicht ruhen, ohne dass sie entweder liebt oder hasst, was Gott gehört. Daher kommt es, dass [die Sophisten], da sie selbst einräumen, dass die Tatsünde am Eintritt in den Himmel hindert, gezwungen werden zuzugeben, dass auch der Zunder hindere, welcher der lebendigste und unruhigste Ursprung der Tatsünden ist. Ich unterlasse hier zu sagen, dass die Ursprungssünde, wie alle Sünden, auf diese Weise auch Unglaube ist. Aber niemand liebt, glaubt und hofft

quam diu est in carne. Spiritus enim promptus est, sed caro infirma,[112] etiam in Apostolis, ideo fomes vere est actuale peccatum, actualis privatio, sive defectus eius rei, quae adesse debet, et actualis positio seu praesentia infirmitatis et aliorum affectuum, qui deesse debent, ut vere dixerit Sanctus Iacobus, Nos esse initium creaturae dei[113] nondum complementum, partim iusti, partim peccatores, hoc uno salvi et ab impiis discreti, quod peccatum agnoscimus, confitemur et expugnamus, cui illi potius obediunt.

QUARTUS.

Imperfecta charitas morituri secum fert necessario magnum timorem, qui se solo satis est facere poenam purgatorii, et impedit introitum regni.[114]

Cum de iis rebus et de universo statu animarum sanctarum post mortem, nihil habeat scriptura sancta, sicut nec de purgatorio, nihil possum adducere pro isto articulo, quem neque asserui. Nunc autem assero et ipsam ex praecedentibus infero et probo. Cum enim Iohannes Apostolus vere dicat, Timor poenam habet, et timorem non expellat nisi perfecta charitas, ut idem dicit,[115] clarum arbitror hinc fieri, timorem esse in imperfecta charitate, quae eum expellere nequit. Hoc autem vitium charitatis (sicut Augustinus appellat)[116] quid est aliud quam fomes et residuum originalis peccati, quod hominem privavit a recta, secura et perfecta charitate dei? Quare verum est, imperfectam charitatem impedimento esse ad introitum regni propter vitium, quo imperfecta est. Et scio adversarios nihil habere quod contra dicant, nisi suas opiniones sine ulla autoritate scripturae.

Quis ergo iam neget, timorem istum poenam habentem, posse vere purgatorium esse solum, cum non sit maior poenae spiritus nostri, quam fuga et pavor? nisi quis contra omnium sensum sapere velit, Et scriptura paucis locis ignem, frequentissime autem pavorem tribuit damnatis et impiis, ut psal. ii. Tunc loquetur ad eos in ira sua, et in furore suo conturbabit eos.[117] Et omnes fatentur faciem iudicis Christi fortius torturam impios, quam ipsum ignem inferni. Iam cum ipsimet fateantur, Animas non ab igne, sed in igne pati, quam possunt aliam

---

[112] Mt 26,41. [113] Jak 1,18. [114] Luther: Disputatio pro declaratione virtutis indulgentiarum; StA 1,178,5-8/WA 1,234,3-6; vgl. StA 2,340,5-7 mit Anm. 312 u. DH 1454. [115] 1Joh 4,18. [116] Augustinus: In epistolam Ioannis ad Parthos tract. 9,4. [117] Ps 2,5.

jemals genug, solange er im Fleisch lebt. Denn „der Geist ist willig, aber das Fleisch ist schwach", sogar in den Aposteln: Daher ist der Zunder wahrhaft Tatsünde, wirkliche Beraubung oder Mangel dessen, was da sein muss, und eine wirkliche Setzung oder Gegenwart der Schwachheit und anderer Affekte, die abwesend sein müssen. So sagte auch der Heilige Jakobus richtig, wir seien der Anfang von Gottes Schöpfung, noch nicht die Vollendung, teils Gerechte, teils Sünder, einzig dadurch selig und von den Gottlosen unterschieden, dass wir die Sünde erkennen, bekennen und bekämpfen, der jene vielmehr gehorchen.

IV.

DIE UNVOLLKOMMENE LIEBE DES STERBENDEN BRINGT NOTWENDIGERWEISE GROSSE FURCHT MIT SICH, DIE ALLEIN SCHON GENÜGT, DIE STRAFE DES FEGFEUERS ZU VERURSACHEN, UND AM EINTRITT IN DAS REICH GOTTES HINDERT.

Weil die Heilige Schrift über diese Dinge und den gesamten Zustand der heiligen Seelen nach dem Tod nichts enthält, so wie auch nicht über das Fegfeuer, kann ich für diesen Artikel nichts anführen, den ich auch gar nicht als wahr bekräftigt habe. Nun aber bekräftige ich ihn als wahr und führe ihn ein aus dem Vorhergehenden und erweise ihn. Da nämlich der Apostel Johannes zu Recht sagt: „Die Furcht hat Strafe" und, wie derselbe sagt, „nur die vollkommene Liebe die Furcht austreibt", so glaube ich, dass hieraus klar wird, in der unvollkommenen Liebe sei Furcht, welche diese nicht austreiben kann. Dieser Fehler der Liebe aber (wie Augustinus ihn nennt) – was ist er anderes als der Zunder und der Rest der Ursprungssünde, die den Menschen der rechten, sicheren und vollkommenen Liebe Gottes beraubt hat? Daher ist es wahr, dass die unvollkommene Liebe wegen des Fehlers, durch den sie unvollkommen ist, am Eingang in das Reich Gottes hindert. Und ich weiß, dass die Gegner nichts haben, was sie dagegen sagen könnten, außer ihren eigenen Meinungen ohne irgendeine Autorität der Schrift.

Wer könnte nun also leugnen, dass die mit dieser Strafe behaftete Furcht wahrhaftig allein das Fegfeuer sein kann, da es keine größere Strafe für unseren Geist geben kann als Flucht und Schrecken? Es sei denn, es wollte jemand gegen aller Empfinden denken. Auch die Schrift weist an einigen Stellen das Feuer, sehr häufig aber den Schrecken den Verdammten und Gottlosen zu, wie Ps 2: „Dann wird er mit ihnen reden in seinem Zorn, und mit seinem Grimm wird er sie schrecken." Und alle bekennen, dass das Gesicht Christi des Richters die Gottlosen stärker quälen wird als das Feuer der Hölle selbst. Da sie nun selbst bekennen, dass die Seelen nicht vom Feuer, sondern im Feuer leiden –

poenam dare, quam fugam et horrorem? Sed secure ipsi sic opinantur de rebus, quarum nihil unquam gustaverunt et cognoverunt, ideo prompte damnant aliena. Ego autem nitor vel uni autoritati Iohannis, | qui timori poenam, et timorem dat imperfectae charitati,[118] Si tantum et ipsi pro sua sententia adduxerint scripturae, paratus ero doceri.

QUINTUS.

Tres esse partes poenitentiae, Contritionem, Confessionem, Satisfactionem, non est fundatum in sacra scriptura, nec in antiquis sanctis doctoribus.[119]

Malitiose hunc articulum congesserunt, Non enim negavi contritionem et confessionem, sicut tamen sonat articulus et ipsi videri me talia docuisse volunt, sed satisfactionem negavi, qualem ipsi docent, quod mihi non erit difficile probare. Ostendant si possunt, ubi in tota scriptura, unus apex aut iota[120] scribatur, pro peccato mortali uno, debere satis fieri septem annis? dicant ubi pro differentibus peccatis, differentes poenas statuat Christus et Apostoli? Nonne haec omnia sunt postea inventa ab Episcopis? imo dent unum ex antiquis patribus, in quo legantur quadragenae, septenae et similia ubi fecerint libens revocabo.

Legimus sane multos a deo propter peccatum castigatos, ut David, Mosen, Aaron, Mariam, populum Israel, et aliquos eorum, quos Christus in Evangelio curavit. Et .i. Corint. xi. multi infirmi inter vos et dormiunt multi,[121] Sed haec non erat satisfactio, quam isti docent, scilicet remissibilem per claves, ita et modo multos punit deus pro peccatis, quas poenas tamen Ecclesia non potest aufferre per claves. Quare verum dixi, arbitrariam istam satisfactionem nec in scripturis nec patribus inveniri, inveniri autem poenam irremissibilem a deo impositam. ut psal. lxxxviii. dicit, Visitabo in virga iniquitates eorum, et in verberibus hominum peccata eorum.[122]

Dicent forte relictum arbitrio Ecclesiae taxandam poenam pro peccatis. Respondeo, hoc iam non est scripturas, sed propriam sententiam afferre, probetur, quo loco Christus hoc arbitrium reliquerit Ecclesiae?

---

[118] 1Joh 4,18. [119] Luther: Ein Sermon von Ablaß und Gnade; WA 1,243,4–11; vgl. StA 2,341,8 f. u. DH 1455. [120] Mt 5,18. [121] 1Kor 11,30. [122] Ps 89/Vg 88,33.

welche andere Strafe als Flucht und Schrecken können sie zugeben? Aber sie wähnen sich so sicher bei Dingen, von denen sie nichts jemals geschmeckt und erkannt haben: Daher verdammen sie sofort Fremdes. Ich aber stütze mich allein auf die eine Autorität des Johannes, der die Strafe
5 der Furcht und die Furcht der unvollkommenen Liebe beilegt. Wenn auch sie für ihre Meinung so viel aus der Schrift beibringen, wäre ich bereit, mich belehren zu lassen.

V.

10 DASS ES DREI TEILE DER BUSSE GIBT, REUE, SÜNDENBEKENNTNIS, GENUGTUUNG, IST NICHT IN DER HEILIGEN SCHRIFT BEGRÜNDET, AUCH NICHT BEI DEN ALTEN HEILIGEN LEHRERN.

Boshaft haben sie diesen Artikel zusammengeschustert. Ich habe nämlich nicht die Reue und das Sündenbekenntnis abgelehnt, wie der
15 Artikel aber klingt und sie erscheinen lassen wollen, dass ich solches gelehrt habe. Sondern ich habe [lediglich] die Genugtuung abgelehnt, so wie diese sie lehren, was mir nicht schwer fallen wird zu erweisen. Sie sollen zeigen, wenn sie können: Wo in der ganzen Schrift steht ein Tüttel oder Jota geschrieben, für eine einzige Todsünde müsse sieben Jahre
20 lang genuggetan werden? Sie sollen sagen: Wo haben Christus und die Apostel für unterschiedliche Sünden unterschiedliche Strafen festgesetzt? Ist dies alles nicht erst später von den Bischöfen erfunden worden? Sie mögen mir einen einzigen der alten Väter nachweisen, bei dem man von vierzigfachen, siebenfachen und ähnlichen Strafen liest: Wenn
25 sie das getan haben, werde ich gerne widerrufen.

Wir lesen wohl, dass viele von Gott um der Sünde willen gezüchtigt wurden, wie David, Mose, Aaron, Mirjam, das Volk Israel und einige von denen, die Christus im Evangelium geheilt hat. Und 1Kor 11 steht: „Viele Kranke sind unter euch und viele sind entschlafen." Aber dies war nicht
30 die Genugtuung, die jene lehren, nämlich eine durch die Schlüsselgewalt vergebbare – so und nur so straft Gott viele für die Sünden. Diese Strafen kann die Kirche aber nicht durch [das Amt der] Schlüssel aufheben. Darum habe ich wahrheitsgemäß gesagt, diese willkürliche Genugtuung werde weder in den Schriften noch bei den Vätern gefunden; es
35 werde aber eine unvergebbare, von Gott verhängte Strafe gefunden, wie Ps 88 sagt: „Ich werde mit der Rute ihre Missetaten heimsuchen und mit Geißelung der Menschen ihre Sünden."

Sie werden vielleicht sagen, es sei dem Entscheidungsvermögen der Kirche vorbehalten, die Strafe für die Sünden abzuschätzen. Ich antwor-
40 te: Das bedeutet doch nicht, die Schriften anzuführen, sondern die eigene Meinung. Man möge erweisen, an welcher Stelle Christus dieses Entscheidungsvermögen der Kirche überlassen hat. Dir glaube ich nämlich

tibi enim non credo. Nam ubi dicit, Quodcunque ligaveris etc.[123] magis
ad culpam quam ad satisfactionem pertinet. Culpa enim ligari et solvi
proprie dicitur, non confessio aut satisfactio, ita et illud, Quorum remiseritis peccata remittuntur eis.[124] Alioquin dicere debuit, Quorum
remiseritis satisfactiones remittuntur eis, Quare divinitus aut nulla est
satisfactio, aut remitti humanitus non potest.

    Hoc libens concesserim, quod Ecclesia mater, pio affectu praeventu-
ra manum dei, castigat filios suos satisfactionibus quibusdam, ne
incurrant flagella dei, sicut Ninivitae operibus suis spontaneis praeve-
nerunt iuditium dei.[125] Haec poena quidem est arbitraria, non in totum
ut illi volunt, sed tamen | necessaria. At nostri indulgentiarii etiam con-
tra Ecclesiam asserunt remitti penitus omnem satisfactionem, etiam a
iusticia divina requisitam, quod est erroneum et impium. Nam aut nos
aut homines aut deus punit peccata, quod illi per indulgentias tollunt
omnino. Contra hanc eorum fictam et falsam satisfactionem, quam et
solam habent, ego pugnavi, quam ideo solum finxerunt, ut lucra sua
augerent, et homines exhaurirent, fallerent ac perderent, cum si essent
pii pastores, potius imponerent poenas, et Ecclesiae exemplo praevenirent deum, sicut Moses eum praevenit occidendo filios Israel, propter
peccatum vituli aurei.[126] Optimum autem fuerit, si nos ipsos punire-
mus, Hoc autem facimus, quando ex toto corde vitam totam mutamus,
hac enim poenitentia et satisfactione deus contentus est, quantum probant scripturae sanctae, et praesertim Iohannes baptista Lucae .iii.[127] Sic
.i. Corint. xi. Si nos ipsos iudicaverimus, non utique iudicaremur a
domino, cum autem iudicamur, a domino corripimur, ut non cum hoc
mundo damnemur.[128] Ecce poena et correptio prorsus irremissibilis,
quae a deo imponitur et exigitur.

    Vehementer autem odi et sublatum vellem hoc vocabulum satisfac-
tio, quod non modo in scripturis non invenitur, sed et periculosum
habet sensum, quasi deo quisquam possit pro ullo peccato satisfacere,
cum gratis ille ignoscat omnia. Deinde occasio fuit, ut e salutari poenitentiae remedio nundinas facerent. Vellem magis, ut disciplina, castiga-

---

[123] Mt 16,19.   [124] Joh 20,23.   [125] Jona 3,5–10.   [126] Ex 32,27 f.   [127] Lk 3,3.8.   [128] 1Kor 11,31 f

nicht. Denn wo er sagt: „Was immer du binden wirst usw.", bezieht er sich viel mehr auf die Schuld als auf die Genugtuung. Es heißt nämlich eigentlich, dass die Schuld gebunden und gelöst wird, nicht das Sündenbekenntnis oder die Genugtuung. So auch jenes „Welchen ihr die Sünden vergeben werdet, denen sind sie vergeben". Andernfalls hätte er sagen müssen: „Welchen ihr die Genugtuungen vergeben werdet, denen sind sie vergeben." Daher gibt es von Gott her entweder keine Genugtuung, oder sie kann nicht von den Menschen erlassen werden.

Das hätte ich gerne zugestanden, dass die Mutter Kirche, indem sie in frommer Gefühlsbewegung der Hand Gottes zuvorkommt, ihre Kinder mit gewissen Genugtuungen züchtigt, damit sie nicht in die Geißel Gottes laufen, wie die Niniviten durch ihre spontanen Werke dem Urteil Gottes zuvorgekommen sind. Diese Strafe ist zwar willkürlich – freilich nicht völlig, wie jene wollen –, aber trotzdem notwendig. Aber unsere Ablasshändler bekräftigen sogar gegen die Kirche als wahr, dass jede Genugtuung völlig erlassen werde, auch die von der göttlichen Gerechtigkeit geforderte, was irrig und gottlos ist. Denn entweder bestrafen wir Menschen oder Gott die Sünden – was jene aber durch die Ablässe gänzlich aufheben. Gegen diese ihre erdichtete und falsche Genugtuung, die sie auch ganz allein vertreten, habe ich gekämpft. Sie haben sie allein deswegen erdacht, um ihren Gewinn zu vermehren und die Menschen auszusaugen, zu täuschen und zu verderben, während sie, wenn sie fromme Hirten wären, vielmehr Strafen auferlegten und durch das Beispiel der Kirche Gott zuvorkämen, wie Mose ihm zuvorkam, als er die Kinder Israels wegen der Sünde des goldenen Kalbs tötete. Das Beste aber wäre, wenn wir uns selbst bestraften. Dies aber tun wir, wenn wir von ganzem Herzen das ganze Leben verändern. Mit dieser Buße und Genugtuung ist Gott nämlich zufrieden, wie es die Heiligen Schriften und besonders Johannes der Täufer in Lk 3 erweisen. So 1Kor 11: „Wenn wir uns selber richteten, so würden wir ja nicht mehr vom Herrn gerichtet: Wenn wir aber gerichtet werden, so werden wir vom Herrn gezüchtigt, auf dass wir nicht samt der Welt verdammt werden." Da hast du die ganz unerlässliche Strafe und Züchtigung, die von Gott auferlegt und vollzogen wird.

Heftig aber hasse ich das Wort ‚Genugtuung' und wollte es aufgehoben haben, das nicht allein in den Schriften nicht gefunden wird, sondern auch einen gefährlichen Sinn hat, als ob jemand Gott für irgendeine Sünde Genugtuung leisten könnte, während er alles aus Gnade verzeiht. Darüber hinaus hat sich die Gelegenheit ergeben, dass sie aus dem zuträglichen Heilmittel der Buße Kaufgeschäfte machten. Ich wollte eher, dass es als Disziplin, Züchtigung, Heimsuchung,

tio, visitatio, correptio aut alio quopiam scripturae sanctae vocabulo
nominaretur, quo significaretur non esse remissibilem, sicut revera
remissibilis non est, disciplinam domini, multo minus vendibilis et
cauponabilis aliquando crederetur, sicut hodie videmus fieri, conficta
ista nova satisfactione, quae plenarie remittitur, cum talis (ut dixi) esse
non possit, nedum poenitentiae tertia pars censeri debeat. Unde in sermone meo vernaculo insigniter adieci, non esse istas tres partes poenitentiae, ut ipsi morem habent de eis loqui,[129] semper enim volui exceptam, disciplinam domini, quam esse negavi ab ullo remissibilem, sed
tantum imponibilem, ideo aliam necessario fore et nusquam descriptam, quam illi satisfactionem docent, totam in manu Papae positam,
etiam invita iustitia divina.

SEXTUS.

Contritio, quae paratur per discussionem, collectionem et detestationem peccatorum, qua quis recogitat annos suos in amaritudine animae
suae, ponderando peccatorum gravitatem, multitudinem, foeditatem,
amissionem aeternae beatitudinis, et acquisitionem aeternae damnationis. Haec contritio facit hypocritam, imo magis peccatorem.[130] |

Quamvis hanc conclusionem etiam Cassianus doceat,[131] et sensus
communis omnium ita in se experiatur, ut superfluum sit probari eam,
tamen ut obstruatur os loquentium iniqua,[131a] scripturas dei consulamus.

Primum, hoc nemo negabit, Contritionem quantumlibet magnam,
nisi fiat amore iustitiae, et (ut ipsimet dicunt) in charitate dei, non est
vera sed simulata. Omnia enim quae extra charitatem fiunt, nihil, vana
et falsa sunt, ut .i. Corint. xiii. docet Paulus,[132] quia non fiunt ex toto
corde, Quod autem ex corde non fit, iam hypocrisis est, sicut dicit Christus Matt. xv. Cor eorum longe est a me.[133] At contritio per peccatorum
collectionem parata, sine amore dei et iustitiae, hoc est, sine corde conterit, de hac enim locutus sum, quare necessario sequitur, ut faciat
hypocritam qui nec volenter nec amanter conteritur in corde suo. Ego

---

[129] Luther: Ein Sermon von Ablaß und Gnade; WA 1,243,4-10. [130] Luther: Sermo de poenitentia; WA 1,319,10-17; vgl. StA 2,343,15-19 mit Anm. 361. [131] Johannes Cassianus: Collationes 20 cap. 9. [131a] Ps 63/Vg 62,12. [132] 1 Kor 13,1-13 [133] Mt 15,8

Zurechtweisung oder mit irgendeinem anderen Wort der Heiligen
Schrift benannt würde, mit dem angezeigt würde, dass die Zucht des
Herrn nicht erlassen werden kann, wie sie auch in Wahrheit nicht nach-
lassbar ist; [ich wollte] dass sie einst viel weniger als käuflich und wohl-
feil angesehen wird, als wir es heute geschehen sehen durch jene erdichtete neue Genugtuung, die vollkommen erlassen wird, obwohl es eine
solche (wie ich gesagt habe) nicht geben kann, geschweige denn, dass sie
als dritter Teil der Buße eingeschätzt werden darf. Daher habe ich in
meiner muttersprachlichen [deutschen] Predigt an hervorgehobener
Stelle hinzugefügt, dass es diese drei Teile der Buße nicht gibt, wie sie
gewöhnlich darüber sprechen. Ich wollte nämlich immer die Zucht
des Herrn ausgenommen haben, von der ich verneint habe, dass sie
von irgendjemandem erlassen, sondern nur auferlegt werden kann
und dass es daher notwendigerweise eine andere und [noch] niemals
beschriebene Genugtuung ist, welche jene als ganz in die Hand des
Papstes gelegt lehren, sogar gegen den Willen der göttlichen Gerechtigkeit.

VI.

DIE REUE, DIE DURCH DIE UNTERSUCHUNG, DIE ZUSAMMENSTEL-
LUNG UND DIE VERABSCHEUUNG DER SÜNDEN ERZEUGT WIRD, MIT
DER JEMAND SEINE JAHRE IN DER BITTERKEIT SEINER SEELE ÜBER-
DENKT, INDEM ER DIE SCHWERE DER SÜNDEN WIEGT, IHRE MENGE,
SCHÄNDLICHKEIT, DEN VERLUST DER EWIGEN SELIGKEIT UND DEN
ERWERB DER EWIGEN VERDAMMNIS – DIESE REUE MACHT ZUM
HEUCHLER, JA, NOCH MEHR ZUM SÜNDER.

Obwohl auch Cassian diese Schlussfolgerung lehrt und der Ge-
meinsinn aller es so in sich erfährt, so dass es [eigentlich] überflüssig ist,
sie zu erweisen, so wollen wir dennoch, um den Mund derer zu stopfen,
die Unrechtes reden, die Schriften Gottes befragen.

Erstens. Dies wird niemand leugnen: Eine Reue, wie groß auch
immer sie sein mag, ist, wenn sie nicht in Liebe zur Gerechtigkeit und
(wie sie auch selbst sagen) in Liebe zu Gott geschieht, nicht wirkliche,
sondern geheuchelte [Reue]. Alles nämlich, was ohne Liebe geschieht,
ist nichts, wertlos und falsch, wie Paulus 1Kor 13 lehrt, weil es nicht aus
ganzem Herzen geschieht. Was aber nicht aus dem Herzen geschieht,
ist bereits Heuchelei, wie Christus Mt 15 sagt: „Ihr Herz ist fern von
mir." Aber die Reue, die durch die Zusammenstellung der Sünden zu
Stande gebracht wird, ohne die Liebe zu Gott und zur Gerechtigkeit,
das heißt, ohne das Herz, zermürbt. Über diese habe ich nämlich
gesprochen, weshalb notwendig folgt, dass sie einen zum Heuchler
macht, der sich weder willig noch aus Liebe in seinem Herzen zer-

enim hypocritam aliter diffinire non possum, quam eum qui id quod facit, non ex animo et syncero corde facit. Animum autem talem et cor non dat natura, nec collectio peccatorum, sed sola charitas spiritus.

Quod si dixerint se loqui de contritione in charitate facta, iam articulus nihil ad me. Non enim unquam sic docui, imo quia ut meum damnant, de contritione naturali et impia extra fidem loqui eos oportet, quam esse hypocrisin satis iam ex dictis constare puto. Aut opinantur hic forte, mediam et neutralem suam Theologiam, quod illa collectio, licet extra charitatem facta sit, non tamen sit ficta, quia praeparat ad gratiam proxime, dum facit homo quod est in se. Verum, de ista impietate inferius suo loco.[134] Ego enim peccatum assero quicquid ante gratiam fit in homine, tantum abest ut praeparet ad gratiam.

Secundo de altera parte, Quod ea contritio faciat magis peccatorem, latius dicendum, quo et prior pars maxime nititur. Hic Apostolum invoco, qui dicit Ro. v. Per legem abundare peccatum, et Gal. iii. Per legem augeri transgressiones. Et .i. Corint. xv. Virtus peccati lex.[135] Quibus verbis prorsus neutralem Illam Theologiam evacuat, quae inter odium et gratificantem amorem, medium fingit naturalem amorem legis, qui contritionem istam paret. Si enim hic amor stat et per ipsum non augetur peccatum. mendax est Paulus, qui generali sententia dicit, legem esse auctricem et virtutem peccati, ita ut e solo Christo pendeat victoria eius. Ergo faciat quicquid potest natura ante gratiam, auget peccatum, quia non potest non odisse legem. At hoc odium est peccatum, imo augmentum peccati, cum non solum peccet contra legem, sed odiat non licere peccare, prohibente scilicet lege. Ita fit, ut irritante lege et concupiscentia et peccatum magis placeant, et lex magis ac | magis displiceat, cum ergo collectio peccatorum extra gratiam non nisi legem sibi praestituat, ad quam peccata sua confert, impossibile est (licet metu poenae vel spe premii fortiter simulet), ut non magis odiat legem quam peccata, et magis diligat peccata quam iustitiam legis.

---

[134] S. u. 194,11—196,12.   [135] Röm 5,20; Gal 3,19; 1Kor 15,56.

mürbt. Ich kann nämlich einen Heuchler nicht anders definieren als
einen solchen, der das, was er tut, nicht aus dem Geist und einem reinen
Herzen tut. Einen solchen Geist und ein solches Herz aber gibt
nicht die Natur noch die Zusammenstellung der Sünden, sondern
allein die Liebe des Geistes.
   Wenn sie gesagt hätten, sie sprächen von einer Reue, die von der
Liebe erzeugt ist, so hätte der Artikel mit mir nichts zu tun. Denn so
habe ich niemals gelehrt. Nun aber, weil sie das als meine [Meinung]
verdammen, müssen sie von der natürlichen und gottlosen Reue außerhalb
des Glaubens reden, von der ich glaube, dass aus dem schon Gesagten
genügend feststeht, dass sie Heuchelei ist. Oder vielleicht meinen
sie hier ihre vermittelnde und neutrale Theologie, [die vertritt] dass
jene Zusammenstellung [der Sünden], mag sie auch außerhalb der
Liebe geschehen, trotzdem nicht ersonnen sei, weil sie für die Gnade am
ehesten vorbereite, solange der Mensch tue, was in seinen Kräften steht.
Aber über diese Gottlosigkeit weiter unten an seinem Ort. Denn ich
bekräftige wahrheitsgemäß alles als Sünde, was vor der Gnade im Menschen
geschieht – weit entfernt davon, dass es auf die Gnade vorbereite.
   Zweitens, über den anderen Teil, dass diese Reue noch mehr zum
Sünder macht, ist ausführlicher zu sprechen, worauf sich auch der erste
Teil hauptsächlich stützt. Hier rufe ich den Apostel an, der Röm 5 sagt,
dass durch das Gesetz die Sünde überhand nimmt, und Gal 3, dass
durch das Gesetz die Übertretungen vermehrt werden, und 1Kor 15:
„Die Kraft der Sünde ist das Gesetz." Mit diesen Worten entleert er ganz
und gar jene neutrale Theologie, die zwischen Hass und angenehm
machender Liebe als mittleres eine natürliche Liebe zum Gesetz ersinnt,
die diese Reue gebiert. Denn wenn diese Liebe existiert und durch sie
nicht die Sünde vermehrt wird, so ist Paulus ein Lügner, der in einem
allgemeinen Satz sagt, das Gesetz sei Mehrer und Kraft der Sünde, so
dass allein von Christus der Sieg über sie abhängt. Also soll die Natur
vor der Gnade tun, was sie kann – sie vermehrt die Sünde, weil sie nicht
das Gesetz nicht hassen kann. Aber dieser Hass ist Sünde, sogar Vermehrung
der Sünde, weil er nicht nur gegen das Gesetz sündigt, sondern
[auch] hasst, dass es nicht erlaubt ist zu sündigen, weil es das
Gesetz nämlich verbietet. So geschieht es, dass durch den Anreiz des
Gesetzes sowohl die Begierde als auch die Sünde mehr Beifall finden
und das Gesetz mehr und mehr missfällt: Weil also die Zusammenstellung
der Sünden außerhalb der Gnade sich nur das Gesetz vorstellt, mit
dem sie ihre Sünden vergleicht, ist es unmöglich (es sei denn, sie heuchelt
tapfer aus Furcht vor Strafe oder Hoffnung auf Belohnung), dass
sie nicht das Gesetz mehr als die Sünden hasst und mehr die Sünden
liebt als die Gerechtigkeit des Gesetzes.

Et quid faciat impius extra gratiam, cum superius articulo primo docuerimus, quanto sudore iusti et sancti viri condelectentur legi dei, et resistant legi membrorum repugnanti et captivanti? si illi coguntur, non modo odisse, sed et repugnare legi dei et captivari, quid facient impii, in quibus ista pugna spiritius nondum est? Quid faciat caro ubi spiritus non est? praesente spiritu pugnat contra legem dei, et tu dicis, quod absente spiritu pugnat pro lege dei? Caro concupiscit adversus spiritum, et spiritus adversus carnem.[136] et tu docebis solam carnem nullo repugnante spiritu, facturam pro spiritu? Quid potest insanius dici et fingi? Malae cupiditati tribuitur ut faciat opus contra quod ipsa eadem summis viribus pugnat, dum praesens est bona cupiditas. Credo haec factura fidem, per legem non nisi augeri peccatum, id est, odio haberi iustitiam et amari peccatum, idque toto pondere et summis viribus, ubi natura sola fuerit extra gratiam, cum in gratia summis viribus pugnet contra legem. Simul credo pateat, non modo hypocritam sed et magis peccatorem fieri, collectorem illum contritionis ex peccatorum et legis intuitu.

Quin eat quisque in cor suum et non mentiatur sibiipsi respondeatque mihi, An non cor suum ita inveniat, ut mallet nullam legem esse? an non odiat poenam peccatorum esse? an non sentiat sibi placere voluptatem, gloriam, opes, scientias? etc. Quis est qui his non afficiatur? At affectus nonne vellet non esse prohibita? Quod siquis simulet se non multum ista curare, fateatur saltem ex parte illis affici, Si non fatetur, non credo ei prorsus, cum omnes sancti id querantur de seipsis et has repugnantes leges membrorum assidue accusent. Quid ergo contra proprium sensum et vitalem pulsum experientiae, fingimus amorem naturalem legis et odium peccati, quo praeparetur homo ad gratiam, cum ista sint non in corde nata sed natantia, sicut spuma et per vim extorta, sub quibus alitur eo foedius et maius odium legis, quo fortius simula-

---

[136] Gal 5,17

Und was soll der Gottlose außerhalb der Gnade tun, nachdem wir oben im ersten Artikel gelehrt haben, mit welcher Anstrengung die gerechten und heiligen Männer am Gesetz Gottes Gefallen haben und dem Gesetz der Glieder widerstehen, das kämpft und gefangen nimmt? Wenn [schon] jene gezwungen werden, das Gesetz Gottes nicht nur zu hassen, sondern auch gegen es zu kämpfen und sich davon gefangen nehmen zu lassen – was werden [dann] die Gottlosen tun, in denen dieser Kampf des Geistes noch nicht ist? Was soll das Fleisch tun, wo der Geist nicht ist? Obwohl der Geist anwesend ist, kämpft es gegen das Gesetz Gottes, und du sagst, dass es, obwohl der Geist abwesend ist, für das Gesetz Gottes kämpft? „Das Fleisch begehrt gegen den Geist auf und der Geist gegen das Fleisch." Und du willst lehren, dass das Fleisch allein, wenn kein Geist dagegen kämpft, für den Geist wirken wird? Was kann Unsinnigeres gesagt und erdacht werden? Der bösen Begierde wird beigelegt, dass sie das Werk tue, gegen das ebendiese mit allen Kräften ankämpft, solange die gute Begierde anwesend ist. Ich glaube, dass dies den Glauben daran schaffen wird, dass durch das Gesetz nichts als die Sünde vermehrt wird, das heißt, dass die Gerechtigkeit gehasst und die Sünde geliebt wird, und das mit allem Nachdruck und den höchsten Kräften, wo die Natur allein ist, außerhalb der Gnade, obwohl sie doch in der Gnade mit allen Kräften gegen das Gesetz ankämpft. Zugleich, glaube ich, ist offenbar, dass derjenige, der aus dem Anblick der Sünden und des Gesetzes Reue ‚aufsammelt', nicht nur ein Heuchler, sondern erst recht ein Sünder wird.

Jeder gehe doch in sein Herz und belüge sich nicht selbst und antworte mir, ob er nicht sein Herz so finde, dass er lieber wollte, es gäbe kein Gesetz? Ob er nicht hasse, dass es eine Strafe der Sünden gebe? Ob er nicht spüre, dass ihm Vergnügen, Ruhm, Reichtum, Wissenschaften usw. gefallen? Wen gibt es, der davon nicht angerührt würde? Und wollte nicht die gefühlsmäßige Regung, dass es nicht verboten wäre? Wenn irgendjemand heucheln sollte, er kümmere sich darum nicht viel, so soll er zumindest zugeben, dass er teilweise von ihnen berührt wird. Wenn er es nicht zugibt, so glaube ich ihm ganz und gar nicht, weil alle Heiligen dieses an sich selbst beklagen und diese widerstrebenden Gesetze der Glieder beständig anklagen. Was erdichten wir also gegen das eigene Erleben und den lebendigen Eindruck der Erfahrung eine natürliche Liebe zum Gesetz und einen Hass auf die Sünde, mit dem der Mensch auf die Gnade vorbereitet werde, obwohl diese nicht im Herzen geboren sind, sondern wie Schaum [obenauf] schwimmen und gewaltsam abgerungen sind. Unter ihnen wird ein umso abscheulicherer und größerer Hass auf das Gesetz genährt, je stärker der Hass auf die Sünde geheuchelt wird. Diese Gottlosen besitzen sicherlich

tur odium peccati. Horum certe impiorum est illa violenta conscientia, quam Paulus cauterisatem vocat, ad Timotheum primo.[137]

Unde ego sentio et doceo perniciosum esse genus docendi, quo intuitu poenarum, premiorum, peccatorum, docentur poenitere. his enim doctrinis coercentur quidem ab opere, et cauterisatam violentamque formant sibi conscientiam seu bonum propositum, et maiore malo occultum illum affectum contemptae legis et amati peccati, nunquam intelligunt, nec observant, imo iis studiis occultant, contenti satisfecisse istis impiis dogmatibus operum, | quibus tamen si libere loqui concedas, statim dicent, se non ex animo poenitere, et nisi lex infernusque esset, toto impetu malle explere mala sua, praesertim tentati. Quanto ergo rectius sane docerentur istum affectum capitalem, pessimum, occultum agnoscere, et donec ab amore legis inciperent poenitere, sese hypocritas esse scirent, et nihil de hypocrisi tali praesumerent, imo super ea magis quam super peccatis, quorum intuitu fictum istum dolorem coegerunt, dolerent.

Admitto sane, crassos illos et induratos impios, qui nondum conscientias habent, terroribus illis sicut servos indomitos urgeri ad poenitentiam, sicut Magistratus gladio coercet sceleratos. Sed ubi conscientiae sunt, ibi certe instituendae sunt, ut a Christo primum incipiant, et in misericordiam eius credentes vitam mutent. Tum enim primum poenitentia vera incipit quando ex amore fluit, sicut et ipsi dicunt. Tunc non amore comodi nec timore poenae, sed affectu solius iustitiae peccata colligent et ponderabunt, ut haec fusius in sermone de poenitentia dixi.[138] Quando enim de poenitentia docemus, eam docere debemus, qua fiant Christiani ex corde poenitentes, quod non facimus nisi fidem doceamus omnium primo, iis qui peccata sua sentiunt, ne praeventa stulta operum opinione, incipiant salutem a seipsis operantibus et currentibus, et non a miserente deo.[139] Aliud enim genus est docendi induratos illos ferreas cervices et ereas frontes,[140] ab externis saltem peccatis, coercere, etiam si corde invito et coerceri odiente peiores in semetipsis fiant, minus tamen nocebunt aliis.

---

[137] 1Tim 4,2. [138] Luther: Sermo de poenitentia; WA 1,320,24–321,15; LDStA 2.
[139] Röm 9,16. [140] Jes 48,4.

jenes gewalttätige Gewissen, das Paulus in 1Tim das ‚gebrandmarkte' nennt. Daher also denke und lehre ich, es sei eine verderbliche Art der Lehre, durch welche sie im Hinblick auf Strafen, Belohnungen und Sünden zu büßen gelehrt werden. Durch diese Lehren nämlich werden sie gewiss abgehalten vom Werk und bilden sich ein gebrandmarktes und gewalttätiges Gewissen oder einen guten Vorsatz, und sie erkennen niemals jene durch größeres Übel verborgene Gefühlsregung der Verachtung des Gesetzes und der Liebe zur Sünde, noch schenken sie ihr Beachtung, vielmehr verbergen sie sie durch diese Mühen, zufrieden, diesen gottlosen Lehren der Werke genug getan zu haben, von denen sie dennoch, wenn du [ihnen] erlaubst, frei zu sprechen, sofort sagen würden, dass sie nicht aus dem Geist Buße tun und, wenn nicht das Gesetz und die Hölle wären, lieber mit allem Eifer ihr Böses erfüllen würden, besonders wenn sie versucht werden. Um wie viel richtiger würden sie also vernünftig belehrt werden, diese hauptsächliche, schlechteste, verborgene Gefühlsregung zu erkennen. Und bis sie aus Liebe zum Gesetz anfingen, Buße zu tun, wüssten sie, dass sie Heuchler sind und nichts aus solcher Heuchelei gewinnen, wären darüber sogar mehr als über die Sünden schmerzlich betrübt, durch deren Anblick sie sich diesen erdachten Schmerz zugezogen haben.

Ich gebe gewiss zu, dass jene rohen und verhärteten Gottlosen, die noch keine Gewissen haben, mit jenen Schrecken wie ungezähmte Sklaven zur Buße getrieben werden, so wie die Obrigkeit mit dem Schwert die Frevler zähmt. Aber wo es Gewissen gibt, dort sind sie sicherlich zu unterweisen, dass sie bei Christus zuerst anfangen, an seine Barmherzigkeit glauben und ihr Leben ändern. Dann nämlich beginnt zuallererst die wahre Buße, wenn sie aus der Liebe fließt, wie sie [sc. die Sophisten] sogar selbst sagen. Dann werden sie nicht aus Liebe zum Vorteil noch aus Furcht vor der Strafe, sondern aus dem Gefühl allein für die Gerechtigkeit die Sünden zusammenstellen und gewichten, wie ich dies in meinem Sermon über die Buße ausführlicher dargelegt habe. Wenn wir nämlich über die Buße lehren, müssen wir eine solche lehren, aus der von Herzen büßende Christen [entstehen] werden, was wir nur tun, wenn wir den Glauben zuallererst für die lehren, welche ihre Sünden spüren, damit sie nicht, weil ihnen eine törichte Meinung über die Werke zuvorgekommen ist, das Heil bei ihrem eigenen Wirken und Laufen und nicht bei dem sich erbarmenden Gott beginnen. Denn es ist eine andere Art, jene Verhärteten zu belehren, die eisernen Nacken und ehernen Stirnen, sich wenigstens von äußeren Sünden fernzuhalten: Wenn sie auch mit unwilligem Herzen, das es hasst, gezügelt zu werden, in sich selbst schlechter werden, werden sie doch anderen weniger schaden.

SEPTIMUS.

Verissimum est enim proverbium omni doctrina de Contritionibus hucusque data praestantius, quo dicitur, Optima poenitentia nova vita.[141]

In omnibus hominum verbis, nihil verius est communibus proverbiis, adeo ut et scriptura sancta saepius proverbia tanquam verissima citet. Quocirca mirum, quid illis acciderit, ut contra omnium sensum et sententiam audeant damnare, et mea non sit ista sententia, unde et defendendam eam relinquo omnibus. Ego autem defendo quod addidi, quo ostendi, id proverbii cum scriptura convenire, ubi Paulus Gal. vi. dicit, In Christo enim Iesu neque circuncisio, neque praeputium aliquid valet, sed nova creatura.[142] Hanc sententiam debuerant damnare, quo stabilivi proverbium, dum me voluerunt damnare. Plane enim hic Apostolus docet, omnia vana esse, nisi simus nova creatura in Christo. At poenitentia, quae sine amore iustitiae agitur, vetus adhuc est creatura, non plus valens quam circuncisio aut praeputium. Nam et Paulus cum converteretur luce subita circunfulsus, eodem momento charitate indutus est, dicens, Domine quid me vis facere?[143] Haec verba non dicit poenitentia servilis, quae potius horret et fugit a facie domini, sicut Iudas scarioth.[144] Charitas sola dicit, Domine quid me vis facere?[145]

Sis ergo certus, simul dum homo conteritur, simul et gratia infunditur, et in medio terrore diligit iustitiam, si vere poenitet, sin autem non simul diligit, non vere poenitet. Probavi enim saepius infusionem gratiae fieri, cum magna animi concussione. Sicut beata virgo ad ingressum angeli turbata est,[146] et hac ipsa turbatione ad summum amorem virginitatis impulsa est. Neque enim vehementius unquam amavit virginitatem, quam hac hora, in qua viri personam solitaria intuens, metuit violentiam castitatis. Ita peccator dum virtute dei compungitur et visitatur per gratiam, vehementer concutitur atque hac ipsa concussione ad odium peccati et amorem iustitiae rapitur. At qui sua vel legis solius virtute poenitet, concutitur quidem, sed fingit odium peccati, quia stat sententia, Virtus peccati lex.[147] Nollet enim sic concuti, multo

---

[141] Luther: Sermo de poenitentia; WA 1,321,2-4; vgl. StA 2,348,2-4 u. DH 1457. [142] Gal 6,15. [143] Apg 9,4-6 (Vg); 22,6-10. [144] Mt 27,3-5. [145] Apg 9,6 (Vg); 22,10. [146] Lk 1,29. [147] 1Kor 15,56.

VII.

Überaus wahr, trefflicher als alle bisher gebotene Lehre über die Reue ist aber das Sprichwort, worin es heisst: „Die beste Busse ist ein neues Leben."

Von allen menschlichen Worten ist nichts wahrer als die allgemeinen Sprichwörter, bis dahin, dass auch die Heilige Schrift zuweilen Sprichwörter als völlig wahr anführt. Deshalb ist es verwunderlich, was jenen widerfahren konnte, dass sie gegen die Einsicht und Meinung aller wagten zu verdammen, dass diese Ansicht nicht auch die meinige sei, weshalb ich es auch allen überlasse, sie zu verteidigen. Ich aber verteidige, was ich hinzugefügt habe, womit ich gezeigt habe, dass, was das Sprichwort [sagt], mit der Schrift zusammenstimmt, wo Paulus Gal 6 sagt: „Denn in Christus Jesus gilt weder Beschneidung noch Unbeschnittensein, sondern eine neue Kreatur." Diesen Satz hätten sie verdammen müssen, mit dem ich das Sprichwort gestützt habe, als sie mich verdammen wollten. Offensichtlich lehrt hier nämlich der Apostel, dass alles vergeblich ist, wenn wir nicht eine neue Kreatur in Christus sind. Aber die Buße, die ohne Liebe zur Gerechtigkeit getrieben wird, ist noch die alte Kreatur, die nicht mehr gilt als die Beschneidung oder das Unbeschnittensein. Denn auch Paulus wurde im selben Moment, als er von einem plötzlichen Licht umstrahlt bekehrt wurde, mit der Liebe bekleidet und sagte: „Herr, was willst du, dass ich tue?" Diese Worte spricht nicht eine sklavische Buße, die eher erschrickt und vom Angesicht des Herrn flieht wie Judas Iskarioth. Allein die Liebe sagt: „Herr, was willst du, dass ich tue?"

Sei also gewiss: Sobald ein Mensch bereut, wird auch zugleich die Gnade eingegossen, und mitten im Schrecken liebt er die Gerechtigkeit, wenn er wahrhaft Buße tut. Wenn er aber nicht zugleich liebt, tut er keine wahre Buße. Ich habe nämlich schon öfter erwiesen, dass die Eingießung der Gnade mit großer Erschütterung des Geistes einhergeht. So ist die Selige Jungfrau beim Eintritt des Engels verwirrt und durch eben diese Verwirrung zu höchster Liebe der Jungfräulichkeit getrieben worden. Niemals hat sie nämlich die Jungfräulichkeit inniger geliebt als in dieser Stunde, in der sie einsam die Person des Mannes anschaute und die Verletzung der Keuschheit fürchtete. So wird der Sünder, wenn er von der Macht Gottes durchbohrt und von der Gnade heimgesucht wird, heftig erschüttert und durch eben diese Erschütterung zum Hass auf die Sünde und zur Liebe zur Gerechtigkeit hingerissen. Wer aber in seiner oder in der Kraft allein des Gesetzes Buße tut, wird zwar erschüttert, aber erdichtet den Hass auf die Sünde, weil der Satz feststeht: „Die Kraft der Sünde ist das Gesetz". Er will nämlich gar nicht so erschüttert werden. Um wie viel mehr erdichten die [den Hass auf die Sünde], die

magis ii fingunt, qui sine commotione solis cogitationibus frigidis peccata recogitant.

OCTAVUS.

Nullo modo praesumas confiteri venialia peccata, sed nec omnia mortalia, quia impossibile est ut omnia mortalia cognoscas, unde in primitiva Ecclesia solum manifeste mortalia confitebantur.[148]

Velim doceri, quibus rationibus aut causis ista sint falsa et damnanda, ego cogitare non possum, cur falsa esse arbitrentur. Dic mihi, ubi est praeceptum de venialibus confitendis sacerdoti? Nonne ipsimet dicunt omnes unanimiter, Venialia non pertinere ad confessionem?[149] Cur ergo sua propria damnant propter me? Deinde cum fere peccemus sine intermissione venialiter, quis erit finis et modus confitendi? An illud e Decretis adducent can. Omnis utriusque sexus, ubi praecipitur cunctis fidelibus, ut semel in anno omnium suorum peccatorum faciant confessionem?[150] At quis per omnia peccata etiam venialia intelligit? Aut quo iure? qua scripturae autoritate Papa praecipere potest venialia ad confessionem pertinere? Vide ergo mirabiles damnatores, de sola voluntate sua praesumentes, omnium omnibus etiam suis ipsorum sentenciis contradicere.

Iam impossibile esse, ut omnia mortalia cognoscas, evidentissimum est, ex Psal. xviii. Delicta quis intelligit? ab occultis meis munda me.[151] Cur hunc prophetam non damnant, ex cuius ore mea verba fluunt et pendent? qui et psalmo .vii. titulum fecit, pro ignorantia sua,[152] in quo non nisi pro occulto et ignorato sibi peccato precatur. Idem rursus psal. c. xlii. Non l intres in iuditium cum servo tuo, quia non iustificabitur in conspectu tuo omnis vivens.[153] Nec potest hic dici, Delicta occulta esse venialia, cum non iustificari hoc ipsum sit, mortale et damnabile. Si ergo sancti habent mortalia peccata, quae ignorant, propter quae damnarentur, nisi humili et generali confessione praevenirent misericordiam dei ignoscentem, quid nos audemus tribuere impiis poenitentibus ante gratiam, ut omnia possint cognoscere?

O caecitas deploranda, Nonne Christus praedixit impios adeo caecos esse, ut etiam occidendo Apostolos arbitrentur sese obsequium prae-

---

[148] Luther: Sermo de poenitentia; WA 1,322,21–22.24 f.; vgl. StA 2,352,10–12 u. DH 1458.
[149] Corpus iuris canonici: Decreti secunda pars, causa 33 qu. 3 dist. 3 can. 20 (Friedberg 1,1214); vgl. StA 2,343, Anm. 355.   [150] Corpus iuris canonici: Decretales Gregorii IX. lib. 5 tit. 38 cap. 12 (Friedberg 2,887); DH 812.   [151] Ps 19/Vg 18,13.   [152] Ps 7,1; Luther verbessert ‚Psalmus' auf Grund des hebräischen Textes in ‚pro ignorantia sua'; vgl. Biblia sacra iuxta vulgatam versionem, ed. minor, Stuttgart ³1984, 774 b mit 775 h   [153] Ps 143/Vg 142,2.

ohne Empfindung allein durch kalte Überlegungen die Sünden überdenken.

VIII.

IN KEINER WEISE SOLLST DU DIR VORNEHMEN, LÄSSLICHE SÜNDEN ZU BEKENNEN, ABER AUCH NICHT ALLE TODSÜNDEN, WEIL ES UNMÖGLICH IST, DASS DU ALLE TODSÜNDEN ERKENNST, WESHALB IN DER URKIRCHE ALLEIN DIE OFFENSICHTLICHEN TODSÜNDEN BEKANNT WURDEN.

Ich würde gerne belehrt werden, aus welchen Gründen oder Ursachen dies falsch und verdammenswert sein soll; ich kann mir nicht denken, warum sie es für falsch halten. Sag mir, wo das Gebot steht, dass die lässlichen Sünden dem Priester zu beichten sind? Sagen nicht sie selbst alle einhellig, dass die lässlichen Sünden nicht zur Beichte gehören? Warum also verdammen sie ihre eigenen Ansichten um meinetwillen? Ferner: Da wir fast ohne Unterbrechung lässlich sündigen – was wird das Ende und das Maß des Bekennens sein? Werden sie es aus den Dekreten, dem Kanon ‚Omnis utriusque sexus' ableiten, wo allen Glaubenden vorgeschrieben wird, dass sie einmal im Jahr ein Bekenntnis aller ihrer Sünden ablegen? Aber wer erkennt unter allen Sünden auch die lässlichen? Oder mit welchem Recht, mit welcher Autorität der Schrift kann der Papst vorschreiben, dass die lässlichen Sünden zur Beichte gehören? Siehe also die wunderlichen Verdammer, die sich allein nach ihrem Willen herausnehmen, allen [Auffassungen] von allen, auch ihren eigenen Aussprüchen, zu widersprechen.

Es ist schon unmöglich, dass du alle Todsünden erkennst; das ist ganz klar nach Ps 18: „Wer sieht die Verfehlungen ein? Von meinen verborgenen [Vergehen] reinige mich." Warum verdammen sie nicht diesen Propheten, aus dessen Mund meine Worte fließen und von dem sie abhängen? Dieser gab auch Ps 7 den Titel: ‚für seine Unwissenheit', in dem er ausschließlich für die verborgene und ihm unbewusste Sünde bittet. Noch einmal dasselbe Ps 142: „Geh nicht ins Gericht mit deinem Knecht, denn vor dir wird kein Lebendiger gerecht gesprochen." Hier kann nicht gesagt werden, die verborgenen Verfehlungen seien die lässlichen, weil ebendieses Nicht-gerecht-gesprochen-Werden tödlich und verdammend ist. Wenn also die Heiligen Todsünden haben, die sie nicht kennen, derentwegen sie verdammt würden, wenn sie nicht im demütigen und umfassenden Bekenntnis der verzeihenden Barmherzigkeit Gottes zuvorkämen – wie können wir wagen, den Gottlosen, die vor der Gnade Buße tun, zuzuschreiben, dass sie alle [Sünden] erkennen könnten?

O beklagenswerte Blindheit! Hat nicht Christus vorausgesagt, dass die Gottlosen so blind seien, dass sie auch beim Hinmorden der Apostel

stare deo?¹⁵⁴ Et quomodo ii peccata sua mortalia cognoscent? Quomodo Paulus ea cognovit spirans caedis et minarum, cum tamen omnia faceret, quae nosset et posset, adeo ut sine querela sese conversatum testetur in Iudaismo?¹⁵⁵ Quasi vero etiam nunc non videamus quosdam impensissime bonis intendere vitae studiis, et tamen gravissime errare, et sicut Paulus de Iudaeis dicit, Zelum dei habent, sectando iustitiam, et tamen ad iustitiam non perveniendo.¹⁵⁶ Ve nobis, qui nobis de luce placemus, et has tenebras lucem appellamus,¹⁵⁷ et homines securos facimus extincto dei timore. Sancti gratia illuminati, ignorare sese confitentur delicta sua, et nos horum scientiam tribuimus, iis qui sancti non sunt, et ante gratiam poenitent, seu potius poenitentiam fingunt.

Fuisse autem in primitiva Ecclesia solum manifeste mortalia confessionibus tractata,¹⁵⁸ satis probant Epistolae Pauli,¹⁵⁹ patrum scripta et historiae, quas si Bulla tam impudenter damnare audet, suo genio digna facit. Ego de his mortalibus locutus sum, quae aut aliis aut sibi manifesta sunt, ut satis in propositionibus et dictis meis patet. Bulla autem insidiose loquitur, ac si de solis publicis, omnium sensu cognitis, fuerim locutus.

NONUS.
Dum volumus omnia pure confiteri, nihil aliud facimus, quam quod misericordiae dei nihil volumus relinquere ignoscendum.¹⁶⁰

Sed eant quaeso bullares isti poenitentes, et omnia pure confiteantur, nihilque relinquant ignoscendum divinae misericordiae, et respondeant mihi, quando sint pacem conscientiae habituri, et qua via iuditium dei sint evasuri? faciantque David mendacem, ubi dicit, Non intres in iuditium cum servo tuo. Et iterum, Delicta quis intelligit.¹⁶¹ Currant ipsi in iudicium, et intelligant omnia sua delicta, ut soli sint veraces, nos libenter cum David mendaces illis erimus, et non posse omnia pure intelligere, nec confiteri delicta constanter asseremus, ut reliqua soli misericordiae ignoscenda relinquamus, dicentes, Ab occul-

---

¹⁵⁴ Joh 16,2. ¹⁵⁵ Apg 9,1; Gal 1,13 f. ¹⁵⁶ Röm 9,31; 10,2 f. ¹⁵⁷ Jes 5,20. ¹⁵⁸ Corpus iuris canonici: Decreti secunda pars, causa 2 qu. 1 dist. 3 can. 19 (Friedberg 1,447); vgl. StA 2,353, Anm. 473. ¹⁵⁹ 1Kor 5,11; Gal 5,19–21. ¹⁶⁰ Luther: Sermo de poenitentia; WA 1,323,4 6; vgl. StA 1,333,21 23 u. DH 1439. ¹⁶¹ Ps 143/Vg 142,2; 19/Vg 18,13.

glauben, sie erwiesen Gott Gehorsam? Wie aber sollen diese ihre Todsünden erkennen? Wie hat Paulus sie [sc. die Todsünden] erkannt, als er schnaubte vor Mord und Drohungen, obwohl er trotzdem alles tat, was er wusste und konnte, bis dahin, dass er bezeugt, er habe ohne Tadel im Judentum gelebt? Als sähen wir aber auch jetzt nicht, dass manche Leute sehr nachdrücklich mit guten Bemühungen auf das Leben achten und trotzdem äußerst schwerwiegend irren, so wie auch Paulus von den Juden sagt, sie haben Eifer für Gott, suchen die Gerechtigkeit und gelangen trotzdem nicht zur Gerechtigkeit. Wehe uns, die wir uns gefallen, als wären wir im Licht, und diese Dunkelheit Licht nennen und Menschen sicher machen, deren Gottesfurcht erloschen ist! Die durch die Gnade erleuchteten Heiligen bekennen, dass sie ihre Verfehlungen nicht [alle] kennen, und wir schreiben das Wissen davon denen zu, die nicht heilig sind und vor [dem Empfang] der Gnade Buße tun oder vielmehr Buße [nur] erdichten.

Dass aber in der Urkirche allein die offenkundigen Todsünden in Bekenntnissen behandelt wurden, erweisen zur Genüge die Briefe des Paulus, die Schriften und Geschichten der Väter. Wenn die Bulle diese so unverschämt zu verdammen wagt, tut sie etwas ihrer Art Würdiges. Ich habe über die Todsünden gesprochen, die entweder anderen oder einem selbst offenkundig sind, wie es sich hinlänglich aus meinen Darlegungen und Aussagen ergibt. Die Bulle aber spricht hinterhältig, als ob ich allein über die öffentlichen, der Wahrnehmung aller bekannten [Todsünden] gesprochen hätte.

IX.

INDEM WIR ALLES VOLLSTÄNDIG BEKENNEN WOLLEN, TUN WIR NICHTS ANDERES, ALS DASS WIR DER BARMHERZIGKEIT GOTTES NICHTS ZU VERZEIHEN ÜBRIG LASSEN WOLLEN.

Aber mögen sie hingehen, bitteschön, diese Buße tuenden Bullenanhänger, und alles vollständig bekennen und nichts der göttlichen Barmherzigkeit zu verzeihen übrig lassen, und mögen sie mir antworten, wann sie Frieden für ihr Gewissen haben und auf welchem Wege sie dem Gericht Gottes entgehen werden? Und mögen sie David zum Lügner machen, wo er sagt: „Geh nicht ins Gericht mit deinem Knecht" und wiederum „Die Verfehlungen, wer erkennt sie?" Sollen sie doch selbst ins Gericht laufen und alle ihre Verfehlungen erkennen, so dass sie allein wahrhaftig seien: Wir werden für sie gerne zusammen mit David Lügner sein und beständig als wahr bekräftigen, dass wir nicht alle Verfehlungen vollständig erkennen noch bekennen können, so dass wir die übrigen [Verfehlungen] allein der Barmherzigkeit zur Vergebung überlassen und sagen: „Von meinen verborgenen [Verfehlungen] reinige

tis meis munda me domine. Igitur hic articulus evidenter sequitur ex praecedenti et verbo David, Delicta quis intelligit,[162] ideo nihil movet, quicquid impia ista Bulla damnat de suo proprio cerebro. Ista est | enim carnificina cruentissima, qua hactenus tot miseras conscientias torserunt, omnium et singulorum peccatorum discussionibus et confessionibus, cum pro se non habeant ne iota quidem ullius scripturae, tyrannide propria haec onera importabilia hominibus imponentes.[163]

DECIMUS.

Peccata non sunt ulli remissa, nisi remittente sacerdote credat sibi remitti, imo peccatum maneret, nisi remissum crederet. Non enim sufficit remissio peccati et gratiae donatio, sed oportet etiam credere esse remissum.[164]

Ex istius articuli damnatione sequitur Primo, quod confessurus non debet credere, sese absolvi, aut remitti sibi peccatum, ac per hoc licebit in faciem sacerdotis dicere absolventis, Tu mentiris non absolvor a te, nec remittuntur mihi peccata. Secundo, quod Christus sit mentitus, ubi dixit, Quodcunque solveris solutum est,[165] imo Christus hoc verbo haereticus est, quia haec Bulla inclyta mandat, ne quis credat sese absolutum esse, dum absolvitur in virtute verborum Christi. O furor inauditus.

Ego autem mea sic probavi,[166] Quod Christus Mariam Magdalenam absolvit propter fidem, sicut dicit, Fides tua te salvam fecit, vade in pace.[167] Et ad paralyticum antequam eum absolveret dixit, Confide fili remittuntur tibi peccata tua.[168] Ita cum in omni absolutione peccatoris proferatur sententia divina, necessario requiritur fides, quae credat huic sententiae, sine qua frustranea est absolutio, et tota poenitentia, praesens autem fides sola satis est ad iustitiam et pacem cordis, sicut enim credimus, sic fiet nobis. Corde autem creditur ad iustitiam Roma. x.[169] Nec fingere potuissem nedum credere, draconem infernalem tantae impudentiae esse in Ecclesia dei, ut haec auderet sonare.

---

[162] Ps 19/Vg 18,13. [163] Mt 23,4. [164] Luther: Resolutiones disputationum de indulgentiarum virtute; WA 1,543,14 f.22-24; vgl. StA 2,354,18-21 u. DH 1460. [165] Mt 16,19. [166] Luther: Resolutiones disputationum de indulgentiarum virtute; WA 1,541,24-29. [167] Lk 7,30. [168] Mt 9,2. [169] Röm 10,10.

mich, Herr." Also folgt dieser Artikel erwiesenermaßen aus dem Vorhergegangenen und dem Wort Davids: „Wer erkennt die Verfehlungen?" Es beunruhigt [mich] daher überhaupt nicht, was diese gottlose Bulle auch immer aus ihrem eigenen Gehirn verdammt. Diese ist nämlich die grausamste Schinderin, mit der sie bisher so viele elende Gewissen gefoltert haben durch die Erforschungen und Bekenntnisse aller und jeder Sünden, obwohl sie für sich kein Jota auch nur irgendeiner Schrift haben, während sie in ihrer eigenen Tyrannei den Menschen diese unerträglichen Lasten auferlegen.

X.

DIE SÜNDEN SIND KEINEM ERLASSEN, ES SEI DENN, ER GLAUBT, DASS SIE IHM ERLASSEN SIND, WENN DER PRIESTER SIE IHM ERLÄSST. JA, DIE SÜNDE BLIEBE, WENN ER NICHT AN IHRE VERGEBUNG GLAUBTE. DIE VERGEBUNG DER SÜNDE UND DIE GABE DER GNADE GENÜGEN NÄMLICH NICHT, SONDERN MAN MUSS AUCH GLAUBEN, DASS [DIE SÜNDE] VERGEBEN IST.

Aus der Verdammung dieses Artikels folgt erstens, dass der Beichtende nicht zu glauben braucht, dass er von der Sünde losgesprochen oder sie ihm vergeben ist. Und daher wird es ihm freistehen, dem absolvierenden Priester ins Gesicht zu sagen: „Du lügst, ich werde nicht von dir freigesprochen, und die Sünden werden mir nicht vergeben." Zweitens, dass Christus ein Lügner ist, wenn er gesagt hat: „Was auch immer du lösen wirst, ist gelöst", ja, dass Christus mit diesem Wort ein Ketzer ist, weil diese berühmte Bulle gebietet, dass nicht jemand glaube, er sei freigesprochen, wenn er freigesprochen wird in der Kraft der Worte Christi. O unerhörte Raserei!

Ich habe aber meine Ansicht so bewiesen: dass Christus Maria Magdalena freispricht um ihres Glaubens willen, wie er sagt: „Dein Glaube hat dir geholfen, geh hin in Frieden." Und zum Gelähmten hat er, bevor er ihn freigesprochen hat, gesagt: „Sei getrost, [mein] Sohn, deine Sünden sind dir vergeben." Da so in jeder Lossprechung eines Sünders ein göttlicher Satz ausgesprochen wird, ist notwendig der Glaube erforderlich, der diesem Satz glaubt, ohne den die Lossprechung und die ganze Buße vergeblich sind – der anwesende Glaube aber allein genügt zur Gerechtigkeit und zum Frieden des Herzens: Denn wie wir glauben, so wird uns geschehen. „Mit dem Herzen aber glaubt man zur Gerechtigkeit", Röm 10. Ich hätte mir aber nicht ausdenken, geschweige denn glauben können, dass es einen höllischen Drachen von solcher Unverschämtheit in der Kirche Gottes gibt, dass er dies auszuposaunen wagte.

UNDECIMUS.

Nullo modo confidas te absolvi propter tuam contritionem, sed propter verbum Christi, Quodcunque solveris. Hic inquam confide, si sacerdotis obtinueris absolutionem, et crede fortiter te absolutum, et absolutus vere eris, quicquid sit de contritione.[170]

Vide quaeso, ut hic nos Bulla doceat super arenam edificare,[171] et abiecta fide, super contritionem opus hominis plusquam super verbum dei confidere. Fluit autem hic articulus ex praecedente, Quia verbum Christi Quodcunque solveris,[172] fidem exigit poenitentis, ut satis claret, cum sit verbum promissionis, ideo sine fide impleri non potest. Et satis dictum est articulo primo, quod sola fides iustificet et tollat peccata, sicut Act. xv. dicit Petrus, fide puri-|ficans corda eorum. Et Hiere. v. Domine oculi tui respiciunt fidem.[173] Iam et psal. xxiiii. docet, non propter ullum opus nostrum, nedum propter contritionem remitti peccata, dicens, Propter nomen tuum domine propitiaberis peccato meo multum est enim.[174] Et Ro. v. Iustificati ergo gratis per fidem pacem habemus.[175] Ecce gratis et sola fide iustificamur, et pacem, id est, remissionem peccatorum habemus.

Quare adhuc dico, Cave cave frater Christiane, ne unquam super tua contritione confidas, non huic, sed fidei tuae promisit deus remissionem peccatorum. Duo enim sunt verba dei, alterum est praeceptum, alterum promissio, praeceptum opera, promissio fidem exigit, nec est cogitabile, quomodo promissio impleri sine fide per opus quodcunque possit.

DUODECIMUS.

Si per impossibile confessus non esset contritus, aut sacerdos non serio sed ioco absolveret, si tamen credat sese absolutum, verissime est absolutus.[176]

Et hic fluit ex praecedentibus. Nam fides (ut dixi) exigitur in promissionis divinae verbo, quod quocunque modo audiatur, si fide susci-

---

[170] Luther: Sermo de poenitentia; WA 1,323,23-28; vgl. StA 2,356,23-27 u. DH 1461.
[171] Mt 7,24-27. [172] Mt 16,19. [173] Apg 15,9; Jer 5,3. [174] Ps 25/Vg 24,11. [175] Röm 5,1.
[176] Luther: Sermo de poenitentia; WA 1,323,32-34; vgl. StA 2,358,14-16 u. DH 1462.

XI.

Du sollst keinesfalls darauf vertrauen, dass du um deiner Reue willen losgesprochen wirst, sondern [allein] um des Wortes Christi willen: „Was auch immer du lösen wirst". Hier, sage ich, vertraue, wenn du die Absolution des Priesters empfängst, und glaube tapfer, dass du losgesprochen bist, und du wirst wahrhaft losgesprochen sein, was immer mit der Reue ist.

Sieh, bitteschön, wie uns hier die Bulle lehrt, auf Sand zu bauen und nach dem Wegwerfen des Glaubens auf die Reue als ein menschliches Werk mehr zu vertrauen als auf das Wort Gottes. Es ergibt sich aber dieser Artikel aus dem vorhergehenden. Weil das Wort Christi „Was auch immer du lösen wirst" den Glauben des Büßenden erfordert, wie klar genug ist, da es ein Wort der Verheißung ist, darum kann es ohne Glauben nicht erfüllt werden. Und es ist im ersten Artikel hinreichend gesagt, dass allein der Glaube rechtfertigt und die Sünde wegnimmt, wie Petrus Apg 15 sagt: „Durch den Glauben reinigt er ihre Herzen" und Jer 5 [sagt]: „Herr, deine Augen sehen nach dem Glauben." Auch schon Ps 24 lehrt, dass nicht um irgendeines unserer Werke noch um der Reue willen die Sünden vergeben werden, wenn er sagt: „Um deines Namens willen, Herr, wirst du dich meiner Sünde erbarmen, sie ist nämlich viel" und Röm 5: „Da wir nun aus Gnaden gerecht geworden sind durch den Glauben, haben wir Frieden." Siehe da, gnadenhalber und allein durch Glauben werden wir gerechtfertigt und haben Frieden, das heißt, Vergebung der Sünden.

Daher sage ich auch jetzt noch: Hüte dich, hüte dich, Bruder Christ, dass du niemals auf deine Reue vertraust; nicht dieser, sondern deinem Glauben hat Gott Vergebung der Sünden verheißen. Es gibt nämlich zwei Worte Gottes: Das eine ist das Gebot, das andere ist die Verheißung. Das Gebot fordert Werke, die Verheißung Glauben. Und es ist nicht denkbar, wie die Verheißung erfüllt werden könnte ohne den Glauben durch irgendein Werk.

XII.

Wenn – den unmöglichen Fall einmal angenommen – einer, der beichtet, nicht bereuen würde oder der Priester ihn nicht im Ernst, sondern im Scherz losgesprochen hätte – dennoch, wenn er glaubt, dass er losgesprochen ist, ist er ganz wahrhaftig losgesprochen.

Auch dies ergibt sich aus dem Vorhergehenden. Denn (wie ich gesagt habe) der Glaube wird vom Wort der göttlichen Verheißung erfordert, das rechtfertigt, auf welche Weise auch immer es gehört wird, wenn es im

pitur, iustificat. Et quid mirum si ioco prolatum et creditum iustificet, quando Apostolus Philippenses primo, gaudeat et glorietur, quod verbum dei per invidiam et contentionem praedicatur?[177] utique quod credentes salvi fiant per verbum, etiam ab invidis et accusatoribus, non nisi ad opprimendum ipsum annunciatum, adeo tota vis sita est, non in ministro verbi, sed in corde audientis et credentis. Verum nostri adulatores malunt remissionem peccatorum tribuere potestati ministrorum, ut in se confidamus, quam fidei, qua in dei verbum credamus, ideo ut se nobis idola faciant, et a deo vivo avertant, damnant fidem verbi dei et suam statuunt potestatem.

Dixi autem per impossibile, quia satis supra dictum est, fidem sine contritione esse non posse, cum gratia non infundatur nisi cum magna concussione animae. Volui enim fidei virtutem declarare et commendare, quam sola faciat ad remissionem peccatorum, et iustificationem pacis. Quod dico, ne quis me putet contritionem seu turbationem illam cordis in cognitione peccatorum suscitatam negare. Volo eam, sed dico eam non operari iustificationem aut remissionem peccatorum, Fides enim in verbum dei iustificat et purgat.

TERCIUS DECIMUS.

In sacramento poenitentiae ac remissione culpae non plus facit Papa, Episcopus, quam infimus sacerdos, imo ubi non est sacerdos, aeque tantum quilibet Christianus, etiam si mulier aut puer esset.[178] |

Cum ex praedictis pateat, quod non potestas ministri, sed fides poenitentis remissionem peccatorum operetur. Velim doceri ab istis Bullensibus, quomodo plus Papa faciat quam quilibet sacerdos, cum fidem ipse aeque non praestare possit ac quilibet sacerdos, nec alio verbo absolvat, quam illo, Quodcunque solveris etc.[179] quo omnis sacerdos absolvit. Si ergo idem verbum, eadem fides utrobique, quae est differentia illorum? At casus reservati hic Papae plus tribuunt? At illi hominum statutis inventi, non Evangelico mandato positi sunt, nec ad remissionem culpae, sed ad remissionem poenae tantum valent, ut patet, Poenitens

---

[177] Phil 1,15–18.   [178] Luther: Ein Sermon vom Sakrament der Buße; StA 1,249,34–250,2/WA 2,716,28; vgl. StA 2,359,17–20 u. DH 1463.   [179] Mt 16,19.

Glauben angenommen wird. Und was Wunder, wenn es im Scherz vorgetragen, aber geglaubt, rechtfertigte, wenn der Apostel in Phil 1 sich freut und rühmt, dass das Wort Gottes durch Neid und Streit gepredigt wird? [Das heißt doch:] Jedenfalls dass Glaubende gerettet werden durch das Wort, auch wenn es von Neidern und Anklägern nur zu seiner Unterdrückung verkündigt wird. So sehr liegt die ganze Kraft nicht im Diener des Wortes, sondern im Herzen des Hörenden und Glaubenden. Aber unsere Kriecher wollen lieber die Vergebung der Sünden der Macht der Pfarrer zusprechen, damit wir eher auf sie vertrauten als auf den Glauben, mit dem wir an das Wort Gottes glauben sollen. Damit sie sich uns zu Götzen machen und vom lebendigen Gott abbringen, verdammen sie den Glauben an das Wort Gottes und richten ihre [eigene] Macht auf.

Ich habe aber „gesetzt den unmöglichen Fall" gesagt, weil oben hinreichend gesagt worden ist, dass der Glaube nicht ohne Reue sein kann, weil die Gnade nur mit großer Erschütterung der Seele eingegossen wird. Ich wollte nämlich die Kraft des Glaubens erklären und empfehlen, die allein wirksam ist zur Vergebung der Sünden und zur Rechtfertigung des Friedens. Das sage ich, damit nicht jemand meint, ich leugne die Reue oder die Verwirrung des Herzens, die in der Erkenntnis der Sünden erregt wird. Ich will sie, aber ich sage, dass sie nicht die Rechtfertigung oder die Vergebung der Sünden bewirkt. Denn der Glaube an das Wort Gottes rechtfertigt und reinigt.

XIII.
IM SAKRAMENT DER BUSSE UND DER VERGEBUNG DER SCHULD BEWIRKEN DER PAPST UND EIN BISCHOF NICHT MEHR ALS DER NIEDERSTE PRIESTER; JA, WO KEIN PRIESTER IST, [BEWIRKT] GENAUSO VIEL IRGENDEIN CHRIST, AUCH WENN ES EINE FRAU ODER EIN KIND WÄRE.

Da aus dem zuvor Ausgeführten offensichtlich ist, dass nicht die Macht des Amtsträgers, sondern der Glaube des Büßenden die Vergebung der Sünden bewirkt, möchte ich von diesen Bullisten belehrt werden, auf welche Weise der Papst mehr tut als irgendein Priester, weil er den Glauben ebenso wenig gewähren kann wie irgendein Priester und er mit keinem anderen Wort die Lossprechung erteilt als mit jenem „Was immer du lösen wirst usw.", mit dem jeder [andere] Priester [auch] die Lossprechung erteilt. Wenn also dasselbe Wort, derselbe Glaube auf beiden Seiten ist – was ist [dann] der Unterschied zwischen ihnen? Aber weisen [dem Papst] vorbehaltene Fälle hier dem Papst [nicht] mehr zu? Aber jene sind doch durch die Statuten von Menschen erfunden, nicht durch einen im Evangelium ergangenen Befehl gesetzt, und sie gelten nicht zur Vergebung der Schuld, sondern allein zum Erlass der Strafe, wie offenkundig ist. Denn wer Buße tut und glaubt, ist gerecht, auch

enim ac credens iustus est, licet nondum satisfecerit reservatori casuum, hoc est, tyranno violento conscientiarum, qui reservandi nullum ius unquam habuit.

Respondeant autem, An Papa aliud sacramentum poenitentiae habeat quam tota Ecclesia? Si idem est ubique sacramentum, et idem ab omnibus suscipitur et datur, quid prae caeteris amplius facit in eo Papa? An forte et aliud baptisma? Et aliam missam habet quam omnes alii Christiani? Si ergo una fides, unum baptisma, unus panis, unus calix, unus dominus in tota Ecclesia,[180] cur non una poenitentia, una remissio peccatorum? An hoc solum sacramentum diversum, et monstrosa diversitate aliud et aliud pro locorum et personarum diversitate habetur? Valeant impiae istae draconis antiqui[180a] voces.

Quod autem absente sacerdote etiam puer aut mulier et quilibet Christianus absolvere potest Matt. xviii. clare patet, ubi Christus omnibus Christianis dicit, Quodcunque solveritis super terram solutum erit in coelis.[181] Hanc invictam autoritatem non mihi subvertent. Qui enim baptisatus est, spiritum Christi habet, ubi autem spiritus Christi, ibi omnium potestas et libertas.[182]

QUARTUS DECIMUS.

Nullus debet sacerdoti respondere sese esse contritum nec sacerdos requirere.[183]

Hoc ideo dixi, quia in iuditio dei haec res consistit, Dicit enim Paulus .i. Corint. iiii. Nihil mihi conscius sum, sed non in hoc iustificatus sum.[184] Et .x. Non qui seipsum commendat ille probatus est.[185] Et supra dictum est, Delicta quis intelligit.[186] Si ergo deberet homo respondere se esse contritum, cogeretur ad hoc impossibile, ut delicta sua intelligeret, et seipsum iustificaret ac probaret. Nunc autem in misericordia dei situm est, quae contritionem propter fidem acceptat, ignoscens ubi non satisfuerit. Sic enim fides faciet, ut contritio, quae de se nulla est satis, ne contritio quidem, pro contritione reputetur. Non enim contritio sed fides reputatur ad iustitiam Ro. iiii.[187] At isti seductores data opera volunt nos super nostrum opus edi-|ficare, et ad mendacium cogere. Cum enim nemo sua peccata agnoscat, quomodo potest sese vere contritum asserere? Imo cum in primo articulo dictum sit,[188] omnes sanctos adhuc in carne peccare et peccato servire, tutius fuerit cum David

---

[180] Eph 4,5. [181] Mt 18,18. [180a] Vgl. Offb 20,2. [182] 2Kor 3,17. [183] Luther: Sermo de poenitentia; WA 1, 322,16 f.; vgl. StA 2,362,9 f.; DH 1464. [184] 1Kor 4,4. [185] 2Kor 10,18.
[186] Ps 19/Vg 18,13. [187] Röm 4,5. [188] Gemeint ist Artikel 2; vgl. o. 106,10–16; 112,21 f.

wenn er für den Hüter der [vorbehaltenen] Fälle, das heißt, für den gewalttätigen Tyrannen der Gewissen, der niemals irgendein Recht gehabt hat, etwas vorzubehalten, noch nicht Genugtuung geleistet hat.

Sie mögen aber [auf die Frage] antworten, ob der Papst ein anderes Bußsakrament besitzt als die ganze Kirche? Wenn es überall dasselbe Sakrament ist und dasselbe von allen empfangen und gespendet wird – was tut der Papst in ihm mehr als die Übrigen? Hat er etwa auch eine andere Taufe und eine andere Messe als alle anderen Christen? Wenn nun ein Glaube [ist], *eine* Taufe, *ein* Brot, *ein* Kelch, *ein* Herr in der ganzen Kirche – warum nicht *eine* Buße und *eine* Vergebung der Sünden? Ist allein dies Sakrament verschieden und durch eine monströse Verschiedenheit einmal für dies, einmal für das je nach der Unterschiedlichkeit von Orten und Personen zu halten? Fort mit diesen gottlosen Aussprüchen des alten Drachen!

Dass aber in Abwesenheit eines Priesters auch ein Kind oder eine Frau und jeder beliebige Christ lossprechen kann, wird aus Mt 18 ganz deutlich, wo Christus allen Christen sagt: „Was auch immer ihr lösen werdet auf Erden, wird im Himmel gelöst sein." Diese unbesiegte Autorität werden sie mir nicht umstoßen. Denn wer getauft ist, hat den Geist Christi: Wo aber der Geist Christi ist, da ist Macht und Freiheit zu allem.

XIV.
NIEMAND MUSS EINEM PRIESTER ANTWORTEN, ER BEREUE, NOCH DARF DER PRIESTER [DANACH] FRAGEN.

Das habe ich deswegen gesagt, weil diese Sache beim Urteil Gottes steht. Denn Paulus sagt 1Kor 4: „Ich bin mir nichts bewusst, aber darin bin ich nicht gerechtfertigt." Und [Kap.] 10: „Nicht wer sich selbst empfiehlt, ist tüchtig." Und oben ist gesagt worden: „Wer erkennt die Verfehlungen?" Wenn also ein Mensch antworten müsste, er bereue, würde er zu diesem Unmöglichen gezwungen, dass er seine Verfehlungen erkennt und sich selbst rechtfertigt und empfiehlt. Nun aber liegt es an der Barmherzigkeit Gottes, welche die Reue um des Glaubens willen annimmt und Nachsicht übt, wo sie nicht genugtut. So wird denn der Glaube bewirken, dass die Reue, die an sich nicht genug ist – nicht einmal als Reue –, als Reue angerechnet wird. Denn nicht die Reue, sondern der Glaube wird zur Gerechtigkeit angerechnet, Röm 4. Aber diese Verführer wollen vorsätzlich, dass wir auf unser Werk bauen, und [wollen damit] zur Lüge zwingen. Da aber niemand seine Sünden erkennt, wie kann er als wahr bekräftigen, er bereue wahrhaft? Ja, weil im ersten [richtig: im zweiten] Artikel gesagt ist, dass alle Heiligen bis heute im Fleisch sündigen und der Sünde dienen, wäre es sicherer, mit David zu

dicere, Non intres in iudicium cum servo tuo, domine,[189] et confiteri se non esse digne contritum ac pro hoc ipso gemere, quod resistente sibi lege peccati in membris, conteri digne non possit, ut ad misericordiae promissionem per fidem confugiat et hac ipsa fide impetret, quod contritione impetrare non potest.[190]

Igitur fidem potius sacerdos exigat et hanc asserat poenitens dicendo, Ego credo, fidem autem certissime sentire potest in corde si eam habet, ut Augustinus dicit,[191] Et Paulus .ii. Corint. ult. Vosmetipsos tentate si estis in fide: ipsi vos probate, An non cognoscitis vosmetipsos? quia Christus Iesus in vobis est, nisi forte reprobi sitis.[192] Ecce scriptura docet fidem sentiri, et tamen negat omnia peccata intelligi, ac per hoc fidei tutius quam contritioni innitendum est.

QUINTUS DECIMUS.

Magnus error est eorum, qui ad sacramentum Eucharistiae accedant, huic innixi, quod sint confessi, quod non sint sibi conscii alicuius peccati mortalis, quod praemiserint orationes suas et praeparatoria, omnes illi iudicium sibi manducant et bibunt,[193] Sed si credant et confidant se gratiam ibi consecuturos, Haec sola fides facit eos puros et dignos.[194]

Hic Paulus pro me stat, dicens, Nihil mihi conscius sum, sed non in hoc iustificatus sum.[195] Ecce omnia reiicit, nisi fidem solam, de qua dicit Roma. iii. Iustificans eum qui est ex fide.[196] Quare adhuc dico, si fidem excludas, omnia quae facis deceptiones sunt et peccata Ro. xiiii. Omne quod non est ex fide peccatum est.[197] Cum enim in sacramento quolibet sit verbum promissionis, ut superius diximus, necessario sequitur, quod non opus ullum, sed fides exigitur, Quanquam verum sit, fidem non esse posse, sine sequentibus operibus. Verum impii illi, nos operibus tum ante fidem, tum sine fide magnificatis, perdere volunt, hos tu lupos devita,[198] Crede primum verbis sacramenti et hac fide purificatus,[198a] tum si libet praepara, ora et fac quae voles. Oportet enim accedentem ad deum credere, et sine fide impossibile est placere deo Heb. xi. Et postulet in fide nihil haesitans, Iacobi .i.[199]

---

[189] Ps 143/Vg 142,2.   [190] Röm 7,23–25.   [191] Augustinus: De trinitate lib. 13,1,3.
[192] 1Kor 13,5.   [193] 1Kor 11,29.   [194] Luther: Instructio pro confessione peccatorum; WA 1,264,9–15; vgl. StA 2,363,11–15 u. DH 1465; vgl. auch Luther: Sermo de digna praeparatione cordis pro suscipiendo sacramento eucharistiae; WA 1,330,36–331,12.
[195] 1Kor 4,4.   [196] Röm 3,26.   [197] Röm 14,24.   [198] Ez 22,27.   [198a] Vgl. Apg 15,9.
[199] Hebr 11,6; Jak 1,6.

sagen: „Gehe nicht ins Gericht mit deinem Knecht, Herr" und zu bekennen, dass man nicht auf würdige Weise reuig sei, und eben darüber zu seufzen, nicht würdig bereuen zu können, weil das Gesetz der Sünde in den Gliedern widersteht – damit man sich [schließlich] zur Verheißung der Barmherzigkeit durch den Glauben flüchte und durch eben diesen Glauben erlange, was man durch die Reue nicht erlangen kann.

Daher sollte der Priester eher den Glauben fordern und der Büßende diesen als wahr bekräftigen, indem er spricht: „Ich glaube." Er kann den Glauben aber am sichersten im Herzen spüren, ob er ihn hat, wie Augustinus sagt und Paulus in 2Kor am Schluss: „Prüft euch selbst, ob ihr im Glauben seid, erprobt euch selbst. Oder erkennt ihr euch selbst nicht, dass Christus Jesus in euch ist? Es sei denn, dass ihr untüchtig seid." Sieh doch, die Schrift lehrt, dass man den Glauben fühlt, und trotzdem verneint sie, dass alle Sünden erkannt werden. Deshalb ist es sicherer, sich auf den Glauben als auf die Reue zu stützen.

XV.

EIN GROSSER IRRTUM LIEGT BEI DENEN, DIE ZUM SAKRAMENT DER EUCHARISTIE HINZUTRETEN, WENN SIE SICH DARAUF VERLASSEN, DASS SIE BEKANNT HABEN, SICH NICHT IRGENDEINER TODSÜNDE BEWUSST ZU SEIN, [UND] DASS SIE IHRE GEBETE UND VORBEREITUNGEN VORHER VERRICHTET HABEN: ALL DIESE ESSEN UND TRINKEN SICH ZUM GERICHT. ABER WENN SIE GLAUBEN UND VERTRAUEN, DASS SIE DORT GNADE ERLANGEN WERDEN, MACHT ALLEIN DIESER GLAUBE SIE REIN UND WÜRDIG.

Hier steht Paulus für mich ein, weil er sagt: „Ich bin mir nichts bewusst, aber darin bin ich nicht gerechtfertigt." Sieh da, er weist alles zurück außer allein den Glauben, von dem er Röm 3 sagt: „Er rechtfertigt den, der aus dem Glauben ist." Deshalb sage ich noch: Wenn du den Glauben ausschließt, ist alles, was du tust, Täuschung und Sünde; Röm 14: „Alles, was nicht aus dem Glauben geht, ist Sünde." Denn wenn in jedem Sakrament ein Wort der Verheißung ist, wie wir oben gesagt haben, folgt notwendig, dass kein Werk, sondern der Glaube gefordert wird, obwohl es wahr ist, dass der Glaube nicht ohne ihm nachfolgende Werke sein kann. Aber jene Gottlosen wollen uns verderben mit hochgepriesenen Werken – bald vor dem Glauben, bald ohne Glauben. Du aber meide diese Wölfe. Glaube zuerst den Worten des Sakraments, und, durch diesen Glauben gereinigt, bereite dich dann vor, wenn du willst, bete und tu, was du willst. Der, der sich Gott naht, muss nämlich glauben – und ohne Glauben ist es unmöglich, Gott zu gefallen, Hebr 11. Und er bitte im Glauben und sei nicht unschlüssig, Jak 1.

DECIMUS SEXTUS.

Consultum videtur, quod Ecclesia in communi Concilio statueret, laicos sub utraque specie communicandos,[200] nec Boemi l sub utraque specie communicantes sunt haeretici et schismatici.[201]

Hunc articulum revocavi libro de captivitate Babylonica[202] et iterum his scriptis revoco et dico, Boemos et Graecos in hac parte nec haereticos nec schismaticos sed Christianissimos et Evangelicissimos esse, quos et his verbis oro et obtestor in domino, ut in ea sententia firmiter permaneant, cum pro se habeant expressum textum Evangelii, longevum et apud Graecos in hunc diem servatum catholicum usum Ecclesiae dei, nec moveantur tyranni illius Romani et Antichristi vastatoriis et impiis decretis, quibus alteram partem sacramenti per vim abstulit iis,[203] quibus Christus ipse donavit, qui cum sacerdotibus imperet utranque speciem sumere, causatus unum sacramentum esse utranque speciem (id quod verum est) rursus laicis unam prohibens, iterum pro libidine causatus, mendatio sibi ipsi contrario, integrum sacramentum unam speciem esse, sic aliud sacramentum laicis et aliud sacerdotibus partitur, sicut et poenitentiae sacramentum superius aliud Papae et aliud totius Ecclesiae finxit.

Secundo dico, Haereticos et schismaticos esse Papam et omnes qui idolum hoc Romanum adorant, nisi forte laicos et rudes excuset ignorantia, simplex fides et violenta huius Assur captivitas, quia Evangelium Christi plane extinguunt et suum caput sequuntur, suumque sensum statuunt adversus catholicam Ecclesiam dei, ut in multis aliis, ita et in huius sacramenti usu et sacerdotum coelibatu.[204] Hi enim sunt haeretici et schismatici, qui terminos quos patres posuerunt transgrediuntur, et a communi catholicae Ecclesiae ritu seipsos segregant, propriosque ac novos ritus, pro mera libidine adversus Evangelium excogitant, id quod facit et fecit Romanus ille Antichristus, nec veretur tamen impudens et blasphemum os suum in coelum ponere, et Graecam Ecclesiam arguere schismatis, quod ipse et nullus alius coepit primus et solus.

---

[200] Luther: Ein Sermon von dem hochwürdigen Sakrament des heiligen wahren Leichnams Christi und von den Bruderschaften; StA 1,273,1–3/WA 2,742,24–26; vgl. StA 2,364,23 f. u. DH 1466. [201] Luther: Verklärung etlicher Artikel in seinem Sermon von dem Heiligen Sakrament; WA 6,80,36–81,1; vgl. auch StA 2,364,24 f. u. DH 1466 sowie 368,7–10. [202] Luther: De captivitate Babylonica ecclesiae praeludium; StA 2,180,22–24; 181,15–18; 182,26–29/WA 6,503,20–23; 504,11–13; 505,21–24. [203] Festlegung auf die communicatio sub una in Konstanz 1415; DH 1198–1200; Entziehung des durch die Prager Kompaktaten gewährten Laienkelchs 1462; vgl. StA 2,364 f., Anm. 635.626. [204] Verbot der Priesterehe auf dem 1. Laterankonzil 1123; DH 711.

XVI.

Es scheint ratsam, dass die Kirche in einem allgemeinen Konzil verordnete, dass die Laien unter beiderlei Gestalt kommunizieren sollen und dass die Böhmen, die unter beiderlei Gestalt kommunizieren, keine Ketzer und Schismatiker sind.

Diesen Artikel habe ich widerrufen im Buch über die babylonische Gefangenschaft, und erneut widerrufe ich ihn in dieser Schrift und sage, dass die Böhmen und Griechen insoweit weder Häretiker noch Schismatiker sind, sondern ganz und gar Christen und völlig Evangelische, die ich auch mit diesen Worten bitte und beschwöre im Herrn, dass sie bei dieser Ansicht fest beharren, weil sie den ausdrücklichen Text des Evangeliums und den altehrwürdigen, bei den Griechen bis auf diesen Tag bewahrten katholischen Brauch der Kirche Gottes für sich haben und sich nicht bewegen lassen sollen von den verheerenden und gottlosen Dekreten des römischen Tyrannen und Antichristen, durch die er den zweiten Teil des Sakraments mit Gewalt denen weggenommen hat, denen Christus selbst ihn geschenkt hat. Denn indem er [sc. der Papst] den Priestern befiehlt, beide Gestalten zu nehmen mit der Begründung, dass das eine Sakrament in beiderlei Gestalt besteht (was auch wahr ist), enthält er andererseits den Laien die andere [von beiden Gestalten] vor, was er wiederum nach Belieben [damit] begründet – eine sich selbst widersprechende Lüge! –, dass das vollständige Sakrament in *einer* Gestalt gegeben sei. Und so teilt er ein Sakrament den Laien und ein anderes den Priestern aus, wie er auch (siehe oben) ein Sakrament der Buße für den Papst erfunden hat und ein anderes für die ganze Kirche.

Zweitens sage ich, dass Häretiker und Schismatiker der Papst und alle sind, die dieses römische Götzenbild anbeten, wenn nicht vielleicht Unwissenheit, der einfache Glaube und die gewaltsame Gefangenschaft dieses Assur die Laien und Einfältigen entschuldigen. Denn sie löschen das Evangelium Christi völlig aus, folgen ihrem eigenen Kopf und setzen ihren eigenen Sinn gegen die katholische Kirche Gottes, wie in vielem anderen so auch im Gebrauch dieses Sakraments und im Zölibat der Priester. Diese sind nämlich die Häretiker und Schismatiker, welche die Grenzen überschreiten, die die Väter gesetzt haben, sich vom allgemeinen Ritus der katholischen Kirche selbst absondern und eigene, neue Riten rein nach Belieben gegen das Evangelium ersinnen. Das ist es, was der römische Antichrist tut und getan hat, und er scheut sich dennoch nicht, seinen unverschämten und lästerlichen Mund in den Himmel zu recken und die griechische Kirche der Spaltung zu bezichtigen, die er selbst und kein anderer als Erster und Einziger begonnen hat.

Consultum itaque videtur mihi nunc, ut non modo per Concilium sed per quanque diocesin, quilibet Episcopus, etiam invito Papa, Christum secutus in Evangelio, rursus utranque speciem laicis daret. Quam diu rogo sinimus nos illudi humanis istis figmentis et statutis? An ignoramus deo magis quam hominibus esse obediendum?[205] Christus utranque dat populo suo, et vicarius suus alteram aufferet?

Consultum iterum volo, ut quilibet laicus, si speciem alteram impetrare non potest, vi tyrannidis huius impeditus, corde saltem toto optet, et gemat I ad deum, quod nostris peccatis merentibus, digni facti sumus, quibus impii adversarii veritatis alteram partem sacramenti aufferrent, et nos nostro sacramento spoliarent. Nam hoc ego dico, si quis sciens omittat, desyderare saltem, alteram etiam partem sacramenti, licet neutra necessaria sit, cum fides sola hic sufficiat, impium eum esse et Christum ab eo negari. Nec cavillis illorum moveatur, qui garriunt, sub pane omnia accipi,[206] Christus etiam sciebat sub pane omnia accipi, nihilominus tamen vinum instituit. Sciebat omnia sola fide percipi, et tamen sacramenta ordinavit, quo iure servus domini sui mutat ordinationes? Cur sacerdotes non etiam omnia sub pane accipiunt? Nonne unus panis et unum corpus sumus, omnes qui de uno pane et de uno calice participamus, ut Apostolus .i. Corint. x. docet apertissime?[207] At Papa laicos ab hoc uno corpore excludere conatur, dum non omnes de uno calice vult participare, resistens tum Christo, tum Paulo et universae Ecclesiae dei, tantum ut mysterium iniquitatis suae operetur filius ille perditionis et homo peccati.[208]

DECIMUS SEPTIMUS.

Thesauri Ecclesiae unde Papa dat Indulgentias,[209] non sunt merita Christi et sanctorum.[210]

Hunc probavi sic, Quia merita Christi sunt res vivae spirituales et sacrae, quae iustificant cor. Qui enim manducat carnem meam et bibit sanguinem meum, vivet ineternum.[211] Verba et opera Christi omnibus sunt salutaria ad vitam, quicunque ea apprehenderint, nec possunt nisi fide apprehendi, ideo nec ullus hominum habet ea in potestate sua, nisi solus ipse. Indulgentiae autem sunt remissiones satisfactionis, quae

---

[205] Apg 5,29. [206] Anspielung auf die Festlegung der Konkomitanzlehre durch das Konstanzer Konzil 1415; DH 1199 f. [207] 1Kor 10,17. [208] 2Thess 2,3.7. [209] Luther: Disputatio pro declaratione virtutis indulgentiarum; StA 1,181,20 mit Anm. 98 zur Bulle ‚Unigenitus' Papst Clemens' VI. von 1343, WA 1,236,10; vgl. StA 2,371,6 mit Anm. 719. [210] Luther: Disputatio pro declaratione virtutis indulgentiarum; StA 1, 182,3/WA 1, 236,14, vgl. StA 2,371,6 f. mit Anm. 719. [211] Joh 6,51.

Es scheint mir nun daher geraten zu sein, dass nicht allein durch ein Konzil, sondern in jeder Diözese jeder Bischof, auch gegen den Willen des Papstes, Christus im Evangelium nachfolgt und den Laien wieder beiderlei Gestalt austeilt. Wie lange, frage ich, lassen wir uns verhöhnen durch diese menschlichen Erfindungen und Satzungen? Wissen wir etwa nicht, dass man Gott mehr gehorchen muss als den Menschen? Christus gibt seinem Volk beides, und sein Stellvertreter sollte das eine wegnehmen?

Für geraten halte ich ferner, dass jeder Laie, wenn er die andere Gestalt, durch die Gewalt dieses Tyrannen daran gehindert, nicht erlangen kann, [sie] wenigstens von ganzem Herzen wünschen und zu Gott seufzen soll, dass wir durch unsere Sünden verdient uns würdig gemacht haben, dass die gottlosen Gegner der Wahrheit uns einen Teil des Sakraments wegnehmen und uns unseres Sakraments berauben.

Denn das sage ich: Wer wissentlich unterlässt, auch den anderen Teil des Sakraments wenigsten zu ersehen – mag auch [eigentlich] keines von beiden notwendig sein, da der Glaube allein hier ausreicht –, der ist gottlos und Christus wird von ihm verleugnet. Und er soll sich nicht durch die Ausflüchte jener bewegen lassen, die dahinschwätzen, unter dem Brot werde alles empfangen. Christus wusste auch, dass unter dem Brot alles empfangen wird. Dessen ungeachtet hat er dennoch den Wein eingesetzt. Er wusste, dass alles allein durch den Glauben erlangt wird, und hat dennoch die Sakramente geordnet. Mit welchem Recht verändert der Knecht die Anordnungen seines Herrn? Warum empfangen die Priester nicht auch alles unter dem Brot? Sind nicht *ein* Brot und *ein* Leib wir alle, die an *einem* Brot und *einem* Kelch teilhaben, wie der Apostel in 1Kor 10 ganz klar lehrt? Aber der Papst versucht, die Laien von diesem *einen* Leib auszuschließen, solange er nicht will, dass alle an *einem* Kelch teilhaben. Damit widersteht er einerseits Christus, andererseits Paulus und der gesamten Kirche Gottes, nur um als jener Sohn des Verderbens und Mensch der Sünde das Geheimnis seiner Bosheit zu wirken.

XVII.
DIE SCHÄTZE DER KIRCHE, AUS DENEN DER PAPST DIE ABLÄSSE ERTEILT, SIND NICHT DIE VERDIENSTE CHRISTI UND DER HEILIGEN.

Dies habe ich so erwiesen: Die Verdienste Christi sind ja lebendige geistliche und heilige Dinge, die das Herz rechtfertigen. „Wer nämlich mein Fleisch isst und mein Blut trinkt, wird ewiglich leben." Die Worte und Werke Christi sind allen heilsam zum Leben, die sie annehmen, und können nur im Glauben ergriffen werden; daher hat sie auch kein Mensch in seiner Macht außer ihm allein. Die Ablässe aber sind Nach-

nihil faciunt ad iustificationem, ideo insignis est blasphemia, merita Christi in hoc sordidum opus mortis ponere. Praeter haec, nullis scripturis sua probant, sed sola impia illa extravagante Clementis vi. ex opinionibus Thomae insulsissimis et meris figmentis concepta.[212]

Ad haec merita Christi sunt necessaria et praecepta haberi, sicut et fides, sic .i. Corint. i. dicit nobis Christum esse dei virtutem et dei sapientiam, et Ro. v. nos in solo sanguine eius iustificari, et Ro. iii. ipsum positum in propitiatorium in sanguine suo.[213] Sed indulgentiae nec necessariae nec praeceptae sunt, sicut nec fidem habent, ideo nihil faciunt ad salutem prorsus.

Quod vero dicunt, merita Christi accipi dupliciter, uno modo per modum satisfactionis, alio per modum iustificationis.[214] Respondeo, Quid mihi et istis figmentis? scio merita Christi etiam accipi hodie per modum pecuniae, Et in quo scelerum abusu non praetexuntur hodie merita Christi? Hac fingendi libidine quidvis e quovis facere licebit, etiam deum ex ipso Satana, quod et faciunt atque fecerunt impii isti indulgentiarii adulatores. |

DECIMUS OCTAVUS.

Indulgentiae sunt piae fraudes fidelium[215] et remissiones bonorum operum,[216] Et sunt de numero eorum quae licent, et non de numero eorum quae expediunt.[217]

Erravi fateor, ubi dixi, Indulgentias esse pias fraudes fidelium, sic enim a multis proverbio[218] dici audieram, quos tunc imitabar. Revoco ergo et dico. Indulgentias esse impiissimas sceleratissimorum pontificum fraudes et imposturas, quibus et res et animas fidelium fallunt et perdunt. Sed et hanc propositionem cum praecedente et quattuor sequentibus revocavi libro de captivitate Babylonica.[219]

Probavi enim superius satisfactionem aut nullam requiri a deo, aut prorsus irremissibilem, esse ab homine quam requisierit, ideo indulgentias istas prorsus nihil esse.[220] Sic enim Adae et Hevae omnibusque nobis imposuit laborem et mortem,[221] sic occidit et percussit multos in

---

[212] Corpus iuris canonici: Extravagantes communes lib. 5 tit. 9 cap. 2 (Friedberg 2, 1304–1306). [213] 1Kor 1,24; Röm 5,9; 3,25. [214] Petrus Lombardus: Sent. 3 dist. 18 cap. 1.5; dist. 19 cap. 1. [215] Wander 1,13 (Nr. 1); vgl. StA 2,372,23 mit Anm. 740 u. DH 1468. [216] Luther: Resolutiones disputationum de indulgentiarum virtute; WA 1,570,2 f.; vgl. StA 2,372,23 mit Anm. 741. [217] Luther: Ein Sermon von Ablaß und Gnade; WA 1, 246,15 f.; vgl. StA 2,372,24 mit Anm. 743. [218] Wander 1,13 (Nr. 1). [219] Die Artikel 17 und 19–22; Luther: De captivitate Babylonica ecclesiae praeludium; WA 6, 497,9 23/StA 2,172,4 173,1. ano 3. u. 118,/–122,12, Artikel 5. [221] Gen 3,16–19.

lässe der Genugtuung, die nichts zur Rechtfertigung beitragen. Daher ist es eine unerhörte Blasphemie, die Verdienste Christi für dieses schmutzige Werk des Todes einzusetzen. Außerdem erweisen sie ihre Lehrmeinung mit keinen Schriften, sondern allein aus jener gottlosen Extravagante Clemens' VI., die aus den geschmacklosesten und vollkommen erfundenen Meinungen des Thomas herrührt.

Hinzu kommt, dass die Verdienste Christi auch für notwendig und für geboten zu halten sind, ebenso wie der Glaube. So sagt 1Kor 1, Christus sei uns die Kraft und die Weisheit Gottes, und Röm 5, dass wir allein in seinem Blut gerechtfertigt werden, und Röm 3, dass er hingestellt ist zur Versöhnung in seinem Blut. Aber die Ablässe sind weder notwendig noch geboten, wie sie auch keinen Glauben zur Folge haben. Daher leisten sie überhaupt nichts zum Heil.

Dass sie aber sagen, die Verdienste Christi würden auf doppelte Weise empfangen, einmal in der Weise der Genugtuung, zum anderen in der Weise der Rechtfertigung, darauf antworte ich: Was habe ich mit diesen Hirngespinsten zu tun? Ich weiß, dass die Verdienste Christi heute auch in der Weise des Geldes empfangen werden. Und für welchen verbrecherischen Missbrauch dienen die Verdienste Christi heutzutage nicht als Vorwand? Mit dieser Lust am Dichten wird es erlaubt sein, jedes aus jedem zu machen, auch Gott aus Satan selbst, was diese gottlosen Ablassanbeter auch tun und getan haben.

XVIII.

DIE ABLÄSSE SIND FROMME TÄUSCHUNGEN DER GLÄUBIGEN UND NACHLÄSSE DER GUTEN WERKE, UND SIE GEHÖREN ZU DER ZAHL DER DINGE, DIE ERLAUBT SIND, ABER NICHT ZUR ZAHL DERER, DIE NÜTZEN.

Ich habe mich geirrt, das gebe ich zu, als ich gesagt habe, dass die Ablässe fromme Täuschungen der Gläubigen sind. So hatte ich nämlich von vielen sprichwörtlich sagen hören und diese ahmte ich da nach. Ich widerrufe also und sage [nun]: Die Ablässe sind die gottlosesten Täuschungen und Betrügereien der verbrecherischsten Päpste, mit denen sie sowohl die [irdischen] Angelegenheiten als auch die Seelen der Gläubigen täuschen und verderben. Aber auch diese Aussage zusammen mit der vorhergehenden und den vier folgenden habe ich im Buch über die babylonische Gefangenschaft widerrufen.

Ich habe nämlich oben erwiesen, dass entweder von Gott keine Genugtuung gefordert wird oder von dem Menschen, der sie fordert, gar nicht nachgelassen werden kann und dass daher diese Ablässe überhaupt nichts sind. So hat er nämlich Adam und Eva und uns allen Mühsal und Tod auferlegt. So tötet und schlägt er in der Heiligen

scriptura sancta, pro peccatis, sed et Psalmo .lxxxviii. dicit, Si peccaverint, visitabo in virga iniquitates eorum.[222] Ideo merum figmentum est, quicquid de indulgenciis dictum et creditum est. Non enim Papa potest hoc verbum dei tollere. Damnent ergo psalmum istum, tum credam indulgentias aliquid esse, Sed et Haebreos .xii. docet Paulus nos a deo patre disciplinari, et .i. Corint. xi. iudicari et corripi a domino, ne damnemur.[223] At sanctissimus ille vicarius dei in terris docet se posse tollere et remittere quae deus imponit, tam pulchre convenit cum principe et rege suo, sicut Belial cum Christo.[224]

Si tamen aliquid essent indulgentiae, quid aliud quam remissiones bonorum operum essent? Nonne remittunt satisfactiones? Quid autem sunt satisfactiones, nisi bona opera bonaeque passiones? ut etiam hac ratione pestilentiores fuerint indulgentiae, si aliquid essent, quam nunc dum nihil sunt. Quae fraus sceleratior, quam hominibus bona opera remittere, et licentiam dare pigritandi sub specie pietatis, ad pecunias tantum exugendas?

Revoco etiam quod dixi eas esse de numero eorum quae licent. Hoc enim verum esset, si aliquid essent, Quia quod non est praeceptum nec consultum, prorsus nec expedit nec necessarium est, sed mere licitum et arbitrarium, at tales essent indulgentiae. Nunc autem dico, eas esse de numero eorum, quae fallunt et perdunt, cum sint nihil nisi fraudes sceleratorum sanguissugarum populi dei.

DECIMUS NONUS.

Indulgentiae his qui veraciter eas consequuntur non valent ad remissionem poenae pro peccatis actualibus debitae apud divinam iustitiam.[225] |

VICESIMUS.

Seducuntur credentes, indulgentias esse salutares et ad fructum spiritus[226] utiles.[227]

VICESIMUS PRIMUS.

Indulgentiae necessariae sunt solum publicis criminibus et propriae conceduntur duris solummodo et impacientibus.[228]

---

[222] Ps 89/Vg 88,33. [223] Hebr 12,6; 1Kor 11,32. [224] 2Kor 6,15. [225] Luther: Resolutiones Lutherianae super propositionibus suis Lipsiae disputatis; WA 2,429,5–7; vgl. StA 2,374,2 f. mit Anm. 756 f. u. DH 1469. [226] Gal 5,22. [227] Luther: Resolutiones disputationum de indulgentiarum virtute; WA 1,587,24–26; vgl. StA 2,374,5 f. mit Anm. 758 u. DH 1470. [228] Luther: Resolutiones disputationum de indulgentiarum virtute; WA 1,557,24 f.; 553,30 f.; vgl. StA 2,374,8 f. mit Anm. 760 u. DH 1471.

Schrift viele wegen [ihrer] Sünden, sagt aber auch Ps 88 „Wenn sie gesündigt haben, werde ich ihre Verfehlungen mit der Rute heimsuchen." Daher ist vollkommen erfunden, was auch immer hinsichtlich der Ablässe gesagt und geglaubt worden ist. Der Papst kann nämlich dieses Wort Gottes nicht aufheben. Sollen sie also diesen Psalm verdammen, dann werde ich glauben, dass die Ablässe etwas sind. Aber auch in Hebr 12 lehrt Paulus, dass wir von Gott dem Vater gezüchtigt werden, und in 1Kor 11, dass wir gerichtet und getadelt werden vom Herrn, damit wir nicht verdammt werden. Aber jener allerheiligste Stellvertreter Gottes auf Erden lehrt, er könne aufheben und erlassen, was Gott auferlegt – so schön kommt er mit seinem Herrn und König überein wie Belial mit Christus.

Wenn trotzdem die Ablässe etwas wären – was könnten sie anderes als Nachlässe von guten Werken sein? Erlassen sie nicht Genugtuungen? Was aber sind Genugtuungen, wenn nicht gute Werke und gute Leiden? Wie denn auch aus diesem Grund die Ablässe noch verderblicher würden, wenn sie etwas wären, als jetzt, da sie nichts sind. Welcher Betrug ist verbrecherischer, als den Menschen gute Werke zu erlassen und die Erlaubnis zu geben, unter dem Anschein der Frömmigkeit müßig zu gehen, nur um Geld einzutreiben?

Ich widerrufe auch, dass ich gesagt habe, sie gehörten zu den Dingen, die erlaubt seien. Dies wäre nämlich wahr, wenn sie etwas wären. Denn was weder geboten noch geraten ist, nützt weder irgendetwas noch ist es notwendig, sondern bloß erlaubt und beliebig – und solcher Art wären die Ablässe. Nun aber sage ich, dass sie zu den Dingen gehören, die täuschen und verderben, weil sie nichts anderes sind als Täuschungen der das Blut des Volkes Gottes aussaugenden Verbrecher.

XIX.

Die Ablässe tragen für die, die sie tatsächlich erlangen, nicht zum Erlass der Strafe bei, welche der göttlichen Gerechtigkeit für die Tatsünden geschuldet wird.

XX.

Betrogen werden, die glauben, dass die Ablässe heilsam und zur Frucht des Geistes nützlich sind.

XXI.

Die Ablässe sind allein für öffentliche Verbrechen notwendig und werden eigentlich nur harten und unduldsamen [Menschen] gewährt.

VICESIMUS SECUNDUS.

Sex generibus hominum indulgentiae nec sunt necessariae nec utiles, videlicet mortuis seu morituris, infirmis, legitime impeditis, his qui non commiserunt crimina, his qui crimina commiserunt sed non publica, his qui meliora operantur.[229]

Has propositiones, ut dixi, revocavi antea,[230] rogavique et adhuc rogo omnes tum Bibliopolas tum lectores, ut ea quae de indulgenciis disputata et scripta a me sunt, exurant,[231] nesciebam enim tum, cum ea laborarem, Papam esse Antichristum, qui his et similibus operationibus erroris, Satana imperante, orbem perderet Christianum. Fixa est sententia divina Psal. lxxxviii. Visitabo in virga iniquitates eorum,[232] qua indulgentiae, quae virgam iniquitates visitantem impiissime praesumunt remittere, funditus subvertuntur, et nihil nisi inane nomen esse monstrantur. Nec curanda hominum reproborum distinctio de cerebro suo conficta, de poenis medicativis et satisfactoriis. Verba psalmi clare docent, peccata et iniquitates virga visitari, Et nemo nisi insanus queat negare, virgam illam esse poenam pro peccatis inflictam, sive hanc satisfactionis sive alterius negocii dixeris. Non ergo credas, etiam si angelus de coelo aliud docuerit,[233] contra tam manifestam scripturam, nedum si Draco blasphemus de curia Romana aliud fremat. Non remittet homo, aut tollet visitationem huius virgae.

VICESIMUS TERCIUS.

Excommunicationes sunt tantum poenae externae, nec privant hominem communibus spiritualibus Ecclesiae orationibus.[234]

Hanc satis firmiter probavi in sermone de excommunicatione, etiam per ipsorummet verba, ubi Papa dicit lib. vi. de sen. excom. Medicinalem et non mortalem, non eradicantem esse excommunicationem.[235] At si privaret spiritualibus communibus bonis, certe mortalis esset, quia animam separaret a deo. Ego autem fortioribus nixus sum, quia in potestate hominis non est, | ut quis credat vel non credat, Sola

---

[229] Luther: Resolutiones disputationum de indulgentiarum virtute; WA 1,552,19–22; vgl. StA 2,374,11–13 u. DH 1472. [230] S. o. 150,27 f. mit Anm. 219. [231] Luther: De captivitate Babylonica ecclesiae praeludium; StA 2,172,11–13/WA 6,497,18–20. [232] Ps 89/ Vg 88, 33. [233] Gal 1,8. [234] Luther: Sermo de virtute excommunicationis; WA 1,639,19 f. 33 f.; vgl. StA 2,375,2 f. mit Anm. 770.772 u. DH 1473. [235] Corpus iuris canonici: Liber sextus lib. 5 tit. 11 (Friedberg 2,1093 f.); Luther: Sermo de virtute excommunicationis; WA 1, 640,10–34.

XXII.

Für sechs Arten von Menschen sind Ablässe weder notwendig noch nützlich, nämlich für Tote oder Sterbende, Kranke, rechtmässig Verhinderte, für solche, die keine Verbrechen begangen haben, für solche, die Verbrechen begangen haben, aber nicht öffentlich, und für solche, die Besseres tun.

Diese Thesen habe ich, wie gesagt, [schon] vorhin widerrufen, und ich habe gebeten und bitte noch alle, Buchhändler wie Leser, dass sie das, was von mir jemals über die Ablässe disputiert und geschrieben worden ist, verbrennen: Ich wusste nämlich damals, als ich es ausarbeitete, nicht, dass der Papst der Antichrist ist, der durch diese und ähnliche Machenschaften von Irrtum, auf Befehl Satans, den christlichen Erdkreis verdirbt. Fest steht der göttliche Ausspruch Ps 88: „Ich will mit der Rute ihre Verfehlungen heimsuchen", durch den die Ablässe, die sie als Rute, welche die Verfehlungen heimsucht, nachzulassen sich vollkommen gottlos anmaßen, von Grund auf umgekehrt und nur als leere Worthülse ausgewiesen werden. Auch darf man sich um die Unterscheidung verworfener Menschen zwischen heilsamen und genugtuenden Strafen nicht kümmern, die sie in ihrem Hirn erdacht haben. Die Worte des Psalms lehren ganz klar, dass die Sünden und Verfehlungen von der Rute [Gottes] heimgesucht werden, und niemand, er wäre denn geistesgestört, könnte leugnen, dass diese Rute die Strafe ist, die für die Sünden zuschlägt, sei es, du nennst sie die [Rute] der Genugtuung oder die einer anderen Aufgabe. Du solltest also nicht, selbst wenn ein Engel vom Himmel etwas anderes lehrte, etwas gegen die so offenbare Schrift glauben, umso weniger, wenn der lästerliche Drache aus der römischen Kurie etwas anders schnaubt. Der Mensch soll nicht nachlassen oder die Heimsuchung dieser Rute aufheben.

XXIII.

Exkommunikationen sind nur äussere Strafen, und sie berauben den Menschen nicht der allgemeinen geistlichen Gebete der Kirche.

Dies habe ich fest genug erwiesen in dem Sermon über die Exkommunikation, auch durch deren eigene Worte, wo der Papst im 6. Buch über den Sinn der Exkommunikation sagt, dass die Exkommunikation heilsam und nicht tödlich sei, weil sie nicht mit der Wurzel ausreiße. Aber wenn sie von den allgemeinen geistlichen Gütern trennte, wäre sie mit Sicherheit tödlich, weil sie die Seele von Gott trennte. Ich aber habe mich auf Stärkeres gestützt, weil es nicht in der Macht des Menschen steht, dass jemand glaube oder nicht glaube. Allein der Glaube oder der

autem fides vel incredulitas copulat vel separat animam Ecclesiae dei, sicut Christus dicit Marci ult. Qui crediderit salvus erit, qui non crediderit condemnabitur.[236] Nullus est fere articulorum, qui manifestioris sit veritatis, quam iste, ut ego non possim satis laudare divinam providentiam, quae draconem istum antiquum[236a] cum Papa et rabidis papistis suis, sic excaecavit, ut in tam claram veritatem etiam a seipsis statutam impingerent, qua vel una caecitate totius huius Bullae autoritatem non modo mihi, sed toti orbi merito contemptam reddiderunt.

VICESIMUS QUARTUS.
Docendi sunt Christiani plus diligere excommunicationem quam timere.[237]

Probatur, quia ipse Papa dicit eam esse medicinalem non mortalem sed disciplinantem,[238] Sed id quod medicinale et vivificans est, nemo debet timere, nisi ii, qui hanc Bullam composuerunt, furiosi scilicet, qui medicinam et vitam timere et non amare docent, imo amari damnant, et timeri mandant. Neque enim ipsos furiosos videas sic a communi sensu omnium rerum abhorrere, ut vitalia et medicinalia timenda censeant. Verum digna Bulla suis autoribus. Quis non superbiat damnatus ab his perditis et miseris hominibus?

VICESIMUS QUINTUS.
Romanus pontifex Petri successor, non est Christi vicarius, super omnes totius mundi Ecclesias ab ipso Christo in beato Petro institutus.[239]

Hunc facillime probo per experientiam, Nunquam enim fuit super omnes Ecclesias totius mundi Romanus pontifex, sed neque adhuc est, neque unquam in futurum erit, ut spero. Quid ergo necesse est, multis in hac re digladiari, cum ipse omnium sensus nobis ostendat rei veritatem? Neque enim super Ecclesias Graeciae, Indiae, Persidis, Aegypti, et Affricae unquam fuit, neque adhuc est, quod cum magna querela et dolore confitentur ipsimet, frustra tam multis studiis in hanc rem consumptis.

---

[236] Mk 16,16. [236a] Vgl. Offb 20,2. [237] Luther: Ein Sermon von dem Bann; WA 6,70, 29 f.; vgl. StA 2,375,22 u. DH 1473. [238] Corpus iuris canonici: Liber sextus lib. 5 tit. 11 (Friedberg 2,1093 f.). [239] Luther: Contra malignum I. Eccii iudicium defensio; WA 2, 628,5; Luther: Resolutio Lutheriana super propositione XIII. de potestate papae; WA 2,225,35 f.; vgl. StA 2, 376,5 f. u. DH 1475

Unglaube verbindet oder trennt die Seele von der Kirche Gottes, wie Christus bei Markus am Letzten sagt: „Wer glaubt, der wird selig, wer [aber] nicht glaubt, wird verdammt." Es gibt kaum einen Artikel, der von offenkundigerer Wahrheit ist als dieser, so dass ich die göttliche Vorsehung nicht genug loben kann, die diesen alten Drachen mit dem Papst und seinen tollen Papisten so verblendet hat, dass sie gegen eine so klare Wahrheit vorgehen, die auch noch von ihnen selbst aufgestellt wurde. Mit solch einzigartiger Verblendung haben sie die Autorität dieser ganzen Bulle nicht nur bei mir, sondern auf dem ganzen Erdkreis verdientermaßen in Verachtung gebracht.

XXIV.
Die Christen sind zu lehren, die Exkommunikation mehr zu lieben als zu fürchten.

Dies ist [schon] erwiesen, weil der Papst selbst sagt, dass sie [sc. die Exkommunikation] heilsam sei: nicht tödlich, sondern erziehend. Aber das, was heilsam und Leben schaffend ist, muss niemand fürchten, außer denen, die diese Bulle zusammengeschustert haben, nämlich Wahnsinnige, die Medizin und das Leben zu fürchten und nicht zu lieben lehren und sogar verdammen, dass sie geliebt, und befehlen, dass sie gefürchtet werden. Denn selbst Wahnsinnige könntest du nicht so weit vom gesunden Menschenverstand in allen Dingen abweichen sehen, dass sie Leben Schaffendes und Heilsames für fürchtenswert halten. Wahrlich eine ihrer Urheber würdige Bulle! Wer wäre nicht stolz, wenn er von diesen verlorenen und elenden Menschen verdammt wird?

XXV.
Der römische Bischof, der Nachfolger des Petrus, ist nicht der von Christus selbst im Seligen Petrus eingesetzte Stellvertreter Christi über alle Kirchen der ganzen Welt.

Dies erweise ich sehr leicht aus der Erfahrung. Der römische Bischof war nämlich niemals über alle Kirchen der ganzen Welt [Papst]; er ist es aber auch jetzt nicht, noch wird er es in der Zukunft jemals sein, wie ich hoffe. Wozu ist es also notwendig, sich in dieser Sache mit vielen herumzuschlagen, wenn uns schon die Vernunft aller [Menschen] die Wahrheit der Sache zeigt? Er ist es nämlich weder über die Kirchen Griechenlands, Indiens, Persiens, Ägyptens und Afrikas jemals gewesen noch ist er es jetzt, was sie selbst mit großer Klage und Schmerz bekennen, nachdem so viele Bemühungen in dieser Sache vergeblich unternommen wurden.

Sed dicent, de iure non de facto loquimur, et non quid faciant sed quid facere deberent Ecclesiae illae rebelles, querimus. Respondeo, hoc pro me facit, Si enim iure divino institutus esset hic primatus, esset sine dubio aliquando impletus, cum non praetereat a lege dei unum iota, quod non impleatur,[240] etiam portis inferi non praevalentibus contrarium,[241] et omnia quae deus praecepit sunt ab aliquibus saltem impleta, et quae promisit, sunt simpliciter et semper et ubique impleta. At primatus iste, ne una quidem l hora impletus est unquam. Impossibile autem fuisset eum non impleri, si vel praeceptus vel promissus fuisset. Eligant ergo quod volunt, deus primatum Petri instituit ac promisit, et nunquam implevit. Ergo mentitus est. Si non mentitus est, nunquam instituit, neque promisit. Hanc ratiunculam, neque solvunt neque solvent unquam omnes Papistae in unum cahos confusi,

Praeterea quid non audeant praesumere? qui primatum tribuunt Romano Episcopo, si non moventur, insuperabili et a seipsis confesso argumento. Quod omnes Apostoli aequales fuerunt Petro, et nullum eorum ipse elegit, fecit, confirmavit, misit aut aliquid mandavit. Quid enim facerent si semel missum aliquem a Petro possent ostendere, sicut nos ostendimus Petrum ab aliis missum? Act. viii.[242]

Miser ille homo Romanus Episcopus suam ecclesiam Romanam neque regit neque pascit[243] sed neque potest. Deinde Curiam suam omnium scelerum lernam, etiam nutrit ac fovet, et totius orbis Ecclesias sibi arrogat ad regendum,[244] imo nec suam personam regere iam a multis saeculis potuit. Tam crassas tenebras temeritatis adhuc non palpamus. Et hec figmenta verborum incompositissima adhuc admittimus, vere credentes eum vere pascere ac regere velle aut posse omnes ecclesias, qui suam proximam etiam vastat. Lupus in suo ovili, pastor erit in alienis?

Unum hoc ego admiror, Cur totus orbis, hoc primatu carere non possit, cuius opus et officium nunquam sensit nec unquam sentire potest? Quid enim principatus sine opere, imo contrario opere? Si ecclesia stat sine illius opere et officio, etiam sine ipso primatu stabit, et sine

---

[240] Mt 5,18. [241] Mt 16,18. [242] Apg 8,14; Luther: Resolutio Lutheriana super propositione XIII. de potestate papae; WA 2,203,4-9. [243] Joh 21,15-17. [244] Feststellung des Papstprimats über den gesamten Erdkreis in der Bulle über die Union mit den Griechen von 1439; DH 1307.

Aber sie werden sagen, „De iure, nicht de facto reden wir und kümmern uns nicht um das, was jene rebellischen Kirchen tun, sondern was sie tun sollten." Ich antworte: Das spricht für mich. Wenn nämlich dieser Primat nach göttlichem Recht eingesetzt worden wäre, wäre er ohne Zweifel irgendwann erfüllt worden, weil vom Gesetz Gottes nicht ein Jota vergehen wird, das nicht erfüllt würde, [wobei] auch die Pforten der Hölle nichts Gegenteiliges vermögen, und weil alles, was Gott geboten hat, wenigstens von einigen erfüllt worden ist, und was er verheißen hat, einfach immer und überall erfüllt worden ist. Aber dieser Primat ist nicht einmal eine Stunde lang jemals erfüllt worden. Es wäre aber unmöglich gewesen, ihn nicht zu erfüllen, wenn er entweder geboten oder verheißen worden wäre. Mögen sie also wählen, was sie wollen: Gott hat den Primat des Petrus eingesetzt und verheißen und hat ihn niemals erfüllt. Also hat er gelogen. Wenn er nicht gelogen hat, hat er ihn niemals eingesetzt oder verheißen. Diese kleine logische Schlussfolgerung lösen all diese in ein einziges Chaos verwirrten Papisten nicht auf noch werden sie sie jemals auflösen.

Außerdem: Was wagen sie sich nicht anzumaßen? Die, welche dem römischen Bischof den Primat zuschreiben, wenn sie sich nicht durch das unüberwindliche und auch von ihnen selbst bezeugte Argument bewegen lassen, dass alle Apostel dem Petrus gleichgestellt waren und er selbst niemanden unter ihnen ausgewählt, zu etwas gemacht, bestärkt, gesendet oder ihm irgendetwas aufgetragen hat. Was würden sie denn tun, wenn sie einmal jemanden als von Petrus gesandt zeigen könnten, so wie wir gezeigt haben, dass Petrus von anderen gesandt wurde? Apg 8.

Jener elende Mensch, der römische Bischof, regiert weder seine römische Kirche noch weidet er sie, aber er kann es auch gar nicht. Darüber hinaus ernährt und hegt er auch seine Kurie, die Hydra aller Verbrechen, und maßt sich an, die Kirchen des ganzen Erdkreises zu regieren, hat aber seine eigene Person schon seit vielen Jahrhunderten nicht regieren können. Solch krasse Finsternis der Unbesonnenheit rühren wir bisher nicht an, und diese äußerst unzusammenhängenden Erdichtungen der Worte lassen wir immer noch zu, wahrhaftig in dem Glauben, dass der alle Kirchen wahrhaftig weiden und regieren wolle oder könne, der sogar die ihm nächste verwüstet? Wer Wolf [sogar] in seinem eigenen Schafstall ist – soll der Hirte bei Fremden sein?

Dies eine wundert mich: Warum kann der ganze Erdkreis diesen Primat nicht entbehren, dessen Werk und Amt er niemals spürte noch jemals spüren kann? Was ist nämlich eine Vorrangstellung ohne Werk, ja sogar mit gegenteiligem Werk? Wenn die Kirche ohne sein Werk und Amt besteht, wird sie auch ohne den Primat selbst bestehen und wird

dubio melius stabit, perinde enim est, ac si nullus sit, cuius opus et officium nullum est. Quid ergo garriunt miseri, papatum esse oportere, ad regendam ecclesiam universalem, ne sit acephala?[245] quando regitur ab illo? Non est acephala, quae capitis sui neque motum neque sensum imo contrarium experitur? Vae maledictis illis figmentis, quibus tot animas fallunt et perdunt, dicentes, caput caput ecclesiae, cum nullum sit capitis uspiam indicium. Quam vere dixit Petrus .ii. Pet. ii. Et fictis verbis in avaritia de vobis negociabuntur.[246]

Tamen quo magis pateat operatio Satanae in errore isto, videamus quibus verborum fallaciis et figmentis, eum primatum probaverunt. Primum adducunt illud Matth. xvi. Tu es Petrus et super hanc petram edificabo ecclesiam meam. et portae inferi non praevalebunt adversus eam. Et tibi dabo claves regni caelorum. Quodcunque ligaveris super terram etc.[247]

Hic per petram intelligunt, potestatem Petri seu Papae monarchiam illam, super quam aedificari volunt totam Ecclesiam, id est ecclesiam subiici huic potestati. Haec adulteratio et depravatio huius verbi Christi et impiissima et intolerabilis est. Quod evidenter monstrabo, in hunc modum. | Christus dicit, quod portae inferi non sint praevaliturae unquam adversus hanc sive petram sive Ecclesiam super petram edificatam. Nihil enim refert, sive adversus petram sive adversus Ecclesiam non praevalere intelligantur, imo periculosius est adversus petram quam adversus Ecclesiam praevalere illas, cum ruente petra, Ecclesiam super petram sitam necesse quoque sit ruere, non autem econtra. Cum autem nemo possit negare, Papam et omnem potestatem eius saepius fuisse una cum iis, qui sub eo etiam pertinacissime agunt, sub peccato et impietate pessimoque abusu, ac per hoc portas inferi horribiliter in eos praevaluisse eosque occupaverint, maxime in hodiernam diem possideant, cum hodie non serviat ea potestas, nisi ad vastationem Ecclesie, ut omnium sensus cognoscit, manifestum est, petram aliud quippiam significare, quam potestatem illam portis inferi tam horribiliter subiectam et servientem.

Quare impiam et intolerabilem blasphemiam esse dico, per petram, qua solus Christus, id est, verbum et fides eius insuperabilis significa-

---

[245] So z. B. Augustinus von Alveld; vgl. Luther: Von dem Papsttum zu Rom wider den hochberühmten Romanisten zu Leipzig; WA 6,290,20-23. [246] 2Petr 2,3. [247] Mt 16, 18 f.

ohne Zweifel besser bestehen. Denn der ist geradezu so viel wie nichts, dessen Werk und Amt nichts ist. Was also schwatzen die Elenden, es müsse das Papsttum geben, um die universale Kirche zu regieren, damit sie nicht kopflos sei? Wann wird sie von ihm regiert? Ist sie nicht kopf-
5 los, die weder die Bewegung noch die Empfindung ihres Hauptes, sondern vielmehr das Gegenteil erfährt? Wehe jenen verdammten Erfindungen, mit denen sie so viele Seelen täuschen und verderben, indem sie sagen: ‚das Haupt, das Haupt der Kirche', obwohl überhaupt kein Anzeichen eines Hauptes [auch nur] irgendwo ist. Wie hat Petrus so
10 richtig in 2Petr 2 gesagt: „Und durch erdichtete Worte werden sie habsüchtig Gewinn aus euch pressen."

Dennoch: Damit die Wirkung Satans in diesem Irrtum noch offensichtlicher werde, wollen wir zusehen, mit welchen Täuschungen und Erdichtungen an Worten sie diesen Primat erwiesen haben. Zuerst füh-
15 ren sie jenes [Wort aus] Mt 16 an: „Du bist Petrus, und auf diesen Felsen will ich meine Gemeinde bauen, und die Pforten der Hölle werden nichts gegen sie vermögen. Und ich will dir die Schlüssel des Himmelreiches geben. Alles, was du binden wirst auf Erden" usw.

Hier verstehen sie unter dem Felsen die Macht des Petrus oder jene
20 Alleinherrschaft des Papstes, auf der sie die ganze Kirche aufgebaut [wissen] wollen. Das heißt, dass die Kirche dieser Macht unterworfen wird. Diese Fälschung und Verzerrung dieses Wortes Christi ist sowohl ganz gottlos als auch unerträglich. Das werde ich auf folgende Weise deutlich zeigen. Christus sagt, dass die Pforten der Hölle niemals etwas ver-
25 mögen wider diese(n), sei es den Felsen, sei es die auf dem Felsen errichtete Kirche. Es macht nämlich keinen Unterschied, ob man versteht: gegen den Felsen oder gegen die Kirche nichts zu vermögen. Es ist sogar gefährlicher, wenn jene etwas vermögen wider den Felsen als wider die Kirche, weil, wenn der Fels zusammenbricht, die Kirche, die auf dem
30 Felsen ist, notwendig auch zusammenbricht, nicht aber umgekehrt. Weil aber niemand leugnen kann, dass der Papst und all seine Macht öfter gemeinsame Sache gemacht haben mit denen, die sich sogar unter ihm äußerst starrsinnig verhalten, unter der Sünde, der Gottlosigkeit und übelstem Missbrauch, und daher die Pforten der Hölle auf schreck-
35 liche Weise etwas vermochten wider diese und sie besetzt haben und sie im höchsten Grade bis zum heutigen Tag besitzen, da heute diese Macht außer zur Zerstörung der Kirche keinen Dienst leistet, wie alle aus Erfahrung wissen – [darum] ist offenbar, dass der Fels irgendetwas anderes bedeutet als jene Macht, die den Pforten der Hölle so schreck-
40 lich unterworfen ist und dient.

Daher nenne ich es eine gottlose und unerträgliche Lästerung, unter dem Felsen, durch den allein Christus bezeichnet wird, das heißt,

tur,²⁴⁸ intelligere potestatem illam monarchicam Satanae servam et officinam. Sola enim fides in Christum est, quae nullis inferi portis ad ullum peccatum potest subverti. Patet ergo quam insigni blasphemia, multi pontifices in suis Decretis petram detorserunt ad suam potentiam, et verbum aedificare ad Ecclesiae externam subiectionem. Si enim edificantur supra petram, qui Papae Monarchiam colunt, necesse est, ut portae inferi nihil in eos possint. Cum vero portae inferi in nullos homines plus possint quam in eos, qui religiosissime Papae subiecti sunt (sunt enim omnium, quod videmus, sceleratissimi et impiissimi omnium demonum et vitiorum servi) patet, quod nihil minus potestas illa sit quam petra ista, et illi nihil minus sint, quam edificati super hanc petram.

Adeste ergo huc, Papa et omnes Papistae in unum, conflate studia vestra omnia in unum, si forte possitis hoc vinculum dissolvere. Saltem haec autoritas contra vos evicta triumphataque est, Nonne haec autoritas hactenus fuit vestrum unicum praesidium? Nonne per omnia Decreta iactata ceu rupes invicta huius potestatis? Prorsus in nullo alio verbo vobis credimus, donec hoc mendacium et hanc blasphemiam dilueritis. Suspecti inquam eritis in omnibus aliis, semel deprehensi in tam crassa temeritate depravandi verbi dei. Mitius sane errassetis, si per petram intellexissetis sanctum Petrum, quem aliquot Sancti patres, fundamentum Ecclesiarum, sed propter fidem suam, non propter potentiam externam dixerunt. Non enim idem est. Sanctus Petrus propter fidem verbi Christi, et potestas papae sine fide et verbo, superabilis per portas inferi. Quod si etiam aliquot patres in sententia vestra habeatis, frustra eos iactatis. Quia nos clarum Evangelii | sensum habemus merito omnibus praeferendum. Atque ne alienis virtutibus glorier, Ioannis huss iniquissime a vobis combusti, haec est victoria in hoc verbo Christi, immo ipsius Christi, ob quem ille exustus est, non enim ex meo capite sed ex illius libro de Ecclesia scripto et a vobis damnato,²⁴⁹ haec habeo.

Alteram quoque afferunt autoritatem Ioannis ulti. Dixit Iesus Petro. Simon amas me? pasce oves meas etc.²⁵⁰ Hic volunt omnes oves Petro et

---

²⁴⁸ Augustinus: In Ioannis epistulam ad Parthos tractatus 10.   ²⁴⁹ So z. B. Johannes Hus: De ecclesia cap. 9.14; DH 1207.1212.   ²⁵⁰ Joh 21,15–17; Corpus iuris canonici: Decretum Gregorii IX, lib. 1 tit. 6 cap. 4; vgl. StA 2,380, Anm. 831.

das Wort und der unüberwindliche Glaube an ihn, jene alleinherrschende Macht zu verstehen, die Dienerin und Werkstatt Satans. Denn allein der Glaube an Christus ist es, der durch keine Pforten der Hölle zu irgendeiner Sünde überwunden werden kann. Also ist offensichtlich, mit welch auffallender Lästerung viele Päpste in ihren Dekreten den Felsen zu ihrer Macht verdreht haben und das Wort ‚erbauen' zur äußeren Unterwerfung der Kirche. Wenn nämlich [diejenigen] auf den Felsen erbaut würden, die die Alleinherrschaft des Papstes verehren, bedeutete dies notwendig, dass die Pforten der Hölle nichts gegen sie vermöchten. Weil aber die Pforten der Hölle gegen keine Menschen mehr vermögen als gegen die, welche ehrfürchtigst dem Papst unterworfen sind (sie sind nämlich, das sehen wir, von allen die verbrecherischsten und unfrömmsten Sklaven aller Dämonen und Laster), ist offenkundig, dass jene Macht nichts weniger ist als dieser Fels und dass jene nichts weniger sind als auf diesen Felsen erbaut.

Kommt also hierher, Papst und alle Papisten zusammen, häuft alle eure Bemühungen zusammen, ob ihr vielleicht diese Fessel lösen könnt. Wenigstens diese Autorität hat gegen euch gesiegt und triumphiert. Ist nicht diese Autorität bisher euer einziger Schutz gewesen? War sie nicht durch alle Dekrete vorgebracht wie ein unbesiegbarer Fels dieser Macht? Wir glauben euch überhaupt kein anderes Wort, bis ihr diese Lüge und diese Lästerung aufgelöst haben werdet. Ich meine, Verdächtige werdet ihr in allen anderen Dingen sein, einmal ertappt, das Wort Gottes in so grober Leichtfertigkeit zu verdrehen. Ihr hättet euch freilich milder geirrt, wenn ihr unter dem Fels den Heiligen Petrus [selbst] verstanden hättet, den einige Heilige Väter das Fundament der Kirchen genannt haben, aber um seines Glaubens, nicht um seiner äußeren Macht willen. Das ist nämlich nicht dasselbe: „der Heilige Petrus um des Glaubens an das Wort Christi willen" und „die Macht des Papstes ohne Glauben und Wort, besiegbar durch die Pforten der Hölle". Wenn ihr denn auch einige Väter in eurem Sinn haben mögt, vergeblich bringt ihr die vor. Denn wir haben den klaren Sinn des Evangeliums, der mit Recht allem vorzuziehen ist. Aber damit ich mich nicht mit fremden Tugenden schmücke – dem Johannes Hus, der vollkommen unrechtmäßig von euch verbrannt worden ist, gebührt der Sieg bei diesem Worte Christi, ja sogar Christus selbst, dessentwegen jener verbrannt worden ist: Ich habe dies nämlich nicht aus meinem Kopf, sondern aus seinem Buch, das er über die Kirche geschrieben hat und das von euch verdammt wurde.

Als andere Autorität führen sie auch Johannes am Letzten an: „Jesus sprach dort zu Petrus: ‚Simon, hast du mich lieb? Weide meine Schafe'" usw. Hier wollen sie, dass alle Schafe dem Petrus und dem Papst über-

Papae commissas, iterum solita impietate verbum Christi figmentis suis adulterantes. Christus enim amare et pascere exegit. Illi vero impudenter contra os Christi dicunt non esse necessarium amorem pastori, cum potestas sit ferenda, etiam si in malo sit usu et non amet. Deinde verbum pascere veneno suae glossae exponunt, pro eo, quod est, praesidere et superiorem esse. Et sic verbum Christi extinguunt et contrarium sensum sub eodem proponunt.

Dico ergo. Si potestas mala est ferenda, hoc non docetur a Christo, in hoc verbo. Hic non nisi amans Christi Petrus requiritur, qui si amans Christi non fuerit, nihil ad eum verbum istud. Quare sequetur, et Papam non esse Papam si non amat Christum, et eum qui amat etiam non Papa esse Papam, si hoc verbo papatus instituitur. Amor inquam hic instituitur, non potestas, quae sine amore esse potest.

Secundo verbum pascere significat, non praesidere, sed servire, non enim potestatis, sed servitutis verbum est, licet et hic suis torsionibus, illusionibus et confusionibus verborum, potestatem illam servientem faciant, Verum, cum pascere, sit Evangelium Christi praedicare et tractare. Impossibile est, ut papatum significet, cum aliud sit esse Papam, ut videmus, et aliud Evangelii ministerium, ut non possint ambo, eodem verbo significari, nisi quo modo, petra significavit illis, papatum et fidem Christi.

Eademque ratione concluditur, toties Ecclesiam sine Papatu esse, quoties Papa nec amat nec pascit, id quod et verum est. Nam ubi non est verbum dei, ibi non potest esse Ecclesia, cum per verbum nascatur, alatur, vivat et servetur, Cum autem Papa multis saeculis, nec amaverit nec paverit, ubi mansit papatus et Ecclesia? praesertim cum Ecclesiam sine Papatu, id est, amore et pastu esse non posse tam fortiter asserant, verum ad has rationes oculos et aures claudunt, qui tamen si vicesimam partem huius roboris pro se haberent, caelum et terram clamoribus replerent, cum nec sic vociferari desinant, cum nihil nisi mendacia infirmissima pro se habeant.

Reliquum est ergo, Ut sicut Augustinus et ipsimet sentiunt, hunc locum Ioannis, nihil ad monarchiam, sed ad generalem omnibus pasto-

lassen sind, indem sie wiederum mit gewohnter Gottlosigkeit das Wort Christi mit ihren Erdichtungen verfälschen. Christus befahl nämlich zu lieben und zu weiden. Jene aber sagen schamlos gegen den Mund Christi, dass die Liebe für den Hirten nicht notwendig sei, weil man Macht ertragen müsse – selbst wenn sie in schlechtem Gebrauch ist und nicht liebt. Ferner legen sie das Wort ‚weiden' nach dem Gift ihrer Erklärung so aus, dass es für ‚voranstehen' und ‚übergeordnet sein' stehe. Und so löschen sie das Wort Christi aus und schieben ihm einen gegenteiligen Sinn unter.

Ich sage also: Wenn schlechte Macht zu ertragen ist, wird dies von Christus in diesem Wort nicht gelehrt. Hier wird Petrus nur als einer angesprochen, der Christus liebt. Wäre er kein Christus Liebender gewesen, hätte dieses Wort nichts mit ihm zu tun gehabt. Daraus muss folgen, dass auch der Papst kein Papst ist, wenn er Christus nicht liebt, und dass der, der liebt, auch wenn er nicht der Papst ist, Papst ist, wenn mit diesem Wort das Papsttum eingesetzt wird. Die Liebe, sage ich, wird hier eingesetzt, nicht die Macht, die ohne Liebe sein kann.

Zweitens. Das Verb ‚weiden' bedeutet nicht ‚vorstehen', sondern ‚dienen': Es ist nämlich kein Wort der Macht, sondern des Dienstes, auch wenn sie hier durch ihre Verdrehungen, Vorspiegelungen und Verwirrungen der Wörter jene Macht zu einer dienenden machen wollen. Aber da weiden heißt, das Evangelium Christi zu predigen und zu treiben, so ist es unmöglich, dass es das Papsttum bedeute, weil es eines ist, Papst zu sein, wie wir sehen, und ein anderes der Dienst am Evangelium, so dass nicht beide mit demselben Wort bezeichnet werden können – es sei denn, dass der Fels für sie das Papsttum und den Glauben an Christus bezeichnete.

Aus demselben Grund folgt, dass die Kirche ebenso oft ohne Papsttum ist, sooft der Papst weder liebt noch weidet, was auch wahr ist. Denn wo das Wort Gottes nicht ist, kann auch die Kirche nicht sein, da sie durch das Wort geboren und genährt wird, lebt und bewahrt wird. Wenn aber der Papst in vielen Jahrhunderten weder geliebt noch geweidet hat – wo blieben da das Papsttum und die Kirche? Besonders, da sie so kräftig als wahr behaupten, dass die Kirche ohne Papsttum – das heißt, ohne Liebe und Weiden – nicht sein kann. Aber diesen Argumenten gegenüber schließen sie Augen und Ohren, welche doch, wenn sie [auch nur] den zwanzigsten Teil dieser Stärke für sich hätten, Himmel und Erde mit Schreien erfüllen würden, da sie auch dann zu schreien nicht aufhören würden, wenn sie nichts als die allerschwächsten Lügen für sich haben.

Es bleibt also übrig, dass, wie Augustinus und sie selbst meinen, diese Stelle bei Johannes sich überhaupt nicht auf die Alleinherrschaft,

ribus Ecclesiarum, doctrinam pertinere,²⁵¹ Et eam Ecclesiam quae sub Papa regitur, quia I sine amore et pastu verbi dei regitur, nihil minus quam Ecclesiam esse, Et ipsum Papam nihil minus quam Pastorem Ecclesiae dei esse. sed Idolum adversarium Christo et Evangelio eius. Ubi ergo nunc stabit fictitius iste primatus? postquam duo hi loci, quibus nititur principaliter, prorsus contra eum facere convincuntur. Non ego tantillum curo, quod longitudinem temporis, multitudinem et magnitudinem conspirantium mihi obiectant. quod talibus argumentis mundus contra Apostolos quoque usus fuerit, et tamen ab hoc veritatem Evangelii recentem, a paucis et idiotis praedicatam redarguere non potuerunt.

VICESIMUS SEXTUS.

Verbum Christi ad Petrum, Quodcunque solveris super terram etc.²⁵² extenditur duntaxat ad ligata ab ipso Petro.²⁵³

Primum nego, ad solum Petrum hoc Christi verbum esse dictum, neque ego hoc unquam dixi. Interrogavit enim omnes discipulos dicens, Quem vos me esse dicitis? Et Petrus omnium persona respondit, Tu es Christus,²⁵⁴ ita et in omnium persona accepit claves. Quare notandum, quod sanctitas sanctissimi domini Papae, hoc loco mentitur, sicut est moris eius atque stili.

Quod autem potestas solvendi latior sit, quam potestas ligandi aeque mentitur sanctissimus ille, non enim hoc poterit probare ullo modo. Quia sicut Christus dicit, Quodcunque solveris, ita dicit, Quodcunque ligaveris,²⁵⁵ utrobique eodem signo universali utens, quare parem esse utranque potestatem, apertissima verba probant Christi, ut nihil moveant, quae sanctissimus in contrarium blasphemat, non enim ei credimus nuda dicenti, multo minus contra apertam veritatem insanienti et blasphemanti.

VICESIMUS SEPTIMUS.

Certum est in manu Ecclesiae aut Papae prorsus non esse, statuere articulos fidei, imo nec leges morum seu bonorum operum.²⁵⁶

Probo hunc sic .i. Corint. iii. Fundamentum aliud nemo potest ponere, praeter id quod positum est, quod est Iesus Christus.²⁵⁷ Hic

---

²⁵¹ Augustinus: Tractatus in Evangelium Ioannis 123,4 f.   ²⁵² Mt 16,19.   ²⁵³ Luther: Resolutiones disputationum de indulgentiarum virtute; WA 1,536,20–22; vgl. StA 2,382,32 f. u. DH 1476.   ²⁵⁴ Mt 16,13.16.   ²⁵⁵ Mt 16,19.   ²⁵⁶ Luther: Resolutiones Lutherianae super propositionibus suis Lipsiae disputatis; WA 2,427,8–10; vgl. StA 2, 384,27 f. u. DH 1477.   ²⁵⁷ 1Kor 3,11.

sondern auf die allgemeine Lehre für alle Hirten der Kirchen bezieht, und dass die Kirche, die unter dem Papst regiert wird, weil sie ohne Liebe und Weide des Wortes Gottes regiert wird, nichts weniger als eine Kirche ist, und dass der Papst selbst nichts weniger als ein Hirte der Kirche Gottes ist, sondern ein im Gegensatz zu Christus und seinem Evangelium stehendes Götzenbild. Worauf wird denn nun dieser erdichtete Primat bestehen, nachdem diese beiden Stellen, auf die er sich hauptsächlich stützt, als ganz und gar gegen ihn stehend erwiesen werden? Ich sorge mich kein bisschen darum, dass sie mir die Länge der Zeit, die Menge und Größe derer, die zustimmen, entgegenhalten. Denn solcher Argumente pflegte sich auch die Welt gegen die Apostel zu bedienen und konnte doch damit nicht die neue Wahrheit des Evangeliums, von Wenigen und Unmündigen verkündigt, widerlegen.

XXVI.
Das Wort Christi an Petrus „Was auch immer du lösen wirst auf Erden" usw. bezieht sich lediglich auf das, was von Petrus selbst gebunden worden ist.

Zuerst verneine ich, dass dieses Wort Christi allein zu Petrus gesprochen worden ist. Ich habe dies auch niemals gesagt. Denn er fragte alle Jünger, als er sagte: „Wer sagt ihr, dass ich sei?" Und Petrus hat in Vertretung aller geantwortet: „Du bist der Christus"; so hat er auch in Vertretung aller die Schlüssel entgegengenommen. Daher ist anzumerken, dass die Heiligkeit des allerheiligsten Herrn Papstes an dieser Stelle lügt, wie es zu seiner Sitte und seinem Stil gehört.

Dass aber die Macht zu lösen weitreichender sei als die Macht zu binden, das lügt jener Allerheiligste gleichermaßen. Dies wird er nämlich auf keine Weise beweisen können. Denn, wie Christus sagt: „Was auch immer du lösen wirst", so sagt er auch: „Was auch immer du binden wirst" und gebraucht für beides dasselbe allgemeine Zeichen. Daher erweisen die glasklaren Worte Christi, dass beiderlei Macht gleich ist, so dass es nichts ausmacht, dass der Allerheiligste im Gegenteil das lästert. Wir glauben ihm nämlich [schon] nicht, wenn er bloß spricht, um wie viel weniger, wenn er gegen die offensichtliche Wahrheit wütet und lästert.

XXVII.
Es ist gewiss, dass es überhaupt nicht in der Hand der Kirche oder des Papstes liegt, Glaubensartikel festzusetzen, ja, nicht einmal Gesetze für die Sitten oder gute Werke.

Ich erweise das so, 1Kor 3: „Einen andern Grund kann niemand legen als den, der gelegt ist, welcher ist Jesus Christus." Hier hast du das

habes fundamentum ab Apostolis positum, at omnis articulus fidei est pars huius fundamenti, quare poni alius articulus quam positus est nullus potest, Superaedificari²⁵⁸ autem potest, ut idem dicit. Et ideo Papa debet nobiscum poni et super aedificari, non autem ponere, omnia enim credenda sunt in scripturis exposita plene.

Permitto tamen, quod Papa condat articulos suae fidei et suis fidelibus, quales sunt, panem et vinum transsubstantiari in sacramento,²⁵⁹ Essentiam dei l nec generare nec generari.²⁶⁰ Animam esse formam substantialem corporis humani.²⁶¹ Se esse Imperatorem mundi et regem coeli et deum terrenum.²⁶² Animam esse immortalem.²⁶³ Et omnia illa infinita portenta in Romano sterquilinio Decretorum, ut qualis est eius fides, tale sit Evangelium, tales et fideles, talis et Ecclesia, et habeant similem labra lactucam, et dignum patella sit operculum.²⁶⁴

Nos vero, qui non Papani sed Christiani sumus, scimus, quod nihil est fidei et bonorum morum, quod non abunde in literis sacris sit expositum, ut neque ius, neque locus sit alia statuendi ullis hominibus. Porro cerimonias potuit Ecclesia ordinare, sed eae in arbitrio sunt omnium fidelium, sicut dicit .i. Corint. vii. Empti estis precio nolite fieri servi hominum Et Col. ii. Videte ne quis vos decipiat per inanem philosophiam et fallaciam, secundum traditionem hominum, secundum elementa huius mundi, et non secundum Christum.²⁶⁵

Concedo ergo Papam habere potestatem condendi leges, Sicut Assur, Nimbrod habuit, ut esset robustus venator in terra, coram domino,²⁶⁶ ut extinguat libertatem Christianam, probatur haec potestas per illud Christi Matt. xxiiii. Videte ne quis vos seducat, multi enim venient in nomine meo dicentes ego sum Christus, et seducent multos.²⁶⁷ Et iterum. Cum videritis abominationem stantem in loco sancto, quae dicta est a Daniele propheta,²⁶⁸ qui legit intelligat.²⁶⁹ Surgent enim pseudo prophetae et pseudo Christi et seducent multos.²⁷⁰ Tunc si dixerint. Ecce hic aut illic est Christus, nolite credere, dabunt enim signa et prodigia, ut in errorem ducant, si fieri potest etiam electos. Ecce praedixi

---

²⁵⁸ 1Kor 3,12. ²⁵⁹ Corpus iuris canonici: Decretales Gregorii IX. lib. 1 tit. 1 cap. 1,3 (Friedberg 2,5); vgl. DH 802 sowie das Florentiner Konzil 1439; DH 1321. ²⁶⁰ Corpus iuris canonici: Decretales Gregorii IX. lib. 1 tit. 1 cap. 2 (Friedberg 2,6 f.); vgl. DH 803 f. ²⁶¹ Corpus iuris canonici: Constitutiones Clementis V. lib. 1 tit. 1 cap. un. 1 (Friedberg 2,1133 f.); vgl. DH 902 sowie 5. Laterankonzil 1513; DH 1440; vgl. StA 2,386,2 f. mit Anm. 901. ²⁶² Polemische Bündelung extremer Aussagen des mittelalterlichen Papalismus; vgl. StA 4,398,17–399,3 mit Anm. 77 f.; 5,385,11–18 mit Anm. 421 f. 426. ²⁶³ 5. Laterankonzil 1513; DH 1440; vgl. StA 1,216, Anm. 659; s. o. 66,32 f. ²⁶⁴ Hieronymus: Epistulae 7,5; vgl. Wander 3,196 (10); 775 (228); 1844 (9). ²⁶⁵ 1Kor 7,23; Kol 2,8. ²⁶⁶ Gen 10,8 f. ²⁶⁷ Mt 24,4 f. ²⁶⁸ Dan 9,27. ²⁶⁹ Mt 24,15. ²⁷⁰ Mt 24,24.5.

von den Aposteln gelegte Fundament. Aber jeder Glaubensartikel ist ein Teil dieses Fundaments, und daher kann kein anderer Artikel gelegt werden als [der, der] gelegt ist. Er kann aber darüber gebaut werden, wie es ebenda heißt. Und daher darf der Papst mit uns zusammen gesetzt
5 und darauf gebaut werden, er darf aber nicht [selbst] setzen; alles, was geglaubt werden muss, ist nämlich in den Schriften vollständig dargelegt.

Ich gestehe trotzdem zu, dass der Papst die Artikel seines Glaubens auch für seine Gläubigen verfasst. Das sind solche, wie, dass Brot und
10 Wein im Sakrament ihrer Substanz nach gewandelt werden, dass die Wesenheit Gottes weder zeugt noch gezeugt wird, dass die Seele die wesenhafte Gestalt des menschlichen Leibes ist, dass er der Herrscher der Welt und der König des Himmels und ein irdischer Gott ist, dass die Seele unsterblich ist, und all jene grenzenlosen Ausgeburten im römi-
15 schen Misthaufen der Dekrete, damit, wie sein Glaube, so auch das Evangelium sei und so auch die Gläubigen und so auch die Kirche – und „sich verhält wie die Lippen zum Salat" und „der Deckel der Schüssel würdig sei".

Wir aber, die wir nicht Papisten, sondern Christen sind, wissen,
20 dass es nichts an Glauben und guten Sitten gibt, was nicht reichlich in den Heiligen Schriften dargelegt ist, so dass es für irgendwelche Menschen weder Recht noch Platz gibt, etwas anderes festzusetzen. Ferner konnte die Kirche Zeremonien anordnen, aber diese stehen beim Willen aller Gläubigen, wie [Paulus] 1Kor 7 sagt: „Ihr seid teuer erkauft,
25 werdet nicht der Menschen Knechte" und in Kol 2: „Seht zu, dass euch niemand betrüge durch die Philosophie und lose Verführung nach der Menschen Lehre und nach der Welt Satzungen, und nicht nach Christus."

Ich gebe also zu, der Papst hat die Macht, Gesetze zu verfassen, wie
30 Assur den Nimrod gehabt hat, damit er ein starker Jäger auf Erden vor dem Herrn sei, dass er auslösche die christliche Freiheit. Diese Macht wird durch jenes Wort Christi in Mt 24 erwiesen: „Seht zu, dass euch nicht jemand verführe. Denn es werden viele kommen unter meinem Namen und sagen: ‚Ich bin der Christus', und werden viele ver-
35 führen." Und wiederum: „Wenn ihr nun sehen werdet das Gräuelbild der Verwüstung stehen am heiligen Ort, wovon gesagt ist durch den Propheten Daniel (wer es liest, merke auf!) – denn es werden falsche Propheten und falsche Christusse aufstehen und viele verführen –, wenn sie dann sagen werden: ‚Siehe, hier oder dort ist Christus', so sollt
40 ihr's nicht glauben. Denn sie werden Zeichen und Wunder tun, um, wenn es möglich wäre, auch die Auserwählten zum Irrtum zu verführen. Siehe, ich habe es euch vorausgesagt." Und 1Tim 4: „Der Geist sagt

vobis.²⁷¹ Et .i. Tim. iiii. Spiritus manifeste dicit, quia in novissimis temporibus discedent quidam a fide attendentes spiritibus erroris, et doctrinis daemoniorum, in hypocrisi loquentium mendacium, et cauteriatam habentium suam conscientiam, prohibentium nubere et abstinere a cibis, quos deus creavit ad percipiendum cum gratiarum actione fidelibus et his qui cognoverunt veritatem.²⁷²

Ecce non solum hic probatur potestas papisticarum doctrinarum et legum, sed etiam admonitio nostri, ut ab iis pseudo magistris caveamus, qui cerimoniis hic et illic Christum ostentantibus, nos a fide syncaera alienant. Nam et Daniel .viii. praedixit Antichristum fore regem impudentem facie, hoc est, sicut Hebreus habet.²⁷³ Potentem speciebus, pompis et cerimoniis externorum operum, extincto interim spiritu fidei, sicut videmus impletum, tot religionibus, ordinibus, collegiis, ritibus, vestibus, gestibus, edificiis, statutis, regulis, observantiis, ut numerum nominum eorum vix recites, quorum nullus Evangelium curat, donec irrita facta sint omnia mandata dei, praesertim | princeps iusticie fides Christi, propter traditiones has hominum impiorum. Et haec quidem milites fecerunt. Et haec regno Antichristi conveniebant.

VICESIMUS OCTAVUS

Si Papa cum magna parte Ecclesiae sic vel sic sentiret, nec etiam erraret, adhuc non est peccatum, aut heresis contrarium sentire, praesertim in re non ad salutem, donec fuerit per Concilium universale, alterum reprobatum, alterum approbatum.²⁷⁴

Haec in indulgentiis dixi, minus tunc rerum peritus. Stulte enim dixi, quare articulum damno ipsemet, cum enim in eo quaestio, de rebus non necessariis ad salutem versetur, non debui Papae aut Concilio tribuere, tantum potestatis, ut e non necessaria re, necessariam facere possent. Sed sic debui dicere, sicut et nunc dico. Si Papa et Concilium sic desiperent, ut in rebus non necessariis ad salutem determinandis, tempus et studia perderent, habendi et contemnendi essent pro fatuis et insanis, cum omnibus suis determinationibus larvalibus, cum tam multa sint necessaria ad salutem, quae sola tractari oporteat. Talis autem fatuitas est, quod de indulgentiis,²⁷⁵ de primatu Papae,²⁷⁶ de

---

²⁷¹ Mt 24, 23-25. ²⁷² 1Tim 4,1-3. ²⁷³ Dan 8,23-26 (Vg). ²⁷⁴ Luther: Resolutiones disputationum de indulgentiarum virtute; WA 1,583,5-8; vgl. StA 2,387,13-16 u. DH 1478. ²⁷⁵ Leo X.: Cum postquam 1518; DH 1447-1449. ²⁷⁶ S. o. 158, Anm. 244; 168, Anm. 262.

klar, dass in den letzten Zeiten etliche vom Glauben abfallen werden und anhangen den Geistern des Irrtums und den Lehren der Dämonen, die in Heuchelei Lügen reden und Brandmale in ihrem Gewissen haben, die verbieten zu heiraten und [gebieten], sich von Speisen fernzuhalten, die Gott geschaffen hat den Gläubigen und denen, welche die Wahrheit erkannt haben, sie mit Danksagung zu empfangen."

Siehe, hier wird nicht nur die Macht der papistischen Lehren und Gesetze erwiesen, sondern auch die Ermahnung an uns, dass wir uns von diesen Lügenlehrern fernhalten, die mit Zeremonien, die hier und dort Christus vorzeigen [sollen], uns vom reinen Glauben entfremden. Denn auch Daniel 8 hat vorausgesagt, dass der Antichrist der äußeren Erscheinung nach ein unverschämter König sein werde, das heißt, wie es der hebräische [Text] hat, mächtig an äußeren Erscheinungen, an Pracht und Zeremonien der äußeren Werke, während der Geist des Glaubens ausgelöscht ist. So sehen wir es erfüllt in so vielen Gottesdiensten, Orden, Kollegien, Riten, Gewändern, Gesten, Bauwerken, Statuten, Regeln, Observanzen, dass du die Zahl ihrer Namen kaum aufsagen kannst, wovon nichts sich um das Evangelium schert – bis alle Gebote Gottes um dieser Traditionen der gottlosen Menschen willen ungültig gemacht sind, vor allem der Fürst der Gerechtigkeit, der Glaube an Christus. Und dies [alles] hat allerdings Krieger hervorgebracht, und das [alles] passte zum Reich des Antichristen.

XXVIII.
WENN DER PAPST MIT EINEM GROSSEN TEIL DER KIRCHE SO ODER SO URTEILTE UND SICH DABEI NICHT IRRTE, SO IST ES [DOCH] NOCH KEINE SÜNDE ODER KETZEREI, GEGENTEILIGER MEINUNG ZU SEIN, BESONDERS IN EINER SACHE, DIE NICHT HEILSNOTWENDIG IST, BIS DURCH EIN ALLGEMEINES KONZIL DAS EINE VERWORFEN, DAS ANDERE ANGENOMMEN WIRD.

Ich habe dies zu den Ablässen gesagt, damals in diesen Dingen [noch] weniger kundig. Ich habe nämlich dumm gesprochen: Deswegen verdamme ich [jetzt] diesen Artikel selbst. Weil nämlich in ihm eine Frage über nicht heilsnotwendige Dinge behandelt wird, durfte ich nicht dem Papst oder einem Konzil so viel Macht beilegen, dass sie aus einer nicht notwendigen eine notwendige Sache machen könnten. Sondern ich hätte so sagen müssen, wie ich auch jetzt sage: Wenn der Papst und ein Konzil so töricht wären, dass sie zum Festlegen von nicht heilsnotwendigen Dingen Zeit und Mühe verschwenden würden, müssten sie für Narren und Verrückte gehalten und mit all ihren gespenstischen Festsetzungen verachtet werden, weil es so vieles Heilsnotwendige gibt, was allein zu behandeln ist. Solche Narrheit aber ist, was sie über die Ablässe, über den

transsubstantiatione panis,²⁷⁷ et infinitis aliis nugis, ad rem nihil pertinentibus, sepius in conciliis determinaverunt, de quibus Paulus .i. ad Timo. iiii. Stultas autem et aniles fabulas devita.²⁷⁸

Laudo ergo egregiam Bullam istam, quae Papae et Concilio tribuit negocium, rerum non necessariarum ad salutem, neque enim digni sunt alio negotio, quam ut statuant, definiant, servent, aliena, impertinentia et non necessaria ad salutem. Quid enim illis et saluti? Sed et Bulla ipsa, ut proles imitetur parentes suos, fere non laborat, nisi in articulis ad rem prorsus nihil pertinentibus. Cum ergo e non necessariis necessaria faciant, et haec, neglectis interim fidei documentis pro articulis, obtrudant populo dei, non intelligimus adhuc eos, operante Satana, operationibus erroris Ecclesiam vastare? Quid enim potest esse nisi error, quod cum necessarium non sit, necessarium arbitrio hominum efficitur? ut hominum spem edificent super arenam,²⁷⁹ ut credant necessarium, quod necessarium non est. O vos impiissimi animarum seductores, quam scelerate illuditis populo dei,

Igitur sive Papa, sive pars, sive Concilium sic aut sic sentiat, nemhil debet esse preiudicium, sed abundet quisque in sensu suo,²⁸⁰ in eis rebus, quae necessariae non sunt ad salutem. In libertatem enim vocati sumus,²⁸¹ ut non sit necesse credere verum, quod alius homo sentit vel dicit, contenti eis credere, quae in scripturis docti sumus. Si vero Papa poterit ullo iota probare, se habere ius condendi etiam minimam legis literam, nedum articulos | fidei statuendi, libenter haec revocabo. Usum et praesumptionem, quibus hactenus praevaluit, non curo, Scripturas sanctas quaero, quandoquidem omnia, quae in ecclesia fiunt, e scripturis sanctis, autoritatem et exemplum habere debent. Sicut dicit Deuterom. iiii. Non addetis ad verbum quod loquor vobis, nec aufferetis ex eo. Et Zach. ii. Legem dei requirent ex ore sacerdotis, quia angelus domini exercituum est.²⁸²

VICESIMUS NONUS.

Via nobis facta est enervandi autoritatem conciliorum et libere contradicendi eorum gestis et iudicandi eorum decreta et confidenter confi-

---

²⁷⁷ S. o. 168, Anm. 259. ²⁷⁸ 1Tim 4,7. ²⁷⁹ Mt 7,24–27. ²⁸⁰ Röm 14,5. ²⁸¹ Gal 5,13.
²⁸² Dtn 4,2, Sach [richtig: Mal] 2,7.

Primat des Papstes, die Wandlung der Substanz des Brotes und unendlich viele andere Nichtigkeiten, die zur Sache nichts beitragen, in Konzilien häufig festgesetzt haben. Darüber sagt Paulus in 1Tim 4: „Dumme Altweiberfabeln aber meide!"

5 Ich lobe also diese hervorragende Bulle, die dem Papst und dem Konzil die Beschäftigung mit nicht heilsnotwendigen Dingen gewährt. Sie sind nämlich auch keiner anderen Aufgabe würdig, als Fremdes, nicht zur Sache Gehöriges und nicht Heilsnotwendiges festzulegen, zu definieren und zu bewahren. Was nämlich haben diese Dinge mit
10 dem Heil zu tun? Aber auch die Bulle selbst, wie ein Kind seine Eltern nachahmt, arbeitet fast nur an Artikeln, die überhaupt nicht zur Sache gehören. Da sie also aus dem nicht [Heils-]Notwendigen Notwendiges machen und dieses – unter einstweiliger Vernachlässigung der Dokumente des Glaubens – dem Volk Gottes als Artikel [des Glaubens] auf-
15 drängen, erkennen wir nicht, dass sie bis heute, durch Satans Wirken, mit ihrem Wirken des Irrtums die Kirche verwüsten? Was nämlich kann das anderes sein als Irrtum, was, obwohl es nicht notwendig ist, durch Willkür von Menschen notwendig gemacht wird? So dass sie die Hoffnung der Menschen auf Sand bauen, damit diese glauben, notwen-
20 dig sei, was nicht notwendig ist. O ihr gottlosesten Seelenverführer, wie verbrecherisch täuscht ihr das Volk Gottes!

Wenn also der Papst oder eine Gruppe oder ein Konzil so oder so denkt, darf dies für niemanden eine Vorentscheidung sein, sondern jeder sei seiner Meinung gewiss in den Dingen, die nicht heilsnotwen-
25 dig sind. Denn zur Freiheit sind wir berufen, so dass es nicht notwendig ist, als wahr zu glauben, was ein anderer Mensch denkt oder sagt; [denn wir sind damit] zufrieden, dem zu glauben, wovon wir in den Schriften belehrt sind. Wenn aber der Papst mit irgendeinem Jota erweisen wird, er habe das Recht, auch den geringsten Buchstaben des
30 Gesetzes zu verfassen, ja, sogar Glaubensartikel aufzustellen, werde ich dieses gerne widerrufen. Die Gewohnheit und die Anmaßung, mit denen er bisher das Übergewicht hatte, bekümmern mich nicht; die Heiligen Schriften frage ich, da nun einmal alles, was in der Kirche geschieht, aus den Heiligen Schriften Autorität und Beispiel haben
35 muss. Wie Dtn 4 sagt: „Ihr sollt nichts dazutun zu dem Wort, das ich zu euch spreche, und sollt auch nichts davontun." Und Mal 2: „Die Weisung des Herrn werden sie aus dem Munde des Priesters suchen, weil er ein Engel des Herrn Zebaoth ist."

40   XXIX.
UNS STEHT DER WEG OFFEN, DIE AUTORITÄT DER KONZILIEN ZU ERSCHÜTTERN UND IN FREIHEIT IHREN ABSCHIEDEN ZU WIDER-

tendi, quicquid verum videtur, sive probatum, sive reprobatum fuerit a quocunque Concilio.[283]

Quam maligniter et insidiose sanctissimus ille Christi vicarius captat mea verba. Sic enim ponit hunc articulum, ac si ego voluerim Conciliis resisti pro cuiusvis libidine. Ego enim docui Conciliis dissentire et resistere, si quando contraria vel scripturae vel sibi ipsis statuissent. Scripturam, inquam, volo iudicem esse Conciliorum,[284] Quod dixi, propter concilia illa novissima, in quibus nihil definitum est, iuxta scripturas, sed omnia secundum mera hominum statuta et somnia, si qua optima statuta sunt, ut potius hominum conciliabula, quam Ecclesiae concilia dicere possis. Nam quid Constantiae statutum sit, videbimus infra.

Quod si etiam nunc dicerem cuilibet pro libidine licere Conciliis resistere, recte dicerem, quia articulo praecedente confitetur sanctissimus vicarius dei, se in Conciliis determinare ea, quae non necessaria sunt ad salutem, eaque posse vertere in necessaria, ideo non solum resisti ei licebit, sed etiam sicut delyrum aut morionem rideri a morionibus oportet, ut qui in rebus sacris tanta vel levitate vel amentia etiam iocari et nugari tum audeat ipse, tum cogat alios.

Adduxi autem pro mea sententia Panormitanum de electione cap. Significasti, dicentem, plus esse credendum uni privato fideli quam toti Concilio, aut Papae, si meliorem autoritatem vel rationem habeat.[285] Cur hunc non damnavit sanctissimus Christi vicarius? Quid in meis verbis odiose criminatur, quae aliunde pendent? si uni privato plus credendum est quam Concilio, in aliquo casu, nonne autoritas Conciliorum quoque subiecta est eidem privato fideli? Sed finge Panormitanum hoc non dixisse, quid ad Paulum dicemus, qui Gal. i. dicit, Si angelus de coelo aliud Evangelisaverit, anathema sit?[286] Vide hic sanctissime Papa, Paulus anathema iubet esse etiam si Angelus de coelo aliud docuerit. En quanto magis anathema esse debet, | si Papa de terra vel Concilium de inferno aliud docuerint.

---

[283] Luther: Resolutiones Lutherianae super propositionibus suis Lipsiae disputatis; WA 2,406,1 f.; 404,15-17; vgl. StA 2,388,16-19 u. DH 1479.   [284] Luther: Resolutiones Lutherianae super propositionibus suis Lipsiae disputatis; WA 2,404,32-405,10.   [285] Nicolaus de Tudeschis, gen. Panormitanus: Commentaria primae partis in primum decretalium librum lib. 1 tit. 6 cap. 4; vgl. StA 2,389, Anm 936   [286] Gal 1,8.

SPRECHEN UND IHRE DEKRETE ZU BEURTEILEN UND TREULICH ZU BEKENNEN, WAS WAHR ZU SEIN SCHEINT, SEI ES ANGENOMMEN, SEI ES VERWORFEN VON IRGENDEINEM KONZIL.

Wie boshaft und hinterhältig fasst jener allerheiligste Stellvertreter Christi meine Worte auf! Er stellt nämlich diesen Artikel so hin, als ob ich wollte, dass den Konzilien nach jedermanns Belieben widerstanden werde. Aber ich habe gelehrt, den Konzilien zu widersprechen und zu widerstehen, wenn sie irgendwann Widersprechendes, entweder der Schrift oder sich selbst, festsetzen. Ich will, sage ich, dass die Schrift Richter über die Konzilien ist. Das habe ich um jener neuerlichen Konzilien willen gesagt, in denen nichts gemäß den Schriften beschlossen worden ist, sondern alles gemäß rein menschlichen Festsetzungen und Träumen, selbst wenn sie aufs Beste festgesetzt worden sind, so dass du sie eher Marktplätze der Menschen als Konzilien der Kirche nennen könntest. Denn was in Konstanz beschlossen worden ist, werden wir unten sehen.

Wenn ich nun auch gesagt hätte, dass jedem nach Belieben erlaubt sei, den Konzilien zu widerstehen, hätte ich doch recht geredet, weil im vorangegangenen Artikel der allerheiligste Stellvertreter Gottes bekennt, er setze in Konzilien Dinge fest, die nicht heilsnotwendig sind, und er könne diese in notwendige verkehren. Daher wird es nicht nur erlaubt sein, ihm zu widerstehen, sondern er muss auch wie ein Wahnsinniger oder ein Narr von Narren dafür ausgelacht werden, dass er, der in heiligen Dingen mit solcher Leichtigkeit und solchem Unverstand einerseits selbst sogar zu scherzen und zu tändeln wagt, andererseits andere zwingt.

Ich habe aber für meine Meinung den Panormitanus ‚De electione, cap. Significasti' herangezogen. Der sagt, mehr sei einem einzigen gewöhnlichen Gläubigen zu glauben als einem ganzen Konzil oder dem Papst, wenn er die bessere Autorität oder den [besseren] Grund für sich hat. Warum nun hat der allerheiligste Stellvertreter Christi diesen nicht verdammt? Wieso wird in meinen Worten das voller Hass verleumdet, was auf anderswo Gesagtem beruht? Wenn einem einzigen Privatmann in einem bestimmten Fall mehr zu glauben ist als einem Konzil, ist dann nicht die Autorität der Konzilien auch demselben privaten Gläubigen unterworfen? Aber stell dir vor, Panormitanus hätte das nicht gesagt – was werden wir zu Paulus sagen, der in Gal 1 sagt: „Wenn ein Engel vom Himmel ein anderes Evangelium predigen würde, verflucht sei er?" Siehe hier, allerheiligster Papst, Paulus gebietet, auch wenn ein Engel vom Himmel etwas anderes lehrte – verflucht müsste er sein. Um wie viel mehr muss dann verflucht sein, wenn der Papst von der Erde oder ein Konzil von der Hölle etwas anderes lehren.

Idem .i. Corin. xiiii. Quod si sedenti revelatum fuerit, prior taceat.²⁸⁷ Nonne et hic Apostolus, docenti et maiori obstruit os, ubi sedenti, et inferiori aliquid fuerit revelatum, et plane maiorem subiicit minori? Quid ergo sibi arrogat Papa et Concilium, contra haec scripturae sanctae exempla et documenta? Paulus etiam reprehendit Petrum Gal. ii. et Iacobus Act. xv. mutavit Petri sententiam.²⁸⁸ Nec ipsi Apostoli in suo Concilio quicquam statuerunt de sola praesumptione spiritus, sed per scripturas sua probaverunt.²⁸⁹ At nos incomparabiliter minores, statim ut nobis quicquam rectum visum fuerit, Concilii titulo in articulum fidei vertimus.

TRICESIMUS.

Aliqui articuli Ioannis huss condemnati in Concilio Constantiensi, sunt Christianissimi verissimi et Evangelici, quos nec universalis Ecclesia posset damnare.²⁹⁰

Erravi et hunc articulum revocavi,²⁹¹ et adhuc revoco, in hoc quod dixi, aliquos articulos Ioannis huss esse Evangelicos. Quare nunc sic dico. Non aliquos, sed omnes articulos Ioannis huss Constantiae esse damnatos,²⁹² ab Antichristo et suis Apostolis in synagoga illa Satanae,²⁹³ ex sceleratissimis Sophistis congregata. Et in faciem tuam, sanctissime Vicarie dei tibi libere dico, omnia damnata Ioannis huss esse Evangelica et Christiana, tua autem omnia prorsus impia et diabolica. Ecce revocationem, quam tua Bulla exegit. Quid vis amplius?

Secundo non recte faciunt, qui me hussitam vocant. Non enim mecum ille sentit, sed si ille fuit haereticus, ego plus decies haereticus sum, cum ille longe minora et pauciora dixerit velut inchoans lucem veritatis aperire. Hoc ideo dico, ut intelligat lector, quam scelerati et impii fuerint homicidae illi Constantiensis Concilii Pontifices et Pharisei, qui illum exusserint, cum ego me fatear Christianum, nolimque eorum damnationem agnoscere. Nisi forte ideo permissus est exuri, quia non parum detulit Romano idolo, et suis Satanicis statutis operationibusque erroris. Conatus enim fuit vir ille et pius et doctus, id quod et ego in principio conabar, ut Decretis Papalibus veritatis opinio salva

---

²⁸⁷ 1Kor 14,30.   ²⁸⁸ Gal 2,14; Apg 15,7-11.13-21.   ²⁸⁹ Apg 15,15-18.   ²⁹⁰ Disputatio I. Eccii et M. Lutheri Lipsiae habita; WA 2,279,11-13; vgl. StA 2,389,13-15 mit Anm. 939.   ²⁹¹ Luther: Operationes in psalmos; WA 5,451,29-452,9.   ²⁹² DH 1201-1230.   ²⁹³ Offb 2,9.

Derselbe [sagt] 1Kor 14: „Wenn einem, der da sitzt, eine Offenbarung zuteil wird, so schweige der erste." Hat nicht auch hier der Apostel dem Lehrenden und Größeren den Mund gestopft, sobald dem Sitzenden und [damit] Niedrigeren irgendetwas offenbart wird, und geradezu den Größeren dem Kleineren unterworfen? Was also maßen sich Papst und Konzil gegen diese Beispiele und Zeugnisse der Heiligen Schrift an? Paulus tadelt auch Petrus, Gal 2, und Jakobus hat in Apg 15 die Meinung des Petrus verändert. Auch selbst Apostel haben in ihrem Konzil keinen Beschluss allein aus Anmaßung des Geistes gefasst, sondern ihre Ansichten durch die Schriften erwiesen. Aber wir ungleich Geringeren verwandeln, sobald uns etwas als richtig erscheint, dies unter dem Ehrennamen eines Konzils in einen Glaubensartikel!

XXX.

EINIGE ARTIKEL DES JOHANNES HUS, DIE IM KONZIL ZU KONSTANZ VERDAMMT WORDEN SIND, SIND GANZ CHRISTLICH, UNBEDINGT WAHR UND EVANGELISCH, DIE AUCH DIE UNIVERSALE KIRCHE NICHT VERDAMMEN KÖNNTE.

Ich habe mich geirrt und diesen Artikel widerrufen und widerrufe ihn noch. Und zwar darum, weil ich gesagt habe, einige Artikel des Johannes Hus seien evangelisch. Daher sage ich nun so: nicht einige, sondern alle Artikel des Johannes Hus, die in Konstanz vom Antichristen und seinen Aposteln in jener Synagoge Satans verdammt worden sind, die sich aus den verbrecherischsten Sophisten zusammensetzte. Und in dein Gesicht, allerheiligster Stellvertreter Gottes, sage ich dir frei hinein, dass alles, was von Johannes Hus verdammt wurde, evangelisch und christlich ist, all deines aber ganz und gar gottlos und teuflisch. Schau, hier hast du den Widerruf, den deine Bulle verlangt hat. Was willst du mehr?

Zweitens. Die mich einen Hussiten nennen, tun dies nicht zu Recht. Denn jener denkt nicht wie ich; vielmehr: Wenn er ein Häretiker war, bin ich zehnmal mehr ein Häretiker, weil er weit Geringeres und Kleineres gesagt hat, indem er gleichsam begann, das Licht der Wahrheit zu enthüllen. Das sage ich deshalb, damit der Leser erkenne, was für verbrecherische und gottlose Mörder jene Bischöfe und Pharisäer des Konstanzer Konzils gewesen sind, die ihn verbrannten, während ich mich als Christ bekenne und ihr Verdammungsurteil nicht anerkennen will. Außer es war vielleicht deswegen erlaubt [ihn] zu verbrennen, weil er nicht gerade wenig dem römischen Götzenbild und seinen satanischen Statuten und Bewirkungen des Irrtums Abtrag tat. Jener sowohl fromme als auch gelehrte Mann hat nämlich versucht, was auch ich am Anfang versuchte: dass den päpstlichen Dekreten die Meinung, sie seien

maneret. At iis salvis, ipsum perire necesse erat una cum Christo et fide et veritate.

Igitur Ioannes huss, non repugnare videtur, quo minus sit Monarchia Papae, hoc tantum agit, impium pontificem non esse membrum Ecclesiae, | multo minus Papam, ferendum tamen, sicut quemvis alium tyrannum.[294] Ego vero etiam si sanctus Petrus hodie praesideret Romae, negabo Romanum Episcopum esse Papam. Papa enim res ficta est in mundo, neque fuit, neque est, neque erit, sed fingitur esse. Quare ipsam sedem Bestiae[295] nego, nihil moratus, sit ne bonus an malus, qui in eo sedet. Sedes, inquam, quae sit super omnes sedes, nulla est in Ecclesia super terram, iure divino, sed omnes sunt aequales. Quia una fides, unum baptisma, unus Christus, unus pater, qui operatur omnia in omnibus, qui est super omnia per omnia et in omnibus Eph. iiii.[296] Deinde Decretales Papae non dico Apocryphas, sicut Viglephus et huss dicere iactantur,[297] sed impias et Christo adversarias, solo spiritu Satanae efflatas, qua causa et eas exussi cum fiducia.

Forsassis et in hoc peccavit Ioannes huss, quod duodecim Consilia Evangelica fecit,[298] cum non sit nisi unicum virginitatis sive coelibatus. In qua tamen re, deceptus est, per impiam Thomae et Thomistarum Theologiam.[299] Ita boni isti viri ea, quae in Ioanne huss, optima sunt damnaverunt, quae vero non bona, probaverunt. Articulos ergo Ioannis huss damnatos omnes suscipio, paratus defendere eos, per Christi gratiam, invito illo rerum portento, et abominatione, quae sedet in loco sancto.[300] Verum omnia Ioannis huss et si ab illis probata, non admitto, ut dixi.

TRICESIMUS PRIMUS.
In omni opere bono, iustus peccat.[301]

Finitis tandem articulis illis nugalibus, in quibus nec pietas, nec eruditio doceri vel audiri potuit, sed de superbia et abusu Romanae abominationis coacti sumus perdere verba, operas et tempus, revertimur nunc ad res serias et salutares, nempe ad gratiam, liberum arbitrium peccatum, de gloria hominum ad gloriam dei transeuntes, de quibus rebus et primis articulis non nihil tractavimus.

---

[294] Hus: De ecclesia, 18. [295] Offb 16,10. [296] 1Kor 12,6; Eph 4,6. [297] John Wyclif: Dialogus 7,13; ders.: Trialogus 4,6; DH 1188. [298] Hus: De ecclesia, 17. [299] Thomas von Aquin: Summa theologica 2 II qu. 184. [300] 2Thess 2,4; Mk 12,22; Mt 24,15. [301] Luther: Resolutiones Lutherianae super propositionibus suis Lipsiae disputatis; WA 2,416,36; vgl. StA 2,390,19 u. DH 1481.

Wahrheit, unversehrt erhalten bliebe. Aber während diese unversehrt blieben, musste er notwendigerweise zusammen mit Christus und dem Glauben und der Wahrheit zu Grunde gehen.

Also scheint Johannes Hus nicht zu widersprechen, dass es eine Alleinherrschaft des Papstes gibt; das nur vertritt er, dass ein gottloser Papst kein Glied der Kirche und umso weniger Papst sei, dennoch sei er zu ertragen wie irgendein anderer Gewaltherrscher. Ich aber, auch wenn heute der Heilige Petrus Rom vorstünde, werde verneinen, dass der römische Bischof der Papst ist. Der Papst ist nämlich eine erdichtete Sache in der Welt, die weder war noch ist noch sein wird, sondern ein Hirngespinst ist. Daher verneine ich den Thron des Tieres [der Apokalypse] selbst, unbekümmert, ob es ein Guter oder ein Böser ist, der darauf sitzt. Einen Thron, sage ich, der über allen [Bischofs-]Sitzen sein soll, gibt es nach göttlichem Recht in der Kirche auf Erden nicht, sondern alle sind gleich. Denn es ist *ein* Glaube, *eine* Taufe, *ein* Christus, *ein* Vater, der alles in allem wirkt, und der über allem, durch alles und in allem ist, Eph 4. Ferner nenne ich die Dekretalen des Papstes nicht ‚Apokryphen‘, wie Wiclif und Hus gesagt haben sollen, sondern ‚gottlos‘ und ‚Christus feind‘, allein durch den Geist des Satans eingegeben. Aus diesem Grund habe ich sie auch vertrauensvoll verbrannt.

Vielleicht hat Johannes Hus auch darin gesündigt, dass er zwölf evangelische Ratschläge aufgestellt hat, obwohl es nur einen einzigen über die Jungfrauschaft oder den Zölibat gibt. In dieser Sache hat er sich allerdings durch die gottlose Theologie des Thomas und der Thomisten täuschen lassen. So haben diese guten Männer das, was bei Johannes Hus am besten ist, verdammt, was aber nicht gut ist, gebilligt. Ich nehme also alle verdammten Artikel von Johannes Hus an [und bin] bereit, sie durch die Gnade Christi zu verteidigen, gegen den Willen jenes Gräuels und Scheusals, das am heiligen Ort sitzt. Ich lasse aber, wie ich gesagt habe, nicht alles von Johannes Hus zu, auch wenn es von ihnen gutgeheißen worden ist.

XXXI.
In jedem guten Werk sündigt der Gerechte.

Nachdem wir endlich jene nichtsnutzigen Artikel abgeschlossen haben, in denen weder Frömmigkeit noch Bildung gelehrt oder gehört werden konnten, sondern wir über die Überheblichkeit und den Missbrauch des römischen Scheusals gezwungen waren, Worte, Mühen und Zeit zu verlieren, kehren wir nun zurück zu ernsten und heilsamen Dingen, nämlich zur Gnade, zum freien Willen und zur Sünde, und gehen von der Ehre der Menschen zur Ehre Gottes über. Von diesen Dingen haben wir auch in den ersten Artikeln einiges wenige behandelt.

Hunc autem articulum ego in Galatis meis,³⁰² deinde in resolutionibus,³⁰³ atque adversus doctrinales damnatores, et incendiarios Lovanienses,³⁰⁴ tam copiose, praeterea eundem duo eruditissimi viri Theologi D. Andreas Carlstadius, et Ioannes Dolitius aeditis libris³⁰⁵ sic declararunt, ut in adversariis incredulis nihil aliud videam, quam aures aspidis surdae et obturantis auditum suum,³⁰⁶ seu ut Apostolus ait, ad fabulas eos conversos, a veritate auditu averso.³⁰⁷ | Quid illi admittent, qui nubes has testimoniorum³⁰⁸ sanctorum non admittunt? Attamen instandum est mandante eodem Paulo, oportune, importune, ob hoc ipsum quod sanam doctrinam nolunt sustinere.³⁰⁹

Quid ergo meum articulum damnant? damnent illud Esaiae .lxiiii. Et facti sumus immundi omnes nos, et quasi pannus menstruatae, universae iustitiae nostrae, Et illud Eccle. vii. Non est homo iustus in terra, qui faciat bonum et non peccet,³¹⁰ Obsecro, qui universas nostras iustitias immundas dicit, nonne omne opus bonum, peccato pollutum asserit? damnent et illud Psal. cxlii. Non intres in iuditium cum servo tuo, quia non iustificabitur in conspectu tuo omnis vivens.³¹¹ Deus enim iustus iudex, bonum opus damnare non potest, cum autem hic dicat, non iustificari ullum viventem etiam servum dei, planum est, nullum opus bonum posse iustum iudicium dei sustinere, quare nec plene bonum est.

Et ad ea, quae primis articulis diximus redeundo,³¹² probavimus hominem sanctum, spiritu concupiscere adversus carnem, et carne adversus spiritum, esseque per haec duo cum Apostolo Paulo, servum peccati secundum carnem, et servum dei secundum mentem,³¹³ ac per hoc persona ipsa iusti, partim est iusta, partim peccatrix. Si ergo omnis persona simul peccatrix est dum iusta est,³¹⁴ quid evidentius sequi potest, quam ut opus quoque partim sit bonum, partim malum? cum Christus dicat et natura monstret, talem esse fructum, qualis est arbor,³¹⁵ vitium arboris certe in fructu sentitur. Non enim bona opera faciunt iustum (ut saepe diximus).³¹⁶ sed iustus facit bona opera, at talia faciat (necesse est) qualis est ipse, imperfectus imperfecta, iustus iusta, malus mala. Si haec ratio et autoritas non movet, nescio quid movere possit.

---

302 Luther: In epistolam Pauli ad Galatas commentarius; WA 2,584,35-587,19.
303 Luther: Resolutiones Lutherianae super propositionibus suis Lipsiae disputatis; WA 2,411,39-412,7; 416,35-417,28. 304 Luther: Responsio ad condemnationem doctrinalem per Magistros nostros Lovanienses et Colonenses factam; WA 6,190,26-191,16. 305 Andreas Bodenstein aus Karlstadt: Epistola adversus ineptam et ridiculam inventionem Ioannis Eccii ... 1519; Johannes Dölsch: Contra doctrinalem condemnationem ... Defensio 1519: vgl. WA 6,171. 306 Ps 58/Vg 57,5. 307 2Tim 4,4. 308 Hebr 12,1. 309 2Tim 4,2 f. 310 Jes 64,6; Koh 7,21. 311 Ps 143/Vg 142,2. 312 S. o. 97, 25-106,30; 126,1-17. 313 Gal 5,17; Röm 7,22 f.; Röm 6. 314 Luther: Vorlesung über den Römerbrief; WA 56,270. 315 Mt 7,17 f. 316 So z. B. Luther: Tractatus de libertate

Diesen Artikel aber habe ich in meinem Galaterkommentar, dann in den Resolutionen und in „Gegen die gelehrten Verdammer und Brandstifter von Löwen" reichlich [erklärt]; außerdem haben denselben zwei sehr gelehrte Theologen, Dr. Andreas Karlstadt und Johannes Dölsch, in ihren erschienenen Büchern so erklärt, dass ich bei den ungläubigen Gegnern nichts anderes sehe als Ohren einer tauben und ihr Gehör verstopfenden Natter oder, wie der Apostel sagt, solche, die sich zu Fabeln gekehrt und die Ohren von der Wahrheit abgewandt haben. Was werden jene [überhaupt noch] zulassen, die diese Wolken der heiligen Zeugnisse nicht zulassen? Dennoch ist nach dem Gebot desselben Paulus zu beharren, es sei zu rechter Zeit oder zu Unzeit, [und zwar] gerade deswegen, weil sie die gesunde Lehre nicht ertragen wollen.

Was verdammen sie also meinen Artikel? Sollen sie doch jenes [Wort] aus Jes 64 verdammen: „Wir sind allesamt unrein, und wie ein verunreinigtes Kleid sind alle unsere Gerechtigkeiten." Und jenes aus Pred 7: „Es ist kein Mensch so gerecht auf Erden, dass er Gutes tue und nicht sündige." Ich beschwöre [sie]: Der alle unsere Gerechtigkeiten unrein nennt, behauptet der nicht als wahr, jedes gute Werk sei von der Sünde befleckt? Sie sollten auch jenes [Wort] aus Ps 142 verdammen: „Gehe nicht ins Gericht mit deinem Knecht, denn vor dir wird kein Lebendiger gerechtfertigt." Denn Gott, der gerechte Richter, kann ein gutes Werk nicht verdammen; wenn er aber hier sagt, dass kein Lebender, auch kein Knecht Gottes, gerechtfertigt wird, so ist klar, dass kein gutes Werk das gerechte Gericht Gottes ertragen kann – weshalb es auch nicht völlig gut ist.

Und um zu dem, was wir in den ersten Artikeln gesagt haben, zurückzukehren: Wir haben erwiesen, dass ein heiliger Mensch im Geist gegen das Fleisch aufbegehrt und im Fleisch gegen den Geist, und dass er durch diese beiden mit dem Apostel Paulus ein Knecht der Sünde nach dem Fleisch und ein Knecht Gottes nach dem Geist ist und dass dadurch gerade die Person des Gerechten teils gerecht ist, teils Sünderin. Wenn also jede Person zugleich Sünderin ist, während sie gerecht ist, was kann klarer folgen, als dass auch das Werk teils gut ist, teils schlecht? Da doch Christus sagt und die Natur zeigt, dass die Frucht so ist wie der Baum [und] der Mangel des Baumes in der Frucht gespürt wird. Denn nicht die guten Werke machen gerecht (wie wir oft gesagt haben), sondern der Gerechte tut gute Werke: Er tut aber (notwendigerweise) solche, die seiner Beschaffenheit entsprechen – der Unvollkommene unvollkommene, der Gerechte gerechte, der Böse böse. Wenn dieser Grund und diese Autorität nicht beeindrucken, weiß ich nicht, was [dann noch] Eindruck machen könnte.

Forte dicent et admittent, Iustum in opere bono deficere quidem, sed non peccare. Verum superius abunde probavi, hunc defectum esse vere peccatum. Est enim omissio, illius praecepti. Diliges dominum deum ex toto corde tuo, ex omnibus viribus tuis, ex tota anima,[317] cum autem caro resistat spiritui, clarum est, quod vires carnis non diligant deum, ac per hoc peccant in hoc praeceptum. Si enim sic elabi volunt, per nomen defectus, ne peccatum cogantur admittere. Elabar et ego, et dicam adulterium non esse peccatum sed defectum. Qua enim ratione illud carnis concupiscere contra spiritum,[318] non est peccatum, eadem et adulterari non erit peccatum, quanquam ut dixi proprium sit eorum inventum, appellare defectum, quod scriptura peccatum appellat. Et sicut ipsi fabulantur, suos defectus non esse contra legem, sed defectiones a lege, ita ego quoque negabo, adulterium esse contra legem, sed solum defectum a lege.

Et quid faciunt his suis loquutionibus, nisi quod aliis quidem verbis, idem quod pelagiani docent? An referre putas, quibus verbis veritatem cludas et mendacium statuas? Quid enim ex ea doctrina capit auditor, quam | se post acceptam gratiam, mundum esse et iam gratia ad peccati ulterioris purgationem non egere? id quod propriissime pelagianum est, sed sub verbis catholicis propositum. Ita Christo non habent opus ad iusticiam, nisi in primo instanti contritionis, nisi quod pelagiani, nec ipso primo instanti, gratia indigere voluerunt.

Cur non damnant Gregorium super Iob .ix. dicentem Sanctus vir. Quia omne meritum virtutis nostrae vitium esse conspicit, si ab interno arbitro, districte iudicetur, ideo recte, subiungit. Si voluerit contendere cum eo, non poterit ei unum respondere pro mille.[319] Nonne articulum hunc meum hic Gregorius evidenter docet? Idem super illud eiusdem. Si habuero quippiam iustum, non respondebo, sed meum iudicem deprecabor.[320] Ut enim (inquit.) saepe diximus, omnis humana iusticia iniusticia esse convincitur, si districte iudicetur. Et Augustinus lib. ix. confessionum. Ve hominum vitae quantumcunque laudabili, si remota misericordia iudicetur.[321] Vides ergo, o miser Sanctissime, quorum sententias impia tua Bulla damnaris? certum est cum his Scripturae et patrum sententiis permanere, et te idolum abominationis, cum

---

Christiana; StA 2,288,26–290,21/WA 7,61,26–62,14/LDStA 2 bzw. ders.: Von der Freiheit eines Christenmenschen; StA 2,289,26–291,20/WA 7,32,4–34.   [317] Lk 10,27.   [318] Gal 5,17.   [319] Gregorius Magnus: Moralia sive expositio in Ijob 9,2 f.   [320] Gregorius Magnus: Moralia sive expositio in Ijob 9,10.   [321] Augustinus: Confessiones 9,13,34 (hier statt ‚quantum cunque' sinngleich ‚etiam').

Vielleicht werden sie sagen und zugeben, dass der Gerechte in einem guten Werk zwar fehlen kann, aber [deswegen] nicht sündige. Ich habe aber oben schon im Überfluss erwiesen, dass dieser Defekt wahrhaft Sünde ist. Er ist nämlich die Unterlassung jenes Gebotes „Du sollst den Herrn, [deinen] Gott, aus ganzem Herzen lieben, aus allen deinen Kräften, aus ganzer Seele." Wenn aber das Fleisch dem Geist widersteht, so ist klar, dass die Kräfte des Fleisches Gott nicht lieben und deswegen gegen dieses Gebot sündigen. Denn wenn sie durch den Begriff ‚Defekt' entkommen wollen, um nicht gezwungen zu sein, Sünde zuzugeben, will auch ich entkommen und sage, Ehebruch sei keine Sünde, sondern ein Defekt. Aus demselben Grund nämlich, aus dem jenes Begehren des Fleisches gegen den Geist keine Sünde ist, wird auch die Ehe zu brechen keine Sünde sein, obwohl, wie ich gesagt habe, es ihre eigene Erfindung ist, ‚Defekt' zu nennen, was die Schrift ‚Sünde' nennt. Und wie sie selbst fabulieren, ihre Defekte seien nicht gegen das Gesetz, sondern [nur] Abweichungen vom Gesetz, so werde ich auch verneinen, Ehebruch sei gegen das Gesetz, sondern nur ein Abweichen vom Gesetz.

Und was tun sie mit diesen ihren Reden, als dass sie, zwar mit anderen Worten, doch dasselbe wie die Pelagianer lehren? Oder meinst du, es mache etwas aus, mit welchen Worten du die Wahrheit verspottest und die Lüge aufrichtest? Was begreift nämlich der Hörer aus dieser Lehre, als dass er nach dem Empfang der Gnade rein sei und nicht mehr der Gnade zur Reinigung weiterer Sünde bedürfe? Das ist im eigentlichen Sinn pelagianisch, aber unter katholischen Worten dargelegt. So bedürfen sie Christi nicht zur Gerechtigkeit, außer im ersten Augenblick der Reue – nur dass die Pelagianer auch im ersten Moment die Gnade nicht nötig haben wollten.

Warum verdammen sie nicht Gregorius, der über Ijob 9 sagt: „Er ist ein heiliger Mann. Denn er erkennt, dass alles Verdienst unserer Tugend ein Fehler ist, wenn es vom inneren Richter streng gerichtet wird"? Darum fügt er richtig hinzu: „Wenn er sich mit ihm streiten will, so kann er ihm auf tausend nicht eins antworten." Lehrt etwa Gregorius hier nicht klar diesen meinen Artikel? Ebenso sagt er über jenes [Wort] derselben Stelle: „Wenn ich auch gleich Recht habe, kann ich ihm [dennoch] nicht antworten, sondern ich muss meinen Richter anflehen." Wie denn, sagt er (wir haben es oft gesagt), alle menschliche Gerechtigkeit als Ungerechtigkeit überführt wird, wenn streng gerichtet wird. Und Augustinus sagt im 9. Buch der Bekenntnisse: „Wehe dem noch so lobenswerten Leben der Menschen, wenn unter Absehen von Barmherzigkeit gerichtet wird!" Siehst du also, o du elender Heiligster, wessen Meinungen du mit deiner gottlosen Bulle verdammst? Es ist sicher, bei diesen Meinungen der Schrift und der Väter zu verharren

fiducia contemnere. Non ergo meus ille articulus, sed Esaiae. David. Salomonis. Pauli. Christi. Augustini. Gregorii inventus est, cum quibus damnari ab Antichristo isto, superba gloria est. Hac enim Diabolica damnatione firmatur opinio illa Papam Antichristum, et Romanam Curiam sedem Satanae, et abominationem desolationis esse in Babylone ista mystica.[322] Amplius non fallit speciae veritatis sicut hactenus fecit, sed prodit seipsam abominatio ista peccati et perditionis.

TRICESIMUS SECUNDUS.
Opus bonum optime factum est Veniale peccatum.[323]
Hic manifeste sequitur ex priore, nisi quod addendum est, quod alibi copiosius dixi, hoc veniale peccatum non natura sua, sed misericordia dei tale esse.[324] Non enim dixit David. Non praemiabitur, sed non iustificabitur, in conspectu tuo omnis vivens.[325] Non iustificari certe est damnari, ita omne opus iusti damnabile est et peccatum mortale, si iudicio dei iudicetur. Et Augustinus non dixit. Ve vitae hominum aliquo modo laudabili. Sed ve, quantumcunque laudabili.[326] Ve autem istud, damnationem sonat, et quantumcunque laudabilis vita, optimam vitam sonat. Et Gregorius non dixit. Iustitia humana convincitur imperfecta, sed iniustitia esse, si iudicio dei iudicetur. Item non dixit, aliquod meritum nostrum vitiosum, sed omne meritum vitium esse.[327] Quare his patrum et Scripturae rupibus nixus revoco vel modero hunc articulum hoc modo. Opus bonum, optime factum veniale peccatum est | secundum misericordiam dei, sed mortale peccatum, secundum iudicium dei. Neque enim ego tam haeretice sum locutus, sicut Gregorius, qui totum meritum non solum vitiosum, sed vitium esse asserit. Vide in quas palinodias me cogit Antichristi Romani rudissima ruditas et impiissima impietas, qui cum sit homo peccati et filius perditionis,[328] satisfacturus his suis nominibus, conatur nobis abscondere peccata nostra, et secum in peccatis incrassare,[329] et ad perditionem trahere. Quid est homo peccati, nisi qui peccare docet, qui peccata abscondit, et

---

[322] Offb 17,5. [323] Luther: Resolutiones disputationum de indulgentiarum virtute; WA 1,608,10 f.; vgl. StA 2,393,19 u. DH 1482. [324] Luther: Resolutiones Lutherianae super propositionibus suis Lipsiae disputatis; WA 2,410,34–421,15. [325] Ps 143/Vg 142,2. [326] S. o. 182,31. [327] S. o. 182,24. [328] 2Thess 2,3. [329] Jer 5,28.

und dich als Götzenbild vertrauensvoll zu verachten. Jener Artikel ist also gar nicht meiner, sondern entdeckt als der Jesajas, Davids, Salomos, Paulus', Christi, Augustinus' und Gregorius', mit denen zusammen von diesem Antichristen verdammt zu werden stolzer Ruhm ist. Denn durch diese teuflische Verdammung wird jene Meinung befestigt, dass der Papst der Antichrist und die römische Kurie der Thron Satans und der Gräuel der Verwüstung in diesem geheim bezeichneten Babylon ist. Er täuscht nicht weiter durch den Schein der Wahrheit, wie er bisher getan hat, sondern dieser Gräuel der Sünde und des Verderbens gibt sich selbst preis.

XXXII.
Das aufs Beste vollbrachte gute Werk ist eine lässliche Sünde.

Dies folgt ganz klar aus dem Vorhergehenden, nur dass hinzuzufügen ist, was ich anderswo ausführlicher gesagt habe: dass nämlich diese lässliche Sünde nicht von Natur aus, sondern durch die Barmherzigkeit Gottes eine solche ist. David hat nämlich nicht gesagt: „Es wird nicht belohnt werden", sondern: „Vor dir wird kein Lebendiger gerechtfertigt." Nicht gerechtfertigt zu werden heißt, gewiss verdammt zu werden: So ist jedes Werk des Gerechten verdammenswert und eine tödliche Sünde, wenn es vom Urteil Gottes gerichtet wird. Und Augustinus hat nicht gesagt: „Wehe dem irgendwie lobenswerten Leben der Menschen", sondern „Wehe dem wie auch immer lobenswerten [Leben]". Dieses ‚Wehe' aber bedeutet eine Verdammung und ‚das wie auch immer lobenswerte Leben' bedeutet das beste Leben. Und Gregorius hat nicht gesagt: „Die menschliche Gerechtigkeit wird als unvollkommen überführt", sondern sie ist Ungerechtigkeit, wenn nach dem Urteil Gottes gerichtet wird. Ebenso hat er nicht gesagt: „Irgendeines unserer Verdienste ist lasterhaft", sondern „alles Verdienst ist ein Laster". Daher widerrufe ich, gestützt auf diese Felsen der Väter und der Schrift, und ändere diesen Artikel in folgender Weise: Das aufs Beste vollbrachte gute Werk ist eine lässliche Sünde nach der Barmherzigkeit Gottes, aber eine Todsünde nach dem Gericht Gottes. Ich habe aber dabei nicht so häretisch geredet wie Gregorius, der als wahr bekräftigt, dass das ganze Verdienst nicht allein lasterhaft, sondern ein Laster sei. Sieh doch, zu welchen Wiederholungen mich die roheste Rohheit und die gottloseste Gottlosigkeit des römischen Antichristen zwingt! Er versucht, weil er ein Mensch der Sünde und ein Sohn des Verderbens ist und diesen seinen Namen genugzutun trachtet, unsere Sünden vor uns zu verbergen, uns zusammen mit ihm in Sünden fett zu machen und ins Verderben zu ziehen. Was ist der Mensch der Sünde, wenn nicht der, der zu sündigen lehrt,

pro iustitia iactat. qui timorem dei extinguit, et fidutiam operum erigit, homines superbire et praesumere facit, misericordiam et iuditium dei longe a facie nostra ponit? At hoc facit, qui negat bonum opus esse peccatum, ne homines in timore et humilitate, ad misericordiam dei unicum refugium confugiant. Vae illi!

TRICESIMUS TERTIUS.
Haereticos comburi, est contra voluntatem spiritus.[330]

Primum ab experientia totius Ecclesiae probo, quae ab initio sui, usque huc nullum combussit haereticum, nec aliquando comburet, Mirum autem esset, in tot saeculis non esse aliquos combustos, si voluntas spiritus hoc voluisset. At dicent Constantiae. Ioannes huss, et Hieronymus de Praga exusti sunt. Respondeo, ego de Haereticis loquor. Nam Ioannem huss et Hieronymum, viros Catholicos combusserunt, haeretici ipsi et Apostatae et Antichristi discipuli, ut ex superius dictis patet.[331] Quorum exemplum et multi alii homicidae imitati, in diversis locis sanctos Christi exusserunt et occiderunt, inter quos Hieronymus Savanorola cum suis numerandus videtur.

Secundo, ex scriptura Esa. ii. Conflabunt gladios suos in vomeres, et lanceas suas in falces. Eiusdem .xi. Non occident, et non nocebunt in universo monte sancto meo.[332] Et Christus Apostolis nihil prorsus armorum commisit, nec aliam paenam imposuit. quam ut haberetur pro Ethnico, qui Ecclesiam non audiret. Matth. xviii.[333] Et Apostolus Tit. iii. Haereticum hominem vitari docet,[334] non occidi iussit armis vel igne. Et ad Corinthios dicit oportet haereses esse, ut qui probati sunt, manifesti fiant.[335] Sed quid hic dicet, domine Sanctissime, Sanctitas vestra. Luce .ix. ubi discipuli volebant ignem de celo deducere, et civitatem perdere, compescuit eos Christus, dicens. Nescitis cuius spiritus filii sitis? non venit filius hominis animas perdere, sed salvare.[336] Hoc est, quod et ego dixi, et dico. Christo magistro, eos qui igne persequuntur homines, non esse boni spiritus filios. Cuius tunc? mali spiritus, qui erat homicida ab initio.[337]

---

[330] Luther: Resolutiones disputationum de indulgentiarum virtute; WA 1,625,4; 624,35-38; vgl. StA 2,394,2 mit Anm. 995 u. DH 1483. [331] S. o. 146,5-32. [332] Jes 2,4; 11,9 [333] Mt 18,17. [334] Tit 3,10. [335] 1Kor 11,19. [336] Lk 9,54 f. [337] Joh 8,44.

der Sünden verbirgt und für Gerechtigkeit ausgibt, der die Gottesfurcht auslöscht und das Vertrauen auf die Werke aufrichtet, der macht, dass die Menschen sich überheben und vermessen werden, und die Barmherzigkeit und das Gericht Gottes weit aus unserem Gesichtsfeld rückt? Aber dies tut, wer verneint, dass ein gutes Werk Sünde sei, damit die Menschen nicht in Furcht und Demut zur Barmherzigkeit Gottes als der einzigen Zuflucht fliehen. Wehe ihm!

XXXIII.
DASS HÄRETIKER VERBRANNT WERDEN, IST GEGEN DEN WILLEN DES GEISTES.

Erstens erweise ich das aus der Erfahrung der ganzen Kirche, die von ihrem Anfang an bis heute keinen einzigen Häretiker verbrannt hat noch jemals verbrennen wird. Es wäre aber verwunderlich, dass in so vielen Jahrhunderten nicht einige [Häretiker] verbrannt worden wären, wenn der Wille des Geistes dies gewollt hätte. Aber sie werden sagen: „In Konstanz sind Johannes Hus und Hieronymus [von Prag] verbrannt worden." Meine Antwort: Ich rede von Häretikern. Denn den Johannes Hus und den Hieronymus, katholische Männer, haben die Häretiker selbst, die Apostaten und Schüler des Antichristen verbrannt, wie aus dem oben Gesagten hervorgeht. Deren Beispiel haben auch viele andere Mörder nachgeahmt und an unterschiedlichen Orten Heilige Christi verbrannt und getötet. Unter diese muss wohl auch Hieronymus Savonarola mit den Seinen gezählt werden.

Zweitens [beweise ich es] aus der Schrift. In Jes 2 [heißt es]: „Sie werden ihre Schwerter zu Pflugscharen und ihre Lanzen zu Sicheln schmieden." Desgleichen in Kap. 11: „Man wird nicht töten und keinen Schaden anrichten auf meinem ganzen heiligen Berg." Und Christus hat die Apostel mit überhaupt keinen Waffen ausgerüstet noch eine andere Strafe eingesetzt, als dass derjenige für einen Heiden gehalten werde, der die Kirche nicht hört, Mt 18. Und der Apostel lehrt in Tit 3, dass man einen häretischen Menschen meiden solle. Er hat nicht befohlen, ihn mit Waffen oder Feuer zu töten. Und zu den Korinthern sagt er: „Es müssen Irrlehren unter euch sein, auf dass die, die rechtschaffen sind, offenbar werden." Aber was wird hier, allerheiligster Herr, eure Heiligkeit sagen? Lk 9, wo die Jünger Feuer vom Himmel fallen lassen wollten und die Stadt verderben, hat Christus sie in die Schranken gewiesen, indem er sagte: „Wisst ihr nicht, wes Geistes Kinder ihr seid? Des Menschen Sohn ist nicht gekommen, Seelen zu verderben, sondern zu retten." Das ist es, was auch ich gesagt habe und sage, mit Christus als Lehrer, dass diejenigen, die Menschen mit Feuer verfolgen, keine Kinder eines guten Geistes sind. Wessen dann? Des bösen Geistes, der ein Mörder war von Anfang an.

Christus non voluit vi et igne cogere homines ad fidem. Dedit ob id gladium spiritus, ut in hoc pugnarent, qui sui spiritus filii sunt. At gladium | spiritus, quod est verbum dei.³³⁸ Dominus Papa cum suis Papastris, subter scamnum inter blattas et tineas posuerunt, et rursum facti sunt robusti venatores, et Nimroddi in terra,³³⁹ qui denuo in deo Chaldeorum, qui Ur seu ignis fuit, omnia quae volunt faciunt, nequid Babylon novissima discrepet a Babylone prisca, illa exussit patres Christi,³⁴⁰ ista exurit filios Christi, et utriusque idem deus Ur, semper urit et saevit. Sed ipsi quoque in suis sacerrimis Canonibus prohibent Clericis arma,³⁴¹ et clericum foro saeculari traditum, volunt per Ecclesiam, efficacibus precibus redimi a morte. Verum his verbis ludunt in mortibus innocentum. Nam interim Papa Clericorum princeps cum omnibus regibus cruentissime belligeratur,³⁴² immo quae strages non illius imperio fiunt? Quando non invocat brachium saeculare, et morte utraque terret mundum? Et tamen interim clericus ipse primus non fert arma, tum efficaciter orat pro occidendis, dum instat, ne mors eorum differatur ut in omni orbis angulo exquisitissime perquirantur. O Satan, o Satan. O Satan, ve tibi cum Papa et Papistis tuis, qui tam impudenter in rebus tam seriis Ecclesiae luditis, et animas cum corporibus occiditis.³⁴³

TRICESIMUS QUARTUS.

Praeliari adversus Turcas, est repugnare deo visitanti iniquitates nostras per illos.³⁴⁴

Et hunc probo duplici experientia infelicitatis nostrae. Prior est, quod hactenus nihil habuimus prosperum adversus Turcam, et vires eius atque imperium, nostris bellis aucta sunt in immensum. Ubi si deus non esset contra nos, et Turcam non haberet pro virga iniquitatis nostrae, longe aliter sors cecidisset, adhuc tamen obstinata caecitate, opera dei non agnoscimus. Praeter haec, non dedit nobis deus hactenus, nisi votum et iactantiam belli in Turcas suscipiendi. Toties conventum est, toties consultatum, toties propositum, et palpavimus vota nostra,

---

³³⁸ Eph 6,17.   ³³⁹ Gen 10,8 f.   ³⁴⁰ 2Kön 25,7–10.   ³⁴¹ Corpus iuris canonici: Decreti secunda pars, causa 23 qu. 8 can. 1–6 (Friedberg 1,953 f.).   ³⁴² So z. B. Papst Julius II.   ³⁴³ Mt 10,28.   ³⁴⁴ Luther: Resolutiones disputationum de indulgentiarum virtute; WA 1,333,33 39; vgl. StA 2,396,25 f. u. DI I 1484.

Christus hat nicht mit Gewalt und Feuer die Menschen zum Glauben zwingen wollen. Er hat deshalb das Schwert des Geistes gegeben, dass damit die kämpften, welche Kinder seines Geistes sind. Aber das Schwert des Geistes, welches ist das Wort Gottes, das hat der Herr Papst mit seinen Papisten unter den Schemel zwischen Schaben und Motten gelegt, und sie sind wieder starke Jäger und Nimrode auf Erden geworden, die von Neuem beim Gott der Chaldäer, der Ur oder Feuer war, alles tun, was sie wollen, damit nicht das neueste Babylon sich vom alten Babylon unterscheide: Jenes verbrannte die Väter Christi, dieses verbrennt die Söhne Christi, und derselbe Gott beider, Ur, verbrennt und wütet immerzu.

Aber auch sie selbst verbieten in ihren heiligsten Kanones den Klerikern die Waffen, und sie wollen, dass ein Kleriker, der einem weltlichen Gericht übergeben wird, von der Kirche mit wirksamen Gebeten vom Tod gerettet werde. Aber in diesen Worten spielen sie mit dem Tod Unschuldiger. Denn inzwischen führt der Papst, der Fürst der Kleriker, mit allen Königen auf grausamste Weise Kriege – ja welche Feldzüge geschehen nicht auf seinen Befehl? Wann ruft er nicht den weltlichen Arm an und erschreckt die Welt mit beiderlei Tod? Und dennoch trägt inzwischen der Kleriker selbst als Erster keine Waffen. Alsdann betet er wirkungsvoll für die, die getötet werden sollen, während er [andererseits] darauf besteht, dass ihr Tod nicht bekannt gemacht wird, damit sie in jedem Winkel des Erdkreises aufs Allersorgfältigste aufgespürt werden. O Satan, o Satan! O Satan, wehe dir zusammen mit dem Papst und deinen Papisten, die ihr so unverschämt mit solch ernsten Dingen der Kirche spielt und die Seelen zusammen mit den Leibern tötet.

XXXIV.
GEGEN DIE TÜRKEN ZU FECHTEN, BEDEUTET, SICH GOTT ZU WIDERSETZEN, DER UNSERE MISSETATEN DURCH SIE HEIMSUCHT.

Auch diesen [Artikel] erweise ich aus der doppelten Erfahrung unseres Unglücks. Die erste ist, dass wir bisher gar kein Glück gegen den Türken hatten und seine Kräfte und sein Reich durch unsere Kriege ins Maßlose vermehrt worden sind. Wenn da Gott nicht gegen uns gewesen wäre und den Türken als Rute für unsere Ungerechtigkeit gebraucht hätte, wäre das Los für uns bei weitem anders gefallen. Dennoch: Aus hartnäckiger Blindheit erkennen wir die Werke Gottes noch immer nicht. Außerdem hat uns Gott bisher nichts gegeben als den Wunsch und die Selbstherrlichkeit, den Krieg gegen die Türken zu unternehmen. So oft ist man zusammengekommen, so oft hat man beraten, so oft sich etwas vorgesetzt, und wir haben handgreiflich erfahren, wie

imperante deo, irrita fieri, donec Turcis in fabulam venerimus, dicentibus. Nos Bullis et literis veniarum bellare.

Altera vero infelicitas, maioris dedecoris et ignominiae, quod tot iam annis passi sumus nos deglubi per impostores et legatos Romanos, toties ad Bellum Turchicum, indulgentiis ac facultatibus[344a] impudentissime venditis, pecuniam et substantiam nostram devorantes, quam vidimus non solum non venisse, quo mendaces illi et fallaces homines, venturam promiserunt, sed etiam in turpissimas eorum libidines et pompas profusam. Verum haec minor querela, Hoc demum omnium atrocissimum et intolerabile quod nos indulgentiarum negotio fallacissimo. Primum in anima ceu bruta pecora falsis persuasionibus occupaverunt et seduxerunt ad universam nostram substantiam | compilandam, donec eo ventum sit, ut ne altare quidem sit reliquum, quod non serviat Romanae Avaritiae semper novis excogitatis imponendi artibus.

Sic in vindictam iniquitatis nostrae, dedit nobis deus e Roma truculentiores, cruentiores, insaturabiliores Turcas, quam illi unquam fieri possunt, adhuc peiores hi Turci, nos insensatos, praestigiis suis incitant adversus meliores Turcas, tantum, ut interim omnia nostra confiscentur, sub titulo belli Turchici. Et in iis omnibus non est aversus furor domini,[345] nec dum intelligimus manum dei, percutientis nos in corpore et anima per hos Romanos Turcissimos Turcas. Quid ergo dicam ego, quando hic video, plus quam quadringentos prophetas Baal suum Achab circumstare et ut ascendat in Ramoth Galaad suis prophetiis animare et omnia prospera ei nunciare?[346] Forte sicut Michaeas, qui et ipse odiosus erat, quia non prophetabat nisi malum dicam, et ipse meo Achab. Ite praeliamini contra Turcas, ut resistatis virgae dei, et cadatis sicut et ille cecidit.[347]

Quanto rectius faceremus, si primum orationibus immo totius vitae mutata ratione, deum propitium faceremus? Tum idolo illi Romano, Caesar et Principes modum ponerent tyrannidis, illusionis, perditionis animarum. Nam ut et ego prophetem semel, licet non audiar, quod scio. Nisi Romanus pontifex redigatur in ordinem, actum est de

---

[344a] Luther meint hier wohl konkret die ‚Beichtbriefe', welche die ‚Möglichkeit' (facultas) der ‚Teilhabe an allen Gütern der Kirche' versprachen (Brecht 1,179). [345] Jes 9,12. [346] 1Kön 22,6.12. [347] 1Kön 22,0.15–10.35.

unsere Absichten auf Gottes Befehl hin zunichte wurden – bis wir schließlich bei den Türken ins Gerede gekommen sind: Sie sagen, dass wir mit Bullen und Ablassbriefen Krieg führten.

5 Das andere Unglück aber ist noch mehr Schimpf und Schande: dass wir es schon so viele Jahre hindurch erdulden, von den römischen Betrügern und Nuntien geschunden zu werden, die, indem sooft für den Türkenkrieg Ablässe und Beichtbriefe aufs Schamloseste verkauft wurden, unser Geld und unseren Besitz verzehrt haben. Wir sehen, dass diese [sc. unser Geld und Besitz] nicht nur nicht [dahin] gekommen
10 sind, wohin jene lügnerischen und betrügerischen Menschen versprochen haben, dass sie hinkommen würden, sondern sogar vergeudet wurden für ihre schimpflichsten Lustbarkeiten und Prunkfeste. Aber das ist [noch] die kleinere Beschwerde. Dies erst ist das Allerabscheulichste und Unerträglichste: dass sie uns durch den höchst trügerischen
15 Ablasshandel zuallererst in der Seele wie das rohe Vieh mit falschen Versprechungen eingenommen und dazu verführt haben, unseren ganzen Besitz [bei ihnen] aufzuhäufen, bis es dahin gekommen ist, dass nicht einmal ein Altar übrig ist, der nicht der römischen Habsucht mit immer neu ausgedachten Künsten der Belastung diene.

20 So hat uns Gott zur Strafe für unsere Missetat diese Türken aus Rom gegeben, die im Vergleich zu den [echten] Türken noch grausamer, blutiger und unersättlicher sind, als jene es jemals werden können. Bisher hetzen diese schlechteren Türken uns Unverständige mit ihren Blendwerken gegen die besseren Türken auf, nur damit all unser
25 Eigentum inzwischen unter dem Vorwand des Türkenkriegs beschlagnahmt werde. Und in all dem lässt der Zorn des Herrn noch nicht ab, solange wir nicht die Hand Gottes erkennen, der uns an Leib und Seele durch diese römischen allertürkischsten Türken schlägt. Was soll ich also sagen, wenn ich hier mehr als vierhundert Propheten Baals ihren
30 Ahab umstehen sehe und ihn, damit er nach Ramoth Gilead gehe, mit ihren Weissagungen anstiften und ihm alles Günstige verheißen? Vielleicht werde auch ich wie Micha, der ja auch verhasst war, weil er nichts als Schlechtes prophezeite, zu meinem Ahab sagen: „Geht, führt Krieg gegen die Türken, damit ihr der Rute Gottes widersteht und
35 untergeht", wie auch jener untergegangen ist.

Wie viel richtiger täten wir, wenn wir zuerst mit Gebeten, dann sogar durch eine veränderte Haltung des ganzen Lebens Gott gnädig stimmten? Dann würden der Kaiser und die Fürsten dem römischen Götzenbild ein Maß seiner Tyrannei, der Täuschung und des Seelenver-
40 derbens setzen. Denn damit auch ich einmal prophezeie, wenn auch ungehört, was ich weiß: Wenn der römische Pontifex nicht zur Ordnung zurückgebracht wird, ist es um die gesamte christliche Sache

omni re Christiana, fugiat sicut Christus docuit, in montes qui poterit,[348] aut vitam homicidis Romanis cum fiducia offerat in mortem. Nihil nisi peccatum et perditionem Papatus operari potest. Quid vis amplius? At quis rediget eum in ordinem? Christus illustratione adventus sui et non alius. Domine, quis credit auditui nostro?[349] Qui habet aures audiendi audiat,[350] et a Bello Turchico abstineat, donec Papae nomen sub caelo valet. Dixi.

TRICESIMUS QUINTUS.

Nemo est certus se non semper peccare mortaliter propter occultissimum superbiae vitium.[351]

Si ea quae dicta sunt, in tricesimo primo et secundo intelligimus vera esse, et hic articulus verus est. Si enim opus bonum iusti, peccatum mortale est, si ad iuditium dei referatur, quanto magis tota vita mortalis est, si misericordia non succurrerit? Breviter hic articulus non est meus, sed Iob .ix. Etiam si simplex fuero, hoc ipsum ignorabit anima mea.[352] Et Gregorius ibidem super illo. Verebar omnia opera mea, sciens, quoniam non parcis delinquenti,[353] dicit. Quia quae aperte egerim video, sed quid intus latenter pertulerim ignoro.[354] Idem Gregorius apertissime in fine moralium. Quis inter ista remanet salutis locus? quando et mala nostra pura mala sunt, et bona nostra, quae nos habere credimus, pura bona esse nequaquam possunt.[355] Quid dicis Gregori? pura bona non solum non sunt, sed nec esse possunt? Damna, mi Papa, damna hos sanctos viros, Iob et Gregorium, adde his ea, quae dicta sunt, David. Non iustificabitur in conspectu tuo omnis vivens,[356] ut et te damnet dominus Iesus prope diem. Tu doces introire in conspectum dei superbos, et qui sese damnatione dignos non esse iactitant coram eo, quem columnae caeli tremunt, et sub quo curvantur, qui portant orbem, cum David non sustineat iuditium eius. Et Augustinus Vae omnium hominum vitae laudabilissimae[357] denunciet, hoc est, optimam vitam damnatione dignam faciat coram deo. Si enim digna non est alicuius vita, tali damnatione, poterit sese coram deo sistere, et gloriari in vitae suae dignitate. Sed vae abominationi isti abominatissimae, quanto impetu nos rapit in peccatum et perditionem.

---

[348] Mt 24,16; Mk 13,14. [349] Röm 10,16; Jes 53,1. [350] Mt 11,15. u. ö. [351] Luther: Resolutiones disputationum de indulgentiarum virtute; WA 1,553,13 f.; vgl. StA 2,397,22 f. u. DH 1485. [352] Ijob 9,21. [353] Ijob 9,28. [354] Gregorius Magnus: Moralia sive expositio in Ijob 9,34.53. [355] Gregorius Magnus: Moralia sive expositio in Ijob 35,20.49. [356] Ps 143/Vg 142,2 [357] Augustinus: Confessiones 9,13,34.

geschehen. Möge in die Berge fliehen, wer kann, wie Christus gelehrt hat, oder sein Leben zuversichtlich den römischen Mördern zum Tode anbieten. Nichts außer Sünde und Verderben kann das Papsttum wirken. Was willst du mehr? Aber wer wird es [sc. das Papsttum] zur Ordnung zurückbringen? Christus durch die Erscheinung seines Advents und kein anderer. „Herr, wer glaubt unserer Botschaft?" „Wer Ohren hat zu hören, der höre" und enthalte sich des Türkenkriegs, solange der Name des Papstes unter dem Himmel [etwas] gilt! Ich habe es [euch] gesagt.

XXXV.
NIEMAND IST SICHER, DASS ER NICHT IMMER TÖDLICH SÜNDIGT WEGEN DES TIEF VERBORGENEN LASTERS DES HOCHMUTS.

Wenn wir das, was im einunddreißigsten und zweiunddreißigsten [Artikel] gesagt worden ist, als wahr erkennen, so ist auch dieser Artikel wahr. Wenn nämlich das gute Werk des Gerechten Todsünde ist, sofern es auf das Urteil Gottes bezogen wird, um wie viel mehr ist das ganze Leben eine tödliche [Sünde], wenn die Barmherzigkeit [Gottes] nicht zu Hilfe kommt? Kurz, dieser Artikel ist nicht meiner, sondern stammt aus Hiob 9. „Auch wenn ich einfältig gewesen bin, soll es meine Seele nicht wissen." Und Gregorius sagt an der angegebenen Stelle über folgenden Vers: „,Ich fürchte alle meine Werke, weil ich weiß, dass du doch den Schuldigen nicht schonst': Denn ich sehe [zwar], was ich offensichtlich getan habe, weiß aber nicht, was ich innen verborgen erlitten habe." Derselbe Gregorius sagt ganz klar am Ende der Moralia: „Welcher Ort des Heils bleibt dabei noch, wenn sowohl unsere Übel reine Übel sind, als auch unser Gutes, das wir zu haben glauben, keineswegs rein gut sein kann?" Was sagst du da, Gregorius? Nicht nur rein Gutes gibt es nicht, sondern es kann es auch gar nicht geben? Verdamme, mein Papst, verdamme diese heiligen Männer, Hiob und Gregorius, und füge diesen dies hinzu, was gesagt ist von David: „Vor dir ist kein Lebendiger gerecht", damit auch dich der Herr Jesus nächstens verdamme. Du lehrst, dass die Hochmütigen vor das Antlitz Gottes treten sollen, und diejenigen, die sich nicht der Verdammung wert halten, vor den, vor dem die Säulen des Himmels erzittern und unter dem sich krümmen, die den Erdkreis tragen, da David sein Urteil nicht aushält und Augustinus das „Wehe dem lobenswertesten Leben aller Menschen" kundtun wird, das heißt, das beste Leben vor Gott der Verdammung würdig macht. Wenn aber irgendjemandes Leben einer solchen Verdammung nicht würdig ist, dann wird er sich vor Gott hinstellen und sich in der Würdigkeit seines Lebens rühmen können. Aber wehe diesem gräulichsten Gräuel – mit welchem Ungestüm reißt er uns in Sünde und Verderben!

Revoco ergo hunc articulum, et modero in hunc modum. Nemo non certissimus esse debet, se semper mortaliter peccare, si sua vita ad iudicium dei iustissimum comparetur, tam iniusta enim eius vita necessario est, quam iustum est iudicium dei, coram quo stare ipsa non potest, at ipsum est iustissimum, quare vita eius est iniustissima, soliusque misericordiae velamento servanda. Ut stet Paulus Ro. iii. Ut obstruatur omne os, et obnoxius fiat mundus deo. Et .xi. conclusit omnia sub incredulitate, ut omnium misereatur.[358]

TRICESIMUS SEXTUS.

Liberum arbitrium post peccatum res est de solo titulo, et dum facit, quod in se est, peccat mortaliter.[359]

Infelix liberum arbitrium, iustus in bono opere peccat mortaliter, ut vidimus, et ipsum iactatur ante iustitiam aliquid esse et posse. O damnatores miseri, Est autem articulus nixus, primo in verbo Augustini de Spiritu et littera cap. iiii. Liberum arbitrium sine gratia non valet, nisi ad peccandum.[360] Rogo quae est ista libertas, quae non nisi in alteram partem potest, eamque peiorem? Est hoc esse liberum, non posse nisi peccare? Sed Augustino non credam. Scripturas audiamus. Christus dicit Ioan. xv. Sine me nihil potestis facere.[361] Quid est hoc nihil quod sine Christo facit liberum arbitrium? Praeparat se, inquiunt, ad gratiam, per opera moraliter bona. Sed ea Christus hic facit nihil, ergo per nihil se preparat. Mira praeparatio quae per nihil fit.

Verum quid illud nihil sit, ipse sequenter exponit dicens. Si quis in me non manserit, mittetur foras sicut palmes et arescit et colligunt cum et in ignem mittunt et ardet.[362] Obsecro, quae est tua frons meretricia, | Sanctissime Vicarie Christi, qua sic audeas domino tuo contradicere. Tu dicis quod liberum arbitrium possit se parare ut intret ad gratiam, Contra Christus dicit, quod mittatur foras ut longior fiat a gratia, Quam pulchre concordat tua Bulla cum Evangelio. Christum ergo audiamus, qui palmitis excisi ponit quinque perditionis gradus, quibus ostendit eum se non modo non posse ad bonum parare, sed necessario peiorem

---

[358] Röm 3,19; 11,32.   [359] Luther: Disputatio Heidelbergae habita; s. o. 46,13 f.;64,27 f.; vgl. StA 2,398,18 f. u. DH 1486.   [360] Augustinus: De spiritu et littera 3,5.   [361] Joh 15,5.
[362] Joh 15,6.

Ich widerrufe also diesen Artikel und verändere ihn auf folgende
Weise: Jeder muss vollkommen gewiss sein, dass er immer tödlich sündigt, wenn sein Leben mit dem ganz gerechten Urteil Gottes verglichen
wird. So ungerecht ist nämlich sein Leben notwendigerweise, wie Gottes Urteil gerecht ist, vor dem jenes nicht bestehen kann. Aber dieses ist
ganz gerecht, daher ist sein Leben ganz ungerecht und allein mit dem
Mantel des Erbarmens zu retten. Damit Paulus Röm 3 Bestand hat:
„dass jeder Mund gestopft und die Welt vor Gott schuldig werde". Und
in Kapitel 11 heißt es: „Er hat alles beschlossen unter den Unglauben,
auf dass er sich aller erbarme."

XXXVI.
DAS FREIE WILLENSVERMÖGEN NACH DEM SÜNDENFALL IST EINE SACHE NUR DEM NAMEN NACH, UND SOLANGE ES TUT, WAS IN SEINEN KRÄFTEN STEHT, SÜNDIGT ES TÖDLICH.

Unglückliches freies Willensvermögen! Der Gerechte sündigt tödlich im guten Werk, wie wir gesehen haben, und es brüstet sich selbst
damit, dass es vor [dem Empfang] der Gerechtigkeit etwas sei und
könne. O ihr elenden Verdammer! Der Artikel stützt sich aber erstens
auf ein Wort des Augustinus in ‚De Spiritu et littera', Kap. 4: „Das freie
Willensvermögen ohne die Gnade taugt zu nichts außer zum Sündigen." Ich frage: Was ist das für eine Freiheit, die nur zu einer Seite hin
fähig ist – und zwar zur schlechteren? Ist das etwa frei, nichts zu können als zu sündigen? Aber ich will dem Augustinus nicht glauben. Wir
wollen die Schriften hören. Christus sagt Joh 15: „Ohne mich könnt ihr
nichts tun." Was ist dieses ‚Nichts', das das freie Willensvermögen ohne
Christus tut? Es bereitet sich, sagen sie, durch moralisch gute Werke auf
die Gnade vor. Aber Christus macht diese hier zu einem Nichts, also
bereitet es sich durch nichts vor. Wunderliche Vorbereitung, die durch
nichts geschieht.

Aber was jenes Nichts sei, legt er selbst im Folgenden dar, indem er
sagt: „Wer nicht in mir bleibt, wird hinausgeworfen wie die Reben und
verdorrt, und man sammelt sie und wirft sie ins Feuer, und sie verbrennen." Ich beschwöre dich: Was hast du für eine Hurenstirn, du allerheiligster Stellvertreter Christi, mit der du deinem Herrn so zu widersprechen wagen kannst? Du sagst, dass das freie Willensvermögen sich
bereiten kann, damit es zur Gnade gelange. Dagegen sagt Christus, dass
es hinausgeworfen wird, so dass es noch weiter von der Gnade entfernt
ist. Wie schön reimt sich deine Bulle mit dem Evangelium! Lasst uns
also jetzt Christus hören, der für die abgeschnittenen Reben fünf Grade
des Verderbens setzt, mit denen er zeigt, dass man sich nicht allein nicht
zum Guten bereiten kann, sondern notwendigerweise immer schlech-

fieri. Primus est, quod foras mittitur, ergo non intromittitur, datur in potestatem Sathanae, qui non permittit eum conari ad bonum, quid enim aliud, foras mittere potest significare? Secundo arescit, hoc est, quottidie peior fit, sibi relictus, atque haec sunt opera duo liberi arbitrii, scilicet peccare et perseverare augescereque in peccatis, foras mitti et arescere. Si enim aliud potest liberum arbitrium, Christus certe mentitur.

Tres sequentes paenae sunt, colligunt, scilicet ad iudicium, ut convincatur cum aliis. Deinde data sententia, in ignem mittunt aeternum, ubi tandem non nisi ardet, id est. paenam luet aeternam. Nihil ergo posse liberum arbitrium non est ut, illi fingunt, non meritorium operari,[363] sed est foras mitti et arescere. Palmes excisus, non sese parat ad vitem, neque enim potest, sed longius fit a vite, et magis ac magis perit, ita et liberum arbitrium seu impius homo.

Gen. vi. et .viii. Sensus et cuncta cogitatio cordis humani ad malum prona sunt omni tempore,[364] obsecro, qui cunctam cogitationem cordis malam facit, idque omni tempore, quam relinquit bonam, quae praeparet ad gratiam? An malum disponit ad bonum. Nec est quod hanc autoritatem eludat quisquam, quasi cogitationem suam malam possit homo cohibere aliquando. Quae enim cogitatio hoc facit aut patitur, utraque bona est, sed inter eas, quae cunctae dicuntur, non numerabitur. Si una bona in eo esse potest, mentitur Moses, qui cunctas malas esse affirmat. Insuper textum haebreum sic referre licet. Quoniam quicquid cupit et cogitat cor hominis, solummodo malum est, omni die, additur enim particula exclusiva, ad malum, quam nostra translatio non reddidit. Nec verbum cupit, reddidit, nec plene verbum cogitat seu cogitationem, vertit. Vult enim Moses, non modo ociosas et spontaneas, sed etiam ingeniosas et eas, quibus homo de industria cogitat aliquid facere, atque has etiam non nisi malas dicit, ut nihil faciant pelagiani isti, qui libero arbitrio tribuunt, si studiose laboret, ad bonum aliquid valere.[365]

Iterum Gen. vi. Non permanebit spiritus meus in homine, quia caro est.[366] Si homo caro est, quid potest in bonum? An ignoramus opera carnis propria Gal. v. quae sunt fornicatio, immunditia, lascivia, irae, invi-

---

[363] S. o 174,9 f.   [364] Gen 6,5; 8,21.   [365] S. u. 198,15 f.   [366] Gen 6,3.

ter wird. Der erste [Grad] ist, dass man hinausgeworfen, also nicht hereingelassen wird. Man wird der Macht Satans ausgeliefert, der nicht erlaubt, dass man zum Guten strebt. Was kann ‚hinauswerfen' denn anderes bedeuten? Im zweiten [Grad] verdorrt man, das heißt, man wird täglich schlechter, sich selbst überlassen, und dies sind zwei Werke des freien Willensvermögens, nämlich sündigen und in den Sünden beharren und wachsen, hinausgeworfen werden und verdorren. Denn wenn das freie Willensvermögen etwas anderes kann, lügt Christus gewiss.

Die drei folgenden Strafen sind: Sie sammeln einen auf, nämlich zum Gericht, damit man mit den anderen überführt werde. Sodann, wenn das Urteil gefällt ist, schicken sie einen in das ewige Feuer, wo man endlich nichts als verbrennt, das heißt, ewige Strafe erleidet. Dass das freie Willensvermögen also nichts kann, bedeutet nicht, wie jene erdichten, dass es nichts Verdienstliches wirke, sondern dass es hinausgeworfen wird und verdorrt. Die abgeschnittene Rebe bereitet sich nicht zum Weinstock, sie kann es nämlich auch gar nicht, sondern sie gerät weiter weg vom Weinstock und vergeht mehr und mehr: so auch das freie Willensvermögen und der gottlose Mensch.

Gen 6 und 8: „Alles Sinnen und Trachten des menschlichen Herzens ist zum Bösen geneigt allezeit." Ich beschwöre dich: Wer alles Sinnen des Herzens böse macht, und das zu jeder Zeit, was an Gutem lässt er übrig, das zur Gnade vorbereite? Bereitet das Schlechte zum Guten? Das gibt es nicht, dass irgendjemand diese Autorität umgeht, als könne ein Mensch sein böses Trachten je zügeln! Denn welches Trachten dies tut oder erleidet, ist in beidem [sc. Tun und Erleiden] gut. Aber bei Allaussagen wird nicht gezählt. Wenn *ein* Gutes darin sein kann, lügt Mose, der alles [sc. Trachten] als schlecht behauptet. Darüber hinaus kann man den hebräischen Text so wiedergeben: „Weil ja das Herz des Menschen, was immer es wünscht oder ersinnt, nur böse ist alle Tage." Es wird nämlich die Exklusivpartikel zu ‚böse' hinzugefügt, die unsere Übersetzung nicht wiedergegeben hat. Auch hat sie nicht das Wort ‚wünscht' wiedergegeben noch vollständig das Wort ‚trachtet' oder ‚Trachten' übersetzt. Mose meint nämlich nicht allein das müßige und sich selbst einstellende, sondern gerade das geistreiche [Trachten], in dem der Mensch sich mit Fleiß etwas zu tun vornimmt – und dies nennt er ‚nichts als böse', so dass diese Pelagianer nichts bewirken, die dem freien Willensvermögen zuschreiben, dass es, wenn es strebend sich bemüht, zum Guten etwas vermöge.

Wiederum steht in Gen 6: „Mein Geist wird nicht im Menschen bleiben, weil er Fleisch ist." Wenn der Mensch Fleisch ist – was kann er zum Guten? Oder kennen wir etwa nicht die eigentümlichen Werke des Fleisches, Gal 5, welche sind Unzucht, Unreinheit, Ausschweifung,

diae, homicidia etc.³⁶⁷ Haec ergo sunt, quae liberum arbitrium facit, dum facit, quod in se est, haec autem omnia sunt mortalia. Nam Ro. viii. dicit. Prudentia carnis mors est et inimica deo.³⁶⁸ Quomodo mors ad vitam? Quomodo ini- | micitia ad gratiam se disponet? Si enim spiritus in hominibus non manet, mortui sunt coram deo. Mortuus autem non vitae, sed mortis opera necessario faciet, opus autem mortis ad vitam non disponit, Figmenta ergo sunt omnia, quae de preparatione liberi arbitrii ad gratiam, tot libris tractata sunt.

Esaias etiam dicit .xl. Suscepit de manu domini duplicia, pro omnibus peccatis suis.³⁶⁹ Quid hic dicent? gratiam dicit a domino non dari nisi pro peccatis, scilicet pro malis, atque id quod dicit, omnibus, id significat, quod nihil nisi peccata fecerit ante gratiam, seu omnia opera eius peccata fuerint. Si autem de manu domini contingit suscipere gratiam, pro operibus congruis, quae peccata non sint, falsum hic Esaias dixit, et gratia dei vilescit, ut quam non penitus indignis dedit, sicut Pelagiani docuerunt,³⁷⁰ a quorum sensu, nihil nisi solis verbis distamus. Siquidem et nos mereri gratiam licet non de condigno praedicamus, quod et ipsi concessissent, neque enim gratiam dei tam vilem habuissent, ut eam digno merito donari dicerent.

Idem Esaias ibidem. Omnis caro fenum, et omnis gloria eius sicut flos feni. Exiccatum est fenum et flos cecidit. Quia spiritus domini sufflavit in illud. Verbum autem domini manet inaeternum.³⁷¹ Da fenum et florem eius. Nonne caro, homo, seu liberum arbitrium et quicquid est hominis? flos eius et gloria, nonne est virtus sapientia, iustitia liberi arbitrii unde possit gloriari, aliquid esse et posse? Qua ergo ratione fit, ut flante spiritu exiccetur et cadat et manente verbo pereat? Nonne spiritus est gratia, qua tu dixisti liberum arbitrium iuvari et eius praeparationem consummari? Cur ergo hic exiccatum et cecidisse dicit quicquid est etiam optimum carnis? Nondum vides spiritum et liberum arbitrium esse contraria? Siquidem illo flante, hoc cadit, et non manet

---

³⁶⁷ Gal 5,19–21.   ³⁶⁸ Röm 8,7.   ³⁶⁹ Jes 40,2.   ³⁷⁰ Augustinus: De gratia et libero arbitrio lib. un. 10 f.; s. o. 196,29–31.   ³⁷¹ Jes 40,6–8.

Zorn, Neid, Mord usw.? Dies ist es also, was das freie Willensvermögen tut, wenn es tut, was in seinen Kräften steht: Dies alles aber sind Todsünden. Denn Röm 8 sagt: „Die Klugheit des Fleisches ist Tod und Gott feind." Wie kann sich der Tod zum Leben bereiten? Wie die Feindschaft zur Gnade? Denn wenn der Geist nicht in den Menschen bleibt, sind sie tot vor Gott. Ein Toter aber wird notwendigerweise nicht [die] Werke des Lebens tun, sondern des Todes; ein Werk aber des Todes bereitet nicht zum Leben. Es sind also alles Hirngespinste, was hinsichtlich der Vorbereitung des freien Willensvermögens auf die Gnade in so vielen Büchern behandelt wird.

Auch Jesaja sagt Kapitel 40: „Sie hat Zwiefältiges empfangen von der Hand des Herrn, um all ihrer Sünde willen." Was werden sie hier sagen? Er sagt, dass die Gnade vom Herrn ausschließlich für Sünden gegeben wird, das heißt, für Böses – und dass er sagt ‚für alle', das bedeutet, dass [Jerusalem] vor [dem Empfang] der Gnade nichts als Sünden getan hat oder alle seine Werke Sünden waren. Wenn es [ihm] aber widerführe, von der Hand des Herrn für angemessene Werke, die keine Sünden wären, Gnade zu erlangen, hätte Jesaja hier etwas Falsches gesagt und die Gnade Gottes würde insofern wertlos, als er sie nicht völlig Unwürdigen verliehen hätte. So haben es die Pelagianer gelehrt, von deren Ansicht wir uns freilich in nichts als Worten unterscheiden, wenn nämlich auch wir predigen, wir verdienten die Gnade, allerdings nicht im eigentlichen Sinne. Das hätten auch sie zugestanden. Denn auch sie hätten die Gnade Gottes nicht für so gering gehalten, dass sie gesagt hätten, sie würde für ein Verdienst im eigentlichen Sinne verliehen.

Derselbe Jesaja sagt ebendort: „Alles Fleisch ist Gras und alle seine Herrlichkeit ist wie die Blume des Feldes. Das Gras ist verdorrt und die Blume gefallen. Denn der Geist des Herrn hat darein geblasen. Das Wort aber des Herrn bleibt in Ewigkeit." Übertrage das ‚Gras' und ‚Seine Blume': Ist das nicht das Fleisch, der Mensch oder das freie Willensvermögen und was immer zum Menschen gehört? Seine ‚Blume' und seine ‚Herrlichkeit': Ist das nicht die Tugend, Weisheit und die Gerechtigkeit des freien Willensvermögens, auf Grund dessen man sich rühmen kann, etwas zu sein und zu können? Wie geschieht es dann, dass sie unter dem Blasen des Geistes verdorrt, fällt und vergeht, während das Wort bleibt? Ist nicht der Geist die Gnade, von der du gesagt hast, dass sie dem freien Willensvermögen hilft und seine Vorbereitung vollendet? Warum nennt also [Jesaja] hier verdorrt und gefallen, was auch immer sogar das Beste des Fleisches ist? Siehst du noch nicht, dass der Geist und das freie Willensvermögen einander entgegengesetzt sind? Zumal ja dieses fällt, wenn jener bläst, und nicht mit dem Wort bleibt. Es würde aber nicht

cum verbo. Non autem caderet et periret si ad flatum spiritus et verbi aptum et praeparatum esset.

 Hieremias quoque .x. capitulo sic dicit. Scio domine quoniam non est hominis via eius, nec viri est, ut dirigat gressus suos.³⁷² Quid potuit apertius dici? Si via sua et gressus sui non sunt in potestate hominis, quo modo via dei et gressus dei erunt in potestate eius. Via enim hominis est ea, quam ipsi vocant, naturalem virtutem faciendi, quod est in se.³⁷³ Ecce haec non est in arbitrio hominis seu liberi arbitrii, quid ergo liberum arbitrium est, nisi res de solo titulo? Quomodo potest sese ad bonum praeparare, cum nec in potestate sit suas vias malas facere? Nam et mala opera in impiis deus operatur. Ut Prover. xvi. dicit. Omnia propter semetipsum operatus est dominus, etiam impium ad diem malum. Et Ro. i. Tradidit illos deus in | reprobum sensum, ut faciant quae non conveniunt. Et .ix. Quem vult indurat, cuius vult miseretur. Sicut, et Exo. ix. de Pharaone dicit, in hoc ipsum excitavi te, ut ostendam virtutem meam in te,³⁷⁴ ideo enim est terribilis deus in iudiciis et operibus suis.

 Sic rursus Prover. xvi. Hominis est praeparare cor, domini autem est gubernare linguam.³⁷⁵ Hoc est homo multa solet proponere, cum tamen adeo non sint in manu eius opera eius, ut nec verba in hoc ipsum habeat in potestate sua, coactus mirabili dei providentia, et loqui et facere, aliter quam cogitavit, sicut in Balaam monstratum est. Numeri .xxiiii. Et Psal. cxxxviiii. Non est sermo in lingua mea. Et clarius infra Prover. xvi. Cor hominis cogitat viam suam, et dominus dirigit gressus suos,³⁷⁶ Ecce non sicut homo cogitat, via eius procedit, sed sicut dominus ordinat, ideo et .xxi. dicit. Sicut divisiones aquarum, ita cor regis in manu domini, quocunque voluerit inclinabit illud.³⁷⁷ Ubi ergo est liberum arbitrium? figmentum est penitus.

 Atque si scriptura non doceret haec, abunde ex omnibus historiis hanc veritatem disceremus, et unusquisque, ex vita sua propria. Quis enim est, qui omnia quae voluit effecit? immo quis id, quod cogitavit facere, non saepius alia statim cogitatione mutavit, nesciens quomodo mutarit? Quis audet negare, se etiam in malis operibus, saepius coactum aliud facere quam cogitavit? An non putas huius Bullae autores in

---

³⁷² Jer 10,23.   ³⁷³ S. o. 194, Anm. 359.   ³⁷⁴ Spr 16,4; Röm 1,28; 9,18; Ex 9,16.   ³⁷⁵ Spr 16,1. ³⁷⁶ Num 24; Ps 139/Vg 138,4; Spr 16,9.   ³⁷⁷ Spr 21,1.

fallen und vergehen, wenn es für das Blasen des Geistes und des Wortes geeignet und vorbereitet wäre.

Auch Jeremias sagt Kapitel 10 so: „Ich weiß, Herr, dass des Menschen Weg nicht in seiner Gewalt liegt, und es liegt in niemandes Kraft, wie er
5 seine Schritte richte." Was konnte offener gesagt werden? Wenn sein Weg und seine Schritte nicht in der Macht des Menschen liegen, auf welche Weise könnten dann der Weg und die Schritte Gottes in seiner Macht stehen? Der Weg des Menschen ist nämlich das, was sie das natürliche Vermögen nennen, das zu tun, was in den eigenen Kräften steht. Siehe: Dies
10 steht nicht beim Willensvermögen des Menschen oder des freien Willensvermögens: Was ist also das freie Willensvermögen als eine Sache dem bloßen Namen nach? Wie kann es sich zum Guten vorbereiten, wenn es nicht einmal in seiner Macht steht, seine Wege böse zu machen? Denn auch die bösen Werke wirkt Gott in den Gottlosen, wie Spr 16 sagt: „Der
15 Herr macht alles um seiner selbst willen, auch den Gottlosen für den bösen Tag." Und Röm 1: „Gott hat sie dahingegeben in ihren verkehrten Sinn, dass sie tun, was sich nicht gehört." Und [Röm] 9: „Wen er will, verstockt er; wessen er will, erbarmt er sich." Wie auch Ex 9 über den Pharao sagt: „Dazu habe ich dich erweckt, damit ich meine Kraft an dir zeige."
20 Daher nämlich ist Gott so schrecklich in seinen Urteilen und Werken.

So wiederum in Spr 16: „Es ist die Sache des Menschen, das Herz vorzubereiten, aber es ist die Sache Gottes, die Zunge zu lenken." Das heißt, ein Mensch pflegt sich vieles vorzunehmen; doch da seine Werke auch nicht soweit in seiner Hand stehen, dass die darauf gerichteten Worte in
25 seiner Macht stehen, [ist er] gezwungen durch die wundersame Vorsehung Gottes, sowohl anders zu reden als auch zu handeln, als er sich vorgenommen hat. So ist es an Bileam gezeigt geworden, Num 24. Und in Ps 139 [heißt es]: „Es ist kein Wort auf meiner Zunge" und deutlicher noch Spr 16: „Das Herz des Menschen erdenkt sich seinen Weg, aber der
30 Herr lenkt seine Schritte." Siehe: Nicht, wie der Mensch erdenkt, geht sein Weg voran, sondern wie der Herr es ordnet. Daher heißt es auch [in Spr] 21: „Wie die Wasserbäche ist des Königs Herz in der Hand des Herrn, und er neigt es, wohin er will." Wo also ist das freie Willensvermögen? Es ist gänzlich erdichtet.

35 Aber auch wenn die Schrift dies nicht lehrte, würden wir diese Wahrheit doch zum Überluss aus der ganzen Geschichte lernen, und ein jeder aus seinem eigenen Leben. Wen gibt es nämlich, der alles, was er wollte, auch bewirkt hat? Ja, wer hat nicht das, was er zu tun dachte, öfter durch eine andere Überlegung sofort geändert und weiß doch
40 nicht, wie er [sie] geändert hat? Wer wagt zu leugnen, dass er auch bei bösen Werken öfter gezwungen etwas anderes tat, als er erdachte? Glaubst du nicht, dass die Urheber dieser Bulle in ihr mit allen und den

eo fuisse totis et summis liberi arbitrii viribus, ut pro se contra Lutherum loquerentur? Et ecce, quam non fuerit in eorum arbitrio, haec cogitatio et operatio, omnia enim contra se, in caput suum operati sunt, ut nunquam legerim, qui se fedius abominabiliusque dedecoraverint, et in omnem turpitudinem, errorum, haeresum, maliciarum, apertissime tradiderint excaecati et ignorantes, adeo non est homo in manu sua, etiam mala operans et cogitans. Et vere Paulus Ephe. i. dixit. Deus operatur omnia in omnibus.[378]

Periit itaque hic etiam generalis illa influentia, qua garriunt, esse in potestate nostra, naturales operationes operari, secus rem habere monstrat experientia omnium. Et vide nos insensatos, ipsam radicem operum, nempe vitam ipsam, quae caput est omnium operum, scimus omnes, nullo momento esse in manu nostra, et audemus dicere, aliquam cogitationem esse in manu nostra? Quid absurdius dici potest? Qui ergo vitam nostram in manu sua retinuit, motus nostros et opera, in manu nostra posuit? Absit. Unde non est dubium, Satana magistro, in Ecclesiam venisse, hoc nomen liberum arbitrium, ad seducendos homines a via dei in vias suas proprias. Fratres Ioseph omnino cogitaverunt eum occidere, et ecce ipsa haec cogitatio, adeo | non erat in eorum arbitrio, ut etiam in contrarium mox omnia cogitarent, sicut dixit. Vos cogitastis de me malum, sed deus vertit illud in bonum.[379]

Habes, miserande Papa, quid hic oggannias? Unde et hunc articulum necesse est revocare, Male enim dixi, quod liberum arbitrium ante gratiam sit res de solo titulo, sed simpliciter debui dicere, liberum arbitrium est figmentum in rebus, seu titulus sine re. Quia nulli est in manu sua, quippiam cogitare mali aut boni, sed omnia, (ut Viglephi articulus Constantiae damnatus recte docet) de necessitate absoluta eveniunt.[380] Quod et Poeta voluit, quando dixit certa stant omnia lege.[381] Et Christus Matth. vi. Folium arboris non cadit in terram sine voluntate patris vestri qui in celis est et capilli capitis vestri omnes numerati sunt. Et Esa. xli. eis insultat, dicens. Bene quoque aut male si potestis facite.[382]

Unde et ego hos liberi arbitrii seu Baal prophetas exhortor cum Helia.[383] Agite, estote viri, facite quod in vobis est, tentate saltem ali-

---

[378] Eph 1,1. [379] Gen 50,20. [380] DH 1177. [381] Manilius: Astronomica 4,14 (Fata regunt orbem, certa stant omnia lege). [382] Mt 10,29 f.; Jes 41,23. [383] 1Kön 18,27.

höchsten Kräften des freien Willensvermögens darauf aus waren, für sich gegen Luther zu reden? Und siehe: Wie stand dieses Vorhaben und dieses Werk nicht in ihrem Willensvermögen! Sie haben nämlich alles gegen sich selbst gerichtet, es fällt auf ihr eigenes Haupt zurück, so dass ich niemals jemanden gelesen habe, der sich scheußlicher und abscheulicher entehrt und sich in alle Schande von Irrtümern, Häresien und Bosheiten ganz offensichtlich dahingegeben hätte, verblendet und unwissend – so sehr steht der Mensch nicht in seiner eigenen Hand, auch wenn er Böses tut und plant. Und Paulus hat wahrheitsgemäß Eph 1 gesagt: „Gott wirkt alles in allem."

Zugrunde ging daher hier auch jener allgemeine Einfall, mit dem sie schwatzen, es stehe in unserer Macht, die natürlichen Handlungen zu wirken. Dass die Sache sich anders verhält, zeigt die Erfahrung aller. Und siehe uns Fühllose: Wir wissen alle, dass die Wurzel der Werke selbst, nämlich das Leben selbst, welches das Haupt aller Werke ist, in keinem Moment in unserer Hand liegt – und wagen zu sagen, dass irgendein Vorhaben in unserer Hand sei? Was könnte Absurderes gesagt werden? Der also unser Leben in seiner Hand hält, hat unsere Bewegungen und Werke in unsere Hand gelegt? Das sei ferne! Daher besteht kein Zweifel, dass dieser Ausdruck ‚freies Willensvermögen' durch Satan als Lehrer in die Kirche gekommen ist, um die Menschen von Gottes Weg auf ihre eigenen Wege zu verführen. Die Brüder Josephs gedachten durchaus, ihn zu töten, und siehe da, eben dieser Plan stand so wenig in ihrem Willensvermögen, dass auch sie bald in allem nach dem Gegenteil trachteten; wie er [Joseph] denn sagte: „Ihr gedachtet es böse zu machen, Gott aber hat es zum Guten gewandt."

Hast du etwas, erbarmungswürdiger Papst, was du dem entgegenschreist? Daher ist auch dieser Artikel notwendig zu widerrufen. Ich habe nämlich schlecht gesagt, dass das freie Willensvermögen vor der Gnade eine Sache allein dem Namen nach sei; vielmehr hätte ich einfach sagen müssen: „Das freie Willensvermögen ist ein Hirngespinst unter den Dingen oder ein [bloßer] Name ohne Inhalt." Denn niemand hat es in seiner Hand, sich etwas Böses oder Gutes vorzunehmen, sondern alles (wie der in Konstanz verdammte Artikel Wyclifs recht lehrt) geschieht aus absoluter Notwendigkeit. Das wollte auch der Dichter, als er gesagt hat: „Unter festem Gesetz steht alles." Und Christus sagt in Mt 10: „Kein Blatt vom Baum fällt auf die Erde ohne den Willen eures Vaters, der im Himmel ist, und alle Haare auf eurem Kopfe sind gezählt." Und Jes 41 verspottet sie, indem es sagt: „Handelt gut oder auch schlecht, wenn ihr könnt!"

Daher ermahne auch ich diese Propheten des freien Willensvermögens oder Baals zusammen mit Elia: Handelt, seid Männer, tut, was in

quando, id quod docetis, praeparate vos ad gratiam et obtinete quae vultis, quandoquidem dicitis, deum non negare quicquam, si feceritis quod liberum arbitrium potest, vehementer turpe est, ut vestrae doctrinae nullum exemplum adducere, nullum opus vos ipsi praestare queatis, et solis verbis sapientes sitis, Verum pelagium sub his studiis alunt. Quid enim refert si neges gratiam ex operibus nostris, et doceas tamen per opera nostra dari? idem manet impietatis sensus, quo gratia non gratis, sed ob nostra opera donari creditur. Neque enim pelagiani alia opera docuerunt et fecerunt, propter quae gratiam dari voluerunt, quam vos docetis et facitis. Eiusdem sunt liberi arbitrii opera, eorundemque membrorum, sed alia vos eis nomina et alia illi dederunt, ieiunium, oratio, eleemosynae eaedem erant, sed vos congrua, illi condigna ad gratiam vocaverunt,[384] ubique tamen idem pelagius triumphator perseveravit.

Fallit hos miseros homines rerum humanarum inconstantia, seu (ut vocant) contingentia, oculos enim suos stultos mergunt in res ipsas, operaque rerum, nec aliquando elevant in conspectum dei, ut res supra res in deo cognoscerent. Nobis enim ad inferna spectantibus, res apparent arbitrariae et fortuitae, sed ad superna spectantibus, omnia sunt necessaria. Quia non sicut nos, sed sicut ille vult, ita vivimus, facimus, patimur omnes et omnia.[385] Cessat liberum arbitrium erga deum, quod apparet erga nos et temporalia, illic enim, ut Iacobus ait, non est transmutatio, nec vicissitudinis obumbratio.[386] Hic vero omnia mutantur et variantur. Et nos stulti, divina aestimamus secundum haec temporalia? ut libero arbitrio praesumamus deum praevenire et gratiam extorquere velut dormienti, quoties libitum fuerit, quasi ille mutari nobiscum | possit, et velit quod aliquando non voluit, idque nostro libero arbitrio operante et volente, o furor furorum omnium novissimus.

Et Paulus Ephe. ii. dicit. Eramus et nos natura filii irae sicut et caeteri.[387] Si omnes extra gratiam sunt filii irae ex ipsa natura, ergo et liberum arbitrium est filius irae ex natura sua, si ex natura sua, multomagis ex omnibus operibus suis. Quid autem esse potest natura filius irae,

---

[384] S. u. 420,24–430,26; Thomas von Aquin: Summa theologica 1 II qu. 21 a. 4 sowie qu. 114; DH 443.485.   [385] S. u. 420,24–29; 486,16–488,16; 490,17–494,28.   [386] Jak 1,17.   [387] Eph 2,3.

euren Kräften steht, versucht doch wenigstens einmal das, was ihr lehrt, bereitet euch auf die Gnade vor und erlangt, was ihr wollt, da ihr ja sagt, dass Gott [euch] nichts verweigere, wenn ihr tut, was das freie Willensvermögen kann! Sehr schändlich ist es, dass ihr für eure Lehre kein Beispiel anführen, kein Werk selbst vorweisen könnt und allein mit Worten weise seid. Aber sie nähren Pelagius mit diesen Bemühungen. Denn was macht es, wenn du die Gnade auf Grund unserer Werke verneinst und dennoch lehrst, sie werde durch unsere Werke gegeben? Es bleibt derselbe Sinn der Gottlosigkeit, mit dem geglaubt wird, dass die Gnade nicht umsonst, sondern um unserer Werke willen gegeben wird. Denn auch die Pelagianer haben keine anderen Werke gelehrt und getan, derentwegen sie wollten, dass die Gnade gegeben wird, als ihr lehrt und tut. Es sind die Werke desselben freien Willensvermögens und derselben Glieder, aber ihr habt ihnen diese und jene ihnen andere Namen gegeben: Fasten, Gebet und Almosen waren dieselben, aber ihr habt sie ‚uneigentlich', jene ‚eigentlich verdienstlich für die Gnade' genannt; überall hat sich dennoch derselbe Pelagius als Triumphator durchgehalten.

Diese elenden Menschen täuscht die Unbeständigkeit oder (wie sie es nennen) die Kontingenz der menschlichen Dinge. Sie versenken nämlich ihre törichten Augen in die Dinge selbst und in die Werke der Dinge und erheben sie nie zum Anblick Gottes, um die Dinge über den Dingen in Gott zu erkennen. Denn uns, die wir nach unten schauen, erscheinen die Dinge willkürlich und zufällig, aber denen, die nach oben schauen, ist alles notwendig. Denn nicht wie wir, sondern wie er will, so leben wir, handeln wir, leiden wir alle und alles. Hinweg mit dem freien Willensvermögen gegenüber Gott, wie es uns und dem Zeitlichen gegenüber erscheint. Dort nämlich, wie Jakobus sagt, gibt es keine Veränderung noch den Schatten eines Wechsels; hier aber wechselt alles und verändert sich. Und wir Törichten beurteilen das Göttliche nach diesem Zeitlichen, so dass wir uns herausnehmen, durch das freie Willensvermögen Gott zuvorzukommen und, sooft es beliebt, die Gnade aus ihm herauszupressen, als schliefe er. Als könnte er mit uns verändert werden und wollte, was er einstmals nicht wollte, und das, indem unser freies Willensvermögen wirkt und will – o neuester Wahnsinn allen Wahnsinns!

Auch Paulus sagt Eph 2: „Auch wir waren Kinder des Zorns von Natur aus wie die anderen." Wenn alle außerhalb der Gnade Kinder des Zorns von Natur aus sind, ist also auch das freie Willensvermögen ein Kind des Zorns seiner Natur nach. Wenn es das seiner Natur nach ist, um wie viel mehr nach allen seinen Werken. Was kann aber ein Kind des Zorns von Natur aus sein, als dass alles, was es tut, böse ist, weil es nicht

nisi quod omnia quae facit sunt mala, non ad gratiam sed ad iram praeparantia imo iram merentia? Ite nunc pelagiani et operibus vestris, praeparate vos ad gratiam, cum hic Paulus non nisi iram illis mereri omnes dicat. Mitius erat, si solum dixisset. Eramus filii irae, sed addens, natura, certe totum quod sumus et facimus ex natura, non nisi meritum irae, nequaquam gratiae intelligi voluit. Vix breviorem et apertiorem potentioremque in scripturis invenias sententiam adversus liberum arbitrium.

Et quid multis agimus? Ex supradictis abunde cognovimus etiam iustos magno certamine contra suam carnem laborare, ut faciant bonum, resistitque eis liberum eorum arbitrium et prudentia carnis, summis viribus concupiscens contra spiritum, odiens ea quae sunt spiritus et legis dei,[388] Et quomodo possibile est, ut sine spiritu ex natura sua possit pro spiritu concupiscere seu ad spiritum se praeparare, faciendo quod est in se? In gratia dum fuerit, natura eius talis est, ut contra gratiam indomitum pugnet, et extra gratiam talis esse poterit natura eius ut spiritum iuvet? Quid insanius fingi potest? Esset enim hoc monstrum novum simile huic. Si quis indomitam feram vinculis custoditam, domare non possit, et tamen insanus iactet eam ante vincula et sine vinculis esse tam cicurem et mansuetam, ut sponte se domet seu ut dometur, laboret? Desistite quaeso ab hac insania miserrimi pelagiani. Si liberum arbitrium in gratia peccat et insanit adversus gratiam, sicut cogimur omnes sentire, et quaeruntur Apostolus et omnes sancti, certe contra omnem sensum est, ut extra gratiam probum sit et ad absentem se paret, quam praesentem odit et persequitur.

Necesse est ergo mera figmenta et hypocrises esse, quaecunque et docentur et fiunt ante gratiam, pro gratia impetranda, praeveniri enim nos necesse est misericordia dei, ut velimus. Sicut et Augustinus contra Epistolas pelagii dicit. Quod nolentes deus convertit et reluctantes.[389] Sicut in exemplo Pauli monstravit, quem tunc convertit, quando erat summo ardore persecutionis insanus et contrarius gratiae,[390] Et Petrus non respexit dominum, ut recordaretur verbi, quod dixerat ei Iesus. Sed dominus respexit Petrum in media et maxima illa negatione, et sic recordatus verbi flevit amare.[391]

---

[388] Gal 5,17.22.   [389] Augustinus: Contra duas epistulas Pelagianorum lib. 1,19,37.
[390] Apg 9,1 f.   [391] Lk 22,61 f.

auf die Gnade, sondern auf den Zorn vorbereitet, ja den Zorn verdient? Geht nun hin, ihr Pelagianer, und bereitet euch mit euren Werken auf die Gnade vor, obwohl Paulus hier sagt, dass alle nichts als Zorn für sie verdienen. Milder wäre gewesen, wenn er nur gesagt hätte, „Wir waren
5 Kinder des Zorns", aber indem er „von Natur" hinzugefügt hat, ist ganz sicher, dass er das so verstanden wissen wollte, dass alles, was wir der Natur nach sind und tun, Zorn verdient, keineswegs Gnade. Du wirst kaum einen kürzeren, klareren und stärkeren Satz in den Schriften gegen das freie Willensvermögen finden.
10 Aber was strengen wir uns so an? Aus dem oben Gesagten haben wir überreichlich erkannt, dass auch die Gerechten sich mit großer Anstrengung gegen ihr eigenes Fleisch mühen, um Gutes zu tun, und ihnen ihr freies Willensvermögen und die Klugheit ihres Fleisches widerstehen. Dieses begehrt aus allen Kräften gegen den Geist auf, weil
15 es die Dinge hasst, die dem Geist und dem Gesetz Gottes zugehören. Und wie ist es möglich, dass es ohne Geist aus seiner Natur heraus für den Geist begehren oder sich auf den Geist vorbereiten kann, indem es tut, was in seinen Kräften steht? Solange es in der Gnade ist, ist seine Natur so beschaffen, dass es gegen die Gnade ungezähmt ankämpft –
20 und außerhalb der Gnade könnte seine Natur so sein, dass sie dem Geist hülfe? Was kann Unsinnigeres erdacht werden? Dieses neue Ungeheuer wäre nämlich diesem ähnlich: Wenn jemand ein ungezähmtes, wildes, in Fesseln gehaltenes [Tier] nicht zähmen kann und dennoch unsinnig prahlte, dass es vor der Fesselung und ohne Fesseln so zahm und harm-
25 los sei, dass es sich von selbst zähme oder sich mühte, gezähmt zu werden. Lasst ab, bitte, von diesem Unsinn, ihr elendesten Pelagianer! Wenn das freie Willensvermögen in der Gnade sündigt und wütet gegen die Gnade, so wie wir alle gezwungen werden zu empfinden und der Apostel und alle Heiligen klagen, so ist es sicherlich gegen jede Empfindung, dass
30 es außerhalb der Gnade rechtschaffen sei und sich auf die abwesende [Gnade] vorbereite, die es, wenn sie anwesend ist, hasst und verfolgt.

Es ist also notwendig, dass reine Erdichtung und Heuchelei alles ist, was da gelehrt wird und geschieht vor der Gnade zur Erlangung der Gnade. Denn die Barmherzigkeit Gottes muss notwendigerweise uns
35 zuvorkommen, damit wir wollen. Wie auch Augustinus in ‚Gegen die Briefe des Pelagius' sagt: dass Gott die, die nicht wollen, und die Widerspenstigen bekehrt. So hat [Gott] es am Beispiel des Paulus gezeigt, den er damals bekehrte, als dieser in höchster Leidenschaft der Verfolgung raste und der Gnade feind war. Und Petrus hat nicht den Herrn angese-
40 hen, um sich des Wortes zu erinnern, das ihm Jesus gesagt hatte. Sondern der Herr hat den Petrus angesehen inmitten dieser größten Verleugnung, und so – an das Wort erinnert – weinte er bitterlich.

Videmus itaque in huius articuli sententia, quam fallax fuerit operatio erroris, magistro Satana. Cum enim negare non possent, nos per gratiam | dei salvos fieri oportere, nec eludere possent hanc veritatem, alia via ingressa est impietas ad eludendum, fingens et si nostrum non sit, salvare nos ipsos, nostrum tamen esse, parari ad hoc ut salvemur, gratia dei.[392] Quae rogo manet gloria deo, si nos tantum possumus ut salvemur per gratiam eius? An parum esse videtur hoc posse, si quis gratiam non habens, tantum tamen virtutis habet, ut gratiam habere, quando voluerit, possit? Quid refert si dicas sine gratia nos salvari cum pelagianis,[392a] cum gratiam dei iam ponas in arbitrio hominum? Videris mihi peior esse pelagio, dum gratiam dei necessariam in potestatem hominis ponis, quam ille penitus negavit necessariam. Minus, inquam, videtur impium, gratiam in totum negare, quam eam nostro studio et opere parari, ac velut in manu nostra reponere. Et tamen praevaluit haec operatio erroris, quia speciosa et placens naturae liberoque arbitrio, ut difficile sit eam confutare, praesertim apud rudes et crassos animos.

In caeteris autem articulis, de Papatu, Conciliis, indulgentiis, aliisque non necessariis nugis, ferenda est levitas et stultitia Papae et suorum, sed in hoc articulo, qui omnium optimus et rerum nostrarum summa est, dolendum ac flendum est, miseros sic insanire. Tantum abest enim, ut Papa et sui discipuli mysterium hoc gratiae dei, vel uno iota intelligant aut aliquando agnoscant, ut ante casurum caelum credam. Non stabit huius articuli veritas, cum Ecclesia Papae, non magis quam cum Christo Belial, et cum luce tenebrae.[393] Papae enim Ecclesia, nisi opera bona doceret ac venderet, aut sola gratia nos iustificari syncaere doceret,[394] neque in hanc pompam crevisset, neque ad horam, si quo casu crevisset, stetisset. Crucis est enim haec Theologia,[395] quae damnat, quicquid Papa probat, et martyres facit. Unde et Ecclesia, finito martyrum tempore, optima ac pene tota sui parte effloruit. Mox pro cruce successit voluptas, pro penuria, opulentia, pro ignominia, gloria,

---

[392] S. o. 194,27 f. [392a] Hier ist ein Schreibirrtum Luthers anzunehmen; er wollte schreiben: „[...] cum gratiam dei cum pelagianis [...]". Möglich ist auch, dass der Setzer ein am Rand stehendes oder übergeschriebenes ‚cum Pelagianis' sinnstörend einordnete. [393] 2Kor 6,14 f. [394] Röm 3,28. [395] S. o. 52,27 f.32 f.; 56,16 f.

Wir sehen daher am Sinn dieses Artikels, wie täuschend das Wirken des Irrtums durch Satan als Lehrer gewesen ist. Denn da sie nicht leugnen können, dass wir durch die Gnade Gottes selig werden müssen, und dieser Wahrheit auch nicht ausweichen können, hat die Gottlosigkeit einen anderen Weg beschritten, um doch auszuweichen, indem sie erdichtet, wenn es auch nicht unsere Sache sei, uns selbst selig zu machen, es dennoch unsere Sache sei, uns darauf vorzubereiten, damit wir durch die Gnade Gottes selig werden. Welche Ehre bleibt Gott, frage ich, wenn wir so viel vermögen, damit wir durch seine Gnade selig werden? Scheint das zu vermögen wenig zu sein, wenn jemand, der die Gnade nicht hat, dennoch so viel Kraft hat, dass er die Gnade haben kann, wenn er will? Was trägt es aus, wenn du sagst, wir würden nicht ohne die Gnade selig, wenn du die Gnade Gottes – mit den Pelagianern – schon auf das Willensvermögen der Menschen stellst? Du scheinst mir schlimmer zu sein als Pelagius, wenn du die notwendige Gnade Gottes in die Macht des Menschen verlegst, als dieser, der völlig leugnete, sie sei notwendig. Weniger gottlos scheint es mir, sage ich, die Gnade ganz zu leugnen, als sie durch unsere Mühe und unser Werk zu bereiten und gleichsam in unsere Hand zu legen. Und dennoch erhielt diese Wirkung des Irrtums die Oberhand, weil es großartig ist und der Natur und dem freien Willensvermögen gefällt, so dass es schwierig ist, es zu widerlegen, besonders bei den ungebildeten und groben Gemütern.

In den anderen Artikeln, über das Papsttum, die Konzilien, die Ablässe und die anderen unnötigen Nichtigkeiten, die Lässigkeit und Dummheit des Papstes und der Seinen wohl zu ertragen, aber in diesem Artikel, der von allen der beste und die Summe unserer Sache ist, muss man Schmerz empfinden und weinen, dass die Elenden so wahnsinnig sind. Weit entfernt davon, dass der Papst und seine Jünger dieses Geheimnis der Gnade Gottes auch nur mit einem Jota verstünden oder irgendwann anerkennten, so dass ich glaube, eher wird der Himmel einstürzen. Die Wahrheit dieses Artikels kann nämlich zusammen mit der Kirche des Papstes nicht bestehen, nicht mehr als mit Christus Belial und mit dem Licht die Dunkelheit. Denn die Kirche des Papstes wäre, wenn sie nicht gute Werke lehrte und verkaufte oder wenn sie rein lehrte, dass wir allein aus Gnade gerechtfertigt werden, weder zu diesem Prunk herangewachsen noch hätte sie bis zu dieser Stunde bestanden, wenn sie durch irgendeinen Zufall aufgewachsen wäre. Denn es ist diese Theologie des Kreuzes, die verdammt, was immer der Papst billigt, und die Märtyrer schafft. Daher ist auch die Kirche, nachdem die Zeit der Märtyrer beendet ist, in ihrem besten und fast vollständigen Teil verblüht. Bald ist an Stelle des Kreuzes die Begierde gefolgt, an Stelle des Mangels der Überfluss, an Stelle der Schande die

donec ea quae nunc Ecclesia vocatur, ipso mundo, ut sic dicam mundanior et ipsa carne carnalior facta sit. Et ego non habeo aliud contra Papae regnum robustius argumentum, quam quod sine cruce regnat. Prorsus nihil pati, omnibus autem abundare et excellere studet, et non est fraudatum desiderio suo. Habet, quod voluit, factaque est meretrix civitas fidelis, vereque regnum veri illius Antichristi.

Verbosus in hac parte fui necessitate rei, quae non modo per hanc Bullam, (quod ne pili quidem facio,³⁹⁶) sed per omnes pene Scholasticos doctores oppressa et extincta est, plus trecentis annis. Nemo enim hic non contra gratiam pro gratia scripsit, ita ut non sit res aeque necessaria tractatu, quam et saepius optavi, omissis frivolis illis Papensibus nugis et negociis, quae nihil ad Ecclesiam pertinent, nisi ut vastent, tractare, sed longitudine tem-|poris et magnitudine usus, operatio Satanae, sic insedit, et errore isto sic haebetavit animos hominum, ut nullos videam qui idonei sint ut intelligant, nedum ut nobiscum certent, plena est harum rerum divina scriptura. Sed sic vastata per nostrum Nabuchodonosor, ut nec literarum facies et notitia reliqua sit, opusque sit nobis quodam Esdra, qui novas literas inveniat, et denuo nobis Bibliam reparet,³⁹⁷ quod spero nunc geri, efflorescentibus in toto orbe linguis Haebraica et Graeca. Amen.

TRICESIMUS SEPTIMUS.

Purgatorium non potest probari ex sacra scriptura, quae sit in Canone.³⁹⁸

Satis ridicule sophistae in hac re nugantur, adducentes illud Psal. lxvi. Transivimus per ignem et aquam, et eduxisti nos in refrigerium,³⁹⁹ non enim tantum habent cerebri et solertiae aut cogitantiae, ut videant, si hoc de purgatorio dictum est, omnes martyres totamque Ecclesiam in purgatorium ivisse, cum in persona martyrum et omnium afflictorum haec dicantur, pro quibus ipsimet sciunt iniuriam esse orare. Talibus enim autoritatibus stupida ista capita solent, sua probare, solum ut nauseam et abominationem faciant piis spiritibus. Tale et illud .i. Corin.

---

³⁹⁶ Erasmus: Adagia, 1,8,4 (Pili non facio).   ³⁹⁷ Neh 8,1–12; Esra galt als Begründer des alttestamentlichen Kanons sowie Erneuerer der hebräischen Schrift.   ³⁹⁸ Disputatio I. Eccii et M. Lutheri Lipsiae habita; WA 2,324,10–12; vgl. StA 2,401,2 f. u. DH 1487.   ³⁹⁹ Ps 66/Vg 65,12.

Ehre, bis das, was nun Kirche heißt, weltlicher als die Welt selbst, sozusagen, und fleischlicher als das Fleisch selbst geworden ist. Und ich habe kein anderes stärkeres Argument gegen die Regierung des Papstes, als dass er ohne das Kreuz regiert. Er bemüht sich, gar nichts zu erleiden,
5 in allem aber Überfluss zu haben und sich auszuzeichnen, und in seinem Bemühen ist er nicht betrogen worden. Er hat, was er wollte – der treue Staat ist zur Hure und wahrlich zum Reich jenes wahren Antichristen gemacht worden.

Wortreich bin ich in diesem Teil aus der Notwendigkeit der Sache
10 heraus gewesen, die nicht von dieser Bulle (die mir nicht einmal ein Härchen wert ist), sondern von fast allen scholastischen Doktoren mehr als dreihundert Jahre lang unterdrückt und ausgelöscht worden ist. Niemand hat hier nämlich nicht gegen die Gnade für die Gnade geschrieben, so dass diese Sache nicht gleicherweise einer Behandlung bedürftig
15 wäre – wie ich denn öfter gewünscht habe, sie unter Auslassung jener papistischen frivolen Nichtigkeiten und Umstände zu behandeln, die nichts zur Kirche beitragen, als sie zu verwüsten! Aber infolge der Länge der Zeit und des Umfangs des [Miss-]Brauchs hat sich das Wirken Satans so festgesetzt und durch diesen Irrtum die Seelen der Menschen so ab-
20 gestumpft, dass ich niemanden sehe, der fähig wäre, ihn einzusehen, geschweige denn gemeinsam mit uns zu streiten. Die göttliche Schrift ist voll von diesen Dingen. Aber sie ist so verwüstet durch unseren Nebukadnezar, dass nicht einmal die äußere Sprachkenntnis übrig geblieben ist und wir eines neuen Esra bedürfen, der uns die Sprache neu
25 erfindet und uns von neuem die Bibel wiederherstellt. Dies geschieht nun, wie ich hoffe, weil in der ganzen Welt jetzt die Sprachen Hebräisch und Griechisch erblühen. Amen.

XXXVII.
30 DAS FEGFEUER KANN NICHT AUS EINER HEILIGEN SCHRIFT ERWIESEN WERDEN, DIE IM KANON IST.

Lächerlich genug schwätzen die Sophisten in dieser Sache daher, indem sie jenes Wort Ps 66 heranziehen: „Wir sind durch Feuer und Wasser gegangen, und du hast uns zur Labung geführt." Sie haben
35 nämlich nicht so viel an Verstand, Fertigkeit oder Einsicht, um zu sehen, dass, wenn dies eine Aussage über das Fegfeuer wäre, alle Märtyrer und die ganze Kirche ins Fegfeuer gekommen wären. Denn dies wird stellvertretend für die Märtyrer und alle Angefochtenen gesagt, für die zu beten Unrecht ist, wie sie selbst wissen. Mit solchen Autoritäten pfle-
40 gen sie nämlich diese ihre dummen Hauptsachen zu bestätigen, nur um bei frommen Geistern Überdruss und Abscheu zu erzeugen. Genauso steht es mit 1Kor 3: „Er selbst wird nämlich gerettet wie durchs

iii. Salvus ipse erit, quasi per ignem,⁴⁰⁰ cum Apostolus ibi de igne iudicii loquatur. Dicens diem domini in igne revelandum, sicut et Tessalonicens. i. dicit. Christum de caelo revelandum cum angelis virtutis suae in flamma ignis, vindictam sumentis de iis, qui non crediderunt Evangelio.⁴⁰¹ Si ergo his et similibus locis probatur Purgatorium, vere ex scriptura probabitur prorsus nullum esse purgatorium. Unum locum habent cap. secundo Machabeorum .xii. usitatum,⁴⁰² quem librum dixi sicut adhuc dico, non esse in hac re ullius autoritatis, cum nihil simile, neque in novo, neque in veteri testamento legatur.⁴⁰³

Et quae necessitas est, pro purgatorio sic tumultuari? nisi quod Papistica Ecclesia lucro suo timet, quod inaestimabile trahit ex purgatorio? Suo quisque periculo hic credat vel non credat, non est haereticus si purgatorium non credit, nec ideo Christianus si credit. Graeca enim Ecclesia non credit manens Catholica, nec ei nocet, quod a Papistica Ecclesia, omnium Schismaticissima, criminatur et insimulatur Schismatis, solum ob hoc, quia non sequitur suos nugaces a se repertos articulos fidei. Ego tamen et credo purgatorium esse, et consulo, suadeoque credendum, sed neminem volo cogi. Sicut, si non credam Thomam Aquinatem esse sanctum, licet a Papa canonisatum, non sum Haereticus, quando et ii non sunt haeretici, qui Thomam negant licet a Papa approbatum et confirmatum in suis libris. |

TRICESIMUS OCTAVUS.

Animae in purgatorio non sunt saecure de sua salute, saltem omnes, nec probatum est ullis aut rationibus, aut scripturis, ipsas esse extra statum merendi aut augendae charitatis,⁴⁰⁴

TRICESIMUS NONUS.

Animae in purgatorio peccant sine intermissione quamdiu querunt requiem et horrent penas.⁴⁰⁵

QUADRAGESIMUS.

Animae ex purgatorio liberatae suffragiis viventium minus beantur, quam si per se satisfecissent.⁴⁰⁶

---

⁴⁰⁰ 1Kor 3,15.   ⁴⁰¹ 2Thess 1,7 f.   ⁴⁰² 2Makk 12,45 f.   ⁴⁰³ Disputatio I. Eccii et M. Lutheri Lipsiae habita; WA 2,324,6–22; 325,7–35.   ⁴⁰⁴ Luther: Disputatio pro declaratione virtutis indulgentiarum; StA 1,178,15 f.13 f./WA 1,234,13 f.11 f.; vgl. StA 2,403,8–10 u. DH 1488.   ⁴⁰⁵ Luther: Resolutiones disputationum de indulgentiarum virtute; WA 1,562,15 f.; vgl. StA 2,403,12 f. u. DH 1489.   ⁴⁰⁶ Disputatio I. Eccii et M. Lutheri Lipsiae habita; WA 2,340,39–341,1; vgl. StA 2,403,15 f. u. DH 1490.

Feuer", da der Apostel dort vom Feuer des Gerichts redet. Denn er sagt, dass der Tag des Herrn im Feuer offenbart werden muss, wie er auch [2]Thess 1 sagt, dass Christus vom Himmel her offenbart werden muss mit den Engeln seiner Macht in der Flamme des Feuers und Rache nimmt an denen, die dem Evangelium nicht geglaubt haben. Wenn also mit diesen und ähnlichen Stellen das Fegfeuer erwiesen wird, so wird in Wahrheit aus der Schrift erwiesen, dass es gar kein Fegfeuer gibt. Als einzig anwendbare Stelle haben sie die aus 2Makk 12, von welchem Buch ich aber gesagt habe, wie ich immer noch sage, dass es in dieser Sache keine Autorität hat, weil nichts Vergleichbares weder im Neuen noch im Alten Testament zu lesen ist.

Aber welche Notwendigkeit besteht, um das Fegfeuer so einen Lärm zu machen, außer dass die papistische Kirche um ihren Gewinn fürchtet, den sie unschätzbar aus dem Fegfeuer zieht? Jeder mag hier auf eigene Gefahr glauben oder nicht glauben; er ist kein Häretiker, wenn er nicht an das Fegfeuer glaubt, daher auch kein Christ, wenn er es glaubt. Denn die griechische Kirche glaubt es nicht und bleibt doch katholisch, und es schadet ihr nicht, dass sie von der papistischen Kirche, der spalterischsten von allen, angeklagt und allein deswegen des Schismas beschuldigt wird, weil sie nicht ihren lächerlichen selbst erfundenen Glaubensartikeln folgt. Ich glaube allerdings auch, dass es ein Fegfeuer gibt, und ich rate und rede zu, es zu glauben, aber ich will niemanden zwingen. So wie wenn ich nicht glaube, dass Thomas von Aquin ein Heiliger ist, sei er auch vom Papst kanonisiert, ich kein Ketzer bin, weil auch diejenigen keine Ketzer sind, die es Thomas abstreiten [dass er ein Heiliger ist], mag er auch vom Papst in seinen Büchern anerkannt und bestätigt worden sein.

XXXVIII.
DIE SEELEN IM FEGFEUER SIND IHRES HEILS NICHT SICHER, WENIGSTENS [NICHT] ALLE, UND ES IST MIT KEINEN GRÜNDEN ODER SCHRIFTEN ERWIESEN, DASS SIE AUSSERSTANDE SIND, SICH WÜRDIG ZU MACHEN ODER DIE LIEBE ZU VERMEHREN.

XXXIX.
DIE SEELEN IM FEGFEUER SÜNDIGEN OHNE UNTERLASS, SOLANGE SIE RUHE SUCHEN UND VOR STRAFEN ZURÜCKSCHRECKEN.

XL.
DIE AUS DEM FEGFEUER BEFREITEN SEELEN WERDEN WENIGER DURCH DIE FÜRBITTEN DER LEBENDEN BESELIGT, ALS [SIE WÄREN] WENN SIE VON SICH AUS GENUGTUUNG GELEISTET HÄTTEN.

Hos tres articulos disputavi, protestatus me esse rerum istarum ignarum, nec adhuc probatum aliquid inventum, nisi quod illi, dictum et factum Ecclesiae, id est, Papae et suorum somniatorum, mihi pro regula fidei obtrudunt, quod contemno, cum ergo nihil certi, possim hic docere, satisque disputaverim alias, merito quiesco consulens omnibus ut ea, quae aguntur cum animabus divino iuditio commendent, sciantque Papam cum sua Ecclesia multo minus de his rebus nosse, quam ullus de minimis fidelium Christi, ideo suas Bullas in hac re vere esse Bullas, immo minus quam Bullas, cum nesciat miser, quid loquatur, aut de quibus affirmet.

QUADRAGESIMUS PRIMUS ET ULTIMUS.
Praelati Ecclaesiastici, et principes saeculares non malefacerent, si omnes saccos mendicitatis delerent.[407]

Quam Elegantialis, et Rhetoricalis, et artificialis, et proprialis vereque Papalis conclusio articulorum, plane digna, quam sanctissimus Vicarius dei proferat. Saccos mendicitatis delere, dicitur per methaphoram, quia Sacci sunt sicut tabulae vel scripturae aut picturae quae deleri possunt. Quid autem, si sacci delerentur mendicitatis, et mendicitas et mendici manerent? forte pro saccis invenient vasa, et plaustra. Ego ne iota quidem de Praelatis aut Principibus memini. Sed dixi me optare, nullos esse ordines mendicantium, ad quod plane nulla esset opus opera Praelatorum aut principum, sed sola cuiuslibet Christiana intelligentia. Quare hanc veritatem suggessit Sanctissimo Vicario dei non nisi paraclitus ille Papae Eccius, qui tam raro mentitur, quam invite loquitur. |

Sed si dixissem tamen, Principes bene facere si saccos mendicitatis delerent, in quam scripturam? in quem articulum fidei peccassem? Scilicet in ventrem Papae et Ecclesiae Papalis et in regnum Satanae et Antichristi. Quis est enim homo vel gentili nedum Christiano sensu praeditus, cui mendicitas etiam laicorum, nedum sacerdotum, non displiceat? Sed vale scelerata abominatio, tam stulte simul et impie loqueris, ut indigna sis, propter quam verba fiant, atque hoc insigni articulo palam declaras, quo spiritu, totam excreveris hanc maledicam

---

[407] Luther: Großer Sermon von dem Wucher; WA 6,42,12 f.; vgl. StA 2,404,6 f. u. DH 1491.

Diese drei Artikel habe ich disputiert – bekennend, dass ich in diesen Dingen unwissend bin. Bisher ist auch nicht irgendein Fündlein [in dieser Sache] erwiesen, außer dass jene mir als Diktum und Faktum der Kirche, das heißt, des Papstes und seiner Schlafmützen, als Glaubensregel aufdrängen, was ich verachte. Wenn ich also hier nichts Gewisses lehren kann und es sonst schon hinreichend erörtert habe, schweige ich mit Recht und rate allen, dass sie dies, was mit den Seelen getrieben wird, dem göttlichen Urteil anbefehlen und wissen mögen, dass der Papst mit seiner Kirche viel weniger über diese Dinge weiß als irgendeiner von den Geringsten der an Christus Glaubenden, und dass daher seine Bullen in dieser Sache wirklich Bullen [das heißt Wasserblasen] sind, ja weniger als Bullen. Denn der Elende weiß nicht, was er redet und was er beteuert.

XLI. UND LETZTER ARTIKEL
DIE KIRCHLICHEN PRÄLATEN UND WELTLICHEN FÜRSTEN TÄTEN NICHTS SCHLECHTES, WENN SIE ALLE BETTELSÄCKE ZERSTÖRTEN.

Was für ein eleganter, rhetorischer, kunstvoller, eigenartiger und wahrhaft päpstlicher Beschluss der Artikel, ganz würdig, dass der heiligste Stellvertreter Gottes ihn vorbringt. Die Bettelsäcke zu zerstören, wird als Metapher gebraucht, weil die Säcke wie Tafeln oder Schriften oder Bilder sind, die zerstört werden können. Was aber, wenn die Bettelsäcke zerstört würden und Bettel und Bettler blieben? Vielleicht würden sie an Stelle der Säcke Gefäße und Wagen erfinden. Ich erinnere mich nicht einmal an ein Jota über Prälaten und Fürsten [das ich gesagt hätte]. Sondern ich habe gesagt, dass ich mir wünschte, es gäbe keine Bettelorden, wozu überhaupt keine Mühe von Prälaten und Fürsten nötig wäre, sondern allein der christliche Sachverstand eines jeden. Deshalb hat nur jener ‚Tröster' des Papstes, Eck, dem heiligsten Stellvertreter Gottes diese Wahrheit eingegeben, der so selten lügt, wie er ungern redet.

Aber wenn ich dennoch gesagt hätte, die Fürsten täten gut daran, wenn sie die Bettelsäcke zerstörten – gegen welche Schrift, gegen welchen Glaubensartikel hätte ich gesündigt? Nämlich gegen den Bauch des Papstes und der papistischen Kirche und gegen das Reich des Satans und Antichristen. Wer ist nämlich der Mensch, der ausgerüstet ist, sei es [auch nur] mit einem heidnischen, geschweige denn einem christlichen Urteilsvermögen, dem der Bettel auch der Laien, geschweige denn der Priester, nicht missfiele? Aber lebe wohl, frevelhafter Abscheu, so dumm und gottlos zugleich redest du, dass du unwürdig bist, dass deinetwegen Worte verloren werden, und du erklärst mit diesem ausgezeichneten Artikel öffentlich, in welchem Geiste du diese ganze läs-

Bullam, dominus Iesus visitet te prope diem, illustratione adventus sui. Amen.

τέλος.

terliche Bulle ausgeschieden hast; der Herr Jesus suche dich nächstens mit der Erscheinung seiner Ankunft heim. Amen.

Ende.

DE SERVO ARBITRIO
1525

VOM UNFREIEN WILLENSVERMÖGEN
1525

[WA 18,600/StA 3,177]

Editionsgrundlage des lateinischen Textes ist StA 3,(170) 177-356. Der Text wurde nochmals an einem Exemplar des Erstdruckes (Wittenberg 1525; Benzing 1,256 [Nr. 2201]) aus der Universitätsbibliothek Leipzig überprüft. Die Kommentierung orientiert sich ebenfalls an der Ausgabe in StA.

Venerabili viro domino Erasmo Roterdamo, Martinus Luther, gratiam et pacem in Christo.

Quod tardius diatribae tuae de libero arbitrio respondeo, Venerabilis Erasme, praeter spem omnium, preterque morem meum accidit, qui hactenus eiusmodi occasiones scribendi, non solum libenter apprehendisse, sed ultro etiam quaesiisse visus sum. Mirabitur forte quispiam novam illam et insolitam, vel patientiam, vel formidinem Lutheri, quem nec tot iactatae voces et literae adversariorum excitarunt, Erasmo victoriam congratulantes et Io pean[1] cantantes, Scilicet Maccabaeus ille[2] et pervicacissimus assertor, invenit tandem dignum antagonistam, contra quem hiscere non audet? Verum illos non modo non accuso, sed ipsemet tibi palmam concedo, qualem nulli antea concessi, non solum, quod viribus eloquentiae et ingenio me longissime superas, qualem nos omnes merito tibi concedimus, quanto magis ego barbarus in barbarie[3] semper versatus, sed quod et spiritum meum et impetum remoratus es, et languidum ante pugnam reddidisti, idque duabus rationibus, Primum arte, quod mirabili scilicet et perpetua modestia causam hanc agis, qua mihi obstitisti, ne possem in te accendi, Deinde fortuna vel casu vel fato, quod in tanta re nihil dicis quod l non dictum sit prius,[4] atque adeo minus dicis et plus tribuis libero arbitrio quam hactenus sophistae[5] dixerunt et tribuerunt (de quo latius dicam infra) ut etiam supervacaneum videretur respondere istis argumentis tuis, l antea a me quoque toties confutatis, conculcatis vero et prorsus protritis, per Philippi Melanchthonis de locis Theologicis invictum libellum,[6] meo iudicio, non solum immortalitate, sed canone quoque Ecclesiastico dignum, cui tuus libellus comparatus, ita mihi sorduit ac viluit, ut tibi vehementer compaterer, qui pulcherrimam tuam et ingeniosam dictionem in istis sordibus pollueres, ac materiae indignissimae indignarer, quae tam praeciosis eloquentiae ornamentis veheretur, tanquam si quisquiliae vel stercora aureis argenteisque vasis portarentur, Id quod tu ipse quoque persensisse videris, qui tam difficilis fuisti ad hoc scriptionis

---

[1] Ovid: Ars amatoria 2,1. [2] Metapher für einen unerschrockenen Kämpfer nach 1Makk 2-9. [3] Vgl. Ovid: Tristia 3,10 und 5,10. [4] Terenz: Eunuchus, prol. 41.
[5] Schmähwort für scholastische Theologen. [6] Philipp Melanchthon: Loci communes rerum theologicarum ..., 1521.

Dem verehrungswürdigen Mann, Herrn Erasmus von Rotterdam, [wünscht] Martin Luther Gnade und Friede in Christo.

Dass ich so spät auf deine ‚Diatribe' über das freie Willensvermögen antworte, ehrenwerter Erasmus, geschieht gegen die Hoffnung aller und [ganz] gegen meine Gewohnheit. Bisher erschien ich doch als jemand, der nicht nur gern solche Gelegenheiten zu schreiben ergriffen hat, sondern mehr als das: sie sogar gesucht hat. Manch einer wird sich wundern über jene neue und ungewohnte Seite an Luther, die man Nachsicht oder Scheu nennen kann. Ihn haben ja nicht einmal die so vielen aufgeregten Rufe und Texte der Gegner auf den Plan gerufen, die Erasmus [schon] zu seinem Sieg beglückwünschten und ein Triumphlied anstimmten, das da lautete: Hat jener Makkabäus und starrsinnige Bekenner endlich einen würdigen Gegner gefunden, gegen den er den Mund nicht aufzutun wagt? Fürwahr, nicht nur klage ich jene nicht an, im Gegenteil: Ich gestehe dir die Siegespalme zu. Die habe ich zuvor niemandem zugestanden! Nicht nur, weil du mich im Blick auf Beredsamkeit und Geisteskraft bei weitem übertriffst – das gestehen wir alle dir zu Recht zu, und das um so mehr, als ich mich als Barbar angemessen, nämlich stets barbarisch verhalten habe –, sondern weil du meinen Geist und Ansturm aufgehalten und mich noch vor dem Kampf ermüdet hast, und zwar auf zweierlei Weise. Zunächst hast du dich mir durch die Kunst, die Angelegenheit mit bewundernswerter und unaufhörlicher Mäßigung zu behandeln, entgegengestellt. So konnte ich nicht gegen dich entflammt werden. Und dann durch das Glück oder den Zufall oder das Schicksal, dass du bei einem so bedeutenden Thema nichts sagst, was nicht schon vorher gesagt worden wäre. Und noch weniger sagst du und mehr gestehst du dem freien Willensvermögen zu, als bisher die Sophisten gesagt und zugestanden haben (worüber ich weiter unten noch sprechen werde). So erschien es überdies überflüssig, auf diese deine Argumente zu antworten, zumal ich sie schon zuvor oftmals widerlegt habe. Ja, jetzt sind sie richtiggehend in den Boden gestampft und geradewegs zertreten durch das unwiderlegliche kleine Buch Philipp Melanchthons über die theologischen Loci. Das ist meinem Urteil nach nicht nur der Unsterblichkeit würdig, sondern sogar dessen, in den kirchlichen Kanon aufgenommen zu werden! Dein Büchlein, damit verglichen, kommt mir dagegen so nichtssagend und gering vor, dass ich dich heftig bemitleide, der du deine ausgesprochen schöne und geistreiche Ausdrucksweise mit solchem Dreck besudeltest, und mich über einen so ausgesprochen unwürdigen Stoff entrüstet zeige, der mit solch wertvollem Zierrat an Beredsamkeit daherkommt, als würden Abfall und Mist in goldenen und silbernen Gefäßen gebracht. Das scheinst du auch selbst genau gefühlt zu haben, als du dich so schwer

munus obeundum, nempe quod conscientia tua te monuit, fore, ut quantislibet eloquentiae viribus rem tentares, non posse tamen mihi fucum fieri, quin feces ipsas, semotis verborum lenociniis perspicerem, qui et si sermone sum imperitus, rerum tamen scientia non sum imperitus[7] gratia Dei, Sic enim cum Paulo audeo mihi arrogare et tibi cum fiducia derogare scientiam, licet eloquentiam et ingenium tibi arrogem ac mihi derogem libens ac debens. Proinde sic cogitavi, Si qui sunt, qui nostra tantis scripturis munita, non altius imbiberunt nec fortius tenent, quam ut istis levibus et nihili argumentis Erasmi, quamvis ornatissimis, moventur, digni non sunt, quibus mea responsione medeatur, Nihil enim talibus satis dici aut scribi posset vel multis milibus librorum etiam milies repetitis, simili enim opera littus araris et arenae semina mandaris,[8] aut dolium pertusum aqua repleveris.[9] Illis enim, qui spiritum magistrum in nostris libellis hauserunt, satis abunde a nobis ministratum est, tuaque facile contemnunt, qui vero sine spiritu legunt, nihil mirum, si quovis vento, velut arundo,[10] agitentur, quibus nec Deus satis dixerit, etiam si omnes creaturae in linguas verterentur.[11] Unde illos relinquere, pene consilium fuisset, libello tuo offensos, cum iis, qui gloriantur et triumphos tibi decernunt. Itaque nec multitudine negociorum, nec rei difficultate, nec magnitudine eloquentiae tuae, nec timore tui, sed mero tedio, indignatione et contemptu, seu (ut dicam) iudicio meo de tua diatribe, impeditus est mihi impetus respondendi, ut illud interim taceam, quod tui perpetuo similis, satis pertinaciter observas, ne non ubique lubricus et flexiloquus | sis, ac Ulysse cautior, inter Scyllam et Charybdim[12] tibi videris navigare, dum nihil vis assertum, rursus tamen assertor videri, cum quo | genere hominum, quid, rogo, potest conferri aut componi, nisi quis Prothei[13] capiendi peritus fuerit? In qua re quid possim, et quid ea tibi profuerit, postea ostendam cooperante Christo.

---

[7] 2Kor 11,6.   [8] Ovid: Heroides 5,115.   [9] Plautus: Pseudolus 369.   [10] Mt 11,7.   [11] Lk 19, 40.   [12] Zwei Seeungeheuer aus der griechischen Mythologie, die an einer Meerenge – einander gegenüberliegend – den Seeleuten auflauern, um sie zu verschlingen. Die Wendung „zwischen Skylla und Charybdis" bezeichnet eine Situation, in der zwischen zwei Übeln gewählt werden muss. Erasmus von Rotterdam: Adagia 1,5,4; nach Homer: Odyssee 12.   [13] Griechische Meergottheit, ebenso wie der römische Gott Vertumnus Synonym für einen listigen, nicht greifbaren Menschen, vgl. Horaz: Saturae 2,3,71; s. u. 230,4; 314,2 f. (mit Vertumnus); 358,16 (Vertumnus); 360,25; 440,22; 442,13 (Vertumnus); 446,14; 540,27 f.

damit getan hast, dich an dies Geschäft des Schreibens zu machen. Möglicherweise hat dich ja dein Gewissen dazu ermahnt, dass es, wie viel Kraft an Beredsamkeit auch immer du auf diese Sache verwenden würdest, doch unmöglich sein werde, mir irgendetwas vorzumachen. Ich würde ja doch, wenn ich die Worte von ihrem süßen Blendwerk befreit habe, den Unrat durchschauen. Auch wenn ich unerfahren in der Gesprächskunst bin – im Wissen um das, worum es geht, bin ich es Gott sei Dank nicht! So wage ich es, mir mit Paulus dieses Wissen zu- und dir zuversichtlich abzusprechen. Dagegen spreche ich dir Beredsamkeit und Scharfsinn zu und mir gerne und in gebührender Weise ab. So habe ich mir also gedacht: Wenn es irgendwelche [Leute] gibt, die sich unser [Anliegen], das wir durch so viele Schriften gefestigt haben, nicht tiefer einverleibt haben und nicht energischer daran festhalten, als dass sie sich durch die leichtgewichtigen und nichtssagenden Argumente eines Erasmus – wie hübsch verziert sie auch immer seien – beeinflussen lassen, dann sind sie es nicht wert, dass ich ihnen durch meine Antwort zu Hilfe komme. Solchen Leuten könnte nichts genug gesagt oder geschrieben werden, und wenn man es auch in vielen tausend Büchern tausendmal wiederholte. Da könntest du genauso das Meer bestellen wollen oder Samen in der Wüste säen oder ein Fass voller Löcher mit Wasser füllen. Denen nämlich, die den Geist als Lehrer in unseren Büchlein aufgesogen haben, ist im Übermaß von uns aufgetischt worden; sie verachten das, was du vorbringst, leicht. Die aber ohne Geist lesen, bei denen ist es doch überhaupt kein Wunder, wenn sie schon von einem Windhauch wie ein Rohr bewegt werden. Denen hätte selbst Gott nicht genug sagen können, auch wenn alle Geschöpfe mit Sprache begabt würden. Von daher wäre es fast angeraten gewesen, beiden keine Beachtung zu schenken: denen, die sich durch dein Buch beleidigt fühlen, wie auch denen, die dich rühmen und dir den Sieg zuerkennen. Also, weder die Menge der Arbeit noch die Schwierigkeit der Sache noch die Größe deiner Beredsamkeit noch Furcht vor dir nehmen mir die Lust an einer Entgegnung, sondern reiner Widerwille, Unmut und Verachtung, so – um es beim Namen zu nennen – lautet mein Urteil über deine Untersuchung. Um unterdessen darüber zu schweigen, dass du – dir darin immer wieder ähnlich – ziemlich hartnäckig darauf bedacht bist, dass du dich überall glatt und geschmeidig durchlavierst. Ja, vorsichtiger noch als Odysseus glaubst du zwischen Scylla und Charybdis zu segeln. Du willst nicht die Wahrheit bezeugen und willst doch wiederum als jemand angesehen werden, der genau dies tut. Was kann man, so frage ich, mit so einem Menschenschlag vergleichen oder auf eine Stufe stellen, außer es wäre jemand darin erfahren, Proteus zu fangen? Was ich in dieser Sache vermag und was sie dir genützt hat, das werde ich dir später mit Christi Hilfe zeigen.

Ut igitur nunc respondeam, non est prorsus nulla causa, Urgent fideles in Christo fratres, expectationem omnium mihi obiicientes, quod Erasmi autoritas contemnenda non sit, et Christiane doctrinae veritas periclitetur in multorum cordibus. Et mihi sane tandem in mentem venit, silentium meum satis pium non fuisse, esseque mihi a carnis meae prudentia vel malitia illusum, ut non satis memor essem officii mei, quo debitor sum sapientibus et insipientibus,[14] praesertim cum ad id vocer, tot fratrum praecibus, Quamvis enim res nostra talis est, quae externo doctore non est contenta, sed praeter eum qui plantat et rigat[15] foris, etiam desyderet spiritum Dei, qui incrementum det et vivus viva doceat intus (quae cogitatio mihi imposuit) tamen cum liber sit ille spiritus, ac spiret, non ubi nos volumus, sed ubi ipse vult,[16] servanda fuerat regula illa Pauli, Insta oportune, importune,[17] Non enim scimus, qua hora dominus venturus sit.[18] Esto, sint, qui magistrum spiritum hactenus in meis literis nondum senserunt, ut per Diatriben illam sint prostrati, forte nondum venerat hora eorum,[19] Et quis scit, si Deus etiam te visitare dignabitur Optime Erasme, per me miserum et fragile vasculum[20] suum, ut foelici hora (quod ex corde rogo patrem misericordiarum per Christum dominum nostrum) hoc libello ad te veniam, et charissimum fra-|trem lucrifaciam.[21] Nam etsi male tu sentis et scribis de libero arbitrio, tamen a me tibi non parvae debentur gratiae, quod mihi meam sententiam reddidisti longe firmiorem, cum viderem causam liberi arbitrii a tali tantoque ingenio, summis viribus agi, et adeo nihil peragi, ut peius habeat quam antea, Quod evidens est argumentum, Liberum arbitrium esse merum mendacium, quod exemplo mulieris illius Evangelicae, quo plus a medicis curatur, eo peius habet.[22] Cumulata igitur reddetur tibi a me gratia, si per me certior fias, sicut ego per te firmior, Verum utrunque donum est spiritus, non opus officii nostri. Quare orandus est Deus, ut mihi os, tibi vero et omnibus cor aperiat, sitque ipse magister coram in medio nostri, qui in nobis loquatur et audiat. A te vero, Mi Erasme, sinas hoc me impetrare, ut sicut ego tuam fero in his rebus ignorantiam, ita tu vicissim, feras

---

[14] Röm 1,14. [15] 1Kor 3,7. [16] Joh 3,8. [17] 2Tim 4,2. [18] Mt 24,42. [19] Joh 2,4.
[20] 2Kor 4,7. [21] 1Kor 9,19; Mt 18,15. [22] Mk 5,25 f.

Dass ich dir jetzt also antworte, hat durchaus seinen triftigen Grund. Es drängen mich die in Christo gläubigen Brüder und sie halten mir die Erwartung aller vor, die darin ihren Grund hat, dass die Autorität des Erasmus nicht zu unterschätzen und die Wahrheit der christlichen Lehre in vieler Herzen in Gefahr sei. Und in der Tat dämmerte es mir endlich, dass mein Stillhalten nicht gottesfürchtig genug gewesen ist und die Klugheit oder vielleicht auch die Bosheit meines Fleisches mit mir ihr Spiel getrieben haben. Daher habe ich wohl nicht genug an meine Pflicht gedacht, die ich den Weisen und den Unweisen schuldig bin. Vor allem [schreibe ich also], weil ich durch so viele Bitten der Brüder dazu gerufen wurde. Unsere Angelegenheit ist eigentlich eine solche, die nicht zufrieden ist mit einem äußeren Lehrer; sie ersehnt außer dem, der äußerlich pflanzt und begießt, auch den Geist Gottes, der das Wachsen gibt und innen als Lebendiger Lebendiges lehrt (dieser Gedanke drängte sich mir auf). Dennoch hätte, weil jener Geist frei ist und weht, nicht wo wir wollen, sondern wo er selbst will, jene Regel des Paulus beachtet werden müssen: „Halte an, es sei zur Zeit oder Unzeit." Denn wir wissen nicht, zu welcher Stunde der Herr kommen wird. Es mag tatsächlich welche geben, die den Geist als Lehrer in meinen Schriften bisher noch nicht gespürt haben und jetzt durch jene ‚Diatribe' hingestreckt am Boden liegen. Vielleicht war ihre Stunde noch nicht gekommen. Und wer weiß, ob es der Herr nicht für würdig befunden hat, bester Erasmus, auch dich durch mich, sein armes, zerbrechliches, kleines Gefäß, heimzusuchen, damit ich in einer glücklichen Stunde (das erflehe ich von ganzem Herzen von dem Vater der Barmherzigkeit durch Christus, unseren Herrn) durch dieses Büchlein zu dir komme und den so teuren Bruder gewinne. Denn wenn du auch schlecht vom freien Willensvermögen denkst und schreibst, schulde ich dir dennoch nicht geringen Dank. Du hast mich in meiner Ansicht weit sicherer gemacht, weil ich sehe, dass der Prozess zu Gunsten des freien Willensvermögens von einem solch bedeutenden Geist unter Aufbietung aller Kräfte geführt wird und so gar nichts dabei herauskommt, dass es schlechter dasteht als zuvor. Das ist ein einleuchtender Beweis: Das freie Willensvermögen ist ein reines Lügengebilde, wie jenes Beispiel der Frau im Evangelium zeigt, der es, je mehr sie von Ärzten kuriert wird, umso schlechter geht. Überschüttet bist du also mit Dank meinerseits, wenn du durch mich gewisser geworden bist wie ich durch dich stärker. Wahrlich, beides ist ein Geschenk des Geistes, an unserer Pflichterfüllung liegt es nicht. Daher ist Gott anzuflehen, dass er mir den Mund, dir und allen aber das Herz öffne. Er selbst sei der Lehrer in unserer Mitte, der in uns spricht und hört. Von dir aber, mein Erasmus, lass mich dies erflehen, dass so, wie ich deine Unwissenheit in diesen Dingen ertrage,

meam infantiam. Non uni dat cuncta Deus, Nec omnia possumus omnes,[23] seu ut Paulus ait, Distributiones donorum sunt, idem autem spiritus.[24] Reliquum igitur est, ut dona mutuas operas tradant, et alter suo dono alterius onus et penuriam portet, sic implebimus legem Christi.[25] |
    Principio aliqua capita Praefationis tuae percurrere volo, quibus non nihil caussam nostram gravas, et tuam adornas. Primo illud, quod etiam aliis libellis pervicatiam asserendi in me reprehendis, Et in hoc libello dicis, te adeo non delectari assertionibus, ut facile in Scepticorum sententiam pedibus discessurus sis, ubicunque per divinarum scripturarum inviolabilem auctoritatem et Ecclesiae decreta liceat, quibus tuum sensum ubique libens submittis, sive assequeris quod praescribit, sive non assequeris, Hoc ingenium tibi placet.[26] Haec (ut par est) accipio a te benevolo animo dici, et qui pacis amans sit. Sed si alius diceret, forte meo more in eum ferrer, Verum nec pati debeo, te, licet optime volentem, ea opinione errare. Non est enim hoc Christiani pectoris, non delectari assertionibus, imo delectari assertionibus debet, aut Christianus non erit.[27] Assertionem autem voco (ne verbis ludamur) constanter adherere, affirmare, confiteri, tueri atque invictum perseverare, nec aliud credo, vox ea latinis vel nostro usu et saeculo significat. Deinde loquor de rebus illis asserendis, quae nobis traditae sunt divinitus in sacris literis, Alioqui neque Erasmo neque alio quovis magi-| stro opus nobis est, qui doceat, in rebus dubiis vel inutilibus ac non necessariis, non modo stultas sed etiam impias esse assertiones, pugnas et rixationes, quas Paulus non uno loco damnat.[28] Nec tu de iis hoc loco dicis, credo, nisi vel ridiculi oratoris more, aliud praesumere et aliud tractare velles, velut ille ad Rombum,[29] vel impii scriptoris insania, articulum de libero arbitrio dubium, aut non necessarium esse contendas.
    Absint a nobis Christianis Sceptici et Academici. Assint vero vel ipsis Stoicis bis pertinaciores assertores, Paulus Apostolus, quoties rogo Ple-

---

[23] Vergil: Eclogae 8,63. [24] 1Kor 12,4; Röm 12,6. [25] Gal 6,2. [26] Erasmus I a 4; ErAS 4,6. [27] 1Petr 3,15; 2Petr 3,17; Kol 4,6. [28] 1Tim 1,6; 2Tim 2,23; Tit 1,10; 3,9 [29] Vgl. Juvenal: Satirae 4,39-144.

du umgekehrt mein kindliches Gestammel ertragen magst. Gott gibt nicht einem alles. Und wir vermögen nicht alle alles, oder wie Paulus sagt: „Es sind mancherlei Gaben, aber es ist ein Geist." Bleibt also nun, dass die Gaben sich gegenseitig dienen und der eine mit seiner Gabe die
5 Last und den Mangel des anderen trage. So werden wir das Gesetz Christi erfüllen.

Zunächst will ich einige Hauptpunkte deiner Vorrede durchgehen, mit denen du unsere Sache ziemlich arg beschwerst und deine schmückst. Erstens dies, dass du auch in anderen Büchlein Tadel über
10 mich ausgießt, [weil] ich starrsinnig die Wahrheit bezeugen würde. Und in diesem Büchlein sagst du, dass dir Wahrheitsbezeugungen so sehr missfallen, dass du deine Schritte leicht der Meinung der Skeptiker zuneigen würdest. Du würdest überall dort, wo es die unverletzliche Autorität der Schrift und die Beschlüsse der Kirche zuließen, deine Mei-
15 nung liebend gern ihnen unterwerfen, gleich, ob du die Vorschrift verstehst oder nicht. Diese Haltung gefällt dir. Wie es recht und billig ist, nehme ich an, dass du das in wohlmeinendem Sinn sagst und als einer, der den Frieden liebt. Aber wenn ein anderer so spräche, würde ich ihn wie gewohnt heftig angehen. Und wahrlich, ich darf es nicht dulden,
20 dass du, und sei es auch in bester Absicht, in solcher Meinung irrst. Denn so ist ein Christ nicht gesinnt, dass er keinen Gefallen hat an Wahrheitsbezeugungen. Vielmehr muss er sich an Wahrheitsbezeugungen erfreuen – oder er ist kein Christ! Aber ich will nicht mit Worten spielen und nenne ‚assertio' [‚Wahrheitsbezeugung']: beständig
25 anhängen, bekräftigen, bekennen, beachten und unerschütterlich ausharren. Nichts anderes bedeutet nach meinem Dafürhalten der Begriff im Lateinischen, jedenfalls nach unserem derzeitigen Gebrauch. Weiter spreche ich von den Dingen als solchen, die als Wahrheit zu bezeugen sind, die uns in der Heiligen Schrift durch Gott überliefert sind. Im
30 Übrigen brauchen wir keinen Erasmus und auch keinen anderen Lehrer, der uns darüber belehrte, dass in zweifelhaften oder unnützen und nicht notwendigen Angelegenheiten Wahrheitsbezeugungen, Kämpfe und Streitigkeiten nicht nur dumm, sondern darüber hinaus auch gottlos sind; solche verurteilt Paulus nicht nur an einer Stelle. Aber von sol-
35 chen redest du, denke ich, an dieser Stelle nicht. Es sei denn, du wolltest in der lächerlichen Art eines Redners das eine dir vornehmen und das andere behandeln, wie jener bei Rhombus, oder du wolltest im Wahn eines gottlosen Schriftstellers darauf bestehen, der Artikel vom freien Willensvermögen sei zweifelhaft oder nicht notwendig.
40 Von uns Christen seien Skeptiker und Akademiker ferne. Nahe aber seien uns diejenigen, die noch zweimal hartnäckiger als selbst die Stoiker die Wahrheit bezeugen. Ich frage dich, wie oft fordert der Apostel

ropheriam³⁰ illam exigit, id est, certissimam illam ac firmissimam conscientiae assertionem? Ro. 10. confessionem dicens Ore confessio fit ad salutem.³¹ Et Christus, Qui me confitetur coram hominibus, confitebor ego eum coram Patre meo.³² Petrus rationem reddere iubet de ea quae in nobis est spe.³³ Quid multis opus est? Nihil apud Christianos notius et coelebratius, quam assertio. Tolle assertiones, et Christianismum tulisti. Quin spiritus sanctus de coelo illis datur, ut clarificet Christum³⁴ et confiteatur usque ad mortem, nisi hoc non est asserere, ob confessionem et assertionem mori. Denique adeo asserit spiritus, ut etiam ultro invadat et arguat mundum de peccato,³⁵ velut lacessens pugnam, Et Paulus Timotheon iubeat increpare,³⁶ instareque importune. Quam vero mihi festivus fuerit ille increpator, qui ipse, quod increpat, neque certus credat neque constanter asserat, ad Anticyram³⁷ scilicet illum mitterem. Sed I ego longe stultissimus, qui in re clariore quam sol est, verba et tempus perdo, Quis Christianorum ferat, Assertiones esse contemnendas? hoc esset aliud nihil, quam semel totam religionem ac pietatem negasse, aut asseruisse, nihil esse religionem, aut pietatem, aut ullum dogma. Quid ergo tu quoque asseris, non delector assertionibus, et hoc ingenium te malle quam diversum?

Verum tu de confitendo Christo et, dogmatibus eius, hic nihil voles dixisse, Recte moneor. Et ego in gratiam tui, meo iuri et mori cedo, ac de animo tuo nolo iudicare, inque aliud tempus vel aliis id reservo, Interim, ut linguam et calamum corrigas, et deinceps tibi temperes a talibus verbis, moneo, nam utcun-I que animus sit integer et candidus, oratio tamen, quae animi character³⁸ esse dicitur, non talis est. Si enim causam liberi arbitrii non necessariam scitu, nec ad Christum pertinere arbitraris, recte loqueris, At impie tamen arbitraris. Si vero necessariam arbitraris, impie loqueris, et recte arbitraris. Nec tum fuit locus, de inutilibus assertionibus et rixis tanta querulari et exaggerari, Quid enim haec ad statum causse? Sed quid dices de istis tuis verbis, ubi non de una

---

³⁰ 1Thess 1,5.   ³¹ Röm 10,10.   ³² Mt 10,32.   ³³ 1Petr 3,15.   ³⁴ Joh 16,13.   ³⁵ Joh 16,8. ³⁶ 2Tim 4,2.   ³⁷ Zwei antike Kurorte gleichen Namens, bekannt durch Kuren für Gehirnerkrankungen; vgl. Horaz: De arte poetica 300.   ³⁸ Mt 12,34.

Paulus jene Plerophorie, das heißt, jene so feste und so sichere Wahrheitsbezeugung des Gewissens? In Röm 10 nennt er sie Bekenntnis: „Wer mit dem Mund bekennt, wird selig." Und Christus spricht: „Wer mich vor den Menschen bekennt, den werde ich bekennen vor meinem Vater." Petrus befiehlt, Rechenschaft abzulegen über die Hoffnung, die in uns ist. Was ist noch viel zu sagen? Nichts ist bei den Christen bekannter und mehr im Gebrauch als die Wahrheitsbezeugung. Nimm die Wahrheitsbezeugungen weg, und du hast das Christliche weggenommen. Ja, es ist doch sogar der Heilige Geist ihnen vom Himmel gegeben, dass er Christus verherrliche und bekenne bis zum Tod. Wenn das nicht heißt, die Wahrheit zu bezeugen, wegen des Bekenntnisses und der Wahrheitsbezeugung sogar zu sterben! Schließlich bezeugt der Geist so die Wahrheit, dass er sogar von selbst angreift und die Welt der Sünde anklagt, so als wollte er zum Kampf herausfordern. Und Paulus befiehlt Timotheus, zu ermahnen und dabeizubleiben auch zur Unzeit. Ein feiner Ermahner wäre mir der, welcher das, wozu er mahnt, selbst nicht zugleich selbst fest glaubt und beständig als Wahrheit bezeugt. Den würde ich nach Antikyra [zum Auskurieren] schicken. Aber ich bin ja noch bei weitem dümmer, wenn ich auf eine Sache, die klarer ist als die Sonne, Worte und Zeit verschwende. Welcher Christ könnte ertragen, dass Wahrheitsbezeugungen zu verachten seien? Das wäre nichts anderes, als ein für allemal die gesamte Frömmigkeit und Gottesfurcht verneint oder behauptet zu haben, Frömmigkeit und Gottesfurcht oder irgendein Lehrsatz bedeuteten nichts. Was also behauptest auch du: „Ich habe keinen Gefallen an Wahrheitsbezeugungen", und dass eine solche Sinnesart dir lieber sei als die entgegengesetzte?

Aber du, du willst hier über das Bekenntnis zu Christus und zu seinen Lehren nichts gesagt haben. Zu Recht werde ich gemahnt. Und ich, ich weiche dir zuliebe von meinem Recht und meiner Gewohnheit und will über dein Herz nicht richten. Das bewahre ich für eine andere Zeit oder für andere auf. Inzwischen mahne ich dich, Zunge und Feder zu bessern und dich fernerhin solcher Worte zu enthalten. Denn wie rein und redlich auch immer das Herz sein mag, ist es doch die Rede, die das Kennzeichen des Herzens genannt wird, nicht. Wenn du nämlich glaubst, es sei nicht notwendig, über die Frage nach dem freien Willensvermögen [etwas] zu wissen, und sie beziehe sich nicht auf Christus, dann sprichst du [von dieser Voraussetzung aus] richtig – aber dennoch ist deine Meinung gottlos. Wenn du sie aber für notwendig hältst, dann sprichst du gottlos, deine Meinung jedoch ist richtig. Und es ist dann nicht der rechte Ort gewesen, über unnütze Wahrheitsbezeugungen und Streitigkeiten so viel zu jammern und sich so hineinzusteigern. Was bringt das denn für den Stand der Frage? Und was wirst du zu die-

liberi arbitrii caussa, sed de totius religionis dogmatibus generaliter dicis, si liceret per inviolabilem autoritatem divinarum literarum et Ecclesiae decreta, discessurum te in Scepticorum sententiam, adeo non delecteris assertionibus? Qualis Protheus[39] est in vocabulis illis, inviolabilem autoritatem et Ecclesiae decreta? scilicet quasi valde reverearis scripturas et Ecclesiam, et tamen significas, optare te licentiam, ut esses Scepticus? Quis Christianorum sic loqueretur? Hoc si dicis de inutilibus et neutris dogmatibus, Quid novi affers? Quis non optet licentiam hic scepticae professionis? imo quis Christianus de facto non utitur libere hac licentia, damnatque addictos et captivos alicuius sententiae? Nisi Christianos universos pro talibus habes (ut verba fere sonant) quorum dogmata sint inutilia, in quibus stulte rixentur et assertionibus pugnent, Si vero de necessariis dicis, quid magis impie possit aliquis asserere, quam optare licentiam, nihil asserendi in talibus? Sic potius dicet Christianus, Adeo non delector scepticorum sententia, ut ubicunque per infirmitatem carnis liceret, non modo sacris literis constanter ubique in omnibusque partibus adhererem et assererem, sed etiam optem in non necessariis et extra scripturam positis rebus, esse quam certissimus. Quid enim incertitudine miserius?

    Quid etiam ad illa dicemus? ubi subiungis, quibus submitto ubique sensum meum libens, sive assequor, quod praescribunt, sive non assequor.[40] Quid ais Erasme? Non satis est submisisse sensum scripturis? Etiam Ecclesiae decretis submittis? Quid illa potest decernere, non decretum in scripturis? Deinde ubi manet libertas et potestas iudicandi decretores illos? ut Paulus. 1. Corin. 14 docet, Caeteri diiudicent,[41] Non placet tibi esse iudicem I in decretis Ecclesiae, quod Paulus tamen praecipit? Quae ista nova religio et humilitas, ut nobis tuo exemplo potestatem adimas iudicandi decreta hominum, et subiicias sine iudicio hominibus? Ubi hoc nobis mandat scriptura Dei? Deinde quis Christianorum sic vento mandet praescripta scripturae et Ecclesiae, ut dicat, sive assequor sive non assequor, Submittis te, et tamen nihil curas, an asse-

---

[39] S. o. 222,27 mit Anm. 13   [40] S. o. 226,12 f.   [41] 1Kor 14,29.

sen deinen Worten sagen, wo es nicht nur um die eine Frage des freien
Willensvermögens geht, sondern du allgemein über die Lehren der gesamten
Frömmigkeit sagst, du würdest dich, wenn es durch die unverletzliche
Autorität der göttlichen Schriften und die Lehrentscheidungen
5 der Kirche erlaubt wäre, der Meinung der Skeptiker zuwenden, so sehr
würden dir Wahrheitsbezeugungen missfallen? Welcher Proteus steckt
in jenen Vokabeln ‚unverletzliche Autorität' und ‚Lehrentscheidungen
der Kirche'? Denn du erweckst den Anschein, die Schriften und die Kirche
sehr zu verehren, zeigst aber gleichwohl an, du würdest dir die
10 Erlaubnis wünschen, ein Skeptiker zu sein. Welcher Christ würde so
sprechen? Wenn du so etwas über unnütze und gleichgültige Lehrstücke
sagst – was bringst du Neues? Wer wünscht sich hier nicht die Erlaubnis
der skeptischen Äußerung? Ja, welcher Christ macht nicht tatsächlich
freimütig Gebrauch von dieser Erlaubnis und verdammt diejenigen, die
15 an irgendeinem Satz kleben und von ihm gefangen sind? Es sei denn,
dass du alle Christen für solche hältst – so klingen deine Worte fast –,
deren Lehren unnütz sind, über die in dummer Weise gestritten und mit
Wahrheitsbezeugungen gekämpft wird. Wenn du nun aber von notwendigen
Lehrstücken redest, was kann jemand gottloser behaupten, als die
20 Erlaubnis zu wünschen, nichts in solchen Stücken als Wahrheit bezeugen
zu sollen? So sollte ein Christ besser sprechen: Ich habe keinen
Gefallen an der Meinung der Skeptiker! Wo immer es mir die Schwäche
des Fleisches gestattet, will ich daher nicht nur fest an der Heiligen
Schrift hängen und sie als Wahrheit bezeugen – überall und in allen Teilen
25 –, sondern ich wünsche ebenso, ich wäre auch in den nicht notwendigen
Stücken, die außerhalb der Schrift gesetzt sind, so gewiss wie möglich.
Denn was ist elender als Ungewissheit?

Was sollen wir noch dazu sagen, wenn du anfügst: „denen ich überall
meine Meinung gerne unterwerfe, gleich, ob ich verstehe, was sie
30 vorschreiben, oder nicht"? Was redest du da, Erasmus? Ist es nicht
genug, seine Meinung den Schriften zu unterwerfen? Du unterwirfst
dich dazu noch den Lehrentscheidungen der Kirche? Was kann die
bestimmen, was nicht in der Schrift schon bestimmt wäre? Wo bleiben
dann die Freiheit und die Kraft des Urteils über jene Entscheidungsträger,
35 wie Paulus 1Kor 14 lehrt: „Die anderen lasst richten." Es gefällt dir
nicht, Richter über die Lehrentscheidungen der Kirche zu sein, was
doch Paulus vorschreibt? Was ist das für eine neue Frömmigkeit und
Demut, dass du uns durch dein Beispiel die Möglichkeit absprichst,
über Menschenentscheidungen zu richten, dich aber ohne Urteil den
40 Menschen unterwirfst? Wo gebietet uns das die Schrift Gottes? Und
dann: Welcher Christ wird die Vorschriften der Schrift und der Kirche so
in den Wind schlagen, dass er sagt: „gleich, ob ich verstehe oder nicht."

quaris nec ne, Christianus vero anathema sit, si non certus sit et assequatur, id quod ei praescribitur, quomodo enim credet, id quod non assequitur? Nam tu illud hic assequi dices, quod certo quis apprehenderit et non Sceptico more dubitaverit, Alioqui quid est in ulla creatura, quod ullus homo assequi possit, si assequi id sit, quod perfecte nosse ac videre? Tum enim nec locum haberet, ut aliquis simul quaedam assequi l et quaedam non assequi posset, sed unum aliquid assecutus, omnia assecutus esset, puta in Deo, quem qui non assequitur, nullam partem creaturae unquam assequitur.[42]

Summa, haec tua verba hoc sonant, apud te nihil referre, quicquid a quolibet, ubique credatur, modo pax mundi constet, licereque ob periculum vitae, famae, rerum et favoris, illum imitari qui dixit, Aiunt, Aio,[43] negant, nego, et habere dogmata Christiana nihilo meliora, quam philosophorum et hominum opiniones, pro quibus stultissimum est rixari, pugnare, asserere, quod inde nihil nisi contentio et turbatio pacis externae veniant, Quae supra nos, nihil ad nos.[44] Ita dirumpturus nostros conflictus venis medius, ut utrosque suspendas, et persuadeas, de stultis ac inutilibus rebus nos digladiari, Sic inquam sonant tua verba. Et quid hic premam, puto te intelligere, Mi Erasme. Sed ut dixi, Verba eant, Cor tuum interim excuso, modo tu non prodas latius, ac metue spiritum Dei, qui scrutatur renes et corda,[45] nec fallitur compositis verbis. Dixi enim haec ideo, ut deinceps desinas nostram causam arguere pertinaciae et pervicatiae. Nam hoc consilio aliud nihil facis, quam quod significas te in corde, Lucianum aut alium quendam de grege Epicuri porcum alere,[46] qui cum ipse nihil credat esse Deum, rideat occulte omnes qui credunt et confitentur. Sine nos esse assertores et assertionibus studere et delectari, tu Scepticis tuis et Academicis fave, Donec te Christus quoque vocaverit. Spiritus sanctus non est Scepticus, nec dubia aut opiniones in cordibus nostris scripsit, sed assertiones ipsa vita et omni experientia, certiores et firmiores. |

---

[42] Vgl. Thomas von Aquin: Summa theologica 1 qu. 12 art. 8. [43] Terenz: Eunuchus 2,2,21. [44] Minucius Felix: Octavius 13,1. [45] Ps 7,10; Jer 11,20; 20,12. [46] Horaz: Epistulae 1,4,16.

Du unterwirfst dich und dennoch kümmert es dich nichts, ob du verstehst oder nicht. Ein Christ sei wahrhaft verflucht, wenn er nicht gewiss ist und versteht, was ihm vorgeschrieben ist! Denn wie will er glauben, was er nicht versteht? Du wirst ja wohl unter ‚verstehen' hier meinen, dass jemand etwas gewiss erfasst und nicht nach skeptischer Manier in Zweifel zieht. Im Übrigen: Was ist in einer Kreatur vorhanden, das irgendein Mensch überhaupt verstehen kann, wenn ‚verstehen' meint, etwas vollkommen zu kennen und zu sehen? Dann hätte nämlich auch keinen Platz, dass jemand zugleich manches verstehen und manches nicht verstehen kann. Vielmehr: Wenn er eines verstanden hat, hätte er alles verstanden, nämlich in Gott. Wer den nicht versteht, versteht niemals auch nur einen Teil des Geschöpfs.

Kurzum: Deine Worte klingen gerade so, als wäre es dir ganz gleich, was von wem wo geglaubt wird. Hauptsache, der Friede der Welt bleibt bewahrt! Als wäre es erlaubt, um der Gefahr für das Leben, um des Rufes, des Besitzes und des Ansehens willen jenen nachzuäffen, der sagte: „Sagen sie ja – sage ich auch ja; sagen sie nein – sage ich auch nein." Du hältst wohl die christlichen Lehren für keinen Deut besser als die Meinungen der Philosophen und der Menschen. Um die zu streiten, für die zu kämpfen und sie als Wahrheit zu bezeugen, das sei ausgesprochen töricht, weil daraus nichts als Streit und Störung des äußeren Friedens kommen. Was uns übersteigt, geht uns nichts an. So kommst du als einer, der unsere Streitigkeiten schlichten will, als einer, der in der Mitte steht. So lässt du es nach beiden Seiten unentschieden und überzeugst uns davon, dass wir über dumme und nichtsnutzige Angelegenheiten streiten. Genauso, sage ich, klingen deine Worte. Und worauf ich hier Gewicht lege – ich glaube, das weißt du, mein Erasmus. Aber wie ich schon sagte, die Worte mögen dahingehen. Dein Herz entschuldige ich einstweilen, aber mach bloß so nicht weiter! Und fürchte den Geist Gottes, der Nieren und Herzen erforscht und sich nicht täuschen lässt durch zurechtgelegte Worte! Das habe ich nämlich deshalb so gesagt, damit du künftig aufhörst, unseren Fall der Hartnäckigkeit und des Starrsinns anzuklagen. Denn mit so einer Absicht zeigst du bloß an, in deinem Herzen Lukian oder irgendein anderes Schwein aus der Herde Epikurs zu nähren. Weil der glaubt, Gott sei nichts, lacht er heimlich alle aus, die glauben und bekennen. Gestatte uns, Zeugen der Wahrheit zu sein und uns um Wahrheitsbezeugungen zu bemühen und uns daran zu erfreuen! Halte du es nur mit deinen Skeptikern und Akademikern, bis Christus auch dich ruft. Der Heilige Geist ist kein Skeptiker! Er hat uns keine Zweifel oder bloße Meinungen in unsere Herzen geschrieben, sondern Wahrheitsgewissheiten, gewisser und fester als das Leben selbst und alle Erfahrung.

Ad alterum caput venio, quod huic coheret.⁴⁷ Ubi dogmata Christiana distinguis, quaedam scitu necessaria, quaedam non necessaria fingis, Esse quae-|dam abstrusa, quaedam exposita dicis,⁴⁸ Sic vel aliorum verbis lusus ludis, aut teipsum velut artificio rhetorico exerces. Adducis autem pro ista sententia illud Pauli Ro. 11. O altitudo divitiarum sapientiae et scientiae Dei.⁴⁹ Item illud Esaie. 40. Quis adiuvit spiritum domini, aut quis consiliarius eius fuit?⁵⁰ Haec tibi fuerunt dictu facilia, ut qui vel scires te non scribere ad Lutherum, sed pro vulgo, vel non cogitares te scribere contra Lutherum, quem tamen aliquo studio et iudicio in sacris literis dignaris spero, Si non dignaris, en extorquebo etiam. Sic habet mea distinctio, ut et ego parum rhetoricer vel Dialecticer, Duae res sunt Deus et Scriptura Dei, non minus quam duae res sunt, Creator et creatura Dei. In Deo esse multa abscondita, quae ignoremus, nemo dubitat, sicut ipsemet dicit de die extremo. De die illo nemo scit nisi pater.⁵¹ Et Actu. 1. Non est vestrum nosse tempora et momenta.⁵² Et iterum, Ego novi, quos elegerim.⁵³ Et Paulus, Novit dominus qui sunt eius,⁵⁴ et similia. Sed esse in scriptura quaedam abstrusa et non omnia exposita, invulgatum est quidem per impios Sophistas, quorum ore et tu loqueris hic Erasme, sed nunquam unum articulum produxerunt, nec producere possunt, quo suam hanc insaniam probarent, Talibus autem larvis Satanas absterruit a legendis literis sacris, et reddidit Scripturam sanctam, contemptibilem, ut suas pestes ex Philosophia in Ecclesia faceret regnare. Hoc sane fateor, esse multa loca in scripturis obscura et abstrusa, non ob maiestatem rerum, sed ob ignorantiam vocabulorum et grammaticae, sed quae nihil impediant scientiam omnium rerum in scripturis, Quid enim potest in scripturis augustius latere reliquum, postquam fractis signaculis et voluto ab hostio sepulchri | lapide,⁵⁵ illud summum mysterium proditum est, Christum filium Dei factum hominem, Esse Deum trinum et unum, Christum pro nobis passum et regnaturum aeternaliter? Nonne haec etiam in

---

⁴⁷ Erasmus I a 7; ErAS 4,10. ⁴⁸ Erasmus I a 9; ErAS 4,12/14. – Die später so bedeutsam gewordene Differenzierung ‚necessaria/non necessaria' wird erstmals hier von Luther dem Erasmus zugeschrieben. ⁴⁹ Röm 11,33. ⁵⁰ Jes 40,13. ⁵¹ Mk 13,32. ⁵² Apg 1,7. ⁵³ Joh 13,18. ⁵⁴ 2Tim 2,19. ⁵⁵ Mt 27,66; 28,2.

Ich komme zum zweiten Hauptpunkt, der mit diesem zusammenhängt. Du unterscheidest da die christlichen Lehrstücke und erfindest, es gebe einige, die zu wissen notwendig, und einige, die zu wissen nicht notwendig sind. Von einigen sagst du, sie seien dunkel, von einigen, sie seien klar vor Augen. So spielst du herum, vielleicht von den Worten anderer an der Nase herumgeführt, oder du übst dich in rhetorischer Kunst. Du führst aber für diese Meinung jenes Wort des Paulus Röm 11 an: „O welche Tiefe des Reichtums der Weisheit und der Erkenntnis Gottes." Ebenso jenes Wort Jes 40: „Wer hat dem Geist des Herrn geholfen oder wer ist sein Berater gewesen?" Das zu sprechen ist dir leicht gefallen. Denn entweder hast du gedacht, nicht an Luther, sondern für das Volk zu schreiben. Oder du dachtest nicht darüber nach, dass du gegen Luther schreibst. Denn den hältst du, wie ich hoffe, doch wohl einigen Eifers und Urteilsvermögens in den Heiligen Schriften für würdig. Wenn du ihn nicht für würdig erachtest – wohlan, das werde ich dir auch noch abringen. So verhält sich meine Unterscheidung, auf dass auch ich ein wenig rhetorisch und dialektisch erscheine: Zwei Dinge sind Gott und die Schrift Gottes. Und zwar nicht weniger, als auch Schöpfer und Geschöpf Gottes zwei Dinge sind. Niemand zweifelt daran, dass in Gott vieles verborgen ist, was wir nicht wissen. So wie er es selbst vom jüngsten Tag sagt: „Von jenem Tag weiß keiner außer dem Vater." Und Apg 1: „Es gebührt euch nicht, Zeit und Stunde zu wissen." Und wiederum: „Ich weiß, welche ich erwählt habe." Und Paulus: „Der Herr kennt die Seinen." Und Ähnliches mehr. Dass es aber in der Schrift einiges Dunkle gebe und nicht alles zugänglich sei, ist zwar durch die gottlosen Sophisten verbreitet worden. Mit deren Zunge sprichst auch du hier, Erasmus. Aber niemals haben sie einen einzigen Artikel angeführt und können auch keinen anführen, mit dem sie diesen ihren Wahnsinn beweisen würden. Mit solchen Gespenstern hat Satan vom Lesen der heiligen Texte abgeschreckt. Er hat die Heilige Schrift zu etwas Verachtenswertem machen wollen, um sein Gift, aus der Philosophie gewonnen, in der Kirche zur Herrschaft zu bringen. Freilich bekenne ich, dass viele Stellen in der Schrift undeutlich und dunkel sind, und zwar nicht wegen der Erhabenheit der Dinge, sondern wegen der Unkenntnis der Vokabeln und der Grammatik. Aber das hindert nicht die Kenntnis aller Dinge in der Schrift. Was kann denn in der Schrift noch Erhabenes verborgen sein, nachdem die Siegel gebrochen sind und der Stein von der Tür des Grabes weggewälzt worden ist? Womit das höchste Geheimnis an den Tag getreten ist, dass nämlich Christus, der Sohn Gottes, Mensch geworden ist, dass Gott dreifaltig ist und ein einziger, dass Christus für uns gelitten hat und herrschen wird in Ewigkeit. Ist das nicht sogar in Elementarschulen bekannt und ge-

biviis sunt nota et cantata? Tolle Christum e scripturis, quid amplius in illis invenies? Res igitur in scripturis contentae omnes sunt proditae, licet quaedam loca adhuc verbis incognitis obscura sint. Stultum est vero et impium, scire, res scripturae esse omnes in luce positas clarissima, et propter pauca verba obscura, res obscuras dictare, Si uno loco obscura sunt verba, at alio sunt clara, Eadem vero res, manifestissime toti mundo declarata, dicitur in scripturis tum verbis claris, tum adhuc latet verbis obscuris. Iam nihil refert, si res sit in luce, an aliquod eius signum sit in tenebris, cum interim multa alia eiusdem signa sint in luce. Quis dicet fontem publicum non esse in luce, quod hi qui in angiporto sunt, illum non vident, cum omnes qui sunt in foro videant? |

Nihil igitur est, quod de Coricio specu[56] adducis, Non habet ita res in scripturis, Et quae sunt summae maiestatis et abstrusissima mysteria, non sunt amplius in secessu, sed in ipsis foribus et in propatulo, producta et exposita, Christus enim aperuit nobis sensum, ut intelligamus scripturas, Et Euangelion predicatum est omni creaturae,57 In omnem terram exivit sonus eorum, Et omnia quae scripta sunt, ad nostram doctrinam scripta sunt.[58] Item, Omnis Scriptura divinitus inspirata, utilis est ad docendum,[59] Igitur tu et omnes Sophistae, agite et producite unum aliquod mysterium, quod sit in scripturis adhuc abstrusum. Quod vero multis multa manent abstrusa, non hoc fit scripturae obscuritate, sed illorum caecitate vel socordia, qui non agunt, ut clarissimam veritatem videant, Sicut Paulus de Iudaeis dicit. 2. Corinthiorum. 4. Velamen manet super cor eorum.[60] Et iterum, Si Euangelion nostrum opertum est, in iis qui pereunt opertum est, quorum corda Deus huius saeculi excaecavit.[61] Eadem temeritate, solem obscurumque diem culparet, qui ipse sibi oculos velaret, aut a luce in tenebras iret, et sese absconderet. Desinant ergo miseri homines, tenebras et obscuritatem cordis sui blasphema perversitate, scripturis Dei clarissimis imputare.

Tu ergo cum Paulum adducis, dicentem, Incomprehensibilia sunt iudicia eius,[62] videris pronomen, Eius, ad scripturam retulisse, At Paulus non dicit, Incomprehensibilia sunt iudicia scripturae, sed Dei. Sic

---

[56] Die Korykische Höhle bei Tarsus als Synonym für das Heilige, das Menschen zunehmend ergreift, je weiter sie eindringen; vgl. Pomponius Mela: De chorographia 1,13.   [57] Mk 16,15.   [58] Ps 19/Vg 18,5; Röm 10,18; 15,4.   [59] 2Tim 3,16.   [60] 2Kor 3, 15.   [61] 2Kor 4,3 f   [62] Röm 11,33.

priesen? Nimm Christus aus den Schriften – was wirst du noch in ihnen finden? Was in den Schriften enthalten ist, liegt aber alles offen zu Tage, auch wenn manche Stellen bis jetzt wegen unbekannter Worte undeutlich sind. Töricht aber ist es und gottlos, wenn man weiß, dass die Dinge der Schrift ganz klar zu Tage liegen, und dann behauptet, wegen weniger undeutlicher Worte seien die Dinge selbst undeutlich. Wenn die Worte an einer Stelle undeutlich sind, sind sie doch an einer anderen Stelle klar. Ein und dieselbe Sache aber, ganz deutlich der ganzen Welt erklärt, wird in der Schrift mal mit klaren Worten ausgesagt, mal verbirgt sie sich bisher hinter undeutlichen Worten. Nun macht es nichts, wenn die Sache am Licht ist, ob irgendein Zeichen in Dunkelheit liegt, weil ja unterdessen viele andere ihrer Zeichen am Licht sind. Wer würde sagen, ein öffentlicher Brunnen sei nicht am Lichte, bloß weil die, die in einer Seitengasse stehen, ihn nicht sehen, alle anderen aber, die auf dem Markt stehen, ihn sehen?

Nichts ist es also damit, was du von der Korykischen Höhle anführst. So verhält sich die Sache in den Schriften nicht. Und was Angelegenheiten der höchsten Majestät sind und die dunkelsten Geheimnisse, das ist nicht weiter in der Abgeschiedenheit, sondern das ist vor aller Augen in der Öffentlichkeit an den Tag gebracht und zugänglich. Christus nämlich hat uns den Sinn eröffnet, dass wir die Schriften verstehen. „Das Evangelium ist gepredigt aller Kreatur", „ihr Schall ist ausgegangen in alle Lande" und „alles, was geschrieben ist, ist uns zur Lehre geschrieben". Ebenso: „Jede Schrift, von Gott eingehaucht, ist nützlich zur Lehre." Du also und alle Sophisten: Macht schon, bringt ein einziges, irgendein Geheimnis heran, das in den Schriften noch dunkel ist. Dass aber vielen vieles dunkel bleibt, geschieht nicht durch die Undeutlichkeit der Schrift, sondern durch die Blindheit und den Stumpfsinn derer, die nichts tun, um die überaus klare Wahrheit zu sehen. So wie Paulus von den Juden 2Kor 4 sagt: „Die Decke bleibt über ihren Herzen." Und wiederum: „Wenn unser Evangelium verhüllt ist, ist es in denen verhüllt, die verloren gehen, deren Herzen der Gott dieser Welt verblendet hat." Mit derselben Unverfrorenheit könnte der die Sonne oder den Tag als dunkel beschuldigen, der sich selbst die Augen verhüllt oder vom Licht in die Dunkelheit geht und sich verbirgt. Die elenden Menschen sollen also aufhören, die Finsternis und die Dunkelheit ihres Herzens in gotteslästerlicher Verkehrung den Schriften Gottes anzulasten, die ganz und gar klar sind.

Wenn du also Paulus anführst, der sagt: „Unbegreiflich sind seine Urteile", dann scheinst du das Pronomen ,seine' auf die Schrift bezogen zu haben. Aber Paulus sagt nicht: „Unbegreiflich sind die Urteile der Schrift", sondern ,Gottes'. So sagt Jes 40 nicht: „Wer hat erkannt den

Esaias. 40. non dicit, Quis novit sensum scripturae, sed sensum domini,[63] quamvis Paulus asserat, Christianis notum esse sensum Domini, verum in his, quae donata sunt nobis, ut ibidem dicit. 1. Corinthiorum 2.[64] Vides ergo quam oscitanter hos locos scripturae inspexeris et tam apte citaris, quam apte citas fere omnia pro libero arbitrio, Sic et exem-|pla tua, quae subiungis, non sine|suspitione et aculeo, nihil faciunt ad rem, qualia de distinctione personarum, de conglutinatione naturae divinae et humanae, de peccato irremissibili, quorum ambiguitatem dicis nondum esse resectam. Si de Sophistarum quaestionibus circa has res agitatis, intelligis, quid tibi fecit innocentissima scriptura, ut abusum sceleratorum hominum obiicias illius puritati? Scriptura simpliciter confitetur trinitatem Dei et humanitatem Christi et peccatum irremissibile, Nihil hic obscuritatis aut ambiguitatis, Quibus vero modis ista habeant, Scriptura non dicit, ut tu fingis, nec opus est nosse, Sophistae hic sua somnia tractant, illos argue et damna, et scripturas absolve. Si vero| intelligis, de ipsa rei substantia, iterum non scripturae, sed Arrianos argue, et eos, quibus opertum est Euangelion, ut clarissima testimonia de divinitatis trinitate et humanitate Christi, per operationem Satanae dei sui non videant. Et ut breviter dicam, Duplex est claritas scripturae, sicut et duplex obscuritas, Una externa in verbi ministerio posita, altera in cordis cognitione sita, Si de interna claritate dixeris, nullus homo unum iota in scripturis videt, nisi qui spiritum Dei habet, omnes habent obscuratum cor, ita, ut si etiam dicant et norint proferre omnia scripturae, nihil tamen horum sentiant aut vere cognoscant, neque credunt Deum, nec sese esse creaturas Dei, nec quicquam aliud, iuxta illud Psal. 13. Dixit insipiens in corde suo, Deus nihil est,[65] Spiritus enim requiritur ad totam scripturam et ad quamlibet eius partem intelligendam, Si de externa dixeris, Nihil prorsus relictum est obscurum aut ambiguum, sed omnia sunt per verbum in lucem producta certissimam, et declarata toto orbi quaecunque sunt in scripturis.

Sed illud magis est intolerabile, quod caussam hanc liberi arbitrii inter ea numeras, quae sunt inutilia et non necessaria, Et loco eius nobis

---

[63] Jes 40,13; vgl. 1Kor 2,16. [64] 1Kor 2,12. [65] Ps 14/Vg 13,1.

Sinn der Schrift", sondern „den Sinn des Herrn" - wiewohl Paulus als
Wahrheit bezeugt, den Christen sei der Sinn des Herrn bekannt - aber
in dem, was uns geschenkt ist, wie er ebendort 1Kor 2 sagt. Du siehst
also, wie unaufmerksam du diese Stellen der Schrift angeschaut hast,
die du als so passend für dich zitierst, wie du beinahe alles für das freie
Willensvermögen zitierst. So tun auch deine Beispiele, die du nicht
ohne spitze Hintergedanken anfügst, nichts zur Sache, wie dasjenige
von der Unterscheidung der Personen, der Vereinigung der göttlichen
und menschlichen Natur, der unvergebbaren Sünde, deren Zweideutigkeit noch nicht beseitigt sei, wie du sagst. Wenn du das von den Fragen
der Sophisten, die sie im Blick auf diese Dinge verhandelt haben, verstehst: Was hat dir die ganz und gar unschuldige Schrift getan, dass du
den Missbrauch verbrecherischer Menschen ihrer Reinheit entgegenhältst? Die Schrift bekennt schlicht und einfach die Dreieinigkeit Gottes, die Menschheit Christi und die unvergebbare Sünde. Hier ist keinerlei Dunkelheit oder Zweideutigkeit. Wie sich das aber verhält, sagt
die Schrift nicht, wie du das ausdenkst, und das zu wissen ist auch nicht
nötig. Hier behandeln die Sophisten ihre Träume. Die klage an und verdamme, die Schriften sprich los! Wenn du das aber vom Wesen der Sache
selbst her meinst, dann klage wiederum nicht die Schrift, sondern die
Arianer an und diejenigen, denen das Evangelium verborgen ist, was
dazu führt, dass sie die ganz und gar klaren Zeugnisse von der Dreieinigkeit der Gottheit und der Menschheit Christi durch das Wirken
Satans, der ihr Gott ist, nicht sehen. Und um es kurz zu sagen: Doppelt
ist die Klarheit der Schrift, wie auch die Dunkelheit doppelt ist: Eine ist
äußerlich im Amt des Wortes gesetzt, die andere in der Kenntnis des
Herzens gelegen. Wenn du von der inneren Klarheit sprichst, sieht kein
Mensch auch nur ein Jota in den Schriften, es sei denn, er hätte den
Geist Gottes. Alle haben ein verdunkeltes Herz, so dass sie auch dann,
wenn sie alles von der Schrift vorzubringen behaupten und verstehen,
dennoch für nichts davon Gespür haben oder wahrhaft erkennen. Und
sie glauben nicht an Gott und nicht daran, dass sie Geschöpfe Gottes
sind, noch irgendetwas anderes, nach jenem Wort Ps 13: „Der Unverständige spricht in seinem Herzen, es ist kein Gott." Denn der Geist
wird erfordert zum Verständnis der ganzen Schrift und jedes ihrer Teile.
Wenn du von der äußeren [Klarheit] sprichst, ist ganz und gar nichts
Dunkles oder Zweideutiges übrig. Vielmehr ist alles durch das Wort ans
ganz und gar sichere Licht gebracht, und der ganzen Welt ist erklärt,
was immer in der Schrift ist.

Aber das ist noch weniger zu ertragen, dass du dies Thema des freien
Willensvermögens zu denjenigen zählst, die unnütz sind und nicht
notwendig. Stattdessen zählst du uns auf, was deinem Urteil nach zur

recenses, quae ad pietatem Christianam satis esse iudices,⁶⁶ qualem formam certe describeret facile quilibet Iudaeus aut gentilis Christi prorsus ignarus, nam Christi ne uno quidem iota mentionem facis, ac si sentias, Christianam pietatem sine Christo esse posse, tantum si Deus natura clementissimus totis viribus colatur, Quid hic | dicam Erasme? Totus Lucianum spiras, et inhalas mihi grandem Epicuri crapulam, Si tu hanc caussam non necessariam ducis Christianis, cede quaeso ex harena, nihil tibi et nobis, Nos necessariam ducimus, Si est irreligiosum, si est curiosum, si supervacaneum, ut tu dicis, | scire, An Deus contingenter praesciat aliquid, An voluntas nostra aliquid agat in his quae pertinent ad aeternam salutem, vel tantum patiatur ab agente gratia, An quicquid boni vel mali facimus, mera necessitate faciamus, vel patiamur potius, quid rogo erit tum religiosum? quid grave? quid utile scitu? Hoc prorsus nihil valet Erasme, das ist zu viel,⁶⁷ Difficile est hoc tribuere ignorantiae tuae, ut qui iam senex et inter Christianos versatus, et sacras literas diu meditatus, non relinquis locum, quo te excusemus aut bene de te cogitemus. Et tamen haec portenta tibi ignoscunt Papistae et ferunt, ea gratia, quod in Lutherum scribis, alioqui te dentibus laceraturi, si Lutherus abesset, et talia scriberes. Amicus Plato, Amicus Socrates, sed praehonoranda veritas,⁶⁸ Nam ut parum intelligeres in scripturis et pietate Christiana, certe hoc vel hosti Christianorum sciendum erat, quid Christiani necessarium et utile, et quid non tale haberent, Tu vero Theologus et Christianorum magister, praescripturus illis formam Christianismi, non saltem more Sceptico tuo, dubitas quid necessarium, et utile illis sit, sed plane in diversum laberis, et iam contra ingenium tuum assertione inaudita, iudicas, ea non esse necessaria, quae nisi necessaria et cognita certo fuerint, nec Deus, nec Christus, nec Euangelion, nec fides, nec quicquam reliquum est, ne Iudaismi quidem, multo minus Christianismi. Deum immortalem, Erasme, quantam fenestram imo quantum campum aperis contra te agendi et dicendi,⁶⁹ Quid tu de libero arbitrio boni aut recti scriberes, qui tantam ignorantiam scripturae et pietatis, his verbis tuis confiteris? Sed contraham

---

⁶⁶ Erasmus I a 8; ErAS 4,10/12. ⁶⁷ Hier die einzigen deutschen Worte des gesamten Textes. ⁶⁸ Vgl. Aristoteles: Nikomachische Ethik 1,4. ⁶⁹ Terenz: Heautontimorumenos 3,1,71 f.; Erasmus I a 10; ErAS 4,18.

christlichen Gottesfurcht ausreichend sei. Und das tust du auch noch so, wie jeder beliebige Jude oder Heide, der von Christus gar nichts weiß, es leicht beschreiben könnte. Denn du erwähnst Christus nicht einmal mit einem Jota, als ob du glaubtest, christliche Gottesfurcht könne es ohne Christus geben, wenn nur der von Natur aus grundgütige Gott mit allen Kräften verehrt werde. Was soll ich dazu sagen, Erasmus? Du duftest ganz nach Lukian und hauchst mir den edlen Rausch Epikurs ein. Wenn du dieses Thema als für Christen nicht notwendig einführst, dann verlasse bitte die Arena, du und wir haben nichts miteinander zu tun. Wir halten es für notwendig. Wenn es unfromm, vorwitzig, überflüssig ist, wie du sagst, zu wissen, ob Gott irgendetwas zufällig vorherweiß; ob unser Wille irgendetwas ausrichtet bei dem, was sich auf das ewige Heil bezieht, oder ob er nur eine wirkende Gnade an sich geschehen lässt; ob wir, was auch immer Gutes oder Böses wir tun, dies aus reiner Notwendigkeit tun oder vielmehr erleiden – was, so frage ich dich, wird dann noch fromm sein? Was schwerwiegend? Was nützlich zu wissen? Das taugt gar nichts, Erasmus, das ist zu viel. Es fällt schwer, dies deiner Unwissenheit zuzuschreiben; du bist ja schon alt und hältst dich ja schon lange unter den Christen auf, hast auch lange über die Heiligen Schriften nachgedacht – du lässt uns nicht eine Stelle, wo wir dich entschuldigen oder gut über dich denken können. Und dennoch verzeihen dir die Papisten diese Ausgeburten und ertragen es nur, weil du gegen Luther schreibst; andernfalls würden sie dich mit den Zähnen zerfleischen, wenn es Luther nicht gäbe und du solches schriebest. Plato ist ein Freund, Sokrates ist ein Freund, aber vorzuziehen ist die Wahrheit. Du magst wenig verstehen von den Schriften und von christlicher Gottesfurcht. Aber selbst ein Feind der Christen muss doch bestimmt wissen, was die Christen für notwendig und nützlich erachten und was nicht. Du jedoch, ein Theologe und Lehrer der Christen, willst jenen eine [bestimmte] Gestalt des Christlichen vorschreiben und lässt so nicht einmal nach deiner skeptischen Art einen Zweifel daran, was für sie notwendig und nützlich ist. Sondern du verfällst ins Gegenteil und urteilst – ganz gegen deine Sinnesart – mit der unerhörten Wahrheitsbehauptung, dies sei nicht notwendig. Wenn das nicht notwendig und gewiss zu wissen ist, dann bleibt kein Gott, kein Christus, kein Evangelium, kein Glaube, dann bleibt überhaupt nichts übrig, nicht einmal etwas vom Judentum, viel weniger vom Christentum. Beim unsterblichen Gott, Erasmus: Wie groß ist das Fenster, ja, wie weit ist das Feld, das du öffnest, gegen dich tätig zu werden und zu reden. Was kannst du noch Gutes und Richtiges über das freie Willensvermögen schreiben, wenn du eine solche Unwissenheit im Blick auf Schrift und Gottesfurcht durch diese deine Worte an den Tag legst?

vela,⁷⁰ nec meis verbis hoc loco (quod infra forte faciam) sed tuis verbis agam tecum. |
   Forma Christianismi a te descripta inter caetera hoc habet, ut totis viribus enitamur, adeamus remedium penitentiae, ac domini misericordiam modis omnibus ambiamus, sine qua nec voluntas humana efficax est nec conatus. Item nemini desperandam esse veniam a Deo natura clementissimo.⁷¹ Haec verba tua, sine Christo, sine spiritu, ipsa glacie frigidiora, ita ut etiam vitium in illis patiatur eloquentiae tuae decor, quae misero vix extorsit metus forsitan pontificum et tyrannorum, ne prorsus Atheos videreris, hoc tamen asserunt, Esse vires in nobis, Esse nisum totis viribus, Esse misericordiam Dei, Esse modos ambiendi misericordiam, Esse Deum natura iustum, natura clementissimum etc. Si quis igitur ignoret, quid sint illae vires, quid possint quid patiantur, quis nisus eorum, | quae efficacia, quae inefficatia, quid ille faciet? quid tu illum facere docebis? Irreligiosum (inquis) curiosum et supervacaneum est nosse velle, an voluntas nostra aliquid agat in iis, quae pertinent ad aeternam salutem, an tantum patiatur ab agente gratia, At hic dicis contra, Esse pietatem Christianam, Eniti totis viribus, et sine misericordia Dei voluntatem non efficacem esse, Hic plane asseris voluntatem aliquid agere in iis quae pertinent ad aeternam salutem, dum eam fingis enitentem, At rursus patientem, dum sine misericordia dicis inefficacem, licet non definias, quatenus illud agere et pati intelligendum sit, data opera facturus ignaros, quid valeat misericordia Dei, quid valeat voluntas nostra, eo ipso, quo doces, quid faciat voluntas nostra, et misericordia Dei, sic te rotat tua illa prudentia, qua neutri partium adherere statuisti, et inter scyllam et charibdim⁷² tuto evadere, ut medio mari fluctibus obrutus et confusus, omnia asseras quae negas, et neges quae asseris.
   Similitudinibus aliquibus tibi tuam Theologiam ob oculos ponam, Bonum Poema vel orationem facturus, non cogitet, nec quaerat, quale

---

⁷⁰ Erasmus: Adagia 5,1,32.   ⁷¹ S. o. 240,4 f.; Luther bezieht sich auf Erasmus I a 8; ErAS 4,12.   ⁷² S. o. 222, Anm. 12.

Aber ich will die Segel einziehen und an dieser Stelle nicht mit meinen Worten – das werde ich vielleicht weiter unten tun –, sondern mit deinen Worten mit dir verhandeln.

Die von dir beschriebene Gestalt des Christlichen enthält unter anderem Folgendes: Wir sollen uns mit allen Kräften anstrengen, das Heilmittel der Buße erstreben und auf jede Art und Weise das Erbarmen des Herrn anstreben, ohne das weder der menschliche Wille noch eine Bemühung wirksam sind. Ebenso soll niemand zweifeln an der Vergebung Gottes, der von Natur aus grundgütig ist. Diese deine Worte sind ohne Christus, ohne Geist, kälter als selbst das Eis; sogar deine Beredsamkeit, sonst deine Zierde, leidet Schaden – diese [Worte] hat dir Armem vielleicht gerade noch die Angst vor Bischöfen und Tyrannen ausgepresst, um nicht völlig gottlos zu erscheinen. Das aber behaupten deine Worte doch als Wahrheit: Es gebe in uns Kräfte; es gebe eine Anstrengung aus allen Kräften; es gebe ein Erbarmen Gottes; es gebe Wege, das Erbarmen anzustreben; es gebe einen Gott, der von Natur aus gerecht, von Natur aus grundgütig ist usw. Wenn also einer nicht weiß, was jene Kräfte sind, was sie vermögen, was sie erleiden, welche Anstrengung ihnen eigen ist, was ihre Wirksamkeit, was ihre Unwirksamkeit ist – was wird der tun? Was wirst du ihn zu tun lehren? Du sagst, es sei unfromm, vorwitzig und überflüssig, wissen zu wollen, ob unser Wille irgendetwas in den Dingen vermag, die sich auf das ewige Heil beziehen, oder ob er nur eine wirkende Gnade an sich geschehen lässt. Aber hier sagst du im Gegenteil: Es sei christliche Gottesfurcht, sich aus aller Kraft anzustrengen; und ohne das Erbarmen Gottes sei der Wille unwirksam. Hier behauptest du ausdrücklich, der Wille bewirke etwas in den Dingen, die sich auf das ewige Heil beziehen. Denn du stellst ihn als etwas dar, was sich anstrengt, aber auch wiederum als etwas, das [etwas] an sich geschehen lässt, denn du sagst, dass er ohne das Erbarmen unwirksam sei. Freilich definierst du nicht, wie weit jenes Bewirken und An-sich-geschehen-Lassen zu verstehen sind – gibst dir solche Mühe, uns in Unkenntnis darüber zu lassen, was das Erbarmen Gottes vermag, was unser Wille vermag, und das genau an der Stelle, wo du lehrst, was unser Wille und das Erbarmen Gottes tun. So führt dich diese deine Klugheit im Kreise herum. Du hast sie in Anspruch genommen, um dich keiner Partei anzuschließen, und du wolltest zwischen Skylla und Charybdis sicher entweichen. Doch nun wirst du mitten auf dem Meer von Fluten überschüttet und durcheinander gebracht, so dass du alles als Wahrheit behauptest, was du leugnest, und leugnest, was du als Wahrheit behauptest.

Mit einigen Gleichnissen will ich dir deine Theologie vor Augen halten. Einer, der ein gutes Gedicht machen will oder eine Rede, sollte

sit ingenium, quid possit, quid non possit, quid requirat argumentum susceptum, planeque omittat illud praeceptum Horatii, Quid valeant humeri, quid ferre recusent,[73] sed solum opus praeceps tentet, et cogitet, Enitendum est, ut fiat, curiosum et supervacaneum est quaerere, utrum suppetat tanta eruditio, tanta facundia, tanta vis ingenii. Aut si quis uberes fructus ex agro sit recepturus, non sit curiosus supervacanea cura explorandi ingenii | terrae, sicut Virgilius in Georgicis curiose et frustra docet,[74] sed feratur temere, nihil nisi opus cogitet, aret littus, semina mandet, quaqua patet, sive arena sive limus. Aut si quis bellum gesturus victoriam pulchram petat, vel aliud quidpiam officium in re publica praestare debet, non sit curiosus, consultando, quid possit, an aerarium sufficiat, an milites apti sint, an copia facti ulla sit, prorsusque contemnat illud Historici, Antequam facias, consulto, ubi consulueris, mature facto opus est,[75] sed irruat caecis oculis et auribus clausis, nihil nisi, bellum, bellum, vociferet et operi instet. Quid rogo Erasme, de talibus Poetis, agricolis et imperatoribus et Principibus iudicabis? Addam illud Evangelicum, Siquis turrim aedificaturus, non prius sedens computet sumptus, an habeat ad perficiendum,[76] Quid de illo iudicat Christus? |

Sic tu quoque nobis facta decernis sola, vetas vero primum explorare et metiri aut nosse vires, quid possimus et non possimus, tanquam hoc sit curiosum et supervacaneum et irreligiosum, Ita dum nimia prudentia, temeritatem detestaris et sobrietatem praetendis, eo pervenis, ut summam temeritatem etiam doceas, Nam ut Sophistae temerarii et insani sint facto, dum curiosa tractant, mitius tamen peccant quam tu, qui etiam doces et iubes insanire et temere ferri, Atque quo maior sit insania, hanc temeritatem nobis pulcherrimam Christianamque pietatem, sobrietatem, religiosam gravitatem et salutem esse persuades, ni ita faciamus, irreligiosos, curiosos et vanos nos asseris, assertionum tan-| tus hostis, et pulchre evasisti Scyllam, dum vitasti Charibdim,[77]

---

[73] Horaz: De arte poetica 39 f. [74] Vergil: Georgica 1,53 u. ö. [75] Sallust: De coniuratione Catilinae 1,6. [76] Lk 14,28. [77] S. o. 222, Anm. 12.

der nicht darüber nachdenken und danach fragen, wie begabt er ist, was er kann, was er nicht kann, was der vorgenommene Stoff erfordert? Und sollte der nicht jene Vorschrift des Horaz ein wenig beherzigen: „Was können die Schultern tragen, was zu tragen weigern sie sich?", anstatt
5 nur das Werk Hals über Kopf zu versuchen und zu denken: Ich muss mich [nur] anstrengen, damit es gelingt, und übereifrig und überflüssig wäre es zu fragen, ob so große Gelehrsamkeit ausreicht, so große Beredsamkeit und so große Geisteskraft? Oder wenn einer reiche Frucht von seinem Acker ernten wollte, sollte der nicht eifrig und noch mehr besorgt
10 sein, die Bodenbeschaffenheit zu erforschen, wie Vergil in den Georgica eifrig, aber vergeblich lehrt, anstatt dass er sich planlos hinreißen lässt und an nichts außer an die Arbeit denkt, den Sand pflügt, Samen ausstreut, wo gerade Platz ist – sei es im Sand, sei es im Schlamm? Oder wenn einer Krieg führen wollte in der Absicht, einen glanzvollen Sieg zu errin-
15 gen, oder irgendein öffentliches Amt im Staat verrichten soll, müsste der nicht eifrig damit beschäftigt sein, zu Rate zu gehen, was er kann, ob das Geld ausreicht, ob das Heer in gutem Zustand ist, ob der Vorrat für sein Vorhaben irgend ausreicht? Und würde der jenes Diktum des Historikers gänzlich verachten: „Bevor du handelst, berate dich, wenn du dich bera-
20 ten hast, geh schnell ans Werk!", sondern sich mit blinden Augen und verstopften Ohren hineinstürzen, nichts als ‚Krieg, Krieg' schreien und ihn eifrig führen? Wie, so frage ich, Erasmus, wirst du über solche Dichter, Bauern, Herrscher und Fürsten urteilen? Lass mich jenes Wort aus dem Evangelium anfügen: Wenn einer einen Turm bauen will, und er
25 sitzt nicht zuvor und berechnet die Kosten, ob er genug hat, es zur Vollendung zu bringen – wie urteilt Christus über so einen?

So bestimmst auch du für uns nur die Taten. Du verbietest aber, dass wir zuerst nachforschen und die Kräfte messen oder kennen lernen, was wir können und was nicht, als ob dies übereifrig und über-
30 flüssig und unfromm wäre. So verwahrst du dich mit allzu großer Klugheit gegen Waghalsigkeit und schützt maßvolles Vorgehen vor. Dabei kommst du jedoch dahin, dass du im Gegenteil allerhöchste Waghalsigkeit lehrst. Die Sophisten sind schon waghalsig, ja tatsächlich wahnsinnig, während sie sich übereifrig gebärden. Dennoch ist ihr sündiges
35 Verhalten milder als deines, der du sogar lehrst und vorschreibst, sich wahnsinnig und maßlos zu verhalten. Und damit der Wahnsinn umso größer sei, verkaufst du uns diese Waghalsigkeit als allerherrlichste christliche Gottesfurcht, als maßvolles Verhalten, als religiösen Ernst und als Heil und behauptest als Wahrheit, wenn wir nicht so handeln,
40 wären wir unfromm, vorwitzig und eitel – wo du doch ein so großer Gegner solcher Wahrheitsbezeugungen bist. Fein bist du Scylla entronnen, während du Charybdis gemieden hast. Aber so weit hat dich das

Sed huc te perpellit fiducia ingenii tui, qui credis sic te posse per eloquentiam omnibus ingeniis imponere, ut nullus queat persentiscere, quid alas in animo et quid moliaris lubricis illis scriptis tuis, Deus vero non irridetur,[78] in quem non est bonum impingere. Porro si hanc temeritatem nos docuisses, in poematibus faciendis, in fructibus parandis, in bellis et officiis obeundis, aut domibus aedificandis, quanquam est intollerabilis, praesertim in tanto viro, tamen aliqua venia dignus tandem eras, saltem apud Christianos, qui temporalia contemnunt, At cum Christianos ipsos iubeas temerarios operarios fieri, et in salute aeterna paranda, incuriosos esse mandas, quid possint et non possint, hoc plane peccatum est vere irremissibile, Nescient enim quid faciant, dum ignorant, quid et quantum possunt, Ignorantes autem quid faciant, penitere (si errent), non possunt, Impenitentia autem peccatum irremisibile est, Atque huc ducit nos tua illa moderata Sceptica Theologia. |

Igitur non est irreligiosum, curiosum aut supervacaneum, sed imprimis salutare et necessarium Christiano, nosse, an voluntas aliquid vel nihil agat in iis, quae pertinent ad salutem, Imo ut scias, hic est cardo nostrae disputationis, hic versatur status causae huius, Nam hoc agimus, ut disquiramus, quid nam possit liberum arbitrium quid patiatur, quo modo se habeat ad gratiam Dei, Haec si ignoraverimus, prorsus nihil Christianarum rerum noscemus, erimusque omnibus gentibus peiores, Qui hoc non sentit, fateatur sese non esse Christianum, Qui vero reprehendit vel contemnit, sciat sese esse summum Christianorum hostem. Nam si ignoravero, quid, quatenus et quantum ego possum et faciam erga Deum, pariter incertum et ignotum mihi erit, quid, quatenus et quantum Deus in me potest et faciat, cum Deus operetur omnia in omnibus,[79] Ignoratis vero operibus et potentia Dei, Deum ipsum ignoro, Ignorato Deo, colere, laudare, gratias agere, servire Deo non possum, dum nescio, quantum mihi tribuere, quantum Deo debeo. Oportet igitur certissimam distinctionem habere, inter virtutem Dei et nostram, inter opus Dei et nostrum, si volumus pie vivere. Ita vides, hoc problema esse partem alteram totius summae Christianarum rerum, in

---

[78] Gal 6,7.   [79] 1 Kor 12,6.

Vertrauen auf deine Geistesgaben getrieben: Du glaubst, dass du durch Beredsamkeit auf alle Gebildeten solchen Eindruck machen kannst, dass keiner durchschauen kann, was du im Herzen nährst, was du mit diesen deinen schlüpfrigen Schriften beabsichtigst. Gott aber lässt sich nicht spotten; gegen ihn anzugehen, ist nicht gut. Also, du hättest uns meinetwegen diese Waghalsigkeit lehren können im Abfassen von Gedichten, im Erzeugen einer Ernte, im Unternehmen von Kriegen und Antreten öffentlicher Ämter oder im Hausbau; das wäre noch irgendwie entschuldbar gewesen – wenngleich es unerträglich ist, besonders bei einem so bedeutenden Mann –, wenigstens bei Christen, die zeitliche Dinge gering achten. Du schreibst aber eben den Christen vor, waghalsige Täter zu werden, und empfiehlst ihnen, bei der Bereitung des ewigen Heils keine Sorge darauf zu verwenden, was sie können und was nicht. Das ist wahrlich eine ganz unvergebbare Sünde. Sie werden nämlich nicht wissen, was sie tun sollen, weil sie nicht wissen, was und wie viel sie vermögen. Wenn sie aber nicht wissen, was sie tun sollen, dann können sie keine Buße tun in dem Fall, dass sie in die Irre gehen. Unbußfertigkeit aber ist eine unvergebbare Sünde. Und dahin führt uns diese deine maßvolle skeptische Theologie!

Also ist es für einen Christen nicht unfromm, vorwitzig oder überflüssig, im Gegenteil vor allem heilsam und notwendig zu wissen, ob der Wille etwas oder nichts vermag in den Dingen, die sich auf das Heil beziehen. Dass du es nur weißt: Genau hier liegt der Dreh- und Angelpunkt unserer Disputation, um genau diesen Punkt dreht sich die Angelegenheit. Es geht uns doch um die Frage, was denn nun das freie Willensvermögen kann, was es an sich geschehen lässt, wie es sich zur Gnade Gottes verhält. Wenn wir das nicht wissen, werden wir überhaupt nichts über christliche Angelegenheiten wissen, und wir werden schlimmer dran sein als alle Heiden. Wer dafür kein Gespür hat, der soll bekennen, kein Christ zu sein. Wer das zurückweist oder verachtet, der muss wissen, dass er der größte Feind der Christen ist. Denn wenn ich nicht weiß, was, wie weit und wie viel ich vermag und tun kann gegenüber Gott, wird mir genauso ungewiss und unbekannt bleiben, was, wie weit und wie viel Gott an mir vermag und tun kann. Denn Gott wirkt alles in allem. Kenne ich aber die Werke und die Macht Gottes nicht, dann kenne ich Gott selbst nicht. Kenne ich Gott nicht, kann ich ihn nicht verehren, loben, ihm Dank sagen und dienen. Denn ich habe keine Ahnung davon, wie viel mir zuzuschreiben ist und wie viel ich Gott schulde. Daher ist es nötig, eine sehr exakte Unterscheidung zu treffen zwischen der Kraft Gottes und unserer, zwischen Gottes Werk und unserem, wenn wir gottesfürchtig leben wollen. So siehst du, dass diese Streitfrage der eine Teil von all dem ist, was das Christliche aus-

quo pendet et periclitatur cognitio suiipsius, cognitio et gloria Dei. Quare non est ferendum in te, Mi Erasme, ut hoc nosse irreligiosum, curiosum et vanum appelles, Multa tibi debemus, Sed pietati omnia debemus. Quin tu ipse totum bonum nostrum Deo ascribendum esse sentis,[80] idque asseris in forma tui Christianismi, Hoc autem asserto, certe simul asseris, Dei misericordiam solam omnia agere et voluntatem nostram nihil agere, sed potius pati, alioqui non totum Deo tribuetur, At paulo post, negas id asserere vel nosse, esse religiosum pium et salutare, Sed sic loqui cogitur mens sibiipsi non constans, in rebus pietatis incerta et imperita.

Altera pars summae Christianae est, Nosse, an Deus contingenter aliquid praesciat, et an omnia faciamus necessitate, Et hanc etiam irreligiosam, curiosam, et vanam facis, sicut et omnes impii faciunt, Quin daemones et damnati exosam et execrabilem faciunt. Neque stultus es si istis quaestionibus te eximis, modo id fieri liceat, Sed interim parum bonus Rhetor et Theologus es, qui de libero | arbitrio sine istis partibus dicere et docere praesumis. Fungar cotis vice et ipse non rhetor, egregium rhetorem officii sui monebo, Si de oratoria scripturus sic diceret Quintilianus, meo iudicio, illa stulta et supervacanea, de inventione, dispositione, elocutione, memoria, pronuntiatione, omittenda sunt, satis sit nosse, oratoriam esse benedicendi peritiam, nonne rideres artificem?[81] Non aliter tu quoque facis, scripturus de libero arbitrio abigis et abiicis primum totum corpus et omnes partes artificii eius de quo scripturus es, Nam fieri non potest, ut scias, quid sit liberum arbitrium nisi scieris, quid possit voluntas humana, Quid Deus faciat, an necessario praesciat, Nonne et rhetores tui docent, De causa aliqua dicturum, | oportere dicere, Primum an sit, deinde quid sit, quae eius partes, quae contraria, affinia, similia etc.? Tu vero miserum illud per sese liberum

---

[80] Luther bezieht sich auf Erasmus I a 8; ErAS 4,12.   [81] Quintilian: Institutiones oratoriae 2,15,38.

macht; daran hängen und damit stehen die Selbsterkenntnis sowie die Kenntnis und die Ehre Gottes auf dem Spiel. Darum kann ich es dir nicht durchgehen lassen, mein Erasmus, dass du dies zu wissen als unfromm, vorwitzig und eitel bezeichnest. Vieles verdanken wir dir. Der Gottesfurcht aber verdanken wir alles. Du hast ja selbst ein Gespür dafür, dass all unser Gutes Gott zuzuschreiben ist. Und das bezeugst du in deiner Darstellung des Christlichen als Wahrheit. Mit dieser Wahrheitsbezeugung sagst du gewiss zugleich als wahr aus, allein das Erbarmen Gottes tue alles und unser Wille nichts; vielmehr lasse er es an sich geschehen, denn sonst würde nicht Gott alles zugeschrieben. Aber nur wenig später leugnest du, dies als Wahrheit zu bezeugen und zu wissen sei ein Zeichen frommer Ehrfurcht und heilsam. Zu solchen widersprüchlichen Aussagen wird ein Geist gezwungen, der mit sich selbst nicht übereinstimmt und unsicher und unerfahren ist in Dingen der Gottesfurcht.

Der andere Teil all dessen, was das Christliche ausmacht, ist das Wissen, ob Gott etwas zufällig vorherweiß und ob wir alles mit Notwendigkeit tun. Und auch diesen Teil stempelst du zu einem unfrommen, vorwitzigen und eitlen Thema, so wie das alle Gottlosen tun; ja, die Dämonen und die Verdammten stempeln diesen Teil ab als hassenswert und fluchwürdig. Aber dumm bist du ja nicht, wenn du dich aus solchen Fragen heraushältst, wo es nur geht. Aber währenddessen bist du doch kein sonderlich guter Redner und Theologe, der du dir herausnimmst, ohne diese beiden Teile über das freie Willensvermögen zu reden und zu lehren. Ich will als Wetzstein dienen und, obwohl selbst kein Redner, den herausragenden Redner an sein Amt mahnen. Nimm an, Quintilian sagte in der Absicht, über die Redekunst zu schreiben, Folgendes: Nach meinem Urteil kann all das dumme und überflüssige Zeug über das Auffinden [des Themas], über die Disposition, über den Stil, das Memorieren und den Vortrag weggelassen werden; es genügt zu wissen, dass die Redekunst die Kunstfertigkeit im Wohlreden ist – würdest du den Künstler nicht auslachen? Nicht anders machst auch du es. Indem du dich anschickst, über das freie Willensvermögen zu schreiben, verjagst und verwirfst du zuerst den ganzen Kern und dann alle Einzelteile des Kunstwerks, über das du schreiben willst. Denn es kann nicht angehen, dass du weißt, was das freie Willensvermögen ist, wenn du nicht weißt, was der menschliche Wille vermag, was Gott tut und ob er notwendig vorherweiß. Lehren nicht auch deine Redner, dass man, wenn man über irgendeinen Gegenstand reden will, folgende Fragen stellen muss: Zuerst, ob er überhaupt sei; dann, was er sei; was seine Bestandteile sind; was ihm entgegengesetzt ist; was ihm nahe; was ihm ähnlich usw.? Du aber beraubst das freie Willensvermögen, das ja an

arbitrium his omnibus spolias, et nullam quaestionem de eo definis, nisi unam illam primam, scilicet, an sit, idque argumentis talibus, qualibus videbimus, ut ineptiorem librum de libero arbitrio non viderim, excepta orationis elegantia, Sophistae sane melius hic saltem dialecticantur, quando rhetoricari nesciunt, qui liberum arbitrium aggressi, definiunt omnes quaestiones eius, An sit, quid sit, quid faciat, quomodo habeat etc. licet et ipsi non efficiunt quod tentant. Urgebo igitur hoc libello te et Sophistas omnes, donec liberi arbitrii vires et opera mihi definiatis, Et sic urgebo (Christo propitio) ut sperem me adacturum te ad penitentiam editae diatribes tuae.

Est itaque et hoc imprimis necessarium et salutare Christiano, nosse, quod Deus nihil praescit contingenter, sed quod omnia incommutabili et aeterna, infallibilique voluntate et praevidet[82] et proponit et facit. Hoc fulmine sternitur et conteritur penitus liberum arbitrium ideo qui liberum arbitrium volunt assertum, debent hoc fulmen vel negare vel dissimulare, aut alia ratione a se abigere. Antequam vero id mea disputatione et scripturae auctoritate firmem, prius tuis verbis ipsum tractabo, Nonne tu es mi Erasme, qui asseruisti paulo ante, Deum natura iustum, natura clementissimum?[83] Si hoc verum est, nonne sequitur, quod incommutabiliter sit iustus et clemens? ut quemadmodum natura eius non mutatur inaeternum, ita nec eius iustitia et clementia. Quod autem de iustitia et clementia dicitur, etiam de scientia, sapientia, bonitate, voluntate et aliis divinis rebus dici oportet. Si igitur haec religiose, pie et salubriter de Deo asseruntur, ut tu scribis, Quid accidit tibi, ut tibi ipsi dissidens, irreligiosum, curiosum, ac vanum nunc asseras, dicere, Deum necessario praescire? Scilicet voluntatem immutabilem Dei praedicas esse discendam, immutabilem eius vero praescientiam nosse vetas, An tu credis, quod nolens praesciat, aut igna- | rus velit? Si volens praescit, aeterna est et immobilis (quia natura) voluntas, si praesciens vult, aeterna est et immobilis (quia natura) scientia.

---

[82] Vgl. Thomas von Aquin: Summa theologica 1 qu. 14 art. 13; Gabriel Biel: Collectorium 1 dist. 38 qu. unica.   [83] S. o. 240,4 f.; Luther bezieht sich auf Erasmus I a 8; ErAS 4,12.

sich schon armselig genug ist, all dieser Dinge und legst dich auf keine es betreffende Frage fest, bis auf diese erste, nämlich, ob es das überhaupt gibt. Und das tust du mit so fadenscheinigen Argumenten – wie wir noch sehen werden –, dass ich noch kein unbrauchbareres Buch über das freie Willensvermögen gesehen habe, abgesehen einmal von der Eleganz der Rede. Die Sophisten treiben hier die Dialektik doch wirklich besser, wenn sie nichts von der Redekunst verstehen. Denn sie nähern sich dem Thema des freien Willensvermögens, indem sie alle zugehörigen Fragen stellen: Ob es ist, was es ist, was es tut, wie es sich verhält usw. – wenn sie auch nicht erreichen, was sie beabsichtigen. Ich werde daher dich und alle Sophisten so lange mit diesem Büchlein bedrängen, bis ihr mir die Kräfte und die Werke des freien Willensvermögens definiert habt. Und ich werde – mit Christi Beistand – so drängen, dass ich dich dazu zu bringen hoffe, dass du die Herausgabe deiner ‚Diatribe‘ noch bereuen wirst.

Und auch dies also ist für einen Christen vor allem notwendig und heilsam zu wissen, dass Gott nichts zufällig vorherweiß, sondern dass er alles mit unwandelbarem, ewigem und unfehlbarem Willen vorhersieht, beschließt und ausführt. Durch diesen Blitzschlag wird der freie Wille vollständig zur Strecke gebracht und vernichtet. Diejenigen, die das freie Willensvermögen als Wahrheit behaupten wollen, müssen daher eben diesen Blitzschlag leugnen oder verheimlichen oder auf eine andere Art und Weise von sich schaffen. Bevor ich das nun durch meine Erörterung und durch die Autorität der Schrift bekräftige, will ich es zunächst mit deinen eigenen Worten behandeln. Bist du es nicht, mein Erasmus, der kurz zuvor als Wahrheit bezeugt hat, Gott sei von Natur aus gerecht, von Natur aus grundgütig? Wenn das wahr ist, folgt daraus nicht, dass seine Gerechtigkeit und seine Güte keinem Wandel unterworfen sind? Also: Wie seine Natur sich in Ewigkeit nicht wandelt, so auch nicht seine Gerechtigkeit und Güte. Was aber von seiner Gerechtigkeit und Güte gesagt wird, muss auch von dem Wissen, der Weisheit, der Güte, dem Willen und anderen göttlichen Eigenschaften gesagt werden. Wenn dies nun fromm, ehrfürchtig und heilsam von Gott als Wahrheit bezeugt wird, wie du schreibst, wie kommst du dazu, im Widerspruch zu dir selbst jetzt als Wahrheit zu behaupten, es sei unfromm, vorwitzig und eitel zu sagen, Gott wisse notwendig vorher? Du predigst also, man müsse die Unwandelbarkeit des Willens Gottes lernen; sein unwandelbares Vorherwissen zu kennen aber verbietest du. Oder glaubst du, dass er unwillentlich vorherweiß oder unwissentlich will? Wenn er willentlich vorherweiß, ist sein Wille ewig und unerschütterlich; denn er ist Teil seiner Natur. Wenn er vorherwissend will, ist sein Wissen ewig und unerschütterlich, denn es ist Teil seiner Natur.

Ex quo sequitur irrefragabiliter, omnia quae facimus, omnia quae fiunt, et si nobis videntur mutabiliter et contingenter fieri, revera tamen, fiunt necessario et immutabiliter, si Dei voluntatem spectes.⁸⁴ Voluntas enim Dei efficax est, quae impediri non potest, cum sit naturalis ipsa potentia Dei, Deinde sapiens, ut falli non possit, Non autem impedita voluntate, opus | ipsum impediri non potest, quin fiat, loco, tempore, modo, mensura, quibus ipse et praevidet et vult. Si talis esset voluntas Dei, quae peracto opere eodemque manente, cessaret, qualis est hominum voluntas, ubi aedificata domo, quam volunt, cessat velle, ut in morte desinit, tum vere posset dici, aliquid contingenter et mutabiliter fieri, At hic contra fit, opus desinit et voluntas permanet, tantum abest, ut ipsum opus dum fit et permanet, contingenter esse aut permanere possit. Contingenter autem fieri dicitur (ne vocabulis abutamur) latina lingua, non ipsum opus contingens fieri, sed contingente et mutabili voluntate fieri, qualis in Deo non est, Deinde contingens opus dici non potest, nisi quod nobis contingenter et velut casu imprudentibusque nobis fit, Quia nostra voluntas vel manus illud arripit velut casu oblatum, ut qui nihil de eo aut cogitavimus aut voluimus antea.⁸⁵

Sudaverunt hic sophistae iam multis annis et tandem victi, coacti sunt concedere, Omnia quidem necessario fieri, necessitate consequentiae (ut dicunt), sed non necessitate consequentis,⁸⁶ Sic eluserunt violentiam | istius quaestionis, | verum et seipsos illuserunt. Quam sit enim hoc nihil non gravabor ostendere, Necessitatem consequentiae vocant, ut crasse dicam, Si Deus aliquid vult, necesse est ut ipsum fiat, sed non est necesse, ut id sit, quod fit, Solus Deus enim necessario est, omnia alia possunt non esse, si Deus velit, Ita actionem Dei necessariam dicunt, si volet, sed factum ipsum non esse necessarium, Quid autem istis ludibriis verborum efficiunt? Id scilicet, facta res non est necessaria, id est, non habet essentiam necessariam, hoc est aliud nihil dicere quam, res facta non est Deus ipse, Nihilominus manet illud, ut omnis

---

⁸⁴ Vgl. Thomas von Aquin: Summa theologica 1 qu. 14 art. 13. ⁸⁵ Zu einem Textzusatz seit der Wittenberger lateinischen Ausgabe von Luthers Schriften vgl. StA 3,191, Anm. 107 sowie o. 240, Anm. 66. ⁸⁶ Vgl. Gabriel Biel: Collectorium 1 dist. 41 qu. unica art. 1.

Daraus folgt unverbrüchlich: Alles, was wir tun, alles, was geschieht, geschieht – auch dann, wenn es uns veränderlich und zufällig zu geschehen scheint – in Wirklichkeit notwendig und unveränderlich, wenn du Gottes Willen betrachtest. Denn der Wille Gottes ist wirksam, er kann nicht gehindert werden, weil er Gottes natürliche Macht selbst ist. Dann ist er auch weise, so dass er nicht getäuscht werden kann. Nachdem nun aber der Wille nicht gehindert werden kann, kann auch das Werk selbst nicht gehindert werden; es geschieht an dem Ort, zu dem Zeitpunkt, auf die Art und Weise und nach dem Maß, wie er selbst vorhersieht und will. Wäre der Wille Gottes so beschaffen: Nach Vollendung des Werkes und nachdem dieses so bliebe, hörte er auf (wie ja der Wille der Menschen ist: Wenn das Haus gebaut ist, das sie wollen, hört er auf zu wollen, wie er auch im Tod aufhört) – dann könnte man wahrhaft sagen, irgendetwas geschehe zufällig und wandelbar. Aber hier geschieht das Gegenteil: Das Werk hört auf und der Wille dauert an; weit entfernt, dass das Werk, solange es geschieht und dauert, zufällig geschehen oder dauern kann. ‚Zufällig geschehen' meint aber in der lateinischen Sprache (um keinen Missbrauch mit den Vokabeln zu treiben) nicht, das Werk selbst geschehe zufällig; sondern gemeint ist, es geschieht durch einen zufälligen und wandelbaren Willen, den es bei Gott nicht gibt. Weiter kann das Werk nicht zufällig genannt werden, außer es geschieht für uns zufällig und gleichsam unversehens ohne unser Wissen. Denn unser Wille und unsere Hand greifen danach wie nach etwas zufällig Angebotenem, weil wir vorher überhaupt nicht daran gedacht oder es gewollt haben.

Hier sind die Sophisten schon seit vielen Jahren ins Schwitzen geraten. Schließlich besiegt, sind sie zu dem Zugeständnis gezwungen worden, alles geschehe notwendigerweise – mit der Notwendigkeit der Folge, wie sie sagen, nicht jedoch mit der Notwendigkeit des Folgenden. So sind sie der Gewalt dieser Frage spielerisch ausgewichen, in Wahrheit aber haben sie sich auch selbst zum Gespött gemacht. Denn dass dies nichts ist, werde ich gern aufzeigen. ‚Notwendigkeit der Folge' nennen sie, um es grob auszudrücken: Wenn Gott etwas will, ist notwendig, dass ebendies geschieht. Es ist aber nicht notwendig, dass das, was geschieht, existiert. Allein Gott nämlich existiert notwendigerweise. Alles andere kann auch nicht existieren, wenn Gott es will. So sagen sie, die Handlung Gottes sei notwendig, wenn er will, aber das Ergebnis [des Handelns] selbst sei nicht notwendig. Was aber erreichen sie mit solchen Wortspielereien? Doch dies, dass das Ergebnis nicht notwendig ist, das heißt, dass es keine notwendige Wesenheit hat. Und das wiederum heißt nichts anderes, als dass das Ergebnis nicht Gott selbst ist. Nichtsdestoweniger bleibt: Alles geschieht notwendigerweise, wenn

res necessario fiat, si actio Dei necessaria vel consequentiae necessitas est, quantumlibet iam facta non sit necessario, id est, non sit Deus, vel non habeat essentiam necessariam, Si enim ego fio necessario, parum me movet, quod est meum vel fieri sit mutabile, nihilominus ego ille contingens et mutabilis, qui non sum Deus necessarius, fio. Quare illorum ludibrium, Necessitate consequentiae sed non necessitate consequentis omnia fieri, nihil aliud habet quam hoc, Omnia quidem necessario fiunt, sed sic facta, non sunt ipsemet Deus, Quod vero opus erat hoc nobis dicere? quasi metuendum fuerit, ut factas res assereremus Deum esse, vel divinam et necessariam naturam habere, Adeo stat et permanet iniucta sententia, Omnia necessitate fieri. Nec est hic ulla obscuritas aut ambiguitas. In Esaia dicit, Consilium meum stabit et voluntas mea fiet.[87] Quis enim puer non intelligit, quid velint haec vocabula, Consilium, voluntas, fiet, stabit?

Sed cur nobis Christianis illa sunt abstrusa, ut irreligiosum et curiosum ac vanum sit, illa tractare et nosse, cum talia gentiles Poetae et ipsum vulgus, usu communissimo terat in ore? Quoties unus Virgilius fatum | memorat? Certa stant omnia lege,[88] Item, stat sua cuique dies. Item, Si te fata vocant. Item, Siqua fata aspera rumpas,[89] Nihil ille Poeta aliud facit, quam ut in Troia vastata, et Romano imperio suscitando, fatum plus valere quam omnium hominum studia, significet, atque adeo necessitatem et rebus et hominibus imponere. Denique Deos suos immortales fato subiicit, cui necessario caedant et ipse Iuppiter et Iuno. Inde finxerunt parcas illas tres, immutabiles, implacabiles, irrevocabiles. Senserunt illi sapientes viri, id quod res ipsa cum experientia probat, nulli hominum unquam sua consilia processisse, sed omnibus alio quam cogitarunt, rem cecidisse, Si pergama potuissent dextra defendi etiam hac defensa fuissent, ait Hector Virgilii.[90] Inde vulgatissimum verbum in ominum ore, Quod | Deus vult, fiat, Item, Si volet Deus, faciemus, Item, Sic voluit Deus, Sic placitum superis, Sic voluistis, ait Virgilius, ut videamus, in vulgo non minus relictam esse scientiam prae-

---

[87] Jes 46,10.   [88] Manilius: Astronomica 4,14.   [89] Vergil: Aeneis 10,467 f; 6,146 f.883.
[90] Vergil: Aeneis 2,291 f.

die Handlung Gottes notwendig oder eine Notwendigkeit der Folge ist, wenn auch das Ergebnis noch so wenig notwendigerweise existiert, das heißt, wenn es nicht Gott ist oder ihm nicht notwendige Wesenheit eignet. Denn wenn ich notwendigerweise entstehe, dann kümmert es mich wenig, dass mein Sein oder Werden veränderbar ist; nichtsdestoweniger entstehe ich als dieser Zufällige und Veränderbare, da ich nicht wie Gott notwendig existiere. Daher bringt ihre Spielerei „Aus der Notwendigkeit der Folge, aber nicht aus der Notwendigkeit des Folgenden geschieht alles" nur dies: Alles geschieht zwar notwendigerweise; aber das, was so geschieht, ist nicht Gott selbst. War es aber nötig, uns dies zu sagen? Als ob zu befürchten gewesen wäre, wir würden als wahr behaupten, die entstandenen Dinge seien Gott selbst oder hätten eine göttliche und notwendige Natur. Daher steht der Satz fest und bleibt unbesiegt: Alles geschieht mit Notwendigkeit. Und hier besteht keinerlei Dunkelheit oder Zweideutigkeit. Bei Jesaja sagt [Gott]: „Mein Ratschluss wird bestehen und mein Wille geschehen." Welches Kind versteht nicht, was diese Vokabeln wollen: ‚Ratschluss', ‚Wille', ‚wird geschehen', ‚wird bestehen'?

Aber warum ist uns Christen jenes verschlossen, so dass es unfromm, vorwitzig und eitel ist, das zu erörtern und zu wissen? Die heidnischen Dichter und selbst das gewöhnliche Volk führen doch sogar nach allgemeinem Gebrauch solches im Munde. Wie oft erwähnt allein Vergil das Schicksal? „Alles steht sicher durch das Gesetz", ebenso: „Jedem steht sein Tag fest", ebenso: „Wenn dich das Schicksal ruft" und noch einmal: „Wenn du das harte Schicksal durchbrechen könntest". Nichts anderes tut jener Dichter, als dass er am verwüsteten Troja und am Aufstieg des Römischen Reiches aufzeigt, dass das Schicksal stärker ist als die Bemühungen aller Menschen und daher den Dingen und den Menschen Notwendigkeit auferlegt. Schließlich unterwirft er seine unsterblichen Götter dem Schicksal, dem selbst Jupiter und Juno notwendigerweise weichen. Daher hat man jene drei unwandelbaren, unversöhnlichen und unerbittlichen Parzen erfunden. Jene weisen Männer haben ein Gespür dafür gehabt, was die Sache selbst durch Erfahrung beweist: Keinem Menschen sind jemals seine Absichten geglückt, sondern allen sind die Angelegenheiten anders als gedacht ausgegangen. „Wenn Pergamon durch die rechte Hand hätte verteidigt werden können, wäre es auch durch sie verteidigt worden", sagt Hektor bei Vergil. Daher ist jenes sehr populäre Wort in aller Munde: „Was Gott will, geschehe." Ebenso: „So Gott will, werden wir es tun." Ebenso sagt Vergil: „So hat Gott es gewollt; so hat es den Himmlischen gefallen; so habt ihr es gewollt." So sehen wir doch, es ist ein Wissen um Vorherbestimmung und Vorherwissen Gottes im gewöhnlichen Volk übrig, und

destinationis et praescientiae Dei, quam ipsam notitiam divinitatis, Et ii qui sapientes voluerunt videri, suis disputationibus eo abierunt, donec obscurato corde, stulti fierent, Roma. l.⁹¹ et negarent vel dissimularent ea, quae Poetae et vulgus, atque ipsorummet conscientia pro usitatissimis, certissimis et verissimis habent.

Ultra dico, non modo quam ista sint vera, de quo infra latius ex scripturis dicetur, verum etiam quam religiosum, pium et necessarium sit ea nosse, His enim ignoratis, neque fides, neque ullus Dei cultus consistere potest, Nam hoc esset vere Deum ignorare, cum qua ignorantia salus stare l nequit, ut notum est. Si enim dubitas, aut contemnis nosse, quod Deus omnia, non contigenter, sed necessario et immutabiliter praesciat et velit, quomodo poteris eius promissionibus credere, certo fidere ac niti? Cum enim promittit, certum oportet te esse, quod sciat, possit et velit praestare, quod promittit, Alioqui eum non veracem, nec fidelem aestimabis, quae est incredulitas et summa impietas et negatio Dei altissimi. At quo modo certus et securus eris? nisi scieris illum, certo et infallibiliter et immutabiliter, ac necessario scire et velle et facturum esse, quod promittit. Neque solum certos oportet nos esse, Deum necessario et immutabiliter velle et facturum, sed etiam gloriari in hoc ipso, ut Paulus Rom. 3. Esto autem Deus verax, omnis homo mendax,⁹² Et iterum, Non quod exciderit verbum Dei,⁹³ Et alibi Fundamentum Dei firmum stat, habens signaculum hoc, Novit dominus, qui sunt eius.⁹⁴ Et Tit. 1. Quam promisit Deus non mendax, ante tempora saecularia. Et Ebre. 11. Oportet accedentem credere, quod Deus sit, et in se sperantibus remunerator sit.⁹⁵

Itaque fides Christiana prorsus extinguitur, promissiones Dei et universum Euangelion penitus corruit, si doceamur et credimus, non esse nobis sciendam praescientiam Dei necessariam, necessitatemque faciendorum. Christianorum enim haec una et summa consolatio est in omnibus adversitatibus, nosse, quod Deus non mentitur, sed immutabiliter omnia facit, et voluntati eius neque resisti, neque eam mutari aut impediri posse. Tu nunc vide, Mi Erasme, quorsum nos tua illa abstinentissima, pacis amicissima Theologia ducat? Tu avocas et vetas nos eo niti, ut praescientiam Dei et necessitatem in rebus et hominibus disca-

---

⁹¹ Röm 1,21 f   ⁹² Röm 3,4.   ⁹³ Röm 9,6.   ⁹⁴ 2Tim 2,19.   ⁹⁵ Tit 1,2; Hebr 11,6.

zwar nicht weniger als die Kenntnis der Gottheit selbst. Diejenigen, die weise erscheinen wollten, sind durch ihre Disputationen dahin gekommen, dass sie mit verblendetem Herzen töricht wurden, Röm 1. Sie leugneten oder beschönigten das, was die Dichter, das gewöhnliche Volk und auch ihr eigenes Gewissen für ganz gewöhnlich, sicher und wahr hielten.

Darüber hinaus sage ich nicht nur, wie wahr diese Dinge sind, worüber weiter unten anhand der Schriften geredet werden wird; sondern ich sage auch, wie fromm, gottesfürchtig und notwendig es ist, dies zu wissen. Wenn man dies nämlich nicht kennt, dann können weder der Glaube noch irgendeine Verehrung Gottes bestehen bleiben. Denn das hieße in der Tat Gott nicht kennen, und bei solcher Unkenntnis kann das Heil nicht bestehen, wie bekannt ist. Wenn du nämlich zweifelst oder ablehnst zu wissen, dass Gott alles nicht zufällig, sondern notwendigerweise und unveränderlich vorherweiß und will – wie kannst du dann seinen Zusagen glauben, gewiss darauf vertrauen und dich darauf stützen? Wenn er nämlich zusagt, musst du gewiss sein, dass er zu erfüllen weiß, vermag und will, was er zusagt. Sonst wirst du ihn nicht für wahrhaftig, nicht für vertrauenswürdig halten, und das ist Unglaube, höchste Gottlosigkeit und Leugnung des höchsten Gottes. Aber wie wirst du gewiss und sicher sein, wenn du ihn nicht als einen solchen kennst, der gewiss und unfehlbar und unwandelbar und notwendigerweise weiß und will und tun wird, was er zusagt? Und wir müssen nicht nur gewiss sein, dass Gott notwendigerweise und unwandelbar will und handeln wird, sondern uns auch darin rühmen, wie Paulus Röm 3 sagt: „Es sei aber Gott wahrhaft, jeder Mensch lügnerisch" und wiederum: „Nicht dass ein Wort Gottes dahingefallen wäre". Und an anderer Stelle: „Das Fundament Gottes steht fest und hat dieses Siegel: Der Herr kennt die Seinen." Und Tit 1: „Was Gott, der nicht lügt, vor allen Zeiten zugesagt hat." Und Hebr 11: „Wer zu Gott kommen will, muss glauben, dass er ist und denen, die auf ihn hoffen, ein Vergelter."

Daher wäre der christliche Glaube vollständig dahin, die Zusagen Gottes und das gesamte Evangelium brächen gänzlich zusammen, wenn wir gelehrt würden und glaubten, wir müssten nicht das notwendige Vorherwissen Gottes kennen und die Notwendigkeit dessen, was geschehen soll. Denn eben darin besteht der einzige und höchste Trost der Christen: in allen Widrigkeiten zu wissen, dass Gott nicht lügt, sondern unveränderlich alles tut und seinem Willen weder widerstanden noch er verändert oder gehindert werden kann. Siehst du jetzt, mein Erasmus, wohin uns deine so überaus enthaltsame, so überaus in den Frieden verliebte Theologie führt? Du rätst uns ab und verbietest uns, uns darum zu bemühen, Gottes Vorherwissen und die Notwendigkeit

mus, sed consulis, talia relinquere, vitare et contemnere, Qua opera tua inconsulta simul nos doces, ut | ignorantiam Dei, quae sua sponte venit et agnata quoque est, quaeramus, fidem contemnamus, promissiones Dei deseramus, omnia solatia spiritus et certitudines conscientiae nihili faciamus, Qualia vix Epicurus ipse praescriberet, Deinde hoc non contentus, irreligiosum, curiosum, vanumque vocas,[96] qui talibus studuerit cognoscendis, religiosum vero, pium ac sobrium, qui contempserit, Quid his verbis igitur aliud struis, quam Christianos esse curiosos, vanos et irreligiosos? Christianismum esse rem prorsus nullius momenti, vanam et stultam ac plane impiam. Ita fit iterum, ut dum nos maxime | deterrere vis a temeritate, more stultorum in contrarium raptus, nihil doces, nisi summas temeritates, impietates, perditiones. Sentisne in hac parte libellum tuum esse adeo impium, blasphemum ac sacrilegum, ut nullum habeat uspiam similem?

Non de animo tuo dico, ut supra dixi, Neque enim sic perditum te existimo, quod haec velis docere aut fieri ex animo, Sed ut ostenderem tibi, quanta portenta cogatur imprudenter effutire, qui malam caussam susceperit agendam, Deinde quid sit, in divinas res et literas impingere, dum aliorum obsequio, personam sumimus, et invita conscientia alienae scenae servimus. Non est ludus neque iocus, sacras literas et pietatem docere, facillime enim hic contingit lapsus ille, de quo Iacobus dicit, Qui offendit in uno, fit omnium reus.[97] Ita fit enim, ut cum modicum videamur velle nugari, nec satis reverenter sacras literas habemus, mox impietatibus involuamur, blasphemiisque immergamur, sicut hic tibi contigit Erasme, Dominus ignoscat tibi et misereatur tui. Quod vero Sophistae in his rebus tot quaestionum examina pepererunt, et multa alia inutilia miscuerunt, qualia multa recenses,[98] scimus et confitemur tecum, acriusque insectati sumus et magis quam tu, Sed tu imprudenter et temere facis, qui puritatem sacrarum rerum misces, confundis, et assimilas cum prophanis et stultis quaestionibus impiorum. Conspurcarunt illi aurum et mutaverunt colorem bonum,[99] ut Ieremias ait, sed

---

[96] S. o. 248,3-5; Luther bezieht sich auf Erasmus I a 8; ErAS 4,12.   [97] Jak 2,10.   [98] Erasmus I a 9; ErAS 4,14   [99] Klgl 4,1.

bei Dingen und Menschen zu lernen. Dagegen rätst du uns, das zu lassen, zu vermeiden und zu verachten. Durch diese deine unüberlegte Mühe lehrst du uns zugleich, eine Unkenntnis Gottes anzustreben, die von selbst kommt und auch angeboren ist; [du lehrst uns,] den Glauben zu verachten, die Zusagen Gottes preiszugeben, allen Trost des Geistes und die Gewissheit des Gewissens zunichte zu machen. So etwas würde selbst Epikur kaum vorschreiben. Dann – damit noch nicht zufrieden – nennst du den, der sich um solches Wissen bemüht, unfromm, vorwitzig und eitel; den aber nennst du fromm, gottesfürchtig und besonnen, der es verachtet. Was erreichst du nun mit solchen Worten anderes, als dass Christen vorwitzig, eitel und unfromm sind? Als dass das Christentum eine Angelegenheit ohne jede Bedeutung, eitel, dumm und vollständig gottlos ist? Zum wiederholten Male passiert dir so Folgendes: Eigentlich willst du uns von Unbesonnenheit fernhalten; nach Art der Narren aber verfällst du gerade dann ins Gegenteil und lehrst nur höchste Unbesonnenheiten, Gottlosigkeiten und Verderbtheiten. Spürst du nicht, dass dein Büchlein an dieser Stelle so gottlos, blasphemisch und gotteslästerlich ist, dass es nirgendwo ein vergleichbares hat?

Nicht über deine Gesinnung spreche ich, wie ich schon oben sagte. Denn für so verdorben halte ich dich nicht, dass du dies von Herzen lehren oder geschehen lassen willst. Sondern ich will dir zeigen, wie große Gräuel unklug herauszuplappern der gezwungen wird, der einen üblen Auftrag zu vertreten übernommen hat. Und dann ist meine Absicht, dir zu zeigen, was es heißt, auf göttliche Dinge und die Schrift einzuschlagen, indem wir anderen zum Gefallen eine Rolle übernehmen und gegen unser Gewissen einem fremden Schauspiel dienen. Es ist kein Spiel und kein Scherz, die Heilige Schrift und die Gottesfurcht zu lehren. Sehr leicht nämlich widerfährt einem jener Fall, von dem Jakobus spricht: „Wer an einer Stelle anstößt, wird aller Dinge angeklagt." Denn wenn wir auch nur auf scheinbar maßvolle Weise plänkeln wollen und die Heilige Schrift nicht ausreichend ehrfurchtsvoll behandeln, geschieht es leicht, dass wir uns in Gottlosigkeiten verwickeln und in Gotteslästerungen verstricken. So wie es dir hier geschehen ist, Erasmus – Gott möge dir verzeihen und sich deiner erbarmen. Dass aber die Sophisten in diesen Angelegenheiten so viele Haufen von Fragen geboren und vieles andere Unnütze hineingemischt haben, wie du mehrfach erwähnst, wissen und bekennen wir mit dir, und wir sind noch schärfer und mehr dagegen angegangen als du. Aber du stellst es unklug und leichtfertig an, der du die Reinheit der heiligen Dinge vermischst, zusammengießt und für ähnlich erklärst mit den profanen und törichten Fragen der Gottlosen. „Jene haben das Gold besudelt und seine gute Farbe verwandelt", wie Jeremia sagt; aber Gold ist nicht mit Mist zu

non simul aurum cum stercore comparandum et abiiciendum est, ut tu facis, Vindicandum aurum ab illis et secernenda pura scriptura ab illorum fecibus et sordibus, id quod mei semper fuit studii, ut alio loco haberentur divinae literae, alio illorum nugae. Nec nos movere debet, quod nihil istis quaestionibus profectum sit, nisi quod magno concordiae dispendio minus amamus dum plus satis volumus sapere,[100] Nobis non est quaestio, quid Sophistae quaestionarii profecerint, sed quomodo nos boni et Christiani fiamus, nec debes doctrinae Christianae imputare, quod impii male agunt, Ea enim nihil sunt ad propositum, et poteras alio loco dicere et papyro parcere.

Tertio capite, pergis nos modestos et quietos illos Epicuros reddere, alio genere consilii, nec sanioris, quam sunt praedicta duo. Videlicet, quod | quaedam eius generis sunt, ut etiam si vera essent et sciri possent,[101] non tamen expediret ea prostituere promiscuis auribus. Et hic iterum confundis et misces omnia, more tuo, ut prophanis aeques sacra, nullo prorsus discrimine, Iterum lapsus in scripturae et Dei contemptum et iniuriam. Dixi superius,[102] Ea quae sacris literis aut traduntur aut probantur, esse non modo aperta, sed et salutaria, ideo tuto | invulgari, disci et sciri posse imo debere, ut falsum sit, quod dicis, non esse prostituenda promiscuis auribus, si de iis, quae in scriptura sunt, dicis, Nam de aliis si dixeris, nihil ad nos, nec in loco dixeris, sed verbis chartas et tempora perdis. Deinde nosti, mihi cum Sophistis nulla in re convenire, ut merito mihi parceres, nec eorum abusus mihi obiiceres, Contra me enim in libro isto tibi dicendum erat, Scio, quid peccent Sophistae, nec te magistro opus habeo, et satis sunt a me repraehensi, Hoc semel dictum velim ac repetitum, quoties me Sophistis misces, et causam meam illorum insania gravas, Inique enim facis, quod optime nosti.

Iam videamus rationes consilii tui, Deum esse secundum naturam in antro scarabei vel etiam cloaca (quod tu vereris dicere, et arguis Sophistas ita garrire) non minus quam in coelo, etiam si verum esset, putas tamen irrationabiliter disputari apud multitudinem. Primum, garriant qui garriant, | nos non de facto hominum hic disputamus, sed

---

[100] Erasmus I a 9; ErAS 4,14.   [101] Erasmus I a 9; ErAS 4,14.   [102] S. o. 234,19–236,11.

vergleichen und zu verwerfen, wie du es tust. Gold ist davon freizuhalten und die reine Schrift von ihrem [sc. der Gottlosen] Kot und Schmutz. Dies ist immer meine Bemühung gewesen, dass die göttlichen Schriften an einem Ort behandelt werden, an einem anderen das lose Geschwätz
5 jener. Und es darf keinen Eindruck auf uns machen, dass durch solcherlei Fragen nichts vorangebracht ist, als dass wir nur mit großem Schaden für die Eintracht weniger lieben, während wir zu viel wissen wollen. Es interessiert uns nicht, wie weit die Sophisten in ihrer Fragerei vorwärts gekommen sind, sondern wie wir gut und Christen werden;
10 und du darfst es nicht der christlichen Lehre zuschreiben, was die Gottlosen Übles treiben. Das hat auch nichts mit dem Thema zu tun, und du konntest das an anderer Stelle sagen und Papier sparen.

Im dritten Abschnitt fährst du fort, uns zu jenen anspruchslosen und bedächtigen Epikureern zu machen mit einer anderen Art Rat-
15 schlag, der nicht vernünftiger ist als die beiden zuvor genannten. Nämlich, dass es gewisse Dinge gebe, die derart sind, dass es nicht zuträglich ist, sie, auch wenn sie wahr sind und man sie wissen kann, jedermanns Ohren preiszugeben. Hier vermengst und vermischst du wieder alles, wie es bei dir üblich ist, und machst Heiliges mit Profanem gleich, ohne
20 jeden Unterschied. Wiederum bist du der Verachtung der Schrift und Gottes und ihrer Schädigung verfallen. Weiter oben habe ich gesagt, es sei das, was in den Heiligen Schriften überliefert oder dargelegt wird, nicht nur offensichtlich, sondern auch heilsam, daher könne, ja müsse es ohne Gefahr unters Volk gebracht, gelernt und gewusst werden. Es ist
25 daher falsch, was du sagst: es sei nicht jedermanns Ohren preiszugeben. Vorausgesetzt, du sprichst über das, was in der Schrift steht. Wenn du über anderes gesprochen hast, geht uns das nichts an und du hättest nicht zur Sache geredet, sondern mit Worten Papier und Zeit verschwendet. Weiter weißt du, dass ich mit den Sophisten nirgends über-
30 einstimme. Also solltest du mich verdientermaßen schonen und mir nicht deren Missbräuche vorwerfen. Gegen mich nämlich musstest du in diesem Buch schreiben. Ich weiß, worin die Sophisten fehlen, und habe dich nicht als Lehrer nötig: Sie sind von mir genug getadelt worden. Dies will ich einmal gesagt und wiederholt haben, sooft du mich
35 mit den Sophisten in einen Topf wirfst und meine Sache mit deren Unsinn beschwerst. Denn daran tust du unrecht, was du sehr gut weißt.

Nun wollen wir die Gründe für deinen Ratschlag betrachten. Gott sei von Natur aus in der Höhle des Mistkäfers oder auch in der Kloake – das scheust du dich zu sagen und beschuldigst die Sophisten, so zu
40 schwatzen – nicht weniger als im Himmel anzutreffen. Auch wenn das wahr wäre, glaubst du dennoch, es sei unvernünftig, dies vor der Menge zu diskutieren. Zunächst: Sollen schwatzen, die schwatzen, wir disku-

de iure et lege,[103] non ut vivamus, sed ut vivere debeamus, Quis nostrum ubique recte vivit et agit? At ideo ius et doctrina non damnatur, sed nos potius damnat. Sed tu ista peregrina longe petis, et undique corradis multa, quod te male habet unus ille locus, de praescientia Dei, quem cum nulla ratione potes vincere, multiloquio inani lectorem interim fatigare conaris. Sed eant illa, Ad rem redeamus. Quorsum igitur hoc tendit, ut quaedam non vulganda censeas? An caussam liberi arbitrii inter ea numeras? Tum redibit contra te, totum quod supra dixi de necessitate discendi liberi arbitrii,[104] Deinde, cur tu ipse te non sequeris et omittis diatriben tuam? Si bene facis liberum arbitrium tractando, cur vituperas? si malum est, cur facis? Si vero non inter ea numeras, iterum causae statum interim fugis, et non in loco verbosus Orator aliena tractas.

Nec tamen recte hoc exemplum tractas, et inutiliter disputari coram multitudine damnas illud, Deum esse in antro vel cloaca, Nimis enim humana cogitas de Deo. Fateor quidem, esse quosdam leves concionatores, qui nulla religione aut pietate, sed vel cupiditate gloriae, aut studio novitatis alicuius, | aut impatientia silentii levissime garriunt ac nugantur, At ii non placent, neque Deo, neque hominibus, etiam si Deum asserant esse in coelo coelorum. Verum ubi graves et pii concionatores sint, qui modestis, puris et sanis verbis docent, illi sine periculo, imo magno fructu tale coram multitudine dicunt. Nonne oportet nos omnes docere, filium Dei fuisse in utero virginis et natum ex ventre? At quantum distat venter humanus ab alio quovis immundo loco? Et quis non faede ac turpiter posset illum definire? At illos merito damnamus, cum abundent verba pura, quibus eam necessitatem etiam cum decore et gratia dicimus. Item Christi ipsius corpus fuit humanum sicut nostrum, Quo quid | faedius? Num ideo non dicemus Deum habitasse corporaliter in eo,[105] quod Paulus dixit? Quid faedius morte? Quid horribilius inferno? At Propheta Deum esse secum in morte et in inferno sibi adesse,[106] gloriatur.

---

[103] Erasmus I a 9; ErAS 4,14/16.   [104] S. o. 238,31–248,11.   [105] Kol 2,9.   [106] Ps 139/Vg 138,8.

tieren hier nicht über die Tat der Menschen, sondern über Recht und
Gesetz, nicht darüber, wie wir leben, sondern wie wir leben sollen. Wer
von uns lebt und handelt überall richtig? Aber deshalb werden nicht
Recht und Lehre verdammt, vielmehr verdammen sie uns. Aber du
5 suchst dieses fremdartige von weither und kratzt vieles von allen Seiten
zusammen. Weil dich dieser eine Punkt über das Vorherwissen Gottes
stört, den du mit keinem Vernunftgrund bändigen kannst, versuchst
du unterdessen mit hohler Schwatzhaftigkeit den Leser zu ermüden.
Aber lassen wir das, kommen wir wieder zur Sache. Was für einen Zweck
10 hat das, dass du Bestimmtes als für die öffentliche Verbreitung nicht
geeignet beurteilst? Ob du das Thema des freien Willensvermögens darunter zählst? Dann wird sich alles gegen dich wenden, was ich oben
über die Notwendigkeit gesagt habe, das freie Willensvermögen zu verstehen. Weiter: Warum folgst du nicht dir selbst und lässt deine ‚Diatri-
15 be' fallen? Wenn du es für gut hältst, das freie Willensvermögen zu
behandeln, warum tadelst du es? Wenn für schlecht, warum tust du es?
Wenn du es aber nicht darunter zählst, dann verlässt du wiederum den
eigentlichen Fall und behandelst als wortreicher Redner Unpassendes
am unrechten Ort.

20   Doch auch dieses Beispiel behandelst du nicht richtig und verdammst als unnütz, vor der Menge darüber zu diskutieren, Gott sei in
einer Höhle oder einer Kloake. Du denkst nämlich zu Menschliches von
Gott. Ich gestehe zwar, dass es gewisse leichtfertige Prediger gibt, die
nicht aus Frömmigkeit und Gottesfurcht, sondern aus Ruhmsucht
25 oder aus Eifer für irgendeine Neuerung oder einfach, weil sie die Stille
nicht ertragen können, ausgesprochen leichtfertig daherplappern und
schwatzen. Aber diese finden keinen Gefallen, weder bei Gott noch bei
den Menschen, auch wenn sie behaupten, Gott sei im Himmel der Himmel. Ernste und gottesfürchtige Prediger hingegen, die mit besonnenen,
30 reinen und heilsamen Worten lehren, sagen solches ohne Gefahr, ja
sogar mit großem Gewinn vor der Menge. Müssen wir denn nicht alle
lehren, dass der Sohn Gottes im Schoß der Jungfrau gewesen und aus
dem Leib geboren ist? Aber wie weit unterscheidet sich der menschliche
Leib von irgendeinem anderen schmutzigen Ort? Und wer könnte den
35 nicht als hässlich und schimpflich definieren? Aber jene verdammen wir
mit Recht, weil reine Worte reichlich vorhanden sind, mit denen wir
diese notwendige Sache auch mit Zierde und Anmut zum Ausdruck
bringen. Ebenso war Christi eigener Körper menschlich wie unserer.
Was ist hässlicher als dieser? Sollen wir deshalb nicht sagen, Gott habe
40 körperlich in diesem gewohnt, was Paulus gesagt hat? Was ist hässlicher
als der Tod? Was schrecklicher als die Hölle? Aber der Prophet rühmt
sich, Gott sei mit ihm im Tod und sei bei ihm in der Hölle.

Igitur Pius animus non exhorret audire, Deum esse in morte, vel in inferno, quorum utrunque horribilius ac faedius est, antro vel cloaca, imo cum scriptura testetur Deum esse ubique, et replere omnia,[107] non solum dicit eum esse in locis illis, verum necessario discet et noscet eum ibi esse, Nisi forte, si qua per tyrannum captus in carcerem aut in cloacam proiicerer, quod multis sanctis contigit, non mihi licebit, Deum ibi invocare, vel credere mihi adesse, donec venero in templum aliquod ornatum. Si ita nugandum de Deo nos docueris, et locis essentiae eius offenderis, nec in coelo eum nobis residere tandem permittes, neque enim coeli coelorum eum capiunt,[108] neque digni sunt, Verum ut dixi, more tuo, sic odiose pungis, ut causam nostram graves et exosam reddas, quod videres eam tibi insuperabilem et inuictam. Alterum exemplum, tres esse Deos, fateor esse offendiculo, si doceatur, nec est verum nec scriptura docet, Sed Sophistae sic loquuntur, et novam Dialecticam finxerunt,[109] Verum haec quid ad nos?

Reliquum de confessione et satisfactione, mirum est, quam foelici pru ldentia causeris, et ubique, sicut soles, super aristas graderis,[110] ne videare nec nostra simpliciter damnare, nec Pontificum tyrannidem offendere, id quod tibi minime tutum est, Itaque sepositis interim Deo et conscientia (Quid enim ad Erasmum, quid ille in his rebus velit, et quid huic expediat) in larvam externam ruis, et vulgus accusas, quod praedicatione liberae confessionis et satisfactionis, pro sua malicia abutitur in libertatem carnis,[111] Necessitate vero confitendi (ut dicis) utcunque cohibetur,[112] O praeclara et egregia ratio. Hoccine est Theologiam docere? Animas ligare legibus[113] et (ut Ezechiel dicit) mortificare,[114] quae ligatae non sunt a Deo? Scilicet hac ratione nobis suscitas universam tyrannidem Pontificiarum legum, tanquam utilem et salutarem, quia et illis quoque cohibetur vulgi malicia, Sed nolo invehi, quemadmodum meretur hic locus, Rem breviter dicam, Bonus Theologus sic docet, Vulgus coercendum est externa vi gladii, ubi male egerit, sicut Paulus docet Roma. 13.[115] non autem conscientiae eorum falsibus legibus irretiendae sunt, ut peccatis divexentur, ubi peccata non esse Deus

---

[107] Jer 23,24. [108] 1Kön 8,27. [109] Erasmus I a 9; ErAS 4,16. [110] Hieronymus: Epistulae 82,5. [111] Gal 5,13. [112] Erasmus I a 9; ErAS 4,16. [113] Röm 7,2. [114] Ez 13,18 f. [115] Röm 13.

Also schreckt ein gottesfürchtiges Herz nicht davor zurück zu hören, dass Gott im Tod sei oder in der Hölle; beides ist schrecklicher und hässlicher als ‚in einer Höhle' oder ‚in einer Kloake'. Mehr noch: Wenn die Schrift bezeugt, Gott sei überall und erfülle alles, dann sagt sie nicht nur, er sei an jenen Orten. Sondern notwendigerweise wird man lernen und wissen, er sei dort. Oder es müsste mir nicht erlaubt sein, wenn ich im Falle der Gefangennahme durch einen Tyrannen in einen Kerker oder eine Kloake geworfen würde – was vielen Heiligen passiert ist –, Gott dort anzurufen, oder ich müsste glauben, er sei erst dann bei mir, wenn ich in irgendeinen geschmückten Tempel komme. Wenn du uns lehrst, so sei von Gott zu schwatzen, und wenn du an den Orten seiner Gegenwart Anstoß nimmst, dann wirst du uns schließlich auch nicht gestatten, dass er im Himmel thront. Denn auch die höchsten Himmel fassen ihn nicht und sind nicht würdig. Aber wie ich sagte, deiner Gewohnheit gemäß stichelst du so gehässig, um unsere Sache zu beschweren und hassenswert zu machen. Denn du siehst, wie unüberwindlich und unbesiegbar sie dir ist. Von dem anderen Beispiel, es gebe drei Götter, bekenne ich, es könnte anstößig sein, wenn es gelehrt würde, denn weder ist es wahr noch lehrt es die Schrift. Aber die Sophisten sprechen so und sie haben eine neue Dialektik erfunden. Aber was geht uns das an?

Bleibt das über die Beichte und die Genugtuung [Gesagte] übrig. Es ist wunderbar, wie du mit glücklicher Klugheit den Fall vorbringst und, wie üblich, auf Eiern wandelst, um nicht den Anschein zu erwecken, unsere Lehren einfach zu verurteilen oder die Tyrannei der Päpste anzugreifen, was für dich am gefährlichsten ist. So stellst du einstweilen Gott und das Gewissen hintan (was nämlich geht es Erasmus an, was der in diesen Dingen will und was diesem zuträglich ist), stürzt dich auf eine äußere Maske und klagst das gewöhnliche Volk an, dass es die Predigt von der freien Beichte und der Genugtuung nach seiner Bosheit missbrauche zur Freiheit des Fleisches. Durch die Notwendigkeit zu beichten werde dies, wie du sagst, immerhin verhindert. O herrliche und ausgezeichnete Beweisführung! Heißt das etwa, Theologie zu lehren? Die Seelen mit Gesetzen zu binden und, wie Ezechiel sagt, zu töten, die von Gott nicht gebunden sind? Mit dieser Beweisführung nämlich richtest du uns die gesamte päpstliche Tyrannei der Gesetze wieder auf. So als wäre sie nützlich und heilsam, weil durch jene auch die Bosheit des gewöhnlichen Volkes im Zaume gehalten würde. Aber ich will nicht angreifen, wie es diese Stelle verdiente, ich will mich kurz fassen. Ein guter Theologe lehrt folgendermaßen: Das gewöhnliche Volk muss gebändigt werden durch die äußere Gewalt des Schwertes, wenn es übel handelt, wie Paulus Röm 13 lehrt. Ihre Gewissen dürfen aber nicht in falsche Gesetze verstrickt werden, so dass

voluit, Solius enim Dei praecepto conscientiae ligantur,[116] ut media illa tyrannis Pontificum, quae falso terret et occidit animas intus, et foris frustra fatigat corpus, e medio prorsus tollatur, Quia et si foris cogit ad confessionem aliaque onera, tamen per haec animus non cohibetur, sed magis exasperatur ad odium Dei et hominum, et frustra in externis excarnificat corpus, facitque meros hypocritas, ita ut legum eiusmodi tyranni aliud non sint, quam lupi rapaces,[117] fures et latrones[118] animarum, Et hos tu bonus animarum consul, nobis commendas rursus, hoc est, auctores crudelissimorum animicidarum, ut mundum hypocritis, Deum blasphemantibus et contemnentibus in corde repleant, ut foris in modico coerceantur, quasi alius modus coercendi non sit, qui nullos hypocritas facit, et sine conscientiarum perditione fit, ut dixi.|

Hic allegas similitudines, quibus vis abundare et aptissime uti videri, Esse scilicet morbos, qui minore malo tolerentur, quam tollantur, ut lepra etc.,[119] Item addis exemplum Pauli, qui discreverit inter ea quae licent et quae expediunt,[120] Licet (inquis) verum dicere, verum non onpedit, apud quosuis, nec quolibet tempore, nec quovis modo.[121] Quam copiosus Orator, nihil tamen intelligens quid loquaris, In summa, sic agis causam hanc, quasi res tibi mecum esset, de periculo pecuniae reperabilis, aut alterius cuiuspiam rei levissimae, cuius dispendio, tanquam longe vilioris, quam sit externa illa pax, non debeat ullus adeo moveri, quin caedat, faciat, patiatur, pro loco, ne sic tumultuari necesse sit mundum. Plane igitur significas, pacem istam et tranquillitatem carnis tibi longe praestantiorem videri quam fidem, quam conscientiam, quam salutem, quam verbum Dei, quam gloriam Christi, quam Deum ipsum.[122] Ideo dico tibi, atque hoc sensibus imis reponas oro, Mihi rem seriam et necessariam, aeternamque in hac causa peti, talem ac tantam, ut eam assertam et defensam oporteat per mortem quoque, etiam si mundus totus non solum conflictari et tumultuari debeat, verum etiam in unum cahos ruere et in nihilum redigi. Haec| si tu non capis vel non afficeris, tuam rem age, et sine illos capere et affici, quibus Deus dedit.

---

[116] Spr 3,1. [117] Mt 7,15. [118] Joh 10,8. [119] Erasmus I a 9; ErAS 4,16. [120] 1Kor 6,12; 10,23. [121] Erasmus I a 9; ErAS 4,16. [122] Luther bezieht sich auf Erasmus I a 9; ErAS 4,14.

sie von Sünden geplagt werden, wo Gott gar keine Sünden hatte haben wollen. Denn die Gewissen werden allein durch das Gebot Gottes gebunden. Jene sich dazwischendrängende Tyrannei der Päpste, die fälschlich Schrecken verbreitet, die Seelen inwendig tötet und äußerlich vergeblich den Körper ermüdet, muss gänzlich aus dieser Stellung entfernt werden. Denn wenn sie äußerlich zur Beichte und anderen Belastungen zwingt, wird doch das Herz trotzdem nicht gebändigt. Vielmehr wird es eher erbittert zum Hass gegen Gott und Menschen. Vergeblich martert sie den Körper äußerlich zu Tode und schafft reine Heuchler, so dass die Tyrannen solcher Gesetze nichts anderes sind als reißende Wölfe, Diebe und Seelenräuber. Und diese anempfiehlst du, guter Seelsorger, uns wiederum, das heißt, die Meister schlimmster Seelenmorde, so dass sie die Welt mit Heuchlern, die Gott lästern und im Herzen verachten, anfüllen, genau, wie sie öffentlich im Zaume gehalten werden. Als ob es kein anderes Mittel der Zucht gäbe, das keine Heuchler macht und ohne Verderbung der Gewissen geschieht, wie ich gesagt habe.

Hier führst du Vergleiche an, und du willst als jemand erscheinen, der sie im Überfluss hat und sehr geschickt gebraucht. Es gebe nämlich Krankheiten, die zu ertragen ein geringeres Übel ist als sie zu beseitigen, wie Aussatz etc. Weiter fügst du das Beispiel des Paulus hinzu, der unterschieden hat zwischen dem, was erlaubt ist, und dem, was nützt. Es sei, so sagst du, erlaubt, Wahres zu sagen, aber es nütze nicht bei allen, nicht zu jeder Zeit und nicht auf jede Weise. Welch wortreicher Redner, der dennoch nichts von dem versteht, was er spricht! Kurzum, du behandelst diese Sache so, als ob es dir in der Auseinandersetzung mit mir um eine Klage um gefundenes Geld ginge oder um irgendeine andere ganz bedeutungslose Sache. Durch deren Verlust – weitaus wertloser als der äußere Friede – dürfte auch nicht irgendeiner so bewegt werden, dass er nicht je nach Gelegenheit nachgebe, handle und erdulde. Die Welt soll schließlich nicht unnötig in Unruhe versetzt werden. Damit zeigst du offen an, dass du diesen Frieden und die Ruhe des Fleisches wohl als weit wichtiger einstufst als den Glauben, als das Gewissen, als das Heil, als das Wort Gottes, als die Ehre Christi, als Gott selbst. Daher sage ich dir – und ich bitte dich, dir dies ganz tief ins Bewusstsein dringen zu lassen! –: Mir geht es um eine ernste, notwendige und ewige Sache. Die ist so beschaffen und so bedeutend, dass sie auch durch den Tod hindurch als Wahrheit bezeugt und verteidigt werden muss, auch wenn die ganze Welt nicht nur bedrängt und in Unruhe versetzt werden muss, sondern darüber hinaus in ein einziges Chaos stürzte und zunichte würde. Wenn du das nicht verstehst oder davon nicht berührt bist, mach deine Sache und lass es jene begreifen und sich davon berühren, denen es Gott gegeben hat.

Neque enim ego, Dei gratia, tam stultus et insanus sum, qui ob pecuniam quam nec habeo nec cupio, aut ob gloriam, quam si vellem, non possem in mundo sic mihi infenso, obtinere, aut ob vitam corporis, quae nullo momento mihi certa esse potest, tanto animo, tanta constantia, quam tu pervicatiam vocas, per tot pericula vitae, per tot odia, per tot insidias, breviter, per furias hominum et daemonum, hanc causam tam diu agere et sustinere vellem. An tibi soli putas esse cor, quod istis tumultibus commovetur? Nec nos saxei sumus, aut ex Marpesiis[123] cautibus nati, Sed quando aliter fieri non potest praeeligimus temporali tumultu collidi, hilares in gratia Dei, ob verbum Dei, invicto et incorruptibili animo asserendum, quam aeterno tumultu, sub ira Dei, cruciatu intolerabili conteri, Christus I faxit, ut animus tuus talis non sit, sicut opto et spero, certe verba tua sic sonant, quasi cum Epicuro fabulas esse putas, verbum Dei et futuram vitam, dum magisterio tuo nobis auctor esse vis, ut gratia Pontificum et Principum vel pacis huius, certissimum verbum Dei pro loco intermittamus et caedamus, quo intermisso, Deum, fidem, salutem et omnia Christiana intermittimus, quanto rectius Christus nos monet, ut potius totum mundum contemnamus.[124]

Tu dicis vero talia, quod non legis vel non observas, hanc esse fortunam constantissimam verbi Dei, ut ob ipsum mundus tumultuetur, Idque palam asserit Christus, Non veni (inquit) pacem mittere, sed gladium,[125] Et in Luca, Ignem veni mittere in terram. Et Paulus. l. Corinth. 6. In seditionibus etc. Et Propheta Psalmo secundo idem copiose testatur, asserens tumultuari gentes, fremere populos, insurgere reges, conspirare Principes adversus dominum et adversus Christum eius,[126] quasi dicat, multitudo, altitudo, opes, potentia, sapientia, iustitia et quicquid est sublime in mundo, sese opponit verbo Dei. Vide in Actis Apostolorum, quid accidat in mundo, ob unius Pauli (ut alios Apostolos taceam) verbum, quam unus ille et gentes et Iudaeos commovet, seu ut ibidem ipsimet hostes dicunt, totum orbem conturbat.[127] Sub Elia turbatur regnum Israel, ut rex Ahab queritur,[128] Quantus tumultus fuit

---

[123] Marpesische Klippen aus Parischem Marmor (Kykladeninsel Paros) als Bild für besondere Standfestigkeit; vgl. Vergil: Aeneis 6,471. [124] Mt 16,26. [125] Mt 10,34. [126] Lk 12,49; 1Kor 6,4 f.; Ps 2,2. [127] Apg 14,4 f.; 17,6; 24,5. [128] 1Kön 18,17.

Denn auch ich bin, Gott sei Dank, nicht dumm und verrückt, dass ich wegen Geld, das ich nicht habe und nicht begehre, oder wegen Ehre, die ich, selbst wenn ich sie wollte, in einer gegen mich so ankämpfenden Welt nicht erlangen könnte, oder wegen des physischen Lebens, das
5 mir in keinem Moment sicher sein kann, mit so großem Mut, so großer Ausdauer – die du ‚Starrsinn' nennst –, bei solcher Lebensgefahr, solchem Hass, solchen Nachstellungen, kurz: bei den Rasereien der Menschen und Dämonen diese Sache so lange behandeln und aufrecht erhalten wollen. Oder glaubst du, du allein habest ein Herz, das durch
10 solche Unruhen in Bewegung versetzt wird? Auch wir sind nicht aus Stein oder aus den Marpesischen Felsen geboren. Aber wenn es nicht anders geht, ziehen wir vor, durch einen zeitlichen Aufruhr zerdrückt zu werden, fröhlich in der Gnade Gottes, wegen des Wortes Gottes, das mit unüberwindlichem und unzerstörbarem Mut als Wahrheit be-
15 zeugt werden muss. Das ist besser, als in einem ewigen Aufruhr unter dem Zorn Gottes von unerträglicher Folter aufgerieben zu werden. Christus möge dafür sorgen, wie ich wünsche und hoffe, dass dein Geist nicht so beschaffen ist. Deine Worte klingen wahrlich so, als ob du mit Epikur das Wort Gottes und das zukünftige Leben für Fabeln hältst.
20 Denn durch deine Lehre willst du uns anstiften, um der Päpste oder Fürsten oder dieses Friedens willen das ganz gewisse Wort Gottes je nach Umstand auf- und ihnen nachzugeben. Wenn wir das Wort aufgegeben haben, geben wir Gott, den Glauben, das Heil und alles Christliche auf. Um wie viel richtiger ermahnt Christus uns, dass wir lieber
25 die ganze Welt verachten sollen.

Du sagst aber so etwas, weil du nicht liest oder beachtest, dass es das beständigste Schicksal des Wortes Gottes ist, dass seinetwegen die Welt in Aufruhr gerät. Das bezeugt Christus offen als Wahrheit: „Ich bin", sagt er, „nicht gekommen, Frieden zu bringen, sondern das Schwert".
30 Und bei Lukas: „Ich bin gekommen, ein Feuer zu schicken auf die Erde." Und Paulus 1Kor 6: „Unter Aufruhr" etc. Und der Prophet im 2. Psalm bezeugt dasselbe reichlich, wenn er als Wahrheit bezeugt, die Heiden geraten in Aufruhr, Völker murren, Könige erheben sich, Fürsten verschwören sich gegen den Herrn und gegen seinen Gesalbten. Das ist
35 genauso, als sagte er: Menge, Größe, Reichtum, Macht, Weisheit, Gerechtigkeit und was immer etwas gilt in der Welt widersetzen sich dem Wort Gottes. Sich in der Apostelgeschichte, was in der Welt geschieht schon allein wegen des Wortes des Paulus (um von den anderen Aposteln zu schweigen), wie jener eine schon Heiden und Juden bewegt
40 oder, wie die Feinde selbst ebenda sagen, die ganze Welt verwirrt. Unter Elia wird das Reich Israel in Aufruhr versetzt, wie König Ahab beklagt. Wie groß ist der Aufruhr unter anderen Propheten gewesen, während

sub aliis Prophetis? dum omnes occiduntur vel lapidantur,[129] dum Israel ducitur captivus in Assyrios, item dum Iuda in Babylonem,[130] Haeccine pax fuit? Mundus et Deus eius, verbum Dei veri ferre non potest, nec vult, Deus verus tacere nec vult nec potest, quid iam illis duobus Diis bellantibus, nisi tumultus fieret in toto mundo?

Hos igitur tumultus velle sedare, aliud nihil est, quam velle verbum Dei tollere et prohibere. Sermo enim Dei venit mutaturus et innovaturus orbem, quoties l venit. At etiam gentiles scriptores testantur, mutationes rerum, sine motu et tumultu, imo sine sanguine fieri non posse. Christianorum iam est, haec praesenti animo expectare et ferre, sicut Christus dicit, Cum audieritis praelia et rumores praeliorum, nolite terreri, oportet primum haec fieri, sed nondum statim finis.[131] Et ego, nisi istos tumultus viderem, verbum Dei in mundo non esse dicerem, Nunc cum videam, gaudeo ex animo et contemno, certissimus, quod Papae regnum cum suis adhaerentibus ruiturum sit, nam hoc invasit potissimum sermo Dei, qui nunc currit. Video sane te, Mi Erasme, in multis libris queri de istis tumultibus de amissa pace et concordia, Deinde multa conaris, ut medearis, bono (ut equidem credo) animo, sed ridet medicas tuas ista podagra manus, hic enim vere, quod dicis, contra fluvium navigas,[132] imo stipula incendium restinguis.[133] Desine queri, desine mederi, tumultus ille divinitus et ortus est et geritur, non desiturus, donec ut lutum platearum[134] reddat omnes adversarios verbi, Quamquam dolendum l est, ut opus sit te tantum Theologum, ista moneri quasi discipulum, qui aliorum magister esse debueras.[135]

Huc igitur tua pertinet gnome satis pulchra, morbos quosdam minore malo tolerari quam tolli, qua tu non uteris apposite, Morbos tolerabiles minore malo, dicito, tumultus istos, motus, turbationes, seditiones, sectas, discordias, bella et siqua talia sunt, quibus propter verbum Dei totus concutitur et colliditur orbis, haec inquam minore malo, cum sint temporalia, tolerantur,[136] quam veteres et mali mores, quibus necesse est omnes animas perire, nisi verbo Dei mutarentur, quo sublato, aeterna bona, Deus, Christus, spiritus tollerentur. Quanto vero

---

[129] Mt 23,31.37; 1Thess 2,15. [130] 2Kön 17,23; 24,14 f. [131] Mt 24,6. [132] Erasmus I a 2; ErAS 4,4. [133] Vgl. etwa Wander 4,917 (Nr. 87). [134] 2Sam 22,43; Ps 18/Vg 17,43.
[135] Hebr 5,12. [136] S. o. 266,13-32; vgl. Erasmus I a 9; ErAS 4,16.

alle getötet oder gesteinigt wurden, während Israel gefangen nach Assyrien geführt wurde, ebenso Juda nach Babylon. Ist das etwa Friede gewesen? Die Welt und ihr Gott können das Wort des wahren Gottes nicht ertragen, und sie wollen es auch nicht; der wahre Gott will und kann
5 nicht schweigen – was sollte, wo schon jene beiden Götter miteinander kämpfen, in der ganzen Welt anderes geschehen als Aufruhr?

Diesen Aufruhr also beschwichtigen zu wollen ist nichts anderes, als das Wort Gottes beseitigen und verbieten zu wollen. Denn das Reden Gottes kommt, sooft es kommt, als eines, das die Welt verändert
10 und erneuert. Aber auch die heidnischen Schriftsteller bezeugen, dass Veränderungen der Dinge nicht ohne Bewegung und Aufruhr, ja auch nicht ohne Blutvergießen geschehen können. Es ist nun Sache der Christen, dies geistesgegenwärtig zu erwarten und zu ertragen, wie Christus sagt: „Wenn ihr hören werdet Krieg und Kriegsgeschrei, er-
15 schreckt nicht, dies muss zuerst geschehen, aber es ist noch nicht sofort das Ende." Und wenn ich nicht solchen Aufruhr sähe, würde ich sagen, das Wort Gottes sei nicht in der Welt. Jetzt, da ich ihn sehe, freue ich mich von Herzen und verachte den Papst, ganz gewiss, dass sein Reich mit seinen Anhängern zusammenbrechen wird. Denn dies greift das
20 Wort Gottes, das jetzt läuft, am meisten an. Ich sehe freilich, dass du, mein Erasmus, in vielen Büchern über diesen Aufruhr klagst, über den Verlust von Frieden und Eintracht. Weiter versuchst du vieles, um Linderung zu schaffen, in guter Absicht (wie ich jedenfalls meine); aber diese Gichtkrankheit lacht über deine heilenden Hände. Hier nämlich
25 schwimmst du mit dem, was du sagst, wahrlich gegen den Strom, ja, mit Stroh löschst du ein Feuer. Hör auf zu klagen, hör auf zu heilen! Jener Aufruhr ist von Gott ausgegangen und geführt, und er wird nicht aufhören, bis er alle Gegner des Wortes zu Kot auf der Straße gemacht hat. Allerdings ist es schmerzlich, dich, einen so großen Theologen, wie
30 einen Schüler ermahnen zu müssen, der du Lehrer für andere sein solltest.

Darauf also richtet sich dein recht schöner Sinnspruch, dass gewisse Krankheiten mit geringerem Schaden ertragen als aufgehoben werden; den gebrauchst du nicht angemessen. Mit geringerem Schaden
35 erträgliche Krankheiten, solltest du sagen, seien dieser Aufruhr, diese Bewegungen, Verwirrungen, Aufstände, Spaltungen, Zwietracht, Kriege und was sonst Derartiges, mit denen wegen des Wortes Gottes der ganze Erdkreis erschüttert und zerschmettert wird. Das wird, sage ich, mit geringerem Schaden ertragen, weil es sich um zeitliche Güter han-
40 delt, als die alten und bösen Sitten, durch die notwendigerweise alle Seelen zugrunde gehen, wenn sie nicht durch das Wort Gottes gewandelt werden. Wenn das beseitigt würde, würden die ewigen Güter, Gott,

praestat, mundum amittere quam Deum creatorem mundi, qui innumerabiles mundos creare denuo potest? et infinitis mundis melior est? Quae enim comparatio temporalium ad aeterna? Haec igitur lepra potius est ferenda temporalium malorum, quam ut trucidatis omnibus animabus aeternaliterque damnatis, mundus ab his tumultibus, illarum sanguine et perditione, pacaretur et curare-|tur, cum una anima totius mundi precio redimi nequeat.¹³⁷ Bellas habes et egregias similitudines et gnomas, sed cum in rebus sacris agis, pueriliter imo perverse applicas, humi enim reptas, et nihil super humanum captum cogitas. Non enim puerilia neque civilia vel humana sunt, quae Deus operatur, sed divina, quae captum humanum excaedunt, Velut hos tumultus et sectas, non vides divino consilio et opere per mundum grassari, et metuis, ne coelum ruat, Ego vero, Deo gratia, bene video, quia alios maiores in futuro saeculo video, quorum comparatione, isti, velut tenuis aurae sibilus esse videntur, aut lenis aquae susurrus.

At dogma de confessionis et satisfactionis libertate, vel negas vel nescis esse verbum Dei, Haec alia quaestio est, Nos tamen scimus et certi sumus, esse verbum Dei, quo libertas Christiana asseritur, ne traditionibus humanis et legibus sinamus nos illaqueari in servitutem, Quod alias abunde docuimus, et si voles experiri, parati sumus et tibi dicere vel conserere manus, Extant nostri libelli super his rebus non pauci. At simul in charitate iuxta tolerandae et servandae leges Pontificum, si sic forte, sine tumultu constare possit et aeterna salus per verbum Dei et pax mundi. Dixi supra, fieri id non posse, Princeps mundi Papam et Pontifices suos non sinit eorum leges libere servari, sed conscientias captare et ligare in animo habet, Hoc Deus verus ferre non potest, Ita implacabili discordia, verbum Dei et traditiones hominum pugnant, non aliter atque Deus ipse et Satan sibi invicem adversantur, et alter alterius opera dissoluit et dogmata subruit, tanquam si duo reges alter alterius regnum populetur, Qui non est mecum, ait Christus, contra me est.¹³⁸ Quod vero metus sit, multos, qui ad flagicia proni

---

¹³⁷ Mt 16,26. ¹³⁸ Mt 12,30.

Christus, der Geist beseitigt werden. Um wie viel besser aber ist es, die Welt zu verlieren als Gott, den Schöpfer der Welt, der von neuem unzählige Welten schaffen kann und der besser ist als unendliche Welten? Welcher Vergleich besteht zwischen Zeitlichem und Ewigem? Diese Pest der zeitlichen Übel ist also eher zu ertragen, als dass alle Seelen gefoltert und ewig verdammt würden und die Welt von diesem Aufruhr, von ihrem Blut und Untergang befriedet und geheilt würde; denn keine einzige Seele kann um den Preis der ganzen Welt erkauft werden. Du hast schöne und hervorragende Gleichnisse und Sinnsprüche, aber wenn du in heiligen Dingen handelst, wendest du sie kindisch, ja sogar verkehrt an. Auf dem Boden kriechst du nämlich und denkst nicht über das menschliche Fassungsvermögen hinaus. Nicht kindisch nämlich, nicht bürgerlich oder menschlich ist es, was Gott wirkt, sondern göttlich, was das menschliche Fassungsvermögen übersteigt. So siehst du zum Beispiel nicht, dass dieser Aufruhr und diese Spaltungen nach göttlichem Plan und Werk durch die Welt wüten, und du fürchtest, der Himmel könnte einfallen. Ich aber sehe, Gott sei Dank, gut, weil ich andere, größere [Kämpfe] in der zukünftigen Zeit sehe; im Vergleich damit scheinen mir diese da wie das sanfte Säuseln der Luft zu sein oder wie das leichte Flüstern des Wassers.

Dass aber der Lehrsatz von der Freiheit der Beichte und der Genugtuung Wort Gottes ist, verneinst du oder weißt es nicht. Das ist die andere Frage. Wir jedoch wissen und sind gewiss, dass es Wort Gottes ist, wodurch die christliche Freiheit als Wahrheit bezeugt wird. So lassen wir uns nicht von menschlichen Traditionen und Gesetzen in Knechtschaft verstricken. Das haben wir anderswo reichlich gelehrt, und wenn du darin erfahren werden willst, sind wir bereit, es auch dir zu sagen oder uns auf ein Handgemenge mit dir einzulassen. Es sind nicht wenige Bücher von uns darüber vorhanden. Zugleich aber [so magst du vielleicht einwenden] soll man daneben in Liebe die Gesetze der Päpste erdulden und einhalten, wenn so vielleicht das ewige Heil durch das Wort Gottes und der Friede der Welt ohne Aufruhr bestehen bleiben können. Ich habe oben gesagt, das kann nicht geschehen. Der Fürst der Welt lässt es dem Papst und seinen Bischöfen nicht zu, dass ihre Gesetze frei eingehalten werden, sondern er hat im Sinn, die Gewissen zu fangen und zu binden. Das kann der wahre Gott nicht ertragen. So kämpfen das Wort Gottes und die Traditionen der Menschen in unversöhnlicher Zwietracht miteinander, nicht anders als Gott selbst und Satan sich feindlich gegenüberstehen, und einer vernichtet die Werke des anderen und zerstört seine Lehrsätze, gleich als ob zwei Könige gegenseitig ihr Reich verwüsten. „Wer nicht mit mir ist", sagt Christus, „ist wider mich". Was aber die Befürchtung betrifft, es würden viele, die zu

sunt, abusuros | ea libertate, Hoc referetur ad tumultus illos, tanquam pars leprae istius temporalis tolerandae et mali ferendi, Nec tanti habendi sunt, ut propter ipsorum abusum cohibendum, verbum Dei tollatur, Si non omnes servari possunt, aliqui tamen servantur,[139] propter quos verbum Dei venit, hi amant eo ferventius et consentiunt sanctius. Quid enim malorum et antea non fecerunt impii homines, cum nullum verbum esset? imo quid boni fecerunt? An non semper mundus bello, fraude, violentia, discordia et omnibus sceleribus inundavit? ita ut Micheas optimum inter eos, spinae comparet,[140] quid putas reliquos vocaret? Nunc vero venienti Evangelio imputari incipit, quod mundus | malus sit, cum verius Evangelio bono elucescat, quam malus fuerit, dum sine Evangelio in tenebris suis ageret. Sic illiterati literis tribuant, quod illis florentibus eorum inscitia innotescit, Haec est gratia, quam rependimus verbo vitae et salutis. Quantum vero putamus fuisse timorem apud Iudaeos, cum Euangelion absolveret omnes a lege Mosi? Quid hic libertas tanta non videbatur permissura malis hominibus? At propterea non est omissum Euangelion, sed impii relicti, piis vero dictum, ne in occasionem carnis concederent libertatem.[141]

Nec ista pars consilii vel remedii tui valet, ubi dicis, Licet verum dicere, sed non expedit apud quoslibet, nec quovis tempore, nec quovis modo, Et satis inepte Paulum adducis, ubi dicit, Omnia mihi licent, sed non omnia expediunt.[142] Non enim Paulus de doctrina aut docenda veritate ibi loquitur, sicut tu eius verba confundis et trahis quo libet, quin veritatem ille vult ubique, quovis tempore, quovis modo dici, ita ut etiam gaudeat Christum praedicari per occasionem et invidiam, palamque testetur ipso verbo, Quovis modo Christus praedicetur, sese gaudere.[143] Paulus loquitur de facto et usu doctrinae, nempe de libertatis Christianae iactatoribus, qui sua quaerentes, scandali rationem et offensionis infirmorum, nullam habebant. Veritas et doctrina semper, palam, constanter praedicanda, nunquam obliquanda, caelandave est, nullum est enim in ea scandalum, Est enim virga rectitudinis.[144] Et

---

[139] Jes 6,13. [140] Mi 7,4. [141] Gal 5,13. [142] 1Kor 6,12; 10,23; Erasmus I a 9, ElAS 4,16.
[143] Phil 1,15.18. [144] Ps 45/Vg 44,/.

Schandtaten neigen, diese Freiheit missbrauchen: Das zählt zu jenem Aufruhr als ein Teil dieses zeitlichen Aussatzes, den man erdulden, und des Übels, das man ertragen muss. Und man darf das nicht für so bedeutend halten, dass man um der Eindämmung solchen Missbrauchs willen das Wort Gottes beseitigt. Wenn nicht alle gerettet werden können, werden doch einige gerettet; derentwegen kommt das Wort Gottes, diese lieben umso brennender und stimmen umso unverbrüchlicher überein. Was für Übel haben denn auch zuvor gottlose Menschen nicht getan, als es noch kein Wort gab? Ja, was haben sie denn Gutes getan? Ist etwa nicht die Welt immer von Krieg, Betrug, Gewalt, Zwietracht und allen Verbrechen überschwemmt gewesen? So, dass Micha den Besten unter ihnen mit einem Dornenstrauch vergleicht – wie, glaubst du, würde er die Übrigen nennen? Nun aber beginnt man, dem kommenden Evangelium zuzurechnen, dass die Welt böse ist, da durch das gute Evangelium umso wahrer hervorleuchtet, wie böse sie ist, als sie ohne Evangelium in ihrer Finsternis wirkte. So mögen die Ungebildeten den Wissenschaften zurechnen, dass durch deren Aufblühen ihr Unwissen bekannt wird. Das ist der Dank, den wir dem Wort des Lebens und des Heils abstatten. Wie groß aber, glauben wir, war die Furcht bei den Juden, als das Evangelium alle vom Gesetz des Mose löste? Was schien hier eine so große Freiheit nicht alles den bösen Menschen zu erlauben? Aber deswegen ist das Evangelium nicht fallen gelassen worden. Vielmehr sind die Gottlosen zurückgelassen, den Gottesfürchtigen [aber] ist gesagt worden, dass sie die Freiheit nicht zur Chance für das Fleisch werden lassen sollen.

Auch der Teil deines Ratschlages oder Heilmittels hat keinen Wert, wo du sagst: Es ist erlaubt, die Wahrheit zu sagen, aber sie sei nicht bei allen nütze, nicht zu jeder Zeit noch auf jede Weise. Und reichlich unpassend führst du Paulus an, wo er sagt: Alles ist mir erlaubt, aber nicht alles ist nützlich. Denn Paulus spricht dort nicht von der Lehre oder von der zu lehrenden Wahrheit, so wie du seine Worte durcheinander bringst und ziehst, wohin es dir beliebt. Er will vielmehr, dass die Wahrheit überall, zu jeder Zeit, auf jede Weise gesagt wird, so dass er sich sogar freut, wenn Christus aus Zufall oder aus Neid gepredigt wird. Das bezeugt er öffentlich, indem er sagt, er freue sich, wie auch immer Christus gepredigt werde. Paulus spricht über den tatsächlichen Gebrauch der Lehre, nämlich [über] die, welche sich der christlichen Freiheit rühmen, die das Ihre suchen, keine Rücksicht auf das Ärgernis und den Anstoß der Schwachen nehmen. Die Wahrheit und die Lehre müssen jederzeit, öffentlich, beständig gepredigt werden, niemals darf sie gebeugt oder verschwiegen werden, denn in ihr ist kein Ärgernis. Denn sie ist das Zepter der Aufrichtigkeit. Und wer hat dir Macht verschafft

quis tibi fecit potestatem aut ius dedit, doctrinae Christianae locis, personis, temporibus, causis, alligandae, cum Christus eam velit liberrimam in orbe vulgari et regnare?[145] Non est enim verbum Dei alligatum,[146] ait Paulus, Et Erasmus verbum alligabit? Nec dedit nobis Deus verbum, quod locorum, personarum, temporum delectum habeat, cum dicat Christus, Ite in universum mundum, non ait, ite aliquo et aliquo non, sicut Erasmus. Item, Praedicate Euangelion omni creaturae,[147] non ait, apud aliquos, apud aliquos non, Summa, tu nobis prosopolepsias, topolepsias et tropolepsias, Chaerolepsias[148] in verbo | Dei ministrando praescribis, cum una haec sit magna pars gloriae verbi, quod nulla est (ut Paulus ait) Prosopolepsia, et Deus personas non respicit.[149] Vides iterum, quam temere irruas in verbum Dei, quasi tuas cogitationes et consilia longissime illi praeferas.

Iam si a te petamus, ut discernas nobis tempora, personas et modos dicendi veri, quando definies? ante suum clauso componet tempore finem, mundus,[150] quam tu unam regulam certam statueris, Ubi interim manet doccndi officium? ubi animae docendae? Et quomodo posses? qui nec personarum, nec temporum, nec modorum rationem ullam noris, Ac si maxime noris, hominum corda tamen non nosti, Nisi is sit tibi modus, hoc tempus, haec persona, ut sic doceamus verum, ne Papa indignetur, ne Caesar irascatur, ne moveantur Pontifices et Principes, tum ne tumultus et motus fiant in orbe, ne multi offendantur et peiores fiant. Hoc quale sit consilium, supra vidisti, Sed libuit ita verbis inutilibus rhetoricari, ne | nihil diceres. Quanto igitur nos miseri homines, Deo hanc tribueremus gloriam, qui omnium corda novit, ut ipse, dicendi veri modum, personas et tempora praescriberet, Ipse enim novit, quid, quando, quomodo, cuique dicendum sit, Nunc vero sic praescripsit, ut Euangelion suum omnibus necessarium, nullo loco, nullo tempore praescriberetur, sed apud omnes, omni tempore, omni loco praedicaretur, Et supra probavi ea quae in scripturis prodita sunt, talia esse, quae omnibus exposita et invulganda necessario et salubria sunt,[151] sicut et in tua Paraclesi,[152] meliore tunc quam nunc, consilio, ipse statuisti. Hi qui animas redemptas nolunt, sicut Papa cum suis, illorum esto, verbum Dei alligare, et homines vita et regno coelorum

---

[145] Ps 110/Vg 109,2. [146] 2Tim 2,9. [147] Mk 16,15. [148] Ironischer Gebrauch von Redefiguren, die auf Personen, Orte, Weisen und Gelegenheiten deuten. [149] Röm 2, 11; Eph 6,9; Kol 3,25. [150] Vergil: Aeneis 1,375. [151] S. o. 254,27–256,25. [152] Erasmus: In Novum Testamentum praefationes. Paraclesis; ErAS 3,12.14.20.28.

oder das Recht gegeben, die christliche Lehre an Orte, Personen, Zeiten, Umstände zu binden, wo doch Christus will, dass sie ganz frei in der Welt verbreitet wird und herrscht? Denn Gottes Wort ist nicht gebunden, sagt Paulus. Und Erasmus wird das Wort binden? Gott hat uns das
5 Wort auch nicht gegeben, dass es sich Orte, Personen und Zeiten aussuche. Wenn Christus sagt: „Geht hin in alle Welt", sagt er nicht: „Hierhin geht, dorthin geht nicht" wie Erasmus. Weiter: „Predigt das Evangelium aller Kreatur"; er sagt nicht „bei den einen, bei den anderen nicht". Kurzum: Du schreibst uns vor, beim Dienst am Wort Gottes
10 Rücksicht zu nehmen auf Personen, Orte, Art und Weise und Gelegenheiten. Dabei ist doch das ein großer Teil des Ruhmes des Wortes, dass es, wie Paulus sagt, keine Rücksicht auf die Person gibt und Gott die Personen nicht ansieht. Wiederum siehst du, wie unbesonnen du gegen das Wort Gottes anrennst, als ob du deine Gedanken und Ratschläge
15 ihm bei weitem vorzögest.

Wenn wir nun von dir erbitten, du mögest für uns Zeiten, Personen und Weisen, die Wahrheit zu sagen, unterscheiden – wann wirst du das definieren? Eher wird die Zeit aufhören und die Welt ihr Ende nehmen, als dass du auch nur eine einzige feste Regel aufgestellt hättest. Wo
20 bleibt inzwischen das Lehramt? Wo bleiben die Seelen, die unterrichtet werden müssen? Und wie könntest du es, kennst du doch weder für Personen noch für Zeiten noch für Weisen irgendeine Regel? Und selbst wenn du sie in größtem Maße hättest, würdest du doch nicht die Herzen der Menschen kennen. Außer, du würdest diese Weise, diese Zeit
25 und diese Person daran ausrichten, dass wir die Wahrheit lehren, ohne den Papst unwillig zu machen, den Kaiser zu erzürnen, Bischöfe und Fürsten zu bewegen, ferner keinen Aufruhr und keine Bewegungen in der Welt geschehen zu lassen, damit nicht viele Anstoß nähmen und schlechter würden. Was das für ein Ratschlag wäre, hast du oben gese-
30 hen. Aber mit unnützen Worten so rhetorisch umzugehen, gefiel dir, um überhaupt irgendetwas zu sagen. Wie sehr also sollten wir elenden Menschen Gott, der aller Herzen kennt, diese Ehre zollen, selbst Weise, Personen und Zeiten, das Wahre zu sagen, vorzuschreiben. Er selbst nämlich weiß, was, wann, wie und wem zu sagen ist. Nun hat er aber so
35 geboten: Sein Evangelium sei allen notwendig und nicht an einem bestimmten Ort, nicht zu einer bestimmten Zeit vorzuschreiben, sondern bei allen, zu jeder Zeit, an jedem Ort zu predigen. Und oben habe ich erwiesen: Was in den Schriften überliefert ist, sei so beschaffen, dass es allen klar, notwendig bekannt zu machen und heilsam sei. So hast du
40 es ja auch selbst in deiner Paraclesis, besser beraten als jetzt, festgestellt. Diejenigen, welche die Seelen nicht erlöst haben wollen, wie der Papst mit den Seinen, deren Amt soll es sein, das Wort Gottes zu binden und

prohibere, ne ipsi intrent, nec alios intrare sinant,[153] quorum furori tu Erasme hoc consilio tuo perniciose inservis. | Eadem prudentia est, qua deinde consulis, non debere profiteri, si quid perperam in consiliis esset definitum, ne ansa contemnendi praeberetur authoritatem patrum,[154] Hoc scilicet Papa voluit a te dici, et audit libentius quam Euangelion, ingratissimus, si te cardinali pileo cum censibus non rursus honorarit, Sed interim Erasme, quid facient animae, iniquo illo statuto ligatae et occisae? Nihil hoc ad te? Verum tu perpetuo sentis vel fingis te sentire, humana statuta posse citra periculum, iuxta purum verbum Dei servari, Quod si possent, facile pedibus in tuam hanc sententiam irem.[155] Si itaque ignoras, iterum dico, humana statuta non possunt servari cum verbo Dei, Quia illa ligant conscientias, hoc solvit eas, pugnantque sibi mutuo, sicut aqua et ignis, nisi libere, id est, ut non ligantia, serventur, id quod Papa non vult, nec potest velle, nisi perditum et finitum regnum suum volet, quod constat non nisi laqueis et vinculis conscientiarum, quas Euangelion liberas asserit Igitur patrum authoritas susque deque[156] facienda est, et statuta perperam lata, qualia sunt omnia praeter verbum Dei definita, dirumpenda et proiicienda sunt, Christus enim patrum authoritate potior est. Summa, Si de verbo Dei sic sentis, impie sentis, si de aliis, nihil ad nos verbosa disputatio consilii tui, Nos de verbo Dei disputamus.

Ultima parte praefationis, serio nos deterrens ab isto genere doctrinae, arbitraris pene victoriam tibi partam, Quid (inquis) inutilius, quam hoc paradoxon evulgari mundo, Quicquid fit a nobis, non libero arbitrio, sed mera necessitate fieri? Et illud Augustini, Deum operari bona et mala in nobis, sua bona opera remunerare in nobis, et sua mala opera punire in nobis,[157] Dives hic es in reddenda vel potius expostulanda ratione, Quantam (inquis) fenestram vulgo haec vox prodita mortalibus aperiret ad impietatem?[158] Quis malus corriget vitam suam? Quis credet se amari a Deo? Quis pugnabit cum carne sua?[159] Miror,

---

[153] Mt 23,13. [154] Erasmus I a 9; ErAS 4,16/18. [155] Apuleius: Metamorphosen 2,7. [156] Erasmus: Adagia 1,3,83. [157] Augustinus: De gratia Christi et de peccato originali 17,18. [158] S. o. 240,29 f. [159] Erasmus I a 10; ErAS 4,18.

die Menschen vom Leben und vom Himmelreich fernzuhalten, dass sie
selbst nicht hineingelangen und auch nicht zulassen, dass andere eintreten.
Ihren Wahnsinn bedienst du, Erasmus, durch deinen Ratschlag
auf schädliche Weise.

Um dieselbe Klugheit handelt es sich, mit der du dann rätst, man
dürfe, wenn etwas auf Konzilien verkehrt festgesetzt worden sei, es nicht
öffentlich [als verkehrt] bekennen, damit keine Handhabe gegeben
würde, die Autorität der Väter zu verachten. Solches wollte nämlich der
Papst von dir geredet haben, und er hört das lieber als das Evangelium.
Sehr undankbar, wenn er dich nicht durch den Kardinalshut mit den
Einkünften wiederum ehrte. Aber was, Erasmus, werden inzwischen die
Seelen tun, durch jene ungerechte Festsetzung gebunden und getötet?
Geht dich das nichts an? Aber du meinst dauernd – oder gibst jedenfalls
vor zu meinen –, menschliche Satzungen könnten gefahrlos neben dem
reinen Wort Gottes eingehalten werden. Könnten sie das, würde ich
leichten Fußes zu deiner Meinung übergehen. Solltest du es also nicht
wissen, sage ich noch einmal: Menschliche Satzungen können nicht
zusammen mit dem Wort Gottes eingehalten werden. Denn jene binden
die Gewissen, dieses löst sie, und sie kämpfen miteinander wie Wasser
und Feuer, es sei denn, sie würden frei, das heißt, nicht als bindend eingehalten,
was der Papst nicht will noch wollen kann (es sei denn, er wollte
sein Reich verloren und beendet haben, das nur aus Stricken und Fesseln
für die Gewissen besteht). Die Freiheit der Gewissen aber bezeugt
das Evangelium als Wahrheit. Darum ist die Autorität der Väter für
gleichgültig zu erklären und sind die falsch aufgestellten Satzungen (das
sind alle, die außerhalb des Wortes Gottes definiert sind) zu zerreißen
und zu verwerfen. Christus nämlich ist besser als die Autorität der Väter.
Kurzum: Wenn du vom Wort Gottes so denkst, denkst du gottlos. Redest
du von anderen Dingen, geht uns die wortreiche Disputation deines
Ratschlages nichts an. Wir disputieren über das Wort Gottes.

Im letzten Teil deiner Vorrede, uns ernsthaft abschreckend von dieser
Art der Lehre, glaubst du, dir den Sieg beinahe schon verschafft zu
haben. Was, fragst du, ist unnützer, als in der Welt dieses Paradox zu
verbreiten, was auch immer durch uns geschehe, geschehe nicht aus
freiem Willensvermögen, sondern aus reiner Notwendigkeit? Und jenes
Wort des Augustinus: Gott wirke Gutes und Böses in uns, seine eigenen
guten Werke belohne er in uns und seine eigenen bösen Werke bestrafe
er in uns. Reich bist du hier darin, Rechenschaft zu geben oder eher
Rechenschaft zu fordern. Ein wie großes Fenster zur Gottlosigkeit, so
fragst du, würde dieses Wort, aller Welt preisgegeben, den Sterblichen
öffnen? Welcher Böse werde sein Leben bessern? Wer werde glauben,
von Gott geliebt zu sein? Wer werde gegen sein Fleisch kämpfen? Ich

quod in tanta vehe-|mentia et contentione non etiam causae memineris et dixeris, Ubi tum manebit liberum arbitrium? Mi Erasme, Iterum et ego dico, si haec paradoxa, ducis hominum esse inventa, quid contendis? quid aestuas? contra quem dicis? an est ullus in orbe hodie, qui vehementius hominum dogmata sit insectatus quam Lutherus? Igitur nihil ad nos ista monitio. Si autem Dei verba esse credis ea para-|doxa, ubi est frons tua? ubi pudor? ubi, non dico iam modestia illa Erasmi, sed timor et reverentia Deo vero debita? qui dicis, nihil inutilius dici posse hoc verbo Dei? Scilicet, Creator tuus a te creatura sua discet, quid utile et inutile sit praedicatu, ac stultus ille vel imprudens Deus hactenus nescierit, quid doceri oporteat, donec tu magister eius, modum illi praescriberes sapiendi et mandandi, quasi ipse ignorasset, nisi tu docuisses, sequi ad hoc paradoxon, quae tu infers. Si igitur Deus talia voluit palam dici et invulgari, nec spectari, quid sequeretur, tu quis es, qui vetes? Paulus Apostolus in Epistola ad Romanos non in angulum, sed in publicum ac coram toto mundo, liberrimo ore, eadem etiam durioribus verbis palam disseruit, dicens, Quos vult, indurat, Et iterum, Deus volens notam facere iram suam etc.,[160] Quid durius (sed carni) illo Christi verbo, Multi vocati, pauci electi?[161] Et iterum, Ego scio, quos elegerim,[162] Scilicet haec omnia talia sunt, te authore, ut nihil possit inutilius dici, quod videlicet hinc ad desperationem et odium et blasphemiam prolabantur homines impii.

Hic, ut video, scripturae veritatem et utilitatem pensandam et iudicandam esse censes, secundum sensum hominum, eorumque non nisi impiissimorum, ut quod illis placuerit vel tolerabile fuerit visum, id demum verum, id divinum, id salutare sit, Quod contra, id mox inutile, falsum et perniciosum. Quid hoc consilio quaeris, nisi ut verba Dei, pendeant stent, cadantque arbitrio et authoritate hominum? Cum contra scriptura dicat, arbitrio Dei et authoritate, stare, cadere omnia,[163] denique a facie domini silere omnem terram.[164] Sic loqui deberet, qui Deum vivum imaginaretur nihil esse, nisi levem et imprudentem aliquem rabulam in aliquo suggesto declamantem, cuius verba liceat, si velis, quorsum libuerit, interpretari, acceptare, refutare, secundum

---

[160] Röm 9,18.22.   [161] Mt 20,16; 22,14.   [162] Joh 13,18.   [163] Ps 145/Vg 144,14; 1Sam ?, 6–8; Lk 1,52.   [164] Hab 2,20.

wundere mich, dass du bei so großer Leidenschaftlichkeit und Anstrengung nicht auch an das Thema gedacht und gefragt hast: Wo wird dann das freie Willensvermögen bleiben? Mein Erasmus, ich sage es noch einmal: Wenn du diese Paradoxa für Erfindungen von Menschen hältst –
5 was strengst du dich an? Was erregst du dich? Gegen wen sprichst du? Gibt es denn heute irgendjemanden in der Welt, der heftiger die Lehrsätze von Menschen verfolgt als Luther? Also geht uns diese Ermahnung nichts an. Wenn du aber diese Paradoxa für Worte Gottes hältst, wo ist da dein Ernst? Wo Scham? Wo – ich nenne es nicht mehr jene
10 Bescheidenheit des Erasmus, sondern – Furcht und Ehrfurcht, die dem wahren Gott geschuldet werden? Wenn du sagst, nichts Unnützeres könne gesagt werden als dieses Wort Gottes! Natürlich, dein Schöpfer soll von dir, seiner Kreatur, lernen, was zu predigen nütze und unnütz ist. Denn jener törichte oder dumme Gott hat bisher nicht gewusst, was
15 gelehrt werden muss, bis du, sein Lehrer, ihm die Weise des Verstehens und Gebietens vorschriebst. Als hätte er selbst keine Ahnung ohne deine Belehrung, das, was du schließt, folge aus diesem Paradox. Wenn also Gott wollte, dass solches öffentlich gesagt und unters Volk gebracht, aber nicht darauf geachtet wird, was folgt – wer bist du, das zu
20 verbieten? Der Apostel Paulus erörtert im Brief an die Römer nicht im Winkel, sondern vor Publikum und vor der ganzen Welt mit ganz freimütiger Sprache dasselbe öffentlich, sogar mit härteren Worten, wenn er sagt: „Welche er will, verstockt er." Und wiederum: „Gott, der seinen Zorn bekannt machen will" usw. Was ist härter (aber für das Fleisch) als
25 jenes Wort Christi: „Viele sind berufen, wenige auserwählt"? Und wiederum: „Ich weiß, welche ich erwählt habe." Freilich, dies alles ist, nach deinem Zeugnis, so beschaffen, dass nichts Unnützeres gesagt werden kann, weil deswegen offensichtlich die gottlosen Menschen in Verzweiflung, Hass und Gotteslästerung verfallen.
30 Hier, wie ich sehe, bist du der Ansicht, die Wahrheit und der Nutzen der Schrift seien nach der Meinung der Menschen zu erwägen und zu beurteilen, auch wenn sie ganz gottlos sind. So ist schließlich dasjenige, was ihnen gefällt oder erträglich erscheint, wahr, göttlich und heilsam. Was dem entgegen ist, das ist gleich unnütz, falsch und schäd-
35 lich. Was suchst du mit diesem Ratschlag anderes, als dass die Worte Gottes abhängen von, stehen und fallen mit dem Urteil und der Autorität der Menschen? Obwohl doch die Schrift das Gegenteil sagt, alles stehe und falle mit dem Urteil und der Autorität Gottes, und schließlich solle alle Welt stille sein im Angesicht Gottes. So müsste sprechen, wer
40 sich einbildete, der lebendige Gott sei nichts anderes als ein leichtsinniger und dummer Schwätzer. Einer, der auf irgendeiner Rednerbühne eine Rede hält und dessen Worte man, wie du willst, nach Belieben

quod videret, impios homines illis moveri vel affici. Plane hic prodis, Mi Erasme, quam ex animo superius venerandam divinorum iudiciorum maiestatem, suaseris, Ubi cum de scripturae dogmatibus ageretur, et nihil opus esset, abstrusa et occulta revereri, eo quod nulla sint talia, satis religiosis verbis, nobis Coricos specus[165] interminabas, ne irrumperemus curiose, ut metu pene ab universa scriptura legenda absterreres, ad quam legendam sic urgent et suadent Christus et Apostoli,[166] atque tu ipse alibi.[167] Hic vero ubi non ad scripturae dogmata nec ad Coricium specum solum, sed revera ad reverenda maiestatis divinae secreta perventum est, nempe, cur sic operetur, ut dictum est, ibi ruptis repagulis, irruis, tantum non blasphemans, quid non indignationis ostendis erga Deum, quod talis iudicii sui con- | silium et rationem non licet videre? Cur hic non etiam obscuritates et ambiguitates praetexis? Cur non ab inquirendis illis contines ipse et absterres alios, quae Deus occulta nobis esse voluit, et scripturis non prodidit? Hic oportuit os digito compescere, revereri, quod lateret, adorare secreta maiestatis | consilia et cum Paulo clamare, O homo. tu qui es, qui contendas cum Deo?[168]

Quis, inquis, studebit corrigere vitam suam?[169] Respondeo, nullus hominum, neque etiam ullus poterit, nam correctores tuos sine spiritu Deus nihil moratur, cum sint hypocritae, Corrigentur autem electi et pii per spiritum sanctum, Caeteri incorrecti peribunt, Neque enim Augustinus dicit nullorum aut omnium opera bona coronari,[170] sed aliquorum, ideo non erunt nulli, qui corrigant vitam suam. Quis credet (inquis) a Deo se amari?[171] Respondeo, Nullus hominum credet, neque poterit, electi vero credent, caeteri non credentes peribunt, indignantes et blasphemantes, sicut tu hic facis, Non igitur nulli erunt, qui credent. Quod vero his dogmatibus fenestra aperitur[172] ad impietatem,[173] esto, illi pertineant ad lepram superius dictam,[174] tolerandi mali, Nihilominus simul eisdem aperitur porta ad iustitiam et introitus ad coelum et

---

[165] S. o. Anm. 56.   [166] Joh 5,39; 2Tim 3,15 f.   [167] S. o. 276,31 f.   [168] Röm 9,20.
[169] Erasmus I a 10; ErAS 4,18.   [170] Augustinus: Epistulae 194,5,19.   [171] Erasmus I a 10; ErAS 4,18.   [172] S. o. 240,79 f   [173] Erasmus I a 10; ErAS 4,18.   [174] S. o. 266,13-15.

interpretieren, annehmen, ablehnen dürfe, je nachdem man sähe, dass
die gottlosen Menschen von ihnen bewegt oder angerührt werden. Hier
verrätst du offen, mein Erasmus, in welcher Gesinnung du oben zur
Verehrung der Erhabenheit der göttlichen Urteile geraten hast. Dort
wurde über die Lehrstücke der Schrift gehandelt, und es war gar nicht
nötig, Verschlossenes und Verborgenes zu verehren, weil dort nichts
Derartiges ist. Dennoch hast du uns mit ausreichend frommen Worten
unter Drohungen die Korykischen Höhlen untersagt, damit wir nicht
neugierig in sie einbrechen. So verscheuchtest du uns durch Furcht
vom Lesen beinahe der gesamten Schrift, die zu lesen uns doch Christus
und die Apostel so drängen und raten, und ja auch du selbst an anderer
Stelle. Hier aber, wo man nicht zu den Lehrsätzen der Schrift und nicht
zur Korykischen Höhle allein, sondern wahrhaft zu den verehrungswürdigen Geheimnissen der göttlichen Majestät kommt – nämlich
warum er so handelt, wie gesagt ist –, da durchbrichst du die Schranken,
dringst ein und lästerst beinahe Gott. Welchen Unwillen zeigst du da
nicht gegen Gott, weil er nicht erlaubt, den Plan und den Grund zu
sehen, warum er so urteilt? Warum benutzt du hier nicht auch Dunkelheiten und Doppeldeutigkeiten als Vorwand? Warum enthältst du
dich selbst nicht und schreckst andere davon ab, die Dinge zu erforschen, von denen Gott gewollt hat, dass sie uns verborgen bleiben, und
die er in der Schrift nicht bekannt gemacht hat? Hier sollte man den
Finger auf den Mund legen, verehren, was er verbirgt, die geheimen
Pläne der Majestät anbeten und mit Paulus ausrufen: O Mensch, wer
bist du, der du mit Gott rechten willst?

Wer, so sagst du, wird sich noch bemühen, sein Leben zu bessern?
Darauf antworte ich: Kein Mensch, auch nicht einer wird es können,
denn Gott kümmert sich nicht um deine Verbesserer, die ohne Geist,
aber gute Heuchler sind. Gebessert aber werden die Auserwählten und
Gottesfürchtigen durch den Heiligen Geist. Die Übrigen werden ohne
Besserung vergehen. Denn auch Augustinus sagt nicht, dass niemandes
oder aller guten Werke gekrönt werden, sondern einiger; daher werden
es nicht gar keine sein, die ihr Leben bessern. Wer wird, so fragst du,
glauben, dass er von Gott geliebt wird? Darauf antworte ich: Kein
Mensch wird es glauben und keiner wird das vermögen; die Auserwählten aber werden es glauben, die Übrigen werden ohne Glauben
vergehen, schmähend und lästernd, wie du es hier tust. Also werden es
nicht gar keine sein, die glauben werden. Dass aber durch diese Lehren
das Fenster zur Gottlosigkeit geöffnet wird, sei so; jene sollen zu dem
Aussatz gehören, von dem weiter oben gesagt wurde, er sei das Übel,
das man ertragen muss. Nichtsdestoweniger öffnet sich durch dieselben [Lehren] für die Auserwählten und Gottesfürchtigen das Tor zur

via ad Deum, pro piis et electis. Quod si tuo consilio, istis dogmatibus abstinuerimus, et hominibus verbum hoc Dei absconderimus, ut unusquisque falsa persuasione salutis illusus, Deum non disceret timere et humiliari, ut per timorem tandem ad gratiam et amorem veniret, tum pulchre clauserimus fenestram tuam, verum loco eius aperiremus nobis et omnibus valuas, imo hiatus et voragines, non modo ad impietatem, sed ad inferni profunda, Sic ipsi nec intraremus in coelum, tum alios intrantes prohiberemus.[175]

Quae igitur utilitas aut necessitas talia invulgandi, cum tot mala videantur inde provenire? Respondeo, satis erat quidem dicere, Deus voluit ea vulgari, voluntatis verbo divinae rationem quaerendam non esse, sed simpliciter adorandam, data gloria Deo, quod cum sit iustus et sapiens solus[176] nulli faciat iniuriam, nec stulte aut temere quippiam agere possit, licet nobis longe secus appareat, hac responsione pii sunt contenti. Tamen ut ex abundantia supererogemus, Duae res exigunt talia praedicari, Prima est humiliatio nostrae superbiae et cognitio gratiae Dei, altera ipsa fides Christiana. Primum, Deus certo promisit humiliatis, id est, deploratis et desperatis, gratiam suam.[177] Humiliari vero penitus non potest | homo, donec sciat, prorsus extra suas vires, consilia, studia, voluntatem, opera, omnino ex alterius arbitrio, consilio, voluntate, opere suam pendere salutem, nempe Dei solius, Siquidem, quamdiu persuasus fuerit, sese vel tantulum posse pro salute sua, manet in fiducia sui, nec de se penitus desperat, ideo non humiliatur coram Deo, sed locum, tempus, opus aliquod sibi praesumit vel sperat vel optat saltem, quo tandem perveniat ad salutem. Qui vero nihil dubitat, totum in voluntate Dei pendere, is prorsus de se desperat, nihil eligit, sed | expectat operantem Deum, is proximus est gratiae, ut saluus fiat. Itaque propter electos ista vulgantur, ut isto modo humiliati et in nihilum redacti, salui fiant, Caeteri resistunt humiliationi huic, imo damnant doceri hanc desperationem sui, aliquid vel modiculum sibi

---

[175] Mt 23,13. [176] Röm 16,27. [177] 1Petr 5,5 f.

Gerechtigkeit, der Eingang zum Himmel und der Weg zu Gott. Wir könnten nach deinem Ratschlag von solchen Lehren Abstand nehmen und vor den Menschen dieses Wort Gottes verborgen halten. So würde keiner, durch falsche Überzeugung um sein Heil betrogen, lernen, Gott zu fürchten und sich ihm gegenüber demütig zu verhalten, um durch Furcht schließlich zu Gnade und Liebe zu kommen. Dann hielten wir schön dein Fenster geschlossen. Stattdessen würden wir allerdings uns und allen [anderen] Flügeltüren öffnen, ja, aufgesperrte Rachen und Schlünde, nicht nur in die Gottlosigkeit, sondern in die Abgründe der Hölle. So träten wir selbst auch nicht in den Himmel ein, und dann würden wir auch noch andere am Eintritt hindern.

[Du fragst:] Welchen Nutzen und welche Notwendigkeit soll es also haben, so etwas unters Volk zu bringen, wenn daraus anscheinend so viele Übel entstehen? Darauf antworte ich, es wäre wohl schon genug zu sagen: Gott wollte, dass es unters Volk gebracht wird. Die Ursache für seinen göttlichen Willen darf aber nicht erforscht, sondern muss schlicht angebetet und Gott die Ehre gegeben werden. Denn weil er allein gerecht und weise ist, tut er niemandem Unrecht und kann nichts töricht oder leichtsinnig tun, auch wenn es uns bei weitem anders erscheint. Mit dieser Antwort sind die Gottesfürchtigen zufrieden. Dennoch will ich weiter ausholen, als eigentlich nötig ist. Zweierlei erfordert es, solches zu predigen. Das Erste ist die Demütigung unseres Hochmutes und die Erkenntnis der Gnade Gottes, das andere ist der christliche Glaube selbst. Zunächst: Gott hat mit Gewissheit den Gedemütigten, das heißt, den völlig Verzweifelten seine Gnade zugesagt. Der Mensch kann aber erst dann vollständig gedemütigt werden, wenn er weiß, dass sein Heil gänzlich außerhalb seiner eigenen Kräfte, Absichten, Bemühungen und seines eigenen Willens, seiner Werke liegt und ganz und gar von der Entscheidung, der Absicht, vom Willen und Werk eines anderen abhängt, nämlich Gottes allein. Solange er sich nun einredet, dass er auch nur ein klein wenig zu seinem Heil beitragen kann, bleibt er im Vertrauen auf sich selbst und verzweifelt nicht vollständig an sich, demütigt er sich nicht vor Gott. Statt dessen nimmt er sich Ort, Zeit oder irgendein Werk vor oder hofft es oder wünscht es mindestens, mit dem er schließlich zum Heil gelange. Wer aber in keiner Weise daran zweifelt, er hänge ganz vom Willen Gottes ab, der verzweifelt gänzlich an sich selbst, der wählt nichts, sondern erwartet den wirkenden Gott. Der ist der Gnade am nächsten, dass er heil wird. Wegen der Auserwählten also werden diese Dinge unters Volk gebracht, damit sie, auf diese Weise gedemütigt und zunichte gemacht, heil werden. Die Übrigen widersetzen sich dieser Demütigung, ja, sie verurteilen sogar, dass diese Selbstverzweiflung gelehrt wird. Sie wollen irgendetwas, und

relinqui volunt, quod possint, Hi occulte manent superbi et gratiae Dei adversarii. Haec est inquam una ratio, ut pii promissionem gratiae humiliati cognoscant, invocent et accipiant.

Altera est, Quod fides est rerum non apparentium,[178] Ut ergo fidei locus sit, opus est, ut omnia quae creduntur, abscondantur, Non autem remotius absconduntur, quam sub contrario obiectu, sensu, experientia. Sic Deus dum vivificat, facit illud occidendo, dum iustificat, facit illud reos faciendo, dum in coelum vehit, facit id ad infernum ducendo, ut dicit scriptura, Dominus mortificat et vivificat, deducit ad inferos et reducit. 1. Re. 2.[179] de quibus nunc non est locus prolixius dicendi, Qui nostra legerunt, habent haec sibi vulgatissima. Sic aeternam suam clementiam et misericordiam abscondit sub aeterna ira, iustitiam sub iniquitate. Hic est fidei summus gradus, credere illum esse clementem, qui tam paucos salvat, tam multos damnat, credere iustum, qui sua voluntate nos necessario damnabiles facit, ut videatur, referente Erasmo, delectari cruciatibus miserorum et odio potius quam amore dignus.[180] Si igitur possem ulla ratione comprehendere, quomodo is Deus sit misericors et iustus, qui tantam iram et iniquitatem ostendit, non esset opus fide, Nunc cum id comprehendi non potest, fit locus exercendae fidei, dum talia praedicantur et invulgantur, non aliter, quam dum Deus occidit, fides vitae in morte exercetur, Haec nunc in praefatione satis. |

Hoc modo rectius disputantibus in istis paradoxis consulitur, quam tuo consilio, quo per silentium et abstinentiam, vis illorum impietati consulere, Quo tamen nihil proficis, Nam si vel credas vel suspiceris esse vera (cum sint non parvi momenti paradoxa) quae est mortalium insaturabilis cupido, scrutandarum secretarum rerum, tum maxime, cum maxime occultatas volumus, facies hac monitione tua evulgata, ut multo magis nunc velint omnes scire, an vera sint ea paradoxa, scilicet, tua contentione accensi, ut nullus nostrum hactenus tantam ansam praestiterit ea vulgandi, quantam tu, hac religiosa et vehementi moni-

---

[178] Hebr 11,1.   [179] 1Sam 2,6.   [180] S. o. 282,24 f.

sei es auch noch so bescheiden, für sich übrig behalten, was sie vermögen. Diese bleiben heimlich Hochmütige und der Gnade Gottes feindlich Gesinnte. Dies ist, so sage ich, der eine Grund, damit die Gottesfürchtigen die Zusage der Gnade Gottes in Demut erkennen, anrufen und annehmen.

Der andere ist, dass der Glaube sich auf die nicht sichtbaren Dinge bezieht. Damit also dem Glauben Raum gegeben wird, ist es nötig, dass alles, was geglaubt wird, verborgen wird. Es ist aber nichts tiefer verborgen, als [wenn es] unter dem gegenteiligen Gegenstand, der gegenteiligen Sinneswahrnehmung und Erfahrung [verborgen wird]. Und so handelt Gott: Wenn er lebendig macht, tut er dies, indem er tötet; wenn er rechtfertigt, tut er dies, indem er schuldig spricht; wenn er in den Himmel führt, tut er dies, indem er in die Hölle hinabführt, wie die Schrift sagt: „Der Herr tötet und macht lebendig, er führt in die Hölle und aus ihr heraus", 1Sam 2. Darüber ausführlicher zu sprechen, ist jetzt nicht der Ort. Denen, die unsere Schriften gelesen haben, ist dies bereits bestens bekannt. So verbirgt Gott seine ewige Güte und seine Barmherzigkeit unter ewigem Zorn, seine Gerechtigkeit unter Ungerechtigkeit. An dieser Stelle liegt der höchste Grad des Glaubens: zu glauben, dass derjenige gütig ist, der so wenige rettet und so viele verdammt; zu glauben, dass derjenige gerecht ist, der uns nach seinem Willen notwendigerweise verdammungswürdig macht, so dass es scheint, um Erasmus zu zitieren, dass er die Qualen der Elenden genießt und eher hassens- als liebenswert ist. Wenn ich also auf irgendeine Weise begreifen könnte, wie dieser Gott barmherzig und gerecht sein kann, der so großen Zorn und so große Ungerechtigkeit beweist, wäre der Glaube nicht nötig. Nun aber, weil das nicht erfasst werden kann, wird Raum, Glauben zu üben, indem solches gepredigt und unters Volk gebracht wird. Nämlich: Wenn Gott tötet, dann wird der Glaube an das Leben im Tod geübt. Dies sei nun genug gesagt zur Vorrede.

Auf diese Weise wird denjenigen, die über solche Paradoxien disputieren, ein angemessener Rat erteilt. Ein besserer als deiner, indem du mittels Stillschweigen und Fernhalten Rücksicht auf deren Gottlosigkeit nehmen willst. So kommst du dennoch nicht voran. Denn wenn du glaubst oder auch nur den Verdacht hegst, dass diese Dinge wahr sind (da es widersprüchlich wirkende Thesen von nicht geringem Gewicht sind) – wie unersättlich ist dann die Begierde der Sterblichen, die verborgenen Dinge zu erforschen! Und zwar dann am meisten, wenn wir sie am meisten verborgen halten wollen. Durch dies dein unters Volk gebrachtes Verbot wirst du es dahin bringen, dass jetzt alle noch viel mehr wissen wollen, ob diese Paradoxa wahr sind, durch deine Bestrebung angestachelt! Keiner von uns hat mithin bisher so großen Anlass

tione, Prudentius multo fecisses, si prorsus tacuisses de his paradoxis cavendis, si votum tuum ratum voluisses, Actum est,[181] postquam non prorsus negas esse | vera, occultari non poterunt, sed suspitione veritatis omnes ad sese investiganda allicient, Vel ergo nega illa esse vera, vel tu prior tace, si alios tacere voles.

Alterum paradoxon, Quicquid fit a nobis, non arbitrio libero, sed mera necessitate fieri, breviter videamus,[182] ne perniciosissimum dici patiamur. Hic sic dico, Ubi id probatum fuerit, extra vires et consilia nostra, in solius opere Dei pendere salutem nostram, quod infra in corpore disputationis spero me evicturum, nonne clare sequitur, dum Deus opere suo in nobis non adest, omnia esse mala quae facimus et nos necessario operari, quae nihil ad salutem valent? Si enim non nos, sed solus Deus operatur salutem in nobis, nihil ante opus eius operamur salutare, velimus, nolimus. Necessario vero dico, non coacte, sed ut illi dicunt, necessitate immutabilitatis, non coactionis, hoc est, homo cum vacat spiritu Dei, non quidem violentia, velut raptus obtorto collo, nolens facit malum, quemadmodum fur aut latro nolens ad paenam ducitur, sed sponte et libenti voluntate facit, Verum hanc libentiam seu voluntatem faciendi, non potest suis viribus omittere, cohercere aut mutare, sed pergit volendo et lubendo, etiam si ad extra cogatur aliud facere per vim, tamen voluntas intus manet aversa, et indignatur cogenti aut resistenti, Non autem indignaretur, si mutaretur, ac volens vim sequeretur. Hoc vocamus modo necessitatem immutabilitatis, id est, quod voluntas sese mutare et vertere alio non possit, sed potius irritetur magis ad volendum, dum ei resistitur, Quod probat eius indignatio, Hoc non fieret, si esset libera vel haberet liberum arbitrium. Interroga experientiam, quam sint impersuasibiles, qui affecti aliqua re haerent, Aut si caedunt, vi vel maiore alterius rei comodo caedunt, nun-

---

[181] Terenz: Eunuchus 1,1,9 f. [182] S. o. 248,12 f.

dazu gegeben, dieses unters Volk zu bringen, als du mit diesem frommen und heftigen Verbot. Weitaus klüger hättest du gehandelt, wenn du schlicht Stillschweigen bewahrt hättest über diese Paradoxa, vor denen man sich in Acht nehmen muss, dann hättest du deine Absicht erreicht. Umsonst! Nachdem du nicht völlig leugnest, dass diese Dinge wahr sind, werden sie nicht im Verborgenen gehalten werden können. Vielmehr sind alle durch den Verdacht der Wahrheit verlockt, sie bei sich zu erforschen. Entweder also leugne, dass jene Dinge wahr sind, oder schweige als Erster, wenn du willst, dass andere schweigen.

Das andere Paradox: Was auch immer von uns aus geschieht, geschieht nicht aus freiem Willensvermögen, sondern aus reiner Notwendigkeit, wollen wir kurz anschauen. Denn wir wollen nicht zulassen, dass es als höchst schädlich bezeichnet wird. Hierzu will ich Folgendes sagen: Wenn erwiesen ist, dass unser Heil außerhalb unserer eigenen Kräfte und Absichten vom Werk Gottes allein abhängt – was ich weiter unten im Hauptteil der Disputation noch unwiderleglich darzulegen hoffe –, folgt daraus nicht klar, dass ohne Gottes Werk in uns alles böse ist, was wir tun? Und dass wir notwendigerweise wirken, was nichts zum Heil vermag? Wenn nämlich nicht wir, sondern Gott allein das Heil in uns wirkt, wirken wir vor seinem Werk nichts in heilsamer Weise, ob wir wollen oder nicht. Notwendigerweise, sage ich, aber nicht gezwungenermaßen. Vielmehr, wie sie sagen, mit einer Notwendigkeit der Unveränderlichkeit, nicht des Zwanges. Das heißt: Wenn der Mensch ohne Heiligen Geist ist, dann handelt er nicht unter Gewalteinfluss – als ob er am Hals gewürgt und weggerissen würde – gegen seinen Willen böse. So wie etwa ein Schurke oder Dieb gegen seinen Willen der Strafe zugeführt wird. Sondern er handelt aus eigenem Antrieb und freiwillig. Diese Freiwilligkeit oder diesen Willen zu handeln aber kann er nicht aus eigenen Kräften unterlassen, zügeln oder ändern, sondern er fährt fort zu wollen und bereitwillig zu sein; sogar wenn er äußerlich mit Gewalt gezwungen wird, etwas anderes zu tun, widersetzt sich dennoch drinnen der Wille und ist widerwillig gegen den, der ihn zwingt oder ihm Widerstand entgegenbringt. Er wäre aber nicht widerwillig, wenn er geändert würde und willig der Gewalt folgte. Auf diese Weise sprechen wir von der Notwendigkeit der Unveränderlichkeit. Das bedeutet, der Wille kann sich nicht ändern und anderswohin wenden. Im Gegenteil wird er vielmehr noch mehr zum Wollen gereizt, wenn ihm Widerstand entgegengebracht wird. Eben dies beweist doch sein Widerwille. Das würde nicht geschehen, wenn er frei wäre oder ein freies Willensvermögen hätte. Befrage die Erfahrung, wie wenig die zu überzeugen sind, die leidenschaftlich berührt irgendeiner Sache anhängen. Andererseits: Wenn sie davon abgehen, dann gehen sie unter Gewalteinwirkung

quam libere caedunt, Si autem affecti non sunt, sinunt ire et fieri, quecunque eunt ac fiunt.

Rursus ex altera parte, si Deus in nobis operatur, mutata et blande assibilata per spiritum Dei voluntas, iterum mera lubentia et pronitate ac sponte sua vult et facit, non coacte, ut nullis contrariis mutari in aliud possit, | ne portis quidem inferi vinci aut cogi, sed pergit volendo et lubendo et amando bonum, sicut antea voluit et lubuit et amavit malum. Quod iterum probat experientia, quam invicti et constantes sint viri sancti, dum per vim ad alia coguntur, ut magis inde irritentur ad volendum, sicut ignis a vento magis inflammatur quam extinguitur, ut nec hic sit ulla libertas vel liberum arbitrium, alio sese vertendi, aut aliud volendi, donec durat spiritus et gratia Dei in homine. Summa, si sub Deo huius saeculi sumus, sine opere et spiritu Dei veri, captivi tenemur ad ipsius voluntatem,[183] ut Paulus ad Timotheon dicit, ut non possimus velle, nisi quod ipse velit, Ipse enim fortis est ille armatus, qui atrium suum sic servat, ut in pace sint quos possidet, ne ullum motum aut sensum contra eum concitent, alioqui regnum Satanae in se divisum, non staret, quod tamen Christus affirmat stare, idque facimus volentes et lubentes, pro natura voluntatis, quae si cogeretur, voluntas non esset, Nam coactio, potius est (ut sic dicam) Noluntas. Si autem fortior superveniat, et illo victo, nos rapiat in spolium suum,[184] rursus per | spiritum eius servi et captivi sumus (quae tamen regia libertas est) ut velimus et faciamus lubentes quae ipse velit. Sic humana voluntas in medio posita est, ceu iumentum, si insederit Deus, vult et vadit, quo vult Deus,[185] ut Psalmus dicit, Factus sum sicut iumentum et ego semper tecum.[186] Si insederit Satan, vult et vadit, quo vult Satan, nec est in eius arbitrio, ad utrum sessorem currere aut eum quaerere, sed ipsi sessores certant ob ipsum obtinendum et possidendum.

Quid si ex tuis ipsius verbis, quibus liberum arbitrium asseris, probavero, nullum esse liberum arbitrium? ut convincam, te imprudenter

---

[183] 2Tim 2,26.   [184] Lk 11,21.18.22.   [185] Pseudo-Augustinus: Hypomnesticon contra Pelagianos et Caelestianos 3,11,70.   [186] Ps 73/Vg 72,23.

davon ab oder, weil sie sich von etwas anderem größeren Vorteil versprechen, niemals aber freiwillig. Wenn sie aber nicht leidenschaftlich berührt sind, lassen sie die Dinge gehen und geschehen, wie immer es geht und geschieht.

Wiederum von der anderen Seite aus betrachtet: Wenn Gott in uns wirkt, will und handelt der Wille, der durch den Heiligen Geist verändert und uns sanft eingehaucht worden ist. Er handelt aber wiederum aus reinem Belieben, aus Neigung und aus seinem freiem Antrieb, nicht gezwungen. So kann er durch nichts, was ihm entgegen ist, in etwas anderes verwandelt werden. Nicht einmal durch die Pforten der Hölle wird er besiegt oder gezwungen, sondern er fährt fort, das Gute zu wollen, willig zu tun und lieb zu haben, so wie er zuvor das Böse wollte, willig tat und es lieb hatte. Dies erweist wiederum die Erfahrung: Wie unbezwingbar und standhaft sind heilige Männer, während sie mit Gewalt zu anderem gezwungen werden. Sie werden dadurch noch mehr zum Wollen gereizt, wie ein Feuer vom Wind mehr angefacht als ausgelöscht wird. So gibt es auch hier also keinerlei Freiheit oder ein freies Willensvermögen, das in der Lage wäre, sich anderswohin zu wenden oder anderes zu wollen, solange der Geist und die Gnade Gottes im Menschen andauern. Kurzum: Wenn wir unter dem Gott dieser Welt sind, ohne das Werk und den Geist des wahren Gottes, werden wir gefangen gehalten nach seinem Willen. So spricht Paulus zu Timotheus, dass wir nur wollen können, was er will. Denn er ist jener starke Gewappnete, der seinen Hof so beschützt, dass diejenigen Frieden halten, die er besitzt, so dass sie keinerlei Regung oder Gedanken gegen ihn vorbringen. Anders würde das Reich des Satans, in sich geteilt, nicht bestehen. Christus behauptet aber von ihm, es bleibe bestehen. Und das [sc. im Reich Satans leben] tun wir willentlich und liebend gern, nach der Natur des Willens. Der wäre kein Wille, würde er gezwungen. Denn Zwang ist sozusagen eher Nichtwille. Wenn aber ein Stärkerer über ihn kommt, ihn besiegt und danach uns als seine Beute wegreißt, sind wir wiederum Knechte und Gefangene durch seinen Geist (was allerdings eine königliche Freiheit bedeutet), so dass wir wollen und liebend gern tun, was er will. So ist der menschliche Wille in die Mitte gestellt, wie ein Zugtier. Wenn Gott darauf sitzt, will und geht es, wohin Gott will, wie der Psalm sagt: „Ich bin gemacht wie ein Lasttier und ich bin immer mit dir." Wenn Satan darauf sitzt, will und geht es, wohin Satan will. Und es liegt nicht an seinem Willensvermögen, zu einem von beiden Reitern zu laufen oder ihn zu suchen. Vielmehr streiten die Reiter selbst darum, es in Besitz zu nehmen und in Besitz zu behalten.

Was, wenn ich aus deinen eigenen Worten, mit denen du ein freies Willensvermögen als Wahrheit behauptest, erweisen werde, dass es

negare, quod tanta prudentia conaris affirmare, plane nisi hoc fecero, iuro, ut revocata sint omnia, quae contra te hoc toto libello scribo, et confirmata, quae contra me tua Diatribe tum asserit tum quaerit. Tu liberii arbitrii vim, modiculam et talem facis, quae citra gratiam Dei, prorsus sit inefficax,[187] Nonne agnoscis? | Iam quaero et peto, si gratia Dei desit aut separetur ab illa vi modicula, quid ipsa faciet? Inefficax (inquis) est et nihil facit boni, Ergo non faciet, quod Deus aut gratia eius volet, Siquidem gratiam Dei separatam ab ea iam posuimus, Quod vero gratia Dei non facit, bonum non est, Quare sequitur, liberum arbitrium sine gratia Dei prorsus non liberum, sed immutabiliter captivum et servum esse mali, cum non possit vertere se solo ad bonum. Hoc stante, dono tibi, ut vim liberi arbitrii non modo facias modiculam, fac eam angelicam, fac, si potes, plane divinam, si adieceris tamen hanc illaetabilem appendicem, ut, citra gratiam Dei, inefficacem dicas, mox ademeris illi omnem vim, Quid est vis inefficax, nisi plane nulla vis? Itaque dicere, liberum arbitrium esse, et habere vim quidem, sed inefficacem, est id, quod Sophistae vocant, oppositum in adiecto, ac si dicas, liberum arbitrium est, quod liberum non est, Sicut, si ignem frigidum et terram calidam dixeris, Habeat sane ignis vim caloris, vel infernalis, si non ardet neque urit, friget vero et frigefacit, ne ignis quidem, multo minus calidus mihi dicetur, nisi pictum aut fictum ignem volueris habere. At si vim liberi arbitrii eam diceremus, qua homo aptus est rapi spiritu et imbui gratia Dei, ut qui sit creatus ad vitam vel mortem aeternam, recte diceretur, hanc enim vim, hoc est, aptitudinem, seu ut Sophistae loquuntur dispositivam qualitatem et passivam aptitudinem, et nos confitemur, quam non arboribus, neque bestiis inditam esse, quis est, qui nesciat? neque enim pro anseribus (ut dicitur) coelum creavit.[188]

Fixum ergo stat, etiam tuo ipsius testimonio, Nos omnia necessitate, nihil arbi-| trio libero facere, dum vis liberi arbitrii nihil est, neque

---

[187] Erasmus I a 8; ErAS 4,10/12 und s. u. 360,17–362,22. [188] Wander 2,646 (Nr. 26); 647 (Nr. 36).

genau das nicht gibt? Wie, wenn ich zwingend darlege, dass du unklug leugnest, was du mit so großer Klugheit zu behaupten versuchst? Allerdings, wenn ich das nicht schaffe, dann schwöre ich, alles zurückzunehmen, was ich gegen dich in diesem ganzen Büchlein schreibe, und zu bestätigen, was deine ‚Diatribe' gegen mich bald als Wahrheit behauptet, bald nurmehr versucht. Du stellst die Kraft des freien Willensvermögens als ziemlich bescheiden dar, nämlich so, dass sie ohne die Gnade Gottes geradezu wirkungslos ist. Das gibst du doch zu, nicht wahr? Nun frage ich dich aber und bitte ich dich: Wenn die Gnade Gottes fehlt oder getrennt wird von jener ziemlich bescheidenen Kraft – was kann sie selbst tun? Unwirksam, sagst du, ist sie und tut nichts Gutes. Also wird sie nicht tun, was Gott oder seine Gnade wollen. Weil wir ja bereits die Gnade Gottes als von ihr getrennt gesetzt haben. Was aber die Gnade Gottes nicht tut, ist nicht gut. Daraus folgt, dass das freie Willensvermögen ohne die Gnade Gottes überhaupt nicht frei ist. Es ist unveränderlich ein Gefangener und Knecht des Bösen, weil es sich aus sich allein heraus nicht dem Guten zuwenden kann. Wenn das feststeht – geschenkt, dass du die Kraft des freien Willensvermögens nicht nur als ziemlich bescheiden darstellst! Stell sie doch als engelgleich dar! Stell sie, wenn du kannst, als vollkommen göttlich dar! Wenn du nur diesen traurigen Anhang hinzusetzt, dass du sie ohne Gnade Gottes als unwirksam bezeichnest, hast du ihr schon alle Kraft genommen. Was ist eine unwirksame Kraft anderes als gar keine Kraft? Daher: Zu sagen, es gebe ein freies Willensvermögen und es habe zwar Kraft, aber eine unwirksame, das ist, wie die Sophisten sagen, ein Widerspruch in sich selbst. So als ob du sagtest, es gebe ein freies Willensvermögen, das nicht frei ist. Das ist so, als ob du das Feuer kalt und die Erde warm nennst. Möge das Feuer die Kraft der Hitze haben, ja der höllischen Hitze – wenn es nicht brennt und versengt, sondern kalt ist und kalt macht, will ich es nicht einmal ein Feuer, viel weniger heiß nennen. Es sei denn, du wolltest etwas Gemaltes und Erdichtetes für Feuer halten. Aber wenn wir die Kraft des freien Willensvermögens als solche bezeichnen, durch die der Mensch befähigt wird, durch den Geist hingerissen und mit der Gnade Gottes erfüllt zu werden (wie ein jeder geschaffen ist zum ewigen Leben oder ewigen Tod), so würde recht geredet. Diese Kraft nämlich, das heißt, die Befähigung oder wie die Sophisten sagen: eine dispositive Qualität oder eine passive Eignung, bekennen auch wir. Dass diese nicht den Bäumen und den Tieren beigelegt ist – wen gibt es, der das nicht wüsste? Denn Gott hat, wie man sagt, den Himmel nicht für Gänse geschaffen.

Es steht also fest, sogar nach deinem Zeugnis: Wir tun alles aus Notwendigkeit, nichts aus freiem Willensvermögen. Denn die Kraft des freien Willensvermögens ist nichts und tut nichts und vermag nichts

facit, neque potest bonum, absente gratia, Nisi efficatiam velis nova significatione dicere, perfectionem, quasi liberum arbitrium incipere quidem ac velle possit, sed non perficere, quod non credo, Ac postea de hac re latius. Sequitur nunc, liberum arbitrium esse plane divinum nomen, nec ulli posse competere quam soli divinae maiestati, Ea enim potest et facit (sicut Psalmus canit) Omnia quae vult in coelo et in terra.[189] Quod si hominibus tribuitur, nihilo rectius tribuitur, quam si divinitas quoque ipsa eis tribueretur, quo sacrilegio nullum esse maius possit. Proinde theologorum erat ab isto vocabulo abstinere, | cum de humana virtute loqui vellent, et soli Deo relinquere, deinde ex hominum ore et sermone idipsum tollere, tanquam sacrum ac venerabile nomen Deo suo asserere. Atque si omnino aliquam vim tribuerent hominibus, alio vocabulo, quam liberum arbitrium docerent nominandam, praesertim cum nobis cognitum perspectumque sit, misere falli ac seduci eo vocabulo populum, ut qui longe aliud audit et concipit eo vocabulo, quam Theologi sentiunt et disputant. Est enim magnifica nimis et amplissima plenaque vox liberi arbitrii, qua populus putat eam vim significari (sicut et vis et natura vocabuli exigit) quae libere possit in utrunque se vertere, neque ea vis ulli caedat vel subiecta sit, Quod si sciret, hoc secus habere, et modiculam scintilullam vix ea significari, eamque prorsus inefficacem se sola, captivam et servam diaboli, mirum, si non lapidarent nos, tanquam illusores et deceptores, ut qui aliud sonemus, aliudque longe significemus, imo necdum conset aut conveniat, quid significemus, Qui enim Sophistice loquitur (ait Sapiens) odibilis est,[190] maxime si id in rebus pietatis facit, ubi de salute aeterna periculum est.

Cum ergo significationem et rem vocabuli tam gloriosi amiserimus, imo nunquam habuerimus (quod Pelagiani voluerunt et ipsi hoc vocabulo illusi) quid inane vocabulum tam pertinaciter retinemus, in periculum et illusionem fidelis populi? non alia sapientia, quam nunc reges et principes, inanes titulos regnorum et regionum quoque vel retinent vel sibi vendicant ac iactant, cum interim pene mendici sint, ac nihil minus quam ea regna et regiones habent. Verum hoc tolerabile, quando

[189] Ps 135/Vg 134,6.   [190] Sir 37,23

Gutes, wenn die Gnade fehlt. Es sei denn, du wolltest ‚Wirksamkeit' eine neue Bedeutung verleihen und ‚Vollkommenheit' nennen in dem Sinne, dass das freie Willensvermögen zwar anfangen und wollen könne, aber nicht vollenden. Das glaube ich jedoch nicht. Später soll es weiter darum gehen. Jetzt folgt, dass das freie Willensvermögen vollständig ein göttlicher Titel ist und niemandem zustehen kann als allein der göttlichen Majestät. Diese nämlich kann und tut (wie der Psalm singt) alles, „was sie will im Himmel und auf Erden". Wenn dies den Menschen zugebilligt wird, könnte ihnen mit gleichem Recht auch die Göttlichkeit selbst zugebilligt werden. Das wäre ein Sakrileg sondergleichen. Daher war es Pflicht der Theologen, sich dieser Vokabel zu enthalten, wenn sie über menschliche Kraft reden wollten. Sie war allein für Gott zu reservieren und folglich aus der Sprache und der Rede der Menschen herauszunehmen, als ein heiliger und ehrwürdiger Name [nur] ihrem Gott zuzuschreiben. Und wenn sie überhaupt den Menschen irgendeine Kraft zubilligen wollten, sollten sie eine andere Bezeichnung vorschlagen als freies Willensvermögen. Besonders weil uns bekannt und einsichtig ist, dass das Volk durch diese Vokabel elend getäuscht und auf Irrwege geführt wird; denn es hört und versteht unter dieser Vokabel etwas bei weitem anderes, als was die Theologen meinen und disputieren. Es ist ein zu herrliches, zu weites und inhaltsreiches Wort: freies Willensvermögen. Das Volk glaubt, damit würde die Kraft bezeichnet (wie es sowohl die Kraft als auch die Natur des Wortes erfordern), die sich frei nach beiden Seiten wenden könne, und die Kraft, die niemandem weicht oder unterworfen ist. Wenn es wüsste, dass es sich anders verhält und kaum ein winziges Fünkchen damit bezeichnet wird und dass es, auf sich allein gestellt, völlig unwirksam ist, ein Gefangener und Knecht des Teufels – was ein Wunder, wenn sie uns nicht steinigten. Denn wir wären Betrüger, solche, die ihr Spiel treiben, indem wir das eine hören lassen und ganz etwas anderes [damit] bezeichnen, und noch nicht einmal feststeht oder Übereinstimmung darüber herrscht, was wir bezeichnen. Wer nämlich sophistisch redet, sagt der Weise, ist des Hasses würdig, besonders, wenn er dies in Angelegenheiten der Gottesfurcht tut, wo Gefahr für das ewige Heil besteht.

Wir haben nun also die Bezeichnung und den Inhalt einer so ruhmreichen Vokabel verloren, ja, in Wahrheit niemals besessen (was die Pelagianer beanspruchten, die auch durch diese Vokabel getäuscht worden sind). Warum halten wir dann an einer gehaltlosen Vokabel so hartnäckig fest, zur Gefahr und Täuschung des gläubigen Volkes? Doch wohl aus demselben Grund, aus dem Könige und Fürsten noch jetzt an leeren Titeln von Reichen und Herrschaftsgebieten festhalten, sie sich zueignen und sich damit brüsten. In Wahrheit jedoch sind sie inzwischen

neminem fallunt aut ludunt, sed seipsos vanitate pascunt, nullo sane lucro, At hic periculum salutis et illusio nocentissima est, Quis non rideat vel odio potius habeat intempestivum illum vocabulorum innovatorem, qui contra omnium usum, inducere tentet eum modum loquendi, ut mendicum vocet opulentum, non quod aliquid opum habeat, sed forte rex aliquis illi suas donare posset, faceretque id velut serio, nulla figura locutionis, scilicet vel antiphrasi vel ironia? Sic aegrotum usque ad mortem, perfecte sanum, ita sane, quia alter illi posset suam sanitatem dare. Item, si illiteratissimum idiotam, vocet literatissimum, quia alter quispiam literas forte dare posset. Ita et hic sonat, Homo est liberi arbitrii, ita sane, si Deus illi suum concaederet, Hoc abusu loquendi, quilibet de quolibet sese iactare posset, Ut, ille est dominus coeli et ter-| rae, | si Deus hoc ei donaret, At hoc non est Theologorum, sed Histrionum et quadruplatorum, Nostra verba debent esse, propria, pura, sobria, et ut Paulus dicit, sana et irreprehensibilia.[191]

Quod si omnino vocem eam omittere nolumus, quod esset tutissimum et religiosissimum, bona fide tamen eatenus uti doceamus, ut homini arbitrium liberum non respectu superioris, sed tantum inferioris se rei concedatur, hoc est, ut sciat sese in suis facultatibus et possessionibus habere ius utendi, faciendi, omittendi pro libero arbitrio, licet et idipsum regatur solius Dei libero arbitrio, quocunque illi placuerit, Caeterum erga Deum, vel in rebus, quae pertinent ad salutem vel damnationem, non habet liberum arbitrium sed captivus, subiectus et servus est, vel voluntatis Dei vel voluntatis Satanae. Haec dixi de capitibus praefationis tuae, quae et ipsa ferme totam causam complectuntur magis pene quam sequens corpus libelli, Veruntamen summa horum fuit, quae brevi hoc dilemmate potuisset expediri, Aut tua praefatio de verbis Dei, aut de verbis hominum queritur. Si de verbis hominum, tota

---

[191] Tit 2,8.

beinahe Bettler und haben nichts weniger als diese Reiche und Herrschaftsgebiete. Aber das ist erträglich, denn sie täuschen niemanden oder treiben ihr Spiel mit ihm, sie ergötzen sich nur selbst an diesem Eitlen, bestimmt ohne Gewinn. Aber hier [in unserem Fall] herrschen eine Gefährdung des Heils und eine überaus schädliche Täuschung. Wer würde den nicht verlachen oder gar hassen, der rücksichtslos die [Bedeutung der] Vokabeln erneuert, der gegen den allgemeinen Gebrauch sich bemüht, eine solche Sprechweise einzuführen, die einen Bettler als Reichen bezeichnet. Nicht, weil er irgendeinen Reichtum hätte, sondern weil vielleicht irgendein König ihm seinen schenken könnte. Und er würde das auch noch im Ernst tun, nicht in irgendeiner Redefigur, zum Beispiel als Antiphrase oder als Ironie? Genauso, wenn er einen Todkranken als vollkommen gesund bezeichnete, dies freilich deshalb, weil ein anderer ihm seine Gesundheit geben könnte. Ebenso, wenn er einen völlig ungelehrten Stümper als ausgesprochen gelehrt bezeichnete, weil irgendein anderer ihm vielleicht Gelehrsamkeit geben könnte. Genauso klingt es auch hier: Der Mensch hat ein freies Willensvermögen – freilich [nur] dann, wenn Gott ihm das seine überließe. Bei einem solchen Missbrauch der Sprache könnte sich jeder mit allem brüsten, bis dahin, dass er sagte: „Jener ist Herr des Himmels und der Erde" – wenn Gott ihm dies schenkte. Aber das ist nicht die Art der Theologen, sondern die der Schauspieler und der Betrüger. Unsere Worte müssen eindeutig sein, rein, besonnen und, wie Paulus sagt, heilsam und untadelig.

Am sichersten und frömmsten wäre es, dieses Wort ganz aufzugeben. Wollen wir das nicht tun, sollten wir es doch nach bestem Wissen so zu verwenden lehren, dass dem Menschen ein freies Willensvermögen nicht im Blick auf eine ihm übergeordnete, sondern nur im Blick auf eine ihm untergeordnete Sache zugestanden werde. Das heißt, dass er wisse, er habe im Blick auf sein Vermögen und seinen Besitz ein Recht, [Dinge] nach seinem freien Willensvermögen zu gebrauchen, zu tun, zu lassen. Obwohl selbst hier durch das freie Willensvermögen Gottes alles allein dahin gelenkt wird, wohin immer es ihm gefällt. Ansonsten hat der Mensch gegenüber Gott und in den Dingen, die sich auf Heil oder Verdammung beziehen, kein freies Willensvermögen. Hier ist er vielmehr ein Gefangener, ein Unterworfener und ein Knecht entweder des Willens Gottes oder des Willens Satans. Das habe ich nun über die Hauptabschnitte deiner Vorrede gesagt, die beinahe die ganze Angelegenheit umfassen, fast mehr als der folgende Hauptteil des Büchleins. Das Gesamtergebnis davon ist allerdings so gewesen, dass es in Kürze mit folgendem Doppelsatz hätte erledigt werden können: Entweder deine Vorrede untersucht die Worte Gottes oder die Worte der Menschen. Wenn sie über Worte von Menschen handelt, ist sie ganz

frustra scripta est, nec ad nos pertinet. Si de verbis Dei, tota impia est. Proinde utilius fuisset, ut de eo diceretur, an essent verba Dei vel hominum, de quibus disputamus. Hoc autem sequens forte prooemium et ipsa disputatio tractabit, Quae vero in Epilogo praefationis retexis, nihil movent, ut quod fabulas vocas et inutilia dogmata nostra, esse potius exemplo Pauli, docendum Christum crucifixum, sapientiam inter perfectos docendam,[192] Esse scripturae suam linguam pro modo auditorum varie attemperatam, ut prudentiae et charitati doctoris relinquendam ducas, qui doceat, quod expediat proximo.[193] Omnia inepte dicis et ignoranter, Nam et nos nihil nisi Ihesum | crucifixum docemus, At Christus crucifixus haec omnia secum affert, ipsamque adeo sapientiam inter perfectos, cum nulla sit alia sapientia inter Christianos docenda, quam ea quae abscondita est in mysterio et ad perfectos pertinet, non ad pueros Iudaici et legalis populi sine fide in operibus gloriantis, ut. 1. Corinth. 2. sentit Paulus, nisi tu Christum crucifixum docere aliud nihil vis intelligi, quam has literas sonare, Christus est crucifixus. Iam quod Deus irascitur, furit, odit, dolet, miserescit, penitet, quorum tamen nullum in Deum | cadit, Hic nodus in scirpo quaeritur,[194] Neque enim haec scripturam faciunt obscuram aut variis auditoribus attemperandam, nisi quod delectat obscuritates facere, ubi nullae sunt, Grammatica enim ista sunt et figuris verborum composita, quae etiam pueri norunt, Nos vero de dogmatibus, non de grammaticis figuris agimus in hac causa.

    Ingressurus igitur disputationem, Promittis acturum te scripturis Canonicis, quandoquidem Lutherus nullius praeterea scriptoris authoritate tenetur.[195] Placet, et accipio promissum, quanquam non id promittis eo consilio, quod inutiles eosdem scriptores ad causam iudices, sed ut frustraneum laborem | non subeas, Nam non satis probas hanc meam vel audaciam vel quo nomine appellandum est hoc meum institutum, Movet enim te non nihil, tam numerosa series eruditissimorum virorum, tot saeculorum consensu approbatorum inter quos fuerunt, peritissimi sacrarum literarum, item sanctissimi, aliqui martyres, multi miraculis clari, Adde recentiores Theologos, tot Academias, Con-

---

[192] 1Kor 1,23; 2,2; 2,6–10. [193] Erasmus I a 11; ErAS 4,18/20. [194] Terenz: Andria 5,4,38; Erasmus: Adagia 2,4,76. [195] Frasmus I b 1; ErAS 4,20.

vergeblich geschrieben und geht uns nichts an. Wenn sie über Worte Gottes handelt, ist sie ganz gottlos. Daher wäre es nützlicher gewesen, sie hätte darüber gesprochen, ob es Worte Gottes oder von Menschen sind, über die wir diskutieren. Das werden aber vielleicht die folgende Vorrede und die Disputation selbst behandeln. Was du aber am Ende der Vorrede eröffnest, trägt nichts aus. Wie etwa, dass du unsere Lehren als Fabeln bezeichnest und als unnütz; besser solle man nach dem Beispiel des Paulus Christus, den Gekreuzigten, die Weisheit unter den Vollkommenen lehren; es sei die der Schrift eigene Sprache nach Art der Hörer verschieden angepasst, woraus du folgerst, es sei der Klugheit und der Liebe des Lehrers überlassen, der lehren soll, was dem Nächsten nützt. Das alles sprichst du törichterweise und in Unkenntnis. Denn auch wir lehren nichts außer Jesus, den Gekreuzigten. Aber der gekreuzigte Christus bringt das alles mit sich, gerade auch die Weisheit unter den Vollkommenen. Denn es ist keine andere Weisheit unter den Christen zu lehren als die, die im Geheimnis verborgen ist und sich auf die Vollkommenen bezieht, nicht auf die Kinder des jüdischen und am Gesetz orientierten Volkes, die sich ohne den Glauben der Werke rühmen, wie Paulus 1Kor 2 meint. Es sei denn, du wolltest, dass den gekreuzigten Christus zu lehren nicht anders verstanden wird, als diese Worte hören zu lassen: Christus ist gekreuzigt. Nun, dass Gott zürnt, wütet, hasst, Schmerz empfindet, sich erbarmt, Reue empfindet – davon fällt nichts auf Gott. Hier wird der Knoten in der Binse gesucht [das heißt, hier werden Probleme gesucht, die keine sind]. Denn das macht die Schrift nicht dunkel oder es notwendig, dass sie verschiedenen Hörern angepasst werde. Es sei denn, jemand hat Vergnügen daran, Dunkelheiten zu schaffen, wo keine sind. Das sind nämlich grammatische Dinge und Zusammensetzungen durch Wortfiguren, die sogar die Kinder kennen. Wir aber beschäftigen uns mit Lehrstücken, nicht mit grammatischen Figuren in dieser verhandelten Sache.

Indem du in die Disputation eintrittst, versprichst du, mit Hilfe der kanonischen Schriften handeln zu wollen, weil sich ja Luther der Autorität weiter keines anderen Autors verpflichtet weiß. Das gefällt mir, und ich nehme das Versprechen an. Obwohl du das ja nicht mit der Absicht versprichst, weil du eben diese Schriftsteller als unnütz für die Angelegenheit beurteilst, sondern damit du dir keine vergebliche Mühe auflädst. Denn du billigst nicht genug diese meine Kühnheit oder wie diese meine Methode zu nennen ist. Denn es beeindruckt dich doch ziemlich die so zahlreiche Reihe gelehrtester Männer, durch jahrhundertelange Übereinstimmung anerkannt; unter ihnen sind die besten Kenner der Heiligen Schrift, ebenso die Heiligsten, einige Märtyrer, viele durch Wunder Berühmte gewesen. Füge neuere Theologen, so

cilia, Episcopos, Pontifices, Summa, ex hac parte stat, Eruditio, ingenium, multitudo, magnitudo, altitudo, fortitudo, sanctimonia, miracula, et quid non? Ex mea vero parte unus Wicleff et alter Laurentius Valla,[196] quanquam et Augustinus, quem praeteris, meus totus est, Sed illi nihil ponderis habent prae illis, Reliquus est | Lutherus unus, privatus, nuper natus, cum suis amicis, in quibus neque tanta eruditio, nec tantum ingenium, nec multitudo nec magnitudo, nec sanctimonia, nec miracula,[197] ut qui ne claudum quidem equum sanare queant, Scripturam ostentant, quam tamen dubiam habent, aeque ut altera pars, deinde spiritum iactant, quem nusquam ostendunt, Et | alia quae tu plurima fando, enumerare vales. Nihil igitur apud nos, quam ut lupus ad devoratam philomelam dixit, Vox es, praeterea nihil, Dicunt enim, et hoc solo (ais) sibi credi volunt. Fateor, Mi Erasme, non immerito te istis omnibus moveri, Ego ultra decennium istis sic motus sum, ut nullum alium arbitrer esse, qui aeque sit istis permotus, Eratque mihi incredibile ipsi, hanc Troiam nostram, tanto tempore, tot bellis invictam, posse aliquando capi, Et testor Deum in animam meam, perseverassem, adhuc hodie sic moverer, nisi urgente conscientia, et evidentia rerum me in diversum cogeret. Potes sane cogitare, nec mihi saxeum esse pectus, atque si saxeum esset, tamen tantis fluctibus et aestibus luctatum et collisum potuisse liquescere, dum id auderem, quo facto, videbam omnem illorum authoritatem, quos recensuisti, super caput meum velut diluvium inundaturam. Sed non est nunc locus, meae vitae aut operum historiam texere, nec ut nosipsos commendaremus, haec suscepta sunt, sed ut gratiam Dei extolleremus, Quis sim, et quo spiritu et consilio in istas res raptus sim, illi commendo, qui scit, haec omnia, suo, non meo arbitrio libero gesta, quamvis et ipse mundus id iam dudum sensisse deberet. Et plane in odiosum locum me isto exordio coniicis, ut nisi meipsum iactavero et tot patres vituperavero, non facile me expediam, Sed breviter dicam, Eruditione, ingenio, multitudine, authoritate et omnibus aliis, etiam te iudice, caedo. Quid autem sit ostensio spiritus,

---

[196] Erasmus I b 2; ErAS 4,22/24. [197] Erasmus I b 2; ErAS 4,24.

viele Universitäten, Konzile, Bischöfe, Päpste hinzu. Kurzum: Auf deiner Seite stehen Gelehrsamkeit, Begabung, Vielzahl, Bedeutung, Erhabenheit, Größe, Tapferkeit, Heiligkeit, Wunder – und was nicht [alles]? Auf meiner Seite aber stehen einzig Wyclif und noch Laurentius Valla, obwohl auch Augustinus, den du übergehst, ganz der Meine ist. Aber diese haben ja kein Gewicht den anderen gegenüber. Übrig bleibt Luther allein, ein Privatmann, noch feucht hinter den Ohren, mit seinen Freunden, bei denen weder so große Gelehrsamkeit noch eine solche Begabung, weder Vielzahl noch Bedeutung, weder Heiligkeit noch Wunder zu finden sind, so dass sie nicht einmal ein lahmes Pferd heilen können. Sie verweisen auf die Schrift, die sie doch für zweifelhaft halten, genau wie die Gegenseite; dann kehren sie den Geist hervor, den sie nirgends zeigen. Und anderes, das du reichlich aufzählen kannst. Das ist uns gegenüber vergleichbar dem Wolf, der zu der Nachtigall sprach, nachdem er sie verschlungen hatte: Du singst schön, sonst nichts. Denn sie reden nur, und dadurch allein, sagst du, wollen sie, man solle ihnen glauben. Ich gestehe, mein Erasmus, du bist nicht zu Unrecht von diesem allen beeindruckt. Ich selbst war über zehn Jahre lang davon so beeindruckt, dass ich glaube, es gibt keinen anderen, der in gleicher Weise davon beeindruckt war. Und es war mir eine unglaubliche Vorstellung, dies unser Troja, so lange Zeit und in so vielen Kriegen unbesiegt, könne einmal eingenommen werden. Und – ich rufe Gott zum Zeugen meiner Seele an – ich wäre dabei geblieben: Bis heute wäre ich so beeindruckt, wenn nicht das Gewissen mich gedrängt hätte und das ganz Einleuchtende der Dinge mich nicht in die entgegengesetzte Richtung gezwungen hätte. Du magst freilich denken, dass auch ich kein Herz aus Stein habe, und wenn es aus Stein wäre, dass es – angestoßen und bekämpft von so großen Fluten und Stürmen – hätte weich werden können, als ich das wagte und nach meiner Tat sah, dass die gesamte Autorität jener, die du erwähnt hast, wie eine Sintflut über mein Haupt schwemmen würde. Aber es ist jetzt nicht der Ort, die Geschichte meines Lebens oder meiner Werke niederzuschreiben. Wir haben das ja nicht unternommen, um uns selbst zu empfehlen, sondern um die Gnade Gottes herauszuheben. Wer ich bin und durch welchen Geist und nach welchem Ratschluss ich zu diesen Sachen hingerissen worden bin, befehle ich jenem, der weiß, dass dies alles nach seinem, nicht nach meinem freien Willensvermögen geschehen ist. Wiewohl das ja auch die Welt schon längst hätte spüren müssen. Und fast hast du mich durch diese Vorrede in eine hässliche Lage versetzt, aus der ich ohne Selbstruhm und gleichzeitigen Tadel so vieler Väter nicht leicht herauskommen werde. Aber ich will kurz sagen: Im Blick auf Gelehrsamkeit, Begabung, Vielzahl, Ansehen und alles andere scheide ich, auch nach

quid miracula, quid sanctimonia, haec tria si a te requiram, quantum ex literis et libris tuis te novi, imperitior et ignorantior videberis, quam ut ulla syllaba queas ostendere, Aut si urgeam et postulem, quem nam inter omnes illos quos iactas, certo possis monstrare, sanctum fuisse vel esse, aut spiritum habuisse, aut vera miracula edidisse, arbitror te multum, sed frustra sudaturum esse. Multa loqueris ex usu et publicis sermonibus accepta, quae non credis, quantum amittant fidei et authoritatis, si ad iudicium conscientiae vocentur. Verum est proverbium, Multos in terra pro sanctos haberi, quorum animae sunt in inferno.[198]

Sed donemus tibi, si vis, etiam omnes fuisse sanctos, omnes habuisse spiritum, omnes fecisse miracula (quod tamen non petis) Hoc mihi dic, an in nomine aut virtute liberi arbitrii, aut ad confirmandum dogma de libero | arbitrio | ullus eorum fuerit sanctus, acceperit spiritum, ediderit miracula? Absit (inquies) sed in nomine et virtute Ihesu Christi et pro dogmate Christi, facta sunt haec omnia. Quid igitur sanctimoniam, spiritum, miracula eorum, pro dogmate liberi arbitrii adducis? pro quo data et facta non sunt? Nostra igitur sunt illorum miracula, spiritus et sanctimonia, qui Ihesum Christum, non autem vires aut opera hominum praedicamus. Quid iam mirum, si ii, qui sancti, spirituales, mirabiles fuerunt, aliquoties carne praeventi, locuti sunt et operati secundum carnem, quando id et ipsis Apostolis sub ipso Christo non semel accidit? Neque enim tu negas, sed asseris, liberum arbitrium non esse spiritus aut Christi negocium, sed humanum, ita ut spiritus qui Christum clarificaturus promissus est,[199] utique non possit liberum arbitrium praedicare, Si ergo patres aliquando liberum arbitrium praedicaverunt, certe ex carne (ut fuerunt homines) non ex spiritu Dei sunt locuti, multo minus pro eo miracula ediderunt. Quare inepta est allegatio tua, de sanctimonia, spiritu et miraculis patrum, quod ex iis, non liberum arbitrium sed Ihesu Christi dogma, contra liberum arbitrium dogma probetur.

Sed agite adhuc, qui ex libero arbitrio estis et dogma eiusmodi verum, hoc est, ex spiritu Dei asseritis venisse, adhuc, inquam, ostendi-

---

[198] Vgl. etwa Wander 1,75 (Nr. 2), 2,465 (Nr. 54).   [199] Joh 14,26; 16,14.

deinem Urteil, aus. Was aber Erweis des Geistes, was Wunder, was Heiligkeit ist – würde ich diese drei von dir zu erfahren suchen, wirst du, soweit ich dich aus deinen Briefen und Büchern kenne, so unerfahren und unwissend erscheinen, dass du dies auch mit nur einer Silbe zeigen
5 könntest. Oder wenn ich drängte und forderte, von welchem von all denen, die du anführst, du sicher seine Heiligkeit, seine Geistbegabung oder seine Wundertätigkeit zeigen könntest – ich glaube, du würdest viel, aber vergeblich schwitzen. Viel sprichst du, was du aus dem allgemeinen Gebrauch oder den öffentlichen Reden angenommen hast. Du
10 glaubst aber nicht, wie viel Vertrauen und Ansehen es verliert, wenn es vor das Urteil des Gewissens gerufen wird. Wahr ist das Sprichwort: Viele werden auf Erden für heilig gehalten, deren Seelen in der Hölle sind.

Aber lass uns dir zugeben, wenn du willst, dass sogar alle heilig
15 waren, alle den Geist gehabt, alle Wunder vollbracht haben (was du gar nicht einmal verlangst). Das sag mir, ob im Namen oder durch die Kraft des freien Willensvermögens oder, um die Lehre des freien Willensvermögens zu bestärken, irgendeiner von ihnen heilig gewesen ist, den Geist empfangen, Wunder vollbracht hat? Das sei ferne (wirst du sa-
20 gen)! Vielmehr im Namen und durch die Kraft Jesu Christi und für die Lehre Christi ist dies alles geschehen! Was führst du also deren Heiligkeit, Geist und Wunder für die Lehre vom freien Willensvermögen an? Wofür das ja gar nicht gegeben und geschehen ist? Unser sind also die Wunder, der Geist und die Heiligkeit jener, die wir Jesus Christus, nicht
25 aber Kräfte und Werke von Menschen predigen. Was also Wunder, wenn diejenigen, die heilig, geistlich, wundertätig gewesen sind, bisweilen, vom Fleisch eingeholt, nach dem Fleisch gesprochen und gehandelt haben? Was sogar den Aposteln höchstpersönlich unter Christus selbst nicht nur einmal geschehen ist? Denn auch du verneinst nicht, sondern
30 bezeugst als Wahrheit, das freie Willensvermögen sei keine Sache des Geistes oder Christi, vielmehr eine menschliche, so dass der Geist, der zur Verklärung Christi zugesagt ist, das freie Willensvermögen durchaus nicht predigen kann. Wenn also die Väter bisweilen das freie Willensvermögen gepredigt haben, haben sie sicher aus dem Fleisch (weil
35 sie ja Menschen gewesen sind), nicht aus dem Geist Gottes gesprochen. Und um wie viel weniger haben sie dafür Wunder vollbracht. Daher ist deine Berufung auf die Heiligkeit, den Geist und die Wunder der Väter unbrauchbar. Denn daraus wird nicht das freie Willensvermögen, sondern die Lehre Jesu Christi gegen die vom freien Willensvermögen
40 bewiesen.

Aber macht ruhig weiter, ihr, die ihr auf der Seite des freien Willensvermögens steht und behauptet, eine derartige Lehre sei wahr, das

te spiritum, edite miracula, monstrate sanctimoniam, Certe vos, qui asseritis, haec nobis negantibus debetis, A nobis, qui negamus, spiritus, sanctimonia, miracula exigi non debent, A vobis, qui asseritis, debent, Quando negativa, nihil ponit, nihil est, nihil tenetur probare, nec debet probari, Affirmativa debet probari. Vos liberum arbitrium vim et rem humanam affirmatis, sed nullum hactenus est visum aut auditum miraculum a Deo, pro ullo dogmate rei humanae, sed solum pro dogmate rei divinae. Nobis autem mandatum est, prorsus nullum dogma admittere, signis divinis non ante probatum, Deut. 18.[200] Quin scriptura hominem vocat vanitatem et mendacium, Quod aliud nihil est, quam omnia humana esse vana et mendacia.[201] Agite igitur, Agite inquam, probate dogma vestrum de vanitate humana et mendacio esse verum, Ubi hic ostensio spiritus? ubi sanctimonia? ubi miracula? Ingenia, eruditionem, authoritatem video, sed ea et gentibus dedit Deus. Nec tamen vos ad magna miracula cogemus, nec ad equum claudum sanandum, ne causemini carnale saeculum, quanquam Deus sua dogmata miraculis confirmare soleat, nullo respectu carnalis saeculi, neque enim saeculi carnalis meritis vel demeritis movetur, sed mera misericordia, gratia et amore animarum solida veritate stabiliendarum in gloriam suam. Electio vobis datur miraculi | quantumlibet parvi faciendi. Quin ego vestrum Baal irritaturus insulto et provoco, ut vel unam ranam creetis in nomine et virtute liberi arbitrii quarum tamen gentiles et impii Magi in Aegypto potuerunt multas creare,[202] non enim pediculis creandis gravabo vos, quos nec illi educere potuerunt. Dicam adhuc levius, capite vel unum pulicem vel pediculum (quando nostrum Deum tentatis et ridetis in sanando equo claudo) et coniunctis omnibus viribus, conflatisque omnibus studiis, tam Dei vestri quam vestrorum omnium, si poteritis illum occidere, in nomine et virtute liberi arbitrii, victores estote, et | defensa sit causa vestra, mox veniemus et nos adoraturi Deum illum, mirabilem interfectorem pediculi, Non quod negem vos posse et montes

---

[200] Dtn 18,22   [201] Ps 116/Vg 115,11; Koh 3,19; Röm 3,4.   [202] Ex 8,3–10.

heißt, sie sei aus dem Geist Gottes gekommen! Weiter, sage ich, beweist den Geist, bringt Wunder hervor, zeigt die Heiligkeit! Mit Sicherheit seid ihr, die ihr das als Wahrheit behauptet, das uns, die wir das verneinen, schuldig. Von uns, die wir verneinen, sind Geist, Heiligkeit, Wunder nicht zu fordern. Von euch, die ihr [das] als Wahrheit behauptet, hingegen sehr wohl. Weil ja doch die negative Aussage nichts setzt, ist sie nichts, sie enthält nichts zu beweisen und muss nicht bewiesen werden. Die positive Aussage muss bewiesen werden. Ihr sagt das freie Willensvermögen als Kraft und Sache des Menschen aus, aber bisher ist kein Wunder von Gott gesehen oder gehört worden für irgendeine Lehre einer Sache des Menschen, sondern nur für eine Lehre einer Sache Gottes. Uns aber ist aufgetragen, überhaupt keine Lehre zuzulassen, die nicht zuvor durch göttliche Zeichen erwiesen wurde, Dtn 18. Die Schrift nennt ja sogar den Menschen Eitelkeit und Lüge. Was nichts anderes ist, als dass alles Menschliche eitel und lügnerisch ist. Macht nur also, macht nur, sage ich, bringt den Beweis bei, dass eure Lehre bezogen auf menschliche Eitelkeit und Lüge wahr ist! Wo ist hier der Nachweis des Geistes? Wo die Heiligkeit? Wo die Wunder? Begabung, Gelehrsamkeit, Ansehen sehe ich; aber diese hat Gott auch den Heiden gegeben. Wir wollen euch ja gar nicht zu großen Wundern zwingen und nicht dazu, einen lahmen Gaul zu heilen, damit ihr nicht das fleischliche Zeitalter vorschützt. Obgleich Gott seine Lehren mit Wundern zu bekräftigen pflegt ohne Rücksicht auf ein fleischliches Zeitalter, denn er wird auch nicht durch Verdienste oder Verdienstlosigkeit eines fleischlichen Zeitalters beeindruckt, sondern durch reines Erbarmen, Gnade und Liebe zu den Seelen, die durch feste Wahrheit zu befestigen sind zu seiner Ehre. Euch wird die Wahl gegeben, ein wie kleines Wunder auch immer zu tun. Ja, ich will euren Baal reizen, verhöhnen und provozieren, dass ihr wenigstens einen einzigen Frosch schafft im Namen und mit der Kraft des freien Willensvermögens. Davon konnten die ja doch heidnischen und gottlosen Zauberer in Ägypten viele schaffen, denn ich will euch nicht mit der Schaffung von Läusen beschweren, die auch jene nicht hervorbringen konnten. Noch leichter will ich es euch machen und weiter sagen: Fangt einen einzigen Floh oder ein Läuschen (weil ihr ja unseren Gott versucht und verlacht mit der Heilung eines lahmen Gauls)! Und wenn ihr alle Kräfte vereinigt und alle Mühe angewandt habt – die eures Gottes wie die von euch allen – und wenn ihr den [sc. den Floh, das Läuschen] dann werdet töten können im Namen und in der Kraft des freien Willensvermögens –, dann sollt ihr die Sieger sein und und eure Sache sei verteidigt! Wir werden bald kommen und jenen Gott anbeten, jenen wunderbaren Mörder eines Läuschens. Nicht dass ich verneinen wollte, ihr könntet auch Berge versetzen. Aber [sagen will ich,]

transferre, Sed quod aliud sit quippiam ex vi liberi arbitrii factum dici, et aliud idipsum probari.

Quod autem de miraculis dixi, idem de sanctimonia dico, Si poteritis in tanta serie saeculorum, virorum, et omnium quae memorasti, ostendere unum opus (sit etiam levare stipulam de terra) aut unum verbum (sit vel syllaba My)[203] vel unum cogitatum ex vi liberi arbitrii (sit vel tenuissimum suspirium) quo vel applicuerunt se ad gratiam, vel quo meruerunt spiritum, vel quo impetraverunt veniam, vel quo aliquid cum Deo egerunt, quantumvis modiculum (taceo, quo sanctificati sint) Iterum victores vos estote, et nos victi, Ex vi (inquam) et nomine liberi arbitrii. Nam quae fiunt in hominibus vi creationis divinae, habent Scripturae testimonia abunde. Et certe id ostendere debetis, ne ridiculi doctores videamini, qui de ea re dogmata, cum tanto supercilio et authoritate spargitis in mundum, cuius nullum producatis monumentum, Somnia enim dicentur, ad quae nihil sequitur, quod longe turpissimum est, tantis et tot saeculorum viris eruditissimis et sanctissimis et miraculosis, Ium Stoicos vobis praeferemus, qui licet et ipsi descripserunt sapientem, qualem nunquam viderunt, tamen partem aliquam conati sunt exprimere. Vos prorsus nihil ne umbram quidem vestri dogmatis exprimere potestis.[204] Sic de spiritu dico, Si ex omnibus assertoribus liberi arbitrii ostendere potestis unum, qui tantillum robur animi vel affectus habuerit, ut in nomine et virtute liberi arbitrii unum obulum contemnere, uno bolo carere, unum verbum vel signum iniuriae ferre potuerit (nam de contemptu opum, | vitae, famae nihil dicam) iterum palmam habete et sub hastam libenter ibimus, Atque idipsum vos, qui tanta bucca verborum vim liberi arbitrii iactatis, nobis exhibere debetis, aut iterum de lana caprina[205] videbimini statuere, aut ut ille, in vacuo theatro ludos spectare.[206] Ego vero contrarium nobis facile ostendam, Quod viri sancti, quales iactatis, quoties ad Deum oraturi vel acturi accedunt, quam penitus obliti incedant liberi arbitrii sui, desperantes de semetipsis ac nihil nisi solam et puram gratiam longe alia meritis

---

[203] Erasmus: Adagia 1,8,2. [204] Erasmus: Adagia 1,9,86. [205] Horaz: Epistulae 1,18,15; Erasmus: Adagia 1,3,53. [206] Horaz: Epistulae 2,2,130.

dass es etwas anderes ist, wenn gesagt wird, etwas sei kraft des freien
Willensvermögens geschehen, und etwas anderes, dasselbe zu beweisen.
Was ich aber über die Wunder gesagt habe, dasselbe sage ich auch
über die Heiligkeit. Gelänge es euch, in der jahrhundertelangen Reihe
5 der Männer und all dessen, was ihr erwähnt habt, ein einziges Werk zu
zeigen (und sei es auch einen Strohhalm von der Erde aufzuheben) oder
ein einziges Wort (und sei es die Silbe ‚my') oder einen einzigen Gedanken kraft des freien Willensvermögens (und sei es ein ganz zarter Seufzer), mit dem sie sich zur Gnade gewendet oder wodurch sie sich den
10 Geist verdient oder womit sie Verzeihung erlangt oder wodurch sie
irgendetwas mit Gott gehandelt haben, wie gering auch immer (ganz
zu schweigen, wodurch sie geheiligt wurden), so sollt ihr wiederum die
Sieger sein und wir die Besiegten – in der Kraft, betone ich, und im Namen des freien Willensvermögens. Denn was in den Menschen kraft
15 göttlicher Schöpfung geschieht, davon hat die Schrift Zeugnisse im
Übermaß. Und gewiss müsst ihr das beweisen, um nicht als lächerliche
Lehrer zu erscheinen, die ihr Lehren über diese Sache mit so großem
Stolz und so großer Autorität in die Welt streut, für die ihr kein einziges
Beweiszeichen vorbringt. Träume nämlich werden sie genannt werden,
20 auf die nichts folgt. Und das ist das bei weitem Schändlichste für über
jahrhundertelang als so bedeutend geltende Männer, sehr gebildet und
sehr heilig und wundertätig. Dann werden wir euch die Stoiker vorziehen, die zwar auch einen Weisen so beschrieben haben, wie sie ihn niemals gesehen, aber doch immerhin teilweise darzustellen versucht
25 haben. Ihr hingegen könnt nichts, nicht einmal einen Schatten eures
Lehrstücks darstellen. So sage ich aus dem Geist: Wenn ihr von allen, die
das freie Willensvermögen als Wahrheit behaupten, einen einzigen zeigen könnt, der auch nur so viel Geisteskraft oder Leidenschaft hatte,
dass er durch die Kraft und im Namen des freien Willensvermögens
30 einen einzigen Heller verachten, einen einzigen Gewinn entbehren, ein
einziges Wort oder Zeichen der Beleidigung ertragen konnte (denn von
der Verachtung von Reichtum, Leben und Ruf will ich nichts sagen), so
habt wiederum die Siegespalme und wir werden uns gerne unter die
Lanze begeben [sc. uns geschlagen geben]. Ebenso müsst ihr, die ihr so
35 vollmundig die Kraft des freien Willensvermögens hochhaltet, uns die
vorzeigen, oder ihr werdet wiederum so erscheinen, als ob ihr um des
Kaisers Bart streitet, oder wie der, welcher in einem leeren Theater
Schauspiele ansieht. Ich aber werde euch leicht das Gegenteil zeigen:
dass [nämlich] die heiligen Männer, mit denen ihr euch brüstet, sooft
40 sie sich Gott näherten, um zu ihm zu beten oder mit ihm zu handeln,
ihr freies Willensvermögen gänzlich vergessend daherkamen, an sich
selbst verzweifelten und für sich weit anderes als Verdienste, [nämlich]

sibi invocantes, Qualis sepe Augustinus, Qualis Bernardus cum moriturus diceret, Perdidi tempus meum, quia perdite vixi.²⁰⁷ Non video hic | allegari vim aliquam, quae ad gratiam sese applicet, sed accusari omnem vim quod non nisi aversa fuerit,²⁰⁸ Quanquam illi ipsi sancti aliquando inter disputandum aliter de libero arbitrio locuti sunt, sicut video omnibus accidisse, ut alii sint, dum verbis aut disputationibus intenti sunt, et alii dum affectibus et operibus, illic dicunt aliter quam affecti fuerunt ante, hic aliter afficiuntur quam dixerunt ante, Ex affectu vero potius quam ex sermone metiendi sunt homines, tam pii quam impii.

Sed adhuc amplius vobis donamus, miracula, spiritum, sanctimoniam non exigimus, ad ipsum dogma revertamur, Hoc solum petimus, ut saltem id nobis indicetis, quod nam opus, quod verbum, quem cogitatum illa vis liberi arbitrii moveat, vel conetur vel faciat, ut applicet sese ad gratiam, Non enim satis est dicere, Est vis, Est vis, Est vis quaedam liberi arbitrii quid | enim dictu facilius? nec hoc est virorum eruditissimorum et sanctissimorum, tot saeculis approbatorum, sed nominandus est infans (ut aiunt germanico proverbio)²⁰⁹ definiendum, quae sit illa vis, quid faciat, quid patiatur, quid accidat, Exempli causa, crassissime enim dicam, hoc queritur, An illa vis, vel orare, vel ieiunare, vel laborare, vel corpus fatigare, vel elemosynam dare, vel aliud huiusmodi debeat, vel conetur, Si enim vis est, aliquid operis molietur. Sed hic estis ranis Seriphiis²¹⁰ et piscibus magis muti, Et quomodo definiretis? cum vestro ipsorum testimonio, sitis adhuc de ipsa vi incerti, varii inter vos et inconstantes vobis ipsis, Quid fiet de definitione, cum definitum ipsum sibi non constet? Sed esto, quod post annos Platonis,²¹¹ | aliquando inter vos de vi ipsa conveniat, tum definiatur, eius opus esse, orare, ieiunare vel aliquid tale, quod adhuc forte in Platonicis idaeis latet, Quis nos certos faciet, id esse verum, id placere Deo, nosque tuto rectum agere? praesertim, cum ipsi fateamini, esse rem humanam, quae spiri-

---

²⁰⁷ Bernhard von Clairvaux: Sermones in Canticum canticorum 20,1.   ²⁰⁸ Erasmus I b 10; ErAS 4,36.   ²⁰⁹ Vgl. etwa Wander 2,1274 (Nr. 77–79); 1321 (Nr. 1114).   ²¹⁰ Plinius: Historia naturalis 8,83,2; Erasmus: Adagia 1,5,31.   ²¹¹ Erasmus: Adagia 1,5,84.

nichts als nur die reine Gnade allein anriefen. Wie das so oft Augustinus getan hat. Wie Bernhard, als er im Sterben sprach: Ich habe meine Zeit vergeudet, weil ich vergeudet gelebt habe. Ich sehe hier keine Berufung auf irgendeine Kraft, die sich der Gnade zuwendete. Alle Kraft wird vielmehr angeklagt, sich nur abgewendet zu haben – obwohl auch die Heiligen manchmal während einer Disputation anders über das freie Willensvermögen geredet haben. Das ist, wenn ich es richtig sehe, allen passiert: Sie sind andere, wenn sie sich auf Worte oder Disputationen richten, und andere, wenn auf Affekte und Werke. Dort reden sie anders, als sie vorher betroffen waren, hier sind sie anders betroffen, als sie vorher geredet haben. Nach dem Affekt aber sind die Menschen eher zu messen als nach der Rede, schon, wenn sie gottesfürchtig, erst recht, wenn sie gottlos sind.

Aber wir wollen euch noch mehr zugestehen: Wunder, Geist und Heiligkeit fordern wir nicht, lasst uns zum Lehrstück selbst zurückkehren. Das allein verlangen wir, dass ihr uns wenigstens anzeigt, welches Werk denn, welches Wort, welchen Gedanken jene Kraft des freien Willensvermögens anregt oder unternimmt oder tut, um sich zur Gnade hinzuwenden. Denn es ist nicht genug, [beinahe beschwörerisch] zu sagen: Es gibt eine Kraft, es gibt eine Kraft, es gibt eine gewisse Kraft des freien Willensvermögens – denn was ist leichter zu sagen? Das ist auch nicht Sache von ausgesprochen gelehrten und heiligen, jahrhundertelang anerkannten Männern. Sondern das Kind muss (wie man mit einem deutschen Sprichwort sagt) beim Namen genannt werden, es muss definiert werden, was jene Kraft ist, was sie tut, was sie an sich geschehen lässt, was ihr widerfährt. Zum Beispiel wird, um es nämlich ganz grob zu sagen, danach gefragt, ob jene Kraft beten oder fasten oder leiden oder den Leib züchtigen oder Almosen geben oder irgendetwas dieser Art schuldig sei oder sich darum bemüht. Wenn sie nämlich eine Kraft ist, wird sie doch wohl irgendein Werk zu Stande bringen. Aber hier seid ihr stummer als die Seriphischen Frösche und die Fische. Und wie solltet ihr auch definieren können? Wo ihr doch nach eurem eigenen Zeugnis noch unsicher über eben diese Kraft seid, unentschieden untereinander und mit euch selbst nicht einig. Was wird mit der Definition geschehen, wenn das Definierte sich selbst nicht gleich bleibt? Aber vielleicht kommt es ja dahin, dass am Sankt Nimmerleinstag einmal unter euch über die Kraft selbst Einigkeit herrscht! Dann möge definiert werden, es sei deren Werk zu beten, zu fasten oder etwas dergleichen, was bisher vielleicht in den platonischen Ideen verborgen ist. Wer wird uns gewiss machen, dies sei wahr, dies gefalle Gott und wir handelten mit Sicherheit richtig? Besonders, wo ihr selbst bekennt, dies sei eine menschliche Angelegenheit, die das Zeugnis des Geistes nicht

tus testimonium non habet, ut quae Philosophis iactata et in mundo fuerit, antequam Christus veniret et spiritus de coelo mitteretur, ut certissimum sit, non de coelo missum, sed e terra iam ante natum hoc dogma, ideo magno opus testimonio, ut certum et verum esse confirmetur.

Simus ergo nos privati et pauci, vos vel publicani et multi, nos rudes, vos eruditissimi, nos crassi, vos ingeniosissimi, nos heri nati, vos Deucalione[212] antiquiores, nos nunquam recepti, vos tot saeculis approbati, Denique nos peccato- | res, carnales, socordes, vos sanctimonia, spiritu, miraculis metuendi | vel ipsis daemonibus, saltem ius Turcarum et Iudaeorum nobis permittite, ut rationem dogmatis vestri postulemus, quod Petrus[213] vester vobis mandavit. Postulamus autem modestissime, scilicet quod non exigimus sanctimonia, spiritu, miraculis ipsum probari, quod utique possemus iure vestro, cum ipsi hoc ab aliis exigatis, Quin et hoc donamus, ne ullum exemplum facti vel verbi, vel cogitationis in vestro dogmate exhibeatis, sed id solum doceatis, ipsum dogma saltem declaretis, quid per Ipsum intelligi velitis, qua forma, si vos non vultis vel non potestis, saltem nos conemur exemplum eius edere. Imitamini vel Papam cum suis, qui dicunt, Quae dicimus facite, secundum opera vero nostra nolite facere,[214] Ita et vos dicite, Quod opus illa vis requirat fieri, nos accingemur, vobis ocio relicto, An non hoc saltem impetrabimus a nobis? Quo plures estis, quo antiquiores, quo maiores, et quo omnibus nominibus potiores quam nos, hoc turpius vobis est, ut nobis, qui omnibus modis nihili sumus coram vobis, dogma vestrum discere et facere volentibus, non possitis, miraculo, vel pediculi occisi, vel spiritus ullo affectulo, vel sanctimoniae ullo opusculo, probare, sed nec ullius facti vel verbi exemplum ostendere, Deinde quod inauditum est, nec ipsam dogmatis formam aut intelligentiam declarare, ut saltem nos imitaremur. O festivi magistri liberi arbitrii. Quid iam nos estis, nisi vox, praeterea nihil?[215] Qui nunc sunt Erasme illi, qui spiritum iactant, et nihil ostendunt, qui dicunt solum, ac mox sibi credi

---

[212] Ovid: Metamorphoses 1,318 f. [213] 1Petr 3,15. [214] Mt 23,3. [215] S. o. 300,12.

hat, weil sie von den Philosophen im Munde geführt wurde und in der Welt gewesen ist, bevor Christus kam und der Geist vom Himmel gesandt wurde. Es ist also ganz gewiss, dass dieses Lehrstück nicht vom Himmel geschickt, sondern schon zuvor auf der Erde entstanden ist; deshalb bedarf es schon eines großen Zeugnisses, um zu bekräftigen, es sei gewiss und wahr.

Seien wir also Privatleute und nur wenige, ihr öffentliche Persönlichkeiten und viele; wir ungebildet, ihr ausgesprochen gebildet; wir roh, ihr überaus geistreich; wir noch nicht trocken hinter den Ohren, ihr älter als Deukalion; wir niemals akzeptiert, ihr jahrhundertelang anerkannt. Und schließlich: wir Sünder, fleischlich und geistlos, ihr durch Heiligkeit, Geist und Wunder selbst für die Dämonen solche, die zu fürchten sind – gesteht uns wenigstens das Recht der Türken und Juden zu, eine Begründung für euren Lehrsatz zu fordern, was euer Petrus euch aufgetragen hat. Wir sind aber sehr bescheiden in unserer Forderung, weil wir nämlich nicht verlangen, dass das Lehrstück selbst durch Heiligkeit, Geist und Wunder bewiesen wird. Obwohl wir das ja nach eurem Recht könnten, da ihr selbst das von anderen verlangt. Ja, wir schenken euch sogar das, dass ihr nicht irgendein Beispiel einer Tat, eines Wortes oder eines Gedankens für euren Lehrsatz beibringt, sondern dass ihr nur das lehrt, wenigstens eben den Lehrsatz erklärt, was ihr darunter verstanden wissen wollt, damit wir eine Form haben, nach der wenigstens wir, wenn ihr nicht wollt oder könnt, versuchen können, ein Beispiel für ihn zu bringen. Ihr ahmt sogar den Papst mitsamt den Seinen nach, die sagen: Was wir sagen, tut; gemäß unseren Werken aber handelt bitte nicht! So sprecht auch ihr: Welches Werk auch jene Kraft zu tun erfordert, wir sind dazu gerüstet, euch lassen wir damit in Ruhe. Oder werden wir nicht einmal das bei euch erreichen? Um wie viel zahlreicher seid ihr, um wie viel älter, um wie viel bedeutender und um wie viel überlegener an allen Ehrennamen als wir. Desto schändlicher ist es für euch, dass ihr es nicht vermögt, uns, die wir in jeder Hinsicht vor euch Nichtse sind, aber euren Lehrsatz lernen und tun wollen, durch ein Wunder, und sei es das eines getöteten Läuschens, oder durch irgendeine kleine Bewegung des Geistes oder durch irgendein kleines Werk der Heiligkeit einen Beweis zu erbringen. Im Gegenteil: Kein Beispiel irgendeiner Tat oder eines Wortes könnt ihr zeigen. Ferner, was nun wirklich unerhört ist, könnt ihr nicht einmal die Form selbst des Lehrsatzes oder sein Verständnis erklären, dass wir es wenigstens nachahmen könnten. Oh ihr feinen Lehrer des freien Willensvermögens! Was seid ihr nun – nur eine Stimme und sonst nichts? Wer sind jetzt jene, Erasmus, die mit dem Geist prahlen und nichts zeigen, die nur reden und wollen, dass man ihnen sofort glaubt? Sind die nicht

volunt? Nonne tui illi sunt, sic in coelum vecti? qui ne dicitis quidem, et tanta iactatis et exigitis. Rogamus itaque per Christum, Mi Erasme, tu cum tuis, nobis saltem concaedite, ut periculo conscientiae nostrae absterriti, liceat metu trepidare, vel saltem assensum differre dogmatis, quod tu ipse vides, esse nihil nisi inanem vocem et strepitum syllabarum, scilicet, Vis liberi arbitrii est, Vis liberi arbitrii est, etiam si ad summum veneritis et omnia vestra probata sint et constent, Deinde adhuc incertum apud ipsos tuos, an ea vox sit vel non sit, cum ipsi inter sese varient et sibi ipsis non constent,[216] Iniquissimum est, imo longe miserrimum, solo phantasmate voculae unius, eiusdemque incertae, nostras conscientias vexari, quas Christus sanguine suo redemit,[217] Ac nisi vexari nos sinamus, rei accusamur superbiae inauditae, quod tot patres tot saeculorum contempserimus, qui liberum arbitrium asseruerint, cum verius, ut ex dictis vides, nihil prorsus de libero arbitrio definirint, ac sub praetextu et nomine illorum, | liberi arbitrii dogma erigitur, cuius tamen neque speciem nec nomen possunt ostendere, et mendaci vocabulo sic deludunt orbem. |

Atque hic, Erasme, tuum ipsius consilium appellamus, qui supra suasisti, esse omittendas eiusmodi quaestiones, ac potius docendum Christum crucifixum,[218] et quae satis sint ad Christianam pietatem. Hoc enim iam dudum nos quaerimus et agimus. Quid enim nos contendimus aliud, quam ut simplicitas et puritas doctrinae Christianae regnet, relictis et neglectis iis, quae per homines iuxta inventa et introducta sunt? Sed tu qui consulis talia nobis, ipse non facis, imo contrarium facis, scribis Diatribas, Decreta Pontificum celebras, authoritatem hominum iactas, et omnia tentas, ut nos rapias in ista peregrina et aliena a scripturis sanctis ac non necessaria volvas, ut simplicitatem et synceritatem pietatis Christianae corrumpamus et confundamus hominum additamentis. Quo facile intelligimus, nec ex animo te ista nobis consuluisse, nec quicquam serio te scribere, sed inanibus bullis verborum tuorum confidis te orbem posse duci quocunque vis, Et tamen

---

[216] Erasmus I b 1; ErAS 4,20/22. [217] Hebr 9,14; 1Petr 1,18 f. [218] S. o. 298,4–9; Erasmus I a 11; ErAS 4,18/20.

die Deinen, so in den Himmel gehoben? Die ihr nicht einmal redet und mit so Großem prahlt und fordert. Wir bitten daher durch Christus, mein Erasmus: Du mit den Deinen, gesteht uns wenigstens zu, dass wir, wegen der Gefahr für unser Gewissen abgeschreckt, vor Furcht zittern oder doch die Zustimmung zu dem Lehrsatz aufschieben dürfen. Denn du siehst ja selbst, dass er nichts ist außer ein leerer Ausdruck und ein Getöse von Silben, nämlich: „Es gibt eine Kraft des freien Willensvermögens, es gibt eine Kraft des freien Willensvermögens" – auch wenn ihr zum Höchsten vorgedrungen seid und all das Eure bewiesen ist und feststeht. Weiter ist es bisher auch bei den Deinen unsicher, ob es dies Wort gibt oder nicht, weil sie untereinander nicht übereinstimmen und mit sich selbst nicht einig sind. Es ist ausgesprochen unrecht, ja in hohem Maße erbärmlich, dass durch die Vorstellung eines einzigen Wörtchens allein, das dazu noch unsicher ist, unsere Gewissen, die Christus mit seinem Blut erlöst hat, beunruhigt werden. Aber wenn wir uns nicht beunruhigen lassen, werden wir eines unerhörten Hochmutes angeklagt, weil wir so viele jahrhundertealte Väter verachten, die das freie Willensvermögen als Wahrheit behauptet haben. Dabei müsste man, wie du aus dem Gesagten ersiehst, richtiger sagen, dass sie ganz und gar nichts über das freie Willensvermögen definiert haben. Aber unter ihnen als Vorwand und in ihrem Namen wird der Lehrsatz vom freien Willensvermögen aufgerichtet, von dem sie doch weder eine Vorstellung noch einen Begriff darbieten können und so mit einer lügnerischen Vokabel die Welt verspotten.

Aber hier, Erasmus, appellieren wir an deinen eigenen Rat. Weiter oben hast du geraten, Fragen dieser Art seien zu meiden und vielmehr sei der gekreuzigte Christus zu lehren und das sei genug zur christlichen Gottesfurcht. Danach fragen und handeln wir doch schon längst. Was nämlich anderes erstreben wir, als dass die Einfachheit und Reinheit der christlichen Lehre herrsche und das hintangestellt und fahren gelassen wird, was durch Menschen dazu erfunden und eingeführt wurde? Aber du, der du uns solches rätst, handelst selbst nicht so. Du tust sogar das Gegenteil, du schreibst Diatriben, du feierst die Dekrete der Päpste, du prahlst mit dem Ansehen von Menschen und du versuchst alles, um uns dahin zu entführen, was gegenüber der Heiligen Schrift so gänzlich fremd und anders ist, und verwickelst uns in nicht Notwendiges, mit der Folge, dass wir die Einfachheit und Reinheit der christlichen Gottesfurcht verderben und mit menschlichen Zusätzen vermischen. Daraus ersehen wir leicht, dass du uns das nicht aus vollem Herzen geraten hast und gar nichts mit Ernst schreibst. Du glaubst im Gegenteil, mit deinen leeren Worthülsen die Welt dahin führen zu können, wohin du willst. Und doch führst du sie nirgendwohin, weil du

nusquam ducis, cum nihil prorsus dicas, nisi meras contradictiones per omnia et ubique, ut rectissime dixerit, qui te ipsissimum Protheon aut Vertumnum appellavit,[219] aut ut Christus dicit, Medice cura te ipsum,[220] Turpe est doctori quem culpa redarguit ipsum.[221]

Donec igitur vestram affirmativam probaveritis, stamus in nostra negativa,[222] et sub iudice etiam toto illo choro sanctorum quem tu iactas,[223] vel potius toto mundo, audemus et gloriamur, id quod nihil est, nec quid sit, monstrari certo potest, oportere nos non admittere, Atque vos omnes esse incredibili praesumptione vel insania, qui a nobis id ipsum exigatis admitti, nulla causa, nisi quia vos multos, magnos, antiquos, id quod nihil esse ipsi fatemini, asserere delectat, quasi res sit Christianis magistris digna, miserum populum in re pietatis, eo quod nihil est, ac si magni ad salutem momenti foret, ludere. Ubi nunc est illud graecorum ingeniorum acumen, quod hactenus, saltem bella aliqua specie fingebat mendacia, hic aperto et nudo sermone mentitur? Ubi latina illa industria graecae aequata, quae sic ludit et luditur vocabulo vanissimo?[224] Sed sic contingit imprudentibus, vel malignis lectoribus librorum, dum ea, quae sunt infirmitatis in patribus et sanctis, faciunt omnia esse summae authoritatis, ut culpa ista non sit authorum, sed lectorum. Ac si quis sanctimonia et authoritate Sancti Petri nixus, contenderit omnia quae Sanctus Petrus unquam dixit, esse vera, ut etiam illud persuadeat | esse verum, | quod Matthei. 16. ex carnis infirmitate suasit Christo, ne pateretur, aut illud, ubi iussit Christum exire a se de navi,[225] et multa alia, in quibus ab ipso Christo reprehenditur.

Similes sunt, qui eiusmodi sunt, illis, qui ridendi gratia garriunt, non esse omnia vera, quae sunt in Evangelio, et apprehendunt illud Iohan. 8. ubi Iudaei dicunt ad Christum, Nonne bene dicimus nos, quod Samaritanus es et daemonium habes? Vel illud, Reus est mortis, Vel illud, Hunc invenimus subvertentem gentem nostram et prohibentem tributa dari caesari.[226] Idem faciunt, diverso quidem fine, nec voluntate, ut illi, sed caecitate et ignorantia liberi arbitrii assertores, qui ex patribus id, quod infirmitate carnis lapsi pro libero arbitrio dixerunt,

---

[219] S. o. 222,27 mit Anm. 13. [220] Lk 4,23. [221] Pseudo-Dionysius Cato: Disticha moralia 1,30. [222] S. o. 304,1–5. [223] S. o. 298,30–300,3; Erasmus I b 2; ErAS 4,22/24. [224] Erasmus I b 3; ErAS 4,26. [225] Mt 16,22 f.; Lk 5,8 [226] Joh 8,48; Mt 26,66; Lk 23,2.

überhaupt nichts sagst außer reinen Widersprüchen, bei allem und überall. Sehr richtig hat also derjenige gesprochen, der gerade dich einen Proteus oder Vertumnus genannt hat, oder wie Christus sagt: „Arzt, hilf dir selbst!" Schändlich ist es für einen Gelehrten, wenn ein Fehler ihn selbst widerlegt.

Solange also, bis ihr eure Behauptung bewiesen habt, bleiben wir bei unserer Ablehnung, auch wenn der ganze Chor der Heiligen, den du anführst, oder besser: der ganzen Welt, uns verurteilt. Wir wagen es und rühmen uns dessen, dass wir das nicht zugeben müssen, was nichts ist und von dem nicht sicher gezeigt werden kann, was es ist. Und dass ihr alle von einer unglaublichen Anmaßung, ja von einem Wahn seid, die ihr von uns verlangt, gerade das zuzulassen, ohne Grund. Wenn man einmal davon absieht, dass ihr, die ihr Viele, Bedeutende und Alte seid, Freude daran habt, etwas als Wahrheit zu behaupten, von dem ihr selbst bekennt, es sei nichts. Als ob die Sache christlichen Lehrern würdig wäre, das arme Volk in einer Sache der Gottesfurcht zu täuschen mit etwas, was nichts bedeutet, [so zu tun,] als habe es ein großes Gewicht im Blick auf das Heil. Wo ist jetzt jener Scharfsinn der griechischen Geister, der bisher wenigstens noch in irgendeiner schönen Gestalt die Lügen erfand, jetzt aber in offener und bloßer Rede lügt? Wo ist jener lateinische, dem griechischen gleiche Eifer, der so täuscht und sich von einer völlig leeren Vokabel täuschen lässt? Aber so geschieht es den dummen oder bösartigen Bücherlesern, wenn sie das, was bei den Vätern und Heiligen unsicher ist, alles zu einer Sache höchsten Ansehens machen. Mit der Folge, dass die Schuld nicht bei den Autoren, sondern bei den Lesern liegt. Als ob jemand, der sich auf die Heiligkeit und das Ansehen des Heilige Petrus stützt, behauptete, alles, was der Heilige Petrus jemals gesagt habe, sei wahr, bis dahin, dass er zu überreden sucht, auch das sei wahr, was er Mt 16 aus Schwachheit des Fleisches Christus geraten hat, nämlich dass er nicht leiden solle; oder jenes, wo er Christus befiehlt, von ihm weg aus dem Schiff zu gehen; und vieles andere, worin er von Christus selbst getadelt wird.

Ähnlich sind solche Leute jenen, die zum Spott daherreden, nicht alles sei wahr, was im Evangelium steht, und dafür jenes Wort Joh 8 anführen, wo die Juden zu Christus sprechen: „Sagen wir denn etwa nicht richtig, dass du ein Samariter bist und einen Dämon hast?" Oder jenes: „Er ist des Todes schuldig." Oder jenes: „Wir haben diesen angetroffen als jemanden, der unser Volk aufwiegelt und verbietet, dem Kaiser Steuern zu geben." Dasselbe wie jene tun – wenn auch mit unterschiedlichem Ziel und nicht willentlich, sondern aus Blindheit und Unkenntnis – diejenigen, die das freie Willensvermögen als Wahrheit bezeugen. Dabei nehmen sie aus den Vätern das auf, was die, in

ita apprehendunt, ut etiam opponant ei, quod alio loco idem patres fortitudine spiritus contra liberum arbitrium dixerunt, tum urgent mox, et cogunt, ut melius caedat deteriori. Ita fit, ut authoritatem deterioribus dictis tribuant, quia faciunt ad sensum carnis suae, et adimant melioribus, quia faciunt contra sensum carnis suae. Cur non potius eligimus meliora? Talia enim multa sunt in patribus, Et ut exempli aliquid afferam, Quid carnalius? imo quid magis impium, sacrilegum et blasphemum dici potest, quam id quod Hieronymus solet, Virginitas coelum, coniugium terram replet,[227] quasi Patriarchis et Apostolis ac Christianis coniugibus terra, non coelum debeatur, aut virginibus vestalibus in gentibus sine Christo, coelum debeatur? Et tamen haec et similia ex patribus colligunt Sophistae, dum numero potius quam iudicio certant, ut authoritatem illis parent, quemadmodum fecit insulsus ille Faber Constantiensis,[228] qui margaritum illud suum, id est, Augiae stabulum nuper donavit publico, ut esset quod piis et eruditis nauseam cieret et vomitum.

Per haec ad illud respondeo, ubi dicis, Incredibile esse, ut Deus Ecclesiae suae errorem dissimularit tot saeculis, nec ulli sanctorum suorum revelarit, id quod nos contendimus esse doctrinae Evangelicae caput?[229] Primum, non dicimus errorem hunc esse in Ecclesia sua toleratum a Deo, nec in ullo suo sancto, Ecclesia enim spiritu Dei regitur, Sancti aguntur spiritu Dei, Rom. 8.[230] Et Christus cum Ecclesia sua manet usque ad | consummationem mundi. Et Ecclesia Dei est firmamentum et columna veritatis,[231] Haec, inquam, novimus, Nam sic | habet et symbolum omnium nostrum, Credo Ecclesiam sanctam catholicam, ut impossibile sit, illam errare etiam in minimo articulo. Atque si etiam donemus, aliquos electos in errore teneri in tota vita, tamen ante mortem necesse est, ut redeant in viam, quia Christus dicit Iohan. 8. Nemo rapiet eos de manu mea.[232] Sed hic labor, hic opus est,[233] certo constare, an illi, quos tu Ecclesiam vocas, Ecclesia sint, vel potius an tota vita errantes, demum ante mortem sint reducti. Neque enim sequitur statim, si Deus illos omnes, quos adducis, quantavis longa serie saeculo-

---

[227] Hieronymus: Epistulae 22,19. [228] Johann Faber (Heigerlin): Opus adversus nova quaedam et a christiana religione prorsus aliena dogmata Martini Lutheri. Rom 1522; Leipzig 1523; Faber war ein Anhänger des Erasmus und (1523) der Hauptgegner Zwinglis bei der Zürcher Disputation; für ‚Augiae stabulum' vgl. Erasmus: Adagia 2,4,21. [229] Erasmus I b 8; ErAS 4,34. [230] Röm 8,14. [231] Mt 28,20; 1 Tim 3,15. [232] Joh 10,28. [233] Vergil: Aeneis 6,129.

Schwachheit des Fleisches gefallen, zu Gunsten des freien Willensvermögens gesagt haben. Und zwar so, dass sie es auch dem entgegenstellen, was dieselben Väter an anderer Stelle in der Stärke des Geistes gegen das freie Willensvermögen gesagt haben; dann drängen sie sofort darauf und erzwingen, dass das Bessere dem Schlechteren weicht. So geschieht es, dass sie den schlechteren Aussprüchen Autorität beilegen, weil sie zu ihrem fleischlichen Sinn passen, den besseren [diese Autorität] aber absprechen, weil sie gegen ihren fleischlichen Sinn stehen. Warum wählen wir nicht lieber die besseren Aussprüche? Denn davon gibt es viele bei den Vätern. Um irgendein Beispiel anzuführen: Was ist fleischlicher, ja, was kann gottloser, mehr ein Sakrileg und eine Blasphemie genannt werden als das, was Hieronymus [zu sagen] pflegt: „Die Jungfräulichkeit füllt den Himmel, die Ehe die Erde"? Als ob den Patriarchen und Aposteln und christlichen Eheleuten die Erde, nicht der Himmel gebührte oder den vestalischen Jungfrauen bei den Heiden ohne Christus der Himmel? Und dennoch sammeln die Sophisten dieses und Ähnliches aus den Vätern, und dabei kämpfen sie lieber mit der Zahl [der Belege] als um ein abgewogenes Urteil, in der Absicht, jenen Ansehen zu verschaffen. So auch jener alberne Faber aus Konstanz, der neulich seine Perle, das heißt, seinen Augiasstall der Öffentlichkeit geschenkt hat, nur um bei den Gottesfürchtigen und Gelehrten Übelkeit und Erbrechen hervorzurufen.

Damit antworte ich auf die Stelle, an der du sagst, es sei nicht zu glauben, dass Gott seine Kirche jahrhundertelang den Irrtum nicht hat entdecken lassen. Dass er nicht irgendeinem seiner Heiligen das offenbart hat, von dem wir behaupten, es sei das Hauptstück der evangelischen Lehre. Erstens sagen wir nicht, dass dieser Irrtum von Gott in seiner Kirche oder in irgendeinem seiner Heiligen geduldet wurde. Die Kirche wird nämlich vom Geist Gottes regiert, die Heiligen vom Geist Gottes getrieben, Röm 8. Und Christus bleibt bei seiner Kirche bis zur Vollendung der Welt. Und die Kirche Gottes ist die Stütze und die Säule der Wahrheit. Das, sage ich, wissen wir. Denn so lautet auch unser aller Glaubensbekenntnis: Ich glaube die heilige, katholische Kirche. So ist es unmöglich, dass sie auch nur im kleinsten Artikel irrt. Und wenn wir auch zugäben, dass einige Auserwählte ihr ganzes Leben lang im Irrtum gefangen gehalten werden, müssen sie doch vor ihrem Tod auf den [rechten] Weg zurückkehren, weil Christus Joh 8 sagt: „Niemand wird diese meiner Hand entreißen." Aber hier ist es unbedingt erforderlich, sicher festzustellen, ob diejenigen, die du Kirche nennst, Kirche sind. Oder vielmehr die, die ihr ganzes Leben lang irrten und erst vor ihrem Tod zurückgeführt worden sind. Denn daraus, dass Gott jahrhundertelang den Irrtum all jener so ausgesprochen gelehrter Männer, die du

rum, eruditissimos viros, passus sit errare, ergo Ecclesiam suam passus est errare. Vide populum Dei Israel, ubi in tanto regum numero et tempore, ne unus quidem rex numeratur, qui non erret. Et sub Elia Propheta sic omnes et omne quod publicum erat istius populi, abierat in idolatriam, ut se solum relictum putaret, cum interim, dum reges, principes, sacerdotes, Prophetae et quicquid poterat populus vel Ecclesia Dei dici, perditum iret, septem milia sibi reservarit Deus,[234] quos quis vidit aut novit esse, populum Dei? Quis igitur et nunc negare audeat, Deum sub istis principibus viris (non enim nisi viros publici ministerii et nominis recenses) in vulgo sibi servasse Ecclesiam, et illos omnes, exemplo Iraelitici regni, perire permisisse? quandoquidem peculiare est Deo, Electos Israel impedire et pingues eorum occidere Psalmo. 77, Feces vero et reliquias Israel servare, ut Isaias dicit.[235]

Quid accidit sub ipso Christo, ubi omnes Apostoli scandalisati,[236] tum ipse ab universo populo negatus et damnatus est, vix uno et altero Nicodemo et Iosepho, tum latrone in cruce servatis?[237] At nunquid illi populus Dei tum dicebantur? Erant quidem populus Dei reliquus, sed non nominabatur, is qui nominabatur, non erat. Quis scit, si toto mundi cursu, ab origine sua, semper talis fuerit status Ecclesiae Dei, ut alii dicerentur populus et sancti Dei, qui non essent, alii vero inter illos, ut reliquiae, essent et non dicerentur populus aut sancti, sicut monstrat historia Cain et Habel, Ismael et Isaac, Esau et Iacob? Vide Arrianorum saeculum, ubi vix quinque in toto orbe Episcopi catholici servati sunt, iique a sedibus pulsi, regnantibus ubique Arrianis publico nomine et officio Ecclesiae, nihilominus sub istis haereticis suam Ecclesiam servavit Christus, sed sic, ut minime Ecclesia putaretur aut haberetur. Sub Papae regno, ostende unum Episcopum suo officio fungentem, ostende unum concilium, in quo de rebus pietatis tractatum sit, ac non potius de palliis, de dignitate, de censibus et aliis prophanis nugis, | quae spiritui sancto tribuere, nisi insanus, non possit, Et nihilominus ii Ecclesia vocantur, cum omnes, saltem sic viventes, perditi sint et nihil minus

---

[234] 1Kön 18,22; 19,18.   [235] Ps 78/Vg 77,31; Jes 10,22.   [236] Mt 26,56.   [237] Joh 19,38 f.; Mt 27,57; Lk 23,40–43.

anführst, geduldet hat, folgt nicht sofort, dass er auch den Irrtum seiner Kirche geduldet hat. Sieh das Volk Gottes, Israel, an, wo bei einer so großen Anzahl von Königen und in so langer Zeit nicht ein einziger König aufgezählt wird, der nicht irrte. Und unter dem Propheten Elia waren alle und jedes, was zum Gemeinwesen dieses Volkes gehörte, zum Götzendienst abgefallen, so dass er glaubte, allein übrig zu sein; als Könige, Fürsten, Priester, Propheten und was immer Volk oder Kirche Gottes genannt werden konnte, ins Verderben gingen, Gott sich währenddessen 7000 zurückbehielt – wer hat gesehen oder erkannt, dass diese das Volk Gottes sind? Wer wagt es also zu verneinen, Gott habe sich auch jetzt unter jenen führenden Männern (denn du zählst nur die Männer auf, die ein öffentliches Amt und einen [bekannten] Namen haben) im Volk die Kirche erhalten und zugelassen, dass jene alle nach dem Beispiel des israelitischen Reiches vergehen? Es ist nun einmal eine Eigenschaft Gottes, den Auserwählten Israels Hindernisse in den Weg zu legen und ihre Fetten zu töten, Ps 77, den Abschaum aber und den Rest Israels zu bewahren, wie Jesaja sagt.

Was geschah unter Christus selbst, als alle Apostel Anstoß nahmen, dann er selbst vom gesamten Volk abgelehnt und verurteilt wurde, wobei kaum der eine oder andere: ein Nikodemus, ein Josef, dann der Verbrecher am Kreuz, übrig blieb? Aber wurden denn die damals Volk Gottes genannt? Sie waren zwar das übrig gebliebene Volk Gottes, wurden aber nicht so genannt. Und das, was so bezeichnet wurde, war es nicht. Wer weiß, ob nicht im gesamten Weltenlauf, von Anfang an, immer solch ein Zustand der Kirche Gottes geherrscht hat, dass die einen Volk und Heilige Gottes genannt wurden, die es nicht waren, während andere unter ihnen wie ein Rest waren, aber nicht Volk oder Heilige genannt wurden, wie die Geschichte Kains und Abels, Ismaels und Isaaks, Esaus und Jakobs zeigt? Sieh das Zeitalter der Arianer, als kaum fünf katholische Bischöfe auf dem gesamten Erdkreis übrig waren; und diese sind noch von ihren Sitzen vertrieben worden, während überall die Arianer unter dem öffentlichen Titel und Amt ‚Kirche' herrschten. Nichtsdestoweniger hat Christus unter diesen Häretikern seine Kirche bewahrt, aber so, dass sie in keiner Weise als Kirche geglaubt und dafür gehalten wurde. Unter der Herrschaft des Papstes – zeige mir einen einzigen Bischof, der seines Amtes waltet! Zeige mir ein einziges Konzil, bei dem über Angelegenheiten der Gottesfurcht verhandelt worden ist und nicht eher über Pallien, über äußere Ehre, über Abgaben und andere profane Nichtigkeiten. Das kann ja wohl niemand – er sei denn wahnsinnig – dem Heiligen Geist zuschreiben. Und nichtsdestoweniger werden diese Kirche genannt, obwohl alle, wenigstens die so leben, verdorben und nichts weniger als Kirche sind. Aber

quam Ecclesia. Verum sub iis servavit suam Ecclesiam, sed ut non diceretur Ecclesia. Quot sanctos putas exusserunt et occiderunt iam aliquot saeculis, soli illi inquisitores haereticae pravitatis? velut Iohannem | Hussum et similes, quorum saeculo non dubium est, multos vires sanctos vixisse eodem spiritu. Cur non illud potius miraris Erasme, quod ab origine mundi semper inter gentes fuerunt, excellentiora ingenia, maior eruditio, ardentius studium, quam inter Christianos vel populos Dei, sicut Christus ipse confitetur, prudentiores esse filios huius saeculi filiis lucis?[238] Quis Christianorum vel uni Ciceroni, ut Graecos taceam, ingenio, eruditione, diligentia comparandus est?[239] Quid igitur obstitisse dicemus, ut nullus illorum ad gratiam pervenire potuerit? qui certe liberum arbitrium summis exercuerunt viribus? Nullum vero inter eos fuisse, qui summo studio ad veritatem contenderit, quis audeat dicere? Et tamen asseri oportet, nullum pervenisse. An etiam hic incredibile dices? Deum tot tantosque viros, perpetuo mundi cursu, reliquisse et frustra niti permisisse? Certe, si liberum arbitrium aliquid esset vel potuisset, in illis viris fuisse et potuisse debuit, vel uno aliquo exemplo, Sed nihil valuit, imo in contrarium semper valuit, ut hoc uno argumento satis probari queat, liberum arbitrium nihil esse, ut cuius nullum indicium ab initio mundi usque in finem ostendi possit. Sed redeo ad propositum. Quid mirum, si Deus omnes Ecclesiae maiores sinat ire vias suas, qui sic omnes gentes permisit ire vias suas, ut Paulus in actis dicit?[240] Non est res tam vulgaris, Mi Erasme, Ecclesia Dei, quam est, nomen hoc, Ecclesia Dei, nec ita passim occursant sancti Dei, ut hoc nomen, Sancti Dei, Margaritum et nobiles gemmae sunt,[241] quas spiritus non proiicit ante porcos,[242] sed ut scriptura vocat, absconditas servat, ne impius videat gloriam Dei,[243] Alioqui si palam ab omnibus agnoscerentur quomodo fieri posset, ut sic in mundo vexarentur et affligerentur? ut Paulus dicit, Si cognovissent, nunquam Dominum gloriae crucifixissent.[244]

Non haec dico, quod sanctos vel Ecclesiam Dei esse negem, quos tu adducis, sed quod probari non possit, si quis neget, esse ipsos sanctos,

---

[238] Lk 16,8.   [239] S. o. 314,16 f.   [240] Apg 14,16.   [241] Mt 13,46.   [242] Mt 7,6.   [243] Mt 11,25.   [244] 1Kor 2,8.

unter ihnen hat er seine Kirche erhalten, aber sie wurde nicht Kirche genannt. Wie viele Heilige, glaubst du, haben allein schon jene Inquisitoren häretischer Verkehrtheit in nun schon einigen Jahrhunderten verbrannt und getötet? Wie Johannes Hus und ähnliche, zu deren Zeit
5 zweifelsohne viele heilige Männer in demselben Geist gelebt haben. Warum wunderst du dich, Erasmus, nicht viel mehr darüber, dass von Anbeginn der Welt unter den Heiden immer hervorragendere Geister gewesen sind, eine größere Bildung, ein brennenderer Eifer als unter den Christen oder den Völkern Gottes? Wie Christus selbst bekennt:
10 „Die Söhne dieser Welt sind klüger als die Söhne des Lichts." Welcher Christ ist auch nur dem Cicero (um von den Griechen zu schweigen) an Geist, Bildung und Sorgfalt zu vergleichen? Was also sollen wir als Hindernis benennen, dass keiner von ihnen zur Gnade gelangen konnte? Die doch gewiss das freie Willensvermögen mit höchsten Kräften aus-
15 geübt haben? Wer wagte zu sagen, es sei keiner unter ihnen gewesen, der sich mit höchstem Eifer um die Wahrheit bemüht habe? Und dennoch muss als Wahrheit bezeugt werden, keiner habe sie erlangt. Oder wirst du auch hier sagen, das sei unglaublich? Dass Gott so viele und so bedeutende Männer im ewigen Weltenlauf im Stich und zugelassen
20 habe, dass sie sich vergeblich bemühten? Gewiss, wenn das freie Willensvermögen etwas wäre oder ausrichten könnte, hätte er in jenen Männern sein und etwas ausrichten müssen, wenigstens an einem einzigen Beispiel. Aber es hat nichts vermocht, ja, es hat stets nur das Gegenteil vermocht. Folglich kann mit diesem einen einzigen Argu-
25 ment genügend bewiesen werden, dass das freie Willensvermögen nichts ist, so dass kein Anzeichen dafür von Anbeginn der Welt bis zu ihrem Ende gezeigt werden kann. Aber ich kehre zum Thema zurück. Was Wunder, wenn Gott alle Großen der Kirche ihre eigenen Wege gehen lässt, der schon so alle Heiden ihre eigenen Wege gehen ließ, wie
30 Paulus in der Apostelgeschichte sagt? Denn die Kirche Gottes, mein Erasmus, ist keine so gewöhnliche Sache wie dieser Name ‚Kirche Gottes', und die Heiligen Gottes begegnen nicht so allüberall wie dieser Name ‚Heilige Gottes'. Eine Perle und edle Schmuckstücke sind sie, die der Geist nicht vor die Säue wirft, sondern – wie die Schrift sagt – ver-
35 borgen bewahrt, damit nicht ein Gottloser die Herrlichkeit Gottes sehe. Andererseits: Wenn sie offen von allen erkannt würden, wie könnte es dann geschehen, dass sie so in der Welt gequält und verfolgt werden? Wie Paulus sagt: „Wenn sie erkannt hätten, hätten sie niemals den Herrn der Herrlichkeit gekreuzigt."
40 Das sage ich nicht, weil ich verneinen will, dass die Heilige oder Kirche Gottes sind, die du anführst. Sondern weil dann, wenn es jemand verneint, nicht erwiesen werden kann, dass eben diese heilig sind – dass

relinqui vero prorsus incertum, ideo locum a sanctimonia eorum, non esse fidelem satis, pro dogmate aliquo confirmando. Sanctos eos dico et habeo, | Ecclesiam Dei eos voco et sentio, canone charitatis, non canone fidei, Hoc est, Charitas, quae omnia optima de quovis cogitat, nec est suspicax, omniaque credit ac praesumit de proximis bona,²⁴⁵ sanctum vocat quemlibet baptisatum, nec periculum est, si erret, quia charitatis est falli, cum sit exposita omnibus omnium usibus et abusibus, ministra generalis, bonorum, malorum, fidelium, infidelium, veracium, fallacium. Fides vero nullum vocat sanctum, nisi divino iudicio declaratum, Quia fidei est, non falli. Ideo cum omnes debeamus haberi invicem sancti, iure charitatis, nullus tamen debet sanctus decerni, iure fidei, tanquam articulus sit fidei, illum vel illum esse sanctum, quo modo suos, quos nescit, sanctos canonisat, adversarius ille Dei, Papa in locum | Dei se constituens.²⁴⁶ Hoc solum dico, de illis tuis, vel nostris potius sanctis, quod cum ipsi varient inter sese, illi potius sequendi fuerant, qui optima, id est, contra liberum arbitrium pro gratia, loquuti sunt, relictis illis, qui pro infirmitate carnis, carnem potius quam spiritum testificati sunt, Ita et illi, qui sibi ipsis non constant, ea parte fuerant eligendi et apprehendendi, ubi ex spiritu loquuntur, relinquendi vero, ubi carnem saperent, Hoc erat Christiani lectoris et animalis mundi habentis difissas ungulas, et ruminantis.²⁴⁷ Nunc vero posthabito iudicio, omnia confusa voramus, aut quod iniquius est, perverso iudicio meliora respuimus, deteriora probamus,²⁴⁷* in unis eisdemque authoribus, tum illisipsis deterioribus titulum et authoritatem sanctimoniae eorum aptamus, quam tamen illi, ob optima et ob solum spiritum, non ob liberum arbitrium vel carnem meruerunt.

Quid igitur faciemus? abscondita est Ecclesia, latent sancti, Quid? cui credemus? seu ut tu argutissime disputas, Quis nos certos facit? Unde explorabimus spiritum?²⁴⁸ Si eruditionem spectes, utrinque sunt Rabini, Sin vitam, utrinque peccatores, Sin scripturam, utrique amplec-

---

²⁴⁵ 1Kor 13,4–7. ²⁴⁶ 2Thess 2,4. ²⁴⁷ Lev 11,4. ²⁴⁷* Vgl. Ovid, Metamorph. 7,20 f. ²⁴⁸ Erasmus I b 5; ErAS 4,28/30.

es im Gegenteil gänzlich unsicher bleibt. Ihre Heiligkeit ist infolgedessen kein ausreichend vertrauenswürdiger Ausgangspunkt, um irgendeinen Lehrsatz zu bekräftigen. Ich nenne sie Heilige und halte sie dafür, ich bezeichne sie als Kirche Gottes und glaube das, nach dem Maßstab der Liebe, nicht nach dem Maßstab des Glaubens. Das heißt, ‚Liebe‘, die alles Beste von jedem annimmt, nicht argwöhnisch ist, alles Gute von den Nächsten glaubt und annimmt, jeden Getauften heilig nennt. Und es besteht keine Gefahr, wenn sie irrt, denn es gehört zur Liebe, getäuscht zu werden, weil sie ja allem Gebrauch und Missbrauch aller ausgesetzt ist; sie ist eine allgemeine Dienerin, der Guten und der Bösen, der Treuen und der Untreuen, der Wahrhaftigen und der Betrüger. Der Glaube aber nennt keinen heilig, außer er ist durch göttliches Urteil dazu erklärt. Denn es ist Sache des Glaubens, nicht getäuscht zu werden. Daher müssen wir uns alle gegenseitig für heilig halten nach dem Recht der Liebe, und dennoch darf keiner als heilig beurteilt werden nach dem Recht des Glaubens, als ob es ein Glaubensartikel wäre, dass jener oder jener heilig sei; auf diese Weise kanonisiert jener Widersacher Gottes die Seinen, die er nicht kennt, zu Heiligen, der Papst nämlich, der sich an die Stelle Gottes setzt. Das sage ich nur von jenen deinen oder besser: unseren Heiligen. Weil sie sich untereinander unterscheiden, war es besser, jenen nachzufolgen, die das Beste, nämlich gegen das freie Willensvermögen für die Gnade Gottes gesprochen haben. Jene hingegen, die entsprechend der Schwäche des Fleisches eher das Fleisch als den Geist bezeugt haben, sind nicht zu beachten. So waren auch jene, die mit sich selbst nicht einig sind, an der Stelle zu wählen und anzueignen, wo sie aus dem Geist sprechen, hingegen sollten sie nicht beachtet werden, wo sie fleischlich gesinnt sind. Das war die Sache eines christlichen Lesers und eines reinen Geschöpfes, das gespaltene Klauen hat und wiederkäut. Wir aber verschlingen alles durcheinander unter Zurückstellung des Urteils. Oder was noch schlimmer ist: Wir verschmähen nach einem verkehrten Urteil das Bessere, das Schlechtere billigen wir bei ein und denselben Autoren; dann versehen wir eben jenes Schlechtere mit dem Titel und der Würde der Heiligkeit, die jene doch wegen des Besten und wegen des Geistes allein, nicht wegen des freien Willensvermögens oder des Fleisches verdient haben.

Was also sollen wir tun? Ist die Kirche verborgen, sind die Heiligen verborgen – was dann? Wem sollen wir glauben? Oder wie du so ganz spitzfindig in die Disputation wirfst: Wer schafft uns Gewissheit? Woher werden wir den Geist erforschen? Wenn du die Gelehrsamkeit betrachtest, sind auf beiden Seiten Rabbiner. Wenn du aber das Leben betrachtest, so sind auf beiden Seiten Sünder. Und wenn du die Schrift

tuntur,²⁴⁹ Neque adeo de scriptura, quae necdum sit lucida satis, sed de sensu scripturae, disputatur, utrinque vero homines, quorum ut neque multitudo, neque eruditio, neque dignitas, quicquam facit ad causam, ita multo minus, paucitas, inscitia et humilitas, Relinquitur igitur res in dubio, et manet sub iudice lis,²⁵⁰ ut prudenter facturi videamur, si in Scepticorum sententiam concedamus,²⁵¹ Nisi quod tu omnium optime facis, qui sic te dubitare dicis, ut veritatem quaerere te et discere testeris, interim in eam partem inclinans, quae liberum arbitrium asserit, donec veritas elucescat. Hic respondeo, neque nihil, neque omnia dicis, Non enim eruditionis, vitae, ingenii, multitudinis, digni- | tatis, inscitiae, ruditatis, paucitatis, humilitatisve argumentis spiritus explorabimus, Neque illos probo, qui refugium suum ponunt in iactantia spiritus, Nam satis acre mihi bellum isto anno fuit et adhuc | est, cum istis Phanaticis, qui scripturas suo spiritui subiiciunt interpretandas, quo nomine et Papam hactenus insectatus sum, in cuius regno, hac voce nihil vulgatius aut receptius est, Scripturas esse obscuras et ambiguas, oportere spiritum interpretem ex sede Apostolica Romae petere, cum nihil perniciosius dici possit, quod hinc homines impii sese supra Scripturas extulerint, et ex ipsa fecerint, quicquid collibitum fuit, donec prorsus scripturis conculcatis, nihil nisi hominum furiosorum somnia et crederemus et doceremus. Breviter non est humanum inventum illa vox, sed incredibili malicia ipsiusmet principis omnium daemonum,²⁵² in orbem missum virus.

Nos sic dicimus, duplici iudicio, spiritus esse explorandos seu probandos, Uno interiori, quo per spiritum sanctum vel donum Dei singulare, quilibet pro se, suaque solius salute illustratus, certissime iudicat et discernit omnium dogmata et sensus, de quo dicitur. 1. Corinth. 1. Spiritualis omnia iudicat et a nemine iudicatur.²⁵³ Haec ad fidem pertinet et necessaria est cuilibet etiam privato Christiano, Hanc superius appellavimus interiorem claritatem scripturae sanctae,²⁵⁴ Hoc forte voluerunt, qui tibi responderunt, Omnia esse iudicio spiritus decernenda.²⁵⁵ Sed hoc iudicium, nulli alteri prodest, nec de hoc quaeritur in hac

---

²⁴⁹ Erasmus I b 3; ErAS 4,26. ²⁵⁰ Horaz: De arte poetica 78. ²⁵¹ S. u. 226,8–10. ²⁵² Mt 12,24. ²⁵³ 1Kor 2,15 ²⁵⁴ S. u. 238,19–30. ²⁵⁵ Erasmus I b 7; ErAS 4,32.

betrachtest, so legen beide Seiten großen Wert auf sie. Und es wird nicht so sehr über die Schrift, als sei die noch nicht klar genug, disputiert, sondern über den Sinn der Schrift; auf beiden Seiten aber sind Menschen; wie weder deren Vielzahl noch Bildung noch Würde irgendetwas zur Sache beiträgt, so um so viel weniger die geringe Anzahl, das Unwissen und die Unbedeutendheit. So bleibt also die Sache in der Schwebe und als Streitfall beim Richter. Wir würden also offensichtlich klug daran tun, wenn wir uns auf die Meinung der Skeptiker einließen. Es sei denn, dass du am besten von allen handelst, wenn du sagt, du zweifelst in der Weise, dass du bezeugst, die Wahrheit zu suchen und zu erlernen, und dich solange dem Teil zuneigst, der das freie Willensvermögen als Wahrheit behauptet, bis die Wahrheit hervorleuchtet. Darauf antworte ich: Du sagst weder nichts noch alles. Denn wir werden die Geister nicht mit Hilfe von Argumenten der Bildung, des Lebens, der Begabung, der Vielzahl, der Würde, des Unwissens, der Unbildung, der geringen Anzahl oder der Unbedeutendheit erforschen. Denn ich billige jene nicht, die ihre Zuflucht darin nehmen, sich des Geistes zu rühmen. Denn einen ausreichend harten Kampf habe ich in diesem Jahr gehabt und habe ihn noch mit diesen Fanatikern, welche die Auslegung der Schriften ihrem eigenen Geist unterwerfen. Das war bis jetzt der Grund, warum ich auch den Papst angegriffen habe, in dessen Reich nichts verbreiteter und mehr angenommen ist als diese Aussage, die Schrift sei dunkel und zweideutig; man müsse den Geist als Ausleger vom Apostolischen Stuhl in Rom erbitten. Dabei kann doch nichts Verderblicheres gesagt werden, weil sich daraufhin gottlose Menschen über die Schrift erhoben haben und aus ihr gemacht haben, was immer ihnen gerade gefallen hat, bis die Schrift geradezu mit Füßen getreten wurde und wir nichts glaubten und lehrten außer den Traumgespinsten wild gewordener Menschen. Kurz, jene Äußerung ist keine menschliche Erfindung, sondern ein mit unglaublicher Bosheit des Fürsten aller Dämonen selbst in den Erdkreis gesandtes Gift.

Wir sprechen so: Mit einem doppelten Urteil müssen die Geister erforscht und geprüft werden. Einmal durch ein inneres, wonach durch den Heiligen Geist oder durch die Gabe Gottes jeder, einzigartig für sich und für sein persönliches Heil erleuchtet, ganz gewiss die Lehrstücke und Meinungen aller beurteilt und unterscheidet; davon heißt es 1Kor 1: Der geistliche [Mensch] beurteilt alles und wird von niemandem beurteilt. Dies bezieht sich auf den Glauben und ist für jeden Christen notwendig, auch für den nicht im Amt stehenden. Dies haben wir weiter oben die innere Klarheit der Heiligen Schrift genannt. Das haben vielleicht jene gewollt, die dir geantwortet haben, alles sei nach dem Urteil des Geistes zu entscheiden. Aber dieses Urteil nützt keinem ande-

causa, Nec ullus, credo, de illo dubitat, quin sic se habeat. Ideo alterum est iudicium externum, quo non modo pro nobis ipsis, sed et pro aliis et propter aliorum salutem, certissime iudicamus spiritus et dogmata omnium, Hoc iudicium est publici ministerii in verbo et officii externi, et maxime pertinet ad duces et praecones verbi, Quo utimur, dum infirmos in fide roboramus, et adversarios confutamus,²⁵⁶ Hoc supra vocavimus externam scripturae sanctae claritatem. Sic dicimus, Scriptura iudice omnes spiritus in facie Ecclesiae esse probandos,²⁵⁷ Nam id oportet apud Christianos esse imprimis ratum atque firmissimum, Scripturas sanctas esse lucem spiritualem,²⁵⁸ ipso sole longe clariorem, praesertim in iis quae pertinent ad salutem vel necessitatem. Verum, quia in contrarium persuasi sumus iam dudum, pestilenti illo Sophistarum verbo, Scripturas esse obscuras et ambiguas, cogimur primum probare illud ipsum primum principium nostrum, quo omnia alia probanda sunt, quod apud philosophos absurdum et impossibile factu videretur.|
    Primus Moses dicit Deutero. 17. Si qua difficilis caussa inciderit, esse adeundum locum, quem Deus elegisset in nomen suum, atque consulendos ibidem sacerdotes, qui secundum LEGEM Domini iudicare illam debeant,²⁵⁹ Secundum | legem Domini (inquit) Quomodo autem iudicabunt, nisi Lex Domini sit externe clarissima, qua illis satis fieret? alioqui satis erat dicere, iudicabunt secundum spiritum suum. Quin sic habet in omni administratione populorum, ut omnes omnium causae per leges componantur, Quomodo vero componi possent, nisi leges essent certissimae, et ipsa plane lumina in populo? Si enim leges sunt ambiguae et incertae, non solum nullae caussae expedirentur, sed nec ulli mores certi constarent, Cum ideo ferantur leges, ut mores ad certam formam regulentur et causarum quaestiones definiantur. Oportet ergo id quod aliorum metrum et mensura est, multo certissimum et clarissimum esse, quale est Lex, Quod si ea lux et certitudo legum in prophanis politiis, ubi de temporalibus agitur, et necessaria est, et divino munere concaeditur toti mundo gratis, Quomodo Christianis suis, scilicet electis, non multo maioris lucis et certitudinis donaret leges et regulas,

---

²⁵⁶ Tit 1,9.   ²⁵⁷ 1Joh 4,1.   ²⁵⁸ 2Petr 1,19.   ²⁵⁹ Dtn 17,8–10.

ren und danach wird in diesem Fall auch nicht gefragt. Und niemand, glaube ich, zweifelt daran, es verhalte sich so. Daher gibt es ein zweites Urteil, das äußere, nach dem wir nicht nur für uns selbst, sondern auch für andere und um des Heiles der anderen willen höchst gewiss die Geister und Lehren aller beurteilen. Dieses Urteil ist Aufgabe des öffentlichen Wortdienstes und des äußeren Amtes und bezieht sich besonders auf die Führer [der Gemeinde] und die Prediger des Wortes. Dieses Urteil gebrauchen wir, wenn wir die Schwachen im Glauben stärken und die Gegner widerlegen. Das haben wir oben die äußere Klarheit der Heiligen Schrift genannt. So sagen wir, dass mit der Schrift als Richterin alle Geister im Angesicht der Kirche zu prüfen sind. Denn bei den Christen muss das besonders fest und ganz sicher sein, dass die Heilige Schrift ein geistliches Licht ist, bei weitem klarer als die Sonne selbst, besonders in den Dingen, die sich auf das Heil oder die Notwendigkeit beziehen. Aber da wir schon längst vom Gegenteil überzeugt sind durch jenes unheilbringende Wort der Sophisten, die Schriften seien dunkel und zweideutig, werden wir gezwungen, als Erstes unser oberstes Prinzip zu beweisen, durch das alles andere zu beweisen ist, was bei den Philosophen als sinnlos und unmöglich durchzuführen erschiene.

Als Erster sagt Mose in Dtn 17: Wenn irgendein schwieriger Fall eingetreten ist, soll man zu der Stelle gehen, die Gott ausgewählt hatte für seinen Namen, und dort die Priester befragen, die ihn gemäß dem Gesetz des Herrn beurteilen sollen. Gemäß dem Gesetz des Herrn, sagt er. Wie aber sollen sie urteilen, wenn nicht das Gesetz des Herrn äußerlich so klar ist, jenem Anspruch zu genügen? Sonst würde es ausreichend gewesen sein zu sagen, sie sollen nach ihrem eigenen Geist urteilen. Aber so verhält es sich ja in jeder Regierung der Völker, dass alle Fälle aller durch Gesetze beigelegt werden. Wie aber können sie beigelegt werden, wenn nicht die Gesetze völlig gewiss und vollkommen einleuchtend wären im Volk? Wenn nämlich die Gesetze zweideutig und ungewiss sind, würden nicht nur Streitfälle nicht erledigt, sondern es würde keinerlei Sittlichkeit gewiss feststehen. Obwohl doch gerade dazu die Gesetze erlassen werden, damit die Sittlichkeit in einer bestimmten Form geregelt wird und Streitfragen entschieden werden können. Es muss also das, was Maß und Richtschnur für anderes ist, das bei weitem Gewisseste und Klarste sein. Genau das ist das Gesetz. Wenn nun dieses Licht und diese Gewissheit der Gesetze schon in weltlichen Gemeinwesen, wo über zeitliche Dinge verhandelt wird, sowohl notwendig ist als auch durch göttliches Geschenk der ganzen Welt umsonst zugestanden wird – wie sollte er da nicht seinen Christen, als seinen Auserwählten nämlich, Gesetze und Regeln von viel größerem Licht und viel größerer Gewissheit schenken, nach denen sie sich und

secundum quas sese et omnes causas dirigerent atque componerent? cum temporalia velit a suis contemni, Si enim fenum, quod hodie stat et cras in clibanum mittitur, Deus sic uestit, quanto magis nos?[260] Sed pergamus et scripturis obruamus pestilens illud Sophistarum verbum. Psalmus. 18. dicit. Praeceptum Domini lucidum seu purum, illuminans oculos. Credo, id quod oculos illuminat, non esse obscurum vel ambiguum. Item, Psal. 118. Ostium verborum tuorum illuminat et intellectum dat parvulis.[261] Hic verbis Dei tribuit, ut sint ostium et apertum quiddam, quod omnibus expositum sit, et etiam parvulos illuminet. Isaias. 8. ad legem et testimonium mittit omnes quaestiones, et nisi hoc fecerimus, minatur nobis, negandam esse lucem aurorae.[262] In Zacharia cap. 2. mandat, ut ex ore sacerdotis legem requirant, ut qui sit angelus Domini exercituum,[263] pulcherrimus scilicet angelus vel legatus Domini, qui ea afferat quae tum ipsi sint ambigua, tum populo obscura, ut nesciat, tam ipse quid loquatur et illi quid audiant. Et quid in universo veteri testamento, maximę uno illo Psalmo. 118. dicitur in laude scripturae frequentius, quam ipsam esse lucem certissimam et evidentissimam? sic enim celebrat ille claritatem eius, Lucerna pedibus meis verbum tuum, et lumen semitis meis, Non ait, Lucerna pedibus meis solum spiritus tuus, licet et huic tribuat suum officium dicens, Spiritus tuus bonus deducet me in terra recta,[264] Ita et via et semita dicitur, nimirum a nimia certitudine. Veniamus ad novum testamentum, Paulus dicit Roma. 1. Evangelium esse per Prophetas in scripturis sanctis promissum, Et cap. 3. Iustitiam fidei testificatam a lege et Prophetis.[265] Qualis autem testificatio, si obscura est? Quin cum per omnes Epistolas, Euangelion, verbum lucis, | Euangelion claritatis facit, tum id ex professo ac magna copia facit. 2. Corin. 3. et 4. ubi de claritate tam Mosi quam Christi gloriose disputat. Petrus quoque ait .2. Petri. 1. certum valde habemus sermonem Propheticum, cui attendentes sicut lampadi lucenti in loco caliginoso, benefacitis.[266] Hic Petrus, verbum Dei lucidam lucernam facit, omnia alia tenebras, Et nos obscuri- | tatem et tenebras ex verbo facimus? Christus sese lucem mundi toties vocat, Iohannem Baptistam lucernam lucentem et ardentem,[267] absque dubio non propter vitae sanctitatem, sed propter verbum, quemadmodum Thessalo.[268] Paulus, Luminaria mundi vocat

---

[260] Mt 6,30.   [261] Ps 19/Vg 18,9; Ps 119/Vg 118,130.   [262] Jes 8,20.   [263] Mal 2,7 – Luther zitiert irrtümlich auf Grund des in Sach 2,7 ebenfalls vorkommenden ‚exercituum'. [264] Ps 119/Vg 118,105; Ps 143/Vg 142,10.   [265] Röm 1,2; 3,21.   [266] 2Kor 3,7–16; 4,3–6; 2Petr 1,19.   [267] Joh 8,12; 12,35; 5,35   [268] Richtig: Phil 2,15 f.

alle Fälle ordnen und beilegen können? Wo er doch will, dass das Zeitliche von ihnen verachtet wird. Wenn Gott das Heu, das heute steht und morgen in den Ofen geworfen wird, so kleidet, um wie viel mehr uns? Aber wir wollen fortfahren und mit der Schrift jenes Verderben brin-
5 gende Wort der Sophisten zunichte machen.

Psalm 18 sagt: „Das Gebot des Herrn ist klar und rein, es erleuchtet die Augen." Ich glaube, das, was die Augen erleuchtet, kann wohl kaum dunkel und zweideutig sein. Ebenso Ps 118: „Die Offenbarung deiner Worte erleuchtet und gibt Einsicht den Einfältigen." Hier wird den
10 Worten Gottes zugeschrieben, sie seien eine Offenbarung und etwas Offenes, was allen vorgestellt ist und auch die Einfältigen erleuchtet. Jesaja 8 verweist alles Umstrittene „an das Gesetz und das Zeugnis", und wenn wir nicht danach handelten, droht er, sei uns das Licht der Morgenröte zu versagen. In Maleachi im 2. Kapitel schreibt er vor, aus
15 dem Mund des Priesters das Gesetz zu fordern, weil er ein Bote des Herrn der Heerscharen ist. Ein sehr schöner Engel oder Gesandter des Herrn, der das brächte, was ihm zweideutig ist und dem Volk dunkel, der folglich nicht wüsste, was er selbst spricht, und jene nicht, was sie hören! Und was wird im gesamten Alten Testament, besonders in
20 jenem 118. Psalm, häufiger zum Lob der Schrift gesagt, als dass sie selbst das gewisseste und einleuchtendste Licht sei? So nämlich rühmt jener ihre Klarheit: „Eine Leuchte für meine Füße ist dein Wort und ein Licht meinen Wegen." Er sagt nicht: Eine Leuchte für meine Füße ist allein dein Geist, wenn er auch diesem sein Amt zuteilt, indem er sagt: „Dein
25 guter Geist führe mich auf ebener Bahn." So wird die Schrift Weg und Straße genannt, zweifellos wegen ihrer übergroßen Gewissheit. Kommen wir nun zum Neuen Testament! Paulus sagt Röm 1, das Evangelium sei durch die Propheten in der Heiligen Schrift zugesagt, und im 3. Kapitel, die Glaubensgerechtigkeit sei bezeugt vom Gesetz und den
30 Propheten. Was für ein Zeugnis ist das aber, wenn es dunkel ist? Und wie er schon in allen Briefen das Evangelium zu einem Wort des Lichts, zu einem Evangelium der Klarheit macht, so tut er das ganz ausdrücklich und reichlich in 2Kor 3 und 4, wo er herrlich über die Klarheit des Mose wie des Christus disputiert. Auch Petrus spricht 2Petr 1: „Ganz
35 gewiss haben wir das prophetische Wort, dem Beachtung wie einer leuchtenden Fackel an einem dunklen Ort zu schenken ihr wohltut." Hier macht Petrus das Wort Gottes zu einer klaren Leuchte, alles andere zu Dunkelheit. Und wir wollen aus dem Wort Dunkelheit und Finsternis machen? Christus nennt sich selbst so häufig Licht der Welt,
40 Johannes den Täufer eine leuchtende und brennende Fackel – ohne Zweifel nicht wegen der Heiligkeit des Lebens, sondern wegen des Wortes. Auch Paulus nennt sie im Thessalonicher [richtig: Philipperbrief]

lucida, quia (inquit) verbum vitae tenetis, Vita enim sine verbo incerta est et obscura. Et quid faciunt Apostoli, dum suas praedicationes per scripturas probant? an ut nobis tenebras suas maioribus tenebris obscurent? Vel ut notius per ignotius probent? Quid facit Christus Iohan. 5. ubi Iudaeos docet, ut scripturas scrutentur, sui scilicet testes? an ut ambiguos reddat de fide sui? Quid faciunt illi actu. 17. qui audito Paulo, die et nocte scripturas legebant, ut viderent, an sic haberent?[269] Nonne ista omnia probant, Apostolos sicut et Christum, ad scripturas provocare, tanquam ad testes clarissimas suorum sermonum? Qua fronte ergo nos eas obscuras facimus? Obsecro sunt ne illa verba scripturae obscura vel ambigua, Deus creavit coelum et terram, Verbum caro factum est,[270] et omnia quae pro articulis fidei totus accaepit mundus? Unde accaepit? nonne ex scripturis? Et quid faciunt, qui adhuc hodie praedicant? Scripturas interpretantur ac declarant? At si obscura est scriptura, quam declarant, Quis nos certos facit, ipsam eorum declarationem esse certam? Alia nova declaratio? Quis et illam declarabit? Ita fiet progressus in infinitum. Summa, si scriptura obscura vel ambigua est, quid illam opus fuit nobis divinitus tradi? an non satis sumus obscuri et ambigui, nisi de coelo nobis augeatur obscuritas et ambiguitas et tenebrae? Ubi tunc illud Apostoli manebit, Omnis scriptura divinitus inspirata, utilis est ad docendum et increpandum et arguendum?[271] Imo inutilis est Paule prorsus, sed ex patribus longa saeculorum serie receptis et sede Romana talia petenda sunt, quae tu scripturae tribuis, Quare tua sententia revocanda est, ubi ad Titum scribis, Episcopum oportere potentem esse in doctrina sana, exhortari, et redarguere contradicentes et os oppilare vaniloquis et mentium deceptoribus,[272] Quomodo erit potens, cum tu scripturas ei relinquas obscuras, hoc est, arma stuppea et pro gladio leves stipulas? Tum Christus quoque vocem suam recantet, necesse est, qui nobis falso promittens, dicit, | Ego dabo vobis os et sapientiam, cui non poterunt resistere omnes adversarii vestri,[273] Quomodo non resistent, quando obscuris et incertis contra eos pugnamus? Quid et tu nobis Erasme praescribis formam Christianismi, si tibi scripturae sunt obscurae? Sed iam dudum credo me onerosum esse etiam

---

[269] Joh 5,39; Apg 17,11. [270] Gen 1,1; Joh 1,14. [271] 2Tim 3,16. [272] Tit 1,9-11. [273] Lk 21,15.

helle und klare „Lichter der Welt", weil, so sagt er, „ihr am Wort des Lebens festhaltet". Das Leben ohne das Wort nämlich ist ungewiss und dunkel.
Und was tun die Apostel, wenn sie ihre Predigten durch die Schriften beweisen? Tun sie das etwa, um uns ihre Unklarheiten mit noch größeren Unklarheiten zu verdunkeln? Oder um Bekannteres durch Unbekannteres zu erweisen? Was tut Christus in Joh 5, wo er die Juden lehrt, sie sollen die Schriften erforschen, denn diese bezeugten ihn? Tut er das etwa in der Absicht, sie unsicher zu machen im Glauben an ihn? Was tun die in Apg 17, die Paulus gehört hatten und Tag und Nacht die Schriften lasen, um zu sehen, ob es sich so verhielte? Beweist nicht all das, dass sich die Apostel wie auch Christus auf die Schrift als klarste Zeugin für ihre Predigten berufen? Mit welcher Frechheit also machen wir sie dunkel? Bitte, sind denn jene Worte der Schrift dunkel oder zweideutig: Gott hat Himmel und Erde geschaffen, das Wort ist Fleisch geworden, und alles, was alle Welt als Glaubensartikel angenommen hat? Woher hat sie die empfangen? Nicht aus den Schriften? Und was tun die, die noch heute predigen? Die Schriften legen sie aus und erklären sie. Aber wenn die Schrift dunkel ist, die sie erklären: Wer macht uns gewiss, dass ihre Erklärung glaubwürdig ist? Eine weitere, neue Erklärung? Und wer wird jene erklären? So wird es unendlich weitergehen. Kurzum: Wenn die Schrift dunkel oder zweideutig ist, was sollte es dann, dass sie uns von Gott übergeben wird? Sind wir etwa nicht dunkel und zweideutig genug, dass uns die Dunkelheit, die Zweideutigkeit und die Unklarheiten noch vom Himmel her vermehrt werden müssen? Wo wird dann jenes Wort des Apostels bleiben: „Alle Schrift, von Gott eingegeben, ist nütze zur Lehre, zum Tadel und zur Strafe"? Nein, sie ist unnütz, Paulus, ganz und gar! Vielmehr bei den Vätern, die jahrhundertelang anerkannt sind, und beim römischen Stuhl ist solches zu suchen, was du der Schrift zubilligst. Daher ist dein Satz zu widerrufen, wo du an Titus schreibst, ein Bischof müsse mächtig sein in der gesunden Lehre, ermahnen und Widersprechende strafen und denen das Maul stopfen, die hohl daherschwätzen und die Geister irreführen. Wie wird er mächtig sein, wenn du ihm die Schriften dunkel lässt – ist das [nicht] wie Waffen aus Werg und statt eines Schwertes leichtes Stroh? Dann muss auch Christus seine Aussage zurücknehmen, der uns Falsches verspricht, wenn er sagt: „Ich werde euch Sprache und Weisheit geben, der all eure Gegner nicht widerstehen können." Wie sollen sie nicht widerstehen, wenn wir mit Dunklem und Ungewissem gegen sie kämpfen? Und was schreibst du uns, Erasmus, als Gestalt des Christlichen vor, wenn dir die Schriften dunkel sind? Aber schon längst glaube ich, dass ich auch den Unverständigen zur Last falle, wenn ich mich bei einer Sache, die so überaus

insensatis, qui in re clarissima tantas moras traho et copias perdo, Sed sic obruendum erat impudens et blasphema illa vox, Scripturas esse obscuras, Ut et tu videres, Mi Erasme, quid diceres, cum scripturam esse dilucidam negas, Nam simul asseras mihi, necesse est, omnes tuos sanctos, quos adducis, multo minus dilucidos esse, Quis enim certos nos facit de eorum luce, si scripturas obscuras feceris? Itaque nihil nisi tenebras nobis reliquas faciunt, qui scripturas negant esse lucidissimas et evidentissimas. |

StA 225

At hic dices, nihil ad me ista omnia, Non dico scripturas ubique obscuras esse (Quis enim ita insaniat?) Sed in hac tantum parte et similibus. Respondeo, nec contra te ista solum dico, sed contra omnes, qui ita sentiunt, Deinde contra te de tota scriptura dico, nullam eius partem volo obscuram dici, stat ibi, quod ex Petro retulimus, Lampadem lucentem nobis esse verbum Dei in loco caliginoso.[274] Quod si pars huius lampadis non lucet, potius pars caliginosi loci, quam ipsius lampadis erit. Non sic illuminavit nos Christus, ut aliquam partem obscuram voluerit relinquam nobis in suo verbo, dum nos ad illud iubet attendere,[275] frustra enim attendere iubet, si non lucet. Proinde si dogma de libero arbitrio obscurum vel ambiguum est, ad Christianos et scripturas non pertinet, ac relinquendum est prorsus, numerandumque inter eas fabulas, quas damnat Paulus in Christianis rixantibus.[276] Si autem ad Christianos et scripturas pertinet, clarum, apertum et evidens esse debet, prorsusque similis caeteris omnibus evidentissimis articulis. Debent enim omnes Christianorum articuli tales esse, ut non modo ipsis certissimi sint, sed etiam adversus alios tam manifestis et claris scripturis firmati, ut omnibus os obstruant, ne possint quicquam contradicere, sicut nobis Christus promittens, dicit. Dabo vobis os et sapientiam, cui non poterunt resistere omnes adversarii vestri.[277] Si igitur os nostrum in hac parte infirmum est, ut adversarii resistere possint, falsum est, quod dicit nullum adversarium ori nostro resistere posse. Aut ergo in dogmate liberi arbitrii nullos adversarios habebimus, quod fiet, si ad nos nihil pertinet, Aut si ad nos pertinet, adversarios quidem habebimus, sed qui resistere non possint.

Verum illa impotentia resistendi adversariorum (quando id hic incidit) sic habet, non quod cogantur caedere sensu suo, aut persuade-

---

[274] 2Petr 1,19.   [275] Joh 5,39   [276] 1Tim 4,7; 2Tim 2,14.   [277] Lk 21,15.

klar ist, so lange aufhalte und so viele Worte darauf verschwende. Aber so musste jene schamlose und gotteslästerliche Aussage, die Schriften seien dunkel, zunichte gemacht werden. Damit auch du endlich einsiehst, mein Erasmus, was du sagst, wenn du verneinst, die Schrift sei klar.
5 Denn zugleich müsstest du mir als wahr bezeugen, dass alle deine Heiligen, die du anführst, weit weniger klar sind. Wer macht uns gewiss über ihr Licht, wenn du die Schriften dunkel gemacht hast? Daher lassen uns diejenigen nichts außer Dunkelheit übrig, die verneinen, die Schriften seien völlig klar und einleuchtend.
10 Aber hier wirst du sagen: Das alles geht mich nichts an. Ich sage nicht, die Schriften seien überall dunkel (wer wäre denn so wahnsinnig?), sondern nur an dieser Stelle und ähnlichen. Meine Antwort: Auch ich rede nicht gegen dich allein so, sondern gegen alle, die so denken. Weiter spreche ich gegen dich von der ganzen Schrift, dass ich keinen
15 Teil von ihr dunkel genannt haben will; es steht dort, was wir aus Petrus zitiert haben, eine leuchtende Fackel sei uns das Wort Gottes an dunklem Ort. Was, wenn ein Teil dieser Fackel nicht leuchtet? Dann wird sie eher ein Teil des dunklen Ortes als eben dieses Lichtes sein. Christus hat uns nicht so erleuchtet, dass er uns irgendeinen Teil in seinem Wort
20 dunkel gelassen haben wollte, während er uns zugleich befiehlt, darauf zu achten; vergeblich nämlich würde er darauf zu achten befehlen, wenn es nicht leuchtet. Daher hat der Lehrsatz vom freien Willensvermögen, wenn er dunkel oder zweideutig ist, nichts mit den Christen und den Schriften zu tun. Man muss ihn ganz aufgeben und zu den
25 Fabeln zählen, die Paulus bei den streitenden Christen verurteilt. Wenn er aber mit den Christen und den Schriften zu tun hat, dann muss er klar, offen und einleuchtend sein und ganz ähnlich allen übrigen völlig einleuchtenden Artikeln. Es müssen nämlich alle Artikel der Christen so beschaffen sein, dass sie nicht nur ihnen selbst völlig gewiss sind,
30 sondern auch anderen gegenüber müssen sie durch so offensichtliche und klare Schriften befestigt sein, dass sie allen das Maul stopfen, so dass niemand Gegenrede erheben kann, so wie Christus uns versprochen hat: „Ich werde euch Rede und Weisheit geben, der alle eure Gegner nicht werden widerstehen können." Wenn also unser Mund an die-
35 ser Stelle schwach ist, so dass die Gegner widerstehen können, ist es falsch, dass er sagt, kein Gegner könne unserer Rede widerstehen. Entweder also wir werden im Lehrsatz vom freien Willensvermögen keine Gegner haben – was geschehen wird, wenn er nichts mit uns zu tun hat. Oder wenn er mit uns zu tun hat, werden wir zwar Gegner haben, aber
40 die werden nicht widerstehen können.
Nun verhält es sich mit der Unfähigkeit der Gegner zu widerstehen (wenn das hier zutrifft) so, dass sie nicht gezwungen werden, von ihrer

antur confiteri aut tacere, Quis enim invitos coget credere, fateri errorem aut tacere? Quid loquatius vanitate, ait Augustinus?²⁷⁸ Sed quod os illorum sic obstruitur, ut non habeant quod contradicant, et ut multa contradicant, comunis tamen sensus iudicio nihil dicant, Exemplis id monstratur melius, Quando Christus l Matthei. 22. Sadduceis imposuit silentium, dum adducta scriptura probaret resurrectionem mortuorum ex Mose Exodi. 3. Ego Deus Abraham etc. Non est Deus mortuorum, sed vivorum.²⁷⁹ Hic resistere non poterant nec quicquam contradicere, Sed nunquid ideo caesserunt, opinione sua? Et quoties Pharisaeos confutavit evidentissimis scripturis et argumentis, ita ut populus convictos palam videret, et ipsimet sentirent? Nihilominus illi perseverabant adversarii. Stephanus Actu. 7. sic loquebatur, teste Luca, ut sapientiae et spiritui, qui loquebatur, resistere non possent, Sed quid illi fecerunt? nunquid caedebant? Imo, dum pudet vinci, et resistere non possunt, insaniunt, et clausis auribus et oculis, falsos submittunt contra eum testes Actu. 8. Idem in Concilio stans, vide, quomodo confutet l adversarios, Cum ab origine populi illius numerasset beneficia Dei, et probasset, nunquam templum sibi Deum iussisse condi (Ea enim quaestione agebatur reus, et is erat status caussae) tandem concaedit, sub Salomone fuisse quidem templum aedificatum, At ibi subsumit in hunc modum, Sed non in manufactis habitat excelsus,²⁸⁰ Et ad id allegat Esaiam Prophetam. 66.²⁸¹ Quae est ista domus quam aedificatis mihi? Dic, quid poterant hic contra tam manifestam scripturam dicere? nihil tamen moti perstabant fixi in sua sententia, Unde et in eos invehitur, dicens. Incircumcisi cordibus et auribus, semper restitistis spiritui sancto etc.,²⁸² Resistere eos dicit, qui tamen resistere non poterant.

Ad nostros veniamus, Iohannes Hus, cum sic in Papam disserit ex Matth. 16. Portae inferorum non praevalent adversus Ecclesiam meam,²⁸³ Est ne hic aliqua obscuritas vel ambiguitas? Sed adversus Papam et suos praevalent portae inferi, ut qui manifesta impietate et sceleribus toto orbe nobiles sunt, Est id quoque obscurum? ergo Papa et sui non sunt Ecclesia, de qua Christus loquitur. Quid hic contradicerent? aut

---

²⁷⁸ Augustinus: De civitate dei 5,26. ²⁷⁹ Mt 22,23–32; Ex 3,15. ²⁸⁰ Apg 6,10; 7,56; 6,12–14; 7,48. ²⁸¹ Jes 66,1 f. ²⁸² Apg 7,51. ²⁸³ Mt 16,18.

Meinung abzugehen, oder überredet werden, [ihren Irrtum] zu bekennen oder zu schweigen. Denn wer wird sie zwingen, gegen ihren Willen zu glauben, den Irrtum zu bekennen oder zu schweigen? Was ist geschwätziger als Eitelkeit, fragt Augustinus. Sondern so [verhält es sich], dass ihr Maul so gestopft wird, dass sie nichts haben, womit sie widersprechen können, und wenn sie auch viel widersprechen, so reden sie doch nach dem Urteil der allgemeinen Meinung nichts. Das lässt sich besser mit Beispielen zeigen. Als Christus in Mt 22 den Sadduzäern Schweigen auferlegte, indem er die Schrift anführte und aus Mose Ex 3 die Auferstehung der Toten bewies: „Ich bin der Gott Abrahams" usw., „ein Gott nicht der Toten, sondern der Lebenden", da konnten sie hier nicht widerstehen noch irgendwie widersprechen. Aber sind sie nun deswegen von ihrer Meinung abgegangen? Und wie oft hat er die Pharisäer widerlegt mit den einleuchtendsten Schriftstellen und Argumenten, so dass das Volk sie offen überführt sah und auch sie selbst das spürten? Nichtsdestoweniger blieben sie seine Gegner. Stephanus sprach nach dem Zeugnis des Lukas Apg 7 so, dass sie der Weisheit und dem Geist, der sprach, nicht widerstehen konnten. Aber was haben sie gemacht? Sind sie etwa gewichen? Im Gegenteil, während es sie beschämt, besiegt zu werden, und sie nicht widerstehen konnten, wüten sie, und mit geschlossenen Ohren und Augen stellen sie falsche Zeugen gegen ihn auf nach Apg 8. Siehe, wie der in der Versammlung steht und seine Gegner widerlegt. Da hatte er von Anfang an die Wohltaten Gottes an seinem Volk aufgezählt und erwiesen, Gott habe niemals befohlen, ihm einen Tempel zu bauen (wegen dieser Frage nämlich wurde er angeklagt, das war der Streitpunkt); schließlich hat er zugestanden, dass unter Salomo zwar ein Tempel gebaut worden ist, aber dort führte er die Argumentation in folgende Richtung weiter: „Aber der Erhabene wohnt nicht in dem, was von Hand gemacht ist." Und dazu führte er den Propheten, Jesaja 66, an: „Was ist das für ein Haus, das ihr mir baut?" Sag, was konnten sie hier gegen die so offensichtliche Schrift sagen? Dennoch beharrten sie ungerührt fest auf ihrer Meinung. Worauf er auf sie losfährt und sagt: „Ihr an Herzen und Ohren Unbeschnittenen, stets widersteht ihr dem Heiligen Geist" usw. Sie widerstehen, sagt er, die doch nicht widerstehen konnten.

Aber lass uns nun zu den Unseren kommen. Als Johannes Hus Folgendes gegen den Papst aus Mt 16 erörterte: Die Pforten der Hölle vermögen nichts gegen meine Kirche – ist denn hier irgendeine Dunkelheit oder Zweideutigkeit? Aber gegen den Papst und die Seinen vermögen die Pforten der Hölle etwas, weil diese ja durch ihre offensichtliche Gottlosigkeit und ihre Verbrechen in der ganzen Welt hervorragen. Ist das auch dunkel? Also sind der Papst und die Seinen nicht die

quomodo resisterent ori, quod Christus illi dederat? At restiterunt tamen et perstiterunt, donec ipsum exurerent, tantum abest, ut sensu caederent. Nec Christus hoc tacet, cum dicit, Adversarii non poterunt resistere, Adversarii sunt (inquit)[284] ergo resistent, alioqui non adversarii sed amici fierent, et tamen resistere non poterunt, Quid est hoc aliud dicere, quam resistendo non poterunt resistere? Si itaque et nos liberum arbitrium sic confutare poterimus, ut adversarii nequeant resistere, etiam si persistant suo sensu, et repugnante conscientia resistant, satis fecerimus. Satis enim expertus sum, quam nemo volet vinci, et (ut Quintilianus ait) nemo est qui non malit nosse, quam discere videri,[285] quamvis apud nos id proverbii omnes, usu potius quam affectu, imo abusu, | passim in ore versent, Opto discere, paratus sum doceri et monitus meliora sequi, Homo sum, errare possum, Quod sub hac larva, pulchra velut humilitatis specie, liceat confidenter dicere, Mihi non est satisfactum, Ego non capio, vim facit scripturis, pertinaciter asserit, Scilicet certi, quod tantae humilitatis animas nemo suspicetur pertinaciter resistere et agnitam quoque veritatem fortiter impugnare. Ita fit, ut non maliciae eorum esse oporteat, quod non caedunt sensu suo, sed obscuritatis et ambiguitatis argumentorum. Sic et Philosophi graecorum fecerunt, ne ullus alteri videretur caedere, etiam manifeste convictus, caeperunt negare prima principia, ut Aristoteles recitat,[286] Interim nobis et aliis blande persuademus, Esse multos bonos viros in terra, qui libenter veritatem amplexuri sint, si sit qui clare doceat, nec esse praesumendum, tot eruditos, tanta saeculorum serie viros, errasse aut non cognovisse,[287] quasi ignore-| mus, mundum esse regnum Satanae, ubi praeter naturalem caecitatem agnatam ex carne, etiam nequissimis spiritibus regnantibus super nos in ipsa caecitate induramur, et daemoniacis, nec iam humanis tenebris, tenemur.

Si igitur Scriptura (inquis) dilucida est, cur in hac parte tot saeculis excellentes ingenio viri caecutierunt?[288] Respondeo, Caecutierunt sic, in laudem et gloriam liberi arbitrii ut ostenderetur illa magnifice iactata

---

[284] Lk 21,15. [285] Quintilianus: Institutiones oratoriae 12,3,1,6. [286] Aristoteles: Metaphysik 1,3. [287] S, Q, 298,30–300,3. [288] Erasmus I b 4; ErAS 4,26.

Kirche, von der Christus spricht. Was sollten sie da widersprechen? Oder wie sollten sie der Rede widerstehen, die Christus ihm gegeben hatte? Aber sie haben dennoch widerstanden und darauf beharrt, bis sie ihn verbrannten – weit entfernt, von ihrer Meinung abzugehen. Christus verschweigt das auch nicht, wenn er sagt: Die Gegner werden nicht widerstehen können. Gegner sind sie (sagt er), also widerstehen sie, sonst wären sie keine Gegner, sondern Freunde, und dennoch werden sie nicht widerstehen können. Was heißt das anderes als, sie werden trotz Widerstand nicht widerstehen können? Wenn also auch wir das freie Willensvermögen so werden widerlegen können, dass die Gegner nicht widerstehen können, auch wenn sie auf ihrer Meinung beharren und mit einem widerstreitenden Gewissen widerstehen, hätten wir genug getan. Reichlich erfahren nämlich habe ich, wie niemand besiegt werden will, und (wie Quintilian sagt) es gibt niemanden, der nicht lieber zu wissen scheint als zu lernen. Gleichwohl führen bei uns alle diese Redensart eher aus Gewohnheit denn aus Zustimmung, ja missbräuchlich allenthalben im Munde herum: Ich wünsche zu lernen; ich bin bereit, mich belehren zu lassen und nach Ermahnung dem Besseren zu folgen; ein Mensch bin ich; irren kann ich. Man kann nämlich unter dieser Maske wie unter dem schönen Anschein von Demut dreist sagen: Mir reicht das nicht; ich begreife nicht; er tut den Schriften Gewalt an; er stellt hartnäckig Wahrheitsbehauptungen auf. Denn sie sind sicher, dass niemand Seelen von so großer Demut verdächtigen wird, hartnäckig zu widerstehen und auch anerkannte Wahrheit munter zu bekämpfen. So kommt es, dass es nicht an ihrer Bosheit liegen soll, dass sie nicht von ihrer Meinung abgehen, sondern an der Dunkelheit und Zweideutigkeit der Argumente. So haben es auch die Philosophen der Griechen gemacht, nur damit nicht einer dem anderen nachzugeben schiene; selbst offensichtlich besiegt, fingen sie an, die ersten Grundlagen zu leugnen, wie Aristoteles erwähnt. Inzwischen machen wir uns und anderen gerne vor, es gebe viele gute Männer auf der Welt, die gerne die Wahrheit anerkennen würden, wenn einer sie klar lehrte, und es sei nicht anzunehmen, jahrhundertelang hätten so gelehrte Männer geirrt oder nicht erkannt – als ob wir nicht wüssten, dass die Welt das Reich des Satans ist, wo wir neben der natürlichen, nach dem Fleisch angeborenen Blindheit noch durch schlimmste über uns herrschende Geister in eben der Blindheit bestärkt und in dämonischer, nicht mehr menschlicher Dunkelheit festgehalten werden.

Wenn also die Schrift (sagst du) ganz klar ist, warum sind an dieser Stelle jahrhundertelang an Geist hervorragende Männer blind gewesen? Meine Antwort: Sie sind so blind gewesen zum Lob und zur Ehre des freien Willensvermögens, damit jene so vortrefflich gerühmte Kraft

vis, qua se homo applicare potest ad ea quae sunt salutis aeternae,²⁸⁹ Scilicet quae nec visa videt, nec audita audit, multo minus intelligit vel appetit.²⁹⁰ Huc enim pertinet, quod Christus ex Esaia et Evangelistae toties afferunt, Audientes audietis et non cognoscetis, et videntes non videbitis.²⁹¹ Quid hoc est aliud, quam liberum arbitrium seu cor humanum sic esse Satanae potentia oppressum, ut nisi spiritu Dei mirabiliter suscitetur, per sese, nec ea videre possit, nec audire, quae in ipsos oculos et in aures manifeste impingunt, ut palpari possint manu? tanta est miseria et caecitas humani generis, Sic enim et ipsi Evangelistae admirati, quo fieret, ut Iudaei operibus et verbis Christi, quae plane fuerunt irrefragabilia et innegabilia, non caperentur, isto scripturae loco sibi respondent, Scilicet, quod homo sibi relictus, videns non videt, et audiens non audit.²⁹² Quid monstrosius? Lux (inquit) lucet in tenebris et | tenebrae non comprehendunt,²⁹³ Quis hoc crederet? Quis similia audivit? Lucere in tenebris lucem, et tamen tenebras manere tenebras nec illustrari? Proinde non est hoc mirum in rebus divinis, quod tot saeculis viri excellentes ingenio caecutiunt, in rebus humanis mirum esset, In rebus divinis, mirum potius, si unus et alter non caecutiat, Non mirum vero, si plane omnes caecutiant. Quid enim est universum genus humanum, extra spiritum, nisi regnum Diaboli (ut dixi) confusum cahos tenebrarum?²⁹⁴ unde Paulus Daemones appellat, rectores harum tenebrarum.²⁹⁵ Et. 1. Corin. 1. dicit, Nemo principum huius mundi cognovit Dei sapientiam,²⁹⁶ Quid putas de reliquis sentiet, qui principes mundi asserat tenebrarum servos? Per principes enim intelligit primos et summos in mundo, quos tu excellentes ingenio vocas. Cur caecutierunt Arriani omnes? An non fuerunt ibi viri ingenio excellentes? Cur gentibus Christus est stultitia? an inter gentes non sunt viri excellentes ingenio? Cur Iudaeis est scandalum?²⁹⁷ An non fuerunt inter Iudaeos viri excellentes ingenio? Deus scit (ait Paulus) cogitationes sapientum, quoniam vanae sunt,²⁹⁸ Noluit dicere hominum, ut ipse textus habet, primos et principes inter homines significans, ut ex iis reliquos homines aestimemus, Sed haec infra latius fortasse, Satis sit

---

²⁸⁹ Erasmus I b 10; ErAS 4,36.   ²⁹⁰ 1Kor 2,14.   ²⁹¹ Jes 6,10; Mt 13,14.   ²⁹² Mt 13,13.
²⁹³ Joh 1,5.   ²⁹⁴ Gen 1,2.   ²⁹⁵ Eph 6,12.   ²⁹⁶ 1Kor 2,8.   ²⁹⁷ 1Kor 1,23.   ²⁹⁸ 1Kor 3,20;
Ps 94/Vg 93,11.

erwiesen würde, mit der sich der Mensch dem zuwenden kann, was
zum ewigen Heil gehört. Die [Kraft des freien Willens] nämlich sieht das
Gesehene nicht und hört das Gehörte nicht, noch weniger versteht sie
es oder erstrebt es. Dahin gehört es nämlich, was Christus aus Jesaja
und die Evangelisten so oft anführen: Ihr werdet mit den Ohren hören
und nicht verstehen und werdet sehen und doch nicht sehen. Was heißt
das anderes, als dass das freie Willensvermögen oder das menschliche
Herz so von der Macht des Satan unterdrückt ist, dass es – außer, es
würde wunderbar vom Geist Gottes geweckt – aus sich heraus weder das
sehen noch das hören kann, was in seine Augen und Ohren so offensichtlich eindringt, dass es mit der Hand zu greifen ist? So groß sind das
Elend und die Blindheit des Menschengeschlechts! Auch die Evangelisten selbst waren nämlich verwundert darüber, wie es geschehen konnte, dass die Juden durch die Werke und Worte Christi, die ganz unwiderleglich und unwidersprechlich gewesen sind, nicht gewonnen wurden,
und so haben sie sich mit dieser Stelle der Schrift geantwortet: Dass
nämlich der Mensch, sich selbst überlassen, sehend nicht sieht und
hörend nicht hört. Was ist schrecklicher? Das Licht (sagt er) leuchtet in
der Finsternis, und die Finsternis fasst es nicht. Wer sollte das glauben?
Wer hat Ähnliches gehört? Dass in der Finsternis das Licht scheint, dennoch die Finsternis Finsternis bleibt und nicht erleuchtet wird? Folglich ist das nicht verwunderlich in göttlichen Dingen, dass jahrhundertelang an Geist hervorragende Männer blind sind. In menschlichen
Dingen wäre es verwunderlich. In göttlichen Dingen wäre es vielmehr
verwunderlich, wenn der eine oder andere nicht blind wäre. Nicht verwunderlich aber ist es, wenn gänzlich alle blind sind. Denn was ist das
gesamte menschliche Geschlecht außerhalb des Geistes anderes als das
Reich Satans (wie ich gesagt habe), ein verworrenes Durcheinander von
Finsternis? Daher nennt Paulus die Dämonen die Herrscher dieser Finsternis. Und 1Kor 1 sagt er: „Kein Fürst dieser Welt hat die Weisheit Gottes erkannt." Was glaubst du, wird von den Übrigen derjenige halten,
der die Fürsten der Welt wahrhaft bezeugt als Knechte der Finsternis?
Unter Fürsten versteht er nämlich die Ersten und Höchsten in der Welt,
die du die an Geist Hervorragenden nennst. Warum sind alle Arianer
blind gewesen? Sind dort nicht an Geist hervorragende Männer gewesen? Warum ist Christus den Heiden eine Torheit? Oder sind unter den
Heiden keine an Geist hervorragenden Männer gewesen? Warum ist er
[sc. Christus] den Juden ein Ärgernis? Oder sind unter den Juden keine
an Geist hervorragenden Männer gewesen? Gott kennt (sagt Paulus) die
Gedanken der Weisen, „dass sie nichtig sind". Er wollte nicht sagen ‚der
Menschen', wie der [zitierte] Text; er weist auf die Ersten und Fürsten
unter den Menschen, damit wir von ihnen aus die übrigen Menschen

exordio praemisisse, Scripturas esse clarissimas, quibus nostra sic possunt defendi, ut adversarii non queant resistere, Quae vero sic defendi non possunt, aliena et non Christianorum sunt. Si vero sunt, qui hanc claritatem non videant et in isto sole caecutiunt | vel offendunt, ii si sunt impii, declarant, quanta sit maiestas et potentia Satanae in filiis hominum, ut clarissima verba Dei neque audiant, neque capiant, velut si prestigio illusus quispiam solem putet esse carbonem frigidum, aut lapidem sentiat esse aurum. Si pii sunt, inter illos electos censeantur, qui in errorem ducuntur aliquanto, ut declaretur virtus Dei in nobis, sine qua nec videre nec prorsus quicquam possumus. Non enim imbecillitatis ingenii est (ut tu caussaris)[299] ne verba Dei capiantur, imo nihil aptius capiendis verbis Dei imbecillitate ingenii, propter imbecilles enim et ad imbecilles Christus et venit et mittit verbum suum,[300] sed nequitia Satanae est in nostra imbecillitate sedentis, regnantis ac Dei verbo resistentis, Ni Satanas faceret, uno sermone Dei semel audito totus mundus hominum converteretur, nec pluribus opus esset.

Et quid multis ago? Cur non simul cum hoc exordio finimus caussam et contra teipsum, tuis ipsius verbis ferimus sententiam, secundum illud Christi, Ex verbis tuis iustificaberis, ex verbis tuis condemnaberis?[301] Tu | enim dicis, Scripturam hic non esse dilucidam, Deinde sententia suspensa, in utranque partem disputas, Quid pro, quid contra dici possit, praeterea nihil agis toto isto libello, quem ob eandem caussam, Diatriben potius quam Apophasin vel aliud appellare voluisti, quod omnia collaturus, nihil affirmaturus scriberes. Si igitur dilucida scriptura non est, cur hic, non modo caecutiunt, sed temere et stulte definiunt et asserunt liberum arbitrium velut ex certa et dilucida scriptura, illi, quos iactas? videlicet, tam numerosa series eruditissimorum virorum, quos in hunc usque diem tot saeculorum consensus approbavit, quorum plerosque praeter admirabilem sacrarum literarum peritiam, vitae quoque pietas commendat, quidam doctrinae Christi, quam scriptis defenderant, sanguine suo testimonium reddiderunt.[302] Si ex animo ista loqueris, fixum est apud te, liberum arbitrium habere asser-

---

[299] Erasmus I a 7; ErAS 4,10.   [300] Mt 11,25 f.; Lk 10,21.   [301] Mt 12,37.   [302] Erasmus I b 2; ErAS 4,22/24.

beurteilen. Aber davon unten vielleicht mehr. Es genügte, für den Anfang vorausgeschickt zu haben, dass die Schriften ganz klar sind, womit das Unsere so verteidigt werden kann, dass die Gegner nicht widerstehen können. Was aber so nicht verteidigt werden kann, ist fremd und
5 keine Sache der Christen. Wenn es aber welche gibt, die diese Klarheit nicht sehen und trotz dieser Sonne blind sind oder Anstoß nehmen, so legen diese, wenn sie gottlos sind, an den Tag, wie groß die Majestät und Macht Satans in den Menschenkindern ist, dass sie die klarsten Worte Gottes weder hören noch fassen, wie wenn einer durch Blend-
10 werk genarrt glaubte, die Sonne sei kalte Kohle, oder meint, ein Stein sei Gold. Wenn sie gottesfürchtig sind, mögen sie unter jene Auserwählten gerechnet werden, die eine Zeit lang in Irrtum geführt werden, damit an uns die Kraft Gottes offenbar werde, ohne die wir weder sehen noch überhaupt irgendetwas können. Es ist aber nicht Schuld der Schwäche
15 des Geistes (wie du vorbringst), dass die Worte Gottes nicht erfasst werden. Im Gegenteil, nichts ist tauglicher zur Erfassung der Worte Gottes als die Schwachheit des Geistes, denn wegen der Schwachen und zu den Schwachen ist Christus gekommen und schickt er sein Wort. Sondern es ist die Bosheit Satans, der in unserer Schwachheit sitzt, herrscht und
20 dem Wort Gottes widersteht. Wenn Satan nicht wirkte, würde die ganze Welt der Menschen, nachdem sie nur eine einzige Predigt Gottes einmal gehört hätte, bekehrt und es bedürfte keiner weiteren mehr.

Was mache ich so viele Worte? Warum beenden wir mit diesem Auftakt nicht zugleich den Fall und fällen gegen dich mit deinen eige-
25 nen Worten das Urteil, nach jenem Wort Christi: „Nach deinen Worten wirst du gerechtfertigt werden, nach deinen Worten wirst du verdammt werden"? Du sagst nämlich, die Schrift sei hier nicht klar. Dann lässt du deine Meinung in der Schwebe und disputierst nach beiden Seiten, was dafür, was dagegen gesagt werden kann. Außerdem
30 tust du nichts in diesem ganzen Büchlein, das du eben deshalb eher ‚Diatribe' als ‚Apophasis' oder anders hast bezeichnen wollen, als wolltest du alles als Zusammenstellung, nichts als abschließendes Urteil schreiben. Wenn nun die Schrift nicht klar ist, warum sind hier diejenigen, die du im Munde führst, nicht nur blind, sondern definieren
35 und behaupten unüberlegt und töricht das freie Willensvermögen als Wahrheit wie aus einer gewissen und klaren Schrift? Gemeint ist die zahlreiche Reihe gelehrtester Männer, welche die allgemeine Meinung jahrhundertelang bis auf den heutigen Tag anerkannt hat, von denen die meisten außer einer bewundernswerten Erfahrung in den Heiligen
40 Schriften auch die gottesfürchtige Lebensführung anempfiehlt. Manche haben für die Lehre Christi, die sie in Schriften verteidigt hatten, mit ihrem Blut Zeugnis abgelegt. Wenn du das aus Überzeugung sagst,

tores, mirabili literarum sacrarum peritia praeditos, ita ut sanguine suo illud quoque testati sint. Quod si verum est, dilucidam illi habebant scripturam, alioqui, quae esset illa admirabilis peritia literarum sacrarum? Deinde quae levitas et temeritas animi, sanguinem fundere pro re incerta et obscura? Hoc enim non martyrum Christi sed daemonum est. Iam et tu pone ob oculos et tecum expende, utrum plus tribuendum esse iudices, tot eruditorum, tot orthodoxorum, tot sanctorum, tot martyrum, tot veterum ac recentium theologorum, tot academiarum, tot conciliorum, tot Episcoporum et summorum Pontificum praeiudiciis, qui scripturas dilucidas esse senserunt, et id tum scriptis tum sanguine confirmaverunt, an tuo unius privato iudicio,[303] qui negas scripturas esse dilucidas, qui forte nec unam unquam lachrymam vel suspirium pro doctrina Christi emisisti? Si illos recte sensisse credis, cur non imitaris? Si non credis, cur iactas tanta bucca, tanta copia, quasi me obruere velles tempestate et diluvio quodam orationis, quod tamen in caput tuum fortius inundat, arca vero mea in | sublimi fertur secura? Nam tu tot tantisque viris simul tribuis summam et stultitiam et temeritatem, dum illos scribis scripturae peritissimos, stilo, vita morte illam asseruisse, quam tamen obscuram et ambiguam esse contendis, hoc est, aliud nihil, quam illos facere imperitissimos cognoscendo et stultissimos asserendo, Sic illos non honorassem ego privatus ille contemptor, ut tu facis publicus ille laudator. |

Cornuto igitur (quod aiunt) hic te syllogismo teneo, Utrum enim falsum esse oportet, Vel illud quod dicis, illos fuisse admirabiles peritia sacrarum literarum, vita et martyrio, Vel illud quod dicis, Scripturam non esse dilucidam.[304] Verum cum hoc potius rapiaris, ut scripturas non dilucidas esse credas (hoc enim toto libello agis) reliquum fit, ut vel animi vel adulandi gratia, nequaquam serio illos dixeris peritissimos scripturae et martyres Christi, tantum ut rudi vulgo fucum, Luthero autem negocium faceres, et caussam eius inanibus verbis gravares odio

---

[303] S. o. 300,5–8.   [304] Erasmus I b 4; ErAS 4,26/28.

steht bei dir fest, das freie Willensvermögen haben solche, die es als Wahrheit behaupten, die mit einer bewundernswerten Erfahrung in den Heiligen Schriften versehen sind, so dass sie jenes auch mit ihrem Blut bezeugt haben. Wenn das wahr ist, hielten sie die Schrift für klar,
5 was sonst wäre jene bewundernswerte Erfahrung in den Heiligen Schriften? Dann: Welcher Leichtsinn und welche Leichtfertigkeit des Herzens wäre es, das Blut für eine ungewisse und dunkle Sache zu vergießen? Das nämlich ist nicht Sache der Märtyrer Christi, sondern der Dämonen. Nun halte auch du dir vor Augen und erwäge bei dir, wem
10 nach deinem Urteil mehr zuzumessen ist: der Vorentscheidung so vieler Gelehrter, so vieler Rechtgläubiger, so vieler Heiliger, so vieler Märtyrer, so vieler alter und junger Theologen, so vieler Universitäten, so vieler Konzile, so vieler Bischöfe und höchster Päpste, die gemeint haben, die Schriften seien klar, und das bald in Schriften, bald mit dem
15 Blut bekräftigt haben? Oder deinem privaten, alleinigen Urteil, der du verneinst, die Schriften seien klar, der du vielleicht aber noch niemals eine Träne oder einen Seufzer für die Lehre Christi hervorgebracht hast? Wenn du glaubst, sie wären der rechten Ansicht, warum ahmst du sie nicht nach? Wenn du es nicht glaubst, warum führst du sie dann mit
20 vollen Backen im Munde herum, in einer so großen Anzahl, als ob du mich mit einem Sturm und einem gewissen Redeschwall zunichte machen wolltest, der aber doch wohl eher dein Haupt überschwemmt, während meine Arche sicher darüber hinweggetragen wird? Denn du bescheinigst zugleich so vielen und so bedeutenden Männern höchste
25 Dummheit und Leichtfertigkeit, wenn du schreibst, jene in der Schrift sehr Erfahrenen hätten jene [Schrift] durch die Feder, durch Leben und Tod als Wahrheit bezeugt, von der du doch behauptest, sie sei dunkel und zweideutig. Das ist nichts anderes, als jene zu ganz Unerfahrenen in der Erkenntnis zu machen und zu ganz Dummen in der Wahrheits-
30 bezeugung. So hätte ich, als ihr privater Verächter, jene nicht geehrt, wie du es als ihr öffentlicher Lobredner tust.

Bei einem (wie sie sagen) gehörnten Syllogismus also habe ich dich hier. Denn eins von beiden muss falsch sein. Entweder deine Aussage, jene seien bewundernswert gewesen wegen ihrer Erfahrung in den Hei-
35 ligen Schriften, wegen ihres Lebens und Martyriums. Oder deine Aussage, die Schrift sei nicht klar. Aber da du dich ja lieber dahin hinreißen lässt zu glauben, die Schriften seien nicht klar (das treibst du nämlich in diesem ganzen Büchlein), bleibt nur übrig, dass du aus einer Neigung oder aus Schmeichlerei, keineswegs jedoch ernsthaft gesagt hast, jene
40 seien sehr erfahren in der Schrift und Zeugen Christi. Damit wolltest du nur dem ungebildeten Volk etwas vormachen, Luther in Schwierigkeiten bringen und seine Sache durch leere Worte mit Hass und Verach-

et contemptu. Ego vero neutrum verum, sed utrunque falsum dico. Primum, scripturas esse lucidissimas, Deinde illos quatenus liberum arbitrium asserunt, esse imperitissimos sacrarum literarum, tum illud neque vita, neque morte, solum vero stilo, sed peregrinante animo, asseruisse. Quare hanc disputatiunculam sic concludo, Per scripturam, ut obscuram, hactenus nihil certi definitum est, nec definiri potest, de libero arbitrio te ipso teste, Per vitam vero omnium hominum ab initio mundi nihil est ostensum pro libero arbitrio ut superius est dictum, Docere igitur aliquid, quod intra scripturas non est ullo verbo praescriptum, et extra scripturas non est ullo facto monstratum, hoc non pertinet ad dogmata Christianorum, sed ad narrationes veras Luciani,[305] nisi quod Lucianus ioco et prudenter rebus ludicris ludens, neminem fallit neque laedit, Isti vero nostri, re seria et quae ad aeternam salutem pertinet, insaniunt in perditione innumerabilium animarum. Sic et ego absolverim totam hanc quaestionem de libero arbitrio etiam testimonio adversariorum mecum faciente et illis ipsis pugnante, cum fortior probatio nulla sit, quam ipsius qui reus est, propria confessio et testimonium contra seipsum. Verum quia Paulus praecipit vaniloquos epistomisin,[306] caussam ipsam aggrediamur, et ordine quo incedit Diatri- be, rem tractemus, ut primum confutemus argumenta pro libero arbitrio adducta,[307] deinde confutata nostra defendamus,[308] tandem contra liberum arbitrium pro gratia Dei pugnemus.[309]

Ac primum ab ipsa definitione recte faciemus initium, Qua sic definis liberum arbitrium Porro liberum arbitrium hoc loco sentimus, vim humanae voluntatis, qua se possit homo applicare ad ea, quae perducunt ad aeternam salutem, aut ab iisdem avertere.[310] Prudenter sane definitio a te nuda ponitur, | nec ulla eius particula (ut mos est aliorum) declaratur, quod naufragium non unum forte veritus sis, Cogor itaque ego singulas discutere. Ipsum certe definitum, si rigide examinetur, latius patet quam definitio, qualem definitionem Sophistae vitiosam

---

[305] Lukian von Samosata, Lieblingsschriftsteller des Erasmus.   [306] Tit 1,10 f.   [307] S. u. 344,23–438,28.   [308] S. u. 438,29–578,11.   [309] S. u. 578,12–656,10.   [310] Erasmus I b 10; ErAS 4,36.

tung beschweren. Ich halte aber keine der beiden Aussagen für wahr, sondern beide für falsch. Zuerst, dass die Schrift völlig klar ist. Dann, dass jene, soweit sie ein freies Willensvermögen als Wahrheit behaupten, die Heilige Schrift überhaupt nicht gut kennen. Und schließlich, dass sie jenes weder mit dem Leben noch mit dem Tod, sondern allein mit der Feder, aber sich selbst entfremdet als wahr behauptet haben. Daher komme ich bei dieser kleinen Auseinandersetzung zu folgendem Schluss: Mit der Schrift, da sie ja dunkel ist, ist bisher nichts Sicheres über das freie Willensvermögen definiert worden und kann auch nicht definiert werden nach deinem Zeugnis. Mit dem Leben aller Menschen vom Anbeginn der Welt an aber ist nichts zu Gunsten des freien Willensvermögens gezeigt worden, wie weiter oben gesagt wurde. Irgendetwas zu lehren also, was innerhalb der Schrift mit keinem Wort vorgeschrieben und außerhalb der Schrift mit keiner Tat gezeigt ist – das hat nichts mit den Lehren der Christen zu tun, sondern mit den wahren Geschichten Lukians. Abgesehen davon, dass Lukian – witzig und gescheit mit vergnüglichen Angelegenheiten spielend – niemanden täuscht und niemandem schadet. Die da aber, über die wir sprechen, die treiben es toll bei einer ernsten Angelegenheit, die es mit dem ewigen Heil zu tun hat, und verderben eine Unzahl von Seelen. So hätte ich diese gesamte Frage über das freie Willensvermögen gelöst, noch dazu mit dem Zeugnis der Gegner. Denn das hält es mit mir und kämpft mit ihnen. Es gibt ja keinen stärkeren Beweis als das eigene Bekenntnis des Angeklagten und sein Zeugnis gegen sich selbst. Da nun Paulus verlangt, den Schwätzern [das Maul zu stopfen], wollen wir den Fall selbst angehen. Dabei wollen wir die Sache in der Reihenfolge behandeln, in der sie die ‚Diatribe' angeht. So widerlegen wir zuerst die Argumente, die für das freie Willensvermögen angeführt werden. Dann werden wir unsere widerlegten Argumente verteidigen. Und schließlich werden wir gegen das freie Willensvermögen für die Gnade Gottes streiten.

Zunächst werden wir, wie es sich gehört, den Anfang bei der Definition selbst machen. Du definierst das freie Willensvermögen folgendermaßen: „Weiter verstehen wir unter freiem Willensvermögen an dieser Stelle die Kraft des menschlichen Willens, mit der sich der Mensch dem, was ihn zum ewigen Heil führt, zuwenden oder sich davon abwenden kann." Schlau wird von dir freilich die Definition nackt und bloß dahingestellt, ohne dass auch nur ein Teilchen (wie es überall sonst Sitte ist) erklärt wird, wohl weil du fürchten musst, gleich mehrfach Schiffbruch zu erleiden. Daher sehe ich mich gezwungen, deine Definition im Einzelnen zu diskutieren. Wenn das Definierte streng untersucht wird, ist es gewiss weiter als die Definition. Eine solche Definition würden die Sophisten für fehlerhaft erklären, immer

dicerent, quoties videlicet definitio non explet definitum, Nam superius ostendimus, liberum arbitrium nemini nisi soli Deo convenire,[311] Arbitrium fortassis homini aliquod recte tribueris, sed liberum tribuere in rebus divinis, nimium est, Quod liberi arbitrii vox, omnium aurium iudicio proprie id dicitur, quod potest et facit erga Deum, quaecunque libuerit, nulla lege, nullo imperio cohibitum, Neque enim servum dixeris liberum, qui sub imperio domini agit, quanto minus hominem vel angelum recte liberum dicimus, qui sub imperio plenissimo Dei (ut peccatum et mortem taceam) sic degunt, ut ne momento consistere suis viribus possint. Igitur hic statim in foribus pugnant definitio quid nominis, et definitio quid rei, quod vox aliud significat et aliud reipsa sentitur. Rectius vero Vertibile arbitrium vel mutabile arbitrium diceretur, Nam sic Augustinus et post eum Sophistae, gloriam et virtutem istius vocis (Liberum) extenuant, adiecto illo detrimento, quod vertibilitatem liberi arbitrii dicunt, Atque ita deceret nos loqui, ne inflatis et inaniter fastuosis vocabulis, corda hominum luderemus, ut et Augustinus sentit, Nos ad certam regulam, sobriis et propriis verbis debere loqui, In docendo enim simplicitas et proprietas dialectica requiritur, non autem ampullae et figurae rhetoricae persuasionis.[312] Sed ne verbi pugna delectari videamur, donemus interim id abusui, licet magno et periculoso, ut idem sit liberum arbitrium, quod vertibile arbitrium. Donemus et illud Erasmo, quod liberum arbitrium vim facit humanae voluntatis, ac si angelorum non sit liberum arbitrium quod hoc libello solum de hominum libero arbitrio agere instituit, alioqui et in hac parte definitio fuerat arctior quam definitum. |

Ad eas partes veniamus, in quibus rerum cardo vertitur, quarum aliquae satis apertae sunt, aliae lucem fugiunt, velut sibi consciae nihil non metuant, cum nihil definitione apertius et certius edi debeat, obscure enim definire, perinde est ac nihil definire. Aperte sunt illae, Vis

---

[311] S. o. 292,28–294,25.   [312] Vergil: Catalepton 5,1; Augustinus: De doctrina christiana lib. 4.

dann nämlich, wenn Definition und Definiertes sich nicht decken. Denn weiter oben haben wir gezeigt, dass das freie Willensvermögen niemandem zusteht als allein Gott. Vielleicht kannst du dem Menschen irgendein Willensvermögen rechtmäßig zuerkennen, aber es als frei zuzuerkennen im Blick auf göttliche Dinge – das ist zu viel. Denn die Bezeichnung freies Willensvermögen bezeichnet nach dem Urteil aller, die sie hören, im eigentlichen Sinne das, was es vermag und tut gegenüber Gott, nach Belieben, durch kein Gesetz, durch keinen Befehl gehindert. Denn du würdest ja auch keinen Knecht frei nennen, der unter dem Befehl eines Herren handelt. Um wie viel weniger bezeichnen wir einen Menschen oder einen Engel angemessenerweise als frei, die unter der vollständigen Gewalt Gottes – von Sünde und Tod ganz zu schweigen – so leben, dass sie in keinem Moment aus ihren eigenen Kräften bestehen können. Also kämpfen hier gleich am Anfang zwei Definitionen miteinander: eine, die sich auf die Bezeichnung bezieht, und eine, die sich auf den Sachgegenstand bezieht. Denn die Bezeichnung bedeutet etwas anderes, als unter der Sache selbst verstanden wird. Richtiger aber wäre, von einem wechselhaften oder veränderbaren Willensvermögen zu sprechen. Denn so schwächen Augustinus und nach ihm die Sophisten den Ruhm und die Kraft jener Bezeichnung ‚frei‘, indem sie jene Abschwächung hinzusetzen, die sie Wechselhaftigkeit des freien Willensvermögens nennen. So zu sprechen würde sich auch für uns gehören, damit wir nicht mit aufgeblasenen und eitel angeberischen Vokabeln unser Spiel mit den Herzen der Menschen treiben. Das meint auch Augustinus: Wir müssten nach einer festen Regel mit nüchternen und eindeutigen Worten sprechen. Beim Lehren nämlich sind Einfachheit und eine dialektische Eindeutigkeit gefordert, nicht aber Schwulst und rhetorische Figuren zur Überredung. Aber damit wir nicht den Eindruck erwecken, wir würden uns am Wortgefecht berauschen: Wir wollen das für den Moment dem Missbrauch durchgehen lassen – einem bedeutenden und gefährlichen allerdings –, dass freies Willensvermögen und wechselhaftes Willensvermögen dasselbe sein sollen. Wir wollen auch das dem Erasmus durchgehen lassen, dass er das freie Willensvermögen zu einer Kraft des menschlichen Willens macht, als ob den Engeln kein freies Willensvermögen eignete. Er hat ja beschlossen, in diesem Büchlein allein vom freien Willensvermögen der Menschen zu handeln, sonst wäre auch in dieser Hinsicht die Definition enger als das Definierte.

Wollen wir nun zu den Teilen kommen, in denen der Dreh- und Angelpunkt der Angelegenheiten liegt. Von denen sind einige offensichtlich genug; andere fliehen das Licht, als ob sie sich bewusst wären, sie hätten alles zu befürchten, wo doch nichts offener und fester ausge-

humanae voluntatis. item, Qua se potest homo. item, Ad aeternam salutem, Sed Andabatae[313] sunt istae, Applicare, Item, Ad ea quae perducunt, item, Avertere,[314] Quid igitur esse divinabimus, illud applicare, item illud avertere? item, quid sunt illa, quae ad aeternam salutem perducunt? Quo se proripiunt illa? Mihi, ut video, cum vero Scoto aut Heraclito res est, ut duplici labore fatiger, primum, ut adversarium in foveis et tenebris (quod facinus et audax et periculosum est) palpitans et tentans quaeritem, ac nisi invenero, frustra et cum larvis pugnem, aeraque in tenebris verberem.[315] Deinde si produxero, in lucem tum demum iam quaerendo fessus, aequo marte manus conseram. Vim igitur voluntatis humanae dici, credo, potentiam vel facultatem vel habili-|tatem vel aptitudinem volendi, nolendi, eligendi, contemnendi, approbandi, refutandi et si quae sunt aliae voluntatis actiones, Iam quid sit eandem vim sese applicare et avertere, non video, nisi ipsum velle et nolle, eligere, contemnere, probare, refutare, ipsam scilicet actionem voluntatis, ut fingamus, Vim illam esse medium quiddam inter voluntatem ipsam et actionem suam, ut qua voluntas ipsa actionem volendi et nolendi elicit, et qua ipsa actio volendi et nolendi elicitur, Aliud hic nec fingere nec cogitare datur, Si fallor, culpa sit authoris, qui definivit, non mea qui investigo, Recte enim dicitur apud Iuristas, Verba obscure loquentis, cum potuerit clarius dicere, interpretanda esse contra ipsum.[316] Et hic interim Modernos meos[317] ignorare volo cum suis subtilitatibus, Crasse enim dicendum est, gratia docendi et intelligendi. Ea vero, quae ad aeternam salutem perducunt, arbitror esse, Verba et opera Dei, quae offeruntur voluntati humanae, ut eisdem sese applicet vel avertat, Verba autem Dei dico, tam legem quam Euangelion, Lege exiguntur opera, Evangelio l fides, Nulla enim sunt alia quae vel ad gratiam Dei vel ad salutem aeternam perducunt, nisi verbum et opus Dei, Si quidem gratia vel spiritus est ipsa vita, ad quam verbo et opere divino perducimur.

---

[313] Erasmus: Adagia 2,3(4),33.   [314] S. o. 344,24-26.   [315] Erasmus: Adagia 1,2,53; Hieronymus: Apologia adversus libros Rufini 1,15.   [316] Corpus iuris civilis 1, Digesta 18,1,121.   [317] Anhänger der via moderna (Ockhamisten), zu denen Luther in Erfurt gehörte.

sagt werden muss als eine Definition; dunkel definieren nämlich hieße nichts definieren. Offensichtlich sind jene Teile: ‚Kraft des menschlichen Willens', ebenso ‚durch die der Mensch kann', ebenso ‚zum ewigen Heil'. Blindkämpfer aber sind diese: ‚hinwenden', ebenso ‚zu dem, was hinführt', ebenso ‚abwenden'. Was also sollen wir vermuten, ist mit jenem ‚hinwenden' gemeint? Ebenso mit jenem ‚abwenden'? Ebenso: Was ist ‚das, was zum ewigen Heil hinführt'? Worauf will das hinaus? Wie ich sehe, habe ich es mit einem richtigen Scotus oder Heraklit zu tun, so dass ich mit einer doppelten Arbeit mürbe gemacht werde. Zunächst, dass ich den Gegner in Gruben und an dunklen Stellen – was ein mutiges und gefährliches Unterfangen ist – ertastend und fühlend suchen muss, und wenn ich ihn nicht finde, vergeblich und mit Gespenstern kämpfe und die Luft im Dunkel schlage. Und dass ich danach, wenn ich ihn endlich ans Licht geholt habe, von der Suche schon erschöpft dann erst mit gleichem Kriegsglück den Kampf mit ihm beginne. Ich glaube also, dass du mit ‚Kraft des menschlichen Willens' eine Möglichkeit oder Fähigkeit bezeichnest oder eine Eignung zu wollen, nicht zu wollen, zu wählen, zu verachten, zuzustimmen, abzulehnen und was immer sonst Handlungen des Willens sind. Was das nun soll, dass eben diese Kraft sich zuwendet und abwendet, das sehe ich nicht, sondern nur das Wollen und Nichtwollen, das Wählen, Verachten, Billigen, Abweisen, also die Handlung des Willens selbst. Wir wollen uns also vorstellen, jene Kraft sei in gewisser Hinsicht ein Mittelding zwischen dem Willen selbst und seiner Handlung, durch die der Wille selbst die Handlung des Wollens und Nichtwollens hervorbringt und durch die also die Handlung des Wollens und Nichtwollens hervorgebracht wird. Anderes hier sich vorzustellen und zu denken, ist nicht gegeben. Wenn ich mich täusche, liegt die Schuld beim Autor, der die Definition gegeben hat, nicht bei mir, der ich die Untersuchung anstelle. Richtig heißt es nämlich bei den Juristen: Wenn die Worte des Sprechers dunkel sind, obwohl er klarer hätte sprechen können, müssen sie gegen ihn ausgelegt werden. Und meine Modernen mit ihren Feinheiten will ich hier einstweilen gar nicht beachten. Denn es muss grob geredet werden um der Lehre und des Verständnisses willen. Das aber, was zum ewigen Heil führt, sind nach meinem Dafürhalten die Worte und Werke Gottes, die dem Willen des Menschen angeboten werden. Ihnen wendet er sich zu oder er wendet sich von ihnen ab. ‚Worte Gottes' aber nenne ich das Gesetz so gut wie das Evangelium. Im Gesetz werden Werke gefordert, im Evangelium der Glaube. Es gibt nämlich nichts anderes, was zur Gnade Gottes und zum ewigen Heil führt als Wort und Werk Gottes. Denn Gnade oder Geist ist das Leben selbst, zu dem wir durch das göttliche Wort und Werk geführt werden.

Haec autem vita vel salus aeterna, res est incomprehensibilis captui humano, sicut Paulus ex Esaia refert. 1. Corin. 2. Quae oculus non vidit, nec auris audivit, nec in cor hominis ascendit, quae praeparavit Deus diligentibus se.³¹⁸ Nam et is inter summos articulos fidei nostrae numeratur, ubi dicimus, Et vitam aeternam. Quid vero in isto articulo valeat liberum arbitrium Paulus testatur. 1. Corin. 2. Deus (inquit) nobis ea revelavit per spiritum suum.³¹⁹ quasi dicat nisi spiritus revelavit, nullius hominis cor quicquam de ea re nosset aut cogitaret, tantum abest, ut sese applicare ad id vel appetere possit. Vide experientiam, quid excellentissima ingenia inter gentes de vita futura et resurrectione senserint, Nonne quo excellentiores ingenio fuerunt, eo magis ridiculum illis fuit resurrectio et vita aeterna? Nisi non fuerunt ingeniosi Philosophi illi et Graeci, qui Athenis Paulum haec docentem spermologon et novorum Daemoniorum assertorem dicebant, Portius Festus Act. 24. Paulum insanum clamabat, ob praedicationem aeternae vitae,³²⁰ Quid Plinius de iis rebus latrat lib. 7?³²¹ Quid Lucianus, tantum ingenium??? Stupidi ne illi fuerunt? Denique adhuc hodie plerique, quo sunt maiore ingenio et eruditione, hoc magis rident eum articulum et fabulam esse putant, idque palam, Nam occulte nullus plane hominum, nisi spiritu sancto perfusus, novit, credit aut optat salutem aeternam, etiam si voce et stilo iactitent, Atque utinam eodem fermento³²³ et tu et ego liberi essemus, Mi Erasme, tam rarus est in hoc articulo fidelis animus, Habeo ne definitionis huius sensum? |

Igitur Erasmo authore, Liberum arbitrium est vis voluntatis, quae potest a seipsa velle et nolle verbum et opus Dei, quibus ducitur ad ea quae excedunt et captum et sensum eius. Si vero potest velle et nolle, potest et amare et odisse, Si amare et odisse, potest et aliquantulum facere legem et credere Evangelio, Quia impossibile est, si aliquid velis aut nolis, ut non aliquid operis ea voluntate possis, etiam si prohibente alio, perficere non possis. Iam cum inter opera Dei, quae ad salutem perducunt, mors, crux et omnia mala mundi numerentur, poterit humana voluntas et mortem et sui perditionem velle, Quin omnia velle potest,

---

³¹⁸ Jes 64,3/Vg 4; 1Kor 2,9.   ³¹⁹ 1Kor 2,10.   ³²⁰ Apg 17,18; 26,23 f.   ³²¹ Plinius: Historia naturalis 7,55,188.   ³²² S. o. 344,11 f.   ³²³ Mt 16,16.

Dieses ewige Leben aber oder das ewige Heil ist eine für das menschliche Auffassungsvermögen unfassbare Angelegenheit, wie Paulus aus Jesaja in 1Kor 2 zitiert: „Was kein Auge gesehen und kein Ohr gehört hat und nicht in das Herz des Menschen gedrungen ist, das Gott denen bereitet hat, die ihn lieben." Denn auch dieser wird zu den bedeutendsten Artikeln unseres Glaubens gerechnet, wenn wir sagen: „und das ewige Leben". Was aber das freie Willensvermögen in diesem Artikel vermag, bezeugt Paulus 1Kor 2: „Gott", fährt er fort, „hat uns dies durch seinen Geist offenbart". Das bedeutet so viel wie: Wenn es nicht der Geist offenbart hätte, würde keines Menschen Herz davon wissen oder daran denken, geschweige denn, dass es sich dem zuwenden oder sich davon abwenden könnte. Schau auf den Erfahrungswert, was selbst ausgezeichnetste Geister unter den Heiden über das zukünftige Leben und die Auferstehung gedacht haben. Sind ihnen nicht, je ausgezeichneter sie gebildet waren, die Auferstehung und das ewige Leben umso lächerlicher vorgekommen? Es waren doch geistreiche Philosophen und Griechen, die in Athen Paulus, der solches lehrte, einen Schwätzer und einen Zeugen neuer Götter nannten. Portius Festus in Apg 24 nannte Paulus wahnsinnig wegen seiner Predigt des ewigen Lebens. Was schimpft Plinius über diese Dinge in Buch 7? Was Lukian, ein so geistreicher Mann? Jene sind doch wohl nicht dumm gewesen? Schließlich lachen bis heute die meisten über diesen Artikel, und zwar um so mehr, je geistreicher und gebildeter sie sind. Sie halten ihn für eine Fabel – und das öffentlich. Denn im Geheimen kennt, glaubt oder wünscht gar kein Mensch, der nicht vom Heiligen Geist durchflossen ist, das ewige Heil, auch wenn sie das mündlich und schriftlich öffentlich behaupten. Ach wären wir beide doch, du und ich, von eben diesem Sauerteig frei, mein Erasmus; so selten ist in diesem Artikel ein gläubiges Herz. Ich habe doch den Sinn dieser Definition erfasst?

Also ist nach dem Zeugnis des Erasmus das freie Willensvermögen die Kraft des Willens, die von sich aus Wort und Werk Gottes wollen und nicht wollen kann. Durch Letztere wird er an einen Punkt geführt, der seinen Verstand und Sinn übersteigt. Wenn es aber wollen und nicht wollen kann, kann es auch lieben und hassen; wenn es lieben und hassen kann, kann es auch das Gesetz ein klein wenig erfüllen und dem Evangelium glauben. Denn es ist unmöglich, dass du, wenn du etwas willst oder nicht willst, nicht durch diesen Willen irgendetwas ausrichten kannst, selbst wenn du, durch jemand anderen gehindert, es nicht vollenden kannst. Wenn nun unter die Werke Gottes, die zum Heil führen, Tod, Kreuz und alle Übel der Welt gezählt werden, dann wird der menschliche Wille sowohl Tod als auch sein Verderben wollen können.

dum verbum et opus Dei velle potest, Quid enim infra, supra, intra, extra verbum et opus Dei, nisi Deus ipse uspiam esse potest? Quid autem hic relinquitur gratiae et spiritui sancto? Hoc plane est divinitatem libero arbitrio tribuere, siquidem legem et Euangelion velle, peccatum nolle et mortem velle, divinae virtutis est solius, ut Paulus non uno loco dicit,³²⁴ Proinde | nemo post Pelagianos rectius de libero arbitrio scripsit, quam Erasmus. Diximus enim superius,³²⁵ liberum arbitrium esse divinum nomen ac divinam virtutem significare, Hanc vero nemo illi tribuit hactenus praeter Pelagianos, Sophistae enim quicquid sentiant, longe aliter certe loquuntur, Quin Pelagianos quoque longe superat Erasmus, Illi enim toti libero arbitrio eam divinitatem tribuunt, Erasmus dimidio. Siquidem illi faciunt liberi arbitrii duas partes, vim discernendi et vim eligendi, alteram rationi, alteram voluntati affingentes, quod et Sophistae faciunt.³²⁶ Sed Erasmus, post habita discernendi vi, solam extollit vim eligendi, ita claudum ac semiliberum arbitrium, Deum facit, Quid putas erat facturus, si totum liberum arbitrium fuisset descripturus?

Sed non hoc contentus, Philosophos etiam excaedit, Apud illos enim nondum definitum est, an aliquid seipsum possit movere, Ibique toto corpore Philosophiae dissentiunt Platonici et Peripatetici, Sed apud Erasmum, liberum arbitrium suapte vi sese non modo movet, sed applicat, etiam ad ea quae sunt aeterna, id est, incomprehensibilia sibi, plane novus et inauditus definitor liberi arbitrii qui Philosophos, Pelagianos, Sophistas, et omnes longe post se relinquit, Nec hoc satis, nec sibi parcit, sibique ipsi plus quam omnibus aliis dissidet et pugnat, Antea enim dixerat, Voluntatem humanam prorsus esse inefficacem sine gratia³²⁷ (nisi hoc ioco dixerit) hic vero ubi serio definit, dicit, humanam voluntatem habere eam vim, qua efficax sit applicare sese ad ea quae sunt salutis aeternae, id est, quae sunt incomparabiliter supra vim illam. Ita et seipso quoque superior est hac | parte Erasmus, Vides ne, Mi Erasme, hac definitione te ipsum prodi (imprudenter credo) quod harum rerum

---

³²⁴ 1Kor 2,14; 2Kor 3,5. ³²⁵ S. o. 294,4–6. ³²⁶ Petrus Lombardus: Sent. 2 dist. 24 cap. 3. ³²⁷ Erasmus II 3 4 f.; EiAS 4,42/44.

Ja, er kann alles wollen, wenn er Wort und Werk Gottes wollen kann. Denn was kann irgendwo unterhalb, oberhalb, innerhalb, außerhalb von Wort und Werk Gottes sein? Doch nur Gott selbst. Was aber bleibt hier für die Gnade und den Heiligen Geist? Das heißt nichts anderes, als dem freien Willensvermögen Göttlichkeit zuzubilligen. Denn Gesetz und Evangelium zu wollen, die Sünde nicht zu wollen, den Tod zu wollen – das ist alleine Sache der göttlichen Kraft, wie Paulus nicht nur an einer Stelle sagt. Daher hat niemand nach den Pelagianern zutreffender über das freie Willensvermögen geschrieben als Erasmus. Denn weiter oben haben wir gesagt, freies Willensvermögen sei eine göttliche Bezeichnung und benenne eine göttliche Kraft. Diese hat bisher niemand außer den Pelagianern dem freien Willensvermögen zugebilligt. Denn die Sophisten, was immer sie sonst meinen, sprechen sicher ganz anders darüber. Ja, Erasmus übertrifft nun sogar die Pelagianer bei weitem. Jene nämlich billigen dem ganzen freien Willensvermögen diese Göttlichkeit zu, Erasmus dem halben. Sie teilen das freie Willensvermögen in zwei Teile: eine Kraft des Unterscheidens und eine des Wählens; die eine heften sie der Vernunft an, die andere dem Willen. So machen es auch die Sophisten. Aber Erasmus setzt die Kraft des Unterscheidens beiseite und hebt nur die Kraft des Wählens hervor und macht so ein lahmes und halbfreies Willensvermögen zu Gott. Was, glaubst du, hätte er tun müssen, wenn er das ganze freie Willensvermögen hätte beschreiben wollen?

Aber damit noch nicht zufrieden, übertrifft er auch noch die Philosophen. Bei denen ist nämlich noch nicht ausgemacht, ob etwas sich selbst bewegen kann. An dieser Stelle unterscheiden sich in jedem Punkt der Philosophie die Platoniker und die Peripatetiker. Bei Erasmus aber bewegt sich das freie Willensvermögen nicht nur aus eigener Kraft. Darüber hinaus wendet es sich sogar dem zu, was ewig, das heißt, ihm unbegreiflich ist – damit bietet Erasmus eine ganz neue und nie gehörte Bestimmung des freien Willensvermögens und lässt Philosophen, Pelagianer, Sophisten und alle weit hinter sich. Und damit immer noch nicht genug, schont er auch sich selbst nicht, weicht von sich selbst mehr als von allen anderen ab und führt mit sich selbst Krieg. Vorher nämlich hatte er gesagt, der menschliche Wille sei völlig unwirksam ohne Gnade (wenn er das nicht nur im Scherz gesagt hat). Hier aber, wo er ernsthaft definiert, sagt er, der menschliche Wille habe diese Kraft, mit der er bewirken kann, sich dem zuzuwenden, was sich auf das ewige Heil bezieht, das heißt, was in unvergleichlicher Weise über jener Kraft liegt. So hat sich Erasmus in dieser Hinsicht auch selbst übertroffen. Siehst du nicht, mein Erasmus, dass du dich durch diese Definition verrätst – auf törichte Art, wie ich meine? Denn du verstehst doch über-

nihil omnino intelligis, vel prorsus incogitans et contemnens, de illis scribas, ignarus quid loquaris vel quid affirmes? Et ut supra dixi,³²⁸ minus dicis et plus tribuis libero arbitrio quam | omnes alii, dum neque totum liberum arbitrium describis, omnia tamen illi tribuis. Tolerabilius longe tradunt Sophistae, vel saltem pater eorum Petrus Longobardus, qui liberum arbitrium dicunt esse facultatem discernendi, deinde et eligendi, boni quidem, si assit gratia, mali vero, si desit gratia,³²⁹ planeque cum Augustino sentit liberum arbitrium, suapte vi, non posse nisi cadere, nec valere nisi ad peccandum,³³⁰ Unde et servum potius quam liberum arbitrium vocat Augustinus libro. 2. contra Iulianum.³³¹ Tu vero utrinque parem vim facis liberi arbitrii, quod suapte sine gratia vi, et sese applicare possit ad bonum, et sese avertere a bono. Non enim cogitas, quam magnum tribuas illi hoc pronomine, SE vel SEIPSAM, dum dicis, potest SE applicare, prorsus scilicet excludis spiritum sanctum cum omni virtute sua, tanquam superfluum et non necessarium. Damnabilis igitur est tua definitio etiam apud Sophistas, qui nisi invidia excaecati in me sic insanirent, in tuum libellum, furerent potius, Nunc quia Lutherum petis, etiam si contra te ipsum et illos dicas, nihil nisi sanctum et catholicum dicis, tanta est patientia sanctorum virorum.

Non haec dico, quod Sophistarum sententiam de libero arbitrio probem, sed quod tolerabiliorem esse ducam quam Erasmi, propius enim accedunt ad veritatem, Non enim illi liberum arbitrium, sicut ego, nihil esse dicunt, tamen cum sine gratia ipsum nihil posse dicunt, presertim Magister Sententiarum, pugnant Erasmo, imo videntur sibiipsis quoque pugnare, et sola verbi controversia torqueri, contentionis cupidiores quam veritatis, sicut decet Sophistas, Nam finge mihi Sophistam minime malum dari, cum quo semotus familiari colloquio ista conferrem et candidum ac liberum iudicium postularem in hunc modum, Si quispiam tibi id liberum esse diceret, quod sua virtute non nisi in alteram partem possit, scilicet in malam, In alteram vero, nempe in bonam partem, possit quidem, sed non sua virtute, imo alterius dunta-

---

³²⁸ S. o. 352,10–12. ³²⁹ Petrus Lombardus: Sent. 2 dist. 25 cap. 8. ³³⁰ Augustinus: De spiritu et littera 3,5. ³³¹ Augustinus: Contra Iulianum 2,8,23.

haupt nichts davon oder schreibst völlig unbedacht und verächtlich darüber, ohne blassen Schimmer, was du sagst oder was du behauptest. Und wie ich oben schon sagte: Du sagst weniger, billigst aber gleichzeitig dem freien Willensvermögen mehr zu als alle anderen, wenn du nicht das ganze freie Willensvermögen beschreibst und ihm dennoch alles zubilligst. Weitaus erträglicher lehren die Sophisten oder zumindest ihr Geistesvater Petrus Lombardus. Sie behaupten für das freie Willensvermögen eine Fähigkeit des Unterscheidens, dann auch des Wählens, und zwar der Wahl des Guten, wenn die Gnade dabei ist, der Wahl des Bösen jedoch, wenn sie fehlt. Und darin herrscht völlige Übereinstimmung mit Augustinus: Das freie Willensvermögen vermag aus eigener Kraft nichts, außer zu fallen, und ist zu nichts im Stande, außer zu sündigen. Daher nennt Augustinus es im 2. Buch gegen Julianus lieber ein unfreies als ein freies Willensvermögen. Du aber billigst der Kraft des freien Willensvermögens nach beiden Seiten gleiche Stärke zu, so dass es aus eigener Kraft, ohne Gnade, sowohl sich zum Guten hinwenden als auch sich vom Guten abwenden kann. Du denkst gar nicht daran, wie viel du ihm mit diesem Fürwort ,sich' oder ,sich selbst' zubilligst, wenn du sagst, es könne sich hinwenden; du schließt nämlich den Heiligen Geist mit all seiner Kraft völlig aus, so als ob er überflüssig und nicht notwendig sei. Verdammungswürdig also ist deine Definition sogar bei den Sophisten. Sie sollten sich, wenn sie nicht vor lauter Hass verblendet so gegen mich rasten, besser gegen dein Büchlein ereifern. Weil du jetzt aber Luther angreifst, redest du – auch wenn du in Wahrheit gegen dich selbst und gegen sie redest – nur und ausschließlich heilig und katholisch. So groß ist die Geduld heiliger Männer.

Dies sage ich nicht, weil ich die Meinung der Sophisten über das freie Willensvermögen gutheiße, sondern weil ich sie für erträglicher halte als die des Erasmus. Sie kommen nämlich der Wahrheit näher. Freilich sagen sie nicht, wie ich, das freie Willensvermögen sei nichts; wenn sie dennoch sagen, ohne die Gnade könne es nichts – so besonders der Sentenzenmeister –, kämpfen sie gegen Erasmus. Ja, sie scheinen sogar auch gegen sich selbst zu kämpfen und sich nur mit einem Wortstreit herumzuquälen. Wie es zu Sophisten passt, sind sie begieriger auf Streit als auf Wahrheit. Denn nimm einmal an, mir würde ein gar nicht so übler Sophist begegnen; mit ihm führte ich vertraulich ein freundliches Gespräch über dieses Thema und forderte von ihm ein aufrichtiges und freies Urteil mit folgenden Worten: Wenn irgendjemand dir gegenüber als frei bezeichnete, was er aus eigener Kraft nur nach einer Seite hin vermag, nämlich nach der bösen, nach der anderen aber, nämlich der guten, vermöge er zwar etwas, allerdings nicht aus eigener Kraft, im Gegenteil: nur mit der Hilfe eines anderen – könntest

xat auxilio, possis etiam tenere risum amice?³³² Nam sic lapidem | aut truncum facile obtinebo habere liberum arbitrium ut qui et sursum et deorsum vergere potest, sed vi sua, non nisi deorsum, alterius vero solum auxilio sursum, Et ut supra dixi, tandem dicemus, inverso omnium linguarum et verborum usu, Nullus est omnes, Nihil est omnia, referendo alterum ad rem ipsam, alterum ad alienam quae adesse sibi et accidere possit. Sic et liberum arbitrium nimium disputando tandem per accidens liberum faciunt, ut quod possit liberari aliquando per alium, Quaestio autem est per se et de substantia libertatis arbitrii. Haec si solvenda est, nihil nisi inanis vox liberi arbitrii reliqua fit, velint, nolint. Deficiunt et in hoc Sophistae, quod libero arbitrio vim discernendi boni a malo tribuunt. Item, regenerationem et innovationem spiritus³³³ premunt, ac velut externe auxilium illud alienum illi affingunt, de quo postea, Sed haec de diffinitione satis. Nunc argumenta videamus, inflatura inanem illam voculam. |

Primum est illud Ecclesiastici. 15. Deus ab initio constituit hominem, et reliquit illum in manu consilii sui, Adiecit mandata et praecepta sua, Si volueris mandata conservare, conservabunt te, et in perpetuum fidem placitam servare, Apposuit tibi ignem et aquam, ad quod volueris, porrige manum tuam, Ante hominem vita et mors, bonum et malum, quod placuerit ei, dabitur illi.³³⁴ Licet recusare possim iure hunc librum, tamen interim recipio, Ne cum iactura temporis me involvam disputationi, de receptis libris in Canone Ebraeorum, quem tu non nihil mordes ac rides, dum proverbia Salomonis et Canticum (ut scommate ambiguo vocas) amatorium,³³⁵ comparas cum libris duobus Esre, Iudith, historia Susannae et Draconis, Esther,³³⁶ quamvis hunc habeant in Canone, dignior omnibus, me iudice, qui extra Canonem haberetur. Responderem vero breviter tuis ipsius verbis, Scriptura hoc loco obscura est et ambigua, ideo nihil certi probat, Nos autem cum in negativa stemus, exigimus a nobis locum produci, qui claris verbis convincat, quid sit et quid possit liberum arbitrium. Hoc facietis forte ad

---

³³² Horaz: De arte poetica 5.   ³³³ Tit 3,5.   ³³⁴ Sir 15,14–18; Erasmus II a 1; ErAS 4,36/38.
³³⁵ Spr; Hld.   ³³⁶ 3 und 4Esra; Jdt; Dan (Vg) 13,1–63; 14,22–26; Est.

du da das Lachen noch zurückhalten, Freund? Denn so werde ich leicht behaupten, auch ein Stein oder ein Baumstamm habe ein freies Willensvermögen, denn er kann sich nach oben und nach unten neigen, aus eigener Kraft allerdings nur nach unten, nur mit Hilfe eines anderen aber nach oben. Und wie ich oben bereits sagte: Wir werden schließlich unter Verkehrung allen Sprach- und Wortgebrauchs sagen: Keiner ist alle, nichts ist alles. Das funktioniert, sobald wir das eine auf die Sache selbst beziehen, das andere auf eine fremde [Sache], die ihr beistehen und zufallen kann. So machen sie auch das freie Willensvermögen durch übertriebenes Disputieren zufällig zu einem freien, da es irgendwann einmal durch einen anderen befreit werden kann. Die Frage bezieht sich aber auf das freie Willensvermögen an sich und in seinem Wesen. Wenn diese Frage gelöst werden soll, bleibt vom freien Willensvermögen nichts übrig als eine leere Worthülse, ob sie wollen oder nicht. Auch darin fehlen die Sophisten, dass sie dem freien Willensvermögen eine Unterscheidungskraft hinsichtlich Gut und Böse zubilligen. Ebenso verdrängen sie die Wiedergeburt und die Erneuerung des Geistes und dichten ihm gleichsam äußerlich jene fremde Hilfe an, wovon später noch zu reden sein wird. Aber damit genug von der Definition. Jetzt wollen wir die Argumente ansehen, die jenes eitle Wörtchen aufblasen sollen.

Zunächst jene Stelle Sir 15: „Gott hat den Menschen am Anfang geschaffen und ließ ihn in der Hand seines Rates. Er hat seine Gebote und Vorschriften hinzugefügt: Wenn du die Gebote halten und für immer einen wohlgefälligen Glauben bewahren willst, werden sie [sc. die Gebote] dich bewahren. Er hat dir Feuer und Wasser hingestellt, wonach du willst, strecke deine Hand aus. Vor dem Menschen liegen Leben und Tod, Gutes und Böses, was ihm gefällt, wird ihm gegeben werden." Wenn ich auch mit Recht dieses Buch zurückweisen könnte, will ich es dennoch für den Moment gelten lassen. Ich will keine Zeit vertrödeln, indem ich mich auf die Disputation über die Bücher einlasse, die Aufnahme in den Kanon der Hebräer gefunden haben. Du greifst den einigermaßen an und verlachst ihn, wenn du die Sprüche Salomos und das Hohelied – wie du mit zweideutiger Stichelei sagst – der Liebe vergleichst mit den zwei Büchern Esra, mit Judith, mit der Geschichte von Susanna und mit der von dem Drachen sowie mit [den Stücken zu] Esther. Sie behalten diesen [sc. Jesus Sirach] zwar im Kanon, doch verdiente er nach meinem Urteil am ehesten, außerhalb des Kanons gehalten zu werden. Ich würde aber mit deinen eigenen Worten kurz antworten: An dieser Stelle ist die Schrift dunkel und zweideutig, daher beweist sie nichts Sicheres. Weil wir aber die [Kanonisierung des Jesus Sirach] negativ beantworten, fordern wir von euch, eine Stelle beizubringen, die mit klaren Worten unwiderleglich beweist, was das freie

Calendas graecas.³³⁷ Quamvis tu, ut hanc necessitatem fugias, multa bona verba perdis, dum super aristas incaedis,³³⁸ recitans tot opiniones de libero arbitrio, ut Pelagium pene facias | Evangelicum,³³⁹ Item, quadruplicem gratiam fingis, ut etiam Philosophis quandam fidem et charitatem tribuas.³⁴⁰ Item, tripli- | cem illam legem, naturae, operum, fidei, fabulam scilicet, novam, ut convenire vehementer asseras Philosophorum praecepta Evangelicis praeceptis,³⁴¹ Tum illud Psalm. 4. Signatum est super nos lumen vultus tui Domine,³⁴² qui de cognitione ipsius vultus Dei, id est, fide loquitur, ad rationem excaecatam applicas. Quae siquis Christianus omnia conferat, cogetur suspicari, te ludere et ridere Christianorum dogmata et religionem, Nam tantam ignorantiam ei tribuere, qui sic nostra omnia perlustravit, tanta diligentia et memoria conservavit, mihi plane est difficillimum. Sed interim abstinebo, indicasse contentus, donec occasio sese dignior obtulerit. Quanquam te oro, Mi Erasme, ne sic nos tentes, velut unus illorum, qui dicunt, quis videt nos?³⁴³ neque tutum est in re tanta, verborum vertumnis³⁴⁴ perpetuo ludere apud quoslibet. Sed ad rem

Ex una sententia de libero arbitrio triplicem fingis, dura tibi videtur eorum, sed tamen satis probabilis, qui negant hominem posse velle bonum sine peculiari gratia, negant posse incipere, negant posse progredi, perficere etc., hanc probas ideo, quod relinquat homini studium et conatum, sed non relinquat, quod suis viribus asscribat. Durior eorum, qui contendunt, liberum arbitrium nihil valere nisi ad peccandum, solam gratiam in nobis operari bonum etc. Durissima vero illorum, qui dicunt nomen inane esse liberum arbitrium, sed Deum tam bona quam mala in nobis operari, meraeque necessitatis esse omnia quae fiunt. Adversus has postremas profiteris te scribere.³⁴⁵ Scis etiam quid | loquaris, Mi Erasme? Tres facis hic opiniones velut trium sectarum, quod rem eandem, aliis et aliis verbis varie dissertam a nobis

---

³³⁷ Sueton: Augustus 87,1; Erasmus: Adagia 1,5,84. ³³⁸ S. o. 264,17. ³³⁹ Erasmus II a 3; ErAS 4,40/42. ³⁴⁰ Erasmus II a 11; ErAS 4,52/54/56; II a 10; ErAS 50. ³⁴¹ Erasmus II a 4; ErAS 4,42; II a 5; ErAS 4,42/44; II a 10; ErAS 50. ³⁴² Ps 4,7. ³⁴³ Ps 64/Vg 63,6. ³⁴⁴ S. o. 222,27 mit Anm. 13. ³⁴⁵ Erasmus II a 12; ErAS 4,56/58.

Willensvermögen ist und was es vermag. Damit werdet ihr nun wohl bis zum Sankt-Nimmerleinstag beschäftigt sein. Auch wenn du in der Absicht, dieser Notwendigkeit zu entgehen, viele gute Worte verlierst, während du doch auf Eiern gehst. Dabei zitierst du so viele Meinungen
5 über das freie Willensvermögen, dass du selbst Pelagius beinahe evangelisch machst. Ebenso erfindest du eine vierfache Gnade, und du billigst selbst den Philosophen einen gewissen Glauben und Liebe zu. Ebenso erfindest du jenes dreifache Gesetz: der Natur, der Werke und des Glaubens. Das ist freilich eine neue Erdichtung, um heftig als wahr
10 zu behaupten, die Vorschriften der Philosophen stimmten mit den evangelischen Vorschriften überein. Dann jene Stelle in Psalm 4: „Angezeigt ist über uns das Licht deines Antlitzes, Herr." Während der Psalm über die Kenntnis des Antlitzes Gottes selbst spricht, das heißt, über den Glauben, wendest du das auf die verblendete Vernunft an. Wenn
15 ein Christ das alles zusammenträgt, wird er zu der Vermutung gezwungen, du triebest dein Spiel und verlachtest die Lehren und die Religion der Christen. Denn dem, der alles von uns so erwogen hat und mit so großer Sorgfalt und Erinnerungskraft bewahrt hat, so große Unkenntnis zuzuschreiben, fällt mir ausgesprochen schwer. Aber davon werde
20 ich einstweilen Abstand nehmen; ich bin schon zufrieden damit, es angezeigt zu haben, bis sich eine bessere Gelegenheit bietet. Freilich bitte ich dich, mein Erasmus, uns nicht so anzugehen wie einer von jenen, die sprechen: „Wer sieht uns?" Es ist nicht gefahrlos, bei einer so bedeutenden Angelegenheit andauernd vor allen möglichen Leuten mit
25 wetterwendischen Worten zu spielen. Aber zur Sache.

Aus einer Meinung über das freie Willensvermögen machst du drei. Hart, aber dennoch einigermaßen annehmbar scheint dir die Meinung derer zu sein, die leugnen, der Mensch könne das Gute wollen ohne besondere Gnade, leugnen, er könne beginnen, leugnen, er könne fort-
30 schreiten, vollenden usw. Diese Meinung billigst du deswegen, weil sie dem Menschen ein Bemühen und ein Bestreben belässt, aber nicht etwas, was er seinen eigenen Kräften zuschreiben kann. Härter scheint dir die Meinung derer, die behaupten, das freie Willensvermögen sei zu nichts im Stande, außer zu sündigen, allein die Gnade wirke in uns
35 Gutes usw. Am härtesten aber scheint dir die Meinung jener, die sagen, das freie Willensvermögen sei ein leerer Name, Gott aber wirke in uns Gutes genauso wie Böses, alles, was geschehe, sei Sache reiner Notwendigkeit. Gegen diese Letztgenannten bekennst du zu schreiben. Weißt du auch, was du sprichst, mein Erasmus? Du behandelst hier drei Mei-
40 nungen, als ob sie drei unterschiedlichen Lehren angehörten. Dass sie denselben Sachverhalt anzeigen, der mal mit diesen, mal mit anderen Worten verschieden von uns erörtert wird, die wir dieselben und

eisdem et unius sectae professoribus, non intelligis, Sed moneamus et ostendamus tibi oscitantem vel hebitudinem iudicii tui. Rogo, Definitio liberi arbitrii a te data superius, quomodo quadrat huic primae opinioni satis probabili? Dixisti enim liberum arbitrium esse vim voluntatis humanae, qua se homo applicare potest ad bonum,346 Hic vero dicis et probas dici, hominem sine gratia non posse velle bonum, Definitio affirmat, quod exemplum eius negat, inveniturque in tuo libero arbitrio simul, Est et Non, ut simul nos et probes et damnes, teipsum quoque damnes et probes in uno eodemque dogmate et articulo, An putas, non esse bonum, | applicare sese ad ea quae sunt salutis aeternae, quod definitio tua tribuit libero arbitrio? cum nihil sit opus gratia, si tantum bonum esset in libero arbitrio, quo se ipsum applicare posset ad bonum. Itaque aliud est liberum arbitrium quod definis, et aliud quod defendis. Habetque nunc Erasmus duo libera arbitria, prae caeteris sibique prorsus pugnantia.

Sed dimisso illo, quod definitio finxit, hoc quod contrarium ipsa opinio proponit, videamus, Concaedis hominem sine gratia peculiari non posse velle bonum347 (neque enim nunc disputamus, quid gratia Dei possit, sed quid homo sine gratia possit) Concaedis ergo liberum arbitrium non posse velle bonum, hoc est aliud nihil quam non posse sese applicare ad ea quae sunt salutis aeternae, ut tua cecinit definitio, Quin paulo ante dicis, voluntatem humanam post peccatum sic esse depravatam, ut amissa libertate cogatur servire peccato, nec possit se revocare ad meliorem frugem, Et nisi fallor, huius sententiae facis Pelagianos fuisse.348 Arbitror hic iam nullum Protheo349 patere effugium, Apertis verbis captus tenetur, | Scilicet, Voluntatem amissa libertate cogi ac teneri in servitute peccati, O egregie liberum arbitrium, quod amissa libertate, servum peccati ab ipso Erasmo dicitur, Quod cum Lutherus diceret, nihil absurdius auditum erat, nihil inutilius hoc paradoxo invulgari potuit, ut etiam Diatribas in eum scribi oporteret. Sed forte mihi nemo credet, ista ab Erasmo dici, Legatur hoc loco Diatribe et mir-

---

346 S. o. 308,2–4; Erasmus I b 10; ErAS 4,36.   347 Erasmus II a 12; ErAS 4,56.   348 Erasmus II a 3; ErAS 4,40.   349 S. o. 222,27 mit Anm. 13.

Bekenner einer Lehre bleiben, das verstehst du nicht. Aber lass uns dich ermahnen und dir zeigen, wie schwach und stumpf dein Urteil ist. Ich frage: Deine von dir weiter oben gegebene Definition des freien Willensvermögens, wie passt die zu dieser erstgenannten, angeblich eini-
5 germaßen annehmbaren Meinung? Denn du hast gesagt, das freie Willensvermögen sei eine Kraft des menschlichen Willens, mit welcher der Mensch sich zum Guten hinwenden kann. Hier aber sagst du und billigst die Aussage, der Mensch könne ohne Gnade das Gute nicht wollen. Die Definition behauptet, was ihr Beispiel leugnet; bei deinem freien
10 Willensvermögen wird beides gefunden: Ja und Nein, und so stimmst du uns zu und verdammst uns gleichzeitig, und auch dich selbst verdammst du und stimmst dir zu in ein und demselben Lehrartikel. Oder glaubst du, es sei nicht gut, sich zu dem hinzuwenden, was sich auf das ewige Heil bezieht, was deine Definition dem freien Willensvermögen
15 zuschreibt? Denn gar nicht nötig wäre die Gnade, wenn soviel Gutes im freien Willensvermögen läge, dass es sich selbst dem Guten zuwenden könnte. Daher sind das zwei verschiedene Dinge: das freie Willensvermögen, welches du definierst, und das, welches du verteidigst. Und so hat Erasmus nun zwei freie Willensvermögen, die im Übrigen auch mit
20 sich selbst in heftigem Kampf liegen.

Aber wollen wir das, was die Definition erfunden hat, hinter uns lassen und das ansehen, was eben diese Meinung im Gegensatz [zu dir] vorstellt. Du gestehst zu, der Mensch könne ohne besondere Gnade das Gute nicht wollen (und wir disputieren jetzt ja nicht darüber, was die
25 Gnade Gottes, sondern was der Mensch ohne Gnade vermag). Du gestehst also zu, das freie Willensvermögen könne das Gute nicht wollen. Das ist doch nichts anderes, als dass es sich dem, was sich auf das ewige Heil bezieht, nicht zuwenden kann, wie deine Definition verlauten ließ. Du sagst sogar kurz zuvor, der menschliche Wille sei nach dem Sün-
30 denfall so verdorben, dass er nach dem Verlust der Freiheit gezwungen sei, der Sünde zu dienen, und sich nicht bessern könne. Und wenn ich mich nicht täusche, machst du die Pelagianer für diesen Satz verantwortlich. Ich glaube, hier steht dem Proteus kein Fluchtweg mehr offen. Mit offen zu Tage liegenden Worten wird er gefangen gehalten. Näm-
35 lich: Der Wille wird nach Verlust der Freiheit gezwungen und in der Knechtschaft der Sünde gehalten. Oh außerordentliches freies Willensvermögen, das nach Verlust der Freiheit von Erasmus selbst als Knecht der Sünde bezeichnet wird! Hätte Luther das gesagt! Nichts Absurderes wäre gehört worden, nichts Nutzloseres als dieses Paradox hätte man
40 unters Volk bringen können. Ja, man hätte sogar Diatriben gegen ihn schreiben müssen! Aber vielleicht wird mir niemand glauben, dass solches von Erasmus gesagt wird. Man lese an dieser Stelle die ‚Diatribe'

abitur. Ego tamen non valde miror, Qui enim hanc rem non habet seriam, neque | caussae aliquanto afficitur, sed prorsus animo alienatus, tedet vel friget, vel nauseat, quomodo is non passim diceret absurda, inepta, pugnantia, dum velut aebrius vel dormitans caussam agat, interque stertendum ructuat, Est, Non, dum variae voces auribus eius obstrepunt? Ideo Rhetores exigunt affectum in actore caussarum, multo magis Theologia talem exigit, qui vigilem, acrem, intentum, prudentem et strenuum reddat.

Si igitur liberum arbitrium citra gratiam, amissa libertate, cogitur servire peccato, nec potest bonum velle, optarim ego scire, quod sit illud studium? Quis ille conatus, quem relinquit prima illa et probabilis opinio?[350] Bonum studium, bonus conatus esse non potest, quia non potest velle bonum, ut dicit opinio et concessum est, Malum igitur studium, malus conatus relinquitur, qui amissa libertate cogitur servire peccato. Imo quid est et hoc dicere, quaeso? Relinquit studium et conatum opinio ista, non tamen relinquit, quod viribus suis asscribatur? Quis haec animo concipere potest? Si studium et conatus viribus liberi arbitrii relinquuntur, cur non eisdem asscriberentur? Si non asscribentur, quomodo relinquuntur? An studium et conatus ille ante gratiam, etiam ipsi futurae gratiae et non libero arbitrio relinquuntur, ut simul et relinquantur et non relinquantur eidem libero arbitrio? Si haec non sunt paradoxa vel potius monstra, quid tum sunt monstra? Sed hoc forte somniat Diatribe, inter haec duo, posse velle bonum, non posse velle bonum, dari medium quod sit, absolutum Velle, nec boni nec mali habito respectu, ut sic argutia quadam Dialectica scopulos evadamus et dicamus, in voluntate hominis esse quoddam velle, quod in bonum quidem sine gratia non potest, nec tamen sine gratia statim non nisi malum velit, sed sit purum et merum velle, per gratiam sursum ad bonum, per peccatum deorsum ad malum vertibile, Sed ubi tum illud manet, quod dictum est, amissa libertate cogitur servire peccato?[351]

---

[350] S. o. 358,19–22. [351] S. o. 360,23.

und man wird sich wundern. Ich wundere mich allerdings nicht so
sehr. Denn wer diese Sache nicht ernst nimmt und nicht von dem
Gegenstand einigermaßen berührt wird, wer vielmehr im Herzen ganz
abgewendet ist, Abscheu davor empfindet, kalt bleibt oder Übelkeit
5 empfindet, wie sollte der nicht allenthalben Absurdes, Hohles und
Widerstreitendes sagen? Er behandelt doch den Gegenstand, als wäre er
betrunken oder würde schlafen und würde zwischen Schnarchen ‚Ja‘,
‚Nein‘ rülpsen, während verschiedene Worte durch seine Ohren rauschen. Daher fordern die Rhetoren ein Ergriffensein bei dem, der einen
10 Gegenstand behandelt. Und noch weit mehr fordert die Theologie ein
solches Ergriffensein, das wachsam, scharf, eifrig, klug und entschlossen macht.

Wenn also das freie Willensvermögen ohne Gnade, nach Verlust der
Freiheit, gezwungen wird, der Sünde zu dienen, und das Gute nicht
15 wollen kann, möchte ich zu gerne wissen, was das für ein Bemühen ist?
Was ist das für ein Bestreben, das jene erste und annehmbare Meinung
belässt? Ein gutes Bemühen, ein gutes Bestreben kann das nicht sein,
weil es das Gute nicht wollen kann, wie die Meinung ja selbst sagt und
wie zugestanden ist. Bleibt also ein schlechtes Bemühen, ein schlechtes
20 Bestreben übrig, nach Verlust der Freiheit gezwungen, der Sünde zu
dienen. Ja, was soll das, so zu sprechen, frage ich? Da bleiben Bemühen
und Bestreben, und es bleibt dennoch nicht diese Meinung, man könne
das seinen eigenen Kräften zuschreiben? Wer kann das begreifen? Wenn
Bemühen und Bestreben den Kräften des freien Willensvermögens
25 belassen werden, warum sollten sie dann nicht eben diesen zugeschrieben werden? Wenn sie ihnen nicht zugeschrieben werden, wie werden
sie denn dann belassen? Oder werden Bemühen und jenes Bestreben vor
der Gnade auch der zukünftigen Gnade selbst und nicht dem freien
Willensvermögen überlassen, so dass sie demselben freien Willensver-
30 mögen zugleich überlassen werden und zugleich nicht? Wenn das
nicht Paradoxa oder vielmehr Ungeheuerlichkeiten sind, was sind dann
Ungeheuerlichkeiten? Aber hier träumt vielleicht die ‚Diatribe‘ sich
etwas zurecht: Es sei zwischen diesen beiden – das Gute wollen zu können und das Gute nicht wollen zu können – ein Neutrales gegeben. Und
35 das soll sein: ein absolutes Wollen, das weder einen Bezug zum Guten
noch zum Bösen hat. So könnten wir mit einer gewissen dialektischen
Spitzfindigkeit die Klippen umschiffen und Folgendes sagen: Es gibt im
Willen des Menschen ein bestimmtes Wollen, das auf das Gute hin ohne
Gnade nichts vermag, aber dennoch ohne Gnade nicht sofort nur das
40 Böse wolle; vielmehr sei es ein schlichtes und bloßes Wollen, durch
die Gnade hinauf zum Guten wandelbar, durch die Sünde hinab zum
Bösen. Aber wo bleibt dann die Aussage, nach Verlust der Freiheit sei es

Ubi tum illud studium quod relinquitur et conatus? ubi vis applicandi ad ea quae salutis aeternae sunt? Neque enim vis ea applicandi ad salutem potest esse purum velle, nisi salus ipsa nihil esse dicatur, Deinde studium et conatus quoque purum velle esse non potest, cum aliquo (puta ad bonum) niti et conari, et non in nihilum ferri vel quiescere studium possit. Summa, quorsum quorsum sese verterit Diatribe, non potest contradictionibus et pugnantibus dictis elabi, ut non tam ipsum liberum arbitrium quod defendit, captivum sit, quam ipsa captiva est, Sic enim in liberando arbitrio irretitur, ut cum libero arbitrio insolubilibus vinculis teneatur. |

Deinde hoc merum figmentum Dialecticum est, quod in homine sit medium et purum velle, nec possunt probare, qui id asserunt, Ex ignorantia rerum, et observantia vocabulorum natum est, quasi continuo sic sit in re, sicut disponitur in vocabulis, qualia sunt infinita apud Sophistas. Sic potius res habet, | ut Christus ait, Qui non est mecum, contra me est,[352] Non ait, Qui non est mecum, nec contra me, sed in medio est, Quia si Deus in nobis est, Satan abest, et non nisi velle bonum adest, Si Deus abest, Satan adest, nec nisi velle malum in nobis est, Nec Deus nec Satan, merum et purum velle sinunt in nobis, sed sicut recte dixisti, amissa libertate cogimur servire peccato,[353] hoc est, nos volumus peccatum et malum, loquimur peccatum et malum, facimus peccatum et malum. Vide huc perpulit Diatriben imprudentem, invincibilis et potentissima veritas, et stultam fecit sapientiam[354] eius, ut contra nos dictura, pro nobis contra se dicere cogeretur, non aliter quam facit liberum arbitrium aliquid boni, tum enim contra malum faciendo, maxime contra bonum male facit, ut Diatribe ipsa talis sit in dicendo, quale est liberum arbitrium in faciendo, Quanquam et ipsa Diatribe tota aliud nihil sit, quam egregium opus liberi arbitrii, defendendo damnans, et damnando defendens, hoc est, bis stulta, dum sapiens vult videri.

Sic habet prima opinio sibi ipsa comparata, ut neget, quicquam boni posse velle hominem, et tamen relinqui studium, quod tamen suum

---

[352] Lk 11,23.   [353] S. o. 360,23.   [354] 1Kor 1,20.

gezwungen, der Sünde zu dienen? Wo bleiben dann jenes Bemühen, das belassen wird, und das Bestreben? Wo bleibt die Kraft, sich dem zuzuwenden, was zum ewigen Heil gehört? Denn diese Kraft, sich dem Heil zuzuwenden, kann nicht schlichtes Wollen sein, es sei denn, man wolle sagen, das Heil selbst sei nichts. Weiter können auch Bemühen und Bestreben nicht schlichtes Wollen sein, weil sich das Bemühen irgendwohin – etwa zum Guten – neigen und danach streben kann; es muss irgendwohin gelangen und kann nicht damit aufhören. Kurzum: Wohin auch immer sich die ‚Diatribe' wendet, sie kann den widersprüchlichen und widerstreitenden Aussagen nicht entschlüpfen, mit der Folge, dass das freie Willensvermögen, das sie verteidigt, nicht so gefangen ist wie sie selbst. Denn bei der Befreiung des Willensvermögens verstrickt sie sich so, dass sie zusammen mit dem freien Willensvermögen von unlösbaren Fesseln festgehalten wird.

Weiter ist das eine bloße dialektische Erfindung, es gebe im Menschen ein neutrales und schlichtes Wollen, und diejenigen, die das als Wahrheit behaupten, können es nicht beweisen. Aus Unkenntnis der Dinge und einer Hochachtung vor den Vokabeln stammt das, als ob es sich genauso ungebrochen in Wirklichkeit verhielte, wie es in den Vokabeln dargestellt wird. Davon gibt es ohne Ende bei den Sophisten. Es verhält sich aber vielmehr so, wie Christus sagt: „Wer nicht mit mir ist, ist gegen mich." Er sagt nicht: „Wer nicht mit mir ist, ist auch nicht gegen mich", sondern neutral. Denn wenn Gott in uns ist, ist Satan nicht da, und nur das Gute zu wollen ist da. Wenn Gott nicht da ist, ist Satan da, und nur das Böse zu wollen ist in uns. Weder Gott noch Satan lassen ein bloßes und schlichtes Wollen in uns zu. Sondern wie du richtig gesagt hast: Nach Verlust der Freiheit werden wir gezwungen, der Sünde zu dienen, das heißt: Wir wollen die Sünde und das Böse, wir reden Sündhaftes und Böses, wir tun Sünde und Böses. Siehe, hierhin hat die unbesiegbare und allermächtigste Wahrheit die unkluge ‚Diatribe' getrieben und ihre Weisheit als töricht erwiesen. In der Absicht, gegen uns zu sprechen, wird sie gezwungen, für uns gegen sich selbst zu sprechen. Genauso geht es beim freien Willensvermögen: Wenn es etwas Gutes tut, dann handelt es, gerade wenn es gegen das Böse handelt, erst recht böse gegen das Gute. Wie die ‚Diatribe' im Sprechen beschaffen ist, so das freie Willensvermögen im Tun. Obwohl die ganze ‚Diatribe' selbst auch nichts anderes ist als ein hervorragendes Werk des freien Willensvermögens: Wenn sie verteidigt, verdammt sie, und wenn sie verdammt, verteidigt sie. Also ist sie doppelt töricht, wo sie weise erscheinen will.

So verhält es sich mit der ersten Meinung, wenn man sie mit sich selbst vergleicht: Sie leugnet, der Mensch könne irgendetwas Gutes

quoque non sit. Iam comparemus eam reliquis duabus, Altera enim illa durior, est, quae sentit liberum arbitrium nihil valere nisi ad peccandum,355 Haec vero est Augustini, ut multis aliis locis, tum proprie libello de spiritu et litera, capitulo nisi fallor, quarto aut quinto, ubi illis ipsis verbis utitur.356 Tertia illa durissima, est ipsius Wiglephi et Lutheri, esse liberum arbitrium inane nomen, omniaque quae fiunt, esse merae necessitatis,357 Cum his duabus conflictatur Diatribe, Hic dico, forte non sumus satis latini vel Germani, ut rem ipsam non potuerimus edisserere, Sed testor Deum, aliud nihil volui dicere, nec aliud intelligi per verba duarum postremarum opinionum, quam id quod dicitur in prima opinione, Nec Augustinum aliud voluisse arbitror, nec aliter ex ipsius verbis intelligo, quam quod prima dicit opinio, ita ut tres opiniones a Diatribe recitatae, apud me non sint nisi una illa mea sententia. Postquam enim concessum ac ratum est, liberum arbitrium, amissa libertate, cogi in servitute peccati, nec posse quicquam velle boni, ego ex his verbis nihil aliud possum concipere, quam liberum arbitrium esse inanem voculam, cuius res amissa sit, Amissam libertatem mea grammatica vocat nullam libertatem, tribuere autem libertatis titulum ei, quod nullam habet libertatem, est tribuere inane vocabulum. Si hic erro, revocet qui potest, | Si sunt haec obscura et ambigua, illustret et stabiliat qui potest, Ego sanitatem amissam, non possum sanitatem appellare, nec si aegroto eam tribuero, aliud tribuisse videor quam inane nomen.

Sed facessant monstra verborum, Quis enim ferat istum abusum loquendi, ut hominem simul habere liberum arbitrium dicamus, et simul amissa libertate cogi in servitute peccati ac nihil boni posse velle, asseramus? pugnant haec communi sensui, et tollunt prorsus usum loquendi, Diatribe potius accusanda est, quae | dormitanter sua verba effutit, et aliena non observat, Non inquam considerat, quid sit et quantum valeat dicere, Homo amisit libertatem, cogitur servire peccato, nec potest quicquam velle boni, Si enim vigilaret et observaret, plane vide-

---

355 S. o. 358,23 f.   356 Augustinus: De spiritu et littera 3,5.   357 S. o. 278,24 f.

wollen, und dennoch wird ein Eifer belassen, der aber auch nicht der seine ist. Nun wollen wir diese Meinung mit den übrigen beiden vergleichen. Jene zweite ist die härtere, die meint, das freie Willensvermögen sei zu nichts im Stande als zum Sündigen. Dies aber ist die Meinung
5 des Augustinus, an vielen anderen Stellen auch, aber besonders im Buch über den Geist und den Buchstaben dargelegt, wenn ich mich nicht täusche im 4. oder 5. Kapitel, wo er eben diese Worte benutzt. Jene dritte Meinung, die härteste, ist die Wyclifs und Luthers, dass das freie Willensvermögen ein leerer Name sei und alles, was geschehe, geschehe aus
10 reiner Notwendigkeit. Mit diesen beiden schlägt sich die ‚Diatribe' herum. Hier sage ich: Vielleicht sind wir des Lateinischen und des Deutschen nicht genug kundig, so dass wir die Sache selbst nicht haben erklären können. Aber – Gott ist mein Zeuge – ich habe nichts anderes gewollt und nichts anderes verstanden haben wollen bei den Worten
15 der beiden letztgenannten Meinungen als das, was in der ersten gesagt wird. Und ich glaube nicht, dass Augustinus anderes wollte. Ich verstehe auch seine Worte nicht anders als das, was die erste Meinung sagt. So sind die drei von der ‚Diatribe' zitierten Meinungen bei mir nur eine einzige: jene meine Meinung. Denn nachdem zugestanden ist und fest-
20 steht, dass das freie Willensvermögen nach Verlust der Freiheit unter die Knechtschaft der Sünde gezwungen ist und nicht irgendetwas Gutes wollen kann, kann ich diese Worte nur so verstehen, das freie Willensvermögen sei ein leeres Wörtlein, dessen Inhalt verloren gegangen ist. Nach meiner Grammatik ist ‚verlorene Freiheit' ‚keine Freiheit';
25 dem aber den Titel der Freiheit zuzubilligen, was keine Freiheit hat, heißt, eine leere Vokabel zuzubilligen. Wenn ich hier irre, mag mich widerlegen, wer kann. Wenn das dunkel und zweideutig ist, möge es erhellen und befestigen, wer kann. Ich kann eine verlorene Gesundheit nicht Gesundheit nennen, und wenn ich sie einem Kranken zubilligte,
30 hätte ich augenscheinlich nichts anderes zugebilligt als einen leeren Namen.

Aber weg mit diesen Wortungeheuern! Denn wer kann solch einen Missbrauch der Sprache ertragen, dass wir einerseits sagen, der Mensch habe ein freies Willensvermögen, und zugleich als Wahrheit bezeugen,
35 er sei nach Verlust der Freiheit unter die Knechtschaft der Sünde gezwungen und könne nichts Gutes wollen? Das widerstreitet dem allgemeinen Verständnis und hebt gänzlich den Sprachgebrauch auf. Die ‚Diatribe' ist vielmehr anzuklagen, die im Schlaf ihre Worte daherplappert und auf andere nicht achtet. Sie achtet, sage ich, nicht darauf,
40 was es heißt und welche Bedeutung es hat zu sagen: Der Mensch hat die Freiheit verloren, er ist gezwungen, der Sünde zu dienen, und er kann nicht irgendetwas Gutes wollen. Wäre sie nämlich wachsam und

ret, unam esse trium opinionum sententiam, quas diversas et pugnantes facit. Nam qui amisit libertatem et cogitur servire peccato, nec potest velle bonum, quid de illo rectius inferetur, quam necessario illum peccare vel malum velle? Sic enim et sophistae concluderent per suos syllogismos. Quare diatribe infoeliciter nimis conflictatur contra duas postremas, dum primam probat, quae eadem est cum illis, iterum more suo sese damnando et nostra probando in uno eademque articulo.

Veniamus nunc ad locum Ecclesiastici[358] et cum ipso quoque comparemus primam illam probabilem opinionem.[359] Opinio dicit liberum arbitrium non posse velle bonum, Locus autem Ecclesiastici adducitur ad probandum liberum arbitrium aliquid esse et posse. Aliud igitur statuit opinio per Ecclesiasticum confirmanda, et ad aliud allegatur Ecclesiasticus confirmandum, tanquam si quis probaturus sit, Christum esse Messiam, adducat locum, qui probet Pilatum fuisse praesidem Syriae,[360] aut aliud quippiam, quod dis diapason[361] conveniat. Sic et hic probat liberum arbitrium, ut taceam, quod supra exegi, nihil clare certoque dici aut probari, quid sit, quid possit liberum arbitrium. Sed dignum est totum eum locum pervidere, Primo dicit (Deus constituit hominem ab initio) hic de creatione hominis loquitur, nec adhuc quicquam vel de libero arbitrio vel de praeceptis dicit. Sequitur (Et reliquit eum in manu consilii sui) Quid hic? an hic liberum arbitrium astruitur? At ne hic quidem fit mentio de praeceptis, pro quibus liberum arbitrium exigitur, nec quicquam de hac re legitur in creatione hominis. Si igitur aliquid per manum consilii intelligitur, id potius intelligitur, quod Gene. 1. et 2. homo constitutus est dominus rerum, ut in illis libere dominaretur, ut dicit Moses, Faciamus hominem, qui praesit piscibus maris.[362] Nec aliud ex istis verbis evinci potest, Ibi enim homo potuit in rebus suo arbitrio agere, ut sibi subiectis, Denique hoc vocat hominis consilium velut aliud a Dei consilio. Post haec vero, ubi sic constitutum et relictum hominem in manu consilii sui dixerat, prosequitur, Adiecit mandata et | praecepta sua.[363] Ad quid adiecit? nempe ad consilium et arbi-

---

[358] Sir 15,14–18.   [359] S. o. 360,2–4.   [360] Lk 3,1.   [361] Erasmus: Adagia 1,2,63.   [362] Gen 1,26.
[363] Sir 15,15.

achtsam, würde sie klar sehen, dass die drei Meinungen, die sie als getrennt und widerstreitend hinstellt, eine einzige sind. Denn wer die Freiheit verloren hat, wer gezwungen wird, der Sünde zu dienen, und das Gute nicht wollen kann – was kann man über den mit mehr Recht folgern, als dass er notwendigerweise sündigt oder das Böse will? So würden nämlich auch die Sophisten syllogistisch schließen. Daher schlägt sich die ‚Diatribe‘ ausgesprochen unglücklich mit den beiden letzten Meinungen herum, während sie die erste billigt, die doch dieselbe ist wie diese beiden. Wie es ihre Art ist, verdammt sie sich selbst und billigt das Unsere in ein und demselben Artikel.

Wir wollen nun zu der Stelle in Sirach kommen und mit ihr selbst auch jene erste annehmbare Meinung vergleichen. Diese Meinung sagt, dass das freie Willensvermögen das Gute nicht wollen kann. Die Stelle in Sirach aber wird angeführt, um zu beweisen, das freie Willensvermögen sei und könne irgendetwas. Etwas anderes also hat die Meinung festgestellt, die durch Sirach bekräftigt werden soll; und um etwas anderes zu beweisen, wird Sirach angeführt. Das ist so, als wenn einer beweisen wollte, Christus sei der Messias, und führte dazu eine Stelle an, die beweist, dass Pilatus Statthalter von Syrien gewesen sei, oder irgendetwas anderes, was in keiner Weise dazu passt. So wird auch hier das freie Willensvermögen bewiesen; ganz zu schweigen davon, dass ich oben gezeigt habe, dass überhaupt nicht klar und gewiss gesagt oder bewiesen werden kann, was das freie Willensvermögen ist, was es kann. Aber es ist wert, diese ganze Stelle gründlich zu betrachten. Zuerst sagt er: „Gott hat den Menschen am Anfang geschaffen." Hier spricht er über die Erschaffung des Menschen und sagt bis hierhin nichts über das freie Willensvermögen oder über die Vorschriften. Es folgt: „Und er ließ ihn in der Hand seines Rates." Was heißt das? Wird etwa hier das freie Willensvermögen eingeführt? Nicht einmal hier werden die Vorschriften erwähnt, für die das freie Willensvermögen erfordert wird, und darüber liest man auch nichts in der Erschaffung des Menschen. Wenn also irgendetwas unter ‚Hand seines Rates‘ verstanden wird, dann eher, dass nach Gen 1 und 2 der Mensch eingesetzt ist als Herr über die Dinge, in ihnen frei zu herrschen, wie Mose sagt: „Lasst uns den Menschen machen, der über die Fische des Meeres gebietet." Nichts anderes kann man aus diesen Worten herauswinden. Dort nämlich konnte der Mensch in den Dingen nach seinem Willensvermögen handeln, denn sie waren ihm unterworfen. Schließlich nennt er dies ‚Rat des Menschen‘ als etwas, was sich vom Rat Gottes unterscheidet. Erst dann, nachdem er gesagt hat, in dieser Weise sei der Mensch eingesetzt und gelassen ‚in der Hand seines Rates‘, folgt: „Er hat hinzugefügt seine Gebote und Vorschriften." Wozu hinzugefügt? Offenbar zum Rat und

trium hominis et ultra illam constitutionem dominii humani super res alias, Quibus praeceptis ademit homini dominium, una parte creaturarum (puta arboris scientiae boni et mali)³⁶⁴ ac potius non liberum voluit, Adiectis autem praeceptis, tum venit ad arbitrium hominis erga Deum et ea quae Dei sunt, Si volueris mandata conservare, conservabunt te etc.³⁶⁵

Igitur ab hoc loco, Si volueris, incipit quaestio de libero arbitrio, ut per Ecclesiasticum intelligamus hominem in duo regna distribui, Uno, quo fertur suo arbitrio et consilio, absque praeceptis et mandatis Dei, puta in rebus sese inferioribus, Hic regnat et est dominus, ut in manu consilii sui relictus, Non quod Deus illum sic deserat, ut non in omnibus cooperetur, Sed quod usum rerum illi liberum pro l arbitrio concesserit, nec ullis legibus aut praescriptis inhibuerit, Ac si dixeris per similitudinem, Euangelion reliquit nos in manu consilii nostri, ut in rebus dominemur et utamur, sicut volumus, At Moses et Papa non reliquerunt nos in eo consilio, sed legibus nos coercuerunt et suo potius arbitrio subiecerunt, Altero vero regno, non relinquitur in manu consilii sui, sed arbitrio et consilio Dei fertur et ducitur, ut sicut in suo regno fertur suo arbitrio absque praeceptis alterius, ita in regno Dei fertur alterius praeceptis, absque suo arbitrio. Atque hoc est quod Ecclesiasticus dicit, Adiecit praecepta et mandata, Si volueris etc. Si igitur haec clara satis sunt, evicimus, hunc locum Ecclesiastici, non pro libero arbitrio, sed contra liberum arbitrium valere, ut quo subiicitur homo praeceptis et arbitrio Dei et eximitur suo arbitrio, Si clara satis non sunt, id tamen effecimus, ut pro libero arbitrio valere non possit hic locus, ut qui alio quam ipsorum sensu, puta nostro iam dicto, eoque non absurdo sed sanissimo, et qui toti scripturae consonet, intelligi possit, cum illorum sensus toti scripturae pugnet, et hoc uno solo loco petitur, contra totam scripturam. Stamus igitur securi in bono sensu, et negativo

---

³⁶⁴ Gen 2,17.   ³⁶⁵ Sir 15,16.

Willensvermögen des Menschen und hinaus über jene Einsetzung der menschlichen Herrschaft über die anderen Dinge. Mit diesen Vorschriften hat er teilweise dem Menschen den Herrschaftsauftrag über die Geschöpfe genommen (etwa über den Baum des Wissens von Gut und Böse) und wollte ihn lieber nicht frei haben. Nachdem aber die Vorschriften hinzugekommen sind, kommt er dann zum Willensvermögen des Menschen gegen Gott und gegen das, was Gottes ist: „Wenn du die Gebote halten wolltest, werden sie dich bewahren" usw.

Also beginnt mit dieser Stelle „Wenn du wolltest" die Frage nach dem freien Willensvermögen. So sehen wir also durch Sirach ein, dass der Mensch in zwei Reiche eingegliedert wird. In dem einen bewegt er sich nach seinem Willensvermögen und Rat ohne die Vorschriften und Gebote Gottes, nämlich in den unter ihm liegenden Dingen. Hier herrscht er und ist Herr, wie es in der Hand seines Rates gelassen ist. Nicht dass Gott ihn so im Stich ließe, dass er nicht in allem mit ihm zusammenwirkte. Sondern dass er den Gebrauch der Dinge jenem frei nach dem Willensvermögen zugestanden hat und ihn nicht durch irgendwelche Gesetze oder Vorschriften hinderte. Du könntest genauso mit einem Gleichnis sagen: Das Evangelium hat uns in der Hand unseres Rates gelassen, dass wir über die Dinge herrschen und sie benutzen, wie wir wollen. Aber Mose und der Papst haben uns nicht in diesem Rat gelassen, sondern haben uns durch Gesetze gezwungen und uns vielmehr ihrem eigenen Willensvermögen unterworfen. In dem andern Reich aber ist er nicht in der Hand seines Rates gelassen, sondern bewegt sich nach dem Willensvermögen und Rat Gottes und wird danach geführt. Wie er sich aber in seinem Reich nach seinem Willensvermögen ohne die Vorschriften eines anderen bewegt, so bewegt er sich im Reich Gottes nach den Vorschriften eines anderen ohne sein eigenes Willensvermögen. Eben das ist es, was Sirach sagt: „Er hat seine Vorschriften und Gebote hinzugefügt", „Wenn du wolltest" usw. Wenn also dies klar genug ist, haben wir gezeigt, dass diese Stelle Sirachs nicht für das freie Willensvermögen, sondern gegen das freie Willensvermögen ins Gewicht fällt; denn dadurch ist der Mensch den Vorschriften und dem Willensvermögen Gottes unterworfen und seinem Willensvermögen entzogen. Wenn das nicht klar genug ist, haben wir doch das erreicht, dass diese Stelle nicht für das freie Willensvermögen ins Gewicht fallen kann; denn sie würde anders verstanden werden können als im Sinn der ‚Diatribe' – etwa in dem von uns genannten, der nicht absurd, sondern ausgesprochen vernünftig ist und mit der ganzen Schrift übereinstimmt, während der Sinn der ‚Diatribe' der ganzen Schrift widerstreitet und nur aus dieser einen einzigen Stelle entnommen wird gegen die ganze Schrift. Wir stehen also sicher auf der Seite des richtigen Sinnes, und zwar bei einem, der das freie

liberi arbitrii donec illi suum affirmativum, difficilem et coactum, confirmaverint.

Ubi igitur Ecclesiasticus dicit, Si volueris mandata conservare, conservabunt te, et fidem placitam servare, non video, quomodo istis verbis liberum arbitrium probetur, Est enim verbum coniunctivi modi (Si volueris) quod nihil asserit, sicut Dialectici dicunt Conditionalem indicative nihil asserere, ut, si Diabolus est deus, merito adoratur, Si asinus volat, asinus habet alas, Si liberum arbitrium est, gratia nihil est. Oportuit autem Ecclesiasticum sic dicere, si voluisset liberum arbitrium asserere, Homo potest servare mandata Dei, vel homo habet vim servandorum mandatorum. | Sed hic Diatribe argutabitur, Ecclesiasticus dicendo, Si volueris servare, significat inesse voluntatem homini ad servandum et ad non servandum, Alioqui, quid sonat dicere, ad eum qui voluntatem non habet, Si volueris? Nonne ridiculum est, siquis ad caecum dicat, Si volueris videre, invenies thesaurum, Aut ad surdum, Si volueris audire, narrabo tibi bonam historiam? Hoc esset miscillam illorum ridere, Respondeo, Haec sunt argumenta Rationis humanae, quae tales sapientias fundere solet, Quare iam non cum Ecclesiastico, sed cum Ratione humana disputandum nobis est de sequela, nam scripturas Dei suis sequelis et syllogismis interpretatur et trahit quorsum velit, faciemusque id libenter et cum fiducia, ut qui sciamus, eam non nisi stulta et absurda garrire, tum maxime, cum in rebus sacris suam sapientiam ostendere incipit.

Ac primum, si interrogem, unde probetur, significari vel sequi voluntatem inesse liberam, quoties dicitur, Si volueris, Si feceris, Si audieris? Dicet, quia sic videtur natura verborum et usus loquendi exigere inter homines, Ergo divinas res et verba metitur ex usu et rebus hominum, quo quid perversius, cum illa sint caelestia, haec terrena? Prodit igitur stulta seipsam, quam nihil de Deo nisi humanum cogitet. Sed quid si probem, naturam verborum et usum loquendi etiam apud homines non semper ita habere, ut rideantur ii, qui non possunt, quoties eis dicitur, Si volueris, Si feceris, Si audieris? Quoties parentes cum

Willensvermögen verneint, bis jene ihren bejahenden, schwierigen und erzwungenen [Sinn] bekräftigt haben.

Wo nun Sirach sagt: „Wenn du die Gebote halten und einen wohlgefälligen Glauben bewahren willst, werden sie [sc. die Gebote] dich bewahren", da sehe ich nicht, wie mit solchen Worten das freie Willensvermögen bewiesen wird. Denn dieses Wort ‚Wenn du wolltest' hat einen konjunktivischen Modus, der nichts als Wahrheit bezeugt. Wie die Dialektiker sagen, dass ein Konditionalmodus nichts indikativisch als Wahrheit bezeugt, zum Beispiel: Wenn der Teufel ein Gott ist, wird er mit Recht angebetet; wenn ein Esel fliegt, hat der Esel Flügel; wenn es das freie Willensvermögen gibt, ist die Gnade nichts. Hätte Sirach das freie Willensvermögen als Wahrheit bezeugen wollen, hätte er also sagen müssen: „Der Mensch kann die Gebote Gottes halten" oder „Der Mensch hat die Kraft, die Gebote zu halten." Aber hier wird die ‚Diatribe' sich deutlich vernehmen lassen: Sirach zeigt durch seine Rede ‚Wenn du halten wolltest' an, dass im Menschen ein Wille, zu halten und nicht zu halten, vorhanden ist. Was sollte sonst dieses Wort ‚Wenn du wolltest' für jemanden bedeuten, der keinen Willen hat? Ist es nicht lächerlich, wenn einer zu einem Blinden sagt „Wenn du sehen wolltest, wirst du einen Schatz finden" oder zu einem Tauben „Wenn du hören wolltest, werde ich dir eine schöne Geschichte erzählen"? Dies würde bedeuten, ihr Elend zu verspotten. Meine Antwort: Dies sind die Argumente von [Herrin] Menschenvernunft, die solche Weisheiten von sich zu geben pflegt. Daher dürfen wir nicht mehr mit Sirach, sondern müssen mit [Herrin] Menschenvernunft über die Folgerung diskutieren. Denn sie interpretiert die Schriften Gottes mit Folgerungen und Syllogismen und treibt sie, wohin sie will. Das werden wir gerne und mit Vertrauen tun, weil wir ja wissen, dass sie nur Dummes und Absurdes schwatzt, besonders dann, wenn sie in heiligen Dingen ihre Weisheit zu zeigen beginnt.

Zum ersten: Wenn ich fragte, wodurch bewiesen oder angezeigt wird oder folge, dass ein freier Wille vorhanden sei, sooft gesagt wird ‚Wenn du wolltest', ‚Wenn du tätest', ‚Wenn du hörtest', so wird sie sagen: weil dies die Natur der Worte und der Sprachgebrauch unter den Menschen zu fordern scheint. Also misst sie göttliche Dinge und Worte nach Brauch und Sachen der Menschen. Was ist verkehrter als das, wo doch jene himmlisch, diese irdisch sind? Die Törichte verrät sich also selbst, dass sie über Gott nur menschlich denkt. Aber was ist, wenn ich bewiese, dass sich die Natur der Worte und der Sprachgebrauch auch bei den Menschen nicht immer so verhält? Dass die, die nicht können, verspottet werden, sooft ihnen gesagt wird ‚Wenn du wolltest', ‚Wenn du tätest', ‚Wenn du hörtest'? Wie oft treiben Eltern mit ihren Kindern ihr

filiis suis ludunt, dum eos iubent aut ad se venire, hoc aut illud facere, ea tantum gratia, ut appareat, quam non possint, coganturque manum parentis invocare? Quoties medicus fidelis, superbum aegrotum iubet facere aut omittere, quae illi sunt vel impossibilia vel noxia, ut ad notitiam morbi aut impotentiae suae illum per experien-|tiam sui promoveat, ad quam nulla alia ratione illum perducere potuit? Et quid usitatius et vulgatius insultandi et provocandi verbis, sive hostibus sive amicis ostendere volumus, quid possint et non possint? Haec tantum recito, ut Rationi suas sequelas ostendam, quam stulte eas scripturis affingat, tum quam caeca etiam sit, ut non videat, nec in humanis rebus et verbis, eas semper locum habere, sed si aliquando ita videat fieri, mox praeceps feratur, et generaliter in omnibus Dei et hominum verbis fieri iudicet, faciens ex particulari universalem, more sapientiae suae.

Si nunc Deus, velut pater, nobiscum velut filiis suis agat, ut ignaris nobis ostendat nostram impotentiam, vel ut medicus fidelis nobis nostrum morbum notum faciat, vel ut hostibus suis superbe resistentibus suo consilio, insultet et legibus propositis (quibus id commodissime efficit) dicat, fac, audi, serva, vel si audieris, si volueris, si feceris, Nunquid hinc proba consequentia inferetur, ergo nos possumus libere, aut Deus nos irridet? Cur non id potius sequitur? Ergo Deus nos tentat, ut per legem nos ad cognitionem nostrae impotentiae perducat, si amici sumus, vel tum vere et merito insultet ac irrideat, si hostes superbi sumus. Haec enim est caussa legislationis | divinae, ut Paulus docet. Caeca est enim natura humana, ut nesciat suas ipsius vires seu morbos potius,[366] Deinde superba videtur sibi nosse et posse omnia, Cui superbiae et ignorantiae, nullo Deus remedio praesentiori mederi potest quam proposita lege sua, De qua re plura dicemus loco suo, Hic praelibasse satis sit, ad confutandam istam sequelam carnalis et stultae sapientiae, Si volueris, ergo potes velle libere. Diatribe somniat hominem esse integrum et sanum, qualis est aspectu humano in rebus suis, ideo argutatur istis verbis, Si volueris, Si feceris, Si audieris, rideri homi-

---

[366] Röm 3,20.

Spiel, wenn sie ihnen befehlen, zu ihnen zu kommen oder dies oder jenes zu tun, nur deswegen, damit ihr Nicht-Können offenbar wird und sie zum Ruf nach der Hand des Vaters gezwungen werden. Wie oft befiehlt ein gewissenhafter Arzt einem stolzen Kranken zu tun oder zu
5 lassen, was ihm unmöglich oder schädlich ist, um ihn durch die Erfahrung zur Kenntnis der Krankheit oder seines Unvermögens zu bringen, wozu er ihn auf keine andere Weise bringen konnte? Und was ist gebräuchlicher oder weiter verbreitet, als dass wir mit Worten der Verhöhnung oder Provokation Feinden oder Freunden zeigen wollen, was
10 sie können und nicht können? Dies erwähne ich nur, um [Herrin] Vernunft ihre Folgerungen zu zeigen, wie töricht sie diese den Schriften andichtet. Und auch wie blind sie ist, dass sie nicht sieht, dass diese auch in menschlichen Dingen und Worten nicht immer am Platze sind. Aber wenn sie sieht, dass es bisweilen so zu geschehen scheint, über-
15 stürzt sie sich gleich und urteilt, dass dies allgemein in allen Worten Gottes und der Menschen geschieht. Das tut sie, indem sie nach ihrer Weisheit aus etwas Partikularem etwas Allgemeines macht.

Mag nun Gott an uns wie ein Vater an seinen Kindern handeln, dass er uns Unwissenden unsere Unfähigkeit zeigt, oder wie ein gewissen-
20 hafter Arzt, der uns unsere Krankheit zur Kenntnis bringt, oder wie einer, der seine Feinde, die sich seinem Rat stolz widersetzen, verhöhnt und mit vor Augen gestellten Gesetzen (mit denen er das am bequemsten erreicht) sagt: „Tu, höre, beachte" oder „Wenn du hörtest, wenn du wolltest, wenn du tätest". Kann man aber hieraus als richtige Folgerung
25 ableiten: Also können wir es [sc. das [Gebotene] in Freiheit [tun], oder aber Gott verspottet uns? Warum folgt nicht vielmehr: Also versucht uns Gott, um uns durch das Gesetz zur Kenntnis unserer Unfähigkeit zu führen, wenn wir Freunde sind, oder um uns dann wahrhaft und verdientermaßen zu verhöhnen und zu verlachen, wenn wir stolze
30 Feinde sind? Das nämlich ist der Grund für die göttliche Gesetzgebung, wie Paulus lehrt. Denn blind ist die menschliche Natur, so dass sie ihre eigenen Kräfte oder besser: Krankheiten nicht kennt und sich dann stolz so vorkommt, als wisse und könne sie alles. Diesem Stolz und dieser Unwissenheit kann Gott durch kein wirksameres Heilmittel begeg-
35 nen, als wenn er sein Gesetz vorlegt. Darüber werden wir Näheres an seinem Ort sagen. Hier genügt es, dies berührt zu haben, um diese Folgerung einer fleischlichen und törichten Weisheit zu widerlegen: „Wenn du wolltest – also wirst du frei wollen können." Die ‚Diatribe' erträumt sich einen unversehrten und gesunden Menschen, wie er das
40 für den menschlichen Blick in seinen Dingen ist. Daher schwatzt sie, mit solchen Worten „Wenn du wolltest, wenn du tätest, wenn du hörtest" werde der Mensch verspottet in dem Fall, dass es kein freies Wil-

nem, nisi liberum eius arbitrium sit, Scriptura autem definit hominem esse corruptum et captum, tum superbe contemnentem et ignorantem suae corruptionis et captivitatis, ideo illis verbis ipsum vellit et suscitat, ut agnoscat vel experientia certa, quam nihil horum possit.

Sed ipsam Diatriben petam, Si vere sentis O domina Ratio, sequelas istas constare (Si volueris, ergo potes libere) cur tu ipsa non easdem imitaris? Tu enim dicis opinione illa probabili, liberum arbitrium non posse velle quicquam boni, Qua igitur sequela fluet hoc simul ex isto loco (Si volueris servare)[367] e quo dicis fluere, posse hominem velle et non velle libere? Nunquid ex eodem fonte manat dulce et amarum?[368] An et tu magis rides hic hominem, quae dicis eum posse servare, quae non potest velle nec optare? Igitur nec tu ex animo sentis, bene sequi (Si volueris ergo potes libere) etiam si id tanta contentione agas, aut non ex animo probabilem illam opinionem dicis, quae sentit, hominem non posse velle bonum. Sic sequelis et verbis sapientiae suae capitur ratio, ut nesciat, quid aut de quo loquatur, Nisi quod dignissimum est, liberum arbitrium talibus argumentis, sese mutuo devorantibus et conficientibus defendi, quo modo Madianitae mutuis caedibus sese perdiderunt, dum Gedeonem cum populo Dei impugnaverunt.[369] Quin latius expostulabo cum sapientia ista Diatribes, Ecclesiasticus non dicit, Si | habueris studium vel conatum servandi, qui non asscribatur viribus tuis, ut tu colligis, sed sic dicit, Si volueris servare mandata, servabunt te, Si nunc more tuae sapientiae sequelas ducere volumus, sic inferemus, Ergo homo potest servare mandata, Ac sic non modiculum studium vel conatulum aliquem hic reliquum faciemus in homine, sed totam plenitudinem et abundantiam servandorum mandatorum ei tribuemus, Alioqui rideret Ecclesiasticus hominis miseriam, ut servare illum iuberet, quem nosset non posse servare, Nec satis foret, quod conatus et studium illi adesset, nec sic enim evaderet suspitionem irrisionis, nisi vim servandi illi inesse significaret.

Fingamus vero, studium et conatum illum liberi arbitrii aliquid esse, quid ad illos, nempe Pelagianos dicemus, qui ex hoc loco, gratiam

---

[367] Sir 15,16. [368] Jak 3,11. [369] Jdt 7,22.

lensvermögen gebe. Die Schrift aber definiert den Menschen als verdorben und gefangen, dann als einen solchen, der stolz Verachtung empfindet und um seine Verderbtheit und Gefangenschaft nicht weiß; daher rupft und reizt sie ihn mit jenen Worten, dass er doch auf Grund gewisser Erfahrung anerkenne, wie er nichts von alledem kann.

Aber ich will die ‚Diatribe' selbst angreifen: Wenn du wirklich glaubst, o Herrin Vernunft, dass diese Folgerungen feststehen: „Wenn du wolltest, also kannst du frei" – warum richtest du dich selbst nicht danach? Du sagst nämlich, dass nach jener annehmbaren Meinung das freie Willensvermögen nicht irgendetwas Gutes wollen kann. Nach welcher Folgerung also fließt das zugleich aus dieser Textstelle („Wenn du halten wolltest"), aus welcher nach deiner Aussage fließt, der Mensch könne frei wollen und nicht wollen? Fließt etwa aus derselben Quelle Süßes und Bitteres? Oder verspottest du hier den Menschen noch mehr damit, dass du sagst, er könne halten, was er doch weder wollen noch wünschen kann? Also entweder du meinst nicht von Herzen, es folge richtig „Wenn du wolltest, also kannst du frei", auch wenn du das mit so großem Eifer verfolgst; oder du sagst nicht aus ehrlichem Herzen, jene Meinung sei annehmbar, die meint, der Mensch könne das Gute nicht wollen. So wird die Vernunft durch die Folgerungen und Worte ihrer eigenen Weisheit gefangen, so dass sie nicht weiß, was oder worüber sie redet. Es sei denn, es wäre ausgesprochen würdig, wenn das freie Willensvermögen mit solchen sich gegenseitig vernichtenden und besiegenden Argumenten verteidigt wird, so wie sich die Midianiter mit gegenseitigen Morden vernichtet haben, als sie Gideon mit dem Volk Gottes bekämpften. Ja, ich will mich bei dieser Weisheit der ‚Diatribe' noch weiter beschweren: Sirach sagt nicht: „Wenn du Eifer und Bemühen hättest zu halten", der [aber] nicht deinen Kräfte zugeschrieben werden soll, wie du folgerst. Sondern so spricht er: „Wenn du die Gebote halten wolltest, werden sie dich bewahren". Wenn wir nun die Folgerungen nach der Art deiner Weisheit ziehen wollten, würden wir folgendermaßen schließen: Also kann der Mensch die Gebote halten; und wir werden hier nicht nur einen ganz geringen Eifer oder ein kleines Bemühen im Menschen übrig lassen, sondern die ganze Fülle und Überfülle, die Gebote zu halten, werden wir ihm zugestehen. Sonst würde ja Sirach das Elend des Menschen verspotten, dass er dem zu halten befiehlt, von dem er weiß, dass er es nicht halten kann. Und es würde nicht genügen, dass er einen Eifer und ein Bemühen hätte; denn auch so würde der Verdacht der Verhöhnung nicht verschwinden, wenn er nicht anzeigte, dass ihm die Kraft des Haltens innewohne.

Wir wollen aber annehmen, jener Eifer und jenes Bemühen des freien Willensvermögens seien irgendetwas. Was werden wir gegen

in totum negabant, et libero arbitrio omnia tribuebant? plane vicerint Pelagiani, si sequela Diatribes constet, Nam verba Ecclesiastici sonant de servando, non I de conando aut studendo. Quod si Pelagianis negaveris sequelam de servando, ipsi rursus multo rectius negabunt sequelam de conando, Et si tu illis totum liberum arbitrium abstuleris, auferent et ipsi tibi particulam eius reliquam, ut particulae non possis asserere, quod toti denegaris. Quicquid igitur contra Pelagianos dixeris, totum libero arbitrio tribuentibus ex hoc loco, hoc nos multo fortius, contra modiculum illud studium tui liberi arbitrii dicemus. Et Pelagiani eatenus nobis consentient, ut si ipsorum opinio ex hoc loco non potest probari, multo minus ulla alia poterit inde probari, cum si sequelis agenda sit caussa, fortissime omnium pro Pelagianis faciat Ecclesiasticus, ut qui claris verbis de toto servando dicat, Si volueris mandata servare. Imo et de fide dicit, Si vis fidem placitam servare,[370] ut eadem sequela et fidem servare in nostra potestate esse oporteat, quae tamen donum Dei est[371] singulare ac rarum, ut Paulus dicit. Summa, cum tot recenseantur opiniones pro libero arbitrio et nulla sit, quae non hunc locum Ecclesiastici pro se rapiat, illaeque sint diversae et contrariae, fieri non potest, quin Ecclesiasticum habeant contradictorium ac diversum sibiipsis in unis eisdemque verbis, ideo nihil ex ipso probare possunt, quamvis si sequela illa admittitur, pro Pelagianis solis faciat contra omnes alios, Ideo et contra Diatriben facit, quae suo ipsius gladio hoc loco iugulatur.

Nos autem, ut caepimus, dicimus, quod hic locus Ecclesiastici nullis prorsus patrocinatur, qui liberum arbitrium asserunt, sed contra omnes pugnet, Non enim admittenda est illa sequela, Si volueris, ergo poteris, sed sic intelligetur, eo verbo et similibus moneri hominem suae impotentiae, quam ignarus et superbus, sine istis monitionibus divinis, non agnosceret, nec sentiret. Loquimur autem hic non de homine primo solum, sed de quolibet, quamvis parum referat de primo vel aliis

---

[370] Sir 15,16.   [371] Eph 2,8.

jene, nämlich die Pelagianer sagen, die nach dieser Stelle die Gnade gänzlich verneinten und dem freien Willensvermögen alles zusprachen? Vollständig gesiegt hätten die Pelagianer, wenn die Folgerung der ‚Diatribe' feststünde. Denn die Worte Sirachs reden vom Halten, nicht vom Bemühen oder Bestreben (Eifern). Denn wenn du den Pelagianern die Folgerungen im Blick auf das Halten verneint hast, werden sie selbst wiederum mit größerer Berechtigung die Folgerung vom Bemühen verneinen. Und wenn du ihnen das ganze freie Willensvermögen weggenommen hast, werden sie selbst dir dann auch sein übrig gebliebenes Teilchen wegnehmen. Mit der Folge, dass du von dem kleinen Stück nicht als Wahrheit bezeugen kannst, was du dem Ganzen abgesprochen hast. Was immer du also gegen die Pelagianer sagst, die das Ganze dem freien Willensvermögen nach dieser Stelle zuschreiben, werden wir noch viel kräftiger gegen jenen ganz geringen Eifer deines freien Willensvermögen sagen. Und die Pelagianer werden insoweit mit uns übereinstimmen, dass dann, wenn ihre eigene Meinung aus dieser Stelle nicht bewiesen werden kann, viel weniger irgendetwas anderes daraus bewiesen werden kann. Denn wenn die Sache mit Hilfe von Folgerungen zu entscheiden ist, spricht Sirach am allermeisten für die Pelagianer, weil er mit klaren Worten vom ganzen Halten spricht „Wenn du die Gebote halten wolltest". Ja, so spricht er auch vom Glauben „Wenn du einen wohlgefälligen Glauben halten willst", so dass es mit derselben Folgerung in unserer Macht stehen müsste, den Glauben zu halten. Der aber ist doch ein Geschenk Gottes, einzigartig und selten, wie Paulus sagt. Kurzum, wenn so viele Meinungen für das freie Willensvermögen aufgezählt werden und es keine gibt, die nicht diese Stelle Sirachs an sich reißt, und wenn jene verschieden und gegensätzlich sind, dann kann es nicht geschehen, dass sie Sirach nicht als solchen haben, der ihnen mit ein und denselben Worten widerspricht und ihnen gegenübersteht. Daher können sie aus ihm nichts beweisen, wiewohl – falls jene Folgerung zugelassen wird, er allein für die Pelagianer wirkt, gegen alle anderen. Daher spricht er auch gegen die ‚Diatribe', die sich mit Hilfe dieser Stelle mit ihrem eigenen Schwert erdolcht.

Wir aber sagen wie zu Beginn, dass diese Stelle Sirachs überhaupt niemanden schützt, der das freie Willensvermögen als Wahrheit behauptet, sondern gegen alle kämpft. Denn jene Folgerung ist nicht zuzulassen „Wenn du wolltest, also wirst du können". Vielmehr muss man dies so verstehen, dass mit diesem Wort und ähnlichen der Mensch an seine Unfähigkeit erinnert wird, die er, unwissend und stolz, ohne diese göttlichen Ermahnungen nicht kennen und nicht spüren würde. Wir sprechen aber hier nicht allein über den ersten Menschen, sondern von jedem, wie wenig es auch darauf ankommt, ob man es vom ersten

quibuslibet intelligas, Nam et si primus homo non erat impotens assistente gratia, tamen in hoc praecepto satis ostendit ei Deus, quam esset impotens absente gratia. Quod si is homo, cum adesset spiritus, nova voluntate non potuit velle bonum de novo propositum, id est, obedientiam, quia spiritus illam non addebat, quid nos sine spiritu possemus in bono amisso? Ostensum est ergo in isto homine, terribili exemplo, pro nostra superbia conterenda, quid possit liberum arbitrium nostrum sibi relictum ac non continuo | magis ac magis actum et auctum spiritu Dei, Ille non potuit in auctiorem spiritum, cuius primitias habebat, sed cecidit a primiciis spiritus, quomodo nos lapsi possemus in primitias spiritus ablatas? praesertim iam regnante in nobis plena potestate Satana, qui illum sola tentatione nondum regnans in eo, prostravit. Nihil fortius disseri posset contra liberum arbitrium, quam si locos hic Ecclesiastici cum lapsu Adae tractaretur, Sed nunc non est locus, ac alibi forte sese res dabit. Interim satis est, monstratum esse, Ecclesiasticum prorsus nihil pro libero | arbitrio dicere hoc loco, quem tamen pro principe loco habent, Atque eum locum et similes, Si volueris, Si audieris, Si feceris, non ostendere quid possint, sed quid debeant homines.

Alius locus a Diatribe nostra adducitur ex Gen. 4. ubi ad Cain dicit Dominus, Sub te erit appetitus peccati, et tu dominaberis illius.[372] Ostenditur hic (ait Diatribe) animi motus ad turpia, vinci posse, nec afferre necessitatem peccandi,[373] Illud (Animi motus ad turpia vinci posse) quamvis ambigue dictum sit, tamen vi sententiae, consequentiae et rerum huc cogitur, quod liberi arbitrii sit, vincere suos motus ad turpia, nec motus illi necessitatem afferant peccandi. Quid iterum hic omittitur, quod libero arbitrio non tribuitur? Quid opus spiritu? Quid Christo? Quid Deo? si liberum arbitrium vincere potest animi motus ad turpia? Ubi iterum opinio probabilis, quae dicit liberum arbitrium nec velle quidem posse bonum? hic vero victoria mali tribuitur ei quod nec

---

[372] Gen 4,7.   [373] Erasmus II a 14, EAS 4,58/60.

oder beliebigen anderen versteht. Denn wenn auch der erste Mensch nicht unfähig war, weil ihm ja die Gnade beistand, zeigt ihm Gott doch mit diesem Gebot zur Genüge, wie unfähig er wäre, wenn die Gnade fehlt. Wenn denn dieser Mensch, als ihm der Geist beistand, mit neuem Willen das Gute nicht wollen konnte, das ihm von neuem vor Augen gestellt war, das heißt, den Gehorsam [zu leisten], sofern der Geist ihm den nicht eingegeben hat – was sollten wir ohne Geist können, nachdem das Gute verloren gegangen ist? Es ist also an diesem Menschen als einem schrecklichen Beispiel zur Auslöschung unseres Stolzes gezeigt worden, was unser eigenes freies Willensvermögen vermag, wenn es sich selbst überlassen und nicht durch den beständigen Geist Gottes mehr und mehr gelenkt und gefördert wird. Er konnte nicht zur Mehrung des Geistes gelangen, dessen Erstlinge er hatte, sondern fiel von den Erstlingen des Geistes ab – wie könnten wir als Gefallene zu den verlorenen Erstlingen des Geistes gelangen? Zumal nun Satan in uns mit voller Macht herrscht, der ihn [sc. den ersten Menschen] bloß durch die Versuchung, noch nicht in ihm herrschend, niedergestreckt hat. Nichts Stärkeres könnte gegen das freie Willensvermögen angeführt werden, als wenn man diese Stelle Sirachs mit dem Fall Adams zusammen behandelte. Aber jetzt ist nicht der Ort dafür, vielleicht wird sich anderswo eine Gelegenheit ergeben. Inzwischen genügt es, gezeigt zu haben, dass Sirach gänzlich nichts für das freie Willensvermögen an dieser Stelle – die sie trotzdem für ihre Hauptstelle halten – sagt, und dass diese Stelle und ähnliche „Wenn du wolltest, wenn du hörtest, wenn du tätest" nicht zeigen, was die Menschen können, sondern was sie sollen.

Eine andere Stelle wird von unserer ‚Diatribe' angeführt aus Gen 4, wo der Herr zu Kain spricht: „Unter dir wird sein das Begehren der Sünde, und du wirst jene beherrschen." Hier wird gezeigt (sagt die ‚Diatribe'), dass die Bewegungen des Herzens zum Bösen besiegt werden können und nicht die Notwendigkeit zum Sündigen herbeiführen. Wie zweideutig jenes „die Bewegungen des Herzens zum Bösen können besiegt werden" auch gesagt ist, es wird dennoch kraft des Satzes [grammatisch], der Folge [logisch] und der Dinge [sachlich] dahin gezwungen, dass es Sache des freien Willensvermögen sei, seine Bewegungen zum Schändlichen zu besiegen, und dass jene Bewegungen nicht die Notwendigkeit des Sündigens herbeiführen. Was wiederum wird hier ausgelassen, was dem freien Willensvermögen nicht zugesprochen? Wozu ist der Geist nötig? Wozu Christus? Wozu Gott? Wenn doch das freie Willensvermögen die Bewegungen des Herzens zum Schändlichen besiegen kann. Wo ist wiederum die annehmbare Meinung, die sagt, das freie Willensvermögen könne das Gute nicht einmal wollen? Hier aber wird der Sieg über das Böse dem zugeschrieben, was das Gute

vult nec optat bonum, Nimis nimia est incogitantia Diatribae nostrae. Rem breviter accipe, Sicut dixi, talibus dictis ostenditur homini quid debeat, non quid possit. Cain igitur dicitur, ut debeat peccato dominari et eius appetitum sub se tenere, verum hoc neque fecit neque potuit, ut iam alieno imperio Satanae pressus. Notum est enim, Ebraeos frequenter indicativo futuro uti pro imperativo, ut in Exo. 20. Non habebis Deos alienos, Non occides, Non fornicaberis,374 et talia infinita, Alioqui si indicative (ut sonant) acciperentur, essent promissiones Dei, qui cum mentiri nequeat, fieret, ut nullus homo peccaret, tum sine necessitate preciperentur. Ita interpres noster hoc loco rectius sic transtulisset, Sed sub te sit appetitus eius et tu dominare illius, Sicut et de muliere dici debuit, Sub viro tuo sis et ipse dominetur tui.375 Quod enim non indicative sit ad Cain dictum, probat id, quia tum fuisset divina promissio, At promissio non fuit, quia contrarium evenit et factum est per Cain.

Tertius est ex Mose Posui ante faciem tuam viam vitae et mortis, Elige quod bonum est etc. Quid (inquit) apertius dici poterat? Eligendi libertatem relinquit homini. Respondeo, Quid apertius quam te hic caecutire? ubi quaeso | relinquit libertatem eligendi? In eo quod dicit Elige? Ergo statim, ut Moses dicit Elige, fit, ut eligant? Igitur iterum non est necessarius spiritus. Et cum tu toties repetas et inculces eadem, mihi quoque licebit eadem saepius iterare. Si libertas eligendi adest, cur opinio probabilis dixit liberum arbitrium non posse velle bonum? an eligere potest non volens aut nolens? Sed audiamus similitudinem, Ridicule diceretur in bivio consistenti, vides duplicem viam, utram voles ingreditor, quum altera tantum pateret,376 Hoc est quod supra dixi de argumentis rationis carnalis, quod rideri hominem putet praecepto impossibili, quo nos ipsum dicimus moneri et | excitari, ut videat impotentiam suam. Vere igitur in bivio sumus, altera vero via tantum patet, imo nulla patet, ostenditur vero per legem, quam altera scilicet ad bonum sit impossibilis, nisi Deus spiritum donet, altera vero quam sit

---

374 Ex 20,3.13 f.   375 Gen 3,16.   376 Erasmus II a 14; FrAS 4,60.

weder will noch wünscht. Allzu groß ist die Unbedachtheit unserer ‚Diatribe'. Fasse den Sachverhalt kurz: Wie ich gesagt habe, wird mit solchen Aussprüchen dem Menschen gezeigt, was er soll, nicht, was er kann. Kain wird also gesagt, dass er die Sünde beherrschen und ihr Streben unter sich halten soll. Dies hat er aber weder getan noch gekonnt, weil er schon unter die fremde Herrschaft Satans gepresst war. Denn es ist bekannt, dass die Hebräer oft den Indikativ Futur an Stelle des Imperativs benutzen, wie in Ex 20: „Du wirst keine fremden Götter haben, du wirst nicht töten, du wirst nicht ehebrechen" und unendlich [vielen Aussagen] dieser Art. Sonst, wenn das indikativisch (wie es klingt) genommen würde, wären es Zusagen Gottes. Dann würde es, da er nicht lügen kann, so sein, dass kein Mensch sündigte; dann wären Gebote unnötig. So hätte unser Ausleger an dieser Stelle mit mehr Richtigkeit folgendermaßen übersetzt: „Aber ihr Begehren soll unter dir sein und du sollst sie beherrschen." So wie auch von der Frau gesagt werden musste: „Du sollst unter deinem Mann sein und er soll über dich herrschen." Dass dieses nämlich nicht indikativisch zu Kain gesagt worden ist, erweist sich daraus, dass es dann eine göttliche Zusage gewesen wäre. Aber eine Zusage ist es nicht gewesen, weil durch Kain das Gegenteil eingetreten und geschehen ist.

Die dritte Stelle ist aus Mose [entnommen]: „Ich habe vor dein Angesicht den Weg des Lebens und des Todes gestellt. Wähle, was gut ist" usw. Was (sagt sie) kann offensichtlicher gesagt werden? Er hat dem Menschen die Wahlfreiheit gelassen! Ich antworte: Was ist offensichtlicher, als dass du hier blind bist? Wo, frage ich, hat er die Wahlfreiheit gelassen? Darin, dass er sagt: ‚Wähle'? Also sofort, wenn Mose sagt ‚Wähle', geschieht es, dass sie wählen? Also ist wiederum der Geist nicht notwendig. Und wenn du dasselbe so oft wiederholst und einschärfst, wird es auch mir erlaubt sein, dasselbe öfter zu wiederholen. Wenn es eine Wahlfreiheit gibt, warum hat die annehmbare Meinung gesagt, das freie Willensvermögen könne das Gute nicht wollen? Oder kann es etwas wählen, ohne zu wollen, oder nicht-wollend [wählen]? Aber lasst uns ein Gleichnis hören: Es wäre lächerlich, wenn einem, der am Scheideweg steht, gesagt würde: „Du siehst einen doppelten Weg, betritt, welchen du willst", und nur einer offen stünde. Das ist es, was ich oben über die Argumente der fleischlichen Vernunft gesagt habe: Sie glaubt, ein Mensch würde durch eine unmögliche Vorschrift verspottet werden, durch die er aber, unserer Aussage nach, ermahnt und gereizt wird, seine Unfähigkeit wahrzunehmen. Wahrlich also sind wir am Scheideweg, aber nur ein Weg steht offen, vielmehr: Keiner steht offen. Durch das Gesetz aber wird gezeigt, wie freilich der eine [Weg] zum Guten unmöglich ist, wenn Gott nicht den Geist schenkt, wie breit und leicht

lata et facilis, si Deus permittat. Non igitur ridicule, sed necessaria gravitate diceretur in bivio consistenti, utram viam voles ingreditor, si ipse vel infirmus, sibi fortis videri vellet, aut viam neutram esse clausam contenderet. Quare legis verba dicuntur, non ut vim voluntatis affirment, sed ut caecam rationem illuminent, quo videat, quam nulla sit sua lux, et nulla voluntatis virtus Cognitio peccati (ait Paulus) per legem,377 non ait, abolitio aut vitatio peccati, Tota ratio et virtus legis est, in sola cognitione, eaque non nisi peccati praestanda, non autem in virtute aliqua ostendenda aut conferenda, Cognitio enim non est vis, neque confert vim, sed erudit et ostendit, quod nulla sit ibi vis, et quanta sit ibi infirmitas, Nam cognitio peccati, quid aliud esse potest, quam notitia infirmitatis et mali nostri? non enim dicit, per legem venit cognitio virtutis aut boni, At totum quod facit lex (teste Paulo) est, ut peccatum cognosci faciat.

Atque is est locos, unde mihi sumpta est responsio ista, Verbis legis moneri ac erudiri hominem, quid debeat, non quid possit, id est, ut cognoscat peccatum, non ut credat sibi esse aliquam vim. Proinde quoties, Mi Erasme, mihi verba legis opponis, opponam tibi illud Pauli, Per legem cognitio peccati, non virtus voluntatis. Congere igitur, vel ex concordantiis maioribus, omnia verba imperativa in unum cahos, modo non fuerint promissionis sed exactionis et legis verba, mox dicam, semper illis significari, quid debeant, non quid possint aut faciant homines. Atque id etiam grammatici et pueri in triviis378 sciunt, verbis imperativi modi, nihil amplius significari, quam id quod debeat fieri. Quid autem fiat vel possit fieri, verbis indicativis oportet disseri. Qui fit igitur, ut vos Theologi sic ineptiatis velut bis pueri, ut mox apprehenso uno verbo imperativo, inferatis indicativum, quasi statim, ut imperatum sit, etiam necessario factum aut factu l possibile sit, Quanta enim inter os et offam379 accidunt, ut id quod iusseris, atque adeo possibile satis fuit, non tamen fiat? tanto distant imperativa et indicativa verba

---

377 Röm 3,20. 378 Trivialschulen: Lateinschulen, die zumindest das grammatische Grundwissen des Trivium (Grammatik, Rhetorik, Logik) vermittelten, also die unterste, eigentlich allgemein verständliche (,triviale') Ebene der septem artes liberales. 379 Aulus Gellius: Noctes atticae 13,18,1; Erasmus: Adagia 1,5,2.

aber der andere ist, wenn Gott es zulässt. Nicht lächerlicherweise also, sondern mit notwendigem Ernst würde einem, der am Scheideweg steht, gesagt: „Betritt den Weg, den du willst", und zwar dann, wenn er, der doch schwach ist, sich selbst als kräftig sehen wollte oder behaupte-
5 te, keiner der beiden Wege sei verschlossen. Deshalb werden die Worte des Gesetzes gesagt: nicht, dass sie eine Stärke des Willens bestätigten, sondern dass sie die blinde Vernunft erleuchteten, wodurch sie sieht, wie nichtig ihr eigenes Licht ist und wie nichtig die Stärke des Willens ist. „Die Erkenntnis der Sünde", sagt Paulus, „kommt durch das Ge-
10 setz"; er sagt nicht: die Abschaffung oder Vermeidung der Sünde. Der ganze Sinn und die ganze Stärke des Gesetzes liegt einzig darin, Erkenntnis, und zwar Erkenntnis nur der Sünde, zu verleihen, nicht aber darin, irgendeine Stärke zu zeigen oder zu verleihen. Denn die Erkenntnis ist keine Stärke und sie verleiht keine Stärke, sondern sie belehrt und
15 zeigt, dass dort keine Stärke ist und wie groß dort die Schwäche ist. Denn Erkenntnis der Sünde – was könnte sie anderes sein als Kenntnis unserer Schwäche und unseres Übels? Denn er sagt nicht: „Durch das Gesetz kommt die Erkenntnis der Stärke oder des Guten." Sondern all das, was das Gesetz (nach dem Zeugnis des Paulus) bewirkt, ist, dass es
20 die Erkenntnis der Sünde bewirkt.

Und das ist die Stelle, aus der ich diese Antwort entnommen habe, dass der Mensch durch die Worte des Gesetzes ermahnt und belehrt wird, was er soll, nicht, was er kann. Das heißt, dass er die Sünde erkennt; nicht: dass er glaubt, er habe irgendeine Stärke. Daher, mein Erasmus, so
25 oft du mir Worte des Gesetzes entgegenhältst, werde ich dir jenes Pauluswort entgegenhalten: „Durch das Gesetz kommt Erkenntnis der Sünde", nicht die Stärke des Willens. Häufe also meinetwegen aus einer großen Konkordanz alle imperativischen Worte zu einem Haufen zusammen; wenn es nur nicht Worte der Zusage, sondern der Forderung
30 und des Gesetzes sind, werde ich dir alsbald sagen, dass mit ihnen immer angezeigt wird, was die Menschen sollen, nicht, was sie können oder tun. Und das wissen auch die Grammatiker und die Knaben in den Trivialschulen, dass mit Worten im Imperativ nichts anderes angezeigt wird als das, was geschehen soll. Was aber geschieht oder geschehen
35 kann, muss mit Worten im Indikativ dargelegt werden. Wie kommt es also, dass ihr Theologen so albern seid, als wäret ihr doppelt kindisch? Dass ihr, sobald ihr ein einziges Wort im Imperativ aufgeschnappt habt, auf einen Indikativ schließt? Als ob sofort, wenn etwas befohlen ist, es auch notwendig getan oder zu tun möglich ist? Wie viel kann nämlich
40 zwischen Mund und Bissen geschehen, mit der Folge, dass dasjenige, was du befohlen hast und was ganz gut möglich war, dennoch nicht geschieht? So weit auseinander stehen imperativische und indikati-

in rebus comunibus et facillimis, Et vos in rebus istis, plus distantibus quam coelum et terra atque adeo impossibilibus, tam subito facitis nobis indicativa ex imperativis, ut mox servata, facta, electa, ac impleta velitis, vel talia fore nostris viribus, quam primum audieritis vocem imperantis, fac, serva, elige. |

Quarto ex Deutero. 3. et. 30.[380] affers multa similia eligendi, avertendi, servandi verba, ut si servaris, si aversus fueris, si elegeris etc., Haec ais, omnia intempestive dicerentur, si non esset voluntas hominis libera ad bonum. Respondeo, et tu mea Diatribe, satis intempestive ex istis verbis colligis, libertatem arbitrii, Conatum enim et studium liberi arbitrii tantum, eras probatura, nullum autem locum adducis, qui talem conatum probet, Adducis vero eos locos, qui, si tua sequela valeret, totum libero arbitrio tribuant. Distinguamus igitur iterum hic, Verba scripturae adducta et additam Diatribes sequelam. Verba adducta sunt imperativa, nihil dicunt, nisi quid fieri debeat, Neque enim Mose dicit, Eligendi habes vim vel virtutem, Sed elige, serva, fac, praecepta faciendi tradit, non autem describit hominis facultatem. Sequela vero per sciolam illam Diatriben addita infert, ergo potest homo talia, alioqui frustra praeciperentur. Cui respondetur, Domina Diatribe vos male infertis, nec probatis sequelam, sed caecitati et oscitantiae vestrae videtur id sequi et probari. Praecipiuntur autem non intempestive nec frustra, sed ut homo superbus et caecus per haec suae impotentiae morbum discat, si tentet facere, quod praecipitur. Sic et similitudo tua nihil valet, ubi dicis, Alioqui perinde fuerit ac si quis homini sic alligato, ut non possit brachium nisi in levam porrigere, diceret, Ecce habes ad dextram vinum optimum, habes ad levam toxicum, utro velis, porrige manum.[381] Credo tibi suavissime blandiri istas tuas similitudines, Sed simul non vides, si stent similitudines, quod multo plura probent, quam probare statuisti, imo probent, quae tu negas et improbata velis, nempe, liberum arbitrium omnia posse. Perpetuo enim tractatu oblitus, quod dixisti, liberum arbitrium nihil posse sine gratia, probas, quod liberum arbitrium omnia possit, sine gratia, Nam hoc efficiunt

---

[380] Dtn 30,15 f.19. [381] Erasmus II a 14; ErAS 4,6?.

vische Worte schon in allgemeinen und sehr leichten Angelegenheiten. Und ihr macht in diesen Dingen, die weiter voneinander getrennt sind als Himmel und Erde und daher unmöglich, uns so plötzlich Indikative aus Imperativen, so dass ihr wollt, es sei bald gehalten, getan, gewählt und erfüllt oder solches geschehe durch unsere Kräfte, sobald ihr die Stimme eines Befehlenden gehört habt: „Tu, halte, wähle!"

Viertens trägst du aus Dtn 3 und 30 viele ähnliche Worte des Wählens, Sich-Abwendens, Haltens bei, wie „wenn du hieltest, wenn du dich abwendetest, wenn du wähltest" usw. Dies, sagst du, würde alles unpassend gesagt, wäre der Wille des Menschen nicht frei zum Guten. Meine Antwort: Auch du, meine ‚Diatribe', folgerst recht unpassend aus diesen Worten die Freiheit des Willensvermögens. Du wolltest nämlich nur das Bemühen und den Eifer des freien Willensvermögens beweisen, führst aber keine Stelle an, die ein solches Bemühen bewiese. Du führst dagegen solche Stellen an, die – vorausgesetzt, deine Folgerung ist gültig – dem freien Willensvermögen alles zusprechen. Lasst uns also auch hier wieder die angeführten Worte der Schrift und die hinzugefügte Folgerung der ‚Diatribe' unterscheiden. Die angeführten Worte sind imperativisch, sie sagen nur, was geschehen soll. Denn Mose sagt nicht: „Du hast Stärke und Fähigkeit zum Wählen", sondern „wähle, halte, tu". Er überliefert Vorschriften des Tuns, beschreibt aber nicht die Fähigkeit des Menschen. Die durch jenes Halbwissen der ‚Diatribe' hinzugefügte Folgerung aber zieht den Schluss: Also kann der Mensch solches, sonst würden vergeblich Vorschriften gemacht. Dem wird geantwortet: Frau Diatribe, ihr zieht einen üblen Schluss und beweist nicht die Folgerung, sondern eurer Blindheit und Trägheit scheint es so zu sein, dass dies folge und bewiesen werde. Es werden aber nicht unpassend und vergeblich Vorschriften gemacht, sondern damit der stolze und blinde Mensch dadurch die Krankheit seiner Unfähigkeit lerne, wenn er versucht zu tun, was vorgeschrieben wird. So trägt auch dein Gleichnis nichts aus, wo du sagst: Sonst wäre das so, als ob einer einem Menschen, der so gefesselt ist, dass er seinen Arm nur zur linken Seite ausstrecken kann, sagen würde: „Siehe, du hast zur Rechten den besten Wein, du hast zur Linken Gift, strecke deine Hand, zu welchem von beiden du willst." Ich glaube, dass dir deine derartigen Gleichnisse aufs Lieblichste schmeicheln. Aber zugleich siehst du nicht, dass die Gleichnisse, wenn sie feststehen, viel mehr beweisen, als du zu beweisen dir vorgenommen hast, ja, sie beweisen, was du verneinst und unbewiesen haben willst, nämlich, dass das freie Willensvermögen alles kann. Ständig vergisst du nämlich in der Behandlung, dass du gesagt hast, das freie Willensvermögen könne nichts ohne die Gnade. Du beweist, das freie Willensvermögen könne alles ohne die Gnade. Denn das bewirken

sequelae et similitudines tuae, ut aut liberum arbitrium se solo ea possit, quae dicuntur et praecipiuntur, aut frustra, ridicule, intempestive praecipiantur, Hae autem sunt veteres cantilenae Pelagianorum, quas etiam Sophistae exploserunt, atque tu ipse damnasti. Sed interim significas hac obliviscentia et mala memoria tua, quam nihil vel intelligas vel afficiaris caussae, Quid enim turpius Rhetori, | quam perpetuo aliena a statu caussae tractare et probare, imo contra caussam et seipsum semper declamare?

Dico igitur denuo, Verba scripturae adducta per te sunt imperativa, et nihil probant, nihil statuunt de viribus humanis, sed praescribunt facienda et omittenda, Sequelae vero vel additiones et similitudines tuae, si quid probant, probant hoc, liberum arbitrium omnia posse sine gratia, At hoc probandum non est a te susceptum, imo negatum, Ideo probationes eiusmodi aliud nihil sunt, quam improbationes fortissimae, Si enim arguam (si | forte veternum Diatribes excitare queam) dum Moses dicit, Elige vitam et serva mandatum, Nisi homo possit eligere vitam et servare mandatum, ridicule Moses illud homini praeciperet. Nunquid Isto argumento probavi, liberum arbitrium nihil posse boni aut habere conatum sine suis viribus? imo probavi, contentione satis forti, aut hominem posse eligere vitam et servare mandatum, sicut praecipitur, aut Mosen esse ridiculum praeceptorem, Sed Mosen ridiculum praeceptorem esse, quis audeat dicere? Sequitur ergo, hominem posse, quae praecipiuntur. Hoc modo perpetuo disputat Diatribe, contra suum ipsius institutum, quo se non sic disputaturum promisit, sed quendam conatum liberi arbitrii ostensuram, cuius tamen non meminit multum tota serie argumentorum, tantum abest, ut probet, quin contrarium potius probat, ut ipsa potius omnia ridicule et dicat et disputet.

Iam ut ridiculum sit, iuxta similitudinem inductam, ut alligatus dextro brachio, iubeatur in dexteram porrigere manum, cum non possit nisi in levam, Nunquid etiam ridiculum est, si ligatus vel utroque brachio, superbe contendat, vel ignarus praesumat, sese in utranque

deine Folgerungen und Gleichnisse, dass entweder das freie Willensvermögen das, was gesagt und vorgeschrieben wird, aus sich allein heraus vermag, oder dass vergeblich, zum Spott, unangemessen Vorschriften gemacht werden. Dies aber ist die alte Leier der Pelagianer, die sogar die Sophisten verworfen haben und die auch du verdammt hast. Aber inzwischen zeigst du durch diese deine Vergesslichkeit und deine schlechte Erinnerung, wie du entweder nichts von der Sache verstehst oder in keiner Weise von ihr berührt wirst. Denn was ist schändlicher für einen Rhetor, als ständig etwas dem Sachverhalt Fremdes zu behandeln und zu beweisen, ja, immerzu gegen die Sache und gegen sich selbst das große Wort zu führen.

Ich sage also von neuem: Die von dir angeführten Worte der Schrift sind Imperative und beweisen nichts, sie setzen nichts über die menschlichen Kräfte fest, sondern schreiben vor, was zu tun und zu lassen ist. Deine Folgerungen aber oder Zusätze und Gleichnisse beweisen – wenn sie überhaupt etwas beweisen –, dass das freie Willensvermögen alles ohne die Gnade vermag. Aber dies zu beweisen war von dir nicht vorgesehen, im Gegenteil: verneint worden. Daher sind Beweise dieser Art nichts anderes als stärkste Gegenbeweise. Wenn ich nämlich argumentierte (ob ich denn vielleicht die ‚Diatribe' aus ihrer Schläfrigkeit wecken könnte): Indem Mose sagt „Wähle das Leben und halte das Gebot" – wenn der Mensch das Leben nicht wählen und das Gebot nicht halten kann, würde Mose das dem Menschen lächerlicherweise vorschreiben. Habe ich aber etwa mit diesem Argument bewiesen, dass das freie Willensvermögen nichts Gutes kann oder kein Bemühen hat ohne eigene Kräfte? Im Gegenteil, ich habe bewiesen, dass durch ausreichend kräftige Anstrengung der Mensch entweder das Leben wählen und das Gebot halten kann, so wie es vorgeschrieben wird, oder Mose sei ein lächerlicher Lehrer. Aber dass Mose ein lächerlicher Lehrer sei, wer wagte dies zu sagen? Es folgt also, dass der Mensch kann, was vorgeschrieben wird. In dieser Weise disputiert die ‚Diatribe' ständig gegen ihr eigenes Vorhaben, indem sie versprochen hat, sie werde so nichtdisputieren, sondern [lediglich] ein gewisses Bemühen des freien Willensvermögens zeigen. Daran hatte sie sich aber in der ganzen Reihe der Argumente nicht sehr erinnert, weit entfernt, dass sie [dies] bewiese; sie beweist ja vielmehr das Gegenteil, so dass sie selbst vielmehr alles in lächerlicher Weise bespricht und disputiert.

Nun, [zugegeben,] dass es lächerlich ist im Sinne des angeführten Gleichnisses, dass einer, der am rechten Arm gefesselt ist, den Befehl bekommt, die Hand zur rechten Seite auszustrecken, wenn er ihn nur zu linken Seite ausstrecken kann. Ist aber auch Folgendes lächerlich: Einer ist sogar an beiden Armen gefesselt, er aber strengt sich stolz an oder

partem omnia posse, ac tum iubeatur in utram partem porrigere manum, non ut rideatur eius captivitas, sed ut praesumptio falsa libertatis et potentiae suae coarguatur, vel ignorantia captivitatis et miseriae suae sibi innotescat? Diatribe nobis perpetuo fingit hominem talem, qui vel possit, quod praecipitur, vel saltem cognoscat sese non posse, At talis homo nusquam est. Atque si quis talis esset, tum vere, aut ridicule praeciperentur impossibilia, aut frustra esset spiritus Christi. Scriptura vero talem proponit hominem, qui non modo sit ligatus, miser, captus, aeger, mortuus, Sed qui addit, operante Satana principe suo, hanc miseriam caecitatis, miseriis suis, ut se liberum, beatum, solutum, potentem, sanum, vivum, esse credat, Scit enim Satan, quod si homo suam miseriam nosset, nullum retinere in suo regno posset, quod agnitae miseriae et clamantis Deus non possit non statim misereri et auxiliari, ut qui prope esse contritis corde,[382] tanta laude praedicetur per omnem scripturam, ut etiam Esaie. 61. Euangelion pauperibus praedicare et contritis mederi, Christus sese missum testetur.[383] Proinde Satanae opus est, ut homines teneat, ne suam miseriam agnoscant, sed praesumant sese posse omnia quae dicuntur. Mosi vero et legislatoris opus est contrarium, ut per legem homini miseriam suam patefaciat, ut sic contritum et confusum in sui cognitione, ad gratiam praeparet et ad Christum mittat, et sic saluus fiat. Non igitur ridicula, sed vehementer seria et necessaria sunt, quae per legem geruntur.

Qui nunc ista intelligunt, facile simul intelligunt, Diatriben tota serie argumentorum prorsus nihil efficere, dum nihil nisi verba imperativa colligit e scripturis, | quae nec intelligit, quid velint et quare dicantur, Deinde adiectis | suis sequelis et similitudinibus carnalibus, tam robustam offam miscet, ut plus asserat et probet, quam instituerat, ac contra seipsam disputet, ut non fuerit opus, ulterius singula percurrere, Una enim solutione solvuntur omnia, dum uno argumento nituntur omnia. Tamen, ut obruatur copia, qua me voluit obruere, pergam aliquot recensere. Esaiae. 1. Si volueritis et audieritis me, bona terrae

---

[382] Ps 34/Vg 33,19.   [383] Jes 61,1; Lk 4,18.

bildet sich unwissend ein, er könne nach beiden Seiten hin alles; daraufhin wird ihm befohlen, die Hand nach beiden Seiten hin auszustrecken, und das nicht, damit sein Gefangensein verspottet, sondern damit die falsche Einbildung seiner Freiheit und Macht aufgedeckt oder ihm die Unwissenheit über seine Gefangenschaft und sein Elend bekannt wird? Die ‚Diatribe' gaukelt uns ständig einen solchen Menschen vor, der entweder kann, was vorgeschrieben wird, oder wenigstens erkennt, dass er es nicht kann. Aber einen solchen Menschen gibt es nirgends. Und wenn es einen solchen gäbe, dann wahrlich würde entweder in lächerlicher Weise Unmögliches vorgeschrieben werden oder der Geist Christi wäre vergeblich. Die Schrift aber stellt einen solchen Menschen vor Augen, der nicht nur gefesselt, elend, gefangen, krank, tot ist. Sondern der, durch das Wirken seines Fürsten Satan, all seinem Elend noch dieses Elend der Blindheit hinzufügt, dass er glaubt, er sei frei, selig, erlöst, mächtig, gesund, lebendig. Denn Satan weiß: Wenn der Mensch um sein Elend wüsste, könnte er keinen in seinem Reich halten. Denn Gott könnte nicht anders als sich dessen, der sein Elend erkennt und zu ihm schreit, sofort erbarmen und ihm zur Hilfe eilen. Denn mit so großem Lobpreis wird durch die ganze Schrift hindurch gepredigt, dass er denen nahe ist, die zerbrochenen Herzens sind, wie auch Jesaja 61 [sagt]: „Das Evangelium den Armen zu predigen und die Zerbrochenen zu heilen" – dazu gesandt zu sein, bezeugt Christus. Daher ist es für Satan, um die Menschen festzuhalten, nötig, dass sie ihr Elend nicht erkennen, sondern sich einbilden, alles zu können, was gesagt wird. Aufgabe des Mose aber und des Gesetzgebers ist das Gegenteil, dass durch das Gesetz dem Menschen sein Elend offenbar gemacht wird, um den in Erkenntnis seiner selbst so Zerbrochenen und Verwirrten zur Gnade zu bereiten und zu Christus zu schicken und ihn also heil werden zu lassen. Nicht also lächerlich, sondern außerordentlich ernst und notwendig ist das, was durch das Gesetz erreicht wird.

Diejenigen nun, die das verstehen, verstehen zugleich leicht: Die ‚Diatribe' erreicht mit der ganzen Reihe der Argumente überhaupt nichts, wenn sie nur imperativisch formulierte Worte aus den Schriften sammelt, nicht aber versteht, was diese wollen und warum sie gesagt werden. Dann mischt sie mit ihren zusätzlichen Folgerungen und fleischlichen Gleichnissen einen so kräftigen Bissen, dass sie mehr als wahr behauptet und beweist, als sie sich vorgenommen hatte, und gegen sich selbst disputiert, so dass es nicht nötig wäre, weiter Einzelnes durchzugehen. Denn mit einer einzigen Lösung ist alles gelöst, wenn sich auf ein Argument alles stützt. Dennoch will ich, um die Menge zu vernichten, mit der man mich vernichten wollte, fortfahren, einiges aufzuzählen. Jesaja 1: „Wenn ihr wolltet und mich hören wür-

comedetis,[384] ubi magis congruebat dicere, iudice Diatribe, Si voluero, Si noluero, si nulla est libertas voluntatis,[385] Satis ex supra dictis patet responsio. Deinde quid esset ibi congruitatis, si diceretur, Si voluero, bona terrae comedetis? An Diatribe sentit prae nimia sapientia, bona terrae comedi posse, nolente Deo, aut rarum et novum esse, quod non nisi volente Deo, bona suscipimus? Sic illud Esaiae. 21. Si quaeritis, quaerite, convertimini et venite. Quorsum attinet hortari, eos qui nulla parte suae potestatis sunt? ac si vinculis astricto dicat quis, move te istic, ait Diatribe.[386] Imo quorsum attinet (inquam) citare locos, qui se solis nihil probant, et adiecta sequela, hoc est, depravato eorum sensu, omnia tribuunt libero arbitrio, cum solum conatus quidam nec libero arbitrio ascribendus, probari debuit? Idem dicetur ad illud Esaie. 45. Congregamini et venite, Convertimini ad me et salvi eritis. Et. 52. Consurge, Consurge, Excutere de pulvere, solve vincula colli tui. Item, Iere. 15. Si converteris convertam te, Et si separaveris praeciosum a vili, tanquam os meum eris. Evidentius vero Zacharias liberi arbitrii conatum indicat et gratiam conanti paratam, Convertimini (inquit) ad me dicit Dominus exercituum et convertar ad vos, dicit Dominus.[387]

In his locis Diatribe nostra prorsus nihil discernit inter voces legis et Evangelii, | tam scilicet caeca et ignara est, ut quid lex, quid Euangelion sit, non videat, Ex Esaia enim toto, praeter illum unum locum, Si volueritis, nullum legis verbum affert, reliqui omnes sunt Evangelici, quibus contriti et afflicti, verbo gratiae oblatae vocantur ad consolationem. Sed Diatribe verba legis ex ipsis facit. Obsecro autem te, quid ille in re Theologica vel sacris literis efficiat, qui nondum eo pervenit, ut quid Lex, quid Euangelion sit, norit, aut si norit, contemnat tamen observare? Is omnia misceat oportet, coelum, infernum, vitam, mortem, ac prorsus nihil de Christo scire laborabit. De qua re meam Diatribem infra pluribus monebo. Illud Iere. et Zachariae vide, Si converteris convertam te, Et

---

[384] Jes 1,19. [385] Erasmus II a 15; ErAS 4,62. [386] Erasmus II a 15; ErAS 4,62/64.
[387] Jes 45,20.22; 52,1 f.; Jer 15,19; Sach 1,3.

det, werdet ihr die Güter der Erde genießen." Dort wäre es eher angemessen zu sagen: „Wenn ich wollen werde, wenn ich nicht wollen werde", wenn es nach dem Urteil der ‚Diatribe' keine Freiheit des Willens gibt. Die Antwort ergibt sich aus dem oben Gesagten klar genug. Weiter, was wäre dort für eine Übereinstimmung, wenn gesagt würde „Wenn ich wollen werde, werdet ihr die Güter der Erde genießen"? Oder meint die ‚Diatribe' in ihrer übergroßen Weisheit, dass die Güter der Erde genossen werden können, wenn Gott es nicht will, oder dass das selten und neu ist, dass wir, außer Gott will es, die Güter bekommen? So jenes Wort Jesaja 21: „Wenn ihr fragt, fragt, bekehrt euch und kommt." Wohin führt es, diejenigen zu ermahnen, die in keinerlei Hinsicht Macht über sich haben? Als ob man einem in Fesseln Verstrickten sagte: „Bewege dich hierhin", sagt die ‚Diatribe'. Ja, wohin führt es (sage ich), Stellen zu zitieren, die für sich allein nichts beweisen und mit einer hinzugefügten Folgerung, das heißt, unter Entstellung ihres Sinnes, alles dem freien Willensvermögen zuschreiben? Wo doch alleine ein gewisses Bemühen, das nicht dem freien Willensvermögen zuzuschreiben ist, bewiesen werden sollte? Dasselbe wird man sagen zu jenem Wort Jesaja 45: „Sammelt euch und kommt. Bekehrt euch zu mir und ihr werdet heil sein." Und 52: „Mache dich auf, mache dich auf. Schüttle den Staub ab, löse die Fesseln von deinem Hals." Ebenso Jer 15: „Wenn du dich bekehrst, werde ich mich zu dir wenden. Und wenn du das Wertvolle vom Wertlosen getrennt haben wirst, wirst du gleichsam mein Mund sein." Klarer aber zeigt Sacharja den Versuch des freien Willensvermögens an und die Gnade, die dem sich Bemühenden bereitet ist: „Bekehrt euch", sagt er, „zu mir, sagt der Herr der Heerscharen, und ich werde mich zu euch kehren, sagt der Herr".

Bei diesen Stellen unterscheidet unsere ‚Diatribe' überhaupt nicht zwischen Worten des Gesetzes und des Evangeliums. So blind nämlich und unwissend ist sie, dass sie nicht sieht, was Gesetz, was Evangelium ist. Aus dem gesamten Jesaja nämlich trägt sie außer jener einen Stelle „Wenn ihr wollen werdet" kein Wort des Gesetzes bei, alle übrigen sind evangelisch, mit denen die Zerknirschten und Angefochtenen durch das Wort der angebotenen Gnade zum Trost gerufen werden. Aber die ‚Diatribe' macht Worte des Gesetzes aus ihnen. Ich bitte dich aber, was bewirkt in der Theologie oder in den Heiligen Schriften derjenige, der noch nicht dahin gelangt ist, dass er wüsste, was Gesetz, was Evangelium ist? Oder, wenn er es weiß, dennoch sich nicht um deren Beachtung kümmert? Der muss alles mischen, Himmel, Hölle, Leben, Tod, und wird daran leiden, gar nichts von Christus zu wissen. Daran werde ich meine ‚Diatribe' unten mit mehr Worten mahnen. Jetzt sieh [jene Stellen aus] Jeremia und Sacharja: „Wenn du dich bekehrst, werde ich

Convertimini ad me et convertar ad vos, Nunquid sequitur, Convertimini, ergo potestis converti? Nunquid sequitur, Dilige Dominum Deum tuum ex toto corde tuo,[388] ergo poteris dili-|gere ex toto corde? Quid igitur concludunt argumenta eiusmodi, nisi liberum arbitrium gratia Dei non egere, sua vero virtute omnia posse? Quanto rectius igitur verba, ut posita sunt, accipiuntur? Si conversus fueris, convertam et ego te, Hoc est, si desieris peccare, desinam et ego punire, atque si conversus bene vixeris, benefaciam et ego, vertens captivitatem et mala tua. Sed ex iis non sequitur, quod sua vi homo convertatur, nec hoc ipsa verba dicunt, sed dicunt simpliciter, si convertaris, quo monetur homo, quid debeat, Cognito autem eo, ac viso quod non possit, quaerat unde possit, nisi Leviathan Diatribes (id est additamentum et sequela eius) interveniat, quae dicat, alioqui frustra diceretur, Convertimini, nisi sua vi possit converti homo. Quod quale sit et quid efficiat, satis dictum est.

Stupor quidam vel Laethargia quaedam est, quod illis verbis, Convertimini, Si converteris, et similibus putatur vis liberi arbitrii confirmari, nec observatur, quod eadem ratione et isto verbo confirmaretur, Diliges Dominum Deum tuum ex toto corde tuo, cum utrobique sit par significatio imperantis et exigentis. Non minus vero requiritur dilectio Dei, quam conversio nostri et omnium praeceptorum, cum dilectio Dei sit vera conversio nostri. Et tamen ex illo dilectionis praecepto, nemo arguit liberum arbitrium. Ex illis vero verbis, Si volueris, Si audieris, Convertere, et similibus, omnes arguunt. Si ergo ex illo verbo (Dilige Dominum Deum tuum ex toto corde) non sequitur, liberum arbitrium aliquid esse aut posse, certum est, quod nec ex illis sequitur, Si volueris, Si audieris, Convertimini, et similibus, quae vel minus exigunt vel minus vehementer exigunt, quam illud, Dilige Deum, Ama Dominum. Quicquid igitur respondetur ad verbum illud, Dilige Deum, ne concludat pro libero arbitrio, idem dicetur ad omnia alia verba imperandi vel exigendi, ne concludant pro libero arbitrio. Scilicet quod diligendi verbo ostenditur forma legis, quid debeamus, non autem vis voluntatis aut

---

[388] Dtn 6,5; Mt 22,37.

mich zu dir bekehren" und „Bekehrt euch zu mir und ich werde mich zu euch wenden". Folgt nun aus „Bekehrt euch": also könnt ihr euch bekehren? Folgt nun aus „Liebe den Herrn, deinen Gott, von deinem ganzen Herzen": also kannst du aus ganzem Herzen lieben? Was also beweisen Argumente dieser Art, außer, dass das freie Willensvermögen der Gnade Gottes nicht bedarf, sondern aus eigener Kraft alles kann? Wie viel richtiger also werden Worte so genommen, wie sie gesetzt sind? Wenn du dich bekehrt hast, werde auch ich mich zu dir bekehren, das heißt, wenn du aufhörst zu sündigen, werde auch ich aufhören zu strafen; und wenn du als Bekehrter gut gelebt hast, werde auch ich wohltun, indem ich deine Gefangenschaft und deine Übel wende. Aber daraus folgt nicht, dass der Mensch sich aus eigener Kraft bekehrt. Das sagen eben diese Worte auch nicht, sondern sie sagen einfach „Wenn du dich bekehrst", wodurch der Mensch ermahnt wird, was er soll. Nachdem er das aber erkannt und gesehen hat, was er nicht kann, soll er fragen, woher er das kann; wenn nicht der Leviathan der ‚Diatribe' (das heißt, ihr Zusatz und ihre Folge) der ‚Diatribe' dazwischenkommt, die sagt, es würde sonst vergeblich gesagt „Bekehrt euch", wenn der Mensch sich nicht aus eigener Kraft bekehren könne. Was es damit auf sich hat und was es bewirkt, ist genug gesagt worden.

Ein gewisser Stumpfsinn oder eine gewisse Trägheit ist es, dass man meint, mit jenen Worten „Bekehrt euch", „wenn du dich bekehrst" und ähnlichen werde die Kraft des freien Willensvermögens bestätigt, und nicht beachtet wird, dass es aus demselben Grund auch mit diesem Wort bekräftigt würde „Du sollst den Herrn, deinen Gott, von ganzem Herzen lieben"; denn an beiden Stellen ist die Bezeichnung des Befehlenden und des Fordernden gleich. Nicht weniger aber wird die Liebe Gottes gefordert als unsere Bekehrung und alle Gebote, weil die Liebe Gottes unsere wahre Bekehrung ist. Und dennoch schließt niemand aus jener Vorschrift der Liebe auf das freie Willensvermögen. Aus jenen Worten aber „Wenn du wolltest, wenn du hörtest, bekehre dich" und ähnlichen schließen das alle. Wenn also aus jenem Wort (Liebe den Herrn, deinen Gott, von ganzem Herzen) nicht folgt, das freie Willensvermögen sei oder könne irgendetwas, ist gewiss, dass es auch nicht aus jenen [Worten] folgt „Wenn du wolltest, wenn du hörtest, bekehrt euch" und ähnlichen, die entweder weniger fordern oder weniger heftig fordern als jenes ‚Liebe Gott, liebe den Herrn'. Was immer also auf jenes Wort ‚Liebe Gott' geantwortet werden wird [um zu zeigen], dass es nicht auf das freie Willensvermögen schließt, dasselbe wird gesagt werden im Blick auf alle anderen Worte des Befehlens oder Forderns: dass sie nicht auf das freie Willensvermögen schließen. Weil nämlich durch das Wort ‚Liebe' die Form des Gesetzes gezeigt wird: was wir sollen,

quid possimus, imo quid non possimus, Idem ostenditur aliis omnibus verbis exactionis. Constat enim Scholasticos etiam asserere, exceptis Scotistis et Modernis, Hominem non posse diligere Deum toto corde, Ita nec ullum aliorum praeceptorum praestare potest, cum in hoc uno, omnia pendeant, teste Christo.³⁸⁹ Sic relinquitur, etiam Scholasticis doctoribus testibus, Verba legis, non arguere virtutem liberi arbitrii sed ostendere, quid debeamus et quid non possimus. |

Verum Diatribe nostra magis ineptiens, ex illo Zachariae, Convertimini ad me, non solum indicativum infert, sed etiam conatum liberi arbitrii et gratiam conanti paratam contendit probare,³⁹⁰ Et hic aliquando tandem sui conatus meminit, Et nova grammatica, Converti apud illam significat id, | quod conari, ut sit sensus, Convertimini ad me, id est, conamini converti, et convertar ad vos, id est, conabor converti ad vos, ut etiam Deo aliquando conatum tribuat, forte et ipsi gratiam paratura conanti, Si enim Converti uno aliquo loco significat conari, cur non ubique? Rursus illo Ieremiae. 15. Si separaveris praeciosum a vili, libertatem eligendi,³⁹¹ non solum conatum, probari dicit, quam superius docuerat esse amissam, et versari in necessitatem serviendi peccato.³⁹² Vides ergo Diatriben vere liberum arbitrium habere in scripturis tractandis, ut apud illam eiusdem formae verba, in uno loco conatum, in alio libertatem probare cogantur, pro ut visum fuerit. Sed eant vanitates. Verbum convertendi duplici usu in scripturis tractatur, Usu legali et usu Evangelico. Usu legali, est vox exactoris et imperantis, quae non conatum, sed totius vitae requirit mutationem, ut Ieremia crebro utitur dicens, Convertimini unusquisque a via sua mala, Convertere ad Dominum,³⁹³ Ibi enim involvit exactionem omnium praeceptorum, ut satis patet. Usu Evangelico, est vox consolationis et promissionis divinae, qua nihil a nobis exigitur, sed nobis offertur gratia Dei, ut est illud

---

³⁸⁹ Mt 22,40.   ³⁹⁰ S. o. 392,16–18.   ³⁹¹ S. o. 392,14–16.   ³⁹² S. o. 360,22–25.   ³⁹³ Jer 25,5; 35,15; 4,1.

nicht aber die Kraft des Willens oder was wir können, im Gegenteil: was wir nicht können. Dasselbe wird mit allen anderen Worten des Forderns gezeigt. Es steht nämlich fest, dass auch die Scholastiker, mit Ausnahme der Scotisten und Modernen, als Wahrheit bezeugen, der Mensch könne Gott nicht von ganzem Herzen lieben. So kann er auch nicht irgendeine der anderen Vorschriften erfüllen, weil an diesem einen alles hängt nach dem Zeugnis Christi. So bleibt übrig, auch nach dem Zeugnis der Schullehrer: Die Worte des Gesetzes lassen nicht auf die Kraft des freien Willensvermögens schließen, sondern zeigen, was wir sollen und was wir nicht können.

Aber unsere ‚Diatribe' schwatzt noch mehr unsinniges Zeug und schließt aus jenem Wort Sacharjas „Bekehrt euch zu mir" nicht nur einen Indikativ; sondern sie strengt sich auch an, ein Bemühen des freien Willensvermögens zu beweisen und eine Gnade, die dem, der sich bemüht, bereitet ist. Und hier erinnert sie sich endlich einmal an ihr Vorhaben. Und mit einer neuen Grammatik bezeichnet sie mit jenem ‚sich bekehren' das, was mit ‚sich bemühen' gemeint ist, so dass der Sinn von „Bekehrt euch zu mir" der sei: „Bemüht euch, euch zu bekehren", und von „Ich werde mich zu euch bekehren": „Ich werde mich bemühen, mich zu euch zu bekehren", so dass sie sogar Gott einmal ein Bemühen zuschreibt, vielleicht, um ihm selbst, der sich bemüht, eine Gnade zu bereiten. Wenn nämlich „bekehrt werden" an einer Stelle „sich bemühen" bezeichnet, warum nicht überall? Wiederum sagt sie, dass mit jener Stelle Jer 15: „Wenn du das Wertvolle vom Wertlosen getrennt haben wirst" die Freiheit zu wählen, nicht nur ein Bemühen, bewiesen wird. Von der hatte [die ‚Diatribe'] weiter oben gelehrt, sie sei verloren und verkehrt zur Notwendigkeit, der Sünde zu dienen. Du siehst also, dass die ‚Diatribe' wahrlich ein freies Willensvermögen hat bei der Behandlung von Schriftstellen, weil bei ihr Worte derselben Form an einer Stelle ein Bemühen, an anderer Stelle eine Freiheit zu beweisen gezwungen werden, wie es ihr gerade richtig erscheint. Aber lassen wir solch hohles Geschwätz. Das Wort ‚sich bekehren' wird in den Schriften in doppelter Weise gebraucht: nach einem gesetzlichen Gebrauch und nach einem evangelischen Gebrauch. Im gesetzlichen Gebrauch handelt es sich um die Stimme des Fordernden und Befehlenden, die nicht Bemühen, sondern Veränderung des gesamten Lebens fordert, wie Jeremia es häufig gebraucht, indem er sagt: „Bekehrt euch ein jeder von seinem üblen Weg; Bekehre dich zum Herrn." Dort schließt er nämlich die Erfüllung aller Vorschriften ein, wie zur Genüge offensichtlich ist. Im evangelischem Gebrauch handelt es sich um die Stimme der Tröstung und der göttlichen Zusage, mit der nichts von uns gefordert, sondern uns die Gnade Gottes angeboten wird, wie jenes

Psalm. 13. Cum converterit Dominus captivitatem Zion, Et illud. 22. Convertere anima mea in requiem tuam.³⁹⁴ Zacharias igitur brevissimo compendio utranque praedicationem, tam legis quam gratiae absolvit, Lex tota est et summa legis, ubi dicit, Convertimini ad me, Gratia est, ubi dicit, Convertar ad vos. Iam quantum probatur liberum arbitrium ex isto verbo, Ama Dominum, aut alio quovis particularis legis verbo, tantum probatur ex hoc summario verbo legis Convertimini. Prudentis igitur lectoris est, in scripturis observare, quae verba legis, quae gratiae sunt, ut non omnia confusa habeat, more immundorum Sophistarum, et huius oscitantis Diatribes.

Nam vide, quomodo tractet insignem illum locum Ezechielis. 18. Vivo ego dicit Dominus, Nolo mortem peccatoris, sed magis ut convertatur et vivat.³⁹⁵ Primum, Toties (inquit) repetitur in hoc capite, averterit se, fecit, operatus est, in | bonam et malam partem, Et ubi sunt, qui negent hominem quicquam agere? Vide quaeso egregiam consequentiam. Conatum ac studium probatura erat liberi arbitrii, et probat totum factum, impleta omnia per liberum arbitrium. Ubi nunc sunt, quaeso, qui gratiam et spiritum sanctum requirant? Sic enim argutatur dicens, Ezechiel dicit. Si averterit se impius et fecerit iustitiam et iudicium, vivet, Ergo impius mox ita facit et potest facere. Ezechiel significat, quid fieri debeat, Diatribe intelligit, id fieri et factum esse, iterum nova grammatica nos doctura, quod idem sit, debere et habere, idem exigi et praestari, idem postulare et reddere. Deinde illam | vocem dulcissimi Evangelii, Nolo mortem peccatoris etc.,³⁹⁶ sic versat, Deplorat ne pius Dominus mortem populi sui, quam ipse operatur in illis? Si ille non vult mortem, utique nostrae voluntati imputandum est, si perimus, Quid vero imputes illi, qui nihil potest agere neque boni neque mali?³⁹⁷ Idem et Pelagius cantillavit, cum non studium neque conatum, sed totam vim implendi ac faciendi omnia tribueret libero arbitrio. Nam eam vim probant istae sequelae (ut diximus) siquid probant, ut aeque fortiter atque adeo fortius pugnent contra ipsam Diatriben, quae negat illam vim liberi arbitrii et solum conatum struit, atque contra nos pug-

---

³⁹⁴ Ps 14/Vg 13,7; 23/Vg 22,3; 116/Vg 114,7.   ³⁹⁵ Ez 33,11.   ³⁹⁶ Ez 18,24.32.   ³⁹⁷ Erasmus II a 15; ErAS 4, 64/66.

Wort Psalm 13 zeigt: „Wenn der Herr die Gefangenschaft Zions wendet" und jenes [Ps] 22: „Wende dich, meine Seele, zu deiner Ruhe." Sacharja also vollbringt in kürzester Zusammenfassung beide Predigten, sowohl die des Gesetzes als auch die der Gnade: Das ganze Gesetz ist da und die Summe des Gesetzes, wo er sagt „Bekehrt euch zu mir"; Gnade ist da, wo er sagt „Ich werde mich zu euch bekehren". Wie sehr nun das freie Willensvermögen aus diesem Wort „Liebe den Herrn" bewiesen wird oder aus jedem beliebigen anderen Wort des Gesetzes im Einzelnen, so sehr wird es auch aus dem summarischen Wort des Gesetzes bewiesen „Bekehrt euch". Das ist also Aufgabe eines klugen Lesers, in den Schriften zu beachten, was Worte des Gesetzes, was solche der Gnade sind, dass er nicht alles durcheinander bringt nach der Sitte der unreinen Sophisten und dieser schläfrigen ‚Diatribe'.

Denn siehe, wie sie die herrliche Stelle Ezechiel 18 behandelt: „So wahr ich lebe, spricht der Herr, will ich nicht den Tod des Sünders, sondern vielmehr, dass er sich bekehre und lebe." Zunächst sagt sie: Häufig wird in diesem Kapitel wiederholt „er wende sich; er hat gemacht; er hat gewirkt", zur guten und zur bösen Seite. Und [weiter sagt sie]: Wo sind die, die leugnen, der Mensch tue irgendetwas? Beachte bitte die außerordentliche Schlussfolgerung! Sie wollte das Bemühen und den Eifer des freien Willensvermögens beweisen und beweist die ganze Tatsache, dass alles erfüllt ist durch das freie Willensvermögen. Wo sind jetzt die, frage ich, die Gnade und Heiligen Geist fordern? So nämlich spricht sie spitzfindig: Ezechiel spricht: „Wenn sich der Gottlose bekehrt und Gerechtigkeit und rechtes Urteil übt, wird er leben." Folglich tut der Gottlose alsbald so und kann das tun. Ezechiel zeigt an, was getan werden soll, die ‚Diatribe' versteht darunter, dass das getan wird und getan worden ist. Wiederum will sie uns mit einer neuen Grammatik belehren, es sei dasselbe ‚müssen' und ‚haben', dasselbe ‚fordern' und ‚erfüllen', dasselbe ‚verlangen' und ‚gewähren'. Dann verdreht sie jenes Wort des süßesten Evangeliums „Ich will nicht den Tod des Sünders" usw. so: Beweint etwa der treue Herr den Tod seines Volkes, den er selbst in ihnen wirkt? Wenn jener den Tod nicht will, so ist es unserem Willen zuzurechnen, wenn wir zugrunde gehen. Was aber kannst du dem zurechnen, der nichts tun kann, weder Gutes noch Böses? Dieselbe Leier hat auch Pelagius geschlagen, als er nicht den Eifer und das Bemühen, sondern die gesamte Kraft, alles zu erfüllen und zu tun, dem freien Willensvermögen zuschrieb. Denn diese Folgerungen (wie wir gesagt haben) beweisen diese Kraft, wenn sie überhaupt irgendetwas beweisen, so dass sie in gleicher Weise kräftig und sogar noch kräftiger gegen die ‚Diatribe' selbst kämpfen, die jene Kraft des freien Willensvermögens verneint und nur ein Bemühen zu Grunde legt. Und doch kämpfen sie

nant, qui totum liberum arbitrium negamus. Sed omissa ignorantia eius, rem ipsam dicemus.

Vox Evangelica et dulcissimum solatium est miseris peccatoribus, ubi Ezechiel dicit, Nolo mortem peccatoris, sed magis ut convertatur et vivat, omnibus modis sicut et illa Psalmi. 28. Quoniam momentum est ira eius, et vita potius voluntas eius, Et Psalm. 68. Quam suavis est misericordia tua Domine,[398] Item, Quia misericors sum.[399] Et illud Christi Matthei. 11. Venite ad me omnes qui laboratis et ego reficiam vos, Item illud Exodi. 20. Ego facio misericordiam in multa milia, iis qui diligunt me.[400] Et quid est ferme plus quam dimidium sacrae scripturae, quam merae promissiones gratiae, quibus offertur a Deo misericordia, vita, pax, salus hominibus? Quid autem aliud sonant promissionis verba, quam illud, Nolo mortem peccatoris? An non idem est dicere, Ego sum misericors, ac si | diceret, Non irascor, nolo punire, nolo vos mori, volo ignoscere, volo parcere? Et nisi starent illae promissiones divinae, quibus afflictae conscientiae sensu peccati, ac metu mortis et iudicii territae, erigerentur? quis locus veniae aut spei foret? Quis peccator non desperaret? Sed sicut liberum arbitrium ex aliis verbis misericordiae aut promissionis aut solacii, non probatur, ita nec ex isto, Nolo mortem peccatoris etc.

Sed Diatribe nostra iterum nihil inter legis et promissionis verba distinguens, facit hunc locum Ezechielis, vocem legis, ac sic exponit, Nolo mortem peccatoris, id est, nolo quod mortaliter peccet, aut fiat peccator mortis reus, sed magis ut convertatur a peccato, si quod fecerit, et sic vivat, Nam nisi sic exponeret, nihil faceret ad rem, Sed hoc est prorsus evertere et tollere suavissimum illud Ezechielis, Nolo mortem. Si sic scripturas legere et intelligere volumus nostra caecitate, quid mirum, si obscurae et ambiguae sint? Non enim dicit, Nolo peccatum hominis, sed nolo mortem peccatoris, manifeste significans de poena peccati sese loqui, quam peccator pro suo peccato sentit, scilicet de timore mortis, Et in hac positum peccatorem afflictione et desperatione, erigit et consolatur, ne linum fumigans extinguat, | et calamum quassatum conterat,[401] sed spem veniae et salutis faciat, ut magis converta-

---

[398] Ps 30/Vg 29,6; 69/Vg 68,17. [399] Jer 3,12. [400] Mt 11,28; Ex 20,6. [401] Jes 42,3.

gegen uns, die wir das gesamte freie Willensvermögen verneinen. Aber lassen wir ihre Unwissenheit beiseite und reden zur Sache selbst.

Eine evangelische Stimme und ein ganz süßer Trost für die armen Sünder ist es, wenn Ezechiel sagt: „Ich will nicht den Tod des Sünders,
5 sondern vielmehr, dass er sich bekehre und lebe", in jeder Hinsicht sowie auch jenes Wort Psalm 28: „Weil sein Zorn einen Moment lang währt und vielmehr das Leben sein Wille ist." Und Psalm 68: „Wie süß ist dein Erbarmen, Herr." Ebenso: „Weil ich barmherzig bin." Und jenes Wort Christi in Mt 11: „Kommt zu mir alle, die ihr beladen seid, und ich
10 werde euch erquicken." Ebenso jenes [Wort] Ex 20: „Ich erweise Barmherzigkeit an vielen Tausend, die mich lieben." Und besteht nicht fast mehr als die Hälfte der Heiligen Schrift aus reinen Zusagen der Gnade, mit denen von Gott den Menschen Barmherzigkeit, Leben, Friede und Heil angeboten wird? Was meinen die Worte der Zusage anderes als
15 jenes „Ich will nicht den Tod des Sünders"? Ist es denn nicht dasselbe, zu sagen: „Ich bin barmherzig", wie wenn er sagt „Ich zürne nicht, ich will nicht strafen, ich will nicht, das ihr sterbt, ich will verzeihen, ich will verschonen"? Und wenn nicht jene göttlichen Zusagen feststünden, mit denen die von der Erfahrung der Sünde angefochtenen und
20 von der Furcht vor Tod und Gericht erschreckten Gewissen aufgerichtet werden – welcher Raum bliebe für Verzeihung oder Hoffnung? Welcher Sünder würde nicht verzweifeln? Aber so, wie das freie Willensvermögen aus anderen Worten des Erbarmens oder der Zusage oder des Trostes nicht bewiesen wird, so auch nicht aus diesem „Ich will nicht den
25 Tod des Sünders" usw.

Aber unsere ‚Diatribe' unterscheidet wiederum nicht zwischen Worten des Gesetzes und der Zusage und macht diese Stelle bei Ezechiel zu einer Stimme des Gesetzes; sie legt „Ich will nicht den Tod des Sünders" so aus: Ich will nicht, dass er tödlich sündigt oder dass der Sünder
30 des Todes schuldig wird, sondern vielmehr, dass er sich von der Sünde bekehre, wenn er eine begangen hat, und so lebe. Denn wenn sie [diese Stelle] nicht so auslegte, würde sie nichts zur Sache beitragen. Aber dies heißt nun jenes ganz süße [Wort] Ezechiels „Ich will nicht den Tod", vollständig verkehren und aufheben. Wenn wir so in unserer Blindheit
35 die Schriften lesen und verstehen wollen, was Wunder, wenn sie dunkel und zweideutig sind? Denn er sagt nicht „Ich will nicht die Sünde des Menschen", sondern „Ich will nicht den Tod des Sünders", und er zeigt klar an, dass er von der Strafe der Sünde spricht, die ein Sünder für seine Sünde empfindet, nämlich von der Furcht vor dem Tod. Und den Sün-
40 der, der sich in dieser Anfechtung und Verzweiflung befindet, richtet er auf und tröstet er, dass er nicht den glimmenden Docht auslösche und das geknickte Rohr zerbreche, sondern Hoffnung auf Vergebung und

tur, scilicet conversione salutis a poena mortis, et vivat, hoc est, bene habeat et secura conscientia laetetur. Hoc enim observandum quoque est, Sicut vox legis non fertur, nisi super eos, qui peccatum non sentiunt nec agnoscunt, sicut Paulus dicit Romano. 3. Per legem cognitio peccati,[402] Ita verbum gratiae non venit nisi ad eos, qui peccatum sentientes affliguntur et tentantur desperatione. Ideo in omnibus verbis legis vides indicari peccatum, dum ostenditur, quid debeamus. Sicut contra in omnibus verbis promissionis, vides malum significari quo laborant peccatores vel ii, qui erigendi sunt, ut hic, Nolo mortem peccatoris, clare mortem et peccatorem nominat, tam ipsum malum, quod sentitur, quam ipsum hominem qui sentit. At hic, Dilige Deum toto corde,[403] indicatur, quid debeamus boni, non quid sentiamus mali, ut agnoscamus quam non possimus id boni.

Nihil itaque potuit ineptius pro libero arbitrio adduci, quam hic locus Ezechielis, imo fortissime contra liberum arbitrium pugnat. Significatur enim hic, liberum arbitrium, qualiter se habeat, et quid possit in peccato agnito aut in sese convertendo, Scilicet quod non nisi in peius laberetur, et desperationem et impoenitentiam adderet peccatis, nisi Deus succurreret mox et promissionis verbo revocaret et erigeret. Sollicitudo enim Dei promittentis gratiam ad revocandum et erigendum peccatorem, satis magnum et fidele argumentum est, liberum arbitrium se solo non posse nisi ad peius, et (ut scriptura dicit) ad inferos labi,[404] nisi Deum eius levitatis esse credas, quod nulla necessitate salutis nostrae, sed mera voluptate loquacitatis, verba promissionis effundat tam copiose. Ut sic videas, non solum omnia verba legis contra liberum arbitrium stare, sed etiam omnia verba promissionis ipsum penitus confutare, hoc est, universam scripturam contra illud pugnare. Quare illo verbo, Nolo mortem peccatoris, nihil aliud agi vides, quam praedicari et offerri divinam misericordiam in mundo, quam solum afflicti et morte vexati cum gaudio et gratitudine suscipiunt, ut in quibus iam lex suum officium, id est, cognitionem peccati complevit. Illi vero, qui legis officium nondum sunt experti, nec agnoscunt pecca-

---

[402] Röm 3,20. [403] Dtn 6,5; Mt 22,37. [404] Spr 5,5.

Heil bewirke, so dass er sich mehr bekehrt, nämlich in einer Bekehrung zum Heil, weg von der Strafe des Todes, und lebe, das heißt, dass es ihm gut gehe und er sich eines sicheren Gewissens erfreue. Auch dies nämlich ist zu beachten: So wie die Stimme des Gesetzes sich nur an diejenigen richtet, welche die Sünde nicht empfinden und nicht erkennen, so wie Paulus in Römer 3 sagt „Durch das Gesetz kommt Erkenntnis der Sünde", so richtet sich auch das Wort der Gnade nur an diejenigen, welche die Sünde empfinden, dadurch in Anfechtung geraten und von der Verzweiflung versucht werden. Daher siehst du, dass in allen Worten des Gesetzes die Sünde angezeigt wird, indem gezeigt wird, was wir sollen. Wie du umgekehrt in allen Worten der Zusage das Böse angezeigt siehst, woran die Sünder oder diejenigen, die aufgerichtet werden sollen, leiden. Zum Beispiel benennt „Ich will nicht den Tod des Sünders" hier klar den Tod und den Sünder und damit sowohl das Übel selbst, das empfunden wird, als auch den Menschen selbst, der es empfindet. Aber mit „Liebe Gott von ganzem Herzen" wird angezeigt, was wir Gutes sollen, nicht was wir Böses fühlen, damit wir erkennen, wie wir dies Gute nicht können.

Nichts Alberneres kann also für das freie Willensvermögen angeführt werden als diese Stelle bei Ezechiel, da sie ja vielmehr höchst kräftig gegen das freie Willensvermögen kämpft. Denn hier wird angezeigt, wie sich das freie Willensvermögen verhält und was es bei der Erkenntnis der Sünde oder bei seiner Bekehrung vermag. Dass es nämlich nur zum Schlechteren abgleiten kann und den Sünden Verzweiflung und Unbußfertigkeit hinzufügt, wenn nicht Gott alsbald zur Hilfe eilt und ihn [sc. den Sünder] mit dem Wort der Zusage zurückruft und aufrichtet. Denn die Sorge Gottes, der die Gnade zusagt, den Sünder zurückzurufen und aufzurichten, ist ein ausreichend großes und zuverlässiges Argument, dass das freie Willensvermögen aus sich heraus nur zum Schlechteren und (wie die Schrift sagt) zur Hölle abgleiten kann. Es sei denn, du glaubst, dass Gott so leichtfertig sei, dass er nicht aus Notwendigkeit für unser Heil, sondern aus purer Redseligkeit die Worte der Zusage so reichlich ausgießt. So siehst du also, dass nicht nur alle Worte des Gesetzes gegen das freie Willensvermögen stehen, sondern auch alle Worte der Zusage es gänzlich widerlegen, das heißt, die gesamte Schrift dagegen kämpft. Daher siehst du, dass mit jenem Wort „Ich will nicht den Tod des Sünders" nichts anderes getan wird, als dass das göttliche Erbarmen in der Welt gepredigt und dargeboten wird, welches allein die Angefochtenen und vom Tode Gequälten mit Freude und Dankbarkeit aufnehmen. So hat in ihnen das Gesetz schon sein Amt, das heißt, die Erkenntnis der Sünde erfüllt. Jene aber, die das Amt des Gesetzes noch nicht erfahren haben, die Sünde nicht kennen und den Tod nicht

tum, nec mortem sentiunt, contemnunt misericordiam promissam eo verbo. Caeterum, Cur alii lege tanguntur, alii non tanguntur, ut illi suscipiant et hi contemnant gratiam oblatam, alia quaestio est, nec hoc loco tractatur ab Ezechiele, qui de praedicata et oblata misericordia Dei loquitur, non de occulta illa et metuenda voluntate Dei, ordinantis suo consilio, quos et quales praedicatae et oblatae misericordiae capaces et participes esse velit. Quae voluntas non requirenda, sed cum reverentia adoranda est, ut secretum longe reverendissimum maiestatis divinae, soli sibi reservatum, ac nobis prohibitum, multo religiosius, quam infinitae multitudinis specus Coricii.[405] |

Quando nunc Diatribe argutatur, Plorat ne pius Dominus mortem populi sui, quam ipse operatur in illis?[406] Hoc enim nimis absurdum videtur. Respondemus, ut iam diximus,[407] Aliter de Deo vel voluntate Dei nobis praedicata, revelata, oblata culta, Et aliter de Deo non praedicato, non revelato, non oblato, non culto disputandum est. Quatenus igitur Deus sese abscondit et ignorari a nobis vult, nihil ad nos. Hic enim vere valet illud, Quae supra nos, nihil ad nos.[408] Et ne meam hanc esse distinctionem quis arbitretur, Paulum sequor, qui ad Thessalonicenses de Antichristo scribit, quod sit exaltaturus sese super omnem Deum praedicatum et cultum,[409] manifeste significans, aliquem posse extolli supra Deum, quatenus est praedicatus et cultus, id est, supra verbum et cultum quo Deus nobis cognitus est, et nobiscum habet commercium, sed supra Deum non cultum, nec praedicatum, ut est in sua natura et maiestate, nihil potest extolli, sed omnia sunt sub potenti manu eius.[410] Relinquendus est igitur Deus in maiestate et natura sua, sic enim nihil nos cum illo habemus agere, nec sic voluit a nobis agi cum eo, Sed quatenus indutus et proditus est verbo suo, quo nobis sese obtulit, cum eo agimus, quod est decor et gloria eius, quo Psalmista eum celebrat indutum.[411] Sic dicimus, Deus pius non deplorat mortem populi quam operatur in illo, Sed deplorat mortem quam invenit in populo et amovere studet. Hoc enim agit Deus praedicatus, ut ablato peccato et morte, salvi simus. Misit enim verbum suum et sanavit eos.[412] Caeterum Deus absconditus in maiestate, neque deplorat neque tollit mortem, sed operatur vitam, mortem, et omnia in omnibus.

---

[405] S. o. 236,12.   [406] S. o. 398,24 f.   [407] S. o. 234,11–20.   [408] S. o. 232,16.   [409] 2Thess 2,4.
[410] 1Petr 5,6.   [411] Ps 21/Vg 20,6.   [412] Ps 107/Vg 106,20.

empfinden, verachten das Erbarmen, das in diesem Wort zugesagt ist. Im Übrigen: Warum die einen vom Gesetz erreicht werden, die anderen nicht, so dass jene die angebotene Gnade annehmen und diese sie verachten – das ist eine andere Frage und sie wird von Ezechiel an dieser Stelle nicht behandelt. Er spricht von der gepredigten und dargebotenen Barmherzigkeit Gottes, nicht von jenem verborgenen und zu fürchtenden Willen Gottes, der nach seinem Ratschluss ordnet, welche und was für welche nach seinem Willen der gepredigten und dargebotenen Barmherzigkeit fähig und teilhaftig sind. Dieser Wille ist nicht zu erforschen, sondern mit Ehrfurcht anzubeten als ein in höchstem Grade verehrungswürdiges Geheimnis der göttlichen Majestät, ihm allein vorbehalten und uns verboten, weit frömmer als Korykische Höhlen von unendlicher Menge.

Wenn nun die ‚Diatribe' schwatzt „Beweint doch nicht der treue Herr den Tod seines Volkes, den er selbst in ihnen wirkt? Dies nämlich schiene allzu absurd", so antworten wir, wie wir schon gesagt haben: Anders ist über Gott oder über den Willen Gottes zu disputieren, der uns gepredigt, offenbart, dargeboten und von uns verehrt wird, und anders über Gott, der nicht gepredigt, nicht offenbart, nicht dargeboten, nicht verehrt wird. So weit also Gott sich selbst verbirgt und von uns nicht gekannt werden will, geht er uns nichts an. Hier hat wahrlich jenes Wort Geltung: „Was über uns ist, geht uns nichts an." Und damit nicht einer glaubt, dies sei meine eigene Unterscheidung: Ich folge Paulus, der an die Thessalonicher über den Antichrist schreibt, dass er sich erheben werde über jeden Gott, der gepredigt und verehrt wird; damit zeigt er klar an, dass einer sich über Gott erheben kann, so weit er gepredigt und verehrt wird, das heißt, über das Wort und die Verehrung, mit der Gott uns bekannt ist und mit uns in Verbindung steht. Aber über den Gott, der nicht verehrt, nicht gepredigt wird, wie er in seiner Natur und Majestät ist, kann nichts sich erheben, sondern alles ist unter seiner mächtigen Hand. Belassen werden muss also Gott in seiner Majestät und Natur, denn so haben wir nichts mit ihm zu schaffen, und er wollte nicht, dass wir so mit ihm zu schaffen haben. Vielmehr, insoweit er mit seinem Wort umkleidet und dargeboten ist, womit er sich uns darbot, haben wir mit ihm zu schaffen, was sein Schmuck und sein Ruhm ist, mit dem umkleidet ihn der Psalmist feiert. So sagen wir: Der treue Gott beweint nicht den Tod des Volkes, den er in ihm bewirkt. Sondern er beweint den Tod, den er im Volk findet, und trachtet, ihn abzuwenden. Dies nämlich tut der gepredigte Gott, dass er Sünde und Tod wegnehme und wir heil seien. Denn er sandte sein Wort und heilte sie. Im Übrigen beweint der in seiner Majestät verborgene Gott weder den Tod noch hebt er ihn auf, sondern wirkt Leben, Tod und alles in allem.

Neque enim tum verbo suo definivit sese, sed liberum sese reservavit super omnia.

Illudit autem sese Diatribe ignorantia sua, dum nihil distinguit inter Deum praedicatum et absconditum, hoc est, inter verbum Dei et Deum ipsum, Multa | facit Deus, quae verbo suo non ostendit nobis, Multa quoque vult, quae verbo suo non ostendit sese velle. Sic non vult mortem peccatoris, verbo scilicet, Vult autem illam voluntate illa imperscrutabili. Nunc autem nobis spectandum est verbum, relinquendaque illa voluntas imperscrutabilis, Verbo enim nos dirigi, non voluntate illa inscrutabili, oportet. Atque adeo, quis sese dirigere queat ad voluntatem prorsus imperscrutabilem et | incognoscibilem? Satis est, nosse tantum, quod sit quaedam in Deo voluntas imperscrutabilis, Quid vero, Cur et quatenus illa velit, hoc prorsus non licet quaerere, optare, curare, aut tangere, sed tantum timere et adorare. Igitur recte dicitur, Si Deus non vult mortem, nostrae voluntati imputandum est, quod perimus. Recte inquam, si de Deo praedicato dixeris, Nam ille vult omnes homines salvos fieri,[413] dum verbo salutis ad omnes venit, vitiumque est voluntatis, quae non admittit eum, sicut dicit Matth 2? Quoties volui congregare filios tuos et noluisti? Verum quare maiestas illa vitium hoc voluntatis nostrae non tollit aut mutat in omnibus, cum non sit in potestate hominis, aut cur illud ei imputet, cum non possit homo eo carere, quaerere non licet, ac si multum quaeras, nunquam tamen invenias, sicut Paulus Rom. 11. dicit. Tu quis es, qui respondeas Deo?[414] Haec satis sint pro isto loco Ezechielis, pergamus ad reliqua.

Post haec caussatur Diatribe, frigere necessario tot hortamenta in scripturis, Item tot pollicitationes, minas, expostulationes, exprobrationes, obtestationes, benedictiones et maledictiones, tot examina praeceptorum, si non sit in manu cuiquam servare quod praeceptum est.[415] Perpetuo obliviscitur Diatribe status caussae, et aliud agit quam instituit, nec videt, quam omnia fortius contra ipsam quam contra nos pugnent. Nam ex his omnibus locis, probat, libertatem et facultatem servandi omnia, ut etiam sequela cogit verborum, quam illa supponit, cum tamen probare voluerit, liberum arbitrium tale, quod nihil boni velle potest sine gratia, et conatum quendam non suis viribus asscribendum,

---

[413] 1Tim 2,4.   [414] Mt 23,37; Röm 9,20.   [415] Erasmus II a 16; ErAS 4,66.

Denn da hat er sich ja nicht in seinem Wort festgelegt, sondern sich frei bewahrt über allem.

Die ‚Diatribe' täuscht sich aber in ihrer Unwissenheit, wenn sie überhaupt nicht unterscheidet zwischen dem gepredigten und dem verborgenen Gott, das heißt, zwischen Wort Gottes und Gott selbst. Vieles tut Gott, was er uns durch sein Wort nicht anzeigt. Vieles auch will er, von dem er in seinem Wort nicht anzeigt, dass er es will. So will er nicht den Tod des Sünders, im Wort nämlich. Er will ihn aber in seinem unerforschlichen Willen. Wir aber müssen jetzt auf das Wort achten und jenen unerforschlichen Willen beiseite lassen. Denn nach dem Wort müssen wir uns richten, nicht nach jenem unerforschlichen Willen. Und daher, wer könnte sich nach jenem gänzlich unerforschlichen und unerkennbaren Willen richten? Es ist genug, nur zu wissen, dass es in Gott einen gewissen unerforschlichen Willen gibt. Was aber, warum und inwiefern er will – danach zu fragen, das zu wünschen, sich darum zu sorgen oder daran zu rühren, ist überhaupt nicht erlaubt, sondern nur zu fürchten und anzubeten. Also wird richtig gesagt „Wenn Gott nicht den Tod will, ist es unserem Willen anzurechnen, dass wir zugrunde gehen". Richtig, sage ich, wenn du von dem gepredigten Gott sprichst! Denn der will, dass alle Menschen selig werden, denn im Wort des Heils kommt er zu ihnen allen, und es ist die Schuld des Willens, der ihn nicht zulässt, so wie Mt 23 sagt: „Wie oft wollte ich deine Söhne versammeln, und du hast nicht gewollt?" Aber: Warum jene Majestät diesen Fehler unseres Willens nicht aufhebt oder in allen ändert, weil es ja doch nicht in der Macht des Menschen liegt, oder warum er ihm jenen anrechnet, obwohl sich der Mensch ihm nicht entziehen kann, danach zu fragen ist nicht erlaubt. Und wenn du noch so viel fragst, findest du [es] doch niemals [heraus], so wie Paulus Röm 11 sagt: „Wer bist du, der du mit Gott rechtest?" Dies sei genug zu jener Stelle bei Ezechiel, wir wollen zum Übrigen weitergehen.

Danach schützt die ‚Diatribe' vor, dass notwendigerweise so viele Ermahnungen in den Schriften wirkungslos wären, ebenso so viele Versprechen, Drohungen, Forderungen, Vorwürfe, Bitten, Segnungen und Verfluchungen und so viele Gebotsvorschriften, wenn es nicht jeder in der Hand hätte, zu halten, was vorgeschrieben ist. Immerzu vergisst die ‚Diatribe' den Sachstand und verhandelt etwas anderes, als sie sich vorgenommen hat, und sieht nicht, wie alles stärker gegen sie selbst als gegen uns kämpft. Denn aus all diesen Stellen beweist sie die Freiheit und Möglichkeit, alles zu halten, wie auch die Folgerung aus den Worten erzwingt, die sie unterstellt. Dabei wollte sie doch beweisen, das freie Willensvermögen sei so beschaffen, dass es nichts Gutes ohne die Gnade wollen kann, und ein gewisses Bemühen, das nicht ihren eige-

Talem conatum non video ullis locis probari, sed tantum exigi, quid
fieri debeat, ut saepius iam dictum est, nisi quod toties repetendum est,
cum Diatribe toties eadem corda oberret, inutili verborum copia lectores differens.
  Ultimum fere ex veteri testamento illud Mosi Deuter. 30. affert,
Mandatum hoc quod praecipio tibi hodie, non supra te est, neque procul positum, nec in coelo situm, ut possis dicere, Quis nostrum valet in
coelum ascendere, ut deferat illud ad nos, ut audiamus et opere comple-
amus? Sed iuxta est valde sermo, in ore tuo et corde tuo, ut facias
illum.⁴¹⁶ Hoc loco contendit Diatribe declarari, non solum in nobis
situm, quod praecipitur, verum etiam in proclivi esse,⁴¹⁷ hoc est, facile,|
vel saltem non difficile. Gratias agimus de tanta eruditione. Si igitur
Moses tam clare pronunciat, non modo esse facultatem in nobis, sed
etiam facilitatem servandi omnia mandata, cur tantum sudamus? Cur
non statim hunc locum produximus et liberum arbitrium asseruimus
libero campo? Quid iam Christo? Quid spiritu opus? Invenimus iam
locum, qui omnibus os obstruat, et clare non | modo libertatem arbitrii
asserat, sed facilem quoque mandatorum observantiam doceat. Quam
stultus Christus, qui etiam fuso sanguine spiritum illum non necessarium nobis emit, ut faciles efficeremur in servandis praeceptis, quales
iam ex natura sumus. Quin et ipsa Diatribe suas voces recantet, quibus
dixit, liberum arbitrium sine gratia nihil posse velle boni, Dicat vero
nunc, liberum arbitrium esse tantae virtutis, ut non modo velit bonum,
sed etiam facili opera servet summa et omnia mandata. Vide quaeso,
quid efficiat animus alienus a caussa, quam non potest sese non prode-
re. An adhuc opus est confutare Diatriben? Aut quis magis eam confutare queat, quam ipsa seipsam confutat? Haec scilicet est bestia illa,
quae se ipsam comedit. Quam verum est, mendacem oportere memo-
rem esse.⁴¹⁸
  Nos de loco isto in Deut[e]ronomio diximus,⁴¹⁹ Nunc breviter age-
mus. Ut secluso Paulo, qui Ro. 10. potenter hunc locum tractat,⁴²⁰ disse-
ramus, Nihil hic prorsus vides dici aut ulla syllaba sonari de facilitate,
difficultate, potentia vel impotentia liberi arbitrii vel hominis ad ser-

---

⁴¹⁶ Dtn 30,11 f.14.   ⁴¹⁷ Erasmus II a 17; ErAS 4,68/70.   ⁴¹⁸ Quintilian: Institutio oratoriae 4,2,91.   ⁴¹⁹ Luther: Deuteronomium Mosi cum annotiationibus, 1525; WA
14,729,1–731,3.   ⁴²⁰ Röm 10,6–10.

nen Kräften zuzuschreiben sei. Ein solches Bemühen sehe ich nicht in irgendwelchen Stellen bewiesen, sondern nur, dass gefordert wird, was geschehen soll, wie schon öfter gesagt worden ist. Es sei denn, dass dies sooft wiederholt werden muss, weil die ‚Diatribe' sooft auf derselben Saite fehlgreift, die Leser mit einer unnützen Menge an Worten aufhaltend.

Fast zum Schluss bringt sie aus dem Alten Testament jenes Wort des Mose Dtn 30: „Das Gebot, das ich dir heute vorschreibe, ist nicht über dir noch ferne von dir gesetzt, noch im Himmel gelegen, dass du sagen könntest: Wer von uns vermag es, in den Himmel zu steigen, dass er es zu uns herabbrächte, damit wir es hören und durch das Werk erfüllen? Sondern sehr nahe ist die Rede, in deinem Mund und deinem Herzen, dass du es tun kannst." Diese Stelle bemüht die ‚Diatribe', um zu beweisen, dass nicht nur in uns gelegt ist, was vorgeschrieben wird, sondern dass es auch ausführbar sei, das heißt, leicht oder wenigstens nicht schwer. Wir schulden dir Dank für deine so große Belehrung! Wenn also Moses so klar betont, dass nicht nur die Möglichkeit, sondern auch eine Leichtigkeit in uns ist, alle Gebote zu halten – warum schwitzen wir so? Warum haben wir nicht sofort diese Stelle angeführt und auf freiem Feld das freie Willensvermögen als Wahrheit behauptet? Wozu ist noch Christus, wozu der Geist nötig? Wir haben nun die Stelle gefunden, die allen das Maul stopft und klar nicht nur die Freiheit des Willensvermögens als Wahrheit behauptet, sondern auch lehrt, wie leicht die Gebote zu halten sind! Wie dumm ist Christus, der sogar sein Blut vergossen und jenen nicht notwendigen Geist für uns erkauft hat, um zu bewirken, dass wir die Gebote leicht halten – so beschaffen sind wir ja schon von Natur! Die ‚Diatribe' sollte ja selbst ihre eigenen Worte wiederholen, mit denen sie gesagt hat, das freie Willensvermögen könne ohne Gnade nichts Gutes wollen. So möge sie jetzt aber sagen, das freie Willensvermögen sei von so großer Fähigkeit, dass es nicht nur das Gute will, sondern auch leichthändig die höchsten und alle Gebote hält. Achte bitte darauf, was ein Geist bewirkt, welcher der Sache fern steht, wie er sich verraten muss. Ob es noch nötig ist, die ‚Diatribe' zu widerlegen? Oder wer kann sie besser widerlegen, als sie sich selbst widerlegt? Sie ist nämlich dieses Tier, das sich selbst frisst. Wie wahr ist es, dass der Lügner ein gutes Gedächtnis haben muss.

Wir haben über jene Stelle im Deuteronomium gesprochen. Jetzt wollen wir sie kurz behandeln. Wir lassen außer Acht, dass Paulus diese Stelle in Röm 10 kräftig behandelt, und wollen darlegen: Du siehst, dass hier überhaupt nichts gesagt wird oder mit irgendeiner Silbe anklingt von Leichtigkeit, Schwierigkeit, Macht oder Ohnmacht des freien Wil-

vandum vel non servandum, Nisi quod ii, qui sequelis et cogitationibus suis scripturas captant, sibi ipsis eas obscuras et ambiguas faciunt, ut sic quodlibet ex eis faciant. Si non potes oculos, aures saltem adverte, vel manibus palpa, Moses dicit, Non est supra te, nec procul positum, nec in coelo situm, nec trans mare.[421] Quid est supra te? Quid procul? Quid in coelo situm? Quid trans mare? An etiam Grammaticam et usitatissima vocabula nobis obscurabunt, ut nihil certi loqui valeamus, tantum ut obtineant, scripturas esse obscuras? Nostra grammatica istis vocabulis non qualitatem aut quantitatem virium humanarum, sed distantiam locorum significat. Supra te enim dicitur, non quaedam vis voluntatis, sed locus qui supra nos est. Ita procul, trans mare, in coelo, nihil virtutis in homine, sed locus sursum, dextrorsum, sinistrorsum, retror-|sum, antrorsumue, a nobis remotus. Rideat me quispiam tam crasse disputantem ac velut analphabetis pueris praemansum tantis viris porrigentem, ac syllabas nectendas docentem.[422] Quid faciam? cum in tam clara luce videam quaeri tenebras, ac studio velle eos caecos esse, qui tot saeculorum seriem nobis numerant, tot ingenia, tot sanctos, tot martyres, tot doctores, tantaque authoritate hunc locum Mosi iactant, nec dignentur tamen syllabas inspicere, aut cogitationibus suis tantum imperare, ut locum semel considerent, quem iactant. Eat nunc Diatribe et dicat, qui fieri possit, ut unus privatus videat, quod tot publici, tot saeculorum proceres non viderunt? certe hic locus vel puello iudice, convincit eos caecutiisse non raro.

Quid igitur Moses vult istis verbis apertissimis et clarissimis, nisi, sese suo officio ceu fidelem legislatorem esse perfunctum egregie? ut per quem non stet, quo minus omnia sciant et habeant coram posita praecepta, nec locum eis relictum excusandi, quod ignorent vel non habeant praecepta aut | aliunde petenda eis sint, ut si non servarint ea, culpa nec sit legis nec legislatoris, sed ipsorum, cum lex assit, legislator docuerit, ut nulla ignorantiae excusatio reliqua sit, sed sola accusatio negligentiae et inobedientiae. Non est (inquit) necesse, leges e coelo aut

---

[421] Dtn 30,11. [422] Cicero: De oratore 2,39,162.

lensvermögens oder des Menschen im Blick auf Halten oder Nicht-Halten. Es sei denn, dass diejenigen, die durch ihre Folgerungen und Gedanken die Schriften gefangen nehmen, sie sich selbst dunkel und zweideutig machen, damit sie so aus ihnen machen, was beliebt. Wenn du es nicht sehen kannst, so höre doch wenigstens darauf oder greif es mit den Händen! Mose sagt: „Es ist nicht über dir, nicht fern von dir gelegen, weder im Himmel noch jenseits des Meeres." Was heißt ‚über dir'? Was ‚ferne'? Was ‚im Himmel gelegen'? Was ‚jenseits des Meeres'? Oder werden sie uns sogar die Grammatik und die gebräuchlichsten Vokabeln verdunkeln, dass wir nichts Sicheres mehr sagen können, nur damit sie dabei bleiben können, die Schriften seien dunkel? Unsere Grammatik zeigt mit diesen Vokabeln keine Qualität oder Quantität menschlicher Kräfte, sondern eine Ortsdistanz an. ‚Über dir' bezeichnet nämlich nicht eine gewisse Kraft des Willens, sondern einen Ort, der über uns ist. Ebenso ‚ferne', ‚jenseits des Meeres', ‚im Himmel' sagen nichts von einer Kraft im Menschen, sondern meinen einen Ort oben, rechts, links, rückwärts, vorwärts, von uns entfernt. Es möge mich jemand verlachen, dass ich so grob disputiere und großen Männern wie analphabetischen Knaben die Sache vorkaue und darreiche und lehre, Silben zusammenzufügen. Was soll ich tun? Wenn ich sehe, dass bei so klarem Licht Dunkelheit gesucht wird und mit Eifer die blind sein wollen, die uns so viele Jahrhunderte aufzählen, so viele Begabungen, so viele Heilige, so viele Märtyrer, so viele Gelehrte, und mit so großer Autorität diese Stelle des Mose im Munde führen, es aber dennoch nicht für wert erachten, die Silben zu betrachten oder ihren Gedanken auch nur zu befehlen, dass sie einmal eine Stelle genauer betrachten, die sie im Munde führen. Jetzt möge die ‚Diatribe' hingehen und sagen, wie es geschehen kann, dass ein einziger nicht im Amt Stehender sieht, was so viele Männer der Öffentlichkeit, so viele Häupter der Jahrhunderte nicht gesehen haben? Sicher überzeugt diese Stelle sogar nach dem Urteil eines kleinen Knaben, dass sie nicht selten blind gewesen sind.

Was also will Mose mit diesen ganz offenen und ganz klaren Worten, außer dass er sein Amt als treuer Gesetzgeber vortrefflich erfüllt hat? Dass es nicht an ihm liegt, dass sie nicht alles wissen und die Gebote nicht vor sich liegen haben? Und dass kein Raum für sie übrig bleibt, sich zu entschuldigen, dass sie die Vorschriften nicht kennen oder nicht haben oder sie von woanders her erbitten müssen? Dass es, wenn sie diese nicht halten, nicht die Schuld des Gesetzes oder des Gesetzgebers ist, sondern ihre eigene, weil das Gesetz da ist, der Gesetzgeber gelehrt hat, so dass keine Entschuldigung einer Unwissenheit übrig bleibt, sondern allein eine Anklage wegen Vernachlässigung und Ungehorsam?

a finibus ultramarinis aut procul afferre, nec potes praetexere, te illas nec audisse nec habere, prope habes eas, ut quas praecipiente Deo et me authore audisti, corde percepisti, et ore assiduo, per levitas in medio tui, tractandas accepisti, teste hoc ipso meo verbo et libro, Hoc tantum reliquum est, ut facias illas. Obsecro quid hic libero arbitrio tribuitur? nisi quod exigitur, ut faciat leges, quas habet, et adimitur excusatio ignorantiae et absentiae legum.

Haec fere sunt, quae ex veteri testamento adducit Diatribe pro libero arbitrio, quibus solutis, nihil reliquum fit, quod non solutum pariter sit,[423] sive plura adducat, sive plura adducere velit, cum nihil nisi verba imperativa aut coniunctiva aut optativa adducere queat, quibus significatur, non quid possimus aut faciamus (ut toties diximus toties repetenti Diatribe) sed quid debeamus et quid exigatur a nobis, quo nostra nobis impotentia innotescat, et peccati cognitio praestetur, Aut si quid probant, per additas sequelas et similitudines ratione humana inventas, hoc probant, liberi scilicet arbitrii non esse tantum conatum aut studium aliquod modiculum, sed totam vim et potestatem liberrimam faciendi omnia sine gratia Dei, sine spiritu sancto. Ac sic nihil minus probatur tota illa copiosa, iterata et inculcata disputatione, quam id quod probandum erat, nempe opinio illa probabilis, qua liberum arbitrium definitur eius esse impotentiae, ut nihil possit velle boni sine gratia, cogaturque in servitutem peccati, habeatque conatum non asscribendum suis viribus, Monstrum scilicet illud, quod simul nihil potest suis viribus,[424] et tamen conatum habet in viribus suis, constetque contradictione manifestissima.

Venitur nunc ad novum testamentum, ubi iterum instruitur copia verborum imperativorum pro misera illa servitute liberi arbitrii, accersunturque auxilia rationis carnalis, nempe sequelae et similitudines, ac si videas pingi vel somni-|eris muscarum regem stipatum, lanceis stipulaceis et clypeis feneis, adversus veram et iustam aciem bellatorum hominum. Sic pugnant humana Diatriabes somnia adversus divinorum

---

[423] Erasmus II a 18; ErAS 4,70/72 mit Jer 18,8.10; 2Kön 20,1.5; 2Sam 12,10.13.   [424] S. o. 358,21 f.

Es ist (sagt er) nicht notwendig, die Gesetze vom Himmel oder aus der Gegend jenseits des Meeres oder von fern her herbeizuholen. Und du kannst nicht vorschützen, dass du sie nicht gehört hast noch hast! Du hast sie nahe bei dir, weil du sie durch Gott, der sie gebietet, und durch mich als Autor gehört, zu Herzen genommen und durch die Leviten in deiner Mitte als ständig mündlich zu behandelnde angenommen hast. Dafür zeugt mein Wort und Buch. Nur dies ist noch übrig: Dass du sie tust. Ich bitte dich, was wird hier dem freien Willensvermögen zugeschrieben? Nur, dass erfordert wird, die Gesetze zu tun, die man hat, und die Entschuldigung, die Gesetze seien unbekannt und fern, genommen wird.

Dies etwa ist es, was die ‚Diatribe' aus dem Alten Testament für das freie Willensvermögen anführt. Nachdem das gelöst ist, bleibt nichts übrig, was nicht in gleicher Weise gelöst ist, sei es, dass sie mehr anführt, sei es, dass sie mehr anführen will. Denn sie kann ja nichts als imperativische oder konjunktivische oder optativische Worte heranführen. Mit denen wird [aber] angezeigt, nicht was wir können oder tun (wie wir oftmals der sich oft wiederholenden ‚Diatribe' gesagt haben), sondern was wir sollen und was von uns erfordert wird. Dadurch wird uns unsere Unfähigkeit bekannt gemacht und die Kenntnis der Sünde beigebracht. Oder, wenn sie [überhaupt] etwas beweisen durch zusätzliche Folgerungen und nach menschlicher Vernunft gefundene Gleichnisse, beweisen sie dies, nämlich dass es nicht nur irgendein geringfügiges Bemühen und einen Eifer des freien Willensvermögens gibt, sondern eine volle Kraft und eine ganz freie Gewalt, alles zu tun ohne die Gnade Gottes, ohne den Heiligen Geist. Und so wird durch die ganze wortreiche, wiederholte und eingeschärfte Disputation nichts weniger bewiesen als das, was zu beweisen war, nämlich jene annehmbare Meinung, derzufolge das freie Willensvermögen definiert wird in seiner Unfähigkeit: dass es nichts Gutes wollen kann ohne die Gnade, gezwungen wird in die Knechtschaft der Sünde und ein Bemühen hat, das nicht seinen Kräften zuzuschreiben ist. Nämlich jenes Ungeheuer, das zugleich nichts mit eigenen Kräften vermag, dennoch ein Bemühen in seinen Kräften hat und aus einem ganz offensichtlichen Widerspruch besteht.

Wir kommen nun zum Neuen Testament, wo wiederum eine Menge von imperativischen Worten aufgeboten wird für jene elende Knechtschaft des freien Willensvermögens. Und die Hilfstruppen der fleischlichen Vernunft werden herbeigeführt, nämlich Folgerungen und Gleichnisse, als ob du einen Fliegenkönig gemalt siehst oder träumst, gerüstet mit Lanzen aus Stroh und Schilden aus Heu, gegen eine wahre und rechte Front von Kriegsleuten. So kämpfen die menschlichen Träume der ‚Diatribe' gegen die Heere der göttlichen Worte.

verborum agmina. Principio illud Matth. 23. procedit, velut muscarum achilles, Ierusalem, Ierusalem, quoties | volui congregare filios tuos et noluisti?⁴²⁵ Si cuncta (inquit) fiunt necessitate, nonne poterat merito respondere Domino Ierosolyma? Quid inanibus lachrymis te maceras? Si tu nolebas nos auscultare Prophetis, cur eos misisti? Cur nobis imputas, quod tua voluntate, nostra necessitate, factum est?⁴²⁶ Haec illa. Respondemus autem, Et donemus interim, veram et bonam esse istam sequelam et probationem Diatribes, Quid rogo probatur? nunquid probabilis opinio, quae dicit liberum arbitrium non posse velle bonum? Imo probatur, libera, sana et potens in omnia, quae Prophetae dixerunt, voluntas. At talem non suscepit probandam Diatribe, Quin ipsa Diatribe hic respondeat, Si liberum arbitrium non potest velle bonum, Quid imputatur ei, quod non audierit Prophetas, quos, ut bona docentes, audire non poterat suis viribus? Quid inanibus lachrymis plorat Christus, ac si illi potuerint velle, quod certo novit eos non posse velle? Liberet (inquam) Diatribe Christum ab insania pro sua probabili opinione, et mox nostra opinio liberata est ab isto Achille muscarum. Igitur locus ille Matthaeus aut probat totum liberum arbitrium aut aeque fortiter pugnat aduersus ipsam Diatribem et suo illam iaculo prosternit.

Nos dicimus, ut iam antea diximus, de secreta illa voluntate maiestatis non esse disputandum, et temeritatem humanam, quae perpetua perversitate, relictis necessariis, illam semper impetit et tentat, esse avocandam et retrahendam, ne occupet sese scrutandis illis secretis maiestatis, quae impossibile est attingere, ut quae habitet lucem inaccessibilem,⁴²⁷ teste Paulo. Occupet vero sese cum Deo incarnato seu (ut Paulus loquitur) cum Ihesu crucifixo, in quo sunt omnes thesauri sapientiae et scientiae, sed absconditi,⁴²⁸ per hunc enim abunde habet, quid scire et non scire debeat. Deus igitur incarnatus hic loquitur, Volui et tu noluisti, Deus, inquam, incarnatus in hoc missus est, ut velit, loquatur, faciat, patiatur, offerat omnibus omnia, quae sunt ad salutem necessaria, licet plurimos offendat, qui secreta illa voluntate maiestatis vel relicti vel indurati, non suscipiunt volentem, loquentem, facientem, offeren-

---

⁴²⁵ Mt 23,37.   ⁴²⁶ Erasmus II b 1; ErAS 4,72/74.   ⁴²⁷ 1Tim 6,16.   ⁴²⁸ Kol 2,3.

Zunächst marschiert jenes [Wort] Mt 23 auf, wie ein Achill der Fliegen: „Jerusalem, Jerusalem, wie oft wollte ich deine Söhne versammeln, und du hast nicht gewollt?" Wenn alles (sagt sie) mit Notwendigkeit geschieht, könnte nicht Jerusalem mit Recht dem Herren antworten: „Was quälst du dich mit vergeblichen Tränen? Wenn du nicht wolltest, dass wir auf die Propheten hören, warum hast du sie gesandt? Warum rechnest du uns zu, was nach deinem Willen notwendig durch uns geschehen ist?" So jene. Wir aber antworten: Wollen wir auch das einstweilen zugeben, dass diese Folgerung und dieser Beweis der ‚Diatribe' wahr und gut sei – was, frage ich, wird bewiesen? Etwa die annehmbare Meinung, die besagt, das freie Willensvermögen könne das Gute nicht wollen? Im Gegenteil wird ein freier, gesunder und zu allem, was die Propheten gesagt haben, fähiger Wille bewiesen. Aber einen solchen zu beweisen, hat die ‚Diatribe' nicht vorgehabt. Vielmehr möge die ‚Diatribe' selbst hier antworten: Wenn das freie Willensvermögen das Gute nicht wollen kann, was wird es ihm angerechnet, dass es die Propheten nicht hört, die es, wie sie Gutes lehren, mit eigenen Kräften nicht hören konnte? Was beweint Christus mit vergeblichen Tränen, als könnten jene wollen, wo er doch genau weiß, dass sie nicht wollen können? Es möge also (sage ich) die ‚Diatribe' Christus von seiner Torheit zu Gunsten der annehmbaren Meinung befreien, und alsbald ist unsere Meinung befreit von diesem Achill der Fliegen. Also beweist jene Stelle bei Matthäus entweder das ganze freie Willensvermögen oder kämpft gleich stark gegen die ‚Diatribe' selbst und streckt sie mit ihrem eigenen Geschoss nieder.

Wir sagen, wie wir schon vorher gesagt haben: Über jenen geheimen Willen der Majestät ist nicht zu disputieren. Die menschliche Unbesonnenheit, die das Notwendige auslässt und in ewiger Verkehrtheit jenen [Willen] ständig angeht und herausfordert, ist wegzurufen und zurückzuziehen, dass sie sich nicht mit der Erforschung jener Geheimnisse der Majestät befasst, die zu erreichen unmöglich ist, weil sie ja ein unzugängliches Licht bewohnt, wie Paulus bezeugt. Sie befasse sich aber mit dem fleischgewordenen Gott oder (wie Paulus spricht) mit Jesus, dem Gekreuzigten, in dem alle Schätze der Weisheit und des Wissens vorhanden sind, wenn auch verborgen! Durch den nämlich hat sie im Überfluss, was sie wissen und nicht wissen soll. Der fleischgewordene Gott also spricht hier „Ich habe gewollt und du hast nicht gewollt". Der, sage ich, fleischgewordene Gott ist dazu gesandt, dass er will, spricht, tut, leidet, allen alles anbietet, was zum Heil notwendig ist, wenn er auch bei den meisten Anstoß erregt, die – von jenem geheimen Willen der Majestät entweder sich überlassen oder verstockt – den Wollenden, Sprechenden, Handelnden, Anbietenden

tem, sicut Iohannes dicit, Lux in tenebris lucet, et tenebrae eam non comprehendunt. Et iterum, In propria venit, et sui non receperunt eum.⁴²⁹ Huius itidem Dei | incarnati est flere, deplorare, gemere super perditione impiorum, cum voluntas maiestatis ex proposito⁴³⁰ aliquos relinquat et reprobet, | ut pereant. Nec nobis quaerendum, cur ita faciat, sed reverendus Deus, qui talia et possit et velit. Nec puto aliquis hic calumniabitur, quod illa voluntas, de qua dicitur, Quoties volui, etiam ante incarnatum Deum, Iudaeis fuerit exhibita, ut qui Prophetas ante Christum occidisse, et sic voluntati eius restitisse arguantur. Notum est enim apud Christianos, omnia geri per Prophetas in nomine futuri Christi, qui promissus erat, ut incarnatus Deus fieret. Ut voluntas Christi recte dicatur, quicquid ab initio mundi per verbi ministros oblatum est hominibus.

Dicet vero hic Ratio, ut est nasuta et dicax, Pulchre hoc inventum est effugium, ut quoties vi argumentorum urgemur, ad voluntatem illam maiestatis metuendam recurramus, et disputatorem, ubi molestus fuerit, ad silentium adigamus, non aliter, quam astrologi suis epicyclis repertis, omnes quaestiones de motu totius coeli eludunt. Res pondemus, non esse nostrum inventum, sed divinis scripturis firmatum praeceptum, sic enim Paulus Rom. 11.⁴³¹ dicit, Quid igitur quaeritur Deus? Quis voluntati eius resistet? O homo, tu quis es, qui contendas cum Deo? An non habet potestatem figulus? et reliqua. Et ante eum Esaias. 58. Me etenim de die in diem quaerunt et vias meas scire volunt, quasi gens quae iustitiam fecerit, Rogant me iudicia iustitiae et appropinquare Deo volunt.⁴³² Puto istis verbis satis monstrari, non licere hominibus scrutari voluntatem maiestatis. Deinde caussa haec est huiusmodi, ut in illa maxime petant perversi homines voluntatem illam metuendam, ideo maxime locus est, eos tum ad silentium et reverentiam hortari, In aliis caussis non ita facimus, ubi talia tractantur, quorum ratio reddi potest et reddi nobis mandata est. Quod siquis, pergat scrutari rationem voluntatis illius, nec nostrae monitioni caedit, hunc sinimus ire, et gygantum more cum Deo pugnare,⁴³³ spectaturi, quos

---

⁴²⁹ Joh 1,5.11. ⁴³⁰ Röm 8,28. ⁴³¹ Richtig: Röm 9,19–21. ⁴³² Jes 58,2. ⁴³³ Ovid: Metamorphoses 1,152 f.

nicht annehmen, wie Johannes sagt: „Das Licht leuchtet in der Finsternis, und die Finsternis nimmt es nicht auf". Und wiederum: „Er kam in sein Eigentum, und die Seinen nahmen ihn nicht auf." Ebenso ist es Sache dieses fleischgewordenen Gottes, zu weinen, zu klagen, zu seufzen über das Verderben der Gottlosen, wenn auch der Wille der Majestät nach seinem Plan einige sich überlässt und verwirft, so dass sie zugrunde gehen. Und es ist nicht an uns, danach zu fragen, warum er so handelt, sondern Gott ist zu verehren, der solches sowohl kann als auch will. Und ich glaube nicht, dass irgendeiner hier nörgeln wird, dass jener Wille, von dem gesagt wird „Wie oft habe ich gewollt" auch vor dem fleischgewordenen Gott den Juden dargestellt worden ist. Denn sie werden ja angeklagt, die Propheten vor Christus getötet und sich so seinem Willen widersetzt zu haben. Denn es ist bei den Christen bekannt, dass alles durch die Propheten im Namen des kommenden Christus getan wird, der verheißen war, fleischgewordener Gott zu werden. So wird der Wille Christi richtig das genannt, was vom Anfang der Welt an durch die Diener des Wortes den Menschen angeboten worden ist.

Hier aber wird [Herrin] Vernunft sagen, weil sie naseweis und höhnisch ist: Fein erfunden ist dieser Fluchtweg, nämlich, sooft wir durch die Kraft der Argumente bedrängt werden, zu jenem zu fürchtenden Willen der Majestät Zuflucht zu nehmen und den Disputationsredner, wo er lästig wird, zum Schweigen zu bringen! Nicht anders, als die Astrologen mit ihren erfundenen Epizykeln alle Fragen nach der Bewegung des ganzen Himmels erledigen. Wir antworten, dass das nicht unsere eigene Erfindung ist, sondern durch die göttlichen Schriften bekräftigtes Gebot. So nämlich sagt Paulus in Röm 9: „Was also beschuldigt uns Gott? Wer wird seinem Willen widerstehen? O Mensch, wer bist du, der du mit Gott rechtest? Hat denn nicht der Töpfer Macht?" usw. Und vor ihm Jes 58: „Sie fragen mich nämlich von Tag zu Tag und wollen meine Wege wissen, wie ein Volk, das Gerechtigkeit getan hat. Sie fordern von mir Urteile der Gerechtigkeit und wollen sich Gott nähern." Ich glaube, durch diese Worte ist genug gezeigt, dass es den Menschen nicht erlaubt ist, den Willen der Majestät zu erforschen. Ferner ist dieser Fall von der Art, dass hier zumeist die verkehrten Menschen jenen zu fürchtenden Willen suchen. Daher ist es vor allem am Platze, diese dann zu Schweigen und Verehrung zu ermahnen. In anderen Fällen machen wir es nicht so, wo solches behandelt wird, von dem Rechenschaft abgelegt werden kann und abzulegen uns aufgetragen ist. Wenn nun einer fortfährt, den Grund jenes Willens zu erforschen, und unserer Ermahnung nicht weicht, den lassen wir gehen und nach Art der Giganten mit Gott kämpfen. Wir wollen zusehen, welche Triumphe er sich verschaffen

triumphos sit reportaturus, certi, quod caussae nostrae nihil sit detracturus, et suae nihil collaturus. Manebit enim fixum, quod aut liberum arbitrium omnia posse probabit, aut quod adductae scripturae contra ipsummet pugnabunt. Utro autem facto, victus iacet et nos victores stamus.

Alterum est illud Matth. 19. Si vis ad vitam ingredi, serva mandata,⁴³⁴ Qua fronte diceretur, Si vis, cui voluntas libera non est? Haec Diatribe.⁴³⁵ Cui dicimus, Igitur | voluntas libera est per hoc verbum Christi? At tu volebas probare, quod liberum arbitrium nihil possit boni velle, et necessario serviret peccato, absente gratia.⁴³⁶ Qua fronte igitur tu nunc totum facis liberum? Idem dicetur ad illud, Si vis perfectus esse.⁴³⁷ Si quis vult venire post me. Qui voluerit animam suam salvam facere. Si diligitis me. Si | manseritis.⁴³⁸ Denique, ut dixi, colligantur omnes coniunctiones, Si,⁴³⁹ et verba imperativa, ut iuvemus Diatriben saltem numero verborum. Haec omnia (inquit) praecepta frigent, si nihil tribuitur voluntati humanae, Quam male congruit merae necessitati, coniunctio illa, Si? Respondemus, si frigent, tua culpa frigent, imo nihil sunt, qui asseris, nihil tribui voluntati humanae, dum facis liberum arbitrium non posse velle bonum, et rursus hic facis, idem posse velle omnia bona, nisi eadem verba apud te simul et ardent et frigent, dum simul omnia asserunt et omnia negant. Et miror, quid delectarit authorem toties eadem repetere, immemorem perpetuo instituti sui, nisi forte diffidens caussae, magnitudine libri voluerit vincere, aut tedio et molestia lectionis adversarium fatigare. Qua consequentia, rogo, fiat, ut mox voluntatem et potentiam adesse oporteat, quoties dicitur, Si vis, Si quis vult, Si volueris? Nonne frequentissime impotentiam potius et impossibilitatem significamus talibus sermonibus? ut, Si Virgilium voles aequare canendo mi Mevi,⁴⁴⁰ alia cantes oportet. Si Ciceronem superare voles Scote, pro argutiis summam oportet eloquentiam habeas, Si cum Davide comparari voles, similes Psalmos edas necesse est. Hic plane significantur impossibilia viribus propriis, licet divina virtute omnia fieri possint. Sic habet et in scripturis res, ut quid

---

434 Mt 19,17.   435 Erasmus II b 1; ErAS 4,74.   436 S. o. 360,5–7.   437 Mt 19,21.
438 Lk 9,24; Mt 16,24; Joh 14,15; 15,7.   439 Erasmus II b 1; ErAS 4,74.   440 Vergil: Eclogae 3,90; Horaz: Epoden 10,2.

wird, und sind gewiss, dass er unserer Sache keinen Abbruch tun und für seine nichts beisteuern wird. Denn es wird bestehen bleiben, dass er entweder beweisen wird, das freie Willensvermögen könne alles, oder dass die angeführten Schriften gerade gegen ihn kämpfen werden. In beiden
5 Fällen liegt er als Besiegter und wir stehen als Sieger da.

Das andere ist jenes [Wort] Mt 19: „Wenn du zum Leben eingehen willst, halte die Gebote." Mit welcher Dreistigkeit würde einem gesagt „Wenn du willst", der keinen freien Willen hat? So die ‚Diatribe'. Ihr sagen wir: Ist also der Wille durch dieses Wort Christi frei? Du wolltest
10 aber beweisen, dass das freie Willensvermögen nichts Gutes wollen kann und notwendig der Sünde dient ohne die Gnade. Mit welcher Dreistigkeit also machst du es jetzt völlig frei? Dasselbe wird man zu jenem Wort sagen: „Wenn du vollkommen sein willst"; „Wenn jemand mir nachfolgen will"; „Wer seine Seele retten will"; „Wenn ihr mich
15 liebt"; „Wenn ihr bleiben werdet". Wie ich gesagt habe, mögen schließlich alle Konjunktionen ‚wenn' und imperativische Worte gesammelt werden, damit wir die ‚Diatribe' wenigstens durch die Zahl der Worte unterstützen. All diese Vorschriften (sagt sie) sind unwirksam, wenn nichts dem menschlichen Willen zugestanden wird. Wie schlecht passt
20 zur reinen Notwendigkeit jene Konjunktion ‚wenn'? Wir antworten: Wenn sie unwirksam sind, sind sie durch deine Schuld unwirksam! Ja, sie sind sogar nichts, da du als Wahrheit bezeugst, dass nichts dem menschlichen Willen zugeschrieben wird, zugleich ausführst, das freie Willensvermögen könne das Gute nicht wollen, hier aber wiederum
25 ausführst, dasselbe könne alles Gute wollen. Es sei denn, bei dir glühen und frieren zugleich dieselben Worte, wenn sie zugleich alles als Wahrheit bezeugen und alles verneinen. Und ich wundere mich, was einen Autor daran erfreut, dasselbe sooft zu wiederholen, ständig ohne Erinnerung daran, was er sich vorgenommen hat. Vielleicht hat er kein Ver-
30 trauen in die Sache und will mit der Dicke des Buches siegen und durch Verdruss und Belästigung des Lesens den Gegner müde machen. Mit welcher Schlussfolgerung, frage ich, geschieht es, dass alsbald der Wille und die Macht da sein müssen, sooft gesagt wird „Wenn du willst; wenn einer will; wenn du wolltest"? Bezeichnen wir nicht durch solche Reden
35 sehr häufig vielmehr die Unfähigkeit und Unmöglichkeit? Etwa: „Wenn du im Dichten Vergil gleichkommen willst, mein Maevius, musst du anders dichten. Wenn du Cicero überwinden willst, Scotus, musst du an Stelle von Spitzfindigkeiten höchste Beredsamkeit haben. Wenn du dich mit David vergleichen willst, ist es nötig, ähnliche Psal-
40 men zu machen." Hier wird deutlich das aus eigenen Kräften Unmögliche angezeigt, auch wenn mit göttlicher Kraft alles geschehen kann. So verhält sich die Sache auch in den Schriften, dass mit solchen Worten

virtute Dei in nobis fieri possit, et quid non possimus nos, talibus verbis ostendatur.

Porro si talia dicerentur de iis, quae prorsus impossibilia sunt factu, ut quae nec Deus unquam esset facturus, tum recte dicerentur vel frigida vel ridicula, ut quae frustra dicerentur. Nunc vero sic dicuntur, ut non solum ostendatur impotentia liberi arbitrii per quam nihil eorum fit, sed simul significatur aliquando fore et factum iri omnia talia, verum aliena virtute, nempe divina, Si omnino admittamus, in talibus verbis inesse quandam significationem faciendorum et possibilium. Ac si quis sic interpretetur, Si volueris servare mandata, hoc est, si voluntatem aliquando habueris (habebis autem non ex te, sed ex Deo, qui tribuet eam cui voluerit) servandi mandata, servabunt et ipsa te. Aut ut latius dicam, Videntur illa verba, praesertim coniunctiva, propter praedestinationem Dei quoque sic poni, ut incognitam nobis, et illam involvere, ac si hoc velint dicere, Si vis, Si volueris, hoc est, si talis apud Deum fueris, ut voluntate hac te dignetur, servandi praecepta, servaberis. Quo tropo intelligi datur utrunque, scilicet et nos nihil | posse, et siquid facimus, Deum in nobis operari. Sic illis dicerem, qui non contenti vellent esse, quod illis verbis solum impotentia nostra ostendi dicitur, sed etiam vim aliquam et potentiam faciendi ea, quae praecipiuntur, probari contenderent, Ita simul verum fieret, ut nihil possemus eorum quae praecipiuntur, et simul omnia possemus, illud nostris viribus, hoc gratiae Dei tribuendo. |

Tertio illud Diatriben movet, Ubi toties est mentio (inquit) bonorum operum et malorum, ubi mentio mercedis, ibi non intelligo, quo pacto locus sit merae necessitati, Neque natura, ait, neque necessitas habet meritum.[441] Neque ego sane intelligo, nisi quod opinio illa probabilis necessitatem meram asserit, dum liberum arbitrium dicit, nihil boni posse velle,[442] et tamen hic etiam meritum ei tribuit, Adeo profecit liberum arbitrium crescente libro et disputatione Diatribes, ut nunc non solum conatum et studium proprium, alienis tamen viribus, habeat, imo non solum bene velit et faciat, sed etiam mereatur vitam aeternam, dicente Christo Matth. 5. Gaudete et exultate, quoniam merces vestra

---

[441] Erasmus II b 2; ErAS 4,74.   [442] S. o. 360,5–7.

angezeigt wird, was durch die Kraft Gottes in uns geschehen kann und was wir nicht können.

Ferner, wenn solches gesagt würde von dem, was zu tun gänzlich unmöglich ist und was auch Gott niemals tun würde, dann würde das zu Recht unwirksam und lächerlich genannt werden, weil es ja vergeblich gesagt würde. Nun aber wird es so gesagt, um nicht nur die Unfähigkeit des freien Willensvermögens zu zeigen, durch die nichts davon geschieht, sondern um damit zugleich zu zeigen, einstmals werde solches alles sein und geschehen, aber durch eine fremde Kraft, nämlich die göttliche. Falls wir überhaupt zugeben wollen, dass in solchen Worten irgendein Anzeichen davon ist, was zu tun und was möglich ist. Und wenn einer so auslegte: „Wenn du die Gebote halten␣wolltest, das heißt, wenn du einmal einen Willen haben würdest (du wirst ihn aber nicht aus dir, sondern aus Gott haben, der ihn zuteilt, wem er will), die Gebote zu halten, werden sie auch dich erhalten." Oder, um es breiter auszuführen: Jene Worte, besonders die konjunktivischen, scheinen wegen der Prädestination Gottes so gesetzt zu sein, dass sie auch dieses uns Unbekannte in sich schließen, als ob sie dies sagen wollten: „Wenn du willst, wenn du wolltest", das heißt, wenn du so bei Gott bist, dass er dich dieses Willens für würdig hält, die Vorschriften zu halten, wirst du erhalten werden. Durch diese Redewendung wird [die Möglichkeit] gegeben, beides darunter zu verstehen, nämlich sowohl, dass wir nichts können, als auch, dass, wenn wir etwas tun, Gott in uns wirkt. So würde ich jenen antworten, die nicht damit zufrieden sein wollen, dass mit jenen Worten nur unsere Unfähigkeit angezeigt sein soll, sondern die sich bemühen, auch irgendeine Kraft und Macht, das Vorgeschriebene zu tun, zu erweisen. So würde zugleich wahr sein: dass wir nichts von dem können, was vorgeschrieben ist, und zugleich alles können, wobei wir jenes unseren Kräften, dieses der Gnade Gottes zuschreiben.

Zum dritten bewegt die ‚Diatribe' Folgendes: Wo so oft (sagt sie) eine Erwähnung der guten und der bösen Werke, wo eine Erwähnung des Lohnes stattfindet, dort verstehe ich nicht, nach welcher Regel Raum bleibt für die reine Notwendigkeit. Weder die Natur, sagt sie, noch die Notwendigkeit hat Verdienst. Auch ich verstehe das wahrlich nicht, es sei denn, dass jene annehmbare Meinung die reine Notwendigkeit als Wahrheit bezeugt, indem sie sagt, das freie Willensvermögen könne nichts Gutes wollen, und ihm dennoch hier auch ein Verdienst zuschreibt. So sehr ist das freie Willensvermögen mit dem Anwachsen des Buches und der Disputation der ‚Diatribe' fortgeschritten, dass es jetzt nicht nur ein Bemühen und einen eigenen Eifer – doch durch fremde Kräfte – hat – nein, es will und handelt nicht nur gut, sondern verdient sogar das ewige Leben, wie Christus Mt 5 sagte: „Freut euch

copiosa est in coelis,443 Vestra, id est, liberi arbitrii, Sic enim Diatribe hunc locum intelligit, ut Christus et spiritus Dei nihil sint. Quid enim illis opus fuerit, si bona opera et merita per liberum arbitrium habemus? Haec dico, ut videamus, non esse rarum, viros excellentes ingenio, solere caecutire in re etiam crasso et rudi ingenio manifesta, et quam infirmum sit argumentum ab authoritate humana in rebus divinis, in quibus sola valet authoritas divina.

Duo hic dicenda sunt. Primum de praeceptis novi testamenti, Deinde de merito, Utrunque breviter expediemus, alias prolixius de eisdem locuti.444 Novum testamentum proprie constat promissionibus et exhortationibus, sicut Vetus proprie constat legibus et minis, Nam in novo testamento praedicatur Euangelion, quod est aliud nihil, quam sermo, quo offertur spiritus et gratia in remissionem peccatorum per Christum crucifixum pro nobis impetratam, idque totum gratis solaque misericordia Dei patris nobis indignis et damna-|tionem merentibus potius quam aliquid aliud, favente. Deinde exhortationes sequuntur, quae iam iustificatos et misericordiam consecutos, excitent, ut strenui sint in fructibus donatae iustitiae et spiritus, charitatemque exerceant bonis operibus, fortiterque ferant crucem et omnes alias tribulationes mundi, Haec est summa totius novi testamenti. De qua re quam nihil intelligat Diatribe, satis declarat, quod nihil inter vetus et novum testamentum discernere novit, utrobique enim nihil fere nisi | leges et praecepta videt, quibus formentur homines ad bonos mores. Quid vero sit renascentia, innovatio, regeneratio et totum negocium spiritus, prorsus nihil videt, ut mihi stupor et miraculum sit, adeo nihil scire in sacris literis hominem, qui tanto tempore et studio in illis laboraverit. Illud igitur Gaudete et exultate quoniam merces vestra multa est in coelis, tam bene quadrat libero arbitrio, quam bene convenit luci cum tenebris. Exhortatur enim Christus ibi, non liberum arbitrium sed Apostolos, qui non modo supra liberum arbitrium in gratia erant et iusti, sed etiam in ministerio verbi, hoc est, summo loco gratiae constituti, ut ferrent tribulationes mundi. At nos disputamus de libero arbitrio sine gratia potissimum, quod legibus et minis seu veteri testamen-

---

443 Mt 5,12; Erasmus II b 2; ErAS 4,74/76. 444 Luther: Von den guten Werken, 1520; StA 2,15–88.

und jubelt, weil euer Lohn reichlich ist im Himmel." ‚Euer', das heißt, des freien Willensvermögens. So nämlich versteht die ‚Diatribe' diese Stelle, so dass Christus und der Geist Gottes nichts sind. Wozu nämlich wären diese nötig, wenn wir gute Werke und Verdienste durch das freie Willensvermögen haben? Dies sage ich, damit wir sehen, wie nicht selten an Geist hervorragende Männer blind zu sein pflegen bei einer auch einem groben und ungebildeten Geist ganz offensichtlichen Sache. Und wie schwach ein Argument von menschlicher Autorität in göttlichen Angelegenheiten ist, in denen allein die göttliche Autorität etwas gilt.

Zwei Dinge sind hier zu sagen. Zuerst von den Vorschriften des Neuen Testaments. Dann vom Verdienst. Beides werden wir kurz darlegen, anderswo haben wir ausführlicher darüber gesprochen. Das Neue Testament besteht eigentlich aus Zusagen und Ermahnungen, so wie das Alte eigentlich aus Gesetzen und Drohungen besteht. Denn im Neuen Testament wird das Evangelium gepredigt, das nichts anderes ist als eine Rede, durch die der Geist und die Gnade zur Vergebung der Sünden, durch den gekreuzigten Christus für uns erworben, angeboten werden, und dies ganz umsonst allein durch die Barmherzigkeit Gottes des Vaters, die uns Unwürdigen und solchen, die Verdammung eher als irgendetwas anderes verdienen, gewogen ist. Dann folgen Ermahnungen, welche diejenigen, die schon gerechtfertigt sind und die Barmherzigkeit erlangt haben, anstacheln, dass sie tatkräftig sind in den Früchten der geschenkten Gerechtigkeit und des Geistes und Liebe üben durch gute Werke, tapfer das Kreuz tragen und alle anderen Anfeindungen der Welt. Dies ist die Summe des ganzen Neuen Testaments. Dass die ‚Diatribe' davon nichts versteht, zeigt sie hinreichend damit, dass sie in keiner Weise zwischen Altem und Neuem Testament zu unterscheiden weiß. In beiden sieht sie fast nur Gesetze und Vorschriften, mit denen die Menschen zu guten Sitten erzogen werden. Was aber Wiedergeburt, Erneuerung, Neugeburt und das ganze Werk des Geistes ist, sieht sie überhaupt nicht. Es bereitet mir Erstaunen und ist ein Wunder, dass ein Mensch so gar nichts von den Heiligen Schriften weiß, der mit so viel Zeit und Eifer in ihnen gearbeitet hat. Also jenes [Wort] „Freut euch und jubelt, weil euer Lohn viel ist im Himmel" passt so gut mit dem freien Willensvermögen zusammen, wie das Licht zu der Dunkelheit passt. Denn Christus ermahnt dort nicht das freie Willensvermögen, sondern die Apostel, die nicht nur über das freie Willensvermögen hinaus in der Gnade und gerecht waren, sondern auch in den Dienst am Wort gesetzt, das heißt, an die höchste Stelle der Gnade, so dass sie die Anfeindungen der Welt ertragen. Wir aber disputieren hauptsächlich über das freie Willensvermögen ohne die Gnade, das durch Gesetze und Drohungen oder durch das Alte Testament erzogen

to eruditur, ad cognitionem sui, ut ad promissiones oblatas novo testamento currat.

Meritum vero seu merces proposita, quid est aliud nisi promissio quaedam? sed ea non probatur aliquid nos posse, cum nihil ea significetur aliud, quam si quis hoc vel hoc fecerit, tum mercedem habiturus sit. Quaestio vero nostra est, non quo modo vel quae merces reddatur, sed an talia possimus facere, quibus merces redditur, Hoc enim erat probandum. Nonne ridicula est consequentia, omnibus in stadio proponitur brabaeum, ergo omnes possunt currere et obtinere?[445] Si Caesar vicerit Turcam, regno Syriae potietur, ergo Caesar potest vincere et vincit Turcam. Si liberum arbitrium dominetur peccato, sanctum erit Domino, ergo liberum arbitrium sanctum est Domino. Sed mittamus ista nimis crassa et palam absurda, nisi quod dignissimum est, liberum arbitrium tam pulchris argumentis probari. De hoc potius dicemus, Quod necessitas neque meritum neque mercedem habet. Si de necessitate coactionis loquimur, verum est, Si de necessitate immutabilitatis loquimur, falsum est. Quis enim invito operario mercedem daret aut meritum reputet? Verum iis qui volenter faciunt bonum vel malum, etiam si hanc voluntatem suis viribus mutare non possunt, sequitur naturaliter et necessario praemium vel poena, sicut scriptum est, Reddes unicuique secundum opera sua.[446] Naturaliter sequitur, si in aquam mergaris, suffocaberis, Si enataveris, salvus eris. Et ut breviter dicam. |

In merito vel mercede agitur vel de dignitate vel sequela. Si dignitatem spectes, nullum est meritum, nulla merces. Si enim liberum arbitrium se solo non potest velle bonum, per solam vero gratiam vult bonum (loquimur enim de libero arbitrio seclusa gratia et utriusque propriam quaerimus vim) quis non videt, solius gratiae esse bonam illam voluntatem, meritum | et praemium? Atque iterum hic Diatribe sibiipsi dissidet, dum ex merito arguit libertatem voluntatis, estque mecum contra quem pugnat, in eadem damnatione, scilicet, quod contra ipsam aeque pugnat, esse meritum, esse mercedem, esse libertatem, cum liberum arbitrium asserat superius nihil velle boni, ac tale pro-

---

[445] 1Kor 9,24. [446] Ps 62/Vg 61,13; Röm 2,6.

wird zur Erkenntnis seiner selbst, damit es zu den im Neuen Testament angebotenen Zusagen laufe.

Verdienst aber oder vor Augen gestellter Lohn, was ist das anderes als eine bestimmte Zusage? Aber dadurch wird nicht bewiesen, dass wir irgendetwas vermögen. Denn das zeigt nur an, dass einer, wenn er dieses oder jenes getan hat, dann Lohn dafür haben wird. Unsere Frage aber ist nicht, auf welche Weise und welcher Lohn gegeben wird, sondern ob wir solche [Dinge] tun können, für die Lohn gegeben wird. Das nämlich war zu beweisen. Ist nicht die Konsequenz lächerlich: Allen im Stadion wird der Kampfpreis vor Augen gestellt, folglich können alle laufen und ihn erlangen? Wenn der Kaiser den Türken besiegt hat, wird er sich des Königreiches Syrien bemächtigen, folglich kann der Kaiser siegen und besiegt den Türken. Wenn das freie Willensvermögen die Sünde beherrscht, wird es dem Herrn heilig sein, folglich ist das freie Willensvermögen dem Herrn heilig. Aber lassen wir diese zu groben und offensichtlichen Absurditäten beiseite, außer es sei höchster Würdigung wert, dass das freie Willensvermögen mit solch schönen Argumenten bewiesen wird. Darüber wollen wir vielmehr reden, dass die Notwendigkeit weder Verdienst noch Lohn hat. Wenn wir von der Notwendigkeit des Zwanges reden, ist es wahr. Wenn wir von der Notwendigkeit der Unveränderlichkeit reden, ist es falsch. Wer nämlich würde einem Arbeiter gegen dessen Willen Lohn geben oder ihm Verdienst anrechnen? Aber für diejenigen, die willentlich das Gute oder das Böse tun, auch wenn sie diesen Willen mit ihren eigenen Kräften nicht ändern können, folgen natürlich und mit Notwendigkeit Lohn oder Strafe, so wie geschrieben steht: „Du gibst einem jeden nach seinen Werken." Natürlich folgt: Wenn du ins Wasser getaucht wirst, wirst du ersaufen. Wenn du auftauchst, bist du gerettet. – Um es kurz zu sagen:

Bei Verdienst oder Lohn handelt man entweder von der Würdigkeit oder von der Folge. Wenn du die Würdigkeit betrachtest, gibt es kein Verdienst, keinen Lohn. Wenn nämlich das freie Willensvermögen aus sich allein das Gute nicht wollen kann, sondern das Gute allein durch die Gnade will (wir sprechen nämlich über das freie Willensvermögen ohne die Gnade und fragen nach der Kraft, die beiden eigen ist) – wer sieht nicht, dass jener gute Wille, Verdienst und Lohn allein Sache der Gnade sind? Und wiederum weicht hier die ‚Diatribe' von sich selbst ab, wenn sie aus dem Verdienst auf eine Freiheit des Willens schließt. Sie steht mit mir, gegen den sie kämpft, in der gleichen Verdammnis, nämlich: dass sie gleicherweise [wie gegen mich] gegen sich selbst kämpft, [indem sie behauptet,] dass es Verdienst gibt, dass es Lohn gibt, dass es Freiheit gibt, wo sie doch weiter oben als Wahrheit bezeugt, das freie Willensvermögen könne nichts Gutes wollen, und das zu beweisen sich

bandum susceperit. Si sequelam spectes, nihil est, sive bonum, sive malum, quod non suam mercedem habeat. Atque error inde venit, quod in meritis et praemiis inutiles cogitationes et quaestiones versamus de dignitate, quae nulla est, cum de sola sequela disputandum sit, Manet enim impios infernus et iudicium Dei, necessaria sequela, etiam si ipsi talem mercedem pro suis peccatis, neque cupiant neque cogitent, imo vehementer detestentur, et ut Petrus dicit, execrentur.447 Ita manet pios regnum, etiam si id ipsi neque quaerant nec cogitent, ut quod illis a patre suo paratum est, non solum antequam essent ipsi, sed etiam ante constitutionem mundi.448

Quin si bonum operarentur propter regnum obtinendum, nunquam obtinerent, et ad impios potius pertinerent, qui oculo nequam et mercennario,449 ea quae sua sunt, quaerunt450 etiam in Deo. Filii autem Dei gratuita voluntate faciunt bonum, nullum praemium quaerentes, sed solam gloriam et voluntatem Dei, parati bonum facere, si per impossibile, neque regnum neque infernus esset. Haec puto satis firma esse, vel ex eo solo dicto Christi, quod modo citavi Matthei 25. Venite benedicti patris mei percipite regnum, quod vobis paratum est a constitutione mundi.451 Quomodo merentur id, quod iam ipsorum est et ipsis paratum, antequam fiant? ut rectius dicere possimus, regnum Dei potius meretur nos suos possessores, et meritum illic collocemus, ubi isti praemium, et praemium illic, ubi illi meritum collocant. Regnum enim non paratur, sed paratum est, filii vero regni parantur, non parant regnum, hoc est, regnum meretur filios, non filii regnum. Sic et infernus suos potius filios meretur et parat, cum Christus dicat, Ite maledicti in ignem aeternum, qui paratus est Diabolo et angelis eius.452

Quid igitur volunt verba promittentia regnum, minantia infernum? Quid toties repetita vox mercedis per scripturas? Est (inquit) merces operi tuo. Ego merces tua magna nimis.453 Item, Qui reddit unicuique secundum opera sua.454 Et Paulus Roma. 2. Patientia boni operis quaerentibus vitam aeternam,455 et multa similia? Respondetur, iis omnibus nihil probari, quam sequelam mercedis, et nequaquam meriti dignitatem, Scilicet quod ii qui bona faciunt, non servili et mercennario affectu propter vitam aeternam, faciunt, quaerunt autem vitam aeter-

---

447 2Petr 2,11 f.   448 Mt 25,34.   449 Mt 6,23; 20,15.   450 Phil 2,21.   451 Mt 25,34.
452 Mt 25,41.   453 2Chr 15,7; Gen 15,1.   454 Ps 62/Vg 61,13; vgl. Röm 2,6.   455 Röm 2,7.

vorgenommen hat. Wenn du die Folge betrachtest, gibt es nichts, sei es Gutes, sei es Böses, was nicht seinen Lohn hätte. Und der Irrtum rührt daher, dass wir hinsichtlich Verdienst und Lohn unnütze Gedanken und Fragen aufwenden im Blick auf die Würdigkeit, die es nicht gibt, weil über die Folgen allein zu diskutieren ist. Es bleiben nämlich für die Gottlosen Hölle und Gericht Gottes als notwendige Folge, auch wenn sie selbst solchen Lohn für ihre Sünden weder wünschen noch daran denken, ja vielmehr heftig verwünschen und, wie Petrus sagt, verfluchen. So erwartet die Gottesfürchtigen das Reich [Gottes], auch wenn sie selbst dieses nicht suchen noch daran denken. Denn dieses ist ihnen von ihrem Vater bereitet worden, nicht nur, bevor sie selbst waren, sondern sogar vor der Erschaffung der Welt.

Ja, wenn sie nämlich Gutes täten, um das Reich zu erlangen, würden sie es niemals erlangen. Sie würden vielmehr zu den Gottlosen gehören, die mit nichtsnutzigem und gewinnsüchtigem Auge das Ihre suchen, auch bei Gott. Die Kinder Gottes aber tun mit uneigennützigem Willen das Gute, sie suchen keinen Lohn, sondern allein die Herrlichkeit und den Willen Gottes, bereit, das Gute zu tun, selbst wenn es – was allerdings unmöglich ist – weder Himmel noch Hölle gäbe. Dies, glaube ich, ergibt sich sicher genug, allein schon aus dem Wort Christi, das ich eben nach Mt 25 zitiert habe: „Kommt, ihr Gesegneten meines Vaters, und empfangt das Reich, das euch bereitet ist von der Erschaffung der Welt an." Wie sollten sie das verdienen, was ihnen schon gehört und ihnen bereitet ist, bevor sie wurden? So dass wir richtiger sagen könnten, das Reich Gottes verdient vielmehr uns, seine Besitzer. Und Verdienst wollen wir dahin setzen, wo diese Lohn setzen, und Lohn dorthin, wo jene Verdienst setzen. Denn das Reich wird nicht bereitet, sondern ist bereitet worden. Aber die Kinder des Reiches werden bereitet, nicht sie bereiten das Reich; das heißt, das Reich verdient die Kinder, nicht die Kinder das Reich. So verdient und bereitet auch vielmehr die Hölle ihre Kinder, wenn Christus sagt: „Geht, ihr Verfluchten, in das ewige Feuer, welches bereitet ist dem Teufel und seinen Engeln."

Was also wollen die Worte, die das Reich zusagen und die Hölle androhen? Was will das so oft durch die Schriften wiederholte Wort ‚Lohn'? „Es gibt" (heißt es) „Lohn für dein Werk." „Ich bin dein sehr großer Lohn." Ebenso: „der einem jeden nach seinen Werken gibt". Und Paulus Röm 2: „denen, die mit Geduld des guten Werkes das ewige Leben suchen" und viele ähnliche [Stellen]. Darauf wird geantwortet, dass durch all diese ausschließlich die Folge des Lohnes und in keiner Weise ein Verdienst nach Würdigkeit bewiesen wird. Weil nämlich diejenigen, die Gutes tun, das nicht in knechtischer und gewinnsüchtiger Gesinnung um des ewigen Lebens willen tun. Sondern sie suchen das

nam, id est, sunt in ea via, qua pervenient et invenient vitam aeternam, ut l quaerere sit, studio niti, et instanti opera eo conari, quod sequi solet ad bonam vitam. Denunciantur autem in scripturis l ea futura esse et secutura post bonam vel malam vitam, ut erudiantur, moveantur, excitentur, terreantur homines. Nam ut per legem fit cognitio peccati,[456] et admonitio impotentiae nostrae, ex qua non infertur, quod nos aliquid possimus, Ita per istas promissiones et minas fit admonitio, qua docemur, quid sequatur peccatum et impotentiam illam nostram lege monstratam, non autem tribuitur per ipsas aliquid dignitatis merito nostro. Proinde, sicut verba legis sunt vice instructionis et illuminationis, ad docendum quid debeamus, tum quid non possimus, ita verba mercedis, dum significant quid futurum sit, sunt vice exhortationis et comminationis, quibus pii excitantur, consolantur et eriguntur ad pergendum, perseverandum et vincendum, in bonis faciendis et malis ferendis, ne fatigentur aut frangantur, sicut Paulus Corinthios suos exhortatur, dicens, Viriliter agite, scientes, quod labor vester non est inanis in Domino. Sic Abraham erigit Deus dicens, Ego merces tua magna nimis.[457] Non aliter quam si hoc modo aliquem soleris, quod opera eius certo placere Deo significes, quo genere consolationis non raro scriptura utitur. Nec parva consolatio est nosse, placere se Deo, ut nihil aliud sequatur, licet id sit impossibile.

Huc pertinent omnia quae dicuntur de spe, et expectatione, quod certo sint futura, quae speramus, licet pii non propter ipsa sperent, aut talia quaerant sui gratia. Ita verbis comminationis et futuri iudicii terrentur et deiiciuntur impii, ut desinant et abstineant a malis, ne inflentur, securi fiant et insolescant in peccatis. Quod si hic Ratio nasum ruget et dicat, Cur ista velit Deus per verba fieri, cum talibus verbis nihil efficiatur, neque voluntas in utram partem sese vertere possit, Cur non tacito verbo facit, quod facit, cum possit omnia sine verbo facere? Et voluntas per sese nec plus valet aut facit verbo audito, si desit spiritus intus movens, nec minus valeret aut faceret verbo tacito, si assit spiri-

---

[456] Röm 3,20.   [457] 1Kor 15,58; Gen 15,1.

ewige Leben, das heißt, sie sind auf dem Weg, auf dem sie das ewige Leben erreichen und finden werden. ‚Suchen' meint also: eifrig bedacht sein und mit unablässigem Werk sich um das zu bemühen, das auf ein gutes Leben zu folgen pflegt. Es wird aber in den Schriften angekündigt, dass das geschehen und folgen werde nach einem guten oder bösen Leben, damit die Menschen erzogen, bewegt, erweckt und erschreckt werden. Denn wie durch das Gesetz Erkenntnis der Sünde geschieht und Erinnerung an unsere Unfähigkeit – woraus nicht folgt, dass wir irgendetwas vermögen –, so geschieht durch diese Zusagen und Drohungen eine Ermahnung. Mit der werden wir belehrt, was auf die Sünde und jene unsere Unfähigkeit, die im Gesetz gezeigt ist, folgt. Nicht aber wird durch ebendiese unserem Verdienst irgendeine Würdigkeit zugeschrieben. Wie daher die Worte des Gesetzes zur Belehrung und zur Erleuchtung da sind, um zu unterweisen, was wir sollen und was wir nicht können, so spielen die Worte des Lohnes, indem sie zeigen, was geschehen wird, die Rolle von Ermahnung und Drohung. Dadurch werden die Gottesfürchtigen angeregt, getröstet und aufgerichtet, damit sie fortfahren, durchhalten und siegen im Tun des Guten und Ertragen des Bösen und nicht müde oder gebrochen werden. So mahnt Paulus seine Korinther, wenn er sagt: „Handelt tapfer, weil ihr wisst, dass eure Mühe nicht umsonst ist im Herrn." So richtet Gott Abraham auf, wenn er sagt: „Ich bin dein sehr großer Lohn." Nicht anders, als wenn du jemanden damit tröstest, dass du ihm aufzeigst, dass seine Werke Gott sicherlich gefallen. Diese Art des Trostes benutzt die Schrift nicht selten. Und es ist kein geringer Trost zu wissen, dass man Gott gefällt, selbst wenn nichts anderes folgte, wenn das auch unmöglich ist.

Hierauf bezieht sich alles, was gesagt wird von Hoffnung und Erwartung: dass gewiss eintreffen wird, was wir hoffen, wenn auch die Gottesfürchtigen nicht deswegen hoffen oder solches um ihrer selbst willen suchen. So werden die Gottlosen mit Worten der Androhung und des zukünftigen Gerichts erschreckt und zu Boden gestreckt, damit sie ablassen und abstehen von den Übeln, damit sie nicht aufgeblasen, sicher und übermütig werden in den Sünden. Hier wird nun wohl [Herrin] Vernunft die Nase rümpfen und sagen: Warum will Gott, dass solches durch die Worte geschieht, wenn durch solche Worte nichts erreicht wird und der Wille sich nicht nach einer der beiden Seiten wenden kann? Warum tut er nicht schweigend, was er tut, wo er doch alles ohne das Wort tun kann? Und der Wille, wenn er das Wort gehört hat, selbst dann von sich aus nicht mehr vermag oder tut, wenn der Geist ausbleibt, der ihn innerlich bewegt? Und nicht weniger vermöchte oder täte, auch wenn das Wort schwiege, der Geist aber anwesend wäre? Da

tus, cum totum pendeat in virtute et opere spiritus sancti? Dicemus. Sic placitum est Deo, ut non sine verbo, sed per verbum tribuat spiritum, ut nos habeat suos cooperatores,[458] dum foris sonamus, quod intus ipse solus spirat, ubi ubi voluerit,[459] quae tamen absque verbo facere posset, sed non vult. Iam qui sumus nos, ut voluntatis divinae caussam quaeramus?[460] Satis est nosse, quod Deus ita velit, et hanc voluntatem revereri, diligere et adorare decet, coercita rationis temeritate. Sic nos absque pane posset alere, et revera vim alendi tribuit sine pane, ut Matthei 4. dicit, Non alitur homo pane solo, sed verbo Dei,[461] placuit tamen per panem et cum pane foris adhibito, intus nos alere verbo.

Stat igitur, ex mercede non probari meritum, saltem in scripturis. Deinde ex merito non probari liberum arbitrium, multo minus tale arbitrium liberum, quale Diatribe suscepit probandum, nempe, quod se solo nihil potest boni velle, Nam etiam si meritum dones, et addas istas solitas rationis | similitudines et sequelas, puta, frustra praecipi, frustra mercedem promitti, frustra minas intentari, nisi liberum sit arbitrium, iis (inquam) si quid probatur, hoc probatur, quod | liberum arbitrium se solo possit omnia. Si enim se solo non potest omnia, manet illa sequela rationis, ergo frustra praecipitur, frustra promittitur, frustra minae intentantur. Sic perpetuo contra seipsam disputat Diatribe, dum contra nos disputat. Deus vero solus per spiritum suum operatur in nobis tam meritum quam praemium, utrumque autem per verbum suum externum, toti mundo significat et declarat, ut annuncietur etiam apud impios et incredulos et ignaros, potentia et gloria sua et nostra impotentia atque ignominia, licet soli pii id corde percipiant teneantque fideles, caeteri vero contemnunt.

Iam vero nimis tediosum fuerit, singula verba imperativa repetere, quae Diatribe ex novo testamento enumerat, semper suas sequelas annectens, et caussans, frustranea, supervacanea, frigida, ridicula, nihil esse, quae dicuntur, nisi libera sit voluntas.[462] Usque ad multam nauseam enim iam dudum diximus, quam nihil talibus verbis efficiatur,

---

[458] 1Kor 3,9. [459] Joh 3,8. [460] Röm 9,20. [461] Mt 4,4. [462] Erasmus II b 2; ErAS 4,76/78.

doch das Ganze an der Kraft und dem Werk des Heiligen Geistes hängt? Darauf werden wir sagen: So hat es Gott gefallen, dass er nicht ohne Wort, sondern durch das Wort den Geist austeilt, damit er uns als seine Mitarbeiter habe. Wir bringen äußerlich zum Klingen, was er selbst allein innerlich einhaucht, wo nur immer er will. Freilich könnte er das ohne Wort tun. Aber das will er nicht. Wer sind wir denn, dass wir nach dem Grund für den göttlichen Willen fragen? Es ist genug zu wissen, dass Gott es so will. Und es ziemt sich, die Maßlosigkeit der Vernunft zu zügeln und diesen Willen zu verehren, zu lieben und anzubeten. So könnte er uns ohne Brot ernähren; und tatsächlich hat er die Kraft, ohne Brot zu ernähren, ausgeteilt, wie es Matthäus 4 heißt: „Der Mensch wird nicht alleine durch das Brot genährt, sondern durch das Wort Gottes"; dennoch hat es ihm gefallen, uns durch Brot und mit Brot, das äußerlich angewandt wird, zu ernähren, innerlich aber durch das Wort.

Es steht also fest, dass aus dem Lohn nicht das Verdienst bewiesen wird, jedenfalls in den Schriften. Dann, dass aus dem Verdienst nicht das freie Willensvermögen bewiesen wird, viel weniger ein solches, das zu beweisen die ‚Diatribe' sich vorgenommen hat, nämlich das aus sich allein nichts Gutes wollen kann. Denn auch wenn du ein Verdienst gelten ließest und fügtest solche üblichen Gleichnisse und Folgerungen der Vernunft hinzu – nämlich: es würde vergeblich vorgeschrieben, vergeblich Lohn zugesagt, vergeblich würden Drohungen ausgestoßen werden, wenn es kein freies Willensvermögen gäbe –, so wird dadurch (sage ich), wenn [überhaupt] etwas bewiesen wird, das bewiesen, dass das freie Willensvermögen aus sich heraus allein alles kann. Wenn es nämlich aus sich heraus allein nicht alles kann, bleibt jene Schlussfolgerung der Vernunft übrig: Also wird vergeblich vorgeschrieben, wird vergeblich zugesagt, werden vergeblich Drohungen ausgestoßen. So disputiert die ‚Diatribe' immerzu gegen sich selbst, während sie gegen uns disputiert. Gott allein aber wirkt durch seinen Geist in uns sowohl Verdienst als auch Lohn. Beides aber zeigt er durch sein äußerliches Wort der ganzen Welt an und erklärt es, damit auch bei den Gottlosen und Ungläubigen und Unwissenden seine Macht und Herrlichkeit und unsere Unfähigkeit und Schande verkündet werden. Wenn auch nur die Gottesfürchtigen das in ihrem Herzen erfassen und die Gläubigen es bewahren; die Übrigen aber verachten es.

Nun aber würde es allzu sehr Überdruss erzeugen, die einzelnen imperativischen Worte zu wiederholen, welche die ‚Diatribe' aus dem Neuen Testament aufzählt, immer wieder ihre Folgerungen anhängend und behauptend, vergeblich, überflüssig, unwirksam, lächerlich, nichts sei, was gesagt wird, wenn nicht der Wille frei ist. Bis zu häufigem Erbrechen nämlich haben wir schon längst gesagt, dass durch sol-

atque si quid probetur, totum liberum arbitrium probetur, Quod aliud nihil est, quam totam Diatriben subverti, ut quae liberum arbitrium tale susceperit probandum, quod nihil boni possit et serviat peccato, et probat tale, quod omnia possit, ignara et oblita sui perpetuo. Mera igitur cavilla sunt, ubi sic dicit. Ex fructibus (inquit Dominus) eorum cognoscetis eos, fructus opera dicit, Ea nostra vocat, At ea nostra non sunt, si cuncta geruntur necessitate.⁴⁶³ Obsecro te, an non nostra dicuntur quam rectissime, quae non fecimus quidem nos, recepimus vero ab aliis? Cur igitur opera non dicerentur nostra, quae donavit nobis Deus per spiritum?⁴⁶⁴ An Christum non dicemus nostrum, quia non fecimus eum, sed tantum accepimus? Rursus si facimus ea, quae nostra dicuntur, ergo oculos nobis ipsi fecimus, manus nobis ipsi fecimus, et pedes nobis ipsi fecimus, nisi nostri non dicuntur oculi, manus, pedes, imo quid habemus, quod non accepimus,⁴⁶⁵ ait Paulus? Dicemus ne igitur, ea vel non esse nostra vel a nobis ipsis esse facta? Iam finge, fructus nostros dici, quia nos fecimus, ubi manet gratia et spiritus? neque enim dicit, Ex fructibus, qui ex parte modicula eorum sunt, cognoscetis eos. Haec potius sunt ridicula, supervacanea, frustranea, frigida, imo stulta et odiosa cavilla, quibus sacra verba Dei polluuntur et prophanantur. |

Sic luditur et illud Christi verbum in cruce, Pater ignosce illis, quia ne-|sciunt quid faciunt.⁴⁶⁶ Ubi cum expectaretur sententia, quae liberum arbitrium astrueret, iterum ad sequelas itur, Quanto iustius (inquit) excusasset eos, quia non est illis libera voluntas, nec possunt, si velint, aliter facere?⁴⁶⁷ Nec tamen ista sequela probatur liberum arbitrium illud, quod nihil boni potest velle, de quo agitur, sed illud quod omnia potest, de quo nemo agit et omnes negant, exceptis Pelagianis. Iam cum Christus palam dicat eos nescire quid faciunt, an non simul testatur, eos non posse velle bonum? Quomodo enim velis quod ignoras? Ignoti certe nulla cupido.⁴⁶⁸ Quid potest robustius contra liberum arbitrium dici, quam ipsum adeo esse nihili, ut non modo non velit bonum, sed nec sciat quidem, quantum faciat mali et quid sit bonum?

---

⁴⁶³ Erasmus II b 2; ErAS 4,78; Mt 7,16. ⁴⁶⁴ Augustinus: Epistulae 194,5,19.
⁴⁶⁵ 1Kor 4,7. ⁴⁶⁶ Lk 23,34. ⁴⁶⁷ Erasmus II b 2; ErAS 4,78. ⁴⁶⁸ Ovid: Ars amatoria 3,397.

che Worte nichts erreicht wird, und wenn überhaupt etwas bewiesen wird, dann das ganze freie Willensvermögen. Das ist nichts anderes, als die ganze ‚Diatribe' aus den Angeln zu heben. Denn diese hatte sich ein solches freies Willensvermögen zu beweisen vorgenommen, das nichts
5 Gutes kann und der Sünde dient, sie beweist aber eins, das alles kann. So unwissend ist sie und vergisst ständig ihrer selbst. Pure Neckerei also ist es, wo sie so redet: „An ihren Früchten (sagt der Herr) sollt ihr sie erkennen." Er nennt ‚Früchte' Werke. Und diese nennt er unsere. Aber diese sind nicht unsere, wenn alles mit Notwendigkeit getan wird. Ich bitte
10 dich, ob nicht ganz richtig das ‚unser' genannt wird, was wir zwar nicht getan, aber von anderen empfangen haben? Warum also sollten die Werke nicht unsere genannt werden, die uns Gott durch den Geist geschenkt hat? Werden wir Christus nicht unser nennen, weil wir ihn ja nicht gemacht, sondern nur empfangen haben? Wiederum, wenn wir
15 das selbst machen, was unser genannt wird, haben wir dann also auch die Augen uns selbst gemacht, die Hände uns selbst gemacht und die Füße uns selbst gemacht? Es sei denn, Augen, Hände und Füße würden nicht ‚unsere' genannt werden. Ja, „was haben wir, was wir nicht empfangen haben?", fragt Paulus. Wir werden also doch nicht sagen: Dies
20 ist entweder nicht unser, oder aber es ist von uns selbst gemacht? Nun nimm an, die Früchte würden ‚unsere' genannt, weil wir sie gemacht haben – wo bleiben Gnade und Geist? Denn er sagt ja nicht „An den Früchten, die zu einem kleinen Teil die ihren sind, werdet ihr sie erkennen". Dies vielmehr ist eine lächerliche, überflüssige, vergebliche, un-
25 wirksame, ja, dumme und verachtungswürdige Neckerei, mit der die heiligen Worte Gottes beschmutzt und entweiht werden.

So verspottet sie auch jenes Wort Christi am Kreuz: „Vater, vergib ihnen, denn sie wissen nicht, was sie tun." Während man hier nämlich einen Satz erwarten würde, der das freie Willensvermögen stützte, wird
30 wiederum zu Folgerungen übergegangen: Wie viel gerechter (sagt sie) hätte er sie entschuldigt, weil sie ja keinen freien Willen haben und nicht anders handeln können, wenn sie auch wollten. Und doch wird mit jener Folgerung nicht das freie Willensvermögen bewiesen, das nichts Gutes wollen kann, worüber verhandelt wird, sondern das, wel-
35 ches alles kann, wovon niemand handelt und das alle leugnen, mit Ausnahme der Pelagianer. Nun, wenn Christus offen sagt, sie wüssten nicht, was sie tun, bezeugt er dann nicht zugleich, dass sie das Gute nicht wollen können? Denn wie willst du, was du nicht weißt? Denn was ich nicht weiß, macht mich nicht heiß. Was kann kräftiger gegen
40 das freie Willensvermögen gesagt werden, als dass es selbst so sehr zu nichts taugt, dass es nicht nur das Gute nicht will, sondern nicht einmal weiß, wie viel Böses es tut und was gut ist? Oder ist hier etwa eine

An est hic obscuritas in ullo verbo, Nesciunt quid faciunt? Quid reliquum est in scripturis, quod non queat authore Diatribe liberum arbitrium affirmare, quando hoc clarissimum et adversantissimum verbum Christi illi affirmat? Eadem facilitate dicat aliquis, etiam illo affirmari liberum arbitrium, Terra autem erat inanis et vacua, aut illo, requievit Deus die septimo,[469] aut simili, Tum vere scripturae ambiguae et obscurae erunt, Imo simul omnia et nihil erunt. Verum sic audere et tractare divina verba, arguit animum, qui sit insignis contemptor Dei et hominum, qui prorsus nullam mereatur patientiam.

Et illud Iohannis. 1. Dedit eis potestatem filios Dei fieri,[470] sic accipit, Quomodo datur illis potestas, ut filii Dei fiant, si nostrae voluntatis nulla libertas est?[471] Et hic locus est malleus adversus liberum arbitrium, qualis est ferme totus Iohannes Evangelista, tamen adducitur pro libero arbitrio. Videamus quaeso, Iohannes non loquitur de ullo opere hominis, neque magno, neque parvo, sed de ipsa innovatione et transmutatione hominis veteris, qui filius diaboli est, in novum hominem, qui filius Dei est. Hic homo mere passive (ut dicitur) sese habet, nec facit quippiam, sed fit totus. De fieri enim loquitur Iohannes, fieri filios Dei dicit, potestate divinitus nobis donata, non vi liberi arbitrii nobis insita. At nostra Diatribe hinc ducit, liberum arbitrium tantum valere, ut filios Dei faciat, aut definire parata est, ridiculum et frigidum esse verbum Iohannis. Quis vero unquam sic extulit liberum arbitrium, ut ei vim faciendi filios Dei tribuerit, presertim tale, quod non potest velle bonum, quale Diatribe assumpsit? Sed transeat haec cum reliquis sequelis, toties repetitis, quibus nihil probatur, siquid probatur, quam id quod Diatribe negat, nempe, liberum arbitrium omnia posse. Iohannes | hoc vult, Veniente Christo in mundum per Euangelion, quo offertur gratia, non | autem exigitur opus, copiam fieri cunctis hominibus, magnificam sane, ut filii Dei sint, si credere velint. Caeterum hoc velle, hoc credere in nomine eius, sicut liberum arbitrium nunquam novit, nec cogitavit de eo antea, ita multo minus potest suis viribus.

---

[469] Gen 1,2; 2,2.   [470] Joh 1,12.   [471] Erasmus II b 2; ErAS 4,78.

Dunkelheit in irgendeinem der [folgenden] Worte „sie wissen nicht, was sie tun"? Was bleibt in den Schriften übrig, was nicht nach dem Urteil der ‚Diatribe' das freie Willensvermögen bestätigen kann, wenn dieses ganz klare und [ihm] ganz gegensätzliche Wort Christi ihr es
5 bestätigt? Genauso leicht könnte jemand sagen, auch dadurch werde das freie Willensvermögen bewiesen: „Die Erde aber war wüst und leer" oder dadurch: „Gott hat am siebten Tag geruht" oder durch Ähnliches. Dann werden die Schriften wahrhaft zweideutig und dunkel sein. Ja, sie werden zugleich alles und nichts sein. Aber solches zu wagen und die
10 göttlichen Worte so zu behandeln, das lässt auf einen Geist schließen, der in gewaltigem Maße ein Verächter Gottes und der Menschen ist, der überhaupt keine Nachsicht verdient.

Und jenes Wort Johannes 1: „Er hat ihnen Macht gegeben, Gottes Söhne zu werden", versteht sie so: Wie wird jenen Macht gegeben, Söhne
15 Gottes zu werden, wenn es keine Freiheit des Willens gibt? Auch diese Stelle ist ein Hammer gegen das freie Willensvermögen, wie fast der ganze Evangelist Johannes. Dennoch wird sie angeführt für das freie Willensvermögen. Lasst uns, bitte ich, zusehen: Johannes spricht nicht von irgendeinem Werk des Menschen, weder von einem großen noch
20 von einem kleinen, sondern er spricht von der Erneuerung und Veränderung eben des alten Menschen, der ein Sohn des Teufels ist, zum neuen Menschen, der ein Sohn Gottes ist. Hier verhält sich der Mensch rein passiv (wie man sagt) und tut nichts, sondern wird ganz und gar. Denn von Werden spricht Johannes. Er sagt, dass sie Söhne Gottes wer-
25 den durch die uns von Gott gegebene Kraft, nicht durch die uns eingepflanzte Kraft des freien Willensvermögens. Aber unsere ‚Diatribe' leitet daraus ab, das freie Willensvermögen vermöge so viel, dass es zu Söhnen Gottes macht. Oder aber sie ist bereit, sich darauf festzulegen, das Wort des Johannes sei lächerlich und unwirksam. Wer aber hat jemals das
30 freie Willensvermögen so hoch erhoben, dass er ihm die Kraft, Söhne Gottes zu machen, zugestanden hat? Besonders ein solches, welches das Gute nicht wollen kann, wie die ‚Diatribe' angenommen hat? Aber dies mag mit den übrigen Folgerungen, die sie so oft wiederholt, hingehen, mit denen nichts bewiesen wird. Wenn überhaupt etwas anderes bewie-
35 sen wird als eben das, was die ‚Diatribe' verneint, nämlich, dass das freie Willensvermögen alles kann. Johannes will hier [zum Ausdruck bringen]: Wenn Christus durch das Evangelium in die Welt kommt, in dem die Gnade angeboten, nicht aber ein Werk gefordert wird, eröffnet sich allen Menschen die wahrlich großartige Möglichkeit, Söhne Gottes zu
40 sein, wenn sie glauben wollen. Im Übrigen: So wie das freie Willensvermögen dieses Wollen, dieses Glauben an seinen Namen niemals gekannt noch zuvor daran gedacht hat, so viel weniger kann es das aus eigenen

Quomodo enim ratio cogitaret, necessariam esse fidem in Ihesum filium Dei et hominis, cum nec hodie capiat aut credere possit, etiamsi tota creatura clamaret, esse aliquam personam, quae simul Deus et homo sit? sed magis offenditur tali sermone, ut Paulus dicit. 1. Cor. 1.⁴⁷² tantum abest, ut credere aut velit aut possit, Igitur Iohannes divicias regni Dei per Euangelion mundo oblatas, non autem virtutes liberi arbitrii praedicat, simul significans, quam pauci sint, qui acceptent, repugnante scilicet libero arbitrio, cuius vis nulla est alia, quam ut regnante super ipsum Satana, etiam gratiam et spiritum, qui legem impleat, respuat, adeo pulchre valet conatus et studium eius ad legem implendam. Sed infra latius dicemus, quale fulmen sit hic locus Iohannis adversus liberum arbitrium. Non tamen movet me parum, quod loci tam clari, tam potentes, contra liberum arbitrium adducantur pro libero arbitrio a Diatribe, cuius tanta est hebetudo, ut nihil prorsus inter promissionis et legis verba discernat, quae cum per legis verba ineptissime liberum arbitrium statuat, tum longe absurdissime per promissionis verba confirmet. Sed solvitur haec absurditas facile, si consideretur, quam alieno animo et contemptore Diatribe disputet, ad quam nihil attinet, gratia stet vel ruat, liberum arbitrium iaceat vel sedeat, tantum, ut inanibus verbis in odium caussae serviatur tyrannis.

Post haec venitur et ad Paulum, liberi arbitrii hostem pervicacissimum, cogiturque et is liberum arbitrium statuere, Roma. 2. An divitias bonitatis et patientiae et longanimitatis eius contemnis? An ignoras, quod benignitas eius te ad poenitentiam adducit?⁴⁷³ Quomodo (inquit) imputatur contemptus praecepti, ubi non est libera voluntas? Quomodo Deus invitat ad poenitentiam, qui author est impoenitentiae? Quomodo iusta est damnatio, ubi iudex cogit ad malificium?⁴⁷⁴ Respondeo, De istis quaestionibus viderit Diatribe. Quid ad nos? Ipsa enim dixit opinione probabili, liberum arbitrium non posse velle bonum, cogique necessario in servitutem peccati.⁴⁷⁵ Quomodo igitur imputatur ei contemptus praecepti, si non potest velle bonum, nec est ibi libertas, sed servitus peccati necessaria? Quomodo invitat Deus ad poenitentiam, qui author est, quo minus poeniteat, dum deserit vel non confert grati-

---

⁴⁷² 1Kor 1,23.   ⁴⁷³ Röm 2,4.   ⁴⁷⁴ Erasmus II b 3; ErAS 4,80.   ⁴⁷⁵ S. o. 360,4–7.

Kräften. Denn wie könnte die Vernunft denken, dass der Glaube an Jesus als Gottes- und Menschensohn nötig sei, wo sie das noch heute nicht begreift oder glauben kann, auch wenn alle Kreatur ausriefe: Es gibt eine Person, die zugleich Gott und Mensch ist? Sondern sie nimmt vielmehr an einer solchen Predigt Anstoß, wie Paulus 1Kor 1 sagt; weit gefehlt, dass sie glauben wollte oder könnte. Daher verkündet Johannes den Reichtum des Reiches Gottes, der durch das Evangelium der Welt angeboten ist, nicht aber Kräfte des freien Willensvermögens. Und er zeigt zugleich an, wie wenige es gibt, die das annehmen, weil nämlich das freie Willensvermögen dagegen ankämpft. Dessen Kraft ist keine andere, als dass es, weil Satan über es herrscht, auch die Gnade und den Geist, der das Gesetz erfüllt, verschmäht. So schön vermag sein Bemühen und Eifer es, das Gesetz zu erfüllen. Aber weiter unten werden wir darlegen, welcher Blitz diese Stelle bei Johannes ist gegen das freie Willensvermögen.

Dennoch bewegt es mich nicht wenig, dass so klare, so mächtige Stellen gegen das freie Willensvermögen von der ‚Diatribe' für das freie Willensvermögen angeführt werden. Ihr Stumpfsinn ist so groß, dass sie in keiner Weise zwischen Worten der Zusage und des Gesetzes unterscheidet, wenn sie [zunächst] in ganz unsinniger Weise durch Worte des Gesetzes das freie Willensvermögen bestätigt, dann [auch noch] auf bei weitem absurdeste Art dieses durch Worte der Zusage bekräftigt. Aber diese Absurdität wird leicht gelöst, wenn darauf geachtet wird, wie die ‚Diatribe' mit unbeteiligtem Herzen und mit Verachtung disputiert; es macht ihr nichts aus, ob die Gnade steht oder fällt, ob das freie Willensvermögen daniederliegt oder fest steht. Hauptsache, dass mit leeren Worten den Tyrannen zum Hass gegen die Sache gedient wird.

Danach kommt sie auch zu Paulus, den hartnäckigsten Feind des freien Willensvermögens, und auch der wird gezwungen, das freie Willensvermögen zu bestätigen in Röm 2: „Oder verachtest du den Reichtum seiner Güte und Geduld und Langmut? Weißt du nicht, dass seine Güte dich zur Buße leitet?" Wie (sagt sie) kann man eine Verachtung der Vorschrift zurechnen, wo kein freier Wille ist? Wie lädt eben der Gott zur Buße ein, der Urheber der Unbußfertigkeit ist? Wie ist Verdammung gerecht, wo der Richter [selbst] zur bösen Tat zwingt? Ich antworte: Über solche Fragen mag die ‚Diatribe' nachdenken. Was geht das uns an? Sie selbst sagt nämlich nach der annehmbaren Meinung, das freie Willensvermögen könne das Gute nicht wollen und werde mit Notwendigkeit zur Knechtschaft der Sünde gezwungen. Wie also kann ihm die Verachtung der Vorschrift zugerechnet werden, wenn es das Gute nicht wollen kann und es dort keine Freiheit gibt, sondern notwendige Knechtschaft der Sünde? Wie lädt Gott zur Buße ein, der Urheber dessen ist, dass man nicht Buße tut, indem er den im Stich lässt oder

am ei, qui se solo non potest bonum velle? Quomodo est iusta damnatio, ubi iudex subtracto auxilio cogit impium relinqui in maleficio, cum sua virtute non possit aliud? Omnia recidunt in caput Diatribes, aut siquid probant (ut dixi) probant liberum arbitrium omnia posse, quod tamen | negatum est ab ipsa et ab omnibus. Sequelae illae rationis vexant Diatriben per omnia dicta scripturae, quod ridiculum et frigidum videa-| tur invadere et exigere tam vehementibus verbis, ubi non adest, qui praestare quaeat, cum Apostolus id agat, scilicet per minas illas perducere impios et superbos ad cognitionem sui et impotentiae suae, ut humiliatos cognitione peccati, paret ad gratiam.

Et quid opus est omnia singulatim recensere, quae ex Paulo adducuntur? cum nihil nisi imperativa vel coniunctiva verba colligat, vel talia, quibus Paulus Christianos exhortatur ad fructus fidei.[476] Diatribe vero, suis sequelis adiectis, virtutem liberi arbitrii talem tantamque concipit, quae sine gratia omnia possit, quae Paulus exhortator praescribit. Christiani vero non libero arbitrio sed spiritu Dei aguntur Roma. 8.[477] Agi vero non est agere, sed rapi, quemadmodum serra aut securis a fabro agitur.[478] Et hic ne quis dubitet, Lutherum tam absurda dicere, verba eius recitat Diatribe, quae sane agnosco, Fateor enim articulum illum Wiglephi (omnia necessitate fieri)[479] esse falso damnatum Constantiensi Conciliabulo,[480] seu coniuratione potius et seditione. Quin ipsa ipsa Diatribe eundem mecum defendit, dum asserit liberum arbitrium suis viribus nihil boni velle posse, necessarioque servire peccato, licet inter probandum omnino contrarium statuat. Haec satis sint adversus priorem partem Diatribes qua liberum arbitrium statuere conata est. Posteriorem nunc videamus, qua confutantur nostra, id est ea, quibus liberum arbitrium tollitur. Hic videbis, quid fumus hominis possit contra fulgura et tonitrua Dei.

Primum cum innumerabiles locos scripturae citarit pro libero arbitrio tanquam formidabilem nimis exercitum (ut animosos redderet confessores et martyres et omnes sanctos et sanctas liberi arbitrii, pavi-

---

[476] Erasmus II b 3–II b 7; ErAS 4, 80/82/84/86/88.   [477] Röm 8,14.   [478] Erasmus II b 7; ErAS 4,88.   [479] S. o. 366,5–7.   [480] Erasmus II b 8; ErAS 4, 88/90.

dem die Gnade nicht zuteil werden lässt, der [doch] aus sich heraus das Gute nicht wollen kann? Wie ist eine Verdammung gerecht, wo der Richter die Hilfe entzieht und den Gottlosen dazu zwingt, im bösen Tun zu verharren, wo doch dieser aus eigener Kraft nichts anderes kann? Alles fällt zurück auf das Haupt der ‚Diatribe‘, oder wenn es [etwas] beweist (wie ich gesagt habe), beweist es, dass das freie Willensvermögen alles kann. Und das war doch von ihr selbst und von allen verneint worden. Jene Folgerungen der Vernunft quälen die ‚Diatribe‘ durch alle Aussprüche der Schrift hindurch, weil es lächerlich und unwirksam scheint, mit solch heftigen Worten anzustürmen und [das freie Willensvermögen] zu fordern, wo es keinen gibt, der es erfüllen könnte. Während der Apostel das tut, nämlich durch diese Drohungen die Gottlosen und Stolzen zur Erkenntnis ihrer selbst und ihrer Unfähigkeit zu führen, um sie gedemütigt durch die Erkenntnis ihrer Sünde zur Gnade zu bereiten.

Und wozu ist es nötig, alles einzeln aufzuzählen, was aus Paulus angeführt wird, wenn [doch] die ‚Diatribe‘ nichts außer imperativischen und konjunktivischen Worten sammelt oder solches, womit Paulus die Christen zu Früchten des Glaubens ermahnt? Die ‚Diatribe‘ aber mit ihren zusätzlichen Folgerungen bildet eine solche und so große Fähigkeit des freien Willensvermögens aus, die ohne Gnade alles kann, was Paulus in der Ermahnung vorschreibt. Christen aber werden nicht durch das freie Willensvermögen, sondern durch den Geist Gottes getrieben, Röm 8. ‚Getrieben werden‘ ist aber nicht ‚tun‘, sondern ‚geführt werden‘, gleichwie eine Säge oder Axt vom Handwerker geführt wird. Und damit hier nicht einer zweifle, Luther sage so Absurdes: Die ‚Diatribe‘ zitiert seine Worte, die ich durchaus anerkenne. Ich bekenne nämlich, dass der Artikel Wyclifs, alles geschehe mit Notwendigkeit, zu Unrecht verdammt worden ist vom Konzil von Konstanz – oder vielmehr in einer Verschwörung und einem Aufruhr. Die ‚Diatribe‘ höchstpersönlich verteidigt ihn ja mit mir, wenn sie als Wahrheit bezeugt, das freie Willensvermögen könne aus seinen eigenen Kräften nichts Gutes wollen und diene mit Notwendigkeit der Sünde, mag sie auch während des Beweises das genaue Gegenteil feststellen. Dies sei genug gegen den ersten Teil der ‚Diatribe‘, mit dem sie versucht hat, das freie Willensvermögen zu bestätigen. Wir wollen jetzt den folgenden anschauen, mit dem unsere Grundlagen widerlegt werden sollen, das heißt, die, mit denen das freie Willensvermögen aufgehoben wird. Hier wirst du sehen, was der Rauch des Menschen gegen das Blitzen und Donnern Gottes vermag.

Zunächst hat sie unzählige Stellen der Schrift für das freie Willensvermögen zitiert, gleichsam als ausgesprochen furchtbares Heer (um den Bekennern und Märtyrern und allen heiligen Männern und Frau-

dos vero et trepidos omnes illos abnegatores et peccatores in liberum arbitrium) contemptibilem fingit turbam contra liberum arbitrium, atque adeo duos tantum locos prae caeteris evidentio- | res facit⁴⁸¹ in hac parte stare, nimirum ad caedem solum | parata, eamque non magni negocii, quorum alter est Exodi. 9. Induravit Dominus cor Pharaonis. Alter Malachiae. 1. Iacob dilexi Esau autem odio habui, utrunque vero Paulus ad Romanos latius explicans,⁴⁸² mirum quam odiosam et inutilem disputationem, iudice Diatribe, susceperit.⁴⁸³ Nisi vero spiritus sanctus rhetoricae aliquantulum gnarus esset, periculum erat, ne tanta simulati contemptus arte fractus, prorsus de caussa desperaret, et palmam libero arbitrio concederet ante tubam.⁴⁸⁴ Sed ego inferius succenturiatus illis duobus locis, ostendam et nostras copias, quamquam ubi talis est pugnae fortuna, ut unus fuget decem milia,⁴⁸⁵ nullis opus est copiis. Si enim unus locus vicerit liberum arbitrium, nihil profuerint ei innumerabiles suae copiae.

Hic igitur Diatribe invenit novam artem eludendi manifestissimos locos, nempe, quod tropum velit inesse verbis simplicissimis et clarissimis,⁴⁸⁶ ut quemadmodum superius pro libero arbitrio agens, omnia verba imperativa et coniunctiva legis, per sequelas adiectas et similitudines afficias elusit, ita nunc contra nos actura, omnia verba promissionis et affirmationis divinae, per tropum repertum torquet, quorsum visum est, ut utrobique sit incomprehensibilis Protheus.⁴⁸⁷ Quin id ipsum magno supercilio exigit sibi a nobis permitti, ut qui et ipsi soleamus, ubi urgemur, tropis repertis elabi, ut ibi, extende manum tuam ad quod volueris, id est, gratia extendet manum tuam, ad quod ipsa velit.⁴⁸⁸ Facite | vobis cor novum, id est, gratia faciet vobis cor novum, et similia.⁴⁸⁹ Indignum igitur videtur, si Luthero liceat tam violentam tortamque interpretationem afferre, et non multo magis liceat probatissimorum doctorum interpretationes sequi.⁴⁹⁰ Vides itaque hic, non de textu ipso, nec iam de sequelis et similitudinibus, sed de tropis et interpretationibus pugnari. Quando ergo erit, ut simplicem, purumque ali-

---

⁴⁸¹ Erasmus III a 1; ErAS 4, 90.   ⁴⁸² Ex 9,12; Mal 1,2 f.; Röm 9,13–18.   ⁴⁸³ Erasmus III a 2; ErAS 4,92.   ⁴⁸⁴ Vergil: Aeneis 11,424; Erasmus: Adagia 2,8,69.   ⁴⁸⁵ 1Sam 18,7.   ⁴⁸⁶ Erasmus III a 2; ErAS 4,92; Origenes: De principiis 3,10.   ⁴⁸⁷ S. o. 222,27 mit Anm. 13.   ⁴⁸⁸ Sir 15,17.   ⁴⁸⁹ Ez 18,31; Erasmus III a 17; ErAS 4,118.   ⁴⁹⁰ Erasmus III a 17; ErAS 4, 118/120.

en des freien Willensvermögens Mut zu machen, aber verzagt und zitternd alle jene, die es leugnen und sich am freien Willensvermögen versündigen). Dann erfindet sie einen verächtlichen Haufen gegen das freie Willensvermögen, und bringt so gerade mal zwei Stellen bei, die einleuchtender sind als die anderen, die auf dieser Seite stehen; sie bringt sie allerdings auch nur als solche, die zum Abschlachten bestimmt sind, und dieses mit nicht viel Mühe. Von denen ist die eine Ex 9: „Der Herr verstockte das Herz des Pharao"; die andere ist Maleachi 1: „Ich habe Jakob erwählt, Esau aber habe ich gehasst." Beide aber legte Paulus an die Römer weiter aus, womit er, nach dem Urteil der ‚Diatribe', eine Wunder was widerwärtige und unnütze Disputation auf sich genommen hat. Wenn aber der Heilige Geist nicht wenigstens ein klein wenig Ahnung von Rhetorik hätte, bestünde die Gefahr, dass er, gebrochen durch die so große Kunst der vorgetäuschten Verachtung, gänzlich an dem Fall verzweifelte und dem freien Willensvermögen die Siegespalme noch vor dem Krieg zugestehen würde. Aber ich, als geringer Ersatzmann, will mit jenen beiden Stellen auch unsere Truppen zeigen, obwohl dort, wo solch ein Schlachtenglück ist, dass ein einziger 10.000 in die Flucht schlägt, keine Truppen nötig sind. Wenn nämlich eine Stelle das freie Willensvermögen besiegt hat, werden ihm seine unzähligen Truppen nichts mehr nützen.

Hier erfindet nun die ‚Diatribe' eine neue Kunst, die ganz offensichtlichen Stellen zu erledigen. Sie möchte nämlich, dass in den ganz einfachen und ganz klaren Worten eine Bildrede steckt. Weiter oben hat sie, für das freie Willensvermögen eintretend, alle imperativischen und konjunktivischen Worte des Gesetzes durch hinzugefügte Folgerungen und angefügte Gleichnisse erledigt. In gleicher Weise verdreht sie infolgedessen jetzt, wo sie gegen uns agieren will, alle Worte der Zusage und der göttlichen Zusicherung durch die neu gefundene Bildrede, wohin es ihr gut dünkt, so dass Proteus auf beiden Seiten ungreifbar ist. Ja, sie fordert mit großem Hochmut, dass ihr dies von uns zugestanden wird. Wir selbst, wo wir bedrängt werden, pflegen ja, mit erfundenen Bildreden zu entkommen, wie dort: „Strecke deine Hand aus, wohin du willst", das heißt: „Die Gnade wird deine Hand dorthin strecken, wohin sie selbst es will". „Schafft euch ein neues Herz", das heißt: „Die Gnade wird euch ein neues Herz schaffen", und Ähnliches. Unwürdig also scheint es, wenn Luther erlaubt ist, eine so gewaltsame und verdrehte Interpretation anzubringen, und nicht vielmehr erlaubt ist, den Auslegungen der bewährtesten Gelehrten zu folgen. Du siehst also hier, dass nicht über den Text selbst und nicht über Folgerungen und Gleichnisse, sondern über Bildreden und Auslegungen gestritten wird. Wann also wird es dahin kommen, dass wir irgendeinen einfachen und

quem, sine tropis et sequelis textum, pro libero arbitrio et contra liberum arbitrium habeamus? An tales textus nusquam habet scriptura? perpetuoque dubia erit caussa liberi arbitrii? ut quae nullo certo textu firmatur, sed solis sequelis et tropis, per homines mutuo dissentientes, inductis, agitatur sicut ventis arundo.⁴⁹¹

Sic potius sentiamus, neque sequelam neque tropum in ullo loco scripturae esse admittendum, nisi id cogat circumstantia verborum evidens, et absurditas rei manifestae, in aliquem fidei articulum peccans, sed ubique inhaerendum est simplici puraeque et naturali significationi verborum, quam grammatica et usus loquendi habet,⁴⁹² quem Deus creavit in hominibus. Quod si cuivis liceat, pro sua libidine, sequelas et tropos in scripturis fingere, quid | erit scriptura tota nisi arundo ventis agitata, aut vertumnus aliquis?⁴⁹³ Tum vere nihil certi neque statuetur neque probabitur, in ullo articulo fidei, quod non queas aliquo tropo cavillari. Vitari potius, sicut praesentissimum venenum, debet omnis tropus, quem non cogit ipsamet scriptura. Vide, quid acciderit tropologo illi Origeni in enarrandis scripturis? quam dignas praebet occasiones calumniatori Porphyrio, ut Hieronymo quoque videantur parum facere, qui Origenem tuentur.⁴⁹⁴ Quid accidit Arrianis in tropo illo, quo Christum fecerunt Deum nuncupativum? Quid nostro saeculo accidit novis istis Prophetis, in verbis | Christi, Hoc est corpus meum?⁴⁹⁵ ubi alius in pronomine Hoc, alius in verbo Est, alius in nomine Corpus, tropicus est.⁴⁹⁶ Ego id observavi, omnes haereses et errores in scripturis, non venisse ex simplicitate verborum, ut iactatur pene toto orbe, sed ex neglecta simplicitate verborum, et ex affectatis proprio cerebro tropis aut sequelis.

Exempli gratia, Ad quodcunque voles extende manum tuam, ego nunquam (quod memini) hac violenta interpretatione tractavi, ut dicerem, Gratia extendet manum tuam, ad quod ipsa velit, Facite vobis cor novum, id est, gratia faciet vobis cor novum et similia, licet me Diatribe publico libello sic traducat,⁴⁹⁷ tropis, scilicet et sequelis distenta et illu-

---

⁴⁹¹ Mt 11,7. ⁴⁹² Luther: Rationis Latomianae pro incendiariis Lovaniensis scholae sophistis redditae, Lutheriana confutatio, 1521; StA 2,439,17–21. ⁴⁹³ S. o. 222,27 mit Anm. 13. ⁴⁹⁴ S. o. 440,16–18; Eusebius von Caesarea: Historia ecclesiastica 6,19,4–8; Hieronymus: Epistolae 49(48),13. ⁴⁹⁵ Mt 26,26. ⁴⁹⁶ Luther: Sermon von dem Sakrament des Leibes und Blutes Christi wider die Schwarmgeister, 1526; WA 19, 498,22–28. ⁴⁹⁷ Sir 15,17; Ez 18,31; s. o. 440,26 f.

reinen Text ohne Bildreden und Folgerungen für das freie Willensvermögen und gegen das freie Willensvermögen haben? Hat die Schrift nirgendwo solche Texte? Wird die Sache des freien Willensvermögens beständig zweifelhaft bleiben? Weil sie durch keinen sicheren Text bekräftigt, sondern allein durch Folgerungen und Bildreden, durch gegenseitig sich widersprechende Menschen eingeführt, bewegt wird wie ein Rohr vom Wind?

So möchten wir vielmehr meinen, dass weder eine Folgerung noch eine Bildrede in irgendeiner Schriftstelle zuzulassen ist, ausgenommen, der eindeutige Zusammenhang der Worte erzwinge das und der Widersinn einer offensichtlichen Sache, der gegen einen Glaubensartikel verstößt. Sonst überall ist an dem einfachen und reinen und natürlichen Sinn der Worte festzuhalten, den die Grammatik und der Sprachgebrauch bieten, den Gott in den Menschen geschaffen hat. Wenn es nun jedem Beliebigen erlaubt wäre, nach seinem Gutdünken Folgerungen und Bildreden in den Schriften zu erfinden, was wird die ganze Schrift anderes sein als ein vom Wind bewegtes Rohr oder irgendein Vertumnus? Dann wird wahrlich nichts Gewisses festgestellt noch bewiesen werden in irgendeinem Glaubensartikel, was nicht durch irgendeine Bildrede verspottet werden kann. Vielmehr muss jede Bildfigur, so wie ein hochwirksames Gift, vermieden werden, zu der nicht die Schrift höchstpersönlich zwingt. Siehe, was ist jenem Bildredner Origenes bei der Auslegung der Schriften geschehen? Welche guten Angriffsflächen bietet er seinem Verleumder Porphyrius, so dass es auch Hieronymus schien, die könnten wenig erreichen, die Origenes schützen. Was geschah den Arianern bei jener Bildrede, mit der sie Christus zu einem so genannten Gott gemacht haben? Was ist in unserem Zeitalter diesen neuen Propheten geschehen bei den Worten Christi „Dies ist mein Leib"? Wo der eine in dem Pronomen ‚dies', ein anderer in dem Wort „ist", ein anderer in der Bezeichnung ‚Leib' eine Bildrede sieht. Ich habe besonders beobachtet, dass alle Häresien und Irrtümer in den Schriften nicht aus der Einfachheit der Worte gekommen sind – wie das fast überall auf der Erde verbreitet wird –, vielmehr aus der Nichtbeachtung der Einfachheit der Worte und aus den dem eigenen Gehirn entsprungenen Bildreden oder Folgerungen.

Um ein Beispiel zu geben: „Wohin auch immer du willst, strecke deine Hand aus" habe ich (so weit ich mich erinnere) niemals in einer so gewaltsamen Auslegung traktiert, dass ich sagte „Die Gnade streckt deine Hand, wohin sie selbst will"; „Schafft euch ein neues Herz", das hieße, „Die Gnade wird euch ein neues Herz schaffen", und Ähnliches. Mag mich die ‚Diatribe' in einem öffentlichen Büchlein so darstellen, wo sie selbst freilich mit Bildreden und Folgerungen beschäftigt und

sa, ut non videat, quid de quo loquatur. Sed sic dixi, Extende manum etc., verbis simpliciter, ut sonant, acceptis, seclusisque tropis et sequelis, nihil aliud significari, quam quod exigitur a nobis extensio manus, significaturque quid facere debeamus, ut est natura verbi imperativi apud grammaticos et usum loquendi. Diatribe vero neglecta hac verbi simplicitate, sequelis vero et tropis violenter adductis, sic interpretatur, Extende manum, id est, potes vi propria extendere manum, Facite cor novum, id est, potestis facere cor novum, Credite in Christum, id est, potestis credere, ut idem sit apud eam, quod imperative et quod indicative dicitur, alioqui parata est ridiculam et frustraneam facere scripturam. Atque has interpretationes, nulli grammatico ferendas, non licet in Theologis violentas et affectatas dicere, sed probatissimorum sunt doctorum, tot soeculis receptorum. |

Sed facile est Diatribe, tropos hoc loco admittere, et sequi, ut cuius nihil refert, certa ne sint an incerta, quae dicuntur, Quin hoc agit, ut incerta sint omnia, ut quae consulit, relinquenda potius, quam scrutanda esse dogmata de libero arbitrio. Ideo hoc satis illi fuerat, utcunque imoliri dicta, quibus se sentit urgeri. Nobis autem, quibus res agitur seria, et qui certissimam veritatem pro stabiliendis conscientiis, quaerimus, longe aliter agendum est. Nobis inquam, non est satis, si dixeris, potest hic tropus esse, sed quaeritur, an debeat et oporteat tropum hic esse, quod si non monstraris, necessario inesse tropum, nihil prorsus effeceris. Stat ibi verbum Dei, Ego indurabo cor Pharaonis,[498] Si tu dixeris, sic accipiendum esse vel accipi posse, Ego permittam indurari, Audio quidem, sic posse accipi, Audio hunc tropum populari sermone vulgatum, ut ego te perdidi, quia statim non correxi errantem.[499] Sed non est illi probationi locus, Non quae- | ritur, an tropus ille sit in usu, Non quaeritur, an aliquis possit eum hoc loco Pauli usurpare, Sed hoc quaeritur, an tutum ac certum sit, recte hoc loco usurpare, et an Paulus velit eo uti, Non de alieno lectoris usu, sed de ipsius authoris Pauli usu

---

[498] Ex 4,21; 7,3; 14,4.   [499] Erasmus III a 2; ErAS 4,92.

davon genarrt ist, dass sie nicht sieht, was sie worüber redet. Vielmehr habe ich so gesagt: „Strecke die Hand aus" usw. – wenn die Worte einfach, wie sie lauten, genommen werden und Bildreden und Folgerungen ausgeschlossen sind, bedeuten sie nichts anderes, als dass von uns
5 das Ausstrecken der Hand gefordert wird; und es wird angezeigt, was wir tun sollen, wie es die Natur eines imperativischen Wortes bei den Grammatikern und für den Sprachgebrauch ist. Die ‚Diatribe' aber vernachlässigt diese Einfachheit des Wortes, führt gewaltsam Folgerungen und Bildreden an und legt sie folgendermaßen aus: „Strecke deine Hand
10 aus", das heißt: „Du kannst die Hand aus eigener Kraft ausstrecken", „Schafft ein neues Herz", das heißt: „Ihr könnt ein neues Herz schaffen", „Glaubt an Christus", das heißt: „Ihr könnt glauben". So ist bei ihr, was imperativisch und was indikativisch gesagt wird, dasselbe; andernfalls ist sie bereit, die Schrift als lächerlich und vergeblich hinzustellen.
15 Und es ist nicht erlaubt, diese Auslegungen, die kein Grammatiker ertragen könnte, bei den Theologen gewaltsam und affektiert zu nennen, sondern so gehört es sich für die bewährtesten Gelehrten, die jahrhundertelang Anerkennung gefunden haben.

Aber es ist für die ‚Diatribe' leicht, an dieser Stelle Bildreden zuzu-
20 lassen und ihnen zu folgen, weil es ihr nichts ausmacht, ob gewiss oder ungewiss ist, was gesagt wird. Weil sie ja dahinaus will, dass alles ungewiss ist, wie sie auch dazu rät, die Lehre vom freien Willensvermögen eher beiseite zu lassen als zu erforschen. Daher reicht es ihr aus, auf alle mögliche Weise die Aussagen aus dem Weg zu räumen, von denen sie
25 sich bedrängt fühlt. Wir aber, denen es um eine ernste Sache geht und die wir zur Festigung der Gewissen nach einer ganz gewissen Wahrheit fragen, müssen ganz anders vorgehen. Uns, sage ich, genügt es nicht, wenn du sagst: Hier kann eine Bildrede sein, sondern [von uns] wird gefragt, ob hier eine Bildrede nötig ist und sein muss. Wenn du daher
30 nicht zeigst, dass notwendigerweise eine Bildrede vorliegt, hast du überhaupt nichts erreicht. Es steht dort das Wort Gottes: „Ich werde das Herz des Pharao verstocken." Wenn du sagst, es sei so zu verstehen und könne so aufgefasst werden: „Ich werde zulassen, dass es verstockt wird", höre ich zwar, dass es so aufgefasst werden kann. Ich höre, diese
35 Bildrede entspreche allgemeinem Sprachgebrauch, wie „Ich habe dich verdorben, weil ich nicht sofort den Irrenden zurechtgewiesen habe". Aber hier ist kein Raum für einen solchen Beweis. Es wird nicht gefragt, ob jene Bildrede gebräuchlich ist. Es wird nicht gefragt, ob irgendeiner sie für diese Stelle bei Paulus beanspruchen kann. Sondern danach wird
40 gefragt, ob es sicher und gewiss ist, sie rechtmäßig für diese Stelle zu beanspruchen, und ob Paulus will, dass sie so gebraucht wird. Nicht nach dem Gebrauch eines fremden Lesers, sondern nach dem Gebrauch

quaeritur. Quid facies conscientiae sic quaerenti? Ecce Deus author dicit, Indurabo cor Pharaonis, aperta et nota est significatio verbi Indurare, Homo vero lector dicit mihi, Indurare hoc loco est occasionem indurandi dare, dum non statim corrigitur peccator, Qua authoritate? Quo consilio? qua necessitate? vocis illa naturalis significatio mihi sic torquetur? Quid si erret lector et interpres? unde probatur illam torturam verbi hoc loco fieri debere? Periculosum imo impium est, verbum Dei sine necessitate, sine authoritate torquere. An huic animulae laboranti tum sic consules, Origenes sic sensit, Aut sic, Desine talia scrutari, cum sint curiosa et supervacanea?500 At illa respondebit, Hoc Mosen et Paulum admoneri oportuerat antequam scriberent, atque adeo ipsum Deum, Ut quid nos curiosis et supervacaneis scriptis divexant?

Non iuvat itaque Diatriben hoc miserum effugium troporum, Sed tenendus est hic fortiter Protheus501 noster, ut nos faciat certissimos de tropo huius loci, idque vel clarissimis scripturis vel evidentibus miraculis. Ipsi sic opinanti, etiam consentiente omnium soeculorum industria, nihil credimus, sed pergimus et urgemus, tropum hic nullum esse posse, simpliciter vero, | ut sonant verba, sermonem Dei esse accipiendum. Neque enim nostri arbitrii est (ut Diatribe sibi persuadet) verba Dei fingere et refingere, pro libidine nostra, alioqui quid reliquum est in tota scriptura, quod non redeat ad Anaxagorae philosophiam, ut quodlibet ex quolibet fiat?501a Dicam enim, Deus creavit coelum et terram,502 id est, disposuit, non autem fecit ex nihilo, Vel Creavit coelum et terram, id est, angelos et daemones vel iustos et impios. Quis, rogo, tum non statim aperto libro, theologus fuerit? Sit igitur hoc ratum ac fixum, quando Diatribe non potest probare tropum inesse his locis nostris, quos diluit, concedere cogitur nobis, verba, ut sonant, esse accipienda, etiam si probaret, alias tropum eundem in omnibus locis scripturae et in omnium usu esse vulgatissimum. Atque per hoc semel defensa sunt omnia nostra, quae confutare voluit Diatribe, Inventaque est confutatio eius prorsus nihil efficere, nihil posse, nihil esse.

---

500 Erasmus I a 8; ErAS 4,12.   501 S. o. 222,27 mit Anm. 13.   501a Die Fragmente der Vorsokratiker. Griechisch und deutsch von Hermann Diels und Walter Kranz, 5. Aufl., Bd. 2, Berlin 1935, 34,5 f. u. 18 f. (ἡ σύμμιξις πάντων χρημάτων = die Vermischung aller Dinge); 35,4 f. (ἐν τῶν σύμπαντι χρὴ δοκεῖν ἐν εἶναι πάντα χρήματα = in dem gesamten, so muss man meinen, [sind] enthalten alle Dinge. 502 Gen 1,1.

des Verfassers Paulus selbst wird gefragt. Was willst du mit einem Gewissen tun, das so fragt: Siehe, Gott sagt als Urheber: „Ich werde das Herz des Pharao verstocken." Offen und bekannt ist die Bedeutung des Wortes ‚verstocken'. Der Mensch aber als Leser sagt mir: „Verstocken bedeutet an dieser Stelle, Gelegenheit zur Verstockung zu geben, indem der Sünder nicht sofort zurechtgewiesen wird." Durch welche Autorität, nach welchem Plan, nach welcher Notwendigkeit wird mir jene natürliche Bedeutung des Wortes so verdreht? Was, wenn der Leser und Ausleger irrte? Wodurch wird bewiesen, dass jene Verdrehung des Wortes an dieser Stelle geschehen muss? Gefährlich, ja gottlos ist es, das Wort Gottes ohne Notwendigkeit, ohne Autorität zu verdrehen. Wirst du dann diesem leidenden Seelchen so raten: „Origenes hat es so gemeint" oder so: „Höre auf, das zu erforschen, weil es vorwitzig und überflüssig ist"? Aber es wird dir antworten: „Dazu hätte man Mose und Paulus ermahnen müssen, bevor sie schrieben, und somit Gott selbst. Denn was misshandeln sie uns mit solchen vorwitzigen und überflüssigen Schriften?"

Es hilft also der ‚Diatribe' diese elende Ausflucht in die Bildreden nicht. Sondern hier muss unser Proteus tapfer festgehalten werden, dass er uns ganz gewiss macht über die Bildrede an dieser Stelle, und das entweder mit ganz klaren Schriften oder offensichtlichen Wundern. Ihr, die solches meint, glauben wir, auch wenn der Fleiß aller Jahrhunderte ihr zustimmt, nichts; sondern wir fahren fort und drängen darauf, dass hier keine Bildrede sein kann, sondern einfach, wie die Worte lauten, die Rede Gottes zu nehmen ist. Denn es ist nicht Sache unseres Willensvermögens (wie die ‚Diatribe' sich einredet), die Worte Gottes nach unserem Gutdünken zu gestalten und umzugestalten. Was bliebe sonst in der ganzen Schrift übrig, was nicht hinausliefe auf die Philosophie des Anaxagoras, aus Beliebigem entstehe Beliebiges? Ich könnte nämlich sagen, Gott hat Himmel und Erde geschaffen, das heißt, er hat geordnet, nicht aber aus dem Nichts geschaffen. Oder: Er hat Himmel und Erde geschaffen, das heißt, Engel und Dämonen, Gerechte und Gottlose. Wer, frage ich, wäre dann nicht sofort ein Theologe, sobald das Buch geöffnet ist? Dies aber stehe fest und sicher: Wenn die ‚Diatribe' nicht beweisen kann, dass an diesen unseren Stellen, welche sie entkräftet, eine Bildrede vorhanden ist, wird sie gezwungen, uns zuzugestehen, dass die Worte so, wie sie lauten, zu nehmen sind, auch wenn sie bewiese, dass sonst eben diese Bildrede in allen Stellen der Schrift und nach aller Gebrauch ganz verbreitet ist. Und dadurch ist unsere ganze Position ein für allemal verteidigt, welche die ‚Diatribe' widerlegen wollte. Und ihre Widerlegung ist als solche befunden worden, die überhaupt nichts bewirkt, nichts kann, nichts ist.

Quando igitur illud Mosi, Indurabo cor Pharaonis,⁵⁰³ sic interpretatur, Mea lenitas, qua tolero peccantem, alios quidem ad poenitentiam adducit, Pharaonem autem obstinatiorem reddet in malicia,⁵⁰⁴ pulchre dicitur, sed non probatur, sic | oportere dici, Nos vero non contenti dicto, probatum quaerimus. Item illud Pauli, Miseretur cuius vult, indurat quem vult,⁵⁰⁵ Plausibiliter interpretatur, id est, Deus indurat, cum non statim castigat peccantem, miseretur, cum mox ad poenitentiam per afflictiones invitat,⁵⁰⁶ Sed quo probatur haec interpretatio? Item illud Esaiae, Errare nos fecisti de viis tuis, indurasti cor nostrum, ne timeremus te.⁵⁰⁷ Esto Hieronymus ex Origene sic interpretatur, Seducere dicitur, qui non statim revocat ab errore,⁵⁰⁸ Quis nos certos facit, Hieronymum et Origenem recte interpretari? Denique pactum nostrum est, non authoritate alicuius doctoris, sed solius scripturae nos velle confligere.⁵⁰⁹ Quos igitur Origenes? Quos Hieronymos, Diatribe nobis oblita pacti, obiicit? cum inter Ecclesiasticos scriptores nulli fere sint, qui ineptius et absurdius divinas literas tractarint, quam Origenes et Hieronymus. Et ut uno verbo dicam, Illuc redit licentia Ista interpretandi, ut nova et inaudita grammatica, omnia confundantur, ut cum deus dicit, Ego indurabo cor Pharaonis,⁵¹⁰ mutatis personis sic accipias, Pharao indurat sese mea lenitate, Deus indurat cor nostrum, id est, nos ipsi induramus nos Deo poenas differente. Tu Domine errare nos fecisti,⁵¹¹ id est, nos errare fecimus nos ipsos, te non castigante. Ita Deum misereri iam non significat, donare gratiam, aut exhibere misericordiam, remittere peccatum, iustificare, aut a malis liberare, sed contra, significat inferre malum et castigare. |

Istis tropis tandem id efficietur, ut dicas, Deum fuisse misertum filiis Israel, dum illos in Assyriam et Babylonem transtulit, ibi enim castigavit peccatores, ibi per afflictiones ad poenitentiam invitavit, Rursus cum reduxit eos et liberavit, tum non fuit misertus, sed induravit, hoc est, lenitate sua et misericordia occasionem dedit, ut indurarentur. Sic quod Christum salvatorem misit in mundum, non dicetur esse misericordia Dei, sed induratio, quod hac misericordia occasionem dedit

---

⁵⁰³ Ex 4,21; 14,4; s. o. 444,23.   ⁵⁰⁴ Erasmus III a 2; ErAS 4,92.   ⁵⁰⁵ Röm 9,18.   ⁵⁰⁶ Erasmus III a 3; ErAS 4,94.   ⁵⁰⁷ Jes 63,17.   ⁵⁰⁸ Erasmus III a 3; ErAS 4,94; Origines: De principiis 3,1,12; Hieronymus: Commentarii in Isaiam zu Jes 63,17.   ⁵⁰⁹ S. o. 298,24-26.   ⁵¹⁰ Ex 4,21; 7,3; 14,4.   ⁵¹¹ Jes 63,17.

Wenn also jenes [Wort] des Mose „Ich werde das Herz des Pharao verstocken" so ausgelegt wird: „Meine Milde, mit der ich den ertrage, der sündigt, führt zwar einige zur Buße, den Pharao aber führt sie zum Beharren in der Schlechtigkeit", so wird das schön gesagt; aber es wird nicht bewiesen, dass es so gesagt werden muss. Wir aber sind mit dem Gesagten nicht zufrieden, wir fragen nach einem Beweis. Ebenso jenes [Wort] des Paulus: „Er erbarmt sich, wessen er will; er verstockt, wen er will", wird plausibel ausgelegt, das heißt: Gott verstockt, wenn er nicht sofort den, der sündigt, züchtigt; er erbarmt sich, wenn er alsbald durch Anfechtungen zur Buße einlädt. Aber wodurch wird diese Auslegung bewiesen? Ebenso jenes [Wort] des Jesaja: „Du hast uns von deinen Wegen abirren lassen, du hast unser Herz verstockt, dass wir dich nicht fürchten." Mag Hieronymus nach Origenes folgendermaßen auslegen: Verführen heißt, wenn einer nicht sofort vom Irrtum zurückruft. Wer macht uns gewiss, dass Hieronymus und Origenes richtig auslegen? Schließlich ist es unsere Übereinkunft, dass wir nicht mit der Autorität irgendeines Gelehrten, sondern allein der Schrift kämpfen wollen. Was für Origenesse, was für Hieronymusse hält uns die ‚Diatribe', ungeachtet unserer Übereinkunft, also vor? Wo es doch unter den kirchlichen Schriftstellern fast keine gibt, welche die göttlichen Texte hohler und absurder behandelt haben als Origenes und Hieronymus. Und um es mit einem Wort zu sagen: Dahin führt uns diese Freizügigkeit der Auslegung, dass mit einer neuen und unerhörten Grammatik alles verwirrt wird. Wenn Gott sagt „Ich werde das Herz des Pharao verstocken", kannst du dann unter Vertauschung der Personen verstehen: „Der Pharao verstockt sich durch meine Milde"; „Gott verstockt unser Herz", das heißt, dass wir selbst uns verstocken, weil Gott die Strafen aufschiebt. „Du, Herr, hast uns abirren lassen", das heißt, wir haben uns selbst abirren lassen, weil du nicht züchtigst. So heißt, dass Gott sich erbarmt nicht mehr, er schenke Gnade oder biete Erbarmen an, vergebe die Sünde, rechtfertige oder befreie von Übeln. Sondern im Gegenteil heißt es, er füge Böses zu und züchtige.

Mit solchen Bildreden wird schließlich erreicht werden, dass du sagst, Gott habe sich der Kinder Israels erbarmt, als er sie nach Assyrien und Babylon wegführte. Denn er hat ja dort die Sünder gezüchtigt, dort durch Anfechtungen zur Buße eingeladen. Wiederum, als er sie zurückgeführt und befreit hat, da hat er sich nicht erbarmt, sondern sie verstockt, das heißt, durch seine Milde und seine Barmherzigkeit Gelegenheit gegeben, dass sie verstockt würden. Ebenso: Dass er Christus als Retter in die Welt geschickt hat, [das] sollte nicht als Barmherzigkeit Gottes bezeichnet werden, sondern als Verstockung, weil er durch diese

hominibus sese indurandi. Quod vero Ierusalem vastavit, et Iudaeos perdidit in hunc usque diem, ibi miseretur eorum, quia castigat peccan-|tes et ad poenitentiam invitat. Quod sanctos in coelum vehet in die iudicii, non faciet miserendo, sed indurando, quia bonitate sua occasionem dabit abutendi. Quod impios vero trudet ad inferos, ibi miserebitur, quia castigat peccatores, Obsecro quis unquam istas misericordias et iras Dei audivit? Esto sane, quod boni tum lenitate tum severitate Dei meliores fiant, tamen cum simul de bonis et malis loquimur, facient isti tropi ex misericordia Dei iram, et ex ira misericordiam, penitus perverso loquendi usu, dum hoc vocant iram, cum Deus benefacit, et misericordiam, dum affligit. Quod si tum dicendus est Deus indurare, cum benefacit et tolerat, misereri vero, cum affligit et castigat, cur magis Pharaonem dicitur indurasse, quam filios Israel, aut etiam totum mundum? an non benefecit filiis Israel? non benefacit toti mundo? non tolerat malos? non pluit super bonos et malos?⁵¹² Cur magis dicitur misertus filiis Israel quam Pharaoni? an non afflixit filios Israel in Aegypto et deserto? Esto, quod alii abutantur, alii recte utantur Dei bonitate et ira, Tu tamen hoc definis, Indurare esse id, quod indulgere malis lenitate et bonitate, Misereri vero esse non indulgere, sed visitare et corripere. Igitur quantum ad Deum attinet, ipse perpetua bonitate nihil aliud facit, quam quod indurat, perpetua correptione nihil aliud facit, quam quod miseretur.

Verum hoc longe pulcherrimum, Indurare dicitur Deus, cum peccatoribus indulget lenitate. Misereri vero, cum visitat et affligit ad poenitentiam invitans severitate. Quid, rogo, omisit Deus in affligendo, castigando, vocando Pharaone ad poenitentiam? Non numerantur illic decem plagae?⁵¹³ Si tua definitio stat, quod misereri sit peccatorem statim castigare et vocare, Pharaoni certe misertus fuit Deus. Cur ergo Deus non dicit, Ego miserebor Pharaonis, sed dicit, Ego indurabo cor Pharaonis?⁵¹⁴ In eo ipso enim, quod miseretur eius, id est, ut tu dicis, affligit et castigat, dicit, Indurabo eum, id est, ut tu dicis, benefaciam et tolerabo eum, Quid monstrosius audiri possit? Ubi nunc sunt tropi tui?

---

⁵¹² Mt 5,45.   ⁵¹³ Ex 7–11.   ⁵¹⁴ Ex 4,21; 7,3; 14,4.

Barmherzigkeit den Menschen Gelegenheit gegeben hat, sich zu verstocken. Wenn er aber Jerusalem zerstört hat und die Juden bis auf diesen Tag vernichtet hat, da erbarmt er sich ihrer, weil er diejenigen züchtigt, die sündigen, und zur Buße einlädt. Wenn er die Heiligen in den Himmel trägt am Tag des Gerichts, wird er dies nicht aus Barmherzigkeit tun, sondern durch Verstockung, weil er in seiner Güte Gelegenheit geben wird zum Missbrauch. Wenn er aber die Gottlosen in die Hölle stürzen wird, wird er sich dort erbarmen, weil er die Sünder züchtigt. Bitte, wer hat jemals von solchen Akten der Barmherzigkeit und des Zornes Gottes gehört? Meinetwegen mögen die Guten sowohl durch die Milde als auch durch die Strenge Gottes besser werden; dennoch, wenn wir zugleich von den Guten und Bösen reden, werden diese Bildreden aus der Barmherzigkeit Gottes Zorn machen und aus dem Zorn Barmherzigkeit, durch einen vollständig verkehrten Sprachgebrauch, wenn sie das Zorn nennen, wenn Gott wohltut, und das Barmherzigkeit, wenn er straft. Wenn nun gesagt werden muss, Gott verstocke, wenn er wohltut und erträgt, er erbarme sich aber, wenn er straft und züchtigt – warum wird nicht gesagt, er habe mehr den Pharao verstockt als die Kinder Israels oder auch die ganze Welt? Hat er nicht den Kindern Israels wohlgetan? Nicht der ganzen Welt wohlgetan? Erträgt er nicht die Bösen? Lässt er nicht regnen über Gute und Böse? Warum wird eher gesagt, er habe sich der Kinder Israels erbarmt als des Pharao? Hat er nicht die Kinder Israels in Ägypten und in der Wüste gestraft? Meinetwegen mögen einige die Güte und den Zorn Gottes missbrauchen, andere recht gebrauchen. Du definierst dennoch hier, verstocken sei, gegenüber den Bösen Milde und Nachsicht üben, erbarmen aber sei, nicht nachsichtig zu sein, sondern heimsuchen und strafen. Soweit es sich also auf Gott bezieht, tut er selbst durch seine ständige Güte nichts anderes, als dass er verstockt. Durch die ständige Züchtigung tut er nichts anderes, als dass er sich erbarmt.

Aber das bei weitem Schönste ist Folgendes: Gott verstockt, heißt es, wenn er den Sündern mit Milde nachsichtig begegnet. Er erbarmt sich aber, wenn er heimsucht und straft, indem er durch Strenge zur Buße einlädt. Was, frage ich, hat Gott unterlassen, als er den Pharao strafte, züchtigte, zur Buße rief? Werden nicht dort zehn Plagen aufgezählt? Wenn deine Definition feststeht, dass Erbarmen bedeutet, den Sünder sofort zu züchtigen und zu rufen, hat Gott sich des Pharao sicher erbarmt. Warum also sagt Gott nicht: „Ich werde mich des Pharao erbarmen", sondern sagt: „Ich werde das Herz des Pharao verstocken"? Eben damit nämlich, dass er sich seiner erbarmt – das heißt, wie du sagst, dass er straft und züchtigt –, sagt er: „Ich werde ihn verstocken", das heißt, wie du sagst, „Ich werde wohltun und ihn ertragen". Was hat

Ubi Origenes? Ubi Hieronymus? Ubi probatissimi doctores, quibus unus homo Lutherus temere contradicit?[515] Sed sic loqui cogit imprudentia carnis, dum in verbis Dei ludit, nec credit esse seria. Evincit igitur textus ipse Mosi irrefragabiliter, tropos illos esse | fictos et nihili hoc loco, longeque aliud et maius quiddam ultra beneficentiam et afflictionem et castigationem significari illis verbis, Ego indurabo cor Pharaonis, cum negare nequeamus, utrunque fuisse in Pharaone summo studio et cura tentatum. Quae enim ira et castigatio instantior, quam dum tot signis, tot plagis percutitur, ut talia non fuisse unquam etiam ipse Moses testetur?[516] Denique ipse Pharao non semel velut resipiscens illis movetur, sed non permovetur nec perseverat. Quae etiam lenitas et beneficentia largior, dum tam facile tollit plagas, ac toties remittit peccatum, toties reducit bona? toties | auffert mala? Utraque tamen nihil faciunt, adhuc dicit, indurabo cor Pharaonis. Vides igitur, Etiam si tua induratio et misericordia (id est glosae et tropi tui) concedantur in summo gradu et usu et exemplo, quales in Pharaone est cernere, adhuc stat induratio, et aliam esse necesse est, de qua Moses dicit, et aliam quam tu somnias.

Sed quando cum fictoribus et larvis pugnamus,[517] larvemur et nos, fingamusque per impossibile, tropum, quem Diatribe somniat, valere hoc loco, visuri quomodo elabatur, ne affirmare cogatur, solius Dei voluntate, nostra vero necessitate omnia fieri, et quo modo excuset Deum, ne ipse sit author et culpa nostrae indurationis. Si verum est, quod tunc indurare dicitur Deus, cum lenitate sua tolerat, nec statim punit, utrunque adhuc perstat. Primum quod nihilominus homo necessario servit peccato, nam ubi concessum fuerit, liberum arbitrium non posse velle quicquam boni (quale suscepit Diatribe)[518] lenitate tolerantis Dei nihilo melius fit, sed necessario peius, nisi addatur ei spiritus Deo miserente, Quare adhuc necessitate nostra fiunt omnia. Alterum, quod aeque Deus crudelis esse videtur tolerando per lenitatem,

---

[515] Erasmus I b 1; ErAS 4,20; I b 2; ErAS 4,22. [516] Ex 9,18.24; 10,6.14; 11,6. [517] S. o. 348,8. [518] S. o. 358,18–21.

man Grausameres gehört? Wo sind nun deine Bildreden? Wo Origenes? Wo Hieronymus? Wo die bewährtesten Gelehrten, denen ein einzelner Mensch Luther verwegen widerspricht? Aber die Unklugheit des Fleisches zwingt dazu, so zu sprechen, weil sie mit den Worten Gottes spielt und nicht glaubt, dass sie ernst sind. Es erzwingt also der Text des Mose selbst unverbrüchlich, dass jene Bildreden erfunden sind und an dieser Stelle nichts austragen und dass etwas bei weitem Anderes und Größeres über die Wohltat und die Anfechtung und die Züchtigung hinaus angezeigt wird durch die Worte „Ich werde das Herz des Pharao verstocken". Denn wir können nicht verneinen, dass beides an Pharao mit höchstem Eifer und höchster Sorge versucht worden ist. Denn welcher Zorn und welche Züchtigung sind heftiger, als wenn er durch so viele Zeichen, durch so viele Plagen geschlagen wird? So etwas hat es ja, wie auch Mose selbst bezeugt, vorher niemals gegeben. Schließlich wird der Pharao selbst, als ob er endlich zu Verstand käme, nicht nur einmal dadurch bewegt, aber er wird nicht erschüttert, und er bleibt nicht dabei. Welche Milde und Wohltat ist weitreichender, wenn Gott so leicht die Plagen aufhebt und so oft die Sünde vergibt, so oft das Gute zurückbringt, so oft das Böse aufhebt? Dennoch bewirkt beides nichts. Er sagt immer noch: „Ich werde das Herz des Pharao verstocken." Du siehst also: Auch wenn deine Verstockung und deine Barmherzigkeit (das heißt, deine Glossen und Bildreden) in höchstem Maße in der Anwendung und an dem Beispiel zugestanden werden, wie sie am Pharao zu beobachten sind, steht immer noch die Verstockung da. Und es ist notwendig, dass es eine andere ist, von der Mose redet, und eine andere, die du erträumst.

Aber wenn wir einmal mit Erfindern und mit Masken kämpfen, wollen auch wir eine Maske anlegen und, obwohl das unmöglich ist, so tun, als ob die Bildrede, welche die ‚Diatribe' erträumt, an dieser Stelle gelte. Wir wollen sehen, wie sie entschlüpft, um dem Zwang zu entgehen zu behaupten, dass alles durch den Willen Gottes allein, auf unserer Seite aber mit Notwendigkeit geschieht, und wie sie Gott entschuldigt, dass er nicht der Urheber und der Schuldige unserer Verstockung ist. Wenn es wahr ist, dass Gott dann verstocken soll, wenn er durch seine Milde erträgt und nicht sofort straft, so bleibt immer noch dies beides bestehen: Zuerst, dass der Mensch nichtsdestoweniger notwendig der Sünde dient. Denn wo zugestanden ist, das freie Willensvermögen könne nicht irgendetwas Gutes wollen (wie die ‚Diatribe' angenommen hat), wird er durch die Milde des ertragenden Gottes um nichts besser, vielmehr notwendig schlechter, wenn ihm nicht der Geist gegeben wird, indem sich Gott erbarmt. Daher geschieht immer noch alles bei uns mit Notwendigkeit. Das andere [bleibt auch bestehen],

atque a nobis praedicari putatur, quod indurat volendo voluntate illa imperscrutabili. Nam cum videat liberum arbitrium non posse velle bonum, fierique peius lenitate tolerantis, hac ipsa lenitate crudelissimus, ac delectari videtur nostris malis, cum possit iis mederi, si vellet, possetque non tolerare si vellet, imo nisi vellet, tolerare non posset, Quis eum coget invitum? Stante ergo illa voluntate, sine qua nihil fit, et dato, quod liberum arbitrium nihil boni potest velle, frustra dicitur, quicquid dicitur, pro excusando Deo et accusando liberum arbitrium. Semper enim dicit liberum arbitrium. Ego non possum, et Deus non vult, quid faciam? Misereatur sane me affligendo, nihil inde promoveo, sed deterior fiam, necesse est, nisi spiritum donet. Sed hunc non donat, donaret autem si vellet, Velle igitur eum non dare, certum est.

Nec similitudines allatae quicquam faciunt ad rem, ubi dicitur, sicut eodem sole limus durescit et cera liquescit, Et ex eodem hymbre terra culta I fructum, terra inculta spinas profert, ita eadem lenitate Dei, alii indurantur, alii convertuntur.[519] Non enim liberum arbitrium in duo diversa ingenia dividimus, ut aliud sit velut limus, aliud cera, aut aliud terra culta, aliud inculta terra, Sed de uno in omnibus hominibus aequaliter impotente loquimur, quod non nisi limus, non nisi terra inculta est, ut quod non possit velle bonum, Ideo sicut limus semper fit durior, et terra inculta spinosior, ita liberum arbitrium semper fit peius, tam lenitate solis indurante, quam tempestate pluviae liquefaciente. Si est igitur unius definitionis, eiusdemque impotentiae liberum arbitrium in omnibus hominibus, nulla potest ratio reddi, cur unum perveniat ad gratiam, et alterum non perveniat, si nihil aliud praedicetur, quam lenitas tolerantis et castigatio miserentis Dei. Positum est enim liberum arbitrium in omnibus hominibus aequali definitione, nihil posse velle boni. Tum nec Deus quemquam eliget, nec electionis

---

[519] S. o. 448,1-6.

dass Gott gleicherweise grausam erscheint, wenn er durch Milde erträgt, als wenn er durch unsere Predigt so dargestellt wird, dass er bewusst durch seinen unerforschlichen Willen verstockt. Denn wenn er sieht, dass das freie Willensvermögen das Gute nicht wollen kann und schlechter wird durch die Milde dessen, der erträgt, ist er durch eben diese Milde ausgesprochen grausam. Er scheint sich ja an unserem Übel zu erfreuen, obwohl er ihm doch abhelfen könnte, wenn er wollte, und, wenn er wollte, es nicht ertragen könnte. Ja, wenn er nicht wollte, könnte er es nicht ertragen. Wer kann ihn gegen seinen Willen zwingen? Wenn also jener Wille feststeht, ohne den nichts geschieht, und zugegeben ist, dass das freie Willensvermögen nichts Gutes wollen kann, wird, was immer zur Entschuldigung Gottes und zur Anklage des freien Willensvermögens gesagt wird, vergeblich gesagt. Immer nämlich sagt das freie Willensvermögen: Ich kann nicht, und Gott will nicht – was soll ich tun? Mag er sich gar meiner erbarmen, indem er mich straft – ich komme in keiner Weise von der Stelle, sondern werde notwendig schlechter, wenn er nicht den Geist schenkt. Aber diesen schenkt er nicht. Er würde ihn aber schenken, wenn er wollte. Dass er ihn nicht geben will, ist also gewiss.

Auch die angeführten Gleichnisse tun nichts zur Sache. Etwa, wenn gesagt wird: „Durch dieselbe Sonne wird der Schlamm hart und das Wachs weich, und durch denselben Regen bringt die bebaute Erde Frucht, die unbebaute Erde Dornen hervor; so werden in gleicher Weise durch dieselbe Milde Gottes die einen verstockt, die anderen bekehrt." Denn wir teilen das freie Willensvermögen nicht in zwei unterschiedliche Arten, so dass das eine wie Schlamm, das andere wie Wachs oder das eine wie bebaute Erde, das andere wie unbebaute Erde wäre. Sondern wir sprechen von ein und demselben, in allen Menschen in gleicher Weise Unfähigen, das nur Schlamm, nur unbebaute Erde ist, nämlich weil es das Gute nicht wollen kann. Wie daher der Schlamm immer härter und die unbebaute Erde immer dornenreicher wird, so wird das freie Willensvermögen immer schlechter; sowohl, wenn es durch die Milde der Sonne verhärtet, als auch, wenn es durch den Regenstrom weich gemacht wird. Wenn also nach einer einzigen Definition in allen Menschen dieselbe Unfähigkeit des freien Willensvermögens ist, kann kein Grund angegeben werden, warum der eine zur Gnade gelangt und der andere nicht dahin gelangt; denn es wird ja nichts anderes gepredigt als die Milde des Gottes, der erträgt, und die Züchtigung des Gottes, der sich erbarmt. Denn das freie Willensvermögen ist in allen Menschen nach der gleichen Definition gesetzt, dass es nämlich nichts Gutes wollen kann. Dann wird Gott weder irgendeinen erwählen noch bleibt Raum für irgendeine Erwählung, sondern allein die Freiheit des Wil-

ullus locus relinquitur, sed sola libertas arbitrii, lenitatem et iram acceptans vel refutans. Spoliatus vero Deus virtute et sapientia eligendi, quid erit nisi idolum fortunae, cuius numine omnia temere fiunt? Et tan-|dem eo venietur, ut homines salvi fiant et damnentur ignorante Deo, ut qui non discreverit certa electione salvandos et damnandos, sed oblata omnibus generali lenitate tolerante et indurante, tum misericordia corripiente et puniente, hominibus reliquerit, utri velint salvi fieri aut damnari, ipse interim forte ad convivium Aethiopum profectus, ut Homerus dicit.⁵²⁰

Talem Deum nobis et Aristoteles pingit, qui dormiat scilicet, et sinat sua bonitate et correptione uti et abuti quoslibet.⁵²¹ Nec Ratio aliter de ipso potest iudicare, quam hic Diatribe facit. Sicut enim ipsa stertit et contemnit res divinas, sic iudicat et de Deo, quasi stertat, et omissa eligendi, discernendi, inspirandi sapientia, voluntate et praesentia, hominibus mandarit negociosum istud et molestum opus, lenitatem et iram suam, acceptandi et refutandi. Huc venitur, dum ratione humana, Deum metiri et excusare volumus, dum secreta maiestatis non reveremur sed penetramus scrutantes, ut oppressi gloria pro una excusatione mille blasphemias evomamus,⁵²² nec nostri interim memores, sed simul et contra Deum et nos garrientes velut insani, dum magna sapientia pro Deo, et pro nobis dicere volumus. Nam hic vides, quid ex Deo faciat iste tropus et glosa Diatribes. Deinde quam bene sibi constet, quae antea liberum arbitrium in omnibus hominibus una definitione fecit aequale et simile, nunc inter disputandum, propriae definitionis oblita, aliud facit cultum, aliud incultum, ex diversitate operum et morum|et hominum, diversa faciens arbitria libera. Aliud quod bonum faciat, aliud quod non faciat, atque id suis viribus ante gratiam, quibus viribus ipsum nihil posse velle boni ante definierat. Ita fit, dum soli voluntati Dei non permittimus indurandi et miserendi et omnia faciendi voluntatem et potentiam, ipsi libero arbitrio omnia posse tribuamus

---

⁵²⁰ Homer: Odyssee 1,22.26.   ⁵²¹ Aristoteles: Metaphysik 11,7.9.   ⁵²² Luther: Operationes in psalmos; WA 5,80,2 f.

lensvermögens, welches die Milde und den Zorn annimmt oder ablehnt. Was aber wird Gott, seiner Kraft und seiner Weisheit der Erwählung beraubt, anderes sein als ein Schicksalsgötze, durch dessen Walten alles zufällig geschieht? Und schließlich wird man dahin kommen, dass die Menschen selig werden und verdammt werden, ohne dass Gott es weiß. Denn er hat ja nicht durch eine gewisse Auswahl diejenigen unterschieden, die selig werden sollen und die zu verdammen sind. Sondern, nachdem er die allgemein ertragende und verstockende Milde, ferner das züchtigende und strafende Erbarmen allen angeboten hat, überließ er es den Menschen, ob sie selig oder verdammt werden wollen. Er selbst ist inzwischen vielleicht zum Gastmahl nach Äthiopien aufgebrochen, wie Homer sagt.

Einen solchen Gott, nämlich der schläft und zulässt, dass beliebige Leute seine Milde und Strafe gebrauchen und missbrauchen, zeichnet uns auch Aristoteles. Und [Herrin] Vernunft kann nicht anders über ihn urteilen, als es hier die ‚Diatribe' tut. So wie sie selbst nämlich schnarcht und die göttlichen Angelegenheiten verachtet, so urteilt sie auch von Gott: als ob er schnarcht und – nachdem er seine Weisheit, seinen Willen und seine Gegenwart zu erwählen, zu unterscheiden und einzuhauchen, aufgegeben hat – den Menschen dieses mühsame und beschwerliche Werk übertragen hat, seine Milde und seinen Zorn anzunehmen oder zurückzuweisen. Dahin kommt man, wenn wir mit menschlicher Vernunft Gott messen und entschuldigen wollen, wenn wir die Geheimnisse der Majestät nicht verehren, sondern forschend in sie eindringen. Mit der Folge, dass wir, von der Herrlichkeit erdrückt, anstatt einer einzigen Entschuldigung tausend Gotteslästerungen ausspeien und uns inzwischen unserer selbst nicht mehr erinnern, sondern zugleich gegen Gott und gegen uns wie wahnsinnig schwatzen, wo wir doch mit großer Weisheit für Gott und für uns reden wollen. Denn du siehst hieran, was diese Bildrede und diese Glosse der ‚Diatribe' aus Gott macht. Weiter, wie gut sie mit sich selbst übereinstimmt: Vorher hat sie durch eine einzige Definition das freie Willensvermögen in allen Menschen gleich und ähnlich gemacht; jetzt bei der Disputation vergisst sie ihre eigene Definition und macht den einen zur bebauten [Erde = kultiviert], den anderen zur unbebauten [Erde = unkultiviert], wenn sie aus einer Verschiedenheit der Werke und Sitten und Menschen unterschiedliche freie Willensvermögen macht: eines, das Gutes tut, ein anderes, das es nicht tut, und das aus seinen eigenen Kräften vor der Gnade. Dabei hatte sie vorher selbst definiert, dass es mit diesen Kräften nichts Gutes wollen kann. So kommt es, dass wir dann, wenn wir nicht allein dem Willen Gottes den Willen und die Macht, zu verstocken und sich zu erbarmen und alles zu tun, überlassen, dem freien

sine gratia, quod tamen negavimus quicquam boni posse sine gratia. Nihil igitur huc valet similitudo solis et hymbris,⁵²³ Rectius Christianus ea similitudine utetur, ut solem et hymbrem vocet Euangelion, sicut facit Psalm. 18. et Epistola ad Ebreos. 10. cultam vero terram electos, incultam reprobos, illi enim verbo aedificantur et meliores fiunt, illi offenduntur et peiores fiunt,⁵²⁴ Alioqui liberum arbitrium per sese in omnibus hominibus est regnum Satanae. |

Caussas etiam videamus fingendi huius tropi in hoc loco. Absurdum (ait Diatribe) videtur, ut Deus, qui non solum iustus, verum etiam bonus est, indurasse dicatur cor hominis, ut per illius maliciam, suam illustraret potentiam, Quare ad Origenem recurrit, qui fatetur occasionem indurationis datam a Deo, culpam tamen in Pharaonem reiicit. Insuper idem annotavit, quod Dominus dixit, In hoc ipsum excitavi te,⁵²⁵ non ait, in hoc ipsum feci te, Alioqui Pharao non fuisset impius, si talem condidisset Deus, qui contemplatus est omnia opera sua, et erant valde bona.⁵²⁶ Haec illa. Absurditas itaque una est principalium causarum, ne verba Mosi et Pauli simpliciter accipiantur. Sed ea absurditas in quem peccat articulum fidei?⁵²⁷ aut quis illa offenditur? Ratio humana offenditur, quae cum in omnibus verbis et operibus Dei caeca, surda, stulta, impia et sacrilega est, hoc loco, adducitur iudex verborum et operum Dei. Eodem argumento negabis omnes articulos fidei, quod longe absurdissimum sit, et ut Paulus ait, Stultitia gentibus et scandalum Iudaeis,⁵²⁸ Deum esse hominem, virginis filium, crucifixum, sedentem in dextera patris. Absurdum est (inquam) talia credere. Fingamus igitur tropos aliquos cum Arrianis, ne Christus sit simpliciter Deus.⁵²⁹ Fingamus tropos cum Manicheis, ne sit verus homo, sed fantasma per virginem, ceu radius per vitrum, lapsum, et crucifixum. Sic pulchre scripturas tractabimus.

Sed nec prosunt tamen tropi, nec evaditur absurditas. Absurdum enim manet (ratione iudice) ut Deus ille iustus et bonus, exigat a libero arbitrio impossibilia, Et cum libero arbitrio non possit velle bonum,

---

⁵²³ Erasmus III a 2; ErAS 4,92.   ⁵²⁴ Ps 19/Vg 18,5; Hebr 6,7 f.   ⁵²⁵ Ex 9,16.   ⁵²⁶ Gen 1,31; Erasmus III a 3; ErAS 4,94.   ⁵²⁷ S. o. 442,6–8.   ⁵²⁸ 1Kor 1,23.   ⁵²⁹ S. o. 442,19 f.

Willensvermögen selbst zugestehen, alles zu können ohne die Gnade, von dem wir doch verneint haben, dass es irgendetwas Gutes kann ohne die Gnade. Nichts also gilt hier das Gleichnis von Sonne und Regen. Richtiger gebrauchte ein Christ dieses Gleichnis so, dass er Sonne und
5 Regen Evangelium nennt – so wie dies Psalm 18 und der Brief an die Hebräer 10 tun –, die bebaute Erde aber die Erwählten, die unbebaute die Verworfenen; jene nämlich werden durch das Wort erbaut und besser, jene nehmen Anstoß und werden schlechter. Abgesehen davon ist das freie Willensvermögen für sich genommen in allen Menschen das
10 Reich Satans.

Wir wollen noch die Gründe betrachten, an dieser Stelle eine solche Bildrede zu erdichten. Absurd (sagt die ‚Diatribe') scheint es, dass Gott, der nicht allein gerecht, sondern auch gut ist, das Herz des Menschen verstockt haben soll, um durch dessen Bosheit seine eigene Macht ans
15 Licht zu bringen. Daher geht sie zu Origenes zurück, der aussagt, dass die Gelegenheit der Verstockung von Gott gegeben ist, die Schuld jedoch auf den Pharao zurückführt. Darüber hinaus hat derselbe angemerkt, der Herr habe gesagt: „Eben dazu habe ich dich erweckt"; er sagt nicht: „Eben dazu habe ich dich gemacht." Sonst wäre der Pharao
20 nicht gottlos gewesen, wenn Gott ihn so geschaffen hätte, der [doch] alle seine Werke ansah, und sie waren sehr gut. So weit die ‚Diatribe'. Absurdität also ist einer der vornehmsten Gründe, dass die Worte des Mose und des Paulus nicht einfach genommen werden [wie sie lauten]. Aber gegen welchen Glaubensartikel sündigt diese Absurdität? Oder wer
25 nimmt an ihr Anstoß? Die menschliche Vernunft nimmt Anstoß; und obwohl sie im Blick auf alle Worte und Werke Gottes blind, taub, töricht, gottlos und gotteslästerlich ist, wird sie an dieser Stelle als Richterin über die Worte und Werke Gottes herangezogen. Mit demselben Argument wirst du alle Glaubensartikel verneinen. Dass es völlig ab-
30 surd sei – und wie Paulus sagt: „Eine Torheit den Heiden und ein Ärgernis den Juden" –, dass Gott Mensch ist, der Sohn einer Jungfrau, gekreuzigt, sitzend zur Rechten des Vaters. Absurd ist es (sage ich), solches zu glauben. Erfinden wir also einige Bildreden mit den Arianern, dass Christus nicht einfach Gott ist. Erfinden wir Bildreden mit den Mani-
35 chäern, dass er nicht wahrer Mensch ist, sondern eine Scheingestalt, durch eine Jungfrau wie ein Strahl durch Glas geglitten, und gekreuzigt. So werden wir die Schriften schön behandeln.

Aber dennoch nutzen weder solche Bildreden noch entgeht man der Absurdität. Absurd nämlich bleibt (nach dem Urteil der Vernunft), dass
40 jener gerechte und gute Gott vom freien Willensvermögen Unmögliches fordert und, obwohl das freie Willensvermögen das Gute nicht wollen kann und notwendigerweise der Sünde dient, dies ihm dennoch zurech-

necessarioque serviat peccato, tamen imputet ei, Et dum non confert spiritum, nihil mitius aut clementius faciat, quam si induret vel indurari permittat. | Haec dictabit ratio non esse boni et clementis Dei, Superant nimio captum illius, nec captivare etiam sese potest, ut credat bonum esse Deum, qui talia faciat et iudicet, sed seclusa fide, palpare et videre et comprehendere vult, quomodo sit bonus et non crudelis. Comprehenderet vero tunc, quando sic de Deo diceretur, Neminem indurat, neminem damnat, sed omnibus misereretur, omnes salvos facit, ut destructo inferno, positoque metu mortis, nulla poena formidaretur futura. Ideo sic aestuat et contendit, ut Deum excuset et defendat, iustum et bonum. Sed fides et | spiritus aliter iudicant, qui Deum bonum credunt, etiam si omnes homines perderet. Et quid prodest, nos istis cogitationibus fatigari, ut culpam indurationis in liberum arbitrium reiiciamus, faciat liberum arbitrium toto mundo totisque viribus, quicquid potest, nullum tamen exemplum edet, quo vel vitare possit, ne induretur, nisi spiritum dederit Deus, vel quo misericordiam mereatur, si suis viribus relictum fuerit. Quid enim refert, an induretur vel mereatur indurari, cum induratio necessario insit, donec inest impotentia illa, qua non potest velle bonum, teste ipsa Diatribe? Cum igitur absurditas non tollatur istis tropis, aut si tollatur, maiores afferuntur absurditates, et libero arbitrio omnia tribuuntur, facessant inutiles et seductores tropi, puroque et simplici verbo Dei haereamus.

Altera caussa, quod ea quae fecit Deus sunt valde bona,[530] nec Deus dixit, feci te in hoc ipsum, sed excitavi in hoc ipsum.[531] Primo dicimus, quod hoc dictum est ante lapsum hominis, ubi quae Deus fecerat, erant valde bona. Sed mox sequitur tertio capite, quomodo sit homo factus malus, desertus a Deo ac sibi relictus. Ex quo homine sic corrupto, nati sunt omnes impii, etiam Pharao, sicut Paulus ait, Eramus omnes natura filii irae, sicut et caeteri.[532] Condidit igitur Deus Pharaonem impium, hoc est, ex impio et corrupto semine, sicut in Proverbiis Salomonis dicit, Omnia propter semetipsum fecit Dominus, etiam impium ad diem malum. Non igitur sequitur, Deus condidit impium, ergo non est

---

[530] Gen 1,31. [531] Ex 9,16. [532] Eph 2,3.

net. Und er, wenn er einem den Geist nicht zuteilt, nichts Sanfteres oder Milderes tut, als dass er verstockt oder zulässt, dass er verstockt wird. Dies, so wird die Vernunft diktieren, ist nicht die Art eines guten und milden Gottes. Zu sehr geht dies über ihr Fassungsvermögen, und sie kann sich auch nicht gefangen nehmen lassen zu glauben, Gott sei gut, der solches tut und entscheidet. Sondern unter Ausschluss des Glaubens will sie tasten, sehen und fassen, wie er gut und nicht grausam ist. Sie würde es aber dann begreifen, wenn sie folgendermaßen von Gott redete: Er verstockt niemanden, verdammt niemanden, sondern erbarmt sich aller, macht alle selig, damit nach Zerstörung der Hölle und Beseitigung der Todesfurcht keine zukünftige Strafe befürchtet würde. Daher brennt sie so darauf und bemüht sich, Gott zu entschuldigen und zu verteidigen als gerecht und mild. Aber der Glaube und der Geist urteilen anders. Sie glauben, dass Gott gut ist, auch wenn er alle Menschen verdürbe. Und was nutzt es, dass wir uns mit solchen Gedanken abmühen, um die Schuld der Verstockung auf das freie Willensvermögen zurückzuführen? Möge das freie Willensvermögen in der ganzen Welt und aus allen Kräften tun, was immer es kann, es wird dennoch kein Beispiel hervorbringen, nach dem es entweder vermeiden kann, dass verstockt wird, wenn Gott den Geist nicht gibt, oder nach dem es Erbarmen verdient, wenn es seinen eigenen Kräften überlassen bleibt. Denn was macht es für einen Unterschied, ob es verstockt wird oder verdient, verstockt zu werden, wenn Verstockung ihm notwendig innewohnt, solange jene Unfähigkeit ihm innewohnt, durch die es das Gute nicht wollen kann, wie die ‚Diatribe' selbst bezeugt? Wenn also die Absurdität durch diese Bildreden nicht aufgehoben wird oder in dem Fall, dass sie aufgehoben wird, größere Absurditäten vorgebracht werden und dem freien Willensvermögen alles zugestanden wird, sollen die unnützen und verführerischen Bildreden verschwinden. Wir wollen dem reinen und einfachen Wort Gottes anhangen.

Der andere Grund ist, dass das, was Gott gemacht hat, sehr gut ist und Gott nicht gesagt hat „Dazu habe ich dich geschaffen", sondern „Dazu habe ich dich erweckt". Zuerst sagen wir, dass dies vor dem Fall des Menschen gesagt worden ist, wo sehr gut war, was Gott gemacht hatte. Aber alsbald folgt im dritten Kapitel, wie der Mensch schlecht geworden ist, verlassen von Gott und sich selbst überlassen. Aus dem so verdorbenen Menschen sind alle Gottlosen geboren, auch der Pharao, wie Paulus sagt: „Wir waren alle von Natur aus Söhne des Zorns, wie auch die Übrigen." Also hat Gott den Pharao gottlos geschaffen, das heißt, aus einem gottlosen und verderbten Samen, so wie er auch in den Sprüchen Salomos sagt: „Alles hat der Herr um seiner selbst willen gemacht, auch den Gottlosen für den bösen Tag." Es folgt also nicht:

impius, Quomodo enim non est impius, ex impio semine? sicut dicit Psal. 50. Ecce in peccatis conceptus sum. Et Iob, Quis potest facere mundum, de immundo conceptum semine?533 Licet enim Deus peccatum non faciat, tamen naturam peccato, subtracto spiritu, vitiatam, non cessat formare et multiplicare, tanquam si faber ex ligno corrupto statuas faciat. Ita qualis est natura, tales fiunt homines, Deo creante et formante illos ex natura tali. Secundo dicitur, si de operibus Dei post lapsum intelligi voles, Erant valde bona, Observabis hoc dici, non de nobis, sed de Deo. Non enim dicit, Vidit homo, quae fecerat Deus, et erant valde bona. Multa videntur Deo et sunt bona valde, quae nobis videntur et sunt pessima, Sic afflictiones, mala, errores, infernus, imo omnia optima opera Dei sunt coram mundo pessima et damnabilia. Quid Christo | et Evangelio melius? at quid mundo execratius? Igitur quomodo sint bona coram Deo, quae nobis mala sunt, solus Deus novit, et ii qui oculis Dei vident, id est, qui spiritum habent, Sed tam acuta disputatione nondum opus est, Sufficit interim illa prior responsio.

Quaeritur fortassis, quo modo Deus mala in nobis dicatur operari, ut indurare, tradere desideriis,534 seducere et similia? Oportuit sane verbis Dei contentos esse, et simpliciter credere, quod dicunt, cum sint opera Dei prorsus inenarrabilia,535 tamen in obsequium Rationis, id est, stultitiae humanae, libet ineptire et stultescere, et balbutiendo tentare, si qua possimus eam movere. Primum, etiam Ratio et Diatribe concedit, Deum omnia in omnibus operari,536 ac sine ipso nihil | fieri537 nec efficax esse, Est enim omnipotens, pertinetque id ad omnipotentiam suam, ut Paulus ait ad Ephesios.538 Iam Satan et homo lapsi et deserti a Deo, non possunt velle bonum, hoc est, ea quae Deo placent, aut quae Deus vult, Sed sunt in sua desideria conversi perpetuo, ut non possint non quaerere quae sua sunt.539 Haec igitur eorum voluntas et natura sic a Deo aversa, non est nihil. Neque enim Satan et impius homo nihil est, aut nullam naturam aut voluntatem habent, licet corruptam et aversam naturam habeant. Illud igitur reliquum, quod dicimus naturae in impio et Satana, ut creatura et opus Dei, non est minus subiectum

---

533 Spr 16,4; Ps 51/Vg 50,7; Ijob 14,4. 534 Röm 1,24. 535 Röm 11,33. 536 1Kor 12,6.
537 Joh 1,3. 538 Eph 1,19. 539 1Kor 13,5; Phil 2,21.

Gott hat den Gottlosen geschaffen, also ist er nicht gottlos. Wie kann er denn nicht gottlos sein aus einem gottlosen Samen? Wie Psalm 50 sagt: „Siehe, in Sünden bin ich empfangen" und Hiob: „Wer kann den rein machen, der aus unreinem Samen empfangen ist?" Denn wenn auch Gott keine Sünde tut, so hört er doch nicht auf, die durch die Sünde und nach Rückzug des Geistes fehlerhafte Natur zu formen und zu mehren, gleichwie wenn ein Handwerker aus einem verdorbenen Holz Statuen macht. So wie die Natur ist, so werden auch die Menschen, indem Gott sie aus einer solchen Natur schafft und gestaltet. Zweitens wird gesagt, wenn du dies „Sie waren sehr gut" von den Werken Gottes nach dem Fall verstanden wissen willst, wirst du beachten: Es ist nicht von uns gesagt, sondern von Gott. Denn er sagt nicht „Der Mensch sah, was Gott gemacht hatte, und es war sehr gut". Vieles scheint nämlich Gott sehr gut zu sein und ist es, was uns sehr schlecht zu sein scheint und ist. So sind die Anfechtungen, Übel, Irrtümer, die Hölle, ja, alle sehr guten Werke Gottes vor der Welt sehr schlecht und verdammungswürdig. Was ist besser als Christus und das Evangelium? Was aber hässlicher als die Welt? Wie also vor Gott gut ist, was für uns schlecht ist, weiß Gott allein und wissen diejenigen, die mit den Augen Gottes sehen, das heißt, die den Geist haben. Aber solch eine scharfe Disputation ist noch nicht nötig. Es reicht diesmal jene erste Antwort.

Vielleicht fragt man, wie von Gott gesagt werden kann, er wirke Böses in uns, wie Verstocken, den Begierden Ausliefern, Verführen und Ähnliches. Man sollte doch mit den Worten Gottes zufrieden sein und einfach glauben, was sie sagen. Denn die Werke Gottes sind ganz unbeschreiblich. Dennoch, um [Herrin] Vernunft, das heißt, der menschlichen Dummheit zu Willen zu sein, wollen wir dumm daherreden und töricht werden und stammelnd versuchen, ob wir sie irgendwie beeindrucken können. Erstens: Auch [Herrin] Vernunft und die ‚Diatribe' gestehen zu, dass Gott alles im allem wirkt und ohne ihn nichts geschieht noch wirksam ist. Denn er ist allmächtig und das gehört zu seiner Allmacht, wie Paulus zu den Ephesern sagt. Nun können Satan und der Mensch, abgefallen und verlassen von Gott, nicht mehr das Gute wollen, das heißt, das, was Gott gefällt oder was Gott will. Sondern sie sind auf ewig ihren eigenen Begierden zugewandt. Sie können folglich nur danach streben, was das Ihre ist. Dieser ihr Wille also und ihre Natur, so von Gott abgewandt, sind nicht nichts. Denn auch Satan und der gottlose Mensch sind nicht nichts, Natur oder Wille sind ihnen nicht abzusprechen, wenn sie auch eine verderbte und abgewandte Natur haben. Das also, was wir den Rest der Natur im Gottlosen und in Satan nennen, ist als ein Geschöpf und ein Werk Gottes nicht weniger der göttlichen Allmacht und Wirkung unterworfen als alle anderen

omnipotentiae et actioni divinae, quam omnes aliae creaturae et opera Dei. Quando ergo Deus omnia in omnibus movet et agit, necessario movet etiam et agit in Satana et impio, Agit autem in illis taliter, quales illi sunt et quales invenit, hoc est, cum illi sint aversi et mali, et rapiantur motu illo divinae omnipotentiae, non nisi aversa et mala faciunt, tanquam si eques agat equum tripedem vel bipedem, agit quidem taliter, qualis equus est, hoc est, equus male incedit. Sed quid faciat eques? equum talem simul agit cum equis sanis, illo male, istis bene, aliter non potest, nisi equus sanetur. Hic vides, Deum, cum in malis et per malos operatur, mala quidem fieri, Deum tamen non posse male facere, licet mala per malos faciat, quia ipse bonus male facere non potest, malis tamen instrumentis utitur, quae raptum et motum potentiae suae non possunt evadere, Vitium ergo est in instrumentis, quae ociosa Deus esse non sinit, quod mala fiunt, movente ipso Deo, Non aliter quam si faber securi serrata et dentata male secaret. Hinc fit, quod impius non possit non semper errare et peccare, quod raptu divinae potentiae motus ociari non sinitur, sed velit, cupiat, faciat, taliter, qualis ipse est. |

Haec rata et certa sunt, si credimus omnipotentem esse Deum. Deinde impium esse creaturam Dei, aversam vero relictamque sibi sine spiritu Dei non posse velle aut facere bonum. Omnipotentia Dei facit, ut impius non possit motum et actionem Dei evadere, sed necessario illi subiectus paret. Corruptio vero seu aversio sui a Deo, facit, ut bene moveri et rapi non possit. Deus suam omnipotentiam non potest omittere propter illius aversionem, Impius vero suam aversionem non potest mutare. Ita fit, ut perpetuo et necessario peccet et erret, donec spiritu Dei corrigatur. In his vero omnibus Satan adhuc in pace regnat, et atrium suum quietum possidet[540] sub motu isto divinae omnipotentiae. Post haec vero sequitur indurationis negocium, quod sic habet. Impius (ut diximus) sicut et princeps suus Satan, totus est versus ad se et ad sua, non requirit Deum, nec curat ea quae Dei sunt, suas opes, suas glorias, sua opera, suum sapere, suum | posse, et omnino suum regnum

---

[540] Lk 11,21.

Geschöpfe und Werke Gottes. Da ja doch Gott alles in allem bewegt und wirkt, bewegt und wirkt er auch notwendigerweise im Satan und im Gottlosen. Er wirkt aber in ihnen so, wie sie sind und wie er sie vorfindet. Das heißt: Weil jene abgewandt sind und böse und fortgerissen werden von jener Wirksamkeit der göttlichen Allmacht, tun sie nichts als Abgewandtes und Böses. Das ist so, wie wenn ein Reiter ein drei- oder zweifüßiges Pferd reitet, dann reitet er es jedenfalls so, wie das Pferd beschaffen ist, das heißt, das Pferd geht schlecht. Aber was sollte der Reiter tun? Er reitet ein solches Pferd wie die gesunden Pferde, jenes schlecht, diese gut; er kann nicht anders, es sei denn, das Pferd würde gesund. Hier siehst du, dass, wenn Gott in den Bösen und durch die Bösen wirkt, zwar Böses geschieht. Dennoch kann Gott nicht böse handeln, mag er auch Böses durch Böse tun, denn er ist selbst gut und kann nicht böse handeln. Gleichwohl benutzt er die Bösen als Werkzeuge, die dem Fortgerissen- und Angetriebenwerden durch seine Macht nicht entkommen können. Der Fehler liegt also in den Werkzeugen, die Gott nicht müßig sein lässt, so dass Böses geschieht durch den Antrieb Gottes. Nicht anders, als wenn ein Zimmermann mit einem gezackten und schartigen Beil schlecht schneidet. Daher kommt es, dass der Gottlose immer nur irren und sündigen kann, weil ihm, der fortgerissen ist von dem Antrieb der göttlichen Macht, nicht zugelassen wird, müßig zu sein, sondern er will, begehrt und tut in der Weise, wie er beschaffen ist.

Dies ist ganz klar, wenn wir glauben, dass Gott allmächtig ist. Ferner, dass der Gottlose ein Geschöpf Gottes ist, das aber wahrhaft abgewandt und sich selbst überlassen ohne den Geist Gottes das Gute nicht wollen oder tun kann. Die Allmacht Gottes bewirkt, dass der Gottlose dem Antrieb und dem Wirken Gottes nicht entkommen kann, sondern ihm unterworfen notwendigerweise gehorcht. Die Verderbnis aber oder die Abkehr seiner selbst von Gott bewirkt, dass er nicht zum Guten angetrieben und fortgerissen werden kann. Gott kann seine Allmacht nicht aufgeben wegen dessen Abkehr; der Gottlose aber kann nicht seine Abkehr ändern. So kommt es, dass er fortdauernd und notwendigerweise sündigt und irrt, bis er vom Geist Gottes zurechtgebracht wird. Bei all dem aber regiert Satan noch in Ruhe und Frieden und hat seinen Palast ungestört inne unter diesem Antrieb der göttlichen Allmacht. Danach aber folgt der Prozess der Verstockung, mit dem es sich folgendermaßen verhält: Der Gottlose ist (wie wir gesagt haben), wie auch sein Fürst Satan, ganz auf sich und das Seine gekehrt, er fragt nicht nach Gott und kümmert sich nicht um Gottes Sache; seine eigene Macht, seinen eigenen Ruhm, seine eigenen Werke, sein eigenes Wissen, sein eigenes Können und überhaupt sein eigenes Reich erstrebt er, und

quaerit, illisque vult in pace frui. Quod si quis ei resistat aut aliquid horum voluerit imminuere, eadem aversione, qua illa quaerit, etiam movetur et indignatur et furit in adversarium, Et non tam potest non furere, quam non potest non cupere et quaerere, Et tam non potest non cupere, quam non potest non esse, cum sit creatura Dei, licet vitiata. Hic est ille furor mundi adversus Euangelion Dei, Nam per Euangelion venit ille fortior, victurus atrii quietum possessorem,[541] et damnat istas cupiditates, gloriae, opum, sapientiae et iustitiae propriae et omnia in quibus confidit, Haec ipsa irritatio impiorum, cum Deus illis contrarium dicit aut facit, quam vellent, est ipsorum induratio et ingravatio. Nam cum per sese sint aversi ipsa naturae corruptione, tum multo magis avertuntur et peiores fiunt, dum ipsorum aversioni resistitur aut detrahitur. Sic Pharaoni impio erepturus tyrannidem, irritavit eum et magis induravit et aggravavit cor eius, dum illum per verbum Mosi, velut regnum ablaturi et populum suae tyrannidi subtracturi, invasit, et intus spiritum non dedit, sed ipsius impiam corruptionem permisit Satana regnante, succensere, intumescere, furere et procaedere, cum securitate quadam et contemptu.

Non igitur quispiam cogitet, Deum, cum dicitur indurare, aut malum in nobis operari (indurare enim est malum facere) sic facere, quasi de novo in nobis malum creet, ac si fingas malignum cauponem, qui ipse malus, in vas non malum fundat aut temperet venenum, ipso vase nihil faciente, quam quod recipiat vel patiatur temperatoris malignitatem. Sic enim fingere videntur hominem per sese bonum aut non malum, pati a Deo malum opus, dum audiunt a nobis dici, Deum in nobis operari bona et mala, nosque mera necessitate passiva subiici Deo operanti, non satis cogitantes, quam | inquietus sit actor Deus in omnibus creaturis suis, nullamque sinat feriari. Sed ita cogitet, qui utcunque talia volet intelligere, In nobis, id est, per nos Deum operari mala, non culpa Dei, sed vitio nostro, qui cum simus natura mali, Deus vero bonus, nos actione sua pro natura omnipotentiae suae rapiens, aliter

---

[541] Lk 11,22.

das will er in Frieden genießen. Wenn sich ihm einer darin widersetzte oder etwas davon vermindern wollte, wird er von derselben Abkehr angetrieben, mit der er jenes erstrebt, ja, er erregt sich und ist entrüstet und wütet gegen seinen Gegner. Und es ist ihm so unmöglich, nicht zu wüten, wie es ihm nicht möglich ist, nicht zu begehren und zu erstreben. Und es ist ihm unmöglich, nicht zu begehren, wie es ihm nicht möglich ist, nicht zu sein, weil er ein Geschöpf Gottes ist, wenn auch ein fehlerhaftes. Das ist das Wüten der Welt gegen das Evangelium Gottes. Denn durch das Evangelium kommt jener Stärkere, der den ungestört lebenden Besitzer des Palastes besiegen wird. Und er verdammt diese Gier nach eigenem Ruhm, eigener Macht, eigener Weisheit und eigener Gerechtigkeit und alles, worauf er vertraut. Gott sagt oder tut etwas, was das Gegenteil von dem ist, was sie wollen. Darüber sind die Gottlosen aufgebracht und darin besteht ihre Verstockung und Verhärtung. Denn weil sie durch die Verderbnis der Natur aus sich heraus abgewandt sind, wenden sie sich dann um so mehr ab und werden noch schlimmer, wenn man sich ihrer Abkehr widersetzt oder ihr Abbruch tut. So verhielt es sich, als Gott dem gottlosen Pharao die Gewaltherrschaft entreißen wollte; er hat ihn aufgebracht und sein Herz noch mehr verstockt und verhärtet, indem er ihn durch das Wort des Mose angegriffen hat, als wollte er das Reich wegnehmen und das Volk seiner Gewaltherrschaft entziehen. Und er hat ihm inwendig den Geist nicht gegeben, sondern er hat zugelassen, dass seine gottlose Verderbnis unter der Herrschaft Satans mit einer gewissen Selbstsicherheit und Verachtung entflammte, anschwoll, wütete und zunahm.

Niemand denke also, wenn gesagt wird, Gott verstocke oder wirke Böses in uns (denn Verstocken heißt Böses tun), er wirke so, als ob er von neuem das Böse in uns schaffe – wie du dir einen bösartigen Wirt vorstellen magst, der, selbst böse, in ein an sich nicht schlechtes Gefäß Gift gießt oder mischt, wobei das Gefäß ja selbst nichts tut als nur die Bösartigkeit des Giftmischers aufzunehmen und an sich geschehen zu lassen. Es scheint nämlich die Vorstellung zu herrschen, der an sich gute oder nicht böse Mensch lasse das böse Werk von Gott an sich geschehen, wenn sie von uns hören, Gott wirke in uns Gutes und Böses und wir seien aus reiner, passiver Notwendigkeit dem Wirken Gottes unterworfen. Sie bedenken nicht genug, wie Gott ohne Unterlass in allen seinen Geschöpfen wirkt und nicht zulässt, dass eines müßig geht. Aber genau das muss bedenken, wer solches überhaupt verstehen will: ‚In uns‘, das heißt, dass Gott durch uns Böses wirkt, nicht durch Gottes Schuld, sondern durch unseren Fehler. Denn wir sind von Natur aus böse, Gott aber ist gut, er reißt uns durch sein Wirken nach der Natur seiner Allmacht fort und kann nicht anders handeln, als dass

facere non possit, quam quod ipse bonus, malo instrumento malum faciat, licet hoc malo, pro sua sapientia utatur bene ad gloriam suam et salutem nostram. Sic Satanae voluntatem malam inveniens, non autem creans, sed deserente Deo, et peccante Satana malam factam, arripit operando, et movet quorsum vult, licet illa voluntas mala esse non desinat, hoc ipso motu Dei. Hoc modo dixit David. 2. Reg. de Simei, Sine illum, ut maledicat, | Dominus enim praecepit illi, ut maledicat David.⁵⁴² Quomodo praecipiat Deus maledicere, scilicet, tam virulentum et malum opus? Externum non erat uspiam tale praeceptum. Respicit igitur David illo, quod Deus omnipotens dixit et facta sunt,⁵⁴³ hoc est, verbo aeterno omnia facit. Itaque voluntatem Simei iam malam cum omnibus membris, contra David antea accensam, oblato oportune David, ut merito talem blasphemiam, rapit divina actio et omnipotentia, et ipse Deus bonus, per malum et blasphemum organum praecipit, id est, verbo dicit et facit, scilicet raptu actionis suae hanc blasphemiam.

Sic indurat Pharaonem, cum impiae et malae eius voluntati offert verbum et opus quod illa odit, vitio scilicet ingenito et naturali corruptione, Atque cum Deus spiritu intus eam non mutet, pergat vero offerendo et obtrudendo, Pharao vero vires, opes, potentiam suam considerans, illis eodem naturali vitio confidit, fit, ut hinc suarum rerum imaginatione inflatus et exaltatus, illinc vero humilitate Mosi et verbi Dei abiecta forma venientis, superbus contemptor factus, induretur, tum magis ac magis irritetur et ingravetur, quo magis Moses instat et minatur. Haec autem voluntas eius mala, se sola non moveretur aut induraretur, sed omnipotens actor, cum illam agat inaevitabili motu, ut reliquas creaturas, necesse est eam aliquid velle, Tum simul foris offert, quod naturaliter illam irritat et offendit, fit, ut Pharao non possit vitare indurationem sui, sicut vitare non potest et omnipotentiae divinae actionem, et aversionem seu maliciam suae voluntatis. Quare induratio Pharaonis per Deum sic impletur, quod foris obiicit maliciae eius, quod ille odit naturaliter, tum intus non cessat movere omnipotente motu, malam (ut invenit) voluntatem, Illeque pro malicia volun-

---

⁵⁴² Richtig: 2Sam 16,5–14.   ⁵⁴³ Ps 33/Vg 32,9.

er, der selbst gut ist, mit einem bösen Werkzeug Böses wirkt. Freilich braucht er dieses Böse nach seiner Weisheit in guter Weise zu seiner Ehre und unserem Heil. So findet er den bösen Willen Satans vor. Er schafft ihn aber nicht. Sondern er reißt und treibt Satan, der gottverlassen und sündigend böse geworden ist, durch sein Wirken, wohin er will, auch wenn jener Wille nicht aufhört, böse zu sein, durch eben diesen Antrieb Gottes. Auf diese Weise sprach David in 2Sam von Schimi: „Lass ihn fluchen, denn der Herr hat ihm befohlen, dass er David fluche." Wie kann Gott befehlen zu fluchen, also ein so giftiges und böses Werk? Eine solche Vorschrift hat es nirgendwo nach außen hin gegeben. David berücksichtigt also dies: dass der allmächtige Gott gesprochen hat und es geschehen ist, das heißt, dass er alles durch das ewige Wort wirkt. So reißen das göttliche Wirken und die göttliche Allmacht den Willen Schimis fort; der war schon vorher böse und mit jedem Glied gegen David entbrannt, da sich David bei dieser Gelegenheit so darstellte, dass er eine solche Lästerung verdient habe. Und selbst der gute Gott befiehlt durch ein böses und lästerliches Werkzeug, das heißt, er sagt und tut durch sein Wort, nämlich durch das Fortreißende seines Wirkens, diese Lästerung.

So verstockt er den Pharao, indem er seinem gottlosen und bösen Willen das Wort und das Werk darbietet. Dieses hasst er wegen des angeborenen Fehlers und der naturgemäßen Verderbnis. Und da Gott ihn nicht inwendig durch den Geist verwandelt, fährt er mit Darbieten und Aufdrängen fort; der Pharao aber, der seine Kräfte, seine Machtmittel und seine Macht betrachtet, vertraut durch denselben naturgemäßen Fehler auf sie. So kommt es, dass er einerseits durch die Vorstellung seines Besitzes aufgeblasen und eingebildet wird; andererseits aber wird er durch die Niedrigkeit des Mose und des Wortes Gottes, das in verächtlicher Gestalt daherkommt, ein hochmütiger Verächter und verstockt. Er wird umso mehr und stärker aufgebracht und verhärtet, je mehr Mose ihm zusetzt und droht. Dieser sein eigener böser Wille würde sich aber nicht von allein aufbringen lassen oder verstocken. Vielmehr, da der allmächtige Treiber ihn mit unvermeidlichem Antrieb treibt wie die übrigen Geschöpfe, ist es notwendig, dass er irgendetwas will. Einerseits bietet er zugleich etwas von außen an, was ihn naturgemäß aufbringt und seinen Unwillen erregt. So kommt es, dass der Pharao seine Verstockung nicht vermeiden kann, so wie er das Wirken der göttlichen Allmacht nicht vermeiden kann und die Abkehr oder die Bosheit seines Willens. Daher wird die Verstockung des Pharao durch Gott folgendermaßen vollführt: Er hält seiner Bosheit von außen etwas entgegen, was jener natürlicherweise hasst. Anderseits lässt er innerlich nicht nach, jenen bösen Willen, wie er ihn vorfindet, durch den all-

tatis suae non potest non odisse contrarium sibi et confidere suis viribus, sic obstinatur, ut neque audiat neque sapiat, Sed rapiatur possessus a Satana, velut insanus et furens. |

Haec si persuasimus, vicimus in hac caussa, et explosis tropis et glosis hominum, verba Dei simpliciter accipimus, ne sit necesse Deum excusare, vel iniquitatis arguere. Cum enim dicit, Ego indurabo cor Pharaonis,544 simpliciter loquitur ac si sic diceret, Ego faciam, ut cor Pharaonis induretur, seu, ut me operante et faciente, induretur, quod quomodo fiat, audivimus, Scilicet intus generali motu ipsam movebo voluntatem malam, ut suo impetu et cursu volendi pergat, nec cessabo movere nec possum aliter, Foris vero offeram verbum et opus, in quod impinget impetus ille malus, cum aliud non possit, nisi male velle, me ipsum malum movente virtute omnipotentiae. Sic certissimus erat, et certissime pronunciabat Deus, Pharaonem esse indurandum, ut qui certissimus erat, Pharaonis voluntatem nec motui omnipotentiae resistere, nec maliciam suam deponere, nec oblatum adversarium Mosen admittere posse, sed manente voluntate eius mala, necessario peiorem, duriorem et superbiorem fieri, dum cursu et impetu suo impingeret in id quod nolebat et quod contemnebat, confisus potentia sua. Ita vides hic, etiam hoc ipso verbo confirmari, liberum arbitrium nihil nisi malum posse, dum Deus qui non fallitur ignorantia, nec mentitur nequitia, tam secure promittit indurationem Pharaonis, certus videlicet, | quod voluntas mala non nisi malum velle possit, et oblato bono sibi contrario, non nisi peior fieri possit. Reliqua igitur sunt, ut quaerat quispiam, Cur Deus non cesset ab ipso motu omnipotentiae, quo voluntas impiorum movetur,545 ut pergat mala esse et peior fieri? Respondetur, hoc est optare, ut Deus propter impios desinat esse Deus, dum eius virtutem et actionem optas cessare, scilicet, ut desinat esse bonus, ne illi fiant peiores. At cur non simul mutat voluntates malas, quas movet? Hoc pertinet ad secreta maiestatis, ubi incomprehensibilia sunt iudicia

---

544 Ex 4,21; 7,3; 14,4. 545 Erasmus III a 8; ErAS 4,100.

mächtigen Antrieb zu bewegen. Und jener kann wegen der Bosheit seines Willens das ihm Entgegengesetzte nur hassen und auf seine eigenen Kräfte vertrauen; und er wird so hartnäckig, dass er weder hört noch erkennt, sondern vom Satan besessen fortgerissen wird wie ein Wahnsinniger und Rasender.

Wenn wir hier eine überzeugende Argumentation geliefert haben, haben wir in dieser Sache gesiegt. Wir haben die Bildreden und Glossen der Menschen verjagt und nehmen einfach die Worte Gottes an, so dass es nicht nötig ist, Gott zu entschuldigen oder ihn der Ungerechtigkeit zu beschuldigen. Wenn er nämlich sagt „Ich werde das Herz des Pharao verstocken", sagt er nichts anderes als: „Ich werde bewirken, dass das Herz des Pharao verstockt wird" oder „dass es durch mein Wirken und mein Tun verstockt wird". Wie das geschieht, haben wir gehört. Nämlich: „Inwendig werde ich durch den allgemeinen Antrieb den bösen Willen selbst bewegen; er fährt demnach durch eigenen Antrieb und Lauf fort zu wollen, und ich werde weder in der Bewegung nachlassen noch kann ich anders. Von außen werde ich Wort und Werk darbieten, auf das jener böse Antrieb auflaufen wird, weil er nicht anders sein kann als böswillig, da ich eben das Böse bewege durch die Kraft der Allmacht." So war Gott völlig gewiss und verkündete es ganz gewiss, dass der Pharao verstockt werden müsse. Denn er war absolut gewiss, dass der Wille des Pharao weder dem Antrieb der Allmacht widerstehen noch seine Bosheit ablegen noch den dargebotenen Gegner Mose an sich heranlassen konnte; im Gegenteil: Er würde bei seinem bösen Willen bleiben und notwendigerweise noch schlechter, härter und hochmütiger werden, während er in seinem Lauf und Drang auf das auflief, was er nicht wollte und was er im Vertrauen auf seine Macht verachtete. So siehst du hier, dass auch durch eben dieses Wort bekräftigt wird: Das freie Willensvermögen vermag nichts außer das Böse, da ja Gott, der sich nicht aus Unwissenheit täuscht und nicht aus Bosheit lügt, so sicher die Verstockung des Pharao ankündigt. Und zwar deswegen gewiss, weil ein böser Wille nur das Böse wollen und dann, wenn ihm das entgegengesetzte Gute dargeboten wird, nur schlimmer werden kann. Es bleibt also noch, dass jemand fragen mag, warum Gott nicht von eben diesem Antrieb der Allmacht ablässt, mit dem der Wille der Gottlosen angetrieben wird und der folglich fortfährt, böse zu sein und noch schlimmer zu werden. Die Antwort darauf ist: Das wäre gleichbedeutend mit dem Wunsch, Gott möge wegen der Gottlosen aufhören, Gott zu sein. Denn du wünschst, dass seine Kraft und seine Wirkung aufhören, dass er also ablässt, gut zu sein, damit jene nicht schlimmer werden. Aber warum ändert er nicht zugleich die bösen Willen, die er antreibt? Das bezieht sich auf die Geheimnisse seiner Majestät, wo seine

eius.⁵⁴⁶ Nec nostrum hoc est quaerere, sed adorare mysteria haec. Quod si caro et sanguis hic offensa murmuret, Murmuret sane, sed nihil efficiet, Deus ideo non mutabitur. Et si scandalisati impii discedant quam plurimi, Electi tamen manebunt. Idem dicetur illis, qui quaerunt, Cur permisit Adam ruere, et cur nos omnes eodem peccato infectos condit, cum potuisset illum servare et nos aliunde vel primum purgato semine, creare. Deus est, cuius voluntatis nulla est caussa nec ratio, quae illi ceu regula et mensura praescribatur, cum nihil sit illi aequale aut superius, sed ipsa est regula omnium. Si enim esset illi aliqua regula vel mensura, aut caussa aut ratio, iam nec Dei voluntas esse posset, Non enim quia sic debet vel debuit velle, ideo rectum est, quod vult, Sed contra, Quia ipse sic vult, ideo debet rectum esse quod fit. Creaturae voluntati caussa et ratio praescribitur, sed non Creatoris voluntati, nisi alium illi praefeceris creatorem. |

His puto satis confutatam esse tropologam Diatriben cum suo tropo,⁵⁴⁷ tamen ad ipsum textum veniamus, visuri, quam conveniat inter ipsam et tropum. Mos est enim omnium, qui tropis eludunt argumenta, ut textu ipso fortiter contempto, hoc solum laborent, ut excerptum vocabulum aliquod tropis torqueant, ac suo sensu crucifigant, nullo respectu habito, vel circunstantiarum, vel sequentium et praecedentium, vel intentionis aut caussae authoris. Sic Diatribe hoc loco, nihil morata, quid agat Moses, aut quorsum tendat eius oratio, voculam hanc, Ego indurabo (qua offenditur) e textu rapit, fingitque pro libidine, interim nihil cogitans, quomodo sit rursus inserenda, et coaptanda, ut quadret corpori textus, Atque haec est illa ratio, cur scriptura non sit satis dilucida apud tot soeculis receptissimos ac doctissimos viros, Nec mirum, quando nec sol talibus artibus petitus lucere posset. Sed ut omittam, quod superius monstravi, Pharaonem non recte dici induratum, quod lenitate Dei toleratus, non sit statim punitus,⁵⁴⁸ cum tot plagis castigatus sit. Quid opus erat, ut Deus toties promitteret sese induraturum cor Pharaonis,⁵⁴⁹ tunc cum signa fierent, qui iam ante signa et

---

⁵⁴⁶ Röm 11,33.   ⁵⁴⁷ S. o. 444,20–27.   ⁵⁴⁸ S. o. 448,6–8.   ⁵⁴⁹ Ex 4,21; 7,3; 14,4.

Urteile unbegreiflich sind. Und es ist nicht an uns, dies zu erforschen, sondern diese Geheimnisse anzubeten. Wenn denn das Fleisch und Blut beleidigt ist und dagegen murrt – soll es ruhig murren, aber es wird nichts ausrichten, Gott wird sich deswegen nicht ändern. Und wenn noch so viele Gottlose das als Ärgernis empfinden und sich abwenden – die Auserwählten werden dennoch bleiben. Dasselbe ist denen zu sagen, die fragen, warum er zugelassen hat, dass Adam fiel, und warum er uns alle als mit derselben Sünde Befleckte schafft; er hätte doch ihn bewahren und uns anderswoher oder erst nach Reinigung des Samens schaffen können. Gott ist der, dessen Wille keine Ursache noch Grund hat, die ihm als Richtschnur und Maß vorgeschrieben würden. Ihm ist nichts gleich oder überlegen; vielmehr ist er eben die Richtschnur für alles. Wenn es nämlich für ihn irgendeine Richtschnur oder ein Maß gäbe oder eine Ursache oder einen Grund, so könnte es nicht mehr der Wille Gottes sein. Denn nicht daher, weil er wollen muss oder musste, ist richtig, was er will. Sondern im Gegenteil: Weil er so will, daher muss richtig sein, was geschieht. Dem Willen des Geschöpfes wird Ursache und Grund vorgeschrieben, aber nicht dem Willen des Schöpfers, es sei denn, du wolltest ihm einen anderen Schöpfer vorsetzen.

Damit, glaube ich, ist diese bilderreiche ‚Diatribe' mit ihrer Bildrede genug widerlegt. Doch wollen wir zum Text selbst kommen, in der Absicht, darauf zu achten, wie er und Bildrede zusammenpassen. Es ist nämlich Sitte bei allen, die Argumente durch Bildreden erledigen, dass sie, nachdem sie den Text selbst kräftig verachtet haben, sich allein darum bemühen, dass sie ein herausgerissenes Wort mit Bildreden verdrehen und nach ihrem eigenen Verständnis kreuzigen, ohne jede Rücksichtnahme, sei es auf die Umgebung [des Textes], sei es auf das Folgende oder das Vorhergehende, sei es auf die Absicht oder den Beweggrund des Verfassers. So hält sich auch die ‚Diatribe' an dieser Stelle überhaupt nicht damit auf, was Mose bewegt oder wohin seine Rede zielt, wenn sie dieses Wörtlein „Ich werde verstocken" (woran sie Anstoß nimmt) aus dem Text reißt und nach ihrem Gutdünken umbildet. Sie verschwendet dabei keinen Gedanken darauf, wie es wieder einzufügen und anzupassen wäre, dass es zum Ganzen des Textes passt. Und das ist der Grund, warum bei den jahrhundertelang angesehensten und gelehrtesten Männern die Schrift nicht klar genug ist. Und das ist kein Wunder: Auch die Sonne, mit solchen Künsten angegriffen, könnte nicht leuchten. Aber um zu übergehen, was ich weiter oben gezeigt habe – dass es nämlich nicht richtig ist, den Pharao als verstockt zu bezeichnen, weil er durch die Milde Gottes geduldet und nicht sofort bestraft sei, wiewohl er doch mit so vielen Plagen gezüchtigt wird: Was war es nötig, dass Gott so oft zusagte, er werde das Herz des Pharao ver-

ante eam indurationem talis fuit, ut qui lenitate divina toleratus nec punitus, tot mala intulerit filiis Israel, successu prospero et opibus inflatus, si indurare dicitur, divina lenitate tolerari nec statim punire? Vides igitur | prorsus nihil ad rem facere tropum istum hoc loco? ut qui generaliter ad omnes pertinet, qui peccant lenitate divina tolerati. Sic enim omnes homines indurari dicemus, cum nemo non peccet, peccaret vero nullus, nisi toleraretur lenitate divina. Alia est igitur haec Pharaonis induratio praeter illam generalem tolerantiam lenitatis divinae.

Hoc potius agit Moses, ut non adeo praedicet maliciam Pharaonis, quam veritatem et misericordiam Dei, ne scilicet filii Israel diffidant promissionibus Dei, ubi se liberaturum eos promisit, Ea res cum esset maxima, praedicit illis difficultatem, ne labascant fide, scientes haec omnia praedicta et disponente ipso, qui promisit, sic gerenda, ac si diceret, Libero vos quidem, sed hoc difficulter credetis, adeo resistet et differet rem Pharao, sed confidite nihilominus, Hoc totum quoque, quod ille differt, me operante fiet, ut eo plura et maiora faciam miracula, ad confirmandos vos in fide, et ad ostendendam potentiam meam, ut deinceps eo magis mihi in aliis omnibus credatis. Sic et Christus facit, cum suis discipulis regnum promittit in caena novissima, difficultates plurimas praedicit, suam ipsius mortem, et ipsorum multas tribulationes, ut cum factum esset, crederent deinceps multo | magis.550 Nec Moses obscure hunc sensum nobis exhibet ubi dicit, Pharao autem non dimittet vos, ut multa signa fiant in Aegypto, Et iterum, in hoc ipsum excitavi te, ut ostendam potentiam meam in te, et enarretur nomen meum in universa terra.551 Vides hic ideo Pharaonem indurari, ut resistat Deo et differat redemptionem, quo fiat occasio multis signis et declarandae potentiae Dei, ad enarrandum et credendum ei in omni terra. Quid hoc est aliud, quam haec omnia dici et fieri, ad confirmandam fidem et ad consolandos infirmos, ut Deo deinceps, tanquam veraci, fideli, potenti et misericordi libenter credant? velut si parvulis blandissime loquatur, Ne terreamini duritia Pharaonis. Nam et illam ipsam ego operor, et in

---

550 Lk 22,28-30; Joh 16,1-4.   551 Ex 3,19 f.; 9,16.

stocken, damals, als die Zeichen geschahen, wo er doch schon vor den
Zeichen und vor dieser Verstockung als von der göttlichen Milde ertragen und ungestraft den Kindern Israels so viel Übel zugefügt hat, durch
den günstigen Erfolg und durch die Macht aufgeblasen? Wenn ‚versto-
5 cken' heißt: „von göttlicher Milde erduldet werden und nicht sofort
strafen"? Siehst du also, dass diese Bildrede an dieser Stelle überhaupt
nichts zur Sache beiträgt? Die sich ja allgemein auf alle bezieht, die sündigen und durch die göttliche Milde ertragen werden. So nämlich werden wir alle Menschen verstockt nennen, weil jeder sündigt; keiner aber
10 sündigte, außer er wird durch die göttliche Milde ertragen. Es ist also
diese Verstockung des Pharao eine andere, neben jener allgemeinen
Erduldung durch die göttliche Milde.

 Mose handelt vielmehr davon: nicht so sehr, dass er die Bosheit des
Pharao predigt als die Wahrheit und die Barmherzigkeit Gottes. Die
15 Kinder Israels sollen nämlich nicht den Zusagen Gottes misstrauen, in
denen er zugesagt hat, er werde sie befreien. Dies ist eine sehr bedeutende Sache; darum sagt er ihnen die Beschwerlichkeit voraus, damit sie
nicht im Glauben schwankend werden im Wissen darum, dass dies alles
vorhergesagt war und wie der es geordnet hat, der zugesagt hat, dass es
20 so vor sich gehen müsse, als ob er sagte: „Ich werde euch zwar befreien,
aber ihr werdet dies nur schwer glauben, so sehr wird der Pharao der
Sache widerstehen und sie aufhalten, aber vertraut nichtsdestoweniger!
Auch dies alles, was jener hindert, wird durch mein Wirken geschehen,
damit ich umso mehr und größere Wunder tue, um euch im Glauben
25 zu stärken und meine Macht zu zeigen, damit ihr mir dann umso mehr
in allem anderen glaubt." So macht es auch Christus: Wenn er seinen
Jüngern beim letzten Mahl das Reich zusagt, sagt er sehr viele Be-
schwernisse, seinen eigenen Tod und ihre vielen Trübsale voraus, damit
sie, wenn das eintritt, dann umso mehr glauben. Auch Mose behält vor
30 uns diese Deutung nicht im Dunkel, wenn er sagt: „Der Pharao aber
wird euch nicht entlassen, damit viele Zeichen in Ägypten geschehen."
Und wiederum: „Dazu habe ich dich erweckt, dass ich an dir meine
Macht zeige und mein Name in der ganzen Welt verkündet werde." Du
siehst hier, dass der Pharao deswegen verstockt wird, damit er Gott
35 Widerstand leiste und die Erlösung hinausschiebe; dadurch entsteht
Gelegenheit für viele Zeichen und dafür, die Macht Gottes zu offenbaren, damit er verkündet und ihm geglaubt wird auf der ganzen Erde.
Was ist das anderes, als dass dies alles gesagt und getan wird zur Stär-
kung des Glaubens und zum Trost für die Schwachen, damit sie Gott
40 dann als einem Wahrhaften, Treuen, Mächtigen und Barmherzigen
gerne glauben? Wie wenn er ganz sanft zu kleinen Kindern spräche:
„Lasst euch nicht durch die Härte des Pharao erschrecken! Denn auch

manu mea habeo, qui libero vos, tantum illa utar, ad multa signa facienda et ad declarandam maiestatem meam, pro fide vestra.

Hinc illud est, quod fere post singulas plagas repetit Moses, Et induratum est cor Pharaonis, ut non dimitteret populum, sicut locutus fuerat Dominus. Quid est hoc, Sicut locutus erat Dominus, nisi ut verax appareret Dominus, qui illum indurandum praedixerat?552 Si hic ulla erat vertibilitas aut libertas arbitrii in Pharaone, quae in utrunque potuisset, non potuisset Deus tam certo praedicere eius indurationem. Nunc cum promittat is, qui nec falli nec mentiri potest, necessario et certissime futurum erat, ut induraretur, Quod non fieret, nisi induratio prorsus esset extra vires hominis, et in solius Dei potestate, modo, quo diximus supra,553 videlicet, quod Deus certus erat, sese operationem omnipotentiae generalem non omissurum in Pharaone aut propter Pharaonem, cum nec possit eam omittere. Deinde aeque certus erat, voluntatem Pharaonis naturaliter malam et aversam, non posse consentire verbo et operi Dei contrario sibi, ideo impetu volendi in Pharaone per omnipotentiam Dei intus servato, et occursu verbi et operis contrarii foris obiecto, nihil aliud fieri potuit, quam offensio et induratio cordis in Pharaone.554 Si enim Deus omississet actionem omnipotentiae | suae in Pharaone, tum cum ei verbum Mosi contrarium obiecit, et sola voluntas Pharaonis sua vi egisse fingeretur, tum disputandi locus forte fuisset, utro sese inclinare potuisset. Nunc vero cum agatur et rapiatur volendo, non fit quidem voluntati eius vis, quia non cogitur nolens, Sed naturali operatione Dei rapitur ad volendum naturaliter, qualis qualis est (est autem mala) ideo non potest non impingere in verbum, et sic indurari. Ita videmus hunc locum fortiter contra liberum arbitrium pugnare, eo nomine, quod Deus, qui promittit, nequeat mentiri, Si autem non mentitur, non potest Pharao non indurari.

Sed et Paulum videamus, qui hunc locum ex Mose assumit Rom. 9.555 Quam misere torquetur Diatribe in eo loco, ne liberum arbitrium amittat, | in omnem habitum sese versat. Nunc dicit, esse necessitatem

---

552 Ex 8,15; 4,21; 7,3.   553 S. o. 470,24–29.   554 S. o. 464,28–466,6.   555 Röm 9,17.

die wirke ich und habe sie in meiner Hand, der ich euch befreie; ich werde sie nur gebrauchen, um viele Zeichen zu tun und meine Majestät zu offenbaren, für euren Glauben."

Daher kommt es, dass Mose nach fast jeder einzelnen Plage wiederholt: „Und das Herz des Pharao ward verstockt, damit er das Volk nicht entlasse, so wie der Herr gesprochen hatte." Was heißt das „so wie der Herr gesprochen hatte", wenn nicht, dass der Herr als wahrhaft erschiene, der vorhergesagt hatte, ihn zu verstocken? Wenn es hier irgendeine Wandelbarkeit oder ein freies Willensvermögen des Pharao gäbe, die sich hätte zu beiden Seiten wenden können, hätte Gott nicht so gewiss seine Verstockung vorhersagen können. Weil nun der vorhersagt, der sich weder täuschen noch lügen kann, musste die Verstockung notwendig und ganz gewiss eintreten. Was nicht geschehen würde, wenn nicht die Verstockung gänzlich außerhalb der Kräfte des Menschen und in der Macht Gottes allein läge, in der Weise nämlich, wie wir oben gesagt haben: Gott war gewiss, dass er das allgemeine Wirken seiner Allmacht nicht bei dem Pharao oder wegen des Pharao aufgeben würde, weil er es nicht aufgeben kann. Ferner war er in gleicher Weise gewiss, dass der Wille des Pharao, der von Natur aus böse und abgekehrt ist, nicht dem ihm entgegengesetzten Wort und Wirken Gottes zustimmen kann. Weil der Drang zu wollen im Pharao durch die Allmacht Gottes inwendig erhalten war und die Begegnung mit dem gegensätzlichen Wort und Werk von außen entgegengehalten war, konnte daher nichts anderes geschehen als ein Anstoß und eine Verstockung des Herzens im Pharao. Wenn nämlich Gott die Wirkung seiner Allmacht an Pharao aufgegeben hätte, damals, als er ihm das gegen ihn gerichtete Wort des Mose entgegenhielt, und wenn angenommen würde, allein der Wille des Pharao habe aus eigener Kraft gehandelt – da wäre vielleicht Raum für eine Disputation gewesen, nach welcher von beiden Seiten er sich hätte neigen können. Jetzt aber, wo er getrieben und zu wollen fortgerissen wird, geschieht zwar seinem Willen keine Gewalt, weil er nicht gegen seinen Willen gezwungen wird. Vielmehr durch das der Natur gemäße Wirken Gottes wird er weggerissen, der Natur gemäß zu wollen, wie er beschaffen ist (er ist aber böse). Daher kann er nur auf das Wort auflaufen und so verstockt werden. So sehen wir, dass diese Stelle deswegen kräftig gegen das freie Willensvermögen kämpft, weil Gott, der zusagt, nicht lügen kann. Wenn er aber nicht lügt, muss der Pharao verstockt werden.

Aber wir wollen auch Paulus ansehen, der diese Stelle aus Mose aufnimmt in Röm 9. Wie erbärmlich windet sich die ‚Diatribe' an dieser Stelle; um das freie Willensvermögen nicht zu verlieren, dreht und wendet sie sich auf alle Weise. Bald sagt sie, es gebe eine Notwendigkeit der

consequentiae, sed non consequentis,556 Nunc ordinatam seu voluntatem signi, cui resisti potest, Voluntatem placiti, cui resisti non potest,557 Nunc loci adducti ex Paulo non pugnant,558 non loquuntur de salute hominis,559 Nunc praescientia Dei necessitatem, nunc non ponit necessitatem,560 Nunc praevenit gratia voluntatem, ut velit, comitatur euntem dat foelicem eventum,561 Nunc caussa primaria agit omnia, nunc agit per caussas secundarias ipsa quieta.562 Istis et similibus ludibriis verborum, nihil facit, quam quod tempus redimat et caussam interim nobis ex oculis rapiat, alioque trahat, Tam stupidos et socordes nos aestimat vel tam parum affici caussae, quam ipsa afficitur, Aut more infantium, qui, ubi metuunt vel ludunt oculos manibus velant, tum a nemine videri sese putant, quod ipsi neminem videant, Sic per omnem modum Diatribe, radios, imo fulgura clarissimorum verborum non ferens, fingit sese non videre id quod res est, persuasura nobis simul, ut et ipsi oculis velatis non videamus. Sed haec omnia sunt signa convicti animi et invictae veritati reluctantis temere. Figmentum illud de necessitate consequentiae et consequentis, superius confutatum est,563 Fingat, refingat, caville- | tur, recavilletur Diatribe, quantum volet, Si praescivit Deus, Iudam fore proditorem, necessario Iudas fiebat proditor, nec erat in manu Iudae aut ullius creaturae, aliter facere aut voluntatem mutare, licet id fecerit volendo non coactus, sed velle illud erat opus Dei, quod omnipotentia sua movebat, sicut et omnia | alia.564 Stat enim invicta et evidens sententia, Deus non mentitur nec fallitur,565 Non sunt hic obscura verba, vel ambigua, etiam si omnes omnium saeculorum viri doctissimi caecutiant, ut aliter saperent et dicerent. Et ut multa tergiverseris, conscientia tamen tua et omnium convicta, cogitur sic dicere, Si Deus non fallitur in eo quod praescit, necesse est ipsum praescitum fieri, alioqui quis credere posset eius promissionibus? quis metueret eius minas? si non sequitur necessario quod promittit aut minatur? Aut quomodo promittat aut minetur, si praescientia eius fallit aut nostra mutabilitate impediri potest. Obstruit plane haec nimia

---

556 Erasmus III a 9; ErAS 4,102/104; s. o. 252,20 f.; s. u. 492,4–6.   557 Erasmus III a 8; ErAS 4,102.   558 Erasmus III a 12; ErAS 4,106.   559 Erasmus III a 11; ErAS 4,6.   560 Erasmus III a 9; ErAS 4,102.   561 Erasmus III a 4; ErAS 4,96.   562 Erasmus III a 8; ErAS 4,100.   563 S. o. 252,19–254,12.   564 Erasmus III a 9; ErAS 4,102.   565 Num 23,19; Tit 1,2.

Folge, aber nicht des Folgenden. Bald spricht sie von einem verordneten oder von einem Willen des Zeichens, dem widerstanden werden kann, von einem beschlossenen Willen, dem nicht widerstanden werden kann. Bald kämpfen die aus Paulus angeführten Stellen nicht miteinander, sie sprechen nicht vom Heil des Menschen. Bald setzt sie eine Notwendigkeit aus dem Vorherwissen Gottes, bald setzt sie keine Notwendigkeit. Bald kommt die Gnade dem Willen zuvor, dass er überhaupt wolle, begleitet ihn auf seinem Weg, gibt einen glücklichen Ausgang der Dinge. Bald bewirkt die erste Ursache alles, bald bewirkt sie durch Zweitursachen, wobei sie selbst ruht. Durch diese und ähnliche Wortspielereien erreicht sie nichts, als dass sie Zeit vergeudet und uns inzwischen den eigentlichen Fall aus den Augen rückt und anderswo hinzieht. Sie hält uns für so dumm und geistesschwach oder so wenig von der Sache berührt, wie sie selbst berührt ist. Oder nach Art der Kinder: Wenn die sich fürchten oder spielen, bedecken sie die Augen mit den Händen und glauben dann, sie würden von niemanden gesehen, weil sie selbst niemanden sehen. So tut auch die ‚Diatribe' auf alle Weise so, als ob sie, die Strahlen, ja Blitze der ganz klaren Worte nicht ertragend, nicht sähe, was Sache ist. Und gleichzeitig will sie uns einreden, wir seien es, welche die Augen bedecken und nicht sehen. Aber all dies sind Zeichen eines besiegten Geistes und eines solchen, der sich der unbesiegbaren Wahrheit verwegen widersetzt. Jene Erfindung einer Notwendigkeit der Folge und des Folgenden ist weiter oben widerlegt worden. Die ‚Diatribe' möge erfinden und nochmals erfinden, Ausflüchte suchen und nochmals Ausflüchte suchen, so viel sie will. Wenn Gott vorherwusste, Judas werde der Verräter sein, dann wurde Judas notwendig ein Verräter. Es lag dann nicht in der Hand des Judas oder irgendeiner Kreatur, anders zu handeln oder den Willen zu ändern, auch wenn er das willentlich und nicht gezwungen tat. Aber dies Wollen war das Werk Gottes, das er nach seiner Allmacht bewegte wie auch alles andere. Es steht nämlich der unbesiegbare und einleuchtende Satz fest: „Gott lügt nicht noch täuscht er sich." Hier sind keine dunklen oder zweideutigen Worte, auch wenn alle sehr gelehrten Männer aller Zeitalter so blind sind, dass sie anders meinen und sagen. Und wieviel du dich auch drehst und windest, du wirst dennoch, durch dein und aller Gewissen besiegt, gezwungen, so zu sprechen: Wenn Gott sich nicht täuscht in dem, was er vorherweiß, ist es notwendig, dass eben das Vorhergewusste eintrifft. Wer könnte sonst seinen Zusagen glauben? Wer würde seine Drohungen fürchten? Wenn nicht notwendig folgt, was er zusagt oder androht! Oder wie soll er zusagen oder androhen, wenn sein Vorherwissen sich täuscht oder durch unsere Veränderlichkeit gehindert werden kann. Dieses allzu große Licht der gewissen Wahrheit

certae veritatis lux, omnium os,⁵⁶⁶ dirimit omnes quaestiones, victoriam statuit adversus omnes argutias elusorias. Scimus sane, praescientiam hominum falli, Scimus non ideo eclipsin venire quia praescitur, sed ideo praesciri quia ventura est.⁵⁶⁷ Quid nobis cum ista praescientia? De praescientia Dei disputamus, huic nisi dederis necessarium effectum praesciti, fidem et timorem Dei abstulisti, promissiones et minas divinas omnes labefecisti, atque adeo ipsam divinitatem negasti. Sed et ipsamet Diatribe, cum diu esset luctata omniaque tentasset, tandem vi veritatis compulsa, confitetur nostram sententiam, dicens, De voluntate ac destinatione Dei difficilior est quaestio, Vult enim Deus eadem, quae praescit.⁵⁶⁸ Et hoc est quod subiicit Paulus, Voluntati eius quis resistit, si miseretur cui vult, si indurat quem vult?⁵⁶⁹ Etenim si esset rex, qui quicquid vellet, efficeret, nec quisquam posset obsistere, facere diceretur quicquid vellet, Ita Dei voluntas, quoniam est caussa principalis omnium, quae fiunt, videtur necessitatem nostrae voluntati inducere.⁵⁷⁰ Haec l illa, Et gratias tandem agimus Deo, pro sano sensu Diatribes. Ubi nunc igitur liberum arbitrium? Sed rursus elabitur anguilla ista subito dicens, Verum hanc quaestionem non explicat Paulus, sed obiurgat disputantem, O homo tu quis es qui respondes Deo?⁵⁷¹ O pulchrum effugium, Hoccine est divinas litteras tractare, sic propria authoritate de proprio capite, sine scripturis, sine miraculis pronunciare, imo clarissima verba Dei depravare? Non explicat Paulus quaestionem illam? Quid tum facit? Obiurgat disputantem (inquit) An non est ista obiurgatio, absolutissima explicatio? Quid enim quaerebatur ista quaestione de voluntate Dei? Nonne hoc an necessitatem imponeret nostrae voluntati? At Paulus respondet quod sic, Cuius vult miseretur (ait) quem vult indurat, Non est volentis neque currentis, sed miserentis Dei.⁵⁷² Nec contentus explicasse, insuper illos, qui pro libero arbitrio adversus hanc explicationem murmurant, et merita nulla esse et non nostra culpa nos dam-l nari ac similia, garriunt, inducit, ut murmura eorum et indignationem compescat dicens, Dicis itaque mihi, Quid adhuc queritur? Voluntati eius

---

⁵⁶⁶ Röm 3,19.   ⁵⁶⁷ Erasmus III a 5; ErAS 4,96.   ⁵⁶⁸ Erasmus III a 6; ErAS 4,96.
⁵⁶⁹ Röm 9,18 f.   ⁵⁷⁰ Erasmus III a 6; ErAS 4,96/98.   ⁵⁷¹ Röm 9,20; Erasmus III a 6; ErAS 4,98.   ⁵⁷² Röm 9,18.16.

stopft völlig aller Mund, es schneidet alle Fragen ab, stellt den Sieg fest gegen alle Spitzfindigkeiten und Ausflüchte!
Freilich wissen wir, dass sich das Vorherwissen der Menschen täuschen kann. Wir wissen, dass eine [Sonnen- oder Mond-]Finsternis nicht deswegen kommt, weil sie vorhergewusst wird, sondern dass sie deswegen vorhergewusst wird, weil sie kommen wird. Was geht uns aber dieses Vorherwissen an? Über das Vorherwissen Gottes disputieren wir! Wenn du dem nicht die Notwendigkeit gibst, dass das Vorhergewusste eintreffen wird, hast du den Glauben an und die Furcht vor Gott weggenommen, hast alle göttlichen Zusagen und Drohungen ins Wanken gebracht und hast daher die Gottheit selbst verneint. Aber die ‚Diatribe' höchstpersönlich, obwohl sie lange gekämpft und alles versucht hat, bekennt, schließlich von der Stärke der Wahrheit genötigt, unsere Meinung. Sie sagt: Die Frage hinsichtlich des Willens und der Bestimmung Gottes ist ziemlich schwierig. Gott nämlich will eben das, was er vorherweiß. Und dies ist es, was Paulus anschließt: „Wer widersteht seinem Willen, wenn er sich erbarmt, wessen er will, wenn er verstockt, wen er will?" Denn wenn es einen König gäbe, der erreichte, was immer er wollte, und niemand könnte ihm widerstehen, von dem würde man sagen, er tue, was immer er wolle. So scheint auch der Wille Gottes, weil er die Erstursache aller werdenden Dinge ist, unserem Willen Notwendigkeit zu verleihen. Das [sagt] die ‚Diatribe'! Und schließlich sagen wir Gott Dank für den gesunden Sinn der ‚Diatribe'. Wo ist jetzt also das freie Willensvermögen? Aber wiederum entgleitet sie wie ein Aal, indem sie plötzlich sagt: Aber diese Frage führt Paulus nicht aus, sondern er tadelt denjenigen, der disputiert: „O Mensch, wer bist du, dass du mit Gott rechtest?" O schöne Ausflucht! Heißt das, die göttlichen Schriften zu behandeln? So aus eigener Autorität, aus dem eigenen Kopf, ohne Schriften, ohne Wunder ein Urteil zu fällen, ja, die ganz klaren Worte Gottes zu entstellen? Paulus führt jene Frage nicht aus. Was tut er dann? Er tadelt denjenigen, der sie disputiert (sagt sie). Ist denn nicht dieser Tadel die vollständigste Erklärung? Was nämlich wird mit dieser Frage hinsichtlich des Willens Gottes gefragt? Nicht dies, ob er unserem Willen Notwendigkeit auferlegt? Aber Paulus antwortet, dass es so ist: „Wessen er will, dessen erbarmt er sich", sagt er, „wen er will, den verstockt er. Es liegt nicht an unserem Wollen und Laufen, sondern an dem Erbarmen Gottes." Und nicht zufrieden, das ausgeführt zu haben, führt er darüber hinaus noch die ein, die für das freie Willensvermögen gegen diese Ausführung murren und schwatzen, dann gebe es keinerlei Verdienst und wir würden nicht durch unsere Schuld verdammt und Ähnliches. Um deren Murren und Unwillen in Schranken zu halten, sagt er: „Deswegen sagst du mir: Was beschuldigt er uns noch? Wer wird sei-

quis resistet? Vides prosopopeian? illi audito, quod voluntas Dei nobis necessitatem inducit, blasphemantes murmurant et dicunt, Quid adhuc queritur? hoc est, Cur Deus sic instat, sic urget, sic exigit, sic queritur? quid accusat? quid arguit? quasi nos homines possimus, si velimus, quod exigit, Non habet iustam caussam querelae istius, suam voluntatem potius accuset, ibi queratur, ibi urgeat, Quis enim voluntati eius resistet? Quis misericordiam obtineat ubi noluerit? quis liquefiat, si indurare voluerit? Non est in manu nostra eius voluntatem mutare, multo minus resistere, quae nos vult induratos, qua voluntate cogimur esse indurati, velimus nolimus.

Si Paulus non explicarat hanc quaestionem aut non certo definierat, necessitatem nobis imponi praescientia divina, quid opus erat, ut induceret murmurantes et caussantes, voluntati eius non posse resisti? Quis enim murmuraret aut indignaretur, si non sentiret diffiniri necessitatem illam? Verba non sunt obscura, quibus de resistendo voluntati Dei loquitur, An ambiguum est, quid sit resistere, quid voluntas, aut de quo loquatur, cum de Dei voluntate loquitur? Caecutiant sane hic infinita milia doctorum probatissimorum573 et scripturas fingant dilucidas non esse, et quaestionem difficilem paveant. Nos habemus verba clarissima, quae sic sonant, Cuius vult, miseretur, quem vult, indurat. Item, Dicis itaque mihi, Quid queritur? Voluntati eius quis resistet?574 Nec est quaestio difficilis, imo nihil facilius etiam communi sensu, quam hanc sequelam esse certam, solidam, veram, Si Deus praescit, necessario fit, ubi hoc ex scripturis praesuppositum fuerit, quod Deus neque errat neque fallitur.575 Difficilem quidem esse quaestionem fateor, imo impossibilem, si simul utrunque voles statuere et praescientiam Dei et libertatem hominis. Quid enim difficilius, imo magis impossibile, quam ut contradictoria aut contraria non pugnare contendas, aut ut | simul aliquis numerus sit decem et simul idem sit novem? Non est difficultas in nostra quaestione, sed quaeritur et introducitur, non secus ac ambiguitas et obscuritas in scripturis queritur et violenter introducitur. Compescit itaque impios istis verbis clarissimis offensos, quod

---

573 S. o. 298,30–300,3.   574 Röm 9,18 f.   575 Num 23,19; Tit 1,2.

nem Willen widerstehen?" Siehst du die Einführung der Personen? Wenn sie hören, dass Gottes Wille uns Notwendigkeit auferlegt, murren sie gotteslästerlich und sagen: „Was beschuldigt er uns noch?" Das heißt: Warum setzt Gott uns so zu, bedrängt uns so, fordert so, beschuldigt so? Was klagt er an? Wessen beschuldigt er uns? Als ob wir Menschen könnten, was er fordert, wenn wir nur wollten. Er hat keinen gerechten Grund für solch eine Beschuldigung. Er sollte vielmehr seinen Willen anklagen, dort Klage führen, dort drängen. Denn wer wird seinem Willen widerstehen? Wer kann Erbarmen erlangen, wo er nicht will? Wer kann weich werden, wenn er verstocken will? Es ist nicht in unserer Hand, seinen Willen zu ändern, viel weniger zu widerstehen, wenn der [Wille] uns verstockt haben will. Wir werden durch diesen Willen gezwungen, verstockt zu sein, ob wir wollen oder nicht.

Wenn Paulus diese Frage nicht ausgeführt hat oder nicht gewiss definiert hat, dass uns Notwendigkeit durch göttliches Vorherwissen auferlegt wird – was war es dann nötig, dass er die Murrenden einführte und diejenigen, die sich darüber beschwerten, seinem Willen nicht widerstehen zu können? Wer nämlich würde murren oder sich beschweren, wenn er nicht meinte, jene Notwendigkeit werde definiert? Die Worte sind nicht dunkel, mit denen über den Widerstand gegen Gottes Willen gesprochen wird. Oder ist es zweideutig, was ‚widerstehen' meint und was ‚Wille', oder worüber gesprochen wird, wenn über den Willen Gottes gesprochen wird? Mögen freilich hier die unzähligen Tausende bewährtester Gelehrter blind sein und erfinden, dass die Schriften nicht klar sind, und mögen sie vor der schwierigen Frage zittern. Wir haben ganz klare Worte, die so lauten: „Wessen er will, dessen erbarmt er sich; wen er will, den verstockt er." Ebenso: „Du sagst mir also: Was beschuldigt er? Wer wird seinem Willen widerstehen?" Und das ist keine schwierige Frage, ja, auch nach allgemeinem Verständnis ist nichts leichter, als dass diese Folgerung gewiss ist, fest und wahr: Wenn Gott vorherweiß, geschieht das mit Notwendigkeit, sobald dies aus den Schriften vorausgesetzt ist: Gott irrt sich nicht noch täuscht er sich. Ich gestehe allerdings, dass die Frage schwierig ist, ja, unmöglich, wenn du zugleich beides feststellen willst, sowohl das Vorherwissen Gottes als auch die Freiheit des Menschen. Denn was ist schwieriger, ja, unmöglicher, als dass du dafür streitest, Widersprüchliches oder Gegensätzliches seien nicht widereinander oder dass ein und dieselbe Zahl zehn sei und zugleich neun? Es gibt in unserer Frage keine Schwierigkeit, sondern sie wird gesucht und hineingetragen, nicht anders, als Zweideutigkeit und Dunkelheit in den Schriften gesucht und gewaltsam in sie hineingetragen wird. Daher weist er die Gottlosen in die Schranken, die an diesen ganz klaren Worten Anstoß nehmen. Denn die

nostra necessitate voluntatem divinam impleri sentirent, ac definitum certo sentirent, sibi nihil libertatis aut liberi arbitrii relictum, sed omnia in solius Dei voluntate pendere. Compescit autem sic, ut iubeat eos tacere, et revereri maiestatem potentiae et voluntatis divinae, in quam nos nullum ius, ipsa vero in nos habet plenum ius faciendi quicquid voluerit. Neque fieri nobis iniuriam, cum nihil nobis debeat, nihil a nobis acceperit, nihil promiserit, nisi quantum voluit et placuit. |

WA 718   Hic igitur locus, hic tempus est, non Coricios illos specus,[576] sed veram maiestatem in metuendis mirabilibus et iudiciis suis incomprehensibilibus[577] adorandi et dicendi, Fiat voluntas tua sicut in coelo et in terra.[578] At nos nullibi sumus magis irreverentes et temerarii, quam in illis ipsis mysteriis et iudiciis inpervestigabilibus invadendis et arguendis, interim vero fingimus nobis incredibilem reverentiam in scripturis sanctis scrutandis, quas Deus iussit scrutari.[579] Non scrutamur hic, illic vero ubi scrutari prohibuit, nihil facimus, nisi quod perpetua temeritate, ne dicam blasphemia, scrutemur. An non est scrutari temere, conari, ut liberrima praescientia Dei conveniat cum nostra libertate? parati, praescientiae Dei derogare, nisi nobis libertatem permiserit, aut si necessitatem intulerit, cum murmurantibus et blasphemantibus dicere, Quid adhuc queritur? Voluntati eius quis resistet?[580] Ubi Deus natura clementissimus?[581] Ubi qui non vult mortem peccatoris?[582] An ideo nos condidit, ut delectaretur cruciatibus hominum? et similia quae apud inferos et damnatos ululabuntur in sempiternum. At talem oportere esse Deum vivum et verum, qui libertate sua necessitatem imponat nobis, ipsa ratio naturalis cogitur confiteri, videlicet, quod ridiculus ille Deus fuerit, aut idolum verius, qui incerto praevideat futura, aut fallatur eventis, cum et gentiles Diis suis fatum dederint ineluctabile.[583] Aeque ridiculus fuerit, si non omnia possit et faciat aut aliquid sine ipso fiat. Concessa autem praescientia et omnipotentia, sequitur naturaliter irrefragibili consequentia, Nos per nos ipsos non esse factos, nec vivere, nec agere quicquam, sed per illius omnipotentiam. Cum autem tales

---

[576] S. o. 236,12. [577] Röm 11,33. [578] Mt 6,10. [579] Joh 5,39. [580] Röm 9,19. [581] Erasmus I a 8; ErAS 4,12. [582] Ez 33,11; s. o. 398,11–406,24. [583] Vergil: Aeneis 8,334.

spüren, dass durch die Notwendigkeit auf unserer Seite der göttliche Wille erfüllt wird, und sie spüren, das gewiss festgesetzt ist, ihnen bleibe keinerlei Freiheit oder freies Willensvermögen über, sondern es hänge alles am Willen Gottes allein. Er weist [sie] aber so in die Schranken, dass er ihnen befiehlt zu schweigen und die Majestät der göttlichen Macht und des göttlichen Willens zu verehren, gegen die wir kein Recht haben, die aber gegen uns volles Recht hat zu tun, was immer sie will. Und dass uns kein Unrecht geschieht, weil er uns nichts schuldet, nichts von uns empfangen, nichts zugesagt hat, außer was er wollte und ihm gefallen hat.

Hier ist nunmehr der Ort, hier die Zeit, nicht jene Korykischen Höhlen, sondern die wahre Majestät in ihren zu fürchtenden Wundern und unfassbaren Urteilen anzubeten und zu sagen: „Dein Wille geschehe, wie im Himmel, so auch auf Erden." Aber wir sind nirgendwo ehrfurchtsloser und verwegener als darin, in eben jene Mysterien und unerforschlichen Urteile einzudringen und sie anzuklagen. Inzwischen aber tun wir so, als ob wir bei der Erforschung der Heiligen Schriften, deren Erforschung Gott befohlen hat, eine unglaubliche Ehrfurcht walten ließen. Hier forschen wir nicht, dort aber, wo er zu forschen verboten hat, tun wir nichts anderes, als mit andauernder Verwegenheit, um nicht zu sagen: Gotteslästerung, zu forschen. Oder heißt das nicht verwegen forschen, zu versuchen, das ganz freie Vorherwissen Gottes mit unserer Freiheit in Einklang zu bringen? Bereit, dem Vorherwissen Gottes Abbruch zu tun, wenn er uns nicht die Freiheit gelassen oder wenn er eine Notwendigkeit auferlegt hat, mit den Murrenden und Gotteslästerern zu sprechen: „Was beschuldigt er noch? Wer wird seinem Willen widerstehen? Wo ist der von Natur aus grundgütige Gott? Wo derjenige, der den Tod des Sünders nicht will? Hat er uns deswegen geschaffen, um sich an den Qualen der Menschen zu erfreuen?" Und Ähnliches, was auch in der Hölle bei den Verdammten in Ewigkeit geheult werden wird. Aber selbst die natürliche Vernunft wird gezwungen zu bekennen, dass der lebendige und wahre Gott ein solcher sein muss, der uns in seiner Freiheit Notwendigkeit auferlegt. Denn der Gott wäre lächerlich oder vielmehr ein Götze, der in unsicherer Weise das Zukünftige vorhersieht oder sich in den Ereignissen täuscht. Und das, wo doch selbst die Heiden ihren Göttern ein unabwendbares Schicksal zugeschrieben haben. In gleicher Weise lächerlich wäre er, wenn er nicht alles könnte und täte oder etwas ohne ihn geschähe. Wenn aber das Vorherwissen und die Allmacht zugestanden sind, folgt natürlich mit unverbrüchlicher Folgerichtigkeit, dass wir nicht durch uns selbst gemacht sind noch leben noch irgendetwas tun, sondern durch seine Allmacht. Da er aber vorherwusste, dass wir solche sein werden, und uns

nos ille ante praescierit futuros, talesque nunc faciat, moveat et gubernet, quid potest fingi quaeso, quod in nobis liberum sit, aliter et aliter fieri, quam ille praescierit aut nunc agat? Pugnat itaque ex diametro[584] praescientia et omnipotentia Dei, cum nostro libero arbitrio, Aut enim Deus falletur praesciendo, | errabit et agendo (quod est impossibile) aut nos agemus et agemur secundum ipsius praescientiam et actionem. Omnipotentiam vero Dei voco, non illam potentiam, qua multa non facit quae potest, sed actualem illam, qua potenter omnia facit in omnibus, quo modo scriptura vocat eum omnipotentem. Haec inquam omnipotentia et praescientia Dei, funditus abolent dogma liberum arbitrium. Nec potest hic praetexi obscuritas scripturae aut difficultas rei, Verba sunt clarissima etiam pueris nota, Res | est plana et facilis, etiam communi sensus iudicio naturali probata, ut nihil faciat quantavis series soeculorum, temporum, personarum, aliter scribentium et docentium.

Scilicet hoc offendit quam maxime sensum illum communem seu rationem naturalem, quod Deus mera voluntate sua homines deserat, induret, damnet, quasi delectetur peccatis et cruciatibus miserorum tantis et aeternis, qui praedicatur tantae misericordiae et bonitatis etc. Hoc iniquum, hoc crudele, hoc intolerabile visum est de Deo sentire, quo offensi sunt etiam tot et tanti viri, tot soeculis. Et quis non offenderetur? Ego ipse non semel offensus sum usque ad profundum et abyssum desperationis, ut optarem nunquam esse me creatum hominem,[585] antequam scirem, quam salutaris illa esset desperatio et quam gratiae propinqua. Ideo sic sudatum et laboratum est, pro excusanda bonitate Dei, pro accusanda voluntate hominis, ibi repertae distinctiones de voluntate Dei ordinata et absoluta, de necessitate consequentiae et consequentis,[586] et multa similia, Sed quibus nihil est profectum, nisi quod rudibus impositum est, inanitate verborum et oppositione falso nominatae scientiae.[587] Mansit nihilominus semper aculeus ille alto corde infixus, tam rudibus quam eruditis, si quando ad rem seriam ventum est, ut sentirent necessitatem nostram, si credatur praescientia et omnipotentia Dei. Atque ipsamet ratio naturalis, quae necessitate illa

---

[584] Erasmus I a 8; ErAS 4,12.   [585] Jer 20,14.   [586] S. o. 252,19–254,12.   [587] 1Tim 6,20.

jetzt zu solchen macht, bewegt und lenkt – was, frage ich, kann erfunden werden, das in uns frei wäre, so oder anders zu geschehen, als er vorhergewusst hat oder jetzt wirkt? Es stehen also das Vorherwissen und die Allmacht Gottes unserem freien Willensvermögen diametral gegenüber.
5 Denn entweder Gott täuscht sich im Vorherwissen, dann wird er auch in seinem Wirken irren (was unmöglich ist), oder wir werden wirken und werden gewirkt gemäß seinem Vorherwissen und Wirken. Allmacht Gottes aber nenne ich nicht die Macht, mit der er vieles nicht tut, was er kann, sondern jene wirksame, mit der er machtvoll alles in allem tut.
10 Auf diese Weise nennt die Schrift ihn allmächtig. Diese, sage ich, Allmacht und das Vorherwissen Gottes vernichten von Grund auf das Lehrstück vom freien Willensvermögen. Und hier kann keine Dunkelheit der Schrift oder Schwierigkeit der Sache vorgeschützt werden. Die Worte sind ganz klar und auch Kindern bekannt. Die Sache ist offen und leicht,
15 auch nach dem allgemeinen, natürlichen Urteil der Erfahrung bewährt, so dass auch eine noch so lange Reihe von Jahrhunderten, Zeiten, Personen, die anders schreiben und lehren, nichts ausrichtet.

Freilich, das erregt in höchstem Grade Anstoß bei jenem allgemeinen Empfinden oder der natürlichen Vernunft, dass Gott aus seinem
20 bloßen Willen die Menschen im Stich lässt, verstockt, verdammt. So, als erfreue er sich an den so großen und ewigen Sünden und Qualen der Elenden, wo doch von ihm gepredigt wird, er sei von so großer Barmherzigkeit und Güte usw. Das scheint ungerecht, grausam, unerträglich zu sein, so von Gott zu denken. Daran haben auch so viele und so
25 große Männer jahrhundertelang Anstoß genommen. Und wer sollte nicht Anstoß nehmen? Ich selbst habe nicht nur einmal Anstoß genommen bis hin zum tiefsten Abgrund der Verzweiflung – bis ich sogar wünschte, dass ich niemals als Mensch geschaffen worden wäre. Das war, bevor ich wusste, wie heilsam diese Verzweiflung ist und wie nahe
30 der Gnade. Daher hat man so geschwitzt und sich abgemüht, um die Güte Gottes zu entschuldigen und den Willen des Menschen anzuklagen. Dort sind die Unterscheidungen erfunden worden: des geordneten und des absoluten Willens Gottes; der Notwendigkeit der Folge und des Folgenden; und vieles Ähnliche. Aber damit hat man überhaupt nichts
35 erreicht. Nur, dass den ungelehrten Gemütern mit einer Eitelkeit der Worte und einem Aufgebot der fälschlicherweise so genannten Wissenschaft ein Bär aufgebunden worden ist. Nichtsdestoweniger bleibt immer jener tief ins Herz eingetriebene Stachel, sowohl bei den Ungelehrten als auch bei den Gelehrten, wenn es einmal ernst geworden ist,
40 dass sie die Notwendigkeit auf unserer Seite spüren, wenn das Vorherwissen und die Allmacht Gottes geglaubt werden. Und die natürliche Vernunft höchstpersönlich, die an jener Notwendigkeit Anstoß nimmt

offenditur et tanta molitur ad eam tollendam, cogitur eam concaedere, proprio suo iudicio convicta, etiam si nulla esset scriptura. Omnes enim homines inveniunt hanc sententiam in cordibus suis scriptam, et agnoscunt eam ac probant (licet inviti) cum audiunt eam tractari. Primo Deum esse omnipotentem, non solum potentia, sed etiam actione (ut dixi)588 alioqui ridiculus foret Deus. Deinde ipsum omnia nosse et praescire, neque errare neque falli posse. Istis duobus omnium corde et sensu concessis, coguntur mox inevitabili consequentia admittere, Nos non fieri nostra voluntate, sed necessitate, Ita nos non facere quodlibet, pro iure liberi arbitrii sed prout Deus praescivit et agit consilio et virtute infallibili et immutabili. Quare simul in omnium cordibus scriptum I invenitur, liberum arbitrium nihil esse, licet obscuretur, tot disputationibus contrariis et tanta tot virorum authoritate, tot soeculis aliter docentibus, Sicut et omnis alia lex (teste Paulo) in cordibus nostris scripta,589 tum agnoscitur, ubi recte tractatur, tum obscuratur, ubi impiis magistris vexatur et aliis opinionibus occupatur.

Ad Paulum redeo, qui si Roma. 9. non explicat quaestionem nec definit necessitatem nostram ex praescientia et voluntate Dei, Quid opus I illi erat, inducere similitudinem figuli, qui ex uno eodemque luto aliud vas facit in honorem aliud in ignominiam? Nec tamen figmentum dicit fictori suo, Cur me ita facis?590 De hominibus enim loquitur, quos luto comparat et Deum figulo. Friget nimirum, imo inepta est similitudo et frustra adducta,591 si non sentit libertatem nostram nullam esse. Quin tota disputatio Pauli frustranea est, qua tuetur gratiam. Nam hoc agit tota Epistola, ut ostendat, nos nihil posse, neque tum etiam, cum bene videmur facere, ut ibidem dicit, quod Israel sectando iustitiam, non tamen pervenerit ad iustitiam, Gentes vero pervenerint non sectando.592 De quo latius agam, cum nostras copias producam. At Diatribe dissimulans totum corpus disputationis Paulinae et quorsum tendat Paulus, vocabulis interim excisis et depravatis se solatur. Nec iuvat Diatriben quicquam, quod postea Paulus Roma. 11. rursus exhortatur

---

588 S. o. 470,24–472,14.   589 Röm 2,15.   590 Röm 9,20 f.   591 Erasmus II b 2; ErAS 4,78
592 Röm 9,30 f.

und sich so sehr abmüht, sie aufzuheben, wird gezwungen, sie zuzugestehen, durch ihr eigenes Urteil besiegt, auch wenn es keine Schrift gäbe. Denn alle Menschen finden diesen Gedanken in ihren Herzen geschrieben und erkennen ihn an und billigen ihn (wenn auch unwillig), wenn sie hören, dass er behandelt wird. Zunächst, dass Gott allmächtig ist, nicht nur dem Vermögen, sondern auch dem Wirken nach (wie ich gesagt habe), sonst würde er ein lächerlicher Gott sein. Dann, dass er alles weiß und vorherweiß und nicht irren noch sich täuschen kann. Wenn dies beides in Herz und Sinn aller zugestanden wird, werden sie alsbald mit unvermeidbarer Folgerichtigkeit gezwungen zuzugeben, dass wir nicht aus eigenem Willen werden, sondern aus Notwendigkeit. So dass wir nicht Beliebiges tun nach dem Recht des freien Willensvermögens, sondern wie Gott es vorhergewusst hat und nach seinem unfehlbaren und unveränderlichen Ratschluss und seiner Kraft wirkt. Daher wird zugleich in den Herzen aller geschrieben gefunden, dass das freie Willensvermögen nichts ist. Auch wenn das verdunkelt wird durch so viele dagegengerichtete Disputationen und durch die so hohe Autorität so vieler Männer, die jahrhundertelang anders gelehrt haben. So wie auch alles andere Gesetz (nach dem Zeugnis des Paulus), in unsere Herzen geschrieben, dann anerkannt wird, wenn es recht behandelt wird, dann verdunkelt wird, wenn es von gottlosen Lehrern misshandelt und von anderen Meinungen in Besitz genommen wird.

Ich komme zu Paulus zurück. Wenn der in Röm 9 die Frage nicht ausführt und nicht die Notwendigkeit auf unserer Seite aus dem Vorherwissen und dem Willen Gottes definiert – wieso hatte er es dann nötig, das Gleichnis vom Töpfer einzuführen, der aus ein und demselben Stück Lehm ein Gefäß macht zur Ehre, das andere zur Unehre? „Und dennoch spricht das Werk nicht zu seinem Meister: Warum machst du mich so?" Denn von Menschen spricht er; sie vergleicht er mit dem Lehm und Gott mit dem Töpfer. Es wird allerdings unwirksam, ja es ist ein unsinniges Gleichnis und wird vergeblich angeführt, wenn er nicht meint, dass unsere Freiheit gar keine ist. Ja, die ganze Disputation des Paulus wäre vergeblich, mit der er die Gnade in Schutz nimmt. Denn der ganze Brief handelt davon zu zeigen, dass wir nichts können, auch dann nicht, wenn wir gut zu handeln scheinen; wie er ebendort sagt, dass Israel im Streben nach Gerechtigkeit doch nicht zur Gerechtigkeit gelangt ist. Die Heiden aber seien ohne Streben zu ihr gelangt. Das werde ich später ausführlicher behandeln, wenn ich unsere Truppen vorrücken lasse. Aber die ‚Diatribe' übersieht den ganzen Kern der paulinischen Disputation und, wohin Paulus zielt, und tröstet sich dabei, indem sie die Vokabeln zerstört und verdreht. Und es hilft der ‚Diatribe' nichts, dass später Paulus erneut in Röm 11 ermahnt,

dicens, Tu fide stas, vide ne extollaris. Item, Etiam illi si crediderint, inserentur593 etc. Nihil enim ibi de viribus hominum dicit, sed verba imperativa et coniunctiva profert, quibus quid efficiatur, supra satis est dictum.594 Atque ipsemet Paulus eodem loco praeveniens liberi arbitri iactatores, non dicit illos posse credere, sed potens est (inquit) Deus illos inserere. Breviter adeo trepide et cunctanter incedit Diatribe in istis locis Pauli tractandis, ut videatur in conscientia dissentire suis verbis. Cum enim maxime illi fuisset pergendum et probandum, fere semper sermonem abrumpit dicens, Sed de his satis. Item, Nunc illud non excutiam. Item, non est huius instituti. Item, illi sic dicerent,595 Et multa similia, relinquitque rem in medio, ut nescias an dicere pro libero arbitrio, vel eludere tantum inanibus verbis Paulum videri voluerit, idque iure et more suo, ut cui non est res seria in hac caussa. Nos autem non oportet ita frigere, super aristas incedere,596 aut ventis velut arundo moveri,597 sed certo, constanter et ardenter asserere, tum solide et dextre ac copiose demonstrare quod docemus. |

Iam, vero quam pulchre libertatem simul cum necessitate conservat dicens, Nec omnis necessitas excludit liberam voluntatem, Quemadmodum Deus pater gignit neccessario filium, et tamen volens ac libere gignit, quia non coactus.598 Obsecro, an disputamus nunc de coactione et vi? Nonne de necessitate immutabilitatis nos loqui, tot libellis testati sumus? Scimus, quod Pater volens gignit,599 quod Iudas volendo prodidit Christum, sed hoc velle in ipso Iuda certo et infallibiliter futurum fuisse dicimus, si Deus praescivit. Aut si nondum intelliguntur quae dico, aliam necessitatem violentam ad opus, aliam necessitatem infallibilem ad tempus referamus, de | posteriore nos loqui intelligat, qui nos audit, non de priore, hoc est, non disputamus, an Iudas invitus aut volens proditor sit factus, sed an tempore praedefinito a Deo infallibiliter fieri oportuerit, ut Iudas volendo proderet Christum. Sed vide quid hic dicat Diatribe, Si spectes Dei praescientiam infallibilem, necessario Iudas erat proditurus, Et tamen Iudas poterat mutare voluntatem

---

593 Röm 11,20.23. 594 S. o. 372,3–23; 382,4–23. 595 Erasmus III a 11; ErAS 4,106; III a 8; ErAS 4,100; III a 10; ErAS 4,104; II a 9; ErAS 4,102. 596 S. o. 264,17. 597 S. o. 222,16. 598 Erasmus III a 8; ErAS 4,102. 599 Jak 1,18.

wenn er sagt: „Du stehst im Glauben, achte darauf, dass du nicht überheblich wirst." Ebenso: „Auch sie würden, wenn sie geglaubt hätten, eingepfropft" usw. Denn er sagt dort nichts über die Kräfte der Menschen, sondern er bringt imperativische und konjunktivische Worte vor. Was sich aus diesen ergibt, darüber ist oben genug gesagt. Und Paulus, der an dieser Stelle höchstpersönlich denen, die das freie Willensvermögen im Munde führen, zuvorkommt, sagt nicht, dass jene glauben können, sondern „Gott ist mächtig (sagt er), jene einzupfropfen". Kurz, die ‚Diatribe' geht bei der Behandlung dieser Stellen des Paulus so ängstlich und zögerlich vor, dass sie im Gewissen mit ihren eigenen Worten nicht übereinzustimmen scheint. Denn wo es ihre größte Aufgabe gewesen wäre, fortzufahren und zu beweisen, bricht sie fast immer die Rede ab, indem sie sagt: „Aber davon genug." Ebenso: „Das will ich jetzt nicht untersuchen." Ebenso: „Das gehört nicht hierher." Ebenso: „Jene würden so sprechen"; und vieles Ähnliche. Und sie lässt die Sache unentschieden, so dass du nicht weißt, ob sie für das freie Willensvermögen sprechen oder nur mit leeren Worten Paulus erledigt zu haben erscheinen will. Und das nach ihrem Recht und ihrer Gewohnheit, weil es ihr in dieser Sache nicht ernst ist. Wir aber dürfen nicht so lässig sein, einen Eiertanz vollführen oder wie ein Rohr von Winden bewegt werden, sondern müssen gewiss, beständig und brennend als wahr bezeugen, dann fest und geschickt und ausführlich beweisen, was wir lehren.

Wie schön erhält sie nun aber die Freiheit zugleich mit der Notwendigkeit, indem sie sagt: Nicht jede Notwendigkeit schließt einen freien Willen aus. Wie Gott-Vater notwendig den Sohn zeugt und ihn dennoch willentlich und frei zeugt, weil nicht gezwungen. Bitte, disputieren wir jetzt über Zwang und Gewalt? Haben wir nicht in so vielen Büchlein bezeugt, dass wir über die Notwendigkeit der Unveränderlichkeit sprechen? Wir wissen, dass der Vater willentlich zeugt, dass Judas mit Willen Christus verraten hat. Aber wir sagen, dass dieses Wollen eben in Judas gewiss und unfehlbar eintrat, wenn Gott es vorherwusste. Oder – wenn immer noch nicht verstanden worden ist, was ich sage – wollen wir eine Notwendigkeit anführen, die gewaltsam zum Werk zwingt, und eine andere Notwendigkeit, die unfehlbar zu ihrer Zeit kommt. Wer uns hört, möge einsehen, dass wir über die Letztere sprechen, nicht über die Erstere. Das heißt, wir disputieren nicht, ob Judas gegen seinen Willen oder willentlich zum Verräter geworden ist, sondern ob das zu einer von Gott vorher definierten Zeit unfehlbar geschehen musste, dass Judas mit Willen Christus verriet. Aber siehe, was hier die ‚Diatribe' sagt: Wenn du Gottes unfehlbares Vorherwissen betrachtest, musste Judas notwendig ein Verräter werden, und dennoch konnte Judas seinen Willen ändern. Verstehst du auch, meine ‚Diatribe',

suam. Intelligis etiam mi Diatribe, quid loquaris? Ut omittam illud, quod voluntas non potest nisi malum velle, ut supra est probatum. Quomodo potuit Iudas mutare voluntatem suam,[600] stante infallibili praescientia Dei? an potuit praescientiam Dei mutare et fallibilem facere?[601] Hic succumbit Diatribe et relictis signis et proiectis armis cedit loco, reiiciens disputationem ad scholasticas subtilitates de necessitate consequentiae et consequentis,[602] ut quae nolit istas argutias persequi. Prudenter certe, cum caussam perduxeris in medias tur-|bas, et iam maxime sit opus disputatore, tum terga vertas, et aliis relinquas negocium respondendi et definiendi. Hoc consilio oportuit uti ab initio, et a scribendo in totum abstinere, iuxta illud, Ludere qui nescit, campestribus abstinet armis.[603] Non enim ab Erasmo expectabatur, ut difficultatem illam moveret, quomodo Deus certo praesciret et tamen contingenter nostra fierent. Erat haec difficultas longe ante Diatriben in mundo. Sed expectabatur, ut responderet ac diffiniret. Ipse vero Rhetorica transitione usus, nos ignaros Rhetoricae, secum trahit, ac si hic de re nihili agatur, sintque merae argutiae quaedam, fortiter se proripit e mediis turbis, hedera coronatus et lauro. Verum non sic frater, Nulla est Rhetorica tanta, quae ludat veram conscientiam, fortior est aculeus conscientiae omnibus viribus et figuris eloquentiae. Nos hic non patiemur Rhetorem transire et dissimulare, non est nunc locus huic schemati. Rerum cardo et caussae caput hic petitur. Et hic vel liberum arbitrium extinguitur, vel in totum triumphabit. Tu vero cum sentias periculum, imo certam victoriam contra liberum arbitrium, simulas te nihil sentire nisi argutias. Hoccine est fidelem Theologum agere? Te ne caussa serio afficiat? qui sic relinquas et auditores suspensos, et disputationem perturbatam et exasperatam, nihilominus tamen velis honeste satisfecisse et palmam retulisse videri. Ista vafricia et versutia in caussis prophanis tolerari valeat, in re Theologica, ubi simplex et aperta veritas quaeritur pro salute animarum, odio dignissima et intolerabilis est. |
Senserunt et Sophistae vim invictam et insustentabilem huius argumenti, ideo finxerunt necessitatem consequentiae et consequentis. Sed quam nihil hoc figmentum efficiat, supra docuimus.[604] Etenim et

---

[600] Erasmus III a 9; ErAS 4,102.   [601] Erasmus III a 9; ErAS 4,102.   [602] Erasmus III a 9; ErAS 4,102/104; s. o. 476,31–478,1; 252,20 f.   [603] Horaz: De arte poetica 379.   [604] S. o. 252,19–254,12.

was du sagst? Um das auszulassen, dass der Wille nichts außer dem Bösen wollen kann, wie oben bewiesen worden ist: Wie konnte Judas seinen Willen ändern, wenn das Vorherwissen Gottes unfehlbar feststeht? Oder konnte er das Vorherwissen Gottes ändern und fehlbar machen? Hier unterliegt die ‚Diatribe'! Und nachdem sie die Fahne zurückgelassen und die Waffen fortgeworfen hat, weicht sie vom Kampfplatz, indem sie die Disputation auf scholastische Übergenauigkeiten über die Notwendigkeit der Folge und des Folgenden hinlenkt, weil sie diesen Spitzfindigkeiten nicht nachgehen will. Gewiss klug: Obwohl du den Fall mitten in das Schlachtgetümmel gezogen hast und nun ein Disputationsredner höchst nötig wäre, drehst du dich dann um und überlässt anderen die Aufgabe des Beantwortens und Definierens. Diesen Plan hätte man von Anfang an nutzen sollen und sich vom Schreiben voll und ganz fernhalten, gemäß jenem Wort: Wer nicht zu spielen weiß, halte sich fern vom Spiel. Denn von Erasmus wurde nicht erwartet, dass er diese Schwierigkeit beseitigte, wie Gott gewiss vorherweiß und dennoch das Unsere zufällig geschieht. Diese Schwierigkeit war lange vor der ‚Diatribe' in der Welt. Aber erwartet wurde, dass er antwortet und definiert. Er aber bedient sich eines rhetorischen Kunststücks und zieht uns, die wir der Rhetorik unkundig sind, mit sich. Und als ob es hier um eine nichtige Sache ginge und es sich um gewisse reine Spitzfindigkeiten handelte, rennt er mitten aus dem Gedränge fröhlich fort, bekränzt mit Efeu und Lorbeer. Aber so nicht, Bruder! Keine Rhetorik ist so groß, dass sie ein wahres Gewissen verspotten kann. Der Stachel des Gewissens ist kräftiger als alle Kräfte und Figuren der Beredsamkeit. Wir lassen es hier nicht zu, dass der Rhetor davonläuft und übersieht. Jetzt ist kein Raum für solche rhetorischen Figuren. Das Herz und Haupt der Sache wird hier gesucht. Und entweder wird hier das freie Willensvermögen ausgelöscht oder es wird gänzlich triumphieren. Du aber, weil du die Gefahr spürst, ja, den gewissen Sieg gegen das freie Willensvermögen, tust so, als ob du nichts spürst außer Spitzfindigkeiten. Handelt so ein treuer Theologe? Lässt du dich die Sache ernsthaft etwas angehen? Und der du so die Hörer im Ungewissen und die Diskussion verwirrt und verwildert zurücklässt, willst nichtsdestoweniger doch als einer erscheinen, der ehrenhaft genug geleistet und die Siegespalme errungen hat? Diese Schlauheit und Versiertheit könnte in profanen Angelegenheiten ertragen werden, in der Sache der Theologie, wo eine einfache und offensichtliche Wahrheit gesucht wird für das Heil der Seelen, ist sie im höchsten Maße des Hasses würdig und unerträglich.

Auch die Sophisten haben die unbesiegbare und unaufhebbare Kraft dieses Arguments gespürt, daher haben sie eine Notwendigkeit der Folge und des Folgenden erfunden. Aber wie diese Erdichtung

ipsi non observant, quid dicant et quantum admittant contra sese. Si enim necessitatem consequentiae concesseris, victum ac prostratum est liberum arbitrium, nec quicquam iuvat vel necessitas vel contingentia consequentis, Quid ad me? si liberum arbitrium non cogatur, sed volenter faciat, quod facit. Sufficit mihi, quod concedis, necessario fore, ut volenter faciat quod facit, nec aliter habere se queat, si Deus ita praescierit. Si Deus praescit Iudam proditurum aut mutaturum esse voluntatem prodendi,[605] utrum praescierit, necessario veniet, aut Deus falletur praesciendo et praedicendo, quod est impossibile. Hoc enim efficit necessitas consequentiae, id est, si Deus praescit, ipsum necessario fit. Hoc est, liberum arbitrium nihil est. Ista necessitas consequentiae non est obscura nec ambigua, ut si etiam caecutiant omnium saeculorum doctores, cogantur tamen eam admittere, cum sit ita manifesta et certa, ut palpari possit. Necessitas vero consequentis, qua illi se solantur, merum phantasma est, et ex diametro pugnat cum necessitate consequentiae. Exempli gratia, Necessitas consequentiae est, si dixero, Deus praescit Iudam fore proditorem, ergo certo et infallibiliter fiet, ut Iudas proditor sit. Adversus hanc necessitatem et consequentiam, tu sic te solaris. Sed quia Iudas potest mutare voluntatem prodendi, ideo non est necessitas consequentis. Rogo te, quomodo conveniunt illa duo, Iudas potest non prodere velle, Et necesse est ut Iudas prodere velit? Nonne directe contradicunt et pugnant? Non cogetur (inquis) pro-|dere invitus. Quid hoc ad rem? Tu dixisti, de necessitate consequentis, illam scilicet, non induci necessitate consequentiae, nihil de coactione consequentis dixisti. Responsio fuit de necessitate consequentis, et tu exemplum profers de coactione consequentis, aliud quaero et aliud tu reddis. Hoc facit oscitantia illa, qua non observatur, quam nihil efficiat illud commentum de necessitate consequentis.

    Haec de Primo loco, qui fuit de induratione Pharaonis, qui tamen omnes locos et multas copias involvit, easque invictas. Nunc alterum videamus de Iacob et Esau, de quibus necdum natis dictum est, Maior

---

[605] S. o. 492,2-4.

nichts austrägt, haben wir oben gelehrt. Denn sie achten selbst nicht
darauf, was sie sagen und wie viel sie gegen sich selbst zulassen. Wenn
du nämlich eine Notwendigkeit der Folge zugestehst, ist das freie Willensvermögen besiegt und niedergestreckt, und es hilft ihm weder eine
5 Notwendigkeit noch eine Kontingenz des Folgenden. Was geht mich
das an, ob das freie Willensvermögen nicht gezwungen wird, sondern
willentlich tut, was es tut? Mir reicht, dass du zugestehst, es werde mit
Notwendigkeit geschehen, dass es willentlich tut, was es tut; dass es
sich nicht anders verhalten kann, wenn Gott es so vorhergewusst hat.
10 Wenn Gott vorherweiß, dass Judas ein Verräter sein wird oder seinen
Willen zu verraten ändern wird, wird notwendig das von beidem eintreffen, was er vorhergewusst hat. Oder Gott täuscht sich in seinem Vorherwissen und Vorhersagen, was unmöglich ist. Das nämlich bewirkt
die Notwendigkeit der Folge, das heißt, wenn Gott vorherweiß, ge-
15 schieht eben dies notwendig. Das heißt, das freie Willensvermögen ist
nichts. Diese Notwendigkeit der Folge ist nicht dunkel oder zweideutig,
so dass die Gelehrten aller Jahrhunderte trotz ihrer Blindheit gezwungen waren, sie dennoch zuzulassen; denn sie ist so deutlich und gewiss,
dass man sie mit Händen greifen kann. Die Notwendigkeit aber des
20 Folgenden, mit der jene sich trösten, ist ein reines Phantasiegebilde und
kämpft, ihr diametral gegenüberstehend, mit der Notwendigkeit der
Folge. Um ein Beispiel zu geben: Notwendigkeit der Folge liegt vor,
wenn ich sage, Gott weiß vorher, dass Judas der Verräter sein wird; also
wird gewiss und unfehlbar geschehen, dass Judas der Verräter ist. Gegen
25 diese Notwendigkeit und Folge tröstest du dich so: Aber weil Judas den
Willen zum Verrat ändern kann, deshalb handelt es sich nicht um eine
Notwendigkeit des Folgenden. Ich frage dich, wie passt das beides zusammen: Judas kann wollen, dass er nicht verrät, und: Es ist notwendig,
dass Judas verraten will? Widersprechen sie einander nicht geradezu
30 und bekämpfen sich? Er wird nicht gezwungen (sagst du), gegen seinen
Willen zu verraten. Was tut das zur Sache? Du hast von der Notwendigkeit des Folgenden gesagt, dass diese doch nicht durch die Notwendigkeit der Folge eingeführt wird, du hast nichts über den Zwang des Folgenden gesagt. Die Antwort ist im Blick auf die Notwendigkeit des Fol-
35 genden gegeben worden, und du bringst ein Beispiel über den Zwang
des Folgenden. Ich frage dich etwas, und du erwiderst etwas anderes. Das
tut jene Schläfrigkeit, die dich nicht beachten lässt, wie doch jene Erfindung der Notwendigkeit des Folgenden so gar nichts austrägt.

So viel über die erste Stelle, die von der Verstockung des Pharao han-
40 delte, die jedoch alle Stellen und viele Truppen einschließt, und zwar
unüberwindliche. Jetzt wollen wir die andere über Jakob und Esau
ansehen, von denen, als sie noch nicht geboren waren, gesagt worden

serviet minori.⁶⁰⁶ Hunc locum sic eludit Diatribe, quod proprie non pertinet ad salutem hominis, potest enim Deus velle, ut homo servus sit et pauper, velit, nolit, nec tamen reiiciatur ab aeterna salute.⁶⁰⁷ Vide quaeso, quot diverticula et effugia quaerat, lubricus animus et qui veritatem fugit, Nec tamen effugit. Esto sane, locus ille non pertineat ad salutem hominis, de quo | infra, nunquid ideo nihil efficit Paulus qui illum adducit?⁶⁰⁸ Ridiculumne aut ineptum faciemus Paulum in disputatione tam seria? Verum illud Hieronymianum est, qui non uno loco audet superciliose satis, sed simul ore sacrilego dicere, Ea pugnare apud Paulum, quae locis suis non pugnant,⁶⁰⁹ hoc est tantum dicere, Paulus cum fundamenta dogmatis Christiani iacit, nihil facit, nisi quod depravat scripturas divinas et ludit animas fidelium, sententia suo cerebro efficta et scripturis violenter intrusa, Sic honorari debet spiritus in sancto illo et electo organo⁶¹⁰ Dei Paulo. Atque ubi Hieronymus cum iudicio legi debeat, et hoc dictum eius inter ea numerari, quae multa vir ille (ea fuit oscitantia et hebetudo eius in scripturis intelligendis) impie scribit, Diatribe ipsum sine iudicio arripit, nec glosa saltem aliqua dignatur mitigare, sed velut certissimo oraculo, scripturas divinas et iudicat et temperat. Sic impia hominum dicta, pro regulis et mensuris divinae scripturae accipimus. Et adhuc miramur, illam fieri ambiguam et obscuram, patresque tot in illa caecutire, cum hac ratione, impia et sacrilega fiat.

Anathema sit igitur, qui dixerit, ea non pugnare locis suis, quae apud Paulum pugnant, Hoc enim dicitur solum, sed non probatur, Dicitur vero ab iis, qui neque Paulum nec locos ab eo citatos intelligunt, sed vocabulis acceptis, suo, id est, impio sensu, falluntur. Ut enim maxime hic locus Gene. 25. de servitute temporali sola intelligeretur (quod non est verum) tamen a Paulo recte et efficaciter adducitur, dum per ipsum probat, non per merita Iacob aut Esau, Sed PER VOCANTEM dictum esse ad Saram, Maior serviet minori.⁶¹¹ Paulus disputat, an illi vir-

---

⁶⁰⁶ Gen 25,23.   ⁶⁰⁷ Erasmus III a 11; ErAS 4,106.   ⁶⁰⁸ Röm 9,12.   ⁶⁰⁹ Erasmus III a 13; ErAS 4,110.   ⁶¹⁰ Apg 9,15.   ⁶¹¹ Richtig: Rebekka, Gen 25,23; Röm 9,12.

ist: „Der Ältere wird dem Jüngeren dienen." Diese Stelle erledigt die ‚Diatribe' so, dass sie sich nicht eigentlich auf das Heil des Menschen beziehe. Denn Gott könne wollen, dass der Mensch ein Knecht ist und arm, ob er will oder nicht, und dennoch nicht vom ewigen Heil ausgeschlossen wird. Bitte achte darauf, welche Ausflüchte und Schlupflöcher ein schlüpfriger Geist sucht und ein solcher, welcher der Wahrheit zu entfliehen sucht. Und dennoch entkommt er nicht. Meinetwegen sei es so, dass jene Stelle sich nicht auf das Heil des Menschen bezieht, worüber [es] weiter unten [noch gehen wird]. Bewirkt also Paulus nichts, der sie anführt? Machen wir nicht Paulus lächerlich und albern bei einer so ernsten Diskussion? Aber das ist Art des Hieronymus, der nicht nur an einer Stelle ziemlich anmaßend – nein, zugleich mit gotteslästerlichem Mund zu sagen wagt: Das widerstreitet bei Paulus einander, was an seinen [ursprünglichen] Stellen einander nicht widerstreitet. Das heißt, so viel sagen wie: Wenn Paulus die Fundamente der christlichen Lehre legt, tut er nichts anderes, als dass er die göttlichen Schriften verkehrt und die Seelen der Gläubigen verspottet mit einer Meinung, die seinem Gehirn entsprungen ist und mit Gewalt der Schrift aufgedrängt wird. So muss der Geist in jenem heiligen und ausgewählten Werkzeug Gottes, Paulus, geehrt werden. Und wo Hieronymus mit Kritik gelesen und dieser sein Ausspruch zu dem Vielen gezählt werden muss, was dieser Mann (dies ist seine Schläfrigkeit und Stumpfheit beim Verstehen der Schriften gewesen) gottlos schreibt, nimmt die ‚Diatribe' ihn ohne Kritik an und hält es nicht für angemessen, ihn mindestens mit einer Glosse zu mildern. Vielmehr, als sei er ein ganz gewisses [göttliches] Orakel, beurteilt und ordnet sie die göttlichen Schriften. So nehmen wir gottlose Aussprüche von Menschen als Regeln und Maße göttlicher Schrift an. Und wir wundern uns noch, dass sie zweideutig und dunkel wird und so viele Väter in ihr blind sind, da sie auf diese Weise gottlos und gotteslästerlich [gemacht] wird.

Verflucht sei also derjenige, der gesagt hat, dass an seinen [ursprünglichen] Stellen einander nicht widerstreite, was bei Paulus einander widerstreitet. Denn dies wird nur gesagt, aber nicht bewiesen. Gesagt wird das aber von denen, die weder Paulus noch die von ihm zitierten Stellen verstehen, sondern die sich, nachdem sie die Vokabeln angenommen haben, durch ihren, das heißt, durch einen gottlosen Sinn täuschen lassen. Mag nämlich vor allem diese Stelle Gen 25 [als] nur von der zeitlichen Knechtschaft [handelnd] zu verstehen sein (was nicht wahr ist), so wird sie dennoch von Paulus richtig und wirksam angeführt, wenn er durch sie beweist, dass nicht durch die Verdienste von Jakob oder Esau, sondern durch den, der beruft, zu Sara gesagt wurde: „Der Ältere wird dem Jüngeren dienen." Paulus disputiert, ob sie durch

tute aut meritis liberi arbitrii pervenerint ad id, quod de eis dicitur, probatque quod non, sed sola vocantis gratia eo pervenerit Iacob, quo non pervenit Esau. Probat autem id invictis verbis scripturae, scilicet quod nondum nati, item, | nihil boni aut mali operati fuerint.⁶¹² Atque in hac probatione situm est pondus rerum, hoc agitur in ista caussa. Diatribe vero istis omnibus egregia Rhetorica transitis et dissimulatis, disputat nihil de meritis, quod tamen suscepit ut faceret, quod et tractatio Pauli exigit, sed de servitute temporali cavillatur, quasi hoc aliquid ad rem pertineat, tantum ne videatur victa potentissimis Pauli verbis. Quid enim haberet, quod ogganniret contra Paulum pro libero arbitrio? Quid liberum arbitrium iuvit Iacob? Quid obfuit Esau? cum iam praescientia et destinatione Dei, uterque nondum natus, nihilque operatus, definitus esset, qualia esset recepturus, scilicet, ut ille serviret, hic dominaretur, Praemia decernuntur, antequam operarii nascantur et operentur. Hic debuit respondere Diatribe, Hoc urget Paulus, quod nihil boni, nihil mali adhuc fecerint, et tamen sententia divina alter dominus, alter servus decernitur. Non hoc quaeritur, an servitus illa pertineat ad salutem, sed | quo merito illa imponitur ei, qui non meruerat? Sed molestissimum est cum pravis istis studiis torquendae et eludendae scripturae conflictari.

Deinde quod non de servitute illorum sola agat Moses, et etiam in hoc recte faciat Paulus, quod de salute aeterna intelligat (quanquam hoc non ita faciat ad rem, tamen non patiar Paulum calumniis sacrilegorum contaminari) convincitur ex ipso textu, Sic enim habet oraculum in Mose, Duo populi ex utero tuo dividentur, populusque populum superabit et maior serviet minori.⁶¹³ Hic manifeste duo populi discernuntur, Alter in gratiam Dei recipitur, licet minor, ut vincat maiorem, non quidem viribus, sed favente Deo. Alioqui, quomodo vincat minor maiorem, nisi Deus sit cum eo? Cum igitur minor sit futurus populus Dei, non sola ibi dominatio externa tractatur aut servitus, sed omnia quae

---

⁶¹² Röm 9,11 f.   ⁶¹³ Gen 25,23.

die Kraft oder durch die Verdienste des freien Willensvermögens zu dem gelangt sind, was von ihnen gesagt wird, und beweist, das sei nicht der Fall. Sondern Jakob sei allein durch die Gnade des Berufenden dorthin gelangt, wohin Esau nicht gelangt ist. Er beweist dies aber durch die unbesiegbaren Worte der Schrift, nämlich, dass sie noch nicht geboren waren, ebenso, dass sie nichts Gutes oder Böses getan hatten. Und in diesem Beweis liegt das Gewicht der Sache, das wird in diesem Fall verhandelt. Die ‚Diatribe' aber, nachdem sie durch hervorragende Rhetorik dieses alles übergangen und beschönigt hat, disputiert nichts über die Verdienste. Dabei hatte sie sich doch eben das zu tun vorgenommen, und das fordert auch die Ausführung des Paulus; sondern sie macht Winkelzüge über die zeitliche Knechtschaft, als ob dies irgendetwas mit der Sache zu tun hätte, nur damit es nicht so aussieht, als sei sie von den übermächtigen Worten des Paulus besiegt. Denn was hätte sie, was sie gegen Paulus für das freie Willensvermögen vorschwatzen könnte? Was half das freie Willensvermögen Jakob? Was schadete es dem Esau? Wo doch durch das Vorherwissen und die Bestimmung Gottes schon, als sie noch nicht geboren waren und nichts getan hatten, bestimmt worden war, was jeder von beiden erhalten sollte, nämlich, dass jener dienen, dieser herrschen sollte. Die Belohnungen werden entschieden, bevor die Arbeiter geboren werden und handeln. Hier musste die ‚Diatribe' eine Antwort finden! Darauf drängt Paulus, dass sie noch nichts Gutes, nichts Böses getan hatten und dennoch durch göttliches Urteil der eine zum Herrn, der andere zum Knecht bestimmt wird. Es wird nicht danach gefragt, ob jene Knechtschaft sich auf das Heil bezieht, sondern durch welches Verdienst sie dem auferlegt wird, der sie nicht verdient hatte. Aber es ist sehr beschwerlich, sich mit diesen krummen Bemühungen, die Schrift zu verdrehen und sie zu erledigen, herumzuschlagen.

Dann [ist zu beachten], dass Mose nicht allein von ihrer Knechtschaft handelt und Paulus auch darin Recht tut, dass er es [als] vom ewigen Heil [handelnd] versteht (obwohl das kaum zur Sache beiträgt, will ich dennoch nicht zulassen, dass Paulus von diesen Verleumdungen der Gotteslästerer befleckt wird). Das wird aus dem Text unwiderleglich bewiesen. Denn so lautet die Weissagung bei Mose: „Zwei Völker werden sich aus deinem Leib scheiden, ein Volk wird das andere besiegen und das ältere wird dem jüngeren dienen." Hier werden klar zwei Völker unterschieden: Das eine wird in die Gnade Gottes aufgenommen, obwohl es das jüngere ist, damit es das ältere besiege; allerdings nicht aus eigenen Kräften, sondern durch die Begünstigung Gottes. Wie sonst soll das jüngere das ältere besiegen, wenn nicht Gott mit ihm ist? Wenn also das jüngere das zukünftige Volk Gottes ist, wird dort nicht allein die äußere Herrschaft oder Knechtschaft behandelt, sondern alles, was

pertinent ad populum Dei, id est, benedictio, verbum, spiritus, promissio Christi, et regnum aeternum, id quod etiam latius postea scriptura confirmat, ubi Iacob benedici et promissiones et regnum accipere⁶¹⁴ describit. Quae omnia Paulus breviter indicat, dum dicit, maiorem serviturum esse minori, nos ad Mosen remittens latius haec tractantem, ut possis contra Hieronymi et Diatribes sacrilegam sententiam dicere, fortius ea pugnare locis suis, quam apud Paulum, quaecunque adducit, id quod non solum de Paulo verum est, sed de omnibus Apostolis, qui scripturas adducunt, tanquam testes et assertrices sui sermonis. Ridiculum vero esset, id pro testimonio adducere, quod nihil testetur neque faciat ad rem. Si enim inter Philosophos ridiculi sunt, qui ignotum per ignotius aut per impertinens probant, qua fronte nos hoc tribuemus summis ducibus et authoribus Christianae doctrinae, in qua pendet animarum salus? praesertim ubi ea docent, quae sunt capita fidei. Sed ista decent eos, qui scripturis divinis serio non afficiuntur.

Illud vero Malachiae, quod Paulus attexit, Iacob dilexi Esau autem odio habui,⁶¹⁵ triplici industria torquet. Prima est, Si literam urgeas (inquit) Deus non amat, quemadmodum nos amamus, nec odit quenquam, cum in Deum non cadant affectus huiusmodi.⁶¹⁶ Quid audio? An nunc queritur, quomodo Deus amet et | odiat, ac non potius, Cur amet et odiat? Quo merito nostro amet aut odiat, quaeritur, Pulchre scimus, quod Deus non amat aut odit, quemadmodum nos, siquidem nos mutabiliter et amamus et odimus, ille aeterna et immutabili natura amat et odit, sic non cadunt in illum accidentia et affectus. Atque hoc ipsum est, quod liberum arbitrium cogit nihil esse, quod aeternus et immutabilis sit amor, aeternum odium Dei erga | homines, antequam mundus fieret, non solum ante meritum et opus liberi arbitrii, omniaque necessario in nobis fieri, secundum quod ille vel amat vel non amat ab aeterno, Ut non solum amor Dei, sed etiam modus amandi, necessitatem nobis inferat, ut videas, quam prosint Diatribe sua effugia, ut ubique magis impingat, quo magis evadere nititur, adeo non succedit veritati reluctari. Sed esto, Valeat tibi tropus, ut amor Dei sit effectus

---

⁶¹⁴ Gen 27,27–29.   ⁶¹⁵ Mal 1,2 f.; Röm 9,13.   ⁶¹⁶ Erasmus III a 11; EtAS 4,106.

sich auf das Volk Gottes bezieht, das heißt, Segen, Wort, Geist, Zusage Christi und das ewige Reich. Also das, was die Schrift auch später weiter bekräftigt, wo sie beschreibt, dass Jakob gesegnet wird und die Zusagen und das Reich empfängt. Dies alles zeigt Paulus kurz an, wenn er sagt, der Ältere werde dem Jüngeren dienen. Er verweist uns auf Mose, der dies breiter behandele. So kannst du gegen die gotteslästerliche Meinung des Hieronymus und der ‚Diatribe' sagen, dass diese [Sprüche] stärker an ihren [ursprünglichen] Stellen einander widerstreiten als das, was Paulus davon anführt. Das stimmt nicht nur für Paulus, sondern für alle Apostel, welche die Schriften für ihre eigene Rede gleichsam als Zeugen und als solche, die die Wahrheit bekräftigen, anführen. Es wäre aber lächerlich, das als ein Zeugnis anzuführen, was nichts bezeugt und nichts zur Sache beiträgt. Wenn nämlich unter den Philosophen diejenigen lächerlich sind, die Unbekanntes durch noch Unbekannteres oder durch etwas, was sich nicht darauf bezieht, beweisen – mit welcher Stirn werden wir dies den höchsten Führern und Autoren der christlichen Lehre, an der das Seelenheil hängt, zuschreiben? Besonders, wo sie das lehren, was die Hauptstücke des Glaubens sind. Aber so etwas gehört sich für die, die sich durch die göttlichen Schriften nicht ernsthaft betroffen fühlen.

Jenes [Wort] aber des Maleachi, das Paulus angefügt hat: „Jakob habe ich geliebt, Esau aber habe ich gehasst", verdreht sie mit Fleiß in dreifacher Weise. Die erste ist: Wenn man auf den Buchstaben drängt (sagt sie), liebt Gott nicht so, wie wir lieben, und hasst niemanden, weil auf Gott Affekte dieser Art nicht zutreffen. Was höre ich? Wird jetzt danach gefragt, wie Gott liebt und hasst, und nicht vielmehr, warum er liebt und hasst? Durch welches unser Verdienst er liebt oder hasst, wird gefragt. Wir wissen sehr wohl, dass Gott nicht liebt oder hasst wie wir, weil wir ja in veränderlicher Weise sowohl lieben als auch hassen, er aber nach seiner ewigen und unveränderlichen Natur liebt und hasst. In dieser Weise treffen auf ihn Akzidenzien und Affekte nicht zu. Und eben dies ist das, was das freie Willensvermögen zwingt, nichts zu sein: dass die ewige und unveränderliche Liebe, der ewige Hass Gottes gegen die Menschen existierten, bevor die Welt wurde, nicht nur vor dem Verdienst und dem Werk des freien Willensvermögens, und alles in uns notwendig geschieht, je nachdem, ob er liebt oder nicht liebt von Ewigkeit. So dass nicht nur die Liebe Gottes, sondern auch die Art des Liebens uns eine Notwendigkeit auferlegt. Damit du siehst, was der ‚Diatribe' ihre Ausflüchte nützen: dass sie überall mehr anstößt, je mehr sie sich bemüht zu entschlüpfen. So wenig gelingt ihr, sich der Wahrheit zu widersetzen! Aber meinetwegen: Mag dir die Bildrede etwas gelten, dass die Liebe Gottes eine Wirkung der Liebe ist und der Hass Gottes eine

amoris, et odium Dei sit effectus odii, Nunquid illi effectus citra et praeter voluntatem Dei fiunt? An hic etiam dices, Deum non velle quemadmodum nos, nec affectum volendi in illum cadere? Si fiunt igitur effectus illi, non nisi volente Deo fiunt. Iam quod vult Deus, hoc aut amat aut odit. Responde igitur, quo merito amatur Iacob et oditur Esau antequam nascuntur et operantur? Stat igitur Paulus optime Malachiam inducens pro sententia Mosi, Scilicet quod ideo vocarit Iacob antequam nasceretur, quia dilexerit eum, non autem dilectus sit prius a Iacob, aut merito eius ullo permotus, ut ostenderetur in Iacob et Esau, quid nostrum queat liberum arbitrium.

Altera industria est, quod Malachias non videtur loqui de odio, quo damnamur in aeternum, sed de temporaria afflictione, Reprehenduntur enim, qui extruere volebant Edomaeam.⁶¹⁷ Hoc iterum dicitur ad contumeliam Pauli, quasi vim fecerit scripturis. Adeo nihil veremur maiestatem spiritus sancti, modo nostra statuamus. Sed feremus interim contumeliam hanc, videamusque quid efficiat. Malachias de afflictione temporali loquitur. Quid inde? aut quid hoc ad rem? Paulus ex Malachia probat illam afflictionem sine merito, soloque odio Dei illatam Esau,⁶¹⁸ ut liberum arbitrium nihil esse concludat. Hic urgeris, hic responderi oportuit. Nos de merito disputamus, tu de mercede loqueris, et sic loqueris, ut non eludas tamen quod voluisti, imo cum de mercede loquaris, meritum confiteris. At illud dissimulas te videre. Dic igitur, quae fuit caussa, amandi Iacob et odio habendi Esau apud Deum, cum illi nondum essent? Iam et illud falsum est, quod Malachias solum de temporaria afflictione loquatur, nec illi res est de Edomaea destruenda, totumque Prophetae sensum pervertis hac industria. Propheta clarissimis verbis satis indicat quid velit, Nempe, Israelitis exprobrat ingratitudinem, quod cum eos dilexerit, illi vicissim neque diligant, ut patrem, neque timeant, ut dominum. Dilexisse autem se probat, tam scriptura quam opere, Nempe, quod cum Iacob et Esau essent fratres, ut Moses scribit Gen. 25. Iacob tamen dilexerit et elegerit antequam nasceretur, sicut dictum l est paulo ante, Esau vero sic oderit, ut regionem eius redegerit in solitudinem. Deinde ea pertinacia odiat et pergat, ut cum Iacob reduxerit de captivitate et restituerit, Edomaeos tamen non sinat resti-

---

⁶¹⁷ Erasmus III a 11; ErAS 4,106. ⁶¹⁸ S. o. 496,30–498,4.

Wirkung des Hasses. Geschehen denn diese Wirkungen ohne und neben dem Willen Gottes? Sagst du auch hier, dass Gott nicht wolle wie wir und der Affekt des Wollens auf ihn nicht zutrifft? Wenn also diese Wirkungen geschehen, geschehen sie nicht ohne Gottes Willen. Was nun Gott will, das liebt er entweder oder er hasst es. Antworte also, nach welchem Verdienst wird Jakob geliebt und Esau gehasst, bevor sie geboren werden und handeln? Es steht also Paulus sehr gut da, der Maleachi anführt für die Meinung des Mose, nämlich, dass er Jakob deswegen berufen hat, bevor er geboren wurde, weil er ihn geliebt hat, nicht aber von Jakob zuerst geliebt oder bewegt wurde von irgendeinem ihm eigenen Verdienst. So wird also an Jakob und Esau gezeigt, was unser freies Willensvermögen kann.

Der andere Fleiß [der Verdrehung] ist, dass Maleachi nicht vom Hass zu sprechen scheine, durch den wir in Ewigkeit verdammt werden, sondern von einer zeitlichen Bedrängnis. Getadelt werden nämlich die, die Edom aufbauen wollten. Dies wird wiederum zur Schmähung des Paulus gesagt, als ob er den Schriften Gewalt angetan hätte. So verehren wir überhaupt nicht die Majestät des Heiligen Geistes, wir richten nur unsere auf. Aber wollen wir einstweilen diese Schmähung ertragen und sehen, was sie austrägt. Maleachi spricht von einer zeitlichen Bedrängnis. Was folgt daraus? Oder was tut das zur Sache? Paulus beweist aus Maleachi, dass jene Bedrängnis ohne Verdienst allein aus dem Hass Gottes Esau angetan ist, um daraus zu schließen, das freie Willensvermögen sei nichts. Hier wirst du in die Enge getrieben, hier müsste man antworten! Wir disputieren über das Verdienst, du sprichst vom Lohn. Aber du sprichst so, dass du doch nicht fertig bringst, was du willst. Im Gegenteil, wenn du vom Lohn sprichst, bekennst du das Verdienst. Aber du verheimlichst, dass du das siehst. Sag also, was ist der Grund der Liebe zu Jakob und des Hasses gegen Esau bei Gott gewesen, als sie noch nicht existierten? Nun ist auch das noch falsch, Maleachi spreche nur von der zeitlichen Bedrängnis; auch geht es ihm nicht um die Zerstörung Edoms. Du verdrehst fleißig den ganzen Sinn des Propheten. Der zeigt mit ganz klaren Worten hinreichend an, was er will. Nämlich: Den Israeliten wirft er Undankbarkeit vor, dass sie, obwohl er sie geliebt hat, sie ihn umgekehrt nicht lieben wie einen Vater noch fürchten wie einen Herrn. Dass er sie aber geliebt hat, beweist er sowohl durch die Schrift als auch durch das Werk. Denn obwohl Jakob und Esau Brüder waren, wie Mose Gen 25 schreibt, hat er dennoch Jakob geliebt und ausgewählt, bevor er geboren wurde, wie kurz zuvor gesagt wurde. Esau aber hat er so gehasst, dass er sein Land zur Wüste gemacht hat. Weiter hasst er mit solcher Beharrlichkeit und setzt sie fort, dass er, während er Jakob aus der Gefangenschaft zurückgeführt und wieder

tui, sed etiam si dixerint sese velle aedificare, ipse minetur eis destructionem.⁶¹⁹ Si non haec l habet textus ipse apertus Prophetae, arguat me mendacii totus orbis. Non igitur reprehenditur hic temeritas Edomaeorum, sed (ut dixi) ingratitudo filiorum Iacob, qui non vident, quid illis conferat, et fratribus suis Edomaeis aufferat, nulla caussa, nisi quia hic odit illic amat. Quomodo nunc stabit, quod Propheta de temporaria afflictione loquatur? cum evidentibus verbis testetur, sese loqui de duobus populis, a duobus Patriarchis natis, illum susceptum in populum et servatum, hunc vero relictum et tandem destructum. Suscipere vero in populum, et non suscipere in populum, non pertinet ad temporalia bona vel mala tantum, sed ad omnia. Neque enim Deus noster tantum temporalium Deus est, sed omnium. Neque tibi Deus esse aut coli volet dimidio humero aut claudicante pede,⁶²⁰ sed totis viribus totoque corde, ut tibi sit Deus tam hic quam in futuro, et in omnibus rebus, casibus, temporibus et operibus.

Tertia industria est, Quod tropologico sensu, nec omnes gentes diligit, nec omnes Iudaeos odit, Sed ex utraque gente aliquos. Hac tropologia efficitur, ut testimonium hoc (ait) nihil pugnet ad probandam necessitatem, sed ad arrogantiam Iudaeorum retundendam. Hac via facta, evadit deinde illuc Diatribe, ut nondum natos odisse Deus dicatur, quia praescit illos gesturos odio digna, sic odium Dei et amor nihil officit libertati arbitrii.⁶²¹ Tandem concludit, Iudaeos merito incredulitatis excisos de olea, Gentes merito fidei insertas, idque authore l Paulo,⁶²² spemque facit excisis rursus inserendi, et insitis metum, ne excidantur.⁶²³ Moriar, si Diatribe ipsa intelligit quid loquatur, Sed est forte et hic Rhetoricum schema, quod docet, sensum obscurare, si qua periculum instat, ne capiaris verbo. Nos tropologias hoc loco nullas videmus, quas Diatribe sibi somniat nec probat, ideo nihil mirum, si illi non pugnet testimonium Malachiae in sensu tropologico, qui ipse nullus est. Deinde nos non de excisione et insertione disputamus, de quibus

---

⁶¹⁹ Mal 1,6; Gen 25,24; Mal 1,2-4. ⁶²⁰ 1Kön 18,21. ⁶²¹ Erasmus III a 12; ErAS 4,106/108. ⁶²² Röm 11,24. ⁶²³ Erasmus III a 12; ErAS 4,108.

eingesetzt hat, dennoch nicht zulässt, dass die Edomiter wieder eingesetzt werden. Sondern er droht ihnen die Zerstörung an, obwohl sie sagen, sie wollten bauen. Wenn eben dieser klare Text des Propheten das nicht enthält, möge die ganze Welt mich der Lüge beschuldigen. Es wird also hier nicht die Maßlosigkeit der Edomiter getadelt, sondern (wie ich gesagt habe) die Undankbarkeit der Söhne Jakobs, die nicht sehen, was er ihnen verschafft und ihren Brüdern, den Edomitern, wegnimmt – ohne Grund, außer dass er hier hasst, dort liebt. Wie wird das jetzt dastehen, dass der Prophet von einer zeitlichen Bedrängnis spreche? Wenn durch offensichtliche Worte bezeugt wird, dass er von zwei Völkern spricht, von zwei Patriarchen geboren, jener zum Volk angenommen und bewahrt, dieser aber verlassen und schließlich zerstört. ,Annehmen aber zum Volk' und ,nicht annehmen zum Volk' bezieht sich nicht nur auf zeitliche Güter oder Übel, sondern auf alles. Denn unser Gott ist nicht nur ein Gott der zeitlichen Dinge, sondern aller. Und er will dir nicht Gott sein oder von dir verehrt werden mit halber Schulter oder hinkendem Fuß, sondern mit allen Kräften und ganzem Herzen, dass er dir Gott sei sowohl hier als auch in Zukunft und in allen Dingen, Fällen, Zeiten und Werken.

Der dritte Fleiß [der Verdrehung] ist, dass er nach einem bildlichen Verständnis weder alle Heiden liebt noch alle Juden hasst. Sondern aus beiden Völkern einige. Durch diese Bildrede wird erreicht, dass dieses Zeugnis (sagt sie) nichts erringt, um die Notwendigkeit zu beweisen, sondern um die Überheblichkeit der Juden zu dämpfen. Nachdem dieser Weg geschaffen ist, entkommt dann die ,Diatribe' dahin, es werde von Gott gesagt, er hasse die noch nicht Geborenen, weil er vorherweiß, dass jene des Hasses würdige Dinge tun werden. So träten Hass und Liebe Gottes in nichts dem freien Willensvermögen in den Weg. Endlich schließt sie, dass die Juden verdientermaßen wegen ihres Unglaubens vom Ölbaum abgehauen, die Heiden verdientermaßen wegen ihres Glaubens eingepfropft worden sind, und das nach dem Zeugnis des Paulus. Und sie macht den Abgehauenen Hoffnung, dass sie wiederum eingepfropft werden, und den Eingepfropften Furcht, dass sie abgehauen werden. Ich will tot umfallen, wenn die ,Diatribe' selbst versteht, was sie spricht! Aber vielleicht gibt es auch hier eine rhetorische Figur, die lehrt, den Sinn zu verdunkeln, wenn hier irgendwie eine Gefahr droht, durch ein Wort gefangen genommen zu werden. Wir sehen an dieser Stelle keine Bildreden, welche die ,Diatribe' sich erträumt, aber nicht beweist. Daher ist es überhaupt kein Wunder, wenn das Zeugnis Maleachis ihr nicht widerstreitet im bildlichen Sinn – den es ja gar nicht gibt. Dann diskutieren wir nicht über Abhauen und Einpfropfen, wovon Paulus spricht, wenn er mahnt. Wir wissen, dass die Menschen

Paulus loquitur dum exhortatur. Scimus fide inseri, infidelitate excindi homines, eosque exhortandos esse ut credant, ne excidantur. Sed hinc non sequitur, neque probatur, eos posse credere aut discredere vi liberi arbitrii, de quo nos agimus. Non disputamus, qui sunt credentes, qui non, qui Iudaei, qui gentes, quid sequatur credentes et discredentes, hoc ad exhortatorem pertinet, Sed hoc disputamus, quo merito, quo opere perveniant ad fidem, qua inseruntur, aut ad infidelitatem, qua exciduntur, hoc ad doctorem pertinet. Hoc meritum nobis describe. Paulus docet, quod nullo nostro opere, sed solo amore et odio Dei contingat. Ubi vero contigerit, exhortatur, ut perseverent, ne excindantur. At exhortatio non probat, quid nos possimus, sed quid debeamus. Cogor ego pene pluribus verbis adversarium tenere, ne alio vagetur deserta caussa, quam ipsam caussam tractare, quanquam tenuisse eum in proposito, vicisse est, tam | clara et invicta sunt verba, ideoque nihil fere agit, quam ut ea declinet, et sese e conspectu proripiat, aliudque agat, quam instituerat.

Tertium locum sumit ex Esaia. 45. Nunquid lutum dicit figulo suo, quid facis? Et Hiere. 18. Sicut lutum in manu figuli, ita vos in manu mea.[624] Iterum haec magis pugnare dicit apud Paulum, quam apud Prophetas unde sumpta sunt, quia in Prophetis sonant de afflictione temporali. Paulus autem utitur ad electionem et reprobationem aeternam,[625] ut sugillet Pauli temeritatem vel inscitiam. Sed antequam videamus, quomodo probet, utrunque non excludere liberum arbitrium, prius hoc dicam, Non videri Paulum ex Prophetis sumpsisse hunc locum, nec Diatribe id probat. Solet enim Paulus adhibere nomen authoris vel protestari sese de scripturis aliquid accipere, quorum hic neutrum facit. Ideo verius est, quod Paulus hac generali similitudine, quam alii ad alias caussas assumunt, ipse proprio spiritu utatur ad suam caussam, quemadmodum facit illa similitudine, modicum fermentum totam massam corrumpit, quam 1. Corin. 5. corruptilibus moribus aptat, alias verbum Dei corrumpentibus obiicit, quomodo et Christus fermentum Herodis appellat et Phariseorum.[626] Ut igitur Pro-

---

[624] Jes 45,9; Jer 18,6; Erasmus III a 13; ErAS 4,108/110. [625] Röm 9,20–23. [626] 1Kor 5,6 f.; Gal 5,9; Mk 8,15.

durch Glauben eingepfropft, durch Unglauben abgehauen werden und dass man sie mahnen muss zu glauben, damit sie nicht abgehauen werden. Aber daraus folgt nicht und wird nicht bewiesen, dass diese glauben oder nicht glauben können kraft des freien Willensvermögens.
5 Genau darüber aber handeln wir. Wir disputieren nicht, wer glaubt und wer nicht, wer Juden, wer Heiden sind, was die erlangen, die glauben, und die, welche nicht glauben. Das geht den an, der ermahnt. Sondern wir disputieren darüber, nach welchem Verdienst, nach welchem Werk sie zum Glauben gelangen, durch den sie eingepfropft werden, oder
10 zum Unglauben, durch den sie abgehauen werden. Das geht den Lehrer an! Dieses Verdienst beschreibe uns! Paulus lehrt, dass sich dies durch keines unserer Werke, sondern allein durch Liebe und Hass Gottes ereignet. Wo es sich aber ereignet hat, mahnt er, dass sie ausharren, damit sie nicht abgehauen werden. Aber die Ermahnung beweist nicht,
15 was wir können, sondern was wir sollen. Ich bin gezwungen, mit fast allzu vielen Worten den Gegner festzuhalten, damit er nicht die Sache im Stich lässt und woandershin abschweift, anstatt die Sache selbst zu behandeln. Obwohl ihn beim Thema festgehalten zu haben bedeutet, gesiegt zu haben, so klar und unbesiegt sind die Worte. Daher auch tut
20 er fast nichts, als dass er diesen ausweicht, sich aus dem Blickfeld stiehlt und anderes abhandelt, als er sich vorgenommen hatte.

Die dritte Stelle nimmt sie [sc. die ‚Diatribe'] aus Jesaja 45: „Spricht etwa der Ton zu seinem Töpfer: Was tust du?" Und Jer 18: „Wie der Ton in der Hand des Töpfers, so seid ihr in meiner Hand." Wiederum sagt
25 sie, dass dies mehr bei Paulus [dem freien Willensvermögen] widerstreitet als bei den Propheten, aus denen es entnommen ist, weil sie [sc. diese Worte] bei den Propheten von einer zeitlichen Bedrängnis reden, Paulus aber gebraucht sie für die ewige Erwählung und Verwerfung. Sie [sc. die ‚Diatribe'] verhöhnt folglich Paulus als leichtfertig und unwissend.
30 Aber bevor wir darauf sehen, wie sie beweist, dass beide [sc. die Propheten und Paulus] das freie Willensvermögen nicht ausschließen, will ich zuvor dies sagen: Paulus scheint diese Stelle nicht aus den Propheten entnommen zu haben, und die ‚Diatribe' beweist das auch nicht. Denn Paulus pflegt den Namen des Verfassers anzufügen oder offen zu sagen,
35 dass er irgendetwas aus den Schriften übernehme. Hier tut er keines von beidem. Daher ist es richtiger [anzunehmen], dass Paulus dieses allgemeine Gleichnis, das andere für andere Fälle annehmen, selbst im ihm eigenen Sinn benutzt für seinen Fall. Ebenso tut er das mit jenem Gleichnis: „Ein wenig Sauerteig verdirbt den ganzen Teig." Das wendet
40 er 1Kor 5 auf die verderblichen Sitten an, anderswo hält er es denen entgegen, die das Wort Gottes verderben, wie auch Christus den Sauerteig des Herodes und der Pharisäer anspricht. Wenn also die Propheten noch

phetae | maxime de temporali afflictione loquantur, de quo nunc omitto dicere, ne toties alienis quaestionibus occuper et differar, Paulus tamen utitur suo spiritu adversus liberum arbitrium. Quod vero non adimitur libertas arbitrii, si Deo affligenti simus lutum,[627] nescio quo pertineat, aut cur id contendat Diatribe, cum non sit dubium, afflictiones a Deo venire invitis nobis, necessitatemque afferant ferendi eas, velimus, nolimus,[628] nec est in manu nostra eas avertere, licet exhortemur ad ferendas voluntarie.

Sed quomodo Pauli sermo non excludat liberum arbitrium ista similitudine, dignum est audire Diatriben argutantem. Duo enim absurda opponit, alterum e scripturis, alterum ex ratione colligit. E scripturis sic colligit, Paulus cum. 2. Thimo. 2. dixisset, in magna domo esse vasa aurea, argentea, lignea, fictilia, quaedam in honorem, quaedam in contumeliam, mox subiungit, Si quis ergo se emundaverit ab istis, erit vas in honorem etc.[629] Tum sic arguit Diatribe, Quid stultius, quam si quis dicat matulae samiae, si te expurgaris, eris vas honorificum? Verum hoc recte dicitur testae rationali, quae monita potest se accomodare ad voluntatem Domini.[630] Ex iis vult, similitudinem non per omnia quadrare atque sic elusam, ut nihil efficiat. Respondeo, ne illud caviller, quod Paulus non dicit, Si quis se mundaverit | a sordibus suis, sed ab istis, id est, a vasis contumeliae, ut sensus sit, siquis separatus manserit, ac non inter impios magistros misceatur, erit vas honoris etc., Donemus quoque hunc locum Pauli prorsus facere, quod vult Diatribe, id est, similitudinem non esse efficacem, quomodo probabit idem velle Paulum loco illo ad Rom. 9. de quo disputamus? An satis est alium locum citare, et nihil prorsus curare, an idem vel diversum efficiat? Non est facilior et vulgatior lapsus in scripturis, quam diversos locos velut similes e scripturis coaptare, ut saepius monstravi, ut similitudo locorum magis inefficax sit, de quo Diatribe superbit, quam nostra quam confutat. Sed ne contentiosi simus, donemus utrunque locum Pauli idem velle, et quod sine controversia verum est, similitudinem non

---

[627] Erasmus III a 13; ErAS 4,110. [628] Cicero: De natura deorum 1,7,17. [629] 2Tim 2,20 f.
[630] Erasmus III a 14; ErAS 4,110/112. – Erasmus verbindet Kenntnisse über die Gebrauchskeramik aus Samos (‚vasa samia'), wie sie vor allem Isidor von Sevilla: Etymologiarum seu originum lib. 14,6,31; 16,1,7; 20,4,3, zusammengetragen hat, mit spöttischen Hinweisen auf deren Minderwertigkeit (im Verhältnis zu Metallgeschirr), die sich mehrfach in Komödien des Plautus und Epigrammen Martials (testa samia) finden, und erreicht mit seiner, sonst nicht bezeugten, ‚matula samia' eine ironische Steigerung.

so sehr von der zeitlichen Bedrängnis sprechen – worüber zu sprechen ich jetzt übergehe, damit ich nicht so oft von fremden Fragen in Beschlag genommen und zerstreut werde –, benutzt Paulus die Stelle doch in dem ihm eigenen Sinn gegen das freie Willensvermögen. Wenn aber die Freiheit des Willensvermögens nicht weggenommen wird, wenn wir für Gott, den Peiniger, Ton sind, weiß ich nicht, worauf die ‚Diatribe' sich bezieht oder warum sie darauf besteht. Denn zweifelsohne kommen Bedrängnisse von Gott gegen unseren Willen und bringen die Notwendigkeit mit sich, sie zu ertragen, ob wir wollen oder nicht. Es liegt nicht in unserer Hand, sie abzuwenden, wenn wir auch ermahnt werden, sie willig zu ertragen.

Aber wie die Rede des Paulus das freie Willensvermögen durch dieses Gleichnis nicht ausschließen soll – es ist es wert, dazu das Geschwätz der ‚Diatribe' zu hören. Zwei Absurditäten nämlich hält sie entgegen. Die eine nimmt sie aus den Schriften, die andere aus der Vernunft. Aus den Schriften nimmt sie Folgendes: Wenn Paulus 2Tim 2 sagt: „In einem großen Haus gibt es goldene Gefäße, silberne, hölzerne und tönerne, manche zu Ehren, manche zu Unehren", fügt er alsbald an: „Wenn also einer von diesen sich reinigt, wird er ein Gefäß zur Ehre sein" usw. Daraufhin schließt die ‚Diatribe' so: „Was wäre törichter, als wenn einer zu einem Nachttopf aus samischem Ton sagte: Wenn du dich reinigst, wirst du ein ehrenvolles Gefäß sein? Aber richtig wird dies zu einem vernunftbegabten Gefäß gesagt, das sich nach Ermahnung dem Willen des Herrn zuwenden kann." Damit will sie zeigen, wie das Gleichnis nicht in jeder Hinsicht passt und, so verspottet, nichts bewirkt. Meine Antwort: Ich will das nicht anzüglich anführen, dass Paulus nicht sagt: Wenn einer sich reinigt von seinem Schmutz, sondern ‚von diesen', das heißt, von den Gefäßen der Unehre, so dass der Sinn Folgender ist: Wenn einer abgesondert bleibt und sich nicht unter die gottlosen Lehrer mischt, wird er ein Gefäß der Ehre sein usw. Wir wollen aber auch zugestehen, dass diese Stelle des Paulus ganz tut, was die ‚Diatribe' will, das heißt, dass das Gleichnis nicht wirksam ist – wie wird sie beweisen, dass Paulus dasselbe mit jener Stelle an die Römer 9 will, über die wir disputieren? Ist es etwa genug, eine andere Stelle zu zitieren und sich überhaupt nicht darum zu kümmern, ob sie dasselbe oder etwas davon Verschiedenes hergibt? Es gibt kein leichteres und weiter verbreitetes Fehlurteil in den Schriften, als unterschiedliche Stellen, so als ob sie ähnlich wären, aus den Schriften zusammenzustellen, wie ich öfter gezeigt habe. Daher ist die Ähnlichkeit der Stellen, worüber die ‚Diatribe' stolz ist, unwirksamer als unsere, die sie widerlegt. Aber um nicht als rechthaberisch zu gelten, wollen wir zugeben, dass beide Stellen des Paulus dasselbe wollen. Und – was unumstritten wahr ist – dass ein Gleichnis nicht immer und in

semper et per omnia qua-| drare, alioqui non similitudo neque transla-
tio, sed ipsa res esset, iuxta proverbium, Similitudo claudicat, nec semper currit quattuor pedibus.[631]

In hoc tamen errat et peccat Diatribe, quod neglecta caussa similitudinis, quae maxime spectanda est, vocabula contentiose captat. Ex
caussis enim dicendi intelligentia petenda est, ait Hilarius, non ex vocabulis solis,[632] Ita similitudinis efficatia pendet ex caussa similitudinis,
Cur ergo Diatribe omittit id, gratia cuius Paulus similitudine ista utitur, et captat id, quod extra caussam similitudinis dicit? Nempe, hoc ad
exhortationem pertinet, quod dicit, Siquis sese emundaverit, Illud vero
ad doctrinam, quod dicit, In magna domo sunt vasa etc., ut ex omnibus
circunstantiis verborum et sententiae Pauli, intelligas eum statuere de
diversitate et usu vasorum, ut sit sensus, cum tam multi a fide disce-
dant, nullum est solatium nobis, nisi quod certi sumus, fundamentum
Dei firmum stare, habens signaculum hoc, Novit Dominus qui sunt
eius, et discedit ab iniquitate omnis qui invocat nomen Domini. Hactenus caussa et efficacia similitudinis, scilicet, quod Dominus norit suos,
Tum sequitur similitudo, scilicet, esse vasa diversa, alia in honorem, alia
in contumeliam. His absolvitur doctrina, quod vasa non seipsa parent,
sed herus, Hoc vult et Ro. 9. quod figulus potestatem habet etc., Sic stat
similitudo Pauli efficacissima, quod libertas arbitrii nihil sit coram Deo.
Post haec sequitur exhortatio, Si quis sese mundaverit ab istis etc.,[633]
quae quid valeat, ex supradictis satis notum est. Non enim sequitur,
ideo sese posse emundare, imo siquid probatur, probatur, liberum arbitrium sese posse absque gratia emundare, cum non dicat, si quem gratia emundarit, sed si sese emundarit. De verbis autem imperativis et
con-| iunctivis[634] abunde dictum est. Nec similitudo verbis coniuncti-
vis, sed indicativis profertur, ut electi et reprobi sunt, ita vasa honoris et
ignominiae sunt. Summa, si ista elusio valet, tota disputatio Pauli nihil
valet, frustra enim induceret murmurantes adversus figulum Deum, si
culpa vasis et non figuli esse videretur, Quis enim murmuret, si audiat
damnari dignum damnatione?

Alterum absurdum colligit a Domina Ratione, quae dicitur humana, videlicet, quod non vasi, sed figulo sit imputandum, praesertim cum

---

[631] Wander 1,720 f. (Nr. 1 f.).   [632] Hilarius: De trinitate 2,31.   [633] 2Tim 2,19-21 mit Röm 9,21.   [634] S. o. 372,3-23; 384,15-386,5.

jeder Hinsicht passt. Sonst wäre es kein Gleichnis und keine Metapher, sondern die Sache selbst, nach jenem Sprichwort: Ein Gleichnis hinkt und läuft nicht immer auf vier Füßen. Darin irrt dennoch und sündigt die ‚Diatribe', dass sie unter Missachtung des Grundes des Gleichnisses, auf den besonders zu achten ist, streitsüchtig auf Vokabeln Jagd macht. In den Gründen nämlich, etwas zu sagen, ist das Verständnis zu suchen, sagt Hilarius, nicht aus den Vokabeln allein. So hängt die Wirkung des Gleichnisses vom Grund des Gleichnisses ab. Warum also übergeht die ‚Diatribe' die Frage, weswegen Paulus dieses Gleichnis gebraucht, und jagt dem nach, was er außerhalb des Grundes für das Gleichnis sagt? Dies bezieht sich nämlich auf die Ermahnung, dass er sagt: „Wenn einer sich reinigt". Das aber auf die Lehre, dass er sagt: „In einem großen Haus sind Gefäße" usw. So verstehst du folglich aus allen Umständen der Worte und der Meinung des Paulus, dass er über die Verschiedenheit und den Gebrauch der Gefäße etwas feststellt, so dass der Sinn ist: Wenn so viele vom Glauben abweichen, gibt es für uns keinen Trost, als dass wir gewiss sind, dass das Fundament Gottes feststeht, welches dieses Siegel hat: „Der Herr kennt die Seinen, und es weiche ab von der Ungerechtigkeit jeder, der den Namen des Herrn anruft." So weit der Grund und die Wirkung des Gleichnisses, nämlich, dass der Herr die Seinen kennt. Dann folgt das Gleichnis, nämlich, dass es verschiedene Gefäße gibt, die einen zur Ehre, die anderen zur Unehre. Dadurch ist die Lehre vollendet, dass die Gefäße sich nicht selbst bereiten, sondern der Hausherr. Dies will auch Röm 9, dass der Töpfer Macht hat usw. So ist das Gleichnis des Paulus ausgesprochen wirksam, dass die Freiheit des Willensvermögens vor Gott nichts ist. Danach folgt die Ermahnung: „Wenn einer sich von diesen reinigt" usw. Inwiefern das gilt, ist aus dem oben Gesagten zur Genüge bekannt. Denn es folgt nicht, dass sich deswegen einer reinigen könne; ja, wenn etwas bewiesen wird, dann Folgendes: Das freie Willensvermögen kann sich ohne Gnade reinigen, weil er nicht sagt „wenn die Gnade einen reinigt", sondern „wenn er sich reinigt". Über imperativische und konjunktivische Worte ist im Übermaß gesprochen worden. Auch wird das Gleichnis nicht mit konjunktivischen Worten, sondern mit indikativischen vorgetragen: Wie es Erwählte und Verworfene gibt, so gibt es Gefäße der Ehre und der Unehre. Kurzum, wenn diese Ausflucht etwas gilt, dann gilt die ganze Diskussion des Paulus nichts. Denn er würde vergeblich diejenigen einführen, die gegen den Töpfer Gott murren, wenn offensichtlich die Schuld beim Gefäß und nicht beim Töpfer läge. Denn wer würde murren, wenn er hörte, dass verdammt wird, wer der Verdammung würdig ist?

Das andere Absurde holt sie von Herrin Vernunft, welche die menschliche genannt wird. Es sei nämlich nicht dem Gefäß, sondern

talis figulus sit, qui creet ipsum lutum et temperet. Hic (ait Diatribe) vas coniicitur in ignem aeternum, quod nihil commeruit, nisi quod non sui iuris est.⁶³⁵ Nusquam se apertius prodit Diatribe, quam hoc loco. Audis enim hic, aliis quidem verbis, sed eodem | sensu dici, quod Paulus dicere facit impios, Quid queritur? Voluntati eius quis resistet?⁶³⁶ Hoc est illud, quod ratio neque capere neque ferre potest, hoc offendit tot viros excellentes ingenio, tot soeculis receptos. Hic expostulant, ut Deus agat iure humano, et faciat quod ipsis rectum videtur, aut Deus esse desinat, Nihil illi profuerint secreta maiestatis, rationem reddat, quare sit Deus, aut quare velit aut faciat, quod nullam speciem iustitiae habeat, ac si Sutorem aut Zonarium roges iudicio se sistere. Non dignatur Deum caro gloria tanta, ut credat iustum esse et bonum, dum supra et ultra dicit et facit, quam definivit Codex Iustiniani, vel quintus liber Ethicorum Aristotelis,⁶³⁷ Cedat maiestas Creatrix omnium feci uni creaturae suae, et Coricius ille specus⁶³⁸ metuat, versa vice, spectatores suos. Igitur absurdum est, ut damnet eum, qui vitare non potest meritum damnationis. Et propter hanc absurditatem, falsum esse oportet, quod Deus, cuius vult, miseretur, quem vult indurat,⁶³⁹ | sed redigendus est in ordinem, et praescribendae illi leges, ut non damnet quenquam, nisi qui nostro iudicio id meruerit. Sic est satisfactum Paulo cum sua similitudine, scilicet, ut illam revocet et sinat nihil valere, sed sic temperet, quod figulus hic (ut Diatribe interpretatur) facit vas in contumeliam, ex meritis praecedentibus, sicut Iudeos quosdam reiicit ob incredulitatem, gentes suscipit ob fidem.⁶⁴⁰ Verum si sic operatur Deus, ut merita spectet, Cur illi murmurant et expostulant? Cur dicunt, quid queritur? quis voluntati eius resistit?⁶⁴¹ Quid opus Paulo compescere illos? Quis enim miratur, non dicam, indignatur aut expostulat, si quis meritus damnetur? Deinde ubi manet potestas figuli faciendi quod vult, si meritis et legibus subiectus, non sinitur facere quod vult, sed exigitur facere quod debet, Pugnat enim respectus meritorum, cum potestate ac libertate faciendi quod vult, ut ille probat pater familias,

---

⁶³⁵ Erasmus III a 14; ErAS 4,112. ⁶³⁶ Röm 9,19. ⁶³⁷ Corpus iuris civilis 1; Institutiones 1,1; 2; Digesta 1,1,10; Aristoteles: Nikomachische Ethik 5. ⁶³⁸ S. o. 236,12. ⁶³⁹ Röm 9,18. ⁶⁴⁰ Erasmus III a 14; ErAS 4,112. ⁶⁴¹ Röm 9,19.

dem Töpfer zuzurechnen, besonders wenn er ein solcher Töpfer ist, der selbst den Ton schafft und gestaltet. Hier (sagt die ‚Diatribe') wird das Gefäß ins ewige Feuer geworfen, das nichts verschuldet hat, außer dass es kein Recht über sich selbst hat. Nirgendwo verrät sich die ‚Diatribe' offener als an dieser Stelle. Du hörst nämlich, dass hier, zwar mit anderen Worten, aber in demselben Sinn [genau] das gesagt wird, was Paulus die Gottlosen sprechen lässt: „Was beschuldigt er? Wer wird seinem Willen widerstehen?" Das ist es, was die Vernunft weder fassen noch ertragen kann. Das hat bei so vielen an Geist hervorragenden Männern, jahrhundertelang anerkannt, Anstoß erregt. Hier fordern sie, dass Gott nach menschlichem Recht handele und das tue, was ihnen selbst richtig erscheint. Oder er solle aufhören, Gott zu sein. Nichts nützen ihm die Geheimnisse der Majestät, er soll Rechenschaft ablegen, warum er Gott ist oder warum er will oder tut, was keinen Anschein von Gerechtigkeit hat. Als ob du einen Flickschuster oder einen Gürtelmacher aufforderst, sich vor Gericht zu verantworten! Das Fleisch würdigt Gott einer so großen Ehre, nicht zu glauben, er sei gerecht und gut, sobald er über das hinaus und jenseits dessen spricht und tut, was der Kodex des Justinian definiert hat oder das fünfte Buch der [Nikomachischen] Ethik des Aristoteles. Weichen soll die Majestät, die Schöpferin von allem, der einen Hefe, ihrem Geschöpf! Und soll jene Korykische Höhle umgekehrt ihre Betrachter fürchten! Also ist es absurd, dass er den verdammt, der das Verdienst seiner Verdammung nicht vermeiden kann. Und wegen dieser Absurdität muss es falsch sein, dass Gott sich, wessen er will, erbarmt, wen er will, verstockt. Sondern er muss zur Ordnung gerufen werden. Ihm müssen Gesetze vorgeschrieben werden, dass er niemanden verdammt, außer, er hätte das nach unserem Urteil verdient. So ist Paulus mit seinem Gleichnis Genüge getan, dass er es nämlich widerrufe und nichts gelten lasse, sondern so abmildere, dass der Töpfer hier (wie die ‚Diatribe' auslegt) Gefäße zur Unehre macht nach vorhergehenden Verdiensten, so wie er manche Juden wegen des Unglaubens verwirft, die Heiden annimmt wegen des Glaubens. Wenn aber Gott so wirkt, dass er Verdienste berücksichtigt: Warum murren jene und beschweren sich? Warum sagen sie: „Was beschuldigt er? Wer widersteht seinem Willen?" Was hat Paulus es nötig, jene in ihre Schranken zu weisen? Denn wer wundert sich, um nicht zu sagen, ist unwillig oder beschwert sich, wenn einer verdientermaßen verdammt wird? Weiter: Wo bleibt die Macht des Töpfers zu tun, was er will, wenn er Verdiensten und Gesetzen unterworfen ist und ihm nicht überlassen wird zu tun, was er will, sondern von ihm gefordert wird zu tun, was er soll. Denn die Rücksicht auf Verdienste streitet mit der Macht und der Freiheit zu tun, was er will, wie jener Hausvater beweist, der den

qui operariis murmurantibus et ius postulantibus, opposuit libertatem voluntatis in suis bonis.⁶⁴² Haec sunt, quae Diatribes glosam non sinunt valere.

Sed fingamus quaeso, Deum talem esse oportere, qui merita respiciat in damnandis, nonne pariter contendemus et concedemus, ut et in salvandis merita spectet? Si rationem sequi volumus, aeque iniquum est, indignos coronari, atque indignos puniri. Concludamus itaque, Deum ex meritis praecedentibus iustificare debere, aut iniquum declarabimus, ut qui malis et impiis hominibus delectetur, et impietatem eorum praemiis invitet et coronet. At vae nobis tunc miseris, apud illum Deum, Quis enim salvus erit? Vide igitur nequitiam cordis huma-|ni, Deum cum indignos sine meritis salvat, imo cum multis demeritis iustificat impios, non accusat iniquitatis, ibi non expostulat, cur hoc velit, cum sit iniquissimum, sese iudice, sed quia sibi comodum et plausibile est, aequum et bonum iudicat. At cum immeritos damnat, quia incomodum sibi est, hoc iniquum, hoc intolerabile est, hic expostulatur, hic murmuratur, hic blasphematur. Vides ergo Diatriben cum suis ut hac causa, non iudicare secundum aequitatem, sed secundum affectum comodi sui. Si enim aequitatem spectaret, aeque expostularet cum Deo, dum indignos coronat, atque expostulat cum eo, dum immeritos damnat, Aeque etiam laudaret et praedicaret Deum, dum damnat immeritos, atque facit, dum indignos salvat, utrobique enim par iniquitas, si sensum nostrum spectes, Nisi non fuerit aeque iniquum, si Cain ob homicidium laudes regem-|que facias, atque si Habel innocentem in carcerem coniicias aut occidas. Cum igitur Ratio Deum laudet indignos salvantem, arguat vero immeritos damnantem, convincitur, non laudare Deum, ut Deum, sed ut suo comodo servientem, hoc est, seipsam et quae sua sunt in Deo quaerit et laudat, non Deum aut quae Dei sunt.⁶⁴³ At si placet tibi Deus indignos coronans, non debet etiam displicere immeritos damnans, Si illic iustus est, cur non hic iustus erit? Illic gra-

---

⁶⁴² Mt 20,15. ⁶⁴³ Phil 2,21.

Arbeitern, die murrten und ihr Recht verlangen, die Freiheit des Willens, über seine Güter zu verfügen, vorhielt. Dies ist es, was die Glosse der ‚Diatribe' nicht gültig sein lässt.

Aber lass uns bitte annehmen, Gott müsse ein solcher sein, der Verdienste bei denen, die verdammt werden sollen, berücksichtigt – werden wir nicht ebenso darauf bestehen und zugestehen, dass er Verdienste bei denen berücksichtigt, die gerettet werden sollen? Wenn wir der Vernunft folgen wollen, ist es gleich ungerecht, dass Unwürdige gekrönt und [andere] Unwürdige bestraft werden. Wir wollen also den Schluss ziehen, dass Gott aus vorhergehenden Verdiensten rechtfertigen muss. Oder wir müssen ihn als ungerecht erklären, als einen, der sich an bösen und gottlosen Menschen erfreut, sie mit Belohnungen zu ihrer Gottlosigkeit einlädt und krönt. Aber dann wehe uns Elenden, bei so einem Gott! Denn wer wird selig werden? Siehe also die Schlechtigkeit des menschlichen Herzens: Wenn Gott die Unwürdigen ohne Verdienste selig macht, ja, wenn er sogar trotz vieler Schuld die Gottlosen rechtfertigt, nicht der Ungerechtigkeit anklagt – da beschwert es [sc. das menschliche Herz] sich nicht, warum er das will, wenn es auch ganz ungerecht ist nach seinem eigenen Urteil. Sondern weil es ihm selbst vorteilhaft und plausibel ist, beurteilt es das als gerecht und gut. Aber wenn er diejenigen, die es nicht verdient haben, verdammt, beschwert es sich hier, weil es ihm unvorteilhaft ist, ungerecht, unerträglich. Hier murrt es, hier lästert es Gott. Du siehst also, dass die ‚Diatribe' mit den Ihren in diesem Fall nicht nach der Billigkeit urteilt, sondern nach dem Affekt, ob es ihr vorteilhaft ist. Denn wenn sie die Billigkeit berücksichtigen würde, würde sie sich in gleicher Weise bei Gott beschweren, wenn er Unwürdige krönt, und sich bei ihm beschweren, wenn er [andere], die es nicht verdient haben, verdammt. In gleicher Weise würde sie Gott loben und preisen, wenn er verdammt, die es nicht verdient haben, wie sie es tut, wenn er [andere] Unwürdige selig macht. Denn beiderseits ist die gleiche Ungerechtigkeit, wenn du unser Verständnis berücksichtigst. Es sei denn, es wäre nicht in gleicher Weise ungerecht, wenn du Kain wegen des Mordes lobst und zum König machst und als wenn du den unschuldigen Abel ins Gefängnis wirfst oder tötest. Da also [Herrin] Vernunft Gott lobt, wenn er Unwürdige selig macht, ihn aber anklagt, wenn er [andere], die es nicht verdient haben, verdammt, ist sie überführt, dass sie Gott nicht als Gott lobt, sondern nur dann, wenn er ihrem Vorteil dient. Das bedeutet: Sie sucht und lobt in Gott sich selbst und das Ihre, nicht Gott oder, was Gottes ist. Aber wenn dir der Gott gefällt, der Unwürdige krönt, darf dir nicht auch derjenige missfallen, der [andere], die es nicht verdient haben, verdammt. Wenn er dort gerecht ist, warum wird er hier nicht gerecht

tiam et misericordiam spargit in indignos, Hic iram et severitatem spargit in immeritos, utrobique nimius et iniquus apud homines, Sed iustus et verax apud seipsum.⁶⁴⁴ Nam quomodo hoc iustum sit, ut indignos coronet, incomprehensibile est modo, videbimus autem, cum illuc venerimus, ubi iam non credetur, sed revelata facie videbitur.⁶⁴⁵ Ita quomodo hoc iustum sit, ut immeritos damnet, incomprehensibile est modo, creditur tamen, donec revelabitur filius hominis.⁶⁴⁶

Diatribe vero similitudine illa figuli et luti vehementer offensa, non nihil indignatur, sese adeo urgeri per illam, tandem eo redit, ut diversis locis e scriptura productis, quorum aliqui totum homini videntur tribuere, aliqui totum gratiae, stomachabunda contendat, utrosque debere interpretatione sana intelligi et non simpliciter accipi, Alioqui si nos urgeamus similitudinem illam, ipsa rursus nos urgere parata est locis illis imperativis et coniunctivis, presertim illo Pauli, Si quis sese emundaverit ab istis,⁶⁴⁷ Hic Paulum sibi contradicentem facit, et omnia tribuentem homini, nisi succurrat interpretatio sana.⁶⁴⁸ Si igitur hic interpretatio admittitur, ut gratiae locus relinquatur, cur non etiam similitudo figuli admittat interpretationem, ut libero arbitrio locus sit? Respondeo, mea nihil refert, accipias simpliciter, dupliciter vel centupliciter. Hoc dico, quod hac sana interpreta-|tione nihil efficitur, nec probatur quod quaeritur. Probari enim debet, liberum arbitrium nihil posse velle boni. At illo loco, Siquis sese emundaverit ab istis, cum sit oratio coniunctiva,⁶⁴⁹ neque nihil, neque aliquid probatur. Exhortatur tantum Paulus. Aut si sequelam Diatribes adiicias et dicas, frustra exhortatur, si non potest sese emundare, tum probatur liberum arbitrium omnia posse sine gratia, Atque ita seipsam improbat Diatribe.

Expectamus igitur adhuc locum aliquem e scriptura, qui interpretationem istam doceat, fingentibus eam suo cerebro non credimus, Nos enim negamus reperiri ullum locum, qui totum tribueret homini. Negamus quoque Paulum sibi pugnare, ubi dicit, Siquis sese emundaverit ab istis,⁶⁵⁰ sed dicimus, tam pugnantiam in Paulo fingi, quam

---

⁶⁴⁴ Röm 3,4.   ⁶⁴⁵ 1Kor 13,12.   ⁶⁴⁶ Lk 17,30.   ⁶⁴⁷ 2Tim 2,21.   ⁶⁴⁸ Erasmus III a 14; ErAS 4,112/114.   ⁶⁴⁹ S. o. 372,3-23.   ⁶⁵⁰ 2Tim 2,21.

sein? Dort verteilt er Gnade und Barmherzigkeit auf Unwürdige. Hier verteilt er Zorn und Strenge auf die, die es nicht verdient haben. In beiden Fällen ist er bei den Menschen übermäßig und ungerecht. Aber gerecht und wahrhaft bei sich selbst. Denn wie das gerecht ist, dass er
5 Unwürdige krönt, ist zwar unbegreiflich; wir werden es aber sehen, wenn wir dahin gekommen sind, wo nicht mehr geglaubt, sondern mit enthülltem Angesicht geschaut wird. So unbegreiflich es ist, wie das gerecht ist, dass er die, die es nicht verdient haben, verdammt – es wird dennoch geglaubt werden, bis der Menschensohn offenbar wird.
10 Die ‚Diatribe' aber, die an dem Gleichnis von Töpfer und Ton heftig Anstoß nimmt, ist darüber ziemlich entrüstet, dass sie dadurch so sehr bedrängt wird. Schließlich kommt sie dahin, dass sie nach der Vorführung verschiedener Stellen aus der Schrift, von denen die einen dem Menschen alles zuzugestehen scheinen, die anderen alles der Gnade,
15 um ihrem Unmut Ausdruck zu geben, nachdrücklich versichert, dass beide nach einer vernünftigen Auslegung zu verstehen und nicht einfach anzunehmen sind. Anderenfalls, sollten wir auf jenes Gleichnis drängen, ist sie wiederum bereit, uns mit jenen imperativischen und konjunktivischen Stellen zu drängen, besonders mit jener Stelle bei
20 Paulus: „Wenn er sich von diesen reinigt." Hier macht sie Paulus zu einem, der sich widerspricht und alles dem Menschen zuschreibt, wenn ihm nicht die Auslegung des gesunden Menschenverstandes zu Hilfe eilt. Wenn also hier eine Auslegung zugelassen wird, um Raum für die Gnade zu lassen, warum sollte nicht auch das Gleichnis des Töpfers eine
25 Auslegung zulassen, um dem freien Willensvermögen Raum zu lassen? Ich antworte: Mich geht das nichts an, du magst das einfach, doppelt oder hundertfach verstehen. Ich sage dies: dass durch diese Auslegung des gesunden Menschenverstandes nichts erreicht und nicht bewiesen wird, wonach gefragt wird. Denn bewiesen werden muss, dass das freie
30 Willensvermögen nichts Gutes wollen kann. Aber mit der Stelle „Wenn einer sich von diesen reinigt" wird, weil es eine konjunktivische Rede ist, weder nichts noch etwas bewiesen. Paulus mahnt nur. Oder wenn du die Folgerung der ‚Diatribe' hinzufügst und sagst, er ermahne vergeblich, wenn er sich nicht reinigen kann, dann wird bewiesen, dass das
35 freie Willensvermögen alles kann ohne die Gnade. Und so verwirft die ‚Diatribe' sich selbst.
Wir warten also bisher auf irgendeine Stelle aus der Schrift, die diese Auslegung lehrt. Denen, die sie in ihrem eigenen Gehirn erdichten, glauben wir nicht. Denn wir verneinen, dass irgendeine Stelle gefunden
40 wird, die alles dem Menschen zuschriebe. Wir verneinen auch, dass Paulus mit sich im Widerstreit liegt, wo er sagt: „Wenn einer sich von diesen reinigt." Wir sagen vielmehr, dass dieser Kampf bei Paulus ebenso

interpretationem, quam illa extorqueat, excogitari, neutram vero monstrari. Hoc quidem fatemur, si sequelis et | additamentis Diatribes scripturas augere licet, ut dicendo, frustra praecipiuntur si non possumus, quae praecipiuntur, tum vere pugnat Paulus sibiipsi et tota scriptura, Quia tum scriptura alia est, quam fuit, tum etiam probat liberum arbitrium omnia posse, quid mirum vero, si tum pugnet quoque quod alibi dicit, omnia Deum solum facere? At ea scriptura sic aucta, non modo nobis, sed etiam ipsi Diatribe pugnat, quae liberum arbitrium nihil boni posse velle definivit.651 Liberet igitur sese primum et dicat, quomodo cum Paulo conveniant ista duo, liberum arbitrium nihil boni velle potest, Et siquis sese emundaverit, ergo potest sese emundare, aut frustra dicitur. Vides igitur Diatriben vexatam et victam esse, similitudine illa figuli, tantum hoc agere, ut illam eludat, nihil interim cogitans, quantum caussae susceptae noceat interpretatio, quamque seipsam confutet et irrideat.

Nos vero, ut diximus, nunquam interpretationem affectavimus, nec sumus ita locuti, extende manum, id est gratia extender Haec omnia Diatribe fingit de nobis, in comodum caussae suae.652 Sed sic diximus, non esse pugnantiam in dictis scripturae, nec opus esse interpretatione, quae nodum explicet, sed ipsi liberi arbitrii assertores nodos in scirpo quaerunt,653 et pugnantias sibi somniant. Exempli gratia, illa nihil pugnant. Siquis sese emundaverit. Et Deus operatur omnia in omnibus.654 Nec est necesse pro nodo explicando dicere, aliquid Deus, aliquid homo agit, Quia prior locus est coniunctiva oratio, quae nihil operis aut virtutis affirmat aut negat in homine, sed praescribit, quid operis aut virtutis esse in homine debeat. Nihil hic figuratum, nihil interpretatione egens, simplicia verba sunt, simplex sensus est, modo sequelas et corruptelas non addas, more Diatribes, tum enim fieret sensus non sanus, verum non sua, sed corruptoris culpa. Posterior vero locus, Deus operatur omnia in omnibus,655 est oratio indicativa omnia opera, omnem virtutem affirmans in Deo. Quomodo igitur pugnent duo loci,

---

[651] S. o. 352,26; 358,18–21. [652] Erasmus III a 17; ErAS 4,118/120; s. o. 440,27–442,5.
[653] S. o. 298,18. [654] 2Tim 2,21; 1Kor 12,6. [655] 1Kor 12,6.

erfunden ist wie die Auslegung, die sie [die ‚Diatribe' dem Text] abzwingt, ausgedacht ist; keines von beidem aber wird bewiesen. Dies bekennen wir allerdings: Wenn es erlaubt ist, die Schriften durch Folgerungen und Zusätze der ‚Diatribe' zu erweitern – wie durch die Rede, dass vergeblich Vorschriften gemacht würden, wenn wir nicht können, was vorgeschrieben wird –, dann wahrlich liegen Paulus und die ganze Schrift im Widerstreit mit sich selbst. Weil dann die Schrift etwas anderes ist, als sie gewesen ist; dann beweist sie sogar, das freie Willensvermögen könne alles. Was Wunder aber, wenn sie dann auch dem widerspricht, was sie anderswo sagt: dass Gott alles allein tue? Aber diese Schrift, so erweitert, widerspricht nicht nur uns, sondern auch der ‚Diatribe' selbst, die definiert hat, dass das freie Willensvermögen nichts Gutes wollen kann. Sie soll sich also zuerst selbst befreien und sagen, wie dies beides mit Paulus übereinstimmt: „Das freie Willensvermögen kann nichts Gutes wollen" und „Wenn einer sich von diesen reinigt', also kann er sich befreien, oder es wird vergeblich gesagt". Du siehst also, dass die ‚Diatribe' erschüttert und besiegt ist durch jenes Gleichnis vom Töpfer und nur das verfolgt, dieses zu erledigen, und dabei keinen Gedanken mehr darauf verschwendet, wie sehr die Auslegung der beabsichtigten Sache schadet und wie sie sich selbst widerlegt und der Lächerlichkeit preisgibt.

Wir aber haben, wie wir gesagt haben, niemals eine Auslegung erstrebt und haben nicht so gesprochen: „Strecke deine Hand aus" heiße „Die Gnade wird sie ausstrecken". Dies alles erfindet die ‚Diatribe' bei uns zum Vorteil für ihre eigene Sache. Sondern so haben wir gesprochen, es sei kein Widerstreit in den Worten der Schrift und bedürfe keiner Auslegung, die den Knoten auflöste; vielmehr diejenigen, die das freie Willensvermögen als wahr behaupten, suchen selbst Knoten in der Binse [Probleme, wo keine sind] und erträumen sich Widersprüche. Um ein Beispiel zu geben: Dies widerstreitet in keiner Weise einander: „Wenn einer sich reinigt" und „Gott wirkt alles in allem". Es ist nicht nötig, um einen Knoten zu lösen, zu sagen, etwas tut Gott, etwas der Mensch. Denn die erste Stelle ist eine konjunktivische Rede, die nichts von einem Werk oder einer Kraft im Menschen bejaht oder verneint, sondern die vorschreibt, was an Werk oder Kraft im Menschen sein soll. Hier ist nichts Bildliches, nichts, was der Auslegung bedarf, einfach sind die Worte, einfach ist der Sinn. Wenn du nur nicht Folgerungen und Verderbnisse hinzufügst nach Art der ‚Diatribe'; denn dann wäre der Sinn nicht vernünftig, aber nicht durch seine eigene, sondern durch die Schuld des Verderbers. Aber die zweite Stelle „Gott wirkt alles in allem" ist eine indikativische Rede, die alle Werke, alle Kraft in Gott behauptet. Wie also sollen die beiden Stellen widerstreiten, von denen die eine gar

quorum unus nihil agit de virtute hominis, alter omnia tribuat Deo, ac non potius optime consentiant? Sed Diatribe sic est submersa, suffocata et corrupta sensu cogitationis illius carnalis (frustra praecipi impossibilia) ut non queat sibi temperare, quin, quoties verbum imperativum aut coniunctivum | audierit, mox suas sequelas annectat indicativas, scilicet, praecipitur aliquid, ergo, possumus et facimus, alioqui stulte praeciperetur. Hinc erumpit et ubique victorias iactat, quasi demonstratum habeat, istas sequelas cum sua cogitatione esse ratas, ceu divinam authoritatem. Hinc saecure pronunciat, quibusdam locis scripturae omnia tribui homini, ideo pugnantiam ibi et interpretatione opus esse, Et non videt, hoc totum esse figmentum capitis sui, nullo uspiam scripturae apice[656] firmatum. Deinde eiusmodi, ut si admitteretur, neminem fortius confutaret, quam seipsam, ut quae per ipsum probet, | siquid probat, omnia posse liberum arbitrium, cuius contrarium suscepit probandum.

Sic et illud toties repetit, Si nihil agit homo, nullus locus est meritis, Ubi meritis non est locus, ibi nec suppliciis nec praemiis locus erit.[657] Iterum non videt, quam seipsam istis carnalibus argumentis fortius confutet quam nos. Quid enim probant istae sequelae, nisi totum meritum esse penes liberum arbitrium? Ubi tum gratiae locus erit? Porro si modiculum meretur liberum arbitrium, reliquum vero gratia, Cur totum praemium accipit liberum arbitrium? An modiculum etiam praemium illi fingemus? Si meritis locus est, ut praemiis locus sit, etiam tantum oportet meritum esse, quantum praemium. Sed quid verba et tempus perdo in re nihili? Ut etiam omnia consisterent, quae Diatribe machinatur, et esset partim hominis, partim Dei opus, quod meremur, tamen illud ipsum opus non possunt definire, quid, quale et quantum esset, ideo disputatio est de lana caprina.[658] Nunc vero cum nihil eorum probet, quae dicit, nec pugnantiam, nec interpretationem, nec locum qui totum homini tribuit, ostendere possit, omnia vero sint suae cogitationis phantasmata, salva et invicta stat similitudo Pauli de figulo et luto, quod non nostri arbitrii est, qualia vasa formemur. Exhortationes vero Pauli, Siquis sese emundaverit[659] et similes, sint for-

---

[656] Mt 5,18. [657] Erasmus III a 17; ErAS 4,118. [658] S. o. 306,27. [659] 2Tim 2,21.

nicht von der Kraft des Menschen handelt, die andere alles Gott zuschreibt? Stimmen sie nicht vielmehr bestens überein? Aber die ‚Diatribe' ist so ersoffen, erstickt und verdorben durch den Sinn jenes fleischlichen Gedankens (umsonst werde Unmögliches vorgeschrieben), dass sie sich nicht mäßigen kann, ja vielmehr, so oft sie ein imperativisches oder konjunktivisches Wort hört, hängt sie alsbald ihre indikativischen Folgerungen an, nämlich: Es wird etwas vorgeschrieben, also können und tun wir das, anderenfalls würde töricht vorgeschrieben. Von dort aus stürzt sie hervor und führt überall ihre Siege im Munde herum, als ob sie den Beweis hätte, dass diese Folgerungen mit ihrem Denken gültig seien wie eine göttliche Autorität. Daher verkündigt sie sicher, durch manche Stellen der Schrift werde alles dem Menschen zugestanden, deswegen sei dort ein Widerspruch und eine Auslegung nötig. Und sie sieht nicht, dass dies alles eine Erfindung ihres Kopfes ist, durch keinen Buchstaben der Schrift irgendwo bestätigt. Dazu auf die Weise, dass, wenn es zugelassen würde, sie niemanden kräftiger widerlegen würde als sich selbst. Denn eben dadurch beweist sie, wenn sie überhaupt etwas beweist, dass das freie Willensvermögen alles kann, wovon das Gegenteil zu beweisen sie sich vorgenommen hat.

So wiederholt sie auch oft dies: Wenn der Mensch nichts tut, gibt es keinen Raum für Verdienste. Wo für Verdienste kein Raum ist, dort wird kein Raum sein, weder für Strafen noch für Belohnungen. Wiederum sieht sie nicht, wie sie sich selbst mit solchen fleischlichen Argumenten kräftiger widerlegt als uns. Was nämlich beweisen diese Folgerungen, außer, das ganze Verdienst liege auf Seiten des freien Willensvermögens? Wo wird dann Raum für die Gnade sein? Weiter, wenn das freie Willensvermögen ein bisschen verdient, das Übrige aber die Gnade – warum erhält das freie Willensvermögen [dann] den ganzen Lohn? Erfinden wir für ihn auch einen winzigen Lohn? Wenn Raum für Verdienste ist, damit Raum für Belohnungen ist, muss auch das Verdienst so groß sein wie die Belohnung. Aber was vergeude ich Worte und Zeit in nichtiger Sache! Wenn auch alles feststünde, was die ‚Diatribe' sich ausdenkt, und es teilweise Werk des Menschen, teilweise Werk Gottes wäre, was wir verdienen, können wir dennoch jenes Werk selbst nicht definieren, was, welcher Art und wie groß es wäre. Deswegen geht die Disputation um des Kaisers Bart. Nun aber, weil sie nichts von dem beweist, was sie sagt, und weder einen Widerspruch noch eine Auslegung noch eine Stelle, die das Ganze dem Menschen zuschreibt, zeigen kann, im Gegenteil alles ihre Gedankengespinste sind, steht das Gleichnis des Paulus von Töpfer und Ton gerettet und unbesiegt da: Es liegt nicht an unserem Willensvermögen, als welche Gefäße wir geformt werden. Die Ermahnungen des Paulus aber „Wenn einer

mae, secundum quas nos formari debemus, non autem testes nostri operis aut studii. Haec de locis illis, de induratione Pharaonis et de Esau et de figulo satis dicta sint.

Venit tandem Diatribe ad locos a Luthero contra liberum arbitrium citatos, confutatura et illos, quorum primus est ille Gen. 6. Non permanebit spiritus meus in homine, quia caro est.⁶⁶⁰ Hunc locum varie confutat.⁶⁶¹ Primum quod Caro hic | non impium affectum, sed infirmitatem significet. Deinde auget textum Mosi, quod dictum eius pertineat ad illius aetatis homines, non ad universum genus hominum, ideo dixerit, in istis hominibus. Item, nec ad illius aetatis omnes homines, cum Noe excipiatur. Tandem in Ebraeo dictum hoc sonare aliud, nempe, clementiam, non severitatem Dei, authore Hieronymo,⁶⁶² forte nobis persuasura, quod cum dictum illud non ad Noe, sed ad sceleratos pertineat, non clementia, sed severitas Dei ad Noe pertineat, ad impios vero clementia, non severitas pertineat. Sed mittamus ista ludi-|bria Diatribes, quae nusquam non significat, Scripturas pro fabulis sese habere. Quid Hieronymus hic nugetur, nihil moramur, certum est, quod nihil probat, Neque de sensu Hieronymi, sed de sensu scripturae disputamus. Fingat perversor scripturae, spiritum Dei significare indignationem. Nos dicimus, duplici illum probatione deficere. Prima, quod non possit proferre unum locum scripturae, in quo spiritus Dei pro indignatione accipiatur, cum contra spiritui benignitas et suavitas ubique tribuatur. Deinde siqua probaret, alicubi pro indignatione accipi, non tamen queat statim probare, sequi necessario, et hoc loco sic accipiendum esse. Sic fingat, carnem pro infirmitate accipi, tamen aeque nihil probat. Nam quod Corinthios Paulus carnales appellat, non certe infirmitatem, sed vitium significat, cum arguat eos, sectis et partibus laborare, quod non est infirmitas aut incapacitas solidioris doctrinae, sed malicia et fermentum vetus, quod expurgare iubet.⁶⁶³ Ebraeum videamus.

Non iudicabit spiritus meus in homine perpetuo, quia caro est, Sic enim habet ad verbum Mose. Atque si nostra somnia mitteremus, satis

---

⁶⁶⁰ Gen 6,3.   ⁶⁶¹ Erasmus III b 1; ErAS 4,120/122.   ⁶⁶² Hieronymus: Liber quaestionum hebraicarum in Genesim 6,3.   ⁶⁶³ 1Kor 3,1.3 f.; 1,10–13; 5,7.

sich reinigt" und ähnliche mögen Formen sein, denen gemäß wir geformt werden sollen, nicht aber Zeugen unseres Werkes oder Bemühens. Damit sei von diesen Stellen, über die Verstockung des Pharao und über Esau und über den Töpfer, genug gesagt.

Schließlich kommt die ‚Diatribe' zu den Stellen, die von Luther gegen das freie Willensvermögen zitiert worden sind, in der Absicht, auch diese zu widerlegen. Deren erste stammt aus Gen 6: „Mein Geist wird nicht im Menschen bleiben, weil er Fleisch ist." Diese Stelle widerlegt sie auf verschiedene Weise. Zuerst, dass Fleisch hier nicht einen gottlosen Affekt, sondern eine Schwäche bezeichne. Dann erweitert sie den Text des Mose: Sein Ausspruch beziehe sich auf die Menschen jener Zeit, nicht allgemein auf das Menschengeschlecht; deswegen habe er gesagt ‚in diesen Menschen'. Ebenso auch nicht auf alle Menschen jener Zeit, weil Noah ausgenommen wird. Schließlich laute das im Hebräischen Gesagte anders, nämlich [es bedeute] – nach dem Zeugnis des Hieronymus – ‚Milde', nicht ‚Strenge' Gottes. Sie [sc. die Diatribe] will uns vielleicht einreden, dass sich, weil jener Ausspruch sich nicht auf Noah, sondern auf die Verbrecherischen bezieht, nicht die Milde, sondern die Strenge Gottes auf Noah bezieht, auf die Gottlosen aber die Milde, nicht die Strenge. Aber lassen wir diesen Spott der ‚Diatribe', die überall anzeigt, dass sie die Schriften für Fabeln hält. Bei dem, was Hieronymus hier schwatzt, halten wir uns durchaus nicht auf; es ist gewiss, dass er nichts beweist. Und nicht über den Sinn bei Hieronymus, sondern über den Sinn der Schrift disputieren wir! Möge also ein Verdreher der Schrift erfinden, ‚Geist Gottes' bezeichne ‚Unwillen'. Wir sagen, dass der es an einem doppelten Beweis fehlen lässt. Zuerst, dass er nicht eine einzige Schriftstelle vorbringen kann, in welcher ‚Geist Gottes' im Sinne von ‚Unwillen' aufgefasst wird, da dem Geist im Gegenteil überall Güte und Freundlichkeit zugeschrieben werden. Dann, selbst wenn er etwa beweisen würde, dass er irgendwo im Sinne von ‚Unwillen' verstanden wird, kann er dennoch nicht sogleich beweisen, es folge notwendig, dass dies auch an dieser Stelle so zu verstehen ist. So mag er erfinden, dass ‚Fleisch' im Sinne von ‚Schwäche' verstanden wird, dennoch beweist das in gleicher Weise nichts. Denn dass Paulus die Korinther als Fleischliche anspricht, bezeichnet sicher nicht eine Schwäche, sondern einen Fehler, weil er sie beschuldigt, sich in Spaltungen und Parteien zu erschöpfen. Das ist keine Schwäche oder Unempfindlichkeit für eine ziemlich feste Lehre, sondern Bosheit und alter Sauerteig, den er auszufegen befiehlt. Lasst uns nun das Hebräische ansehen.

„Mein Geist wird nicht dauernd im Menschen richten, weil er Fleisch ist." So nämlich lautet Mose wörtlich übersetzt. Und wenn wir unsere Träume fahren ließen, stehen (glaube ich) die Worte offen und

aperta et clara (puto) stant ibi verba. Esse autem verba irati Dei, satis ostendunt praecedentia et sequentia cum effectu diluvii. Caussa enim dicendi fuit, quod filii hominum ducerent uxores mera carnis libidine, deinde tyrannide terram praemerent, ita ut diluvium accelerare cogerent iratum Deum, et vix centum viginti annos differre, quod alias nunquam erat inducturus.[664] Lege Mosen et observa, videbisque clare id eum velle. Quid mirum vero, si obscurae sint scripturae, aut per ipsas non modo liberum, sed etiam divinum arbitrium statuas, si sic licet in illis ludere, ac si Virgilicentronas[665] in illis quaeras? Scilicet, hoc est nodos explicare et interpretatione quae-|stiones dirimere. Verum Hieronymus et suus Origenes istis nugis repleverunt orbem, et authores fuerunt pestilentis huius exempli, ne simplicitati scripturarum studeretur. Mihi ex isto loco satis erat probari, quod divina authoritas homines appellaret carnem, et adeo carnem, ut spiritus Dei non | posset inter eos durare, sed statuto tempore esset revocandus ab eis. Quod enim negat perpetuo inter homines spiritum suum iudicaturum esse Deus, mox definit, cum centum viginti annos praescribit, quibus adhuc sit iudicaturus, Opponit autem spiritum carni, quod homines cum sint caro, spiritum non admittant, ipse vero cum sit spiritus, carnem probare non possit, ita fieri, ut revocandus sit, post centum viginti annos. Ut locum Mosi sic intelligas, Spiritus meus qui est in Noe, et aliis viris sanctis, arguit illos impios, per verbum praedicationis et vitam piorum (Iudicare enim inter homines, est officio verbi inter eos agere, arguere, increpare, obsecrare oportune importune)[666] sed frustra, illi enim carne excaecati et indurati, eo fiunt peiores, quo plus iudicantur, sicut fit, quoties verbum Dei in mundum venit, ut peiores fiant, quo magis erudiantur. Atque haec caussa fecit, ut acceleretur ira, sicut et ibi acceleratum est diluvium, quando iam non solum peccatur, sed etiam gratia contemnitur, et ut Christus ait, Veniente luce, oderunt homines lucem.[667]

Cum igitur homines sint caro, Deo ipso teste, nihil sapere possunt nisi carnem,[668] ideo nihil valere liberum arbitrium nisi ad peccandum, cum etiam spiritu Dei inter eos vocante et docente, in peius proficiant,

---

[664] Gen 6,2-4.   [665] Gedichte, die aus verschiedenen Versen Vergils zusammengestellt sind (Virgilicentronae); hier nach dem griechischen κέντρων (Flickwerk) gebildet.   [666] 2Tim 4,2 f.   [667] Joh 3,19.   [668] Röm 8,5.

klar genug da. Dass es aber Worte des in Zorn geratenen Gottes sind, beweisen genug das Vorhergehende und das Folgende mit der Herbeiführung der Flut. Denn die Ursache des Redens ist gewesen, dass die Menschenkinder aus reiner Fleischeslust Frauen nahmen, dann in tyrannischer Weise die Erde unterdrückten, so dass sie den erzürnten Gott zwangen, die Flut eilends herbeizuführen und kaum 120 Jahre aufzuschieben, welche er sonst niemals herbeigeführt hätte. Lies Mose und achte darauf, und du wirst klar sehen, dass er das [aussagen] will. Was Wunder aber, wenn die Schriften dunkel sind oder du durch sie nicht nur ein freies, sondern sogar göttliches Willensvermögen festsetzt – wenn es so erlaubt ist, darin zu spielen, als ob du in ihnen zusammengestoppelte Vergilgedichte suchtest! Freilich, das heißt, Knoten auflösen und Fragen durch Auslegung beseitigen! Aber Hieronymus und sein Origenes haben mit solch dummem Zeug die Welt erfüllt und sind die Urheber dieses Unheil bringenden Beispiels gewesen, damit man sich nicht um die Einfachheit der Schriften bemühe. Mir war es an dieser Stelle genug zu beweisen, dass die göttliche Autorität die Menschen Fleisch nennt, und so sehr Fleisch, dass der Geist Gottes nicht unter ihnen verweilen konnte, sondern zu einer bestimmten Zeit von ihnen zurückzunehmen war. Dass nämlich Gott verneint, sein Geist werde ewig unter den Menschen richten, definiert er alsbald, wenn er 120 Jahre vorschreibt, in denen er noch richten werde. Er setzt aber den Geist dem Fleisch gegenüber, weil die Menschen, da sie Fleisch sind, den Geist nicht zulassen, er selbst aber, weil er Geist ist, das Fleisch nicht dulden kann, so komme es, dass er nach 120 Jahren zurückzunehmen ist. So dass du die Stelle bei Mose so verstehen sollst: Mein Geist, der in Noah ist und in anderen heiligen Männern, beschuldigt diese Gottlosen durch das Wort der Predigt und das Leben der Gottesfürchtigen (unter den Menschen zu richten heißt nämlich, mit dem Dienst am Wort unter ihnen zu handeln, zu beschuldigen, zu tadeln, zu beschwören, zur rechten Zeit oder zur Unzeit). Das geschieht aber vergeblich. Diese nämlich, durch das Fleisch verblendet und verstockt, werden umso schlechter, je mehr sie gerichtet werden; so wie es geschieht, dass, sooft das Wort Gottes in die Welt kommt, sie schlechter werden, je mehr sie gelehrt werden. Und dieser Grund hat bewirkt, dass der Zorn beschleunigt wurde, so wie auch dort die Flut beschleunigt worden ist, weil nicht mehr nur gesündigt, sondern auch die Gnade verachtet wird, wie ja Christus sagt: „Als das Licht kam, haben die Menschen das Licht gehasst."

Weil also die Menschen Fleisch sind nach dem Zeugnis Gottes selbst, können sie nichts verstehen außer Fleisch. Daher ist das freie Willensvermögen zu nichts in der Lage außer zum Sündigen, weil sie, auch wenn der Geist Gottes unter ihnen ruft und lehrt, zum Schlechte-

quid facerent sibi relicti sine spiritu Dei? Neque hic quicquam facit ad rem, quod Moses de illius aetatis hominibus loquitur, idem pertinet ad omnes homines, cum sint omnes Caro, sicut Christus dicit Iohan. 3. Quod natum est ex carne, caro est. Quod quam grave vitium sit, ipsemet ibidem docet, ubi dicit, Non intrare regnum Dei posse quenquam nisi denuo renatus fuerit.⁶⁶⁹ Sciat itaque Christianus, Origenem et Hieronymum, cum suis omnibus, perniciose errare, ubi negant carnem pro impio affectu accipi in istis locis. Nam et illud Corinthiorum. 3. Adhuc carnales estis,⁶⁷⁰ ad impietatem pertinet. Vult enim Paulus adhuc impios inter eos esse, Tum pios quatenus sapiunt carnalia, carnales esse, licet spiritu sint iustificati. Summa, id observabis in scripturis, ubicumque de carne agitur per antithesin ad spiritum, ibi fere per carnem intelligas omnia contraria spiritus, Ut ibi, Caro non prodest quicquam. Ubi vero absolute tractatur, ibi conditionem naturamque corporalem significare scias, ut, erunt duo in carne una. Caro mea vere est cibus. Verbum caro factum est.⁶⁷¹ In his locis poteris, mutato Ebraismo, corpus pro carne dicere, Ebraea enim lingua uno vocabulo Carnis, significat, quod nos | duobus carne et corpore significamus, Et vellem sic fuisse translatum distinctis vocabulis totum ubique scripturae canonem. Sic arbitror locus meus ex Gen. 6. adhuc fortiter stabit adversus liberum arbitrium quando caro esse probatur, quam Paulus Ro. 8. dicit nec posse Deo subiici,⁶⁷² ut videbimus eo loco, et ipsamet Diatribe dicit, nihil boni velle posse.

Alter locus est Gen. 8. Sensus et cogitatio cordis humani prona sunt ad malum | ab adolescentia sua. Et cap. 6. Cuncta cogitatio cordis humani intenta est ad malum omni tempore.⁶⁷³ Hunc sic eludit. Proclivitas ad malum, quae est in plerisque hominibus, non adimit in totum libertatem arbitrii.⁶⁷⁴ Sed obsecro, loquiturne Deus de plerisque hominibus ac non potius de omnibus, quando post diluvium, velut poenitens, promittit reliquis et futuris hominibus, sese non amplius inducturum diluvium propter hominem, subdens caussam, quod homo sit pronus ad malum,⁶⁷⁵ quasi dicat, si hominum malicia deberet spectari, nun-

---

⁶⁶⁹ Joh 3,6.5. ⁶⁷⁰ 1Kor 3,3. ⁶⁷¹ Joh 6,63/Vg 64; Mt 19,5; Joh 6,56; 1,14. ⁶⁷² Röm 8,7.
⁶⁷³ Gen 8,21; 6,5. ⁶⁷⁴ Erasmus III b 2; ErAS 4,122. ⁶⁷⁵ Gen 8,21.

ren fortschreiten. Was sollten sie auch tun, sich selbst überlassen, ohne den Geist Gottes? Auch hier tut es nichts zur Sache, dass Mose über die Menschen jener Zeit spricht; eben das bezieht sich auf alle Menschen, weil alle Fleisch sind, wie Christus Johannes 3 sagt: „Was aus dem Fleisch geboren ist, ist Fleisch." Wie schwer dieser Fehler ist, lehrt er höchstpersönlich ebendort, wo er sagt, dass niemand das Reich Gottes betreten könne, wenn er nicht zuvor von neuem geboren ist. Daher soll der Christ wissen, dass Origenes und Hieronymus mit all den Ihren auf verderbliche Weise irren, wo sie verneinen, dass an diesen Stellen Fleisch im Sinne eines gottlosen Affektes verstanden wird. Denn auch jenes Wort [1]Kor 3 „Ihr seid noch fleischlich" bezieht sich auf die Gottlosigkeit. Paulus will nämlich [sagen], dass noch Gottlose unter ihnen sind. Dann, dass die Gottesfürchtigen, so weit sie Fleischliches denken, fleischlich sind auch als durch den Geist Gerechtfertigte. Kurzum, das wirst du in den Schriften beobachten: Wo immer vom Fleisch gehandelt wird im Gegenüber zum Geist, dort versteht man in der Regel unter ‚Fleisch' alles, was dem Geist entgegengesetzt ist. Wie dort: „Das Fleisch nützt nichts." Wo es aber absolut behandelt wird, dort, musst du wissen, bezeichnet es die Verfassung [des Menschen] und [sein] leibliches Wesen wie „Die beiden werden ein Fleisch sein"; „Mein Fleisch ist die wahre Speise"; „Das Wort ward Fleisch". An diesen Stellen wirst du, indem du die hebräische Ausdrucksweise veränderst, ‚Leib' an Stelle von ‚Fleisch' sagen können. Denn die hebräische Sprache bezeichnet mit der einzigen Vokabel ‚Fleisch', was wir mit zwei Worten, ‚Fleisch' und ‚Leib', bezeichnen. Und ich wollte, dass so im ganzen Kanon der Schrift überall mit unterschiedenen Vokabeln übersetzt worden wäre. So, glaube ich, wird meine Stelle aus Gen 6 noch kräftig gegen das freie Willensvermögen stehen, weil bewiesen wird, dass ‚Fleisch' das ist, wovon Paulus Röm 8 sagt, es könne sich Gott nicht unterwerfen – wie wir an der fraglichen Stelle sehen werden –, und die ‚Diatribe' höchstpersönlich sagt ja, dass es nichts Gutes wollen kann.

Die andere Stelle ist Gen 8: „Der Sinn und das Denken des menschlichen Herzens sind zum Bösen geneigt von Jugend auf." Und Kapitel 6: „Alles Denken des menschlichen Herzens ist zum Bösen gerichtet jederzeit." Diese erledigt die ‚Diatribe' so: Die Neigung zum Bösen, die in den meisten Menschen ist, hebt die Freiheit des Willensvermögens nicht zur Gänze auf. Aber bitte, spricht denn Gott von den meisten Menschen und nicht vielmehr von allen, wenn er nach der Sintflut, als ob es ihn reute, den übrigen und den zukünftigen Menschen zusagt, dass er keine weitere Flut wegen des Menschen schicken werde, und als Grund angibt, dass der Mensch zum Bösen geneigt ist? So als ob er sagte: Wenn die Bosheit der Menschen berücksichtigt werden sollte, dürfte man nie-

quam cessandum a diluvio esset, Verum nolo spectare deinceps, quid mereantur etc. Ita vides, quod tam ante diluvium, quam post diluvium, Deus homines malos esse affirmat, ut nihil sit, quod Diatribe de plerisque dicit. Deinde pronitas aut proclivitas ad malum, res parvi momenti videtur Diatribae, quasi nostrae sit opis, illam erigere aut cohibere, cum scriptura velit ea pronitate, assiduum illum raptum et impetum voluntatis ad malum significare. Aut cur non et hic Ebraicum consuluit, ubi nihil de pronitate Moses dicit? ne cavillandi caussam habeas. Sic enim habet Cap. 6. Chol Ietzer Mahescheboth libbo rak ra chol haiom,[676] hoc est, omne figmentum cogitationum cordis eius tantum malum cunctis diebus. Non dicit intentum vel pronum ad malum, sed prorsus malum ac nihil nisi malum fingi et cogitari ab homine tota vita, Natura maliciae eius descripta est, quod nec faciat nec possit aliter, cum sit mala, neque enim arbor mala fructus alios quam malos ferre potest,[677] teste Christo. Quod vero Diatribe argutatur, Cur datum sit spatium poenitentiae, si nulla pars resipiscentiae pendet ab arbitrio, sed omnia necessitate geruntur?[678] Respondeo, idem dices ad omnia praecepta Dei, Cur praecipiat, si necessitate omnia fiant? praecipit, ut erudiat et moneat, quid debeant, ut agnita sua malicia humiliati, perveniant ad gratiam, ut abunde dictum est. Stat ergo et hic locus adhuc invictus adversus libertatem arbitrii.

Tertius est ille Esaiae. 40. Suscepit duplicia de manu Domini pro omnibus peccatis suis.[679] Hieronymus (inquit) de vindicta divina interpretatur, non de gratia reddita pro malefactis.[680] Audio, Hieronymus dicit sic, ergo l est verum, Ego l de Esaia disputo clarissimis verbis disserente,[681] et mihi Hieronymus obiicitur, ne quid asperius dicam, homo nullius neque iudicii neque diligentiae. Ubi est promissio illa, qua pactum fecimus, nos velle ipsis scripturis agere, non commentariis hominum?[682] Totum capitulum Esaiae testibus Evangelistis loquitur de remissione peccatorum per Euangelion annunciata, ubi ad Iohannem baptistam vocem clamantis pertinere dicunt.[683] Et nos feremus, ut Hieronymus more suo, Iudaicas caecitates pro historico sensu, deinde

---

[676] Gen 6,5 in lateinischer Umschrift des hebräischen Textes.   [677] Mt 7,17.   [678] Erasmus III b 2; ErAS 4,122.   [679] Jes 40,2.   [680] Hieronymus: Commentarii in Isaiam, zu Jes 40; Erasmus III b 3; ErAS 4,124.   [681] Luther: Assertio omnium articulorum ... art. 36; s. o. 198,9–19.   [682] S. o. 298,24–28.   [683] Mt 3,3.

mals von der Flut ablassen. Ich möchte dann wahrlich nicht ansehen, was sie verdienen usw. So siehst du, dass sowohl vor der Flut als auch nach der Flut Gott behauptet, dass die Menschen böse sind. So ist es folglich nichts, dass die ‚Diatribe' dies auf die meisten bezieht. Ferner scheint die Neigung oder Geneigtheit zum Bösen für die ‚Diatribe' eine Sache von geringer Bedeutung zu sein. Als ob das Sache unseres Vermögens wäre, sie aufrechtzuerhalten oder einzuschränken, während die Schrift mit dieser Neigung das unablässige Hingerissensein und den Antrieb des Willens zum Bösen bezeichnen will. Aber warum hat sie nicht auch hier das Hebräische um Rat gefragt, wo Mose nichts über die Neigung sagt? Damit man keine Ursache hat, Ausflüchte zu suchen. So nämlich steht es Kapitel 6: „Chol Ietzer Mahescheboth libbo rak ra chol haiom", das heißt: „Jedes Sinnen der Gedanken seines Herzens ist nur böse alle Tage". Er sagt nicht ‚ausgerichtet' oder ‚geneigt zum Bösen', sondern ‚durch und durch böse' und, dass nichts außer Bösem vom Menschen ersonnen und erdacht wird sein ganzes Leben lang. Die Natur seiner Bosheit ist beschrieben, dass sie nichts anderes tut noch kann, weil sie böse ist. Denn auch ein schlechter Baum kann keine anderen als böse Früchte tragen, nach dem Zeugnis Christi. Wenn aber die ‚Diatribe' schwatzt, warum ein Raum zur Buße gegeben ist, wenn kein Teil der Umkehr vom Willensvermögen abhängt, sondern alles mit Notwendigkeit geschieht? Ich antworte, dasselbe wirst du im Hinblick auf alle Vorschriften Gottes sagen: Warum sollte er vorschreiben, wenn alles mit Notwendigkeit geschieht? Er schreibt vor, um zu belehren und zu mahnen, was sie sollen, so dass sie durch die Erkenntnis ihrer Bosheit gedemütigt zur Gnade gelangen, wie im Übermaß gesagt worden ist. Es steht also auch diese Stelle noch unbesiegt gegen die Freiheit des Willensvermögens.

Die dritte Stelle ist aus Jesaja 40: „Sie hat Doppeltes von der Hand des Herrn für alle ihre Sünden erhalten." Hieronymus (sagt sie) legt sie aus im Blick auf die göttliche Strafe, nicht auf die Gnade, die trotz der Übeltaten gewährt wird. Ich höre: Hieronymus spricht so, also ist es wahr. Ich disputiere über Jesaja, der mit ganz klaren Worten die Dinge auseinander setzt, und mir wird Hieronymus entgegengehalten – um nicht etwas Schärferes zu sagen: ein Mensch von keinerlei Urteilskraft noch Sorgfalt. Wo ist jene Zusage, mit der wir die Übereinkunft getroffen haben, dass wir mit Schriften selbst verhandeln wollen, nicht mit den Kommentaren von Menschen? Das ganze Kapitel bei Jesaja spricht nach dem Zeugnis der Evangelisten von der Vergebung der Sünden, welche durch das Evangelium angekündigt ist, wo sie sagen, das beziehe sich auf Johannes den Täufer, die Stimme des Rufers. Und wir sollen ertragen, dass Hieronymus nach seiner Art die jüdischen Blindheiten

suas ineptias pro allegoria obtrudat? ut inversa grammatica, de vindicta intelligamus locum, qui de remissione loquitur. Obsecro, qualis est vindicta impleta per Christum praedicatum? Sed verba ipsa videamus in Ebraeo, Consolamini (inquit) Consolamini popule meus, vel populum meum, dicit Deus vester. Arbitror illum non vindictam exigere, qui iubet consolari. Sequitur, Loquimini ad cor Ierusalem et praedicate illi.[684] Ebraismus est, loqui ad cor, id est, bona, dulcia et blanda loqui, quemadmodum Gen. 34. Sichem loquitur ad cor Dinae, quam corruperat, id est, tristem delinibat blandiciis,[685] ut noster[686] transtulit. Quae autem sint illa bona et dulcia, praedicari iussa ad solatium eorum, exponit dicens. Quoniam finita est militia eius, eo quod iniquitas eius condonata sit, accepit enim de manu Domini duplicia pro omnibus peccatis suis.[687] Militia, quod nostri codices vitiose habent Malitia, Iudaeis audacibus grammatistis videtur tempus statutum significare, sic enim illud Iob. 7. intelligunt, Militia est vita hominis super terram, id est, tempus est ei definitum,[688] Mihi simpliciter, ut grammatica habet, dici Militiam placet, ut Esaiam intelligas loqui de cursu et labore populi sub lege, velut in stadio militantis. Sic enim Paulus tam praedicatores quam auditores verbi militibus libenter comparat, ut dum Timotheon bonum militem et bonam militiam certare iubet. Et Corinthios in stadio currere facit. Item, nemo coronatur, nisi legitime certaverit, Ephesios et Thessalonicenses armis instruit, Et se bonum certamen certasse gloriatur, Et similia alias. Sic et 1. Reg. 2. scribitur in Ebraeo, quod filii Eli dormiebant cum mulieribus militantibus in ostio tabernaculi foederis, de quarum militia et Moses in Exodo meminit,[689] Et hinc Dominus Zebaoth vocatur Deus populi illius, id est Dominus militiae vel exercituum.

Esaias igitur militiam legalis populi, quia sub lege vexabantur velut onere importabili, teste Petro Act. 15. denunciat finiendam esse, et liberatos a lege in novam militiam spiritus transferendos.[690] Porro is finis militiae durissimae, et successio | militiae novae et liberrimae, non dabitur illis merito | illorum, cum illam neque ferre potuerint, imo

---

[684] Jes 40,1 f. [685] Gen 34,3. [686] Gemeint ist ‚unser Text', d. h. der lateinische Vg-Text. [687] Jes 40,2. [688] Ijob 7,1. [689] 2Tim 2,3; 1Tim 1,18; 6,12; 1Kor 9,24; 2Tim 2,5; Eph 6,13-17; 1Thess 5,8 f.; 2Tim 4,7; 1Sam 2,22; Ex 38,8. [690] Apg 15,7-11; Phil 3,3.

als historischen Sinn, dann seine Albernheiten als eine Allegorie aufdrängt? Damit wir mit einer umgekehrten Grammatik die Stelle von der Strafe verstehen, die von der Vergebung spricht? Bitte, welche Strafe ist erfüllt durch den gepredigten Christus? Aber lass uns auf die Worte selbst im Hebräischen sehen: „Tröstet (sagt er), tröstet, [oh] mein Volk, oder mein Volk, spricht euer Gott." Ich glaube nicht, dass der Strafe fordert, der zu trösten befiehlt. Es folgt: „Sprecht zum Herzen Jerusalems und predigt ihm." Ein Hebraismus ist ‚zum Herzen sprechen', das heißt, Gutes, Süßes und Schmeichelndes sprechen, gleichwie Gen 34: „Sichem spricht zum Herzen der Dina", welche er geschändet hatte, das heißt, er beschwichtigte die Traurige mit schmeichelnden Worten, wie bei uns übersetzt ist. Was aber jenes Gute und Süße ist, das zu ihrem Trost zu predigen befohlen worden ist, legt er dar, indem er sagt: „Da ja ihr Kriegsdienst beendet ist, indem ihre Ungerechtigkeit vergeben ist, empfing sie von der Hand des Herrn Doppeltes für alle ihre Sünden." ‚Kriegsdienst' [Militia], wo unsere Kodizes fälschlich ‚Bosheit' [Malitia] haben, scheint den kühnen jüdischen Grammatikern eine festgesetzte Zeit zu bezeichnen. So verstehen sie nämlich das Wort Hiob 7: „Kriegsdienst ist das Leben des Menschen auf der Erde", das heißt, die Zeit ist ihm abgesteckt. Mir gefällt es, dass, wie es die Grammatik hat, einfach gesagt wird ‚Kriegsdienst', damit du Jesaja so verstehst, er spreche vom Weg und der Mühe des Volkes unter dem Gesetz wie beim Kampfplatz des Soldaten. Denn so vergleicht Paulus gerne sowohl die Prediger als auch die Zuhörer des Wortes mit Soldaten; etwa indem er Timotheus befiehlt, als guter Soldat auch einen guten Kriegsdienst zu leisten. Und die Korinther auf der Kampfbahn laufen lässt. Ebenso: „Niemand wird gekrönt, wenn er nicht recht gekämpft hat." Er rüstet die Epheser und Thessalonicher mit Waffen aus. Und rühmt sich, einen guten Kampf gekämpft zu haben. Und Ähnliches anderswo. So wird auch 1Kön 2 im Hebräischen geschrieben, dass die Söhne Elis mit Frauen schliefen, die Kriegsdienst an der Türe der Stiftshütte hielten, an deren Kriegsdienst auch Mose in Exodus erinnert. Und daher wird der Gott jenes Volkes Herr Zebaoth genannt, das heißt, ein Gott des Kriegsdienstes bzw. der Heerscharen.

Jesaja also kündigt an, dass der Kriegsdienst des Gesetzesvolkes, weil sie unter dem Gesetz gequält wurden wie von einer unerträglichen Last, nach dem Zeugnis des Petrus Apg 15, beendet werden muss und die vom Gesetz Befreiten zum neuen Kriegsdienst des Geistes überführt werden müssen. Ferner wird ihnen dies Ende des sehr harten Kriegsdienstes und das Eintreten in den neuen und ganz freien Kriegsdienst nicht durch ihr Verdienst gegeben werden, weil sie jenen nicht tragen könnten, im Gegenteil vielmehr gegen ihr Verdienst, weil ihr Kriegs-

demerito illorum potius, quia sic finitur eorum militia, quod donatur eis gratuito eorum iniquitas. Non sunt hic verba obscura, vel ambigua. Militiam finiendam dicit, ideo, quod donetur eius iniquitas,[691] manifeste significans, milites sub lege, non implesse legem, neque implere potuisse, sed militiam peccati exercuisse et milites peccatores fuisse, ac si dicat Deus, cogor eis peccata donare, si volo legem ab illis impleri, imo simul legem tollere, quia video non posse eos non peccare, tum maxime cum militant, id est, legem viribus suis exprimere laborant. Nam verbum Ebraicum, Donata est iniquitas, significat gratuitum beneplacitum, Et eo donatur iniquitas, sine ullo merito, imo cum demerito. Atque hoc est quod subdit, Accepit enim de manu Domini duplicia, pro omnibus peccatis suis.[692] Hoc est, ut dixi, non solum remissionem peccatorum, sed etiam finitam militiam, quod est aliud nihil, quam sublata lege, quae erat virtus peccati, et donato peccato, quod erat aculeus mortis, regnarent in libertate duplici per victoriam Iesu Christi, id est, quod Esaias dicit, De manu Domini, non enim suis viribus aut meritis haec obtinuerunt, sed victore Christo et donante acceperunt.[693] In omnibus peccatis, dicitur Ebraismo, id quod latine dicitur, pro vel propter peccata, ut Osee. 12. Iacob servivit in uxore, id est, pro uxore. Et Psal. 16. Circundederunt me in anima mea, id est, propter animam meam.[694] Igitur merita nostra pingit Esaias, quibus duplicem illam libertatem obtinemus, et finitae militiae legis, et donati peccati, scilicet quod nihil nisi peccata, et omnia peccata fuerint. Hunccine igitur pulcherrimum et invictum locum contra liberum arbitrium sic pateremur conspurcari sordibus Iudaicis per Hieronymum et Diatriben allatis? Absit, Stat vero Esaias meus victor liberi arbitrii, et definit, gratiam donari, non meritis aut liberi arbitrii conatibus, sed peccatis et demeritis, liberumque arbitrium suis viribus nihil, nisi militiam peccati exercere posse, adeo ut et ipsa lex, quae in adiutorium dari putatur, ei fuerit intolerabilis et magis peccatorem fecerit, militantem sub ipsa.

---

[691] Jes 40,2.   [692] Jes 40,2.   [693] 1Kor 15,56 f.   [694] Jes 40,2; Hos 12,12 f.; Ps 17/Vg 16,9.

dienst so beendet wird, dass ihnen ihre Ungerechtigkeit aus Gnade vergeben wird. Hier sind keine dunklen oder zweideutigen Worte. ‚Kriegsdienst zu beenden' meint daher, dass ihre Ungerechtigkeit vergeben wird, was klar anzeigt, dass die Soldaten unter dem Gesetz das Gesetz nicht erfüllt haben noch es erfüllen konnten. Sie haben vielmehr den Kriegsdienst der Sünde geleistet und sind als Soldaten Sünder gewesen; als ob Gott sagte: Ich werde gezwungen, ihnen die Sünden zu vergeben, wenn ich will, dass das Gesetz von ihnen erfüllt wird, ja, zugleich das Gesetz aufzuheben, weil ich sehe, dass sie nur sündigen können, dann vor allem, wenn sie Krieg führen, das heißt, sich mühen, das Gesetz aus eigener Kraft genau zu erfüllen. Denn das hebräische Wort ‚vergeben ist die Ungerechtigkeit' bezeichnet das Wohlgefallen aus Gnaden. Und deswegen wird die Ungerechtigkeit vergeben, ohne jedes Verdienst, ja, gegen das Verdienst. Und das ist es, was er anfügt: „Sie hat nämlich aus der Hand des Herrn Doppeltes empfangen für alle ihre Sünden." Das heißt, wie ich gesagt habe, nicht nur Vergebung der Sünden, sondern auch das Ende des Kriegsdienstes. Das ist nichts anderes, als dass sie nach Aufhebung des Gesetzes, das die Kraft der Sünde war, und nachdem die Sünde vergeben worden ist, die der Stachel des Todes war, in doppelter Freiheit durch den Sieg Jesu Christi herrschten. Das ist es, was Jesaja nennt ‚aus der Hand des Herrn'; denn sie haben dies nicht aus eigenen Kräften oder Verdiensten erlangt, sondern sie haben das empfangen durch den Sieger Christus, der es verlieh. ‚In allen Sünden' ist sprachlich ein Hebraismus, der im Lateinischen mit ‚für' oder ‚wegen der Sünden' wiedergegeben wird, wie Hosea 12: „Jakob hat in einem Weib gedient", das heißt, für ein Weib. Und Ps 16: „Sie haben mich in meiner Seele umringt", das heißt, wegen meiner Seele. So malt Jesaja unsere Verdienste, mit denen wir jene doppelte Freiheit erlangen: die Beendigung des Kriegsdienstes des Gesetzes und die Vergebung der Sünde, das heißt, dass da nichts außer Sünden und alles Sünden gewesen sind. Sollen wir also dulden, dass diese sehr schöne und unbesiegbare Stelle gegen das freie Willensvermögen mit dem jüdischen Dreck besudelt wird, der von Hieronymus und der ‚Diatribe' beigebracht wird? Das sei ferne. Mein Jesaja aber steht als Sieger über das freie Willensvermögen da und definiert, dass die Gnade geschenkt wird nicht wegen der Verdienste oder Bemühungen des freien Willensvermögens, sondern wegen der Sünden und Nicht-Verdienste, und dass das freie Willensvermögen aus eigenen Kräften nichts außer Kriegsdienst für die Sünde leisten kann. Und zwar so sehr, dass auch das Gesetz selbst, das zur Hilfe gegeben wird, wie man meint, ihm unerträglich war und den, der unter ihm Kriegsdienst leistet, noch mehr zum Sünder macht.

Quod autem Diatribe disputat, licet per legem peccatum abundet, et ubi peccatum abundavit, abundet et gratia, non tamen hinc sequi, quod homo ante gratiam gratum facientem, adiutus auxilio Dei, non possit sese per opera moraliter bona praeparare favori divino.⁶⁹⁵ Mirum, si suo capite loquitur, ac non ex aliqua charta aliunde missa vel accepta, decerpserit, libroque suo inserverit Diatribe. Neque enim videt neque audit, quid sua verba sonent. Si per legem abundat peccatum,⁶⁹⁶ quomodo est possibile, hominem per opera moralia posse praeparare sese favori divino? Quomodo opera prosint, cum lex non prosit? aut quid est aliud per legem abundare peccatum, | quam opera secundum legem facta esse peccata? Sed haec alias. Quid vero dicit, quod homo adiutus Dei auxilio possit operibus moralibus sese praeparare? Disputamusne de divino auxilio, vel de | libero arbitrio? Quid enim non sit possibile divino auxilio? Sed hoc est, quod dixi, Diatribe caussam contemnit, quam agit, ideo sic stertit et oscitat loquendo. Cornelium tamen illum centurionem pro exemplo adducit, ut cuius praeces et elemosynae placuerint nondum baptisati,⁶⁹⁷ necdum afflati spiritu sancto.⁶⁹⁸ Ego quoque Lucam in Actis legi, nec tamen inveni ulla syllaba indicari, quod opera Cornelii fuerint moraliter bona, sine spiritu sancto, ut somniat Diatribe, Sed contrarium invenio, quod iustus et timens Deum fuerit, Sic enim Lucas eum appellat.⁶⁹⁹ Iustum autem et timentem Deum sine spiritu sancto dici, est idem, quod Belial Christum dici. Deinde tota disputatio ibi agit, quod mundus coram Deo sit Cornelius, etiam teste visione de coelo ad Petrum missa⁷⁰⁰ et ipsum increpante, scilicet, tantis verbis et rebus iustitia et fides Cornelii a Luca celebratur. Nihilominus Diatribe cum suis Sophistis, apertis oculis in clarissima luce verborum et evidentia rerum caecutiunt et contrarium vident, tanta est indiligentia legendi et observandi sacras literas, quas tum oportet obscuras et ambiguas infamari. Esto, nondum erat baptisatus et verbum de Christo suscitato nondum audierat, Nunquid hinc sequitur, ipsum sine spiritu sancto fuisse? Sic et Iohannem baptistam cum suis parentibus, tum

---

⁶⁹⁵ Erasmus III b 3; ErAS 4,124.   ⁶⁹⁶ Röm 5,20.   ⁶⁹⁷ Apg 10,4.   ⁶⁹⁸ Erasmus III b 3; ErAS 4,124.   ⁶⁹⁹ Apg 10,2.   ⁷⁰⁰ Apg 10,11.15.

Dass aber die ‚Diatribe' disputiert: Mag durch das Gesetz die Sünde
überhand nehmen, und mag auch, wo die Sünde überhand genommen
hat, die Gnade überhand nehmen, so folge daraus dennoch nicht, dass
der Mensch vor der ihn angenehm machenden Gnade mit Unterstützung der Hilfe Gottes sich nicht aus sich heraus durch moralisch gute
Werke für die göttliche Gunst vorbereiten kann. O Wunder, wenn die
‚Diatribe' [hier] aus ihrem eigenen Kopf spricht und nicht aus irgendeinem Papier, von irgendwoher geschickt oder angenommen, abgeschrie-
ben und ihrem eigenen Buch einverleibt hat! Denn sie sieht weder noch
hört, was ihre Worte besagen. Wenn durch das Gesetz die Sünde überhand nimmt – wie ist es dann möglich, dass sich der Mensch durch
moralische Werke auf die göttliche Huld vorbereiten kann? Wie können
Werke nützen, wenn das Gesetz nicht nützt? Oder was heißt das Über-
handnehmen der Sünde durch das Gesetz anderes, als dass Werke,
gemäß dem Gesetz getan, Sünden sind? Aber dazu anderswo. Wozu
aber sagt sie, dass der Mensch mit der Unterstützung der Hilfe Gottes
sich durch moralische Werke vorbereiten kann? Disputieren wir denn
über die göttliche Hilfe oder über das freie Willensvermögen? Was nämlich wäre nicht möglich mit göttlicher Hilfe? Aber das ist es, was ich
gesagt habe: Die ‚Diatribe' verachtet die Sache, die sie behandelt, daher
schnarcht und gähnt sie so beim Sprechen. Dennoch führt sie jenen
Hauptmann Cornelius als Beispiel an, dessen Gebete und Almosen
[Gott] gefallen hätten, obwohl er noch nicht getauft und noch nicht
vom Heiligen Geist angehaucht war. Auch ich habe Lukas in der Apostelgeschichte gelesen. Und dennoch habe ich nicht gefunden, dass mit
irgendeiner Silbe angezeigt wird, die Werke des Cornelius seien moralisch gut gewesen ohne den Heiligen Geist, wie die ‚Diatribe' erträumt.
Aber ich finde das Gegenteil, dass er gerecht war und Gott fürchtete. So
nämlich nennt Lukas ihn. Gerecht aber und Gott fürchtend ohne den
Heiligen Geist genannt zu werden, ist dasselbe, wie wenn Belial Christus genannt wird. Weiter geht die ganze Disputation dort darum, dass
Cornelius vor Gott rein ist, auch nach dem Zeugnis der Erscheinung
vom Himmel, die zu Petrus geschickt wurde und ihn tadelte. Mit so
großen Worten und Dingen nämlich werden die Gerechtigkeit und der
Glaube des Cornelius von Lukas gefeiert. Nichtsdestoweniger ist die
‚Diatribe' zusammen mit ihren Sophisten offenen Auges beim klarsten
Licht der Worte und der Offensichtlichkeit der Dinge blind und sieht
das Gegenteil. So groß ist die Nachlässigkeit beim Lesen und Beachten
der heiligen Texte, die dann als dunkel und zweideutig verdächtigt werden müssen. Meinetwegen, er war noch nicht getauft und hatte das
Wort vom auferweckten Christus noch nicht gehört. Folgt etwa hieraus, dass er ohne Heiligen Geist gewesen ist? So wirst du sagen, dass

Matrem Christi et Simeonem dices sine spiritu sancto fuisse. Sed valeant tenebrae tam crassae.

Quartus locus Esaias eodem capitulo. Omnis caro fenum et omnis gloria eius, quasi flos feni, Exiccatum est fenum et flos feni cecidit, quia spiritus Domini sufflavit in illud etc.[701] Videtur Diatribe meae violentius ad gratiam et liberum arbitrium trahi. Quare hoc quaeso? Quia Hieronymus (inquit) spiritum pro indignatione accipit, carnem pro infirma hominis conditione, quae nihil valet adversus Deum. Iterum mihi Hieronymi nugae pro Esaia afferuntur, fortius contra tedium mihi pugnandum est, quo me conficit tanta indiligentia (nequid acerbius dicam) Diatribe, quam contra ipsam Diatriben. Sed diximus paulo ante iudicium nostrum de Hieronymi sententia.[702] Ipsam quaeso Diatriben sibi ipsi conparemus. Caro (inquit) est infirma hominis conditio, Spiritus autem indignatio divina. Nihilne igitur aliud habet indignatio divina, quod exiccet quam miseram illam et infirmam hominis conditionem, quam potius debeat erigere? Sed illud pulchrius, flos feni est gloria, quae nascitur ex foelicitate rerum corporalium. Iudaei gloriabantur | templo, praeputio, victimis. Graeci sapientia.[703] Igitur flos feni et gloria carnis est iustitia operum et sapientia mundi. Quomodo | igitur, iustitia et sapientia dicuntur res corporales apud Diatriben? Quid tum ad ipsum Esaiam, qui propriis verbis sese interpretatur dicens? Vere fenum est populus,[704] non dicit, vere fenum est infirma hominis conditio, sed populus, idque asserit iuramento. Quid autem est populus? An est sola conditio hominis infirma? Iam an infirmam hominis conditionem intelligat Hieronymus ipsam creationem vel sortem et statum hominis miseram, nescio. Sed utrum sit, Egregiam certe laudem et spolia ampla refert divina indignatio, quod miserum creaturam vel homines infoelices exiccat, ac non potius superbos dispergat et potentes de sede deponat et divites dimittat inanes, ut Maria canit.[705] Sed Esaiam, dimissis larvis, sequamur, populus (inquit) est fenum, populus autem non est mera caro vel infirma conditio humanae naturae, sed complectitur, quicquid est in populo, scilicet, divites, sapientes, iustos,

---

[701] Jes 40,6 f.   [702] Erasmus III b 4; ErAS 4,124/126; s. o. 528,26 f.; 528,31–530,1.
[703] Erasmus III b 4; ErAS 4,126.   [704] Jes 40,7.   [705] Lk 1,51–53.

auch Johannes der Täufer mit seinen Eltern, dann die Mutter Christi und Simeon ohne Heiligen Geist gewesen sind. Aber so grobe Dunkelheit mag verschwinden.

Die vierte Stelle stammt aus demselben Kapitel bei Jesaja: „Alles Fleisch ist Gras und all sein Ruhm wie des Grases Blume. Verdorrt ist das Gras, und des Grases Blume ist abgefallen, weil der Geist Gottes hineingeblasen hat" usw. Meiner ‚Diatribe' scheint dies zu gewaltsam auf die Gnade und das freie Willensvermögen bezogen zu werden. Warum das, frage ich? Weil Hieronymus (sagt sie) ‚Geist' als ‚Missbilligung' auffasst, ‚Fleisch' als ‚schwache Verfassung des Menschen, die nichts wider Gott vermag'. Wieder werden mir die Albernheiten des Hieronymus an Stelle von Jesaja vorgesetzt; kräftiger muss ich gegen den Ekel ankämpfen, mit dem mich die ‚Diatribe' durch so große Nachlässigkeit (dass ich nicht Schärferes sage) erschöpft, als gegen die ‚Diatribe' selbst. Aber wir haben kurz zuvor unser Urteil über die Meinung des Hieronymus abgegeben. Bitte lasst uns die ‚Diatribe' mit sich selbst vergleichen. ‚Fleisch' (sagt sie) ist die schwache Verfassung des Menschen, ‚Geist' aber die göttliche Missbilligung. Hat also die göttliche Missbilligung nichts anderes, was sie verdorren lässt, als jene elende und schwache Verfassung des Menschen, die er vielmehr aufrichten sollte? Aber das ist noch schöner: Des Grases Blume ist der Ruhm, der aus dem Glücksgefühl erwächst, das durch die leiblichen Dinge kommt. Die Juden rühmten sich des Tempels, der Vorhaut und der Opfer. Die Griechen der Weisheit. Also sind des Grases Blume und der Ruhm des Fleisches die Gerechtigkeit der Werke und die Weisheit der Welt. Wie also werden Gerechtigkeit und Weisheit bei der ‚Diatribe' leibliche Dinge genannt? Was hat das dann mit Jesaja selbst zu tun, der sich mit eigenen Worten selbst auslegt, wenn er spricht: „Wahrlich: Gras ist das Volk"? Er sagt nicht, „Wahrlich: Gras ist die schwache Verfassung des Menschen", sondern ‚das Volk', und das bekräftigt er durch einen Schwur. Was aber ist das Volk? Ist es etwa allein die schwache Verfassung des Menschen? Ob nun Hieronymus eben die schwache Verfassung des Menschen als Schöpfung oder als Schicksal und elenden Zustand des Menschen versteht, weiß ich nicht. Aber welches von beiden [auch] zutreffe, die göttliche Missbilligung bringt gewiss erlesenes Lob und reiche Beute ein, dass sie die elende Kreatur oder die unglücklichen Menschen verdorren lässt und nicht vielmehr die Stolzen zerstreut und die Mächtigen vom Thron stürzt und die Reichen leer ausgehen lässt, wie Maria singt. Aber wir wollen diese Gespenster hinter uns lassen und Jesaja folgen. „Das Volk (sagt er) ist Gras". Aber das Volk ist nicht bloßes Fleisch oder die schwache Verfassung der menschlichen Natur, sondern umfasst, was auch immer zum Volk gehört, nämlich Reiche, Weise, Gerechte und Heilige.

sanctos. Nisi de populo Iudaeorum non sunt Pharisaei, Seniores, Principes, Optimates, Divites etc. Flos feni recte gloria dicitur, scilicet, quod de regno, de politia, maxime vero de lege, Deo, Iustitia et sapientia gloriabantur, ut Paulus Rom. 2.3. et. 9. disputat.⁷⁰⁶

Cum ergo dicit Esaias, Omnis caro, quid hoc est aliud quam omne fenum seu omnis populus? Non enim simpliciter dicit, Caro, sed omnis caro. Ad populum autem pertinet, anima, corpus, mens, ratio, iudicium et quicquid etiam in homine potest praestantissimum dici aut inveniri. Nullum enim excipit, qui dicit, Omnis caro fenum, nisi spiritum qui exiccat. Nihil quoque omittit, qui dicit, fenum est populus. Da igitur liberum arbitrium, da quicquid in populo potest summum et infimum haberi, totum hoc Esaias carnem appellat et fenum. Quia tria illa nomina, Caro, fenum, populus, ipsomet interprete, qui est author libri, idem hoc loco significant. Deinde tu ipse affirmas, Graecorum sapientiam et Iudaeorum iustitiam, quae exiccata sint per Euangelion, fenum vel florem feni esse. An putas sapientiam in Graecis non fuisse praestantissimum quod habuerunt? et iustitiam in Iudaeis non fuisse praestantissimum potuerunt? Tu doce aliud praestantius. Ubi igitur est fiducia tua, qua etiam (Philippum puto) suggillabas dicens, Siquis contendat, id quod in hominis natura est praestantissimum, nihil aliud quam carnem, id est, impium esse, huic facile assentiam, si id quod asseverat, scripturae sacrae testimoniis doceat.⁷⁰⁷ Habes hic Esaiam, qui populum spiritu Domini vacuum, carnem magna voce clamat, quanquam nec sic audias. Habes tuam ipsius confessionem, qui Graecorum sapientiam (forte imprudenter) dicis fenum vel gloriam feni, quod idem est, ac si carnem dixeris, | nisi sapientiam Graecorum contendas non pertinere ad rationem vel igemonicon, ut dicis,⁷⁰⁸ id est, principalem partem hominis. Audi quaeso, si nos con-| temnis, vel teipsum vi veritatis captum, recta dicentem. Habes Iohannem, Quod natum est ex carne, caro est. Quod natum est ex spiritu, spiritus est.⁷⁰⁹ Hunc locum, qui evidenter convincit, id quod ex spiritu natum non est, carnem esse, alioqui partitio Christi non subsisteret, qui omnes homines in duo dividit, in car-

---

⁷⁰⁶ Röm 2,17; 3,1; 9,4 u. ö.   ⁷⁰⁷ Erasmus III b 4; ErAS 4,126.   ⁷⁰⁸ Erasmus III b 4; ErAS 4,126.   ⁷⁰⁹ Joh 3,6; Erasmus III b 4; ErAS 4,126.

Es sei denn, zum Volk der Juden gehörten keine Pharisäer, Älteste, Fürsten, Vornehme, Reiche usw. ‚Blume des Grases' wird zu Recht ‚Ruhm' genannt, nämlich dass sie sich des Reiches, des Staates, vor allem aber des Gesetzes, Gottes, der Gerechtigkeit und der Weisheit rühmten, wie Paulus das Röm 2,3 und 9 erörtert.

Wenn also Jesaja sagt ‚alles Fleisch', was heißt das anderes als ‚alles Gras' oder ‚alles Volk'? Denn er sagt nicht einfach ‚Fleisch', sondern ‚alles Fleisch'. Zum Volk aber gehören Seele, Körper, Geist, Vernunft, Urteilskraft und was auch immer im Menschen an ganz Hervorragendem genannt oder gefunden werden kann. Keinen nimmt nämlich der aus, der sagt, ‚alles Fleisch ist Gras', nur den Geist, der verdorren lässt. Nichts lässt auch der aus, der sagt, ‚Gras ist das Volk'. Gib also ein freies Willensvermögen, gib, was immer im Volk für das Höchste und Niedrigste gehalten wird – dies alles nennt Jesaja ‚Fleisch' und ‚Gras'. Denn jene drei Namen ‚Fleisch', ‚Gras' und ‚Volk', bezeichnen nach dem Ausleger selbst, welcher der Verfasser des Buches ist, an dieser Stelle dasselbe. Weiter versicherst du selbst, dass die Weisheit der Griechen und die Gerechtigkeit der Juden, die durch das Evangelium verdorrt worden sind, ‚Gras' oder ‚Blume des Grases' sind. Glaubst du denn, dass die Weisheit bei den Griechen nicht das Hervorragendste gewesen ist, was sie hatten? Und [glaubst du denn, dass] die Gerechtigkeit bei den Juden nicht das Hervorragendste gewesen ist, was sie konnten? Lehre du etwas anderes, was hervorragender ist. Wo also ist dein Selbstvertrauen, mit dem du sogar (ich glaube, Philippus) verhöhntest, als du sagtest: Wenn einer behauptet, das, was in der Natur des Menschen das Hervorragendste ist, sei nichts anderes als Fleisch, das heißt, sei gottlos, will ich dem gern zustimmen, vorausgesetzt, er lehrt das, was er ernstlich behauptet, aus Zeugnissen der Heiligen Schrift. Du hast hier Jesaja, der das Volk, das ohne den Geist des Herrn ist, mit lauter Stimme ‚Fleisch' nennt, obwohl du das auch so nicht hörst. Du hast dein eigenes Bekenntnis, der du die Weisheit der Griechen (vielleicht unabsichtlich) ‚Gras' oder ‚Ruhm des Grases' nennst, was dasselbe ist, als ob du ‚Fleisch' sagtest. Es sei denn, du willst behaupten, die Weisheit der Griechen beziehe sich nicht auf die Vernunft oder das ἡγεμονικόν, wie du sagst, das heißt, den führenden Seelenteil des Menschen. Höre bitte, wenn du uns schon verachtest, doch wenigstens dich selbst, der du von der Stärke der Wahrheit gefangen bist und Richtiges sprichst. Du hast Johannes: „Was aus Fleisch geboren ist, ist Fleisch. Was aus dem Geist geboren ist, ist Geist." Diese Stelle, die offensichtlich beweist, das, was nicht aus dem Geist geboren ist, sei Fleisch – sonst würde die Einteilung Christi nicht bestehen, der alle Menschen in zwei Teile teilt, in Fleisch und Geist –, als ob diese

nem et spiritum. Hunc igitur locum, quasi te non doceat quod petis, fortiter transis, et aliorsum te proripis more tuo, disserens interim Iohannem dicere, credentes ex Deo nasci ac filios Dei fieri, imo Deos et novam creaturam.710 Non quid partitio concludat curas, sed qui sint in parte altera partitionis ociosis verbis nos doces, Rhetorica tua fisus, quasi nemo sit, qui hanc transitionem et dissimulationem tam callidam sit observaturus.

Difficile est te hoc loco non subdolum et versipellem credere, Qui enim scripturas ea colit vafricia et hypocrisi, qua tu colis, is secure poterit de se confiteri, scripturis sese nondum esse doctum, velle autem doceri, cum nihil velit minus, et haec tantum garriat ad contumeliam lucis clarissimae in scripturis, et ad suam pertinaciam ornandam. Sic Iudaei usque in hodiernum diem dicunt, scripturis non probari, quae Christus, Apostoli et tota Ecclesia docuerunt. Nihil Haeretici scripturis possunt doceri. Papistae scripturis adhuc non sunt edocti, quamvis etiam saxa clament711 veritatem. Forte expectas locum e scripturis producendum, qui istis literis et syllabis constet, Pars principalis in homine est caro, vel id quod praestantissimum est in homine, est caro, alioqui invictus victor futurus, tanquam si Iudaei postulent, ut ex Prophetis proferatur sermo, qui his literis constet, Ihesus fabri filius et Maria virgine natus in Bethlehem, est Messias et filius Dei. Hic ubi aperta sententia cogeris, literas et syllabas nobis praescribis, quas proferamus, alibi ubi et literis et sententia vinceris, tropos, nodos et interpretationes sanas habes. Nusquam non invenis, quod contradicas scripturis divinis. Nec mirum, qui nihil aliud agis, quam ut quaeras, quod contradicas. Nunc curris ad interpretationes veterum, nunc ad absurditates rationis, ubi horum neutrum succurrerit, tum aliena et vicina disseris, tantum, ut praesente scripturae loco non tenearis. Quid dicam? Protheus non est Protheus,712 si tibi comparetur, Nec sic tamen elabi potes. Quantas victorias Arriani iactabant, quod syllabae istae et literae Homousios non haberentur in scrip-|turis, nihil morati, quod aliis verbis idem effica-

---

710 Erasmus III b 4; ErAS 4,128.   711 Lk 19,40.   712 S. o. 222,27 mit Anm. 13.

Stelle also dich nicht lehrte, was du suchst, übergehst du sie tapfer und eilst woanders hin nach deiner Art. Indessen behauptest du, Johannes sage, die Glaubenden werden aus Gott geboren und zu Kindern Gottes, ja, zu Göttern und eine neue Kreatur. Du kümmerst dich nicht darum, was aus der Einteilung folgt, sondern im Vertrauen auf deine Rhetorik lehrst du uns mit weitschweifigen Worten, wer auf der zweiten Seite der Einteilung ist. Als ob es niemanden gäbe, der dieses Übergehen und diese so schlaue Verstellung bemerken würde!

Es ist schwer zu glauben, dass du an dieser Stelle nicht hinterlistig und arglistig bist. Wer nämlich die Schriften mit solcher Schlauheit und Heuchelei bearbeitet wie du, der wird sicher von sich selbst bekennen können, durch die Schriften noch nicht belehrt zu sein, aber belehrt werden zu wollen. Dabei will er nichts weniger [als das] und schwatzt dies nur zur Schmach des ganz klaren Lichts in den Schriften daher, und um seinen Starrsinn zu schmücken. So sagen die Juden bis auf den heutigen Tag, aus den Schriften sei nicht bewiesen, was Christus, die Apostel und die ganze Kirche gelehrt haben. Die Häretiker können überhaupt nicht aus den Schriften belehrt werden. Die Papisten sind bisher aus den Schriften nicht belehrt worden, mögen auch Steine die Wahrheit schreien. Vielleicht erwartest du, dass aus den Schriften eine Stelle angeführt wird, die aus folgenden Buchstaben und Silben besteht: Der führende Teil im Menschen ist das Fleisch, das, was das Hervorragendste im Menschen ist, ist Fleisch. Sonst wirst du unbesiegter Sieger sein; gleich wie wenn die Juden fordern, dass aus den Propheten eine Rede beigebracht wird, die aus folgenden Worten besteht: Jesus, der Sohn des Zimmermanns und der Jungfrau Maria, geboren in Bethlehem, ist der Messias und der Sohn Gottes. Hier, wo du durch eine offensichtliche Wortbedeutung gezwungen wirst, schreibst du uns Buchstaben und Silben vor, die wir beibringen sollen; anderswo, wo du durch Buchstaben und Sinn besiegt wirst, hast du Bildreden, Knoten und Auslegungen des gesunden Menschenverstandes. Jedesmal findest du, dass du den göttlichen Schriften widersprechen solltest. Kein Wunder, wenn du nichts anderes tust, als zu suchen, wo du Widerrede erheben kannst. Bald läufst du zu den Auslegungen der Alten, bald zu den Absurditäten der Vernunft. Wo keines von beiden hilft, erörterst du dann Fremdes und Benachbartes, nur damit du nicht durch die gegenwärtige Stelle der Schrift festgehalten wirst. Was soll ich sagen? Proteus ist nicht Proteus, wenn er mit dir verglichen wird. Dennoch kannst du auch so nicht entschlüpfen. Welch große Siege führten die Arianer im Munde, weil jene Silben und Buchstaben ‚homousios' in den Schriften nicht enthalten seien? Dabei haben sie sich überhaupt nicht dabei aufgehalten, dass mit anderen Worten dasselbe ganz erfolgreich bewiesen wurde. Aber ob

cissime probaretur?⁷¹³ Sed an hoc sit boni, non dicam pii animi, erudiri cupientis, iudicet vel ipsa impietas et iniquitas. Habe igitur victoriam, nos victi confitemur, hos characteres et syllabas (prae-|stantissimum in homine nihil nisi caro est) in sacris scripturis non inveniri. Tu autem vide, qualis sit victoria tua, cum nos probemus in scripturis locupletissime inveniri, quod non una portio vel praestantissimum aut principalis pars hominis sit caro, sed totum hominem esse carnem, Nec id solum, sed totum populum esse carnem, Atque ne hoc quidem satis, sed totum genus humanum esse carnem. Christus enim dicit, Quod natum est ex carne, caro est.⁷¹⁴ Tu solve nodos, finge tropos, sectare interpretationem veterum, aut alio versus, interim de Troiano bello dissere, ne videas vel audias praesentem locum. Nos non credimus, sed videmus et experimur, totum genus humanum ex carne natum esse. Ideo cogimur credere quod non videmus, scilicet, totum genus humanum carnem esse, docente Christo. An nunc igemonica pars in homine comprehendatur toto homine, toto populo, toto genere hominum, permittimus Sophistis, ut dubitent et disputent, nos in toto genere humano scimus complecti corpus et animam cum omnibus viribus et operibus, cum omnibus vitiis et virtutibus, cum omni sapientia et stultitia, cum omni iustitia et iniustitia. Omnia sunt caro, quia omnia sapiunt carnem, id est, quae sua sunt, vacantque gloria Dei et spiritu Dei, ut Paulus ait Roma. 3.⁷¹⁵

Quod igitur dicis, Nec omnis affectus hominis est caro, Sed est qui dicitur anima, est qui dicitur spiritus, quo nitimur ad honesta, sicut Philosophi nixi sunt, qui docuerunt millies oppetendam esse mortem citius quam admittendam turpitudinem, etiam si sciremus futurum, ut ignorarent homines et Deus ignosceret. Respondeo, Qui nihil certe credit, huic facile est, quid vis credere et dicere. Non ego, sed Lucianus tuus⁷¹⁶ te interroget, an unum in universo genere humano (sit bis aut septies ipse Socrates) ostendere queas, qui hoc praestiterit, quod tu hic dicis et eos docuisse scribis? Quid igitur inanibus verbis fabularis? Ad honesta illi niterentur? qui etiam nesciebant, quid esset honestum.

---

⁷¹³ Vigilius Tapsensis: Contra Arianos dialogus 1,10.   ⁷¹⁴ Joh 3,6.   ⁷¹⁵ Röm 8,5; Phil 2,21; Röm 3,23.   ⁷¹⁶ S. o. 344,9–14.

das Sache eines guten, um nicht zu sagen gottesfürchtigen Herzens ist, das belehrt zu werden wünscht, mag ja die Gottlosigkeit selbst und die Ungerechtigkeit beurteilen. Habe du also den Sieg! Wir als die Besiegten bekennen, dass diese Buchstaben und Silben (das Hervorragendste im Menschen ist nur Fleisch) in den Heiligen Schriften nicht gefunden werden. Du aber sieh, wie beschaffen dein Sieg ist, wenn wir beweisen, in den Schriften werde sehr reichlich gefunden, dass nicht [nur] ein einziger Anteil oder das Hervorragendste oder der führende Teil des Menschen Fleisch ist, sondern dass der ganze Mensch Fleisch ist. Und das nicht allein, sondern das ganze Volk ist Fleisch. Und nicht einmal damit genug, sondern das ganze Menschengeschlecht sei Fleisch. Christus sagt nämlich: „Was aus dem Fleisch geboren ist, ist Fleisch." Du löse Knoten, erfinde Bildfiguren, folge der Auslegung der Alten oder wende dich woanders hin, stelle inzwischen Erörterungen über den trojanischen Krieg an, damit du nur ja die gegenwärtige Stelle nicht siehst oder hörst. Wir glauben nicht, sondern sehen und erfahren, dass das ganze Menschengeschlecht aus Fleisch geboren ist. Daher werden wir gezwungen zu glauben, was wir nicht sehen, nämlich, das ganze Menschengeschlecht sei Fleisch, wie Christus lehrt. Ob nun der führende Teil im Menschen im ganzen Menschen, im ganzen Volk, im ganzen Menschengeschlecht mit begriffen wird, überlassen wir den Sophisten, die können das bezweifeln und darüber disputieren. Wir wissen, dass im ganzen Menschengeschlecht Leib und Seele mit all ihren Stärken und Werken, mit allen Fehlern und Fähigkeiten, mit aller Weisheit und Torheit, mit aller Gerechtigkeit und Ungerechtigkeit mit begriffen werden. Alles ist Fleisch, weil alles nach Fleisch strebt, das heißt, nach dem Ihren, und sie entbehren des Ruhmes Gottes und des Geistes Gottes, wie Paulus Röm 3 sagt.

Wenn du also sagst: „Nicht jeder Affekt des Menschen ist Fleisch; sondern es gibt einen, der Seele genannt wird, und einen, der Geist genannt wird, wodurch wir nach sittlich Gutem streben, so wie die Philosophen [danach] gestrebt haben, die gelehrt haben, eher sei tausendmal der Tod zu erleiden als eine Schandtat zu begehen, auch wenn wir wüssten, dass die Menschen es nicht erfahren werden und Gott es verzeiht" – darauf antworte ich: Wer nichts gewiss glaubt, dem ist es leicht, Beliebiges zu glauben und zu sagen. Nicht ich, sondern dein Lukian soll dich fragen, ob du einen einzigen im gesamten Menschengeschlecht (er sei zweimal oder siebenmal Sokrates selbst) zeigen kannst, der das vorgewiesen hätte, was du hier sagst und wovon du schreibst, dass sie es gelehrt haben. Was also fabulierst du mit albernen Worten? Zu sittlich Gutem würden jene streben? Die nicht einmal wussten, was das sittlich Gute wäre? Vielleicht wirst du sittlich Gutes nennen – wenn ich

Honestum forte dices, si exemplum praestantissimum petam, quod pro patria, pro coniugibus et liberis, pro parentibus occubuerint, aut ne mentirentur aut proderent, exquisitos cruciatus pertulerint, quales Quintus Scevola,[717] Marcus Regulus et alii fuerint. Quid vero in his omnibus, nisi speciem externam operum monstrare poteris? An cor eorum vidisti? imo simul in specie operis apparuit, quod pro gloria sua haec omnia | gesserunt, ita ut nec puduerit confiteri et gloriari sese gloriam suam quaerere. Nam et gloria perurente gesserunt Romani, ipsismet testibus, quicquid virtutis gesserunt, ita et Graeci, ita et Iudaei, ita et omne | genus hominum. Sed ut sit hoc honestum apud homines, apud Deum tamen nihil est inhonestius, imo impiissimum et summum sacrilegium, nempe, quod non pro gloria Dei egerunt, nec ut Deum glorificaverunt, sed impiissima rapina, Deo gloriam rapientes et sibi attribuentes, nunquam magis inhonesti et turpes fuerunt, quam dum in summis suis virtutibus fulserunt. Quomodo vero pro gloria Dei agerent, cum Deum et gloriam eius ignorarent, non quod non appareret, sed quod caro non sinebat eos videre gloriam Dei, prae furore et insania in gloriam propriam. Habes igitur spiritum illum igemonicum principalem partem hominis ad honesta nitentem,[718] id est, latronem gloriae divinae et maiestatis affectatorem, tum maxime, cum sunt honestissimi et summis suis virtutibus illustrissimi. Hos nunc nega esse carnem et impio affectu perditos.

Nec credo Diatriben adeo offendi ea locutione, quod homo dicatur esse caro vel spiritus, cum latinus diceret, Homo est carnalis vel spiritualis. Donandum est enim hoc, sicut et multa alia, Ebraeae linguae, ut cum dicit, Homo est caro vel spiritus, idem significet, quod nos, cum dicimus. Homo est carnalis vel spiritualis, quemadmodum latini dicunt, Triste lupus stabulis, dulce satis humor,[719] vel cum dicunt, Iste homo est scelus et ipsa malitia. Ita et scriptura sancta per Epitasin[720], hominem vocat carnem, quasi ipsam carnalitatem, quod nimio ac nihil aliud sapiat, quam ea, quae carnis sunt, Et spiritum, quod nihil nisi ea, quae spiritus sunt, sapiat, quaerat, agat et ferat. Nisi forte hoc adhuc

---

[717] Luther meint Gaius Mucius Cordus Scaevola. [718] S. o. 538,26 f. [719] Vergil: Eclogae 3,80. [720] Epitasis: hier synonym mit ‚correctio', der Verbesserung bzw. Steigerung einer Aussage, gebraucht.

das hervorragendste Beispiel suche –, dass sie für das Vaterland, für Ehefrauen und Kinder, für die Eltern dahingestreckt gelegen haben oder dass sie, um nicht zu lügen oder zu verraten, ausgesuchte Qualen erduldet haben, wie Quintus Scaevola, Marcus Regulus und andere gewesen sind. Was aber wirst du an allen diesen Menschen außer der äußeren Erscheinung ihrer Werke zeigen können? Oder hast du ihr Herz gesehen? Ja, zugleich wurde an der Erscheinung des Werkes offenbar, dass sie dies alles für ihren eigenen Ruhm getan haben – so dass man sich auch nicht schämte, zu bekennen und sich zu rühmen, seinen eigenen Ruhm zu suchen. Denn aus brennender Ruhmsucht haben ja die Römer, nach ihrem eigenen Zeugnis, getan, was sie an Tugendhaftem getan haben, so auch die Griechen, so auch die Juden, so auch das ganze Menschengeschlecht. Aber auch wenn dies ehrenhaft ist bei den Menschen, bei Gott ist dennoch nichts unehrenhafter, ja, es ist die gottloseste und höchste Gotteslästerung, nämlich nicht für die Ehre Gottes gehandelt und ihn nicht wie einen Gott verehrt zu haben. Sondern sie, die durch einen ausgesprochen gottlosen Raub Gott seine Ehre raubten und sich selbst zuschrieben, sind niemals mehr unehrenhaft und schändlich gewesen, als wenn sie in ihren höchsten Tugenden glänzten. Wie aber sollten sie für die Ehre Gottes handeln, wenn sie Gott und seine Ehre nicht kannten? Nicht, dass sie nicht erschiene! Sondern weil das Fleisch sie die Ehre Gottes nicht sehen ließ vor lauter Leidenschaft und Besessenheit für die eigene Ehre. Da hast du nun jenen Geist als das Führende und den vornehmen Teil des Menschen, der zum sittlich Guten strebt, das heißt, einen Räuber der göttlichen Ehre und einen Nachahmer seiner Majestät. Dann vor allem, wenn sie die Allerehrenwertesten und die durch ihre höchsten Tugenden Allerglänzendsten sind. Verneine nun, dass diese Fleisch sind und durch einen gottlosen Affekt verdorben!

Und ich glaube, die ‚Diatribe' würde nicht so sehr Anstoß nehmen an dieser Formulierung, dass der Mensch Fleisch oder Geist sein soll, wenn es lateinisch hieße: Der Mensch ist fleischlich oder geistlich. Es ist nämlich dieses, wie auch vieles andere, der hebräischen Sprache zugute zu halten, dass sie, wenn sie sagt „Der Mensch ist Fleisch oder Geist", dasselbe bezeichnet wie wir, wenn wir sagen „Der Mensch ist fleischlich oder geistlich". Gleichwie die Lateiner sagen: „Schrecklich ist der Wolf den Ställen, süß der Regen den Saaten", oder wenn sie sagen: „Dieser Mensch ist das Verbrechen und die Bosheit selbst." So nennt auch die Heilige Schrift durch eine Zuspitzung (Epitasis) den Menschen Fleisch, gewissermaßen die Fleischlichkeit selbst, weil er übermäßig und nichts anderes erstrebt als das, was des Fleisches ist. Und Geist, weil er nichts außer dem, was des Geistes ist, erstrebt, sucht, treibt und tut. Wenn

reliquum quaerat, etiam si totus homo et praestantissimum in homine caro esse dicatur, nunquid ideo statim etiam impium dici oporteat, quicquid caro fuerit? Nos impium dicimus, quisquis sine spiritu Dei fuerit. Nam ideo scriptura dicit spiritum donari, ut impium iustificet. Cum vero Christus spiritum a carne distinguat dicens, Quod natum est ex carne, caro est, addatque, non posse natum ex carne regnum Dei videre,[721] evidenter sequitur, quicquid fuerit caro, idem impium et sub ira Dei, alienumque a regno Dei esse. Quod si a regno et spiritu Dei alienum est, necessario sequi, quod sub regno et spiritu Satanae sit, cum non sit medium regnum inter regnum Dei et regnum Satanae, mutuo sibi et perpetuo pugnantia. Haec sunt, quae demonstrant, summas virtutes in gentibus, optima in Philosophis, praestantissima in hominibus, coram mundo quidem | dici et apparere honesta et bona, sed coram Deo vere sunt caro et Satanae regno servientia, id est, impia et sacrilega omnibusque nominibus mala.

Sed fingamus quaeso Diatribes sententiam stare, quod non omnis affectus sit caro, id est, impius, sed sit is, qui spiritus dicitur,[722] honestus et sanus, vide quantum absurditatis hinc sequatur, non quidem apud rationem humanam, sed in tota Christiana religione et summis fidei articulis. Si enim praestantissimum in homine non est impium neque perditum aut damnatum, sed solum caro, id | est, crassiores et inferiores affectus, qualem rogo faciemus Christum redemptorem? An precium sanguinis eius tam vile faciemus, ut solum id, quod vilissimum est in homine redemerit, praestantissimum vero in homine per sese valeat et Christo non habeat opus? ut Christum deinceps praedicemus redemptorem, non totius hominis, sed partis eius vilissimae, scilicet carnis, Hominem vero ipsummet suiipsius redemptorem in potiore sui parte. Elige utrum volueris, Si sana est potior pars hominis, redemptore Christo non eget. Si Christo non eget, maiore gloria super Christum triumphat, ut quae sese potiorem partem curet, cum Christus viliorem tantum curet. Deinde regnum Satanae quoque nihil erit, ut quod viliore parte hominis regnet, a potiore vero parte per hominem potius regne-

---

[721] Joh 3,6.3.   [722] Erasmus III b 4; ErAS 4,126.

nicht vielleicht einer nach dem fragen sollte, was noch übrig bleibt: Auch wenn der ganze Mensch und das Hervorragendste im Menschen Fleisch sein soll, muss deswegen sofort auch alles gottlos genannt werden, was Fleisch ist? Wir nennen jeden ‚gottlos', der ohne den Geist Gottes ist. Denn daher sagt die Schrift, dass der Geist geschenkt wird, damit er den Gottlosen gerecht mache. Wenn also Christus den Geist vom Fleisch scheidet, indem er sagt: „Was aus dem Fleisch geboren ist, ist Fleisch" und hinzufügt, dass das aus dem Fleisch Geborene das Reich Gottes nicht sehen könne, folgt offensichtlich, dass alles das, was Fleisch ist, gottlos und unter dem Zorn Gottes und fern vom Reich Gottes ist. Wenn es denn vom Reich und Geist Gottes fern ist, folgt notwendig, dass es unter dem Reich und Geist Satans ist. Denn es gibt kein mittleres Reich zwischen Reich Gottes und Reich Satans, die sich wechselseitig bekämpfen. Das ist es, was beweist: Die höchsten Tugenden bei den Heiden, das Beste bei den Philosophen, das Hervorragendste bei den Menschen werden vor der Welt zwar ehrenhaft und gut genannt und erscheinen [auch] so. Vor Gott aber ist genau das wahrhaft Fleisch und dient dem Reich Satans, das heißt, das ist gottlos und gotteslästerlich und in jeder Hinsicht böse.

Aber lass uns bitte annehmen, dass die Meinung der ‚Diatribe' Bestand hat, nicht jeder Affekt sei Fleisch, das heißt, gottlos, sondern der, der Geist genannt wird, sei sittlich gut und heil: Siehe, welch große Absurdität hieraus folgt –, nämlich nicht [nur] in Sachen der menschlichen Vernunft, aber in der ganzen christlichen Frömmigkeit und bei den höchsten Glaubensartikeln! Wenn nämlich das Hervorragendste im Menschen nicht gottlos ist und nicht verloren oder verdammt, sondern nur das Fleisch, das heißt, die gröberen und niederen Affekte – zu was für einem Erlöser, frage ich, werden wir Christus machen? Werden wir den Preis seines Blutes so gering machen, dass er nur das, was das Geringste im Menschen ist, erlöst hat, das Hervorragendste aber im Menschen durch sich kräftig ist und Christus nicht nötig hat? So predigten wir dann folglich Christus als Erlöser nicht des ganzen Menschen, sondern seines geringsten Teils, nämlich des Fleisches; den Menschen selbst aber als Erlöser seiner selbst in seinem besseren Teil. Wähle, ob du das willst: Wenn der bessere Teil des Menschen heil ist, braucht er Christus als Erlöser nicht. Wenn er Christus nicht braucht, triumphiert er mit größerem Ruhm über Christus, da er sich ja um seinen besseren Teil kümmert, während Christus sich nur um den geringeren Teil kümmert. Dann wird auch das Reich Satans nichts sein, weil es über den geringeren Teil des Menschen herrscht, nein, vielmehr vom besseren Teil durch den Menschen beherrscht wird. So wird es durch dieses Dogma über den führenden Teil des Menschen dahin

tur. Ita fiet per dogma istud de principali parte hominis, ut homo supra
Christum et diabolum extollatur, hoc est, fiet Deus Deorum et Domi‑
nus dominantium.⁷²³ Ubi nunc est illa opinio probabilis, quae dixit,
liberum arbitrium nihil boni velle posse,⁷²⁴ hic vero contendit, esse
principalem partem et sanam honestamque, ne Christo quidem indi‑
gere, sed plura posse quam Deus ipse et diabolus possunt. Hoc dico, ut
iterum videas, quanti periculi res sit, sacra ac divina tentare sine spiritu
Dei, temeritate rationis humanae. Igitur si Christus est agnus Dei qui
tollit peccatum mundi,⁷²⁵ mundum totum sub peccato, damnatione et
diabolo esse sequitur, nihilque prodest distinctio partium principa‑
lium⁷²⁶ et non principalium. Mundus enim significat homines mun‑
dana sapientes partibus omnibus.

Si totus homo (inquit) etiam renatus per fidem, nihil aliud est quam
caro, ubi spiritus e spiritu natus? ubi filius Dei? ubi nova creatura?
Super his doceri velim. Haec Diatribe, Quo? Quo? mea Diatribe Charis‑
sima? quid somnias? Tu petis doceri, quomodo spiritus natus e spiritu
sit caro. Proh quam laeta et secura victoria nobis victis hic insultas,
quasi impossibile sit, nos hic subsistere. Interim veterum authoritate
vis abuti, qui semina quaedam honesti tradunt insita mentibus homi‑
num.⁷²⁷ Primum, si ita vis, per nos quidem licet, ut veterum authoritate
utaris vel abutaris, tu videris quid | credas, qui hominibus credis, sua
dictantibus sine verbo Dei. Nec forte multum te cruciat religionis cura,
quid quis credat, qui tam facile hominibus credis, nihil moratus, an cer‑
tum vel incertum sit apud Deum quod dicunt. Et nos super hoc doceri
velimus, quando nos unquam id docuerimus, quod tu tam libere et
publice nobis imputas? Quis ita insaniat, ut nihil nisi carnem esse dicat
eum, qui natus est ex spiritu? Nos manifeste separamus carnem et spi‑
ritum tanquam res pugnantes, dicimusque cum oraculo divino, homi‑
nem, qui non est renatus per fidem, esse carnem. Deinde renatum non
amplius carnem esse dicimus, quam secundum reliquias carnis, quae
adversantur | primiciis accepti spiritus.⁷²⁸ Nec credo, quod hoc in nostri
volueris invidiam fingere, alioqui, quid poteras, nobis sceleratius impo‑
nere? Sed vel nihil intelligis nostrarum rerum, vel magnitudini rerum

---

⁷²³ Dtn 10,17.   ⁷²⁴ S. o. 352,25 f.; 358,18–21.   ⁷²⁵ Joh 1,29.   ⁷²⁶ S. o. 538,26 f.   ⁷²⁷ Eras‑
mus III b 4; ErAS 4,128.   ⁷²⁸ Röm 8,23; Gal 5,17.

kommen, dass der Mensch über Christus und den Teufel erhoben wird. Das heißt, er wird der Gott der Götter und der Herr der Herren werden. Wo ist jetzt jene annehmbare Meinung, die gesagt hat, das freie Willensvermögen könne nichts Gutes wollen? Hier aber behauptet sie, der führende Teil sei gesund und sittlich gut und habe nicht einmal Christus nötig, sondern könne mehr, als Gott selbst und der Teufel können. Dies sage ich, damit du wiederum siehst, eine wie große Gefahr darin liegt, Heiliges und Göttliches ohne Geist Gottes mit der Unbesonnenheit der menschlichen Vernunft zu untersuchen. Wenn also Christus das Lamm Gottes ist, das der Welt Sünde trägt, folgt, dass die ganze Welt unter der Sünde, der Verdammnis und dem Teufel ist, und die Unterscheidung von führenden und nicht-führenden Teilen nützt nichts. ‚Welt' nämlich bezeichnet die Menschen, die auf alle Weise Weltliches im Sinn haben.

Wenn der ganze Mensch (sagt sie), auch der durch den Glauben wiedergeborene, nichts anderes ist als Fleisch – wo sind der Geist und der aus Geist Geborene? Wo der Sohn Gottes? Wo die neue Kreatur? Darüber möchte ich belehrt werden. So die ‚Diatribe'. Wohin? Wohin, meine allerliebste ‚Diatribe'? Was träumst du? Du wünschst belehrt zu werden, wie der aus dem Geist geborene Geist Fleisch sei? Ach, wie verhöhnst du uns Besiegte mit dem freudigen und sicheren Sieg hier, als ob es uns unmöglich sei, hier standzuhalten. Inzwischen willst du die Autorität der Alten missbrauchen, die gewisse Samen des sittlich Guten als den Gesinnungen der Menschen eingepflanzt überliefern. Zunächst: Unseretwegen magst du die Autorität der Alten gebrauchen oder missbrauchen; sieh selber zu, was du glaubst, der du Menschen glaubst, die das Ihre vorschreiben ohne das Wort Gottes. Und vielleicht quält dich nicht viel die Sorge um die Frömmigkeit, was wer glaubt, der du ja so leicht den Menschen glaubst und dich nicht dabei aufhältst, ob das gewiss oder ungewiss bei Gott ist, was sie sagen. Auch wir wollen darüber belehrt werden, wann wir das jemals gelehrt haben, was du uns so freimütig und öffentlich zurechnest. Wer ist so wahnsinnig, dass er sagte, der sei nur Fleisch, der aus dem Geist geboren ist? Wir trennen klar Fleisch und Geist als einander widerstreitende Dinge, und wir sagen mit göttlicher Weissagung, dass der Mensch, der nicht durch Glauben wiedergeboren ist, Fleisch ist. Weiter sagen wir, dass der Wiedergeborene nicht mehr Fleisch ist als hinsichtlich der Reste des Fleisches, die sich den Erstlingen des empfangenen Geistes widersetzen. Ich glaube auch nicht, dass du dies erdichten wolltest, um gegen uns üble Nachrede zu erregen. Was Verbrecherischeres konntest du uns sonst auferlegen? Oder aber du verstehst nichts von unseren Dingen oder scheinst der Größe der Angelegenheiten nicht gewachsen zu sein, durch die du möglicher-

impar esse videris, qua sic premeris et confunderis forte, ut non satis memor sis, quid vel in nos vel pro te dicas. Nam quod veterum authoritate credis, semina quaedam honesti insita mentibus hominum, iterum oblivione quadam dicis, cum supra asserueris, nihil boni velle posse liberum arbitrium.729 Non posse autem quicquam boni velle, nescio, quomodo secum patiatur semina quaedam honesti. Sic ego perpetuo cogor te admonere status caussae susceptae, a quo tu perpetua oblivione discedis et aliud agis quam institueras.

Alius locus est Hieremiae. 10. Scio Domine, quoniam non est hominis via eius, nec ullius est, ut ambulet et dirigat gressus suos.730 Hunc locum dicit, magis pertinere ad eventum rerum laetarum, quam ad potestatem liberi arbitrii.731 Hic iterum Diatribe cum fiducia glosam affert, pro ut visum est, tanquam scriptura sit sub iure suo plenissimo. Ut autem Prophetae sensum et intentum consideraret, quid opus erat tantae authoritatis viro? Sat est, Erasmus dicit, ergo sic est. Hac libidine glossandi permissa adversariis, quid est quod non obtineant? Doceat igitur ex ipsius sermonis serie hanc glosam, et credemus, Nos autem docemus ex ipsa serie, Prophetam cum videret sese frustra docere impios tanta instantia, simul intelligit, verbum suum nihil valere, nisi Deus intus doceat, atque ideo non esse in manu hominis audire et bonum velle, Hoc animadverso, Dei iudicio territus, petit, ut corrigat eum in iudicio, si omnino corrigi debet, et non tradatur cum impiis sub iram Dei,732 quos sinit indurari et incredulos manere. Sed fingamus tamen locum de eventis rerum tristium et laetarum intelligi, quid si haec ipsa glosa fortissime subvertat liberum arbitrium? Fingitur quidem hoc novum effugium, ut rudes et inertes falsi, putent esse satis factum, sicut illi faciunt effugio illo de necessitate consequentiae.733 Non vident enim, quomodo multo magis irretiantur et capiantur istis effugiis, adeo avertuntur novis istis vocabulis. Si itaque eventus rerum istarum non est in manu nostra, | quae sunt temporales et quibus homo dominus constituitur Gen. 1.734 Obsecro, quomodo erit in manu nostra

---

729 S. o. 352,25 f.   730 Jer 10,23.   731 Erasmus III b 5; ErAS 4,128.   732 Jer 10,24.
733 S. o. 252,19–254,12; 492,4–29.   734 Gen 1,28.

weise so gedrückt und verwirrt wirst, dass du nicht genügend eingedenk bist, was du entweder gegen uns oder für dich sagst. Denn dass du auf Grund der Autorität der Alten glaubst, gewisse Samen des sittlich Guten seien den Gesinnungen der Menschen eingepflanzt, sagst du wiederum mit einer gewissen Vergesslichkeit. Denn oben hast du als wahr bekräftigt, das freie Willensvermögen könne nichts Gutes wollen. Wenn es aber nicht irgendetwas Gutes wollen kann, weiß ich nicht, wie sich das mit den gewissen Samen des sittlich Guten verträgt. So werde ich also ständig gezwungen, dich an den Sachverhalt, um den es geht, zu erinnern, von dem du in andauernder Vergesslichkeit abweichst und irgendetwas anderes verhandelst, als du dir vorgenommen hattest.

Eine andere Stelle ist Jeremia 10: „Ich weiß, Herr, dass sein Weg nicht in der Macht des Menschen ist und es nicht in jemandes Macht steht, wie er wandle und seine Schritte richte." Diese Stelle, sagt sie, bezieht sich mehr auf den glücklichen Ausgang der Dinge als auf die Macht des freien Willensvermögens. Hier trägt die ‚Diatribe' wiederum zuversichtlich eine Glosse heran, wie es ihr gutdünkt, als ob die Schrift völlig unter ihrer Gewalt sei. Dass sie aber den Sinn und die Absicht des Propheten betrachtete – was hat das ein Mann von so großer Autorität nötig? Es genügt: Erasmus sagt es, also ist es so. Wenn diese Lust, Glossen zu machen, den Gegnern zugelassen wird, was gibt es dann noch, das sie nicht durchsetzen? Möge er also aus dem Zusammenhang der Predigt selbst diese Glosse lehren, dann werden wir ihm glauben. Wir aber lehren aus eben dem Zusammenhang: Als der Prophet sah, dass er die Gottlosen trotz so großer Beharrlichkeit vergeblich lehre, verstand er zugleich, dass sein Wort nichts vermöge, außer Gott lehre es inwendig, und daher liege es nicht in der Hand des Menschen, zu hören und das Gute zu wollen. Nachdem er das bemerkte, hat er, durch das Gericht Gottes erschreckt, gebeten, dass er ihn im Gericht zurechtweise, wenn er überhaupt zurechtgewiesen werden soll. Und dass er nicht mit den Gottlosen dem Zorn Gottes ausgeliefert wird, bei denen er zugelassen hat, dass sie verstockt werden und ungläubig bleiben. Aber lass uns trotzdem erdichten, dass diese Stelle vom Ausgang trauriger und glücklicher Angelegenheiten zu verstehen sei – was, wenn eben diese Glosse aufs Stärkste das freie Willensvermögen zerstörte? Man erdichtet jedenfalls diese neue Ausflucht, damit die Groben und Unerfahrenen fälschlicherweise glauben, damit sei [der Aussage Jeremias] genuggetan – so wie es jene mit jener Ausflucht der Notwendigkeit der Folge tun. Denn sie sehen nicht, wie sie sich umso mehr durch diese Ausflüchte verstricken und gefangen werden, so sehr werden sie durch diese neuen Vokabeln abgelenkt. Wenn daher der Ausgang der Dinge nicht in unserer Hand liegt, die zeitlich sind und über die der Mensch als Herr einge-

res illa coelestis, gratia Dei, quae in solius arbitrio Dei pendet? An liberi arbitrii conatus potest salutem aeternam obtinere, qui non potest obulum, imo nec pilum capitis retinere?⁷³⁵ Non est nobis potestas obtinendae creaturae, et potestas erit obtinendi creatoris? Quid insanimus? Pertinet igitur id multo maxime ad eventus, quod homo ad bonum vel ad malum nititur, quia utrobique multo ma-|gis fallitur et minus libertatis habet, quam dum nititur ad pecuniam vel gloriam vel voluptatem. Quam pulchre igitur evasit haec glosa, quae libertatem hominis negat in parvulis et creatis eventibus, et praedicat eam in summis et divinis eventibus. Ac si dicas, Codrus non potest staterem persolvere,⁷³⁶ potest autem infinita milia aureorum persolvere. Et miror Diatriben, quae illud Wiglephi, omnia necessario fieri,⁷³⁷ adeo persecuta hactenus, nunc ipsamet concedit, eventa esse necessaria nobis.

Deinde si maxime torqueas (ait) ad liberum arbitrium, nemo non fatetur, absque gratia Dei neminem posse rectum vitae cursum tenere, Nihilominus tamen interim annitimur et ipsi pro viribus, quia oramus quottidie, Dirige Domine Deus meus in conspectu tuo viam meam.⁷³⁸ Qui petit auxilium, non deponit conatum.⁷³⁹ Nihil putat Diatribe referre, quid respondeat, modo non taceat et aliquid dicat, tum satisfactum vult videri, adeo confidit authoritate sua. Probandum fuit, an nos viribus nostris nitamur, et probat, quod orans aliquid conetur, Obsecro, an nos irridet? an ludificatur Papistas? Qui orat, spiritu orat, imo spiritus ipse in nobis orat Rom. 8.⁷⁴⁰ Quomodo igitur per conatum spiritus sancti probatur potestas liberi arbitrii? An eadem res est liberum arbitrium et spiritus sanctus apud Diatriben? An disputamus nunc, quid spiritus possit? Relinquit igitur locum istum Hieremiae mihi intactum Diatribe, atque invictum, solumque id sui capitis affert glossema, Nos etiam annitimur viribus. Et huic cogetur Lutherus credere, modo velit.

Item illud Proverbi. 16. Hominis est praeparare cor, Domini autem gubernare linguam.⁷⁴¹ Etiam ad eventa rerum dicit pertinere, quasi hoc suo proprio dicto sine authoritate alia satis sit nobis factum.⁷⁴² Et facit sane nimio satis, quod concesso sensu de eventis rerum, nos plane vici-

---

⁷³⁵ Mt 5,36; Lk 21,18.   ⁷³⁶ Kodros, König von Athen; Stater, Einheitsmünze der meisten griechischen Währungssysteme; Erasmus: Adagia 1,6,76.   ⁷³⁷ S. o. 366,5-7. ⁷³⁸ Ps 5,9.   ⁷³⁹ Erasmus III b 5; ErAS 4,130.   ⁷⁴⁰ Röm 8,15.26.   ⁷⁴¹ Spr 16,1.   ⁷⁴² Erasmus III b 6; ErAS 4,130.

setzt ist nach Gen 1 – bitte, wie wird in unserer Hand jene himmlische Sache sein, die Gnade Gottes, die allein von dem Willensvermögen Gottes abhängt? Kann denn das Bemühen des freien Willensvermögens das ewige Heil erlangen, das nicht einen Heller, ja, auch kein Haar auf dem
5 Kopf halten kann? Uns ist keine Macht gegeben, die Kreatur zu erlangen – und wir sollten Macht haben, den Schöpfer zu erlangen? Sind wir denn wahnsinnig? Es bezieht sich also vielmehr und vor allem auf den Ausgang, wenn der Mensch nach dem Guten oder nach dem Bösen strebt, weil er sich in beiden Fällen viel mehr täuscht und weniger Frei-
10 heit hat, als wenn er nach Geld oder Ruhm oder Vergnügen strebt. Wie schön also scheitert diese Glosse, welche die Freiheit des Menschen im Kleinen und in den geschaffenen Ereignissen verneint und sie in den höchsten und göttlichen Ereignissen predigt. Als sagtest du, Kodros kann keinen Stater, kann aber unzählige Tausende Goldstücke bezah-
15 len. Und es wundert mich, dass die ‚Diatribe', die jenes Wort Wyclifs, alles geschehe notwendig, bisher so sehr verfolgt hat, jetzt höchstpersönlich zugesteht, dass die Ereignisse für uns notwendig sind.

   Weiter: Wenn du (sagt sie) das noch so sehr auf das freie Willensvermögen hindrehst, bekennt doch jeder, niemand könne ohne die Gnade
20 Gottes den rechten Lebenslauf einhalten. Nichtsdestoweniger strengen wir uns doch selbst inzwischen auch nach Kräften an, da wir ja täglich beten: „Lenke, mein Herrgott, vor deinem Angesicht meinen Weg." Wer Hilfe erbittet, gibt das Bemühen nicht auf. Nichts, glaubt die ‚Diatribe', liegt daran, was sie antwortet, Hauptsache, sie schweigt nicht und sagt
25 irgendetwas, dann wird es wohl genuggetan sein. So sehr vertraut sie auf ihre Autorität. Es musste bewiesen werden, ob wir uns aus eigener Kraft anstrengen – und sie beweist, dass einer, der betet, sich um irgendetwas bemüht. Bitte, macht sie sich über uns lustig? Oder verspottet sie die Papisten? Wer betet, betet im Geist, ja, der Geist selbst betet in
30 uns nach Röm 8. Wie also wird durch das Bemühen des Heiligen Geistes die Kraft des freien Willensvermögens bewiesen? Oder sind das freie Willensvermögen und der Heilige Geist bei der ‚Diatribe' dasselbe? Disputieren wir jetzt etwa, was der Geist kann? Also lässt mir die ‚Diatribe' diese Stelle bei Jeremia unberührt und unbesiegt, und sie fügt allein
35 diese Glosse ihres Kopfes an: Wir strengen uns auch nach Kräften an. Und dem zu glauben wird Luther gezwungen, wenn er nur will.

   Ebenso jenes [Wort] Spr 16: „Des Menschen Sache ist es, sein Herz vorzubereiten, bei Gott aber liegt es, die Zunge zu lenken." Auch das, sagt sie, beziehe sich auf den Ausgang der Dinge, als ob sie mit diesem
40 ihrem eigenen Ausspruch ohne sonstige Autorität uns genuggetan hätte. Und sie tut freilich übermäßig genug. Denn wir haben mit dem Zugeständnis, der Sinn [der Jeremiastelle] richte sich auf den Ausgang

mus secundum ea, quae proxime diximus, quod cum libertas arbitrii in rebus et operibus nostris nulla est, multo magis nulla est in rebus et operibus divinis.743 Sed acumen eius vide, Quomodo est hominis praeparare cor, quum Lutherus affirmet omnia necessitate geri?744 Respondeo, quum eventa rerum non sint | in potestate nostra, ut tu dicis, | quomodo est hominis res gerere? Quod mihi responderis, tibi responsum habe. Imo ideo maxime operandum est, quia incerta nobis sunt omnia futura, ut Ecclesiastes ait, Mane semina semen tuum et vespere non cesses, quia nescis an hoc vel illud sit oriturum.745 Nobis inquam sunt incerta cognitione, sed necessaria evento. Necessitas nobis timorem Dei incutit, ne praesumamus et securi simus. Incertitudo vero fiduciam parit, ne desperemus. Redit vero ad veterem suam cantilenam, quod in libro Proverbiorum multa dicuntur pro libero arbitrio quale est illud, Revela Domino opera tua,746 Audis (inquit) opera tua?747 Scilicet, quod multa sint in eo libro verba imperativa et coniunctiva,748 item pronomina secundae personae, his enim fundamentis probatur libertas arbitrii, ut Revela, ergo potes revelare, opera tua, ergo tu facis ea, Sic illud, ego sum Deus tuus, intelliges, id est, tu facis me Deum tuum, Fides tua te salvum fecit,749 Audis tua? expone sic, Tu facis fidem, tum probasti liberum arbitrium. Non hic irrideo, sed ostendo Diatribe serium non esse in hac caussa.

Illud eodem capite, omnia propter semetipsum operatus est Dominus, etiam impium ad diem malum,750 etiam suis verbis format, excusans Deum, quod nullam creaturam malam condiderit,751 quasi de Creatione dixerim ego, ac non magis de operatione illa assidua Dei in rebus creatis, Qua operatione Deus agit et impium, sicut supra de Pharaone diximus.752

Nec illud ex capitulo 20.753 ipsi videtur urgere, Cor regis in manu Domini, quocunque voluerit, inclinat illud. Non statim (ait) cogit, qui inclinat,754 Quasi nos de coactione loquamur, ac non potius de necessitate immutabilitatis. Ea significatur per inclinationem Dei, quae non est res tam stertens et pigra, ut fingit Diatribe, Sed est actuosissima illa

---

743 S. o. 550,32–552,6.　744 Erasmus III b 6; ErAS 4,130.　745 Koh 11,6.　746 Spr 16,3.
747 Erasmus III b 6; ErAS 4,130.　748 S. o. 490,2 f.　749 Ps 50/Vg 49,7; Mk 10,52.
750 Spr 16,3.　751 Erasmus III b 6; ErAS 4,130/132.　752 S. o. 468,16–470,3.　753 Richtig: Spr 21,1.　754 Erasmus III b 7; ErAS 4,132.

der Dinge, ganz gesiegt; und zwar gemäß dem, was wir zunächst gesagt haben: Wenn keine Freiheit des Willensvermögens in unseren Angelegenheiten und Werken besteht, dann besteht umso mehr keine in den göttlichen Angelegenheiten und Werken. Aber schau auf ihren Scharfsinn: Wie ist es Sache des Menschen, das Herz vorzubereiten, wenn Luther behauptet, alles geschehe mit Notwendigkeit? Ich antworte: Wenn die Ausgänge der Dinge nicht in unserer Macht liegen, wie du sagst, wie ist es Sache des Menschen, die Dinge auszuführen? Was du mir antwortest, nimm für dich als Antwort. Ja, deswegen vor allem muss gewirkt werden, weil uns alles Zukünftige ungewiss ist, wie der Prediger sagt: „Am Morgen säe deinen Samen und am Abend höre nicht auf, weil du nicht weißt, ob dieses oder jenes aufgehen wird." Für uns, sage ich, ist es ungewiss, was die Erkenntnis betrifft, aber notwendig im Blick auf den Ausgang. Die Notwendigkeit stachelt uns zur Furcht gegen Gott an, damit wir nicht überheblich und sicher werden. Die Ungewissheit aber bringt Zuversicht hervor, damit wir nicht verzweifeln. Sie [die ‚Diatribe'] aber kehrt zurück zu ihrem alten Liedchen, dass im Buch der Sprüche viel für das freie Willensvermögen gesagt wird, wie jenes: „Offenbare dem Herrn deine Werke." Hörst du (sagt sie): ‚deine Werke'? Freilich, weil in diesem Buch viele imperativische und konjunktivische Worte sind, ebenso Pronomina der zweiten Person. Denn mit diesen Fundamenten wird die Freiheit des Willensvermögens bewiesen, wie: ‚offenbare', also kannst du offenbaren, ‚deine Werke', also tust du diese. So wirst du jenes Wort: „Ich bin dein Gott" so verstehen, dass heiße: „Du machst mich zu deinem Gott". „Dein Glaube hat dich gerettet" – hörst du: ‚dein'? Lege es so aus: „Du schaffst den Glauben". Dann hast du das freie Willensvermögen bewiesen. Ich spotte hier nicht, sondern zeige, dass es der ‚Diatribe' nicht ernst ist in dieser Angelegenheit.

Auch jenes [Wort] in demselben Kapitel „Der Herr hat alles um seinetwillen gewirkt, auch den Gottlosen für den bösen Tag" gestaltet sie mit ihren eigenen Worten, indem sie Gott entschuldigt, er habe keine böse Kreatur geschaffen, als ob ich von der Schöpfung spräche und nicht vielmehr von dem beständigen Wirken Gottes in den geschaffenen Dingen. Durch dieses Wirken treibt Gott auch den Gottlosen, wie wir oben vom Pharao gesagt haben.

Auch jenes [Wort] aus dem 20. [richtig: 21.] Kapitel scheint sie nicht zu bedrängen: „Das Herz des Königs ist in der Hand des Herrn; wohin er will, lenkt er es." Nicht sofort (sagt sie) zwingt, wer lenkt. Als ob wir von einem Zwang sprächen und nicht vielmehr von der Notwendigkeit der Unveränderlichkeit. Diese wird bezeichnet durch die Lenkung Gottes, die nicht eine so schnarchende und faule Sache ist, wie die ‚Diatribe' erfindet. Sondern es ist jenes höchst tätige Wirken Gottes, welches man

operatio Dei, quam vitare et mutare non possit, sed qua tale velle habet necessario, quale illi Deus dedit et quale rapit suo motu, ut dixi supra. Deinde cum Salomon de corde regis loquatur, putat Diatribe eum locum non recte ad generalem sententiam trahi, sed illud velle, quod alias Iob dicit, regnare facit Hypocritam propter peccata populi.755 Tandem concaedit inclinari a Deo regem ad malum, sed sic, quod sinat regem agi affectibus, | ad castigandum populum.756 Respondeo, Sive sinat, sive inclinet Deus Ipsum sinere vel inclinare non fit nisi volente et operante Deo, quia voluntas regis non potest effugere actionem omnipotentis Dei, quia rapitur omnium voluntas, ut velit et faciat, sive sit bona sive mala. Quod vero generalem sententiam fecimus ex particulari voluntate regis, puto neque inepte neque indocte nos fecisse. Si enim cor regis, quod videtur maxime liberum et aliis dominari, non tamen potest velle, nisi | quo Deus ipsum inclinarit, quanto minus ullus aliorum hominum id potest? Atque ista consequentia non solum ex regis, sed etiam cuiuslibet hominis voluntate valeret. Si enim unus homo, quantumlibet privatus, non potest coram Deo velle, nisi quo inclinat Deus, Idem de omnibus hominibus dicetur. Sic quod Balaam non potuit loqui, quod volebat,757 argumentum est evidens in scripturis, hominem non esse sui iuris aut operis liberum electorem aut factorem, Alioqui exempla nulla subsisterent in scripturis.

    Post haec cum dixisset testimonia, quae Lutherus ex eo libro colligit, multa colligi posse, sed quae comoda interpretatione, tum pro, tum contra liberum arbitrium possent stare,758 Tandem adducit telum illud Lutheri Achilleum et inevitabile. Iohan. 15. Sine me nihil potestis facere etc.759 Laudo et ego Rhetorem liberi arbitrii egregium, qui testimonia scripturae interpretationibus, ut visum fuerit, comodis, formare docet, ut vere pro libero arbitro stent, id est, efficiant, non quod debent, sed quod nobis placuerit. Deinde sic unum fingat sese metuere Achilleum, ut stolidus lector, eo victo, caetera nimis contempta habeat. Verum ego magniloquam et heroicam Diatriben spectabo, visurus, qua vi meum superet Achillem, quae hactenus nullum gregarium militem, ne Tersitem quidem percusserit, sed suis ipsius telis sese miserrime confece-

---

755 Ijob 34,30. 756 Erasmus III b 7; ErAS 4,132/134. 757 Num 23,5-8. 758 Erasmus III b 7; ErAS 4,134. 759 Joh 15,5; Erasmus III b 8; ErAS 4,134.

nicht vermeiden und ändern kann, sondern wodurch man notwendig ein solches Wollen hat, wie Gott gegeben hat und wie er es hinreißt durch seine Bewegung, wie ich oben gesagt habe. Weiter: Weil Salomon vom Herzen des Königs spricht, glaubt die ‚Diatribe', dass es nicht richtig sei, diese Stelle zu verallgemeinern, sondern sie wolle nur das, was anderswo Hiob sagt: „Er lässt den Heuchler herrschen wegen der Sünden des Volkes." Schließlich gibt sie zu, der König werde von Gott zum Bösen gelenkt, aber [nur] so, dass er zulässt, dass der König von seinen Affekten getrieben wird, das Volk zu züchtigen. Ich antworte: Meinetwegen: Gott lässt es zu; meinetwegen: Er lenkt ihn – das Zulassen oder Lenken selbst geschieht nicht, wenn nicht Gott es will und wirkt. Denn der Wille des Königs kann dem Handeln des allmächtigen Gottes nicht entkommen, weil der Wille aller hingerissen wird, zu wollen und zu tun, sei es Gutes, sei es Böses. Dass wir aber einen allgemeinen Satz aus dem einzelnen Willen des Königs gemacht haben – ich glaube, das haben wir weder töricht noch ungelehrt getan. Wenn nämlich das Herz des Königs, das am meisten frei zu sein und über andere zu herrschen scheint, dennoch nur wollen kann, wohin Gott es selbst lenkt – um wie viel weniger kann irgendein anderer Mensch das? Und diese Konsequenz würde sich nicht allein aus dem Willen des Königs, sondern auch aus dem Willen jedes beliebigen Menschen ergeben. Wenn nämlich ein einziger Mensch, wie privat [ohne Amt] auch immer, vor Gott nur wollen kann, wohin Gott lenkt, wird dasselbe von allen Menschen gesagt werden. Dass Bileam nicht reden konnte, was er wollte, ist so ein einleuchtendes Argument in den Schriften, dass der Mensch nicht eigenen Rechtes oder ein freier Erwähler oder Täter seines Werkes ist. Sonst würde kein Beispiel in den Schriften Bestand haben.

Nachdem sie gesagt hatte, Zeugnisse, die Luther aus diesem Buch sammelt, könnten viele gesammelt werden, aber durch zweckmäßige Auslegung bald für, bald gegen das freie Willensvermögen stehen, führt sie endlich jenes unausweichliche Achill-Geschoss Luthers an: Joh 15 „Ohne mich könnt ihr nichts tun" usw. Auch ich lobe den vortrefflichen Rhetor des freien Willensvermögens, der die Zeugnisse der Schrift mit, wie es ihm gefällt, zweckmäßigen Auslegungen zu gestalten lehrt, so dass sie wahrhaft für das freie Willensvermögen stehen. Das heißt: Sie bewirken nicht, was sie sollen, sondern was uns gefällt. Weiter tut sie so, als ob sie diesen einen Achill fürchte, damit der einfältige Leser nach dessen Niederlage Weiteres für überaus verächtlich hält. Ich aber werde die großsprecherische und heldenhafte ‚Diatribe' betrachten, weil ich doch sehen will, mit welcher Kraft sie meinen Achill besiegen will, die bisher keinen gemeinen Soldaten, nicht einmal Tersites geschlagen, sondern sich selbst durch ihre eigenen Geschosse ganz

rit.⁷⁶⁰ Igitur apprehensa vocula hac, Nihil, multis verbis multisque exemplis eam iugulat, et comoda interpretatione huc trahit, ut nihil, idem possit esse, quod modicum et imperfectum, scilicet, aliis verbis id disserens, quod Sophistae hactenus hoc loco sic | docuerunt, Sine me nihil potestis facere, scilicet perfecte. Hanc glosam iamdudum exoletam et corrosam, reddit nobis vi Rhetoricae novam, et sic instat, quasi prima eam afferat, nec antea sit unquam audita, vice miraculi nobis eam exhibitura, Interim vero prorsus secura et nihil cogitans de ipso textu, de sequentibus et praecedentibus, unde petenda est intelligentia. Taceo illud, quod tot verbis et exemplis probat vocabulum hoc, Nihil, posse hoc loco accipi pro modico et imperfecto, quasi nos de posse disputemus, cum hoc probandum fuerit, an debeat sic accipi. Ut tota ista magnifica interpretatio nihil efficiat, si quid efficit, quam quod incertus fiat locus iste Iohannis et ambiguus. Nec hoc mirum, cum hoc unice agat Diatribe, ut scripturae Dei sint ubique ambiguae, ne illis cogatur uti, authoritates vero veterum certae, ut illis liceat abuti, mira sane religione, ut verba Dei sint inutilia, hominum verba sint utilia. |

Sed hoc pulcherrimum est videre quam bene sibiipsi constet, Nihil pro modico accipi potest, Et in eo sensu (inquit) verissimum est, nos sine Christo nihil posse facere, loquitur enim de fructu Evangelico, qui non contingit nisi manentibus in vite, qui est Christus etc.⁷⁶¹ Hic ipsamet confitetur fructum non contingere, nisi manentibus in vite, et hoc facit in ea ipsa comoda interpretatione, qua probat, nihil, id esse quod modicum et imperfectum. Sed forte et adverbium Non, oportet etiam comode interpretari, ut significet fructum Evangelicum extra Christum, aliquo modo seu modicum et imperfectum contingere, ut praedicemus impios sine Christo, qui regnante Satana in ipsis et contra Christum pugnante, posse aliquid fructuum vitae praestare, hoc est ut hostes Christi pro Christo faciant, Sed mittamus ista. Hic ego doceri velim modum, quo Haereticis queat resisti, qui ubique in scripturis hac lege usuri, Nihil et Non, pro imperfecto accipere contendant, ut sine ipso

---

⁷⁶⁰ Missgestalteter Krieger, der sich durch seine Lästerreden Ärger einhandelt; Homer: Ilias 2,212-219. ⁷⁶¹ Joh 15,4; Erasmus III b 8; ErAS 4,134.

elend zugerichtet hat. Nun ergreift sie also dieses Wörtchen ‚nichts' und vernichtet es mit vielen Worten und vielen Beispielen, und mit einer zweckmäßigen Auslegung zieht sie es dahin, ‚nichts' könne dasselbe sein wie ‚wenig' und ‚unvollkommen'. Das tut sie, indem sie mit anderen Worten das vorträgt, was die Sophisten bisher an dieser Stelle so gelehrt haben: „Ohne mich könnt ihr nichts tun", nämlich vollkommen. Diese Glosse, schon längst veraltet und zernagt, bringt sie uns mit der Kraft der Rhetorik als neue an und beharrt darauf, als brächte sie diese als Erste bei und als sei sie vorher niemals gehört worden, und sie will sie uns wie ein Wunder vorführen. Inzwischen aber ist sie ganz sicher und denkt überhaupt nicht über den Text selbst nach, das, was ihm folgt und vorhergeht, woraus das Verständnis zu entnehmen ist. Ich schweige davon, dass sie mit so vielen Worten und Beispielen beweist, dieses Wörtchen ‚nichts' könne an dieser Stelle im Sinne von ‚wenig' und ‚unvollkommen' verstanden werden. Als ob wir über das Können disputierten, wo doch dies zu beweisen war, ob es so verstanden werden muss. So dass diese ganze großartige Auslegung nichts bewirkt – wenn sie überhaupt etwas bewirkt –, als dass diese Stelle bei Johannes ungewiss wird und zweideutig. Und das ist kein Wunder, weil die ‚Diatribe' einzig darauf aus ist, dass die Schriften Gottes überall zweideutig sind (damit sie nicht gezwungen wird, sie zu gebrauchen), die Autoritäten der Alten aber gewiss, so dass es erlaubt ist, sie zu missbrauchen, mit einer freilich wundersamen Frömmigkeit, dass die Worte Gottes unnütz sind, die Worte der Menschen nützlich.

Aber das ist sehr schön zu sehen, wie gut sie mit sich selbst übereinstimmt. ‚Nichts' kann als ‚wenig' verstanden werden. Und in diesem Sinne (sagt sie) ist es ganz wahr, dass wir ohne Christus nichts tun können. Denn er spricht von der Frucht des Evangeliums, die nur denen zufällt, die am Weinstock bleiben, der Christus ist usw. Hier gesteht sie selbst zu, die Frucht falle nur denen, die am Weinstock bleiben, zu. Und das macht sie in eben dieser zweckmäßigen Auslegung, mit der sie beweist, ‚nichts' sei das, was wenig und unvollkommen ist. Aber vielleicht muss auch das Adverb ‚nicht' zweckmäßig ausgelegt werden, so dass es bedeutet, dass die evangelische Frucht außerhalb von Christus auf irgendeine Weise wenig oder unvollkommen zuteil wird, so dass wir zu predigen hätten, dass die Gottlosen ohne Christus, in denen Satan herrscht und gegen Christus kämpft, etwas von den Früchten des Lebens vorweisen können. Das heißt, dass die Feinde Christi für Christus handeln. Aber lassen wir das! Hier möchte ich nur belehrt werden, womit man den Häretikern widerstehen kann, die überall in den Schriften dieses Gesetz gebrauchen wollen und dafür streiten, ‚nichts' und ‚nicht' im Sinne von ‚unvollkommen' zu verstehen wie: „Ohne ihn ist nichts

factum est nihil, id est, modicum. Dixit insipiens in corde suo non est Deus, id est, imperfectus est Deus. Ipse fecit nos et non ipsi nos,[762] id est, modicum fecimus nos. Et quis numeret e scripturis locos, ubi Nihil et non ponuntur? An hic dicemus, Comoda interpretatio spectanda est? At nulli Haeretico sua non comoda est. Scilicet, hoc est nodos solvere, tantae licentiae fenestram aperire[763] corruptis mentibus et fallacibus spiritibus?[764] Tibi credo, qui sacrae scripturae certitudinem susque deque facis, comoda fuerit ea licentia interpretandi, sed nobis qui conscientias stabilire laboramus, nihil incomodius, nihil nocentius, nihil pestilentius hac comoditate contingere potest. Audi itaque magna victrix Achillis Lutherani, nisi tu probaveris, Nihil, hoc loco non solum posse, sed etiam debere pro modico accipi, nihil effeceris tanta copia verborum et exemplorum, nisi quod aridis stipulis adversus flammas pugnaveris. Quid nobis cum tuo posse, a quo exigitur, ut probes, debere? Quod nisi effeceris, manemus in naturali et grammatica significatione vocabuli, ridentes tam exercitus quam triumphos tuos. |

Ubi nunc manet opinio probabilis, quae statuit liberum arbitrium nihil boni velle posse?[765] Sed forte venit tandem hic interpretatio comoda, ut nihil boni, significet aliquid boni, inaudita plane et grammatica et dialectica, ut nihil sit id, quod aliquid, quod apud dialecticos impossibile fuerit, cum sint contradictoria. Ubi manet et illud, quod Satanam credimus principem esse mundi, regnantem, teste Christo et Paulo, in voluntatibus et mentibus hominum sibi captivis et servientibus? Ille scilicet leo rugiens,[766] hostis implaca-|bilis et irrequietus gratiae Dei et salutis humanae, sinet fieri, ut homo servus et pars regni sui conetur ad bonum ullo motu aut momento, quo suam tyrannidem evadat, ac non potius incitet et urgeat, ut totis viribus contrarium gratiae et velit et faciat? cui iusti et spiritu Dei agentes vix resistunt et bonum volunt ac faciunt, ita in eos saevit. Tu qui fingis[767] voluntatem humanam esse rem in medio libero positam ac sibi relictam, facile simul fingis, esse conatum voluntatis in utram partem quia tam Deum, quam diabolum fingis longe abesse, veluti solum spectatores mutabilis illius et liberae

---

[762] Joh 1,3; Ps 14/Vg 13,1; Ps 100/Vg 99,3.   [763] Terenz: Heautontimorumenos 3,1,71 f.
[764] Erasmus I a 10; ErAS 4,18; s. o. 240,29 f.   [765] S. o. 358,18–21.   [766] Joh 12,31; 14,30; 2Kor 4,4; Eph 2,2 f.; 1Petr 5,8.   [767] S. o. 362,22–364,10.

gemacht", das heißt: wenig. „Es spricht der Tor in seinem Herzen: Es gibt keinen Gott", das heißt: Gott ist unvollkommen. „Er selbst hat uns gemacht und nicht wir selbst", das heißt: Ein wenig haben wir uns gemacht. Wer könnte die Stellen aus den Schriften aufzählen, wo ‚nichts' und ‚nicht' gesetzt werden? Sagen wir hier etwa: Eine zweckmäßige Auslegung ist zu berücksichtigen? Aber keinem Häretiker ist seine nicht zweckmäßig. Nun – heißt das Knoten lösen, verdorbenen Gesinnungen und trügerischen Geistern das Fenster so großer Willkür zu öffnen? Dir, glaube ich, dem die Gewissheit der Heiligen Schrift gleichgültig ist, wäre diese Willkür des Auslegens angenehm. Aber uns, die wir uns bemühen, die Gewissen zu festigen, kann nichts Unangemesseneres, nichts Schädlicheres, nichts Giftigeres als diese Zweckmäßigkeit zustoßen. Höre daher, große Besiegerin des Lutherischen Achill: Wenn du nicht beweist, dass ‚nichts' an dieser Stelle im Sinne von ‚wenig' nicht nur verstanden werden kann, sondern auch verstanden werden muss, hast du mit einer so großen Menge an Worten und Beispielen nur erreicht, mit trockenen Strohhalmen gegen Flammen gekämpft zu haben. Was geht uns dein ‚können' an, wo von dir gefordert wird, dass du das ‚müssen' beweist? Wenn du das nicht erreichst, bleiben wir bei der natürlichen, grammatischen Bedeutung des Wörtleins und verlachen sowohl deine Heere als auch deine Triumphe.

Wo bleibt jetzt die annehmbare Meinung, die festgesetzt hat, das freie Willensvermögen könne nichts Gutes wollen? Aber vielleicht kommt hier schließlich die zweckmäßige Auslegung, ‚nichts Gutes' bezeichne ‚etwas Gutes' – nach einer völlig unerhörten Grammatik und Dialektik, dass ‚nichts' dasselbe sei wie ‚etwas'. Das ist bei den Dialektikern unmöglich gewesen, weil es Widersprüche sind. Wo bleibt auch dies, dass wir glauben, Satan sei der Fürst der Welt, der nach dem Zeugnis des Christus und des Paulus in den Willen und Geistern der Menschen herrscht, die er sich geraubt hat und die ihm dienen? Wird freilich der brüllende Löwe, der unversöhnliche und rastlose Feind der Gnade Gottes und des menschlichen Heils, es geschehen lassen, dass der Mensch, Knecht und Teil seines Reiches, durch irgendeine Bewegung oder Kraft zum Guten strebt, wodurch er seiner Tyrannei entkommen würde? Wird er nicht vielmehr anstacheln und drängen, dass er aus allen Kräften das Gegenteil der Gnade will und tut? Ihm widerstehen die Gerechten und durch den Geist Gottes Handelnden kaum und wollen und tun das Gute. So wütet er gegen sie. Du bildest dir ein, der menschliche Wille sei eine Sache, die in der freien Mitte liegt und sich selbst überlassen ist. Zugleich bildest du dir leichthin ein, es gebe ein Bestreben des Willens nach beiden Seiten, weil du dir einbildest, Gott wie der Teufel seien weit entfernt. Als ob sie nur Zuschauer jenes wan-

voluntatis, impulsores vero et agitatores illius servae voluntatis, mutuo bellacissimos, non credis, Quo solo credito, satis fortiter stat nostra sententia, et prostratum iacet liberum arbitrium, ut et supra docuimus. Aut enim regnum Satanae in hominibus nihil erit, et sic Christus mentietur, Aut si regnum eius tale est, quale Christus describit, liberum arbitrium nihil nisi iumentum captivum⁷⁶⁸ Satanae erit, non liberandum, nisi prius digito Dei eiiciatur diabolus.⁷⁶⁹ Hinc credo satis intelligis mea Diatribe, quid sit et quantum valeat, quod author tuus pervicatiam Lutheranae assertionis detestatus,⁷⁷⁰ solet dicere, Scilicet, Lutherum valde urgere caussam scripturis, sed quae uno verbulo dissolvi possunt.⁷⁷¹ Quis enim hoc nescit, uno verbulo posse omnes scripturas | solvi? Pulchre hoc sciebamus, etiam antequam Erasmi nomen audiremus. Sed hoc quaeritur, an hoc satis sit, verbulo solvi scripturam. An recte solvatur, et an sic debeat solvi, hoc disputatur. Huc spectet, et videbit, quam facile sit scripturas solvere, et quam detestanda sit pervicatia Lutheri. Videbit autem non solum verbula nihil efficere, sed nec omnes portas inferorum.⁷⁷²

Nos igitur, quod Diatribe pro sua affirmativa non potest, quamvis non debeamus negativam probare, faciamus tamen, et extorqueamus vi argumentorum, Nihil, hoc loco non solum posse, sed debere accipi, non pro modico, sed pro eo, quod vocabulum natura significat, faciemus autem hoc ultra illud invictum argumentum, quo iam vicimus, scilicet, esse vocabula naturali significationis usu servanda, nisi contrarium fuerit demonstratum,⁷⁷³ quod Diatribe neque fecit, neque potest facere. Extorqueamus autem id primum ipsa rei natura, videlicet, quod scripturis neque ambiguis neque obscuris evictum sit, Satanam esse principem longe potentissimum et callidissimum mundi (uti diximus) quo regnante, voluntas humana iam non libera nec sui iuris, sed serva peccati et Satanae, non potest velle nisi quod princeps ille suus voluerit. Nihil vero boni ille sinet eam velle, quamvis etiam si Satanas ei non imperaret, ipsum peccatum, cuius servus est homo, satis oneraret, ne bonum

---

⁷⁶⁸ S. o. 290,23–28.   ⁷⁶⁹ Lk 11,20.   ⁷⁷⁰ Erasmus I a 4; ErAS 4,6.   ⁷⁷¹ Eine ausdrückliche Entsprechung dieses Gedankens bei Erasmus kann nicht nachgewiesen werden.   ⁷⁷² Mt 16,18.   ⁷⁷³ S. o. 442,6–11.

delbaren und freien Willens wären; dass sie aber Antreiber und Aufpeitscher jenes unfreien Willens sind, die sich gegenseitig aufs Heftigste bekämpfen, glaubst du nicht. Wenn man dies allein glaubt, steht unsere Meinung fest genug, und hingestreckt liegt das freie Willensvermögen, wie wir oben schon gelehrt haben. Denn: Entweder die Herrschaft Satans in den Menschen wird nichts sein, so wird Christus lügen. Oder wenn seine Herrschaft so beschaffen ist, wie es Christus beschreibt, wird das freie Willensvermögen nichts als ein gefangenes Zugtier Satans sein; unmöglich, es zu befreien, wenn nicht zuvor durch den Finger Gottes der Teufel vertrieben wird. Ich glaube, meine [liebe] ‚Diatribe', von hier aus siehst du nun genug ein, was es bedeutet und wie schwer es wiegt, dass dein Autor die Hartnäckigkeit der Lutherischen Wahrheitsbezeugung ablehnt und zu sagen pflegt, Luther betreibe die Sache mit den Schriften sehr eifrig, was aber mit einem einzigen kleinen Wort widerlegt werden könnte. Wer weiß denn nicht, dass die gesamte Schrift mit einem einzigen kleinen Wort widerlegt werden kann? Wir wussten das ganz gut, auch schon bevor wir den Namen des Erasmus hörten. Das jedoch wird [hier] untersucht, ob das hinreichend ist, dass die Schrift durch ein kleines Wort widerlegt wird. Ob sie mit Recht widerlegt wird und ob sie so widerlegt werden darf – das wird hier disputiert. Darauf soll sie [die ‚Diatribe'] schauen, und sie wird sehen, wie leicht es ist, die Schrift zu widerlegen und wie die Hartnäckigkeit Luthers abzulehnen ist. Sie wird aber sehen, dass nicht nur kleine Worte nichts ausrichten, sondern auch nicht alle Pforten der Hölle.

Die ‚Diatribe' kann ihre bejahende Aussage nicht beweisen; wir brauchen unsere verneinende eigentlich nicht zu beweisen. Dennoch wollen wir genau das tun und ihr [ihre bejahende Aussage] mit der Kraft der Argumente entwinden: ‚Nichts' kann, ja muss an dieser Stelle verstanden werden nicht als ‚wenig', sondern als das, was das Wort seiner Natur nach bedeutet. Das werden wir aber über jenes unbesiegte Argument hinaus tun, mit dem wir schon gesiegt haben, dass nämlich Vokabeln in ihrer natürlichen Gebrauchsbedeutung festzuhalten sind, es sei denn, das Gegenteil wäre bewiesen. Eben das aber hat die ‚Diatribe' weder getan noch kann sie das tun. Wir wollen ihr aber das der Natur der Sache selbst nach erstlich folgendermaßen entwinden: In den weder zweideutigen noch dunklen Schriften ist erwiesen, Satan sei der bei weitem mächtigste und schlaueste Fürst der Welt, wie wir gesagt haben; wenn er herrscht, ist der menschliche Wille nicht mehr frei und nicht sein eigener Herr, sondern ein Knecht der Sünde und Satans, und er kann nur wollen, was dieser sein Fürst will. Eben der lässt ihn aber nichts Gutes wollen. Es brauchte noch nicht einmal den Befehl Satans; die Sünde selbst, deren Knecht der Mensch ist, belastete ihn schon

velle posset. Deinde ipsa sermonis consequentia idem extorquet, quam Diatribe fortiter contemnit, licet eam satis copiose in Assertionibus meis annotassem.⁷⁷⁴ Sic enim prosequitur Christus Iohan. 15. Qui in me non manserit, mittetur | foras sicut palmes et arescit et colligunt eum et in ignem mittunt et ardet.⁷⁷⁵ Haec inquam, Diatribe Rhetoricissime transivit, speravitque transitum hunc esse tam rudibus Lutheranis incomprehensibilem. Vides autem hic Christum ipsum interpretem similitudinis suae de palmite et vite, satis aperte declarare, quid velit intelligi per vocabulum Nihil, scilicet, quod homo extra Christum foras mittitur et arescit. Quid vero foras mitti et arescere potest aliud significare, quam sub diabolum tradi et continenter peiorem fieri? Peiorem autem fieri non est aliquid posse vel conari. Arescens palmes magis ac magis ad ignem paratur, quo magis arescit. Nisi ipse Christus hanc similitudinem sic dilatasset et applicasset, nemo fuisset ausus ita dilatare et applicare. Stat igitur, Nihil, hoc loco, proprie debere accipi, ut natura fert vocabuli.

Iam et exempla videamus quibus probat, Nihil, alicubi pro modico accipi, ut et in hac parte demonstremus Diatriben esse et efficere nihil, in qua si etiam aliquid faceret, tamen nihil efficeret, adeo Diatribe per omnia et omnibus modis nihil est. Vulgo (inquit) nihil agere dicitur, qui non assequitur id quod expetit, et tamen frequenter aliquo usque promovet, qui conatur.⁷⁷⁶ Respondeo, Nunquam audivi vulgo sic dici, tu ita fingis pro libertate tua. Verba spectanda sunt (ut vocant) secundum materiam subiectam et ad intentionem loquentis. Iam nemo illud vocat nihil, quod conatur agens, nec de conatu loquitur, qui de nihilo loqui-|tur, sed de effectu, hunc enim spectat, qui dicit, Ille nihil agit vel nihil efficit, id est, non attigit, non est assecutus. Deinde ut exemplum valeat, quod tamen non valet, magis pro nobis facit. Hoc enim est quod contendimus et evictum volumus, quod liberum arbitrium multa agat, quae tamen sunt nihil coram Deo.⁷⁷⁷ Quid profuerit illi conari, si non assequitur quod expetit? ut quoquo se vertat Diatribe, inpingat et seip-

---

⁷⁷⁴ Luther: Assertio omnium articulorum ... art. 36; s. o. 194,10–196,14.   ⁷⁷⁵ Joh 15,6.
⁷⁷⁶ Erasmus III b 8; ErAS 4,134.   ⁷⁷⁷ S. o. 296,16–21; s. u. 566,24 f.; 644,1–3.

genug, dass er das Gute nicht wollen kann. Dann windet die Redefolge eben das heraus, was die ‚Diatribe' tapfer verachtet, obwohl ich es reichlich genug in meinen ‚Assertio(nes)' angemerkt hatte. So nämlich fährt Christus in Joh 15 fort: „Wer nicht in mir bleibt, wird hinausgeworfen werden wie eine Rebe und vertrocknen, und man sammelt sie und wirft sie ins Feuer, und sie verbrennt." Das, sage ich, hat die ‚Diatribe' unter Aufwand aller Rhetorik übergangen und gehofft, dass die so ungebildeten Lutheraner dieses Übergehen nicht bemerken. Du siehst aber, dass Christus selbst hier als Ausleger seines Gleichnisses von Weinstock und Rebe offen genug erklärt, was er unter der Vokabel ‚nichts' verstanden haben will, nämlich: Der Mensch außerhalb Christi wird hinausgeworfen und vertrocknet. Was aber kann ‚hinausgeworfen werden' und ‚vertrocknen' anderes bezeichnen, als dass er in die Herrschaft des Teufel übergeben und beständig schlechter wird? ‚Schlechter werden' bedeutet aber nicht ‚irgendetwas können' oder ‚erstreben'. Eine vertrocknende Rebe wird mehr und mehr zum Feuer bereitet, je trockener sie wird. Wenn nicht Christus selbst dieses Gleichnis so entfaltet und angewendet hätte, hätte niemand gewagt, es so zu entfalten und anzuwenden. Es steht also fest: ‚Nichts' muss an dieser Stelle im eigentlichen Sinne verstanden werden, wie die Natur der Vokabel es mit sich bringt.

Nun wollen wir auch die Beispiele ansehen, mit denen sie [sc. die ‚Diatribe'] den Beweis antritt, ‚nichts' könne irgendwo als ‚wenig' verstanden werden. So wollen wir auch in dieser Hinsicht zeigen, dass die ‚Diatribe' nichts ist und ausrichtet, und wenn sie auch irgendetwas darin unternähme, dennoch nichts ausrichtete. So sehr ist die ‚Diatribe' bei allem und in jeder Hinsicht nichts. Gewöhnlich, so sagt sie, soll Nichts-Ausrichten heißen, dass einer nicht das erreicht, was er erstrebt. Und doch macht der häufig irgendwohin Fortschritte, der sich bemüht. Ich antworte: Niemals habe ich gehört, dass gewöhnlich so gesprochen wird; das erfindest du gerade so, wie es dir beliebt. Worte müssen gemäß der zu Grunde liegenden Sache – wie sie sagen – und auf die Absicht des Sprechenden hin betrachtet werden. Nun nennt niemand das ‚nichts', wonach einer in seinem Handeln strebt, und man spricht nicht von einem Streben, wenn man von ‚nichts' spricht. Es geht um den Erfolg, denn den hat man im Blick, wenn man sagt: ‚Jener richtet nichts aus' oder ‚bewirkt nichts', das heißt, er hat es nicht erreicht, nicht erlangt. Ferner, würde das Beispiel taugen, das doch nicht taugt, dient es eher uns. Das ist es nämlich, worum wir uns bemühen und was wir unumstößlich dartun wollen: Das freie Willensvermögen tut vieles, was dennoch vor Gott keine Bedeutung hat. Was nützte es ihm, sich zu bemühen, wenn es nicht erreicht, was es erstrebt? Daher, mag sich die ‚Diatribe' wenden, wohin auch immer, sie läuft auf und widerlegt sich

sam confutet, ut solet accidere malam agentibus caussam. Sic et illud exemplum e Paulo infoeliciter adducit, Neque qui plantat, neque qui rigat est aliquid, Sed qui incrementum dat Deus.⁷⁷⁸ Quod minimi (inquit) momenti est et per se inutile, nihil appellat.⁷⁷⁹ Quis? Tu Diatribe ministerium verbi per sese inutile et minimi momenti esse dictitas, quod tantis laudibus Paulus, cum ubique, tum maxime. 2. Corin. 3. vehit, ubi ministrationem vitae et gloriae appellat?⁷⁸⁰ Iterum neque materiam subiectam, neque intentionem loquentis consideras. Ad incrementum dandum, plantator et rigator nihil est, sed ad plantandum et rigandum non nihil est, cum sit opus summum spiritus in Ecclesia Dei, docere et exhortari. Hoc vult Paulus, hoc et verba satis aperte tradunt. Sed esto et hoc exemplum ineptum valeat, iterum pro nobis idem stabit. Nam hoc agimus, quod liberum arbitrium sit nihil, id est, inutile per sese, ut tu exponis, coram Deo, nam de hoc genere essendi loquimur, non ignari, quod voluntas impia sit aliquid et non merum nihil. |

Item illud. 1. Corint. 13. Si charitatem non habeam, nihil sum.⁷⁸¹ Cur hoc adducat exemplum,⁷⁸² non video, nisi numerum et copiam quaesierit, aut arma nobis deesse putarit, quibus a nobis ipsa confodiatur. Vere enim et proprie nihil est coram Deo, qui sine charitate est, Sic et de libero arbitrio docemus, quare et hoc exemplum pro nobis contra ipsam Diatriben stat, Nisi forte adhuc Diatribe ignorat, quo loco pugnemus. Non enim de esse naturae loquimur, sed de esse gratiae (ut vocant)⁷⁸³ Scimus liberum arbitrium natura aliquid facere, ut comedere, bibere, gignere, regere, ne nos delirio illo, velut argutulo, rideat, quod nec peccare quidem liceret sine Christo, si vocem illam, nihil, urgeamus, cum tamen Lutherus donarit liberum arbitrium valere nihil, nisi ad peccandum,⁷⁸⁴ adeo libuit sapienti Diatribe ineptire etiam in re seria. Dicimus enim, hominem extra gratiam Dei manere nihilominus sub generali omnipotentia Dei facientis, moven-|tis, rapientis omnia, necessario et infallibili cursu, Sed hoc, quod sic raptus homo facit, esse nihil, id est, nihil valere coram Deo, nec aliud reputari quam peccatum.⁷⁸⁵ Sic in gratia nihil est, qui sine charitate est. Cur igitur Diatribe, cum ipsamet fateatur nos hoc loco agere de fructu Evangelico,

---

⁷⁷⁸ 1Kor 3,7.   ⁷⁷⁹ Erasmus III b 8; ErAS 4,134.   ⁷⁸⁰ 2Kor 3,7-9.   ⁷⁸¹ 1Kor 13,2.
⁷⁸² Erasmus III b 8; ErAS 4,134/136.   ⁷⁸³ Vgl. Thomas von Aquin: Summa theologica 1 qu. 61 f.   ⁷⁸⁴ Erasmus III b 8; ErAS 4,136.   ⁷⁸⁵ S. o. 470,4-472,14.

selbst. So pflegt es denen zu geschehen, die eine üble Sache behandeln. So führt sie auch jenes Beispiel aus Paulus fruchtlos an: „Weder, der pflanzt, noch der, der bewässert, ist etwas, sondern Gott, der das Wachstum gibt." Was – so sagt sie – von geringster Bedeutung ist und in sich
5 unnütz, nennt er ‚nichts'. Wer? Du, ‚Diatribe', behauptest, das Predigtamt sei in sich unnütz und von geringster Bedeutung, das Paulus [doch] mit so großen, lobenden Worten anführt, überall, aber besonders 2Kor 3, wo er es einen Dienst des Lebens und der Herrlichkeit nennt? Wieder beachtest du weder die zu Grunde liegende Sache noch die Absicht des
10 Sprechenden. In Hinsicht auf die Gabe des Wachstums ist der Pflanzer und Bewässerer nichts, aber in Hinsicht auf Pflanzen und Bewässern ist er nicht nichts, denn das höchste Werk des Geistes in der Kirche Gottes ist zu lehren und zu mahnen. Das will Paulus, und dies lehren seine Worte auch offen genug. Aber gesetzt, auch dies – unpassende – Beispiel
15 tauge etwas, eben dies wird wiederum auf unserer Seite zu stehen kommen. Denn darauf sind wir aus, dass das freie Willensvermögen nichts ist, das heißt: in sich, wie du ausführst, unnütz vor Gott. Denn von dieser Art Sein sprechen wir, wohl wissend, dass der gottlose Wille irgendetwas ist und nicht überhaupt nichts.
20 Ebenso verhält es sich mit jenem Wort 1Kor 13: „Wenn ich die Liebe nicht habe, bin ich nichts." Warum die ‚Diatribe' dieses Beispiel anführt, sehe ich nicht, es sei denn, sie suchte nach einer großen Anzahl und Menge oder glaubt, uns fehlten die Waffen, mit denen wir sie schlagen könnten. Denn wahrlich und eigentlich ist nichts vor Gott,
25 wer ohne Liebe ist. So lehren wir auch über das freie Willensvermögen, daher steht auch dieses Beispiel eben gegen die ‚Diatribe' auf unserer Seite. Es sei denn, die ‚Diatribe' weiß immer noch nicht, an welcher Stelle wir kämpfen. Denn wir sprechen nicht über das Sein der Natur, sondern über das Sein der Gnade, wie sie sagen. Wir wissen, dass das freie
30 Willensvermögen seiner Natur nach etwas tut, wie essen, trinken, zeugen, regieren. Es soll keiner über uns lachen, als ob wir wahnsinnig wären und so spitzfindig zu behaupten, nicht einmal Sündigen sei ohne Christus möglich, wenn wir auf jenem Wort ‚nichts' beharren; wo doch Luther zugegeben hat, das freie Willensvermögen sei zu nichts im Stan-
35 de außer zum Sündigen. So sehr hat es der klugen ‚Diatribe' gefallen, auch in einer ernsten Sache töricht zu reden. Denn wir sagen, der Mensch außerhalb der Gnade bleibe nichtsdestoweniger unter der allgemeinen Allmacht des Gottes, der alles tut, bewegt und fortreißt, in notwendigem und unfehlbarem Lauf. Aber das, was der so fortgerissene
40 Mensch tut, sei nichts, das heißt, gelte nichts vor Gott und sei für nichts anderes zu halten als Sünde. So ist der in der Gnade nichts, der ohne Liebe ist. Warum also bewegt sich die ‚Diatribe', die doch selbst bekennt,

qui sine Christo non contingit,⁷⁸⁶ hic mox extra statum caussae divertit, et alienam cantionem orsa, de opere naturali et fructu humano cavillatur? nisi quod nusquam sibi constat, qui veritate privatus est. Sic illud Ioh. 3. Non potest homo quicquam accipere, nisi fuerit ei datum e coelo.⁷⁸⁷ Iohannes loquitur de homine, qui utique aliquid iam erat, et hunc negat accipere quicquam, scilicet, spiritum cum donis, de hoc enim loquebatur, non de natura. Nec enim opus illi fuit magistra Diatribe quae illum doceret, hominem habere iam oculos, nares, aures, os, manus, mentem, voluntatem, rationem et omnia quae sunt in homine, Nisi Diatribe credit, Baptistam tam furiosum fuisse, ut cum hominem nominarit, cahos Platonis aut vacuum Leucippi aut infinitum Aristotelis aut aliud quoddam nihil cogitarit, quod dono e coelo aliquid demum fieret, Scilicet hoc est exempla e scripturis proferre, sic in re tanta de industria ludere. Quorsum igitur illa copia attinet, quod ignem, fugam mali, nisum ad bona et reliqua e coelo esse nos docet, quasi haec ullus ignoret aut neget?⁷⁸⁸ Nos de gratia, et ut ipsa dixit, de Christo et fructu Evangelico loquimur, ipsa vero de natura interim fabulata tempus redimit et caussam trahit, rudique I lectori nubem offundit. Sed interim, non solum non profert ullum exemplum, ubi, nihil, pro modico accipiatur, sicut instituit, I verum etiam aperte prodit sese nihil intelligere aut curare, quid sit Christus aut gratia, aut quomodo aliud sit gratia quam natura, quod tamen etiam rudissimi Sophistae noverunt et usu vulgatissimo hoc discrimen in suis scholis detriverunt, Simulque nihil videt, quod sua exempla, omnia pro nobis contra ipsam faciant. Hoc enim facit verbum Baptistae, quod homo nihil potest accipere, nisi donatum fuerit e coelo, ut liberum arbitrium nihil sit. Sic vincitur meus Achilles,⁷⁸⁹ cum ei per Diatriben arma porriguntur, quo ipsa nuda et imbellis conficitur. Sic uno verbulo scripturae solvuntur, quibus urget Lutherus pervicax ille assertor.

Post haec multas enumerat similitudines, quibus nihil facit, nisi ut more suo ad aliena rapiat stultum lectorem, caussae interim prorsus

---

⁷⁸⁶ S. o. 558,19–21.   ⁷⁸⁷ Joh 3,27; Erasmus III c 1; ErAS 4,136.   ⁷⁸⁸ Erasmus III c 1; ErAS 4,136.   ⁷⁸⁹ S. o. 556,24–26.

dass wir an dieser Stelle von der Frucht des Evangeliums handeln, die ohne Christus nicht zuteil wird, weg vom Stand der Diskussion? Warum bringt sie eine fremde Tonart herein und spricht spöttisch über das natürliche Werk und menschliche Frucht? Es bleibt sich eben selbst nirgends treu, wer der Wahrheit beraubt ist. So verhält es sich auch mit jener Stelle Joh 3: „Der Mensch kann nichts empfangen, es wäre ihm denn vom Himmel herab gegeben." Johannes spricht über den Menschen, der ja schon etwas war, und leugnet, der könne etwas empfangen, nämlich den Geist mit seinen Gaben. Darüber nämlich redet er, nicht über die Natur. Dazu hätte er nicht der ‚Diatribe' als Lehrmeisterin bedurft, dass sie ihn lehrte, der Mensch habe schon Augen, Nase, Ohren, Mund, Hände, Verstand, Willen, Vernunft und alles, was im Menschen ist. Die ‚Diatribe' glaubt doch nicht etwa, der Täufer sei so verrückt gewesen, dass er, wenn er ‚Mensch' sagt, an das Chaos des Plato, die Leere des Leukipp oder das Unendliche des Aristoteles oder irgendein anderes Nichts gedacht habe, das erst durch eine Gabe aus dem Himmel etwas würde. Das heißt nämlich Beispiele aus der Schrift hervorzerren, so in einer so bedeutenden Sache absichtlich spielen. Wozu also dient diese Menge? Doch nur dazu, uns zu lehren, Feuer, Flucht vor dem Bösen, Streben nach dem Guten und so weiter käme vom Himmel. Als ob das irgendjemand nicht wüsste oder verneinte! Wir sprechen über die Gnade und, wie sie [sc. die ‚Diatribe'] selbst gesagt hat, über Christus und die Frucht des Evangeliums. Sie aber schwatzt unterdessen über die Natur, gewinnt so Zeit und zieht die Sache in die Länge und breitet Nebel über den ungebildeten Leser. Aber derweil bringt sie nicht nur kein einziges Beispiel, wo ‚nichts' als ‚wenig' zu verstehen sei, wie sie sich vorgenommen hat. Sondern sie zeigt auch noch offen, dass sie nichts davon versteht oder sich darum sorgt, was Christus oder die Gnade ist oder wie die Gnade etwas anderes ist als die Natur. Das haben doch sogar die ungebildetsten Sophisten gewusst, und sie haben diesen Unterschied durch sehr häufigen Gebrauch in ihren Schulen abgenutzt. Zugleich sieht sie überhaupt nicht, dass ihre Beispiele alles für uns gegen sie selbst ausrichten. Das nämlich bewirkt das Wort des Täufers, der Mensch könne nichts empfangen, es wäre ihm denn vom Himmel herab gegeben: Das freie Willensvermögen ist nichts! So wird mein Achill besiegt, indem ihm durch die ‚Diatribe' Waffen gereicht werden, wodurch sie selbst, bloß und unbewaffnet, niedergestreckt wird. So werden mit einem einzigen kleinen Wort die Schriften widerlegt, mit denen Luther, der hartnäckig die Wahrheit bezeugt, keine Ruhe lässt.

Danach zählt sie viele Gleichnisse auf, mit denen sie nichts ausrichtet, außer – wie bei ihr üblich – dass sie den törichten Leser zu fremden

oblita. Ut Deus navem quidem servat, sed navita tamen ducit ad portum, quare nonnihil agit navita. Diversum opus, scilicet Deo servandi, navitae ducendi tribuit ista similitudo. Deinde si quid probat, id probat, quod Dei sit totum opus servandi, Navitae totum opus ducendi, Et tamen est pulchra et apta similitudo. Sic agricola convehit proventus, Deus autem dedit, iterum diversa opera Deo et homini, nisi agricolam simul creatorem facit, qui dederit proventus.⁷⁹⁰ Sed dentur adhuc eadem opera Deo et homini, quid efficiunt istae similitudines? nihil nisi, quod Creatura Deo operanti cooperatur. At nunquid nos de cooperatione nunc disputamus, ac non potius de propria vi et operatione liberi arbitrii? Quo igitur Rhetor ille fugit, qui dicturus de Palma, nihil dicit nisi de cucurbita?⁷⁹¹ Amphora coepit institui, cur urceus exit?⁷⁹² Scimus et nos, quod Paulus cooperatur Deo in docendis Corinthiis, dum foris praedicat ipse, et intus docet Deus, etiam in diverso opere, Similiter et Deo cooperatur, cum loquitur in spiritu Dei,⁷⁹³ idque in eodem opere. Hoc enim nos asserimus et contendimus, quod Deus cum citra gratiam spiritus operatur, omnia in omnibus, etiam in impiis, operatur, Dum omnia quae condidit solus, solus quoque movet, agit et rapit omnipotentiae suae motu, quem illa non possunt vitare nec mutare, sed necessario sequuntur et parent, quodlibet pro modo suae virtutis, sibi a Deo datae, sic omnia etiam impia illi cooperantur.⁷⁹⁴ Deinde ubi spiritu gratiae agit in illis, quos iustificavit, hoc est, in regno suo, similiter eos agit et movet, et illi, ut sunt nova creatura, sequuntur et cooperantur, vel potius, ut Paulus ait, aguntur.⁷⁹⁵ Sed iis nunc non erat locus, Non disputamus, quid operante Deo possimus, sed quid nos possimus, | videlicet, an iam creati ex nihilo, aliquid nos faciamus vel conemur illo generali motu omnipotentiae, ut paremur ad novam creaturam spiritus, Hic respondendum erat, non alio divertendum. Hic enim | nos sic respondemus, Sicut homo, antequam creatur, ut sit homo, nihil facit aut conatur, quo fiat creatura. Deinde factus et creatus nihil facit aut

---

⁷⁹⁰ Erasmus III c 1; ErAS 4,136/138. ⁷⁹¹ Diese Redensart lässt sich bisher nicht bei Erasmus und auch nicht in der antiken Literatur belegen. ⁷⁹² Horaz: De arte poetica 21 f. ⁷⁹³ 1Kor 3,9; 12,3. ⁷⁹⁴ S. o. 470,4–472,14. ⁷⁹⁵ Röm 8,14.

Dingen verleitet und die [eigentliche] Sache inzwischen ganz vergisst. Z. B. dass Gott ein Schiff zwar rettet, aber dennoch der Schiffer es zum Hafen führt; deswegen richte der Schiffer einiges aus. Ein unterschiedliches Werk billigt dieses Gleichnis zu, nämlich Gott das Werk der Rettung, dem Schiffer das der Führung. Wenn das nun irgendetwas beweist, dann doch das: Gott gebührt das ganze Werk der Rettung, dem Schiffer das ganze Werk der Führung. Und dennoch ist es ein schönes und passendes Gleichnis. So fährt ein Bauer die Ernte ein, Gott aber hat sie gegeben. Wiederum werden unterschiedliche Werke Gott und dem Menschen zugebilligt, es sei denn, man machte den Bauern zugleich zum Schöpfer, der die Ernte gegeben hat. Aber gesetzt sogar, dass Gott und dem Menschen dieselben Werke zugebilligt werden, was bewirken diese Gleichnisse? Nur dass das Geschöpf mit Gott als dem Wirkenden zusammenwirkt. Aber disputieren wir jetzt etwa über das Zusammenwirken und nicht vielmehr über die eigene Kraft und Wirkung des freien Willensvermögens? Wohin also flieht jener Redner, der in der Absicht, über die Palme zu reden, nur etwas vom Kürbis sagt? Eine [zweihenklige] Amphore fing er an zu gestalten, warum kommt ein [einhenkliger] Krug heraus? Auch wir wissen, dass Paulus mit Gott zusammenwirkt, wenn er die Korinther lehrt: Während er äußerlich predigt, lehrt Gott inwendig; es handelt sich um ein unterschiedliches Werk. Ähnlich wirkt er auch mit Gott zusammen, wenn er im Geist Gottes spricht, und das in demselben Werk. Denn das bezeugen wir als wahr und streiten dafür: Wenn Gott jenseits der Gnade des Geistes wirkt, wirkt er alles in allen, auch in den Gottlosen, indem er alles, was er allein geschaffen hat, auch allein bewegt, treibt und fortreißt durch die Bewegung seiner Allmacht; diese Bewegung kann [all] dieses weder vermeiden noch verändern, sondern es folgt und gehorcht notwendigerweise, jedes nach dem Maß seiner Tüchtigkeit, die ihm von Gott gegeben ist. So wirkt mit ihm auch alles Gottlose zusammen. Dann: Wo er mit dem Geist der Gnade in denen regiert, die er gerechtfertigt hat, das heißt: in seinem Reich, treibt und mahnt er diese in ähnlicher Weise. Und sie, wie sie eine neue Kreatur sind, folgen und wirken mit ihm zusammen, oder vielmehr, wie Paulus sagt, sie werden getrieben. Aber davon zu reden war jetzt nicht der Ort. Wir disputieren nicht, was wir unter der [Gnaden-]Wirkung Gottes vermögen, sondern was wir [ohne sie] vermögen. Nämlich: Ob wir als bereits aus dem Nichts Geschaffene irgendetwas tun oder unternehmen durch jene allgemeine Bewegung der Allmacht, so dass wir bereitet werden zu einer neuen Kreatur des Geistes. Hierauf war zu antworten, nicht woandershin auszuweichen. Und hierauf antworten wir folgendermaßen: Der Mensch vor seiner Erschaffung zum Menschen tut oder unternimmt nichts,

conatur, quo perseveret creatura, Sed utrunque fit sola voluntate omnipotentis virtutis et bonitatis Dei, nos sine nobis creantis et conservantis, sed non operatur in nobis, sine nobis, ut quos ad hoc creavit et servavit, ut in nobis operaretur, et nos ei cooperaremur, sive hoc fiat extra regnum suum generali omnipotentia, sive intra regnum suum singulari virtute spiritus sui, Sic deinceps dicimus. Homo antequam renovetur in novam creaturam regni spiritus, nihil facit, nihil conatur, quo paretur ad eam renovationem et regnum. Deinde recreatus, nihil facit, nihil conatur, quo perseveret in eo regno, Sed utrunque facit solus spiritus in nobis, nos sine nobis recreans et conservans recreatos, ut et Iacobus dicit, Voluntarie genuit nos verbo virtutis suae, ut essemus initium creaturae eius,[796] loquitur de renovata creatura. Sed non operatur sine nobis, ut quos in hoc ipsum recreavit et conservat, ut operaretur in nobis et nos ei cooperaremur, Sic per nos praedicat, miseretur pauperibus, consolatur afflictos. Verum quid hinc libero arbitrio tribuitur? imo quid ei relinquitur, nisi nihil? et vere nihil.

Lege igitur hic Diatriben per quinque vel sex cartas, ubi istiusmodi similitudinibus, tum pulcherrimis locis et parabolis ex Evangelio et Paulo adductis, aliud nihil agit, quam quod nos docet, in scripturis inveniri loca (ut ait) innumerabilia, quae cooperationem et auxilia Dei tradant.[797] Ex quibus, si tunc ego colligam, Homo nihil potest nisi auxiliante Dei gratia, igitur nulla sunt opera hominis bona, ipsa contra sic colligit, inversione Rhetorica, imo (inquit) Homo nihil non potest auxiliante Dei gratia, igitur omnia opera hominis possunt esse bona, Quot igitur sunt loca in scripturis divinis, quae meminerunt auxilii, tot sunt, quae statuunt liberum arbitrium, at ea sunt innumerabilia, Itaque vicero, si res aestimetur testimoniorum numero,[798] Haec illa. Satin sobriam Diatriben putas aut mente sana fuisse, cum haec scriberet? Nam maliciae et nequitiae eius non tribuam, nisi tedio forte perpetuo me voluerit enecare, dum ubique similis sibi, semper alia tractat quam instituit. Sed si illam delectavit ineptire in re tanta, delectet et nos ineptias eius voluntarias publice traducere. Primum nos neque disputamus

---

[796] Jak 1,18 mit Hebr 1,3.   [797] Erasmus III c 2–12; ErAS 4,138–156; III c 13; ErAS 4,153.
[798] Erasmus III c 13; ErAS 4,153.

wodurch er ein Geschöpf wird; ferner: Auch der gewordene und geschaffene Mensch tut oder unternimmt nichts, um Geschöpf zu bleiben. Sondern beides geschieht einzig durch den Willen der allmächtigen Kraft und Güte Gottes, der uns ohne uns erschafft und erhält, aber nicht in uns wirkt ohne uns, die er uns dazu geschaffen und errettet hat, dass er in uns wirke und wir mit ihm zusammenwirken. Dabei ist es gleich, ob dies außerhalb seines Reiches durch allgemeine Allmacht geschieht oder innerhalb seines Reiches durch die einzigartige Kraft seines Geistes. So sagen wir denn: Bevor der Mensch erneuert wird zu einer neuen Kreatur des Reiches des Geistes, tut er nichts, unternimmt er nichts, wodurch er sich zur Erneuerung und zum Reich bereitet. Ist er dann neu geschaffen, tut er nichts, unternimmt er nichts, wodurch er in diesem Reich bliebe. Sondern beides wirkt allein der Geist in uns, der uns ohne uns neu schafft und uns neu Geschaffene erhält, wie auch Jakobus sagt: „Nach seinem Willen hat er uns durch das Wort seiner Kraft gezeugt, dass wir der Anfang seiner Kreatur wären"; er redet von der erneuerten Kreatur. Aber er wirkt nicht ohne uns, die er eben dazu erneuert hat und erhält, dass er in uns wirke und wir mit ihm zusammenwirken. Zum Beispiel: Er predigt, erbarmt sich der Armen, tröstet die Angefochtenen – alles durch uns. Was aber davon wird dem freien Willensvermögen zugebilligt? Ja, was bleibt ihm außer nichts? Wahrhaftig: nichts.

Lies also hier die ‚Diatribe' fünf oder sechs Blätter lang, wo sie mit Vergleichen dieser Art und so wunderschönen Stellen und Gleichnissen, die sie aus dem Evangelium und Paulus anführt, nichts anderes tut, als dass sie uns lehrt, in den Schriften seien (wie sie sagt) unzählige Stellen zu finden, welche die Mitwirkung und die Hilfe Gottes überliefern. Wenn ich daraus nun den Schluss ziehe: Der Mensch kann nichts ohne die Hilfe der Gnade Gottes, also sind keine Werke des Menschen gut, dann zieht sie selbst den gegenteiligen Schluss, in rhetorischer Umkehrung, und sagt demgegenüber: „Der Mensch kann nichts ohne die Hilfe der Gnade Gottes, also können alle Werke des Menschen gut sein." Wie viele Stellen es in den göttlichen Schriften also gibt, die an die Hilfe erinnern, so viele gibt es, die das freie Willensvermögen festsetzen; diese aber sind unzählig. Daher werde ich gesiegt haben, wenn die Sache nach der Zahl der Zeugnisse beurteilt wird. Soweit sie. Glaubst du, die ‚Diatribe' ist ausreichend nüchtern oder bei gesundem Verstand gewesen, als sie dies schrieb? Denn ich will es nicht ihrer Bosheit und Schlechtigkeit zuschreiben. Es sei denn, sie wollte mich vielleicht durch ständige Ermüdung umbringen, indem sie, sich überall ähnlich, immer anderes behandelt, als sie sich vorgenommen hat. Aber wenn es sie erfreut hat, töricht in einer so großen Sache zu schwätzen, so mag es auch uns erfreuen, ihre willentlichen Albernheiten öffentlich preiszugeben.

neque ignoramus, omnia opera hominis posse esse bona, si fiant auxiliante Dei gratia. Deinde hominem nihil non posse auxiliante Dei gratia.Tuam vero non satis possumus admirari negligentiam, qui cum de liberi arbitrii | vi instituisses scribere, scribis de vi gratiae Dei. Deinde ac si omnes homines essent trunci et lapides, audes in publico dicere, liberum arbitrium statui per loca scripturae, quae auxilium gratiae Dei commendant, nec solum hoc audes, sed et encomion cantas victor, triumphatorque gloriosissimus. Nunc | vere scio, ex hoc ipso dicto et facto tuo, quid sit et valeat liberum arbitrium, scilicet, insanire. Quid esse potest quaeso in te, quod sic loquitur, nisi ipsum liberum arbitrium? Audi tamen tuas consequentias, Scriptura commendat gratiam Dei, ergo probat liberum arbitrium, Commendat auxilium gratiae Dei, ergo statuit liberum arbitrium. Qua dialectica didicisti has collectiones? Cur non contra, Gratia praedicatur, ergo liberum arbitrium tollitur, Auxilium gratiae commendatur, ergo liberum arbitrium destruitur? Ad quid enim confertur gratia? An ad hoc, ut superbia liberi arbitrii per sese satis robusti, gratia velut superfluo ornamento diebus bachanalibus gestiat et ludat? Quare et ego invertam collectionem, licet non Rhetor, firmiori tamen Rhetorica quam tu. Quotquot sunt loca in scripturis divinis, quae meminerunt auxilii, tot sunt, quae tollunt liberum arbitrium. Atque ea sunt innumerabilia. Itaque vicero, si res aestimetur testimoniorum numero, nam ideo gratia opus est, ideo auxilium gratiae confertur, quod liberum arbitrium per sese nihil possit, et ut ipsamet dixit opinione illa probabili,[799] non possit velle bonum. Commendata itaque gratia, et praedicato auxilio gratiae, simul impotentia liberi arbitrii praedicatur. Haec est sana collectio et rata consequentia, quam nec inferorum portae[800] subvertent.

Hic finem ponemus defendendis nostris a Diatribe confutatis, ne liber crescat in immodicum, caetera si quae digna sunt, inter asserenda nostra tractabuntur. Nam quod Erasmus in Epilogo repetit,[801] si nostra

---

[799] Erasmus IIa 4 f.: ErAS 4,42/44; s. o. 352,25 f.; 358,18–21.   [800] Mt 16,18.   [801] Erasmus IV 3; ErAS 4,162.

Erstens: Wir disputieren gar nicht darüber und wissen sehr wohl, dass alle Werke des Menschen gut sein können, wenn sie mit der Hilfe der Gnade Gottes geschehen. Dann, dass der Mensch alles vermag mit der Hilfe der Gnade Gottes. Über deine Nachlässigkeit können wir uns wahrlich nicht genug wundern, wenn du entgegen deiner ursprünglichen Absicht nicht über die Kraft des freien Willensvermögens, sondern über die Kraft der Gnade Gottes schreibst. Als ob alle Menschen Klötze und Steine wären, wagst du es weiterhin, öffentlich zu sagen, das freie Willensvermögen sei gesetzt durch die Stellen der Schrift, welche die Hilfe der Gnade Gottes preisen. Und du wagst das nicht nur, sondern singst dir ein Loblied als Sieger, als überaus ruhmreicher Triumphator. Jetzt weiß ich wahrlich, aus eben diesem deinem Reden und Tun, was das freie Willensvermögen ist und vermag, nämlich, wahnsinnig zu sein. Was kann, frage ich, in dir sein, was so spricht, wenn nicht eben das freie Willensvermögen? Höre dennoch deine Folgerungen: Die Schrift preist die Gnade Gottes, also beweist sie das freie Willensvermögen. Sie preist die Hilfe der Gnade Gottes, also setzt sie das freie Willensvermögen. Nach welcher Dialektik hast du diese Schlussfolgerungen gelernt? Warum schließt du nicht im Gegenteil: Gnade wird gepredigt, also wird das freie Willensvermögen aufgehoben; die Hilfe der Gnade Gottes wird gepriesen, also wird das freie Willensvermögen zerstört? Wozu wird die Gnade denn gegeben? Etwa dazu, dass der Hochmut des an sich ausreichend starken freien Willensvermögens durch die Gnade wie durch einen überflüssigen Schmuck an den Fastnachtstagen ausgelassen tollt und Possen treibt? Daher will auch ich die Schlussfolgerung umkehren, freilich nicht als Rhetor, dennoch mit einer festeren Rhetorik als du: Wie viele Stellen es in den göttlichen Schriften gibt, die an die Hilfe erinnern, so viele sind es, die das freie Willensvermögen aufheben. Aber diese sind unzählig. Daher werde ich gesiegt haben, wenn die Sache nach der Zahl der Zeugnisse beurteilt wird. Denn deswegen ist die Gnade nötig, deswegen wird die Hilfe der Gnade gegeben, weil das freie Willensvermögen aus sich heraus nichts vermag und, wie sie [sc. die Diatribe] selbst nach jener bewährten Meinung sagt, nichts Gutes wollen kann. Mit dem Lobpreis der Gnade und der Predigt der Hilfe der Gnade wird daher zugleich die Unfähigkeit des freien Willensvermögens gepredigt. Das ist ein gesunder Schluss und eine gültige Folgerung, welche auch die Pforten der Hölle nicht umstoßen werden.

Hier wollen wir der Verteidigung dessen ein Ende machen, was die ‚Diatribe' von unserer Lehre widerlegt hat, damit das Buch nicht ins Unermessliche wächst; das Übrige, wenn es die Sache wert ist, werden wir behandeln, wo unsere Behauptungen als wahr zu bekräftigen sind. Erasmus wiederholt am Schluss, dass dann, wenn unsere Meinung fest-

stet sententia, frustra esse tot praecepta, tot minas, tot promissiones, nec meritis, nec demeritis, nec praemiis, nec suppliciis locum relinqui, Deinde difficile esse, ut misericordia imo iustitia Dei defendatur, si Deus necessario peccantes damnet, et alia incomoda quae sequuntur, quae summos viros ita moverunt, ut et subverterunt. De his omnibus reddidimus superius rationem, Nec patimur neque recipimus mediocritatem illam, quam nobis consulit bono, ut credo, animo, scilicet, ut libero arbitrio perpusillum concedamus, quo facilius pugnantia scripturae et incomoda praedicta tollantur,⁸⁰² Nam ista mediocritate nihil est caussae consultum, neque quicquam pro-|fectum, Nisi enim totum et omnia libero arbitrio tribueris, exemplo Pelagianorum, manet nihilominus scripturae pugnantia, tollitur meritum et praemium, tollitur misericordia et iustitia Dei, et omnia manent incomoda, quae vitare volumus per liberi arbitrii modiculam et inefficacem vim, ut satis supra docuimus. Ideo ad extrema eundum est, ut totum negetur liberum arbitrium, et omnia ad Deum referantur, sic non pugnabunt scripturae, et incomoda si non tolluntur, feruntur. |

Hoc autem deprecor, Mi Erasme, ne credas me caussam hanc studio magis quam iudicio agere, Non patior me insimulari eius hypocrisis, ut aliter sentiam et aliter scribam, nec defensionis calore (ut tu scribis de me) huc provectus sum, ut nunc primum negem totum liberum arbitrium, qui antea non nihil illi tribuerim,⁸⁰³ Nec hoc tu uspiam mihi in libellis meis ostendes, scio. Extant themata et problemata, in quibus perpetuo asserui usque in hanc horam, liberum arbitrium esse nihil et rem (eo verbo tum utebar) de solo titulo.⁸⁰⁴ Veritate victus et disputatione provocatus ac compulsus, sic sensi et scripsi. Quod autem vehementius egerim, agnosco culpam, si culpa est, imo testimonium hoc mihi in mundo reddi in caussa Dei, mirifice gaudeo. Atque utinam et ipse Deus id testimonii in novissimo die confirmaret. Quis enim tum beatior Luthero, qui tanto sui saeculi testimonio commendatur, quod

---

⁸⁰² Erasmus IV 8; ErAS 4,170/172. ⁸⁰³ Erasmus IV 16; ErAS 4,188. ⁸⁰⁴ Luther: Disputatio Heidelbergae habita; s. o. 46,13; 64,27; ders.: Assertio omnium articulorum ... art. 36; s. o. 194,11; vgl. ders.: Grund und Ursach aller Artikel ... Art. 36; WA 7,445,31-33/ StA 2,398,18 f.

steht, so viele Gebote, so viele Drohungen, so viele Zusagen vergeblich wären und weder für Verdienste noch für Verdienstlosigkeit noch für Belohnungen noch für Strafen Raum übrig bleibt; ferner, dass es schwierig sei, die Barmherzigkeit, ja die Gerechtigkeit Gottes zu verteidigen, wenn Gott die verdammt, die notwendig sündigen; und anderes Unbequeme, was folgt, was hochstehendste Männer so beeindruckt hat, dass sie sogar gestürzt sind. Über all das haben wir weiter oben Rechenschaft abgelegt. Und wir dulden und nehmen jenen Mittelweg nicht an, den sie [sc. die ‚Diatribe'] uns in, wie ich glaube, guter Absicht rät, nämlich, dass wir dem freien Willensvermögen ein ganz klein wenig zugestehen sollen, damit so leichter die widerstreitenden Schriften und die vorgenannten Unbequemlichkeiten aufgehoben werden. Denn durch diesen Mittelweg ist der Sache überhaupt nicht geholfen und nicht irgendein Fortschritt erzielt. Denn wenn du nicht das Ganze und alles dem freien Willensvermögen zugestehst, nach dem Beispiel der Pelagianer, bleibt nichtsdestoweniger der Widerstreit der Schrift: Es werden Verdienst und Belohnung aufgehoben, es werden aufgehoben Barmherzigkeit und Gerechtigkeit Gottes, und alles bleibt unbequem, was wir vermeiden wollen durch die geringfügige und unwirksame Kraft des freien Willensvermögens, wie wir oben genug gelehrt haben. Daher muss man zum Äußersten gehen, so dass das freie Willensvermögen ganz verneint und alles auf Gott zurückgeführt wird; so werden die Schriften nicht widerstreiten und das Unbequeme lässt sich, wenn es auch nicht aufgehoben wird, ertragen.

Das aber bitte ich sehr, mein Erasmus, dass du nicht glaubst, ich würde diesen Fall mit mehr Eifer als mit Überlegung betreiben. Ich dulde nicht, dass mir diese Heuchelei vorgeworfen wird, ich würde anders denken und anders schreiben. Und ich bin auch nicht durch die Hitze der Verteidigung (wie du von mir schreibst) dahin geraten, jetzt erst das ganze freie Willensvermögen zu leugnen, während ich ihm vorher manches zugestanden hätte. Dass du mir dies nirgends in meinen Büchlein zeigen kannst, weiß ich. Es existieren Thesen und zur Diskussion gestellte Streitfragen, in denen ich stets bis zu dieser Stunde als wahr bekräftigt habe, das freie Willensvermögen sei nichts und eine Sache (dieses Wort benutzte ich damals) „nur dem Namen nach". Von der Wahrheit besiegt und durch die Disputation herausgefordert und getrieben habe ich so gedacht und geschrieben. Dass ich aber recht heftig vorgegangen bin, erkenne ich als Schuld an, wenn es denn eine Schuld ist; ja, ich freue mich außerordentlich, dass mir in einem Rechtsstreit um Gott von der Welt dieses Zeugnis ausgestellt wird. O dass doch auch Gott selbst dieses Zeugnis am Jüngsten Tag bestätigte! Denn wer könnte dann wohl seliger sein als Luther, der durch ein so großes Zeug-

veritatis caussam non segniter, nec fraudulenter, sed vehementer satis vel potius nimio egerit? Tum illud Hieremiae foeliciter evaserim, maledictus qui facit opus Domini negligenter.⁸⁰⁵ Si vero et in tuam Diatriben acerbior videbor, ignosces mihi, Neque enim id maligno animo facio, sed movit, quod authoritate tua caussam hanc Christi vehementer premebas, licet eruditione et re ipsa nihil praestares. Iam quis sic imperet stilo ubique, ut non alicubi ferveat? Tu qui prae modestiae studio pene friges in hoc libro, tamen non raro ignita et amarulenta tela iacularis, ut nisi lector multum aequus ac favens sit, virulentus videaris. Sed haec nihil ad caussam, quae invi- | cem libenter condonare debemus, ut sumus homines et humani alienum in nobis nihil est.⁸⁰⁶

Ad ultimam huius libri partem venimus, qua, ut promissimus, copias nostras producere debemus, contra liberum arbitrium, Sed eas non | producemus omnes, quis enim hoc effecerit parvo libello, cum universa scriptura a nobis stet per singulos apices et literas? Nec est opus, tum quod iam victum ac prostratum sit liberum arbitrium duplici victoria, altera, ubi omnia contra ipsum stare probamus, quae pro se facere putabat, altera ubi invicta adhuc permanere ostendimus, quae confutare voluit, Tum etiam si victum nondum esset, satis fuerit effectum, si uno aut altero telo prosternatur. Quid enim opus est hostem uno aliquo telo occisum, multis aliis telis confodere mortuum? Brevius itaque, si res passa fuerit, nunc agemus. Atque e tanto numero exercituum, duos proferemus duces cum aliquot suis legionibus, Paulum videlicet et Iohannem Evangelistam. Paulus ad Romanos scribens, sic ingreditur disputationem adversus liberum arbitrium pro gratia Dei. Revelatur (inquit) ira Dei de coelo super omnem impietatem et iniustitiam hominum, qui veritatem Dei in iniustitia detinent.⁸⁰⁷ Audis hic generalem sententiam super omnes homines, quod sint sub ira Dei, hoc quid est aliud, quam esse ira et supplicio dignos? Caussam irae assignat, quod gerant non nisi ira et supplicio digna, nempe quod impii et iniusti sint omnes et veritatem detineant in iniustitia. Ubi nunc vis liberi arbitrii,

---

⁸⁰⁵ Jer 48,10.   ⁸⁰⁶ Terenz· Heautontimorumenos 1,1,25 (77).   ⁸⁰⁷ Röm 1,18.

nis seiner Zeit gepriesen wird: dass er den Fall der Wahrheit nicht träge, auch nicht trügerisch, sondern heftig genug oder vielmehr allzu sehr betrieben hat? Dann wäre ich dem Wort des Jeremia glücklich entkommen: „Verflucht, wer das Werk des Herrn nachlässig tut!" Wenn ich aber gegen deine ‚Diatribe' zu bitter erscheinen werde, verzeih es mir. Denn ich tue das nicht aus bösartiger Absicht, sondern es hat mich bewegt, dass du mit deinem Ansehen diesem Rechtsstreit um Christus heftig geschadet hast, wenn du auch im Blick auf die Unterrichtung und die Sache selbst nichts vorbringst. Wer beherrscht schon seine Feder überall so, dass sie sich nicht irgendwo überhitzt? Du, der du vor lauter Bemühen um Maß beinahe kalt bist in diesem Büchlein, schleuderst dennoch nicht selten feurige und verletzende Geschosse. Einem nicht sehr wohlwollenden und geneigten Leser magst du daher als giftig erscheinen. Aber das tut nichts zur Sache; das müssen wir uns gegenseitig gern verzeihen, weil wir Menschen sind und uns nichts Menschliches fremd ist.

Wir kommen zum letzten Teil dieses Buches, in dem wir, wie wir versprochen haben, unsere Truppen gegen das freie Willensvermögen vorführen müssen. Aber diese werden wir nicht alle vorführen. Wer könnte das schon in einem so kleinen Büchlein vollbringen, wenn die gesamte Schrift auf unserer Seite steht mit ihren einzelnen Tüttelchen und Buchstaben? Und es ist auch nicht nötig. Einmal, weil das freie Willensvermögen schon durch einen doppelten Sieg besiegt und niedergestreckt ist: der eine, wo wir beweisen, dass alles gegen das steht, von dem sie [sc. die ‚Diatribe'] glaubte, es spräche für sie; der andere, wo wir zeigen, dass noch unbesiegt bleibt, was sie widerlegen wollte. Dann wäre, auch wenn es noch nicht besiegt ist, genug erreicht, wenn es durch das eine oder andere Geschoss niedergestreckt wird. Was ist es nämlich nötig, einen Feind, der durch ein einziges Geschoss getötet ist, noch als Toten mit vielen anderen Geschossen zu durchbohren? Kürzer werden wir daher, wenn die Sache es zulässt, nun vorgehen. Und aus der so großen Zahl der Heere werden wir zwei Führer vorbringen mit einigen ihrer Legionen, nämlich Paulus und den Evangelisten Johannes. Wenn Paulus an die Römer schreibt, beginnt er die Disputation gegen das freie Willensvermögen für die Gnade Gottes so: „Offenbart wird", sagt er, „der Zorn Gottes vom Himmel herab über alle Gottlosigkeit und Ungerechtigkeit der Menschen, welche die Wahrheit Gottes in Ungerechtigkeit niederhalten." Hörst du hier die allgemeine Meinung über alle Menschen, dass sie unter dem Zorn Gottes sind? Was ist das anderes, als dass sie des Zornes und der Strafe würdig sind? Als Grund für den Zorn führt er an, dass sie nur treiben, was des Zornes und der Strafe würdig ist, nämlich dass alle gottlos und ungerecht sind und die Wahrheit in Ungerechtigkeit niederhalten. Wo ist jetzt die Kraft des

quae conetur aliquid boni? Paulus id facit ira Dei dignum, et impium et iniustum decernit, quod vero iram meretur et impium est, id contra gratiam conatur et valet, non pro gratia. Ridebitur hic oscitantia Lutheri, qui Paulum non satis inspexerit, dicetque aliquis, Paulum ibi non de omnibus hominibus, nec de omnibus eorum studiis, sed de iis tantum loqui, qui sunt impii et iniusti, atque ut verba habent, de iis qui veritatem in iniustitia detinent, Hinc non sequi, quod omnes sint eiusmodi. Hic ego dico, apud Paulum idem valere, si dixeris, super omnem impietatem hominum, atque si dixeris, super impietatem omnium hominum, Ebraicatur enim Paulus fere ubique, ut sit sensus, Omnes homines sunt impii et iniusti, detinentque veritatem in iniustitia, ideo omnes sunt ira digni. Deinde in graeco non ponitur relativum, eorum qui, sed articulus, hoc modo, Revelatur ira Dei super impietatem et iniustitiam hominum detinentium veritatem in iniustitia, Ut hoc velut Epitheton sit omnium hominum, quod veritatem in iniustitia detinent, sicut Epitheton est cum dicitur, Pater noster qui es in coelis,[808] quod sic alias diceretur, Pater noster coelestis vel in coelis. Dicitur enim ad differentiam eorum, qui credunt et pii sunt. Sed frivola et vana sint haec, nisi ipsa disputatio Pauli ea cogat et evincat, Paulo enim ante dixerat, Euangelion virtus Dei est in salutem omni credenti, Iudaeo primum et Graeco.[809] Hic non sunt obscura aut ambigua verba, Iudaeis et Graecis, id est, omnibus hominibus est necessarium Euangelion virtutis Dei, ut credentes salvi fiant ab ira l revelata. Obsecro, qui Iudaeos, iustitia, lege Dei et vi liberi arbitrii pollentes, sine discrimine vacuos l et egentes praedicat virtute Dei, qua salvi fiant ab ira revelata et necessariam eam virtutem illis facit, an non sub ira eos esse censet? Quos iam dabis homines non obnoxios irae Dei, quando summos homines mundi, puta Iudaeos et Graecos tales esse credere cogeris? Deinde quos inter ipsos Iudaeos et Graecos excipies, quando Paulus sine ullo discrimine, omnes uno verbo complexos, omnes eidem sententiae subiicit? An putandum est, in istis duabus praestantissimis nationibus

---

[808] Mt 6,9. [809] Röm 1,16.

freien Willensvermögens, die etwas Gutes erstrebt? Paulus macht das des Zornes Gottes würdig und erklärt das für gottlos und ungerecht; was aber Zorn verdient und gottlos ist, das richtet sich und vermag etwas gegen die Gnade, nicht für die Gnade.

Man wird hier über die Unaufmerksamkeit Luthers lachen, der Paulus nicht hinreichend berücksichtigt habe. Und es wird jemand sagen, Paulus spreche dort nicht von allen Menschen und nicht von allen ihren Bemühungen, sondern nur von denen, die gottlos und ungerecht sind und, wie die Worte lauten, von denen, welche die Wahrheit in Ungerechtigkeit niederhalten. Hieraus folge nicht, dass alle Menschen so sind. Hier sage ich: Bei Paulus ist es gleichbedeutend, ob man sagt „über alle Gottlosigkeit der Menschen" oder ob man sagt „über die Gottlosigkeit aller Menschen". Denn Paulus redet fast überall in hebräischer Weise, so dass der Sinn ist: Alle Menschen sind gottlos und ungerecht und halten die Wahrheit in Ungerechtigkeit nieder, daher sind alle des Zornes würdig. Ferner wird im Griechischen nicht relativ ge-setzt ‚derjenigen, die‘, sondern ein Artikel in folgender Weise: „Es wird offenbar der Zorn Gottes über die Gottlosigkeit und Ungerechtigkeit der die Wahrheit in Ungerechtigkeit niederhaltenden Menschen". So dass es wie ein Beiname aller Menschen ist, dass sie die Wahrheit in Ungerechtigkeit niederhalten, wie es ja auch ein Beiname ist, wenn man sagt ‚Vater unser, der du bist im Himmel‘, was sonst so ausgedrückt würde: ‚Unser himmlischer Vater‘ oder ‚[Unser Vater] im Himmel‘. Das wird nämlich zur Unterscheidung derer gesagt, die glauben und gottesfürchtig sind. Doch mag dies läppisch und nichtssagend sein, wenn nicht die Disputation selbst des Paulus dazu unbedingt zwänge. Paulus hatte nämlich zuvor gesagt: „Das Evangelium ist eine Kraft Gottes zum Heil für jeden, der glaubt, den Juden zuerst und den Griechen." Hier sind keine dunklen oder zweideutigen Worte. „Den Juden und Griechen", das heißt: Allen Menschen ist das Evangelium von der Kraft Gottes notwendig, damit sie glauben und gerettet werden vom geoffenbarten Zorn. Bitte, die Juden sind stark an Gerechtigkeit, Gesetz Gottes und Kraft des freien Willensvermögens; wer sie ohne Unterschied als ohne die Kraft Gottes erklärt, durch die sie gerettet werden vom offenbaren Zorn Gottes, und als ihrer bedürftig und ihnen die Notwendigkeit dieser Kraft aufzeigt – urteilt der etwa nicht, dass sie unter dem Zorn sind? Welche Menschen wirst du nun als nicht dem Zorn Gottes unterworfen anbieten, wenn du gezwungen wirst zu glauben, dass die höchststehenden Menschen der Welt, das heißt, Juden und Griechen, so beschaffen sind? Weiter: Welche von den Juden und Griechen selbst wirst du davon ausnehmen, wenn Paulus ohne jeden Unterschied alle unter einem Wort zusammenfasst und alle demselben Urteil unter-

non fuisse homines, qui ad honesta niterentur? an non conati sunt ulli pro viribus liberi arbitrii? Sed nihil hoc Paulus moratur, omnes sub iram mittit, omnes impios et iniustos praedicat. Ita et reliquos Apostolos nonne simili sermone et omnes gentes alias, quemlibet in sorte sua, sub iram hanc coniecisse credendum est?

Fortiter itaque stat et urget hic locus Pauli, liberum arbitrium seu praestantissimum in hominibus, quamvis praestantissimis, lege, iustitia, sapientia et omnibus virtutibus praeditis, esse impium, iniustum et ira Dei dignum. Alioqui disputatio Pauli nihil valet, Si autem valet, nullum relinquit medium partitio sua, qua credentibus Evangelio salutem, caeteris omnibus iram distribuit, Credentes iustos, non credentes facit impios, iniustos et irae subiectos. Tantum enim vult dicere, Iustitia Dei revelatur in Evangelio, quod sit ex fide,[810] Ergo omnes homines sunt impii et iniusti. Stultus esset enim Deus, qui hominibus iustitiam revelaret, quam iam vel nossent vel cuius semina haberent. Cum autem stultus non sit, et tamen revelat illis iustitiam salutis, manifestum est, liberum arbitrium etiam in summis hominibus non solum non habere vel posse aliquid, sed ne nosse quidem, quid sit iustum coram Deo, nisi forte iustitia Dei non revelatur summis illis hominibus, sed solum infimis, contra quam Paulus gloriatur, quod sit debitor Iudaeis et Graecis, sapientibus et insipientibus, barbaris et Graecis.[811] Quare Paulus hoc loco prorsus omnes homines una massa comprehendens, concludit omnes esse impios, iniustos et ignaros iustitiae et fidei, tantum abest, ut aliquid boni velle aut facere possint. Et haec conclusio firma est ex eo, quod Deus illis, ut ignaris et in tenebris sedentibus,[812] revelat iustitiam salutis, ergo per sese ignorant, Ignorantes autem iustitiam salutis, certe sub ira et damnatione sunt, nec inde sese, propter ignorantiam evolvere possunt, aut conari ut evolvantur. Quid enim coneris, si nescieris, quid, qua, quo, aut quatenus conandum sit?

Consentit cum hac conclusione res ipsa et experientia. Nam ostende mihi in universo genere mortalium unum, sit ille omnium sanctis-

---

[810] Röm 1,17. [811] Röm 1,14. [812] Lk 1,79; Joh 1,5.

wirft? Oder soll man glauben, in diesen beiden so vortrefflichen Völkern habe es keine Menschen gegeben, die nach sittlich Gutem strebten? Oder hat sich keiner nach den Kräften des freien Willensvermögens bemüht? Aber Paulus hält sich damit gar nicht auf, er unterwirft alle dem Zorn,
5 erklärt alle als gottlos und ungerecht. Dass so auch die übrigen Apostel in ähnlicher Ausdrucksweise auch alle anderen Heiden, jeder in seiner Art, diesem Zorn unterworfen haben – muss man das nicht glauben?

Daher steht diese Stelle des Paulus stark da; sie drängt dazu, dass das freie Willensvermögen oder das Hervorragendste in den Menschen, wie
10 sehr sie mit Hervorragendstem, mit Gesetz, Gerechtigkeit, Weisheit und allen Kräften ausgestattet sind, gottlos ist, ungerecht und des Zornes Gottes würdig. Sonst trägt die Disputation des Paulus nichts aus. Wenn sie aber etwas austrägt, bleibt nichts Mittleres übrig bei seiner Aufteilung, mit der er den dem Evangelium Glaubenden das Heil, allen
15 anderen den Zorn zuteilt. Die Glaubenden macht er zu Gerechten, die nicht Glaubenden zu Gottlosen, Ungerechten und dem Zorn Unterworfenen. Denn so viel will er sagen: Die Gerechtigkeit Gottes wird offenbart im Evangelium, dass sie aus Glauben ist. Also sind alle Menschen gottlos und ungerecht. Töricht nämlich wäre Gott, wenn er den
20 Menschen eine Gerechtigkeit offenbarte, die sie entweder schon kennten oder deren Samen sie hätten. Weil er aber nicht töricht ist und ihnen dennoch die Gerechtigkeit des Heils offenbart, ist es offensichtlich, dass das freie Willensvermögen auch in den höchststehenden Menschen nicht nur nichts hat oder kann, sondern nicht einmal weiß, was gerecht
25 ist vor Gott. Es sei denn etwa, die Gerechtigkeit Gottes wird nicht jenen höchststehendsten Menschen, sondern nur den Schwachen offenbart; wogegen Paulus sich rühmt, dass er ein Schuldner sei der Juden und Griechen, der Weisen und Toren, der Barbaren und der Griechen. Daher fasst Paulus an dieser Stelle durchweg alle Menschen in einer Menge
30 zusammen und kommt zu dem Schluss, alle seien gottlos, ungerecht und unkundig der Gerechtigkeit und des Glaubens, weit entfernt, dass sie irgendetwas Gutes wollen oder tun können. Und diese Schlussfolgerung steht daraus fest, dass Gott ihnen – wie solchen, die unwissend sind und im Dunkeln sitzen – die Gerechtigkeit des Heils offenbart.
35 Also haben sie aus sich heraus keine Ahnung. Als solche, die keine Ahnung von der Gerechtigkeit des Heils haben, sind sie gewiss unter Zorn und Verdammnis. Und dessen können sie sich wegen der Unwissenheit nicht entwinden oder sich bemühen, sich dem zu entwinden. Denn worum magst du dich bemühen, wenn du nicht weißt, worum,
40 wodurch, wohin oder wie weit du dich bemühen sollst?

Mit dieser Schlussfolgerung stimmen die Sache selbst und die Erfahrung überein. Denn zeige mir im gesamten Geschlecht der Sterb-

simus et iustissimus, cui unquam in mentem venerit, hanc esse viam ad iustitiam et ad salutem, scilicet credere in eum, qui sit simul Deus et homo, pro peccatis | hominum mortuus et suscitatus et collocatus ad dexteram patris,[813] aut somniarit hanc iram Dei, quam Paulus hic revelari de coelo dicit. Vide Philosophos summos, quid de Deo senserint, quid de futura ira scriptum reliquerint. Vide Iudaeos, tot signis, tot Prophetis, assidue eruditos, quid de hac via sentiant, non modo non receperunt,[814] sed ita oderunt, ut nulla natio sub coelo atrocius | sit Christum persecuta usque in hodiernum diem. At in tanto populo dicere non fuisse aliquem unum, qui liberum arbitrium coluerit et vi eius conatus fuerit, quis audeat dicere? Qui fit igitur, ut omnes in diversum conentur, et id quod praestantissimum fuit in praestantissimis hominibus hanc rationem iustitiae non solum non coluerit, non solum ignorarit, sed etiam publicatam et revelatam summo odio repulerit et perditum voluerit? Ita ut Paulus. 1. Corin. 1. Dicat eam viam esse scandalum Iudaeis et stultitiam Gentibus. Cum autem Iudaeos et Gentes sine discrimine appellet, et Iudaeos ac gentes praecipuos populos sub coelo esse certum sit, simul certum est, Liberum arbitrium esse nihil aliud quam summum hostem iustitiae et salutis humanae, cum fieri non potuerit, quin aliquot inter Iudaeos et Gentes summa vi liberi arbitrii aegerint et conati sint, et tamen eo ipso non nisi bellum contra gratiam gesserint. Tu nunc vade et dic, quod liberum arbitrium conetur ad bonum, cui ipsa bonitas et iustitia, scandalum et stultitia sunt. Nec potes dicere, haec ad aliquos non ad omnes pertinere, Paulus sine discrimine loquitur de omnibus cum dicit, Gentibus stultitia et Iudaeis scandalum, nec ullos excipit, nisi credentes. Nobis (inquit) id est, vocatis et sanctis, est virtus et sapientia Dei.[815] Non dicit, Aliquibus gentibus, aliquibus Iudaeis, sed simpliciter, gentibus et Iudaeis (inquit) qui non sunt ex nobis, manifesta partitione separans credentes ab incredulis, nullo relicto medio. Nos autem disputamus de gentibus citra gratiam agentibus, his dicit Paulus iustitiam Dei esse stultitiam, quam abhorrent. Atque is est ille laudabilis conatus liberi arbitrii ad bonum.

---

[813] Apg 2,32 f.; 5,31.   [814] Joh 1,11.   [815] 1Kor 1,23.18.24; Röm 1,7.

lichen einen einzigen, und sei es der Heiligste und Gerechteste von allen, dem es jemals in den Sinn gekommen ist, dies sei der Weg zu Gerechtigkeit und Heil, nämlich an den zu glauben, der zugleich Gott und Mensch ist, für die Sünden der Menschen gestorben, auferweckt und gesetzt ist zur Rechten des Vaters. Oder der sich diesen Zorn Gottes hätte träumen lassen, von dem Paulus hier sagt, er werde vom Himmel herab offenbart. Sieh die größten Philosophen an, was sie von Gott gedacht, was sie über den zukünftigen Zorn in ihren Schriften hinterlassen haben. Sieh die Juden, durch so viele Zeichen, so viele Propheten beständig belehrt, was sie über diesen Weg denken; sie haben ihn nicht nur nicht angenommen, sondern so gehasst, dass kein Volk unter dem Himmel heftiger Christus verfolgt hat bis auf den heutigen Tag. Aber zu sagen, in einem so großen Volk sei nicht ein einziger gewesen, der das freie Willensvermögen geübt und sich aus seiner Kraft bemüht habe, wer wagte das zu sagen? Wie kommt es also, dass alle sich in entgegengesetzter Richtung bewegen? Dass das, was das Hervorragendste in den hervorragendsten Menschen gewesen ist, diese Art der Gerechtigkeit nicht nur nicht geübt hat, nicht nur keine Ahnung von ihr hatte, sondern sie auch, als sie öffentlich gemacht und offenbart wurde, mit höchstem Hass zurückgewiesen hat und vernichtet haben wollte? So, dass Paulus 1Kor 1 sagt, dieser Weg sei ein Ärgernis den Juden und eine Torheit den Heiden. Wenn er aber Juden und Heiden ohne Unterschied nennt und es gewiss ist, dass Juden und Heiden die hervorragenden Völker unter dem Himmel sind, ist zugleich gewiss: Das freie Willensvermögen ist nichts anderes als der größte Feind der Gerechtigkeit und des menschlichen Heils. Denn durchaus haben einige unter den Juden und Heiden aus höchster Kraft des freien Willensvermögens gehandelt und sich bemüht – und dennoch eben damit nur Krieg gegen die Gnade geführt. Geh du jetzt hin und sage, dass sich das freie Willensvermögen um das Gute bemüht, dem eben die Güte und die Gerechtigkeit ein Ärgernis und eine Torheit sind! Auch kannst du nicht sagen, dies beziehe sich nur auf manche, nicht auf alle. Paulus spricht ohne Unterschied von allen, wenn er sagt „den Heiden eine Torheit und den Juden ein Ärgernis", und er nimmt keine aus außer die Glaubenden. Bei ‚uns', sagt er, das heißt, den ‚Berufenen' und ‚Heiligen', ist ‚die Kraft und die Weisheit Gottes'. Er sagt nicht ‚manchen Heiden, manchen Juden', sondern einfach ‚den Heiden und den Juden' (sagt er), ‚die nicht aus uns' sind, und nimmt eindeutig eine Trennung der Gläubigen von den Ungläubigen vor und lässt kein Mittleres übrig. Wir aber diskutieren über die Heiden, die außerhalb der Gnade handeln; denen, sagt Paulus, sei die Gerechtigkeit Gottes ‚eine Torheit', vor ihr schrecken sie zurück. Aber darin besteht jenes lobenswerte Streben des freien Willensvermögens zum Guten.

Deinde vide, an non summos homines inter Graecos ipsemet adducat, ubi dicit, eos infatuatos esse et cor eorum obscuratum, qui sapientiores inter eos fuerunt, item vanos factos dialogismis suis, hoc est, suis argutis disputationibus. Obsecro an hic non tangit summum illud et praestantissimum in Graecis hominibus, dum eorum Dialogismos tangit? Hii enim sunt eorum summae et optimae cogitationes et opiniones, quas pro solida sapientia habuerunt. At hanc sapientiam, ut alibi stultam, ita hic vanam esse in illis dicit, et eo progressam multa conando, ut peior fieret, et tandem corde obscurato idola colerent et sequentia monstra patrarent, quae commemorat.[816] Si igitur optimum studium et opus in optimis gentium, malum et impium est, quid de reliquo vulgo, velut peioribus gentibus sentias? Neque enim et hic discrimen inter optimos facit, dum nullo personarum respectu, studium | sapientiae eorum damnat. Damnato autem ipso opere vel studio, damnantur quicunque illi studuerint, etiam si fecerint summa vi liberi arbitrii. Ipse inquam optimus conatus eorum vitiosus asseritur, quanto magis ii, qui illo exercentur? Sic et mox Iudaeos sine ullo discrimine reiicit, qui litera et non spiritu Iudaei sunt, Tu (inquit) per literam et circuncisionem Deum inhonoras. Item, Non enim is Iudaeus est, qui in manifesto Iudaeus est, sed qui occulto Iudaeus est.[817] Quid hac partitione manifestius? Iudaeus manifestus est transgressor legis. At quantos putas fuisse Iudaeos citra fidem viros sapientissimos, religiosissimos, honestissimos, qui summo conatu ad iustitiam et veritatem connisi sunt? sicut illis testimonium saepe perhibet, quod Zelum Dei | habent, quod iustitiam legis sectentur, quod diu noctuque[818] studeant ad salutem venire, quod sine querela vivant, Et tamen transgressores sunt legis, quia non sunt in spiritu Iudaei, imo pertinaciter resistunt iustitiae fidei. Quid igitur reliquum est, quam liberum arbitrium dum optimum est, pessimum esse, et quo magis conatur, hoc peius fieri et habere? Clara sunt verba, certa est partitio, non est quod contradici queat.

Sed ipsummet Paulum sui interpretem audiamus, Capite tertio, velut Epilogum faciens, dicit. Quid ergo? praecellimus eos? Nequa-

---

[816] Röm 1,21.23-25. [817] Röm 2,27-29. [818] Röm 10,2; 9,31; vgl. Ps 1,2.

Weiter sieh, ob er nicht selbst die höchststehenden Menschen unter den Griechen anführt, wenn er sagt, die Weiseren unter ihnen seien betört und ihr Herz verfinstert; ebenso, dass sie nichtig geworden sind in ihren Erwägungen, das heißt, ihren scharfsinnigen Disputationen. Bitte, berührt er denn hier nicht jenes Höchste und Hervorragendste bei den griechischen Menschen, wenn er deren Erwägungen berührt? In diesen bestehen nämlich deren höchste und beste Gedanken und Meinungen, welche sie für echte Weisheit gehalten haben. Aber diese Weisheit, die er anderswo töricht nennt, sagt er hier, sei nichtig in ihnen, und gerade, indem sie sich sehr bemühte, sei sie dahin gekommen, dass sie schlechter wurde und sie [sc. die Menschen] schließlich mit verfinstertem Herzen Götzen verehrten und die daraus folgenden Gräuel vollbrachten, die er erwähnt. Wenn also der beste Eifer und das beste Werk bei den Besten der Heiden böse und gottlos ist, was magst du [dann erst] vom übrigen Volk, als den gleichsam schlechteren Heiden, denken? Denn er macht auch hier keinen Unterschied unter den Besten, wenn er ohne jede Rücksicht auf die Person ihr eifriges Streben nach Weisheit verdammt. Wenn aber das Werk selbst oder der Eifer verdammt sind, dann werden auch alle die verdammt, welche sich bemüht haben, auch wenn sie es aus höchster Kraft des freien Willensvermögens getan haben. Wird selbst vom besten Bemühen seine Fehlerhaftigkeit als wahr ausgesagt, wie viel mehr von denen, die sich darin üben? So verwirft er alsbald ohne jeden Unterschied die Juden, die nach dem Buchstaben und nicht nach dem Geist Juden sind. „Du', sagt er, „verunehrst durch Buchstaben und Beschneidung Gott." Ebenso: „Nicht der ist ein Jude, der äußerlich Jude ist, sondern der, der verborgen Jude ist." Was ist klarer als diese Teilung? Der äußerliche Jude ist ein Übertreter des Gesetzes. Aber wie viele Juden, glaubst du, sind außerhalb des Glaubens weiseste, frömmste, ehrenhafteste Männer gewesen, die mit höchstem Bemühen nach Gerechtigkeit und Wahrheit gestrebt haben? So wie er ihnen oft das Zeugnis ausstellt, dass sie Eifer um Gott haben, dass sie der Gesetzesgerechtigkeit nachjagen, dass sie sich Tag und Nacht bemühen, zum Heil zu gelangen, dass sie ohne Tadel leben. Und dennoch sind sie Übertreter des Gesetzes, weil sie nicht im Geist Juden sind, im Gegenteil hartnäckig der Glaubensgerechtigkeit widerstreben. Was also bleibt übrig, als dass das freie Willensvermögen, indem es das Beste sein will, das Schlechteste ist, und je mehr es sich bemüht, umso schlechter wird und sich verhält? Klar sind die Worte, gewiss ist die Einteilung; es gibt nichts, was dagegen gesagt werden kann.

Doch wollen wir Paulus selbst als seinen eigenen Ausleger hören. Im dritten Kapitel, gleichsam ein Nachwort schreibend, sagt er: „Was also? Zeichnen wir uns vor jenen aus? Keineswegs. Denn wir haben

quam, Causati enim sumus, Iudaeos et Graecos omnes sub peccato esse.[819] Ubi nunc liberum arbitrium? Omnes (inquit) Iudaei et Graeci sub peccato sunt. An hic tropi sunt aut nodi? Quid valeat interpretatio totius mundi adversus hanc clarissimam sententiam? Neminem excipit, qui dicit omnes, Nihil relinquit boni, qui eos sub peccato esse, id est, servos peccati, definit. Ubi autem hanc caussam dixit, quod omnes Iudaei et Gentes sint sub peccato? Nusquam nisi ubi nos monstravimus, scilicet, quando dicit, Revelatur ira Dei de coelo super omnem impietatem et iniquitatem hominum. Et id sequenter probat per experientiam, quod ingrati Deo, tot viciis subiecti fuerint, velut fructibus impietatis suae convicti, quod nihil nisi malum velint et faciant,[820] Tum Iudaeos seorsum iudicat, cum Iudaeum litera transgressorem esse dicit, idque similiter fructibus et experientia probat, dicens, Tu praedicas non furandum et furaris. Qui abominaris idola, sacrilegium facis, Nullos prorsus excipiens, nisi sint spiritu Iudaei.[821] Nec est quod hic effugias ac dicas, licet sub peccato sint, tamen optimum in eis, ut ratio et voluntas, habet conatum ad bonum. Si enim conatus reliquus est bonus, falsum est quod eos sub peccato esse dicit, Cum enim Iudaeos et Gentes nominet, simul comprehendit, quicquid in Gentibus et Iudaeis est, nisi Paulum inversurus, velis ita scripsisse, Omnium Iudaeorum et Gentium caro (id est) crassiores affectus sub peccato esse. Sed ira de coelo revelata super eos, totos est damnatura, nisi spiritu iustificentur, quod non fieret, nisi toti essent sub peccato. |

Videamus vero, quomodo Paulus suam sententiam ex sacris literis probet, an fortius pugnent verba in Paulo, quam in loco suo.[822] Sicut scriptum est (inquit) Quia non est iustus quisquam, Non est intelligens, non est requirens Deum, Omnes declinaverunt, simul inutiles facti sunt, non est qui faciat bonum, non est usque ad unum,[823] et reliqua. Hic mihi det interpretationem comodam, qui potest, fingat tropos, causetur verba esse ambigua et obscura, et defendat liberum arbitrium adversus has damnationes, qui audet. Tum et ego libens cedam et recantabo, eroque et ipse liberi arbitrii confessor et assertor. Certum est, haec dici de omnibus hominibus, Propheta enim inducit Deum prospi-

---

[819] Röm 3,9. [820] Röm 1,18.21–32. [821] Röm 2,21 f.; 9,6–8; Gal 6,16. [822] S. o. 496,9 f. [823] Röm 3,10–12.

bewiesen, dass Juden und Griechen alle unter der Sünde sind." Wo ist jetzt das freie Willensvermögen? „Alle", sagt er, „Juden und Griechen sind unter der Sünde." Sind hier etwa bildliche Ausdrücke oder Probleme? Was vermag die Auslegung der ganzen Welt gegen diesen ganz klaren Sinn? Niemanden lässt der aus, der sagt ‚alle'. Nichts Gutes lässt der zurück, der feststellt, sie seien unter der Sünde, das heißt, Knechte der Sünde. Wo aber hat er den Grund dafür genannt, dass alle Juden und Heiden unter der Sünde sind? Genau da, wo wir es gezeigt haben, nämlich wenn er sagt: „Offenbart wird der Zorn Gottes vom Himmel herab über alle Gottlosigkeit und Ungerechtigkeit der Menschen." Und das beweist er im Folgenden durch die Erfahrung, dass sie Gott undankbar, so vielen Lastern unterworfen sind, gleichsam von den Früchten ihrer Gottlosigkeit besiegt, so dass sie nichts außer Bösem wollen und tun. Dann verurteilt er besonders die Juden, wenn er sagt, dass der, der Jude dem Buchstaben nach ist, ein Übertreter ist; und das beweist er ähnlich mit den Früchten und der Erfahrung, indem er sagt: „Du predigst, man solle nicht stehlen, und stiehlst. Du verabscheust Götzen und begehst Tempelraub." Keinen nimmt er aus, außer die Juden dem Geist nach. Und es geht nicht, dass du hier entfliehst und sagst, wenn sie auch unter der Sünde sind, zeigt dennoch das Beste in ihnen, wie die Vernunft und der Wille, ein Bemühen um das Gute. Wenn nämlich ein gutes Bemühen übrig ist, ist es falsch, dass er sagt, sie seien unter der Sünde. Denn wenn er Juden und Heiden nennt, schließt er zugleich alles ein, was in Heiden und Juden ist. Es sei denn, du wolltest Paulus verkehren und wollen, er habe so geschrieben: „aller Juden und Heiden Fleisch", das heißt, die gröberen Affekte seien unter der Sünde. Aber der vom Himmel herab über sie geoffenbarte Zorn will sie alle verdammen, es sei denn, sie sind durch den Geist gerechtfertigt, was nicht geschähe, wenn sie nicht alle unter der Sünde wären.

Wir wollen aber ansehen, wie Paulus seine Meinung aus den Heiligen Schriften beweist, ob die Worte kräftiger bei Paulus streiten als an ihrer [ursprünglichen] Stelle. „Wie geschrieben ist", sagt er: „Da ist nicht einer gerecht. Nicht einer ist verständig, nicht einer, der nach Gott fragt. Alle sind abgewichen, zugleich unnütz geworden, nicht einen gibt es, der Gutes tut, nicht einen einzigen" usw. Hier möge mir eine bequeme Auslegung geben, wer es vermag; er möge Bildreden erfinden; er möge vorschützen, die Worte seien zweideutig und dunkel; und es möge das freie Willensvermögen gegen diese Verurteilungen verteidigen, wer es wagt. Dann will auch ich gerne weichen und widerrufen, und ich werde auch selbst ein Bekenner des freien Willensvermögens sein und einer, der es als wahr bezeugt. Es ist gewiss, dass dies von allen Menschen gesagt wird. Denn der Prophet führt Gott als den ein, der auf alle Men-

cientem super omnes homines, et ferentem super eos hanc sententiam. Sic enim dicit Psal. 13. Dominus de coelo prospexit super filios hominum, ut videret, an sit intelligens, aut requirens Deum, Sed omnes declinaverunt etc.[824] Et ne Iudaei putarent ad sese non pertinere, praevenit Paulus, asserens ad eos | maxime pertinere, Scimus (inquit) quaecunque lex loquitur, iis, qui in lege sunt, loquitur. Hoc idem voluit ubi dixit, Iudaeo primum et Graeco.[825] Audis igitur omnes filios hominum, omnes qui sunt in lege, id est, tam Gentes quam Iudaeos, coram Deo tales iudicari, qui iniusti sunt, non intelligunt, nec requirant Deum, ne unus quidem, Omnes vero declinent et inutiles sint. Arbitror autem inter filios hominum, ac eos qui sub lege sunt, numerari etiam eos qui sunt optimi et honestissimi, qui vi liberi arbitrii conantur ad honesta et ad bonum, et quos iactat Diatribe habere sensum et semina honesti insita, nisi angelorum forte filios esse contendat.

Quomodo igitur conantur ad bonum, qui omnes in universum ignorant Deum, nec curant aut requirunt Deum? Quomodo habent vim utilem ad bonum, qui omnes declinant a bono et sunt prorsus inutiles? An ignoramus, quid significet ignorare Deum, non intelligere, non requirere Deum, non timere Deum, declinare et inutiles esse? Nonne verba clarissima sunt, et id docent, quod omnes homines, et nesciunt Deum et contemnunt Deum, Deinde declinant ad malum et sunt inutiles ad bonum? Neque enim hic agitur de ignorantia quaerendi victus aut de contemptu pecuniae, sed de ignorantia et contemptu religionis et pietatis. At ea ignorantia et contemptus, procul dubio non sunt in carne et inferioribus, crassioribusque affectibus, sed in summis illis et praestantissimis viribus hominum, in quibus regnare debet, iustitia, pietas, cognitio et reverentia Dei, nempe in ratione et voluntate, atque adeo in ipsa vi liberi arbitrii, in ipso semine honesti, seu praestantissimo quod est in homine. Ubi nunc es, mea Diatribe, quae superius promittebas, te assensuram libenter, praestantissimum in homine esse carnem, id est, impium, si id scripturis probaretur?[826] Assentire nunc igitur, cum audis praestantissimum in omnibus hominibus, non solum impium, sed ignarum | Dei, contemnens Dei, versum ad malum et

---

[824] Ps 14/Vg 13,2 f.   [825] Röm 3,19; 2,9 f.   [826] S. o. 538,18–21.

schen schaut und über sie dieses Urteil fällt. So nämlich sagt Ps 13: „Der Herr schaut vom Himmel herab auf die Menschenkinder, dass er sehe, ob einer verständig ist oder nach Gott fragt. Aber alle sind abgewichen" etc. Und damit nicht die Juden glaubten, das habe nichts mit ihnen zu tun, kommt Paulus ihnen zuvor und bezeugt als wahr, dass es mit ihnen am meisten zu tun habe. „Wir wissen", sagt er, „was immer das Gesetz sagt, sagt es zu denen, die unter dem Gesetz sind." Dasselbe wollte er ausdrücken, wo er gesagt hat: „Dem Juden zuerst und dem Griechen." Du hörst also, dass alle Menschenkinder, alle, die unter dem Gesetz sind, das heißt, sowohl Heiden als auch Juden, vor Gott als solche beurteilt werden, die ungerecht sind, nicht verstehen und nicht nach Gott fragen, nicht einmal einer, alle aber abweichen und unnütz sind. Ich glaube aber, dass unter die Menschenkinder und diejenigen, die unter dem Gesetz sind, auch die gezählt werden, welche die Besten und Ehrenhaftesten sind, die sich kraft des freien Willensvermögens um das Ehrenhafte und Gute bemüht haben. Und die rühmt die ‚Diatribe', ihnen sei der Sinn und Keim für das Ehrenhafte angeborenen, wenn sie nicht vielleicht sogar behauptet, sie seien Kinder von Engeln.

Wie also streben nach dem Guten diejenigen, die alle insgesamt Gott nicht kennen, sich nicht um ihn kümmern oder nach ihm fragen? Wie haben eine brauchbare Kraft zum Guten diejenigen, die alle abweichen vom Guten und völlig unnütz sind? Wissen wir etwa nicht, was es bedeutet, Gott nicht zu kennen, nicht zu verstehen, nicht nach Gott zu fragen, Gott nicht zu fürchten, abzuweichen und unnütz zu sein? Sind denn die Worte nicht ganz klar und lehren, dass alle Menschen Gott sowohl nicht kennen als auch Gott verachten, weiter: zum Bösen abweichen und unnütz sind zum Guten? Denn hier wird nicht verhandelt über die Unkenntnis, Lebensunterhalt zu suchen oder über die Verachtung von Geld, sondern von der Unkenntnis und der Verachtung der Frömmigkeit und der Gottesfurcht. Aber diese Unkenntnis und Verachtung sind zweifellos nicht im Fleisch und den niederen, gröberen Affekten, sondern in jenen höchsten und hervorragendsten Kräften der Menschen, in denen Gerechtigkeit, Gottesfurcht, Kenntnis und Verehrung Gottes herrschen sollen, nämlich in der Vernunft und im Willen und daher eben in der Kraft des freien Willensvermögens selbst, im Samen der Tugend selbst, das heißt, im Hervorragendsten, was im Menschen ist. Wo bist du jetzt, meine ‚Diatribe', die du weiter oben versprachst, du wollest gerne zustimmen, dass das Hervorragendste im Menschen Fleisch sei, das heißt, gottlos, wenn das aus den Schriften bewiesen würde? Stimme jetzt also zu, wenn du hörst, das Hervorragendste in allen Menschen sei nicht nur gottlos, sondern kenne Gott nicht, verachte Gott, sei verkehrt zum Bösen und unnütz zum Guten.

inutile ad bonum esse. Quid est enim esse iniustum, nisi voluntatem (quae est praestantissimarum rerum una) esse iniustam? Quid est esse non intelligentem Dei et boni, nisi rationem (quae est praestantissimarum rerum altera) esse ignaram Dei et boni, hoc est, caecam in cognitione pietatis? Quid est declinare et inutiles esse, nisi homines nulla sui parte, tum minime partibus suis praestantissimis valere quicquam ad bonum sed tantum ad malum? Quid est non timere Deum, nisi homines omnibus suis partibus, maxime potioribus illis, esse contemptores Dei? Esse autem contemptores Dei, est esse simul contemptores omnium rerum Dei, puta verborum, operum, legum, praeceptorum, voluntatis Dei. Quid nunc ratio dictet recti, quae caeca est et ignara? Quid voluntas eligat boni, quae mala et inutilis est? imo quid sequatur voluntas, cui ratio nihil dictet, nisi caecitatis et ignorantiae suae tenebras? Errante igitur ratione et aversa voluntate, quid boni facere queat homo aut conari?

Sed Sophisticari forte quis audeat, licet voluntas declinet et ratio ignoret actu, potest tamen voluntas aliquid conari et ratio aliquid nosse suis viribus, cum multa possimus, quae tamen non facimus, De vi potentiae scilicet, non de actu disputamus. Respondeo, Verba Prophetae includunt et actum et potentiam, Et | idem est dicere, Homo non requirit Deum, ac si dicas, Homo non potest requirere Deum. Quod inde colliges, Quia si esset potentia aut vis in homine boni volendi, cum per omnipotentiae divinae motum non sinatur quiescere aut feriari, ut supra docuimus,[827] fieri non posset, quin in aliquot vel saltem in uno aliquo moveretur et usu aliquo ostenderetur. At hoc non fit, quia Deus de coelo prospicit, et ne unum quidem videt, qui requirat aut conetur, quare sequitur, eam vim nusquam esse, quae conetur aut velit requirere, Sed omnes declinant potius.[828] Deinde nisi de impotentia simul intelligeretur Paulus, Disputatio sua nihil efficeret. Quia in hoc totus incumbit Paulus, ut gratiam necessariam faciat cunctis hominibus. Si autem per sese aliquid possent incipere, gratia non foret opus. Nunc autem, quia non possunt, opus est illis gratia. Ita vides liberum arbitrium hoc loco funditus tolli, nec quicquam boni aut honesti in homi-

---

[827] S. o. 466,24–468,3. [828] Ps 14/Vg 13,2 f.; Röm 3,10–12.

Denn was ist ungerecht sein, wenn nicht, dass der Wille (der das eine der hervorragendsten Dinge ist) ungerecht ist? Was ist Gott und das Gute nicht kennen, wenn nicht, dass die Vernunft (welche das andere der hervorragendsten Dinge ist) Gottes und des Guten unkundig ist, das
5 heißt, blind in der Kenntnis der Gottesfurcht? Was ist abweichen und unnütz sein, wenn nicht, dass die Menschen in keinerlei Teil, aber am wenigsten in ihren hervorragendsten Teilen, irgendwie fähig sind zum Guten, sondern nur zum Bösen? Was heißt Gott nicht fürchten, wenn nicht, dass die Menschen in allen ihren Teilen, am meisten in jenen bes-
10 seren, Verächter Gottes sind? Verächter Gottes zu sein aber heißt, zugleich Verächter alles dessen zu sein, was zu Gott gehört, wie der Worte, der Werke, der Gesetze, der Gebote, des Willens Gottes. Was könnte jetzt die Vernunft Richtiges vorschreiben, die blind ist und unkundig? Was kann der Wille Gutes erwählen, der böse und unnütz ist? Ja, was
15 erstrebt der Wille, dem die Vernunft nichts vorschreiben könnte außer der Dunkelheit ihrer Blindheit und Unkenntnis? Wenn also die Vernunft irrt und der Wille abgewendet ist, was Gutes könnte der Mensch dann noch tun oder anstreben?

    Aber vielleicht mag einer in sophistischer Manier zu sagen wagen:
20 Wenn auch [faktisch] der Wille abweicht und die Vernunft unkundig ist, kann dennoch der Wille sich um irgendetwas bemühen und die Vernunft irgendetwas wissen aus eigenen Kräften; denn wir können viel, was wir gleichwohl nicht tun. Über die potentielle Kraft nämlich, nicht über die Tat disputieren wir. Meine Antwort: Die Worte des Propheten
25 schließen sowohl die Tat als auch die Fähigkeit ein. Und es ist dasselbe zu sagen „Der Mensch fragt nicht nach Gott", wie wenn du sagst „Der Mensch kann nicht nach Gott fragen". Darauf wirst du folgendermaßen schließen: Angenommen, es gäbe im Menschen eine Fähigkeit oder Kraft, das Gute zu wollen; weil die göttliche Allmachtswirkung diese
30 nicht ruhen oder müßig gehen ließe, wie wir oben gelehrt haben, könnte es nicht geschehen, dass sie sich nicht in einigen oder wenigstens in einem einzigen [Menschen] regte und irgendwie wirkend zeigte. Aber das geschieht nicht, weil Gott vom Himmel herabschaut und nicht einmal einen sieht, der fragte oder sich bemühte. Daraus folgt, dass diese
35 Kraft nirgendwo ist, die sich bemühte oder fragen wollte. Sondern alle weichen vielmehr ab. Weiter, wenn Paulus nicht zugleich im Sinne der Unfähigkeit verstanden würde, würde seine Disputation nichts ausrichten. Denn darauf hebt Paulus völlig ab, dass er allen Menschen die Gnade notwendig macht. Könnten sie aber aus sich heraus irgendetwas
40 anfangen, wäre die Gnade nicht weiter nötig. Nun aber, weil sie nicht können, ist ihnen die Gnade nötig. So siehst du, dass an dieser Stelle das freie Willensvermögen völlig aufgehoben wird und nicht irgendetwas

ne relinqui, dum iniustus, ignarus Dei, contemptor Dei, aversus et inutilis coram Deo definitur. Et satis fortiter pugnat Propheta tam suo loco quam in Paulo eum allegante.⁸²⁹ Nec parva res est, cum dicitur homo ignorare et contemnere Deum, fontes sunt hi omnium scelerum, sentina peccatorum, imo infernus malorum. Quid ibi non sit mali, ubi ignorantia et contemptus Dei fuerit? Breviter, regnum Satanae in hominibus, nec brevioribus nec plenioribus verbis potuit describi, quam quod eos diceret, | ignaros et contemptores Dei, Ibi est incredulitas, ibi inobedientia, ibi sacrilegia, ibi blasphemia erga Deum, ibi crudelitas et immisericordia erga proximum, ibi amor sui in omnibus rebus Dei et hominum. Sic habes gloriam et potentiam liberi arbitrii.

Pergit vero Paulus et sese de omnibus hominibus et maxime de optimis et praestantissimis loqui testatur dicens, Ut obstruatur omnium os, et obnoxius fiat totus mundus Deo. Quia ex operibus legis non iustificatur ulla caro coram illo.⁸³⁰ Obsecro, quomodo obstruitur os omnium, si reliqua est adhuc vis, qua aliquid possumus? Licebit enim Deo dicere, Non prorsus nihil hic est, Est aliquid, quod non queas damnare, ut quod dederis tu ipse aliquid posse, Hoc saltem non silebit, nec erit obnoxium tibi. Si enim liberi arbitrii vis illa sana est et valet, falsum est, quod totus mundus Deo obnoxius seu reus est, cum illa vis non sit parva res aut in parva parte mundi, sed in toto mundo, praestantissima et communissima, cui os obstrui non debet, aut si obstrui os eius debet, oportet, ut cum toto mundo obnoxium Deo sit et reum. Reum vero quo iure dicetur, nisi iniustum et impium, hoc est, poena et vindicta dignum fuerit? Videam, quaeso, qua interpretatione vis illa hominis absolvatur a reatu, quo totus mundus Deo est obstrictus, aut qua arte excipiatur, ne in toto mundo comprehendatur. Grandia sunt tonitrua et penetrantia fulmina, vereque malleus ille conterens petram (ut Ieremias vocat) ista verba Pauli, Omnes declinaverunt, Totus mundus est reus, Non est iustus quisquam,⁸³¹ quibus conteritur quicquid est, non modo in uno homine, aut aliquibus, aut aliqua eorum parte, sed etiam in toto mundo, in omnibus, nullo prorsus excepto, ut mundus totus ad eas

---

⁸²⁹ Erasmus III a 13; ErAS 4,110. ⁸³⁰ Röm 3,19 f. ⁸³¹ Jer 23,29; Röm 3,12.19.10.

Gutes oder Ehrenhaftes im Menschen übrig bleibt, weil er als ungerecht, Gottes unkundig, als Verächter Gottes, abgekehrt und unnütz vor Gott bestimmt wird. Und kräftig genug kämpft der Prophet sowohl an seiner Stelle als auch bei Paulus, der ihn anführt. Und es ist nichts Geringes, wenn gesagt wird, der Mensch kenne Gott nicht und verachte ihn: Dies sind Quellen aller Verbrechen, Treibmittel für die Sünden, ja, die Hölle aller Übel. Welches Böse ist dort nicht, wo Unkenntnis und Verachtung Gottes sind? Kurz, das Reich Satans in den Menschen kann nicht mit kürzeren und volleren Worten beschrieben werden, als zu sagen, sie seien ohne Kenntnis und Verächter Gottes. Dort sind Unglaube und Ungehorsam, dort sind Frevel und Lästerung gegen Gott, dort sind Grausamkeit und Unbarmherzigkeit gegen den Nächsten, dort ist Selbstliebe in allen Angelegenheiten Gottes und der Menschen. Da hast du die Herrlichkeit und die Macht des freien Willensvermögens.

Paulus fährt aber fort und bezeugt, dass er von allen Menschen und vor allem von den besten und hervorragendsten spricht, indem er sagt: „Dass aller Mund verstopft und die ganze Welt Gott schuldig werde. Weil aus den Werken des Gesetzes kein Fleisch vor ihm gerechtfertigt wird." Bitte, wie wird der Mund aller verstopft, wenn noch irgendeine Kraft übrig wäre, mit der wir etwas vermögen? Es wird nämlich erlaubt sein, zu Gott zu sagen: Es ist nicht völlig nichts hier. Es gibt etwas, was du nicht verdammen kannst, nämlich, dass du selbst [es uns] gegeben hast, etwas zu vermögen. Das jedenfalls wird nicht schweigen und dir nicht schuldig sein. Wenn nämlich jene Kraft des freien Willensvermögens gesund ist und stark, ist es falsch, dass die ganze Welt Gott schuldig oder angeklagt ist. Denn jene Kraft ist keine geringe Angelegenheit oder in einem kleinen Teil der Welt, sondern in der ganzen Welt das Hervorragendste und am meisten Verbreitete, dem der Mund nicht gestopft werden darf. Oder wenn ihm der Mund gestopft werden darf, ist es nötig, dass es zusammen mit der ganzen Welt Gott schuldig und angeklagt ist. Mit welchem Recht aber kann es angeklagt werden, es wäre denn ungerecht und gottlos, das heißt, der Strafe und Vergeltung würdig? Ich möchte gern sehen, mit welcher Auslegung jene Kraft des Menschen von der Anklage freigesprochen wird, in welche die ganze Welt mit Gott verstrickt ist, oder nach welcher Kunst sie ausgenommen wird, dass sie nicht unter ‚ganze Welt' gefasst wird. Gewaltig sind die Donner und durchdringend die Blitze und wahrlich wie jener Hammer, der den Fels zermalmt (wie Jeremia sagt), sind diese Worte des Paulus: „Alle sind abgewichen. Die ganze Welt ist angeklagt. Nicht einer ist gerecht", mit denen alles zermalmt wird, was immer nicht nur in einem Menschen ist oder in einigen oder in einem ihrer Teile, sondern vielmehr in der ganzen Welt, in allen. Dabei ist gar niemand ausgenommen, so dass die

voces tremere, pavere | et fugere debuerit. Quid enim grandius et fortius potuit dici, quam totus mundus est reus, omnes filii hominum sunt aversi et inutiles, nullus timet Deum, nullus est non iniustus, nullus intelligit, nullus requirit Deum? Nihilominus tanta fuit et est duritia et insensata cordis nostri obstinatio, ut haec tonitrua et fulmina neque audiremus neque sentiremus, Sed liberum arbitrium et vires eius interim simul adversus haec omnia extolleremus et statueremus, ut vere illud impleverimus Malachiae primo, Illi aedificant, ego destruam.[832]

Eadem grandiloquentia dicitur et illud, Ex operibus legis non iustificatur ulla caro coram illo.[833] Grande verbum est, Ex operibus legis, quemadmodum et illud, Totus mundus, aut illud. Omnes filii hominum. Nam observandum est, quod Paulus personis abstinet, et studia memorat, scilicet, ut involvat omnes personas et quicquid praestantissimum in illis est. Nam si dixisset, vulgus Iudaeorum, aut Pharisei, aut aliquot impii non iustificantur, poterat videri aliquos fecisse reliquos, qui vi liberi arbitrii et adminiculo legis, non prorsus essent inutiles. At cum ipsa legis opera damnet et impia faciat coram Deo, manifestum fit, quod omnes, qui studio legis et operum pollebant, damnat. Studebant autem legi et operibus, non nisi optimi et praestantissimi, idque non nisi optimis et praestantissimis | sui partibus, ratione scilicet et voluntate. Si igitur ii qui summo studio et conatu, tum rationis tum voluntatis, id est, tota vi liberi arbitrii, in lege et operibus exercebantur, tum ipsa lege, ceu divino auxilio adiuvabantur, qua erudiebantur et excitabantur, si, inquam, ii damnantur impietatis, quod non iustificentur, sed caro esse definiuntur coram Deo, Quid iam reliquum est in toto hominum genere, quod non caro et impium sit? Omnes enim ex aequo damnantur, qui sunt ex operibus legis,[834] Sive enim summo studio, sive mediocri, sive nullo in lege exerciti sunt, nihil refert. Omnes non nisi opera legis, praestare potuerunt, Opera autem legis non iustificant, Si non iustificant, impios arguunt et relinquunt suos operatores, Impii vero rei et ira Dei digni sunt. Haec sunt tam clara, ut ne mutire contra quisquam possit.

---

[832] Mal 1,4.   [833] Röm 3,20.   [834] Gal 3,10.

ganze Welt bei diesen Aussagen zittern, erbeben und fliehen muss. Denn was kann Gewaltigeres oder Stärkeres gesagt werden, als dass die ganze Welt angeklagt ist, alle Menschenkinder abgekehrt und unnütz, keiner Gott fürchtet, keiner nicht ungerecht ist, keiner versteht, keiner nach Gott fragt? Nichtsdestoweniger waren und sind die Härte und der fühllose Starrsinn unseres Herzens so groß, dass wir dieses Donnern und Blitzen weder hörten noch spürten, sondern wir erhoben inzwischen das freie Willensvermögen und seine Kräfte gegen dies alles zugleich und setzten es fest, so dass wir wahrlich jenes Wort Maleachi 1 erfüllen: „Jene bauen, ich will zerstören."

Mit der gleichen gewaltigen Sprache wird auch dies gesagt: „Aus den Werken des Gesetzes wird kein Fleisch vor ihm gerechtfertigt." Großartig ist das Wort ‚aus den Werken des Gesetzes' wie auch dies: ‚die ganze Welt' oder jenes ‚alle Menschenkinder'. Denn man muss darauf achten, dass Paulus von Personen absieht und das Streben erwähnt; so schließt er nämlich alle Personen und, was immer an sehr Hervorragendem in ihnen ist, ein. Denn wenn er gesagt hätte ‚das Volk der Juden' oder ‚die Pharisäer' oder ‚einige Gottlose werden nicht gerechtfertigt', hätte es scheinen können, als habe er einige übrig gelassen, die kraft des freien Willensvermögens und der Hilfe des Gesetzes nicht völlig unnütz wären. Aber weil er eben die Werke des Gesetzes verdammt und für gottlos vor Gott erklärt, wird offensichtlich, dass er alle, die voll Eifer um das Gesetz und die Werke waren, verdammt. Es bemühten sich aber um das Gesetz und die Werke nur die Besten und Hervorragendsten und dies nur in ihren besten und hervorragendsten Teilen, nämlich Vernunft und Wille. Angenommen also, es gäbe welche, die sich mit höchstem Eifer und Bemühen sowohl der Vernunft als auch des Willens, das heißt, aus ganzer Kraft des freien Willensvermögens, im Gesetz und den Werken übten; die dann eben durch das Gesetz als eine göttliche Hilfe unterstützt wurden, durch das sie unterrichtet und angetrieben wurden. Wenn nun, sage ich, diese der Gottlosigkeit schuldig gesprochen werden, dass sie nicht gerechtfertigt werden, sondern vor Gott festgestellt wird, sie seien Fleisch – was ist dann noch im gesamten Menschengeschlecht übrig, das nicht Fleisch und gottlos ist? Denn alle werden gleichermaßen verdammt, die mit den Werken des Gesetzes umgehen. Ob sie nämlich mit höchstem Eifer oder mit mittelmäßigem oder mit gar keinem sich im Gesetz geübt haben, spielt keine Rolle. Alle konnten nur die Werke des Gesetzes vorweisen. Die Werke des Gesetzes aber rechtfertigen nicht. Wenn sie nicht rechtfertigen, klagen sie ihre Täter als gottlos an und lassen sie im Stich. Gottlose aber sind Angeklagte und des Zornes Gottes würdig. Dies ist so klar, dass dagegen niemand aufmucken kann.

At solent hic eludere Paulum et evadere, quod opera legis vocet cerimonialia opera, quae post mortem Christi sint mortifera. Respondeo, Hic est error ille et ignorantia Hieronymi, cui licet Augustinus fortiter restiterit,[835] tamen deserente Deo et praevalente Satana, dimanavit in mundum et permansit in hodiernum diem. Quo et factum est, ut impossibile fuerit Paulum intelligere, et Christi notitiam oportuerit obscurari. Atque si nullus praeterea fuisset error in Ecclesia, iste unus satis pestilens et potens fuit ad vastandum Euangelion, quo, nisi singularis gratia intercessit, infernum potius quam coelum Hieronymus meruit, tantum abest, ut ipsum Canonisare aut sanctum esse, audeam dicere. Non est verum igitur, Paulum de ceremonialibus operibus tantum loqui, alioqui quomodo stabit sua disputatio, qua concludit omnes esse iniustos et gratia indigere? Diceret enim aliquis, Esto ex ceremonialibus operibus non iustificemur, At ex | moralibus Decalogi quis iustificari posset, Quare tuo syllogismo illis non probasti necessariam gratiam. Tum quam utilis fuerit illa gratia, quae solum a ceremonialibus operibus nos liberarit, quae sunt facillima omnium, et saltem metu vel amore sui possunt extorqueri. Iam et illud erroneum est, opera ceremonialia esse mortifera et illicita post mortem Christi, Non hoc dixit unquam Paulus, Sed dicit, quod non iustificent et homini nihil prosint coram Deo,[836] quo ab impietate liber fiat. Cum hoc bene stat, ut ea quispiam faciat, et nihil illicitum tamen faciat, Sicut edere et bibere opera sunt, quae non iustificant et Deo nos non commendant, at non ideo illicitum facit, qui edit et bibit.

Errant et in hoc, quod opera ceremonialia aeque erant praecepta et exacta in veteri lege atque Decalogus, Et ideo haec neque minus, neque magis valebant quam illa. Iudaeis autem primum loquitur Paulus, ut dicit Rom. 1. Quare nemo dubitet, per opera legis intelligi omnia opera totius | legis. Nam ne legis quidem opera dicenda sunt, si lex abrogata et mortifera est, lex enim abrogata, iam lex non est, Id quod pulchre sciebat Paulus, ideo non de abrogata lege dicit, cum opera legis memorat, sed de lege valente et regnante. Alioqui quam fuisset illi facile dicere, Lex

---

[835] Augustinus: Epistulae 82,2,20.   [836] Röm 2,25–29; Kol 2,16 f.

Aber hier pflegen sie Paulus zu entschlüpfen und zu entfliehen, dass er als Werke des Gesetzes die kultischen Werke [des Alten Testaments] bezeichne, die nach dem Tod Christi todbringend seien. Meine Antwort: Hier herrschen der Irrtum und die Unkenntnis des Hieronymus. Denen hat sich zwar Augustinus heftig widersetzt. Aber dennoch haben sie sich nach dem Rückzug Gottes und dem Übergewicht Satans über die ganze Welt ausgebreitet und sind bis auf den heutigen Tag geblieben. Daher kam es auch, dass es unmöglich war, Paulus zu verstehen, und die Kenntnis Christi verdunkelt werden musste. Und wenn es sonst keinen Irrtum in der Kirche gegeben hätte – dieser eine war giftig und mächtig genug, das Evangelium zu verwüsten. Deswegen hätte Hieronymus, wenn nicht eine besondere Gnade eingetreten wäre, eher die Hölle als den Himmel verdient. Kein Gedanke daran, dass ich wagen würde, ihn zu kanonisieren oder heilig zu nennen. Es ist also nicht wahr, dass Paulus nur von den kultischen Werken spricht; wie sonst wird seine Erörterung Bestand haben, in der er zu dem Schluss kommt, alle seien ungerecht und bedürften der Gnade? Es könnte nämlich einer sagen: Angenommen, wir werden aus den kultischen Werken nicht gerechtfertigt. Aber aus den moralischen Werken des Dekalogs könnte jemand gerechtfertigt werden. Daher hast du mit deinem Syllogismus ihnen nicht bewiesen, dass die Gnade notwendig sei. Weiter, wie nützlich wäre jene Gnade gewesen, die uns nur von den kultischen Werken befreite, welche die leichtesten von allen sind und wenigstens der Furcht oder der Eigenliebe abgerungen werden können? Vollends ist auch das irrig, dass die kultischen Werke des Gesetzes nach dem Tod Christi todbringend und unerlaubt sind. Das hat Paulus niemals gesagt. Sondern er sagt, dass sie nicht rechtfertigen und dem Menschen nichts nützen vor Gott, um dadurch von der Gottlosigkeit frei zu werden. Damit verträgt es sich gut, dass jeder, der sie tut, doch ja nichts Unerlaubtes tut. So wie Essen und Trinken Werke sind, die nicht rechtfertigen und uns Gott nicht angenehm machen. Aber deswegen tut nichts Unerlaubtes, wer isst und trinkt.

Sie irren auch darin, dass die kultischen Werke in gleicher Weise Gebote wären und im Alten Testament [ebenso] gefordert wären wie der Dekalog und deswegen diese [Zehn Gebote] weder weniger noch mehr gälten als jene. Zu den Juden aber redet Paulus zuerst, wie er Röm 1 sagt. Daher soll niemand zweifeln, dass unter ‚Werke des Gesetzes' alle Werke des gesamten Gesetzes verstanden werden. Denn nicht einmal ‚Werke des Gesetzes' dürfen sie genannt werden, wenn das Gesetz abgetan und todbringend ist. Denn ein Gesetz, das abgetan ist, ist kein Gesetz mehr. Das wusste Paulus wohl, und so spricht er nicht vom abgetanen Gesetz, wenn er die Werke des Gesetzes erwähnt, sondern vom geltenden und herr-

ipsa iam est abrogata? Id quod fuisset aperte et clare dictum. Sed afferamus ipsummet Paulum, sui interpretem optimum, qui in Galatis. 3. dicit, Quicunque ex operibus legis sunt, sub maledicto sunt. Scriptum est enim, Maledictus onmis, qui non permanserit in omnibus, quae scripta sunt in libro legis, ut faciat ea. Vides hic Paulum, ubi eandem caussam, quam ad Romanos, et eisdem verbis agit, de omnibus legibus in libro legis scriptis loqui, quoties opera legis memorat. Et quod mirabilius est, ipse citat Mosen, qui maledicat non permanentes in lege, cum tamen maledictos praedicet, qui sunt ex operibus legis, contrarium locum contrariae sententiae adducens, cum ille negativus, hic affirmativus sit. Sed hoc facit, quod res ita habet coram Deo, ut qui maxime student operibus legis, minime legem implent, eo quod spiritu carent, legis consummatore, quam viribus suis tentare quidem possint, sed nihil efficiant. Ita utrunque verum est, quod iuxta Mosen maledicti sint, qui non permanent, et iuxta Paulum maledicti sint, qui sunt ex operibus legis, uterque enim spiritum exigit, sine quo, opera legis, quantumlibet fiant, non iustificant, ut Paulus dicit, quare nec permanent in omnibus quae scripta sunt, ut Moses dicit.[837]

Summa, Paulus partitione sua satis confirmat, hoc quod dicimus, Dividit enim homines operatores legis in duo, alios facit spiritu operatores, alios carne operatores, nullo relicto medio, Sic enim dicit, Non iustificabitur ulla Caro ex operibus legis. Quid est hoc aliud, quam illos sine spiritu operari in lege, cum sint caro, id est, impii et ignari Dei, quibus ea opera nihil prosint. Sic Gala. 3. eadem partitione usus, dicit, Ex operibus legis spiritum accepistis, an ex auditu fidei? Et rursus Rom. 3. Nunc sine lege manifestata est iustitia Dei. Et iterum, Arbitramur hominem iustificari ex fide sine operibus legis. Quibus omnibus perspi-|cuum et clarum fit, apud Paulum opponi spiritum operibus legis, non aliter quam omnibus aliis rebus non spiritualibus universisque carnis viribus et nominibus, ut sententiam Pauli hanc esse certum sit, cum Christo Iohan. 3. Omne quod non est ex spiritu, carnem esse,[838] sit etiam quantumvis speciosum, sanctum, praestans, atque adeo ipsamet opera legis divinae pulcherrima, quibuscunque tandem viribus expres-

---

[837] Röm 1,16; Gal 3,10; Dtn 27,26; Röm 3,20. [838] Röm 3,20; Gal 2,16; 3,2; Röm 3,21.28; Joh 3,6.

schenden Gesetz. Wie leicht wäre es ihm sonst gewesen zu sagen: „Das Gesetz selbst ist nun abgetan"? Das wäre offen und klar geredet gewesen. Aber wir wollen Paulus selbst als seinen besten Ausleger anführen, der in Galater 3 sagt: „Wer immer mit den Werken des Gesetzes umgeht, ist unter dem Fluch. Denn es steht geschrieben: Jeder ist verflucht, der nicht bei allem bleibt, was geschrieben ist im Buch des Gesetzes, dass er es tun solle." Hier siehst du, dass Paulus, wo er dieselbe Sache wie [im Brief] an die Römer mit denselben Worten behandelt, über alle im Buch des Gesetzes niedergeschriebenen Gesetze spricht, sooft er die Werke des Gesetzes erwähnt. Und was noch wunderbarer ist, er zitiert Mose, der diejenigen verflucht, die nicht im Gesetz bleiben, obwohl er doch die für verflucht erklärt, die mit den Werken des Gesetzes umgehen. Da führt er zwei Stellen an, deren eine der anderen widerspricht, denn jene ist verneinend, diese bejahend. Aber das tut er, weil sich die Sache vor Gott so verhält: Diejenigen, die sich am meisten um die Werke des Gesetzes bemühen, erfüllen das Gesetz deshalb am wenigsten, weil ihnen der Geist, der Erfüller des Gesetzes, fehlt, nach dem sie mit ihren Kräften zwar streben könnten, aber nichts bewirken. Daher ist beides wahr: dass nach Mose die verflucht sind, die nicht [im Gesetz] bleiben, und nach Paulus die verflucht sind, die mit den Werken des Gesetzes umgehen. Denn beide fordern den Geist, ohne den die Werke des Gesetzes, wie viele auch immer getan werden, nicht rechtfertigen, wie Paulus sagt. Und deswegen bleiben sie auch nicht bei allem, was geschrieben ist, wie Mose sagt.

Kurzum: Paulus bekräftigt durch seine Einteilung zur Genüge das, was wir sagen. Er teilt nämlich die Menschen als Täter des Gesetzes in zwei Klassen. Die einen macht er zu Tätern im Geist, die anderen zu Tätern im Fleisch, wobei nichts Mittleres bleibt. So nämlich sagt er: „Kein Fleisch wird aus den Werken des Gesetzes gerechtfertigt werden." Was ist das anderes, als dass jene [ersten] ohne Geist im Gesetz wirken, weil sie Fleisch sind, das heißt, gottlos und Gottes nicht kundig, denen diese Werke nichts nützen? So gebraucht er in Gal 3 dieselbe Einteilung und sagt: „Habt ihr aus den Werken des Gesetzes den Geist empfangen oder aus dem Hören [der Predigt] des Glaubens?" Und wiederum Röm 3: „Jetzt ist ohne Gesetz offenbar geworden die Gerechtigkeit Gottes." Und wiederum: „Wir glauben, dass der Mensch gerechtfertigt wird aus dem Glauben ohne Werke des Gesetzes." Durch all das wird ersichtlich und klar, dass bei Paulus der Geist den Werken des Gesetzes entgegengestellt wird, nicht anders als allen anderen nicht geistlichen Dingen und den gesamten Kräften und Namen des Fleisches. So ist gewiss, die Meinung des Paulus sei, mit Christus Joh 3: „Alles, was nicht aus dem Geist ist, ist Fleisch", sei es auch noch so prächtig, heilig, hervorragend, und seien es daher gerade die herrlichsten Werke des göttlichen Gesetzes, gleich,

sa. Spiritu enim Christi opus est, sine quo nihil sunt omnia, nisi damnabilia. Ratum itaque esto, Paulum per opera legis non ceremonialia, sed omnia totius legis opera intelligere. Ratum simul erit, In operibus legis damnari quicquid est sine spiritu. At sine spiritu est vis illa liberi arbitrii, de hac enim disputamus, praestantissimum, scilicet, in homine. Esse enim | ex operibus legis, est id, quo nihil excellentius de homine potest dici, Non enim dicit, qui sunt ex peccatis et impietate contra legem, sed qui ex operibus legis, hoc est, optimi et studiosi legis, qui ultra vim liberi arbitrii, etiam lege adiuti, hoc est, eruditi et excitati fuerunt. Si igitur liberum arbitrium per legem adiutum et in lege summis viribus versatum, nihil prodest neque iustificat, sed in impietate et carne relinquitur, quid posse putandum est se solo sine lege?

Per legem (inquit) cognitio peccati.[839] Ostendit hic, quantum et quatenus prosit lex. Scilicet quod liberum arbitrium se solo adeo caecum sit, ut ne norit quidem peccatum, sed lege doctrice opus illi sit. At qui peccatum ignorat, quid ille conetur pro peccato aufferendo? Hoc scilicet, quod peccatum pro non peccato, et non peccatum pro peccato iudicabit. Id quod experientia satis declarat, quam odiat et persequatur mundus, per eos quos optimos et studiosissimos habet iustitiae et pietatis, iustitiam Dei, Evangelio praedicatam, et haeresim, errorem, ac pessimis aliis nominibus infamet, sua vero opera et consilia, quae vere peccatum et error sunt, pro iustitia et sapientia iactet et venditet. Obstruit igitur hac voce Paulus os libero arbitrio, dum per legem illi peccatum ostendi docet, ceu ignaro peccati sui, tantum abest, ut ullam ei vim concedat conandi ad bonum. Atque hic solvitur illa quaestio Diatribes, toties toto libello repetita, Si nihil possumus, quid faciunt tot leges, tot praecepta, tot minae, tot promissiones?[840] Respondet hic Paulus, per legem cognitio peccati. Longe aliter respondet ad eam quaestionem, quam homo, aut liberum arbitrium cogitat. Non (ait) probatur liberum arbitrium per legem, Non cooperatur ad iustitiam, Non enim

---

[839] Röm 3,20.   [840] S. o. 406,25–28.

mit welchen Kräften sie schließlich verwirklicht werden. Denn der Geist Christi ist nötig, ohne den alles nichts ist, nur verdammungswürdig. Daher nun steht fest, dass Paulus unter ‚Werken des Gesetzes' nicht die kultischen, sondern alle Werke des gesamten Gesetzes versteht. Ebenfalls wird sicher feststehen bleiben, dass an den Werken des Gesetzes alles verdammt wird, was ohne Geist ist. Aber ohne Geist ist jene Kraft des freien Willensvermögens, denn über die diskutieren wir ja, über das Hervorragendste nämlich im Menschen. Denn ‚mit den Werken des Gesetzes umgehen' – das ist das, über das hinaus Hervorragenderes über den Menschen nicht gesagt werden kann. Denn er sagt nicht ‚die aus Sünden und Gottlosigkeit gegen das Gesetz sind', sondern ‚die mit den Werken des Gesetzes umgehen', das heißt, die Besten und Eiferer für das Gesetz, denen über die Kraft des freien Willensvermögens hinaus auch vom Gesetz geholfen wurde, das heißt, die darin unterrichtet und davon angespornt worden sind. Wenn nun das freie Willensvermögen, unterstützt vom Gesetz und aus allen Kräften im Gesetz tätig, nichts nützt und nicht rechtfertigt, sondern in Gottlosigkeit und Fleisch bleibt, was kann man dann von ihm allein ohne das Gesetz halten?

Durch das Gesetz (sagt er) geschieht Erkenntnis der Sünde. Er zeigt hier, wie viel und wie weit das Gesetz nützt. Nämlich, dass das freie Willensvermögen aus sich allein heraus so sehr blind ist, dass es nicht einmal die Sünde kennt, sondern das Gesetz als Lehrerin nötig hat. Wer aber die Sünde nicht kennt, wie soll der sich um die Beseitigung der Sünde bemühen? Das natürlich wird er tun, dass er die Sünde als Nicht-Sünde und die Nicht-Sünde als Sünde beurteilen wird. Die Erfahrung erklärt das zur Genüge: Mittels derer, die sie für die Besten und Eifrigsten im Blick auf Gerechtigkeit und Gottesfurcht hält, hasst und verfolgt und beschimpft die Welt als Irrlehre, als Irrtum und mit schlimmsten anderen Bezeichnungen die Gerechtigkeit Gottes, die durch das Evangelium gepredigt wird; ihre eigenen Werke und Pläne aber, die wahrhaft Sünde und Irrtum sind, gibt sie als Gerechtigkeit und Weisheit aus und preist sie an. Es stopft also durch diese Aussage Paulus dem freien Willensvermögen das Maul, indem er lehrt, dass ihm durch das Gesetz die Sünde gezeigt wird wie einem, der von seiner Sünde keine Ahnung hat. Kein Gedanke, ihm irgendeine Kraft des Strebens zum Guten zuzugestehen. Und hier wird jene Frage der ‚Diatribe' gelöst, die so oft im gesamten Büchlein wiederholt wurde: Wenn wir nichts können, was sollen dann so viele Gesetze, so viele Gebote, so viele Drohungen, so viele Zusagen? Hier antwortet Paulus: Durch das Gesetz geschieht Erkenntnis der Sünde. Weit anders antwortet er auf diese Frage, als der Mensch oder das freie Willensvermögen denken. Das freie Willensvermögen (sagt er) wird nicht durch das Gesetz bewiesen. Es wirkt

per legem iustitia, sed cognitio peccati. Is enim est fructus, id opus, id officium legis, quod ignaris et caecis lux est, sed talis lux, quae ostendat morbum, peccatum, malum, mortem, infernum, iram Dei, Sed non iuvat, nec liberat ab istis, Ostendisse contenta est. Tum homo cognito morbo peccati, tristatur, affligitur, imo desperat. Lex non iuvat, multo minus ipse se iuvare potest. Alia vero luce opus est, quae ostendat remedium. Haec est vox Evangelii ostendens Christum liberatorem ab istis omnibus. Hunc non ostendit ratio aut liberum arbitrium, Et quomodo ostenderet, cum ipsamet sit ipsa tenebra, indigens luce legis, quae ostendat ei morbum, quem per suam lucem non videt, sed sanitatem esse credit?

Sic et in Galatis eandem quaestionem tractat dicens, Quid igitur lex?[841] Respondet vero non Diatribes modo, quod arguat esse liberum arbitrium, Sed sic | dicit, Propter transgressiones posita est, donec veniret semen, cui promiserat. Propter transgressiones (inquit) non quidem coercendas, ut Hieronymus somniat,[842] cum Paulus disputet hoc semini futuro promissum, ut peccata tollat et coerceat, donata iustitia, Sed propter transgressiones | augendas, ut ad Romanos. 5. dicit, Lex subintravit, ut abundaret peccatum. Non quod non fierent aut non abundarent peccata sine lege, sed quod non cognoscerentur esse transgressiones, aut peccata tam grandia, sed plurima et maxima pro iustitia haberentur. Ignotis autem peccatis, nullus est remedii locus, neque spes, eo quod non ferant manum medentis, ut quae sibi sana videntur, neque egere medico. Ideo necessaria est lex, quae notificet peccatum, ut nequicia et magnitudine eius cognita, humilietur superbus et sanus sibi visus homo, et gratiam suspiret et anhelet, in Christo propositam. Vide ergo, quam simplex oratio, Per legem cognitio peccati, et tamen sola satis potens liberum arbitrium confundere et subvertere. Si enim hoc verum est, quod se solo nescit, quid sit peccatum et malum, ut et hic et Romano. septimo dicit, Concupiscentiam nesciebam esse peccatum,

---

[841] Gal 3,19.   [842] Hieronymus: Commentarii in IV epistulas Paulinas, ad Galatas 2,3.

nicht mit zur Gerechtigkeit. Denn durch das Gesetz geschieht nicht Gerechtigkeit, sondern Erkenntnis der Sünde. Das nämlich ist die Frucht, dies das Werk, dies das Amt des Gesetzes, dass es den Unkundigen und Blinden ein Licht ist, aber ein solches Licht, das Krankheit, Sünde, Böses, Tod, Hölle und Zorn Gottes zeigt. Aber es hilft nicht noch befreit es von ihnen. Es ist zufrieden damit, sie gezeigt zu haben. Dann wird der Mensch, der die Krankheit der Sünde erkannt hat, traurig, angeschlagen, ja, er verzweifelt. Das Gesetz hilft [ihm] nicht, noch viel weniger kann er sich selbst helfen. Ein anderes Licht aber ist nötig, welches das Heilmittel zeigt. Dies ist die Stimme des Evangeliums, die Christus als den Befreier von all diesem zeigt. Diesen [Befreier] zeigen nicht Vernunft oder freies Willensvermögen. Und wie sollten sie auch auf ihn zeigen, da gerade sie Dunkelheit sind, bedürftig des Lichtes des Gesetzes, das ihnen die Krankheit zeigt, die sie durch ihr eigenes Licht nicht sehen, sondern für Gesundheit halten?

So behandelt er auch im Galaterbrief dieselbe Frage, indem er sagt: „Was soll also das Gesetz?" Er antwortet aber nicht in der Weise der ‚Diatribe' und argumentiert, es gebe ein freies Willensvermögen. Sondern er sagt so: „Wegen der Übertretungen ist es gesetzt, bis der Same kommt, dem die Zusage gegeben war." „Wegen der Übertretungen" (sagt er). [Wieso?] Jedenfalls nicht, um sie einzudämmen, wie Hieronymus träumt; Paulus erörtert ja, dies sei dem zukünftigen Samen zugesagt, dass er die Sünden aufhebe und eindämme, indem er die Gerechtigkeit schenkt. Sondern um die Übertretungen zu vergrößern, wie er zu den Römern im 5. Kapitel sagt: „Das Gesetz ist dazwischen hineingekommen, damit die Sünde im Überfluss vorhanden sei." Nicht dass die Sünden ohne Gesetz nicht geschähen oder nicht im Überfluss vorhanden wären. Sondern dass sie nicht erkannt würden als Übertretungen oder als so große Sünden. Vielmehr würden die meisten und größten für Gerechtigkeit gehalten. Bleiben die Sünden aber unbekannt, so gibt es keinen Ort für ein Heilmittel und auch keine Hoffnung – darum, weil sie die Hand des Heilenden nicht ertragen, weil sie sich selbst als gesund und des Arztes nicht bedürftig erscheinen. Daher ist das Gesetz notwendig, das die Sünde bekannt macht, damit nach Erkenntnis ihrer Nichtswürdigkeit und Größe der hochmütige und sich selbst gesund erscheinende Mensch gedemütigt werde und nach der Gnade seufze und lechze, die in Christus vor Augen gestellt wird. Sieh also, wie schlicht die Rede ist „Durch das Gesetz geschieht Erkenntnis der Sünde", und dennoch ist sie allein mächtig genug, das freie Willensvermögen aus der Fassung zu bringen und zu vernichten. Denn wenn das wahr ist, dass er aus sich heraus nicht weiß, was Sünde und Böses sind, wie er hier und im 7. Kapitel des Römerbriefs sagt: „Ich wusste nicht,

nisi lex diceret, non concupisces,⁸⁴³ Quomodo unquam sciet, quid sit iustitia et bonum? Ignorata iustitia, quomodo conetur ad eam? Peccatum in quo nati sumus, in quo vivimus, movemur et sumus,⁸⁴⁴ imo quod in nobis vivit, movet et regnat, ignoramus, Et quomodo iustitiam, quae extra nos in coelo regnat, nosceremus? Nimis nimis nihil faciunt haec dicta miserum illud liberum arbitrium.

His sic habentibus, pronunciat Paulus cum plena fiducia et authoritate dicens, Nunc autem sine lege iustitia Dei manifestatur, testificata a lege et Prophetis. Iustitia, inquam, Dei per fidem in Ihesum Christum, in omnes et super omnes qui credunt in eum, Non est enim distinctio, Omnes enim peccaverunt et vacant gloria Dei, Iustificati gratis per gratiam ipsius per redemptionem, quae est in Christo Ihesu, quem proposuit Deus propitiatorium per fidem in sanguine eius, etc. Hic Paulus mera fulmina loquitur adversus liberum arbitrium. Primum, Iustitia Dei sine lege (inquit) manifestatur, Secernit iustitiam Dei a legis iustitia. Quia iustitia fidei venit ex gratia sine lege. Hoc quod dicit, Sine lege, aliud nihil esse potest, quam quod iustitia Christiana constet sine operibus legis, sic quod opera legis nihil pro ea valeant aut faciant obtinenda, Sicut mox infra dicit, Nos arbitramur hominem iustificari per fidem absque operibus legis. Et ut supra dixit, Ex operibus legis non iustificatur ulla caro coram illo.⁸⁴⁵ Ex quibus omnibus manifestissimum est, Conatum aut studium liberi arbitrii nihil esse prorsus. Quia si sine lege et sine operibus legis iustitia Dei constat, quomodo non multo magis sine libero arbitrio constet? Cum id sit summum studium liberi arbitrii, si iustitia morali seu operibus legis exerceatur, qua ipsius caecitas | et impotentia iuvatur. Tollit haec vox (Sine) opera moraliter bona, tollit iustitiam moralem, tollit praeparationes ad gratiam, denique finge quicquid poteris, quod valeat liberum arbitrium, perstabit Paulus et dicet, Sine tali constat iustitia Dei. Atque ut dem liberum arbitrium per conatum suum aliquo posse promoveri, videlicet, ad opera bona, vel ad iustitiam legis civilis vel moralis, Ad iustitiam Dei tamen non | promo-

---

⁸⁴³ Röm 5,20; 3,20; 7,7.   ⁸⁴⁴ Apg 17,28.   ⁸⁴⁵ Röm 3,21–23.28; Gal 2,16.

dass die Begierde Sünde ist, wenn nicht das Gesetz gesagt hätte: Du sollst nicht begehren" – wie wird er jemals wissen, was Gerechtigkeit und Gutes sind? Wenn die Gerechtigkeit unbekannt ist, wie soll er nach ihr streben? Die Sünde, in der wir geboren sind, in der wir leben, uns bewegen und sind, ja, welche in uns lebt, uns bewegt und regiert, kennen wir nicht. Und wie sollten wir [dann] die Gerechtigkeit, die außerhalb von uns im Himmel herrscht, kennen? Zu nichts, über alle Maßen nichts machen diese Worte jenes elende freie Willensvermögen.

Weil sich die Dinge so verhalten, verkündet Paulus mit voller Zuversicht und Autorität und sagt: „Jetzt aber wird ohne das Gesetz die Gerechtigkeit Gottes offenbar, bezeugt vom Gesetz und den Propheten. Gerechtigkeit Gottes, sage ich, durch den Glauben an Jesus Christus, für alle und über alle, die an ihn glauben. Denn es ist kein Unterschied. Denn alle haben gesündigt und mangeln des Ruhmes Gottes. Gerechtfertigt umsonst durch seine Gnade durch die Erlösung, die in Christus Jesus ist, den Gott als Versöhnung durch den Glauben in seinem Blut vorgestellt hat" usw. Hier redet Paulus lauter Blitze gegen das freie Willensvermögen. Zunächst: „Die Gerechtigkeit Gottes", sagt er, „wird ohne das Gesetz offenbar." Er trennt die Gerechtigkeit Gottes von der Gerechtigkeit des Gesetzes. Denn die Gerechtigkeit des Glaubens kommt aus der Gnade ohne das Gesetz. Wenn er sagt ‚ohne Gesetz', kann nichts anderes gemeint sein, als dass die christliche Gerechtigkeit besteht ohne Werke des Gesetzes, und zwar so, dass die Werke des Gesetzes nichts für sie vermögen oder etwas tun können, sie zu erlangen. Wie er kurz danach sagt: „Wir glauben, dass der Mensch gerechtfertigt wird durch den Glauben ohne die Werke des Gesetzes" und wie er oben gesagt hat: „Aus den Werken des Gesetzes wird nicht irgendein Fleisch vor ihm gerechtfertigt." Aus diesem allen ist ganz klar: Das Streben oder der Eifer des freien Willensvermögens ist gar nichts. Wenn ja ohne das Gesetz und ohne die Werke des Gesetzes die Gerechtigkeit Gottes feststeht, wie steht sie [dann] nicht um soviel mehr fest ohne das freie Willensvermögen? Wenn doch das der höchste Eifer des freien Willensvermögens ist, wenn es sich in der sittlichen Gerechtigkeit oder den Werken des Gesetzes übt, wodurch seine Blindheit und Machtlosigkeit unterstützt werden. Dieses Wort ‚ohne' hebt die sittlich guten Werke auf, es hebt die sittliche Gerechtigkeit auf, es hebt die Bereitungen zur Gnade auf. Erfinde schließlich, was du kannst, was das freie Willensvermögen vermögen soll – Paulus wird fest stehen bleiben und sagen: Ohne solches besteht die Gerechtigkeit Gottes. Und würde ich auch einräumen, das freie Willensvermögen könnte durch sein Bemühen irgendwohin vordringen, etwa zu guten Werken oder zur Gerechtigkeit des bürgerlichen oder sittlichen Gesetzes – zur Gerechtigkeit Gottes

vetur, nec ullo respectu dignatur eius studia Deus ad suam iustitiam, dum dicit, Sine lege suam iustitiam valere. Si vero ad iustitiam Dei non promovet, quid profuerit illi, si operibus et conatibus suis promoveret (si possit fieri) etiam ad angelorum sanctimoniam? Arbitror hic non esse verba obscura vel ambigua nec tropis ullis locum relinqui. Quid distinguit Paulus manifeste duas iustitias, alteram legis, alteram gratiae tribuens. Et hanc sine illa et absque operibus eius donari, illam vero sine hac non iustificare nec quicquam valere. Videam igitur, quomodo liberum arbitrium adversus haec subsistere et defendi queat.

Alterum fulmen, quod iustitiam Dei manifestari et valere dicit, in omnes et super omnes qui credunt in Christum, Neque ullum esse distinctionem. Iterum clarissimis verbis universum genus hominum in duo dividit, Credentibus dat iustitiam Dei, non credentibus auffert. Iam nemo tam insanus est, qui dubitet, liberi arbitrii vim aut conatum aliud quippiam esse, quam fidem in Ihesum Christum. At Paulus, quicquid extra fidem hanc est, negat esse iustum coram Deo. Si iustum non fuerit coram Deo, peccatum esse necesse est. Neque enim apud Deum relinquitur medium, inter iustitiam et peccatum, quod velut neutrum sit, quasi nec iustitia nec peccatum. Alioqui disputatio tota Pauli nihil efficeret, quae procedit ex partitione illa, aut iustitiam, aut peccatum esse apud Deum, quicquid in hominibus fit et geritur. Iustitiam, si fides assit, Peccatum, si fides desit. Apud homines sane ita habet res, ut media et neutralia sint, in quibus homines invicem neque debent quicquam, neque praestant quicquam. In Deum peccat impius, sive edat sive bibat, aut quicquid fecerit, quia abutitur creatura Dei cum impietate et ingratitudine perpetua, nec ex animo dat gloriam Deo ullo momento.

Est et hoc non leve fulmen quod dicit. Omnes peccaverunt, et vacant gloria Dei, Nec ulla est distinctio.[846] Obsecro quid clarius dici possit? Da operarium liberi arbitrii, et responde, an conatu illo suo etiam peccet. Si non peccat, Cur Paulus eum non excipit, sed involvit sine distinctione?

---

[846] Röm 3,23.

könnte es trotzdem nicht vordringen, und Gott würde sein Bemühen in keinerlei Hinsicht als Gerechtigkeit vor ihm würdigen, da er ja sagt, seine Gerechtigkeit gelte ohne das Gesetz. Wenn es aber zur Gerechtigkeit Gottes nicht vordringt, was nützte es ihm, wenn es durch seine
5 Werke und Bemühungen (wenn das geschehen könnte) sogar zur Heiligkeit der Engel vordränge? Ich glaube, hier sind weder die Worte dunkel oder zweideutig noch bleibt Raum übrig für irgendwelche Bildreden. Denn Paulus unterscheidet offensichtlich zwei Gerechtigkeiten, die eine aus dem Gesetz, die andere schreibt er der Gnade zu. Und diese
10 werde ohne jene und ohne deren Werke geschenkt, jene aber rechtfertige weder ohne diese noch vermöge sie irgendetwas. Ich möchte also sehen, wie das freie Willensvermögen dagegen bestehen und verteidigt werden kann.

    Der andere Blitz sagt, dass die Gerechtigkeit Gottes offenbar wird
15 und gelte für alle und über alle, die an Christus glauben. Und dass kein Unterschied sei. Wiederum teilt er mit ganz klaren Worten das gesamte Menschengeschlecht in zwei Klassen: Den Glaubenden gesteht er die Gerechtigkeit Gottes zu, den nicht Glaubenden entzieht er sie. Nun ist niemand so wahnsinnig, dass er zweifelte, die Kraft des freien Willens-
20 vermögens oder sein Bemühen seien etwas anderes als der Glaube an Jesus Christus. Aber Paulus verneint, dass was auch immer außerhalb des Glaubens liegt, gerecht sei vor Gott. Wenn es nicht gerecht vor Gott ist, ist es notwendig Sünde. Denn bei Gott bleibt nichts Mittleres übrig zwischen Gerechtigkeit und Sünde, was gleichsam keines von beidem
25 wäre, gleichsam weder Gerechtigkeit noch Sünde. Sonst würde die gesamte Erörterung des Paulus, die aus jener Einteilung hervorgeht, nichts bewirken: dass, was auch immer bei den Menschen geschieht oder getan wird, entweder Gerechtigkeit oder Sünde bei Gott ist. Gerechtigkeit liegt vor, wenn der Glaube da ist; Sünde, wenn der Glaube
30 fehlt. Bei den Menschen freilich verhält sich die Sache so, dass es Mittleres und etwas gibt, was keines von beidem ist, worin die Menschen sich gegenseitig weder irgendetwas schulden noch irgendetwas leisten. Gegen Gott sündigt der Gottlose, gleich, ob er isst oder trinkt oder was immer er tut, weil er die Schöpfung Gottes missbraucht mit ständiger
35 Gottlosigkeit und Undankbarkeit und nicht einen Augenblick von Herzen Gott die Ehre gibt.

    Es ist auch dies kein leichter Blitz, dass er sagt: „Alle haben gesündigt und mangeln des Ruhmes Gottes. Und es ist kein Unterschied." Ich bitte, was kann Klareres gesagt werden? Gib mir einen, der aus freiem
40 Willensvermögen wirkt, und antworte, ob er durch sein Bemühen auch sündigt. Wenn er nicht sündigt: Warum nimmt Paulus ihn nicht aus, sondern schließt ihn ohne Unterschied ein? Gewiss, wer ‚alle' sagt,

Certe, qui omnes dicit, neminem ullo loco, ullo tempore, ullo opere, ullo studio, excipit. Si enim ullius studii aut operis hominem exceperis, falsum Paulum feceris, Quia et operator et conator ille liberi arbitrii, etiam inter omnes et in omnibus numeratur, et eum revereri debuerat Paulus, ne tam libere et generaliter inter peccatores numeraret. Sic et illud quod eos gloria Dei inanes dicit. Gloriam Dei hic possis bifariam accipere, active et passive, Hoc facit Paulus suis Ebraismis, quibus cre-| bro utitur. Active gloria Dei est, qua ipse in nobis gloriatur. Passive, qua nos in Deo gloriamur. Mihi tamen passive accipi debere nunc videtur, ut fides Christi, latine sonat, quam Christus habet, Sed Ebraeis fides Christi intelligitur, quae in Christum | habetur, Sic iustitia Dei, latine dicitur, quam Deus habet, sed Ebraeis intelligitur, quae ex Deo et coram Deo habetur. Ita gloriam Dei non latine, sed Ebraice accipimus, quae in Deo et coram Deo habetur, et gloria in Deo dici posset. Gloriatur igitur in Deo, qui certo scit, Deum esse sibi faventem et dignantem sese respectu benevolo, ut placeant coram eo, quae facit, aut condonentur et tolerentur, quae non placent. Si igitur liberi arbitrii conatus aut studium[847] non est peccatum, sed bonum coram Deo, certe potest gloriari et cum fiducia in ea gloria dicere, hoc placet Deo, huic favet Deus, hoc dignatur et acceptat, vel saltem tolerat et ignoscit Deus. Haec est enim gloria fidelium in Deo, quam qui non habent, potius confunduntur coram Deo. Sed hoc negat hic Paulus, dicens, quod hac gloria sint prorsus inanes. Et hoc probat etiam experientia, interroga mihi omnes in universum liberi arbitrii Conatores, si unum poteris ostendere, qui serio et ex animo de ullo suo studio et conatu queat dicere, Hoc scio placere Deo, victus volo palmam concaedere. Sed scio, quod nullus reperietur. Si autem defuerit haec gloria, ut conscientia non audeat certo scire aut confidere, hoc placere Deo, certum est, quod non placet Deo. Quia sicut credit, sic habet, non enim credit sese certo placere, quod tamen necessarium est, cum hoc ipsum sit incredulitatis crimen, dubitare de favore Dei, qui sibi vult quam certissima fide credi, quod faveat. Ita teste ipsamet conscientia

---

[847] Erasmus II a 12; ErAS 4,56.

nimmt niemanden an irgendeiner Stelle, zu irgendeiner Zeit, in irgendeinem Werk, in irgendeinem Bemühen aus. Wenn du nämlich einen Menschen im Blick auf irgendein Bemühen oder Werk ausnähmest, hättest du Paulus einer Falschheit bezichtigt. Weil ja auch derjenige, der aus freiem Willensvermögen wirkt und sich bemüht, unter ‚alle' und in ‚alle' gerechnet wird, hätte Paulus ihm Hochachtung zollen müssen und ihn nicht so frei und allgemein unter die Sünder zählen dürfen. So sagt er auch dies: dass sie ‚des Ruhmes Gottes mangeln'. ‚Ruhm Gottes' kannst du hier zweifach fassen, aktiv und passiv. Das tut Paulus mit seinen Hebraismen, die er häufig gebraucht. Aktiv meint den Ruhm Gottes, mit dem er selbst sich in uns verherrlicht. Passiv, mit dem wir uns in Gott rühmen. Mir scheint aber jetzt der passive Gebrauch angenommen werden zu müssen. Wie ‚Glaube Christi' lateinisch lautet: [der Glaube,] den Christus hat. Aber bei den Hebräern wird ‚Glaube Christi' als ein solcher verstanden, den man an Christus hat. So heißt ‚Gerechtigkeit Gottes' lateinisch: [die Gerechtigkeit,] die Gott hat, wird aber bei den Hebräern verstanden: die man aus Gott und vor Gott hat. So verstehen wir ‚Ruhm Gottes' nicht lateinisch, sondern hebräisch als den, den man in Gott und vor Gott hat und der ‚Ruhm bei Gott' genannt werden kann. Es rühmt sich also bei Gott, wer gewiss weiß, dass Gott ihm günstig gesonnen ist und ihn eines wohlwollenden Blickes für würdig hält, vorausgesetzt, vor ihm gefällt, was er tut, oder es wird vergeben und ertragen, was nicht gefällt. Wenn also das ‚Streben und Bemühen' des freien Willensvermögens nicht Sünde ist, sondern gut vor Gott, kann es sich wahrlich rühmen und mit Vertrauen auf diesen Ruhm sagen, dies gefällt Gott, diesem schenkt Gott seine Gunst, dieses würdigt er und nimmt es an, oder Gott erträgt und verzeiht es doch. Dies nämlich ist der Ruhm derer, die an Gott glauben; die ihn nicht haben, werden vor Gott vielmehr aus der Fassung gebracht. Aber dies verneint Paulus hier, wenn er sagt, dass sie dieses Ruhmes völlig ermangeln. Und das beweist auch die Erfahrung: Frage mir alle, die sich um das freie Willensvermögen bemühen, ob du einen zeigen kannst, der irgendwie ernst und von Herzen über seinen Eifer und sein Bemühen sagen könnte: Ich weiß, dass dies Gott gefällt – als Besiegter will ich dir die Siegespalme zugestehen. Aber ich weiß, dass keiner gefunden werden wird. Wenn aber dieser Ruhm fehlt, so dass das Gewissen nicht wagt, gewiss zu wissen oder darauf zu vertrauen, dies gefalle Gott, ist gewiss, dass es Gott nicht gefällt. Denn wie es glaubt, so hat es. Denn es glaubt nicht, dass es gewiss gefällt. Das aber ist doch notwendig, weil eben dies das Verbrechen des Unglaubens ist, an der Gunst Gottes zu zweifeln, der will, dass man ihm mit ganz gewissem Glauben vertraue, dass er gnädig sei. So überzeugen wir mit deren Gewissen als Zeugen

eorum convincimus, quod liberum arbitrium, cum vacet gloria Dei, sit incredulitatis crimine perpetuo reum, cum omnibus viribus, studiis, conatibus suis.

Quid vero liberi arbitrii tutores dicent tandem ad illud, quod sequitur, Iustificati gratis per gratiam ipsius?[848] Quid est hoc gratis? Quid est per gratiam ipsius? Quomodo conatus et meritum conveniunt cum gratuita et donata iustitia? Forte hic dicent, sese libero arbitrio quam minimum tribuere, nequaquam meritum condignum. Sed haec sunt verba inania. Hoc enim quaeritur per liberum arbitrium, ut meritis locus sit. Sic enim perpetuo causata Diatribe expostulavit, Si non est libertas arbitrii, ubi est meritis locus? Si meritis non est locus, ubi praemiis locus est? Cui imputabitur, si quis iustificetur sine meritis?[849] Respondet hic Paulus, nullum esse meritum prorsus, sed gratis iustificari omnes quotquot iustificantur,[850] nec hoc ulli imputari, nisi gratiae Dei. Donata autem iustitia, | donatum est simul regnum et vita aeterna. Ubi nunc conatus? ubi studium? ubi opera? ubi merita liberi arbitrii? quis eorum usus? Obscuritatem et ambiguitatem caussari non potes, res et verba sunt clarissima et simplicissima. Esto enim, quod libero arbitrio quam minimum tribuant,[851] nihilominus iustitiam et gratiam eo minimo consequi nos posse docent, | Neque enim ratione alia quaestionem illam dissolvunt, Cur Deus hunc iustificet et illum deserat, quam statuendo liberum arbitrium, scilicet, quod hic conatus sit, ille non sit conatus, Et Deus hunc propter conatum respiciat, illum vero contemnat, ne sit iniustus, si secus fecerit. Et quamvis lingua et calamo praetexant, sese condigno merito gratiam non consequi, nec ipsum appellent meritum condignum, tamen vocabulo nos ludunt et rem nihilominus tenent. Quid enim excuset, quod meritum condignum non appellent, et tamen omnia ei tribuant, quae sunt meriti condigni? nempe, quod hic apud Deum gratiam consequitur, qui conatur, Ille vero, qui non conatur, non consequitur, Nonne hoc est plane meriti condigni? Nonne Deum respectorem operum, meritorum et personarum faciunt? Scili-

---

[848] Röm 3,24.   [849] S. o. 420,24–430,26.   [850] Röm 3,27.   [851] Erasmus IV 7; ErAS 4,170.

höchstpersönlich, dass das freie Willensvermögen, weil es des Ruhmes Gottes entbehrt, des fortgesetzten Verbrechens des Unglaubens schuldig ist, mit all seinen Kräften, seinem Eifer und seinen Bemühungen.
Was aber werden schließlich die Beschützer des freien Willensvermögens zu dem sagen, was folgt: „Gerechtfertigt umsonst durch seine Gnade"? Was heißt ‚umsonst'? Was heißt ‚durch seine Gnade'? Wie passen Bemühen und Verdienst mit unentgeltlicher und geschenkter Gerechtigkeit zusammen? Vielleicht werden sie hier sagen, sie würden dem freien Willensvermögen möglichst wenig zuschreiben, keinesfalls ein Verdienst im eigentlichen Sinn. Aber das sind leere Worte. Denn danach wird durch das freie Willensvermögen getrachtet, dass es Raum für Verdienste gibt. In dieser Weise nämlich hat die ‚Diatribe' stets geklagt und Beschwerde geführt: Wenn es kein freies Willensvermögen gibt, wo ist Raum für Verdienste? Wenn kein Raum ist für Verdienste, wo ist ein Raum für Belohnungen? Wem wird es zugerechnet, wenn einer gerechtfertigt wird ohne Verdienste? Hier antwortet Paulus, dass es überhaupt kein Verdienst gibt, sondern dass alle, die gerechtfertigt werden, umsonst gerechtfertigt werden, und dies wird niemandem zugeschrieben als nur der Gnade Gottes. Ist aber Gerechtigkeit geschenkt, sind zugleich Himmelreich und ewiges Leben geschenkt. Wo ist jetzt das Bemühen? Wo der Eifer? Wo sind die Werke? Wo die Verdienste des freien Willensvermögens? Was ist deren Nutzen? Dunkelheit und Zweideutigkeit kannst du nicht beklagen, die Sache und die Worte sind ganz klar und ganz einfach. Denn angenommen, dass sie dem freien Willensvermögen möglichst wenig zubilligen: Nichtsdestoweniger lehren sie, dass wir mit diesem sehr Wenigen Gerechtigkeit und Gnade erlangen können. Und sie lösen auf keine andere Weise jene Frage, warum Gott diesen rechtfertigt und jenen im Stich lässt, als mit der Feststellung eines freien Willensvermögens, nämlich, dass dieser sich bemüht hat, jener sich nicht bemüht hat. Und dass Gott diesen wegen des Bemühens beachtet, jenen aber verachtet, um nicht ungerecht zu sein, wenn er anders handelte. Und wenn sie auch mit Zunge und Feder so tun, dass sie nicht mit einem Verdienst im eigentlichen Sinn die Gnade erlangten und es auch nicht ‚Verdienst im eigentlichen Sinn' nennen, täuschen sie uns dennoch mit der Vokabel und halten nichtsdestoweniger an der Sache fest. Was nämlich entschuldigt es, dass sie es nicht ‚Verdienst im eigentlichen Sinn' nennen und ihm dennoch alles zuschreiben, was zu einem Verdienst im eigentlichen Sinn gehört? Nämlich, dass der bei Gott Gnade erlangt, der sich bemüht. Jener aber, der sich nicht bemüht, sie nicht erlangt. Ist das nicht ausdrücklich Sache eines Verdienstes im eigentlichen Sinn? Machen sie damit nicht Gott zu einem, der Werke, Verdienste und Personen beachtet? Nämlich

cet, quod ille sua culpa gratia caret, quia non est conatus, hic vero quia conatus est, gratiam consequitur, non consecuturus, nisi conatus fuisset. Si hoc non est meritum condignum, velim doceri, quid tum meritum condignum dici possit? Hoc modo ludere posses in omnibus verbis et dicere, Meritum condigni quidem non est, efficit tamen quod meritum condigni solet. Spina non est arbor mala, sed efficit solum, quod arbor mala. Ficus arbor bona non est, sed efficit quod arbor bona solet. Diatribe quidem non est impia, sed loquitur et facit solum quod impius.

Accidit istis liberi arbitrii tutoribus id, quod dicitur, Incidit in Scyllam dum vult vitare Charybdim.[852] Nam studio Pelagianis dissentiendi, negare coeperunt meritum condignum, et eo ipso quo negant, fortius statuunt, verbo et calamo negant, re ipsa et animo statuunt, Duplicique nomine Pelagianis sunt peiores. Primum, quod Pelagiani simpliciter, candide et ingenue confitentur et asserunt meritum condignum, appellantes scapham scapham, ficum ficum, docentesque quod sentiunt. Nostri vero, idem cum sentiant, et doceant, mendacibus tamen verbis et falsa specie nos ludunt, quasi Pelagianis dissentiant, cum nihil faciant minus, ut si hypocrisin spectes, videamur Pelagianis acerrimi hostes, si rem et animum spectes, simus bis Pelagiani. Deinde quod hac hypocrisi gratiam Dei longe vilius et aestimamus et emimus, quam Pelagiani. Hi enim non esse aliquod pusillum in nobis asserunt, quo gratiam consequamur,[853] sed tota, plena, perfecta, magna et multa esse studia et opera. Nostri vero, minimum et fere nihil esse, quo gratiam meremur. Si igitur errandum est, honestius illi errant et minus superbe, qui gratiam Dei magno constare dicunt, charam et preciosam habentes, quam ii qui parvo et pusillo eam constare docent, vilem et contemptibilem habentes. Sed Paulus utrosque in unam massam contundit, uno verbo, cum dicit, gratis omnes | iustificari, Item sine lege, sine operibus legis

---

[852] S. o. 222,25.   [853] Erasmus IV 7; ErAS 4,170.

dass jener aus eigener Schuld der Gnade entbehrt, weil er sich nicht bemüht hat, dieser aber, weil er sich bemüht hat, die Gnade erlangt und sie nicht erlangen würde, wenn er sich nicht bemüht hätte. Wenn das nicht ein Verdienst im eigentlichen Sinn ist, möchte ich gerne belehrt werden, was dann ein Verdienst im eigentlichen Sinn genannt werden kann. Auf diese Weise könntest du mit allen Worten spielen und sagen: Es ist zwar kein Verdienst im eigentlichen Sinne, es bewirkt aber dennoch, was ein Verdienst im eigentlichen Sinn zu bewirken pflegt. Ein Dornenstrauch ist kein schlechter Baum, sondern bewirkt nur, was ein schlechter Baum bewirkt. Ein Feigenbaum ist kein guter Baum, sondern bewirkt, was ein guter Baum zu bewirken pflegt. Die ‚Diatribe' ist zwar nicht gottlos, aber spricht und tut nur, was der Gottlose [spricht und tut].

Diesen Beschützern des freien Willensvermögens geht es wie im Sprichwort: „Er gerät in die Scylla, indem er die Charybdis vermeiden will." Denn im Bemühen, sich von den Pelagianern zu distanzieren, fingen sie an, das ‚Verdienst im eigentlichen Sinn' zu verneinen. Doch eben damit, dass sie [es] verneinen, bekräftigen sie [es] um so stärker. Mit Wort und Feder verneinen sie, mit der Tat und im Herzen bekräftigen sie. Aus einem doppelten Grund sind sie schlimmer als die Pelagianer. Erstens, weil die Pelagianer einfach, aufrichtig und offen das Verdienst im eigentlichen Sinne bekennen und als wahr behaupten, indem sie ein Boot Boot nennen, einen Feigenbaum Feigenbaum, und lehren, was sie meinen. Unsere [Gegner] aber, obwohl sie dasselbe meinen und lehren, treiben dennoch mit lügnerischen Worten und falschem Anschein ihr Spiel mit uns, als ob sie mit den Pelagianern nicht übereinstimmten, wobei sie nichts Geringeres tun als dies: Wenn du ihre Heuchelei betrachtest [sagt diese]: „Wir sind offensichtlich die heftigsten Feinde der Pelagianer"; wenn du die Tat und das Herz betrachtest [sagen diese]: „Wir sind doppelt Pelagianer". Weiter: Dass wir durch diese Heuchelei die Gnade Gottes für weit wertloser halten und erkaufen als die Pelagianer. Denn diese bekräftigen nicht als wahr, es gebe in uns irgendetwas Winziges, wodurch wir Gnade erlangen, sondern es gebe ganze, vollständige, vollkommene, große und viele Bemühungen und Werke. Die Unseren aber [sagen], dass es sehr gering und fast nichts ist, wodurch wir Gnade verdienen. Wenn man also schon irren muss, dann irren jene ehrenhafter und weniger hochmütig, die sagen, die Gnade Gottes kostet viel, und sie für etwas Teures und Wertvolles halten, im Gegensatz zu denen, die lehren, sie koste wenig und winzig, und sie für wertlos und verachtenswert halten. Aber Paulus zerschmettert beide zu einer einzigen Masse, durch ein einziges Wort, wenn er sagt, dass alle umsonst gerechtfertigt werden; ebenso: ohne Gesetz, ohne Werke des

iustificari.⁸⁵⁴ Qui | enim gratuitam iustificationem in omnibus iustificandis asserit, is nullos reliquos facit, qui operentur, mereantur, praeparentur, nullumque opus relinquit, quod congruum vel condignum dici possit, conteritque uno fulminis huius ictu, tam Pelagianos cum suo toto merito, quam Sophistas cum suo pusillo merito. Gratuita iustificatio non fert, ut operarios statuas, quod manifeste pugnent, gratis donari et aliquo opere parari, Deinde per gratiam iustificari, non fert, ut personae ullius dignitatem afferas, ut et infra. 11. cap. dicit. Si ex gratia, ergo non ex operibus, alioqui gratia non est gratia. Sicut et cap. 4. dicit, Ei enim qui operatur, merces imputatur, non secundum gratiam, sed secundum debitum.⁸⁵⁵ Quare stat meus Paulus liberi arbitrii vastator invictus, et uno verbo duos exercitus prosternit. Nam si sine operibus iustificamur, omnia opera damnantur, sive sint pusilla, sive magna, nulla enim excipit, sed adversus omnia ex aequo fulminat.

Et hic vide oscitantiam omnium nostrum, et quid iuvet, siquis priscis patribus tot saeculorum serie probatis, nixus fuerit.⁸⁵⁶ Nonne et ipsi omnes pariter caecutierunt, imo neglexerunt Pauli clarissima et apertissima verba? Obsecro, quid potest pro gratia contra liberum arbitrium clare et aperte dici, si Pauli sermo clarus et apertus non est? Per contentionem procedit, et gratiam adversus opera iactat, tum verbis clarissimis et simplicissimis usus, dicit, Gratis nos iustificari, et gratiam non esse gratiam, si operibus paretur, manifestissime in re iustificationis, omnia opera excludens, ut solam gratiam statuat et gratuitam iustificationem. Et nos in hac luce adhuc tenebras quaerimus, et ubi non possumus magna et omnia nobis tribuere, pusilla et modica nobis tribuere conamur, tantum ut obtineamus, non esse gratuitam et sine operibus iustificationem per gratiam Dei, Scilicet, quasi is, qui maiora et omnia nobis denegat, non multo magis etiam pusilla et modica deneget ad iustificationem nobis suppetere, cum non nisi per gratiam ipsius, sine omnibus operibus, atque adeo sine ipsa lege, in qua sunt omnia opera

---

⁸⁵⁴ Röm 3,24.21.28. ⁸⁵⁵ Röm 11,6; 4,4. ⁸⁵⁶ S. o. 298,30–300,1.

Gesetzes gerechtfertigt werden. Denn derjenige, der die unentgeltliche Rechtfertigung für alle, die gerechtfertigt werden sollen, als wahr bekräftigt, der lässt keine übrig, die wirken, verdienen, sich vorbereiten; der lässt kein Werk übrig, das ‚im uneigentlichen' oder ‚im eigentlichen Sinn' so genannt werden kann. Er zerquetscht vielmehr mit diesem einen Blitzschlag sowohl die Pelagianer mit ihrem ganzen Verdienst als auch die Sophisten mit ihrem winzigen Verdienst. Die umsonst geschenkte Rechtfertigung erträgt es nicht, dass du Täter aufstellst, weil ‚umsonst geschenkt werden' und ‚sich mit irgendeinem Werk verschaffen' sich offensichtlich widersprechen. Ferner erträgt das ‚durch Gnade gerechtfertigt werden' nicht, dass du die Würde irgendeiner Person hineinbringst, wie er auch unten im 11. Kapitel sagt: „Wenn aus Gnade, also nicht aus Werken, anders ist Gnade nicht Gnade." So sagt er auch im 4. Kapitel: „Dem nämlich, der wirkt, wird Lohn angerechnet, nicht aus Gnade, sondern nach dem, was geschuldet ist." Daher steht mein Paulus als unbesiegter Verwüster des freien Willensvermögens da, und mit einem einzigen Wort streckt er zwei Heere nieder. Denn wenn wir ohne Werke gerechtfertigt werden, werden alle Werke verdammt, seien sie winzig, seien sie groß. Denn er nimmt keines aus, sondern schleudert seinen Blitz gleichermaßen gegen alle.

Und hier sieh die Unachtsamkeit all der Unseren und, wohin es führt, wenn man sich auf die alten Väter stützt, die seit so vielen Jahrhunderten anerkannt sind. Sind etwa nicht auch sie alle gleichermaßen blind gewesen, ja, haben sie nicht die klarsten und offensten Worte des Paulus vernachlässigt? Bitte, was kann für die Gnade gegen das freie Willensvermögen noch klar und offen gesagt werden, wenn die Rede des Paulus nicht klar und offen ist? Streitend schreitet er voran und spielt wiederholt die Gnade gegen die Werke aus. Dabei benutzt er ganz klare und einfache Worte und sagt, dass wir umsonst gerechtfertigt werden und Gnade nicht Gnade ist, wenn sie, durch Werke erworben wird. So schließt er ganz offensichtlich in der Sache der Rechtfertigung alle Werke aus, so dass er allein die Gnade und die umsonst geschenkte Rechtfertigung behauptet. Und wir suchen bei diesem Licht noch immer nach Dunkelheit. Und wo wir uns nichts Großes und alles zuschreiben können, versuchen wir, uns Winziges und Bescheidenes zuzuschreiben, nur um zu erreichen, dass uns die Rechtfertigung durch die Gnade Gottes nicht umsonst geschenkt und ohne Werke zuteil wird. Nämlich als ob derjenige, der uns Größeres und alles verweigert, nicht vielmehr auch verweigert, dass Winziges und Bescheidenes uns zur Rechtfertigung ausreiche, weil er festgesetzt hat, uns nur durch seine Gnade, ohne alle Werke und daher selbst ohne das Gesetz, in dem alle Werke eingeschlossen sind, große, bescheidene, angemes-

comprehensa, magna, modica, congrua, et condigna, nos iustificari statuit. I nunc et authoritates veterum iacta et dictis eorum fide, quos omnes in unum vides neglexisse Paulum clarissimum et manifestissimum doctorem, ac velut studio luciferum, imo solem hunc fugisse, occupati, scilicet, carnali sensu, quod absurdum videretur esse, nullum locum relinqui meritis.

Afferamus exemplum illud quod sequenter Paulus affert de Abraham. Si Abraham (inquit) ex operibus iustificatus est, habet gloriam, sed non apud Deum. Quid enim dicit scriptura? Credidit Abraham Deo, et reputatum est ei ad iustitiam.[857] Observa quaeso et hic partitionem Pauli, duplicem Abrahae iustitiam recitantis. Una est operum, id est, moralis et civilis, sed hac negat eum iustificari coram Deo, etiam si coram hominibus per illam iustus sit. Deinde gloriam habet apud homines, sed vacat ipse quoque I gloria Dei, per eam iustitiam. Nec est, quod ullus hic legis aut ceremoniarum opera damnari dicat, cum Abraham tot annis ante legem fuerit. Paulus simpliciter de operibus Abrahae loquitur, I iisque non nisi optimis. Ridiculum enim esset disputare, an quis malis operibus iustificetur. Si igitur Abraham nullis operibus iustus est, sed nisi alia iustitia, puta fidei, induatur, tam ipse, quam opera sua cuncta sub impietate relinquuntur, Palam est, nullum hominem quicquam promovere ad iustitiam suis operibus, Deinde nulla opera, nulla studia, nullos conatus liberi arbitrii coram Deo quicquam valere, Sed omnia impia, iniusta et mala iudicari. Si enim ipse iustus non est, nec opera aut studia eius iusta sunt. Si iusta non sunt, damnabilia et ira digna sunt. Altera est fidei iustitia, quae constat non operibus ullis, sed favente et reputante Deo per gratiam. Ac vide, quomodo Paulus nitatur verbo reputandi, ut urgeat, repetat et inculcet. Ei (inquit) qui operatur, merces non reputatur secundum gratiam, sed secundum debitum, Ei vero, qui non operatur, credit vero in eum, qui iustificat impium, reputatur fides eius ad iustitiam, secundum propositum gratiae Dei. Tum adducit David itidem de reputatione gratiae dicentem, Beatus vir cui non imputavit Dominus peccatum etc.[858] Pene decies eo capitulo repe-

---

[857] Röm 4,2 f.   [858] Röm 4,4 f.; Ps 32/Vg 31,2 mit Röm 4,7.

sene und eigentliche, zu rechtfertigen. Geh jetzt und bringe wiederum das Ansehen der Alten vor und vertraue auf die Aussprüche derer, die du alle zusammen als solche ansehen musst, dass sie Paulus, den klarsten und offensichtlichsten Lehrer, vernachlässigt haben und dass sie vor diesem Morgenstern, ja, dieser Sonne gleichsam mit Eifer geflohen sind. Sie waren nämlich eingenommen von ihrem fleischlichen Sinn, nach dem es absurd schien, dass kein Raum bleibe für Verdienste.

Wir wollen nun das Beispiel Abrahams einführen, das Paulus im Folgenden bringt. „Wenn Abraham" sagt er, „aus Werken gerechtfertigt ist, hat er Ruhm, aber nicht bei Gott. Was nämlich sagt die Schrift? Abraham hat Gott geglaubt und dies ist ihm zur Gerechtigkeit angerechnet worden." Beachte bitte auch hier die Einteilung des Paulus, der eine doppelte Gerechtigkeit Abrahams nennt. Die eine ist die der Werke, das heißt, die sittliche und bürgerliche; aber er verneint, dass er durch diese gerechtfertigt wird vor Gott, auch wenn er vor den Menschen durch sie gerecht ist. Dann hat er Ruhm bei den Menschen, aber auch er entbehrt des Ruhmes Gottes durch diese Gerechtigkeit. Und es ist nicht so, dass einer sagen könnte, hier würden die Werke des Gesetzes oder des Kultes verdammt, weil Abraham so viele Jahre vor dem Gesetz gelebt hat. Paulus spricht einfach über die Werke Abrahams, und zwar nur über die besten. Es wäre nämlich lächerlich, darüber zu disputieren, ob einer durch böse Werke gerechtfertigt wird. Wenn also Abraham durch keine Werke gerecht ist, sondern nur mit fremder Gerechtigkeit, nämlich des Glaubens, bekleidet wird, dann bleibt er so wie alle seine Werke unter der Gottlosigkeit. Es ist offensichtlich, dass kein Mensch etwas zur Gerechtigkeit durch seine Werke beiträgt. Weiter, dass keine Werke, kein Eifer, keine Bemühungen des freien Willensvermögens vor Gott irgendetwas vermögen. Sondern alles wird als gottlos, ungerecht und böse beurteilt. Wenn nämlich er selbst nicht gerecht ist, sind auch seine Werke und sein Eifer nicht gerecht. Wenn sie nicht gerecht sind, sind sie verdammenswert und des Zornes würdig. Die andere ist die Gerechtigkeit des Glaubens, die nicht in irgendwelchen Werken besteht, sondern darin, dass Gott sie durch Gnade gewährt und anrechnet. Und sieh, wie Paulus sich auf das Verb der Anrechnung stützt, wie er darauf besteht, es wiederholt und einschärft. „Dem (sagt er), der wirkt, wird der Lohn nicht angerechnet aus Gnade, sondern nach dem, was geschuldet ist. Dem aber, der nicht wirkt, glaubt aber an den, der den Gottlosen rechtfertigt, wird sein Glaube zur Gerechtigkeit angerechnet, nach dem Vorsatz der Gnade Gottes." Dann führt er David an, der in derselben Weise über die Anrechnung der Gnade spricht: „Selig der Mann, dem der Herr die Sünde nicht zurechnet" usw. Fast zehnmal wiederholt er in diesem Kapitel das Wort ‚Anrechnung'. Kurz, Paulus vergleicht denjenigen, der

tit verbum reputandi. Breviter, Paulus componit operantem et non operantem, nec relinquit medium inter hos duos, operanti reputari iustitiam negat. Non operanti vero asserit reputari iustitiam, modo credat. Non est, quo hic liberum arbitrium evadat aut elabatur cum suo conatu aut studio. Aut enim cum operante, aut cum non operante numerabitur. Si cum operante, audis hic ei non reputari ullam iustitiam, Si cum non operante, qui credit tamen Deo, reputatur ei iustitia. At tum non liberi arbitrii vis erit, sed renovata creatura per fidem. Si autem non reputatur iustitia operanti, manifestum fit, eius opera nihil nisi peccata, mala et impia esse coram Deo. Nec potest hic protervire ullus Sophista, quod licet homo sit malus, possit tamen opus eius esse non malum. Nam ideo Paulus apprehendit non hominem simpliciter, sed operantem, ut apertissimo verbo declararet, ipsa opera et studia hominis damnari, quaecunque illa sint, et quocunque nomine aut specie censeantur. Agit autem de bonis operibus, quia de iustificando et merendo disputat. Et cum de operante loquatur, universaliter de omnibus operantibus et de omnibus operibus eorum, potissimum vero de bonis et honestis operibus loquitur, Alioqui partitio sua de operante et non operante non consisteret.

 Praetereo hic fortissima illa argumenta ex proposito gratiae, ex promissione, ex vi legis, ex peccato originali, ex electione Dei assumpta, quorum nullum est, quod non se solo funditus tollat liberum arbitrium. Si enim gratia ex proposito seu praedestinatione venit, necessitate venit, non studio aut conatu nostro, ut supra docuimus. Item Si Deus gratiam promisit | ante legem, ut hic et in Galatis Paulus arguit, ergo non ex operibus aut lege venit, alioqui promissio nihil erit. Ita et fides nihil erit[859] (qua tamen Abraham ante legem iustificatus est) si opera valent. Item, cum lex sit virtus peccati,[860] ostendens tantum, non autem tollens peccatum, facit conscientiam ream coram Deo, et iram minatur, hoc est, quod dicit, Lex iram operatur, Quomodo igitur fieri posset, ut

---

[859] Röm 4,5.9–12; Gal 3,17 f.; Röm 4,14.   [860] 1Kor 15,56.

wirkt, und denjenigen, der nicht wirkt, und er lässt kein Mittleres zwischen diesen beiden. Er verneint, dass dem, der wirkt, Gerechtigkeit zugerechnet wird. Er bezeugt aber als wahr, dass demjenigen, der nicht wirkt, die Gerechtigkeit zugerechnet wird, wenn er nur glaubt. Nichts gibt es, wohin hier das freie Willensvermögen entschlüpfen oder entgleiten kann mit seinem Bemühen oder Eifer. Entweder nämlich es wird zu dem gezählt, der wirkt, oder zu dem, der nicht wirkt. Wenn es zu dem gerechnet wird, der wirkt, hörst du hier, dass ihm keinerlei Gerechtigkeit zugerechnet wird. Wenn zu dem, der nicht wirkt, aber dennoch an Gott glaubt, wird ihm Gerechtigkeit zugerechnet. Aber dann wird es nicht die Kraft des freien Willensvermögens sein, sondern die durch den Glauben erneuerte Kreatur. Wenn aber dem, der wirkt, Gerechtigkeit nicht zugerechnet wird, ist offensichtlich, dass seine Werke nichts als Sünden, Böses und Gottloses vor Gott sind. Und hier kann kein Sophist frech daherreden, dass auch dann, wenn der Mensch böse ist, dennoch sein Werk nicht böse sein könne. Denn deshalb nimmt Paulus sich nicht den Menschen schlechthin vor, sondern denjenigen, der wirkt. Deshalb erklärt er ganz offen, dass gerade die Werke und der Eifer des Menschen verdammt werden, welche auch immer das sind und mit welchem Namen auch immer sie versehen oder nach welchem schönen Aussehen sie eingeschätzt werden. Er handelt aber über die guten Werke, weil er über das Rechtfertigen und das Verdienen disputiert. Und wenn er über denjenigen, der wirkt, spricht, spricht er allgemein über alle diejenigen, die wirken, und über alle ihre Werke, vor allem aber über die guten und ehrenwerten Werke. Anders würde seine Einteilung in denjenigen, der wirkt, und denjenigen, der nicht wirkt, keinen Bestand haben.

Ich übergehe hier die stärksten Argumente: die aus dem Vorsatz der Gnade, aus der Zusage, aus der Kraft des Gesetzes, aus der Erbsünde, aus der angenommenen Erwählung Gottes. Unter denen ist keines, das nicht für sich allein das freie Willensvermögen von Grund auf aufhebt. Denn wenn die Gnade aus dem Vorsatz oder der Vorherbestimmung kommt, kommt sie mit Notwendigkeit, nicht durch unseren Eifer oder unser Bemühen, wie wir oben gelehrt haben. Ebenso, wenn Gott die Gnade zugesagt hat vor dem Gesetz, wie Paulus hier und im Galaterbrief beweist, kommt sie also nicht aus den Werken oder dem Gesetz, sonst würde die Zusage nichts sein. So würde auch der Glaube nichts sein (durch den doch Abraham vor dem Gesetz gerechtfertigt ist), wenn die Werke etwas gelten. Ebenso, weil das Gesetz die Kraft der Sünde ist, die Sünde nur zeigt, nicht aber aufhebt, macht es das Gewissen schuldig vor Gott und droht den Zorn an. Das ist gemeint, wenn er sagt: „Das Gesetz wirkt Zorn." Wie könnte es also geschehen, dass durch das Gesetz

per legem iusti-|tia paretur? Si autem lege non iuvamur, quomodo vi sola arbitrii iuvari possumus? Item, cum unius Adae unico delicto omnes sub peccato et damnatione sumus,⁸⁶¹ quomodo possumus aliquid tentare, quod non peccatum et damnabile sit? Quum enim dicat, Omnes, neminem excipit, nec vim liberi arbitrii, nec ullum operarium, operetur sive non operetur, conetur sive non conetur, inter omnes necessario comprehendetur cum aliis. Nec nos peccaremus aut damnaremur delicto illo unico Adae, nisi nostrum delictum esset, Quis enim alieno delicto damnaretur, praesertim coram Deo? Nostrum autem non fit imitando aut operando, cum hoc non esse posset delictum illud unicum Adae, ut quod non ipse, sed nos fecerimus, fit vero nostrum nascendo. Sed de hac re disputandum alias. Igitur ipsum originale peccatum, liberum arbitrium prorsus nihil sinit posse, nisi peccare et damnari. Ista inquam argumenta praetereo, quod sint apertissima et robustissima, tum quod nonnihil superius de his diximus.⁸⁶² Quod si omnia, quae liberum arbitrium subvertunt, recensere vellemus in solo Paulo, nihil melius faceremus, quam ut perpetuo commentario totum Paulum tractaremus, et in singulis pene verbis monstraremus confutatam liberi arbitrii vim adeo iactatam, quemadmodum iam feci in hoc tertio et quarto capite, quae ideo potissimum tractavi, ut oscitantiam omnium nostrum ostenderem, qui Paulum sic legimus, ut nihil minus in his clarissimis locis videremus, quam haec validissima argumenta contra liberum arbitrium, et confidentiam illam authoritate et scriptis veterum doctorum nitentem, facerem stultam, simulque cogitandum relinquerem, quid factura sint argumenta illa apertissima, si cum diligentia et iuditio tractarentur.

Ego de me dico, vehementer admiror, quod cum Paulus toties utatur vocabulis illis universalibus, Omnes, Nullus, Non, Nusquam, Sine, ut, Omnes declinaverunt. Non est iustus quisquam. Non est qui faciat bonum, nec unus quidem. Omnes unius delicto peccatores et damnati sunt. Fide sine lege, sine operibus iustificamur,⁸⁶³ ut si aliter quispiam velit, non posset tamen clarius et apertius loqui, miror, inquam, qui factum sit, ut adversus has universales voces et sententias, praevaluerint

---

⁸⁶¹ Röm 4,15; 5,12. ⁸⁶² S. o. 470,4-472,14. ⁸⁶³ Röm 3,12.10; 5,12.19; 3,21.28.

die Gerechtigkeit bereitet wird? Wenn wir aber durch das Gesetz nicht unterstützt werden, wie können wir durch die Kraft allein des Willensvermögens unterstützt werden? Ebenso, wenn wir durch das einzige Vergehen des einen Adam alle unter der Sünde und Verdammnis sind, wie können wir etwas versuchen, was nicht Sünde und verdammenswert ist? Wenn er nämlich sagt ‚alle‘, nimmt er niemanden aus, weder die Kraft des freien Willensvermögens noch irgendeinen Täter, er wirke oder nicht, er bemühe sich oder nicht; unter ‚alle‘ wird er notwendig mit den anderen befasst. Und wir würden nicht sündigen oder verdammt werden durch jenes einzige Vergehen Adams, wenn es nicht unser Vergehen wäre. Wer nämlich würde für ein fremdes Vergehen verdammt werden, besonders vor Gott? Unseres aber wird es nicht durch Nachahmung oder Tun, weil dies nicht das einzigartige Verbrechen Adams sein könnte, denn das hätte ja nicht er, sondern wir hätten es getan. Es wird aber das Unsere von Geburt. Aber über diese Sache soll an anderer Stelle diskutiert werden. Nun lässt diese Erbsünde nicht zu, dass das freie Willensvermögen überhaupt etwas kann, außer zu sündigen und verdammt zu werden. Diese Argumente, sagte ich, übergehe ich, weil sie ganz offenbare und die allerstärksten sind, auch, weil wir weiter oben einiges darüber gesagt haben. Wenn wir all das, was das freie Willensvermögens umstürzt, alleine bei Paulus aufzählen wollten, könnten wir nichts Besseres tun, als in einem ununterbrochenen Kommentar den ganzen Paulus behandeln. Fast Wort für Wort würden wir zeigen, dass die derart ausgelobte Kraft des freien Willensvermögens so widerlegt ist, wie ich das an diesem dritten und vierten Kapitel [des Römerbriefes] schon getan habe. Die habe ich deswegen vor allem behandelt, um die Unachtsamkeit all der Unseren zu zeigen, die wir Paulus so lasen, dass wir in diesen ganz klaren Stellen nichts weniger sahen als diese ganz starken Argumente gegen das freie Willensvermögen. Und ich wollte jenes Vertrauen, das sich auf das Ansehen und die Schriften der alten Lehrer stützt, als töricht erweisen und es zugleich der Erwägung überlassen, was jene ganz offen Argumente ausrichteten, wenn sie mit Sorgfalt und Urteilsvermögen behandelt würden.

Ich sage über mich: Ich wundere mich überaus, dass Paulus so oft jene allgemeinen Vokabeln gebraucht: alle, keiner, nicht, nirgends, ohne. Zum Beispiel: „alle sind abgewichen", „es gibt keinen Gerechten", „es gibt nicht einen, der Gutes tut, nicht mal einen einzigen", „alle sind durch das Vergehen eines Einzigen Sünder und verdammt", „durch Glaube ohne Gesetz, ohne Werke werden wir gerechtfertigt" – so dass einer, auch wenn er anders wollte, dennoch nicht klarer und offener reden könnte. Ich wundere mich, sage ich, wie das geschehen konnte, dass gegen diese umfassenden Worte und Sätze gegenteilige, ja wider-

contrariae, imo contradictoriae, scilicet, Aliqui sunt non declinantes, non iniusti, non mali, non peccatores, non damnati, Est aliquid in homine quod bonum est et ad | bonum nititur, quasi ille quisquis fuerit homo, qui ad bonum nititur, non sit comprehensus in voce ista, Omnes, Nullus, Non. Ego non haberem, etiam si vellem, quod Paulo opponerem aut responderem, Sed cogerer vim mei liberi arbitrii una cum suo conatu, complecti inter omnes et nullos illos, de quibus Paulus loquitur, nisi nova grammatica, aut novus usus loquendi introducatur. Ac tropum forte suspicari et verba excerpta torquere liceret, si semel aut uno loco uteretur tali nota, At nunc perpetuo utitur, tum simul affirmativis et negativis, et sententiam per contentionem et partitionem utrobique universalium partium sic tractat, ut non modo vocum natura et ipsa oratio, sed et consequentia, praecedentia, circunstantiae, intentioque | et corpus ipsum totius disputationis sensum communem concludant, Paulum velle, quod extra fidem Christi, nihil nisi peccatum et damnatio sit. Atque hoc modo nos confutaturos esse promisimus liberum arbitrium, ut non queant resistere omnes adversarii, Id quod arbitror me fecisse, etiam si non concedant victi in nostram sententiam aut taceant. Nam hoc nostrae non est opis, Spiritus Dei hoc donum est.

 Sed antequam Iohannem Evangelistam audiamus, coronidem Paulinam adiiciamus, parati ubi haec non satis fuerint, totum Paulum perpetuo commentario in liberum arbitrium instruere. Rom. 8. ubi genus humanum in duo dividit, in carnem et spiritum, Sicut et Christus facit Iohannis. 3. sic dicit, Qui secundum carnem sunt, quae carnis sunt, sapiunt, Qui vero secundum spiritum sunt, quae spiritus sunt, sapiunt. Quod Paulus hic carnales vocet omnes, qui non sunt spirituales, manifestum est, tum ex ipsa partitione et oppositione spiritus et carnis, tum ex ipsiusmet Pauli verbis, ubi sequitur, Vos in carne non estis, sed in spiritu, si tamen spiritus Dei habitat in vobis, Siquis autem spiritum Christi non habet, hic non est eius. Quid enim aliud hic vult, Vos non estis in carne, si spiritus Dei in vobis est, quam necessario in carne eos esse, qui spiritum non habent? Et qui Christi non est, cuius alius quam

sprechende Aussagen das Übergewicht bekommen haben, nämlich: „Einige gibt es, die nicht abweichen, nicht ungerecht, nicht böse, keine Sünder, nicht verdammt sind; da ist etwas im Menschen, das gut ist und zum Guten strebt". Als ob irgendein Mensch, der zum Guten strebt, nicht befasst ist in diesem Wort ‚alle', ‚keiner', ‚nicht'. Ich hätte nichts, selbst wenn ich wollte, was ich Paulus entgegensetzen oder antworten könnte. Sondern ich sehe mich gezwungen, die Kraft meines freien Willensvermögens zusammen mit seinem Streben unter diese ‚alle' und ‚keiner' zu fassen, von denen Paulus spricht. Es sei denn, eine neue Grammatik oder ein neuer Sprachgebrauch würde eingeführt. Und es wäre vielleicht möglich, eine Bildrede zu vermuten und die zitierten Worte zu verdrehen, wenn er nur einmal oder nur an einer Stelle solch eine Kennzeichnung benutzte. Aber nun gebraucht er sie ja ständig, und dann zugleich bejahend und verneinend. Er behandelt in beiden Fällen einen Satz durch Vergleich und Einteilung der allgemeinen Teile so, dass nicht nur die Natur der Worte und die Rede selbst, sondern auch das Folgende, das Vorhergehende, die Umstände, die Absicht und die Hauptsache selbst der ganzen Erörterung den gemeinsamen Sinn einschließen, dass Paulus außerhalb des Glaubens an Christus nichts als Sünde und Verdammung gelten lassen will. Und auf diese Weise haben wir zugesagt, würden wir das freie Willensvermögen so widerlegen, dass alle Gegner nicht widerstehen können. Das ist es, glaube ich, was ich getan habe, auch wenn die Besiegten unserer Meinung nicht zustimmen oder schweigen. Denn dies liegt nicht bei uns. Dies ist eine Gabe des Geistes Gottes.

Aber bevor wir den Evangelisten Johannes hören, wollen wir noch die paulinische Schlusswendung anfügen, bereit, sollte dies noch nicht genug sein, den ganzen Paulus in einem fortlaufenden Kommentar gegen das freie Willensvermögen zuzurichten. In Röm 8, wo er das Menschengeschlecht zweiteilt in Fleisch und Geist, so wie es auch Christus tut in Joh 3, sagt er so: „Die nach dem Fleisch sind, die sind fleischlich gesinnt. Die aber nach dem Geist sind, die sind geistlich gesinnt." Dass Paulus hier alle fleischlich nennt, die nicht geistlich sind, ist offensichtlich. Einmal ergibt sich das eben aus der Einteilung und dem Gegensatz von Geist und Fleisch, dann aus den eigenen Worten des Paulus, wo folgt: „Ihr seid nicht im Fleisch, sondern im Geist, wenn doch der Geist Gottes in euch wohnt. Wer aber den Geist Christi nicht hat, der gehört ihm nicht." Was will er denn hier mit der Aussage „ihr seid nicht im Fleisch, wenn der Geist Gottes in euch ist" anderes sagen, als dass notwendigerweise diejenigen im Fleisch sind, die den Geist nicht haben? Und wer nicht Christus gehört, wem anders als dem Satan gehört der? Das steht also fest: Diejenigen, die den Geist

Satanae est? Stat igitur, qui spiritu carent, hos in carne et sub Satana esse. Iam videamus, quid sentiat de conatu et vi liberi arbitrii carnalium, Qui in carne sunt, Deo placere non possunt. Et iterum, Sensus carnis est mors. Et iterum, Sensus carnis est inimicitia contra Deum. Item, legi Dei non est subiectus, neque enim potest. Hic mihi respondeat liberi arbitrii tutor, quomodo possit conari ad bonum, id quod est mors, displicens Deo, inimicitia contra Deum, inobediens Deo, nec potens obedire? Nec enim voluit dicere, Sensus carnis est mortuus aut inimicus Deo, sed ipsa mors, ipsa inimicitia, cui sit impossibile legi Dei subiici, aut Deo placere, sicut et paulo ante dixerat, Nam quod legi erat impossibile, quo infirmabatur per carnem, Deus fecit etc.[864] Nota est et mihi fabula Origenis de triplici affectu, quorum unus caro, alius anima, alius spiritus illi dicitur, Anima vero medius ille, in utram partem vel carnis vel spiritus vertibilis.[865] Sed sua sunt haec somnia, dicit tantum ea, sed non probat. | Paulus hic carnem vocat, quicquid sine spiritu est, uti monstravimus. Ideo summae illae virtutes optimorum homi-| num, in carne sunt, hoc est, mortuae, inimicae Deo sunt, legi Dei non subiectae, nec potentes subiici, Deoque non placentes. Paulus enim non solum dicit, eos non subiici, sed nec posse subiici. Sic et Christus Matt. 7. Arbor mala non potest fructus bonos facere, Et 12. Quomodo potestis bona loqui, cum sitis mali? Vides hic, non solum mala nos loqui, sed nec posse loqui bona. Et qui alibi dicit, Nos cum simus mali, scire tamen filiis nostris bona dare,[866] Negat tamen nos bona facere, etiam eo ipso, quo damus bona, scilicet, quod bona est creatura Dei, quam damus, nec tamen ipsi boni sumus nec bene bona illa damus, Loquitur autem ad omnes, nempe, etiam ad discipulos suos. Ut constet haec gemina Pauli sententia, Iustus ex fide vivit, Et omne quod non est ex fide, peccatum est.[867] Quarum haec ex illa sequitur, Si enim nihil est, quo iustificemur, nisi fides, evidens est, eos qui sine fide sunt, nondum iustificatos esse, Non iustificati vero peccatores sunt, Peccatores vero arbores malae sunt, nec possunt quippiam nisi peccare et fructus malos ferre. Quare liberum arbitrium nihil est, nisi servum peccati,

---

[864] Joh 3,6; Röm 8,3–9. [865] Origenes: De principiis 3,4,1 f. [866] Mt 7,18; 12,34; 7,11.
[867] Röm 1,17; Gal 3,11; Röm 14,23.

nicht haben, die sind im Fleisch und unter dem Satan. Nun lasst uns sehen, was er über das Bemühen und die Kraft des freien Willensvermögens der Fleischlichen denkt: „Die im Fleisch sind, können Gott nicht gefallen." Und wiederum: „Die fleischliche Gesinnung ist der Tod." Und wiederum: „Die fleischliche Gesinnung ist Feindschaft gegen Gott." Und wiederum: „Es ist dem Gesetz Gottes nicht unterworfen und kann es auch nicht." Hier soll mir der Schutzherr des freien Willensvermögens antworten, wie das zum Guten streben kann, was Tod ist, Gott missfällt, Feindschaft gegen Gott ist, Gott nicht gehorcht und nicht fähig ist zu gehorchen? Denn er wollte auch nicht sagen: Der fleischliche Sinn ist tot oder Gott feindlich, sondern: [Er ist] der Tod selbst, die Feindschaft selbst, der es unmöglich ist, sich Gottes Gesetz zu unterwerfen oder Gott zu gefallen, so wie er auch kurz vorher gesagt hatte: „Denn was dem Gesetz unmöglich war, da es geschwächt wurde durch das Fleisch, hat Gott getan" usw. Bekannt ist auch mir die Fabel des Origenes über die dreifache Strebung. Die eine wird von ihm Fleisch, die andere Seele, noch eine andere Geist genannt. Die Seele aber sei jenes Mittlere, das fähig ist, sich zu einem von beiden Teilen, entweder Fleisch oder Geist, zu wenden. Aber dies sind seine Träume, er sagt das nur, aber beweist es nicht. Paulus nennt hier Fleisch, was immer ohne Geist ist, wie wir gezeigt haben. Daher sind jene höchsten Kräfte der besten Menschen im Fleisch, das heißt, sie sind tot, Gott feindlich, dem Gesetz Gottes nicht unterworfen, nicht fähig, sich zu unterwerfen, und sie gefallen Gott nicht. Denn Paulus sagt nicht nur, dass sie sich nicht unterwerfen, sondern dass sie sich nicht unterwerfen können. So auch Christus Mt 7: „Ein böser Baum kann keine guten Früchte bringen." Und 12: „Wie könnt ihr Gutes reden, wenn ihr böse seid?" Du siehst hier, dass wir nicht nur Böses reden, sondern Gutes nicht reden können. Und der anderswo sagt „Obwohl wir böse sind, wissen wir dennoch unseren Kindern Gutes zu geben", verneint dennoch, dass wir Gutes tun, gerade eben dann, wenn wir Gutes geben. Denn die Kreatur Gottes, die wir geben, ist gut, und doch sind wir selbst nicht gut und geben das Gute nicht auf gute Weise. Er spricht aber zu allen, nämlich auch zu seinen Jüngern. So dass dieser doppelte Satz des Paulus feststeht: „Der Gerechte lebt aus Glauben" und „Alles, was nicht aus Glauben ist, ist Sünde." Der zweite folgt aus dem ersten. Denn wenn es nichts gibt, wodurch wir gerechtfertigt werden, außer dem Glauben, ist einsichtig, dass diejenigen, die ohne Glauben sind, noch nicht gerechtfertigt sind. Diejenigen, die nicht gerechtfertigt sind, sind aber Sünder. Sünder aber sind schlechte Bäume und sie können nichts, außer sündigen und schlechte Früchte bringen. Daher ist das freie Willensvermögen nichts außer ein Knecht der Sünde, des

mortis et Satanae, nihil faciens neque potens facere aut conari nisi malum.

Adde exemplum illud cap. 10. ex Esaia adductum, Inventus sum a non quaerentibus, palam apparui his, qui me non interrogabant. Haec de gentibus dicit, quod Christum audire et cognoscere illis datum sit, cum ne cogitare antea de ipso potuerint, multo minus quaerere aut se vi liberi arbitrii ad eum praeparare. Hoc exemplo satis clarum est, gratiam venire adeo gratis, ut nec cogitatio de ea, nedum conatus aut studium praecedat. Sic et Paulus cum Saulus esset, quid fecit illa summa vi liberi arbitrii? Certe optima et honestissima agitabat animo, si ratio spectetur. At vide, quo conatu gratiam invenit, Non modo non quaerit, sed etiam insaniendo contra eam, accipit. Contra, de Iudaeis dicit. 9. Gentes quae non sectabantur iustitiam, apprehenderunt iustitiam, quae ex fide est, Israel vero sectando legem iustitiae, in legem iustitiae non pervenit. Quid contra haec mutire potest ullus tutor liberi arbitrii? Gentes tum cum impietate et omnibus viciis oppletae sunt, accipiunt iustitiam gratis miserente Deo. Iudaei dum summo studio et conatu iustitiae student, frustrantur. An hoc non est dicere tantum, quod conatus liberi arbitrii sit frustra, dum ad optima conatur et ipsum potius in peius ruere et retro sublapsum referri? Nec potest ullus dicere, quod non summa vi liberi arbitrii studuerunt. Ipse Paulus eis testimonium perhibet cap. 10. quod zelum Dei habent, sed non secundum scientiam.[868] Igitur nihil deest in Iudaeis, quod libero arbitrio tribuitur, et tamen nihil sequitur, imo contrarium sequitur. In Gentibus nihil adest, quod libero arbitrio tribuitur, et tamen sequitur iustitia Dei. Quid hoc est, nisi manifestissimo exemplo utriusque nationis, tum clarissimo simul testimonio Pauli, confirmari, quod gratia donatur gratis immeritis et l indignissimis, nec obtinetur ullis studiis, conatibus, operibus, pusillis aut magnis, etiam optimorum et honestissimorum hominum, ardenti zelo iustitiam quaerentium et sectantium?

---

[868] Röm 10,20; Jes 65,1; Röm 9,30 f.; 10,2.

Todes und Satans, und er tut nichts und kann nichts tun oder sich bemühen außer Böses.

Nimm hinzu das im 10. Kapitel aus Jesaja angeführte Beispiel: „Ich bin gefunden worden von denen, die mich nicht suchten, offen bin ich denen erschienen, die nicht nach mir fragten." Das sagt er von den Heiden: dass ihnen Christus zu hören und zu erkennen gegeben ist. Dabei konnten sie vorher nicht einmal an ihn denken, viel weniger nach ihm fragen oder sich kraft des freien Willensvermögens auf ihn vorbereiten. Durch dieses Beispiel ist hinreichend klar, dass die Gnade so sehr umsonst kommt, dass weder ein Gedanke an sie, geschweige denn ein Bemühen oder Eifer vorhergeht. So auch Paulus, als er Saulus war – was hat er getan aus jener höchsten Kraft des freien Willensvermögens? Sicher bewegte er das Beste und Ehrenhafteste in seinem Herzen, wenn die Vernunft angeschaut wird. Aber siehe, mit welchem Bemühen er die Gnade erlangt hat. Er sucht sie nicht nur nicht, sondern empfängt sie, sogar indem er gegen sie rast. Dagegen sagt er von den Juden im 9. Kapitel: „Die Heiden, welche nicht nach der Gerechtigkeit trachteten, haben die Gerechtigkeit erlangt, die aus dem Glauben ist; Israel aber hat durch sein Trachten nach dem Gesetz der Gerechtigkeit das Gesetz der Gerechtigkeit nicht erlangt." Was kann irgendein Beschützer des freien Willensvermögens dagegen mucken? Die Heiden empfangen gerade dann, als sie von Gottlosigkeit und allen Fehlern erfüllt sind, die Gnade umsonst von dem sich erbarmenden Gott. Die Juden, indem sie mit höchstem Eifer und Bemühen nach der Gerechtigkeit streben, gehen leer aus. Heißt das nicht so viel sagen wie: Das Bemühen des freien Willensvermögens ist vergeblich, und indem es nach dem Besten strebt, stürzt es eben vielmehr immer schlimmer ab und fällt immer weiter zurück? Und niemand kann sagen, dass sie sich nicht mit höchster Kraft des freien Willensvermögens bemüht haben. Selbst Paulus stellt ihnen das Zeugnis im 10. Kapitel aus, dass sie Eifer nach Gott haben, aber mit Unverstand. Also fehlt nichts bei den Juden, was dem freien Willensvermögen zugeschrieben wird, und dennoch folgt nichts, ja, es folgt das Gegenteil. Bei den Heiden ist nichts, was dem freien Willensvermögen zugeschrieben wird, und dennoch folgt die Gerechtigkeit Gottes. Was ist dies [anderes], als dass durch das offensichtlichste Beispiel beider Nationen, dann zugleich durch das klarste Zeugnis des Paulus bestätigt wird, dass die Gnade umsonst denen, die sie nicht verdienen und ihrer ganz unwürdig sind, geschenkt wird – und nicht erreicht wird durch irgendwelche Bestrebungen, Bemühungen oder Werke, winzige oder große, auch der besten und ehrenhaftesten Menschen, die mit brennendem Eifer nach der Gerechtigkeit suchen und trachten?

StA 344

Ad Iohannem etiam veniamus, qui et ipse copiosus et potens est liberi arbitrii | vastator. Statim in principio tribuit libero arbitrio tantam caecitatem, ut ne videat quidem lucem veritatis, tantum abest, ut ad eam possit conari. Sic enim dicit, Lux in tenebris lucet, sed tenebrae non comprehendunt. Et mox, In mundo erat, et mundus eum non cognovit, In propria venit, et sui non recoeperunt eum. Quid per mundum putas intelligit? nunquid aliquem hominem ab hoc nomine separabis, nisi spiritu sancto recreatum? Et peculiaris est usus vocabuli huius, Mundus, apud hunc Apostolum, quo prorsus totum genus hominum intelligit. Quicquid ergo de mundo dicit, de libero arbitrio intelligitur, ut quod est praestantissimum in homine. Igitur apud hunc Apostolum, mundus non novit lucem veritatis. Mundus odit Christum et suos. Mundus non novit neque videt spiritum sanctum. Mundus totus in maligno positus est. Omne quod est in mundo, est concupiscentia carnis, oculorum et superbia vitae. Nolite diligere mundum. Vos estis (ait) de mundo. Mundus non potest odisse vos, Me odit, quia opera eius testor esse mala. Haec omnia et similia multa sunt praeconia liberi arbitrii, scilicet, principalis partis[869] in mundo regnantis sub Satanae imperio. Nam et ipse Iohannes per antithesin de mundo loquitur, ut mundus sit, quicquid de mundo non est in spiritum translatum, sicut ad Apostolos dicit, Ego tuli vos de mundo[870] et posui vos etc. Si nunc essent aliqui in mundo, qui vi liberi arbitrii conarentur ad bonum, sicut fieri oporteret, si liberum arbitrium aliquid posset, propter horum reverentiam temperasset merito Iohannes verbum, ne generali voce eos involveret tot malis, quibus mundum accusat. Quod cum non faciat, evidens est, quod liberum arbitrium omnibus mundi nominibus reum facit, cum quicquid mundus agat, per vim liberi arbitrii, hoc est, rationem et voluntatem, partes sui praestantissimas agat.

Sequitur, Quotquot recoeperunt eum, dedit eis potestatem filios Dei fieri, iis qui credunt in nomine eius, qui non ex sanguinibus, neque ex voluntate carnis, neque ex voluntate viri, sed ex Deo nati sunt. Hac partitione perfecta reiicit a regno Christi, Sanguines, voluntatem carnis, voluntatem viri. Sanguines credo Iudaeos esse, hoc est, qui volebant filii

---

[869] S. o. 538,26.   [870] Joh 1,5.10 f.; 15,19; 14,17; 1Joh 5,19; 2,16.15; Joh 8,23; 7,7.

Wir wollen noch zu Johannes kommen, der ja auch ein reichlicher und mächtiger Zerstörer des freien Willensvermögens ist. Gleich am Anfang gesteht er dem freien Willensvermögen so große Blindheit zu, dass es das Licht der Wahrheit nicht einmal sieht, weit entfernt, dass es danach streben könnte. So nämlich spricht er: „Das Licht leuchtet in der Finsternis, aber die Finsternis fasst es nicht." Und bald darauf: „Er war in der Welt, und die Welt hat ihn nicht erkannt. In sein Eigentum ist er gekommen, und die Seinen haben ihn nicht aufgenommen." Was, glaubst du, versteht er unter ‚Welt'? Wirst du etwa irgendeinen Menschen von dieser Bezeichnung trennen, außer er sei wiedergeboren durch den Heiligen Geist? Und eigentümlich ist der Gebrauch dieser Vokabel ‚Welt' bei diesem Apostel, worunter er durchweg das gesamte Menschengeschlecht versteht. Was immer er also von der Welt sagt, wird vom freien Willensvermögen verstanden, weil es das Hervorragendste im Menschen ist. Also kennt bei diesem Apostel die Welt nicht das Licht der Wahrheit. „Die Welt hasst Christus und die Seinen." „Die Welt kennt nicht und sieht nicht den Heiligen Geist." „Die ganze Welt liegt im Argen." „Alles, was in der Welt ist, ist Begierde des Fleisches, der Augen und Hochmut des Lebens." „Liebt nicht die Welt." „Ihr seid", sagt er, „von der Welt". „Die Welt kann euch nicht hassen. Mich hasst sie, weil ich ein Zeuge bin, dass ihre Werke böse sind." Dies alles und viel Ähnliches sind Verherrlichungen des freien Willensvermögens, nämlich ihres hervorragenden Teils, der in der Welt unter der Herrschaft Satans regiert. Denn Johannes selbst spricht ja antithetisch von der Welt: Welt sei, was immer von der Welt nicht zum Geist übergegangen ist, wie er zu den Aposteln sagt: „Ich habe euch aus der Welt genommen und euch gesetzt" usw. Wenn jetzt manche in der Welt wären, die sich kraft des freien Willensvermögens um das Gute bemühten, so wie das geschehen müsste, wenn das freie Willensvermögen irgendetwas könnte, hätte Johannes mit Recht sein Wort aus Ehrfurcht vor ihnen gemildert, damit er nicht mit einer generellen Aussage diese in so viele Übel einschlösse, deren er die Welt anklagt. Weil er das nicht tut, ist offensichtlich, dass das freie Willensvermögen überall, wo er die Welt nennt, angeklagt wird, weil die Welt, was immer sie tut, durch die Kraft des freien Willensvermögens, das heißt, Vernunft und Willen, ihre hervorragendsten Teile, tut.

Es folgt: „Wie viele ihn aufgenommen haben, denen hat er Macht gegeben, Gottes Kinder zu werden, denen, die an seinen Namen glauben, die weder aus dem Blut noch aus dem Willen des Fleisches noch aus dem Willen eines Mannes, sondern aus Gott geboren sind." Mit dieser vollkommenen Einteilung vertreibt er aus dem Reich Gottes das Blut, den Willen des Fleisches, den Willen eines Mannes. ‚Blut' sind nach meinem

regni esse, quod essent filii Abrahae[871] et patrum, scilicet, de sanguine gloriantes. Voluntatem carnis, intelligo studia populi, quibus in lege et operibus exercitati sunt. Caro enim hic carnales significat sine spiritu, ut qui voluntatem quidem et conatum habeant, sed quia spiritus non adest, carnaliter habeant. Voluntatem viri, generaliter omnium studia intelligo, sive sint in lege sive sine | lege, puta gentium et quorumlibet hominum, ut sit sensus, nec nativitate carnis, nec studio legis, nec ullo alio studio humano fiunt filii Dei, sed solum nativitate divina. Si igitur non nascuntur carne, nec educantur lege, nec parantur ulla hominis disciplina, sed ex Deo renascuntur, manifestum est, liberum arbitrium hic nihil valere. Virum enim puto hoc loco accipi Ebraico more, pro quolibet vel pro quocunque, sicut carnem per | antithesin pro populo sine spiritu. Voluntatem autem pro summa vi in hominibus, nempe, pro principali parte liberi arbitrii. Sed esto, non intelligamus verba singulatim, tamen ipsa rei summa clarissima est, quod Iohannes hac partitione reiiciat, quicquid non est generatio divina, dum filios Dei non fieri dicit, nisi nascendo ex Deo, quod fit, ipso interprete, credendo in nomine eius. In qua reiectione, voluntas hominis, seu liberum arbitrium, cum non sit nativitas ex Deo neque fides, necessario comprehenditur. Si vero aliquid valeret liberum arbitrium, non debebat voluntas viri a Iohanne reiici, nec homines ab eo retrahi et ad solam fidem et renascentiam mitti, ne illud Esaiae. 5. ei diceretur, Ve vobis, qui dicitis bonum malum. Nunc vero cum aequaliter reiiciat, sanguines, voluntatem carnis, voluntatem viri, certum est, quod voluntas viri nihil magis valet ad faciendos filios Dei, quam sanguines, seu nativitas carnalis. At nulli dubium est, quin nativitas carnis non faciat filios Dei, ut et Paulus Rom. 9. dicit, Non qui filii carnis, ii filii Dei,[872] probatque id exemplo Ismaelis et Esau.

Idem Iohannes inducit Baptistam de Christo loquentem sic, De cuius plenitudine nos omnes accepimus, gratiam pro gratia. Gratiam

---

[871] Joh 1,12 f.; 8,33. [872] Joh 1,12 f.; Jes 5,20; Röm 9,8.

Dafürhalten die Juden, das heißt, diejenigen, die Söhne des Reiches sein wollten, weil sie Söhne Abrahams und der Väter waren, das heißt, sich des Blutes rühmten. Unter ‚Willen des Fleisches' verstehe ich das Bemühen des Volkes, mit dem sie sich in Gesetz und Werken geübt haben. Denn ‚Fleisch' bezeichnet hier Fleischliche ohne Geist, die zwar ein Wollen und Streben besitzen, dies aber, weil der Geist fehlt, auf fleischliche Weise besitzen. Unter ‚Wollen eines Mannes' verstehe ich allgemein das Bemühen aller, seien sie im Gesetz oder ohne Gesetz, etwa der Heiden und aller möglichen Menschen. So dass der Sinn ist: Weder durch die Geburt nach dem Fleisch noch durch Bemühen um das Gesetz noch durch irgendeine andere menschliche Bemühung werden sie zu Kindern Gottes, sondern allein durch die göttliche Geburt. Wenn sie also nicht aus dem Fleisch geboren und nicht durch das Gesetz erzogen und auch nicht durch irgendeine menschliche Unterweisung vorbereitet, sondern aus Gott wiedergeboren werden, ist offensichtlich, dass hier das freie Willensvermögen nichts ausrichtet. Ich glaube nämlich, dass ‚Mann' an dieser Stelle nach hebräischer Weise Verwendung findet für ‚irgendjemand beliebigen' oder ‚jeden möglichen', so wie ‚Fleisch' als rhetorische Figur für ‚Volk ohne Geist'. ‚Wille' aber steht für die höchste Kraft in den Menschen, nämlich für den vornehmsten Teil des freien Willensvermögens. Aber selbst wenn wir nicht jedes einzelne Wort verstehen, ist dennoch die Summe dieser Sache ganz klar: Johannes weist mit dieser Einteilung zurück, was immer nicht göttliche Geburt ist, indem er sagt, dass sie nicht zu Söhnen Gottes werden können, wenn sie nicht aus Gott geboren werden; und dies geschieht nach seiner Auslegung durch den Glauben an seinen [sc. Christi] Namen. In diese Zurückweisung wird notwendigerweise der Wille des Menschen bzw. das freie Willensvermögen mit einbegriffen, weil er weder ‚Geburt aus Gott' noch ‚Glaube' ist. Wenn aber das freie Willensvermögen irgendetwas ausrichtete, dürfte das Wollen eines Mannes nicht von Johannes zurückgewiesen und dürften die Menschen nicht davon abgehalten und zum Glauben allein und zur Wiedergeburt gewiesen werden, damit ihm nicht jenes Wort aus Jes 5 vorgehalten würde: „Weh euch, die ihr Gutes böse nennt." Weil er nun aber in gleicher Weise Blut, Willen des Fleisches und Willen eines Mannes zurückweist, ist gewiss: Der Wille eines Mannes richtet dazu, Söhne Gottes zu werden, nichts mehr aus als das Blut oder die fleischliche Geburt. Aber es gibt keinen Zweifel, dass die Geburt nach dem Fleisch keine Söhne Gottes macht, wie auch Paulus in Röm 9 sagt: „Nicht die sind Söhne Gottes, die Söhne des Fleisches sind"; dies beweist er mit dem Beispiel von Ismael und Esau.

Derselbe Johannes führt auch den Täufer ein, der von Christus so spricht: „Von dessen Fülle haben wir alle empfangen Gnade um Gnade."

dicit acceptam per nos de plenitudine Christi, sed pro quo merito vel studio? Pro gratia (inquit) scilicet Christi, quemadmodum et Paulus dicit Rom. 5. Gratia Dei et donum, in gratia unius hominis Ihesu Christi, in plures abundavit. Ubi nunc liberi arbitrii conatus, quo paratur gratia? Hic Iohannes dicit, non solum nullo nostro studio gratiam accipi, sed etiam aliena gratia seu alieno merito, nempe, unius hominis Ihesu Christi.[873] Aut igitur falsum est, nos gratiam nostram accipere pro aliena gratia, aut liberum arbitrium nihil esse evidens est, utrunque enim simul consistere nequit, ut tam vilis sit gratia Dei, ut vulgo et passim cuiuslibet hominis pusillo conatu obtineatur, et rursus tam chara, ut in et per unius tam magni hominis gratiam nobis donetur. Simul hoc loco admonitos velim liberi arbitrii tutores, ut sciant, sese esse abnegatores Christi, dum asserunt liberum arbitrium. Nam si meo studio gratiam Dei obtineo, quid opus est Christi gratia pro mea gratia accipienda? Aut quid mihi deest, ubi gratiam Dei habuero? Dixit autem Diatribe, dicunt et omnes Sophistae, nostro conatu nos gratiam Dei impetrare et ad illam recipiendam preparari, licet non de condigno, sed de congruo, hoc plane est negare Christum, pro cuius gratia nos gratiam | accipere hic testatur Baptista.[874] Nam illud commentum de condigno et congruo supra confutavi,[875] quod inania verba sint, revera autem condignum meritum sentiant, idque maiore impietate quam Pelagiani, uti diximus. Ita fit, ut magis negent Dominum Christum, qui nos mercatus est, impii Sophistae una cum Diatribe, quam unquam negaverint Pelagiani aut ulli Haeretici, adeo non patitur secum gratia, ullum particulam aut vim liberi arbitrii. Quod autem Christum negent liberi | arbitrii tutores, non modo probat haec scriptura, sed et ipsa eorum vita, Hinc enim Christum, iam non suavem mediatorem, sed metuendum iudicem sibi fecerunt, quem placare student intercessionibus matris et sanctorum, tum multis repertis operibus, ritibus, religi-

---

[873] Joh 1,16; Röm 5,15; Joh 1,17.   [874] Joh 1,16.   [875] Erasmus II a 12; ErAS 4,56; s. o. 612,4–616,14.

Gnade, sagt er, ist empfangen worden durch uns aus der Fülle Christi – aber für welches Verdienst oder welches Bemühen? Für die Gnade Christi natürlich, sagt er, wie auch Paulus in Röm 5 spricht: „Die Gnade Gottes und die Gabe ist, in der Gnade des einen Menschen Jesus Christus, vielen reichlich widerfahren." Wo ist nun das Bemühen des freien Willensvermögens, durch das die Gnade bereitet wird? Hier sagt Johannes, die Gnade werde nicht nur in keiner Weise durch unser Bemühen empfangen, sondern sogar durch fremde Gnade oder fremdes Verdienst, nämlich des einen Menschen Jesus Christus. Entweder also ist es falsch, dass wir unsere Gnade um einer fremden Gnade willen empfangen. Oder das freie Willensvermögen ist offensichtlich nichts. Denn beides zugleich kann nicht bestehen, dass die Gnade Gottes so wertlos ist, dass sie von aller Welt und überall durch das winzige Bestreben jedes beliebigen Menschen erlangt wird, und dann wiederum so wertvoll, dass sie uns in der und durch die Gnade des einen so großen Menschen geschenkt wird. Zugleich möchte ich an dieser Stelle den Schutzherren des freien Willensvermögens eine Ermahnung zuteil werden lassen. Sie sollen wissen, dass sie Verleugner Christi sind, indem sie das freie Willensvermögen als wahr behaupten. Denn wenn ich durch mein Bemühen die Gnade Gottes erlange, was bedarf es dann der Gnade Christi für den Empfang meiner Gnade? Oder was fehlt mir noch, sobald ich die Gnade Gottes habe? Die ‚Diatribe' aber hat gesagt – so sagen auch alle Sophisten –, dass wir die Gnade Gottes durch unser Bestreben erlangen und zu ihrem Empfang uns vorbereiten; zwar nicht ‚im eigentlichen Sinn', aber doch ‚im uneigentlichen Sinn'. Das bedeutet Christus vollständig zu verleugnen; dass wir um dessen Gnade willen Gnade empfangen, bezeugt der Täufer hier. Denn jene Erfindung von ‚im eigentlichen Sinn' und ‚im uneigentlichen Sinn' habe ich schon oben widerlegt [und gezeigt], dass es sich um leere Worte handelt; tatsächlich aber meinen sie ein Verdienst im eigentlichen Sinn, und das mit größerer Gottlosigkeit als die Pelagianer, wie wir gesagt haben. So geschieht es, dass die gottlosen Sophisten zusammen mit der ‚Diatribe' den Herrn Christus, der uns erkauft hat, mehr verleugnen, als ihn jemals die Pelagianer oder irgendwelche Häretiker verleugnet haben. So wenig duldet die Gnade irgendein kleines Stück oder eine Kraft des freies Willensvermögen neben sich. Dass aber die Schutzherren des freien Willensvermögens Christus verleugnen, beweist nicht nur diese Schrift, sondern auch ihr Leben. Daher nämlich haben sie sich Christus nicht mehr zu einem süßen Mittler, sondern zu einem zu fürchtenden Richter gemacht. Sie versuchen ihn durch Vermittlungen der Gottesmutter und der Heiligen zu besänftigen, schließlich auch mit vielen erfundenen Werken, Riten, Orden und Gelübden. Mit dem allen wollen sie errei-

onibus, votis, quibus omnibus agunt, ut Christus eis placatus gratiam donet, non autem credunt, quod apud Deum interpellat[876] et gratiam eis impetret per suum sanguinem,[877] et gratiam (ut hic dicitur) pro gratia.[878] Atque ut credunt, ita habent,[879] Est enim Christus vere et merito illis iudex inexorabilis, dum eum deserunt, ut mediatorem et salvatorem clementissimum, et sanguinem ac gratiam eius viliorem habent, quam studia et conatus liberi arbitrii.

Audiamus et exemplum liberi arbitrii. Nicodemus scilicet vir est, in quo nihil queas desiderare, quod liberum arbitrium valeat, Quid enim vir ille omittit studii aut conatus? Fatetur Christum veracem, et a Deo venisse, signa praedicat, venit nocte auditurus et collaturus reliqua. An non is quaesiisse videtur vi liberi arbitrii, ea quae sunt pietatis et salutis? Sed vide, ut impingat. Cum a Christo veram viam salutis per renascentiam doceri audit, nunquid eam agnoscit, aut sese illam aliquando quaesivisse fatetur? Imo sic abhorret et confunditur, ut eam non solum se non intelligere dicat, sed etiam aversetur, ut impossibilem. Quomodo (inquit) possunt haec fieri? Nec mirum sane, Quis enim unquam audivit, quod ex aqua et spiritu regenerandus sit homo ad salutem? Quis unquam cogitavit, quod filium Dei oportuerit exaltari, quo omnis, qui crederet in ipsum, non periret, sed haberet vitam aeternam?[880] An huius Philosophi acutissimi et optimi unquam meminerunt? An principes huius mundi hanc scientiam unquam cognoverunt? An ullius liberum arbitrium unquam ad hoc conatum est? Nonne Paulus eam fatetur esse sapientiam in mysterio absconditam,[881] per Prophetas quidem praedictam, sed per Euangelion revelatam, ita ut ab aeterno fuerit tacita et incognita mundo?[882] Quid dicam? Experientiam interrogemus, ipse mundus totus, ipsa ratio humana, ipsum adeo liberum arbitrium cogitur confiteri, sese Christum non novisse neque audivisse, antequam Euangelion in mundum veniret. Si autem non novit, multo minus quaesivit aut quaerere, aut ad eum conari potuit. At Christus est via, veritas, vita[883] et salus. Confitetur ergo, velit, nolit,[884] sese suis viribus nec nosse nec quaerere potuisse ea, quae sunt viae, veritatis et salutis.[885] Nihi-|lominus contra hanc ipsam confessionem et experientiam

---

[876] Röm 8,34.   [877] Eph 1,7.   [878] Joh 1,16.   [879] Mk 11,24.   [880] Joh 3,2 f.5.9.14 f.
[881] 1Kor 2,8.   [882] Röm 16,25 f.   [883] Röm 14,6.   [884] S. o. 508,6 f.   [885] S. o. 308,2-4.

chen, dass Christus, auf diese Weise versöhnt, Gnade schenke. Sie glauben aber nicht, dass er bei Gott für sie eintritt und Gnade für sie erwirkt durch sein Blut; ja Gnade um Gnade, wie es hier heißt. Und wie sie glauben, so haben sie. Wahrlich und verdientermaßen ist ihnen Christus nämlich ein unerbittlicher Richter, indem sie ihn als Mittler und grundgütigen Erlöser verlassen und sein Blut und seine Gnade für wertloser erachten als die Bemühungen und das Streben des freien Willensvermögens.

Hören wir nun auch ein Beispiel des freien Willensvermögens! Nikodemus nämlich ist ein Mann, bei dem du nichts von dem vermissen kannst, was das freie Willensvermögen vermag. Was nämlich unterlässt dieser Mann an Bemühen oder Streben? Er bekennt, dass Christus wahrhaftig und von Gott gekommen ist; er rühmt die Zeichen; er kommt des Nachts, weil er das Übrige hören und besprechen will. Scheint der nicht kraft des freien Willensvermögens das gesucht zu haben, was zur Gottesfurcht und zum Heil gehört? Aber schau, wie er anstößt. Als er hört, wie von Christus der wahre Heilsweg durch die Wiedergeburt gelehrt wird, anerkennt er diesen da etwa oder bekennt er, dass er ihn irgendwann einmal gesucht habe? Vielmehr schreckt er so davor zurück und ist so aus der Fassung gebracht, dass er nicht nur sagt, er verstehe ihn nicht, sondern sich auch von ihm als unmöglichem [Weg] abwendet. „Wie", fragt er, „kann dies geschehen?" Und das ist nicht sonderlich verwunderlich. Denn wer hat je gehört, dass aus Wasser und Geist der Mensch zum Heil wiedergeboren werden muss? Wer hat je gedacht, dass der Sohn Gottes erhöht werden muss, wodurch jeder, der an ihn glaubt, nicht verloren ginge, sondern das ewige Leben hätte? Oder haben die scharfsinnigsten und besten Philosophen jemals daran gedacht? Oder haben die Fürsten dieser Welt je diese Erkenntnis gewonnen? Oder hat das freie Willensvermögen irgendeines Menschen je danach gestrebt? Bekennt nicht Paulus, diese Weisheit sei im Geheimnis verborgen, durch die Propheten zwar vorherverkündet, aber durchs Evangelium offenbart, so dass sie der Welt von Ewigkeit an verschwiegen und unbekannt war? Was soll ich sagen? Wollen wir die Erfahrung befragen, so wird die ganze Welt, die menschliche Vernunft, daher eben das freie Willensvermögen gezwungen zu bekennen, es kenne Christus nicht und habe nicht [von ihm] gehört, bevor das Evangelium in die Welt kam. Wenn es ihn aber nicht kennt, hat es noch viel weniger nach ihm gesucht oder suchen oder nach ihm streben können. Aber Christus ist der Weg, die Wahrheit, das Leben und das Heil. Es bekennt also, dass es – ob es will oder nicht – aus seinen eigenen Kräften das weder wissen noch suchen konnte, was zum Weg, zur Wahrheit und zum Heil gehört. Nichtsdestoweniger rasen wir gegen dieses Bekennt-

propriam insanimus et inanibus verbis disputamus, Esse in nobis vim tantam reliquam, quae et noscat et applicare sese possit ad ea, quae sunt salutis, hoc est tantum dicere, Christum filium Dei pro nobis exaltatum, cum nullus unquam scierit nec cogitare potuerit,[886] haec ipsa tamen ignorantia | non est ignorantia, sed notitia Christi, id est, eorum quae sunt salutis. An nondum vides et palpas liberi arbitrii assertores plane insanire, cum hoc vocent scientiam, quod ipsimet confitentur esse ignorantiam? Nonne hoc est tenebras dicere lucem Esaiae quinto?[887] Scilicet, adeo potenter obstruit Deus os libero arbitrio, eius propria confessione et experientia, nec sic tamen tacere potest et Deo gloriam dare.

Deinde cum Christus dicatur via, veritas et vita,[888] idque per contentionem, ut quicquid non est Christus, id neque via, sed error, neque veritas, sed mendacium, neque vita, sed mors est, necesse est liberum arbitrium, cum sit neque Christus, neque in Christo, errore, mendacio et morte contineri. Ubi igitur et unde habetur medium illud et neutrum, nempe, vis illa liberi arbitrii, quae cum nec Christus (id est, via, veritas et vita) sit, nec error, nec mendacium, nec mors tamen esse debeat? Nam nisi per contentionem dicerentur omnia, quae de Christo et gratia dicuntur, ut opponantur contrariis, scilicet, quod extra Christum non sit nisi Satan, extra gratiam non nisi ira, extra lucem non nisi tenebrae, extra viam non nisi error, extra veritatem non nisi mendacium, extra vitam non nisi mors, Quid, rogo, efficerent universi sermones Apostolorum et tota scriptura? frustra scilicet dicerentur omnia, cum non cogerent, Christum esse necessarium, quod tamen maxime agunt, Eo quod medium reperiretur, quod de se, nec malum, nec bonum, nec Christi, nec Satanae, nec verum, nec falsum, nec vivum, nec mortuum, forte etiam nec aliquid, nec nihil esset, idque vocetur praestantissimum[889] et summum in toto genere hominum. Utrum igitur vis, elige, Si Scripturas per contentionem loqui concedis, de libero arbitrio nihil dicere poteris, nisi quae contraria sunt Christo, scilicet, quod error, mors, Satan et omnia mala in ipso regnent. Si non concedis eas per contentionem loqui, iam scripturas enervas, ut nihil efficiant, nec Chri-

---

[886] Joh 12,32.34.   [887] Jes 5,20.   [888] Joh 14,6; s. o. 636,30 f.   [889] S. o. 538,17–21.

nis und die eigene Erfahrung und disputieren mit leeren Worten: Es sei
in uns eine so große Kraft belassen, die sowohl wisse als auch sich dem
zuwenden könne, was zum Heil gehört. Das ist so viel wie zu sagen,
Christus, der Sohn Gottes, sei für uns erhöht worden, obwohl das nie-
5 mals jemand gewusst hat noch daran denken konnte. Eben dieses
Nichtwissen ist dennoch kein Nichtwissen, sondern eine Erkenntnis
Christi, das heißt, dessen, was zum Heil gehört. Siehst du nicht und
hast du kein Gespür dafür, dass diejenigen, die das freie Willensvermögen als wahr behaupten, vollkommen unsinnig sind, wenn sie ‚Wissen'
10 nennen, was sie selbst als Unwissenheit bekennen? Heißt das nicht, die
Finsternis ‚Licht' zu nennen, wie im fünften Kapitel bei Jesaja? Ja, so
gewaltig stopft Gott dem freien Willensvermögen den Mund, durch
dessen eigenes Bekenntnis und die Erfahrung. Und dennoch kann es
nicht schweigen und Gott [so] die Ehre geben.
15   Weiter: Christus wird genannt der Weg, die Wahrheit und das
Leben – und das durch ein Gegenüber, so dass alles, was nicht Christus
ist, auch nicht Weg ist, sondern Irrtum; nicht Wahrheit, sondern Lüge;
nicht Leben, sondern Tod. Daher ist notwendig, dass das freie Willensvermögen, weil es weder Christus noch in Christus ist, in Irrtum, Lüge
20 und Tod enthalten ist. Wo also und woher soll jenes Mittlere oder Neutrale kommen, nämlich die Kraft des freien Willensvermögens, die
nicht Christus, das heißt, Weg, Wahrheit und Leben ist, und doch auch
nicht Irrtum, Lüge und Tod sein darf? Alles, was von Christus und der
Gnade gesagt wird, wird im Gegenüber ausgesagt, es wird folglich
25 gegensätzlichen Aussagen gegenübergestellt. Nämlich: Außerhalb
Christi existiert nichts als Satan, außerhalb der Gnade nichts als Zorn,
außerhalb des Lichts nichts als Finsternis, außerhalb des Weges nichts
als Irrtum, außerhalb der Wahrheit nichts als Lüge, außerhalb des
Lebens nichts als Tod – wenn das nicht so wäre, was, so frage ich, wür-
30 den dann alle Reden der Apostel und die gesamte Schrift bewirken? Vergeblich würde selbstverständlich alles gesagt, weil es nicht dazu nötig-
te, dass Christus notwendig ist, was doch ihr größtes Anliegen ist. Und
das, was als Mittelding gefunden würde, das aus sich nicht schlecht ist,
nicht gut ist, nicht Christus zugehört, nicht Satan zugehört, nicht
35 wahr, nicht falsch, nicht lebendig, nicht tot wäre, vielleicht auch nicht
irgendetwas und nicht nichts – das sollte noch das Vornehmste und
Höchste im gesamten Menschengeschlecht genannt werden! Wähle,
was von beidem du willst: Wenn du zugibst, dass die Schriften gegensätzlich sprechen, wirst du über das freie Willensvermögen nichts sagen
40 können, als was Christus entgegengesetzt ist, nämlich dass Irrtum, Tod,
Satan und alles Böse selbst in ihm regieren. Wenn du nicht zugibst, dass
sie im Gegenüber sprechen, entkräftest du die Schriften schon, so dass

stum necessarium probent, ac sic, dum liberum arbitrium statuis, Christum evacuas et totam scripturam pessundas. Deinde, ut verbis simules, te Christum confiteri, reipsa tamen et corde negas, Quia si liberi arbitrii vis non est erronea tota, neque damnabilis, sed videns et volens honesta et bona et ea quae sunt salutis, sana est, Christo medico non habet opus,[890] nec Christus eam partem hominis redemit, Quia, quid est opus luce et vita, ubi lux et vita est? At ea non redempta per Christum, optimum in homine non est redemptum, sed per sese bonum et salvum. Tum Deus quoque iniquus est, si ullum hominem damnat, quia illud, quod in homine optimum est et sanum, hoc est, innocentem damnat, | Nam nullus homo non habet liberum arbitrium. Et licet abutatur malus homo, Vis tamen ipsa docetur non extingui, quin ad bona conetur et conari possit. Si autem talis est, dubio procul bona, sancta et iusta est, quare non debet damnari, sed ab homine damnando separari. At hoc fieri nequit, Atque si fieri posset, tum homo iam sine libero arbitrio, ne homo quidem esset, nec mereretur, nec demereretur, nec damnaretur, nec salvaretur, essetque plane brutum, iam non immortalis. Reliquum igitur est, ut Deus sit iniquus, qui bonam, iustam, sanctam illam vim damnat, quae Christo non eget in homine et cum homine malo. |

Sed pergamus in Iohanne. Qui credit (inquit) in eum, non iudicatur, Qui non credit, iam iudicatus est, quia non credit in nomine unigeniti filii Dei.[891] Responde, an liberum arbitrium sit de numero credentium nec ne. Si est, iterum gratia opus non habet, per sese credens in Christum, quem per sese nec novit nec cogitat. Si non est, iam iudicatum est, hoc quid est, nisi damnatum est coram Deo? At Deus non damnat nisi impium, Impium igitur est. Quid pii vero impium conetur? Neque credo hic vim liberi arbitrii excipi posse, cum de toto homine loquatur, quem damnari dicit. Deinde incredulitas non est crassus affectus, sed summus ille in voluntatis et rationis arce sedens et regnans, sicut eius

---

[890] Mt 9,12.   [891] Joh 3,18.

sie nichts bewirken und Christus nicht als notwendig beweisen. Und während du das freie Willensvermögen festsetzt, entleerst du [zugleich] Christus und richtest die gesamte Schrift zugrunde. Weiter: Wenn du auch mit Worten heuchelst, Christus zu bekennen, verleugnest du ihn doch in der Tat und mit dem Herzen. Denn wenn die Kraft des freien Willensvermögens nicht gänzlich irrig ist und nicht verdammungswürdig, sondern das Ehrenvolle, Gute und das, was zum Heil gehört, sieht und will, ist sie gesund. Sie bedarf des Arztes Christus nicht. Auch hat Christus diesen Teil des Menschen nicht erlöst. Denn: Was bedarf es des Lichts und des Lebens, wo Licht und Leben sind? Aber ist dies nicht durch Christus erlöst, ist das Beste im Menschen nicht erlöst, sondern aus sich heraus gut und heil. Dann ist Gott auch ungerecht, wenn er irgendeinen Menschen verdammt. Denn er verdammt ja dann das, was im Menschen das Beste und gesund ist, das heißt: einen Unschuldigen. Denn kein Mensch hat kein freies Willensvermögen. Und mag es auch ein böser Mensch missbrauchen, so wird doch gelehrt, dass die Kraft selbst nicht so ausgelöscht wird, dass sie nicht nach dem Guten strebt und streben kann. Wenn die Kraft aber so beschaffen ist, ist sie zweifellos gut, heilig und gerecht. Daher darf sie nicht verdammt werden, sondern muss von dem zu verdammenden Menschen getrennt werden. Aber das kann nicht geschehen. Und könnte es geschehen, dann wäre der Mensch, nunmehr ohne das freie Willensvermögen, nicht einmal mehr ein Mensch, und er würde sich nicht würdig noch sich nicht verdient machen, er würde nicht verdammt noch gerettet werden, er wäre völlig stumpfsinnig, nicht mehr unsterblich. Es bleibt also, dass Gott ungerecht ist, der diese gute, gerechte und heilige Kraft, die Christi nicht bedarf, im Menschen und mit dem bösen Menschen verdammt.

Doch wollen wir bei Johannes fortfahren. „Wer an ihn glaubt", sagt er, „wird nicht gerichtet. Wer nicht glaubt, ist schon gerichtet, weil er nicht glaubt an den Namen des eingeborenen Sohnes Gottes." Antworte, ob das freie Willensvermögen zu der Zahl der Glaubenden gehört oder nicht! Wenn ja, ist wiederum die Gnade nicht nötig, weil es von sich aus an Christus glaubt, den es von sich aus weder kennt noch einen Gedanken von ihm hat. Wenn nicht, dann ist es ‚schon gerichtet'. Was heißt das, wenn nicht verdammt zu sein vor Gott? Aber Gott verdammt nur den Gottlosen. Also ist es gottlos. Was Frommes aber kann das Gottlose erstreben? Und ich glaube nicht, dass hier die Kraft des freien Willensvermögens ausgenommen werden kann, weil vom ganzen Menschen gesprochen wird, der, wie er sagt, verdammt wird. Weiter ist der Unglaube kein grober Affekt, sondern der höchste, der in der Burg des Willens und der Vernunft sitzt und regiert. Wie auch sein Gegenteil,

contrarius, nempe, fides. Incredulum autem esse, est Deum negare et mendacem facere. 1. Iohannis. primo, Si non credimus, mendacem facimus Deum.[892] Quomodo iam vis illa Deo contraria et eum mendacem faciens, conatur ad bonum? Si non esset incredula et impia illa vis, non debuit dicere de toto homine, iam iudicatus est, sed sic, Homo secundum crassos affectus est iam iudicatus, sed secundum optimum et praestantissimum non iudicatur, quia conatur ad fidem, seu potius credula iam est. Sic ubi toties scriptura dicit, Omnis homo mendax,[893] dicemus authoritate liberi arbitrii, Contra, Scriptura potius mentitur, quia homo non est mendax optima sua parte, id est, ratione et voluntate, sed tantum carne, sanguine et medullis, ut sic illud totum, unde nomen habet homo, scilicet, ratio et voluntas, sit sanum et sanctum. Item, et illud Baptistae, Qui credit in filium, habet vitam aeternam, Qui autem incredulus est filio, non videbit vitam, sed ira Dei manet super ipsum,[894] sic oportebit intelligi, super ipsum, id est, super crassos affectus hominis manet ira Dei, super vim autem illam liberi arbitrii, voluntatis scilicet et rationis, manet gratia et vita aeterna. Hoc exemplo, ut liberum arbitrium subsistat, quicquid in scripturis in homines impios dicitur, per synecdochen torqueas ad partem hominis brutalem, ut salva sit pars rationalis et vere humana. Tum ego gratias agam liberi arbitrii assertoribus, cum fiducia peccabo, securus, quod ratio et voluntas seu liberum arbitrium damnari non possit, eo quod nunquam extinguatur, sed perpetuo sanum, iustum et sanctum permanet. At voluntate et ratione beata, gaudebo foedam et brutam carnem separari et damnari, tantum abest, ut optem illi Christum | redemptorem. Vides, quorsum nos ferat dogma liberi arbitrii ut omnia divina et humana, temporalia et aeterna, neget et tot monstris irrideat seipsum?

Item, dicit Baptista, Homo non potest accipere quicquam, nisi fuerit ei datum de coelo.[895] Desinat hic Diatribe suam ostentare copiam, ubi omnia, quae de coelo habemus, numerat.[896] Nos non de natura, sed de gratia disputamus, nec quales simus super terram, sed quales simus in

---

[892] 1Joh 5,10. [893] Ps 116/Vg 115,11; Röm 3,4. [894] Joh 3,36. [895] Joh 3,27. [896] S. o. 568,14–16.

nämlich der Glaube. Ungläubig sein aber heißt Gott zu leugnen und zum Lügner zu machen, 1Joh im ersten Kapitel: „Wenn wir nicht glauben, machen wir Gott zum Lügner." Wie stellt es nunmehr die Kraft, die Gott entgegensteht und ihn zum Lügner macht, an, nach dem Guten zu streben? Wenn diese Kraft nicht ungläubig und gottlos wäre, hätte er nicht vom ganzen Menschen sagen dürfen, er wäre schon gerichtet. Er hätte vielmehr Folgendes sagen müssen: Der Mensch nach seinen groben Affekten ist schon gerichtet, aber nach seinem Besten und Vornehmsten wird er nicht gerichtet, weil er nach dem Glauben strebt oder vielmehr schon gläubig ist. Die Schrift sagt so oft: „Jeder Mensch ist ein Lügner." Wir dagegen werden mit der Autorität des freien Willensvermögens sagen: Im Gegenteil; vielmehr lügt die Schrift, weil der Mensch in seinem besten Teil kein Lügner ist, das heißt: in Vernunft und Willen; [Lügner] vielmehr nur im Fleisch, Blut und Mark. Aber jenes Ganze, woher er den Namen Mensch hat, nämlich Vernunft und Wille, ist folglich gesund und heilig. Ebenso ist auch jenes Wort des Täufers „Wer an den Sohn glaubt, hat das ewige Leben. Wer aber dem Sohn nicht glaubt, wird das Leben nicht sehen, sondern der Zorn Gottes bleibt über ihm" zu verstehen: ‚über ihm', das wird dann heißen müssen: über den groben Affekten des Menschen bleibt der Zorn Gottes, über dieser Kraft des freien Willensvermögens aber, nämlich Wille und Vernunft, bleiben Gnade und ewiges Leben. Nach diesem Beispiel drehst du, um das freie Willensvermögen bestehen zu lassen, alles, was in der Schrift zu den gottlosen Menschen gesagt wird, durch eine Synekdoche auf die unvernünftige Seite des Menschen, damit die vernünftige Seite unversehrt und wahrhaft menschlich bleibe. Ich werde denjenigen, die das freie Willensvermögens als wahr behaupten, Dank abstatten und dann mit Vertrauen sündigen, denn ich kann sicher sein, dass Vernunft und Wille oder das freie Willensvermögen deswegen nicht verdammt werden können, eben weil sie niemals ausgelöscht werden, sondern ewig gesund, gerecht und heilig bleiben. Wenn aber Wille und Vernunft selig sind, werde ich mich freuen, dass das hässliche und unvernünftige Fleisch getrennt und verdammt wird – weit davon entfernt, dem Fleisch Christus als Erlöser zu wünschen. Siehst du, wohin uns der Lehrsatz vom freien Willensvermögen bringt, dass er alles Göttliche und Menschliche, Zeitliche und Ewige leugnet und mit solchen Ungeheuerlichkeiten sich selbst verspottet?

Ebenso sagt der Täufer: „Der Mensch kann nicht irgendetwas empfangen, es sei denn, es wäre ihm vom Himmel gegeben." Hier soll die ‚Diatribe' aufhören, ihre Fülle zur Schau zu stellen, wo sie alles, was wir vom Himmel haben, aufzählt. Wir disputieren nicht über die Natur, sondern über die Gnade; nicht danach fragen wir, wie beschaffen wir

coelo coram Deo, quaerimus. Scimus, quod homo dominus est inferioribus se constitutus, in quae habet ius et liberum | arbitrium, ut illa obediant et faciant, quae ipse vult et cogitat. Sed hoc quaerimus, an erga Deum habeat liberum arbitrium, ut ille obediat et faciat, quae homo voluerit, vel potius an Deus in hominem habeat liberum arbitrium, ut is velit et faciat, quod Deus vult, et nihil possit, nisi quod ille voluerit et fecerit. Hic dicit Baptista, quod nihil accipere possit, nisi donetur ei de coelo, Quare nihil erit liberum arbitrium. Item, Qui de terra est, de terra est, et de terra loquitur. Qui de coelo venit, super omnes est.[897] Hic iterum omnes terrenos facit, terrenaque sapere et loqui dicit eos, qui non sunt Christi, nec medios aliquos relinquit. At liberum arbitrium utique non est ille, qui de coelo venit, Quare de terra esse et terram sapere et loqui necesse est. Quid si aliqua vis in homine, aliquo tempore, loco aut opere non terrena saperet, hunc Baptista debuit excipere, et non generaliter de omnibus extra Christum dicere, de terra sunt, de terra loquuntur. Sic infra capitulo 8. quoque dicit Christus, Vos de mundo estis, ego non sum de mundo, Vos deorsum estis, ego de supernis sum.[898] At illi habebant liberum arbitrium ad quos loquebatur, scilicet rationem et voluntatem, et tamen de mundo eos esse dicit. Quid vero novi diceret, si secundum carnem et crassos affectus de mundo esse eos diceret? An hoc non ante novit totus mundus? Tum quid opus est homines ea parte, qua brutales sunt, de mundo dicere, cum hoc modo et bestiae sint de mundo?

Iam illud ubi Christus Iohannis. 6. dicit, Nemo venit ad me, nisi pater meus traxerit eum,[899] quid relinquit libero arbitrio? Dicit enim opus esse, ut quis audiat et discat ab ipso patre, tum omnes oportere a Deo doctos esse. Hic sane non solum opera et studia liberi arbitrii docet esse inania, sed ipsum etiam verbum Evangelii (de quo agitur eo loco) frustra audiri, nisi intus loquatur, doceat, trahat ipsemet pater, Nemo potest, nemo potest (inquit) venire, vis scilicet illa, qua possit homo aliquid conari ad Christum, id est, ad ea quae sunt salutis, nulla esse asse-

---

[897] Joh 3,31. [898] Joh 8,23. [899] Joh 6,44.

auf der Erde, sondern wie wir im Himmel vor Gott sind. Wir wissen, dass der Mensch als Herr über das unter ihm Liegende gesetzt ist; dem gegenüber hat er ein Recht und freies Willensvermögen, und es gehorcht folglich und tut, was er will und sich vorstellt. Wir fragen vielmehr danach, ob er gegen Gott ein freies Willensvermögen habe, so dass er gehorcht und tut, was der Mensch will – oder vielmehr, ob Gott ein freies Willensvermögen gegen den Menschen habe, so dass dieser will und tut, was Gott will, und nur das vermag, was dieser will und tut. Hier sagt der Täufer, dass er nichts empfangen könne, es sei ihm denn vom Himmel geschenkt. Daher wird das freie Willensvermögen nichts sein. Ebenso: „Wer von der Erde ist, ist von der Erde, und von der Erde spricht er. Wer vom Himmel kommt, ist über allen." Hier stellt er wiederum alle irdisch dar und sagt, dass diejenigen irdisch denken und sprechen, die nicht Christus gehören, und er lässt keine in irgendeiner Weise ‚Mittleren' übrig. Das freie Willensvermögen ist aber jedenfalls nicht der, welcher vom Himmel kommt. Daher ist es notwendig, dass es von der Erde ist, irdisch denkt und spricht. Was, wenn irgendeine Kraft im Menschen zu irgendeiner Zeit, an irgendeinem Ort oder bei irgendeinem Werk nicht irdisch dächte? Dann müsste der Täufer dafür eine Ausnahme machen und nicht allgemein von allen außerhalb Christi reden: „Sie sind von der Erde und von der Erde sprechen sie." So sagt auch Christus weiter unten im 8. Kapitel: „Ihr seid von der Welt, ich bin nicht von der Welt; ihr seid von unten her, ich bin von oben her." Aber die, zu denen er sprach, hatten das freie Willensvermögen, nämlich Vernunft und Willen. Und dennoch sagt er, sie seien von der Welt. Was würde er aber Neues sagen, wenn er sagte, sie seien hinsichtlich des Fleisches und der groben Affekte von der Welt? Hat das nicht vorher die ganze Welt gewusst? Was ist es dann nötig, von den Menschen in dem Teil, in dem sie unvernünftig sind, zu sagen, sie seien von der Welt, wo doch auf diese Art auch die wilden Tiere von der Welt sind?

Die Stelle nun Joh 6, wo Christus sagt: „Niemand kommt zum Vater, es sei denn, mein Vater ziehe ihn" – was lässt sie für das freie Willensvermögen übrig? Er sagt nämlich, es sei nötig, dass man hört und lernt vom Vater selbst; ferner, alle müssten von Gott gelehrt sein. Hier lehrt er gewiss nicht nur, dass die Werke und Bemühungen des freien Willensvermögens vergeblich sind. Sondern sogar das Wort des Evangeliums (von dem an dieser Stelle gehandelt wird) würde vergeblich gehört, wenn nicht innerlich der Vater selbst spricht, lehrt und zieht. Niemand kann, [ja wirklich:] niemand kann, sagt er, kommen. Von jener Kraft nämlich, mit welcher der Mensch etwas auf Christus hin versuchen kann, das heißt, auf das hin, was zum Heil gehört, wird als wahr bezeugt, sie sei null und nichtig. Es nützt dem freien Willensvermögen

ritur. Nec prodest libero arbitrio, quod Diatribe ex Augustino affert ad calumniandum clarissimum hunc et potentissimum locum, scilicet, quod Deus trahat quemadmodum ovem ostenso ramo trahimus.[900] Hac similitudine vult probari, vim inesse nobis | sequendi tractum Dei, Sed nihil valet haec similitudo hoc loco. Quia Deus ostendit non solum unum, sed omnia bona sua, tum ipsum etiam Christum filium, nec tamen ullus homo sequitur, nisi intus pater aliud ostendat et aliter trahit, imo totus mundus persequitur filium, quem ostendit. Ad pios belle quadrat ea similitudo, qui iam sunt oves et cognoscunt pastorem[901] Deum, | hi spiritu viventes et moti sequuntur, quorsumcunque Deus voluerit et quicquid ostenderit. Impius vero non venit etiam audito verbo, nisi intus trahat, doceatque pater, quod facit largiendo spiritum, Ibi alius tractus est, quam is qui foris fit, ibi ostenditur Christus per illuminationem spiritus, qua rapitur homo ad Christum dulcissimo raptu, et patitur loquentem doctorem et trahentem Deum, potius quam ipse quaerat et currat.

Unum adhuc ex Iohanne afferamus, ubi cap. 16. dicit, Spiritus arguet mundum de peccato, quia non crediderunt in me.[902] Hic vides peccatum esse, non credere in Christum. At hoc peccatum, non utique in cute vel capillis haeret, sed in ipsa ratione et voluntate, Cum autem totum mundum reum faciat hoc peccato, et experientia notum sit, peccatum hoc, mundo fuisse ignoratum aeque ac Christum, ut quod spiritu arguente reveletur, manifestum est, liberum arbitrium cum sua voluntate et ratione hoc peccato captum et damnatum censeri coram Deo. Quare donec Christum ignorat, nec in eum credit, nihil boni potest velle aut conari, sed servit necessario peccato illo ignorato. Summa, cum scriptura ubique Christum per contentionem et antithesin praedicet (ut dixi)[903] ut quicquid sine Christi spiritu fuerit, hoc Satanae, impietati, errori, tenebris, peccato, morti et irae Dei subiiciat, contra liberum arbitrium pugnabunt testimonia, quotquot de Christo loquuntur, At ea sunt innumerabilia, imo tota scriptura, Ideo si scriptura iudice caussam agimus, omnibus modis vicero, ut ne iota unum aut apex[904] sit reliquus, qui non damnet dogma liberi arbitrii. Quod autem scriptura Christum per contentionem et antithesin praedicet, et si id ignorent aut

---

[900] Augustinus: Tractatus in Evangelium Ioannis 26,5; Erasmus III c 3; ErAS 4,140 - Vorbild ist Platon, Phaidros 230 d/e. [901] Joh 10,14. [902] Joh 16,8 f. [903] S. o. 638,12-640,20. [904] Mt 5,18.

auch nicht, was die ‚Diatribe' aus Augustinus, um diese sehr klare und sehr mächtige Stelle in Misskredit zu bringen, heranzieht: Gott zöge wie wir ein Schaf mit einem vorgehaltenen Zweig. Mit diesem Gleichnis will sie beweisen, in uns sei eine Kraft, dem Ziehen Gottes zu folgen. Aber nichts richtet dieses Gleichnis an dieser Stelle aus. Denn Gott zeigt nicht nur eines, sondern alle seine Güter, dann sogar seinen Sohn Christus. Und dennoch folgt nicht ein Mensch, es sei denn, der Vater zeigt inwendig anderes und zieht anders. Verfolgt doch die ganze Welt den Sohn, den er zeigt. Auf die Gottesfürchtigen, die schon Schafe sind und Gott als ihren Hirten erkennen, passt dieses Gleichnis gut; diese folgen, im Geist lebend und von ihm bewegt, wohin immer Gott will und was immer er zeigt. Der Gottlose aber kommt nicht, auch dann nicht, wenn er das Wort hört, es sei denn, der Vater zieht und lehrt inwendig, und das tut er, indem er den Geist schenkt. Dort ist ein anderes Ziehen als das, was außen geschieht. Dort wird Christus gezeigt durch die Erleuchtung des Geistes, durch die der Mensch fortgerissen wird zu Christus, in einem sehr süßen Hinreißen; und er erduldet vielmehr das Reden des Lehrers und das Ziehen Gottes, als dass er selbst sucht und läuft.

Eins wollen wir noch aus Johannes beibringen, wo er im 16. Kapitel sagt: „Der Geist wird die Welt der Sünde anklagen, weil sie nicht an mich geglaubt haben." Hier siehst du, dass es Sünde ist, nicht an Christus zu glauben. Aber diese Sünde hängt jedenfalls nicht an Haut und Haaren, sondern in der Vernunft und im Willen. Die ganze Welt wird angeklagt wegen dieser Sünde; und aus Erfahrung ist bekannt, dass diese Sünde der Welt ebenso wie Christus unbekannt ist, so dass sie erst durch das Überführen des Geistes offenbar wird. Daher ist klar, dass das freie Willensvermögen zusammen mit seinem Willen und seiner Vernunft vor Gott als durch diese Sünde gefangen und verdammt beurteilt wird. Daher: Solange es Christus nicht kennt und nicht an ihn glaubt, kann es nichts Gutes wollen oder erstreben, sondern dient notwendigerweise jener unbekannten Sünde. Kurzum: Die Schrift predigt überall von Christus durch Entgegensetzung und Antithese, wie ich gesagt habe; somit unterwirft sie alles das, was ohne den Geist Christi ist, dem Satan, der Gottlosigkeit, dem Irrtum, der Finsternis, der Sünde, dem Tod und dem Zorn Gottes. Gegen das freie Willensvermögen werden alle die Zeugnisse kämpfen, welche von Christus sprechen. Aber diese sind unzählbar, ja, sind die gesamte Schrift. Wenn wir daher mit der Schrift als Richter diesen Fall betreiben, werde ich in jeder Hinsicht siegen, so dass nicht ein Jota oder Tüttel übrig bleibt, der nicht den Lehrsatz vom freien Willensvermögen verdammte. Aber dass die Schrift Christus durch Entgegensetzung und Antithese predigt – selbst wenn die großen Theologen und Schutzherren des freien Willensvermögens

scire dissimulent magni Theologi et liberi arbitrii tutores, sciunt tamen
et confitentur vulgo cuncti Christiani, Sciunt (inquam) duo esse regna
in mundo, mutuo pugnantissima, in altero Satanam regnare, qui ob id
princeps mundi a Christo, et Deus huius soeculi a Paulo dicitur,[905] qui
cunctos tenet captivos ad voluntatem suam, qui non sunt Christi spiritu ab eo rapti, teste eodem Paulo, nec sinit eos sibi rapi ullis viribus, nisi
spiritu Dei, ut Christus testatur in parabola de forti atrium suum in
pace servante.[906] In altero regnat Christus, quod assidue resistit et pugnat cum Satanae regno, in quod transferimur, non nostra vi, sed gratia
Dei, qua liberamur a praesenti soeculo nequam, et eripimur a potestate
tenebrarum.[907] Istorum regnorum mutuo tantis viribus et animis perpetuo pugnantium, cognitio et confessio, sola satis esset ad confutandum dogma liberi arbitrii, quod in regno Satanae cogimur servire, nisi |
virtute divina eripiamur. Haec inquam vulgus novit et tum proverbiis,
precibus, studiis, totaque vita satis confitetur.

Omitto illud meum vere Achilleum, quod Diatribe fortiter transivit
intac-| tum, scilicet, quod Rom. 7. et Gala. 5. Paulus docet in sanctis et
piis, esse pugnam spiritus et carnis tam validam, ut non facere possint,
quae vellent.[908] Ex hoc sic arguebam, Si natura hominis adeo mala est,
ut in iis qui spiritu renati sint, non modo non conetur ad bonum, sed
etiam pugnet et adversetur bono, quomodo in illis, qui nondum renati
in veteri homine sub Satana serviunt, ad bonum conaretur? Neque
enim ibi Paulus solum de crassis affectibus loquitur, per quos velut per
commune effugium solet Diatribe omnibus scripturis elabi, sed numerat inter opera carnis, haeresim, idolatriam, dissensiones, contentiones,[909] quae utique in summis illis viribus, puta, ratione et voluntate,
regnant. Si igitur caro istis affectibus pugnat contra spiritum in sanctis,
multo magis contra Deum pugnabit, in impiis et in libero arbitrio. Ideo
et Rom. 8. vocat eam inimicitiam contra Deum.[910] Hoc (inquim) argumentum vellem mihi dilui, et ab eo liberum arbitrium defendi. Ego
sane de me confiteor, Si qua fieri posset, nollem mihi dari liberum arbi-

---

[905] Joh 12,31; 2Kor 4,4. [906] Lk 11,21 f. [907] Kol 1,13. [908] Röm 7,14-23; Gal 5,17.
[909] Gal 5,20. [910] Röm 8,7.

das nicht wüssten oder nicht zu wissen vortäuschten, wissen das doch alle Christen und bekennen es öffentlich. Sie wissen, sage ich, dass es zwei Reiche in der Welt gibt, die miteinander im heftigsten Widerstreit liegen. In dem einen regiert Satan, der deswegen von Christus ‚Fürst der Welt' und von Paulus ‚Gott dieser Welt' genannt wird, der all diejenigen nach seinem Willen gefangen hält, die nach dem Zeugnis desselben Paulus nicht durch den Geist Christi ihm [sc. Satan] entrissen sind. Und er lässt nicht zu, dass diese ihm mit irgendwelchen Kräften entrissen werden außer durch den Geist Gottes, wie Christus bezeugt im Gleichnis von dem Starken, der seinen Palast im Frieden bewahrt. In dem anderen [Reich] regiert Christus, und das widersteht dem Reich Satans beständig und kämpft mit ihm. In dieses werden wir versetzt, nicht durch unsere Kraft, sondern durch die Gnade Gottes, mit der wir befreit werden von der gegenwärtigen, nichtigen Welt und der Macht der Finsternis entrissen werden. Die Kenntnis und das Bekenntnis von diesen Reichen, die mit so gewaltigen Kräften und so großer Entschlusskraft andauernd miteinander kämpfen, wären allein schon genug, um den Lehrsatz vom freien Willensvermögen zu widerlegen. Denn im Reich Satans werden wir zu dienen gezwungen, es sei denn, wir würden von der göttlichen Kraft herausgerissen. Dies, sage ich, weiß das Volk und bekennt es dann genug durch Sprichwörter, Gebete, Bemühungen und durch das ganze Leben.

Ich übergehe jenen, wahrlich meinen Achill, weil die ‚Diatribe' an ihm tapfer vorübergeht, ohne ihn berührt zu haben, nämlich [jenes Wort] Röm 7 und Gal 5. Paulus lehrt nämlich, dass in den Heiligen und Gottesfürchtigen ein Kampf des Geistes und des Fleisches stattfinde, so stark, dass sie nicht tun können, was sie wollen. Danach argumentierte ich so: Wenn die Natur des Menschen so böse ist, dass sie in denen, die durch den Geist wiedergeboren sind, nicht nur nicht nach dem Guten strebt, sondern im Gegenteil gegen das Gute kämpft und sich ihm widersetzt, wie sollte sie dann in denjenigen, die noch nicht wiedergeboren im alten Menschen unter Satan dienen, nach dem Guten streben? Denn Paulus spricht dort nicht allein von den groben Affekten, womit die ‚Diatribe' – so als sei das eine allgemeine Fluchtmöglichkeit – allen Schriftstellen zu entschlüpfen pflegt. Sondern er zählt unter die Werke des Fleisches Irrlehre, Götzendienst, Zwietracht und Streitereien, die durchaus in jenen höchsten Kräften, nämlich Vernunft und Willen, regieren. Wenn also das Fleisch mit solchen Affekten gegen den Geist in den Heiligen kämpft, wird es umso viel mehr gegen Gott in den Gottlosen und im freien Willensvermögen kämpfen. Deshalb nennt Röm 8 es auch Feindschaft gegen Gott. Ich hätte gern, sage ich, dass mir dieses Argument widerlegt und von dort aus das freie Willensvermögen verteidigt werde. Ich bekenne durchaus von mir: Wenn das geschehen

trium, aut quippiam in manu mea relinqui, quo ad salutem conari possem, non solum ideo, quod in tot adversitatibus et periculis, Deinde tot impugnantibus daemonibus, subsistere et retinere illud non valerem, cum unus daemon potentior sit omnibus hominibus, neque ullus hominum salvaretur, Sed, quod etiam si nulla pericula, nullae adversitates, nulli daemones essent, cogerer tamen perpetuo in incertum laborare et aerem pugnis verberare,⁹¹¹ neque enim conscientia mea, si in aeternum viverem et operarer, unquam certa et secura fieret, quantum facere deberet, quo satis Deo fieret. Quocunque enim opere perfecto, reliquus esset scrupulus, an id Deo placeret, vel an aliquid ultra requireret, sicut probat experientia omnium iustitiariorum, et ego meo magno malo tot annis satis didici. At nunc cum Deus salutem meam, extra meum arbitrium tollens, in suum receperit, et non meo opere aut cursu, sed sua gratia et misericordia promiserit me servare, securus et certus sum, quod ille fidelis sit⁹¹² et mihi non mentietur, tum potens et magnus, ut nulli daemones, nullae adversitates eum frangere aut me illi rapere poterunt. Nemo (inquit) rapiet eos de manu mea, quia pater, qui dedit, maior omnibus est.⁹¹³ Ita fit, ut si non omnes, tamen aliqui et multi salventur, cum per vim liberi arbitrii, nullus prorsus servaretur, sed in unum omnes perderemur. Tum etiam certi sumus et securi, nos Deo placere, non merito operis nostri, sed favore | misericordiae suae nobis promissae, atque si minus aut male egerimus, quod nobis non imputet, sed paterne ignoscat et emendet. Haec est gloriatio omnium sanctorum in Deo suo. |

Si autem id movet, quod difficile sit, clementiam et aequitatem Dei tueri, ut qui damnet immeritos,⁹¹⁴ hoc est, impios eiusmodi, qui in impietate nati, non possunt ulla ratione sibi consulere, quin impii sint, maneant et damnentur, coganturque necessitate naturae peccare et perire, sicut Paulus dicit. Eramus omnes filii irae, quemadmodum et caeteri,⁹¹⁵ cum tales creentur ab ipsomet Deo ex semine vitiato per unius Adae peccatum. Hic honorandus et reverendus est Deus, clementissimus in iis, quos iustificat et salvat indignissimos, donandumque

---

⁹¹¹ 1Kor 9,26. ⁹¹² 1Kor 1,9; 2Thess 3,3. ⁹¹³ Joh 10,28 f. ⁹¹⁴ Erasmus II a 15; ErAS 4,64/66; II b 3; ErAS 4,81/82; IV 5; ErAS 4,164/166; IV 14; ErAS 4,182/184. ⁹¹⁵ Eph 2,3.

könnte, ich würde nicht wollen, dass mir ein freies Willensvermögen gegeben wird oder irgendetwas in meiner Hand belassen würde, wodurch ich nach dem Heil streben könnte. Nicht nur deshalb, weil ich in so vielen widrigen Umständen und Gefahren und weiter bei so vielen angreifenden Dämonen nicht im Stande wäre, zu bestehen und es zu behaupten, denn *ein* einziger Dämon ist mächtiger als alle Menschen und nicht ein Mensch würde gerettet; sondern weil ich auch dann, wenn es keine Gefahren, keine widrigen Umstände, keine Dämonen gäbe, dennoch gezwungen würde, mich andauernd ins Ungewisse hinein anzustrengen und Lufthiebe zu machen. Denn mein Gewissen wäre, und wenn ich auch ewig lebte und wirkte, niemals gewiss und sicher, wie viel es tun muss, damit Gott Genüge getan wäre. Denn wie vollkommen auch immer ein Werk wäre, es bliebe ein Skrupel, ob Gott dies gefiele oder ob er irgendetwas darüber hinaus erforderte. Das beweist die Erfahrung aller Werkgerechten, und ich habe das zu meinem großen Leidwesen in so vielen Jahren zur Genüge gelernt. Aber weil jetzt Gott mein Heil meinem Willensvermögen entzogen und in seines aufgenommen und zugesagt hat, mich nicht durch mein Werk und mein Laufen, sondern durch seine Gnade und seine Barmherzigkeit zu retten, bin ich sicher und gewiss, dass er treu ist; er wird mich nicht belügen. Ferner ist er mächtig und groß, so dass keine Dämonen, keine widrigen Umstände ihn werden niederzwingen oder mich ihm entreißen können. „Niemand", sagt er, „wird sie aus meiner Hand entreißen, weil der Vater, der [sie mir] gegeben hat, größer ist als alles." So kommt es, dass wenn nicht alle, so doch einige und viele gerettet werden, während durch die Kraft des freien Willensvermögens überhaupt keiner gerettet würde, sondern wir alle bis auf den letzten Mann zugrunde gerichtet würden. Da sind wir auch gewiss und sicher, Gott zu gefallen: nicht durch das Verdienst unseres Werkes, sondern durch die Gunst seiner uns zugesagten Barmherzigkeit. Und dass er, wenn wir weniger oder Böses tun, es uns nicht anrechnet, sondern väterlich verzeiht und uns bessert. Dies ist das Rühmen aller Heiligen in ihrem Gott.

Vielleicht aber versetzt das in Unruhe, dass es schwierig ist, die Güte und Gerechtigkeit Gottes zu verteidigen, der doch die verdammt, die es nicht verdient haben; das heißt, derartige Gottlose, die, in Gottlosigkeit geboren, sich in keiner Weise helfen können, nicht gottlos zu sein, zu bleiben und [als solche] verdammt zu werden, die gezwungen sind durch die Notwendigkeit der Natur zu sündigen und zugrunde zu gehen. Wie Paulus sagt: „Wir waren alle Kinder des Zorns, wie auch die Übrigen", weil sie eben als solche von Gott geschaffen werden aus einem durch die Sünde des einen Adam verderbten Samen. Hier ist Gott zu ehren und zu fürchten, der grundgütig ist an denen, die er, obwohl

est saltem non nihil divinae eius sapientiae, ut iustus esse credatur, ubi iniquus nobis esse videtur. Si enim talis esset eius iustitia, quae humano captu posset iudicari esse iusta, plane non esset divina, et nihilo differret ab humana iustitia, At cum sit Deus verus et unus, deinde totus incomprehensibilis et inaccessibilis humana ratione, par est, imo necessarium est, ut et iustitia sua sit incomprehensibilis, Sicut Paulus quoque exclamat dicens, O altitudo divitiarum sapientiae et scientiae Dei, quam incomprehensibilia sunt iudicia eius, et investigabiles viae eius.916 Incomprehensibilia vero non essent, si nos per omnia capere valeremus, quare sint iusta. Quid est homo comparatus Deo? Quantum est, quod potentia nostra potest, illius potentiae comparata? Quid est nostra fortitudo illius viribus collata? Quid nostra scientia illius sapientiae comparata? Quid nostra substantia ad illius substantiam? Summa, quid omnia nostra sunt ad illius omnia? Si igitur fatemur, etiam natura magistra, humanam potentiam, fortitudinem, sapientiam, scientiam, substantiam et omnia nostra prorsus nihil esse, si ad divinam potentiam, fortitudinem, sapientiam, scientiam, substantiam conferantur, quae est nostra illa perversitas, ut solam iustitiam et iudicium Dei vexemus, et iudicio nostro tantum arrogemus, ut divinum iudicium comprehendere, iudicare et aestimare velimus? quare non similiter et hic dicimus, Iudicium nostrum nihil est, si divino iudicio comparetur? Consule ipsam rationem, si non convicta cogetur, sese stultam et temerariam confiteri, quod iudicium Dei non sinit esse incomprehensibile, cum caetera divina omnia fateatur esse incomprehensibilia. Scilicet, in omnibus aliis Deo concedimus maiestatem divinam, in solo iudicio negare parati sumus, nec tantisper possumus credere, eum esse iustum, cum nobis promiserit, fore, ubi gloriam suam revelarit, ut omnes tum videamus et palpemus, eum fuisse et esse iustum.

Dabo exemplum ad confirmandam hanc fidem et ad consolandum oculum illum nequam, qui Deum suspectum habet de iniquitate. Ecce sic Deus administrat mundum istum corporalem in rebus externis, ut si rationis humanae iudicium spectes et sequaris, cogaris dicere aut nullum esse Deum, aut iniquum esse Deum, ut ille ait, Sollicitor nullos saepe putare Deos.917 Vide enim, ut prosper- | rime habeant mali, contra

---

916 Röm 11,33.   917 Ovid: Amores 3,9,36.

sie ganz unwürdig sind, rechtfertigt und rettet. Alles andere müssen wir doch seiner göttlichen Weisheit anheim stellen, auf dass er für gerecht gehalten wird, wo er uns ungerecht zu sein scheint. Wenn seine Gerechtigkeit nämlich so beschaffen wäre, dass sie nach menschlichem
5 Fassungsvermögen als gerecht beurteilt werden könnte, wäre sie überhaupt nicht göttlich und unterschiede sich in nichts von menschlicher Gerechtigkeit. Aber weil Gott wahrhaft und einer ist, ferner für die menschliche Vernunft ganz unbegreiflich und unzugänglich, ist es angemessen, ja sogar notwendig, dass seine Gerechtigkeit unbegreiflich
10 ist. Wie auch Paulus ausruft, wenn er sagt: „Oh welche Tiefe des Reichtums der Weisheit und der Erkenntnis Gottes, wie unbegreiflich sind seine Urteile und unerforschlich seine Wege." Sie wären aber nicht unbegreiflich, wenn wir in jeder Hinsicht im Stande wären zu erfassen, warum sie gerecht sind. Was ist der Mensch im Vergleich zu Gott? Wie
15 viel ist es, was unsere Macht vermag im Vergleich zu seiner Macht? Was ist unsere Stärke im Vergleich zu seinen Kräften? Was unser Wissen im Vergleich zu seiner Weisheit? Was unser Wesen im Vergleich zu seinem Wesen? Kurzum: Was ist all das Unsere im Vergleich zu all dem Seinen? Wenn wir also – auch mit der Natur als Lehrmeisterin – bekennen,
20 menschliche Macht, Stärke, Weisheit, Wissen, Wesen und alles Unsere seien überhaupt nichts im Vergleich zu göttlicher Macht, Stärke, Weisheit, Wissen und Wesen – was soll dann diese unsere Verkehrtheit, dass wir die alleinige Gerechtigkeit und das Urteil Gottes herumzerren? Dass wir unserem Urteil so viel anmaßen, das göttliche Urteil erfassen,
25 beurteilen und würdigen zu wollen? Warum sagen wir in ähnlicher Weise nicht auch hier: Unser Urteil ist nichts, wenn es mit dem göttlichen Urteil verglichen wird? Frage die Vernunft selbst, ob sie nicht überführt worden ist und sich als töricht und unbesonnen zu bekennen gezwungen wird, weil sie nicht zulässt, dass Gottes Urteil unbegreiflich
30 ist. Alles andere Göttliche kann sie doch als unbegreiflich bekennen. Freilich, in allem anderen gestehen wir Gott göttliche Majestät zu, allein bei seinem Urteil sind wir bereit, sie zu leugnen. Und wir können zwischenzeitlich nicht glauben, dass er gerecht ist, obwohl er uns zugesagt hat, es werde so sein, dass alle, sobald er seine Herrlichkeit offen-
35 bart, dann sehen und greifen, dass er gerecht war und ist.

Ich will ein Beispiel geben zur Bestärkung dieses Glaubens und zum Trost für jenes nichtsnutzige Auge, das Gott der Ungerechtigkeit verdächtigt. Siehe, so lenkt Gott diese körperliche Welt in den äußerlichen Dingen, dass du, wenn du das Urteil der menschlichen Vernunft
40 ansiehst und ihm folgst, gezwungen wärst zu sagen: Entweder es gibt keinen Gott oder Gott ist ungerecht, wie jener [sc. Ovid] sagt: „Oft werde ich verführt anzunehmen, es gebe keine Götter." Denn siehe, wie es den

infoelicissime boni, testan-| tibus proverbiis et experientia proverbiorum parente, quo sceleratiores, hoc fortunatiores esse. Abundant (inquit Hiob) tabernacula impiorum, et Psalmus. 72. queritur, Peccatores in mundo abundare divitiis.⁹¹⁸ Obsecro, an non omnium iudicio, iniquissimum est, malos fortunari et bonos affligi? At ita fert cursus mundi. Hic etiam summa ingenia eo lapsa sunt, ut Deum esse negent et fortunam omnia temere versare fingant, quales Epicurei, et Plynius, Deinde Aristoteles suum illud primum ens, ut liberet a miseria, sentit ipsum nihil rerum videre, nisi se solum, quod ei molestissimum esse putat, tot mala, tot iniurias videre.⁹¹⁹ Prophetae vero, qui Deum esse crediderunt, magis tentantur de iniquitate Dei, ut Hieremias, Hiob, David, Assaph et alii. Quid putas Demosthenes et Cicero cogitarint, cum omnia quae poterant, effecissent, et talem mercedem misero interitu receperunt? Et tamen haec iniquitas Dei vehementer probabilis et argumentis talibus traducta, quibus nulla ratio aut lumen naturae potest resistere, tollitur facillime per lucem Evangelii et cognitionem gratiae, qua docemur, impios corporaliter quidem florere, sed anima perdi.⁹²⁰ Estque totius istius quaestionis insolubilis, ista brevis solutio in uno verbulo,⁹²¹ Scilicet, Esse vitam post hanc vitam, in qua, quicquid hic non est punitum et remuneratum, illic punietur et remunerabitur, cum haec vita sit nihil nisi praecursus aut initium potius futurae vitae.⁹²²

Si igitur lux Evangelii, quae solo verbo et fide valet, tantum efficit, ut ista quaestio omnibus soeculis tractata et nunquam soluta, tam facile dirimatur et componatur,⁹²³ quid putas futurum, ubi cessante lumine verbi et fidei, res ipsa et maiestas divina per sese revelabitur? An non putas, quod tum lumen gloriae quaestionem quam facillime solvere possit, quae in lumine verbi aut gratiae est insolubilis, cum lumen gratiae tam facile solverit quaestionem in lumine naturae insolubilem? Tria mihi lumina pone, lumen naturae, lumen gratiae, lumen | gloriae, ut habet vulgata et bona distinctio.⁹²⁴ In lumine naturae est insolubile, hoc esse iustum, quod bonus affligatur et malus bene habeat, At hoc dissolvit lumen gratiae. In lumine gratiae est insolubile, quomodo Deus

---

⁹¹⁸ Ijob 12,6; Ps 73/Vg 72,12.   ⁹¹⁹ Aristoteles: Metaphysik 11,7.9.   ⁹²⁰ Mt 16,26.
⁹²¹ S. o. 562,9–11.   ⁹²² Röm 2,5–8; 2Kor 5,10.   ⁹²³ Erasmus IV 13; ErAS 4,180/182.
⁹²⁴ Thomas von Aquin: Summa theologica qu. 12 art. 2.

Bösen bestens geht, wie ausgesprochen unglücklich hingegen den Guten, wie die Sprichwörter bezeugen und die Erfahrung, die Mutter der Sprichwörter: „Je frevelhafter, desto glücklicher." „Es fließen über", sagt Hiob, „die Hütten der Gottlosen." Und Ps 72 klagt: „Die Sünder flie-
5 ßen in der Welt von Reichtum über." Ich bitte dich, ist es nicht nach dem Urteil aller höchst ungerecht, dass die Bösen vom Schicksal begünstigt und die Guten heimgesucht werden? Aber so bringt es der Lauf der Welt mit sich. Hier sind auch größte Geister dahin gefallen, dass sie Gott verleugneten und erdichteten, das Schicksal wende alles aufs Gera-
10 tewohl, wie die Epikureer und Plinius. Weiterhin meint Aristoteles, um sein ‚erstes Seiendes' vom Elend zu befreien, es sehe nichts von den Dingen, nur sich allein, weil es ihm außerordentlich beschwerlich erscheint, so viele Übel, so viele Ungerechtigkeiten zu sehen. Die Propheten aber, die Gottes Dasein geglaubt haben, werden von der Ungerech-
15 tigkeit Gottes noch mehr versucht, wie Jeremia, Hiob, David, Asaf und andere. Was glaubst du, haben Demosthenes und Cicero gedacht, als sie alles, was sie konnten, bewirkt hatten und solchen Lohn durch einen elenden Untergang empfangen haben? Und dennoch wird diese Ungerechtigkeit Gottes – außerordentlich wahrscheinlich und mit solchen
20 Argumenten vorgeführt, denen keine Vernunft oder das Licht der Natur widerstehen kann – ganz leicht aufgehoben durch das Licht des Evangeliums und die Erkenntnis der Gnade. Durch sie werden wir gelehrt, dass die Gottlosen zwar körperlich blühen, an der Seele aber zugrunde gehen. Und die kurze Lösung dieser unlösbaren Frage besteht in einem
25 einzigen kleinen Wort, nämlich: Es gibt ein Leben nach diesem Leben, in dem alles, was hier nicht bestraft und belohnt wird, dort bestraft und belohnt werden wird. Denn dieses Leben ist nichts als ein Vorlauf oder vielmehr: ein Anfang des zukünftigen Lebens.

Wenn also das Licht des Evangeliums, das allein durch das Wort
30 und den Glauben etwas vermag, so Großes bewirkt, dass diese Frage, die jahrhundertelang traktiert und niemals gelöst worden ist, so leicht beigelegt und verglichen wird – was glaubst du, wird geschehen, wenn das Licht des Wortes und des Glaubens weichen und die Sache selbst und die göttliche Majestät durch sich selbst offenbar wird? Oder glaubst du
35 nicht, dass dann das Licht der Herrlichkeit die Frage so leicht wie nur möglich lösen kann, die im Licht des Wortes oder der Gnade unlösbar ist, wo schon das Licht der Gnade so leicht eine im Licht der Vernunft unlösbare Frage löst? Nimm mir drei Lichter an: das Licht der Natur, das Licht der Gnade, das Licht der Herrlichkeit, wie es eine allgemeine
40 und gute Unterscheidung tut. Im Licht der Natur ist es unlösbar, dies sei gerecht, dass der Gute heimgesucht wird und der Böse es gut hat. Aber dies löst das Licht der Gnade. Im Licht der Gnade ist es unlösbar,

damnet eum, qui non potest ullis suis viribus aliud facere, quam peccare et reus esse, Hic tam lumen naturae, quam lumen gratiae dictant, culpam esse, non miseri hominis, sed iniqui Dei, nec enim aliud iudicare possunt de Deo, qui hominem impium gratis sine meritis coronat, et alium non coronat, sed damnat, forte minus vel saltem non magis impium.⁹²⁵ At lumen gloriae aliud dictat, et Deum, cuius modo est iudicium incomprehensibilis iustitiae, tunc ostendet esse iustissimae et manifestissimae iustitiae tantum, ut interim id credamus, moniti et confirmati exemplo luminis gratiae, quod simile miraculum in naturali lumine implet. |

Finem hic faciam huius libelli, paratus, si opus sit, pluribus hanc caussam agere, quanquam hic arbitror pio et qui veritati sine pertinacia cedere velit, abunde satis esse factum. Si enim credimus verum esse, quod Deus praescit et praeordinat omnia,⁹²⁶ tum neque falli neque impediri potest sua praescientia et praedestinatione, Deinde nihil fieri, nisi ipso volente, id quod ipsa ratio cogitur concedere, simul ipsa ratione teste, nullum potest esse liberum arbitrium in homine vel angelo aut ulla creatura. Ita si credimus Satanam esse principem mundi,⁹²⁷ Christi regno totis viribus perpetuo insidiantem et pugnantem, ut captivos homines non dimittat, nisi divina spiritus virtute pulsus, iterum patet, nullum esse posse liberum arbitrium. Ita si peccatum originale credimus sic nos perdidisse, ut etiam iis qui spiritu aguntur, negocium molestissimum faciat,⁹²⁸ adversus bonum luctando, clarum est, nihil in homine spiritus inani reliquum esse, quod ad bonum sese verti possit, sed tantum ad malum. Item, si Iudaei summis viribus iustitiam sectantes, in iniustitiam potius proruerunt, et Gentes impietatem sectantes, gratis et insperate ad iustitiam pervenerunt,⁹²⁹ itidem manifestum est, ipso opere et experientia, hominem sine gratia nihil nisi malum posse velle. Sed summa, Si credimus Christum redemisse homines per sanguinem suum,⁹³⁰ totum hominem fateri cogimur fuisse perditum, alioqui Christum faciemus vel superfluum vel partis vilissimae redemptorem, quod est blasphemum et sacrilegum.

---

⁹²⁵ Erasmus IV 13; ErAS 4,182.   ⁹²⁶ Röm 8,29 f.   ⁹²⁷ Joh 16,11.   ⁹²⁸ Gal 5,17.
⁹²⁹ Röm 9,30 f.   ⁹³⁰ Röm 5,9; Eph 1,7.

wie Gott den verdammt, der aus seinen eigenen Kräften nichts anderes tun kann als zu sündigen und schuldig zu sein. Hier behaupten das Licht der Natur ebenso wie das Licht der Gnade, das sei die Schuld nicht des elenden Menschen, sondern des ungerechten Gottes, und sie können nicht anders von Gott urteilen, der einen gottlosen Menschen umsonst ohne Verdienste krönt und einen anderen nicht krönt, vielmehr verdammt, der vielleicht weniger oder doch nicht mehr gottlos ist. Aber das Licht der Herrlichkeit behauptet etwas anderes und wird zeigen, dass Gott, dessen Urteil eben noch von einer unbegreiflichen Gerechtigkeit war, dann von einer ganz und gar gerechten und ganz offenkundigen Gerechtigkeit ist. Dass wir das nur einstweilen glauben, ermahnt und gefestigt durch das Beispiel des Lichtes der Gnade, das ein ähnliches Wunder beim natürlichen Licht vollbringt!

Hier will ich ein Ende dieses Büchleins machen, bereit, wenn es nötig ist, dieses Thema weiter zu verhandeln. Allerdings glaube ich, dass dem Gottesfürchtigen und dem, welcher der Wahrheit ohne Starrsinn weichen will, reichlich Genüge getan ist. Denn wenn wir glauben, es sei wahr, dass Gott alles vorherwisse und vorherordne, dann kann er in seinem Vorherwissen und seiner Vorherbestimmung weder getäuscht noch gehindert werden. Dann geschieht alles nur nach seinem Willen – das, was selbst die Vernunft gezwungen wird zuzugeben. Zugleich – mit eben dieser Vernunft als Zeugen – kann kein freies Willensvermögen in einem Menschen, einem Engel oder irgendeiner Kreatur sein. Wenn wir so glauben, Satan sei der Fürst dieser Welt, der dem Reich Christi aus allen Kräften ewiglich nachstellt und gegen es ankämpft, um die gefangenen Menschen nicht loszulassen, es sei denn, er werde durch die göttliche Kraft des Geistes vertrieben, ist wiederum offensichtlich, dass es kein freies Willensvermögen geben kann. Wenn wir so glauben, die Ursprungssünde habe uns so verdorben, dass sie auch denjenigen, die vom Geist getrieben werden, durch ihren Kampf gegen das Gute äußerste Mühe macht, dann ist klar, dass in dem Menschen, in dem der Geist nicht ist, nichts übrig bleibt, was sich zum Guten wenden kann, sondern nur zum Bösen. Ebenso, wenn die Juden, die mit höchster Kraftanstrengung der Gerechtigkeit nachjagen, vielmehr in die Ungerechtigkeit stürzten, und die Heiden, die der Gottlosigkeit nachjagen, umsonst und unverhofft zur Gerechtigkeit gelangt sind, ist gleichermaßen offenbar, eben nach dem Ergebnis und der Erfahrung, dass der Mensch ohne Gnade nur das Böse wollen kann. Aber kurzum: Wenn wir glauben, Christus habe die Menschen durch sein Blut erlöst, sind wir zu dem Bekenntnis gezwungen, der ganze Mensch sei verloren; anderenfalls werden wir Christus entweder überflüssig oder zum Erlöser des wertlosesten Teils machen, was gotteslästerlich und ruchlos wäre.

Te nunc Mi Erasme, per Christum oro, ut quod promisisti, tandem praestes, pro-| misisti autem, velle te cedere meliora docenti,931 Pone respectum personarum, Fateor, tu magnus es et multis, iisque nobilissimis dotibus a Deo ornatus, ut alia taceam, ingenio, eruditione, facundia usque ad miraculum. Ego vero nihil habeo et sum, nisi quod Christianum esse me prope glorier. Deinde et hoc in te vehementer laudo et praedico, quod solus prae omnibus rem ipsam es aggressus, hoc est, summam caussae, nec me fatigaris alienis illis caussis de Papatu, purgatorio, indulgentiis, ac similibus nugis potius quam caussis, in quibus me hactenus omnes fere venati sunt frustra. Unus tu et solus cardinem rerum vidisti, et ipsum iugulum petisti, pro quo ex animo tibi gratias ago, in hac enim caussa libentius versor, quantum favet tempus et ocium. Si hoc fecissent, qui me hactenus invaserunt, si adhuc illi facerent, qui modo novos spiritus, novas revelationes iactant, minus seditionis et sectarum, et plus pacis et concordiae haberemus. Sed Deus ita per Satanam nostram ingratitudinem vindicavit. Quanquam nisi aliter caussam istam agere potes, quam hac Diatribe egisti, optarim magnopere, ut tuo dono contentus, literas et linguas, sicut hactenus cum magno fructu et laude fecisti, coleres, ornares, proveheres, quo studio non nihil et mihi servivisti, ut multum tibi me debere fatear, et certe in ea re te veneror et suspicio syncero animo. Huic nostrae caussae, ut par esses, nondum voluit nec dedit Deus, Id quod rogo, nulla dictum arrogantia existimes, | Oro autem, ut prope diem Dominus tantum te in hac re superiorem me faciat, quantum in aliis omnibus mihi superior es. Non est enim novum, si Deus Mosen per Iethro erudiat, Et Paulum per Ananiam doceat.932 Nam quod tu dicis, procul esse aberratum a scopo, si tu Christum ignores,933 arbitror teipsum videre, quale sit, Neque enim ideo omnes errabunt, si tu aut ego erramus. Deus est, qui mirabilis in sanctis suis934 praedicatur, ut sanctos putemus, qui longissime sint a sanctitate. Neque difficile est, ut homo cum sis, scripturas aut patrum dicta, quibus ducibus te credis scopum tenere, neque recte intelligas, neque diligenter satis observes, | quod satis monet illud, quod

---

931 Erasmus IV 17; ErAS 4,192. 932 Ex 18,13-27; Apg 9,17. 933 Erasmus IV 17; ErAS 4,192/194. 934 Ps 68/Vg 67,36.

Dich nun, mein Erasmus, bitte ich bei Christus, dass du endlich das erfüllst, was du versprochen hast. Du hast aber versprochen, du wollest dem weichen, der Besseres lehrt. Nimm keine Rücksicht auf Personen! Ich bekenne: Du bist bedeutend und durch viele und höchst edle Gaben
5 durch Gott ausgezeichnet; von anderem zu schweigen: durch Geist, Bildung, eine ans Wunderbare grenzende Beredsamkeit. Ich aber habe nichts und bin nichts, außer dass ich mich nahezu rühme, ein Christ zu sein. Dann lobe und preise ich dich auch deswegen nachdrücklich, dass du als einziger von allen die Sache selbst angegangen bist, das
10 heißt: den Hauptpunkt des Streits, und mich nicht ermüdest mit jenen nebensächlichen Streitpunkten über das Papsttum, das Fegfeuer, den Ablass und ähnliche Themen – oder vielmehr: Lappalien –, mit denen mich bisher fast alle vergeblich verfolgt haben. Du als wirklich einziger hast den Dreh- und Angelpunkt der Dinge gesehen und den Haupt-
15 punkt des Streits selbst angegriffen, wofür ich dir von Herzen Dank sage. Denn mit diesem Hauptpunkt des Streits beschäftige ich mich lieber, soweit es Zeit und Muße erlauben. Hätten das diejenigen getan, die mich bisher angegriffen haben, würden das noch die tun, die jetzt neue Geister und neue Offenbarungen vorkehren, dann hätten wir
20 weniger Aufruhr und Abspaltung und mehr Frieden und Eintracht. Aber so hat Gott durch Satan unseren Undank bestraft. Wenn du allerdings diese Streitfrage nicht anders behandeln kannst, als du sie in dieser ‚Diatribe' behandelt hast, dann wünschte ich sehr, dass du – mit deiner Begabung zufrieden – die Wissenschaft und die Sprachen, wie du es
25 bisher mit großem Erfolg und Ruhm getan hast, pflegst, auszeichnest und vorantreibst. Mit diesem Bemühen hast du auch mir einigermaßen gedient, so dass ich dir viel zu schulden bekenne. Und ich verehre und bewundere dich gewiss in dieser Hinsicht mit aufrichtigem Herzen. Dass du dieser unserer Streitfrage gewachsen wärst, hat Gott noch nicht
30 gewollt und nicht gegeben. Ich bitte dich, du wollest das als mit keiner Anmaßung gesagt verstehen. Ich bete aber darum, der Herr möge dich bald in dieser Sache mir so überlegen machen, wie du mir in allem anderen überlegen bist. Denn es ist nicht neu, wenn Gott Mose durch Jethro unterrichtet und Paulus durch Hananias belehrt. Denn
35 weil du sagst, das Ziel sei weit verfehlt, wenn du Christus nicht kenntest, glaube ich, dass du selbst siehst, wie es sich verhält. Denn nicht alle werden deswegen irren, wenn du oder ich irren. Gott ist es, der wunderbar in seinen Heiligen gepriesen wird, so dass wir für heilig halten, die sehr weit von der Heiligkeit entfernt sind. Und es ist leicht möglich,
40 dass du, weil du ein Mensch bist, die Schriften oder die Sprüche der Väter, unter deren Führung du glaubst, das Ziel zu erreichen, weder recht verstehst noch sorgfältig genug beachtest. Daran erinnert hinrei-

nihil asserere, sed contulisse te scribis, Sic non scribit, qui rem penitus perspicit et recte intelligit. Ego vero hoc libro NON CONTULI, SED ASSERUI, ET ASSERO, ac penes nullum volo esse iudicium, sed omnibus suadeo, ut praestent obsequium.[935] Dominus vero, cuius est haec caussa, illuminet te et faciat vasculum in honorem[936] et gloriam. AMEN.

FINIS.

---

[935] 2Kor 10,5.   [936] Röm 9,21.

chend, dass du schreibst, du wollest nichts als wahr behaupten, sondern [nur Meinungen] zusammenstellen. So schreibt keiner, der eine Sache vollständig durchschaut und recht versteht. Ich aber habe in diesem Buch nicht [Meinungen] zusammengestellt, sondern die Wahrheit bezeugt, und ich bezeuge die Wahrheit. Und ich will keinem das Urteil überlassen [wie Erasmus das will], sondern ich rate allen an, Gehorsam zu leisten. Der Herr aber, um dessen Sache es sich handelt, möge dich erleuchten und zu einem Gefäß zu seiner Ehre und zu seinem Ruhm machen. Amen.

Ende.

DISPUTATIO D. MARTINI LUTHERI
DE HOMINE
1536

DISPUTATION D. MARTIN LUTHERS
ÜBER DEN MENSCHEN
1536

[WA 39/1,175/StA 5,129]

Editionsgrundlage des lateinischen Textes ist StA 5,129-133, die mit der Ausgabe von Gerhard Ebeling (Luther-Studien 2 I: Disputatio de homine, Text und Traditionshintergrund, Tübingen 1977, 15-24) verglichen wurde. Die Kommentierung orientiert sich an StA.

1 PHIlosophia, sapientia humana, definit, Hominem esse animal rationale, sensitivum, corporeum.¹

2 Neque disputare nunc necesse est, An proprie vel improprie Homo vocetur animal.

3 Sed hoc sciendum est, quod² haec definitio tantum mortalem et huius vitae hominem definit.

4 Et sane verum est, quod Ratio omnium rerum res et caput, et prae caeteris rebus huius vitae optimum et divinum quiddam sit.

5 Quae est inventrix et gubernatrix omnium Artium, Medicinarum, Iurium, et quidquid in hac vita sapientiae, potentiae, virtutis et gloriae ab hominibus possidetur.

6 Ut hinc merito ipsa vocari debeat differentia essentialis, qua constituatur Homo differe ab animalibus et rebus aliis.

7 Quam et Scriptura sancta constituit talem Dominam super terram, volucres, pisces, pecora, dicens: Dominamini etc.³

8 Hoc est, ut sit sol et numen quoddam ad has res administrandas in hac vita positum.

9 Nec eam Maiestatem Deus post lapsum Adae ademit rationi, sed potius confirmavit. |

10 Tamen talem sese Maiestatem esse, nec ea ipsa Ratio novit a priore, sed tantum a posteriore.

11 Ideo si comparetur Philosophia seu Ratio ipsa ad Theologiam, apparebit nos de Homine paene nihil scire.

12 Ut qui vix materialem eius causam videamur satis videre.

13 Nam Philosophia efficientem certe non novit, similiter nec finalem.

14 Quia finalem nullam ponit aliam, quam pacem huius vitae, et efficientem nescit esse creatorem Deum.

15 De formali vero causa, quam vocant Animam, nunquam convenit, nunquam conveniet inter Philosophos.

16 Nam quod Aristoteles eam definit actum primum corporis vivere potentis,⁴ etiam illudere voluit Lectores et Auditores. |

---

¹ Gabriel Biel: Sent. 3 dist. 22 qu. una art. 1 not. 3 E. ² So in der ältesten Überlieferung; eine spätere Auflage bietet ‚tum'. ³ Gen 1,28. ⁴ Aristoteles: De anima 2,1.

1. Die Philosophie, [als] die menschliche Weisheit, definiert, der Mensch sei ein vernunftbegabtes, sinnenhaftes, körperliches [mit den Tieren zusammengehöriges] Lebewesen.

2. Es ist jetzt nicht notwendig, darüber zu disputieren, ob der Mensch im eigentlichen oder uneigentlichen Sinn des Wortes als [mit den Tieren zusammengehöriges] Lebewesen bezeichnet wird.

3. Aber das muss man wissen: Diese Definition definiert nur den sterblichen [Menschen] und [das heißt,] den Menschen dieses [irdischen] Lebens.

4. Und tatsächlich ist es wahr, dass die Vernunft die Hauptsache von allem ist und vor allen übrigen Dingen dieses Lebens das Beste und etwas Göttliches.

5. Sie ist die Erfinderin und Lenkerin aller [freien] Künste, der Medizin, der Rechtswissenschaft und alles dessen, was in diesem Leben an Weisheit, Macht, Tüchtigkeit und Ruhm von Menschen besessen wird.

6. So dass sie von da aus mit Recht der wesentliche Unterschied genannt werden muss, durch den begründet wird, dass der Mensch sich von den Tieren und den anderen Dingen unterscheidet.

7. Auch die Heilige Schrift setzt sie als eine solche Herrin über die Erde, die Vögel, die Fische, das Vieh ein, indem sie sagt: „Herrscht!" usw.

8. Das heißt, sie soll eine Sonne und eine göttliche Macht sein, gegeben um diese Dinge in diesem Leben zu verwalten.

9. Und auch nach dem Fall Adams hat Gott der Vernunft diese Majestät nicht genommen, sondern vielmehr bestätigt.

10. Trotzdem weiß die Vernunft selbst nicht [auf Grund einer Ableitung] aus den Ursachen, dass sie eine solche Majestät sei, sondern nur [auf Grund eines Rückschlusses] aus den Wirkungen.

11. Wenn man folglich die Philosophie oder die Vernunft selbst mit der Theologie vergleicht, wird sich zeigen, dass wir vom Menschen beinahe nichts wissen.

12. Scheinen wir doch kaum seine stoffliche Ursache hinreichend zu erblicken.

13. Denn die Philosophie kennt gewiss nicht die wirkende [Ursache] und in ähnlicher Weise auch nicht die zweckhafte [Ursache].

14. Denn als zweckhafte [Ursache] setzt sie keine andere als den Frieden dieses Lebens, und sie weiß nicht, dass die wirkende [Ursache] Gott der Schöpfer ist.

15. Über die gestaltende Ursache aber, die sie ‚Seele' nennen, wurde und wird unter den Philosophen niemals Einmütigkeit erzielt.

16. Denn damit, dass Aristoteles sie definiert als ersten Akt eines Körpers, der leben kann [oder: Prinzip des lebensfähigen Körpers], wollte er die Leser und Hörer nur verspotten.

StA 131   17 Nec spes est, hominem in hac praecipue parte sese posse cognoscere quid sit, donec in fonte ipso, qui Deus est, sese viderit. |

WA 176   18 Et quod miserabile est, nec sui consilii, aut cognitionum plenam et certam habet potestatem, sed in his subiecta est casui et vanitati.5

19 Sed qualis est haec vita, talis est et definitio et cognitio hominis, hoc est, exigua lubrica et nimio materialis.

20 THEologia vero de plenitudine sapientiae suae hominem totum et perfectum definit.

21 Scilicet, quod homo est creatura Dei carne et anima spirante[6] constans, ab initio ad imaginem Dei facta[7] sine peccato, ut generaret et rebus dominaretur,[8] nec unquam moreretur.[9]

22 Post lapsum vero Adae subiecta potestati Diaboli, peccato et morti, utroque malo suis viribus insuperabili, et aeterno.

23 Nec nisi per Filium Dei Christum Ihesum liberanda (si credat in eum) et vitae aeternitate donanda.

24 Quibus stantibus pulcherrima illa et excellentissima res rerum, quanta est ratio post peccatum, relicta sub potestate Diaboli tamen esse concluditur.

25 Ut homo totus et omnis, sive sit Rex, Dominus, servus, sapiens, iustus, et quibus potest huius vitae bonis excellere, tamen sit et maneat peccati et mortis reus sub Diabolo oppressus. |

StA 132   26 QVAre ii, qui dicunt, naturalia post lapsum remansisse integra, impie philosophantur contra Theologiam.

27 Similiter qui dicunt, hominem faciendo quod in se est posse mereri gratiam Dei et vitam.

28 Item, qui Aristotelem (nihil de homine theologico scientem) inducunt, quod ratio deprecetur ad optima.[10]

29 Item, quod in homine sit lumen vultus Dei super nos signatum,[11] id est, liberum arbitrium ad formandum rectum dictamen et bonam voluntatem.[12]

30 Item, quod hominis sit eligere bonum et malum, seu vitam et mortem etc.[13]

31 Omnes istiusmodi neque quid sit homo intelligunt, neque de qua re loquantur, ipsi sciunt. |

---

5 Röm 8,20. 6 Gen 2,7. 7 Gen 1,26 f. 8 Gen 1,28–30. 9 Luthers Auffassung ist verbunden mit Gen 2,17. 10 Aristoteles: Nikomachische Ethik 1,13. 11 Ps 4,7. 12 Biel: Sent. 2 dist. 28 qu. un. art. 1 not. 1 D. 13 Dtn 30,15.

17. Und es besteht keine Hoffnung, dass der Mensch sich insbesondere in diesem Teil erkennen könnte, was er sei, solange er sich nicht in der Quelle selbst, die Gott ist, erblickt hat.

18. Und was beklagenswert ist: Nicht einmal über sein Entschließen oder seine Gedanken hat er volle und gewisse Macht, sondern ist in ihnen dem Zufall und der Nichtigkeit unterworfen.

19. Aber wie dieses Leben ist, so ist auch die Definition und Erkenntnis des Menschen, nämlich: dürftig, nicht greifbar und allzu stofflich.

20. Die Theologie hingegen definiert aus der Fülle ihrer Weisheit den ganzen und vollständigen Menschen.

21. Nämlich, dass der Mensch Gottes Geschöpf ist, das aus Fleisch und einer lebendigen Seele besteht, vom Anfang an zum Bild Gottes gemacht ohne Sünde, dass er sich vermehre und über die Dinge herrsche und niemals sterbe.

22. Aber nach dem Fall Adams der Macht des Teufels unterworfen, der Sünde und dem Tod, beides Übel, die durch seine Kräfte nicht zu überwinden und ewig sind.

23. Und dass [das Geschöpf] nur durch den Sohn Gottes, Christus Jesus, (wenn es an ihn glaubt) befreit und mit der Ewigkeit des Lebens beschenkt werden kann.

24. Unter diesen Umständen ist jene allerschönste und ausgezeichnetste Hauptsache, als die die Vernunft nach dem Sündenfall geblieben ist, dennoch, so muss gefolgert werden, unter der Macht des Teufels.

25. So dass der ganze Mensch und jeder, gleichgültig ob er König, Herr, Knecht, weise, gerecht ist und durch welche Güter dieses Lebens er auch immer herausragen kann, trotzdem der Sünde und des Todes schuldig sei und bleibe, vom Teufel unterdrückt.

26. Daher philosophieren diejenigen gottlos gegen die Theologie, die sagen, die natürlichen Fähigkeiten [des Menschen] seien nach dem Fall unversehrt erhalten geblieben.

27. Ähnlich diejenigen, die sagen, indem der Mensch tue, was in seinen Kräften steht, könne er Gottes Gnade und das Leben verdienen.

28. Ebenso diejenigen, die Aristoteles (der vom Menschen in theologischer Hinsicht nichts weiß) anführen [um zu belegen], dass die Vernunft inbrünstig das Beste erstrebe.

29. Ebenso, dass im Menschen das Licht des Angesichts Gottes sei, das als Zeichen über uns gesetzt sei, d. h. das freie Willensvermögen zur Hervorbringung der rechten Vorschrift und des guten Willens.

30. Ebenso, dass der Mensch in der Lage sei, zwischen Gut und Böse oder Leben und Tod usw. zu wählen.

31. Alle solche verstehen weder, was der Mensch ist, noch wissen sie, wovon sie sprechen.

StA 133   32 Paulus Rom. 3. Arbitramur hominem iustificari fide absque operibus,¹⁴ breviter hominis definitionem colligit, dicens, Hominem iustificari fide.

33 Certe, qui iustificandum dicit, peccatorem et iniustum, ac ita reum coram Deo asserit, sed per gratiam salvandum. |

WA 177   34 Et hominem indefinite, id est, universaliter accipit, ut concludat totum mundum, seu quidquid vocatur homo, sub peccato.¹⁵

35 Quare homo huius vitae est pura materia Dei ad futurae formae suae vitam.

36 Sicut et tota creatura, nunc subiecta vanitati,¹⁶ materia Deo est ad gloriosam futuram suam formam.

37 Et qualis fuit terra et coelum in principio¹⁷ ad formam post sex dies completam,¹⁸ id est, materia sui.

38 Talis est homo in hac vita ad futuram formam suam, cum reformata et perfecta fuerit imago Dei.

39 Interim in peccatis est homo, et indies vel iustificatur vel polluitur magis.

40 Hinc Paulus ista rationis Regna nec mundum dignatur appellare, sed schema mundi¹⁹ potius vocat.

---

¹⁴ Röm 3,28. ¹⁵ Gal 3,22. ¹⁶ Röm 8,20. ¹⁷ Gen 1,1 f. ¹⁸ Gen 1,31; 2,1 f. ¹⁹ 1Kor 7,31; Luther verkürzt den biblischen Ausdruck ‚figura huius mundi' (Vg) und ersetzt ‚figura' durch das lateinisch geschriebene σχῆμα aus dem griechischen Bibeltext.

32. Paulus fasst in Röm 3,28: „Wir halten dafür, dass der Mensch gerechtfertigt wird durch den Glauben ohne Werke" kurz die Definition des Menschen zusammen, indem er sagt: Der Mensch wird durch den Glauben gerechtfertigt.

33. Wer [vom Menschen] sagt, er müsse gerechtfertigt werden, der bekräftigt ganz gewiss als wahr, dass er ein Sünder und Ungerechter und daher vor Gott Schuldiger sei, aber durch Gnade zu retten.

34. Und ‚Mensch' nimmt er [hierbei] unbegrenzt, das heißt, ganz umfassend, um die ganze Welt oder was auch immer ‚Mensch' genannt wird, unter der Sünde zusammenzuschließen.

35. Daher ist der Mensch dieses Lebens Gottes bloßer Stoff für das Leben in seiner zukünftigen Gestalt.

36. Wie auch die ganze Kreatur, die jetzt der Nichtigkeit unterworfen ist, für Gott der Stoff ist für ihre herrliche künftige Gestalt.

37. Und wie Erde und Himmel im Anfang gewesen ist im Verhältnis zu der nach sechs Tagen vollendeten Gestalt, nämlich als deren Stoff.

38. So ist der Mensch in diesem Leben im Verhältnis zu seiner künftigen Gestalt, wenn das Bild Gottes wiederhergestellt und vollendet worden sein wird.

39. In der Zwischenzeit ist der Mensch in Sünden und wird von Tag zu Tag zunehmend entweder gerechtfertigt oder verunreinigt.

40. Von daher würdigt Paulus diese Reiche der Vernunft nicht einmal, sie als ‚Welt' anzusprechen, sondern nennt sie lieber ‚Schema der Welt'.

ABKÜRZUNGEN

Biblische Bücher

Altes Testament (AT)
Gen	Genesis/1. Mose
Ex	Exodus/2. Mose
Lev	Leviticus/3. Mose
Num	Numeri/4. Mose
Dtn	Deuteronomium/5. Mose
Jos	Josua
Ri	Richter
Rut	Rut
1Sam	1. Samuel/Vg: 1. Regum)
2Sam	2. Samuel/Vg: 2. Regum)
1Kön	1. Könige/Vg: 3. Regum)
2Kön	2. Könige/Vg: 4. Regum)
1Chr	1. Chronik
2Chr	2. Chronik
Esr	Esra
Neh	Nehemia
Est	Ester
Ijob	Hiob
Ps(s)	Psalm(en)
Spr	Sprüche
Koh	Prediger/Kohelet
Hhld	Hohes Lied
Jes	Jesaja
Jer	Jeremia
Klgl	Klagelieder
Ez	Ezechiel
Dan	Daniel
Hos	Hosea
Jo	Joel
Am	Amos
Ob	Obadja
Jon	Jona
Mi	Micha
Nah	Nahum
Hab	Habakuk
Zeph	Zephanja
Hag	Haggaj
Sach	Sacharja
Mal	Maleachi

Apokryphen
SapSal	Sapientia Salomonis
Sir	Sirach
1Makk	1. Makkabäer
2Makk	2. Makkabäer

Neues Testament (NT)
Mt	Matthäus
Mk	Markus
Lk	Lukas
Joh	Johannes
Apg	Apostelgeschichte
Röm	Römerbrief
1Kor	1. Korintherbrief
2Kor	2. Korintherbrief
Gal	Galaterbrief
Eph	Epheserbrief
Phil	Philipperbrief
Kol	Kolosserbrief
1Thess	1. Thessalonicherbrief
2Thess	2. Thessalonicherbrief
1Tim	1. Timotheusbrief
2Tim	2. Timotheusbrief
Tit	Titusbrief
Phlm	Philemonbrief
1Petr	1. Petrusbrief
2Petr	2. Petrusbrief
1Joh	1. Johannesbrief
2Joh	2. Johannesbrief
3Joh	3. Johannesbrief
Hebr	Hebräerbrief
Jak	Jakobusbrief
Jud	Judasbrief
Offb	Offenbarung des Johannes

Textausgaben und Bibliographien

Benzing Josef Benzing/Helmut Claus, Lutherbibliographie. Verzeichnis der gedruckten Schriften Martin Luthers bis zu dessen Tod. Bd. I. 2. Aufl., Baden-Baden 1989 (Bibliotheca Bibliographica Aureliana 10). Bd. II. Mit Anhang: Bibel und Bibelteile in Luthers Übersetzung

BSLK 1522/1546. Baden-Baden 1994 (Bibliotheca Bibliographica Aureliana 143)
Die Bekenntisschriften der evangelisch-lutherischen Kirche. Hrsg. im Gedenkjahr der Augsburgischen Konfession 1930. Göttingen ¹²1998

CR Corpus Reformatorum

DH Heinrich Denzinger, Kompendium der Glaubensbekenntnisse und kirchlichen Lehrentscheidungen (Henrici Denzinger, Enchiridion symbolorum definitionum et declarationum de rebus fidei et morum ... Verb., erw., ins Deutsche übertr. und unter Mitarb. von H. Hoping hrsg. von P. Hünermann. Freiburg i. Br. ⁴⁰2005

ErAS Erasmus von Rotterdam, Ausgewählte Schriften. Lateinisch und deutsch. Hrsg. von W. Welzig. Sonderausgabe der 2. unv. Aufl., Darmstadt 1995

Erasmus Erasmus von Rotterdam, De libero arbitrio. In: ErAS 4

Friedberg Corpus Iuris Canonici. Editio Lipsiensis secunda ... ad librorum manuscriptorum et editionis Romanae fidem recognovit et adnotatione critica instruxit Aemilius Friedberg. 2 Bde. Unveränderter Nachdruck der Ausgabe Leipzig 1879–1881. Graz 1959

LDStA Martin Luther, Lateinisch-Deutsche Studienausgabe. Hrsg. von W. Härle, J. Schilling und G. Wartenberg unter Mitarb. von M. Beyer. Bd. 1 ff. Leipzig 2006 f.

MBW Melanchthons Briefwechsel. Krit. und komment. Gesamtausg. ... Hrsg. von H. Scheible. Stuttgart-Bad Cannstatt 1977 ff.

MBW.T – Texte

StA Martin Luther, Studienausgabe. Unter Mitarb. von M. Beyer, H. Junghans, R. Pietz, J. Rogge, G. Wartenberg hrsg. von H.-U. Delius. Bd. 1 ff. Berlin 1979 ff.

VD 16 Verzeichnis der im deutschen Sprachbereich erschienenen Drucke des XVI. Jahrhunderts. VD Bd. 16. Stuttgart 1983 ff.

Vg Biblia Sacra iuxta vulgatam versionem ... Stuttgart 1969

WA D. Martin Luthers Werke. Kritische Gesamtausgabe. Weimar 1883 ff.

WA Br – Briefwechsel

WA DB – Die deutsche Bibel

WA TR – Tischreden

Wander Deutsches Sprichwörterlexikon. Ein Hausschatz für das deutsche Volk. Hrsg. von K. F. W. Wander. 5 Bde. Leipzig 1867–1880. CD-ROM-Ausgabe Berlin 2001 (Digitale Bibliothek 62)

Sonstige Abkürzungen

art.	articulus
can.	canon
cap.	capitulum
concl.	conclusio
dist.	distinctio
dub.	dubium
lect.	lectio
lib.	liber
not.	notabile
prol.	prologus
prop.	propositio
qu.	quaestio
sc.	scilicet
sent.	sententia bzw. sententiarum liber
tit.	titulus
tract.	tractatus
un.	unicus/unica

WERKÜBERSICHT

Martin Luther
Lateinisch-Deutsche Studienausgabe
Herausgegeben von Wilfried Härle, Johannes Schilling und
Günther Wartenberg † unter Mitarbeit von Michael Beyer

Band I: Der Mensch vor Gott
Unter Mitarbeit von Michael Beyer hrsg. und eingel. von Wilfried Härle

1. Quaestio de viribus et voluntate hominis sine gratia disputata / Disputationsfrage über die Kräfte und den Willen des Menschen ohne Gnade (1516)
2. Disputatio contra scholasticam theologiam / Disputation gegen die scholastische Theologie (1517)
3. Disputatio Heidelbergae habita / Heidelberger Disputation (1518)
4. Assertio omnium articulorum Martini Lutheri per bullam Leonis X. novissimam damnatorum / Wahrheitsbekräftigung aller Artikel Martin Luthers, die von der jüngsten Bulle Leos X. verdammt worden sind (1520)
5. De servo arbitrio / Vom unfreien Willensvermögen (1525)
6. Disputatio D. Martini Lutheri de homine / Disputation D. Martin Luthers über den Menschen (1536)

2006, 2., durchges. Aufl. 2016, XLIV, 676 Seiten, Hardcover, ISBN 978-3-374-02239-7

Band II: Christusglaube und Rechtfertigung
Herausgegeben und eingeleitet von Johannes Schilling

1. Disputatio pro declaratione virtutis indulgentiarum / Disputation zur Klärung der Kraft der Ablässe (1517)
2. Widmungsbrief an Johannes von Staupitz zu den ›Resolutiones disputationum de indulgentiarum virtute‹ (Erläuterungen der Thesen über die Kraft der Ablässe) (30. Mai 1518)
3. De remissione peccatorum / Von der Vergebung der Sünden (1518)
4. Sermo de poenitentia / Sermon über die Buße (1518)
5. Sermo de triplici iustitia / Sermon über die dreifache Gerechtigkeit (1518)
6. Sermo de duplici iustitia / Sermon über die zweifache Gerechtigkeit (1519)

7. Sententiae de lege et fide/ Thesen über Gesetz und Glauben (1519)
8. Propositiones de fide infusa et acquisita / Thesen über den eingegossenen und erworbenen Glauben (1520)
9. Quaestio, utrum opera faciant ad iustificationem / Frage, ob die Werke etwas zur Rechtfertigung beitragen (1520)
10. Epistola Lutheriana ad Leonem Decimum summum pontificem. Tractatus de libertate christiana / Brief Luthers an Papst Leo X. Abhandlung über die christliche Freiheit (1520)
11. Rationis Latomianae pro incendiariis Lovaniensis scholae sophistis redditae Lutheriana confutatio / Lutherische Widerlegung der Latomianischen Rechtfertigung für die scholastischen Brandstifter der Universität zu Löwen (1521)
12. Thesen für fünf Disputationen über Römer 3,28 (1535–1537)
13. De veste nuptiali / Über das hochzeitliche Kleid (1537)
14. Thesen für die erste Disputation gegen die Antinomer (1537)
15. Verbum caro factum est / Das Wort ward Fleisch (1539)
16. De divinitate et humanitate Christi / Von der Gottheit und Menschheit Christi (1540)
17. De fide iustificante / Über den rechtfertigenden Glauben (1543)
18. Vorrede zum ersten Band der Wittenberger Ausgabe der lateinischen Schriften (1545)

2006, XLII, 518 Seiten, Hardcover, ISBN 978-3-374-02240-3

Band III: Die Kirche und ihre Ämter
Hrsg. von Günther Wartenberg † und Michael Beyer.
Eingeleitet von Wilfried Härle

1. Sermo de virtute excommunicationis Fratri Martino Luther Augustiniano a linguis tertiis tandem everberatus / Sermon über die Kraft der Exkommunikation, dem Bruder Martin Luther, einem Augustiner, von Schandmäulern schließlich abgenötigt (1518)
2. Resolutio Lutheriana super propositione decima tertia de potestate Papae. Per autorem locupletata / Luthers Erläuterung zu seiner 13. These über die Gewalt des Papstes. Vom Autor verbesserte Auflage (1519)
3. De captivitate Babylonica ecclesiae. Praeludium Martini Lutheri / Von der Babylonischen Gefangenschaft der Kirche. Ein Vorspiel von Martin Luther (1520)
4. Ad librum eximii Magistri Nostri Magistri Ambrosii Catharini defensoris Silvestri Prieratis acerrimi responsio Martini Lutheri. Cum exposita Visione Danielis VIII de Antichristo / Antwort Martin Luthers auf das Buch des trefflichen ›Magister

noster‹, Mag. Ambrosius Catharinus, der den überaus scharfsinnigen Silvester Prierias verteidigt. Mit einer Auslegung der Vision aus Daniel 8 über den Antichrist (1521)
5. De instituendis ministris ecclesiae, ad clarissimum senatum Pragensem Bohemiae /
Wie man Diener der Kirche einsetzen soll, an den hochangesehenen städtischen Rat zu Prag in Böhmen (1523)
6. Formula missae et communionis pro ecclesia Wittembergensi /
Ordnung der Messfeier und Kommunion für die Wittenberger Kirche (1523)
7. Disputatio de potestate concilii /
Disputation über die Macht eines Konzils (Thesen, 1536)
8. Contra XXXII articulos Lovaniensium theologistarum /
Gegen die 32 Artikel der Theologisten zu Löwen (1545)

2008, XLIV, 756 Seiten, Hardcover, ISBN 978-3-374-02241-0

Martin Luther
Deutsch-Deutsche Studienausgabe

Herausgegeben von Johannes Schilling mit
Albrecht Beutel, Dietrich Korsch, Notger Slenczka und Hellmut Zschoch

Band I: Glaube und Leben
Hrsg. von Dietrich Korsch

1. Sermon von Ablass und Gnade (1518)
2. Eine kurze Erklärung der Zehn Gebote (1518)
3. Sermon von der Betrachtung des heiligen Leidens Christi (1519)
4. Sermon von der Bereitung zum Sterben (1519)
5. Sermon von dem Sakrament der Buße (1519)
6. Von den guten Werken (1520)
7. Sendbrief an Papst Leo X. (1520)
8. Von der Freiheit eines Christenmenschen (1520)
9. Eine kurze Form der Zehn Gebote, eine kurze Form des Glaubens, eine kurze Form des Vaterunsers (1520)
10. Das Magnifikat (1521)
11. Ein kleiner Unterricht, was man in den Evangelien suchen und erwarten soll (1522)
12. Sermon von dem unrechten Mammon (1522)
13. Eine Unterrichtung, wie sich die Christen nach Mose richten sollen (1526)
14. Bekenntnis (1528)
15. Der Kleine Katechismus (1529)
16. Eine schlichte Weise zu beten, für einen guten Freund (1535)

17. Gegen die Antinomer (1539)
18. Vorrede zum ersten Band der Wittenberger Ausgabe der deutschen Schriften (1539)

2012, XX, 680 Seiten, Hardcover, ISBN 978-3-374-02880-1

Band II: Wort und Sakrament
Hrsg. von Dietrich Korsch und Johannes Schilling

1. Sermon vom heiligen hochwürdigen Sakrament der Taufe (1519)
2. Sermon vom hochwürdigen Sakrament des heiligen wahren Leibes Christi und von den Bruderschaften (1519)
3. Vom Papsttum in Rom: gegen den hochberühmten Römling in Leipzig (1520)
4. Sermon vom Neuen Testament, das heißt: von der heiligen Messe (1520)
5. Vom Missbrauch der Messe (1521)
6. Dass eine christliche Versammlung oder Gemeinde Recht und Vollmacht hat, alle Lehre zu beurteilen und Lehrer zu berufen, ein- und abzusetzen: Begründung und Rechtsanspruch aus der Schrift (1523)
7. Ordnung einer Gemeindekasse, Ratschlag, wie die geistlichen Güter zu behandeln sind (Leisniger Kastenordnung): Vorrede (1523)
8. Von der Ordnung des Gottesdienstes in der Gemeinde (1523)
9. Deutsche Messe oder die Ordnung des Gottesdienstes: Vorrede (1526)
10. Von der Wiedertaufe. Ein Brief an zwei Pfarrer (1528)
11. Die Marburger Artikel (1529)
12. Der Abendmahlsartikel der Wittenberger Konkordie (1536)
13. Über die Konzilien und die Kirche (1539)
14. Kurzes Bekenntnis vom heiligen Sakrament (1544)
15. Einweihung eines neuen Hauses zum Predigtamt des göttlichen Wortes, erbaut im kurfürstlichen Schloss zu Torgau (1546)

2015, XVIII, 902 Seiten, Hardcover, ISBN 978-3-374-02881-8

Band III: Christ und Welt
Hrsg. von Hellmut Zschoch

1. An den christlichen Adel deutscher Nation: Von der Reform der Christenheit (1520)
2. Aufrichtige Ermahnung an alle Christen, sich vor Aufruhr und Rebellion zu hüten (1522)
3. Vom ehelichen Leben (1522)
4. Von der weltlichen Obrigkeit: Wie weit man ihr Gehorsam schuldet (1523)
5. Jesus Christus ist von Geburt ein Jude (1523)

6. Grund und Rechtfertigung, dass Nonnen ihr Kloster nach Gottes Willen verlassen dürfen (1523)
7. An die Ratsherren aller Städte im deutschen Land, dass sie christliche Schulen errichten und unterhalten sollen (1524)
8. Von Handels- und Zinsgeschäften (1524)
9. Ermahnung zum Frieden als Antwort auf die zwölf Artikel der Bauernschaft in Schwaben (1525)
10. Gegen die Räuber- und Mörderbanden der Bauern (1525)
11. Sendbrief von der harten Schrift gegen die Bauern (1525)
12. Ob Soldaten in ihrem Beruf Gott gefallen können (1526)
13. Ermahnung an die ganze Geistlichkeit, die in Augsburg im Jahr 1530 auf dem Reichstag versammelt ist (1530)
14. Predigt, dass man die Kinder zur Schule schicken soll (1530)
15. Sendbrief vom Dolmetschen und von der Fürbitte der Heiligen (1530)
16. Warnung an seine lieben Deutschen (1530)

2016, XVIII, 910 Seiten, Hardcover, ISBN 978-3-374-02882-5

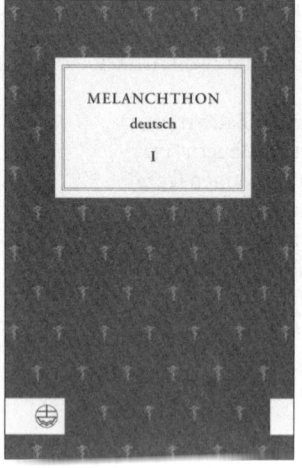

Philipp Melanchthon. Herausgegeben von Michael Beyer, Stefan Rhein und Günther Wartenberg †

Melanchthon deutsch I

Schule und Universität, Philosophie, Geschichte und Politik

360 Seiten | Hardcover
ISBN 978-3-374-02831-3
EUR 10,80 [D]

Philipp Melanchthon, Reformator und Lehrer Deutschlands, hat Schule und Universität, Theologie und Kirche so entscheidend geprägt, dass die Spuren seines Wirkens bis heute erkennbar sind. Der Wittenberger Weggefährte Martin Luthers hat als humanistischer Gelehrter von europäischem Rang eine unerhörte Vielzahl von Themenfeldern bearbeitet. In diesem Band werden Texte zu Schul- und Universitätsreform, zu Philosophie, Geschichte, Politik, Rechtstheorie und Medizin in modernes Deutsch übertragen.

EVANGELISCHE VERLAGSANSTALT
Leipzig   www.eva-leipzig.de

Tel +49 (0) 341/ 7 11 41 -16   vertrieb@eva-leipzig.de

Philipp Melanchthon. Herausgegeben von Michael Beyer, Stefan Rhein und Günther Wartenberg †

Melanchthon deutsch II

Theologie und Kirchenpolitik

312 Seiten | Hardcover
ISBN 978-3-374-02832-0
EUR 18,80 [D]

Philipp Melanchthon, Reformator und Lehrer Deutschlands, hat Schule und Universität, Theologie und Kirche so entscheidend geprägt, dass die Spuren seines Wirkens bis heute erkennbar sind. Der Wittenberger Weggefährte Martin Luthers unterstützte Luther nicht nur bei dessen Bibelübersetzung, sondern war überhaupt zentral an der Entstehung und Überarbeitung des reformatorischen Schrifttums beteiligt und legte erstmals eine systematische Zusammenfassung der neuen evangelischen Lehre vor. In diesem Band werden Texte zu Theologie und Kirchenpolitik, Gebete und Bibelauslegungen in modernes Deutsch übertragen.

EVANGELISCHE VERLAGSANSTALT
Leipzig www.eva-leipzig.de

Philipp Melanchthon.
Herausgegeben von
Günter Frank und Martin
Schneider
Melanchthon deutsch III
Von Wittenberg nach
Europa

328 Seiten | Hardcover
ISBN 978-3-374-02854-2
EUR 18,80 [D]

Melanchthon war sowohl einer der bedeutendsten Gelehrten seiner Zeit als auch ein Politiker von europäischem Rang. Dem trägt der dritte Band unter dem Titel »Von Wittenberg nach Europa« Rechnung. Die vorgelegte Auswahl mit ca. 30 Dokumenten legt den Schwerpunkt auf theologische und kirchliche Inhalte, die – von der deutschen Situation ausgehend – englische, französische, italienische und südosteuropäische Angelegenheiten betreffen. Melanchthons humanistische Bildung und seine Kontakte zu Gelehrten in aller Herren Länder ließen ihn zum wichtigsten Vermittler der reformatorischen Lehre werden.

EVANGELISCHE VERLAGSANSTALT
Leipzig   www.eva-leipzig.de

Tel +49 (0) 341/ 7 11 41 -16   vertrieb@eva-leipzig.de

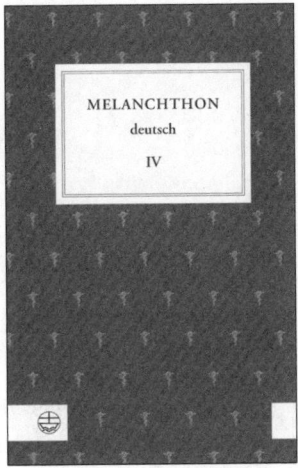

Philipp Melanchthon. Herausgegeben von Michael Beyer, Armin Kohnle und Volker Leppin

Melanchthon deutsch IV

Melanchthon, die Universität und ihre Fakultäten

384 Seiten | Hardcover
ISBN 978-3-374-03053-8
EUR 24,00 [D]

Der Band bietet Texte, die Melanchthons intellektuelle Leistungen für den gesamten universitären Fächerkanon seiner Zeit exemplarisch deutlich werden lassen. Ein gewisser Schwerpunkt liegt auf der Artistenfakultät, doch ist die Theologische Fakultät als zweite universitäre Heimat Melanchthons ebenfalls stark vertreten. Die Fakultäten der Juristen und Mediziner sind gleichfalls berücksichtigt. Das zeitliche Spektrum reicht von 1518 bis 1558: vom ganz jungen bis zum ganz alten Melanchthon.

EVANGELISCHE VERLAGSANSTALT
Leipzig www.eva-leipzig.de

Tel +49 (0) 341/ 7 11 41 -16   vertrieb@eva-leipzig.de

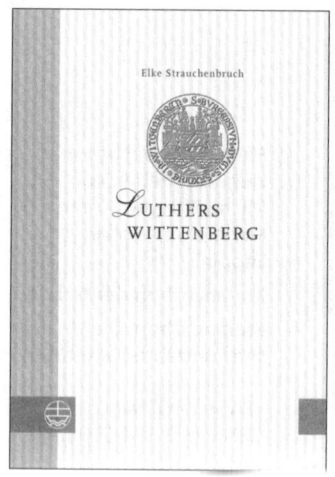

Elke Strauchenbruch
Luthers Wittenberg

248 Seiten | Hardcover |
mit zahlr. farb. Abbildungen
ISBN 978-3-374-03137-5
EUR 14,80 [D]

Wie in einer Zeitreise führt uns die Autorin zurück in das Wittenberg von Martin Luther. Erstmals wird damit ein literarischer Stadtrundgang der besonderen Art vorgelegt. Das Buch ist eine Fundgrube für alle, die wissen wollen, wie die Wurzeln einer Weltrevolution wachsen. Es deckt eine Fülle von Neuem und Überraschendem auf und macht es einem breiten Publikum leicht verständlich zugänglich.

EVANGELISCHE VERLAGSANSTALT
Leipzig www.eva-leipzig.de

Tel +49 (0) 341/ 7 11 41 -16   vertrieb@eva-leipzig.de

Michael Welker |
Michael Beintker |
Albert de Lange (Hrsg.)

Europa reformata

Reformationsstädte
Europas und ihre
Reformatoren

496 Seiten | Flexcover
ISBN 978-3-374-04119-0
EUR 28,00 [D]

Der prächtige und doch handliche Band zeichnet die reformatorischen Profile von etwa vierzig europäischen Städten nach. Die Leser werden von Spanien über Zentraleuropa bis Estland und Finnland geführt, von Schottland und England bis nach Rumänien. Profilierte Texte und reiches Bildmaterial veranschaulichen das Wirken der berühmtesten Reformatoren – sowie der fünf Reformatorinnen – und stellen die Städte mit ihren Bauten und Zeugnissen aus der Reformationszeit vor Augen. Ergänzt durch eine bebilderte Europakarte und die Angabe von kirchlichen Adressen und Tourismusbüros, eignet sich der Band auch als Reiseführer auf den Spuren der Reformation in Europa.

EVANGELISCHE VERLAGSANSTALT
Leipzig   www.eva-leipzig.de

Wilfried Härle
Warum Gott?
Für Menschen, die mehr wissen wollen
Theologie für die Gemeinde (ThG) | I/1

320 Seiten | Softcover
ISBN 978-3-374-03143-6
EUR 14,80 [D]

Den eigenen Glauben verstehen und erklären können ist gerade in unserer säkularisierten Welt wünschenswert. Nicht nur, um im Gespräch mit Anders- und Nichtgläubigen bestehen zu können, sondern auch, um die eigene christliche Überzeugung zu stärken. Wilfried Härle bietet dafür eine konkrete Hilfe, indem er die theologischen Zusammenhänge leicht verständlich erklärt und darstellt, was es mit dem Glauben an Gott auf sich hat, wodurch er entsteht und was er bedeutet. Jedes Kapitel endet mit einer Sammlung wichtiger Texte aus Bibel, Kirchen- und Theologiegeschichte sowie aus Philosophie und Literatur. Härles »Laiendogmatik« im besten Sinne sollte in keiner Gemeinde fehlen.

EVANGELISCHE VERLAGSANSTALT
Leipzig   www.eva-leipzig.de

Tel +49 (0) 341/ 7 11 41 -16   vertrieb@eva-leipzig.de